珍藏本
纪念版

汉译世界学术名著丛书

论法的精神

上卷

〔法〕孟德斯鸠 著

许明龙 译

商务印书馆
SINCE 1897
The Commercial Press

2017年·北京

Montesquieu

DE l'ESPRIT DES LOIS

本书主要根据如下译本译出:1)Gallimard 出版社 1995 年版的"De l'esprit des lois"。同时参考了:2)Gallimard 出版社 1951 年出版的"七星诗社丛书"(Bibliothèque de la Pléiade)中的《孟德斯鸠文集》(Oeuvres de Montesquieu);3)Garnier-Flammarion 出版社 1979 年版的"De l'esprit des lois";4)Seuil 出版社 1964 年版《孟德斯鸠文集》(Oeuvres de Montesquieu);5)美国 Cambridge University Press 1989 年出版的英译本"The Spirit of the Laws"。

汉译世界学术名著丛书
（120年纪念版·珍藏本）
出 版 说 明

2017年2月11日，商务印书馆迎来120岁的生日。120年前，商务印书馆前贤怀揣文化救国的理想，抱持“昌明教育，开启民智”的使命，立足本土，放眼寰宇，以出版为津梁，沟通中西，为中国、为世界提供最富智慧的思想文化成果。无论世事白云苍狗，潮流左右激荡，甚至战火硝烟弥漫，始终践行学术报国之志，无改初心。

迻译世界各国学术名著，即其一端。早在20世纪初年便出版《原富》《天演论》等影响至今的代表性著作，1950年代后更致力于外国哲学和社会科学经典的译介，及至1980年代，辑为“汉译世界学术名著丛书”，汇涓为流，蔚为大观。丛书自1981年开始出版，历时三十余年，迄今已推出七百种，是我国现代出版史上规模最大、最为重要的学术翻译工程。

丛书所选之书，立场观点不囿于一派，学科领域不限于一门，皆为文明开启以来，各时代、各国家、各民族的思想与文化精粹，代表着人类已经到达过的精神境界。丛书系统译介世界学术经典，引领时代思想，为本土原创学术的发展提供丰富的文化滋养，为推动中国现代学术和现代化进程做出了突出的贡献。

为纪念商务印书馆成立120周年，我们整体推出“汉译世界学术名著丛书”120年纪念版的珍藏本，寄望既利于文化积累，又便于研读查考，同时向长期支持丛书出版的译者、编者和读者致以敬意。

两甲子后的今天，商务印书馆又站在了一个新的历史时间节点上。我们不仅要铭记先辈的身影和足迹，更须让我们的步伐充满新的时代精神。这是商务人代代相传的事业，更是与国家和民族的命运始终紧密相连的事业。我们责无旁贷，必须做好我们这代人的传承与创造，让我们的努力和成果不仅凝聚成民族文化的记忆，还能成为后来人可以接续的事业。唯此，才能不负前贤，无愧来者。

商务印书馆编辑部

2017年10月

目　录

论法的精神

第二编

第 三 编

第四编

孟德斯鸠庭长先生颂词

达朗贝尔[①]

善良的公民们对《百科全书》表现出巨大的兴趣，为《百科全书》撰稿的文人学子为数众多，所以，我们似乎有理由把它视为一座纪念碑，一座最适合于寄托爱国之情的纪念碑，一座最适合于向为国增光的著名人士表达敬意的纪念碑。然而我确信，孟德斯鸠先生完全有权等待他人而不是我为他撰写颂词，公众的悲痛本应由更善于言辞的人来表达，我对他的去世理所当然地感到痛惜，我本应把这种痛惜和敬意深藏于心底，但是，我从他那里得到的一切实在太珍贵，以至于我无法让别人代劳。既然他以其多种著述为人类造福，当然同样也是这部著作的赐福者；我只想怀着感激之情，在他的雕像脚下写上几行字。

夏尔·德·色贡达(Charles de Secondat)，拉布莱德和孟德斯鸠男爵，波尔多高等法院前庭长，法兰西学院院士，普鲁士王家科学与文学院院士，伦敦王家学会会员，1689 年 1 月 18 日出生于吉恩纳郡的一

---

① 达朗贝尔(d'Alembert, Jean le Rond, 1717—1783)，法国数学家、自然科学家、哲学家。1765 年当选为法兰西学院院士。从 1751 年起协助狄德罗编辑《百科全书》，起草该书序言，是法国 18 世纪启蒙运动的代表人物之一。本文"孟德斯鸠先生颂词"于 1755 年 11 月首次发表在《百科全书》第五卷卷首，并于 1758 年收入在阿姆斯特出版的《孟德斯鸠文集》。——译者

个贵族家庭,居住在波尔多附近的拉布莱德堡。他的高祖父让·德·色贡达先后担任过纳瓦尔国王亨利二世及其女儿冉娜的宫廷总管。后来成为女王的冉娜与安托万·德·波旁结婚后,以一万锂[①]购得了孟德斯鸠[②]这块土地,并以正式文书将这块土地赐给让·德·色贡达,用以褒奖他的效忠和出色的服务。亨利三世依旧是纳瓦尔国王,而亨利四世则变成了法国国王。这位国王降恩于雅各布·德·色贡达,将孟德斯鸠这块土地封为男爵领地。雅各布·德·色贡达是让·德·色贡达之子,起初担任亨利四世的宫内侍从,后来担任沙蒂永团的团总。他的次子让-加斯东·德·色贡达娶波尔多高等法院院长的女儿为妻,从而获得了该法院庭长之职。他生育了多个孩子,其中一个儿子投身行伍,战功卓著,但英年早逝。此人便是《论法的精神》的作者夏尔·德·色贡达的父亲。在一篇哲人的颂词开篇处讲述这些细枝末节,似乎有些离题,因为他的名声如此显赫,根本无须祖先的庇荫;不过,我们绝不能嫉妒孟德斯鸠这个名字为他的祖先增添的光彩。

孩提时代的成就有时会给人以假象,不过,少年夏尔·德·色贡达的成就完全不是这样,它让人预感到他将来必定大有建树。父亲精心培育这个聪慧初显的天才少年,把希望和慈爱倾注在他身上。孟德斯鸠从二十岁起就开始为《论法的精神》准备材料,他把卷帙浩繁的各种有关民法的著作,做了许多条理清晰的摘录,就像当年的少年牛顿为以后使他英名不朽的那些著作打下基础一样。可是,尽管由于把法律当作哲学来研究,因而不像大多数学习法律的人那样,觉得学习法律很枯燥,但是,学习法律远远不能满足才气横溢、精力充沛的孟德斯鸠对知识的渴求。所以,从此时开始,他就深入研究另外一些更重要和更困难

① 锂(Livre),法国古货币,以往通常音译为里弗尔。——译者

② 此处的孟德斯鸠是地名。——译者

的问题[①]，以他此后在著作中体现的才智、分寸和公正，默默地独自探究这些问题。

孟德斯鸠的伯父是波尔多法院的一位庭长，这是一位睿智的法官和品德高尚的公民，不但在法院同仁中，而且在全省享有权威，曾努力在司法界倡导高尚的精神。不幸失去唯一的儿子之后，出于让这种精神发扬光大的考虑，他决定把自己的职位和财产传给孟德斯鸠。孟德斯鸠先生于是从1714年2月24日开始担任波尔多高等法院的推事，1716年7月13日升任庭长。数年后的1722年，当国王开征新税之时，同仁们推举他向国王呈递陈情书。身处国王与人民的夹缝之中，他以敬爱君主的臣子和勇气十足的官员身份，完成了这项崇高却不为人羡慕的任务，让君王听到了穷苦百姓的心声。民众的疾苦由于得到巧妙和有力的表述，终于争得了应有的公正对待。可是，这次成功恰如昙花一现，仿佛是一次以不正当手段获得的成功；百姓的呼声刚刚平息，被取消的税又改头换面出台了。这固然是孟德斯鸠这位法官的不幸，其实更是国家的不幸。不过作为公民，他已经尽到了义务。

1716年4月3日，创建不久的波尔多科学院接受孟德斯鸠为其成员。这个科学院的首批成员都热衷于音乐等休闲作品。孟德斯鸠觉得，这些同仁以其初露锋芒的热情和才能，若能从事物理学研究，必定更为出色。他坚信，处处都值得观察的大自然，处处都找得到合格的观察者。与此相反，以情趣取胜的作品则容不得半点平庸，这方面的英才荟萃之地是首都，想要在远离首都的地方聚集一大批杰出的作家，难度太大。在他看来，在我国各地令人不解地日益增多的文人团体，就像是一种文化界的奢侈品，或者说是文化界奢侈品的一个影子，它事实上损

① 他撰写了一部书信体著作，旨在以此证明，大多数偶像崇拜者似乎并不会永远坠入地狱。——达朗贝尔

害了文化事业的繁荣，却让人无所察觉。幸好，拉福斯公爵[①]先生以其新近在波尔多设立的一个奖项，支持了那些颇有见地和相当正确的看法。大家都认为，做好一次实验，远胜于发表一篇拙劣的演说或是写一首蹩脚的诗；要知道，波尔多有一个科学院。

孟德斯鸠先生不急于出头露面，借用一位才子的话说，他等待着“提笔写作的成熟年龄”。直到他三十二岁的1721年，他才出版了《波斯人信札》。《暹罗人严肃与可笑的游戏》[②]中的暹罗人为他提供了某种启示，但他远远超过了他的仿效对象。对真实和假想的东方风俗的描绘，对亚洲爱情中的傲慢和冷漠的细致描写，在《波斯人信札》中只不过是小小的点缀，仅仅是用来揶揄我国的习俗并作为另一些重要现象的假托，他举重若轻，不动声色地把他的讥讽逐渐推向深化。在这幅流动的画卷中，郁斯贝克[③]把他那双深邃的眼睛在我们的生活中所看到的那些最令人惊诧的东西，轻巧而生动地展示在读者面前。例如：我们总是习惯于以郑重其事的态度对待那些最无聊的事情，却拿极其重要的事情开玩笑；我们的谈话总是喧闹而轻佻，即使在欢乐的时刻我们也总是心烦意乱，我们的偏见和行为总是与我们的学识形成强烈的对比，热爱光荣却又敬仰宠幸的偶像；我们的宠臣们虚荣而卑躬屈节；我们对待外国人表面礼节周到，内心充满鄙夷，却还要装出一副偏爱他们的样子；我们的趣味古怪透顶，整个欧洲却争相效尤，岂非更加古怪。对于商贸和从政这两种最值得尊敬的职业，我们投以野蛮的鄙视；我们在文学上毫

① 拉福斯公爵(duc de La Force，1675—1726)，1716年任财政委员会副主席。——译者

② 《暹罗人严肃与可笑的游戏》(*Siamois des amusements sérieux et comiques*)，法国戏剧家迪弗雷尼(Charles Dufresny，1648—1724)所著的一部小说。——译者

③ 郁斯贝克(Usbek)，波斯青年，《波斯人信札》中的主要人物之一。——译者

无意义地进行激烈的争论；我们尚未思考就发疯地写作，尚未了解清楚就下断语。为了与这幅生动却并无恶意的图画作对照，孟德斯鸠讲述了关于穴居人的寓言，描绘了这个在苦难中变得聪明的品德高尚的部落，书中的这部分称得上是斯多葛派的一篇佳作。他在另外一些地方展示了久遭窒息的哲学，这种哲学突然再度显现，以其进步争回失去的时间，并借助一位天才的声音，一直深入到俄国人中间；在其他欧洲国家中，迷信就像浓重的阴霾，妨碍欧洲各国人民四周的光明照到他们的身上。最后，通过他所确立的古代和现代的各种政体性质的原则，他让我们看到了嗣后在他的那部伟大著作中得到进一步发展的光辉思想的萌芽。

这些不同的题材如今虽然不再给人以《波斯人信札》问世时的那种新鲜感，却永远不会失去作者赋予它的独具一格的性格特点；这一成就之所以格外真实，是因为它源自作者的天才，而不是因为书中的人物穿上了外国人的衣衫。郁斯贝克在法国逗留期间，不但对我们的风尚有了透彻的了解，而且受到我们的风尚的强烈感染，致使从他的行事作风中几乎看不出他来自波斯。这个颇为逼真的小毛病绝非无心栽花，而是有意插柳。作者在揭露我们的弊病和可笑之处的同时，无疑也想为我们的优点说几句好话。他深知直白的赞颂索然无味，所以，常常用我们的口气说我们自己的坏话，令人感到格外有趣，事实上他却是在以更加巧妙的手法赞扬我们自己。

尽管《波斯人信札》大获成功，孟德斯鸠先生却并未公开宣布，他就是这部作品的作者。之所以如此，或许是因为他觉得这样便于躲避文人的讥讽，因为，讥讽通常不是针对作品而是针对作者，所以，批评者对匿名作品往往比较手下留情；或许是因为他担心受到攻击，说他本人庄重的法官身份与他笔下类似贬损的波斯信札不相称；他觉得，由于进行此类指责不费吹灰之力，所以，批评者绝不会放弃现成的机会。但是，秘密终究被发现，公众于是向法兰西学院举荐他。后来发生的事件说明，孟德斯鸠匿名发表《波斯人信札》确实是明智之举。郁斯贝克有时无所拘束地说的一些话，其实与基督教的基本教义无关，却被太多的人故意与基督教混为一谈。例如，许多基督徒都沾染了迫害精神，世俗权力篡夺了宗教的权力；修道士数量过多，致使国家的臣民减少，却并未因此而使上帝的崇敬者增多；某些想法被有些人徒劳地企图奉为教条，我们在宗教问题上的一些激烈有时甚至是可悲的争论，等等。尽管他有时触及与基督教的关系更大和更敏感的一些问题，但如果能站在公正的立场，那就应该承认，他的想法实际上非常有利于神启宗教，因为，他所做的只不过是向公众指出，人的理性如果放任自流，就很难看清这些事物。此外，外国发行商把若干并非出自作者之手的信塞进了《波斯人信札》，所以，本应先把这些赝品剔除出去，然后再来谴责作者。一方面是以热情为名的仇恨，另一方面是不辨是非或缺乏根基的激情，这两者置上述事实于不顾，联手对《波斯人信札》发起攻击。有一些卑劣而危险的小人，断章取义地从书中摘取了一些段落，向政府告发；不幸的是，即使是一个睿智的政府，面对这些告发者，有时也难免信以为真。孟德斯鸠先生接受了朋友的忠告，在公众呼声的支持下，谋求自萨西先生去世后一直空缺的法兰西学院院士的位置。大臣[①]致函告知法兰西学院，国王陛下永远不会对《波斯人信札》的作者表示赞同，他虽然并未阅读此书，但是，他所信任的某些人士已经让他知道，此书的毒害和危险之所在。孟德斯鸠先生明白，这一指控将会给他本人、他的家庭、他的安宁乃至生命带来什么样的打击。他对于文化界的荣誉并不十分在意，既不想为获得这种荣誉而不择手段，也不想把这种荣誉视若粪土，当它向他走来时故作清高。他虽然不会把被剥夺荣誉视为不幸，可是，永远不准他获得这种荣誉，特

① 此处指时任首相的弗勒里(André Hereule de Fleury，1653—1743)，法国枢机主教和政治家。——译者

别是为此编造的理由，令他深感耻辱。他会见这位大臣并告诉他，虽然出于某些特殊的原因，他曾一度没有承认自己是《波斯人信札》的作者，但他不会否认自己是这部作品的作者；想要对这部绝不会令他脸红的作品作出评价，应该通过阅读而不是依据诬告。大臣终于从头到尾读了这部书，喜欢上了作者，而且知道究竟应该相信谁了。法兰西学院没有失去它的最耀眼的成员之一，法兰西幸运地挽留住了一位险些被迷信和流言逼出国门的庶民。孟德斯鸠先生此前曾向政府声明，由于受到了这种令人不堪的侮辱，他决计移居异国，那里有张开的双臂、安全、闲适，或许还有他原本希望能在国内获得的褒奖。我们的民族险些要为这个损失扼腕叹息，而耻辱也险些最终落在我们的民族身上。

时任法兰西学院院长的已故埃斯特雷元帅，在此关头表现出一位品德高尚的高官所具有的崇高精神，他冒着损害乃至败坏自己的声誉之虞，支持他的朋友孟德斯鸠，为他伸张正义一如为苏格拉底伸张正义。埃斯特雷元帅的这种气魄对于文人极其珍贵，不但元帅本人因此而盛名远扬，而且值得我们今人加以效仿。遗憾的是，在他的颂词中竟然没有提及此事。

1728 年 1 月 24 日，孟德斯鸠被接纳为法兰西学院院士。他的当选演说堪称在此场合中发表的最佳演说之一。那时，法兰西学院的新成员们在这种场合中，都不得不依照固定的程式行事，而且还要在颂词中说一些套话，大多不敢越出划定的框框，至少没有人想到要在划定的框框中谈论其他话题；孟德斯鸠的演说因而尤其显得与众不同，他竟然在诸多束缚之中获得了成功。在他这篇演说中，闪光点之一就是让我们一下子就想到了黎塞留[①]，这位枢机主教把何以强大的秘密传授给

① 黎塞留（Richelieu，1585—1642），法国政治家，曾任枢密院成员和首相。——译者

法兰西，把何以衰弱的秘密告诉西班牙；他还让德意志摘掉旧锁链，带上新锁链。孟德斯鸠先生令人敬佩，他自己克服了话题的困难，而且对那些没有像他那样在演说中获得成功的同仁给予谅解。

他在不久之前放下了其他工作，全身心地投入到能够发挥他的才能和兴趣的工作中去，这就使得这位新院士更加无愧于他的头衔。尽管他的官职相当重要，并且以其智慧和公正尽到了职责，但他依然觉得，他应该凭借自己的才能去从事另外一些工作，一个公民应该把他能够成就的一切全部奉献给国家和人类，若能以自己的著作给国家和人类以启示，他的贡献将会更大；而如果只是独处一隅默默地探讨一些仁智互见的问题，他就不能作出更大的贡献。基于这些考虑，他毅然决然地卖掉了他的官职。他于是不再是法官，而仅仅只是一个文人。

可是，想要让自己的著作有益于各国，首先就得了解各国。正是基于这样的考虑，他打点行囊外出游历。他的目的是考察各国的物质和精神，研究各国的法律和体制，拜访著名的学者、作家和艺术家，寻访为数不多的特殊人物，与这些人的交游有时胜过数年的逗留和考察。孟德斯鸠先生是这样说的："我没有错过任何可以获得教益的机会，为了更好地把握真理，我离开自己的国家，走遍天下，会见了当代所有最著名的人物。"此话与当年德谟克利特①的话如出一辙，不过，孟德斯鸠这位法国的德谟克利特有别于希腊的那位德谟克利特，前者出游为的是给人以教益，后者出游为的是给人以嘲弄。

他第一站到的是维也纳，在那里多次见到欧仁亲王②。这位令法国伤心的英雄（他本来是可以为法国做些好事的）让路易十五倒了霉，也让土耳其人的傲慢蒙了羞；在和平时期他过着简朴的生活，在一个轻

① 德谟克利特（Démocrite，前5世纪），希腊哲学家。——译者

② 欧仁（Eugène，1663—1736），奥地利政治家和军队统帅。——译者

文重武的宫廷里热爱并培育文学，为他的老师们作出了保护文学的榜样。孟德斯鸠在欧仁的话语中隐隐约约地发现，他对故国尚有些许眷恋[①]；当他谈及长期困扰法国教会的内部分裂所带来的可悲结局时，显露出有时也会出现在敌人身上的那种关注。这位国务活动家预见到了分裂将会持续的时间及其后果，并且告知了孟德斯鸠这位哲学家。

孟德斯鸠先生从维也纳出发前往匈牙利，在这个富庶而丰饶的地区，居住着一个傲慢而慷慨的民族，它是暴君的灾星、君主的支柱。鉴于熟悉这个国家的人不多，所以，他在游记中对匈牙利之行着墨较多。

他从德国转往意大利，在威尼斯会见了大名鼎鼎的约翰·劳[②]，让人颇感幸运的是，这位先生的宏图大略只剩下了一些注定要在他的头脑中烂掉的计划，此外他还有一颗打算用于赌博的钻石。有一天，孟德斯鸠与约翰·劳先生谈到了他发明的那个著名的体制，当年施行这个体制时，有人倒霉，有人发财，更糟糕的是严重败坏了国人的风气。巴黎高等法院是国王未成年期间的法律直接登录机构，当时高等法院曾为约翰·劳这位来自苏格兰的大臣设置了一些障碍。孟德斯鸠先生问他，为何当时没有考虑借用在英国屡试不爽的办法克服这些障碍，也就是说，用能使鬼推磨的金钱作为最大动力去克服这些障碍。约翰·劳回答说，那些人不像我们英国人那么热情，那么慷慨。不过，他们都更加不可腐蚀。我还可在丝毫不带民族虚荣心偏见的前提下再作一点补充，那就是：一个在一定时间内享有自由的机构，比永远享有自由的机构更能抵制腐蚀。前者如果出卖自由，就会失去自由；后者只会出租自由，而且一边出租一边享用。所以说，国家的弊病和良好质量都源自政

① 欧仁出生于法国，故有此说。——译者

② 约翰·劳（John Law，1671—1729），英国金融家，1716 年在法国创办王家银行，发行纸币，1720 年被任命为法国财政总监。他的财政改革计划不久就彻底失败，被后人引为笑谈。——译者

体性质的具体状况。

孟德斯鸠先生在威尼斯会见次数更多的是博纳瓦尔伯爵[1],这是一位同样著名的人物。博纳瓦尔伯爵的名气来自他尚未终结的冒险生涯。他以能与这位值得倾听的法官聊天为荣,高高兴兴地把他一生中的奇遇和军旅生涯中的故事,以及他所认识的将军和大臣的音容笑貌,详详细细地告诉孟德斯鸠。孟德斯鸠后来常常提起他与博纳瓦尔伯爵的谈话,向他的朋友讲述谈话中涉及的各种事情。

他从威尼斯来到罗马。罗马是古代的世界之都,如今在某些方面依然无愧于这个称号。他在罗马期间,全力考察这个城市与众不同的特点,欣赏拉斐尔、特里蒂安和米开朗琪罗等人的画作。他并未专门研究美术作品,但是,这些名画所闪耀的光彩必定会紧紧抓住任何一位天才的目光。作为一个习惯于研究大自然的人,他从画作上看到的是对大自然的模仿,犹如我们在一张肖像画上见到自己所认识的人一样。这真是艺术作品的不幸,竟然只有艺术家才知道这些作品美在何处。

游历意大利之后,孟德斯鸠来到瑞士。他仔细考察了莱茵河所灌溉的广大地区。德国没有什么值得看的,因为腓特烈此时尚未登上王位。他接着在联合省停留了一段时间,这个地方是在热爱自由之心的推动下,凭借勤劳创造出来的令人赞叹的珍品。最后他到了英国,在那里逗留了两年。他完全有资格与最伟大的人物见面和谈话,可是,令他颇感遗憾的是没能在洛克和牛顿去世之前来到英国,否则他定能见到他们。不过,他有幸多次晋见威名远扬的英国王后,她是洛克和牛顿这两位伟大人物的保护者,十分关心哲学,而且做了她应该做的事,就是说,她非常欣赏孟德斯鸠的著作。英国的民众给予孟德斯鸠以同样的

---

① 博纳瓦尔伯爵(Bonneval, Comte de, 1675—1747),原为法国将军,后投奔奥地利。——译者

热情接待，尽管他们无须在这方面追随他们的王后。他在伦敦期间与一些惯于思考并准备通过深入研究干一番大事业的人建立了联系，与他们一起研究政体的性质，获得了深刻的了解。我在这里所说的这些事绝非夸大其词，英国公众向孟德斯鸠所表示的敬意便是我的依据。英国人对他们自己的优点总是沾沾自喜，却几乎从来不打算承认我们也有过人之处。

他在对各国的考察中不抱任何先入之见，既没有热情的预测，也不作吹毛求疵的苛责，所以，他从这次游历带回来的，既不是对异邦的狂妄蔑视，也不是对本国毫无根据的鄙夷。他的观察结果：德国是一个供人旅游的地方，意大利是一个供人小住的地方，英国是一个供人思考的地方，而法国则是供人生活的地方。

回国以后，孟德斯鸠在故乡拉布莱德堡住了两年。他在那里平静地享受孤独，与外面世界的纷繁和喧闹相比，孤独尤其令人快慰。外出多年之后，他终于可以独自生活一段时间了。尤其令我们高兴的是，他利用这段时间最终完成了《罗马盛衰原因论》，此书于 1734 年问世。

帝国与人一样经历成长、衰老，直至死亡。可是，形成这一必然过程的原因却往往湮没在时间的漫漫长夜之中，令人无法看清；由于难以一眼看穿或从表面看微不足道，这些原因甚至遮住了同时代人的眼睛。就此而言，与当代历史最为相似的莫过于古代历史了。不过，罗马人的历史在某些方面可算是一个例外。罗马史呈现了一种深思熟虑的政治、一种持续不断的成长体系，我们无法以模糊或次要的原因来解释罗马人民的命运。罗马兴盛的原因存在于历史之中，应该由哲学家去发现。再则，历史研究中的体系与物理研究中的体系不同。物理研究中的体系几乎都瞬间即逝，一个新的未曾料到的观察结果可能会在一瞬间推翻以前的体系。与此相反，当我们仔细地收集古代历史流传下来的那些关于某个国家的史实时，如果不能把希望得到的所有数据都收集到，那就不能指望有朝一日会找到更多的数据。审慎的历史研究重要而又困难，这种研究就是以无懈可击的方法拼凑缺失的数据，犹如建筑师用最接近实际的方法，以自己的才能和合理的推测弥补残破和缺失，把古代建筑物的轮廓重现在废墟上。

我们应该从这个角度来审视孟德斯鸠先生的著作。他发现，罗马兴盛的原因有以下这些：罗马人自幼就受到热爱自由、劳动和祖国的教育；他们的内部争论提升了人民的才智，但当他们面对敌人时，内部争论立即停止；他们在遭遇灾难时绝不丧失共和政体的信念；他们坚持不获胜利绝不媾和的原则；他们将胜利的荣誉用作对将军们的鼓励；他们对反叛国王的人民给予保护；他们的政策非常正确，允许战败国人民保持原有的宗教信仰和习俗；他们绝不同时抗击两个敌人，而是对其中一个采取忍让态度，直至另一个被击溃为止。孟德斯鸠认为，罗马衰落的原因有以下这些：由于疆域扩大，致使民众的骚乱变成内战；在远方征战使公民们长期远离本国，以致不知不觉地丧失了共和精神；由于把公民权赋予许多民族，致使罗马人变成了一种多头怪物；来自亚洲的奢华之风导致腐化；苏拉[①]对政敌的血腥迫害使民族的精神变得卑微，从而为实行奴隶制做好了准备；当罗马人不得不为自由付费时，他们就得忍受主人的压榨；他们不得不在更换政体的同时更换准则；从提比略[②]到涅尔瓦[③]，从康茂德[④]到康斯坦丁[⑤]，一个又一个恶魔接连不断地统治罗马；最后，帝

① 苏拉（Sylla，前 138—前 78），古罗马统帅，曾任执政官，实行军事统治。——译者

② 提比略（Tibère，前 42—37），罗马皇帝（前 14—37 在位）。——译者

③ 涅尔瓦（Nerva，35—98），罗马皇帝（96—98 在位）。——译者

④ 康茂德（Commode，Aurelius，161—192），罗马皇帝（181—192 在位）。——译者

⑤ 康斯坦丁（Constantin，Aurelius，约 288—337），罗马皇帝（306—337 在位）。——译者

国一分为二,西罗马帝国在蛮族的强势下溃亡,东罗马帝国在几位愚蠢和凶狠的皇帝统治下苟延残喘了几个世纪之后,就像大河流进沙漠那样,无声无息地寿终正寝。

孟德斯鸠先生仅用一本小册子就把这样一幅有趣和壮观的图画展现在我们眼前。作者不拘泥于细节,而是紧紧抓住与主题有关的几条内容丰富的主线,他把大量辨认得非常清晰的对象浓缩在很小的篇幅中,快速地呈现给读者,让人读起来毫不费力。这部书让人看到了许多东西,而且留下了更多的东西让人思考。其实,作者当初应该把书名定为《罗马史——国务活动家和哲学家必备》。

孟德斯鸠先生虽然因《罗马盛衰原因论》以及此前的另一些著作而名声大振,但这只是为他开辟了一条道路,通向更加伟大的成就,通向使他的名字不朽,使他备受后人景仰的那部巨著。

他早就有意撰写此书,酝酿时间长达二十年,更确切地说,他一生都在不断地酝酿和构思这部著作。首先,为了更好地认识自己的国家,他用外国人的眼光进行观察,接着,他走遍欧洲,对各国人民进行深入的研究。在这次游历中,那个以其法律为荣却又没有充分利用法律的岛国,犹如一所让他学到了许多东西却不能全然苟同的学校,就像克里特岛之于莱库古①一样。此外,他对各个民族以及如今仅见于世界史册的那些名人,进行了审问和判决(倘若可以这样说的话)。他就这样一步步上升到一位智者能够达到的顶峰,无愧于世界各国的立法者这个称号。

题材的重要性固然推动着他,题材的广泛性却也曾令他退缩,他多次放弃写作计划,又多次重新拾起。如他自己所说,他多次感到"慈父

① 莱库古(Lycurgue,约前9或前8世纪),传说中的斯巴达立法者。——译者

之手垂落下去"[①]。在他的朋友们的鼓励下,他重新振作,终于完成了《论法的精神》。

在这部重要著作中,孟德斯鸠先生与他的前辈们不同,他不纠缠于与假设的抽象状态中的人有关的形而上学的讨论,也不局限于在某些特殊的关系或境遇中考察某些国家的状况,他把世界各地的居民置于他们的实际状态和彼此可能发生的关系中进行观察。这个领域中的大多数作者,或者只是道德伦理学家,或者只是法学家,有时甚至只是神学家。对于他这个属于各国和各民族的人来说,他所关心的与其说是义务对我们的要求,毋宁说是可以用来强制我们履行义务的手段;与其说是法律的学究式的完美,毋宁说是另一种完美,那就是促使人的本性把法律变得切实可行;与其说是既有的法律,毋宁说是本应制定而没有制定的法律;与其说是某个国家的特定法律,毋宁说是适用于各国人民的法律。所以,当他把自己与此前走在同一条伟大而崇高的路上的人们相比时,他可以像勒科莱乔看到对手的作品时那样理直气壮地说:"我也是画家。"[②]

《论法的精神》的作者怀抱着他的目标,在书中讨论了许许多多的问题,一一加以简洁而又深刻的论述;唯有以刻苦和勤于思索的精神认真阅读的人,方能领略这部著作的价值之所在。有些读者指责孟德斯鸠先生的写作方法有缺陷,我敢说,若能以刻苦和勤于思索的精神认真阅读,这个所谓的缺陷就不复存在;这些读者不应轻率地指责作者,说他在这部著作中忽略了那个本应具备的优点,需知这是一部论述哲学的著作,是一部花费了二十年心血的著作。应该把实在的混乱和仅见于表面的混乱区分开来。如果观念的一致性和延续性没有得到遵守,

① 参阅《论法的精神》序。——译者

② 参阅《论法的精神》序。——译者

如果把结论当作定律，或是先有结论后有定律，如果读者绕了无数个圈子后，发现自己又回到了出发点，那才是真正的混乱。作者如果把他所使用的各种观念安置在它们各自的位置上，让读者自己去填补观念与观念之间的空缺，那么，这种混乱只是表面的混乱。孟德斯鸠先生认为，他可以而且应该使用这种方法，因为他的书是写给善于思考的人读的，他们凭借自己的才具应该能够把他有意而且有理略去的东西补上。

《论法的精神》体现在大局上的条理，同样见于细节；我相信，对这部著作的理解越是深刻，对它的条理也就看得越清。作者紧紧把握住大项分类，把只能归属某一大项的东西放在其中，凡是同时涉及几个大项的东西，则依据其性质分别放在各自合适的数个大项中。这种安排使读者可以轻松地看到各个不同部分的相互影响，而不至于晕头转向。这就像是人类的一棵知识图谱或一个知识体系，各个学科和各种工艺之间的关系一目了然。我的这个比较绝对正确，因为，这种关系既可以在对法律的哲学考察中看到，还可以在百科谱图中看到。主观认定的东西总是难以完全避免的，我们可以向作者提出的全部要求，只能是始终固守他为自己确定的体系，不绕圈也不偏离。

至于对这样一部著作来说可以允许的某些含糊之处，我想说的话与上面谈及结构混乱时所说的话没有区别。在作者看来，平庸的读者觉得含糊的东西未必就真的含糊。况且，作者故意为之的含糊之处何止一二。孟德斯鸠先生有时需要阐明一些重要的真理，如果以绝对和直白的方式说出来，难免徒然造成伤害，他于是把这些话谨慎地加以包装，借助这种善意的人为加工，让可能受到伤害的人看不清楚这些话的真实含义，同时又不会让智者莫名其妙。

他从一些著作中汲取了数据，有时甚至借用了某些观点，他最为倚重的是两位历史学家：塔西佗和普鲁塔克。尽管对于一位哲学家来说，读了这两位历史学家的著作之后，无需再读其他许多作家的著作了，可是，孟德斯鸠并不认为因此就可以忽略或轻视任何可能对他提供帮助的东西。读了《论法的精神》之后我们发觉，作者不但广泛涉猎，并且合理地利用了大量阅读所得的材料。当我们获知，当时他已经几乎完全丧失视力，不得不依靠他人的帮助才能阅读，我们几乎惊讶得难以置信。大量阅读对《论法的精神》具有实际效用，而且增进了此书的可读性。孟德斯鸠先生懂得如何在不损害主题的庄重性的前提下，设法降低枯燥的程度，为读者提供一些轻松的时刻，为此，他写了一些鲜为人知的趣事轶闻，使用了一些巧妙的隐喻，有时还以有力和传神的笔触及寥寥数语，勾勒出一个民族或一批人的面貌。

总之，我并不想在这里扮演为荷马作注的角色，如同任何一部敢于领先开辟新路的天才著作一样，《论法的精神》肯定也不无瑕疵。孟德斯鸠在法律研究方面之于我们，恰如笛卡尔在哲学研究方面之于我们一样。他通常都给人以启示，有时也出点错，懂得如何读书的人即使在他出错时依然能够获得教益。此次新版以其增补和修正表明，孟德斯鸠先生虽然不时跌跤，但他敢于认错，而且知道重新站立起来。因此，他至少应该有权要求书刊审查官对他们意见不一的章节重新进行审查；他自己认为最需要修改的地方，说不定根本就没有为书报审查官们所察觉。害人之心往往不长眼睛。

但是，在《论法的精神》中，人人都可得到的东西是什么？是什么使作者得到各国人民的钟爱？是什么使那些比作者的疏漏更严重的错误得到弥补呢？那就是孟德斯鸠所强调的公民精神。书中处处充溢着对公众福祉的热爱和对人人都能获得幸福的愿望。此书哪怕只有这一个罕见而珍贵的优点，也足以让各国人民和国王都来阅读。我们从自己的宝贵经验中看到，读者从阅读中得到的不只是枯燥乏味的情感。孟德斯鸠先生虽然在《论法的精神》出版后不久与世长辞，但他是带着满意的心情而去的，因为他看到此书已经在我们当中开始产生效果：法国人与生俱来的对祖国的爱被引向真正的目标，对于商业、农业和实用的工艺的关注不知不觉间遍及全国，对于政体原则的普遍认知使人民更加热爱他们应该热爱的东西。那些无端攻击这部著作的人，从这部著作中学到的知识恐怕远远超出他们自己的想象，若说他们忘恩负义，那是最轻的指责。我们对这些人的揭露，不能不说是我们时代的遗憾和羞耻。可是，这段故事对于孟德斯鸠先生的光荣和哲学的优越性十分重要，绝不能闭口不谈。但愿他的敌人能从自己蒙受的耻辱中获益。

《论法的精神》刚刚出版，就因其作者的声誉而求购无门。孟德斯鸠撰写此书虽然为的是人民的福祉，可是，评判此书优劣的人却不是人民大众，因为，此书的主题不但极其重要，而且非常深邃。不过，由于该书所阐述的观点若非源自主题的深层，便很可能被认为是无的放矢，所以，许多人都心悦诚服地认为，该书是为他们而写。读者寻找的是一部有趣的书，他们找到的却是一部有用的书，而且如果不花些工夫读，就抓不住该书的主旨和细节。有人轻率地对待《论法的精神》，就连书名也成为他们嘲弄的话柄。出自我们民族的这部最佳人文著作之一，起初竟遭遇我们大家的冷漠。直到名副其实的专家们抽出时间阅读该书之后，才让时刻准备改变意见的芸芸大众对该书刮目相看。公众中的授业者把应思和应说灌输给受教育者，具有判断力的人由衷赞扬，其余的人大声附和，整个欧洲于是乎就众口一词了。

文学和哲学的公开和隐蔽的敌人们(因为确有这两类敌人)于是针对该书群起而攻之，一大批小册子从四面八方对他进行攻击，我们当然也不会忘记这些小册子低劣到何种程度；它们的作者如果不采取必要的措施隐匿自己的真名实姓，我们的后代恐怕就会以为《论法的精神》是在一群野蛮人中间写就的。

对于这些毫无才干可言的作者，孟德斯鸠先生毫不费力地视他们阴暗的批评为呓语。这些作者或是出于他们不配拥有的嫉妒心理，或是为了满足喜欢讥讽和鄙视的那部分公众的险恶用心，吃不到葡萄就说葡萄酸；他们以其试图做的坏事令人憎恶，更以其正在做的坏事令人害怕，他们的这种文章因无需费力和用心不良而极为卑劣，可是，就连这种文章他们也写不好。孟德斯鸠把这类文章视若欧洲新近出版的那些周刊，它们的颂扬不具权威，它们的论点没有效果，被他们辱骂的君主们或是不知情，或是懒得实施报复；有闲暇浏览这些周刊的读者们也并不信以为真。对于有人指责《论法的精神》所散布的非宗教原则，孟德斯鸠就不那么无动于衷了。他若蔑视此类指责，那就意味着他认为自己应该受到此类指责，主题的重大迫使他不顾自己的身份，起而与这些鼠辈们进行论战。这些人并无热情，却急不可耐地要显示热情，人文科学之光并未损害宗教，却对他们不利，所以他们出于对人文之光的惧怕，以各种各样的方式伤害孟德斯鸠。一些人采用幼稚而怯懦的手法，以彼此攻击掩饰对孟德斯鸠的攻击，另一些人则先对他进行匿名攻击，然后再以他为题相互攻击。孟德斯鸠先生虽有挫败他们之意，但又觉得把他们一一击败不啻是浪费宝贵的时间，于是，他只选择他们之中最肆无忌惮的一位予以反击。

这是一份匿名和定期印刷品的作者，自以为承袭了帕斯卡尔的观点，因而是帕斯卡尔的继承者，这是一个为无人问津的著作大肆鼓吹的人，被他说得神乎其神的奇迹，世俗权威一出面就被制止了，他竟然把文人对他的叽叽喳喳不感兴趣称作亵渎和丑闻，并且以只有他这种人才使得出来的手段拉拢他企图操纵的那部分国民。这位可怕的打手使出的招数与其指责相当匹配，他指控孟德斯鸠宣扬斯宾诺莎[①]主义和

① 斯宾诺莎（Spionaza，Baruch，1632—1677），荷兰哲学家，否定超自然的上帝存在。——译者

自然神论（这两种思想其实互不相容），追随蒲柏①的体系（孟德斯鸠其实只字未提），援引了非基督徒普鲁塔克的著作，闭口不谈原罪和圣宠。他声称，《论法的精神》是教皇圣谕“唯一圣子”②的产品，有人可能会怀疑，这是我们为了嘲弄这位批评家而强加给他的一种想法。凡是熟悉孟德斯鸠先生、教皇克莱门特十一世和孟德斯鸠的著作的人，都不难从这一指控想见，其他指控都是些什么货色。

这位作者因倒霉而泄气了，他本想让全体公民在他们最关心的事情上失去一位智者，结果却引出了《为〈论法的精神〉辩护》，从而为这位智者再次争得了学者的荣誉。这篇文章以其温和的风格、清晰的真理和机智的揶揄，堪称同类文章的典范。遭到论敌凶狠攻击的孟德斯鸠先生，原本不费吹灰之力就能让攻击者灰头土脸，但他做得更加漂亮，他不但让这位攻击者面目可憎，而且像个滑稽可笑的小丑。我们应该感谢这位攻击者无意之中做了一件好事，那就是为我们催生了《为〈论法的精神〉辩护》这篇佳作。这篇珍贵的佳作还有另一个可贵之处，那就是作者不经意之间在文中为自己作了一幅画像。认识他的人似乎在倾听他侃侃而谈，后人则在读过《为〈论法的精神〉辩护》后觉得，他的谈话与他的文笔相比毫不逊色；伟大的人物中能得到这种颂扬的只有寥寥数人。

另一个情况使他在这场论战中充分占有优势。批评家为了证明他热爱基督教，竟然中伤教会人士，指控法国教会特别是神学院对上帝的事业毫无热情，对于这样一部不折不扣的有害的著作不予禁止。神学院有理由蔑视这位不公开真实身份的作者的指责，可是，由于此事涉及

① 蒲柏（Pope，1688—1744），英国诗人和散文家。——译者

② 教皇克莱门特十一世1713年9月8日颁布的圣谕，斥责冉森派的观点，导致法国天主教会分裂为两派。此圣谕于1730年成为法国法律。——译者

宗教，所以，神学院以令人赞扬的态度决定对《论法的精神》进行审查。审查已经进行了数年，神学院至今没有发表任何意见。孟德斯鸠先生纵然略有一些轻率的不当之言，这对于他涉及面如此之广的学术活动来说，几乎是难以避免的。教会中那个最有学识的机构既然用这么长时间专心致志地仔细审查他的那些不当之言，至少可以证明这些不当之言完全可以原谅。可是，这个办事谨慎的机构对于如此重要的一桩差事丝毫也不着急，它懂得理性和信仰的分界何在，它非常明白，不能把一个文人的著作当作一部神学著作来审查，一种说法因恶劣诠释而产生的不良后果，根本不应归咎于这个说法本身，何况，我们生活在一个不幸的时代，宗教利益需要有所收敛，如果不适当地散布对第一流人物的不信任，就会在普通人面前损害宗教利益。尽管对孟德斯鸠先生散布了这些不公正的指控，他依然得到教会中备受尊敬的大人物们的高度评价，乃至追随和欢迎。倘若教会中的这些人把他视为一个构成威胁的作家，他能受到这许多人的重视吗？

就在这些鼠辈们在本国折磨孟德斯鸠之时，英国却为他竖立了一座丰碑。以铸造名人头像著称于世的达希耶先生，于1752年从伦敦来到巴黎为孟德斯鸠造像。德拉图尔先生是一位才华出众的艺术家，以其慷慨和崇高的精神广受尊敬，他热切地希望，为《论法的精神》的作者画像将给他的画笔再添光彩，他只想得到为他画像的满足，他像阿佩尔一样完全配得上这个荣誉，可是，尽管德拉图尔先生对于自己的时间非常大方，孟德斯鸠先生却对他的时间相当吝啬，一再婉拒他的殷勤要求。达希耶先生起初也碰了软钉子，最后不得不对孟德斯鸠先生说："你不觉得，无论拒绝或接受我的建议，你的骄傲都能得到体现吗？"这句玩笑终于让孟德斯鸠无言以对，只得让达希耶做他想做的事。

《论法的精神》的作者于2月初病倒时，平静地享受着他的荣耀。他因先天不足而一向健康状况不佳，长期研究工作中不可避免的劳累，他的著作所招来的烦恼，他在巴黎不得不习惯的那种可悲的生活方式，这一切使他的健康状况每况愈下。可是，社会上希望与他结交往来的愿望十分强烈，有时甚至有些冒失，人们以与他交游为荣，却不知道这样会损害他的健康。孟德斯鸠病重的消息一传开，立即引起人们的议论和焦虑。他的住处挤满了前来探询的各个阶层的人，其中一些人出于对他真心的关怀，也有一些人只是为了装装样子或是随大流。国王陛下担心国家将会因他的去世而遭受重大损失，多次派员前来打听消息；由此可见，他的善良和公正不但为普通百姓增光，也为国王添彩。孟德斯鸠之死无愧于他的一生，他忍受着病痛的折磨，逗留在远离家乡的地方，挚爱着他的家人无法为他送终；在朋友和一大批观望者的关注下，他在生命的最后一刻依然保持着心灵的平和。最后，在体面地履行了他的所有义务，充满着对即将前去投奔的永恒的造物主的信赖，他作为一个终生只为人类的美德而贡献才华的善人，平静地离我们而去，享年六十六岁。公元 1755 年 2 月 10 日，法国和欧洲失去了一位伟人。

所有公共新闻都把孟德斯鸠之死作为一桩灾难宣布。往日一位罗马名人所说的话可以用在孟德斯鸠身上：没有一个人为他去世的噩耗感到高兴，人人都从他去世那一刻起把他永远牢记在心间。外国人迫不及待地表达了他们的惋惜之情，享有盛誉的切斯特菲尔德爵士[①]在伦敦的一份报纸上刊发了一篇纪念孟德斯鸠的文章，这是一篇既无愧于被纪念者也无愧于纪念者的文章，完全可以比之于伯里克利[②]为阿纳萨戈拉[③]撰写的悼文。普鲁士王家科学和文学院没有为外籍院士发

① 切斯特菲尔德（Chestefield，1694—1773），英国作家、政治家。——译者

② 伯里克利（Périclès，约公元前 495—前 429），雅典政治家。——译者

③ 阿纳萨戈拉（Anaxagore，公元前 5 世纪），希腊物理学家和哲学家。——译者

表颂词的惯例，却为孟德斯鸠破了例，而在此之前，只有让·贝尔努里[①]享受过这一殊荣。莫帕尔蒂[②]先生不顾沉疴缠身，亲自前来向他的好友告别，而此前他从未向任何人表达过如此真诚和悲痛的心情。在这许多向孟德斯鸠先生表示敬意的人当中，我觉得应该添上国王本人，他当着我的面表达了对孟德斯鸠的颂扬，指出他的去世是哲学界的损失，并对我表示安慰。

2月17日，法兰西学院依据惯例为他举行了一个庄重的仪式，尽管时值严冬，该院在巴黎的同仁全都到场出席。在这个令人悲痛的仪式上，本应把《论法的精神》安放在灵柩上面，就像当年把拉斐尔的最后一幅画作安放在他的灵柩上面一样。如果安放了这件简单却感人的物品，肯定抵得上一篇绝妙的悼词。

我们在前面仅仅把孟德斯鸠先生看成作家和哲学家，倘若不说说他广泛的兴趣和为人的品德，那就等于抹杀他的一半荣耀。

他待人亲切而热情，认识许多名人和普通百姓，所以，他的谈话轻松、有趣、富有教益。他的谈话就像他的文笔一样，并非一气呵成，虽然风趣和俏皮，却并非讽刺和挖苦。他比任何人都善于讲故事，声情并茂，脱口而出，既饶有情趣又不矫揉造作；他很明白，听一个有趣的故事的人都想知道结局如何，所以，他三言两语就把故事讲完，让听的人得到他事先并未许诺的满足。

他常常开些玩笑，不但不让人讨厌，反而让人愈加觉得可爱，他的玩笑总是出人意料，为正在变得索然无味的谈话重新注入活力。他的玩笑从来不装腔作势，也不咄咄逼人，更不令人厌烦。他的玩笑出自他的精神的火花和满脑子的思想，不过，别人正在进行一场有趣或严肃的

① 让·贝尔努里(Jean Bernoulli，1667—1748)，瑞士数学家。——译者

② 莫帕尔蒂(Maupertuis，1698—1759)，法国数学家。——译者

交谈时，他从来不会不合时宜地乱开玩笑。由于他希望为同在一起的人带去欢乐，所以大家都觉得他是一个不会矫揉造作和故作姿态的人。

喜欢交游不仅仅是他的性格和精神使然，他在研究工作中安排的生活制度使他需要交游。他虽然习惯于长时间的苦苦思考，却并不因此而把自己弄得精疲力竭，他总是在尚未感到疲惫时就放下工作①。

他看重荣誉，但他只想凭借自己的成就获取荣誉。他从不以卑劣的手段，经由见不得人的可耻途径捞取荣誉，这种做法只会损害他的人格，而不会为他的名字增添光彩。

他虽然无愧于任何敬意和任何褒奖，但他一无所求，即使被人遗忘也不感到吃惊。反之，他敢于在困境中保护遭受迫害和不幸的著名文人，为他们寻求宫廷的恩宠。

或是出于不得已，或是出于方便或兴趣，他生活在大人物的圈子之中。其实，为了自己的幸福，他并不是非得与这些人交往不可。他一有机会就跑回老家，在那里他能找到自己的快活、人生的哲理、书籍和休息。他在与上层社会的交往中，在各国的历史中对人进行了研究，而当他生活在老家的乡下人中间时，他又利用闲暇的时刻，通过对这些仅仅接受过大自然教育的淳朴的心灵的观察，继续对人进行研究，他从这些人身上看到了值得学习的东西，高兴地与他们交谈，像苏格拉底那样从他们身上寻找精神，与这些乡民交谈就像与最显赫的上流社会人士交

① 上面提到的那位匿名作者声称，我现在所说与我前面说过的话明显地自相矛盾。前面说到，孟德斯鸠先生因深入研究的缓慢而几乎不可避免的后果而积劳成疾。可是，这位匿名作者在对比我的两段话时，为何对他眼前缓慢而几乎不可避免的这几个字视而不见？这是因为在他看来，不能立即感受到的缓慢后果等同于不真实的后果，其实，被他删去的这几个字恰恰说明，我的两段话并不自相矛盾。这就是这位作者在论战中以及在更为严肃的问题上所采取的态度。——达朗贝尔

谈一样，让他非常高兴，每当为他们解决了纠纷，以自己的善举减轻了他们的痛苦时，他尤其备感欣慰。

他最让我们难以忘怀的是他生活的节俭，甚至可以说是过分的节俭，在既悭吝又讲究排场的上流社会中，很少有人能猜透他为何如此节俭，而能够切实地理解他如此行事的原因的人则更少。孟德斯鸠先生是个乐善好施的人，因而当然也是一个处事公正的人，不论是给予不幸者的资助，长时间游历的开销，治疗眼疾的花费，印刷著作的费用，他从不向自己的家人索取。他从前辈手中接受的遗产，一分不多一分不少地交给了他的后人，他为这份遗产所添加的，只有他的名字为他争得的荣誉和他一生作出的榜样。

他于 1715 年与让娜·德·拉尔蒂克结婚，这位妻子是莫勒弗里埃步兵团中校皮埃尔·德·拉尔蒂克的女儿，他们生育了两个女儿和一个儿子，儿子的性格、为人和成就都无愧于其父。

凡是热爱真理和祖国的人，读到以下他的这些警句时，应该不会不高兴，因为他在思考：

“国家的每一部分都应该置于法律之下，但是，如果与自然法没有任何相悖之处，国家的每一部分的特权就应该得到尊重；自然法要求每个公民都为公众的福祉贡献力量；世袭的财产在公众的福祉中位列第一，是最不可侵犯的权利，任何动摇它的企图都是不公正的，有时甚至是危险的。

无论在什么情况下，无论团体利益有多大，官吏永远只是官吏，待人处事不因亲疏和好恶而不同，他们就像法律一样，宽恕不是因为爱，惩罚不是因为恨。”

他还说，宗教争执曾让皇帝和希腊基督徒颇为操心，当一个国家中的神学论战越出学校的围墙时，必然会使其在其他国家眼中蒙羞；即使智者们鄙视此类争执，也无助于国家的声望，因为智者在任何地方总是为数甚少，而且声音不大，人们从来不会把智者当作评价一个国家的依据。

我在这篇颂词中需要谈论的著作很多，所以不得不把重要性稍逊的那些著作略而不提，作者撰写这些著作虽然只是为了消遣，但是，这些著作如果出自另一个人之手，或许完全值得为此而撰写一篇颂词了。在这些著作中，最出色的是紧接着《波斯人信札》之后写成的《尼多斯的神殿》。在《波斯人信札》中，孟德斯鸠先生犹如贺拉斯①、提奥弗拉斯特②、琉善③，而在《尼多斯的神殿》中，他犹如奥维德和阿那克里翁④。他在这部新作中描绘的不再是专制制度下的东方爱情，而是纤细和天真的田园牧歌式爱情，尚未被人际关系腐蚀的一个新的心灵中的爱情。作者也许担心这样一幅与我们的习俗大异其趣的图景，会显得过于忧郁和单调，于是穿插了一些令人愉悦的场景加以点缀。他把读者带到梦幻般的环境中，其实，幸运的情人对作者笔下的场景并无多少兴趣，只不过每当人们的愿望得到满足时，对于场景的描写倒是为读者的想象提供了巨大的空间。在主题的驱使下，他在这篇作品中展现出一种活泼、形象而充满诗意的风格，令人想到这种风格的标志性著作《忒勒马科斯历险记》⑤。我不明白，负责审查《尼多斯的神殿》的几位官员为什么说，孟德斯鸠如果用诗来写这部作品就好了。倘若把诗意理解为充满热情和形象（其实应该这样理解），那么，想要让作品给人以愉悦，不一定非得是韵脚千篇一律的诗不可。如果仅仅把这种风格归结为使用一些闲散的修饰语，冷峻而粗鄙地描写爱神的翅膀和箭囊以及诸如

① 贺拉斯（Horace，前65—前8），古罗马诗人，著有颂歌四卷。——译者

② 提奥弗拉斯特（Théophraste，约前371—前287），希腊哲学家，亚里士多德的学生。——译者

③ 琉善（Lucien，125—192），希腊作家。——译者

④ 阿那克里翁（Anacreon，？—约前570），希腊诗人。——译者

⑤ 《忒勒马科斯历险记》（*Aventures de Télémaque*），法国作家费纳龙（Fénelon，1651—1715）的小说。——译者

此类的东西，那么，押韵并不会给此类陈旧的手法增添任何分量，因为，想要在其中寻找灵魂和生命，将会永远是徒劳。不管怎么说，《尼多斯的神殿》既然是一篇散文诗，它的位置就应该由最负盛名的作家们来确定，因为，它配得上由这些作家来为它定位。我至少相信，这部作品的描写部分经得起诗歌描述的主要考验之一，即把它表现在画布上。然而，我们在《尼多斯的神殿》中特别应该注意的是，阿那克里翁也是观察家和哲学家。这部作品的第四首歌似乎在描写锡巴里斯人[①]的风尚，但是我们可以清楚地辨认出，它实际上是在描写我们自己的风尚。序曲更是明显地带有《波斯人信札》作者的印记。他把《尼多斯的神殿》作为一份古代希腊手稿的译文介绍给读者，其实这是他开的一个玩笑，可是，后来被许多不良的抄手歪曲了，他轻轻一笔，就把批评家们的愚蠢和翻译家们的学究气活灵活现地呈现在读者面前，他在此文末尾所说的话值得在这里重复："如果严肃的人们希望我写一些比较正经的作品，我完全可以满足他们的心愿。三十年前我就着手撰写一部十二页的书，书中包含有关于形而上学、政治学和伦理学的内容，以及这些学科的大家们在他们的作品中遗漏的所有内容。"

我们把孟德斯鸠先生对《百科全书》的特殊关注，视为对我们的工作的值得夸耀的回报；作者们的勇气和激励迄今一直是《百科全书》取之不竭的源泉。在孟德斯鸠先生看来，所有文人学子都应尽力协助完成这项有益的事业。他与伏尔泰先生以及另外几位著名作家一道，身体力行，为我们作出了榜样。《百科全书》所经历的遭遇或许令他想起了他自己的作品的遭遇，从而使他对《百科全书》寄以同情。或许因为我们在《百科全书》第一卷中大胆地为他所说的公道话，令他在不知不

① 锡巴里斯人(Sybarites)，古代希腊的锡巴里斯(今属意大利)居民。——译者

觉中颇为感动，因为，当时谁也不敢理直气壮地为他辩护。我们在他的遗稿中找到的《论情趣》，是他为《百科全书》撰写的一篇文章的未完成稿，我们依照原样发表，我们对这篇未完成的文章的敬意，与当年古人对塞涅卡[①]的遗作怀有的敬意一样。他的去世使我们无法得到他更多的关怀，我们将我们的惋惜之情连同整个欧洲的惋惜之情融为一体，在他的墓碑上写下如下语句：

“他的去世令我们悲伤，令祖国痛惜，对于外国人和不认识他的人来说，他的去世也不会是一件无关痛痒的事。”（塔西佗，《阿古里可拉传》，c. 3）

① 塞涅卡（Sénèque，约前 4—65），古罗马哲学家、剧作家。——译者

《论法的精神》解析

达朗贝尔

谈论《论法的精神》的文人学子大多热衷于评头品足，而不是给予公正的评价。我将努力弥补他们原本应该做的事，并阐发《论法的精神》的纲要、特点和对象。有人或许会觉得我这篇解析太长，但读完全文后，他们就会认为只有这样做，才能深刻理解作者的写作方法。此外，我们还应该记得，著名作家的历史实际上就是他们的思想和作品史，在对他们的颂扬中，最主要和最有用的部分是对他们的思想和作品的赞颂。

撇开一切宗教不谈，自然状态下的人在可能发生的各类争端中，只知道遵循动物的法则即弱肉强食，所以，我们把社会的建立视为对抗这种不公正权力的一种契约。这种契约的目的是在不同人群中确立一种平衡。但是，平衡不仅涉及精神，也涉及物质，所以，完善和持久的平衡极为罕见，人与人之间的契约犹如君主与君主之间的契约一样，是不断引起分裂的祸根。利益、需要和愉悦使人彼此接近，可是，这些因素同时又不断促使人们只愿享受社会给予的好处，而不愿为社会承担义务。正是在这个意义上，我们可以像作者那样说，人一旦组成社会，就处于战争状态。因为，对于那些彼此交战的人来说，战争即使并不意味着力量的平等，至少意味着主张这种平等的舆论，并由此产生出战胜对方的意愿和希望。然而，在社会状态下，虽然人与人之间从来没有完全的平衡，却也从来没有极端的不平衡。反之，自然状态下的人没有任何东西值得彼此争夺，纵然不得不争夺，也只能是弱者在强者面前退缩，压迫者无需动武，被压迫者即放弃抵抗。

聚集并武装起来的人于是一面相互拥抱，一面试图彼此伤害，法律就是效力大小有别的约束，旨在中止或制止他们的攻击。然而，鉴于我们所居住的地球广袤无比，地球上各个地区的土地和民族性质各不相同，所有人不可能生活在同一类政体之下，因此，人类不得不分成若干国家，以各自适用的法律相区别。人类若是共同采用一类政体，就只能是一个精疲力竭和日趋衰弱的实体，地球表面将成为一个毫无生气的地方。其实，不同的国家个个都是灵活和健壮的个体，它们彼此携手，齐心协力，以各自的活动维系着各地的活动与生活。

政体可分为三类：共和政体、君主政体和专制政体。在共和政体中，人民作为一个整体享有最高权力。在君主政体中，一个人独自通过法律进行统治。在专制政体中，除主子或暴君的意志外，没有其他法律。这并不是说，世界上只有这三类政体，所有国家严格地分属这三类政体中的一类。在某种程度上可以说，大多数国家都或多或少地兼具其他政体的某些特征。此君主国倾向专制政体，彼君主国容纳了某些共和政体因素，在另一处，制定法律的不是全体人民，而仅仅是一部分人民。尽管如此，上述分类并不因此而不精确或不正确。这三类政体差异极大，彼此毫无共同之处，我们所知的所有国家都分属其中一类。因此，有必要为这三类政体确定各自的类别，并尽力为它们制定适用的法律。法律制定之后，无论一个国家属于哪一类政体，依据它们各自程度不同地所属的政体类别，修改法律都比较容易。

在不同国家中，法律均与其性质，即组成国家的事物有关，也与其原则，即支持并使之运行的事物有关；这是一个极其重要的区别，是法律之所以多如牛毛的关键所在，作者阐述了它的许多后果。

与民主政体的性质有关的主要法律，使人民在一些方面是君主，在另外一些方面是臣民，他们选任和评判官吏，而官吏则在某些场合作出决定。君主政体的性质要求在君主和人民之间存在许多中间权力和阶层，此外，作为臣民与君主的中介，还应有一个存放法律的实体。专制政体的性质要求暴君一人亲自行使权力，或由他的代表独自行使权力。

至于三类政体的原则，民主政体的原则是爱共和国，即爱平等。在君主政体中，有一个人与名位和褒奖无涉，人民习惯于将国家与此人混为一谈，那里的原则是荣宠，即有抱负和爱地位。最后，专制政体的原则是畏惧。原则越是强劲有力，政体越是稳定；原则越是败坏，政体越是趋向毁灭。作者谈及民主政体中的平等时，他所指的并非极端和绝对因而虚幻的平等，而是指能让全体公民平等地接受法律约束，平等地关注遵守法律的那种可喜的平衡。

在每一类政体中，教育法都应与政体原则相关。这里所说的教育，是指人进入社会后应该接受的教育，而不是指家长和老师的教育，后者常常与前者南辕北辙，在某些国家中尤其如此。在君主政体国家中，教育应该以彬彬有礼和相互尊重为目标。在专制政体国家中，教育应以畏惧和意志消沉为目标。共和政体国家需要教育发挥其全部威力，教育应该激发高尚但痛苦的情感，舍弃自我，从而产生对祖国的爱。

立法者制定的法律应该符合各类政体的原则。在共和政体中，法律应该维持平等和节俭，在君主政体中，法律应该支持贵族，但不压垮平民。在专制政体中，法律应该让所有等级缄口无语。我们绝不应该责备孟德斯鸠先生，说他在这里为君主勾勒了绝对权力的原则，英明的君主一听到绝对权力这个词就无比憎恶，睿智和品行高尚的公民一听到这个词，憎恨的程度更是有过之而无不及。讲明如何使专制政体得以保存，就是努力将其消灭，因为，专制政体臻于完善之时，便是它的毁灭之日。作者所指出的暴君政体的准确标志，同时也就是这些暴君最害怕的讥讽和灾害。其他各类政体各有各的优点,共和政体最适合小国,君主政体最适合大国;共和政体比较容易偏激,君主政体比较容易滥权;共和政体执行法律比较成熟,君主政体执行法律比较迅捷。

由于三类政体原则各不相同,法律对象的数量因而不同,审判方式和刑罚性质也不同。君主政体的机构具有不变性和基本性,因而要求有更多的民事法和法院,以便司法公正能以比较一致和不专断的方式得到确保。在政体温和的国家中,无论是君主政体或是共和政体,刑事法都不会有太多的诉讼程序。刑罚不但与罪行相当,而且量刑时尽可能从轻,在民主政体中尤其如此,舆论对量刑的影响往往大于罪行本身。在共和政体中必须依据法律进行判决,任何个人都无权窜改法律。在君主政体中,君主的仁慈有时可以减轻法律的严峻程度,但是,任何罪行都不得由专门指定的官员负责审理。最后,主要是在民主政体中,法律应该严厉对待讲究奢华、败坏风尚以及引诱妇女等行径。民主政体因其温和与柔弱,很适合应用在君主政体中,历史证明,民主政体曾多次光荣地带来了王冠。

孟德斯鸠先生逐个阐述了各类政体之后,接着审视了它们之间的相互关系,不过,这种审视是以最一般性的角度,亦即仅仅与其性质和原则相关的角度进行的。用这种方法来看,各个国家之间的关系只能是自卫或攻击。共和政体由于只能是小国,因而若不结盟便无法自卫,不过,与之结盟的也应是共和政体的国家。君主政体国家的防御力量主要在于拥有不受侵犯的边界。国家与人一样,有权为保护自己而对他人施行攻击。从战争权引申出征服权,这是一种必要的、正当的但不幸的权利,它对人类本性永远欠下了一笔巨大的债务,征服权的普遍法则是尽最大可能少给被征服者造成灾难。与君主政体相比,共和政体较少从事征服;因为,大量从事征服意味着专制政体,或者为专制政体提供保证。征服精神的最大原则之一应是尽最大可能改善被征服人民的条件,这样才能既满足自然法的要求,也符合国家的准则。杰龙与迦太基人签订的条约堪称最佳,它通过该条约禁止迦太基人将自己的孩子杀死用作供献。西班牙人征服秘鲁后,本应强迫当地居民不得杀人祭神,然而他们却认为,杀死这些居民祭神对他们更有利。西班牙人需要征服的只剩下一片荒漠,他们不得不把大片土地变成无人区,胜利永远使他们变得日益孱弱。征服者有时可能被迫更改被征服人民的法律,但永远不应强制改变被征服人民的风尚乃至习俗,习俗往往就是风尚。保住征服果实的最可靠办法,便是如果可能,应把被征服人民提升到征服者的水平,并赋予他们同样的权利和特权。罗马人过去就常常采用这种办法。恺撒对高卢人采用的办法更是如此。

前面在分别审察各类政体及其相互关系时,我们既没有关注它们之间的共同性,也不曾注意它们各自或源于地方性质,或源于人民性格的特殊性。现在就来谈谈这些方面。

所有政体,至少是所有温和并因此而正确的政体,都有一项共同法律,那就是每个公民应该享有政治自由。这种自由绝不是准许为所欲为的荒谬许可证,而是可以做法律所允许的一切事情的权利。应该将政治自由置于它与基本制度的关系中,或者它与公民的关系中进行审视。

每个国家的基本制度中都有两种权力,即立法权和执行权,后者有两个对象,其一是国家内部,其二是国家外部。政治自由相对于制度而言,其最大完善取决于上述两种权力的正当和合理的分配与行使。孟德斯鸠先生以罗马共和国和英国的基本制度作为这一论点的证据。他认为,罗马共和国的原则存在于古日耳曼人政府的这项基本法之中,即不甚重要的事项由头领决定,重大事项在头领们讨论后呈交给全民法庭审议。英国人是否确实享有该国基本制度赋予他们的这种极端的政治自由，孟德斯鸠先生并未对此进行考察，只要法律确立了这种自由，对于他来说便已足够。他更不想讥讽其他国家，恰恰相反，他认为，纵然是好事，倘若过了头，也同样不可取，极端自由与极度奴役一样有其弊病，一般地说，人的本性在中等国家中保持得较好。

从与公民的关系角度来看，政治自由主要是公民在法律保护下的人身安全，至少是主张这种安全的舆论，所以，一个公民根本无需惧怕另一个公民。这种自由的确立主要依靠刑罚的性质和量刑的准确性。针对宗教的罪行应处以的刑罚，是剥夺凭借宗教获得的财产，伤害风化的罪行应处以羞辱的刑罚，破坏公众安宁的罪行应处以监禁或放逐，危害安全的罪行应处以肉刑。对文字犯罪的惩处应该轻于行为犯罪，有思想而无行动则不应处以刑罚。非司法指控、密探、匿名信等暴政行径，无论对于利用这些手段的人或被利用的人，都同样可耻；所以，一个优良的君主政体应该禁止使用此类手段。控告只能面对法律提出，法律永远或是惩罚被告，或是惩罚诽谤者。在其他各种情况下，主政者应该如同君士坦提乌斯[①]皇帝那样说："我们不会怀疑无人控告但并非没有敌人的人。"公众中的一部分人以国家名义担负起追究罪行的使命，他们能发挥告发者的作用，却没有告发者的卑劣、毛病和不知羞耻。

税收应该与自由成直接比例。民主政体中的税收应大于其他政体，但不应过高，因为公民把纳税看作为确保每个公民的安宁和命运而向自己缴纳的贡赋。此外，由于比较容易被发现和受到惩处，想要在民主国家中非法使用公共资金相当困难，任何一个公民提出查账的要求，管理公共资金的官员就得清查。

无论在什么政体中，商品税都是各种税收中最轻的一种，因为公民

① 君士坦提乌斯(Contance)，罗马皇帝(337—361 在位)。——译者

在缴纳商品税时并未意识到自己在缴税。和平时期保持过量的军队只不过是让人民负担重税的借口、削弱国家的手段和实行奴役制的工具。税收管理机构能使所有税金全部进入国库，从而能大大减轻人民的负担，而包税制始终会让国家的一部分税收流入某些个人手中；两者相比，前者是个较好的办法。包税人这个盈利的职业一旦因易于致富而成了荣耀的职业，那就一切都完了（这是孟德斯鸠的原话）。只要奢华之风盛行，包税人这个职业就会很快变成荣耀的职业。听任某些人依赖公众的生计为生，然后反过来剥夺公众，以往在某些国家发生过这种事情；其实这是以一种不公正治理另一种不公正，其结果不是一种弊病，而是两种弊病。

现在让我们与孟德斯鸠先生一起，看看将会导致修改法律的那些与政体性质无涉的特殊情况。源自地区性质的特殊情况有两类，其一与气候有关，其二与土地有关。谁也不会否认，气候对身体的健康状况有影响，因而对人的性格也有影响。所以，对于不受气候影响的事物，法律应该与气候的物理因素适应，反之，对于因气候而产生的不良后果，法律应该抗击气候的物理因素。因此，在那些饮酒损害健康的地区，禁酒法就是好法律；在炎热使人懒惰的地区，鼓励劳动的法律就是好法律。这就是说，政府可以改变气候影响的后果，这就足以防止法律受到非常不公正的指责，说法律把一切都归咎于气候的冷与热。因为，冷与热虽然并非各种气候之所以有别的唯一因素，但是，否定气候的某些影响固然荒谬，把一切都归咎于气候因素也同样荒谬。

亚洲和美洲的一些炎热国家使用奴隶，气候温和的欧洲国家对此颇为反感，此事引起了作者对于民事奴隶的论述。极而言之，人的自由权之大莫过于自己和他人的生命权，因此，从总体上说，奴隶制违背自然法。使人沦为奴隶的权利不可能来自战争，因为在战争条件下，这种权利只能基于生命之赎买，但此时那些已经放下武器的人不再拥有生命权；使人沦为奴隶的权利也不可能来自自我出售，因为，既然每个公民都因有了国家才有自己的生命，当然更是因为有了国家才有自己的自由，所以，任何公民都无权出售自己。再者，一个人的身价究竟值多少？出售者在交易时所得的钱币不可能是他的身价，因为在他把自己变成奴隶之时，他的所有财产也都归其主人所有；一宗没有价格的买卖犹如一份没有条件的契约一样，纯粹是一种虚幻。自古以来，只有一项公正的法律是支持奴隶制的，那就是罗马法关于债务人变成债权人的奴隶的有关规定。不过，罗马法为了显示公正，对奴隶的役使程度和时间作了限制。奴隶制至多只能在专制政体国家中得到容忍，那里的自由民无力对抗政府，便为了自己的利益，设法让自己变成施行暴政者的奴隶；奴隶制在气候炎热的国家中也可能得到容忍，因为，那里的酷热不但使人浑身无力，而且使人意志消沉，以至于想要让那里的人完成一项艰难的任务，只能求助于对惩罚的恐惧。

在某些气候条件下，除民事奴役之外，还有家庭奴役，即某些妇女的状况。这种情况出现在亚洲的某些地区，那里的妇女在懂事之前与男子居住在一起，这些尚未懂事的女孩在当地的气候条件下已经性成熟，但就自然性质而言，她们依然是孩子。在实行多妻制的地区，家庭奴役就更加必要。孟德斯鸠先生并不试图从违背宗教这方面为多妻制寻找理由，但是，在实行多妻制的地方，在某种意义上说（仅就政治而言），理由不难找到：一是基于所处地区的性质，一是因为男女人数比例的关系。孟德斯鸠先生在这个问题上谈到了休妻和离婚，他以充分的理由指出，倘若果真允许休妻，那就同样应该允许妇女休夫。

气候不仅对家庭奴役和民事奴役有很大影响，对政治奴役的影响也不小，所谓政治奴役，就是一个民族将另一个民族当作奴隶使用。北方民族比南方民族强壮和勇敢，按照常理，南方民族应该是被奴役者，北方民族应该是征服者，南方民族应该是奴隶，北方民族应该是自由民。历史对此提供了佐证，亚洲先后十一次被北方民族征服，而欧洲历史上的此类变故则少得多。

很显然，就与土地性质相关的法律而言，民主政体比君主政体更宜于拥有贫瘠地区，因为，贫瘠地区的土地需要殷勤侍弄。在这种条件下，自由可以说是对艰苦劳动的一种补偿。农耕民族所需法律多于游牧民族，游牧民族所需法律多于狩猎民族，使用货币的民族所需法律多于不知货币为何物的民族。

最后，我们还得关注民族的特性。虚荣心会使目标放大，所以是政府的良好动力；傲慢会使目标缩小，所以是政府的危险动力。立法者应该尊重固有的看法、感情甚至某些弊病，当然应以某种程度为限。立法者应该仿效梭伦①，梭伦并没有为雅典人制定就法律本身而言的最佳法律，而是为他们制定了他们所能拥有的最佳法律，因为这个民族因其性格爽朗而需要易于执行的法律。为了改变习俗和风尚，借助法律不是好办法，只有借助褒奖和榜样方能达到目的。不过，只要没有直接而粗暴地违背习俗，法律也能在不知不觉中影响习俗，或是使之得到巩固，或是使之发生变化。

作者以这种方法深入阐述了法律的性质和精神与各个民族和国家的关系之后，再次审视了各个国家之间的关系。首先，他从总体上对各个国家进行比较；此前他对各国的审视仅从各国可能产生的弊病的角度出发，现在他则从各国能够相互给予的支持的角度出发，这种相互支持主要建立在商业基础之上。商业精神虽然会自然而然地产生一种与高尚的伦理美德相悖的逐利精神，但是，商业精神却也同时使得一个民族自然而然地变得公正，使之远离好逸恶劳和偷盗劫掠。生活在温和政体下的自由民族应该比被奴役民族更热衷于商业。除非有重大理

① 梭伦（Solon，约前638—约前559），古希腊政治家。——译者

由，否则任何民族都不应该把另一个民族排除在自己的商业之外。此外，这种自由并不是准许商人依自己的意愿行事的绝对权力，因为这种权力往往只能给商人带来危害，这种自由是：除非对商业有利，否则就不应束缚商人的手脚。君主政体下的贵族不应从事商业，君主当然更不应该。可是，商业对于某些国家却意味着吃亏，这里指的是那些什么都需要的国家，而不是什么都不需要的国家。作者以波兰作为实例解释这个悖理现象，波兰除了小麦，一切都匮乏，可是，这个国家的商业却为了满足老爷们的奢华需求，剥夺了农民们赖以活命的口粮。孟德斯鸠先生在阐述商业所需的各种法律时，讲述了商业史上的种种变故。书中的这部分既非最索然无味，也不是最具吸引力的篇章。他将西班牙因发现美洲而造成的贫困化，与寓言中那位愚蠢的王子的命运进行对比，这位王子祈求上帝将他触摸过的一切东西都变成黄金，结果险些饿死。货币的使用是商业的一个重要部分，也是商业的主要工具。所以，作者认为，他有义务论述货币的各种交易活动、货币的兑换、国债的偿还等，他将有息贷款作了法律上的界定，并提出了借贷的限额，划清了有息贷款与为公义所不容的高利贷的界线。

人口和居民数量与商业之间存在着直接关系，鉴于婚姻的结果是生儿育女，孟德斯鸠先生深入地探讨了这个重要问题。促使人口增长的最有利因素是公众的节欲。事实证明，非法的两性结合对于人口增长的作用不大，甚至妨碍人口增长。有人把父亲的同意作为结婚的必要前提，这是正确的，但是对此应该有所限制，因为从总体上说，法律应该支持婚姻。禁止母亲与儿子结婚的法律，是一条非常好的民事法（且不管宗教教义）。因为，即使撇开其他理由，鉴于母子年龄相差甚大，这种结合的目的很难说是繁衍人口。禁止父女结婚的法律，理由与此相同，不过（仅就民事而言），就人口而言，此项法律不像禁止母子结婚的法律那样绝对必需，因为，男子生育能力延续的时间非常长。所以，在基督教光辉尚未泽被的某些民族中，存在着父女结婚现象。大自然促使人们两性结合，所以，需要鼓励结婚的政体是一种不良政体。自由、安全、轻税和禁止奢华，是人口的真正原则和真正支持。然而，如果人民面对腐败却仍然热爱祖国，人民中如果还存在着积极的动力，那就可以制定鼓励结婚的法律，而且定能获得成功。奥古斯都鼓励人口繁衍的法律堪称极佳，无人可以企及。制定此项法律时罗马已经衰败，或者说共和国已经走上了式微之路，丧气的公民们觉得，他们所生育的只能是未来的奴隶。因此，在不信教的皇帝们掌权的各个时期中，此项法律的执行情况很差。康斯坦丁皈依基督教后终于废除了此项法律，因此而给人的印象是，似乎基督教旨在减少人口，并劝说一部分人接受完美的独身制。

基于人道精神设立的济贫院，可能有利于人口增长，也可能不利于人口增长。在一个大多数人民仅仅依靠勤劳勉强维持生计的国家里，可以甚至应该设立济贫院，因为，勤劳有时并不一定就能带来好日子。不过，济贫院提供的救援只能救一时之急，否则就等于鼓励乞丐和懒汉。应该首先致力于让人民富起来，然后再考虑设立济贫院，以应意外之急。在一些国家里，济贫院和修道院到处都有，而修道院其实就是永久性的济贫院，许许多多的济贫院和修道院让所有人都舒舒服服，唯独让干活的人不舒服，这实在可悲。

孟德斯鸠先生此前只说到世俗法律，现在他转而论述宗教法，在几乎所有国家中，宗教法都是政府的一个极其重要的课题。孟德斯鸠处处都在颂扬基督教，指出基督教的优越性及其伟大之所在，竭力让人们热爱基督教；他支持培尔[①]的观点，认为由一群至善的基督教徒组成一个能够长久生存的国家并非不可能。但是，他认为自己可以对各种不

① 培尔（Pierre Bayle，1647—1706），法国哲学家。——译者

同的宗教（从人的角度看）进行考察，看看它们哪些方面符合宣扬这些宗教的民族的特点和地位，哪些方面不符合宣扬这些宗教的民族的特点和地位。我们应该用这种观点去阅读他有关宗教的论述，这些论述后来成了许多不公正的批评和攻击的对象。令人尤感惊奇的是，在一个令人想起无数野蛮时代的这个世纪里，有人竟然把他关于宽容的论述视为罪行，似乎对某种宗教的宽容就意味着赞成，似乎《福音书》告诉人们，除了温柔与劝说之外，再也没有别的传播宗教的手段了。没有被迷信泯灭怜悯心和正义感的人，读了递交给宗教裁判所的陈情书后，不可能不深受感动；宗教裁判所是一种令人憎恶的法庭，它明明是在凌辱基督教，却装出一副为基督教复仇的样子。

论述了人可能拥有的各种法律之后，还需要做的便是将这些法律进行对比，审视它们与其所针对的事物之间的关系。人受各种各样法律的约束。人人都受自然法约束，受宗教法约束，受管理宗教的教会法约束，受同一社会的成员共同遵守的公民法约束，受管理社会的政治法约束，受制约各个社会相互关系的万民法约束。这些法律各有其特定对象，切不可混淆。绝不能用甲法去约束应适用乙法的事项，否则就会使治理人的各项原则产生混乱和不公。确定法律性质和对象的各项原则，也应该自始至终贯彻在法律的制定过程中。宽和精神应该尽可能体现在法律的所有条款中。优良的法律一定符合立法者的精神，哪怕表面似乎彼此对立。梭伦所制定的著名法律就是这样，此项法律规定，凡不参与暴动者均为可耻的人。该法通过强制共和国的所有成员关心自己的真正利益，既能起到防止发生暴动的作用，又能在暴动一旦发生后，使暴动有益于社会。就连贝壳放逐制也是一项优良法律，因为，一方面，被贝壳放逐制惩处的公民觉得这是一项体面的法律；另一方面，它能防止野心的不良后果；况且，放逐一个人必须有很多人赞成方可，而且被放逐年限不能超过五年。一些表面相似的法律其实无论原因或结果都不尽相同，就连公正性也未必一样。政体形式、具体情况和人民的性格特点都可能改变一切。最后，法律的文体应该简洁严肃。法律无需说明立法的理由，因为理由是假设的，而且存在于立法者的头脑中。不过，倘若需要说明理由，那就应该让理由建立在无可争辩的原则基础之上，而绝不应该像下面这项法律这样：禁止盲人为自己辩护，理由是盲人在法庭上看不见法官的饰物。

为了说明这些原则的实施情况，孟德斯鸠先生挑选了两个不同的民族作为实例，两个都是世界上最著名的民族，它们在历史上与我们关系最大，一个是罗马人，一个是法兰西人。对于罗马人，他最感兴趣的仅仅是罗马法中关于遗产继承的那部分。对于法兰西人，他则详尽地述说了公民法的起源和沿革，以及这些公民法已被废除和至今尚存的各种实际应用。他还专题论述了法兰西的封建法，这种治理方法为古代所不知，或许也将永远为未来所不知，可是，它却成就了那么多的好事，造成了那么多弊病。他还就法律与法兰西君主制的建立和变革之间的关系，作了专门的论述。他在反驳迪波教士[①]时证明，法兰克人确实曾经与高卢人争雄，而且不像迪波教士所说，法兰克人是被各族人民召来，继承压迫各族人民的罗马皇帝的权利的。这是非常深刻、准确而且令人好奇的细节，只可惜我们无法领会。

以上就是对孟德斯鸠先生的著作所作的初步的和不完整的总体解析。我有意不把它与“颂词”合为一篇，以免不能一气呵成。

① 迪波教士（Abbé Dubos，1670—1742），法国历史学家，法兰西学院终身秘书，著有《法国君主政体建立史》。——译者

导　　言

洛朗·韦尔西尼[1]

《论法的精神》是世界文库中最重要和最睿智的著作之一。伏尔泰堪称博学的天才，光芒四射，可是，他的《风俗论》却颇多得益于他所妒忌的那个人。卢梭的《社会契约论》是一部影响巨大的著作，为创建理想民主的理论指明了一条不同的道路，他独具一格，与众不同，后人对他的诠释多种多样，有的甚至截然相反。狄德罗与孟德斯鸠一样，是一位以实证见长的作家，往往语出惊人，但与他自己心目中的老师相比，条理和严谨略嫌逊色；在所有启蒙思想家中，唯有他一人走在1755年1月为孟德斯鸠送葬的行列中。如果说，这些为世人指路的贤哲也有高下之分，那么，《论法的精神》是所有法国启蒙思想家的著作中最具天赋的一部。

后人证明此说不假。首先提出气候理论的其实并非孟德斯鸠，他只是对他人的气候学说做了最有力的响应。尽管我们在谈话中常常提及已经得到普及但有些简单化的气候理论，但这并不能证明孟德斯鸠的气候理论有多么正确。然而，阿兰·佩尔菲特[2]在他的《法国病》一书中，却为孟德斯鸠的气候理论提供了有力的佐证。他在书中指出，新

---

① 洛朗·韦尔西尼(Laurent Versini，1932—　)，法国当代学者，巴黎第四大学教授。——译者

② 阿兰·佩尔菲特(Alain Peyrefitte，1925—1999)，法国政治家、作家，法兰西学院院士。——译者

教国家凭借素质优良的人口，一贯善于处理各种事务和民主；各国的社会发展始终如一地遵循着孟德斯鸠从实际观察中高明地归纳的规律发展；被他称作专制主义的极权主义和不宽容的宗教，在那些广袤而贫瘠、气候恶劣的地区始终兴旺发达。

今天的读者可以从《论法的精神》中获得启示，懂得如何使从黑格尔主义到马克思主义的那个思想体系处于平衡，其方法就是通过合理的思考，既像马克思主义那样肯定物质、经济和社会的决定作用，又不把历史的进程视为机械的因果关系发展的结果，也不把物质、经济和社会的决定作用仅仅归结为人类所创造的最佳的上层建筑。卢梭、赫德尔、黑格尔、马克思、海德格尔和萨特这一连串光辉的名字如果说属于同一个家族，那么，下面这些名字所组成的就是另一个家族：孟德斯鸠、吉本、托克维尔、孔德、涂尔干①、罗杰·凯约瓦、雷蒙·阿隆、克洛德·列维-斯特劳斯；前者关注的是元问题、形而上学和辩证法，后者关注的则是人类学、社会学和当代政治哲学。

孟德斯鸠留下了一种人文科学研究方法，他把这种方法几乎全部用来创建社会学、人口学、政治经济学、政治学、人类学和民族学。孟德斯鸠的精神首先是一种观察和实验精神，但并不是雷奥米尔②的那种观察和实验精神，也不是法布尔③用显微镜精心观察昆虫的精神，而是又一位亚里士多德的精神，即同时撰写现代物理学和政治学著作的学者的观察和实验精神。孟德斯鸠如何揭示在他之前尚未显现的，把地理、继承权、民法、刑法、公法、万民法、政体形式、心态史、宗教和经济统

① 埃米尔·涂尔干（Emile Durkheim，1858—1917），法国社会学家。——译者

② 雷奥米尔（René Antoine Ferchault de Réaumir，1683—1757），法国物理学家、生物学家。——译者

③ 法布尔（Jean-Henri Fabre，1823—1916），法国昆虫学家、作家。——译者

统联结在一起各种“关系”？他应用的是他自己发明的结构解释法，其关键是符合人类学家的那种方法，即严格地标明某些事物之间的联系，比如说，准许或禁止母子结婚与某种政体和某种宗教之间的必然联系（第二十六章第十四节①），君主政体和允许妇女继承遗产与民主政体不准妇女继承遗产之间的关系，民主政体之所以不准妇女继承遗产，原因在于在匮乏经济状态下有必要维持财产的公平分割，防止财产外流到另一个家庭去（第二十五章）。

一位现代派

尽管从《波斯人信札》和不久之后的《随想录》开始，他就建议将古代派和现代派②进行一番明智的综合，拒绝抛弃荷马和维吉尔，接受他那个时代的批判精神和历史精神，然而，显现在《论法的精神》中的他却像是一个坚定的现代派。久经考验的耶稣会的教育富有成效，过去曾经培育了莫里哀和高乃依③，那时正在培育伏尔泰和狄德罗；孟德斯鸠在奥拉托利会④的朱利公学求学时，就接受了比耶稣会更为大胆的教育，那里用法文而不是用拉丁文授课，修辞学和口若悬河的演讲术曾是耶稣会教育的全部内容，然而，在菲利普·奈里⑤和贝吕勒⑥的弟子主

① 括号中的数字分别指《论法的精神》中的章和节，下同。——译者

② 古代派和现代派。发生在17世纪与18世纪之交的一场将法国文人分成两个阵营的论战。古代派认为古代作者优于现代作者，现代派则认为现代作者优于古代作者。——译者

③ 高乃依（Pierre Corneille，1606—1684），法国剧作家、诗人。——译者

④ 奥拉托利会（Oratoire），法国天主教会的一个修会，系效仿意大利同名修会创立。——译者

⑤ 菲利普·奈里（Phlippe Néri，1515—1595），意大利教会人士，奥拉托利修会的创建者。——译者

⑥ 贝吕勒（Pierre de Bérulles，1575—1629），法国枢机主教，世俗奥拉托利会的创建人，在法国的教会教育中发挥过重要作用。——译者

持下的朱利公学中，法国文学和自然科学此时已占有重要地位。孟德斯鸠当然十分了解拉丁作家，在《论法的精神》中被引用的不但有罗马法学家和历史学家，还有卢克莱修、维吉尔、奥维德和马提亚尔①，孟德斯鸠说过："永远不应离开罗马人。"然而，他对希腊作家所知甚少，伏尔泰和卢梭也是如此，尽管有人夸大那个时代人们与希腊世界的直接联系，然而，对希腊作家知之甚少却是那个古典时代的共同特点。能背诵荷马诗篇的唯有狄德罗，不过，他经常引用的却是西西里的狄奥多罗斯、哈里卡纳索斯的狄奥尼修斯，或是狄奥·卡西乌斯②等人著作的拉丁文译本，尽管这些希腊作家对修昔底德有些轻信，狄德罗依然对他们有所偏爱。

孟德斯鸠大量阅读古代作家的著作，对《提奥多西亚努斯法典》和《查士丁尼法典》、《法学阶梯》、《学说汇纂》，以及所有中世纪早期的法律和谕令文集，都了如指掌，堪称行家。

与此同时，从1709年开始，他就频繁地参与巴黎学术界的社交活动，平均每半月一次，法国的情趣和最先进的思想就是在这种场合形成的。1724年，他成为朗贝尔夫人沙龙的常客，与物理学家德梅朗③、诗人乌达尔·德·拉莫特④过从甚密，1725年在中二楼俱乐部中结识了阿拉里和圣皮埃尔，这是两位对政府毫不留情的教士。

---

① 卢克莱修、维吉尔、奥维德和马提亚尔，著名的拉丁作家或诗人。——译者

② 狄奥多罗斯、哈里卡纳索斯的狄奥尼修斯、狄奥·卡西乌斯、修昔底德，著名的希腊学者。——译者

③ 德梅朗(Dortous de Mairan，1678—1771)，法国物理学家和天文学家，与孟德斯鸠同时代的法国著名学者。出于对中国的关注，与许多在华传教士保持通信关系，与许多欧洲学者探讨中国问题。——译者

④ 乌达尔·德·拉莫特(Houdar de la Motte，1672—1731)，法国剧作家、诗人。——译者

孟德斯鸠最早的志向在于物理学，出于兴趣他也学习法学。波尔多科学院主要从事科学技术研究，1718 至 1720 年间，孟德斯鸠多次成为该院声学、医学和生物学奖候选人，他的论文均以对历史事实和自然现象的观察和解释为依据，他应用的是英国式的实验方法，甚至冒着风险活体解剖青蛙，淹死鸭和鹅。他得以进入朗贝尔夫人沙龙，得益于法兰西科学院院士丰特奈尔[①]的介绍，此后两人就经常在沙龙中会面。但是，孟德斯鸠并不认同他所信奉的笛卡尔主义，却很早就接受了牛顿的学说。比孟德斯鸠年轻的伏尔泰，后来与夏特莱夫人一道，大力传播牛顿的学说，不过，他开始了解牛顿学说的时间却不如孟德斯鸠早。日内瓦人博内[②]在 1753 年恭维孟德斯鸠时，称他“发现了精神世界的法则”，恰如牛顿“提出了物质世界的法则”。《论法的精神》便是明证：“你也许会说，这就如同宇宙体系一样，既有不停地让各种物体远离中心的离心力，又有将各种物体拉回中心的重力。”（第三章第七节）想要（从《论法的精神》中找到[③]）一个光学术语吗？法律的“直接表达”（第二十九章第十六节）中的“直接”二字应该就是[④]。

《论法的精神》把实验科学及其方法视为人文科学的典范。孟德斯鸠本人就在显微镜下观察过冷冻的绵羊舌头（第十四章第二节），舌头上的乳头状物质因受冻而收缩，他由此得出的结论是，所有暴露在低温下的活组织感觉都比较迟钝；所以，北方民族受情欲控制的程度比南方民族低，抵抗力比南方民族强，稳定性不如南方民族好。孟德斯鸠与卢

① 丰特奈尔（Bernard Fontenelle，1657—1757），法国哲学家和诗人。——译者

② 博内（Charles Bonnet，1720—1793），瑞士哲学家和科学家。——译者

③ 括号中的文字是译者添加的。——译者

④ 此处“直接表达”的原文为 expression directe，在《论法的精神》正文中译为“平铺直叙”。——译者

梭不同，卢梭为了创立一种抽象的“一般公共权利”而“首先撇开事实”，孟德斯鸠与包括多马[①]、屈亚斯[②]在内的前辈也不同，他不认为法律是一种基于绝对先验的指令；我们知道，他为法律下的定义是“法是源于事物性质的必然关系”。据此，君主政体就不是波舒哀[③]和博丹[④]所说的上帝心目中因其本身而最佳的政体，而是特定的历史时期中适用于特定国家的最佳政体，最佳与否应视这个国家的领土面积和历史，以及被孟德斯鸠称作“民族普遍精神”的集体心态是否符合这个政体的性质而定。总而言之，孟德斯鸠研究的是比较宪法学，或者借用卢梭的话来说，是“现存政体的人为法”；也就是说，他以现存法律为研究对象，而不是凭空设想可能有的法律。由于对人和社会不可能进行实验，因而只能代之以观察，所以，孟德斯鸠在正文和脚注中大量引用古代历史学家的著作和当代旅行家的游记，犹如人类学家和社会学家收集的丰富多彩的史实和目击。洛克和牛顿不久之前把现代科学的要求和实验应用于生命内部的微观和宏观研究，从而使认识论出现了革命性的变革，孟德斯鸠则将这种要求和实验扩大应用到社会和法典。

孟德斯鸠在序言中告诫我们，不能拒不承认明确无误的事实，既不能如迪波教士那样否认日耳曼人用武力进行征服（第三十章第二十至二十五节），也不能像勒库安特神甫那样“以应然来判断已然”（第三十一章第十六节）。《论法的精神》从大量的传闻轶事和《喻世录》中汲取

① 多马（Jean Domat，1625—1696），法国法学家，狂热的冉森派。——译者

② 屈亚斯（Jacques Cujas，1522—1590），法国法学家，精通罗马法，享有“罗马法王子”的美誉。——译者

③ 波舒哀（Jacques Bossuet，1627—1704），法国高级神职人员、神学家、作家。——译者

④ 博丹（Jean Bodin，1530—1596），法国哲学家、政治学家。——译者

营养,这些文献所记述的弊端、贪婪和粗暴往往让人悲伤,但是,“这些绝不是推论和揣测,而是惨痛的经历”(第三章第五节)。

从个别到普遍:比例关系

因此,我们可以如路易·阿尔都塞[①]所说的那样,谈论孟德斯鸠的“社会物理学”和“实验法”,也可以如乔治·邦尔卡萨[②]所说的那样谈论孟德斯鸠的“国家—民族物理学”。这样一来,社会、法律、习俗、宗教和政体就都置身于空间与时间之中了。这种提醒如今不言自明。想要知道培尔、丰特奈尔和孟德斯鸠等人的胆魄有多大,必须让自己置身于旧制度下的心态之中。在旧制度下,不但宗教真理永恒不变,政治真理也永恒不变,因为国王拥有神权;科学真理和哲学真理同样永恒不变,因为一切都在托马斯·阿奎那的《神学大全》之中,也在亚里士多德的著作中;甚至连经济和美学真理也是永恒不变的,因为,柯尔伯[③]的保护主义既为法国阻挡了商品输入,同时也为法国不受外国文化影响提供了保障。当年毫无困难地包容了非基督教的希腊—拉丁传统的犹太—基督教模式是无法超越的,因为这是一种神启模式。英国模式和“欧洲意识”的开放造成了一次精神革命,“欧洲意识”是在路易十四的权威遭受挫折和国家陷于贫困而发生动摇时出现的。当法国的笛卡尔重建固有观念之时,培根已经为实验方法的进步作出了定义,实验方法

① 路易·阿尔都塞(Louis Althusser,1918—1990),法国马克思主义哲学家。——译者

② 乔治·邦尔卡萨(Georges Benrekassa),法国当代学者,研究孟德斯鸠的专家。——译者

③ 柯尔伯(Jean-Baptiste Colbert,1619—1683),法国政治家,曾任路易十四的财政总监。——译者

的进步破坏了滞留在神学阶段的科学所主张的物种不变论，一切都动了起来，认识论和社会也不例外，进步已经是可以追求的梦想了。整个欧洲都发现了未来的规模，但是各有不同；维柯[①]在《与各民族的共同本质相关的新科学的原则》（即《新科学》，1725 年）中所体现的历史哲学，具有一种与孟德斯鸠格格不入的循环论色调，历史经由神明时代、英雄时代进入到人的时代，然后周而复始。在孟德斯鸠看来，一种制度无论多么完善，都有其起始、童年、成年和衰亡。《罗马盛衰原因论》揭示了罗马的这一过程，《论法的精神》所阐明的则是英国的体制所经历的这一过程。伏尔泰以其与《罗马盛衰原因论》同年问世的《哲学通信》，孟德斯鸠以其《论法的精神》首次把宗教和法律视为有始有终而且也会随着时间老化的东西。大概除了公正之外，再也没有神启真理，再也没有人的智力不能企及的东西。概括地说，这就是摧毁了所有教条的启蒙思想的普遍相对性。

法律、历史和政治从此成为科学的对象，这是一个重大的转折。这就是《论法的精神》中“精神”一词的第一个含义。“法”这个词在书中至少有两个含义。其一，既有政体的各种人为法，这些法律可能是优良的，也可能是不合理的，或是不道德的；其二，各种法律的法，也就是阐述如何制定各种法律，研究各种法律与其原因的关系，这种研究和这种精神无一不是科学。

孟德斯鸠所说的“法”或“原则”，没有任何先入为主的个人偏好，它们是一些常量，是从对比中归纳出来的常量，对比则是在众多朝同一方向汇聚的实例之间进行的，而这些实例都是孟德斯鸠在受教育期间获得的。这些规则或准则即使表面看来似乎不能自圆其说，却令我们不

① 维柯（Giambattista Vico，1668—1774），意大利历史学家、哲学家和法学家。——译者

能不接受，例如："共和政体毁于奢侈，君主政体毁于贫穷"（第七章第四节）；"每一种政体的腐化几乎都始于原则的腐化"（第八章第一节）；"税收多寡直接取决于自由"[①]（第十三章第十二节）；"一个国家的土地开发程度取决于人民自由与否，与土地肥沃与否无关"（第十八章第三节）。卢梭和谢尼埃[②]都记住了这条法则。卢梭在《新爱洛漪丝》中借圣·普栾之口给于丽[③]上了一堂充满抒情色彩的经济学课，当时二人正情意绵绵地荡舟在莱蒙湖上，这堂课的灵感来自莱蒙湖两岸截然不同的景象：同样的土地，同样的地理条件，这边由于享受着瑞士共和国的自由而富饶悦目，那边则因国王的暴政而荒芜贫瘠。谢尼埃在他的诗集《牧歌》中有一篇以"自由"为题的诗，诗中记述了两个牧羊人的一段对话，一个牧羊人的羊群疏于照料，另一个牧羊人的羊群则健康而高产。谢尼埃言外之意是告诉我们，前者是奴隶，后者是自由人。

孟德斯鸠刻意使用"取决于"、"直接取决于"之类的数学术语，从而使政治学和经济学有了一种现代外观。他发现，蛮族地区中的蛮族人数与开化地区的农夫人数之比，和不毛之地的出产与开化地区的出产之比相同（第十八章第十节）。他还发现，依据几何学原理，"物体的面积越大，其周长相对越短"（第九章第四节）。他把这条原理应用于国家，因而，专制主义国家对"摧毁边境，使之成为一片荒漠"（第九章第四节）的做法"容忍度较大"（第九章第四节）。又如，他在谈及国家的防卫时写道："一个国家若想拥有强大的武力，其幅员大小必须适中，以使敌

① 孟德斯鸠的原文并无"税收多寡直接取决于自由"（La grandeur des tributs est en raison directe de la liberté.），此句大概是本文作者对下述原文的转述："税收可因臣民享有的自由增多而加重。"（On peut lever des tributes plus fort, à proportion de la liberté des sujets.）——译者

② 谢尼埃（André de Chénier，1762—1794），法国诗人。——译者

③ 圣·普栾和于丽都是《新爱洛漪丝》中的人物，上述情节见于该书第四卷第十七封信。——译者

人的进击速度与己方的反击速度保持一个适当的比例”(第九章第六节)。比例当然是一种法则,贝卡里亚[1] 1767 年在他那部同样是论述法律的名著中,也谈到了罪与罚的比例;即使在日耳曼蛮族中,“法律测定妇女的受辱程度就像是测量几何图形”(第六章第十四节),迫使妇女裸露头部者,罚款六苏,迫使妇女裸露大腿直至膝盖者,也罚款六苏,迫使妇女裸露膝盖以上部位者,罚款加倍。

在社会中,窥一斑可知全豹,一个基层组织可以反映出全国的面貌。公民法不应与政治法相悖。《波斯人信札》已经揭示,奴役是东方帝国的法则,被奴役的对象既包括妇女和后宫的宦官,也包括专制君王的全体臣民;奴隶主与其妻妾的关系恰如苏丹与其臣属的关系,而他在君王面前却又是奴隶。《论法的精神》提出了这样一条法则:在专制主义国家中,民事奴隶制是政治奴隶制之所需(第十五章第一节);那里的每一个家庭都是“与他人隔绝的帝国”,都是苏丹统治下的帝国的缩影(第四章第三节);后宫的主子“懒待君主,奴隶也就懒待主子”(第十五章第七节)。孟德斯鸠接着举一反三,在他这部巨著中把缩影与本体的关系广泛地应用于各种政治制度,即他所说的政体。他就此写道:“在一个人人都是公民的国家里,每个人拥有自己的家园,恰如君主拥有他的帝国一样……”(第十三章第七节),“每个家庭都应该依照包括所有家庭在内的那个大家庭的模式治理”(第四章第一节)。

土地面积和肥沃程度、气候、习俗、继承法、民法和刑法、政体类型、税收制度、经济组织(他称之为商业),乃至宗教,从他所发现的所有这些作用于社会的关系,孟德斯鸠迅速过渡到一种普遍性的结构主义。既然有了甲、乙、丙……,或是必然就有戊、己、庚,或是永远没有,因为,有或没有都是必然。下面的图景充分展现了所有因素之间反复显现的

① 贝卡里亚(Beccaria,1738—1794),意大利著名法学家。——译者

相关性。

对遥远地区的殖民或传教活动之所以徒劳无功，原因在于殖民者或外来的宗教不被那块土地和那里的历史所接受。耶稣会传教士们肯定给瓜拉尼人①送去了福祉和文明（对于耶稣会教士们在南美的活动，孟德斯鸠的看法与伏尔泰的看法截然相反），可是，他们在中国与之较量的却是久经考验的传统和高水准的文明，结果只能以失败告终。历史上的军事征服活动表明，不知法律为何物的凶残的游牧民族虽然能在征战中获胜，但是被征服者既有的宗教（纵然有许许多多清规戒律或礼仪）以及治理良好的社会的法律和习俗，却能将征服者吸纳，让成吉思汗放下屠刀的中国便是一例。孟德斯鸠谈及此事，数年之后伏尔泰则在《中国孤儿》（1755 年）中艺术地予以再现。“民族的普遍精神拒绝征服的变数所形成的转移，和平主义者绝不接受征服。”②

从历史哲学到社会科学

认识到习俗、风尚、法律和普遍精神之间的关系，绝不是将它们混为一谈，孟德斯鸠始终仔细地将属于法律和属于习俗的事物区分开来。立法者不应为属于习俗、社会现象、道德和宗教的事务制定法律规范；政治权力机构无需对蓄留长发或长须进行干涉；由于印第安人“不按西班牙人的式样蓄胡”（第十五章第三节），西班牙人便将他们沦为奴隶，西班牙人这种行径是把自己降格为蛮族。彼得大帝与西班牙人如出一辙，出于实现俄国现代化的急切心情，他下令让俄国人把胡子剪短（第十九章第四节）。这是混淆了事物的属性。如同后来的卢梭，对于孟德

① 瓜拉尼人（Guaranis），巴拉圭的土著居民。——译者

② 作者没有说明这句引语的出处。——译者

斯鸠来说，法的范畴比较窄，它的基本对象是涉及宪法的领域，民法和刑法的管束对象应该仅仅是损害公民的自由、生存和财产的行为。一个治理良好的国家应该是一个法律不多而且不经常修改和增加的国家。

孟德斯鸠虚构了北方民族与南方民族的对立。据他说，北方民族大多生活在共和政体下，信奉新教；南方民族大多生活在君主政体下，信奉天主教。他还对极权主义进行了光谱分析，在他看来，极权主义孳生在幅员广袤的国家中，唯有无限的权力方能独自支撑此类帝国，使之获得臣服，然而，一旦将权力一点一点地交给暴戾的地方诸侯，帝国就末日临头，民生凋敝，奴隶绝望，奴隶们没有任何理由从事农耕和商业，因为他们无权享有农耕和商业的任何成果，一切都属于他们同样不受法律约束的主子。

孟德斯鸠与帕斯卡尔一样探究各种结果的原因，只不过他想在我们的地球上找到原因。单就 1736—1744 年间他所宣读的那些论文的题目来看，就不难发现他的研究项目："回声的原因"、"重力的原因"、"打雷的原因"……"论可能影响精神和性格的原因"。引导他在哥特法和罗马法的迷宫中进行研究的那根红线，并非终极原因，而是使他的研究有别于"简单化的神正论[①]"的非终极原因。在孟德斯鸠之前，神意论几乎不容分享地占据着主宰地位，他却以一种历史哲学取而代之，这种历史哲学是被确信进步的理念所修正的一种决定论，而这种决定论本身又为启蒙精神所决定。也可以用另一种方式这样说：如何从法哲学过渡到历史哲学。

有人指责孟德斯鸠陷入了系统精神，而包括斯宾诺莎、莱布尼茨、

① 乔治·邦尔卡萨，《孟德斯鸠，自由与历史》，袖珍本，第 88 页。——韦尔西尼

笛卡尔和托马斯·阿奎那在内的所有启蒙思想家，无一例外地为反对系统精神而进行战斗。“我提出了一些原则，于是我看到：一个个各不相同的实例乖乖地自动对号入座”（《论法的精神》序），“一切都符合我的原则”（第二十八章第四节）。苛酷的政权与极端气候相对应，“温和”或“宽和”的政体与温暖地区相对应，这些论点确实太系统化了。可是，无论怎么说，在不可能出现合乎理性的政体的亚洲，毕竟也没有气候宜人的地区。孟德斯鸠有一种偏见，他偏爱西欧，不喜欢亚洲、东方和伊斯兰地区。不过，他对重大结构的发现是一个渐进过程，是在历史和事实的促动下实现的。起初，他隐隐约约地察觉到，有“五件不同的东西治理着国家”：“宗教、政体的普遍准则、个别法、习俗和风尚”（《随想录》第 645 条，大约写于 1737—1738 年间）；后来他把五种因素重新组合，变成“人受着五种不同事物的制约：气候、风尚、习俗、宗教和法律”（《随想录》第 1903 条）。在《论法的精神》中，五种因素增加为七种：“人受气候、宗教、法律、施政的准则、先例、习俗、风尚等多种因素的支配，其结果是由此而形成了普遍精神。”（第十九章第四节）最后在第一章第三节末尾形成为最完整的表述：“法律应该与……政体性质和原则相吻合……法律还应该顾及国家的物质条件，顾及气候的寒冷、酷热或温和……以及农夫、猎人或牧人等民众的生活方式等等。法律还应顾及基本政治体制所能承受的自由度，居民的宗教信仰、偏好、财富、人口多寡，以及他们的贸易、风俗习惯等等。最后，各种法律还应彼此相关……”

然而，这里涉及的始终是一些“假设”；《论法的精神》中极为常见的“必须”、“应该”等动词，并不含有通常应有的指令意义，而是表示一种必然的连锁关系。例如，“专制政体下的赋税应该很轻”（第十三章第十节），这句话所反映的不只是一种道德诉求，而且是一种逻辑关系。况且，再好的机器也会发生故障。不错，欧洲因气候适宜而成为宽和政体的福地，可是，“如果由于长期滥用权力或发生大规模的征服性战争而在某个地方建立起专制政体，那么，习俗和气候都无法抗拒”（第八章第八节）。我们不禁想到了在《波斯人信札》中被奚落的路易十四。狄德罗从这条规律中归纳出的一种观点，反复出现在他的《爱尔维修的反驳》、《试论“纳卡兹[①]”》、《论尼禄的统治》、《两个印度的历史》等著作中。他认为，对于英国和其他所有人民享有自由的国家来说，最大的不幸在于连续出现了两三位开明君主，致使人民忘却了自己才是最高权力的执掌者。另一个例外是中国的专制主义，孟德斯鸠不相信耶稣会士的说法，认为中国的专制主义有朝一日必定自行毁灭，因为，作为最糟糕的政体，专制主义的本质就是不能自我完善；土耳其帝国和波斯帝国的后宫文明虽然生育能力极差，中国的人口却以惊人的速度增长：“中国的气候出奇地有利于人口增殖”（第八章第二十一节），于是灾荒频仍，盗贼蜂起，最终把政府推翻（第八章第二十一节）。这就是说，在决定论所认定的普遍趋向同一目标的诸多原因中，只要有一个趋向不同，就可能把其余原因的作用抵消。

对于把自然科学精神和数学引入人文研究的意义，奥古斯特·孔德[②]作了精确的估量，他在《实证主义哲学教程》（1839 年）中写道：“作为第一批也是最重要的一批直接用于构成社会科学的著作，就是……伟大的孟德斯鸠的那批著作。”在埃米尔·涂尔干看来，作为社会科学的创建者，孟德斯鸠是一位伟大的先驱者，正如黑格尔早已指出的那样，孟德斯鸠的建树表明，他远远不只是一位法学专家，他懂得如何不

---

① 纳卡兹（Nakaz），纳卡兹是俄文“圣谕”（Наказ）的音译。此处特指沙皇叶卡捷琳娜二世 1767 年颁布的“大圣谕”。该圣谕篇幅宏大，共二十二章 655 条，其中大多抄自包括孟德斯鸠在内的西欧启蒙思想家的著作。颁布该圣谕旨在表明叶卡捷琳娜实行改革、推行开明专制主义的意愿。——译者

② 奥古斯特·孔德（Auguste Comte，1798—1857），法国哲学家。——译者

把法学孤立于政治学以及一个民族的所有其他决定因素之外。孟德斯鸠本人完全意识到《论法的精神》所怀有的名副其实的雄心壮志,1733年前后他在《随想录》的237条中就此写道:“我正在着手撰写一部耗时颇多的著作”,这部著作并不是人们也许会想到的法律史,而是一部“社会史”。在《论法的精神》第二十四章第一节中,他还骄傲地要求给予他“政治学作家”的身份。涂尔干曾是波尔多大学的社会科学和教育学教授,他以拉丁文写就的论文补编的题目就是《孟德斯鸠对于创建社会科学的贡献》(1892年),他在这篇论文中写道:“孟德斯鸠首次确立了社会科学的基本原则”,因为,孟德斯鸠懂得如何从可变的因素过渡到不变的因素,或者如雷蒙·阿隆[①]所说,从杂乱无章的材料中整理出一个条理清晰的秩序。不仅如此,政治学第一次建立在人类学的基础之上。体现在《论法的精神》中的精神反映了启蒙思想的特质,犹如公民和社会的光谱,着重表现了与个人相对立的集体的不安,而这正是现代心理学的研究对象;现代心理学诞生在《论法的精神》问世数年之后,其标志便是日内瓦学者博内《精神功能分析论》(1755年)[②]的出版。

调查研究,陈述展示

在法学家布莱特·德·拉格雷塞[③]眼中,《论法的精神》第二十六章是一篇“出色的法政治学论文”,该书的第四章、第七章,当然还有第十四章以及此后的几章,都可以看作名副其实的法社会学著作,这几章

① 雷蒙·阿隆(Raymond Aron,1905—1983),法国哲学家和社会学家。——译者

② 据查,博内的这部名著出版于1760年。——译者

③ 布莱特·德·拉格雷塞(Jean Brèthe de La Gressaye,1895—1990),法国当代法学家,研究孟德斯鸠的专家。——译者

组成一个整体，与由第二章、第三章、第五章、第六章、第八章，特别是第十一章和第十二章所组成的有关政治学的论述相辅相成；同样与之交相辉映的还有第二十章和第二十三章中关于政治经济学的论述，这两章首先谈论的是“商业”，接着谈论货币。当时的“商业”与一般意义上的经济是同义词，而货币则是一个崭新的课题，由于没有前人可以借鉴，所以孟德斯鸠一反他惯常的做法，没有添加大量博学的脚注，而是俨然以一位“汇兑”（货币的比率，第二十二章第三至十二节）专家的面目出现。最后他转而论述人口问题（第二十三章），他虽然清晰地看到了人口的未来趋势，却犯了与他的同时代人几乎一模一样的错误，说什么世界人口正在日益减少。对于经济学家们来说，孟德斯鸠明明白白地拆穿了约翰·劳的把戏，讲清了西班牙因拥有财富反而变穷的原因，那就是货币量的增加赶不上国民生产总值的增长，结果只是导致物品涨价，却并未创造财富。他甚至计算出，在欧洲与印度的贸易中盈利的不是欧洲，而是印度（第二十一章第二十二节）。

《论法的精神》的整体性

孟德斯鸠说，《论法的精神》耗费了他整整二十年的时间；我们甚至可以说，他为此至少付出了三十年的心血，甚至是一生。因为，从准备《波斯人信札》开始，孟德斯鸠就大量积累资料，记录观察所得；即使他在 1718 年尚无撰写这部巨著的念头，不久之后肯定就开始酝酿了。借助沙尔丹、贝尼耶、塔维尼耶、杜纳弗以及历史学家海德和里科[①]等人

① 沙尔丹、贝尼耶、塔维尼耶、杜纳弗、海德、里科，这几位都是游记作者或历史学家，孟德斯鸠在《论法的精神》中多次引用这些作者的著作，关于他们的情况，敬请读者参阅正文中的译注。——译者

的游记著述，有关东方的信息已经掌握得相当充分。关于专制主义的理论也有了如下的充分的准备：东方的特征是多妻制、幽禁和奴役，苏丹拥有不受任何公民法或继承法限制的权力，他就是法，而且是专横的法。正如韦尼埃①所指出，在这些东方国家里竟然没有见到一部法律，这让孟德斯鸠觉得非常荒唐，而他对古兰经的法律作用仅在极少的场合中予以承认（第二章第四节）②；对于这位启蒙思想家来说，伊斯兰教地区的教规混同民法是不能接受的，因为在他看来，国家无需关注人们是否遵守宗教法。在一个国家中，倘若罪与罚根本不成比例，量刑严重失当，杀人与偷一个果子同样处以死刑，这就意味着非得提出一些要求才行，《论法的精神》将对这些要求予以详细的阐述。

三种政体的区分在这里已经显露端倪：依仗畏惧的专制政体，依仗荣宠的君主政体，依仗美德的共和政体，美德其实只不过是荣宠的一种变异（第八十九封信③）。政体的“温和”或“宽和”观念已经提出（第一百二十二封信和第八十封信），并与古代的共和国以及荷兰、英国相联系。可是，在孟德斯鸠笔下，英国与其说是宽和的土地，毋宁说是咄咄逼人的自由之国。

气候和土地肥沃程度的影响也已经看到了，东方因炎热而禁酒（第十七章和第十八章），俄国的“恶劣气候”滋生了专制主义（第五十一封信），不过，他的理论此时尚未系统化。

他关于全世界人口正在逐渐减少的长篇论述，大概与《论法的精神》的基调最为接近，他与他的大多数同时代人一样，以为世界人口正在下降（第一百十二封信和第二百二十二封信）。小说中显然不宜出现

① 韦尼埃（Paul Vernière），法国当代学者，研究孟德斯鸠的专家。——译者

② 经查，孟德斯鸠在《论法的精神》第十二章第二十九节中首次提及古兰经。——译者

③ 指《波斯人信札》中的信，下同。——译者

滔滔不绝的议论，有关人口的论述于是就写进了《论法的精神》第二十三章。郁斯贝克分析了导致人口减少的宗教和社会原因，诸如东方的多妻制，西方的禁止离婚和教士的独身制，主流宗教对索罗亚斯德[①]的弟子们的波斯祆教徒和法国的新教徒所采取的不容忍态度；此外还有经济和政治方面的原因，诸如黑奴贩卖，美洲矿山中对印第安人的虐待。他认为，唯有“极大地有助于人口增长”的“宽和政体”能够抑制这种恣意横行的反自然的行径。

《罗马盛衰原因论》（1734 年）同样对《论法的精神》的主题确立有所贡献。拥有两千多年历史的唯有罗马人，恰如《罗马盛衰原因论》这个书名所表明，罗马史激励着人们探究这个独一无二的世界帝国盛衰的物质和精神原因。公民的品德、共和政体的节俭和平等精神、各种权力的平衡、各种原则的腐化、民族的普遍精神，这许多概念都已呈现在罗马史中。罗马的分权制已经促使孟德斯鸠将它与明智的英国政体进行比较了。他更加相信决定论：“因为不论任何时候，人们的感情总是相同的，引起巨大变革的具体情况虽然不同，但原因却永远是一样的”（《罗马盛衰原因论》第一章）。《论法的精神》试图表明的意思在这里已经提前得到肯定，尽管气候并未被列为诸多原因之一，也许因为罗马帝国的疆域如此广阔，气候因素对它无法发挥作用。不过，宽和政体之所以在拉丁姆[②]蓬勃兴盛，原因就在于那里的气候。

孟德斯鸠继续完善他的资料收集工作。他在英国人约翰·阿巴思诺特[③]的言论中发现了气候对于性格和政体的影响；就政治学家而言，

① 索罗亚斯德（Zoroastre），古代波斯的预言家和宗教改革家。——译者

② 拉丁姆（Latium），意大利中部地区的古名。——译者

③ 约翰·阿巴思诺特（John Arbuthnot，1667—1735），英国国王的御医。孟德斯鸠在《论法的精神》第十六章第四节中提及此人的看法。——译者

他对在中二楼俱乐部[①]结识的博林布罗克[②]的权力平衡理论相当熟悉，对阿尔杰农·西德尼[③]的同一主张也不陌生。不过相比之下，他更喜欢“激进主义”和1682年死在断头台上的西德尼所鼓吹的共和主义，以及洛克[④]的宽容和他在《政府论》（1690年）中所阐发的“政治伦理”，洛克主张宽容，主张建立国王统而不治的崭新的政体。法国于1685年废除《南特敕令》[⑤]，英国于1688年颁布《宽容异教宣言》[⑥]；由于家庭传统和出于对妻子[⑦]的尊重，孟德斯鸠早就习惯于尊重新教，他迅速对这两件大事作出了选择。如同公元前509年的罗马人，英国人以一次不流血的革命确立了政治自由。所以说，早在前往英国旅居之前，孟德斯鸠就心知肚明，现代究竟在何处。

不过，英国并非孟德斯鸠的唯一启示者。罗贝尔·德拉泰和西蒙娜·戈亚尔-法布尔[⑧]的著作告诉我们，《论法的精神》从莱茵河彼岸的自然法学派汲取了哪些养料，格老秀斯[⑨]在他的《战争与和平法》（1625

① 中二楼俱乐部是当时巴黎各界名人聚会的一个著名沙龙。——译者

② 博林布罗克（John Bolingbroke，1678—1751），英国著名的政治家和作家。——译者

③ 阿尔杰农·西德尼（Algernon Sidney，1622—1683），英国政治活动家，他的《政府论》出版于1698年，1702年译成法文。——译者

④ 洛克（John Locke，1632—1704），英国哲学家，政治上主张实行代议制和分权制。——译者

⑤ 《南特敕令》（*Edit de Nantes*），1598年法国国王亨利四世颁布的敕令，规定天主教为国教，但承认胡格诺教徒享有信仰自由，是一项宗教妥协和约。1685年法国国王路易十五废除南特敕令，宗教矛盾随之激化。——译者

⑥ 《宽容异教宣言》（*Acte de tolérance*），英国国王詹姆斯二世于1687年颁布第一个《宽容宗教宣言》，对非国教徒和天主教徒作出让步。1688年颁布第二个《宗教宽容宣言》，确认第一个宣言。——译者

⑦ 孟德斯鸠的妻子是一位新教徒。——译者

⑧ 罗贝尔·德拉泰（Robert Derathé），西蒙娜·戈亚尔-法布尔（Simone Goyard-Fabre），法国当代学者，研究孟德斯鸠的专家。——译者

⑨ 格老秀斯（Hugo van Groot Grotius，1583—1645），荷兰法学家。——译者

年)中已经确立了他对史实的思考,卢梭因此而把他当作“孩子”对待,孟德斯鸠则对他敬重有加。海德堡大学的自然法和万民法教授普芬道夫[①]以其《自然法和万民法》(1672年)和《自然法所规定的人和公民的义务》(1673年),进一步发展了格老秀斯的思想。在这些著作的启示下,孟德斯鸠早在1725年就撰写了两篇文章:《论自然法》和《论义务》,这可以说是《论法的精神》的首批草稿。他的主要精神在于将法律和政治世俗化,自然法学派是启蒙学家们在法学方面的先祖。权力不再如托马斯·阿奎那和波舒哀所说的那样源自神授,而是源自人授,授权的基础则是订立契约,尊重人生而有之的自由和平等。还有一些大法学家也为孟德斯鸠提供了养料,尽管他们的名字在《论法的精神》中不比自然法学家更多被提及,其中如波舒哀的死对头——新教徒朱利厄[②],他为打开神权缺口而不懈奋战;又如多马,他已经开始探索法的本质和精神,不过,他的法学由于建立在神学基础之上,所以始终没有摆脱基督教和冉森派[③]的羁绊,他偏爱罗马法的倾向使他与屈亚斯相近,而与熟悉日耳曼法的孟德斯鸠有一定距离。伟大的博丹所著《共和国》一书在《论法的精神》中仅被引用一次,可是,也许正是他在法学和政治学研究中所应用的史学方法,以及他的宽厚与容忍精神,让我们在他身上看到了后来的孟德斯鸠。博丹已经从古人的著作中整理出了气候理论,他与孟德斯鸠一样主张自由交换,也像孟德斯鸠那样极为重视国际法。

① 普芬道夫(Samuel Pufendorf,1632—1694),德国历史学家、法学家和哲学家。——译者

② 朱利厄(Pierre Jurieu,1637—1713),法国新教牧师,曾在色当新教学院任教,后来担任英国国王奥兰治的威廉的顾问。——译者

③ 冉森派(Jansénistes)以荷兰人冉森命名的一个法国天主教的教派。——译者

为了证明法的渊源完全在人间，自然法学派想象出一种虚构的自然状态，在自然状态下没有公民社会，人人只服从自然法，他们享有自由，相互平等，拥有最高权力。我们不妨测算一下，自然法学派与声称“人生来就是臣民”的波舒哀相去有多远。到了下一阶段，被领导者与领导者之间形成了一种契约或合同，社会生活于是变成可能。为了解释在被作为新规则接受的自然交往中产生的社会萌芽状态，自然状态说必然导致契约说。孟德斯鸠在第一章第二节和第四章第二节中使用了自然法语言，可是，在《为〈论法的精神〉辩护》中却审慎地对从“云端坠落”的自然人提出了怀疑；其实，他与卢梭不同，他从来不热衷于起源问题，对于契约说仅仅表示适度的认同。他写道：“人心本恶，法律不得不把人设想成比实际略好些”(第六章第十七节)，是否可以由此认定他同意霍布斯的看法呢？不过，从《波斯人信札》中有关穴居人的神话来看，人并非生而性恶，而是在历史过程中由善变恶的。何况，编造穴居人的神话是在他阅读霍布斯的著作(《利维坦》，1651 年)之前，那时他尚未发现自然状态下的人处在彼此对抗之中。事实上，孟德斯鸠从自然法学派汲取的营养主要是：法非神授，人生而具有社会性(第一章第一节，第一章第二节，第四章第二节)。在他看来，有了父与子，就有了社会。孟德斯鸠认为，自然状态只不过是一种虚构，因而难以让只关心人为法和依法组建社会的他感兴趣。

罗伯特·夏克莱顿[①]指出，孟德斯鸠也受到由罗马法学者格拉维纳[②]创建的那不勒斯法学派的影响。民法专家和多面手多里亚[③]在他

① 罗伯特·夏克莱顿(Robert Shackleton)，英国当代学者，研究孟德斯鸠的专家。——译者

② 格拉维纳(J.-V. Gravina，1664—1718)，意大利著名法学家，著有《民法的起源和演进》，孟德斯鸠常从此书中摘取引语。——译者

③ 多里亚(Paolo Mattia Doria，1662—1746)，意大利法学家。——译者

的《公民生活》(1709 年)一书中把社会形态区分为三类:宽和型、浮华型和野蛮型,这三类社会形态大体上相当于共和政体、君主政体和专制政体,《公民生活》不但已经把美德确定为共和政体的原则,而且提出了普遍精神概念,我们有理由把它视为孟德斯鸠的民族普遍精神概念的雏形。多里亚和孟德斯鸠都是马基雅维里的勤奋而认真的读者,都把马基雅维里视为思想家的楷模,孟德斯鸠还收藏着马基雅维里全集。对于马基雅维里来说,政治科学是自成一体的学科,而宗教则是一种社会现象。不过,《论法的精神》所提出的诸多重大原则,除了气候理论以外,都与马基雅维里毫无承袭关系。马基雅维里并不区分君主政体和专制政体。詹农[①]在他的《那不勒斯王国公民史》(1723 年)中已经开始了社会史研究。那不勒斯的经济学家远远走在欧洲其他国家的学者前面,在令狄德罗钦羡不已的加里亚尼[②]之前,杰诺韦西[③]就已经是当时欧洲首屈一指的经济学家,孟德斯鸠在那不勒斯曾与杰诺韦西和多里亚会面。以《新科学》闻名于世的维柯也是那不勒斯大学的教授,不过,他的名气当时还比不上多里亚和杰诺韦西。

酝酿和写作时间漫长,思想来源众多,这就使得《论法的精神》在结构上可能存在缺陷。孟德斯鸠在世时就有人指出了这一点,其中包括与他敌对的人,他们这样做丝毫不让人感到意外,因为在他们看来,《论法的精神》只不过是一筒没有深度的烟花,是一堆没有凝固剂的散沙。达朗贝尔 1755 年在法兰西学院发表的《孟德斯鸠颂词》[④]中也承认,

---

① 詹农(Pietro Giannone,1676—1748),意大利历史学家。——译者

② 加里亚尼(Ferdinando Galiani,1728—1787),意大利神职人员、外交家和经济学家。——译者

③ 杰诺韦西(Antonio Genovesi,1712—1769),意大利哲学家和经济学家。——译者

④ 即本书所载《孟德斯鸠庭长先生颂词》。——译者

《论法的精神》至少表面上有些"混乱"，伏尔泰更是从成见出发，在他的《共和思想》(1765年)一文中指责《论法的精神》"犹如迷宫"。离我们年代较近的朗松[①] 1896年在《形而上学与道德杂志》上撰文，把《论法的精神》全书截然分成两部分，他认为，论述政治制度的前十三章结构坚实，首先从个人角度，然后从集体角度，前后连贯地论述社会生活；在他看来，包括有关气候和普遍精神在内的其余各章互不相干，几乎可以归入二流作品。第一位以科学方法研究孟德斯鸠作品文本的大学教授巴克豪森[②]，1898年在《公法杂志》上发表题为《〈论法的精神〉的结构混乱》的文章。斯特罗夫斯基[③]琢磨出了孟德斯鸠试图安排在各种法律之间的秩序，并用一个很漂亮的说法加以表述："被星星弄得晕头转向的羊群中的迦勒底牧人"。韦尼埃如今主张寻找的不是逻辑上的一体性，也不是修辞学意义上的一体性，而是"基因"、"实际"、"天然"的一体性。

可以肯定的是，孟德斯鸠并未一下子就找到他的阐释体系，由于他硬要在讲清楚制约人类的一系列决定因素之前就阐述三种政体及其原则，所以阐释的体系显得比较模糊；这部著作的重要性在于它的政治学意义和宪法学意义。韦尼埃强调说，政体类型是"该书的首要基因律动"，由此衍生出对各种政体的原则及其腐化的发现；于是，极为重要的"宽和"观念就从"温和政体"这个概念中衍生出来了。后面各章的顺序显得有些随意，我们甚至难以为之辩护；有关哥特法的那几章(第二十八章、第三十章、第三十一章)越说越远，乃至离题，就连孟德斯鸠自己

① 朗松(Gustave Lanson，1857—1934)，法国文学批评家。——译者

② 巴克豪森(Henri Barckhaussen)，法国当代学者，研究孟德斯鸠的专家。——译者

③ 斯特罗夫斯基(Fortunat Stlowsiki)，法国当代学者，研究孟德斯鸠的专家。——译者

也说，他正在把“一部巨著安放在一部巨著之中”。第二十七章和第二十九章尽管是两章，其实正是全书的结论，然而，第三十章和第三十一章却被人为地用作终篇。不过，当时的著作在终篇处添加一些此类附录性质的章节并不鲜见。以伏尔泰为例，在他的《哲学通信》中，最末第二十五封信是“谈谈帕斯卡尔先生的《思想录》”，他的《路易十四时代》的最末一章所议论的竟是中国的礼仪，而《论法的精神》的第十九章第十七至第二十节已经议论过这个时髦的话题了。乍看之下游离主题或者胡乱放置的篇章，其实都是一种反衬。帕斯卡尔的冉森派悲观主义恰好是英国乐观主义的反面；关于中国礼仪之争的那一章提醒人们，太阳王路易十四并非世界中心，而且为伏尔泰以后撰写的《风俗论》提供了最佳的过渡，从某种意义上来说，《风俗论》就是伏尔泰的《论法的精神》。如此说来，孟德斯鸠在书中着力对封建法进行分析，在很大程度上显示了此项分析的论据重要性。

有人希望，《论法的精神》作者首先论述基本物质因素，然后才谈论人、社会和文化因素，对于他们来说，论述物质原因的那几章（第十四章至第十八章）出现得太晚了些。孟德斯鸠自己也说：“气候是所有因素中的首要因素”（第十九章第十四节），这里所说的首要究竟是就时间顺序而言抑或就重要性而言，近年来学界对此颇多争论，其实这两方面大概是相辅相成的，其结果相同，我们应该从这里开始。“向缪斯女神祈求灵感”的位置也让人费解，这段文字在付梓的手稿中位于第二章篇首，在国立图书馆所藏的手稿中位于第二十章篇首，而在18世纪的各种版本中均告阙如。当今的出版者应该怎么处理呢？孟德斯鸠对全书已经作了调整，有关宗教的那几章放在论述普遍精神的第十九章之后，因为他觉得把有关宗教的那几章放在论述经济和人口的那几章之后更好，其实这几章的位置已经比较靠后，而他这样做的目的是以普遍精神的各种组成因素中最强大的精神因素作为终结，乔治·邦尔卡萨据此认为，精神因素在《论法的精神》中成了“决定性因素[①]”。此外，孟德斯鸠首先论述了三种政体，然后才追寻三种政体的空间渊源和时间渊源。这样的安排体现了这部著作的双重使命：指出结成社会的人的生活中的各个方面的相互联系，确定最合理的政体形式；换句话说，建立一个客观的政体类型学，指明他心目中法国应该优先选择的政体。

其实，想要捋顺《论法的精神》的结构，从任何一端开始都可以，因为书中所罗列的各种因素都彼此相关，无论怎样安排，总免不了要从后面返回前面，或是把后面放在前面。《论法的精神》的真正一体性和真正的条理性其实是它的结构性，应该在作者所安排的顺序中得到清晰陈述的，是各种法之间的关系以及各种法与物质和历史因素的关系，最清晰的顺序就是最好的顺序。当我们终于明白，孟德斯鸠撰写的是一部政治学著作，而不是一部气候学或教会史著作时，我们就会发现，先为三种政体下定义，然后才论述三种政体的各种决定因素，这是完全合乎逻辑的。

无处可寻的“分权”

哪种政体是最合乎理性的政体？柏拉图和亚里士多德的这个疑问被孟德斯鸠重新提出来，而且从头到尾贯穿在《论法的精神》中。对于他这位启蒙思想家来说，还有一个更重要的疑问：对人和人的福祉来说，哪种政体是最佳政体？更进一步地说，对于法国而言，哪种政体最佳？孟德斯鸠从《波斯人信札》就开始进行探索，在该书中可以看到他

---

① 乔治·邦尔卡萨，《政治及其记忆》，巴黎，1983年，第207页。——韦尔西尼

所说的"温和"政府，不过，他在《论法的精神》中才为这种政体下定义；他把这种政体称作君主政体，当时也常常被叫作共和政体。英国和瑞典凭借其宪法性法律提供的保障，确立了中间实体和国民代表制，因而被视为属于这种政体；波兰在国王的权力和人民的自由之间形成了平衡，因而亦被视为属于此类政体；当然还有那些名实相符的共和国，此外，与此相似或者说更佳的还有瑞士，唯有瑞士的各区保持着纯而又纯的初始公民权，热那亚和威尼斯都属于贵族共和政体，一个正在苟延残喘，一个已经蜕化为腐朽的寡头政体；再就是孟德斯鸠"永远离不开"的古罗马(第十一章第十三节)，即使在撰写了《罗马盛衰原因论》之后也依然如此，因为，"罗马人的事例为我提供了支持，我对自己的论点因而更有信心"(第六章第十五节)。与孟德斯鸠相比，卢梭更喜欢雅典和斯巴达的政体，而在孟德斯鸠这位法学家看来，雅典和斯巴达不是日内瓦的那种民主政体，而是贵族政体。

在孟德斯鸠笔下，同样堪称典范的英国和共和制初期的罗马，体现了对于他来说至关重要的那些概念，诸如"温和政体"、权力的混合、平衡或制约，以及"宽和"等等。英国政府的一大优点是它的政府建立在下述这条经常被援引的法律基础之上：权力必须受权力制约(第十一章第四节)，伏尔泰对此也表示认同。在法国的专制主义或绝对王权主义下，显然没有任何东西可以制约独揽大权的国王手中的权力，于是："如果由同一个人，或由权贵、贵族或平民组成的同一个机构行使这三种权力，即制定法律的权力、执行国家决议的权力以及裁决罪行或个人争端的权力，那就一切都完了"(第十一章第六节)。这是不是如同人们经常所说的那样，补救办法在于实行众所周知的美国式的分权即美国的总统制，而不是英国或法国的分权呢？因为在英国和法国的分权中，行政机构产生于立法机构并受立法机构监控。《论法的精神》对此写得非常清楚[①]:分权并非仅仅只有一种状况,它所涉及的其实仅仅是应该独立的司法权:"司法权如果不与立法权和行政权分置,自由也就不复存在了"(第十一章第六节)。在其他各种场所,孟德斯鸠谈论的都是权力分配(distribution des pouvoirs),而不是权力分置(séparation des pouvoirs)。第九章旨在说明如何通过权力分配来保障政治自由,首先在英国(第六节),然后在罗马共和国(第十二节以及此后多节),这一章中的各节标题已经以人们所希望的精确度说明了分权的含义,例如第十二节:"罗马诸王的政体及其三种权力的分配";再看第七节,除英国之外的其他君主政体中三种权力"各有其不同于他国的分配方式,并以自己的方式向政治自由靠拢"。这就是说,若干权力机构在分享行政权、立法权和司法权时,并非绝对平等,而是在不同程度上多寡有别。

困惑来自权力(pouvoir)一词的含义不清。在当今民主国家中,由于行政、立法和司法三种职能基本上分别各由一个专门机构执行,人们因而把执行一种职能的权力机构看作这种权力本身;可是对于孟德斯鸠来说,一种职能应该分配给若干权力机构,以便以权力制约权力,确保宽和与自由。产生困惑的另一个因素是:职能有三种,权力机构也应该有三个;因为,如果只有两个权力机构,它们就会彼此争斗,最终其中一个必然会把另一个消灭掉。最佳模式,也就是最稳固、最能确保制衡的模式,就是人们所说的三角模式。这从经验和历史上都可得到证明。试以古罗马为例,在君主制时期有三个权力机构:人民选举产生的国

① 1933年,在纪念相信这种分权制的宪法学家加莱·德·马尔贝格(Carré de Malberg)的一个文集中,法学家夏尔·埃兹曼(Charles Eisemmann)权威地指出了这一点,后来在为1952年纪念《论法的精神》问世二百周年而出版的希莱文集(Recueil de Sirey)中,他重申了这个观点。关于这个问题,请参阅米歇尔·特洛佩(Michel Tropper)的最新观点,他的那篇题为"分权概念的演进"的文章,载于《孟德斯鸠学会会刊》(*Bulletin de la Société Montesquieu*)1990年第二期,第5—15页。——韦尔西尼

王、元老院和人民;在共和时期也有三个权力机构:选举产生的两位执政官、人民选举产生的由前任官吏组成的元老院,以及最高权力的源泉——人民。绝大部分的行政权当然由国王或执政官行使;但是,元老院也行使部分行政权,例如宣战权和媾和权;人民也行使行政权,那就是任命官吏。国王或官吏、元老院和人民都行使司法权,我们通过狄特-李维[①](还有高乃依)的著作看到,贺拉提乌斯[②]的命运被交到了图卢斯·霍斯提利乌斯[③]手中,元老院成员的司法职能早就被骑士们剥夺了,孟德斯鸠常常对此表示遗憾,可是,元老院成员起初却是拥有司法权的,人民也一样,他们起初也参与审讯,介于两者之间的官吏也参与审讯,而选举官吏的权力则属于人民。《论法的精神》第十一章第十八节对整个系统的和谐与平衡有着非常出色的描述:"罗马人民拥有大部分立法权、部分行政权和部分司法权,这样巨大的权力需要有另一种权力与之抗衡。元老院拥有相当部分的行政权,它还拥有某些立法权,可是,这些不足以使它能与人民抗衡。元老院必须拥有部分司法权,而当法官从元老中选任时,元老院果然就拥有部分立法权了。"

英国也有三种权力,其一是国王,他在立法方面不拥有创议权,但他可以借助否决行使阻遏权,阻止议会两院走向暴政;其二是议会的上院和产生于人民的下院;其三是行政权,在孟德斯鸠时代,此权刚刚从

① 狄特-李维(Tite-Live,前59—17),古罗马历史学家、文学家。——译者

② 贺拉提乌斯(Horace,前7世纪),贺拉提乌斯三兄弟之一。三兄弟中签,受命代表罗马与代表阿尔巴的库里亚斯三兄弟进行决斗。两个贺拉提乌斯被对手杀死,第三个贺拉提乌斯假装逃跑,库里亚斯三兄弟中计被杀。库里亚斯三兄弟之一是贺拉提乌斯妹妹的未婚夫,妹妹因此责备贺拉提乌斯。贺拉提乌斯怒而杀死妹妹,遂被图卢斯·霍斯提利乌斯判处死刑;人民为之求情,贺拉提乌斯幸免一死。法国戏剧家高乃依根据这个故事创作了同名悲剧。——译者

③ 图卢斯·霍斯提利乌斯(Tullus Hostilius,约前672—约前640),罗马第三代国王。——译者

国王手中转移到由议会选出的内阁手中，由此可见，议会的权力并不局限于立法，相反，行政机构通过向议会提出法案也行使立法权。议会上院参与涉及重大事件的司法审理，从而也行使司法权。人民也行使司法权，因为有权作出临时判决的地方司法官全都是普通百姓，孟德斯鸠对于这种机制非常欣赏。英国的体系并非产生于日耳曼尼亚"森林"中的"优良制度"，换言之，并非源自撒克逊保民官的封建体系。撒克逊保民官兼领三种权力，其一是酋长的权力，其二是乡绅会议的权力，其三是人民的权力；酋长由武士选出，乡绅会议是侯爵会议、公爵公议或近臣会议的前身，人民会议则由于缺乏文献记载而多少有些传说成分，在与孟德斯鸠同时代的封建法研究者的眼中，人民会议就是议会的前身。

法国的最早体系也源自同一模式，国王、贵族和人民代表着三种彼此平衡的权力。国王和大臣通常被视为拥有中央机构的国家的创始者；菲利普·奥古斯特①、路易十一②、黎塞留等人，表面上扮演着保护人民抵制权贵欺诈的角色，事实上则在玩弄削减贵族势力这种把戏之后，转过身来对付人民，进而把所有权力集中在君主一人手中。孟德斯鸠已经在《波斯人信札》中对这种机制作了分析，他写道："政治权力不可能在君主和人民之间平均分配，非常难于保持平衡。权力势必在一方面逐渐削弱，同时在另一方面逐渐增加；但是优势通常总在君主方面，因为他率领军队"（第一百零二封信）③。总之，必须以权力制约权力，在君主政体下，

① 菲利普·奥古斯特（Philippe Auguste，1165—1223），法国国王（1180—1223 在位）。——译者

② 路易十一（Louis Ⅺ，1432—1483），法国国王（1461—1483 在位）。——译者

③ 这段译文转引自《波斯人信札》，罗大冈译，人民文学出版社 1984 年版。——译者

这个界限的代表便是中间权力即贵族和高等法院①。在孟德斯鸠看来，中间权力的重要性不仅仅在于它属于两个实体，即贵族和高等法院，更因为贵族是国王的天然顾问，高等法院则是国家基本法律的神圣的保管所，况且孟德斯鸠还希冀高等法院能够发挥英国议会的那种作用。

一个"温和"的政体，一个权力分配得到确保的政体，也可以叫作混合政体。它同时兼有君主政体、贵族政体和民主政体的性质；它具备这三种政体的优点，却没有这三种政体的缺点；英国的政体就是这样，既有统而不治的国王，也有使之属于贵族政体的议会上院，还有使之属于民主政体的议会下院。

"森林中发现的优良制度"

以上所述已经对有关法兰克人的基本法和封建体系的那几章作了部分解释，在现代读者看来，这几章有些冗长或是位置不当，因为，在孟德斯鸠看来，权力分配问题那时已经妥善解决，而不像在法国绝对王权主义时期那样，君主政体正在日渐蜕化。孟德斯鸠的看法并非"向后看"，而是重申君主政体的定义所要求的那些条件：中间实体、国王、权力分配、宽和。当时的法国在这些方面都不完备，所以，孟德斯鸠的极端现代诉求反而导致对久远的过去的重新肯定，不过，这种反常的悖论只不过是一种表面现象。

孟德斯鸠究竟是"反动"还是"进步"？鉴于他对封建制度的论述，许多

① 法文中的 parlement 一词的现代意义是议会，但在孟德斯鸠生活的年代，此词既指英国的议会，也指法国的高等法院。法国当时的 parlement 虽然也具有某些议会性质，但并非真正意义上的议会，与英国的议会差异甚大，所以中国史学界依据法国 parlement 当时的实际职能，通常将其译为高等法院。在本节这段文字中，parlement 就是一词两译，敬请读者注意。——译者

评论家似乎有理由把他与圣西蒙①相提并论，把他视为为恢复旧制度而奔走呼号的鼓吹者之一。其实，孟德斯鸠与圣西蒙相去甚远。不错，在1734—1735年间，孟德斯鸠也是这位圣西蒙公爵的拉费尔泰-维达姆的古堡的常客，他从未有幸踏进王宫，却在这里听到了不少对擅权专横的路易十四的微词，从而为他的《随想录》和《随笔》增添了素材。在这座古堡中，圣西蒙说的是恢复公爵们和近臣们以往扮演的政治角色，而孟德斯鸠谈的则是重振高等法院的辉煌。圣西蒙所表明的是对贵族权力的眷恋，孟德斯鸠所流露的则是对一种平衡政体的法学基础渊源的关心。

1750年前后，在法国君主制的起源问题上有两种对立的理论，一种认为法国君主制起源于罗马法，另一种则认为起源于日耳曼法，孟德斯鸠因此而面临着抉择。罗马法说的杰出代表是迪波教士的名著《法兰西君主国在高卢的建立》(1734年)，迪波教士还是一位深得孟德斯鸠青睐的美学家；不过，在《论法的精神》第三十章中，迪波的看法遭到孟德斯鸠的猛烈驳斥。在迪波看来，法兰克人并非以粗暴的征服者身份进入高卢，而是作为盟友应罗马人之邀来到高卢，为的是结束罗马帝国北部空白地区的不安全和日渐衰落状况。法兰克人之所以接受罗马法而没有任何困难，原因在于他们没有自己的法律，他们尊重个人自由，不知奴隶制为何物。克洛维斯②及其继任者所享有的权威来自罗马皇帝的授予或转移。依据这种说法，从路易十一到路易十四这些专制君主赋予法国的绝对王权主义的篡权性质就得到了清洗。因为，征服既然不存在，法国的贵族当然就不能自诩是法兰克征服者的后裔，也不能索求与君主制同样古老的原始权利。迪波极端敌视贵族，堪称"第

① 圣西蒙(Saint-Simon，1675—1755)，公爵，法国贵族文人，以其《回忆录》闻名于世。——译者

② 克洛维斯(Clocvis，466—511)，法兰克人的国王。过去常被译作"克洛维"。——译者

三等级的捍卫者”，他对中世纪所作的阐释后来为以菲斯泰尔·德·古朗治[①]为代表的传统史学所继承。

日耳曼法说的主要代表是以其传世之作《法兰西古代政体史》(1727年)闻名的布兰维利耶[②]伯爵。他认为，法兰克人的征服极其粗野，所有土地都被他们攫取，所有罗马人都沦为奴隶，其中包括罗马人后裔中的平民、贵族以及法兰克人，贵族特权源自征服的特权，而贵族的资历则与王权一样古老。到了19世纪，基佐[③]和奥古斯丁·梯耶里[④]重新捡起了这种说法。布兰维利耶撰写了《关于高等法院的历史书简》(1727年)，在书中提出了“封建政体”这个术语。他是贵族的捍卫者，孟德斯鸠常常与他看法一致。早在孟德斯鸠读到布兰维利耶伯爵的著作之前，法兰克人就以征服者的面貌出现在《波斯人信札》(第一百封信)中了，他们没有以罗马皇帝的名义掌权，因为罗马法无法嫁接在使用习惯法的法兰西土地上(第一百二十九封信)。贵族站稳脚跟与君主制的确立是在同一时期。但是，布兰维利耶过于偏颇的看法令既是法学家又是史学家的孟德斯鸠处于两难境地。他读过图尔的格雷瓜尔[⑤]的著作和《圣徒传》，也读过各位国王的敕令集。正因为如此，马克·布洛赫[⑥]称他为第一位研究封建制度的严肃学者和“封建社会”概念的发明者。孟德斯鸠认为，封建制度的起源应该上溯到法兰克人之

① 菲斯泰尔·德·古朗治(Fustel de Coulange，1830—1889)，法国历史学家，以其《法国古代政治制度史》、《古代城邦》等名著闻名。——译者

② 布兰维利耶(Henri Boulainvillier，1658—1722)，法国历史学家。——译者

③ 基佐(Guillaume Guizot，1787—1874)，法国政治家和历史学家。——译者

④ 奥古斯丁·梯耶里(Augustin Thierry，1795—1856)，法国历史学家。——译者

⑤ 图尔的格雷瓜尔(Grégoire de Tours，538—594)，法国贵族，主教，最早研究法国史的专家。——译者

⑥ 马克·布洛赫(Marc Bloch，1886—1944)，法国历史学家，年鉴学派的创始人之一。——译者

前，也就是塔西佗所说的日耳曼人，日耳曼首领的身边已经簇拥着一批武士，他们享受着首领的恩惠，首领的家臣或忠臣起初是法兰克人中的继承者，后来则变成公爵。孟德斯鸠不赞成布兰维利耶的说法，他认为，法兰克人仅仅获得了他们想要的那些土地，其余绝大部分都留给了占领者；奴役制在加佩王朝方才出现。另一方面，孟德斯鸠对迪波进行了反驳，他坚持认为，既然只有高卢-罗马人才纳税，这就说明他们的地位较低，因为，当时的自由民不缴土地税，只有获得租让土地的农奴才纳税。领主对自由民征收的唯一赋税就是罚金，罚金是犯罪人在向受害者支付的赔偿金之外另行支付的费用，以此换取保护，防止受害者家庭实施报复。领主司法权由此而生，而并非如一贯主张中央集权君主制的迪波所说系篡夺而得。领主司法权一方面与拥有领地有关，所以又被称作承袭司法权，另一方面则与军事权的行使有关。家臣对于被他们派遣从军的自由民拥有司法权，恰如伯爵作为隶属国王的官员对他们管辖下的居民拥有司法权一样。孟德斯鸠与他的同时代人的看法不同，他认为，所有官职之间不存在篡权问题，他们之间只有逻辑性和结构性的联系，由此可以推定，国王的所有政治制度都可上溯到法兰克君主制的初期，甚至可以上溯到塔西佗所说的日耳曼人，其间并无一系列添加的成分。

关于中间实体

这就是“森林中发现的优良制度”。孟德斯鸠属于日耳曼法学派，不过，他这位日耳曼法学派有其个人特色，他所阅读的第一手资料比布兰维利耶多得多。由于他对封建制度如此热衷，难怪早就被人目为眷恋旧日的反动分子；爱尔维修就称他为“封建主义分子”。他果真如阿尔都塞所说，是属于主张绝对王权主义的“右翼反对派”吗？

著名的马克思主义历史学家阿尔贝·马蒂耶[①]早就对两类反对派作出区别，一类是反对绝对王权制的资产阶级反对派，诸如迪波和伏尔泰等人，他们对封建制度的敌视甚于对绝对王权制的敌视，其中也包括较晚出现的极少数的共和派，诸如卢梭和马布里[②]等人。另一类是贵族和封建反对派，马蒂耶认为，孟德斯鸠就属于此类反对派。路易·阿尔都塞也持同一看法，在他看来，《论法的精神》的作者与费纳龙[③]、布兰维利耶、圣西蒙颇有相似之处，这几位都相当看好作为封建制度遗存的省三级会议。但是，应该在这个杂乱的反对派中分清几类人。一类是佩剑贵族反对派，他们的代表人物就是圣西蒙，他是以勃艮第公爵为首的公爵和重臣们的斗士。另一类人主张进行大胆的政治和经济改革，诸如《呈路易十四函》的作者费纳龙，《法国详情》(1699年)的作者布瓦吉贝尔[④]，《论国王什一税》(1707年)的作者伏邦[⑤]，《法国现状》(1727年)的作者布兰维利耶；其中当然还包括那些小型公会议的成员们，是贫困和慈善事业的紧急状况把这些人聚集在重归于好的费纳龙和波舒哀周围，其中有拉布吕耶尔[⑥]和弗勒里教士[⑦]。还有一类是高等法院的反对派，这批人后来也相当宽厚，例如孟德斯鸠，他在自己的早年著作《论国债》(1715年)中发表的意见，就颇似刚才提及的那几位改

① 阿尔贝·马蒂耶(Albert Mathiez，1874—1932)，法国历史学家，法国大革命史专家。——译者

② 马布里(Gabriel Bonnot de Mably，1709—1785)，法国哲学家和历史学家。——译者

③ 费纳龙(François Fénelon，1651—1715)，法国教会人士，作家，法兰西学院院士。——译者

④ 布瓦吉贝尔(Pierre Boisguilbert，1646—1714)，法国经济学家。——译者

⑤ 伏邦(Sébastien Vauban，1633—1707)，法国元帅，撰写过若干政治著作。——译者

⑥ 拉布吕耶尔(Jean de La Bruyère，1645—1696)，法国伦理学家。——译者

⑦ 弗勒里(Claude Fleury，1640—1723)，法国教会人士，历史学家。——译者

革派。

孟德斯鸠的日耳曼法派立场使他成为资产阶级绝对王权主义派的论敌。作为这一派的化身，迪波对于百科全书派的开明专制主义理论产生了影响，而这种理论与孟德斯鸠则完全格格不入。阿尔都塞看得很清楚，借用他的话来说，出身于高等法院的孟德斯鸠不可能是“资产阶级事业的传令官，即令乔装打扮也不可能”。不过，阿尔都塞对马蒂耶在这方面的看法作了修正，他又说，孟德斯鸠的攻击对象最终并非资产阶级，资产阶级已经融入国家的封建制度之中，并且梦想着跻身于封建阶级，他的攻击对象是“第四权力”，即人民。正如孟德斯鸠本人在《随想录》中所说，作为一个出身于一个有着三百五十年历史的久经考验的佩剑贵族家庭的人，他相信自己所捍卫的是受到绝对王权主义威胁的他所属的阶级，绝对王权主义同时也正威胁着国王，国王已经把君主制度与贵族签订的契约置之脑后。由于历史的作弄，孟德斯鸠如同所有出身于高等法院的人一样，变成了革命的客观盟友，他试图动摇国王，实际上唯一被他动摇的是贵族，而贵族的存在是与君主的存在紧紧地联系在一起的。

上述说法所使用的是特定的历史时代的语言。刚才谈到了阶级，而我们知道，在旧制度时期只讲等级。孟德斯鸠肯定不是共和派，在他的那个时代根本就不存在共和派；他也不是民主派，恰如伏尔泰同样不是民主派。狄德罗只是在与独裁者沙皇叶卡捷琳娜二世对抗时才变成民主派。借用阿尔都塞的话说，孟德斯鸠所想到的共和国，始终是“权贵”的共和国，尽管他本人也许会使用贵族一词的词源含义，把共和国称作“精英治国”。英国君主制和变成绝对王权主义之前的法国君主制，都是他所钟爱的典范，而这两个都是不怎么民主的君主制。不过在他内心深处，罗马才是民主政体的典范。对于他来说，“人民根本无法作出需要付诸行动的决议[①]"(第十一章第六节),也无法"指导一桩事务";不过他承认,"人民有足够的能力听取有关管理事务的报告"(第二章第二节),"人民在遴选受托替他们行使部分权力的那些人员时,其表现令人赞叹"(第二章第二节),在"遴选他们的代表时",其表现同样令人赞叹(第十一章第六节)。他还宣称:"在平民政体国家里,自由是主权的一部分"(第十五章第二节)。此话证明,被卢梭发挥到极致的人民主权理论,在孟德斯鸠的著作中并非毫无踪迹可觅。

想要判断一个思想家的精神之所在,必须将他与其同时代人进行比较。把一个经常光顾中二楼俱乐部的人视为"反动",毕竟有些不可思议。需知,他在这个俱乐部里经常遇到的人当中,有阿拉里[②]教士、待人宽厚的圣-皮埃尔[③]教士、改革派阿尔让松[④]侯爵、流亡在法国的英国人拉姆齐[⑤](洛克的政治理论就是拉姆齐首先向孟德斯鸠介绍的),此外还有向他介绍英国自由制度的博林布罗克。教会对孟德斯鸠不予信任没有错,他不是教会的代言人,况且他的《论法的精神》还被教会列为禁书。毋庸置疑,在旧制度下,进步思想只可能来自少数思想开明的人。想要了解孟德斯鸠的胆量和勇气有多大,应该读一读《论法的精神》中的"对宗教裁判官们的忠告"(第二十五章第十三节);此外还不应

① 本文中一些引语往往经过合理的嫁接,虽然准确地表达了孟德斯鸠的原意,但有时并非孟德斯鸠的原话,因而在《论法的精神》中不一定很容易找到,敬请读者注意。——译者

② 阿拉里(Pierre Joseph Alary),中二楼俱乐部主席,曾任幼年路易十五的家庭教师。——译者

③ 圣-皮埃尔(Charles Saint-Pierre,1658—1743),法国学者,著有《永久和平纲领》。——译者

④ 阿尔让松(Marc-Louis d'Argensson,1694—1757),伏尔泰的好友,曾任外交大臣,著有《回忆录》。——译者

⑤ 拉姆齐(Andrew Richard Ramsay),苏格兰人,英国国王詹姆斯二世的拥护者,著有《居鲁士游记》。——译者

忘记，“对黑人的奴役”（第十五章第五节）的作者是一位在波尔多与黑人朝夕相处的特权人物。

孟德斯鸠远非封建制度的盲目崇拜者，恰恰相反，他指出了封建制度的种种缺陷，世俗理性主义使他从各种神意裁决中看到了迷信，当然，神意裁决在司法方面也略有建树，比如，两个决斗人在一位合法代表面前的决斗，取代了以往敌对双方的相互杀戮；又如，把采邑变成世袭，这就改变了事物的性质，致使国王因此而动弹不得。孟德斯鸠为之感到惋惜的不是变成独立和一手遮天的大封建领主制度，而是开始形成的平衡体系。这种政府应该在自由方面有所修正，他就此写道：“它的弊病是下层百姓都是奴隶；不过，这是一种优良的政体，本身具有优化的能力”（第十一章第八节）。这种政府的原则倒是很不错：“人民的公民自由、贵族和教会的特权以及国王的权力”，即三种权力的平衡“达成高度协调，因而我相信，在这个政体存续期间，世界上没有一种政体比欧洲各地的政体更加宽和”（第十一章第八节）。

其实，孟德斯鸠既不希望在法国恢复封建主义，也不试图引进英国式的议会君主制。我们看到，他所说的“宽和政体”有多种形式，例如罗马的共和政体和英国的君主政体。鉴于法国既承袭了由三方组成的哥特政府的传统，又有基本法，所以，对于1748年的法国来说，“宽和政体”的最佳模式就是承认乃至扩大中间权力，其中首先是高等法院的权力。正因为如此，在法国大革命之前，《论法的精神》的“法律保管所”或“保管法律的中间实体”理论，一直是高等法院反对派的力量来源之一。鉴于气候因素不允许任何嫁接，所以孟德斯鸠并不希望抄袭英国模式，但是他主张承认法国的高等法院应该拥有政治权力，首先是一再争取的向国王呈递陈情书的权力。孟德斯鸠为《论法的精神》准备了一个主题分析表，由他的儿子最终完成，在这份分析表中的“高等法院”条目下加了一条脚注：参见“中间实体”。此举很能说明问题，它意味着在孟德斯鸠看来，唯有在高等法院成为中间实体的条件下，绝对王权主义的君主制才能成为“宽和政体”。

孟德斯鸠有关君主政体的主张并非倒退，而是一种和平主义。他反对除自卫以外的所有战争，他反对在万民法名义下实施的征服；其次，他所主张的是改革，尤其在经济和税务方面（第十三章）以及司法方面（第六章和第七章，尤其是对刑讯的谴责）。一个像西班牙那样躺在传统和外来财宝上面的君主政体，既不是现代政体，也不是安全的政体。孟德斯鸠梦寐以求的是一个能够推进经济发展，让人人都能从中获益的君主政体。《论法的精神》的最令人震惊的现代意义或者说当今意义，就在于它延续了孟德斯鸠1725年所撰写的《欧洲统一君主国论》一文的精神，着力于探索一个统一的欧洲国家，以近邻同盟[①]取代路易十四的霸权梦，当然，这个近邻同盟应该经过革新，力戒抱有统一各个民族的普遍精神的企图。

让·埃拉尔[②]谈到孟德斯鸠时说，他“为新世界进行了一场明知必败无疑的战斗”，我们也可以说，他为封建制度选择了一种自相矛盾的解决方案，用以促进进步和启蒙时代的到来。他相信进步，就像郁斯贝克和磊迭[③]被西方的哲学和自然科学（这两者是一个整体）所迷住一样，但是，他把进步限定在与法国的地理和历史相适应的传统之中，而他为进步设定的保证则存在于宽和君主政体下的权力平衡之中。如果说，有人怀疑法的精神是一种进步精神，那是因为，孟德斯鸠所偏爱的，是他要求加以革新的一种古老的模式中历经检验的效能，而不是未来模式所具有的那种诱人的魅力。既然眼前有英国现成的成功范例，当

① 近邻同盟（Amphictyonie），古希腊中部和北部诸城邦结成的一个具有宗教性质的联盟。——译者

② 让·埃拉尔（Jean Ehrard），法国当代历史学家。——译者

③ 磊迭（Rhédi），《波斯人信札》中的人物。——译者

然就无需求助于乌托邦式的空想，这就是孟德斯鸠对于激进派哈林顿的《大洋国》的严厉批评(第十一章第六节末尾)给予我们的教诲。

没有分担过霍布斯或卢梭对起源或自然状态挥之不去的困惑的人，不可能是个名副其实的怀旧派。《论法的精神》的读者之所以在这一点上感到迷惑，那是因为这部著作引用了各种各样的古代资料，其中包括古人的著作和国王的敕令集、中世纪早期和晚期的各种习惯法、拜占庭历史学家和罗马法学家的著作、带有传说色彩的人物梭伦、莱库古和努玛[①]等人的著作等等，数量之多令人十分震惊；当然，当代资料和俄罗斯、丹麦、奥斯曼帝国以及日本的政治现状，同样林林总总。对于一位始终把祖国的现在和未来放在心上的作者来说，回眸过去更能展望未来。

现代派的语言

孟德斯鸠在《论法的精神》1757年版的“说明”中写道：“我有一些新的想法，不得不寻找一些新词，或者赋予一些旧词以新义。”他在说这番话时想到的主要是“美德”这个词，因为有些读者把这个词的含义理解反了。这与马里沃[②]为自己辩护的情形相同。面对德方丹[③]和伏尔泰对他滥造新词的指责，马里沃在1723年也曾以孟德斯鸠的这种方式为自己进行辩护。马里沃与孟德斯鸠相识在内维尔[④]公馆，他们都沾

① 努玛(Numa Pompilius，前715—前672)，传说中的罗马第二任国王。——译者

② 马里沃(Pierre Marivaux，1688—1763)，法国作家、戏剧家。——译者

③ 德方丹(Desfontaines)，圣路易执政时审等法院审查官，圣路易的法律顾问。——译者

④ 内维尔(Philippe Nevers)，公爵，朗贝尔夫人的常客。——译者

染了当时的风气，喜欢用在朗贝尔[①]夫人府上聚会的那些名流们的方式说话撰文。杜德芳夫人[②]曾把风度翩翩的孟德斯鸠与众不同的用语称作“关于法律的精神”。每当有了新的发现，无论涉及情感或是很久很久以前的帝国，总会随之出现一些故作惊人之语。孟德斯鸠在谈及法兰克人逐渐废弃罗马法时洋洋得意地说道：“我知道，我在这里所说都是前所未闻的新事”（第二十八章第四节）。

《论法的精神》令今天的读者感到吃惊的，大概不是它的“突兀”，而是它的严肃，伏尔泰当年曾说，他在这部著作中看到的只是作者的精神，极少看到法的精神（《共和思想》）。仔细观察之后便可发现，孟德斯鸠的文笔具有1720—1740年间那种追求新异的特征，在这二十年中，十分健谈的孟德斯鸠尽管说话时加斯科涅[③]口音浓重而刺耳，却在各个沙龙中出尽风头。弗雷德里克·德洛弗尔[④]认为，这些恰好就是马里沃的语言特点，在“希腊的这些奇特风尚[⑤]”（第四章第六节）这个短语中，形容词的名词化手法、精巧的排比、并列、交错类比等，都令读者过目不忘，所有这些手法使得这种文风具有一种双节律的张度，从而在一些章和节的结束句中写出了漂亮的对称排比句，例如：“在共和政体下，人人平等；在专制政体下，也是人人平等。在共和政体下，之所以人人平等，是因为人就是一切，在专制政体下，之所以人人平等，是因为人

---

① 朗贝尔夫人（Anne de Lambert，1647—?），侯爵夫人，巴黎著名的贵妇人之一，孟德斯鸠经常光顾她的沙龙。——译者

② 杜德芳夫人（Marie du Deffand），侯爵夫人，曾是法国摄政王奥尔良公爵的情妇。——译者

③ 加斯科涅（Gascogne），法国西南部，孟德斯鸠的故乡波尔多位于该地区。——译者

④ 弗雷德里克·德洛弗尔（Frédéric Deloffre，1921—　），法国当代学者，巴黎第四大学教授。——译者

⑤ 书中“奇特风尚”的原文为extraordinaire。此词本是形容词，孟德斯鸠为它添加冠词后当作名词使用。——译者

一钱不值”(第六章第二节末尾)。西哀耶斯[①]的写作技巧就是从孟德斯鸠那里学来的。又如,“重要的不是让人阅读,而是让人思考”(第十一章第二十节末尾)。再如为君主政体及其中间权力作出定义的佳句:“没有君主就没有贵族,没有贵族就没有君主”(第二章第四节),这些句子都是应用这种修辞手法的结果。应用类似的交叉类比手法写成的佳句还有:“个人的私产过去汇聚成公共金库,如今的公共金库却变成了某些人的私产”(第三章第三节);西班牙人“本应把奴隶变为自由民,但他们却把自由民变成了奴隶”(第十章第四节);“因为,若要罗马人的奴隶信任法律,除非法律信任奴隶”(第十五章第十六节末尾)。有一些悖论不妨说就是雕琢过度的结果:(在希腊诸共和国中)“富有和贫困都是一种负担”(第七章第三节末尾)。此外,还有一些常见于沙龙中令人费解的谜语般表述,例如,“北方的蛮荒之地常常因为无法居住而始终有人居住”(第十八章第三节);需要费些工夫方能理解这句话含义:少量居民之所以留居在北方的蛮荒之地,是因为气候保护他们不受入侵之害。当然,孟德斯鸠笔下也免不了有些令人不知所云的话,例如,“修道士为什么如此热爱他们的修会?恰恰因为修会令修道士无法忍受。”幸好他紧接着就作了解释:“教规剥夺了常人感情赖以支撑的所有事物,唯一余下的便是对折磨他们的那些教规的感情”(第五章第二节)。赋予 1721 年的《波斯人信札》以魅力和成功的那种精神,并未在 1740 年代的孟德斯鸠身上销声匿迹。或许在他的同时代人眼中,这种精神始于 1748 年[②],因而受到一些非议;不过,我们对于这种精神给予好评。

---

① 西哀耶斯(Sieyès, Emmanuel Joseph,1748—1836),法国政治家,他的政论性小册子《什么是第三等级》被誉为法国大革命的舆论准备之一。——译者

② 孟德斯鸠在 1740 年代撰写了不少文章,《论法的精神》初版于 1748 年。——译者

从某些典雅的段落中，不难看到这部法学著作的作者对于往日的眷恋，年轻时的风流倜傥跃然纸上："在气候温暖地区，爱情有许许多多与之相伴的东西令人喜悦，这些东西乍看像是爱情，实则并非爱情本身"（第十四章第二节）。这是对柔情的关注，或者说是想到了这个著名的定义："献媚之心并不是爱情，它只是体贴，只是轻佻，只是骗人的山盟海誓"（第二十八章第二十二节）。孟德斯鸠一贯追求一鸣惊人，正如孟德斯鸠在为《百科全书》撰写的条目《情趣》（后来改写为《论情趣》一文）中所说，巴洛克审美观中的美存在于出人意料和强烈对比之中。

庭长①不乏幽默，而且是相当情色的幽默，这令我们想起他的青年时代：在 18 世纪，"新婚夫妇如果没有花钱买到［教会的］许可的话，第一夜不得同房，就连第二夜和第三夜也不行。之所以务必选择这三夜，是因为在其他日子里，新婚夫妇愿意给的钱肯定不会多"（第二十八章第四十一节）。这一切产生了喜剧效果，并且让人想到《波斯人信札》及其放荡的暗示："这个可怜的国王［此处指摩洛哥国王伊斯梅尔，他的妻妾中既有白人，也有黑人和黄种人］，他对肤色哪里会有什么要求呢"（第十六章第六节）！伏尔泰对孟德斯鸠的"突兀"穷追猛打，还因为孟德斯鸠侵犯了他的领地，从而为他的妒忌心增添了一个补充理由。有一位罗得侯爵"在西班牙继位战争中因经营金矿而倾家荡产，却在济贫院里发了财"，于是信誓旦旦地对法国宫廷保证，肯定能在比利牛斯山找到金矿，"他以提尔人、迦太基人和罗马人为例。得到允许后他就四处找矿试挖，可是，尽管他一再引证先例，却始终没能找到金矿"（第二十一章第十一节）。这段话离喜剧已经很近了，离

① 庭长，此处指孟德斯鸠，因为他曾任波尔多高等法院的庭长。——译者

耶稣会士贝尔捷神甫[①]则更近了，这位神甫“编啊，编啊，编啊，编个没完”。

讲究刻意斧凿和意外效果的美学原则直接影响到章节的设置。《论法的精神》中有一节竟然只有短短的三行，而且用一个谜语般的东西结尾，那就是他为专制政体下定义的那一节。这个定义的依据既非公法，也不是宪法，是专制政体在经济上的挫败：“路易斯安那的蛮人想要果子的时候，就把果树从根部砍倒，然后采摘[②]。这就是专制政体”（第五章第十三节）。这一节的素材取自《耶稣会士书简集》中的一封信，加布里埃尔·马莱斯特于1712年11月9日发自一个名叫卡斯卡基亚斯的印第安人村子。马莱斯特并未从蛮人的行为中发现专制政体的形象和失败，这是孟德斯鸠这位天才的经济学家和朗贝尔夫人的挚友的发现。据孟德斯鸠当时的秘书说，孟德斯鸠足足冥思苦想了三个小时，才憋出这段闪耀着智慧的文字。

孟德斯鸠文笔的张力来自连词省略、断句不规整、突然停顿、句子中断和讲究语义连贯等修辞手段。由多个分句构成的复合句以及协调一致的恢宏风格，使他的文字具有一种节拍，把互不相联和没有主从关系的那些句子联结了起来。第十五章第五节“对黑人的奴役”提供了一个著名的例子。这又是一次刻意的雕琢，就连那些聪明人也上了他的当，他们居然以为庭长先生对奴隶制的必要性有着相当深刻的理解，因而向他表示祝贺。现代派喜欢短句，因而18世纪也以此闻名。特吕布莱教士[③]在1735年主张“用前后不连贯的思想写作的方法”，孟德斯鸠

① 贝尔捷神甫(Père Berthier, 1704—1782)，耶稣会士，《特雷武报》社社长，1749年在该杂志上撰文批评《论法的精神》。——译者

② 《耶稣会士书简集》，第2辑，第315页。——译者

③ 特吕布莱(Nicola-Charles Trublet)，与孟德斯鸠同时代的文人，巴黎各个沙龙的常客。——译者

响应特吕布莱的主张，他告诉新手们说："要想写得好，就应跳过中间思想"（《随想录》第 1970 条）。这种倾向在他为了定稿而重读《论法的精神》时有所显露。在 1748 年的手稿中，第十章第十三节中的"偶发事件不难补救；源自事物本性而接连不断地发生的事件则防不胜防"这两个短句之间有一个连词"但是"，这个"但是"在定稿中被删掉了。他如果想在同样的句式中保留一个连词，那就是表示转折的"而"字，例如：包税人的"这些财富令人作呕，而大加赞赏的却不乏其人"（第十三章第二十节）。

激情、赞赏、愤怒都以最简洁的手法体现出来，例如："尤利安，就是这个尤利安（尽管我不得不认可尤利安，但绝不会成为他背弃宗教行径的同谋），在他之后，再也没有一个比他更配做统治万民的君主了（第二十四章第二十节）。"括弧中的这句话是出于谨慎的考虑，用来应付出版物审查当局的，但后面这句话令人震颤，因而把前面的谨慎完全抵消。孟德斯鸠的这种手法，与阿尔让松、伏尔泰、狄德罗以及更多的启蒙思想家对于被他们选为英雄的哲学家皇帝的赞颂如出一辙。

圣西蒙心目中的理想君主是路易十三，伏尔泰和大多数启蒙思想家心目中的理想君主是亨利四世，卢梭在普鲁塔克的古代寻找英雄，而孟德斯鸠心目中的英雄则是查理曼之前的叛教者皇帝[①]和亚历山大[②]，亚历山大是一位胸襟开阔的征服者，尊重被征服者的法律和习俗。最为孟德斯鸠所憎恨的人则是黎塞留，在他看来，黎塞留首先应该为法国君主政体原则的腐败负责，因为，中间权力一旦被废除，君主政体必然

---

① 叛教者皇帝，此处指前面提到的罗马皇帝尤利安（361—363 在位）。——译者

② 亚历山大（Alexendre，前 356—前 323），史称亚历山大大帝，马其顿国王（前 336—前 323 在位），亚历山大帝国的创建者。——译者

蜕变为专制政体。他就此写道:“专制主义若非在此公心中,必定在他头脑中”(第五章第十节);“当奴颜婢膝来到人间时,不可能有另外的说辞了”(即只有黎塞留的说辞,第十二章第八节)。伏尔泰心目中的英雄不完全是孟德斯鸠心目中的英雄,在伏尔泰看来,亚历山大过于热衷于征服,而且不知道自己已经远离基地。介于伏尔泰的英雄和孟德斯鸠的英雄之间的是查理十二①,孟德斯鸠在评说他时用的是反衬和结论式的语言:“他绝不是亚历山大,不过他本来倒可以成为亚历山大麾下最出色的士兵”(第十章第十三节)。

对幸福的诗意般诠释

孟德斯鸠在阐明事理时缜密严谨,因博学而无懈可击;然而,他并不因此而不流露感情,表示他的愤怒和愤慨。请看那位“犹太人作者”在“对西班牙和葡萄牙的宗教裁判官们的忠告”中激烈的言辞(第二十五章第十三节)、《论法的精神》和《随想录》中揭露西班牙征服者所作所为的那些段落,以及“对黑人的奴役”的论述(第十五章第五节);奴隶制违背自然法则和平等原则,因而激起他的反感,恰如古罗马的奴隶制激起他的反感一样;古代被征服的人民之沦为奴隶,责任在于妄图称雄全世界因而征战不断的罗马人身上。

愤怒在借助欲擒故纵和戛然而止的手法下表现得淋漓尽致,例如:“如果我想把他们[西班牙征服者]所做的坏事和没有做的好事统统写出来,永远也写不完”(第十章第四节)。又如,他在谈及破坏贞操的法律时写道:“当日本官吏让一个母亲……让一个儿子……,我不忍再往

① 查理十二(Charles Ⅻ,1682—1718),瑞典国王(1697—1718 在位)。——译者

下说，大自然也为之颤栗”（第十二章第十四节）。恰如伏尔泰在《老实人》中述及火刑的那一节中一样，出于理性、感情、人道和本性的反抗，孟德斯鸠让“我”也出现在书中：“谈及这些可怖的政体时，人人都不寒而栗”（第三章第九节），这里指的显然是专制政体，他在谈及这种政体时，常常使用“可怖”、“骇人”（第十一章第六节）之类的形容词，还说：“人类的天性……起而反对专制政体”（第五章第十四节）。正因为如此，倘若没有一种力量能与这种权力相平衡，那就“一切就都完了”。“一切就都完了”这句话多次反复出现（第五章第十四节，第十一章第六节，第十三章第二十节，第二十四章第十一节，等等）。黑格尔认为，孟德斯鸠的逻辑有偏好整体范畴的倾向，其实，我们应该把它理解为追寻启蒙思想者的一种呼喊，不能让人类在混沌和黑暗中裹足不前。他还经常将“一切”和“没有任何”用作对比和反衬，我们千万不要因他的刻意斧凿而中计，说到底，“一切”和“没有任何”只不过是一种假设的和有意用于简化的辩证手法。

许许多多极具震撼力的言辞为庭长先生塑造了一个什么样的形象？一位冷峻的法官抑或一位麻木不仁的社会名流？《论法的精神》道出了他所偏爱的景致（第十一章第十三节），也在不经意间透露了为他所看重的父爱；毫无疑问，他所谈及的父爱显然出自另一位加斯科涅人蒙田①，蒙田与他颇有相似之处，他故意装作想不起蒙田究竟有几个孩子。孟德斯鸠感谢“温柔、可爱、魅力无穷”的大自然把两性“愉悦”引向幸福，让我们有儿有女。这些话令人不禁想到了他的女儿戴妮丝，戴妮丝是他最钟爱的秘书，在润色《论法的精神》时，视力几乎完全丧失的父亲口述，由她负责笔录。

---

① 蒙田（Michel Montaigne，1533—1592），法国著名作家，孟德斯鸠的同乡，以《散文集》饮誉文坛。——译者

启蒙思想家们的著作既充满理性，也不乏感性和力度，不抱成见的当今读者肯定不会对他们所传递的信息进行灭菌作业，而在不久之前，高等院校的批评家们却还似乎想这样做。在现代派年代和法国式的第二启蒙之间，孟德斯鸠与伏尔泰共同扮演了承上启下的角色。尽管历史时有断续，孟德斯鸠始终相信进步，促使法律、城邦和权力世俗化，担心并力避政教不分，主张宽容、个人自由、政治自由和思想自由，他是启蒙思想的化身，而启蒙思想丝毫不像爱尔维修、霍尔巴赫和孔多塞那样僵硬。启蒙思想如同万民法一样诞生于西方，从1721年的小说开始就体现在孟德斯鸠身上的启蒙思想，即知识和宽阔的胸襟，使他拥有西方相对于东方的优越性。他对于各个帝国和各种文明兴衰的深入思考，为吉本①、沃尔内②、瓦莱里③开辟了道路，为他在《罗马盛衰原因论》和《论法的精神》中的乐观主义提供了依据。

不是在东方“相互传递”的阴森的幽禁中，不是在孤独中，而是在社会中；在社会中，自由和平等得到承认的妇女在大庭广众之下展示她们的艳丽，人们品味着最高雅的精神中最有趣的东西，土耳其人不知为何物的笑容成为与生俱来的社会性的最高表现形式之一。人们结成社会并生活于其中的那些条件，不仅可以用来创建最“宽和”的政体，而且能带来幸福。科拉多·罗索④和罗贝尔·莫齐⑤指出了萦绕在脑际的这种幸福的特征，这些特征帮助我们从孟德斯鸠身上看到了他所生活的那个时代，纵然这种幸福或许并不像科拉多·罗索所指出的那样令人

① 吉本(Edward Gibbon，1737—1794)，英国历史学家，著有《罗马帝国衰亡史》。——译者

② 沃尔内(Constantin Volney，1757—1820)，法国作家，哲学家。——译者

③ 瓦莱里(Paul Valery，1871—1945)，法国作家，文艺理论家。——译者

④ 科拉多·罗索(Corrado Rosso)，当代意大利学者。——译者

⑤ 罗贝尔·莫齐(Robert Mauzi，1927—)，法国学者，18世纪专家。——译者

忧虑，那样紧张。《波斯人信札》是一部谈论幸福的小说，这种幸福是穴居人的幸福，是阿非理桐和阿丝达黛的幸福，是阿娜伊丝的幸福，是郁斯贝克和洛克莎娜[①]梦寐以求的幸福。《论法的精神》为那些“能把人民治理得更加幸福”（第四章第六节）的人叫好；孟德斯鸠向那些“夜以继日为帝国的福祉勤奋工作”（第十三章第二十节）的大臣和官员，致以崇高的敬意。杜尔阁[②]的愿望大概会因此而得到充分的满足。《论法的精神》是为最佳政体下社会幸福而撰写的论文。就此而言，这部懂得如何避免使用沉重的教条的法学著作，可以说是一部抒情作品，它蕴涵着一股诗意，“向缪斯女神祈求灵感”在书中占有一席之地是理所当然的事，只不过无人指出这一点而已。孟德斯鸠展现的是巴洛克的美学，讲究多样化和出其不意，把“草绿花红”与“险崖高山”匹配（第十一章第十三节）。了解了这种讲究对比和玩弄花样的美学，我们便可以懂得为何《论法的精神》的全书结构至今依然令有些人感到费解。在前后不衔接的外表后面，其实隐藏着一种“不曾言明的条理”或者说深刻的修辞手法；各种彼此相关的事物、为人类学家所关注的有关普通人的劳作和日常生活的各种信息，都是表明万物相似的一个侧面。孟德斯鸠的天才是一个诗人的天才。为当时的学者们所敬重的一位名叫卡斯泰尔[③]的耶稣会神甫，1734 年 5 月在一封信中最准确地勾勒了孟德斯鸠的形象：“穷理尽性、洞若观火，熔政治、风俗史和法律为一炉的思想家。”

---

① 穴居人、阿非理桐、阿丝达黛、阿娜伊丝、郁斯贝克、洛克莎娜都是《波斯人信札》中的人物。——译者

② 杜尔阁(Jacques Turgot，1727—1781)，法国政治家，重农主义经济学家，曾任路易十六的财政总监。——译者

③ 卡斯泰尔(Louis-Bernard Castel)，法国耶稣会神甫，孟德斯鸠的朋友。——译者

孟德斯鸠生平和著作年表

1689 年　1 月 18 日　夏尔·德·色贡达(即本书作者孟德斯鸠)出生。

1696 年　10 月 16 日　母亲去世。

1699 年　贝尼埃的《游记》出版,孟德斯鸠写作《波斯人信札》时曾加以利用。

1700 年　8 月 11 日　进入朱伊公学。

1705 年　孟德斯鸠离开朱伊公学。

1705 年 8 月—1708 年　在波尔多法学院读书。

1708 年　7 月 29 日　获法学学士学位。

8 月 12 日　获法学硕士学位。

8 月 14 日　进入波尔多高等法院任律师。

1709—1713 年　首次旅居巴黎。

1709 年　撰写《论西塞罗》。

1711 年　沙尔丹的《波斯游记》出版,孟德斯鸠写作《论法的精神》时曾多处引用。

撰写《论异教徒永禁地狱》(已佚)。

1712 年　波尔多科学院成立。

1713 年　在巴黎遇到由耶稣会士带到法国的中国教徒黄嘉略。

11 月 15 日父亲去世,孟德斯鸠遂成为男爵。

1713 年　12 月 5 日　离开巴黎回波尔多。

1714 年　2 月 24 日　买得波尔多高等法院推事职位。

1715 年　4 月 30 日　在波尔多与加尔文派新教徒让娜·德·拉尔蒂克成婚，新娘带来嫁资十万锂。

12 月　向摄政王进呈《重整国家的手段》一文。

1716 年　2 月 10 日　儿子让-巴蒂斯特出生。

4 月 3 日　孟德斯鸠当选为波尔多科学院院士。

4 月 24 日　伯父、波尔多高等法院庭长让-巴蒂斯特·德·色贡达去世，孟德斯鸠继承其波尔多高等法院庭长职位。

5 月 1 日　在波尔多科学院发表就职演说。

6 月 18 日　在波尔多科学院宣读论文《论罗马人的宗教政策》。

7 月 13 日　获得波尔多高等法院的庭长职务。

9 月 28 日　建议波尔多科学院设立总额为 300 锂的解剖学基金。

11 月 28 日　在波尔多科学院宣读论文《论思想体系》(已佚)。

1717 年　1—3 月　旅居巴黎。可能从此时开始写作《波斯人信札》。

1 月 22 日　女儿玛丽出生。

8 月 25 日　撰写《论天才的区分》。

9 月 6 日　当选波尔多科学院 1717—1718 年院长。

1718 年　可能从此时开始写作笔记《随笔》。

5 月 1 日　在波尔多科学院宣读论文《回声的成因》。

6 月 29 日　撰写《关于槲寄生和橡树上的苔藓以及可食用的植物》。

8 月 25 日　在波尔多科学院作《关于肾腺》的演说。

1719 年　1 月　《古今地球物理史提纲》在《法兰西信使》刊出。

6—9 月　可能在巴黎逗留。

1720 年　旅居巴黎。

5 月 1 日　在波尔多科学院宣读论文《论重力的原因》。

8 月 25 日　在波尔多科学院作《论物体透明的原因》的演说。

11 月 16 日　在波尔多科学院宣读论文《论自然史观察》第一部分。

1721 年　5 月　《波斯人信札》初版。

10 月　《波斯人信札》再版。

11 月 20 日　在波尔多科学院宣读论文《论自然史观察》第二部分。

1722 年　年底　受波尔多科学院委托去巴黎呈送关于税收的陈情书。

1723 年　1—8 月　在巴黎。

7 月 3 日　接到关于解除年龄下限，可正式担任波尔多高等法院庭长的通知。

11 月 18 日　在波尔多科学院宣读论文《论相对运动》。

年底　撰写《色诺克拉特致菲雷斯的信》。

1724 年　《尼多斯的神殿》在《法兰西文丛》上发表。

撰写《论西班牙的财富》。

1725 年　旅居巴黎，经常出入中二楼俱乐部。撰写《论政治》。

5 月 1 日　在波尔多科学院宣读论文《论义务》。

8 月 25 日　委托他人在波尔多科学院宣读论文《声望与名誉》。

8 月 28 日　当选波尔多科学院 1725—1726 年院长。

11 月 11 日　在波尔多科学院发表题为《审判和执法应以公正为准绳》的演说。

11 月 15 日　在波尔多科学院宣读论文《鼓励我们进行科学

研究的原因》。

12 月 7 日　最后一次在波尔多高等法院上班。

1726 年　1—5 月　在巴黎。

6—12 月　在波尔多。

7 月 7 日　售出波尔多高等法院的庭长职务。

12 月 18 日　将家业托付给妻子后动身去巴黎。

1727 年　全年在巴黎居住。

2 月 23 日　二女儿戴妮丝出生,后来成为他的私人秘书,

11 月 2 日　成为法兰西学院院士候选人。

12 月 20 日　法兰西学院就选举孟德斯鸠为院士进行第一轮投票。

1728 年　1 月 15 日　第二轮投票后当选为法兰西学院院士。

1 月 24 日　在法兰西学院就职。

4 月 5 日　启程出游。

4 月 30 日　抵达维也纳。

5 月 20 日　抵达卢森堡,受奥地利皇帝接见。

5 月 27 日　前往匈牙利。

6 月 26 日　返回维也纳。

7 月 9 日　前往格拉茨。

8 月 16 日　抵达威尼斯。

8 月 29 日　与约翰·劳初次交谈。

8 月 31 日　与约翰·劳再次交谈。

9 月 14 日　抵达帕多瓦。

9 月 24 日　抵达米兰。

10 月 16 日　离开米兰。

10 月 23 日　抵达都灵。

11 月 9 日　抵达热那亚。

11 月 24 日　抵达比萨。

12 月 1 日　抵达佛罗伦萨。

1729 年　1 月 15 日　抵达锡耶那。

1 月 19 日　抵达罗马。

2 月 1 日　与自中国返回的耶稣会传教士傅圣泽交谈。

4 月 18 日　离开罗马。

4 月 23 日　抵达那不勒斯。

5 月 6 日　离开那不勒斯返回罗马。

7 月 4 日　离开罗马。

7 月 9—17 日　在波伦亚。

7 月 24—26 日　在帕尔玛。

7 月 29 日　抵达维罗纳。

7 月 30—31 日　在特兰托。

8 月 3　抵达慕尼黑。

8 月 16—23 日　在奥格斯堡。

8 月 29—31 日　在法兰克福。

9 月 1 日　在美因茨。

9 月 3 日　在波恩。

9 月 9—10 日　在杜塞尔多夫。

9 月 11 日　在蒙斯特。

9 月 12 日　在奥斯纳布吕克。

9 月 24 日　抵达汉诺威。

9 月 28 日　参观哈茨矿区。

10 月 12 日　抵达乌特勒支。

10 月 15 日　抵达阿姆斯特丹。

10 月 31 日　从海牙启程前往英国。

11 月 3 日　抵达伦敦。

1730 年　全年逗留在伦敦。

2 月 26 日　被伦敦王家学会接受为会员。

3 月 16 日　加入共济会。

1731—1733 年　撰写《罗马盛衰原因论》。

1731 年　5 月　回到波尔多的拉布莱德堡家中。

8 月 25 日　在波尔多科学院宣读论文《匈牙利两个可变铁为铜的水泉记述》。

12 月 2 日　在波尔多科学院宣读论文《哈茨的矿业》。

1732 年　在波尔多市内和拉布莱德。

11 月 14 日　在波尔多科学院作题为《思想的形成与进步》的演说。

12 月　委托他人在波尔多科学院宣读论文《古罗马人的奢靡与罗马居民的节俭》。

1733 年　1—4 月　在波尔多和拉布莱德。

5—12 月　在巴黎。

1734 年　1—9 月　在巴黎。

10—12 月　在波尔多和拉布莱德。

从 1734 年至去世，孟德斯鸠在巴黎时一直居住在圣多米尼克街。

7 月 20 日　《罗马盛衰原因论》在巴黎销售。

撰写《论欧洲统一王国》。

1735 年　1—4 月　在波尔多和拉布莱德。

5—12 月　在巴黎。

《罗马盛衰原因论》意大利文译本在威尼斯出版。

1736年 1—9月 在巴黎。

10—12月 在波尔多和拉布莱德。

11月2日 为儿子让-巴蒂斯特购得波尔多高等法院推事职位。

1737年 1—4月 在波尔多和拉布莱德。

5—12月 在巴黎。

1月30日 儿子让-巴蒂斯特就任波尔多高等法院推事。

1738年 1—10月 在巴黎。

11—12月 在波尔多和拉布莱德。

11月19日 女儿玛丽结婚。

1739年 1—2月 在波尔多和拉布莱德。

3—12月 在巴黎。

4月 任波尔多科学院院长。

1740年 1—3月 在波尔多和拉布莱德。

4—12月 在巴黎。

1741年 1—3月 在波尔多和拉布莱德。

4—12月 在巴黎。

1742年 在巴黎。

撰写《阿拉斯和伊斯梅尼》。

《罗马盛衰原因论》德文译本在柏林出版。

1743年 1—8月 在巴黎。

9—12月 在拉布莱德。

在1726年开始的孟德斯鸠庄园地界诉讼中胜诉。

1744年 在拉布莱德。

《波斯人信札》增订本出版。

1745年 在波尔多和拉布莱德。

1月 《苏拉和欧克拉特的对话》在《法兰西信使》刊出。

2月2日 在波尔多向若干好友宣读《论法的精神》部分章节。

3月 女儿戴妮丝结婚。

1746年 1—8月 在波尔多和拉布莱德。

9—12月 在巴黎。

当选柏林科学院院士。

1747年 1—10月 在巴黎。

7月 在巴黎宣读《论法的精神》部分章节。

6月 在吕内维尔的波兰国王王宫中小住。

11—12月 在波尔多和拉布莱德。

1748年 1—4月 在巴黎。

5—12月 在波尔多和拉布莱德。

《罗马盛衰原因论》新版出版。

6月10日 售出波尔多高等法院推事职位。

11月11日 《论法的精神》在日内瓦发售。

1749年 1—6月 在波尔多和拉布莱德。

7—12月 在巴黎。

年底 《论法的精神》被提交书刊审查局接受审查。

1750年 在巴黎。

《为〈论法的精神〉辩护》在日内瓦出版。

8月1日 索尔邦神学院开始审查《论法的精神》。

11月26日 草拟遗嘱。

1751年 1—3月 在巴黎。

6—12月 在波尔多和拉布莱德。

11月29日 《论法的精神》被列为禁书。

1752 年　被聘为斯坦尼斯拉斯科学院院士。

《论法的精神》意大利译文出版。

1753 年　1—11 月　在巴黎。

12 月　在波尔多和拉布莱德。

为《百科全书》撰写《论情趣》。

1754 年　1—7 月　在巴黎。

7—12 月　在波尔多和拉布莱德。

《波斯人信札》在科隆以“皮埃尔・马托”出版社名义出版。

增补后的《论法的精神》定本出版。

12 月底　前往巴黎。

1755 年　1 月 20 日　在巴黎染疾。

2 月 10 日　去世。

2 月 11 日　下葬。

译者附言

《论法的精神》的汉译历史[1]迄今已逾百年。据考，第一个中文译本自1900年起刊登在中国学者在日本东京出版的刊物《译书汇编》上，书名为《万法精理》，凡四期，刊出第一至第四章。1902年，张相文着手翻译《论法的精神》，据熊育之新著《中国近代民主思想史》称，1903年由上海文明书局发行。译文今见于张相文的《南原丛稿》。这个译本的书名也是《万法精理》，共译出十二章。这两个译本有两个共同特点，其一是所据母本均为《论法的精神》的日译本，因而某些术语可能直接借用日文中的汉字词汇；其二是都没有译完全书。《论法的精神》的第三个中文译本出自杰出的思想家和翻译家严复之手，书名为《法意》，1913年上海商务印书馆出版。严译《法意》译出了原作的前二十九章，缺第三十章和第三十一章。严译的母本是《论法的精神》英译本，所缺两章或许为英译本所缺。一则由于是转译，再则严复比较偏重意译，所以译文常与原文不尽相同，个别段落中甚至出现原文所没有的文字。流传最广的中译本是商务印书馆于1961年(上册)和1963年(下册)出版的《论法的精神》，译者为张雁深。张译的母本是法国 Garnier Frères 出版社的1949年法文本。至此，孟德

① 关于孟德斯鸠的著作在中国的传播史，参见许明龙，《孟德斯鸠与中国》，国际文化出版公司，1989年，第106—115页；邹振环，《影响中国近代社会的一百种译法》，中国对外翻译公司，1996年，第38篇。——译者

斯鸠的《论法的精神》第一次有了完整的以法文为母本的中译本。1931年，严复的《法意》收入“严译名著丛刊”再次出版，此时严复弃世已经十余年，译文未有改动。1981年北京商务印书馆将“严译名著丛刊”中的六种重新排印出版，《法意》作为六种之一再次出版，未作任何改动。

进入21世纪以来，《论法的精神》中文译本骤然剧增，据不完全统计，截至2006年，已有以下几种新的译本：一、《论法的精神》，曾斌译，2000年，京华出版社。二、《论法的精神》，孙立坚、孙丕强、樊瑞庆译，2001年，陕西人民出版社。三、《论法的精神》，彭盛编译，2003年，台北华立文化。四、《论法的精神》（英汉对照），方华文主编，于应机、余新丽编译，2006年，陕西人民出版社。以上四种中译本中，前两种为全译，后两种标称为编译，其实是摘译；所谓编，就是对原文进行删节，或是删去某章中的某节或某几节，或是删去某节中的某段或某几段，或是删去某段中的某句或某几句；译者对于被删部分不但未加说明，而且更改原章节序号，例如原书第三章共有五节，编译本删去第一节，依次将第二节改标第一节，将第三节改标第二节，如此等等。

商务印书馆早就有意出版《论法的精神》新译本，几经周折于2004年终于付诸实施。与旧译本相对比，新译本的篇幅有较大增加，原因是除正文外，增添了以下内容：一、孟德斯鸠为撰写《论法的精神》而准备的一些资料；二、《论法的精神》遭到某些人士的批评后，孟德斯鸠所写的几篇答辩文章，其中最重要的是《为〈论法的精神〉辩护》；三、孟德斯鸠的儿子让-巴蒂斯特·德·色贡达（Jean-Baptiste de Secondat）和当时巴黎高等法院律师弗朗索瓦·里歇（François Richer）编制的“主题索引”；四、达朗贝尔关于孟德斯鸠的两篇文章；五、巴黎第四大学教授韦尔西尼关于《论法的精神》的一篇文章。此外，大量“译注”也是篇幅增大的原因之一。

新译本所据母本均为法文，分别说明如下：

一、正文所据母本是 1）Gallimard 出版社 1995 年版的“De l'esprit des lois”，同时参考了：2）该出版社 1951 年出版的“七星诗社丛书”（Bibliothèque de la Pléiade）中的《孟德斯鸠文集》（*Oeuvres de Montesquieu*），3）Garnier-Flammarion 出版社 1979 年版的“De l'esprit des lois”，4）Seuil 出版社 1964 年版孟德斯鸠文集（*Oeuvres de Montesquieu*），5）美国 Cambridge University Press 1989 年出版的英译本“The Spirit of the Laws”。

二、全部附录所据母本均为 2）。

三、“主题索引”（Index analytique）所据母本为 2），参考了 1）。原文依法文字母顺序编排，为方便我国读者使用，译者打乱其原有顺序，改依词首汉语拼音顺序编排。

四、达朗贝尔的“《论法的精神》解析”所据母本为 3）；他的“孟德斯鸠庭长先生颂词”所据母本为 3），参考了 4）。

五、韦尔西尼的“导言”所据原文为 1）。

六、“年表”所据主要是 Robert Laffon 出版社的《孟德斯鸠，“随想录”和“随笔”》（*Montesquieu, Pensées, le Spicilège*）一书中路易·戴格拉夫（Louis Desgraves）编制的“Chronologie”，同时参考了同一作者所著《孟德斯鸠传》（*Montesquieu*）所附年表①。

孟德斯鸠本人在《论法的精神》中加了不少脚注，其中大部分涉及引语的出处。译者在翻译这些脚注时参考了 1）和 5）。考虑到非专业人士阅读的需要，译者添加了许多常识性的脚注，其中大部分涉及人名、地名和历史事件以及少量典故；希望此举有助于《论法的精神》的普

---

① 参阅戴格拉夫，《孟德斯鸠传》，商务印书馆，1997 年，第 495—502 页。

及，需要说明的是：译者在添加这些脚注时，颇多得益于所据母本。

对于既有的中译本，翻译过程中参考较多的是张雁深的译本，偶尔也参考严复的译本；对于2000年以后的各个新译本则丝毫不曾借助。翻译虽然被视为“创造性的劳动”，但毕竟不是创作，而是转达，所以，译者所秉持的原则是“达意、传神”。就正文而言，新译本与张、严译本的主要差异有二，一是对原文的理解偶有不同，因而表述有异；二是新译本力求用当今的书面语言进行表述。

《论法的精神》中若干重要术语，不但在中文中已有定译，而且由来已久，早已为学界和广大读者所接受，广泛应用于学术乃至日常生活中。但是，译者觉得既有译文并非十全十美，是否可以和应该改译，在此次翻译过程中颇费踌躇，终因种种原因而放弃初衷，沿用旧译。尽管如此，我还是想借用一点篇幅，把我的想法略加陈述，或许有助于我们对孟德斯鸠的正确理解。我想说的主要是“专制”、“行政”和“三权分立”这三个词或词组。

在法文中“专制”因词性不同而有多种写法：despote，despotisme，despotique等，可分别译作专制君主、专制主义，专制的或专制主义的。Despote一词源自希腊语，意为“主人”，12世纪末被法语所吸纳，其含义相当于“领主”。这个词的确切含义，似乎从未有人予以界定。笼统地说，在18世纪的法国，专制用来指称一种政治体制，在这种政体下，君主统治下的臣民既无人身自由，也无任何财产，与奴隶状态无异。表面上与专制政体相似的是君主政体，君主政体是一人执政，专制政体也是一人执政，区别在于前者有基本法，君主执政“宽和”；后者则以君主的意志取代法律，君主独揽所有权力，可以为所欲为。就此而言，专制君主就是暴君（tyran）或独裁者（autocrate）。当时法国人心目中的专制政体主要是奥斯曼帝国和波斯帝国以及某些亚洲国家，而欧洲的大多数国家在他们看来则都是君主政体。单就词义而言，君主主义与专制主义在汉语中几乎没有什么区别。我国发行量最大的《现代汉语词典》对“君主专制”的释义是：“君主独揽国家政权，不受任何限制的政治制度”，对“专制”的释义是：“君主独自掌握政权。”辞典的释义如此，人们通常的理解也是如此，很少有人会注意辨析这两个词的差异。因为在我们看来，只要是一个人掌握政权，那就是专制，例如，我们绝不会把隋炀帝在位时期的政体称作专制政体，而把唐太宗在位时期的政体称作君主政体；也不会把康雍乾盛世和慈禧太后擅权时期分别称作君主政体和专制政体。所以说，把孟德斯鸠笔下的 monarchique 和 despotique 分别译作君主政体和专制政体，难以准确而充分地体现孟德斯鸠的原意。但是，早在严复的《法意》中，三种政体中的后两种政体就已经分别被译作“君主”和“专制”，久而久之已经成为一种约定俗成的共识。所以，尽管我曾有意舍“专制政体”而采用一个比较接近孟德斯鸠原意的词，例如“暴君政体”。但最终还是不得不放弃这种标新立异的意愿而沿用旧译。尽管如此，我还是要诚恳地提请读者，注意中文和法文两种语言之间的这种很难消除的差异，更好地把握孟德斯鸠的原意[①]。

如今若有人问及国家的三种权力，谁都会不假思索地回答说，那就是立法、行政和司法三权。《论法的精神》中有许多关于三权的论述，严复将三种权力时而译作“立法、行政、刑法”，时而译作“宪、政、刑”。张雁深则始终如一地译作“立法、行政、司法”。查看原文，如今被我们称作行政权的那个权力其实是执行权（la puissance exécutrice）[②]。执行什么？执行立法机关制定的法律。这个权力应该赋予谁？孟德斯鸠认

① 参阅许明龙，“孟德斯鸠不是封建叛逆”一文，载《政治学研究》，1988 年第 6 期。

② 参阅许明龙，“小议孟德斯鸠的三权分立之本意”，载《史学理论研究》，2002 年第 3 期。

为应该赋予国王及其领导下的政府。随着时代的进步和经济社会生活的发展，政府的职能发生了重大变化，单纯的执法已经远远不能概括其使命，管理和服务的职能日益突出，逐渐由执行法律变成了行政管理(administration)。所以，就当今的实际情况而言，把三种权力分别称作立法、行政和司法并无不妥。可是，对于孟德斯鸠笔下的 la puissance exécutrice，是否可以按照其字面意义译作“执行权”呢？我认为这样肯定有助于正确理解孟德斯鸠的分权理论，可惜有悖百余年来形成的习惯，或许会造成不必要的混乱。经与有关方面磋商，最后决定遵循约定俗称的原则，依然译作“行政权”。

“三权分立”是 séparation des pouvoirs 的汉译，至迟始于严复的《法意》，如今已成为一个专用术语，鲜见有人再去细究孟德斯鸠的原意。法文中的名词 séparation 源自动词 séparer，其本意是“使分开”、“使分离”，进而引申为“区分”、“分隔”、“分割”等。séparation des pouvoirs 这个词组中的 pouvoirs 是个复数，可以理解为“二”、“三”或“四”乃至更多。把 séparation 译成“分立”与其原意不尽吻合，尤其是这个“立”字。一提到“三权分立”，很容易令人想到“三足鼎立”，分庭抗礼，然后或许又想到魏、蜀、吴三国鼎立，各霸一方，也就是说，或多或少把“分立”绝对化了，这恐怕不是孟德斯鸠的原意。何况，孟德斯鸠在有关分权的论述中，有时也使用 distribution 这个词，这个词只有“分配”的含义，完全没有“分立”的意思；第十一章第十二节和第十四节的标题中就含有“分配”字样；可见孟德斯鸠强调的是“分”，而不是“立”。其实，纵观《论法的精神》全书，尤其是细品其中的第十一章第六节、第十二节、第十四节等节，我们不难发现，孟德斯鸠的 séparation des pouvoirs 的本意，并不是主张把三种权力截然分开，将一种权力完全交由一个机关执掌，三个机关各自为政，互不相干，而是主张合理配置权力。就此而言，将 séparation 译作“分立”并不十分贴切。再者，他的 séparation des pouvoirs 的重点不在于主张“分”，而在于反对“合”，也就是说，他认为，一个人或一个机构不应同时执掌多种权力，三种不行，两种也不行，在任何情况下，任何一个人或任何一个机关都不能独揽两种以上权力。就此而言，pouvoirs 既可理解为三种权力，也可理解为两种权力，所以将 pouvoirs 径直译作“三权”似乎也显得不甚妥当。我以为，最准确也是最妥帖的汉译应该是“分权”。然而，“三权分立”已经约定俗成，想改也难。

最后，就孟德斯鸠曾经担任过的职务说几句。我国一些学者在讲述孟德斯鸠的生平时，往往说他担任过“波尔多议会议长”，或“波尔多法院院长”。此说有误①。

孟德斯鸠任职的机构是波尔多的“parlement”。法国加佩王朝初期设立了枢密院(Curia Regis)，国王借助此机构既征询封臣的意见，也处理一些司法纠纷。圣路易在位时为应付日益增多的诉讼和争端，将枢密院的司法职能剥离，单独成立了司法院(Cour de parlement)，其成员既有封臣，也有一些专业法官。到了 13 世纪，司法院的业务量大增，专业程度提高，封臣们因不适应这种状况而纷纷主动脱离司法院，司法院遂成为一个独立的司法机构，称为高等法院(parlement)。由于历史的原因，高等法院除审理案件外，还领有某些立法权，其中最重要的权力是审查国王的敕令，并将审查结果写成陈情书呈交国王，国王在收到陈情书之前，不得颁布未经高等法院审查的敕令。

高等法院设有院长(Premier Président)一名，庭长(Président à mortier)多名。孟德斯鸠在波尔多高等法院担任的职务是庭长

① 参阅许明龙，“孟德斯鸠生平辨误二则”，载《世界历史》，1988 年第 6 期。

(Président à mortier)，而不是院长(Premier Président)。院长是高等法院的"第一把手"，庭长仅是个"中层干部"。按照当时的规定，院长职务不能世袭，当然也就不能买卖；庭长职务则既可世袭，也可买卖。孟德斯鸠的职务既然继承自其伯父，后来又被他卖掉，可见只能是庭长，而非院长。院长之说从何而来？无论 Premier Président 还是 Président à mortier，叫起来都比较啰唆，一般情况下统统简称 Président 比较方便。所以，孟德斯鸠的朋友们若对他以职务相称，就称他为 Président。这情形犹如我们中国人对某副部长或某副市长的称呼，若非十分必要，通常都会略去"副"字，简称为某部长或某市长，其间道理是一样的。

孟德斯鸠当年如果是院长，或许他不会弃官而去从事学术研究，或许我们今天就读不到《论法的精神》了。

此次新译《论法的精神》始于 2004 年 9 月，讫于 2007 年 3 月，其间两度因病住院手术，加上术后复元，耽误了不少时间，实际劳动将近两年。翻译过程中，商务印书馆的王明毅先生和王曦女士给予支持和协助，华中师范大学的徐晓旭教授帮助翻译了"附录"中的绝大部分拉丁文，清华大学的张绪山教授，首都师范大学的晏绍祥教授，西南政法大学的赵明教授及郭飞同学，认真审读了译稿，纠正了很多错误，提出了许多宝贵意见，吴炉芬女士帮我向伊朗友人请教，为一个波斯语词求解，世界历史所的杨灏城和徐建新先生热心答疑。对于以上给予无私帮助的学界同仁，我由衷地表示深深的谢意。

许 明 龙

2008 年 4 月 11 日

论法的精神

或论法律与各类政体、风俗、气候、宗教、商业等等之间应有的关系，附作者对罗马继承法、法兰西诸法以及封建法的最新研究①。

无母而生的孩子②

---

① 这段文字是本书的副标题。书名冗长是当时的习惯。例如，如今被称为《风俗论》的这部伏尔泰名著，其书名全文就是《论各国风俗和精神以及从查理曼到路易十三历史上的主要史实》。——译者

② 原文为拉丁文 Prolem sine matre creatam，引自古罗马诗人奥维德的著名神话史诗《变形记》第二卷第 553 行。这个无母而生的孩子就是希腊神话中的雅典王厄里克托尼俄斯。在传说中，神强暴雅典娜未遂，雅典娜用羊毛布擦拭沾在腿上的精液后，随手扔在地上。大地因此而受孕，并产下厄里克托尼俄斯。雅典娜收养了这个孩子，将他抚育成人。厄里克托尼俄斯成为雅典王之后，倡导了对雅典娜的崇拜。据法国学者研究，孟德斯鸠在此处引用这个典故的用意可能有二。其一：《论法的精神》是一部没有先例的著作；其二：孟德斯鸠曾向一位友人说过，撰写一部伟大的著作，既需要父亲，也需要母亲，也就是说，天才和自由均不可或缺。但是，他只有前者，却没有后者。——译者

说　　明[①]

为了正确理解本书的前四章，必须注意，我所说的美德，在共和国里就是爱国，也就是爱平等。这既不是伦理美德，也不是基督教美德，而是政治美德。正如荣宠是推动君主制的动力一样，美德是推动共和制的动力。因此，我把爱国和爱平等称作政治美德。我有一些新的想法，所以不得不寻找一些新词，或者赋予一些旧词以新义。在不明白这一点的人看来，我所发表的是令世界各国都感到愤慨的谬论，因为，在世界各国，美德都为人们所追求。

其次，必须注意，说某种品质、心灵转化或美德不是推动一种政体的动力，与说它们根本不存在于这种政体之中，这两者截然不同。比如，当我说这个圆片或这个齿轮并非这只钟表的驱动力时，难道能由此得出结论，说这只钟表里面根本就没有这个圆片和这个齿轮吗？伦理美德和基督教美德远未被排除于君主制之外，甚至连政治美德也并未被排除于君主制之外。总而言之，政治美德固然是共和制的推动力，荣宠却也存在于共和制之中；荣宠虽然是君主制的推动力，政治美德却也存在于君主制之中。

最后，本书第三章第五节所谈及的善人，并非基督教善人，而是政

① 《论法的精神》最初几版中没有这个说明。当时冉森教派的批评家因孟德斯鸠不把美德视为君主制的原则而大为恼火，甚至指责他犯下了大逆不道之罪。为了回应这些指责，孟德斯鸠补写了这个说明，首次刊出于1757年版，此时孟德斯鸠已经过世。——译者

治善人，具有我所说的政治美德。他们爱本国的法律，而这种爱正是促使他们行动的动力。我在本版中对以上这几点作了新的阐述，使之更加明晰。我原来所使用的美德一词，绝大数都以政治美德取而代之。

序

本书谈及的事物难以计数，如果其中某一件与我的期望相反而冒犯了读者，那绝非因为我用心不良。我生就不喜欢与人抬杠。柏拉图为自己出生在苏格拉底时代而感谢苍天。我也对苍天怀有感激之情，因为它让我出生在如今我生活于其中的政体里，因为苍天要我听命于它让我爱戴的那些人。

我有一个请求，但又怕得不到允准，那就是不要仅仅翻阅了寥寥数页就对这部花费了二十年心血的著作妄下断言，受到赞许或贬斥的应该是整部著作，而不是其中的某几句话。想要探明作者的意图，也只有读完整部著作才能发现。

我首先对人进行了研究，我认为，在千差万别的法律和习俗中，人并非仅仅受到奇思异想的支配。

我提出了一些原则，于是我看到：一个个各不相同的实例乖乖地自动对号入座，各民族的历史只不过是由这些原则引申出来的结果，每个特殊的法则①或是与另一个法则相联，或是从属于另一个较为普遍的法则。

当我回首古代时，我竭力把握住古代的精神，以免把事实上彼此有

① 法文中的 loi 一词，可作“法”、“法律”、“法则”、“规律”等多解，孟德斯鸠笔下的这个词的含义也不固定，因而译文需要根据上下文酌定。此处的“法则”一词，原文也是 loi，译者认为译为“法则”较为达意，妥否，请读者斟酌。——译者

别的实例视为相同，或是看不出表面相似的事例之间的差异。

我的原则绝非出于自己的一孔之见，而是从事物的本性演绎出来的。

在这里，只有看到许多真理与另外一些真理彼此相联时，我们才能感知这些真理。思考得越仔细，越觉得这些原则确凿无疑。我并未陈述这些原则的细枝末节，因为，谁能事无巨细地把这些细节和盘托出而不感到厌烦呢？

突兀似乎是当今著述的特征，但在本书中却绝对找不到任何突兀。只要把眼界哪怕稍稍放宽一点点，突兀就会立即消失。突兀之所以显现，原因在于拘泥于事物的一点，而忽略了其他方面。

我撰写此书，绝对无意贬斥任何国家中业已确立的东西。每个民族都能在本书中为自己的准则找到理由，我们并可由此作出这样的推论：一些人幸运地生就洞悉国家政制，唯有他们才能提出关于改制的建议。

启迪人民并非无关紧要。官吏的成见始于民族的成见。在蒙昧时代，干尽了坏事也毫无疑惧。在开明时代，做了天大的好事也依然战战兢兢。我们看到了旧时的弊病，试图予以纠正，但是，我们同时也要看到，纠正本身也会有弊病。如果担心坏会变得更坏，那就莫如别去碰它，如果不相信好能变得更好，那就莫如也别去碰它。我们观察局部，只是为了对整体作出判断；我们考察一切原因，是为了看清一切结果。

倘若我能向所有的人提供新的理由，促使每个人热爱他们的义务、他们的君主、祖国和法律，在他们所在的每一个国家、每一个政府和每一个岗位上更加感到幸福；果真如此，那我就是世上最幸福的人了。

倘若我能让理政治国的人获得更多的知识，懂得如何发号施令，让听命于他们的人在遵命行事时有了新的愉悦，果真如此，那我就是世上最幸福的人了。

倘若我能促使人们捐弃成见，那我就是世上最幸福的人了。我在这里所说的成见，并非使人对某些事物毫无所知，而是令人浑然不知自身为何物的那些东西。

唯有在努力诲人的过程中，我们才能将包括普世之爱在内的普遍美德付诸实践。人是能屈能伸的，能在社会上适应他人的思想和看法，也能认识或丢失对自己的认识。当本性被揭示时，人能够认识它；当本性被遮掩时，人便失去了对本性的感知。

这部著作，我多次提笔，又多次搁笔。我曾无数次扔掉草稿，让它们随风飘去[①]，我每天都觉得慈父之手垂落下去[②]，尽管我主观上并无意图，实际上却在追求我的目标，我既不懂得规则，也不知道什么是例外。我找到了真理，却又丢失了[③]。然而，当我一旦发现了我的原则，我所追寻的一切便一股脑儿向我涌来。在二十年间，我眼看着我的这部著作萌生、成长、成熟和完成。

这部著作如果能够获得一些成功，我认为主题的宏伟是主要原因。不过，我并不认为自己毫无才具。当我看到法国、英国和德国的伟人们在我之前撰写的那些著作时，我满怀敬仰之情。但是，我毫不气馁，我与勒科莱乔一样，也要说："我也是画家。"[④]

---

① 原文为拉丁文 ludibria ventis，转引自维吉尔的《埃涅阿斯纪》第六章第 75 行："莫让他的歌成为风的玩物。"——译者

② 原文为拉丁文 Bis partiœcecidere manus，转引自维吉尔的《埃涅阿斯纪》第六章第 33 行。传说中的雅典建筑家和发明家戴达罗斯(Daidalos)与其子伊卡尔(Icare)一同成功越狱，但是，伊卡尔在逃亡途中不幸坠岩丧生。戴达罗斯后来试图作画描绘其子坠岩的情景；作画过程中，"慈父之手两度垂落。"——译者

③ 原文为意大利文 Ed io anche son pitore。——译者

④ 勒科莱乔(Le Corrège)，意大利文艺复兴早期著名画家，本名安东尼奥·阿莱格里(Antonio Allegri)。他在见到拉斐尔的名作《圣赛希尔》时，萌发了与之一决高下的雄心，于是说了这句话。——译者

第　一　编

第一章

一般意义上的法

第一节 法与各种存在物的关系

从最广泛的意义上来说，法是源于事物本性的必然关系。就此而言，一切存在物都各有其法。上帝①有其法，物质世界有其法，超人智灵有其法，兽类有其法，人类有其法。

有人说，我们在世界上所看到的一切，都是盲目的必然性造成的，这种说法荒谬绝伦，试想，还有比声称具有智慧的存在物也产生于盲目的必然性更加荒谬的言论吗？

由此可见，存在着一个初元理性，法就是初元理性和各种存在物之间的关系，也是各种存在物之间的相互关系。

作为宇宙的创造者和保护者，上帝与宇宙有关系，上帝创造宇宙时所依据的法，便是他保护宇宙时所依据的法。他依照这些规则行事，因

---

① 普鲁塔克说："法是一切人和神的主宰。"见普鲁塔克，《君王务必博学》，第三卷。

[普鲁塔克(Plutarque，约 46—126)，希腊传记作家，散文家。——译者]

为他了解这些规则；他了解这些规则，是因为他曾制定这些规则；他之所以制定这些规则，是因为这些规则与他的智能和能力有关。

正如我们所见，由物质运动组成而且没有智慧的世界始终存在着。可见，世界的运动必定有其不变的法则。我们如果能够想象出另一个世界来，那么，这个世界大概也有其固定的规律，否则它就会毁灭。

因此，创世看似一种随心所欲的行为，其实它意味着一些不变的法则，就像无神论者所宣称的永恒宿命那样。没有法则世界便不复存在，所以声言造物主可以不凭借这些法则来治理世界，那是谬论。

这些法则是恒定不变的关系。在两个各自运动的物体之间，所有运动的获得、增大、减小或丧失，原因都是质量和速度的关系，差异意味着同一，变化意味着恒定。

与众不同的智能存在物能够拥有他们自己创制的规则，但他们同样拥有一些并非由他们自己创制的法则。在智能存在物尚未存在之时，他们已经有了存在的可能性，他们彼此之间有可能存在着某些关系，因而也就可能有了某些法律。在制定法律之前，就可能存在着某些裁定是非的关系。断言有了规定和禁止某些行为的人为法之后，才有公正和不公正的区别，那就不啻于说，在画出圆圈之前，所有半径都是长短不一的。

所以，我们必须承认，在人为法确立公正关系之前，就存在着公正关系。例如，倘若已经有了人类社会，那么，遵守人类社会的法律就是正确的；倘若智能存在物获得了另一种存在物的泽惠，那么，前者理应感谢后者。倘若一个智能存在物创造了另一个智能存在物，被创造者就应该始终保持与生俱来的从属关系。一个智能存在物加害于另一个智能存在物，前者就应该受到同样的损害。如此等等。

但是，智能世界的治理远远比不上物质世界。因为，智能世界虽然也有因其本性而不能改变的法则，但是，智能世界却不像物质世界那样恒久地遵守这些法则。其原因在于，与众不同的智能存在物受本性所限，难免会犯错误，再则，他们往往始终出于本性而自行其是，所以，他们并不始终遵守他们的初元法则，也不始终如一地遵循他们自己制定的法律。

我们不知道，兽类是受制于普遍的运动法则抑或受制于特殊的动因。无论是前者还是后者，兽类与上帝的关系绝对不比物质世界中的其他东西更为亲密。只有在它们的相互关系中，只有在它们与其他特殊存在物的关系中或是在对待它们自己时，情感对它们来说才是有用的。

借助肉欲的引诱，它们保存了自己特殊的存在，肉欲的引诱同样使它们得以保存自己的物种。它们有自然法则，因为它们由同样的情感连接在一起，但是，它们并非凭借认知而连接在一起，所以它们没有人为法。不过，兽类并不一成不变地遵守自然法则，倒是那些既没有知识也没有情感的植物，更好地遵守了自然法则。

兽类虽然完全不具备我们那种无与伦比的优越性，但它们也有我们所不具备的优越性。它们虽然丝毫没有我们的期望，却也没有我们的恐惧；它们像我们一样会死去，但是它们在死去的时候并不知道死亡为何物；它们中的大多数比我们更善于保存自己，而且不那么放纵情欲。

作为物质存在，人与其他物质一样，也受制于不变的法则。作为智能存在物，人不断地破坏上帝确定的法则。人本应自持自理，可是，人有局限性，如同一切高级智能存在物一样，既会陷于无知，也会犯错误；丢失本来就不多的知识，而作为一种感情丰富的创造物，人往往会萌生出各种各样的欲念。这样一种存在物随时随地都可能忘掉其创造者，上帝则借助宗教法规唤起他们对上帝的记忆。这样一种存在物随时都可能忘掉自己是谁,哲学家们借助道德规范提醒他们。他们来到世上就要生活在社会中,但有可能忘掉他人,立法者借助政治法和公民法让他们恪尽自己的义务。

第二节　自然法

先于所有这些法则和规则而存在的是自然法;之所以称作自然法,是因为除了我们的存在本质之外,自然法再没有任何其他渊源。只有考虑了社会组成之前的人,才能较好地认识自然法。自然法就是人在社会组成之前所接受的法。如果不是依照顺序而是依照重要性排列,自然法的第一条便是把造物主的观念灌输给我们,并让我们心向往之。自然状态下的人具有认知能力,但知识相当贫乏。人的最初思想显然绝非思辨意识。人首先想到的是保存自己,然后才会去思索自己来自何处。因此,人起初感到的是自己的弱小,因而极端怯懦。如果需要对此提供实证,那么,丛林中的蛮人便是①。任何东西都会使他们颤栗,任何响动都会把他们吓跑。

在这种情况下,人人都自以为不如他人,相互平等的感觉微乎其微。所以,谁也不会想方设法彼此攻击,和平于是成了自然法的第一条。

霍布斯认为,人最初的欲念是相互制服,这种说法没有道理。控制他人和凌驾于他人之上的念头绝非单一的思想,而是从属于许多其他思想,所以,控制他人和凌驾于他人之上不可能是人的最初思

① 一个蛮人在汉诺威丛林中被发现,乔治一世在位时被送到英格兰,此人便是实证。

想。

霍布斯问道："人如果并非生而处于战争状态，那么，他们为什么总是全副武装，总要给自己的住所上锁呢？"但是，霍布斯没有想到，只是在社会组成之后，人才找到了相互攻击和自我保护的理由，他是把社会组成后发生的事加之于社会组成前的人身上了。

人在感到自己弱小的同时，还有需求。因此，自然法的另一条就是设法填饱肚子。

我在前面说到，畏惧促使人们逃跑，但是，当人们发现彼此都心怀畏惧时，反而很快亲近起来。况且，一个动物在一个同类向它靠近时所体验到的愉悦，也会促使他们相互亲近。因此，两性之间互献殷勤便是自然法的第三条。

除了最初拥有的感情，人还渐渐获得了知识，于是人便有了其他动物所没有的第二种联系，从而有了相互结合的新理由；在社会中共同生活的愿望便是自然法的第四条。

第三节　人为法

人一旦生活在社会中便不再感到弱小，平等不复存在，战争状态于是就开始了。

每个社会都觉得自己实力强大，于是国与国之间便处于战争状态。每个社会中的每个人都开始觉得自己的实力强大，于是就想方设法使社会的主要好处为己所用，于是人与人之间便处于战争状态。

这两种战争状态的存在，促成了人与人之间的法律的产生。地球如此巨大，地球上的居民也必然分成不同的民族，各个民族之间的相互关系中于是有了一些法律，这便是万民法①。各个民族生活在一个社会之中，这个社会应该得到维持，因而在治人者和治于人者之间的关系中便有了一些法律，这就是政治法②。全体公民之间的关系中也有法，这便是公民法。

万民法自然而然地建立在如下原则之上：在和平时期，各国应尽力谋求福祉，在战争期间，各国应在无损于自己的真正利益的同时，尽一切可能减少破坏。

战争的目的是胜利，胜利的目的是征服，而征服的目的则是保全。组成为万民法的所有法律，都应源自这项原则和前项原则。

所有国家都有万民法，就连将战俘杀而食之的易洛魁人也有一种万民法。他们派遣和接受使节，懂得战争法与和平法，但是，坏就坏在他们的万民法并非建立在名副其实的基础之上。

除了与各个社会有关的万民法之外，每个社会还有各自的政治法。如果没有政府，一个社会是不可能存续的。格拉维纳说得对："各种单个力量汇集起来，就组成人们所说的政治国家。"

全社会的力量可以置于一人或数人手中。有人曾认为，大自然既然确立了父权，由一人单独执政当然最符合自然。可是，父权的实例却丝毫不能证明这一点。因为如果说，父权可以被理解为一人单独执政的话，那么，父亲死后权力传到兄弟们手中，或者兄弟们死后，权力传到堂兄弟或表兄弟们手中，这些人的权力也可以与数人执政相比了。政

① 万民法(loi des gens)，又译"国际法"。万民法源自罗马法，意思是"各民族共有"的法律，适用于罗马公民和非公民之间，用以解决罗马人与异邦人以及被征服地区居民之间的各种矛盾。孟德斯鸠生活的时代迥然有异于古罗马时代，他所说的万民法比较接近"对外关系法"。——译者

② 这里所说的政治法大体相当于我们现在所说的公法，用来调节国家与公民的关系。孟德斯鸠笔下的政治法往往特指与宪法有关的法律。——译者

治权力必然包含着若干家族的联合。

莫如说，最符合自然的政体应该是这样的：为一个民族所设置的政体，最符合这个民族的秉性。

意志如果不能彼此融合，诸多单个力量便无法联合起来。格拉维纳又说，意愿的融合就是人们所说的**公民国家**。

一般而言，法是人类的理性，因为它治理着地球上的所有民族。各国的政治法和公民法只不过是人类理性在各个具体场合的实际应用而已。

这些法律应该量身定做，仅仅适用于特定的国家；倘若一个国家的法律适用于另一个国家，那是罕见的巧合。

各种法律应该与业已建立或想要建立的政体性质和原则相吻合，其中包括藉以组成这个政体的政治法，以及用以维持这个政体的公民法。

法律还应该顾及国家的物质条件，顾及气候的寒冷、酷热或温和，土地的质量，地理位置，疆域大小，以及农夫、猎人或牧人等民众的生活方式等等。法律还应顾及基本政治体制所能承受的自由度，居民的宗教信仰、偏好、财富、人口多寡，以及他们的贸易、风俗习惯等等。最后，各种法律还应彼此相关，考虑自身的起源、立法者的目标，以及这些法律赖以建立的各种事物的秩序。必须从所有这些方面去审视法律。

这就是我在本书中打算做的事。我将一一考察这些关系，所有这些关系组成了我所说的法的精神。

我并未将政治法和公民法分割开来，因为，我将要论述的不是法，而是法的精神，而法的精神存在于法与各种事物可能发生的关系之中。所以，我不得不较多地遵循这些关系和这些事物的顺序，而较少地顾及这些法的自然顺序。

首先，我将首先考察法与每一种政体的性质和原则的关系；鉴于这种原则对法具有至巨的影响，因而我将倾全力去正确认识它。一旦我成功地理清了原则，人们将会看到，各种法就会从它们的源头一一流出。然后，我将转而论述其他看来比较具体的关系。

第二章

直接源自政体性质的法

第一节 三种不同政体的性质

政体有三种：共和政体、君主政体、专制政体①。即使是学识最浅薄的人，他们所拥有的观念也足以发现这三种政体的性质。我设定三种定义，或者更准确地说是三种事实。其一，共和政体是全体人民或仅仅部分人民掌握最高权力的政体；君主政体是由一人依固定和确立的法单独执政的政体；专制政体也是一人单独执政的政体，但既无法律又无规则，全由他的个人意愿和喜怒无常的

① 法文的专制政体（le despotique，le despotisme）的含义与中文的“专制”并不完全重合。尤其在孟德斯鸠的笔下，le despotisme 始终是君主政体因腐败而蜕变成的最坏的政体，其君主即使不是暴君，也与暴君相去不远；因而，le despotisme 始终是一个贬义词，不同于一般的由君主单独执政的王国和帝国。中文的“专制”则泛指所有由君主独自掌握政权的政体，实际上包括了孟德斯鸠笔下的君主政体和专制政体。所以，严格地说，将 le despotisme 译作“专制政体”是不准确的。但一则考虑到约定俗成的原则，再则也确实找不到更确切的中文术语，所以只得依旧译作“专制政体”，这一点务请读者注意。——译者

心情处置一切①。

这就是我所说的每一种政体的性质。应该看一看,哪些法直接产生于政体的性质,因而也就是最重要的基本法。

第二节　共和政体和与民主相关的法

在共和国中,当全体人民掌握最高权力时便是民主政体,部分人民掌握最高权力时便是贵族政体。

在民主政体中,人民在某些方面是君主,在另一些方面是臣民。

全体人民只有通过表达其意志的选票才能成为君主。最高权力掌握者的意志就是最高权力掌握者本身。在这种政体中,确立选举权的法当然就是基本法。规定如何投票、谁投票、投给谁、就什么事情投票,这些事情都很重要,其重要性不亚于君主政体下需要知道谁是君主、他将如何治理国家。

里巴尼乌斯②曾说:在雅典,一个外邦人因混入公民会议而被处以死刑。原因何在?因为他篡夺了最高权力。

确定组成公民会议的公民数量极为重要,否则就可能弄不清表达

---

① 此处孟德斯鸠与传统理论分道扬镳。自亚里士多德以来,政体通常分为三种:1)君主政体(可蜕变为专制政体);2)贵族政体(可蜕变为寡头政体);3)民主政体(可蜕变为群氓政体)。孟德斯鸠的政体分类是一种经验性的分类。在他的心目中,共和政体就是罗马或雅典,专制政体就是东方诸国,君主政体则是罗马帝国溃亡后产生的那些欧洲国家。——译者

② 参阅其《演说集》,十七,十八。

[里巴尼乌斯(Libanius,314—393),希腊演说家。——译者]

意见的是全体公民抑或只是部分公民。在斯巴达①,公民会议由一万名公民组成。诞生于渺小而走向伟大的罗马,注定要经历命运的种种坎坷,有时候几乎它的所有公民都在它的围墙之外,有时候整个意大利连同世界的一部分都在它的围墙之内;组成公民会议的人数从未固定过②,这正是罗马衰亡的重要原因之一。

掌握着最高权力的人民应该亲自做他们能做好的一切事情,自己做不好的事情,则应交由执行人去做。

执行人如果不由人民任命,那就不是人民意志的执行人,因此,这种政体的一个基本准则就是由人民任命执行人即官吏。

人民像君主一样需要,甚至比君主更需要一个参政会或参议院的指导。不过,这个机构的成员应该由人民遴选,否则很难对其产生信任。可以像雅典那样由人民亲自遴选,也可以像罗马在某些场合所做的那样,由人民指派的若干官吏遴选。

人民在遴选受托替他们行使部分权力的那些人员时,其表现令人赞叹,他们只要依据一些人人皆知的事例和有目共睹的事实,便可作出决定。他们很清楚,某人经常参与征战并屡建战功,因此,人民非常善于遴选一位将军。人民也知道,某位法官工作勤奋,许多人在步出法庭时对他表示满意,他不为贿赂所动。人民依据这些情况完全有理由遴选他任职。人民知道某位公民气度非凡,腰缠万贯,据此便可以遴选他为市政官了。人民在公共场所了解这些事情,远胜于宫中的君王。但是,人民知道如何处理事务,懂得选择地点、机遇、时间而加以利用吗?

---

① 参阅其《演说集》,十七,十八。

[原文为 Lacédémone(旧译拉栖代孟),Lacédémone 就是 Sparte(斯巴达),考虑到我国读者对拉栖代孟比较生疏,对斯巴达比较熟悉,故译作斯巴达。以下均同此。——译者]

② 参阅孟德斯鸠,《罗马盛衰原因论》,第九章。

不，他们不懂。

如果有人怀疑人民辨识才能的天赋，那就看看雅典人和罗马人一系列惊人的选择就明白了，我们无论如何不会说他们的选择都是凑巧。

我们知道，罗马人民虽然把拔擢平民担任公职的权力赋予自己，但他们却没有下定决心将平民遴选为官吏。雅典人民虽然依据阿里斯底德[①]法可以从各个等级中遴选官吏，但是据色诺芬[②]说，从未有下层平民请求担任事关雅典存亡或荣辱的公职。

大部分公民有足够的参选能力，却不具备足够的被选能力。同样，人民有足够的能力听取有关管理事务的报告，却不适宜于自己进行管理。

事情要办，而且要办得不紧不慢，但是，人民往往不是做得太多就是做得太少。有时候人多手杂，把事情弄成一团糟，十万只脚一起走，速度却慢得像爬虫。

在民主政体下，人民分为若干等级，伟大的立法者就是以其划分等级的方法显示其出众的才华，民主持续的时间及其发达程度，始终与等级的划分息息相关。

塞尔维乌斯·图里乌斯[③]在划分等级时遵循贵族政体的精神，我们从狄特-李维[④]和哈里卡纳索斯的狄奥尼修斯[⑤]的著作中看到，塞尔维乌斯·图里乌斯把罗马人民分成六个等级、一百九十三个百人团。

① 阿里斯底德（Aristide，约前 530—约前 468），古雅典政治家、将军。——译者

② 参阅其《希腊史》，第六百九十一至六百九十二章，韦什里乌斯版，1596 年。[色诺芬（Xénophon，约前 430—约前 354），古希腊历史学家。——译者]

③ 塞尔维乌斯·图里乌斯（Servius Tullius，约前 578—约前 534），传说中罗马“王政时代”第六王。——译者

④ 参阅其《古代罗马史》，第一章。

⑤ 参阅其《罗马古事记》，第四章，第十五节及以下各节。

他把为数不多的富人分在头几个百人团中，把人数较多的不甚富有者分在随后的几个百人团中，把为数众多的贫民分在最后一个百人团中，每个百人团只有一个投票权①。与其说是人在行使选举权，毋宁说是财富和资产在行使选举权。

梭伦将雅典人民分成四个等级，在民主精神的指导下，划分等级的目的不是规定谁应该参与选举，而是规定谁可以当选。他让每个公民都拥有选举权，以便在四个等级中都能选出法官来②。但是，只有在富有公民所在的前三个等级里，才可以选出行政官吏来。

由于在共和政体中，选举权拥有者的划分是一条基本法，因此，赋予选举权的方式便是另一条基本法。

用抽签的方式进行选举符合民主政治的性质，用挑选的方式进行选举符合贵族政治的性质。

用抽签的方式进行选举不会让任何人感到委屈，它给予每个公民以服务祖国的合理期盼。

但是，这种方法本身就有缺陷，所以，杰出的立法者们竞相努力加以规范和修正。

梭伦在雅典推行通过挑选任命所有军事官员的办法，元老院和仲裁官则通过抽签产生。

他规定，耗资巨大的文官职位通过遴选授予，其他文官则由抽签授予。

然而，为了矫正抽签的缺陷，他又规定，只有自荐者才能当选，而且，当选者必须接受仲裁官的审查③。任何人都可以对当选者提出不

① 关于塞尔维乌斯·图里乌斯的这种精神如何保存在共和国里，参阅孟德斯鸠，《罗马盛衰原因论》，第九章。

② 哈里卡纳索斯的狄奥尼修斯，《伊索克拉底颂辞》，第 92 页，卷 II，韦什里乌斯版；波鲁克斯，《罗马建国史》，第七章，第十节，第 130 条。

③ 参阅德摩斯梯尼的演说《论伪使节》和《反提莫克拉特斯》。

［德摩斯梯尼（Démosthènes，约前 384—前 322），雅典政治家。——译者］

配当选的指控[1]，这种办法兼具抽签和挑选之利。官员任期届满时，还要就他任期内的品行接受一次审查，缺乏才具的人当然羞于自荐为候选人参与抽签。

在民主政治下，规定投票方式的法律也是一条基本法。选举应该公开进行抑或秘密进行，这也是一个大问题。西塞罗[2]指出，罗马共和国后期规定选举秘密举行的法律，是共和国垮台的重大原因之一[3]。但是，秘密选举的具体做法在不同的共和国各不相同，所以我觉得我们应该对此作一番思考。

毫无疑问，人民在参与选举时，应该公开投票[4]，这应该被视为民主政治的一条基本法。下层平民应该得到重要公民的启迪，并受到某些杰出人物的庄重举止的约束。所以，罗马共和国既然实行秘密选举，这一切就遭到了破坏，浑然无知的平民也就不可能得到启迪了。但是，在贵族政治中当贵族集团举行选举时[5]，或在民主政治中当元老院进行选举时[6]，由于唯一需要防备的是要弄诡计，所以选举不可能太秘密。

要弄诡计在元老院里是危险的，在贵族集团里也是如此，但在感情用事的人民中间并不危险。在一个人民无权参政的国家里，人民为一个演员而狂热，俨然如同为国事而激愤一样。共和国的不幸在于不再

① 每人可抽两签，第一签抽出的为当选者，另一签抽出的为候补者，当前者被否决时，后者递补。

② 参阅其《法律》，第一章、第八章。

［西塞罗（Cicéron，前 106—前 43），古罗马政治家。——译者］

③ 这些法律称作“表格法”。每个公民领到两张表格，第一张标有 A 字，表示“我反对”，第二张上标有 U 和 R，表示“我同意”。

④ 雅典采用举手方式。

⑤ 例如在威尼斯。

⑥ 雅典的三十位僭主为了操纵选举，规定对最高裁判所和元老院的成员进行公开选举。参阅里西亚斯，《反亚戈特拉的演说》，第八章，第三十七节。

有诡计，而当人民被金钱收买时，这种情形就会发生，他们不再激愤，热衷于金钱而懒于过问国事，对政府不加关心，对于人们向政府提出的建议也不闻不问，一门心思只等着领取酬金。

唯有人民才可立法，这是民主政体的又一条基本法。但是在许多场合下却必须由元老院制定法律，一项法律在正式确立之前往往还要试行。罗马和雅典的制度很聪明，元老院的决定仅在一年之内具有法律效力①，只有征得人民的同意，这些决定才能长期有效。

第三节　与贵族政治性质相关的法

在贵族政治中②，最高权力执掌在一定数量的人手中，由他们立法并执法，其余人民与他们的关系，恰如君主政体下臣民与君主的关系。

在贵族政治中不能采用抽签选举法，否则便会引起麻烦。事实上，在一个确立了令人苦恼的门阀等级的政体里，纵然采用抽签选举法，人们的憎恶丝毫不会因此而稍减，因为，令人眼红的不是官吏，而是贵族。

贵族人数较多的地方，应该设置一个元老院，负责处理贵族集团无法决断的事务，准备好方案供贵族集团讨论决定。对于这种情况，我们不妨说，元老院中实行的是贵族政治，在贵族集团中实行的是民主政治，而人民则没有任何地位。

在贵族政治中，如能通过间接途径使人民摆脱毫无地位的状况，那

① 参阅哈里卡纳索斯的狄奥尼修斯，《罗马古事记》，第四章第一节和第九章第三十七节。

② 对于孟德斯鸠来说，贵族政体就是威尼斯共和国。——译者

将是一件大好事。例如在热那亚，圣乔治银行的大部分业务是由人民中的重要人物管理的[①]。人民因而在政府中拥有一定的影响力，政府则因此而欣欣向荣。

元老院不应拥有自行补充缺额的权利，没有什么比这种权利更能使弊端永久存在。罗马在初期实行一种贵族政体，那时的元老院并不自行补充缺额，其新成员由监察官任命[②]。

在共和政体中，一个公民如果突然被赋予过高的权力，共和政体就可能变成君主政体，甚至更甚于君主政体。在君主政体中，法律服务于基本政体，或者与之相适应，政体的原则束缚着君主的手脚。可是，在共和政体中，如果一个公民攫取了过高的权力[③]，滥用权力的情况就会更加严重，因为法律对此未曾作出预见，因而无力制止。

当国家的基本政体需要一批大权在握的官吏时，上述这条规律便出现了一种例外。例如，罗马的独裁者、威尼斯的国家监察官都是此类令人不寒而栗的官吏，他们粗暴地把国家重新引向自由。但是，这两个共和国里的官吏怎么就会迥然不同呢？罗马为捍卫其贵族政体的残余而与人民对抗，威尼斯假国家审理官之手维护贵族政体而与贵族对抗。因此，罗马的独裁政体寿命很短，因为促使人民采取行动的是激愤，而不是预谋。大权在握的罗马官吏实施独裁时，必须大造声势，因为，他所要做的不是惩罚，而是震慑人民，况且，罗马独裁者仅仅是为了某一事务而设置的，他只在这个事务上拥有权力，因为独裁总是专为某一意外情况

---

① 参阅爱迪逊，《意大利游记》，第 16 页。

[爱迪逊(Joseph Addison，1672—1719)，英国记者、戏剧家，他的《意大利游记》出版于 1722 年。——译者]

② 起初由执政官任命。

③ 罗马共和国就是这样倾覆的。参阅孟德斯鸠，《罗马盛衰原因论》，第九章。

而设置的。威尼斯则正相反，那里需要一个长期的强势官职，唯有如此，预谋才得以酝酿、实施、中止和重新开始，一个人的野心才能变成一个家族的野心，一个家族的野心才能变成若干家族的野心。威尼斯需要的是一种隐蔽的官职，因为这些官吏所惩治的罪行都十分严重，而且都是悄无声息地秘密犯下的。威尼斯的强势官吏应该实行广泛的调查，因为目的不是遏制那些人所共知的邪恶，而是预防人所不知的罪行。总之，威尼斯的强势官吏惩治的是他们所怀疑的罪行，而罗马官吏则偏重借助其震慑而不是惩罚来对待罪行，甚至包括那些作案者已经招认的罪行。

强势官职的任期都应该短，藉以抵消权力的巨大。大部分立法者将任期定为一年，超过一年可能比较危险，不足一年则有违事物的性质。有谁愿意这样处理内部事务吗？腊古札共和国①的元首每月一换，其他官吏每周一换，城堡总管每天一换。这种情形只可能发生在小共和国里②，因为，低级官吏极易被周围的强国收买。

在一个贵族政体中，与权力丝毫不沾边的人民如果又少又穷，以至于占统治地位的那些人根本无须压迫他们，那么，这就是最佳的贵族政体了。安提帕特③规定④，财产不足两千德拉克马⑤的雅典人不得享有

---

① 参见杜纳弗，《利凡得游记》。

[杜纳弗(Joseph de Tournefort, 1656—1708)，法国植物学家、旅行家。——译者]

[腊古札(Raguse)，今波黑共和国的杜布罗夫尼克，在罗马时期，该共和国是伊利里亚的一部分。——译者]

② 卢卡的官吏任期仅为两月。

③ 参阅狄奥多罗斯，《世界文库》，第十八卷，第601页，罗多曼版。

[狄奥多罗斯(Doidore，约前90—前21)，公元前1世纪的希腊历史学家，著有《世界文库》四十卷。——译者]

[安提帕特(Antipater，前397—前317)，亚历山大麾下的将军，亚历山大出征时，他担任马其顿的监国。——译者]

④ 狄奥多罗斯，《世界文库》，第十八卷，第601页，罗多曼版。

⑤ 德拉克马(drachmes)，希腊货币名。——译者

选举权，从而建立了最佳的贵族政体，因为这个财产门槛很低，城邦中略有身份的人都能获得选举权，因贫穷而不能获得选举权的人很少。

因此，贵族家庭应该尽可能置身于人民中间。贵族政体越接近民主政体越好，越接近君主政体则越不完善。

处于服从地位的那部分人民，如果成了处于发号施令地位的那部分人民的私人奴隶，例如在波兰的贵族政体下，农民全都是贵族的奴隶，那么，这种贵族政体便是最不完善的政体。

第四节 法律与君主政体性质的关系

君主政体即单独一人依据基本法[①]治国的政体，其性质由中间、从属和依附的权力构成。我谈到了中间、从属和依附的权力，因为在君主政体中，君主是一切政治权力和公民权力的源泉。既然有基本法，那就必然需要一些中间渠道，藉以保障权力得以顺畅行使。因为，一个国家倘若听凭一个人朝令夕改、反复无常，那就什么也定不下来，因而也就没有基本法可言。

贵族的权力是最天然的中间和从属的权力，贵族在一定意义上构成了君主政体的本质，君主政体的准则就是：没有君主就没有贵族，没有贵族就没有君主，但有一个暴君。

① 对于法国而言，基本法大体上包括以下这些内容：继承法，国王庄园的不可转让性，贵族、教会和高等法院的特权、贵族和高等法院等中间权力机构的存在等。——译者

在某些欧洲国家里，有人曾想废除领主的一切司法权①，他们没有看到，他们想要做的正是英国议会已经做过的事。如果在一个君主政体中废除领主、僧侣、贵族和城市的特权，这个政体立即就会变成平民政体或者专制政体②。

欧洲一个大国③的法院几百年来持续地打击领主的司法权和教会权限④。我们无意斥责那些聪明绝顶的官吏，但是可以让他们决断，基本政制究竟可以改变到什么程度。

我并不坚持维护僧侣的特权，但希望他们的管辖权能固定下来。问题不在于探究过去设立这种管辖权是否正确，而是要弄明白，这种管辖权是否已经确立，是否已经成为国家法律的一部分，是否到处都与国家法律相关，在公认的两种彼此独立的权力之间，条件是否应当相辅相成？对于一个优秀的臣民来说，保卫君主的司法权和保卫为这种司法权所规定的界限是否一致？僧侣的权力对于共和政体十分危险，但在君主政体中，尤其在滑向专制政体的君主政体中，僧侣的权力却非常适当。试想一下，当西班牙和葡萄牙的法律败坏之时，出来制止那股专断势力的，不是唯有僧侣的权力吗？否则，这两个国家将会变成什么样呢？既然没有别的屏障，这个屏障那就永远是好的，由于专制政体带来了无穷无尽可怖的祸害，所以只要能遏制专制主义，即令是弊端，也是一种好东西。

海洋试图覆盖整个大地，却被岸边的小草和沙砾挡住了。与此同

① 此处指西班牙的费迪南五世(Ferdinand Ⅴ,1452—1516)和葡萄牙的胡安二世(Juan Ⅱ, 1455—1495)。——译者

② 此处指法国，司法继承制度是领主在自己的领地上行使司法权。——译者

③ 此处指法国。——译者

④ 此处指国王的司法权不断扩张，侵蚀领主的司法权，路易十四在位时的1667年，甚至有人建议取消领主的司法权。——译者

理，君主的权力似乎是无边无际的，但是，小小的障碍却也能遏制君主的权力，使之在民众的抱怨和恳求面前失去其天然的骄横。

英国人为了强化自由，把组成君主政体的一切中间力量[①]都废除了。他们保护自由，这当然做得很对，如果失去了自由，他们就将成为世界上受奴役最深重的民族之一了。

对共和政体和君主政体全都一窍不通的约翰·劳先生，是欧洲迄今仅见的专制政体最卖力的吹鼓手。他所进行的那些变革既粗暴又无效，而且闻所未闻，不但如此，他还想取消一切中间力量，摧毁政治集团[②]，他以虚幻的还债承诺促使君主政体分崩离析[③]，却似乎想要挽救基本政制。

对于君主政体而言，仅有中间力量还不够，还需要一个法律的监护机构。这个机构只能存在于政治集团之中，法律制定出来时由它来发布，法律被人遗忘时由它来提醒。贵族天生无知，浑浑噩噩，而且蔑视民事机构，所以需要一个机构不断地为束之高阁的法律拂去尘埃。君主的枢密院不是一个合适的法律监护机构，就其性质而言，它是朝令夕改的君主旨意的监护机构，而不是基本法的监护机构。此外，枢密院更迭频繁，成员数量少，而且很不稳定，不能获得人民的高度信任，因此，它不能时刻安抚人民，也不能让人民重新听命于君主。

专制政体国家里根本没有基本法，也没有法律监护机构。因此之故，宗教通常拥有巨大的能量，因为它在这些国家里成了一种常设性的

---

① 此处指为了保护人民的自由而取消领主权。——译者

② 约翰·劳试图取消高等法院的陈情权，并建议出售官职。——译者

③ 阿拉贡国王费迪南德自封为各个等级之首，仅凭此举，他就败坏了基本政制。

[孟德斯鸠的这条脚注相当费解。这句话的意思其实是说约翰·劳主张官职赎买，从而损害了官吏自由行使职权的地位。——译者]

法律监护机构。在专制政体国家中，倘若没有宗教，受到尊重的便是习俗，而不会是法律。

第五节　与专制政体性质相关的法律

由于专制政体的性质使然，行使权力的只有一个人，受命替他行使权力的也只有一个人。一个人如果自我感觉特别良好，唯我独尊，从不把别人放在眼里，那么，他必然懒惰、无知，而且耽于逸乐。于是，他撒手不管任何政务。如果把政务委托给几个人去办，这几个人难免发生纠纷，要尽手腕争当第一奴才，这样一来，君主就不得不亲自参加政务管理了。因此，最简便可行的办法就是将权力交付给一个宰相①，宰相执掌与君主相同的权力。在专制政体国家中，设置宰相是一条基本法。

据说有位教皇②当选后深感自己无力担当如此重任，一再推辞。终于就任后却把一切事务都推给侄子去办③。他沾沾自喜地说："我从未想到当教皇如此轻松。"东方的君主们也是这样。在牢狱般的深宫里，太监把王子们侍候得胸无大志，精神委靡，几乎与世隔绝。当他们被拽出来登上王位时惊愕不已。但是，当他们任命了一个宰相后，就在后宫里越发纵情声色，在一群死气沉沉的殿臣面前，他们喜怒无常，蠢举迭出，此时他们也许从来没有想到，当国王竟然如此容易。

帝国越大，后宫就越大，君主也就越发耽于淫逸。因此，在这些国家里，臣民越多，君主越不理政，越是重大的事情，就越少去讨论。

① 沙尔丹(Chardin)在《波斯游记》中说，东方国家的国王都设置宰相。

② 此处指教皇克莱门特十世。——译者

③ 教皇克莱门特十世于1670年当选为教皇时已经八十高龄。当上教皇后，他就把所有权力都交给他的侄子枢机主教珀鲁齐(Paluzzi)。——译者

第三章

三种政体的原则

第一节　政体性质和政体原则的区别

上面我们探讨了与各种政体的性质相关的法律，接下来我们探讨与政体的原则相关的法律。

性质决定政体，原则推动政体，这就是政体的性质和原则的区别①。前者是政体的特殊结构，后者是推动政体的人的情感。

法律固然需要与每种政体的性质相关，它与每种政体的原则亦应如此。所以，应该探究一下原则究竟是什么，这就是本章将要论述的内容。

第二节　各种政体的原则

前已述及，共和政体的性质是全体人民或若干家族执掌最高权力；

① 这个区别极为重要，由此将引出许多后果，它是无数法律的关键。

君主政体的性质是君主执掌最高权力，但依据确定的法律行使权力；专制政体的性质是单独一人随心所欲，朝令夕改地治理国家。三种原则自然而然地衍生出各自的政体，因而无需我多费力气，便已充分彰显。我以共和政体作为开篇，首先谈谈民主政体。

第三节　民主政体的原则

君主政体或专制政体无须很多道义便可维持或支撑。君主政体中的法律，专制政体中君主高扬的手臂，就能够解决和控制一切。平民政体则还需要另一种动力，那就是**美德**。

我的这些说法已由全部历史印证，而且非常符合事物的性质。因为很明显，在君主政体中，下令执行法律的那个人，自认为高踞法律之上，因而不像平民政体那样需要美德。在平民政体中，下令执法的那个人，意识到自己不但也受法律约束，而且还要对此承担后果。

同样明显的是，君主若因听信谗言或一时疏忽而造成法律中止执行的后果，弥补过失比较容易，他只需要更换枢密院或者将一时的疏忽纠正过来即可。但是，在平民政体下，法律停止执行只可能起因于共和政体的腐败，所以这种情况一旦出现，国家已经不成其为国家了。

上世纪英国人上演了一出壮丽的活剧，他们竭尽全力想要建立民主政体，却徒劳无功。参与国事的那些人毫无品德，那位最有魄力的人①的成功激起了他们的野心，一方的宗派思想并未全部铲除，只是代之以另一方的宗派思想，于是乎，政府不断更迭，惊诧不已的人民寻求民主，却无处可寻，最终不得不止步于曾被废止的那个政体之中。

① 此处指英国资产阶级革命家克伦威尔(Cromwell)。——译者

当苏拉要把自由还给罗马时，罗马已经无法接受了，美德在罗马已经所剩无几，而且还在一天天减少。在恺撒、提比略、卡里古拉、克劳狄、尼禄、图密善[①]之后，罗马人不但没有觉醒，反而日益沦为奴隶。所有的打击都冲着暴君而去，暴君制度却没有受到任何打击。

生活在平民政体中的希腊政治家们很明白，支持这一政体的唯一力量是美德。而今天的希腊人与我们谈论的，则只是制造业、商业、财政、财富和奢华。

美德不复存在时，野心便侵入能够接受它的那些人的心中，贪婪则渗入所有人的心中。欲望改变了目标，过去喜欢的现在不再喜欢了，过去因为守法而获得了自由，如今则以自由来抗击法律。每个公民都好像是从主人家里逃出来的奴隶。过去的准则如今被视为戒律，过去的规矩如今被称作束缚，过去的审慎如今被视为胆怯。节俭被看作贪婪，而占有欲却不再被视为贪婪。个人的私产过去汇聚成公共金库，如今的公共金库却变成了某些人的私产。共和政体成为巧取豪夺的对象，它的力量从此仅仅只是若干公民的权势和大众的许可。

雅典无论是在显赫地称霸于四邻或是在屈辱地遭受奴役的时候，都拥有同样的兵力。在它保卫希腊抗击波斯时，在它与斯巴达争夺帝国时，在它进攻西西里时，都只有两万公民[②]。当德米特里乌斯[③]如同在市场上检点奴隶的数量一样核查雅典的人口时[④]，雅典有两万公民。当腓力[⑤]决心

① 恺撒……图密善，罗马的六位皇帝。——译者

② 参阅普鲁塔克的《希腊罗马名人传》及柏拉图的《辩诉篇》。

③ 德米特里乌斯（Démétrius de Phalère，约前 350—前 283），雅典国务活动家。——译者

④ 公民两万一千人，异邦人一万人，奴隶四万人。参阅阿泰奈（Athénée），《哲人宴享》，第六章。

⑤ 腓力（Philippe，约前 386—前 336），马其顿国王。——译者

制服希腊而兵临城下时①,雅典此时失去的依然仅仅是时间。在德摩斯梯尼的著作中可以读到,让雅典人清醒有多么困难;雅典人惧怕腓力,并非因为他是自由的敌人,而是因为他是逸乐的敌人②。这座经历了多次失败而从残垣断壁中再生的城市,最终惨败于喀罗尼亚③一役,而且从此一蹶不振。腓力把所有战俘遣返,但这有何用,遣返的都不是铁血汉子。战胜雅典的军事力量有多容易,战胜雅典人的品德就有多困难。

迦太基怎能支持得住呢?当上了行省总督的汉尼拔④试图制止官吏们掠夺共和国之时,这些官吏不是把他状告到罗马人面前了吗?这些可怜虫想当公民,却无处立足,而且竟然还想从他们的毁灭者手中获取财产!不久之后,罗马索要他们的三百名主要公民做人质,还让他们交出武器和船只,接着便向他们宣战。从迦太基被解除武装后所作的绝望抵抗中不难看出⑤,当迦太基人的兵力尚存时,倘若能辅以美德,何至于落到这步田地。

第四节　贵族政体的原则

平民政体需要美德,贵族政体也需要美德。只不过,贵族政体并非绝对需要美德。

---

① 雅典此时有公民两万人,参阅德摩斯梯尼,《驳阿里斯托吉东》,第一章第五十一节。

② 他们曾制定法律,规定凡是主张将演剧经费挪作军费的,一律处以死刑。

③ 喀罗尼亚(Chéronée)贝奥蒂的一座城市,公元前 338 年,雅典军队在此惨遭败绩。——译者

④ 汉尼拔(Hannibal,前 247—前 183),迦太基统帅。——译者

⑤ 战争延续了三年。

平民之于贵族，犹如臣民之于君主，他们受制于法律，因而对美德的需求逊于民主政体下的平民。但是如何约束贵族呢？想要通过执法约束同僚的那些人很快就会感到，这样做其实是约束他们自己。所以，依据基本政制的性质，贵族集团需要美德。

贵族政体本身就具有民主政体所不具备的某种力量。贵族在那里形成为一个集团，以其特权和特殊利益抑制平民。在这方面，只要有法律便可得到执行。

但是，贵族集团抑制他人有多容易，抑制自己就有多困难[①]。似乎要把所有的人都置于法律的权威之下，可是又像是要把所有的人都从法律的权威下解脱出来，这就是这个基本政制的性质。

这样一个集团只有通过两种途径可以自我抑制。其一，借助高尚的品德，使贵族与平民在一定程度上处于平等地位，这样就能组成一个巨大的共和政体；其二，借助高尚程度略低的品德，以某种程度的节制使贵族内部相互平等，这样他们就能保存自己。

由此可见，节制是此类政体的灵魂。我在这里说的是以品德为根基的节制。而不是源自怯懦或怠惰的节制。

第五节　美德绝非君主政体的原则

在君主政体中，人们以政治处置重大事务时尽可能不借助美德，犹如在一台优良的机器中，巧妙地尽量减少动作，少用发条和齿轮。

国家的存续并不依赖对祖国的爱、对荣耀的追求、对自我的舍弃、

① 在那里，公罪可能受到惩治，因为与大众有关，私罪则不会受到惩治，因为公众事务不惩治私罪。

对本身最宝贵利益的牺牲，以及我们仅仅有所耳闻的古人的一切美德。

在君主政体中，法律取代了一切美德，人们完全不需要美德，国家免除了对人们具有美德的要求。一件悄无声息去做的事，在那里是不会引发什么后果的。

就性质而言，一切罪行都是公罪。尽管如此，人们还是将真正的公罪与私罪区分开来，之所以称作私罪，是因为私罪对个人的侵犯甚于对整个社会的侵犯。

在共和政体中，私罪具有较多的公罪性质，也就是说，私罪对基本政制的侵害甚于对个人的侵害。在君主政体中，公罪具有较多的私罪性质，也就是说，公罪对个人福祉的侵害甚于对国家基本政制本身的侵害。

我请求大家不要对我的这番话感到不舒服，我有全部历史作后盾。我知道，拥有美德的君主为数不少，但是，我想说的是，在君主政体中，平民很难具有美德①。

不妨读一读各个时代的史学家们的宫廷记述，不妨想一想各国人士关于佞臣们卑劣性格的谈话，这些绝不是推论和揣测，而是惨痛的经历。

无所事事却又野心勃勃，目空一切却又猥琐卑劣，期盼致富却又不愿劳动，憎恶真理，吹牛拍马，背信弃义，卑鄙无耻，罔顾一切承诺，蔑视公民义务，担心君主有德，希望国君孱弱，尤为甚者的是永远对美德的嘲笑。我认为，所有这一切构成了各个地方和各个时代绝大多数廷臣的性格。在一个国家里，倘若大人物全是坏蛋和骗子，他们的下属却都是甘心情愿受骗的好人，这种事情实在是难而又难。

① 我在这里说的是政治美德，就其指向公共利益这层意思而言，它是伦理美德。我极少言及个人的伦理美德，根本不谈与“神启真理”有关的美德。在本书第五章第二节中将有进一步的阐述。

假如平民当中有一个可怜的老实人①，他该怎么办呢？枢机主教黎塞留在他的《政治遗嘱》中委婉地劝告君主，不要使用这种人②。美德不是君主政体的动力，这是至理名言！诚然，美德并未被排除在君主政体之外，但它却不是这类政体的动力。

第六节　在君主政体中以什么取代美德

我要加快速度大步往前走了。否则就会让人以为我在讥讽君主政体。不，要说君主政体缺少动力，它倒是另有一个，那就是**荣宠**，这是每个人和每个阶层的固有的想法。荣宠取代了我所说的政治美德，并且处处代表着美德。它能激发最高贵的行动，若辅以法律的力量，它就能像美德那样实现政体的目标。

因此，在治理良好的君主国里，几乎每个人都是好公民，但是，好人却极为罕见，因为，要做好人③，首先得想做好人④，而且是为了国家而不是为了自己才爱国。

第七节　君主政体的原则

我们已经说过，君主政体意味着地位优越、门庭显赫，乃至高贵的出身。荣宠的性质是索求优遇和赏赐，所以它能在君主政体中占有一

① 请以前面脚注中的意义理解这句话。

② 他说："不要使用出身低微的人，他们太寒酸，太难相处。"

③ 好人一词在这里仅具有政治意义。

④ 参阅本章第五节注①。

席之地。

野心在共和政体中是有害的，在君主政体下却能产生良好的效果，并赋予它以生命。野心在君主政体中有一大优越性，那就是它不具有危险性，因为它会不断地受到抑制。

你也许会说，这就如同宇宙体系一样，既有不停地让各种物体远离中心的离心力，又有将各种物体拉回中心的重力。荣宠使政治集团的各部分动起来，通过自己的作用把它们连接起来。这样一来，各部分自以为在追求各自的特殊利益，实际上却都向着公共利益会聚。

就哲理而言，引导国家各个部分的是一种虚假的荣宠，可是，这种虚假的荣宠却有益于公众，恰如真实的荣宠有益于能得到它的那些人一样。

逼迫人们去做各种费力而又艰难的事，除了让这些事闻达于大众之外，不给予任何报偿，这岂不是让人勉为其难。

第八节　荣宠绝非专制政体国家的原则

专制政体国家的原则绝对不是荣宠，那里人人都一样，谁也不可能自诩强于他人。在那里，人人都是奴隶，谁也不可能在任何方面优于他人。

此外，荣宠有它自己的法则和规律，而且刚而不屈，仅因自己而定，从不取决于他人的脸色。所以，唯有在基本政制固定和法律可靠的国家里，荣宠才有自己的地位。

专制君主怎么能够容忍荣宠呢？荣宠以蔑视生命为炫耀，而专制君主之所以拥有强权，恰恰因为它能置人于死地。荣宠怎么能够容忍暴君呢？它既有一定之规，又有持续的欲念，而专制君主没有任何规矩，他一时性起就可以毁灭别人的一切欲念。

专制政体国家不但不知荣宠为何物，甚至往往找不到恰当的词来表述这一概念[①]。荣宠存在于君主政体中，在那里，荣宠给予所有政治集团和法律以及美德以生命。

第九节　专制政体的原则

共和政体需要美德，君主政体需要荣宠，专制政体则需要畏惧。在专制政体中，美德根本不需要，荣宠则是危险的。

专制政体下君主的无限权力全部转交给受他委托的那些人。自认为不同凡响的人有可能在那里造反，因此，必须以畏惧窒息一切勇气，扑灭野心于萌芽状态。

一个宽和的政体，只要它愿意，就可以松一松它的弹簧，而不至于发生危险。它赖以维持自己的是法律和力量。可是，在专制政体中，君主只要一放下高扬的手臂，只要他不能迅即制服身居要职的权贵[②]，一切便都完了。因为，作为政体动力的畏惧既已不复存在，人民便不再有人保护了。

土耳其的一些法官认为，苏丹的承诺或誓言如果约束了他的权威[③]，他就丝毫没有守信或践约的义务。这些法官之所以持这种观点，显然出于本书上节阐明的意思。

平民应受法律审判，权贵应受君主心血来潮的制裁，最下层的臣

① 参阅佩里（Perry），《大俄罗斯现状》，第 447 页。

② 在军事贵族政体下，此类事件经常发生。

③ 里戈（Rigaut），《奥斯曼帝国》，第一章，第二节。

民不应被砍头，帕夏[1]则应随时有丢掉脑袋之虞。谈及这些可怖的政体时，人人都不寒而栗。新近被米利维伊斯[2]废黜的波斯国王的政府之所以在被征服之前就已经垮台，就因为国王不曾流过足够的血[3]。

史书告诉我们，图密善骇人的恐怖行径令省督们心惊肉跳，平民于是在他在位期间稍稍获得了一点休养生息的机遇[4]，恰如洪流摧毁了河岸的一侧，而另一侧则幸免于灾，极目远眺，还能望见若干草场。

第十节　服从在宽和政体与专制政体中的区别

在专制政体国家中，政体的性质要求绝对服从，君主的旨意一旦下达，就应立竿见影地发生效应，犹如掷球游戏中一个球击中另一个球那样。

根本没有调和、修正、妥协、交情、对等、商榷、谏议，根本就没有任何东西可以作为相等或更佳的谏议提出，人只是服从于那个发号施令的生物脚下的另一个生物罢了。

人们既不能对未来的命运表示担心，也不能将晦气归咎于命运无常。人在那里如同牲畜一样，他们所拥有的仅仅是本能、服从和惩罚。

人的自然感情，孝敬父亲，钟爱妻子儿女，荣誉的法则，健康状况

① 帕夏(Bacha)，奥斯曼帝国的某些显贵或行省总督。——译者

② 米利维伊斯(Mirivéis)，坎大哈总督，1713年起兵反抗波斯，创建阿富汗国家。——译者

③ 参见迪塞尔索神甫(Père Du Cerceau)记述此次革命的著作。

④ 图密善的政府是军事性质的，是专制政体之一种。

等，谈论这一切全然徒劳无益，遵命行事就足够了。

波斯国王对某人判刑之后，谁也不能再向国王提及此人，更不能为他求情，即使当时国王处在酒醉或神志不清状态，王命也必须执行[①]。否则，他就是前后不一，而法律是不能前后不一的。这种想法在那里由来已久，亚哈随鲁[②]曾下令灭绝犹太人，由于不能收回成命，所以只得准许犹太人进行自卫。

不过，有一件东西有时候可以用来对抗君主的旨意[③]，那就是宗教。人们可以丢弃乃至杀死自己的父亲，如果国王下达这样的命令；但是，如果国王要求并命令某人喝酒，此人是不会喝的。宗教法规是超级戒律，既管臣民，也管君主。不过，就自然权利而言，情况就不同了，君主并不被视为普通人。

在实行君主政体的宽和国家中，权力受政体动力即荣宠的限制，荣宠如同国王一样主宰百姓，也主宰国王。人们绝对不会向国王援引宗教法规，朝臣知道自己若是这样做就很可笑。人们向国王不断援引的是荣宠的法规。结果是服从发生了某些必然的修正；荣宠天然地受制于怪诞，服从也就亦步亦趋，紧随不舍。

服从的方式在这两种政体下虽然不同，但权力却是一样的。君王朝向哪一边，天平就倾向哪一边，他永远得到服从。在君主政体下，君主比较明智，大臣们的机敏和练达远远胜过专制政体下的大臣，这便是这两种政体的全部区别。

① 参阅沙尔丹，《波斯游记》，第四卷，第十八章。

② 亚哈随鲁，《圣经》中的国王，其王国疆域广及印度至埃塞俄比亚。参阅《圣经·旧约·以斯帖记》。——译者

③ 参阅沙尔丹，《波斯游记》，第六卷第二十一至第二十三章。

第十一节　对以上所述的思考

三种政体的原则如上所述。但这并不意味着共和政体中人人都有美德，而是说他们应该具有美德。这也并不证明，在君主政体中人人都有荣宠，在专制政体中人人都心存畏惧，而是说他们应该如此，否则，这个政体就不完善。

第四章

教育法应该与政体原则相适应

第一节　教育法

教育法是我们最先接受的法律，它培养我们成为公民，所以，每个家庭都应该依照包括所有家庭在内的那个大家庭的模式治理。

如果全体人民有一个原则，那么人民的组成部分，即家庭也应有一个原则。各种政体中的教育法也应该各不相同。在君主政体中，教育法以荣宠为目标，在共和政体中，教育法以美德为目标，而在专制政体中，教育法则以畏惧为目标。

第二节　君主政体的教育

在君主政体中，主要教育并非在教育儿童的公共学校中进行，而是当人们进入社会时才在某种意义上开始。这就是人们所说的荣宠学校，而荣宠则是无处不在的指导我们的万能教师。

在那里，人们看到并一再听到的这样三句话："品德要高尚，作风要坦诚，举止要礼貌。"

人们在那里向我们展示的美德，自我完善的成分总是多于施惠于人的成分，与其说是号召我们与同胞们平起平坐，毋宁说是让我们出人头地。

在那里，对人们行为的判断不是好坏，而是美丑，不是公正与否，而是伟大与否，不是合理与否，而是非凡与否。

荣宠一旦在那里找到某种高尚的东西，法官就会把它说成合乎正统，诡辩家就会为它提供论证。

献媚如果与情感或诱惑相连，则是允许的，正因为如此，君主政体中的风尚远不如共和政体中的风尚纯正。

荣宠也允许权术，只要它与伟大的抱负或伟大的事业有关，例如在政治上工于心计并不会对荣宠造成损害。

荣宠一般并不禁止阿谀奉承，但是，如果不是出于升官发财的动机，而仅仅是由于自惭形秽，那就不能得到荣宠。

关于风尚，我说过，君主政体中的教育应该使风尚具有某些坦诚。那里的人喜欢在谈话时讲真话。那么，是不是出于对真话的热爱呢？完全不是。之所以喜欢讲真话，是因为习惯于讲真话的人，总是让人觉得大胆而自由。的确，这样的人看起来只以事实为依据，而不考虑别人以什么态度接受这些事实。

正因为如此，越提倡坦诚，平民的坦诚便越遭到蔑视，因为，平民所追求的仅仅是真实和质朴。

最后，君主政体中的教育还要求在举止方面讲究礼节。人生来就要在一起过日子，因而可以说，人生来就要彼此取悦。不遵守礼规的人会由于得罪了所有与他共同生活的人而名声扫地，以至于什么好事都做不成。

然而，礼节的源头通常并非纯而又纯，它源自出人头地的欲望。我们讲礼貌是基于一种自尊，我们以自己的待人接物方式为荣，因为它表明我们不是卑劣之徒，不曾与历代为人所不齿的那些人为伍。

在君主政体中，宫廷也讲究礼仪。在一个异乎寻常的伟大人物的反衬下，其他人都会显得渺小。对所有人的尊敬由此而来，礼节也由此而来。礼节既让彬彬有礼者心生喜悦，也让受到礼遇的人感到高兴，因为礼节让人明白，自己是身在宫中或是有资格身在宫中的人。

宫廷的仪表在于舍真取矫。朝臣喜欢矫饰的仪表甚于朴实无华的仪表。矫饰的仪表呈现一种美妙的谦恭，播撒至远方。但是，随着与这种仪表的源头之间的距离逐渐拉大，尊荣便会在不知不觉间削减。

宫廷中事事讲究情趣，这种作风源自多种原因。长期习惯于穷奢极欲，花样繁多，因逸乐失度而产生的慵懒，以及各种各样混沌不清的奇思怪想，这一切只要能带来快乐，在宫廷里总是被接受的。

所有这一切都是教育的内容，为的是培养出君子，这类君子应该具有君主政体所要求的一切品质和一切美德。

在那里，荣宠渗透在各种各样的想法和思维方式中，甚至原则也受它指导。

这个怪异的荣宠竟然依照它的愿望为美德作了界定，并从这些愿望出发，为我们按规定必须做的一切制定了规则。荣宠依据自己的奇思怪想扩展或限制我们的义务，无论这些义务的源头是宗教、政治抑或伦理道德。

在君主政体中，法律、宗教和荣宠所告诉我们最多的，莫过于服从君主的旨意。但是，荣宠又告诉我们，君主不能要求我们去做有损荣宠的事，否则我们便再也不能为君主服务了。

格里永拒不暗杀吉斯公爵①，但向亨利三世表示愿与吉斯公爵决一死战。圣巴托勒缪之夜以后，查理九世②令所有省督屠杀胡格诺派新教徒，巴约讷驻军长官奥尔泰子爵上书国王说："陛下，我在居民和武士中见到的都是善良的公民和勇敢的士兵，没有一个刽子手。因此，我和他们恳请陛下将我们的双臂和生命用于有益的事业中去。"这位伟大而仁慈的勇士视卑劣为不可为之事③。

荣宠要求贵族最甚者，莫过于为君主作战。说实话，这是一项煊赫的职业，因为无论战败、获胜乃至厄运临头，这项职业都会带来尊荣。但是，荣宠既然定下这条法则，它就要求以荣宠为判断标准，倘若荣宠受到冒犯，它就要求或者准许冒犯者离去。

荣宠主张人们可以任意寻求或谢绝各种职务，它珍视这种自由胜过财富。

所以说，荣宠是有其至高无上的规则的，教育必须与之相适应④。主要规则有如下几条：荣宠准许我们重视财富，但严禁重视我们的生命。

第二条，当我们一旦跻身显贵时，就不能做让人觉得我们不配此种身份的任何事情，也不允许别人这样做。

第三条，不为法律所禁止而为荣宠所禁止的事，其禁止的程度更为严格；不为法律所要求而为荣宠所要求的事，其要求程度更为强烈。

---

① 1572 年 8 月 23 日深夜，巴黎发生了大规模杀戮新教徒的血案，史称圣巴托勒缪之夜，吉斯公爵作为主谋参与其事。格里永是当时的一位著名武将。——译者

② 查理九世（Charles Ⅸ，1550—1574），法国国王（1560—1574 在位）。——译者

③ 参阅多比涅（d'Aubigné），《世界史，1550—1601》。

④ 这里说的是事实如此，而不是应该如此，因为，荣宠是一种先入之见，宗教时而要消灭它，时而要控制它。

第三节 专制政体的教育

君主政体的教育旨在提升心志，专制政体的教育则旨在降低心志。因此，这种教育必须是奴役性的。即使对于身踞高位的人来说，这也是一件好事，因为那里的任何人若要当专制君主，同时也得当奴隶。

绝对服从既意味着服从者的无知，也意味着发号施令者的无知，因为他无须思索、怀疑和推理，只需表示愿望就可以了。

在专制政体中，每个家庭都是与他人隔绝的帝国；目的在于传授如何与人共处的教育，在这里变得十分狭窄，被简化为接受畏惧心理和某些极为简单的宗教原则常识。知识招致危险，竞争足以惹祸。至于美德，亚里士多德不相信有什么美德能与奴隶相匹配①。因而，专制政体中的教育窄而又窄。

因此，从某种意义上来说，专制政体无教育。它先取走一切，然后才给予一点点；把人先培养成不良臣民，然后再把他们培养成奴隶。

专制政体的教育难道有必要致力于培养分担民众疾苦的好公民吗？这样的好公民如果热爱国家，就会试图松开政体的弹簧，这种努力如果失败，他就会身败名裂，如果成功，他就会面临与君主和帝国同归于尽的危险。

第四节 古今教育效果的差异

大多数古代人民生活在以美德为原则的政体中，而当美德如日中

① 亚里士多德，《政治学》，第一卷。

天之时，人们做了一些如今已难以见到的事，这些事令我们渺小的心灵为之惊诧。

古人的教育还有一点优于我们今日的教育，那就是自幼所受的教诲永远不会被否定。伊巴米浓达[①]晚年时的所说、所闻、所见和所做，与他开始接受教育时毫无差别。

我们今天接受三类不同或相反的教育：父亲、师长和社会。社会教育把我们受之于父亲和师长的教育全部推翻。究其原因，是因为宗教约束和社会约束截然不同，而古代则并非如此。

第五节 共和政体的教育

共和政体需要教育的全部力量。专制政体的畏惧产生于震慑和惩罚；君主政体的荣宠受到欲念的激励，反之也激励欲念；然而，政治美德却是舍弃自我，这永远是一件十分艰难的事。

这种美德可以定义为爱法律和爱祖国。这种爱要求始终把公共利益置于个人利益之上，个人的一切美德均源于此，因而也可以说，个人的一切美德也就只是先公后私而已。

这种爱尤为民主政体所特有，只有在民主政体下，政府才被委托给每一个公民。政府如同世界上的万物一样，要想保存它，就得爱护它。

从未听说过国王不爱君主政体，也没听说过专制君主憎恨专制政体。

因此，在共和政体中，一切都依赖于确立对法律和祖国的爱，教育

① 伊巴米浓达(Epaminondes，约前420—约前362)，古希腊将军。——译者

应该关注的就是激发这种爱。要让儿童具有这种爱，可靠的办法是父辈们自己先有这种爱。

在向儿童传授知识方面，我们通常是老师，而在激励他们的热情方面，我们则更应是老师。

假如情况并非如此，那是由于来自外界的影响破坏了父亲的家庭教育。

变坏的绝不是新生的一代，只有当成年人腐化之后，他们才会堕落。

第六节　希腊的一些风尚

古希腊人深知，生活在平民政体中的人必须具有美德，他们为此创设了一些奇特的风尚。当我们在《莱库古传》[①]中读到莱库古为斯巴达人制定的法律时，就像在读《塞瓦朗勃人的历史》[②]一样，斯巴达法律的渊源在于克里特，而柏拉图的法律则是对斯巴达法律的修正。

我请大家稍稍注意一下，看看这些立法者拥有何等广博而深邃的才能，否则他们怎能冲击久已养成的习俗，将一切美德融为一体，从而向世界展示了自己的智慧呢。莱库古把偷窃与正义感、最残酷的奴隶制与极端的自由、最残忍的感情与极致的宽和融为一体，从而为他所在的城市带来了稳定。城市似乎被剥夺了艺术、商业、金钱和围墙等等一

① 莱库古(Lycurgue，约前 9 或前 8 世纪)，传说中的斯巴达立法者。《莱库古传》为普鲁塔克所作。——译者

② 《塞瓦朗勃人的历史》是一部小说，作者为韦拉斯·达莱(Vairasse d'Allais)，出版于 1677 年前后。此书是对托马斯·莫尔的《乌托邦》的模仿，在 18 世纪颇受好评。——译者

切资源，人们雄心勃勃，却没有生活会更加美好的前景；那里的人具有与生俱来的感情，但是感觉不到自己是人子、人夫或人父，甚至连贞操观念也置诸脑后[①]。斯巴达正是经由这个途径获得了伟大和光荣，它的风尚无往而不胜，即使在战场上屡屡被对手击败，也依然毫发无损，除非有人能迫使它放弃自己的法制[②]。

克里特和拉科尼亚都以这些法律进行治理。斯巴达是沦为马其顿附庸的最后一个城邦，克里特[③]则是罗马的最后一个猎物。桑尼特人[④]推崇同样的风尚，罗马人打了二十四次胜仗才将他们制服[⑤]。

希腊的这些奇特风尚，我们在当今的堕落和腐败中也曾见到[⑥]。一位正直的立法者培养了一个民族，光明正大在他们那里是理所当然的，犹如英勇无畏在斯巴达人那里是理所当然的一样。佩恩[⑦]先生是一位不折不扣的莱库古式人物，他以和平为宗旨，而莱库古则以战争为目标。可是，他们把人民引入了奇特的道路，在自由的人民中享有巨大影响，战胜了偏见，抑制了欲望，在这些方面，他们颇为相似。

① 柏拉图在《理想国》中提到，斯巴达女子像男子一样，一丝不挂地在大街上奔跑。——译者

② 腓罗佩门强制斯巴达人放弃他们的儿童教育法，因为他知道，非如此，斯巴达人的孩子就永远志气高昂。参阅普鲁塔克，《腓罗佩门》，参阅狄特-李维，《古代罗马史》，第三十八章。

[腓罗佩门(Philopoemen，约前 252—前 183)，古希腊政治家。——译者]

③ 克里特捍卫其法律长达三年之久。参阅狄特-李维，《古代罗马史》，第九十八、九十九、一百章。见弗洛鲁斯(Florus)，《狄特-李维摘录》。克里特比那些伟大的国王们进行了更多的抵抗。

④ 桑尼特人(Samnites)，古代居住在意大利中部的部族。——译者

⑤ 参阅弗洛鲁斯，《狄特-李维摘录》，第一章，第十六节。

⑥ 参阅西塞罗(Cicéron)，《致阿蒂库斯》，第一卷，第一章。

⑦ 佩恩(William Penn，1644—1718)，英国人，1682 年在北美买下土地，创建了以宾夕法尼亚为名的殖民地。——译者

巴拉圭为我们提供了另一个例子。传教团[1]把发号施令视为人生最大的快乐，有人因此指责它为犯罪。可是，能把人民治理得更加幸福其实永远是一件好事[2]。

耶稣会在这个地区率先宣扬宗教，并把它与人道结合起来，这是耶稣会的光荣。耶稣会着手消除西班牙人大规模摧残导致的后果，从而开始了对人类迄今最大创伤的医治。

耶稣会对于它称之为荣誉的所有一切怀有美好的情感，对于自己的宗教抱有异乎寻常的热情，而这种宗教既使聆听传教的人变得谦卑，也让传教者更加谦卑；这种情感和热情促使耶稣会从事宏伟的事业，而且获得了成功。它把散居在丛林中的人民领出丛林，为他们提供可靠的生计，让他们穿上了衣服。耶稣会的作为纵然只是增强了人们求生的技艺，也应该说贡献不小。

想要建立同样机制的人，应该首先建立柏拉图在《理想国》里勾画的那种财产公有的社会，确立他所要求的对众神的敬仰，为保存习俗而与异邦人隔离，由城邦而不是由公民进行贸易，传授我们的技艺而舍弃我们的奢华，保留我们的需要而摒弃我们的欲望。

他们还应废除金钱，因为金钱的作用是让某些人日益富有，致使其财富超越了大自然确定的界限，金钱还让人学会徒劳无益地保存那些积敛的财物，让贪欲毫无节制地滋生；大自然赋予我们用来刺激欲念和让我们彼此腐蚀的手段十分有限，但金钱却弥补了大自然在这方面的不足。

① 此处指天主教耶稣会的传教人员。——译者

② 巴拉圭的印第安人不从属于某一个领主，只缴纳五分之一贡品，拥有自卫的火器。

“埃皮达姆纳人[①]感到，本族的习俗因与蛮族交往而受到腐蚀，于是选出一位官吏，让他以城邦的名义替城邦进行所有贸易。”[②]这样一来，贸易就不能腐蚀基本政制，基本政制也不能剥夺社会从贸易中获得的好处。

第七节　这些奇特的机制在何种场合是良好的

此类机制在共和政体中可能是适宜的，因为政治美德是共和政体的原则。但是，在君主政体中为了激励荣宠，在专制政体国家中为了营造畏惧，大可不必如此费心。

何况，此类机制只适用于小国[③]，在小国中可以推行普遍教育，让全体人民如同一个家庭那样受到教育。

米诺斯[④]、莱库古和柏拉图的法律需要全体公民相互之间特别关照，大国的事务繁多，错综复杂，疏漏在所难免，所以不能指望公民相互之间能特别关照。

我们说过，在这些机制中应当把金钱排除在外。可是在大社会里，事务繁多，棘手而紧要，加之购买方便，交换缓慢，因而需要一种共同的尺度。要使这个尺度在各地得到承认和维护，就必须使它在各地都享

① 埃皮达姆纳人(Epidamniens)，埃皮达姆纳是希腊的一个城市，今为阿尔巴尼亚的都拉斯。——译者

② 参阅普鲁塔克，《索求希腊物品》，第三十章。

③ 例如古代的希腊各城邦。

④ 米诺斯(Minos，前16世纪—前15世纪)，传说中克里特岛上的克诺索斯国王，著名立法家。——译者

有权威。

第八节 为古人关于习俗的一个悖论进一解

波利比乌斯[①]，明哲的波利比乌斯曾说，阿卡迪亚人[②]居住在空气凄冷的地方，他们需要用音乐来柔化习俗；西内特人[③]不重视音乐，他们在所有希腊人中最为凶残，犯罪率之高没有任何城市能与之相比。柏拉图毫无顾忌地说，只有改变国家的基本政制，才能使音乐发生变化。亚里士多德撰写《政治学》似乎是为了反驳柏拉图，可是，就音乐对于习俗的影响力而言，他却赞同柏拉图的看法。所有古人，诸如提奥弗拉斯特[④]、普鲁塔克[⑤]、斯特拉波[⑥]都持同样看法。这种看法并非未经深思之言，而是他们的政治原则之一[⑦]。他们据此制定法律，并且要求掌权者据此治理城邦。

我想我能够对此作出解释。应当明白，在希腊的城市中，尤其是在那些以战争为主要目的的城市中，一切可以挣钱的工作和职业都被认为

---

① 波利比乌斯(Polybe，约前200—前120)，希腊历史学家。——译者

② 阿卡迪亚人(Arcades)，希腊的伯罗奔尼撒中部地区的居民。——译者

③ 西内特人(Cynètes)，居住在阿卡迪亚的一个部族。——译者

④ 提奥弗拉斯特(Théophraste，约前370—约前285)，希腊哲学家，亚里士多德的学生。——译者

⑤ 见普鲁塔克，《佩洛皮达斯传》。

⑥ 见斯特拉波，《地理志》，第一卷。

[斯特拉波(Strabon，约前64—约23)，希腊地理学家。——译者]

⑦ 柏拉图在他的《法篇》第四卷中写道，音乐堂和体操馆都是城邦中的重要场所；他在《理想国》中还写道："达蒙将会告诉你们，哪些音乐会分别熏陶出卑劣、蛮横和与此相反的品德。"

是自由民所不应从事的。色诺芬曾说:“大多数工艺损害从业者的身体,他们不得不坐在阴暗处或是火边;无论对于朋友或共和国,他们都腾不出时间。”只是当一些民主政体腐败时,这些手艺人才得以成为公民。这正是亚里士多德告诉我们的[①]。他坚持认为,一个优秀的共和国绝对不应该给予他们公民权[②]。

那时的农业是一种奴役性的职业,从业者通常是被征服的人民,诸如被斯巴达人役使的希洛人[③]、被克里特人役使的佩里西亚人、被塞萨利人役使的佩内斯特人,以及被其他共和国[④]役使的其他奴隶人民。

最后,在希腊人看来,一切低级的商业都是可耻的[⑤],因为,经商的公民必然要为奴隶、房客和外邦人提供服务,这就违背了希腊人的自由精神。所以,柏拉图在《法篇》[⑥]中主张惩罚经商的公民。

这样一来,各个希腊共和国的公民就处于两难境地。公民既不准经商、务农或充当工匠,又不准无所事事[⑦]。于是,他们便在与体育锻炼和军事训练相关的行业中谋职[⑧]。他们的体制不向他们提供其他岗

① 亚里士多德在《政治学》第三卷第七节中写道,狄奥凡特曾在雅典制定法律,将手艺人确定为公众的奴隶。

② 色诺芬,《苏格拉底言行回忆录》,第五卷。

③ 希洛人(Elotes,Ilotes),斯巴达人的奴隶,由国家从战俘中分给个人蓄养,用于耕种等劳役。——译者

④ 因此,柏拉图和亚里士多德都主张由奴隶耕种土地(见《法篇》,第七卷;《政治学》,第七卷,第十节)。事实上,从事农业生产的并非处处都是奴隶,恰恰相反,正如亚里士多德所说,在最优良的共和国里,从事农业生产的是公民;不过,这种情况只是在古老的政府因腐败而变成民主政体时才发生,因为,希腊的城市最初生活在贵族政体下面。

⑤ 例如小酒店老板。

⑥ 柏拉图,《法篇》,第十一卷。

⑦ 亚里士多德,《政治学》,第十卷。

⑧ 亚里士多德在《政治学》第八卷第三节中写道:“体操用来锻炼身体,教练的技艺则用于从事各种体育竞技。”

位。所以，应该把希腊看作一个运动员和战士的社会。这些训练使人变得坚强和粗野[①]，因而需要其他训练加以调节，使之趋于柔和。通过感官影响心灵的音乐对此非常适宜。体质锻炼使人变得坚强，思辨科学使人变得粗野，而音乐则介于两者之间。若说音乐能够激励美德，那是无法想象和理解的，然而，音乐倒是能够遏制体制所产生的凶悍效果，使良心在教育中占有一席之地；如果不借助音乐，这就绝不可能。

倘若我们当中有一群人除了醉心于打猎，不做其他任何事情，那么，他们肯定因此而变得粗野。一旦他们喜欢上了音乐，他们的言行举止很快就会出现变化。总之，希腊人的训练只能激发某一种感情，诸如粗野、愤怒和凶悍，而音乐却能激发所有感情，能让心灵体验温和、怜悯、慈爱和柔情。有一种现象足以令人领会音乐对心灵的影响力，那就是当今的道德伦理作家们激烈排斥戏剧。

假如让这群人聆听的音乐仅仅是擂鼓吹号，而不是柔和优美的乐曲，想要达到这个目的比较困难，难道不是如此吗？所以，为了敦化民风，古人在某些场合对音乐的品类有所选择，这样做当然是正确的。

但是有人会说，为什么要优先选用音乐呢？这是因为，任何其他一种感官享受对心灵的腐蚀作用，都甚于音乐。从普鲁塔克的著作[②]中我们获知，底比斯人为了柔化年轻人的行为举止，用法律规定一种爱情，而这种爱情在所有其他国家都被禁止。读到此处，我们不禁为之汗颜。

① 亚里士多德在《政治学》第八卷第四节中写道，斯巴达人自幼接受训练，所以极为凶悍。

② 普鲁塔克，《佩洛皮达斯传》。

第五章

立法应该符合政体原则

第一节　本章的指导思想

前面已经指出，教育法应该符合每一种政体的原则。立法者为全社会制定的法律也应该如此。法律与政体原则的这种关系全面增强了政体的动力，反之，政体原则也从法律那里获得了新的力量。这情形犹如物理运动，作用必然随之以反作用。

下面我们将要逐一探讨每种政体的这种关系，首先从以美德为原则的共和政体说起。

第二节　何为政治国家中的美德

共和国的美德很简单，那就是爱共和国。这是一种情感，而不是认知的结果，上自元首，下至小民，人人都可以怀有这种情感。人民一旦拥有了良好的准则，就会比那些所谓的正人君子更长久地坚持遵行。腐败始于人民的情况极为罕见，人民由于所知不多，因而对于已经确立的东西更加热爱。

爱国导致民风敦厚，民风敦厚导致爱国。个人感情得到满足的程度越低，对公众感情的投入程度便越高。修道士为什么如此热爱他们的修会？恰恰因为修会令修道士无法忍受。教规剥夺了常人感情赖以支撑的所有事物，唯一余下的便是对折磨他们的那些教规的感情。教规越是严酷，也就是说，被教规剥夺的喜好越多，残存的喜好就越强烈。

第三节　何为民主政体中对共和国的爱

在民主政体中，爱共和国就是爱民主政体，爱民主政体就是爱平等。

爱民主政体也就是爱节俭。在共和政体中，既然人人享有同样的幸福和好处，那就应该享有同样的愉悦，怀有同样的希望。只有当人们普遍奉行节俭时，这种情形才有可能。

在民主政体中，对平等的爱使得人们只有一种雄心、一个愿望，只追求一种幸福，那就是在为国家服务这一点上超过其他公民。每个公民为国家提供的服务不可能完全相等，但是，每个公民都应该同样地为国家服务。公民对国家所负的巨债是与生俱来的，永远不可能还清。

因此，在民主政体中，煊赫来自平等原则。虽然在某些时候，在某些杰出的贡献或超人的才能面前，平等似乎不复存在。

由于爱节俭，占有欲受到了抑制，人们所关心的是获得家庭之必需，其余归属国家。财富带来权力，但是，一个公民不能为了一己之利而使用这种权力，否则就不平等。财富也带来欢乐，但是，一个公民也不能单独享受这些欢乐，否则同样会损害平等。

因此，在优良的民主政体中，例如雅典和罗马，倡导家庭节俭为公共开支敞开了大门。于是，富足与豪华源自节俭本身。恰如宗教要求人们用洁净的手将祭品奉献给神明，法律要求人们养成节俭的风气，以便为国家作出贡献。

才能不出众，家道不富庶，这是许多人明智而愉快的重要原因。一个以其法律培养出众多平庸之辈的共和国，如果拥有大批聪明人，这个共和国一定会以明智的方法施政，如果拥有大批幸福的人，这个共和国一定很幸福。

第四节　如何唤起对平等和节俭的爱

在一个把平等和节俭写进法律的社会里，平等和节俭本身就能激发人们对它们的爱。

在君主国家和专制国家中，不但无人向往平等，而且连这种念头都不会产生。在那里，人人都指望自己能高人一头，地位卑微的人渴望着改变境遇，有朝一日能成为别人的主子。

节俭与此同理。只有以节俭为乐，才能爱节俭，被逸乐腐蚀的人不可能喜爱节俭的生活。如果这些人居然喜爱节俭，而且既自然又司空见惯，那么，阿尔基比亚德①就不会饮誉世界了。那些嫉妒或羡慕他人奢华的人也不会爱节俭，他们眼里只有阔佬和与他们自己一样的穷汉，他们憎恶贫困，却不喜欢也不知道贫困的尽头在何处。

所以，下面这项准则非常正确：为了让共和国里的人们热爱平等和节俭，必须把平等和节俭写进法律。

---

① 阿尔基比亚德（Alcibiades，约前450—约前404），雅典将军和政治家。——译者

第五节 民主政体的法律应如何确立平等

莱库古和罗慕洛斯[①]等古代立法家主张平分土地。这种措施只能在新的共和国创立时采取；可以采取这种措施的另一种情况则是：现存的共和国已经腐败不堪，人心强烈思变，走投无路的穷人们不得不寻求弃旧图新的途径，富人出于无奈被迫接受这种措施。

立法者在分配土地时，如果不制定法律维护土地分配的结果，新的制度必然是短命的，不平等就会利用法律的疏漏乘虚而入，共和国也就行将覆亡了。

因此，为了确立平等，就必须制定法规，用以制约陪嫁、捐赠、继承和遗嘱以及一切契约方式。因为，如果赠与者和受赠者可以随心所欲地处分自己的财产，基本法的秩序就会被个人意志扰乱。

梭伦准许没有男嗣的雅典人留下遗嘱，将自己的财产馈赠给他所指定的任何人[②]。这种做法违背了古代的法律。古法规定，财产应该留在立遗嘱人的家族中。这种做法也违背了梭伦自己制定的法律[③]，因为，他曾经采用废除债务的方法来确立平等。

对于民主政体来说，禁止继承双份遗产的法律确是一部好法律[④]。

① 罗慕洛斯(Romulus，约前753—约前715)，传说中的罗马缔造者和第一位国王。——译者

② 普鲁塔克，《梭伦传》。

③ 普鲁塔克，《梭伦传》。

④ 科林斯的菲洛劳斯在雅典(应为底比斯。——译者)立法，规定土地份额与继承数量应永远相同。见亚里士多德，《政治学》，第二卷，第十二节。

追根溯源，这部法律来自公民的土地和财产均分制。该法不允许一人占有多份土地和财产。

规定女继承人必须嫁给血缘最近的亲属的法律，出自同一渊源。犹太人在采用均分制后作出了这种法律规定。柏拉图在均分制的基础上制定法律，因而也作出了同样的规定①，先前的一部雅典法律也有同样的规定。

雅典有一部法律，我不知道是否已经有人把握其精神。该法允许娶同父异母的姐妹为妻，但不准与同母异父的姐妹结婚②。这种习俗源自各共和国，因为，依据共和国的精神，一人不得占有两份土地，也不得继承两份遗产。一个男子娶同父异母的姐妹后，只可能获得其父的遗产。但是，如果这个男子与同母异父的姐妹结婚，这个姐妹就有可能因其父没有男嗣而获得遗产，在这种情况下，与这位姐妹结婚的男子便成了两份遗产的继承人。

但愿没有人会用菲洛③的话来反驳我。菲洛曾说，雅典人可以娶同父异母的姐妹，而斯巴达人则可以娶同母异父的姐妹，但不能娶同父异母的姐妹。我在斯特拉波的著作④中读到，在斯巴达，一个女子如果嫁给她的兄弟，她可以获得这位兄弟所继承的遗产中的一半作为陪嫁。很显然，制定此项法律旨在防止前项法律的不良后果。把兄弟所获遗产的一半作为姐妹的陪嫁，目的是防止姐妹家的财产转移到兄弟家去。

① 柏拉图，《理想国》，第八卷。

② 科纳留斯·尼波斯在《序言》中说，这种习俗很古老，亚伯拉罕谈到萨拉时说："她是我的妹子，我与她是同父异母。"（《圣经·创世记》，第二十章，第十二节。——译者）各民族过去制定类似法律时，所依据的是同一理由。

③ 菲洛（Philon，约前20—55），希腊的犹太人哲学家。——译者

④ 斯特拉波，《地理志》，第十卷。

塞涅卡在提及娶自己的姐妹为妻的西拉奴斯时说[①]，在雅典，娶姐妹为妻受到限制，但在亚历山大里亚却是普遍准许的。在一人治国的政体中，几乎不存在维护财产分配的问题。

在民主政体中，有一项良好的法律被用来维持这种土地分割制度，这项法律规定，有若干子女的父亲应从中选择一人作为继承人[②]，并将此人的子女分赠给无子女的人收养，从而使公民的数量与土地份额始终保持一致。

卡尔西冬的费勒亚斯[③]为财富不均的共和国提出了一个平均财富的设想：富人嫁女给穷人时应提供陪嫁，但不得接受穷人嫁女时的陪嫁；穷人嫁女时可以接受聘礼，但无须准备陪嫁。但据我所知，没有一个共和国实行过这种办法。这种办法使公民们受到不同的待遇，而且差异惊人，致使他们憎恨立法者试图通过这种办法达到的平等。对于想要达到的目的，法律有时候以不采用过于直接的办法为宜。

实实在在的平等虽然是民主国家的灵魂，但是，确立这种平等绝非易事，所以，在这方面的要求不宜一丝不苟。只需确定一项能把贫富差别缩小或固定在某一程度的分级制度[④]就可以了。然后借助专项法律向富人征税，同时减轻穷人的负担，从而消除不平等。只有中等程度的富人能够提供或接受这种补偿措施，因为，在腰缠万贯的富人看来，凡是不能给他们带来权力和荣宠的东西，都是对他们的侮辱。

民主政体下的一切不平等都源自民主政体的性质和平等原则本

---

① 塞涅卡在《克劳狄之死》中写道，雅典准许与半姐妹结婚，亚历山大里亚则准许与全姐妹结婚。

② 柏拉图也制定过类似的法律，见《法篇》，第三卷。

③ 亚里士多德，《政治篇》，第十二卷，第七节。

④ 梭伦主张分为四级：谷物和现金收入达到 500 米纳者为第一级；收入达到 300 米纳、养得起一匹马者为第二级，收入达到 200 米纳者为第三级，所有依靠体力劳动为生者为第四级。见普鲁塔克，《梭伦传》。

身。例如,人们担心民主政体下可能会出现以下情况:那些需要不停地工作才能维持生计的人担任公职后,会因此而陷入贫困或疏于公务;工匠们可能会趾高气扬;获得自由的奴隶太多,以至于会在气势上压倒原有的公民。在这种情况下,民主政体中公民之间的平等,就可能为了维护民主而不复存在。但是,消失的仅仅是表面的平等。因为,一个因担任公职而家道中落的人,其家境可能逊于其他公民,而此人若因此而不得不疏于公务,其他公民的境况则可能因此而比他更糟。

第六节　民主政体的法律应如何保持节俭

在一个优良的民主政体中,土地不仅要均分,还要像罗马人那样把土地分割成小块。库里乌斯[①]对他的士兵们说:"一个公民若是觉得足以养活一个人的土地太少,神会不高兴的。"[②]

俭朴凭借财富的平等而得以保持,而财富的平等也借助俭朴而得以保持。二者虽然不同,但彼此紧密相关,互为依存,互为因果,在民主政体下,二者若缺其一,另一个也就不复存在。

民主政体的基础如果是商贸,一些人就可能拥有巨额财产,而民风并不因此而败坏,这是真实可信的。因为,商贸精神自然而然地伴之以俭朴、节约、节制、勤劳、聪慧、安定、秩序和守法。只要商贸精神存在,它所产生的财富就不会有任何恶果。商贸精神若因财富过多而遭致破坏,恶果便会产生,过去从未察觉的因不平等而产生的纷乱会突然出现

① 库里乌斯(Curius,前 3 世纪),罗马将军,以无私精神著称。——译者

② 士兵们要求获得更多的被征服的土地。见普鲁塔克,《道德论集·古代君王和将军传略》。

在人们眼前。

想要保持商贸精神，必须具备以下条件：主要公民都亲自经商，独尊商贸精神，不受其他精神干扰；所有的法律都应鼓励商贸精神，随着财富因商贸而日渐增多，法律应对财富进行分配，俾使每个贫穷的公民都能过上宽裕的日子，与别人一样劳动；法律还应使每个富有的公民生活在小康之中，必须凭借自己的劳动方能守业或创业。

在经商的共和国里，把父亲的财产均分给每一个子女，这不失为一项良法。这样一来，无论父亲如何富甲天下，子女们必然不如父亲富有，他们因而就不会恣意奢华，而会像他们的父亲当年那样勤奋经营。我在这里说的仅仅是经商的共和国，不经商的共和国另当别论，立法者会另行制定法规①。

希腊有两类共和国，一类从事征战，如斯巴达，另一类经营商贸，如雅典。前者希望公民们无所事事，后者则设法激励公民们热爱劳动。梭伦视游手好闲为犯罪，他要求每个公民说明自己的谋生手段。不错，在一个优良的共和国里，个人的花费应该以生活必需为限；人人应该拥有生活必需，因为不然的话，谁能提供？

第七节　维护民主原则的其他方法

土地均分制不可能在所有民主政体中实行，在某些情况下，这种制度是不可行和危险的，甚至会对基本制度形成冲击。极端的道路并不总是非走不可的。土地均分制之所以被民主政体采用，为的是保存民风；如果发现这种制度在民主国家里行不通，那就应当采用其他方法。

① 这些法规应对女子的陪嫁多加限制。

如果能建立起一个堪称民风楷模的固定机构，那么，只有在年龄、品德、地位和业绩诸方面都备受尊敬的人方能进入元老院。在公众面前宛如神明的元老院成员们，能激发人们的感情，并使之渗透到每一个家庭。

元老院尤其应该守护原有的法制，并让人民和官吏永不背离。

保持旧有的习俗非常有利于民风。腐化的人民极少可能办成大事，他们几乎从未建立过社会，建造过城市，制定过法律。反之，民风朴实无华的人民建树颇多。所以，提醒人们不忘古训往往能促成美德的回归。

此外，如果发生了革命，建立了新的政体，那只能是经历了无数艰难困苦后的结果，依仗懒散和腐化的民风是不能成功的。革命者希望人民分享革命的成果，但是，如果没有良好的法律，这个愿望很难实现。旧机制往往能发挥纠偏作用，而新机制则往往会带来一些弊端。一个政府在它存续的漫长岁月中，不知不觉地沿着下坡路走向腐败，若要重回良性轨道，那就非得付出巨大努力不可。

前面提到的元老院的成员应该终身任职还是有一定的任期，有人对此犹豫不定。毫无疑问，他们应该终身任职，就像罗马①、斯巴达②，甚至雅典那样。我们所说的雅典元老院每三个月更换一届，而雅典最高法院的成员则作为永久的典范终身任职。我们不应将这两者混为一谈。

所以，普遍适用的规则应该是这样的：如果想让元老院成为民风的

① 罗马的官吏任期一年，元老院的成员终身任职。

② 色诺芬在《斯巴达政制》第十章第一、二节中写道，莱库古主张元老院成员从年长者中选出，这样，即使行将就木，他们也不会放松对自己的要求。此外，他主张由老年人来评判年轻人的勇气，这样，老年人的年龄就比年轻人的活力更显荣耀。

楷模，也就是民风的保管所，它的成员应该终身任职。如果仅仅为了处理事务而设立元老院，它的成员就无需终身任职。

亚里士多德说，精神就像躯体一样也会衰老。如果只有一个官吏，他的说法是对的，如果有一个元老院，这个说法就不对了。

在雅典，除了刑事法庭之外，还有民风保护官和法律保护官①。在斯巴达，所有老人都是监察官。在罗马，有两名专职监察官。元老院监督人民，监察官就应监督人民和元老院。监察官应该在共和国中重建一切业已腐败的东西，警告怠惰，谴责玩忽职守，纠正错误，一如法律惩治罪行。

罗马法为维护民风纯净，要求公开指控通奸行为，此项规定值得称赞，它既警示了妇女，也警示了那些负有监督妇女之责的人。

维护民风的最佳途径是长幼有序，幼者对老者言听计从，这样一来，幼者受到尊老的约束，老者则受到自重自爱的约束。

公民如能绝对听命于官吏，法律便能发挥最大的效力。色诺芬说："莱库古特别强调公民服从法律，这就是斯巴达有别于其他城邦的最大差异：官吏一声召唤，公民们就赶紧跑过去。可是在雅典，某个富人若是被人说成受官吏支配，他就会感到极度痛苦"②。

父权对于维护民风也很有效。前面已经说过，在共和国里，不存在其他政体下的那种令人望而生畏的权威，因此，法律就应该用一种权威填补这种空缺，这便是父权。

在罗马，父亲对儿子有生杀之权③。在斯巴达，每个父亲都有权教

① 最高法院本身也要接受监督。

② 色诺芬，《斯巴达政制》，第八章。

③ 我们在罗马历史上看到，行使这种权力对共和国非常有利。我要说的仅仅是最腐化时期。奥鲁斯·伏尔维乌斯已经上路去找卡迪利纳，其父把他召回后处死。另一些公民也做了同样的事。见狄奥，《罗马史》。

训别人的子女。

在罗马，父权随着共和国覆灭而消亡。君主政体并不需要纯净的民风，只要求人人生活在官吏的权威之下。

罗马的法律使年轻人习惯于依附和从命，把未成年期定得很长。我们沿用这个规定也许是个错误，因为在君主政体下不需要这么多的约束。

在共和国中，由于子女对父亲绝对服从，因而有可能像罗马那样，要求父亲终身掌管子女的钱财。不过，这不是君主政体的精神。

第八节　贵族政体的法律应如何适应政体的原则

贵族政体下的人民如果具备美德，就能大体上享受平民政体下的福祉，国家也将会强盛起来。但是在贵族政体下，人们拥有的财富多寡悬殊，美德比较罕见。因此，法律应该不遗余力地鼓励宽和精神，设法重建由于国家体制而必然失去的平等。

在贵族政体下，宽和就是所谓的美德，犹如平民政体下的平等精神。

如果说，萦绕着君主们的奢华和壮丽是他们的权力的一部分，那么，贵族们的力量则在于举止的谦逊与朴实①。如果他们不刻意显现自己的尊贵，与平民交融在一起，与平民穿同样的服装，让平民分享他

① 如今的威尼斯人都很知趣。曾有一位威尼斯贵族和一个“大陆”上的绅士因争夺教堂中的位次而发生争执，威尼斯人就此作出的决定认为，在威尼斯境外，威尼斯贵族与其他公民相比，不享受任何优先权。

们的快活，平民就会忘却自己的卑微。

每一种政体都有其性质和原则，所以，贵族政体不应具有君主政体的性质和原则。除了群体的特权之外，贵族们不应再拥有个人的特权，否则，贵族政体就具有君主政体的性质和原则了。所以，特权应该归属元老院，而贵族应该只是受人尊敬而已。

贵族政体有两个主要的纷乱之源。一是治者与被治者之间的极端不平等；二是统治集团的成员之间的极端不平等。这两种不平等导致怨恨和嫉妒，法律应该加以预防或制止。

第一种不平等主要出现在如下情况下：显贵们的特权之所以令人觉得荣耀，恰恰因为这些特权令平民感到羞耻。罗马禁止贵族与平民联姻的法律便是一例①，此项规定的唯一后果就是促使贵族们更加傲慢，更加可憎。正因为如此，保民官们便利用这一点来增强其演说的魅力。

另一种不平等表现为公民们缴纳捐税的条件不同。这种区别表现在四个方面：首先，贵族有不缴捐税的特权，其次是贵族可以弄虚作假逃避捐税②，再次是贵族以担任公职所获酬金或薪俸为名索回所缴捐税，最后，贵族把平民变成附庸，进而分享向平民收取的捐税。最后这种情况比较罕见，出现这种情况的贵族政体是苛政之最。

罗马向贵族政体倾斜时，很好地避免了这些弊端。官吏不领薪俸，共和国的政要们不仅照样纳税，而且多于其他人，有时甚至只有他们纳税。他们不瓜分国家的收入，不但如此，他们还把自己从国库领取以及运气给他们带来的钱财，悉数交给平民，以此来换取人们对他们所享有

① 罗马的十人团把这条规定放在最后两表中。见哈里卡纳索斯的狄奥尼修斯，《罗马古事记》，第十章。

② 犹如当今的一些贵族。对国家的削弱之甚莫过于此。

的荣誉的原谅[①]。

把财富分发给民众，这在民主政体下会产生恶劣的后果，但在贵族政体下却会产生相当良好的后果；这是一条基本规律。前者使民众丧失公民精神，后者促使民众重铸公民精神。

如果不把国家的财富分发给人民，那就应该让他们知道，国家的收入得到了良好的管理，人民若能亲眼看到国家的财富，就等于在某种程度上享用了这些财富。陈列在威尼斯的那条金链[②]，罗马历次凯旋式上展示的那些财宝，收藏在农神庙里的珍宝，无一不是名副其实的人民财富。

贵族政体下极为重要的一点是贵族不征税。罗马的一等贵族将此事交给二等贵族办理，自己从不参与；纵然如此，后来依然产生了不少麻烦。在贵族政体下，贵族如果征税，所有人就会受公务人员的摆布，而且没有高一级的法院去纠正他们。奉命革除流弊的那些人就会像专制政体下的君主那样，随心所欲地没收任何人的财产。

用不了多久，这种不义之财就会被视为家产，在贪婪之心的驱使下，巧取豪夺的行为会更加肆无忌惮。结果是包税费锐减[③]，国家收入日渐枯竭。有一些国家并无重大败绩，却因上述缘由而变得不堪一击，令邻国大感意外，国人莫名惊诧。

法律还应禁止贵族经商，因为，具有这种身份的商人难免大搞各种各样的垄断。商业是地位平等的人们所从事的职业，在所有专制国家中，最糟糕的就是那些国王经商的国家。

① 参阅斯特拉波《地理志》第十四卷中关于罗得人在这方面是如何行事的叙述。

② 这是一条巨大的金链，每逢节庆才向公众展示。——译者

③ 即包税人向国家交付的承包费价格降低了。——译者

威尼斯的法律禁止贵族经商①,因为,即使他们规规矩矩,盈利也会高得令人咋舌。

法律应该使用最有效的手段,促使贵族给人民以公正。法律倘若尚未设立保民官,法律就应起到保民官的作用。

任何妨碍执法的包庇行为都会败坏贵族政体;到了那时,离暴君政体也就不远了。

法律在任何时候都应狠刹统治者的骄横。应该设置一个短期的或长期的官职,用以震慑贵族,例如斯巴达的督察官、威尼斯的国家审理官,这类官吏执法时不受任何程序的约束。这样的政府需要强大的推动力。威尼斯有一只张着大嘴的石兽,任何人都可以把揭发信投入其中②。你也许会说,这就是张得大大的暴政的嘴。

这种暴戾的官吏类似民主政体下的监察官,就其性质而言,民主政体下的监察官也是独立行使职权的。事实上,监察官绝对不应因他们在行使职权时的行为而受到法律追究;绝不应该使他们气馁,而应给予他们信任。罗马人做得很好,他们可以要求任何一位官吏③对自己的行为作出合理的解释,唯有监察官不在此列④。

贵族政体下有两件坏事,一是贵族太穷,一是贵族的财富太多。为了防止他们陷入贫困潦倒的境地,应该督促他们及早偿还债务,为了防止他们暴富,应该采取一些巧妙和难以察觉的措施,而不要诉诸没收财产、施行均地法、废除债务等必将带来无穷后患的办法。

---

① 阿姆洛·德·拉·乌赛(Amelot de la Houssaye),《威尼斯政府史》,第三部分。克劳狄法禁止元老院成员拥有载重 40 桶以上的船只。见狄特-李维,《古代罗马史》,第二十一章。

② 告发人可以将揭发信投入石兽口中。

③ 监察官甚至不得过问同僚的工作。监察官各做各的记录,不必征求同僚的意见。否则,监察也就形同虚设了。见狄特-李维,《古代罗马史》,第六十九章。

④ 在雅典,税务官让所有官吏都要汇报工作,唯独他自己不作任何汇报。

法律应该废除在贵族中实行的长子继承制①，以便通过对遗产的持续分割，使贵族们的财产始终不相上下。

绝不应该实行继承人替代制②、家族财产赎回制③、长子优先制等等。贵族政体下为延续大家族的显赫而采用的一切措施，在君主政体下均不可采用④。

法律消除了各个家族的差距后，这些家族应该保持团结。贵族间的纠纷应该迅速得到解决，否则，个人间的纠纷就会变成家族间的纠纷。仲裁官既可防止产生争讼，也可对争讼作出仲裁。

最后，有些家族以其尊贵和出身略胜一筹为由，自诩比其他家族更为煊赫，法律绝对不应予以支持；这种虚荣心应被视为一些人的心胸狭窄。

只要看一看斯巴达就行了。人们将会看到，那里的督察官是如何抑制君主、贵族和平民的弱点的。

第九节　君主政体的法律应如何适应政体的原则

君主政体的原则既然是荣宠，法律就应该适应荣宠这个原则。

为此，法律应该尽力支持贵族，因为在某种意义上，荣宠既是贵族

---

① 威尼斯就实行长子继承制。见阿姆洛·德·拉·乌塞，《威尼斯政府史》，第30—31页。

② 法定继承人如因故不能行使继承权，可指定另一人继承。——译者

③ 死者生前在交易中出售的财物，继承人可在其死后的一定期限内作为遗产以原价赎回。——译者

④ 某些贵族政体所追求的，与其说是维护国家，毋宁说是维护贵族。

之父，又是贵族之子。

法律应使贵族世袭，目的不是使之成为君主的权力和平民的弱点之间的阻隔，而是使之成为两者之间的纽带。

继承人替代制虽然不适用于其他政体，但因能将财产保留在家族中，故而对于君主政体十分有用。

遗产赎回制能使贵族家庭重新获得因某位亲属的挥霍而丧失的土地。

贵族的土地应该如同贵族本身一样享有特权。君主的尊严与其王国的尊严密不可分，贵族的尊严与其采地的尊严同样密不可分。

这些特权均为贵族所独享，不得交由平民享用，除非有意冲击政体原则并削弱贵族和平民的力量。

继承人替代制妨碍贸易，遗产赎回制则会诱发许许多多不得不打的官司。在王国范围内出售的地产，至少应在一年之中处于某种无主状态①。附着于采邑的特权产生一种权力，对于容忍这些特权存在的人来说，这种权力是一种沉重的负担。这就是贵族带来的麻烦。不过，若与贵族的总体效用相比，这些麻烦也就算不得什么了。但是，如果把这些特权交给平民的话，政体的所有原则都会无谓地遭到破坏。

在君主国里，可以允许一个人把他的绝大部分财产留给子女中的一个；甚至可以说，这种许可只有在君主国里才是适宜的。

法律应该促进君主政体下可能发生的一切贸易②，以便让臣民在免遭灭顶之灾的情况下，满足君主及其朝廷永无止境的需求。

① 行使遗产赎回权的期限为一年零一天。——译者

② 君主政体只允许平民从事贸易，参见《商业与商人法典》第3条，这部法典十分合情合理。

法律应该整饬征收税赋的方式，以免税赋的征收方式比税赋本身更令人难以忍受。

税收沉重致使人民劳苦，劳苦造成疲惫，疲惫导致怠惰。

第十节　君主政体施政的迅捷

君主政体较之共和政体有一大优点：由于一人主事，因而施政较为迅捷。然而，迅捷可能蜕变为草率，所以，法律应该使之放慢速度。法律不仅应该发挥政体性质的优势，还应矫正政体性质可能引发的弊病。

枢机主教黎塞留[①]认为，棘手的集会结社将会给所有事情造成困难，所以，在君主国里应设法避免。专制主义若不在此公心中，必定在他头脑中。

对于执掌法律的机构来说，最佳的臣服便是持重稳当，不急不躁，处理君主的事务时深思熟虑；如果侍臣缺少法律知识，国务会议办事轻率匆促，那就难以做到深思熟虑[②]。

假如，对于那些无比骁勇、无限忠诚的臣下，国王仅凭一己的旨意就无节制地大肆褒奖，官吏们纵然有意拖延，一再劝谏乃至苦苦恳求，依然不能遏止君主的美德日渐沦丧，那么，世界上那个最完美的君主国[③]将会变成什么样呢？

① 参阅其《政治遗嘱》。

② 塔西佗在《编年史》第五卷第三十二章中写道："在蛮族看来，拖沓是奴性的表现，迅捷则是王者的风范。"

③ 此处暗指法兰西王国。——译者

第十一节　君主政体的优越性

较之专制政体，君主政体有一大优点。君主政体中的君主之下，有若干等级与政制休戚与共，这是政体的性质使然，所以，国家较为稳定，政体较为巩固，主政者的人身较为安全。

西塞罗[①]认为，罗马因设立保民官而拯救了共和国。他说："事实上，民众若是群龙无首，这股力量就更加可怕。首领知道自己肩负的责任，所以会认真思考；可是民众一旦群情激昂，就全然不知道自己正在纵身深渊。"这种想法也适用于专制国家和君主国家，前者是一群没有保民官的民众，而后者则可以说是一群有保民官的民众。

事实上我们到处都看到，在专制政体下发生动乱时，无人领导的乌合之众总是让局势发展到不可收拾的地步，把混乱推向极端。在君主政体下，过激的行为极为罕见。首领们有所顾忌，他们害怕被抛弃；依附的中间势力[②]不愿意让民众拥有太大的优势。一个国家的各个等级全都彻底腐败的情形很少见。君主十分珍视这些等级，谋乱者既没有颠覆国家的意愿，也没有颠覆国家的期望，所以，他们既不能也不想推翻君主。

在这种情况下，明智和权威兼备的人就出来收拾局面，双方趋向缓和，共同作出安排，各自纠正错误，法律于是恢复效力，重新得到尊重。

① 西塞罗，《法律》，第三章，第十节。他写道："保民官的权利过大吗？谁说不呢？可是民众的力量更加强大而暴烈，只是因为他们拥有首领，有时才显得不那么可怕。首领深思熟虑后才行动，而亢奋中的民众则不知道自己所面临的险境。"

② 请看本书第二章第四节第一个脚注。

所以，在我国全部历史上只有内战而没有革命；反之，在专制国家的历史上，革命屡屡发生却从未爆发内战。

撰写某些国家的内战史乃至煽动这些内战的人，都充分地证明，君主为换取服务而赋予某些等级的权威，极少为这些等级所怀疑，即使在他们迷失方向的时候，他们也只是寻求法律和恪尽义务，并设法缓和谋乱者的亢奋和狂躁，而不是为其所用①。

枢机主教黎塞留可能觉得自己贬损国家的各个等级过了头，为了支持国家，他便求助于君主及其臣属的美德②。但是，他对他们的要求太多了，事实上，只有天使才可能具有他所要求的那种专注、聪慧、坚定和知识。在君主政体消失之前，我们恐怕不能对拥有这样的君主和臣属抱有期望。

与那些既没有规章又没有领袖，终日在森林里游荡的民众相比，生活在良好治理下的民众更加幸福。同样，与无以控制民心和己心的专制君主相比，在国家基本法下生活的君主更加幸福。

第十二节　续前题

在专制国家里是找不到宽宏大量的，君主本人不具备的伟大品质，他的国家是不可能拥有的，因为在他那里无荣耀可言。

在君主国家里，我们看到的是臣属簇拥着君主，君主则以其光辉映照臣属；可以说，由于人人都占有更大空间，因而可以展示其品德，赋予心灵以伟大，而不是放任。

① 枢机主教雷斯(Cardinal de Retz)的回忆录及其他历史著作。

② 《政治遗嘱》。

第十三节　什么是专制主义

路易斯安那的未开化人想要果子的时候，就把果树从根部砍倒，然后采摘[①]。这就是专制政体。

第十四节　法律应如何适应专制政体的原则

专制政体的原则是畏惧。不过，对于那些怯懦、愚昧和委靡的民族来说，法律无需很多。

在那里，有两三个概念就可以了，不需要什么新概念。驯兽时切忌更换主人、课程和姿态，要让牲畜牢牢记住的只是两三个手势，无需更多。

深居宫中的君主若想摆脱他那淫逸的生活，把他幽闭在宫中的那些人就会不高兴，他们不能容忍君主的人身和权力落到他人手中。所以，君主很少亲自作战，而且也不大敢于放手让他的武将们去作战。

这样一位在宫中习惯于无人违抗的君主，遇到有人手持武器进行反抗时，他就会勃然大怒，通常就会因愤恨而诉诸报复，况且，他不可能懂得什么是真正的光荣。在那里进行的战争因而必然狂暴而粗野，万民法在那里的作用范围就会比别处小得多。

这样的君主毛病太多，他与生俱来的愚蠢如果暴露在光天化日之

① 《耶稣会士书简集》，第二辑，第 315 页。

下，就会更加令人害怕。他深藏在宫中，无人知道他究竟如何。好在治理这种国家里的人，只需要一个虚名就足矣。

驻跸在宾杰里的查理二世[①]发觉瑞典元老院里有人反对他，遂写信给他们，声称将要寄回一只靴子去替他理政。这只靴子将会像一位专制国王那样治理国家。

君主若当了俘虏，就被视为已经死亡，另一个君主于是登上王位。被俘君主所签订的条约统统无效，他的继任者不会予以承认。事实上，由于君主既是君主，又是法律和国家的化身，所以，当他不再是君主时，便什么都不是了。如果不把他视为已经死亡，国家就将不复存在。

土耳其人之所以决定与彼得一世[②]单独媾和，最重要的原因是俄罗斯人告诉土耳其的宰相说，瑞典已经另立国王了[③]。

保存国家其实不过是保存君主而已，或者说只是保存君主的宫禁而已。凡是不对宫禁直接构成威胁的事，那些无知、自负而又抱有成见的人一概视而不见，听而不闻，至于事态的后续发展，他们既跟不上也不能预见，甚至连想都不会去想。政治的活力和法律在那里都很有限，政治管理简单得与民事管理相同[④]。

一切努力都在于使政治和民事管理与家事管理趋于一致，使国家的官吏与君主后宫的官吏没有区别。

这样一个四周都是沙漠的国家如果可以自视为世界上唯一的国家，不与被它视为蛮夷的民族为邻，那么它就处于最佳境况之中了。鉴于无法指望军队，毁坏一部分国土不失为一个好办法。专制政体的原

① 瑞典国王查理二世(Charles II，1682—1718)，1713年与土耳其作战时驻在摩尔达维亚的宾杰里。——译者

② 俄国沙皇，世称彼得大帝。——译者

③ 见普芬道夫的《通史》中论述瑞典部分的第十节。

④ 据沙尔丹说，波斯没有大臣会议。

则是畏惧，而这个原则的目的是安定；但是，安定绝不是太平，而是敌人即将占领的那些城市的缄默。

由于实力不在国家而在创立了国家的军队手中，所以，要保卫国家就必须保存军队。可是，对于君主来说，军队却是可怕的。怎样才能兼顾国家的安全和君主的人身安全呢？

我请大家注意，莫斯科公国政府为摆脱专制政体，付出了多么巨大的艰辛，因为，这种政体对于人民固然是一种重负，对于政府而言更是如此。于是，一些主力部队解散了，刑罚减轻了，法院建立起来了，法律开始为人们所了解，民众得到了教育。然而，还有一些特殊原因可能会把这个政府拖入它试图逃脱的苦难之中。

宗教在这些国家里的影响大于任何其他国家，它是添加在已有的畏惧之上的又一种畏惧。在那些伊斯兰帝国里，民众对于君主的巨大敬畏部分源自宗教。

使土耳其的政制得到某些纠正的是宗教。那里的臣民关爱国家的光荣和伟大并非出于他们对荣宠的追求，而是基于宗教的力量和原则。

倘若有一个君主自行宣布拥有所有土地，并且自称是所有臣民的遗产继承人，那么，这个国家绝对是作茧自缚最甚的专制国家。农耕因此而废弛，如果这位君主还经营贸易的话，各种各样的产业都将衰败。

在这些国家里，什么也不修复，什么也不改善，盖房子仅仅为了遮风避雨①，既不挖沟，也不栽树，向土地索取一切，却不予以任何回馈。于是，处处杂草丛生，满目都是荒漠。

你是否认为，取消土地所有权和财产继承制的法律，将会削弱大人物们的悭吝和贪婪？不会，这样反而会刺激他们的悭吝和贪婪。他们会无所不用其极，因为他们以为，他们能够拥有的只剩下黄金和白银

① 参阅里科(Ricaut)，《奥斯曼帝国史》，1678 年版，第 196 页。

了，而黄金和白银是既可偷盗又可藏匿的。

为了不至于丧失一切，一种有效的办法是，借助某些习俗去抑制君主的贪婪。比如，土耳其的君主通常满足于获取民众遗产的百分之三①；可是，他把大部分土地赐给了他可以随意支配的军队，他可以把帝国所有官吏的遗产据为己有，他可以将死而无男嗣者的财产收入囊中，而死者的女儿们则只能享有这些财产的用益权，这样一来，国家大部分财产的所有权就处于不确定状态。

万丹国②的法律规定③，国王取得臣民的遗产中甚至包括死者的妻子、儿女和房屋。为了逃避法律中这条残忍的规定，民众不得不让子女在八岁、九岁或十岁甚至更年幼时就结婚，以免成为父亲遗产中倒霉的一部分。

在没有基本法的国家里，王位继承没有一定之规，君主可以从家族内或家族外挑选王位继承人。即使确立了长子继位制也是徒然，君主依然可以另选一人继承王位。王位继承人由国王或大臣宣布，有时则因内战而成为既成事实。所以，这种国家就比君主国多了一种分崩离析的原因。

王族的每一位王子有同样可能被选为继位人，所以登上王位的王子所做的第一件事，就是迫害自己的兄弟，或是把他们统统绞死，例如在土耳其；或是把他们的眼睛弄瞎，例如在波斯；或是把他们整成疯子，例如在莫卧儿。如果不采取此类预防措施，例如在摩洛哥，每当王位空

① 见圣乔治(Saint-Georges)在《斯巴达的过去和现在》中关于土耳其人遗产继承的记述。又见里科，《奥斯曼帝国史》。

② 万丹(Bantam)，爪哇岛上的一个小王国，17世纪末被荷兰侵占。——译者

③ 见《创建东印度公司历次航行记》，第一卷。勃固国(缅甸的一个古国。——译者)的法律不那么严苛，死者如有子女，国王只取其遗产的三分之二。见同书，第三卷，第1页。

缺时，可怕的内战便接踵而来。

依照莫斯科公国宪法[①]，沙皇可以从皇室或皇室之外选定继位者。这种帝位继承制引发了无数次革命，使得帝位极不稳定，这种做法与随心所欲地指定皇位继承人毫无差异。由于君主的继承序列是民众最应知道的事情之一，所以最佳的办法就是以最明显的事实为依据，例如世系和排行。这种办法可以杜绝不当的图谋，抑制野心，这样一来，无须再让懦弱的君主为继位问题而一筹莫展，也不必再让临终的君主开口说话了。

王位继承制一旦由基本法确立，能继承王位的就只有一位王子，他的兄弟们不拥有与他争夺王位的任何事实上或表面上的权利，无法编造父王的旨意并使之生效。因此，国王的兄弟就如同任何一位臣民那样，消除了被捕或被杀之虞。

但是在专制国家里，君主的兄弟们既是国王的奴隶又是他的对手，出于谨慎的考虑，必得把他们囚禁起来。在伊斯兰国家里尤其如此，因为在那里，宗教把胜利和成功视为真主的裁决；所以，在那里谁也不是法律上的君主，而只有事实上的君主。

在某些国家里，王子们知道，他们若不能继承王位，不是被杀就是被囚，所以他们的野心远远大于我们的王子。在我们这里，不能继承王位的王子纵然不能使自己的野心得到满足，至少也许还可以让自己那些并不过分的愿望得到满足。

专制国家的君主总是败坏婚姻制度，通常拥有妻妾多人，这种情况尤以专制主义已经司空见惯的那些亚洲国家为甚。他们的子女太多，无法给予子女以父爱，众多的王子彼此之间也没有手足情谊可言。

在位的王族就像国家一样，自身太弱，首领太强，看起来硕大无朋，

① 见该国的多部宪法，尤其是1711年宪法。

实际上却什么也不是。阿塔薛西斯①杀死了他的所有儿子，因为他们谋反；五十个儿子一起阴谋推翻父亲，这似乎不大可能。据说，他们谋反的原因是父亲不愿将妃子让给其长子，这似乎更不可能。我们宁可相信，这是东方常见的后宫阴谋。后宫是虚假、恶毒和奸诈在浓重的黑暗笼罩之下无声无息地作祟的场所。年迈的君主昏庸日甚，他其实是宫中第一号囚徒。

说了这么多之后，人类的天性似乎将会不断地起而反对专制政体。可是，尽管人们热爱自由，憎恶暴力，大多数民族却依然屈从于专制政体之下。这不难理解。想要组成一个宽和的政府，就必须整合各种权力，加以规范和控制，使之发挥作用，并给其中的一种权力添加分量，使之能与另一种权力相抗衡。这是立法上的一件杰作，偶然性很难成就它，审慎也很难成就它。反之，专制政体则是一目了然，无论在何地，它都一模一样，只要有愿望就能把它建立起来，所以这件事谁都能干。

第十五节　续前题

统治炎热地区的通常是专制政体，在那里，情欲较早萌动，也较早得到缓解②，智力发展也较早，挥霍财产的危险较小，出人头地不那么容易，年轻人深居简出，彼此很少交往。那里的人早早结婚，比我们欧洲人成年得早。土耳其人十五岁就算成年③。

在那里，财产不能转让。在这样一个谁的财产也没有保障的政体

① 见查士丁(Justin)，《腓力史摘要》。
[阿塔薛西斯(Artaxerxès)，波斯国王。——译者]
② 见本书第十四章法律与气候性质的关系。
③ 见拉吉耶梯也尔(La Guilletière)，《新旧斯巴达》，第463页。

下，人们对自身的关注甚于对财产的关注。

在宽和的政体下，财产当然可以转让①，在共和国里尤其如此，首先因为大家都相信，公民都是讲诚信的，其次因为共和政体激发了人的宽厚精神，而这种政体又是人人自愿投身于其中的。

当年罗马共和国立法者们如若确立了财产转让制度②，就不会发生那么多的叛乱和民事纠纷，也不至于经受那些灾祸之险和救援之难。

在专制国家里，由于贫穷和财产的不确定性，放款收利就大行其道，风险越大，利息越高。贫困从四面八方向这些不幸的国家袭来，人们一贫如洗，甚至于借贷无门。

因此之故，商人无法在那里做大生意，只能混日子。倘若购进大批货物，赢利尚不足以支付利息。所以，那里几乎没有什么商业法，仅有的商业法只不过用以维持治安而已。

政府里面若没有干坏事的家伙，政府就不会不公。可是，想让这些家伙不谋私利，那是不可能的。所以，在专制国家里，贪赃枉法现象毫不足怪。

贪赃枉法既然是专制政体下的常见罪行，将财产充公就大有效用。人民因而可以得到慰藉，被充公的财产是国库的一笔可观收入，君主很难从穷困潦倒的臣民身上获得这许多税赋；在这个国家里，甚至没有一个家庭是君主愿意保存的。

在宽和的政体下，情形就完全不同了。没收会使财产所有权变得不稳定，使无辜的孩子遭到剥夺；应该受到惩罚的只是一个人，结果却使整个家庭遭殃。在共和国里，没收财产会造成剥夺公民生活必需品

① 良性破产后也可以缓期付款。

② 这个制度在《尤利安法》的“财产转让”项下才得到确立，此后不再因此而坐牢，财产转让也不再是丢脸的事了。

的恶果①，这等于抽掉了共和国的灵魂——平等，所以是件坏事。

罗马法②规定，没收财产仅适用于罪大恶极的大逆罪③罪犯。遵循这条法律的精神，把没收财产仅限于适用某几项罪行，这是很明智的。博丹④说得很对，在习惯法对继承所得作了专门规定的地方，没收财产的对象应该仅限于婚后所得⑤。

第十六节　权力的授受

在专制政体下，接受委托行使权力的人握有全权。宰相就是专制君主，而每一个官吏都是宰相。在君主政体下，权力的传递不那么直接，君主在授权时对权力有所削减⑥。他的授权有一定之规，当他把一部分权力交给别人时，必定把更大的一部分留给自己。

所以，在君主政体下，市政官固然对省督负责，但更对君主负责；军官固然听命于将军，但更听命于君主。

大多数君主国家都有一条巧妙的规定，职位较高的军官不管辖任何一支部队，他们只是在奉到君主之命时才统率军队，也就是说，他们可以被任用，也可以不被任用，所以从某种意义上说，他们在服役也不

---

① 我觉得，雅典共和国似乎太热衷于没收财产。

② 参见《民事法典》中关于被没收的财产的有关规定。

③ 所谓大逆罪是指袭击国家元首或严重危害国家安全的罪行。——译者

④ 见博丹，《论共和国》，第五章，第三节。

[博丹(Jean Bodin，1530—1596)，法国哲学家、政治学家。——译者]

⑤ 继承所得是指遗产中的不动产，婚后所得是指结婚以后获得并为夫妻共有的财产。——译者

⑥ “落山时的太阳总是柔和的。”

[语出塞涅卡(Sénèque)的悲剧《特洛伊妇女》。——译者]

在服役。

这种状况与专制政体是不相容的。因为，如果那些不担任实际职务的人仍然拥有特权和尊号，那么他们在国家里必然是能够呼风唤雨的大人物，这就有损专制政体的性质了。

如果市政官不听命于省督，那就需要每天进行斡旋，使他们协调融洽，这对专制政体来说简直就是荒谬绝伦。再则，市政官既然可以不服从省督，省督又如何为他的行省负责呢？

在这种政体下，权力不可能均衡分配，君主的权力固然容不得他人分享，即使那些最低级的小吏，其权力也同样不容分割。在宽和政体下，法律到处都合情合理、家喻户晓，最低级的小吏也能依法办事。可是，在专制国家里，所谓法律，其实只是君主的意志而已；君主纵然有了英明的决断，可是官吏并不知晓，他们怎么可能执行呢？所以他们只能按照自己的意愿行事。

不但如此，由于法律仅仅是君主的意志，而他想要做的只可能是他所知道的，于是乎就得有一大批人，为他出主意，并且按照他的意志替他拿主意。

最后，由于法律只是君主的一时之所愿，因此，为他出主意的那些人也必得像他一样，一时一个主意。

第十七节　礼物

专制国家有个习俗，无论拜见哪位上司，一律都得送礼，即使对国王也未能免俗。莫卧儿皇帝[①]若是没有收到礼物，就拒不接受臣子的

① 见《创建东印度公司历次航行记》，第一卷，第 80 页。

奏状。这些君主甚至在给予臣民赦免时也要索取礼物。

在这种政体下出现此类情形纯属必然，因为在那里，没有一个人是公民，大家都认为，上级无需为下级做任何事情，一部分人施加给另一部分人的惩罚是人与人之间仅有的联系；那里的事情不多，很少需要拜见大人物请求帮忙，更不必说向他们申诉了。

在共和政体下，礼物令人生厌，因为美德不需要礼物。在君主政体下，荣宠比礼物更能给人以激励。在专制政体下，荣宠和美德两者皆无，能够推动人去做些事的，唯有对舒适生活的期盼。

基于共和国理念，柏拉图主张[①]，凡是收礼才尽职的人一律处以死刑，他写道："无论好事或坏事，都不应收礼。"

罗马法[②]准许官吏接受小礼物[③]，只要一年之内总值不超过一百埃居即可，这是一条坏法律。不曾收礼的人不期望收到任何礼物，收过一点礼物的人起先只想再收一点，接着就想收到很多很多。此外，一个不应收礼而收了礼的人，认错比较容易；一个可以收小礼却收了大礼的人，认错就不那么容易了，他往往可以找出一些似是而非的借口、托词、原因或理由来为自己辩解。

第十八节　君主的赏赐

前面说到，在专制政体下，能够推动人去做些事的，唯有对舒适生活的期盼，君主能够赏赐的唯有金钱。在君主政体下，主宰一切的是荣宠，君主的赏赐本应仅限于名誉。可是，荣宠所确立的名誉总是与某种

① 柏拉图，《法篇》，第十二卷。

② 《法典》，第六章；《尤利安法》"惩治索贿"条。

③ 拉丁文作 muniscula，意为微不足道的小物品。

奢华相联系，而奢华必然产生种种需求。所以，君主就以能够获得财富的荣宠作为赏赐。然而，在美德主宰一切的共和政体下，美德本身就足以构成激励而不需其他，所以，国家的奖励只需褒扬美德即可。

君主国和共和国如果颁发重奖，那就是它们正在走向衰落的征兆，这是一条普遍的规律，因为重奖表明它们的原则已经遭到腐蚀，一则表明荣宠观念不再拥有那么大的力量，一则表明公民资格的分量减弱了。

最坏的罗马皇帝就是赏赐最多的那几位皇帝，诸如卡里古拉、克劳狄、尼禄、奥托、维特利乌斯、康茂德、埃拉伽巴卢斯和卡拉卡拉。奥古斯都、韦斯巴芗、安托尼乌斯·皮乌斯、马可·奥勒留和佩提纳克斯都是精打细算的好皇帝。好皇帝在位时，国家回归其原则，荣宠这个财宝取代了其他财宝。

第十九节　三种政体原则的新推论

草草结束本章而不略微谈一下我的三个原则的实际应用，我总觉得有些不妥。

第一个问题：法律是否应该强迫公民担任公职？我认为，在共和政体下应该，在君主政体下不应该。在共和政体下，公职是美德的标志，是国家对公民的托付，而公民之所以生活着、行动着、思想着，全然都是为了国家，所以，公民不能拒不担任公职①。在君主政体下，公职是荣宠的体现，可是，荣宠这东西有些怪，如果不符合它的意愿和它所要求

① 柏拉图在《理想国》第八卷中把拒绝担任公职列为共和国腐败的标志之一。在他的《法篇》第六章中，他主张对这类人处以罚金。在威尼斯，这类人被处以流放。

的方式，它就拒绝接受任何公职。

拒绝接受尊号和官职的人，都受到了撒丁国王[①]的惩处，他这样做是在遵循共和国的理念，尽管他自己并未意识到，况且，他的统治方式表明，这并非他的初衷。

第二个问题：一个公民在军队中被迫接受一个低于先前的职位，这是不是一种优秀的品行准则呢？在罗马军队中时常可以看到，去年的上尉如今成了中尉的部下[②]，而这位中尉曾是他的部下。这是因为在共和政体下，美德要求人们持续地为国家作出牺牲，既牺牲自己，也牺牲个人的好恶。然而在君主政体下，荣宠是不准许所谓降级的，且不管这种荣宠是真是假。

在专制政体下，荣宠、官职和爵位统统徒有虚名，马弁可以当国王，国王也可以沦为马弁。

第三个问题：同一个人是否可以兼任军职和文职？在共和政体下应该兼任，在君主政体下不应兼任。在共和政体下，军职如果成为一种有别于文职的特殊身份，那将是非常危险的；君主政体下，让同一个人身兼两种职务，同样也是非常危险的。

在共和政体下，人们是以法律和祖国的保卫者身份拿起武器的，因为他们是公民，只是在一段时间里当兵。倘若公民和士兵是两种不同的身份，那就会使那些自信是公民的士兵觉得自己只是士兵。

在君主政体下，军人所追求的只是荣耀，或者至少想要得到荣宠和财富。对这样的人千万要小心，切不可让他们兼任文职，恰恰相反，要让他们受到文官的节制。不能让同一个人在享有人民信任的同时，拥

① 维克托·阿马戴乌斯二世(Victor-Amédée)。

② 有几个百人长向人民呼吁恢复他们原先的职务。一位百人长对他们说："弟兄们，你们应该把保卫共和国的任何岗位都视为光荣的才对。"见狄特-李维，《古代罗马史》，第四十二章，第三十四节。

有滥用这种信任的力量①。

请看，在一个表面是君主政体而实际是共和政体的国家里②，人们非常担心军人会成为一种特殊身份，军人努力始终保持公民身份，甚至担任文职。之所以如此，目的是让这两种身份都为祖国效力，把祖国牢记在心中。

共和国覆亡之后，罗马人把官职分成文武两类，这并非随意之举，而是罗马政体变换的结果，符合君主政体的原则。奥古斯都在位时开始区分文武官吏③，继任的皇帝们④为了让军政府变得宽和些，不得不把这种区分最终完成。

曾与瓦林斯⑤争夺帝位的普洛科比乌斯⑥把行省总督之职⑦授予波斯亲王奥尔米兹德⑧，并恢复这个职务过去曾经拥有的军权，他这样做如果没有特殊理由，那就是完全不理会文武官职分开的必要性。一个觊觎帝位的人为自己谋利甚于为国家谋利。

第四个问题：官职可否买卖？在专制政体下不可以，因为君主对臣

---

① 为防止政治权力转移到贵族精英手中，伽利埃努斯禁止元老院成员加入军队，甚至不许他们接近军队。见奥勒留·维克托(Aurelius Victor)《英杰传》中的"恺撒"篇。

[伽利埃努斯(Gallienus，卒于268年)，罗马皇帝。——译者]

② 这里暗指英国。——译者

③ 奥古斯都剥夺了元老院成员、行省总督和省督携带武器的权力。见狄奥，《罗马史》，第三十二章。

④ 比如君士坦丁。见索西穆斯(Zozime)，《历史》，第二卷。

⑤ 瓦林斯(Valens，328—378)，东罗马帝国皇帝(364—378在位)。——译者

⑥ 普洛科比乌斯(Procope)，364年当上东罗马皇帝，但仅仅昙花一现，不久就被瓦林斯杀害。——译者

⑦ 安米阿奴斯·马西利纳斯(Ammian Marcellin)在《罗马史》第三十四章写道："按照古代习惯和战争规则。"

⑧ 奥尔米兹德(Hormisdas)，波斯国王之子，后继任波斯国王(306—309在位)。——译者

属的予夺要异常迅捷。

在君主政体下官职买卖是好事，因为，原本无人愿意为了美德而做的事，现在不但有人愿意干，而且可以成为一个家族的事业；官职买卖还能使官吏各尽其职，从而使国家的各个等级长期稳定。苏伊达斯[①]说得很对，阿纳斯塔西乌斯[②]变卖了所有官职，帝国因此而变成了一种贵族政体。

柏拉图[③]不能容忍官职买卖。他写道："这就像在一条船上，有人花了钱就能当船长或水手。对于生活中的任何职务来说，这都是一种坏规矩，难道偏偏对于领导一个共和国的人来说，是一条好规矩吗？"然而，柏拉图在这里说的是建立在美德基础上的共和国，而我们说的则是君主政体。在君主政体下，即使没有公开的规定规范官职的买卖，朝臣们由于清贫和贪婪依然会出卖官职，捐官者说不定比君主选任的官吏还强一些呢。总之，凭借财富而获得高位能激励并支持勤奋，而这正是此类政体所亟须的[④]。

第五个问题：什么政体需要监察官？以美德为原则的共和政体需要监察官。败坏美德的不仅是罪恶，还有疏忽、失职以及爱国心的降温、危险的先例和腐败的苗头等。这些东西并不触犯法律，但戏弄法律；并不摧毁法律，但损害法律。所有这一切都应由监察官加以纠正。

一只麻雀被老鹰追得无处逃遁，扑到雅典最高法院的一位法官怀

---

① 摘自"君士坦丁·波菲洛戈尼图斯(Constantin Porphyrogénète)使团"。[苏伊达斯(Suidas)，公元5世纪的希腊词汇学家，所编的《辞典》一书保存着许多人物传记资料和名著摘录。孟德斯鸠此处的引文出自此书的拜占庭皇帝"阿那斯塔西乌斯"条。——译者]

② 阿纳斯塔西乌斯(Anastase，430—518)，东罗马皇帝(491—518在位)。——译者

③ 柏拉图，《理想国》，第八卷。

④ 懒惰见于西班牙，那里的所有公职都是分配的。

中，这位法官杀死了这只麻雀，因此而被处以刑罚，此事令人十分震惊。一个孩子挖掉了一只鸟儿的眼睛，雅典最高法院竟然判他死刑，令人瞠目结舌。请大家注意，这并非惩罚罪行，而是建立在习俗基础之上的共和政体依据习俗作出的裁决。

君主政体根本不需要监察官，因为它的基础是荣宠，而荣宠的性质把全世界当作监察官。凡是玷辱了荣宠的人，都会遭到所有人的指责，包括本身并无荣宠可言的那些人在内。

在君主政体下，监察官会被应由他们监察的人拉下水。所以在君主政体下，监察官对于腐败无能为力，因为反对他们的腐败势力太强大了。

大家都觉得，专制政体不需要监察官。这条常规对于中国似乎是个例外。不过，我们在下面将会看到，中国为什么要设立监察机构①。

① 请见本书第八章第二十一节和第十九章第二十一节。——译者

第六章

各种政体原则的后果与民法和刑法的繁简、审判形式以及制定刑罚的关系

第一节　各种政体下民法的繁简

君主政体的法律不能像专制政体的法律那样简单。君主政体下必须有法院，法院要作判决，判决要保存起来，供人学习，以使今昔判决一致，从而确保人民的财产和生命如同国家政体一样安全和稳定。

在君主政体下，司法机构作出的决定不仅决定着民众的财产与生命，而且关系着他们的荣宠，所以要特别仔细谨慎。法官的职务越高，案件涉及的利害越大，审判的难度也就越大。

所以，君主政体下有许多条规、限制和引申，由此而产生了许多特殊案例，俨然成了一种推理的技艺，看到这些我们不必感到惊奇。

君主政体下形成的等级、出身和门第等差异，常常造成财产性质的差异，而与国家政制有关的法律则可能使这些差异更加纷繁复杂。在我们这里，财产可区分为继承所得财产、夫妻婚后共有财产、陪嫁财产、

非陪嫁财产、父系财产、母系财产，各种动产和各种不动产；不动产包括：无条件继承的不动产、指定继承人的不动产、家族财产或非家族财产、蠲免税赋的贵族的不动产、担负税赋的平民不动产、实物地租和货币地租。每一种财产都适用各自特殊的条规；要想处置某种财产，就必须依照适用该财产的条规行事。这样一来，法律就越发不可能简单了。

在我们的政体下，采地都变成世袭了。为此，贵族必须拥有一定的财产，就是说，采地必须具有一定程度的稳定性，以使拥有采地所有权的人能为君主提供服务。这样就出现了多种情况，比如，在有的国家里，兄弟们不能分割采地，在另外一些国家里，弟弟们因获得较多的土地而得以维持生活。

君主熟悉各省的情况，因而可以为各省制定不同的法律，或默认各省不同的习惯法。可是，专制君主什么也不懂，因而什么也不可能关注，他根本不会因地制宜，而是仅凭着他的意志进行统治，一切都被他踏平了。

随着君主国里讼案日渐增多，判例也越来越多，可是，判例有时相互矛盾，原因可能是先后任职的法官想法不同，或是对于同类案件的辩护好坏有别，也可能因为凡是由人经办的案件就会产生诸多弊端。立法者将它作为有悖宽和政体精神的不良现象不时加以纠正。因为，人们之所以不得不求助于法院，原因在于政体的性质，而不是法律的自相矛盾及其不确定性使然。

在人的身份必然有区别的政体下，必须有特权。法律因而更不可能简单，而且例外会因此多得难以胜数。

有一种特权对社会尤其对特权授予者最不形成负担，那就是自行选择法院进行诉讼的特权。这样就出现了新问题，那就是究竟应该在哪个法院进行诉讼才好。

在专制政体下，民众所处的情况完全不同。我不知道那里的立法者有什么法可立，法官有什么案可审。土地既然属于君主，有关土地所有权的民法几乎根本就没有。既然君主有权继承一切，有关继承的法律当然也就没有了。某些国家的商业由君主独揽，一切商业法当然也就毫无效用了。由于那里的男子娶女奴为妻，关于陪嫁和女方权益的民法也就几乎没有。奴隶的数量多得惊人，以至于几乎没有一个有自己意志的人，因此，谁也不可能在法官面前为自己的行为负责。大多数的道德行为只不过是父亲、丈夫或主人的意志的体现，所以，只能由这些人而不是由官吏来规范。

我忘了一点，那就是我们所说的荣宠在那些国家里鲜为人知，荣宠在我们这里举足轻重，所有与荣宠相关的事在那里根本不存在。专制主义足以应付一切，它的四周一片空白。所以，旅行家向我们介绍那些专制主义国家时，极少提到民法①。

所以，在那些国家里，所有发生纠纷和诉讼的机会全被消除了。也正因为如此，那里的当事人会受到极端恶劣的对待，诉讼要求的不公正性既不加掩饰、遮盖，也不受诸多法律的保护，全都一览无余地暴露在公众面前。

第二节　各种政体下刑法的繁简

有人一再说，无论什么地方，司法都应像土耳其那样。这岂不是说，世界上所有的人最应该懂得的那件事，唯有最无知的民族看清楚了吗？

---

① 在马祖立巴塔姆（位于印度的克里希纳河口的一个邦。——译者）没有发现成文法。参见《创建东印度公司历次航行记》第四卷第一章第 391 页。印度仅依据习俗审理案件。吠陀经及其他类似书籍中都没有包括公民法，只有宗教箴言。参见《耶稣会士书简集》，第四辑。

如果你考察一下，一个公民想要索回被侵占的财产，或是为自己受辱讨回公道，肯定就会觉得司法程序太繁复；可是，如果从公民的自由与安全着眼，你又可能常常觉得这些司法程序太简略了。你会发现，打官司带来的麻烦、花费、时间的耗费乃至危险，都是公民为自己的自由付出的代价。

在土耳其，臣民的财产、生命和荣宠，很少有人关心。一切纠纷都以这种或那种方式草草了结，只要能结案，用什么方法都无关紧要。总督问明案情后，随心所欲地下令用棍子击打当事人的脚掌，然后把他打发回家。

在那里，喜欢打官司是很危险的，这种人一定有讨回公道的强烈意愿，有仇恨之心，有灵活的头脑和绝不善罢甘休的毅力。在这种除了畏惧不应有其他情感的政体下，上述这一切都应该避免，因为在那种政体下，在人们无法预见的情况下，任何事情都会引起革命。每个人都应懂得，绝不能让官吏听到别人对自己的议论，唯有卑躬屈膝才能保障安全。

但是，在宽和政体下，即便是最卑微的公民，他的生命也是最可宝贵的，不经过仔细的审查，绝不能剥夺他的荣宠和财产。除非受到国家的控诉，谁也不能剥夺他的生命，而国家对他提起控诉时，必须赋予他一切可能的辩护手段。

所以，当一个人使自己拥有绝对权力时[①]，首先想到的就是简化法律。在这种国家里，他首先关心的是个别的弊病，而不是无人过问的臣民的自由。

我们看到，共和政体下的司法程序至少如同君主政体下一样繁复。在这两种政体下，公民的荣宠、财产、生命和自由越受到重视，司法程序就越繁复。

---

① 恺撒、克伦威尔以及其他许多人。

在共和政体下，人人平等；在专制政体下，也是人人平等。在共和政体下，之所以人人平等，是因为人就是一切；在专制政体下，之所以人人平等，是因为人一钱不值。

第三节　在什么政体和情况下法官应依据精确的法律文本审案

政体越接近共和，审判方式越趋于固定。斯巴达共和国的监察官无法可依，随心所欲地处置案件，这是它的一大弊端。早期罗马的执政官们也像斯巴达的监察官们那样判案，后来发觉这样不妥，于是制定了一些精细的法律。

专制国家里什么法律也没有，法官本身就是法规。君主国家有法律，法律明确时，法官依法判案，法律不明确时，法官依据法律的精神判案。在共和国里，政体的性质要求法官一丝不苟地依照法律的字面含义判案。事关一个公民的财产、荣誉和生命时，谁也不能对法律作不利于他的解释。

在罗马，法官只宣判某人犯了某罪，量刑则需在各种法律中寻找。在英国也是这样，陪审团依据双方陈述的事实判决被告是否有罪，如果被告被宣布有罪，法官依据法律规定的量刑尺度宣布刑罚，做这件事不难，查一下法律文本就可以了。

第四节　审判方式

由此而产生了多种审判方式。在君主政体下，法官采用合议的办法。他们一起讨论，交换看法，彼此协调，修正自己的意见以便与他人取得一致，获得支持最少的意见被并入获得支持最多的两种意见中去。这种做法完全不符合共和政体的性质。在罗马和希腊的城市里，法官之间根本不交换看法，每位法官都应该发表如下三种意见中的一种：我认为无罪、我认为有罪、我认为案情不清[①]，这是因为真正的法官是人民，或者说，人们认为是人民在审理案件。但是，人民不是法学家，并不全然懂得有关裁决的所有修改或变化，所以，应该只向他们提出一个对象，一个事实，一个唯一的事实，让他们决定应该判罪、应该免罪还是下次再审。

罗马人仿效希腊人，引入了一些固定的审理方式[②]，并规定每个讼案必须采取适用该讼案的审理方式。这对于罗马人的审判方法来说是必需的，因为首先需要确定讼案的性质，并让人民心知肚明。否则，在审理一个大案的过程中，如果案件的性质不断变化，人民就不知道究竟是怎么回事。

因此，罗马法官只接受明确的诉讼请求，不得增减和改变。但是，大法官们又想出了另一种被人称作凭良心[③]审理的方式，这种方法的审理结果在更大程度上取决于法官，因而更加符合君主政体的精神。所以，法国法学家们说："在法国，所有讼案都是凭良心审理的[④]。"

---

① 拉丁文作 Non liquet。

② 这些审判程序完全依照人民的愿望确立，因为人民希望审判既严肃又可靠。见《法学阶梯》，第二卷，第六章：法律的起源。

③ 在此类案件上都写上"凭良心"字样。

④ 在法国，债务人如果没有交付或提存所欠债款，债权人要求偿还的金额即使多于债款，债务人也得负担诉讼费。

第五节　在什么政体下元首可以充当法官

佛罗伦萨之所以失去自由，马基雅维里①把它归咎于佛罗伦萨人民没有像罗马人那样，以集体法官身份审理反对人民的大逆罪。被确定负责审理大逆罪的法官总共八位。“但是”，马基雅维里说，“被少数人腐蚀的也是少数人”。我倒是很愿意接受这位伟人的这句箴言，可是在某种程度上可以说，这个案件中的政治利益大于民事利益（因为，由人民自己审理自己的加害者，总归是个缺陷），所以，只有让法律尽可能多地保护个人安全，才能弥补这个缺陷。

出于这种考虑，罗马的立法者做了两件事，一是允许被告在宣判前②自行流放③，二是宣布被判有罪者的财产供献给神明，以防被民众没收。在本书第十一章中，我们将会看到对人民的审判权所施加的其他限制。

对于如何防止人民滥用审判权，梭伦很有办法。他规定案件由最高法院的法官复审，如果认为被告被枉法免罪④，最高法院的法官就向人民再度起诉被告；如果认为被告被枉法定罪⑤，就停止执行，并让人

① 马基雅维里(Machiavel)，《论狄特-李维的前十卷》，第一卷，第七节。

② 西塞罗在他的演说《为恺希纳辩护》中对此作了很好的解释。

③ 这是雅典的一条法律如德摩斯梯尼所说，苏格拉底拒绝使用这条法律。

④ 见德摩斯梯尼，《论冠冕》，第494页，法兰克福版，1604年。

⑤ 见菲罗斯特拉图斯《诡辩家传》第一卷“埃斯基涅斯传”。

[菲罗斯特拉图斯(Philostrate)，3世纪希腊智者。埃斯基涅斯(Eschines)，公元前4世纪雅典政治家。——译者]

民重新审理。这真是一条好法律，人民不仅因此而接受他们最尊敬的官吏的审查，而且还要接受人民自己的审查！

对于此类案件的审理，放慢速度有好处，被告已被拘禁时尤其如此，人民因此而可以镇定下来，冷静地审理案件。

在专制政体下，君主可以亲自审案，在君主政体下则不可以，否则，政制就会遭到破坏，从属的中间力量就会被消灭，所有的司法程序就会统统被废除，人人惊恐万状，吓得脸色惨白，信任、荣誉、友爱、安全以及君主政体，全都将不复存在。

此外还需考虑到，在君主政体下，君主是追究被告的原告，试图让被告受罚或获得宽宥的是君主。如果他亲自审理案件，那就既当法官又当原告了。

在这些君主国里，被没收的财产往往归君主所得，如果他亲自审理案件，他就既是法官又是当事人了。

不但如此，他还将失去最高权力的标志，即特赦权[①]。因为，他若推翻自己作出的判决，那是根本无法想象的，他肯定不愿意自己打自己的耳光。除了所有概念都会被搞乱之外，还有一个问题：究竟是被判无罪还是被判有罪而受到特赦呢？

路易十三想亲自审理拉瓦莱特公爵[②]的案件，为此把几位最高法院的法官和议政会议的成员召到御书房，逼迫他们就逮捕发表意见。庭长贝列弗尔说：他“在这个事件中看到了一种奇怪的现象，君主居然要插手臣属的案子。国王仅保留特赦权，判决权则交由官吏们执掌。陛下却愿意让坐在您面前被告席上的一个人，因您的裁决而在一个小

① 柏拉图认为国王也是祭司，不应参与可能判处死刑、流放和监禁的审判。见《书信集》，第八封。

② 蒙特雷索(Montrésor)，《回忆录》，第二卷第 62 页：《德·拉瓦莱特公爵审讯记》。

时之后被处决。手中掌握着特赦权的君主不能这样做，否则就有损他的尊严。只有在撤销教会的禁令时，国王才应驾幸现场。见到君主后离去时，每个人都应该高高兴兴才是”。讨论到实质问题时，这位庭长又谈了他的意见：“这是一次没有先例的审判，国王以法官身份把一个贵族判处死刑，这种判决自古至今从未有过①。”

由君主作出判决将会使不公和滥刑永无休止，宠臣们会对君主纠缠不休，死乞白赖地要求他断案判决。曾有几位罗马皇帝热衷于判案，结果是，以司法不公而令世界惊愕不已的，莫过于他们在位的那几个朝代。

塔西佗说：“克劳狄把审案和官吏的职责都揽了过来，从而给各种各样的巧取豪夺提供了可乘之机。②”继克劳狄当上皇帝之后，尼禄为了收买人心而公开宣称：他“时时提醒自己别当审判官，免得让宫墙里面的告发人和被告发人饱受几个被释奴的淫威侵害③”。

索西穆斯④说：“阿卡狄乌斯⑤在位时，恶意中伤之风遍及全国，宫廷陷于一伙诽谤者的包围之中，弄得乌烟瘴气。每当一个人死亡时，就有人说他大概没有后嗣⑥，于是一道敕令就把他的遗产统统分掉。因为，君主愚钝无比，皇后肆无忌惮得出奇，时刻不忘为她那些贪得无厌的奴仆和心腹谋利，这样一来，安分守己的人除了死，再也没有别的可

---

① 后来改判了，参见同书第二卷第 236 页。

② 塔西佗，《编年史》，第二卷，第二十四章。

③ 同上书，第五卷。

④ 《历史》，第五卷。

⑤ 阿卡狄乌斯(Arcadius，377—408)，东罗马皇帝(395—408 在位)。——译者

⑥ 小狄奥多西在位时也发生了同样的混乱。

[小狄奥多西(Théodosius II，401—450)，东罗马皇帝(408—450 在位)。——译者]

指望了。”

普洛科比乌斯说：“从前宫廷里的人很少，查士丁尼在位时，由于法官不能自主审判，法庭变得门庭冷落，打官司的人涌向宫廷求助，王宫里一片嘈杂之声。[①]”人人都知道，宫廷里出卖判决，甚至出卖法律。

法律犹如君主的双眼，借助法律他可以看到原本看不到的东西。他若想要行使法院之职，那就不是为他自己工作，而是为那些谄媚之徒忙碌。

第六节 君主政体的大臣不应审案

在君主政体下，由大臣们来审理诉讼争端，也是一大弊病。在一些国家里至今尚能看到，审理财政诉讼的不但有许许多多法官，而且还有大臣，真是不可思议！感慨之多难以尽述，且让我只说一点。

议政院与法院之间存在着某种矛盾，这是事物的性质使然。议政院应由不多的成员组成，而法院里的法官则应多一些。原因是议政院的成员接办和处理事务时应该有激情，而这只能指望四五个人做到。反之，法官要头脑清醒，无论发生什么事，他们都不能动感情。

第七节 只有一个法官

这样的官吏唯有在专制政体下才会出现。在罗马历史上，我们看

① 《秘史》。

到，当只有一个法官时，他会滥用职权到何等地步。阿皮乌斯[①]连他自己制定的法律都敢践踏，在法庭上他怎么会不把法律当作儿戏呢[②]？狄特-李维向我们叙述了作为十人团成员之一的这个阿皮乌斯践踏法律公正的行径。他指使一个人向他索要维吉尼亚为女奴，这位女子的亲属向他提出，依据他所制定的法律，在最终判决之前，维吉尼亚应该交给她的亲属。阿皮乌斯公然宣称，他的法律是为父亲制定的，既然维吉尼亚的父亲维吉尼亚乌斯没有出庭，这条法律就不能执行[③]。

第八节　各种政体下的控告

在罗马[④]，一个公民可以控告另一个公民，这与共和政体的精神相符。共和政体下的每个公民都应对公共福祉抱有无限热情，都被认为享有祖国的一切权利。在帝政时期，共和国的准则依旧被遵循，但是不久就出现了一类阴险的人和一群告密者。凡是染有某些恶习却又有些才干、生性卑劣却又野心勃勃的人，都想方设法去寻找那些一旦被判刑，君主就会高兴的犯法者。因为，这是一条名利双收之路[⑤]。这种事情在我们国家里绝对没有。现在我们有一条非常好的法律，为执法而立的君主在每个法庭里委派一位官吏，以他的名义惩办各种罪行。这样一来，我们就没有告发这种职能了，这位为公众复仇的官吏如有滥用

① 阿皮乌斯（Appius，Claudius），生活于公元前4世纪—前3世纪，曾任罗马执政官。——译者

② 见《民法大全》，第二卷，第二十四章“法的起源”。

③ 这位女子的父亲没有出庭，这正是一个枉法的好机会。见狄特-李维，《古代罗马史》，第一代，第三章，第四十四节。

④ 以及其他多城邦。

⑤ 塔西佗谈到了这些告密者的奖酬。《编年史》，第五卷，第三十章。

职权之嫌，那就强令他交代出告发者的名字来。

柏拉图在《法篇》[①]中指出，疏于向官吏告发或提供支持的人，都应受到处罚。这种做法如今已经不适用了。公诉人时时关注公民并为此而行动，公民因此而得以享受安宁。

第九节　各种政体下刑罚的轻重

专制政体的原则是畏惧，君主政体和共和政体的动力分别是荣宠和美德，所以，严酷的刑罚适用于专制政体，不大适用于君主政体和共和政体。

在宽和的国家里，爱国、知耻、害怕受责备都是能够防止许多罪行的震慑因素。对劣迹的最大惩罚就是认识到自己确有劣迹。民法因而比较容易加以纠正，无须动用很多强制手段。

在这些国家里，一个优秀立法者对预防犯罪的关注程度甚于惩治犯罪，与施用刑罚相比，他更多致力于敦化民风。

中国著述家们始终一贯地指出[②]，在他们的帝国里，刑罚越增多，革命就越临近。这是因为，民风越糟，刑法才会越严。

在所有或几乎所有的欧洲国家里，人民离自由近，刑罚便少，人民离自由远，刑罚便多；这一点不难证明。

在专制政体下，人民的悲苦难以名状，以至于对死亡的畏惧胜过对生活的热爱，因此，那里的刑罚就应更加严酷。在宽和政体下，对于死

① 《法篇》，第九卷。

② 我在以下的篇章中将要说明，在这一点上中国的情况与共和政体和君主政体相同。

亡的惧怕甚于失去生活的担心，所以在那里，实施仅仅剥夺生活的刑罚就足够了。极端幸福和极端不幸的人都有冷酷的倾向，僧侣和征服者就都是这样。只有家境不穷不富、命运不好不坏的人才性情温和，怀有恻隐之心。

个人如此，国家亦然。未开化人的生活异常艰辛；专制政体下只有一个人享尽奢华，其余人则全都命运悲惨。在上述两种情形中，人人都很凶残。唯有在宽和政体下才能处处见温馨。

当我们在史书上读到苏丹们在司法方面的残暴事例时，深深地为人性的邪恶而痛心。

对于宽和政体下的立法者来说，任何处置都可用作刑罚。斯巴达的主要刑罚之一是：不许将妻子借给他人，也不许接受他人的妻子，而且在家里只许与未婚女子在一起。这岂不是十分离奇吗？不管怎样，凡是法律称之为刑罚的，都是实实在在的刑罚。

第十节　法国古代的法律

古代法国的法律充分体现了君主政体的精神。凡是处以罚金的案例，贵族交纳的罚金比非贵族多①。而在刑事案件中则恰恰相反②，贵族被剥夺荣宠和列席法庭审案的权利，而原本就没有任何荣宠的小民，则受体罚。

---

① 让·布蒂利耶(Jean Boutillier)，《乡村大全》，第二卷，第198页："如要获得保释，非贵族应交罚金40苏，贵族应交60锂。"1512年哥特版。又见博马努瓦，《博韦西斯习惯法》，第三十六章，第61页。

[锂(livre)和苏(sou)均为法国古币名，1锂等于20苏。——译者]

② 见德方丹(Desfontaines)，《谏言》，第十三章，尤其是其中的第22条。

第十一节　民若有德，刑罚可少

罗马人民秉性正直。正直具有巨大的力量，立法者只需向他们指出什么是善，他们就会齐心向善。法令对他们来说并非必需，只要向他们提出一些建议就足够了。

在罗马共和国，由于有了瓦雷烈法①，也由于鲍尔希安法②产生了效果，昔日的王法和十二铜表法几乎全被废除了。我们并未发现共和国因此而不如往昔，治安也没有因此而出现任何恶化的迹象。

瓦雷烈法禁止官吏使用任何粗暴手段对待向人民提出申诉的公民，但是，违反此项规定的官吏所受的处罚，也只是被称为恶吏而已③。

第十二节　刑罚的力量

经验表明，在刑罚宽和的国家里，公民对刑罚之轻的惊讶程度，不亚于刑罚严酷的国家里的公民对于刑法之重的惊讶。

若是在一个国家里发现了什么弊病，暴戾的政府想要一下子就加

---

① 狄特-李维指出，《瓦雷烈法》是在诸王被逐不久后由瓦雷烈·普勃里科拉(Valerius Publicola)制定的，此后由同一家族的官吏修改两次，狄特-李维在《古代罗马史》第十章第五节中谈到了这一点。修改的目的不是加强该法的力量，而是完善其措施。狄特-李维就此在同节中写道：使之更不易被践踏。

② “制定《鲍尔希安法》是为了保护公民。”该法制定于罗马建国454年时(公元前300年)。

③ 狄特-李维在同书中写道：“除了被认为是一种恶劣行径外，没有别的处罚。”

以克服，但是，它不是实施已有的法律，而是规定能够立即奏效的新的严酷的刑罚。这样一来，政府再也拿不出新的招数了，人们对严酷的刑罚也慢慢地习以为常，再严酷的刑罚也变得不那么严酷了，人们对严酷刑罚的畏惧大大降低，于是乎，不久之后，政府就不得不事事施行重罚。拦路抢劫在一些大国里时有发生[①]，为此发明了一种车轮滚压刑，果然奏效了一阵子。时隔不久，拦路抢劫的案件依然如故。

士兵开小差如今屡见不鲜，为此制定了条律，将开小差者处死，可是开小差事件并未因此而减少。道理其实不言自明。士兵习惯于面临死亡的危险，确实或自诩早已把生死置之度外。可是，他们也养成了惧怕羞辱的习惯。所以，对他们的处罚应该是让他们终身受辱[②]。刑罚嘴上说是加重了，事实上却减轻了。

不要用极端手段管人，大自然提供了各种各样的管理办法，我们应该珍惜，不能滥用。考察一下所有导致懈怠的原因，都不是刑罚太轻，而是没有惩治犯罪。

大自然将耻辱作为对人的谴责，让我们遵循大自然的意志，使蒙受耻辱成为刑罚的最重要部分。

如果在一个国家里，刑罚不能使人产生耻辱心，那肯定是施行暴政的后果，因为暴政不分恶棍和君子，施以同样的刑罚。

如果你看到在另外一些国家里，人之所以不做坏事，只是因为害怕酷刑，那就同样可以肯定，造成这种状况的主要原因在于政府的暴戾，因为它对轻微的过失也处以酷刑。

立法者想要纠正一种弊病时，往往只想到纠正弊病本身，眼睛死死盯着这件事，却不看看它会带来什么负面效应。弊病一旦得到了纠正，

① 孟德斯鸠在这里说的是法国。——译者

② 裂鼻或割耳。

人们看到的只是立法者的严酷，可是它却在这个国家制造了一个弊端，那就是人民的精神受到了腐蚀，对专制主义变得习以为常。

吕山德[①]战胜雅典人后，对战俘进行审讯。雅典人被指控曾将两条战船上的战俘推下悬崖，并在集会上决议，今后对战俘一律砍掉双手。除了曾经反对这一决议的阿蒂曼图斯外，被俘的雅典人全部被处死。菲洛克莱斯[②]被处死之前，吕山德斥责他败坏了雅典人的精神，并把残忍传授给整个希腊。

普鲁塔克[③]写道："阿戈斯人处死了他们的一千五百个公民后，雅典人举行了赎罪祭，祈求众神让雅典人的心灵摆脱如此残酷的想法。"

有两种败坏，其一是人民完全不再遵守法律，其二是人民被法律腐蚀。第二种败坏是不可救药的弊病，因为病根就在药中。

第十三节　日本法律的无效

刑罚过于严酷甚至能腐蚀专制主义。且让我们看看日本。

在那里，只要犯罪，几乎全被判处死刑[④]。因为，拒不服从天皇这样伟大的君主便犯了大罪。根本谈不上惩戒罪犯，而是要为君主报仇。这些想法源自奴役制，尤其源自如下事实：天皇是所有财产的主人，几乎一切罪行都直接损害天皇的利益。

---

① 见色诺芬，《希腊史》，第二卷，第二章，第二十至二十二节。

［吕山德（Lysandre，？—前 395），斯巴达统帅，曾领兵参与伯罗奔尼撒战争。——译者］

② 菲洛克莱斯（Philoclès），生活在前 5 世纪的希腊诗人，担任雅典将领时曾提出一条恶劣的法律。——译者

③ 《道德论集》，第十四章，"论国务执掌人"。

④ 见坎弗尔（Kempfer），《日本史》，1690—1692 年。

在官吏面前撒谎者处死刑[1]，这与自卫是人的天性相悖。

在那里，完全没有犯罪表象的行为也被处以重刑，例如参与赌博者处死刑。

日本民族固执、任性、坚毅、古怪的性格令人吃惊，他们敢于面对冒任何风险和任何苦难。乍一看，制定严苛法律的立法者似乎可以因此而免受斥责。可是，这些生来就不怕死，动辄切腹自杀的人，会不会由于经常看到他人受刑而改弦易辙或自行收敛呢？会不会因为见多不怪而习以为常呢？

一篇游记[2]在谈到日本人的教育时说，对儿童要多一些温柔，因为他们在受罚时很倔强，对奴隶不能太狠，因为他们立即会进行自卫。从处理家务应有的精神是否就能断定，应该以什么精神来处理政务和民事呢？

明智的立法者想要引导人们的精神回归，应该借助以下各种手段：正确地运用适度的奖惩，宣扬与日本人性格相宜的哲理、道德和宗教箴言，正确运用荣誉规则和羞辱刺激，让人民享受持久的幸福和温馨的安宁。倘若立法者担心，由于人民已经养成了不受重刑不收敛的习惯，轻刑因而无济于事，在这种情况下，立法者可以不事张扬，采取不易察觉的行动[3]，轻判最应获得宽宥的个别案件，藉以最终改变所有案件的判罚。

但是，在专制政体下见不到这些灵活的措施，专制主义走的不是这条道路。专制主义所能做的一切，就是滥用专制主义。在日本，专制主

① 《创建东印度公司历次航行记》，第三卷，第428页。

② 此处指《创建东印度公司历次航行记》第五卷中荷兰东印度公司职员哈格纳尔（Hagenaar）的记述，他于1634—1637年间居留日本。——译者

③ 当人们的精神受到严酷的刑罚损害时，请把这种做法视为一种实际有效的做法。

义做了一番努力，结果变得比专制主义更专制主义。

人们的心灵到处受到惊吓，变得愈加残暴，因而只有更加残暴才能驾驭它们。

这就是日本法律的起源，这就是日本法律的精神。日本法律的暴烈曾经胜过它的力量，它成功地摧毁了基督教。然而，闻所未闻的努力恰恰证明了它的无效。它曾试图建立起一种良好的社会治理，却进一步彰显了它的无能。

应该读一读关于皇帝[①]与大老在京都会见的记述[②]。被暴徒在京都杀死和掐死的人不计其数，每天都有男女青年被掠走，夜里被抛弃在公共场所；为了不让他们知道经过了哪些街道，他们被赤身裸体地装在布袋里；暴徒们抢走他们中意的一切，他们刺破马腹，让骑在马上的人摔下来。他们还掀翻马车，抢劫车上女士的财物。荷兰人被告知，若在露台上过夜，肯定会被人杀死，荷兰人于是就走下露台，如此等等。

我再说一说另一件事。皇帝沉溺于声色犬马，却不娶妻，因而有无嗣之虞。大老送给他两个绝色美女，他出于礼貌娶了其中的一个，却从不与她同房。皇帝的奶妈遂为他四处物色更有姿色的佳丽，但仍然毫无效果。后来他看中了一个兵器工匠的女儿[③]，执意娶她，并有了一个儿子。宫中女子个个义愤填膺，因为在皇帝眼里，她们居然比不上一个出身如此卑贱的民女，于是把皇子掐死。这个罪行隐而不报，所以皇帝并不知道，否则就会血流成河。这就是说，法律因其严酷而得不到执行。刑法如果太酷烈，无奈之下，人们只好宁可选择不予处置。

① 此处的皇帝其实是当时的军事首领即将军，将军当时握有全权。大老则是当时的宗教领袖。——译者

② 《创建东印度公司历次航行记》，第五卷，第二部分。

③ 同上。

第十四节 罗马元老院的精神

在阿基利乌斯·格拉布里奥和比索充任罗马执政官时期，为预防密谋而制定了阿奇利亚法[①]。狄奥说，是元老院促使执政官们提出这项法律的，因为保民官在阿基利乌斯·格拉布里奥和比索充任罗马执政官时期，为预防密谋而制定了阿奇利亚法，决心为此项罪行订立严酷的刑罚，而人民也极表同意。元老院认为，严酷的刑罚固然可以震慑人心，但是，这样一来，恐怕再也不会有人前来控告，再不会有人敢判案了。反之，如果刑罚适中，就不愁没有控告者和法官。

第十五节 罗马法关于刑罚的规定

罗马人的事例为我提供了支持，我对自己的论点因而更有信心。我发现，随着政治法的更改，伟大的罗马人民也更改了公民法中的刑罚规定，这就让我深信，刑罚是与政体的性质相关的。

王政的法律是为惩治逃亡者、奴隶和匪徒制定的，所以非常严酷。依据共和政体的精神，本应要求十人团不把这些法律收入十二铜表法，可是，向往暴政的那些人无意追随共和政体的精神。

阿尔巴[②]的独裁者梅蒂乌斯·苏菲蒂乌斯被图卢斯·霍斯提利乌

① 罪犯被处以罚金，并不得再进入元老院，也不得再担任何官职。狄奥，《罗马史》，第三十六卷，第二十一章。

② 阿尔巴(Albe)，罗马东南部的一个城市，长期与罗马对抗。公元前665年被罗马第三代国王图卢斯·霍斯提利乌斯(Tullus Hostilius)消灭。——译者

斯以车裂刑处死。狄特-李维就此写道[①]，这是罗马人第一次也是最后一次忘却人道的酷刑。不，狄特-李维错了，十二铜表法里就有许多非常残忍的条文[②]。

最能揭示十大执政官的意图的，是对攻击性小册子的作者和诗人判处极刑。这与共和政体的精神不大相符，因为那里的人民乐于见到大人物们遭受羞辱。然而，想要破坏自由的人害怕那些能够唤起自由精神的著作[③]。

十人团被驱逐以后，所有规定刑罚的法律几乎都被废止了，此事其实并无明文规定，只是由于鲍尔希安法禁止处死罗马公民，原来那些刑罚便不再执行了。

狄特-李维在谈到罗马人时曾说[④]，人民从来不曾如此喜爱宽和的刑罚，他说的正是这个时期。

罗马在这个时期，不仅刑罚宽和，而且被告在受审前有权出走，由此可见，罗马人遵循的是我所论说的共和政体的精神。

将暴政、无政府状态和自由混为一谈的苏拉制定了科纳利法[⑤]。他之所以要制定法规，似乎只是为了确立罪名，因此，他把许许多多的行为都定为谋杀罪，于是谋杀犯比比皆是。此外，他以惯用的手法，设陷阱、撒蒺藜，在所有公民的道路上布下深渊。

苏拉的几乎所有法律都只禁止流放人员返回原地，恺撒则增加了关于没收财产的条文[⑥]，因为被处流放的富人如果依然保有财产权的

---

① 《古代罗马史》，第一卷，第二十八章。

② 其中有火刑，而且几乎都是极刑，偷窃也处死刑，如此等等。

③ 持有与十人团相同想法的苏拉，也像他们一样加重了对讽刺作者的刑罚。

④ 《古代罗马史》，第一卷，第二十八章。

⑤ 该法得名于这位独裁者的名字吕西乌斯·科纳利乌斯·苏拉（Lucius Cornelius Sylla）。——译者

⑥ “他加重了对罪行的惩罚，因为拥有财产的人容易犯罪，而倘若他们因犯罪而被流放，他们的财产并不会被触动。”见苏埃托尼乌斯（Suétone），《尤利乌斯·恺撒》，第六十二章。

话，他们就会更加肆无忌惮地犯法了。

皇帝们建立了一个军政府，不久之后他们就发现，这个政府对臣民固然可怖，对皇帝也同样可怖。于是他们设法让它变得宽和些，他们认为需要设立爵位以及随之而来的对爵位的尊敬。

政府向君主政体稍稍靠近了一点，刑罚也被分成三类[①]，涉及国家重要人物的为一类[②]，刑罚相当宽和；涉及品级较低者为一类[③]，刑法较严；最后一类涉及身份低微者[④]，刑罚最为严酷。

疯子般凶残的马克西米努斯[⑤]本应让军政府变得宽和些，但可以说，结果是更加严酷了。卡皮多利努斯[⑥]写道[⑦]，元老院获悉，有人被钉在十字架上，有人被扔给野兽噬咬，有人被装进用刚刚杀死的野兽的皮做成的口袋里，丝毫不顾及他们的尊严。他似乎是在执行军纪，因为他扬言要参照军纪处理民政。

在拙著《罗马盛衰原因论》中，我讲到了君士坦丁如何把军事专制政体变成了军事和民事专制政体，并由此向君主政体靠近了一步。在此书中，可以读到这个国家所经历的多次急剧变革，并看到刑罚如何从严酷变为宽松，从宽松变为不施刑罚。

① 参阅《法学阶梯》第四十八章，第八节、《科纳利法》第 3 条以及《法学阶梯》和《查士丁尼法典》的许多条文。

② 拉丁文为 Subliminores，意为最尊贵者。

③ 拉丁文为 Medios，意为中层人士。

④ 拉丁文为 Infinos，意为最低下者。《法学阶梯》，第四十八章，第八节、《科纳利法》第三条。

⑤ 马克西米努斯(Maximinus)，罗马皇帝(235—238 在位)。——译者

⑥ 卡皮多利努斯(Capitolin，Jules)，公元 4 世纪的罗马历史学家，在《奥古斯都传》中记述了十三位皇帝的生平。——译者

⑦ 卡皮多利努斯，《两个马克西米努斯》，第八章。

第十六节 罪与罚的正确比例

各种刑罚的轻重要配搭适当，这一点非常重要。因为，人们总是防大罪甚于防小罪，防范对社会造成重大危害的罪行，甚于防范对社会造成较小危害的罪行。

“一个自称名叫康斯坦丁·杜卡斯的骗子，在君士坦丁堡煽动起了一场大规模的叛乱。他被捕后被判鞭刑；但是由于他指控了一大批人，于是被作为诽谤者判处火刑①。”对大逆罪和诽谤罪竟然是这样量刑的，真是匪夷所思。

此事令人想到了英王查理二世的一句话。他在路边看见一个人被绑在耻辱柱上，遂问此人被绑的原委。有人回禀道：“陛下，因为他乱写材料诽谤您的大臣们。”国王于是说道：“真是个大傻瓜，怎么不诽谤我呢，那不就什么事也没有了吗？”

“七十个人阴谋反对巴西里乌斯皇帝②，皇帝下令鞭打这些反叛者，他们的毛发都烧掉了。一只鹿的角挂住了皇帝的腰带，一名随从立即抽出佩剑，割断他的腰带，解救了他。皇帝下令把这个随从斩首，说是此人当着皇帝的面拔剑，图谋不轨。③”同一位君主竟然能作出这样两桩判案，谁能想得到呢？

在我们这里，对拦路抢劫和杀人劫财的人，都判以同样的刑罚。很显然，为了保障公共安全，这两种罪行应该量刑有别。

在中国，对残忍的抢劫犯处以凌迟④，对其他的抢劫犯则不处以凌

---

① 尼塞弗卢斯(Nicéphore)，《君士坦丁堡史》。

② 巴西里乌斯(Basil)，东罗马皇帝(867—886 在位)。——译者

③ 尼塞弗卢斯，《君士坦丁堡史》。

④ 杜赫德，《中华帝国全志》，第一卷，第 6 页。

迟。量刑上的区别使得中国的强盗抢劫而不杀人。

在莫斯科公国，盗窃犯和杀人犯的刑罚相同，所以那里的盗贼总是既掠财又杀人①。他们说，人死了，什么也不会说了。

倘若刑罚没有区别，那就应该在获得赦免的期望上有所区别。在英国没有谋杀犯，因为盗贼有望被流放到殖民地去，杀人犯就没有这种可能。

赦免是宽和政体的一大有效手段。君主手中的赦免权如果使用得好，会产生极佳的效果。专制政体的原则使它不具备这个优越性，因为它不宽恕人，人也就不宽恕它。

第十七节　刑讯罪犯

人心本恶，法律不得不把人设想成比实际略好些。因此，依据两位证人的证词就足以判处一切罪犯。法律相信他们，犹如他们所说全都真实可信。所有在婚姻存续期间孕育的婴儿都被认作正当的婚生子女，因为法律相信母亲，犹如她们就是贞洁本身。法律虽然必须预先对案情做一些假设，但并非必须刑讯罪犯。我们看到，如今已经有一个治理良好的国家②摒弃了刑讯，并未因此而带来什么麻烦。可见刑讯并非为其性质所必需③。

---

①　佩里，《大俄罗斯现状》，第229页。

②　英国。

③　除犯大逆罪外，雅典公民不得刑讯（吕西亚斯《反阿尔戈拉的演说》）。刑讯需在判刑三十天后进行（库里乌斯·佛图那图斯，《修辞学》，第二章）。不得在定罪前进行刑讯。至于罗马人，从《尤利安法》第三和第四条（《查士丁尼法典》，第九卷，第八章）可以看出，出身、门第、爵位和军职都可使案犯免受刑讯。请看西哥特人对刑讯所规定的明智的限制。

许许多多聪颖且富有才华的人都已著书立说反对刑讯，我不敢再就此多嘴了。我只想说，刑讯对于专制政体也许是合适的，因为，凡能令人产生畏惧的都是这类政体的力量之所在。我还想说希腊和罗马的奴隶……但是，我听到大自然在高声斥责我。

第十八节　罚金和肉刑

我们的祖先日耳曼人基本上只准课以罚金。这些尚武和自由的人认为，他们的血只能流在手持武器的战斗中。日本人[①]恰恰相反，他们之所以反对课以罚金，理由是富人因此而得以免受惩罚。可是，难道富人就不怕破财吗？罚金不能依据财产多寡按比例确定吗？再者，是否可以在罚金之外再给予某种羞辱性的处罚呢？

一位优秀的立法者懂得如何处置得恰到好处，他既不会总是课以罚金，也不会老用肉刑。

第十九节　同态报复法

专制国家喜欢简单的法律，所以大量采用同态报复法[②]。政治宽和的国家偶尔也采用这种法律。不过，两者有所不同，前者一丝不苟地执行，后者在执行中往往伴以某些变通。

① 参见坎弗尔，《日本史》，第二卷，第三章，第 121 页。

② 这是古兰经创立的，见《古兰经 · 黄牛》。

［所谓同态报复法，即以牙还牙、以命抵命之类。——译者］

十二铜表法采用两种变通，其一，通常不采用同态报复法，除非没有别的办法安抚控诉人①；其二，被判处同态报复法后，可以通过支付损害赔偿金②，将肉刑改为罚金③。

第二十节　子罪父坐

中国实行子罪父坐，秘鲁也是这样④。这种做法依然源自专制观念。

有人说，在中国之所以子罪父坐，是因为父亲没有行使大自然所赋予的，又由法律所加重的父权，这种说法没有任何意义。其实，这说明中国人根本没有荣宠观念。在我们这里，无论是儿子被判刑的父亲或是父亲被判刑的儿子⑤，他们因此而感到的羞耻，其程度与中国人因被处死而感到的羞耻没有区别。

第二十一节　君主的仁慈

仁慈是君主特有的品质。在以美德为原则的共和政体下，仁慈并非完全必要。在畏惧肆虐的专制政体下，仁慈更加无用，因为想要牢牢

① “如果被人打断了一条臂或一条腿，除非达成调解，否则就应按同态报复法处理。”见奥卢斯·格利乌斯（Aulu-Gelle），《阿提卡之夜》，第一章。

② 奥卢斯·格利乌斯，《阿提卡之夜》，第一章。

③ 参见《西哥特法》，第六卷，第四章，第三、五节。

④ 见加尔希拉梭（Garcilasso），《西班牙人内战史》。

⑤ 柏拉图在《法篇》第九卷中说，不但不应惩罚他们，还应褒扬他们不像父亲。

控制住国家的大人物，需要以严峻的先例加以震慑。在以荣宠治国的君主政体下，比较需要仁慈，因为荣宠所要求的往往是法律所禁止的。在那里，失宠就跟受刑一样，即使只是过一过堂，那也等于是一种惩处。在那里，来自四面八方的羞耻构成了一种特殊的刑罚。

在那里，失宠以及往往是出于想象的财产、信誉、习惯和欢乐的丧失，对于大人物们来说，已经是分量相当重的惩罚了，因而无须对他们更加严厉了。严厉只能使臣子们失去他们对君主的爱以及对职位应有的珍重。

在专制政体下，大人物的地位不稳是政体的性质使然，在君主政体下，这些人的地位稳固自然也是政体的性质使然。

仁慈可以为君主带来许多好处，他们可以从中获得巨大的爱戴和荣耀，因而，对于君主来说，能有机会展示仁慈永远是一件幸事，而在我们这些国家里，这种机会几乎从来不缺。

也许有人会向君主们争夺某些次要的权力，却几乎永远不会有人向他们争夺全部权力。诚然，他们有时为王冠而战，却从不为自己的生命而战。

可是，有人会问：何时应该惩罚？何时应该宽恕？这只可意会而不可言传。当仁慈遭遇危险时，危险是一目了然的，这与君主由于软弱而轻视惩罚甚至无力实施惩罚截然不同，仁慈和软弱是很容易辨别的。

莫里西乌斯皇帝①决心不让臣民流血。阿那斯塔修从不惩罚罪犯。伊撒克二世②发誓，只要他在位，绝不杀人。希腊的皇帝们忘记了，他们佩带利剑不是为了摆摆样子。

---

① 埃瓦格里乌斯，《教会史》。

［莫里西乌斯（Maurice，539—602），东罗马皇帝（582—602 在位）。——译者］

② 伊撒克二世（Issac L’Ange），拜占庭皇帝，1185—1195 在位。——译者

第七章

三种政体的不同原则与节俭法、奢侈和妇女地位的关系

第一节 奢侈

奢侈与财富不均永远成正比。一个国家里，财富如果分配均匀，就不会有奢侈。因为奢侈的唯一源泉是方便和舒适地剥夺他人的劳动所得。

为了达到财富分配均匀的目的，法律就应规定人人只能享有生活之必需。一旦超出这个限度，有人就会把多余的钱花出去，有人则会把他人花出去的钱赚进来。贫富不均。便由此形成。

如果把生活必需设定为一个额度，那么，对于仅仅拥有生活必需的人来说，奢侈等于零，而对于拥有两倍额度的人来说，奢侈则等于一，把此人拥有的额度翻一番，奢侈就等于三，再翻一番，奢侈就等于七。假设后者的财产始终比前者多一倍，奢侈的增长就是一倍加一，即如下列递增顺序所显示：0，1，3，7，15，31，63，127。

在柏拉图的共和国里①，奢侈是可以准确计算出来的。在那里，财

① 第一级财产是世袭的土地，柏拉图主张其他财产不应多于世袭财产的三倍。参见《法篇》，第五卷。

产分为四级。第一级恰恰是贫困的终点,第二级是第一级的两倍,第三级是三倍,第四级是四倍。第一级的奢侈等于零,第二级的奢侈等于一,第三级的奢侈等于二,第四级的奢侈等于三。依次按算术级数递进。

比较来看,各国人民的奢侈程度,与公民之间的财产不均,以及国家之间的财富不均形成复合正比。例如在波兰,公民的财产极端不均,可是整体的贫穷使得那里不可能出现如同富国那样的奢侈。

奢侈程度与城市的体量尤其是首府的大小也成正比,因此,它与国家财富的多寡、个人财产的不均,以及聚集于某地的人口数量形成复合正比。

聚集的人越多,人的虚荣心就越强,总想在小事情上显得与众不同①。人群如果大得彼此互不相识,想出风头的虚荣心就会由于成功的希望更大而成倍增长。奢侈提供了这种希望,于是人人都摆出一副身份优越的样子来。可是,人人都想高人一头,结果却是人人都一样高,谁也不比别人高;人人都想吸引别人的目光,结果却是谁也不能引起注意。

所有这一切给大家带来了一种普遍的不便。在某个行业里出类拔萃的人,随意为自己的技艺定价,那些只有雕虫小技的人也照此办理,于是乎,需求与支付手段之间就失去了协调。我若不得不打官司,我就必须花钱请律师;若是病了,就得请医生。

有人认为,居住在首府里的人如果太多,人们的交往就会减少,因为彼此不再相距甚远。我不这样认为。当人们在一起时,就会有更多的欲望、需求和奇思怪想。

---

① 《蜜蜂的故事》的作者[曼德维尔 Bernard Mandeville,英国作家。——译者]写道(第一卷,第 133 页):在一个大城市里,有人的衣着超出了他的身份,为的是博得大众更多的尊敬,即超出他本应获得的尊敬。对于一个庸人来说,他因此而获得的愉悦,几乎可以与全部愿望得到满足时媲美。

第二节　民主政体下的节俭法

刚才我说，在财富均享的共和国里绝不会有奢侈。我们在本书第五章[①]里看到，财富均享是共和政体的一大优越性，所以，在共和政体下，奢侈越少，政体越完善。早期的罗马人不奢侈，斯巴达人也不奢侈。在平等没有完全丧失的共和国里，商业、劳动和美德的精神使每个人都能够也都愿意凭借自己的财产谋生，因而少有奢侈。

某些共和国强烈要求制定重分田地的法律，这些法律就其性质而言是有益的，只有在仓促执行时才会发生危险。这些法律突然之间剥夺一些人的财产，同时增加另一些人的财产，从而使许多家庭发生巨大的变故，进而引发遍及全国的革命。

随着奢侈在共和国里渐渐扎根，人们的精神也慢慢地转向个人利益。对于那些除了生活必需之外，不再索取任何其他东西的人来说，国家的光荣和个人的光荣便是他们唯一的期盼。可是，一个心灵已被奢侈腐蚀的人，却还有许多其他欲望。用不了多久，他就变成了法律的敌人，因为法律妨碍了他。雷吉厄姆[②]的守卫部队的奢侈刚刚开始，就大开杀戒，屠戮居民。

罗马人腐化后，欲望就立即变得漫无边际，他们当时所定的物价便是明证。一坛法莱纳[③]葡萄酒售价一百罗马锝[④]，一桶产自黑海沿岸的

① 第三节和第五节。

② 雷吉厄姆(Rhège)，意大利南部城市，屠城发生在公元前 280 年。——译者

③ 见君士坦丁·波菲洛戈尼图斯，《品德与邪恶》所转引狄奥多罗斯《世界文库》第三十六章中的片段。

[法莱纳(Falerne)，古意大利著名葡萄产地。——译者]

④ 锝(Denier)，古币名。——译者

咸肉售价四百锝，一个好厨子四塔兰[①]，年轻侍童更是无价。当人人追求淫逸而且蔚然成风时[②]，美德成了什么东西？

第三节　贵族政体下的节俭法

不完善的贵族政体的不幸，在于那里的贵族虽然都很富有，却都不能花费，因此，与节俭精神相悖的奢侈在那里应当被摒弃。于是，在那里只有无法获得财富的穷汉和有钱不花的富人。

威尼斯的法律强制贵族崇尚简朴，贵族们习惯于节俭度日，只有交际花才能让他们掏钱。威尼斯人就用这种方法维持产业，最可鄙的妇人大手大脚地花钱而没有危险，供她们挥霍的人却过着世界上最黯淡的日子。

那些优秀的希腊共和国在这方面建立了一些优良的制度。富人把钱用在节日的庆祝活动、歌队、马车、赛马以及开支较大的官职上。所以，对于那里的人来说，富有和贫困都是一种负担。

第四节　君主政体下的节俭法

塔西佗说[③]，日耳曼民族中的苏约内人[④]以财富为荣，所以他们生

---

① 塔兰(Talent)，希腊古币名，合60米纳。——译者

② “人人比试谁最会奢侈。”见君士坦丁·波菲洛戈尼图斯在《品德与邪恶》所转引的狄奥多罗斯《世界文库》第三十六卷中的片段。

③ 见塔西佗，《日耳曼尼亚志》，第四十四章。

④ 苏约内人(Suions)是一个日耳曼部落，居住在斯堪的那维亚的今瑞典国土上。——译者

活在一人统治之下。由此可见，奢侈特别适合君主政体，这种政体根本不需要节俭法。

在君主政体下，由于体制的缘故，贫富不均，所以很需要奢侈。倘若富人不大肆挥霍，穷人就会饿死。甚至可以认为，富人的挥霍应该与财富不均的程度成正比，前面已经提到，奢侈也应该按这个比例增加。个人的财富之所以能够增多，是因为剥夺了部分公民的生活必需，因此应该把生活必需归还给他们。

因此，君主政体的国家若想存续，从农夫到工匠、商人、贵族、官吏、王公、总包税人，直到君主，奢侈应该层层加码，否则就会失去一切。

罗马的元老院是由严肃的官吏、法学家和满脑袋远古思想的人组成的，奥古斯都在位时期，元老院中有人提议矫正妇女奢侈的习惯。在狄奥的著作[①]中我们惊奇地看到，奥古斯都巧妙地回避了元老们这个令人讨嫌的要求，因为他正在建立君主政体，瓦解共和政体。

提比略在位时，市政官们在元老院建议恢复古代的节俭法[②]。这位具有远见卓识的君主表示反对，他说道："在目前这种情况下，如果恢复这种法律，国家就可能无法继续生存了。罗马还能生存吗？各个行省还能生存吗？过去我们只是一个城市的公民，那时我们讲节俭，现在我们享用着普天下的财富，所有的主人和奴仆都在为我们干活。"他清楚地看到，节俭法已经不再需要了。

还是这位皇帝在位时，有人在元老院提议禁止省督们将夫人带到行省去，理由是免得把放荡之风带过去。这件提议未被采纳。因为"古人严谨的风范已经改变为一种更为惬意的生活方式了[③]"。人们感到

① 狄奥·卡西乌斯，《罗马史》，第五十四章，第十六节。

② 塔西佗，《编年史》，第三卷，第三十四章。

③ "古人的简朴已经变成更好和更舒适的方式。"见塔西佗，《编年史》，第三卷，第三十四章。

需要另一种风尚了。可见，奢侈在君主政体国家中是必需的，而在专制政体国家中更是如此。在君主国中，奢侈是享受人们所拥有的自由；在专制国中，奢侈是滥用人们从奴役中获得的好处。当一个奴隶被主子派去对其他奴隶施暴时，由于对于明日是否还能享受今天这样的欢乐心中无数，所以他唯一的快乐就是今朝有酒今朝醉，耀武扬威，纵情淫乐。

这一切令我们作如是想：共和政体毁于奢侈，君主政体毁于贫穷[①]。

第五节　在什么情况下节俭法对君主政体有利

基于共和政体的精神或是出于某些特殊情况的需要，阿拉贡[②]在13世纪中叶制定了一些节俭法。雅克一世[③]下令，除了自己猎获的野味外，国王和任何臣民每餐不得有两种以上肉食[④]，每种肉食只能用一种方法烹饪。

如今，瑞典也制定了节俭法，但目的与阿拉贡不同。一个国家可以为了绝对简朴而制定节俭法，这正是共和政体下节俭法的精神。可是，事物的性质告诉我们，阿拉贡的目的正在于此。

节俭法的目的也可以是相对简朴。当一个国家发现外国商品价格过高时，就大量输出本国商品，由于其结果是，本国的商品因此而出现

① “富贵不久即生贫穷。”见弗洛鲁斯，《狄特-李维摘录》，第三卷，第十二章。

② 阿拉贡(Aragon)，西班牙西北边境上的一个王国。——译者

③ 雅克一世(Jacques Ier)，阿拉贡国王(1213—1276在位)。——译者

④ 颁布于1234年的雅克一世《宪法》第6条。见马尔卡(Marca)，《西班牙史》，第1429页。

的匮乏，甚于外国商品的不能满足需求，于是就断然绝对禁止进口。这就是今天瑞典节俭法的精神[①]。这是绝无仅有的适合君主政体的节俭法。

总的来说，国家越穷，就越容易被相对奢侈搞垮，因而也就越发需要相对节俭法。国家越富，就越容易因相对奢侈而致富，因而应该对制定相对简朴法加以防范。本书论述商业的章节将对此做进一步的阐述[②]，这里谈及的仅仅是相对简朴。

第六节　中国的奢侈

由于特殊的原因，某些国家需要制定节俭法。气候能使人口众多，可是在另一方面，能让这许多人生存的手段却极不可靠，所以，全民务农是个良策。在这些国家里，奢侈是危险的，节俭法应该严而又严。因此，要知道应该鼓励还是禁止奢侈，首先就应关注人口数量与谋生的难易之间的关系。在英国，土地产出的谷物远远多于养活耕种者和制衣者之所需，因而那里就有一些制造时髦用品的工艺，于是也就带动了奢侈。法国生产的小麦足以供农夫和制造业者食用。此外，对外贸易可以用许多生活必需品换取时髦用品，所以法国人不必惧怕奢侈。

中国则恰恰相反，妇女生育力极强，人口繁衍迅速，以至于无论如何垦殖土地，居民也只能勉强果腹。奢侈当然是有害的，需要的是勤劳和节俭的精神，这一点与任何一个共和国一样[③]。必须从事日常生活所需的工艺，远离专供享受的工艺。

---

① 瑞典禁止进口高级葡萄酒和另外一些珍贵商品。

② 参见本书第二十章，第二十节。

③ 共和政体始终禁止奢侈。

这正是中国历代皇帝在圣谕中所表达的精神。一位唐代皇帝在圣谕中说："我们祖先的训诫认为，如果有一男不耕，一女不织，帝国内便要有人受到饥饿……[①]"根据这个原则，他下令拆毁了许多佛寺[②]。

第二十一朝第三位皇帝[③]在位时，有人进献宝石。他不愿为这种既不能供百姓吃，也不能供百姓穿的东西而劳民，遂下令关闭挖出这些宝石的矿山。

建文帝说[④]："我们的奢华竟如此之盛，就连小民被迫出卖的男孩和女孩也穿着绣花鞋。"一大帮人为一个人做衣服，这难道是让许多人不缺衣穿的办法吗？一个人耕种，十个人吃饭，这难道是让许多人不饿肚子的办法吗？

第七节　中国奢侈的致命后果

中国在历史上先后有二十二个朝代[⑤]，也就是说，曾经二十一次改朝换代，至于其他大大小小的变乱，那就不计其数了。最初的三个朝代因治国有方，而且疆域也不像以后那样广袤，所以存续时间很长。总体上可以说，各个朝代在初始时期都很好。美德、谨慎和警觉都是中国之必需，而每个朝代建立之初确实也都具备，但到了倾覆前夜就都不复存在了。开国

---

① 从唐大诏令卷103《唐武宗拆夺折》："……且一夫不田，有罹其馁者；一妇不蚕，有罹其寒者。……"——译者

② 参见杜赫德，《中华帝国全志》，第二卷中报道的一份圣谕。

③ 参见杜赫德，《中华帝国全志》，第一卷中关于中国第二十一朝第三位皇帝[明成祖朱棣——译者]的历史的记述。

④ 杜赫德，《中华帝国全志》，第二卷，第48页。

⑤ 18世纪的西方学者通常将中国历史分为二十二朝，依次为：夏、商、周、秦、西汉、东汉、晋、南宋、北宋、南梁、南齐、南陈、隋、唐、后梁、后唐、后晋、后周、宋、元、明、清。——译者

皇帝饱经戎马倥偬之劳顿，终于把一个沉溺于淫乐的皇朝推翻，当然会珍惜美德，惧怕奢华，因为，他们对美德的效用和奢华的危害深有体会。可是，三四个皇帝之后，继任者们渐渐陷于腐化、奢侈、懒散和逸乐之中，幽闭深宫，精神委靡，寿命缩短，皇室衰微，大臣擅权，宦官得宠，登上御座的尽是幼童。皇宫于是成了国家之敌，宫廷里一大群游手好闲之徒把辛勤劳作的人们搞得倾家荡产。篡位者把皇帝杀死或是赶下台，自己另立新朝。到了第三四代，新朝的皇帝又把自己幽闭在宫中。

第八节　公众的节操

妇女一旦失去美德，无数的弊病就一一显露出来，她们的整个心灵会因此而急剧堕落。这个主要之点失去之后，其他方面也随之堕落。所以，我们有理由认为，在平民政体的国家中，淫逸之风是不幸之最，也是政体即将更换的预兆。

所以，那里的优秀立法者要求妇女保持一定程度的庄重。他们不但在自己的国家里摒弃邪恶，而且连邪恶的外表也予以摒弃。他们禁止在风流场合交际，因为，这种交际所带来的后果是好吃懒做，使妇女在自己堕落之前就已经把别人拖下水了，所有毫无用处的东西被赋予某种价值，重要的东西则遭贬斥，以至于人们仅仅依照揶揄嘲讽的行为准则行事，而妇女制定这样的准则得心应手。

第九节　各种政体下妇女的地位

在君主政体下，妇女比较不受拘束。门第和品级使她们成为宫廷中的常客，她们在宫廷中可以自由自在，无所拘束，因为，几乎只有妇女的这种自由风度能得到宫廷的宽容。每个朝臣都利用妇女的魅力和激情来增加自己的财富，妇女的软弱使她们不傲慢，但却虚荣，所以，奢华总是与妇女一起充溢着宫廷。

在专制政体下，妇女不会带来奢华，但她们本身就是奢华的对象。她们应该是绝对的奴隶。每个朝臣都遵循政体的精神，并把在别处见到的规矩带回家中。由于专制政体下的法律非常严峻，而且往往立即执行，所以，朝臣们担心妇女的放纵会给他们惹祸。小女人们用来取悦权贵的雕虫小技，诸如争执、轻佻、憎恶、爱好、妒忌、愠怒之类，若在宫廷里施展开来，不可能不产生后果。

此外，这些国家的君主都玩弄人的本性，个个都妻妾成群。所以，出于多种考虑，他们不得不把妻妾幽闭在深宫。

在共和政体下，妇女在法律上是自由的，但却受制于习俗。共和政体摒弃奢华，因而也摒弃腐败和邪恶。

有一种宗教认为，即使对男人而言，纯正的习俗也是美德的一部分。但是，希腊人并不生活在这种宗教的主宰下。在希腊的城市里，疯狂地蔓延着一种盲目的弊病，爱情只有一种我们难以启齿的表现形式，而仅存的友谊却藏身于婚姻[①]之中。妇女的美德、俭朴和操守无可挑剔，我们几乎从未见到过，任何一个民族在这方面有如此良好的管理[②]。

① 至于真正的爱情，普鲁塔克说："妇女是没有份的。"见《道德论集·论爱情》，第600页。他的这番话反映了他那个时代的普遍想法。参阅色诺芬以《希埃罗》为题的对话录。

② 雅典专设一名官吏，监督妇女的行为。

第十节　罗马人的家事法庭

与希腊人不同，罗马人没有设置专门负责监督妇女行为的官吏。监察官对妇女的监察与对共和国里其他人的监察是一样的。家事法庭[①]的设立起到了希腊人设置专门官吏的作用[②]。

丈夫把妻子的亲属请来，在他们面前审讯妻子[③]。家事法庭维护了共和国的良好风化，良好风化反过来也维护了家事法庭。家事法庭不但审理违法案件，也审理败坏风化案件。既然要审理败坏风化的案件，就必得有良好的风化才行。

家事法庭的量刑只能是随意的，而事实也确实如此。因为，一部法典很难把有关风化和端庄稳重的准则全都包括进去。用法律规范个人对他人应尽的义务并非难事，但是，要让法律规范个人对自己应该做些什么，那可就困难了。

家事法庭处理的是妇女的一般行为，但是，有一种罪行除了应受家事法庭的谴责外，还要向公众提出控告，那就是通奸。因为，首先，在一个共和国里，这种严重败坏风化的行为会引起政府的关注；其次，妇女

---

① 罗慕洛斯设立了家事法庭。参阅哈里卡纳索斯的狄奥尼修斯，《罗马古事记》，第二卷，第 96 页。

② 在狄特-李维的《古代罗马史》第三十九卷中可以看到，在处理酒神节谋反事件时曾诉诸家事法庭，所谓针对共和国的谋反，指的是有伤妇女和青年风化的群众性集会。

③ 在哈里卡纳索斯的狄奥尼修斯的《罗马古事记》第二卷中可以看到，依据罗慕洛斯制定的制度，在一般情况下，丈夫独自一人当着众亲属的面审讯妻子；如果案情重大，丈夫就与亲属中的五个人共同审讯。因此，乌尔庇安在他的《法律与拜星教》第六篇第九、十二、十三章中，将涉及风化的案子区分为重案和轻案，即 mores graviores 和 mores leviores。

的放荡行为可能令人怀疑丈夫是否也对妻子不忠；再次，有人担心，甚至是那些老实人，在面对此类案件时，也可能宁可息事宁人而不想予以惩处，宁可装聋作哑而不想予以报复。

第十一节　罗马的制度如何随着政体而改变

之所以要设立家事法庭，是因为风化良好；之所以要向公众提出控告，也是因为风化良好。因此，当风化不再良好时，这两者都不再必要，并随着共和政体一起消失①。

一方面，由于常设审判制度的建立，也就是说审判官们划分了各自管辖的范围；另一方面，由于审判官审理一切案件②的做法日益成为习惯，诉诸家事法庭的案件越来越少。这让历史学家们深感意外，因为，在他们看来，提比略交由家事法庭进行的那些审判是奇怪的事情，是古代诉讼的重现。

随着君主政体的建立和风俗的改变，向公众提出控告的做法也取消了。因为人们担心，一个卑劣的男子若是被一个女子蔑视和拒绝，可能会恼羞成怒，并且迁怒于她的美德，进而萌生杀害她的念头。尤利安法规定，在控告妻子的奸情之前，先得控告丈夫为妻子的奸情提供了有利条件。这样一来，此类控告大幅度减少，甚至可以说已经绝迹③。

---

① “关于风化的审判，是旧时规定的，由于不常用，就完全废弛了。”《法典》，第二卷，第二节“休妻”。

② “特殊审判”。

③ 君士坦丁把此类控告完全取消了，他说：“安宁的家庭被胆大妄为的外人搅乱，这是卑劣的事情。”

西克塔斯五世[①]似乎想要恢复向公众提出控告的做法[②]。但是,只要稍微想一想就会明白,这种法律在他的那种君主政体下比在任何别处更不适宜。

第十二节　罗马人对妇女的监护

罗马法将所有妇女置于永久监护之下,但不包括处于丈夫的权威之下的妇女[③]。近亲中的男性拥有监护权。从一句俗话[④]来看,监护下的妇女很受拘束。这种做法对于共和政体是好的,但对于君主政体来说,则完全没有必要[⑤]。

从蛮族的法典来看,早期日耳曼妇女似乎也处于永久监护之下[⑥],日耳曼人所创立的各个君主国曾沿用这种做法,但现在已不复存在。

第十三节　罗马皇帝制定的对妇女淫乱的刑罚

尤利安法规定了对通奸的刑罚。但是,这项法律以及此后制定的

① 西克塔斯五世(Sixte V,1521—1590),罗马天主教教皇(1585—1590 在位)。——译者

② 西克塔斯五世谕令,凡不向他控告妻子出轨行为的丈夫,统统处以极刑。参阅列梯(Leti),《西克塔斯五世传》。

③ Nisi conveni sent in manum viri(除非她们处于男子的保护之下)。

④ Ne sis mibi patruus ero(我求你们不要像叔父那样训斥我)。

⑤ 奥古斯都在位时的巴比安法规定,育有三个子女的妇女免受监护。

⑥ 日耳曼人把这种监护称作 Mundeburdium。

相关法律，远非风化纯正的标志，而是风化不良的标志。

在君主政体下，有关妇女的所有政治制度都改变了。问题已经不再是要在她们当中树立纯正的风化，而是要惩治她们的犯罪。之所以要制定惩治她们犯罪的新法律，是因为不包括在这些犯罪行为之中的强奸，已经不再受到惩罚了。

风化已经败坏到了可怕的程度，皇帝们不得不制定一些法律，对淫乱行为略加遏制，不过，他们无意对风化进行总体改造。历史学家们的记述对于这一点所提供的有力证明，胜过任何一项法律对于这一点所做的反证。我们可以在狄奥的著作中看到奥古斯都在这方面的所作所为，以及他在执政官和监察官任上如何回避人们向他提出的要求①。

我们在历史学家的著作中读到，奥古斯都和提比略在位时，曾对几个罗马妇女的不端行为作出严厉的判决。不过，历史学家们在告诉我们这两个朝代的精神的同时，也让我们知道了这些判决的精神。

奥古斯都和提比略的主要意图是惩治他们的女性亲属的不端行为。他们所惩治的并非风化的败坏，而是臆造的亵渎罪和大逆罪②，试图以此来提升自己的威望，报复私仇。因此，罗马的著述家们强烈反对这种暴政。

---

① 有一次，一个青年被带到奥古斯都面前，此人与一个同他有过不正当关系的女人结了婚。奥古斯都既不敢对他的行为表示赞同，也不敢处罚他，犹豫了好一阵子后说道："这些大坏事的祸根是骚乱，统统忘了吧！"（狄奥，《罗马史》，第五十九卷，第十六章）元老院要求他整顿妇女风化，他叫他们像他一样惩戒自己的妻子。以此回避了他们的请求。元老们请他讲一讲，他是如何对待妻子的（我觉得这个问题很不合适）。

② "把男女间相当普遍的一种过错定为亵渎罪和大逆罪，这就违背了祖先们的仁慈和皇帝自己制定的法律"（塔西佗，《编年史》，第三卷，第二十四章）。

尤利安法规定的刑罚比较轻①。罗马的皇帝们要求法官们在作出判决时，在他们所制定的法律基础上加重惩处。历史学家们对此痛加抨击，他们考虑的不是这些妇女是否应该受此重罚，而是惩罚她们时是否践踏了法律。

提比略的主要暴政②之一是滥用古法，当他想对一个罗马贵妇人处以比尤利安法更重的刑罚时，他便恢复了家庭法院③。

关于妇女的这些规定仅仅适用于元老院成员的家庭，与普通百姓的家庭无关。想要指控权贵需要有把柄，而贵妇人们的放荡行为恰恰提供了无数的把柄。

最后，我曾说，良好的风化不是一人执政政体的原则，最初的几位罗马皇帝对此提供了最佳的证明，如果有人表示怀疑，请读一读塔西佗、苏埃托尼乌斯、尤维纳利斯、马提亚尔④等人的著作就明白了。

第十四节　罗马人的节俭法

我们之所以谈到淫乱，是因为淫乱与奢华相连，淫乱随奢华而生，奢华随淫乱而盛。倘若放纵欲念，如何抑制薄弱的意志呢？

---

① 《法学阶梯》对该法有所提及，但未谈及刑罚。估计是放逐，因为对乱伦的刑罚也只不过是终身流放而已。参阅该书“诉讼”、“谁娶寡妇”等篇。

② “提比略的一个特点就是用古代的术语伪装新的罪行”，参阅塔西佗，《编年史》，第四卷，第十九章。

③ “提比略对他的通奸罪免除了最严厉的惩罚，向他的亲属建议依照古代先例，把他流放到离罗马万里之外的地方去。禁止奸夫曼利乌斯前往意大利和非洲。”塔西佗，《编年史》，第二卷，第一章。

④ 苏埃托尼乌斯(Suétone，Tranquilius，约 75—140)罗马传记作家，尤维纳利斯(Juvenal，Junius，约 58—183)，罗马作家，马提亚尔(Martial Valerius，约 38—102)罗马诗人。——译者

罗马除了制定一般性的规定外，监察官们还让官吏们制定了一些特别规定，用以维护妇女的俭朴风尚。法尼安法、利西尼安法、欧皮安法都是为此制定的。读一下狄特-李维的著作就可知道，当妇女们要求废除欧皮安法时，元老院是何等震怒[①]。在瓦莱里乌斯-马克西姆斯[②]看来，废除了这项法律，罗马就跨进了奢华时代。

第十五节　不同政体下的嫁妆和婚姻利益

在君主政体下，为了维持丈夫的地位和既有的排场，嫁妆要丰厚。在共和政体下，奢华不应蔚然成风[③]，所以嫁妆无需丰厚。在专制政体下，妇女在一定程度上是奴隶，所以几乎不需任何嫁妆。

法兰西的法律采用的夫妻财产共有制很适合君主政体，因为这种制度促使妇女关心家事，而且不管她们是否愿意，都得尽心料理家务。这种制度在共和政体下就不那么合适了，因为那里的妇女有更多的美德。若是在专制政体下实行这种制度，那就很荒谬(因为那里的妇女几乎永远是主人的财产之一)。

妇女由于其身份而对婚姻相当倾心，所以，法律规定她们可以从丈夫的财产中获得的钱财，对她们并无实际意义。可是，这笔钱财在共和政体下就会变成祸害，因为妇女的个人财产将会带来奢华。在专制政体下，这笔钱财至多只能帮助她们苟且过活，不可能有别的用处。

---

① 参阅狄特-李维，《古代罗马史·第四部》，第四卷，第三十四章。

② 瓦莱里乌斯—马克西姆斯(Valère-Maxime)，公元1世纪的拉丁作家。——译者

③ 斯特拉波在他的著作中说，当时最明智的共和国马赛规定，嫁妆不得超过一百银埃居，嫁衣不得超过5件。见斯特拉波，《地理志》，第四卷。

第十六节　桑尼特人的一种优良习俗

桑尼特人有一种习惯，在一个小共和国里，尤其在他们那种情况下，这种习惯产生了良好的效果。所有的年轻男子被召集起来进行评定，被宣布为最优秀的那一位可以娶他的意中人为妻。得票仅次于前者的接着择妻，并按照这样的规则依次继续进行①。这种做法值得赞赏，因为在青年所拥有的财富中，人们看重的是优秀品德和对祖国的贡献。在这方面最富有的那位青年可以在全国范围内任意选择一位姑娘。爱情、美貌、贞操、品德、出身以及财产，所有这一切都可以说是品德的嫁妆。对于一个小国来说，这种奖赏负担很轻，很难想象得出另一种更加高尚、重大，更能对男女两性产生影响的奖赏了。

桑尼特人是斯巴达人的后裔②。柏拉图制定的法制只不过是对莱库古法律的完善而已，他的法律与桑尼特人的习俗相似③。

第十七节　妇女主政

妇女当家既违背理性，又不合天然本性，可是埃及人却是如此。不过，对妇女治国却不能作如是观。因为，在家庭里，妇女因柔弱而不占

① 大马士革的尼古拉(Nicolas de Damas)著作片段，转引自斯托巴乌斯(Stobée)的著作，见《君士坦丁·波菲洛戈尼图斯文集》。

② 无论桑尼特人还是拉丁姆人(Latium)，都不是斯巴达人的后裔，孟德斯鸠把习俗的相同当成了血缘关系。——译者

③ 他甚至还允许男女经常会面。见《理想国》，第五卷。

优势；而当妇女治国时，柔弱恰恰赋予她们以仁慈与宽和，与严峻和凶残相比，仁慈与宽和比较有利于施行仁政。

在印度，妇女主政的情况不错。那里的通行规则是，男性如果不是同一血缘的母亲所生，就由具有王族血缘的母亲所生的女儿继承王位[①]。若干人员被指定辅佐女王担起治国重任。据史密斯先生[②]记述，非洲的妇女主政状况也不错。如果再加上俄罗斯和英国，我们就会相信，无论在政体宽和的国家或是在专制国家，妇女同样能成功地治理国家。

① 参阅《耶稣会士书简集》，第 14 辑。

② 参阅《几内亚游记》，关于黄金海岸王国的记述，法文译本第二部分，第 165 页。

第八章

三种政体原则的腐化

第一节 本章的总体思想

每一种政体的腐化几乎都始于原则的腐化。

第二节 民主政体原则的腐化

当人们丢弃了平等精神，转而崇尚极端平等精神，每个人都要与他们自己选出的领导人平起平坐时，民主政体的原则就腐化了。此时，人民甚至不能容忍他们自己托付出去的权力，而是要事事自己去做，代替元老院议事，代替官吏履行职责，剥夺所有法官的职务。

共和政体下不再有美德。人民要行使官吏的职责，官吏便不再受人尊敬。元老院的讨论不再有重要意义，元老们因而不再受人尊敬，年长者也随之不再受人尊敬。既然不尊敬年长者，也就不会尊敬父辈。

丈夫也不再配敬重，主人也不再配服从。人人都喜欢上了放任无羁，无论是管束别人还是被别人管束，都累，都不痛快。妻子、子女、奴隶对谁也不服从。风化不再，热爱秩序之心不再，最后便是美德不再。

在色诺芬的《会饮记》中可以看到一段生动的描述，说的是共和国的人民如何滥用平等。每个客人轮流讲述对自己感到满意的理由。夏米德说："我对自己感到满意，因为我穷。以前我有钱，我不得不向那些诽谤者谄媚，因为我很明白，以我的处境，我陷害他们难，他们陷害我容易。共和国总是跟我要钱，我无法回避。自从我变穷了以后，我反而有了威望，无人再来威胁我，我反倒成了别人的威胁，想走开就走开，想不走就不走。富人纷纷从他们席位上站起来给我让路。从前我是奴隶，现在我是国王。从前我给共和国纳税，现在共和国养活我。我用不着害怕什么，却可以期待有所收获。"

当人民所托付的人为了隐匿自己的腐化而试图腐化人民的时候，人民就倒霉了。为了不让人民看透他们的野心，这些人只跟人民大谈人民如何伟大，为了不让人民发觉他们的贪婪，他们不停地煽动人民的贪婪心。

腐化将会在拖人下水的人之间增长，也将在腐化分子中增长。人民将把所有的公共财产分光。他们懒惰，却还要管理公务，他们贫穷，却要奢侈享乐。可是，既懒惰又奢侈，那就只有把国库当作追求目标了。

无须因发现选票可以换钱而惊诧不已。不向人民索取更多，便不可能给予人民很多，而要向人民索取更多，就不能不颠覆国家。人民取自于自由的越是显得多，他们就越接近失去自由的时刻。于是出现了许多小暴君，他们集一人独裁的所有弊端于一身。残存的一点点自由也不被容忍，于是暴君应运而生，人民失去了一切，包括腐化带来的好处。

因此，民主政体需要防止两个极端：一是不平等精神，一是极端平等精神。不平等精神会使民主政体走向贵族政体或一人主政的政体，极端平等精神会把民主政体引向一人治国的专制政体，犹如一人独裁的专制政体以被征服告终一样。

诚然，腐化了希腊各个共和国的那些人并未全都变成暴君，他们醉心于雄辩甚于喜爱武功，况且，每个希腊人的心中都对共和政体的颠覆者们怀有刻骨的仇恨。因此，无政府状态并未演变为暴政，而是因恶化而毁灭。

但是，身处由寡头政体变为暴君政体的许多小国[①]当中的叙拉古[②]，经受了腐化通常难以造成的巨大苦难。叙拉古设有一个元老院[③]，史书却几乎从未提及此事。这个城市始终处于放纵[④]之中或压迫之下，既被自由烦扰，又受奴役折磨，不断地遭受自由和奴役暴风雨般的袭击。尽管外表相当强大，其实极其微小的外部势力就能在这个城市引发一场革命。拥有众多居民的这个城市从来只有两种残酷的抉择：不是拥戴一个暴君，便是自己当暴君。

第三节　极端平等精神

天地之间有多远，真正的平等精神和极端平等精神之间就有多远。

---

① 参阅普鲁塔克，《提摩勒翁和狄奥传》。

② 叙拉古(Syracuse)，古希腊人在西西里岛建立的一个殖民城市。——译者

③ 这就是狄奥多罗斯在《世界文库》第十九卷第五章中所说的六百人元老院。

④ 他们赶走了暴君之后，就让外邦人和雇佣兵成为公民，从而引发了内战。参阅亚里士多德，《政治学》，第五卷，第三章。由于人民在对抗雅典人的战争中发挥了决定性作用，共和国发生了变化。参阅同书第四章。两个年轻官员的激情使共和国政体形式发生了变化，其中一人把另一人的小男孩拐走，后者则勾引了前者的妻子。参阅同书第七卷第四章。

真正的平等精神既不是人人都发号施令，也不是人人都俯首听命，而是服从与我们平等的人，领导与我们平等的人。这种精神不是根本不要主人，而是要让和我们平等的人做主人。

在原始状态下，人生而平等，但是，人不可能长期处于原始状态中。社会使人失去平等，只有通过法律才能重新实现平等。

有序的民主政体和无序的民主政体区别很大，在有序的民主政体下，平等仅仅体现在人人都是公民这一方面，而在无序的民主政体下，平等还体现在人人都是官吏、元老、法官、父亲、丈夫和主人等方面。

美德的天然位置紧挨着自由，但是，它与极端自由之间的距离，却像它与奴役之间的距离那样遥远。

第四节　人民腐化的特殊原因

巨大的成功，尤其是人民为之作出了巨大贡献的成功，会赋予人民一种傲气，致使人民再也不接受领导。他们忌恨官吏，进而忌恨所有官职；他们敌视政府，进而敌视政治体制。就这样，萨拉米海战①中击败波斯人的胜利腐化了雅典人的共和国②，就这样，雅典人的战败葬送了叙拉古共和国③。

马赛共和国从未有过从默默无闻到声名显赫的重大经历，所以它始终井然有序，保持着自己的原则。

---

① 萨拉米海战，公元前 480 年波斯战争期间希腊人取得的一次重大胜利。——译者

② 亚里士多德，《政治学》，第五卷，第四章。

③ 亚里士多德，《政治学》，第五卷，第四章。

第五节　贵族政体原则的腐化

贵族政权如果变成独断专行，治者和被治者都不再有美德，贵族政体就腐化了。

掌权的诸家族如果都依法行事，那就是一个由若干君主治理的君主政体，就其性质而言，这是一个良好的专制政体，因为所有君主都受法律制约。可是，掌权的诸家族如果不守法，那就是一个由若干专制君主治理的专制政体。

在这种情况下，共和政体仅仅对贵族以及贵族之间而言是存在的。共和政体存在于统治集团之中，而专制政体则存在于被统治集团之中。这样一来，就形成了两个最不和谐的集团。

贵族成为世袭之后，腐化就达到了无以复加的程度①，此时的贵族几乎没有任何宽和可言。贵族如果人数较少，权力就大，但安全程度随之降低。贵族如果人数较多，权力便小，安全程度则较高。循此规律，随着权力不断增大，安全程度日渐降低，直至集无限权力与极端危险于一身的专制君主出现。

世袭贵族政体下的贵族人数如果较多，政治就不那么暴戾，可是由于鲜有美德，人们的精神便会陷于懒散、怠惰和放任，其结果便是国家孱弱，失去动力②。

可以在如下条件下维持贵族政体原则的力量：法律让贵族们感到，发号施令的快乐远逊于它所带来的危险和劳累；国家的处境令人不安，

① 贵族政治蜕变为寡头政治。

② 有一些共和国应用法律，矫治了世袭贵族政体的弊端，威尼斯是其中做得最好的一个。

虽无内忧，却有外患。

君主政体需要一定程度的自信，才能获得光荣和安全；反之，共和国则必须有所畏惧才行①。对波斯人的畏惧使希腊人的法律得到了维护。迦太基和罗马因彼此威吓而各自得到了加强。真是怪事！这些国家越是安全，就越像死水一样迟早要腐败。

第六节　君主政体原则的腐化

当人民剥夺了元老院、官吏和法官的职权时，民主政体就此终结，转而走向大众专制政体。当集团的特权或城市的优先权被剥夺时，君主政体便就此腐化，转而走向一人专制政体。

一位中国作者写道："晋朝与隋朝覆亡的原因是，君主们不愿像古人那样只做他们唯一应该做的事，即统领大局，却要事必躬亲②。"这位中国作者在这里告诉我们的，正是几乎所有君主政体腐化的原因。

当君主认为改变而不是遵循事物的秩序更能展示他的权力时；当君主剥夺某些人的世袭职务，专断地交给另一些人时；当君主钟情自己的心血来潮胜过热爱自己的意志时，君主政体行就将覆亡。

当君主事必躬亲，把全国系于首都，把首都系于宫廷，把宫廷系于自己一身时③，君主政体就行将覆亡。

① 查士丁把雅典人的美德沦丧归咎于伊巴米农达之死。他们不再争强好胜，把收入全都花费在节庆上。"常常只顾晚宴而不顾城堡。"于是，马奇顿人便悄然崛起了。见《腓力史摘要》，第六卷，第九章。

② 杜赫德，《中华帝国全志》，第二卷，第 648 页，转引自《明人著作集》。

③ 注释家们普遍认为，孟德斯鸠在本章中严厉抨击了路易十四及其继承人的中央集权政策，尤以这段话最为明显。——译者

最后，君主如果低估自己的权威、地位以及人民的爱戴，如果不懂得一个君主应该能够察觉自己处于安全之中，犹如专制君主应该知道他正处于危险之中一样，那么，君主政体也将覆亡。

第七节　续前题

当头等官品成为头等奴役的标志，当显贵们丧失了人民的尊敬，沦为专横权力的卑劣工具时，君主政体的原则就腐化了。

当荣誉与荣宠发生矛盾时，当恶行[①]与尊荣集于一身时，君主政体的原则就腐化了。

当君主把公正变为严酷时，当君主如同罗马皇帝那样，把美杜莎[②]的头颅挂在胸前时[③]，当他摆出一副威胁和恐怖的神气，如同康茂德[④]对他的雕像所要求的那样[⑤]，君主政体就腐化了。

当卑劣之徒因奴颜婢膝而跻身显贵并因此而沾沾自喜时，当他们认为一切都是君主所赐而与国家无涉时，君主政体的原则就腐化了。

① 提比略在位时为告密者树立雕像，并饰以胜利大奖，这就大大贬损了荣宠，致使有资格获得荣宠者都以荣宠为不屑。《狄奥残篇》，第五十八卷，第十四章，引自君士坦丁·波菲洛戈尼图斯，《品德与邪恶摘录》。参阅塔西佗，《编年史》，第十四卷，第七十二章。塔西佗在此章中记述了尼禄发现并惩罚了一个所谓的谋反集团后，向佩特罗尼乌斯·图尔比利亚努斯（Petronius Turpilianus）、涅尔瓦（Nerva）、提吉利努斯（Tigellinus）颁发胜利大奖。塔西佗在此书的第十三卷第五十三章中还谈到了罗马将军们因鄙视荣宠而不屑于参战。人们把胜利太不当回事了。见塔西佗，《编年史》，第十三卷，第五十三章。

② 美杜莎（Méduse），希腊神话中的女妖。——译者

③ 这个国家的君主对其政体的原则十分清楚。

④ 康茂德（Commode, Aurelius），罗马皇帝（180—192 在位）。——译者

⑤ 参见希罗迪安（Hérodien），《历史》。

但是，如果如同各个时代的历史所昭示的那样，君主的权力越大，他的安全便越少，那么，腐化这个政权直至改变其性质，这难道不也是针对他的大逆罪吗？

第八节　君主政体原则腐化的危险

麻烦不在于由一个宽和政体变为另一个宽和政体，例如由君主政体变为共和政体，或由共和政体变为君主政体，而在于由宽和的君主政体蜕变为专制政体。

大部分欧洲国家至今仍旧依靠习俗治国。可是，如果通过长期滥用权力或大规模的征服性战争而在某个地方建立起专制政体，那么，习俗和气候都无法抗拒。于是，至少在一段时间中，人性就将在世界这个美丽的部分受到侮辱，如同在世界的其他三部分①一样。

第九节　贵族强烈倾心于保卫王位

英国贵族把自己和查理一世②埋葬在王位的碎片之下。在此之前，菲利普二世③用自由这个字眼蛊惑法兰西人时，王位始终得到贵族的支持，贵族把臣服国王视为荣宠，把与民分享权力视为最大耻辱。

我们知道，奥地利王室曾不懈地致力于压迫匈牙利贵族，却不知道

① 前面说到的那部分指欧洲，其他三部分指亚洲、非洲和美洲。——译者

② 查理一世(Charles I，1600—1649)，英国国王(1625—1649在位)。——译者

③ 菲利普二世(Philippe II Auguste，1165—1223)，法国国王(1180—1223在位)。——译者

这些贵族有朝一日会是多么可贵。它想方设法搜刮这些贵族其实并不拥有的钱财,却看不见这些贵族中的人才。当许多君王争相瓜分奥地利的各邦时,这个君主国的各个方面却坐以待毙、毫无作为,以至于纷纷败落。唯有一息尚存的贵族怒发冲冠,不顾一切地进行抗争,把牺牲生命和抛弃前嫌视为自己的光荣①。

第十节 专制政体原则的腐化

专制政体原则的腐化从不间断,因为这个原则就其本质而言就是腐化的。别的政体之所以覆亡是由于某些特殊变故破坏了它们的原则,专制政体则不然,倘若某些因素不能制止其原则的腐化,那么,这种政体覆亡的原因在于它内在的弊病。所以,只有在气候、宗教、形势和人民的才智等因素所形成的局势下,它被迫遵循某些秩序并接受某些规则时才得以维持。这些因素对专制政体性质的影响至巨,却不能使之改变。专制政体的凶残依然如故,只不过一时被驯服而已。

第十一节 政体原则的完好和腐化的自然后果

政体原则一旦腐化,再好的法律也会变坏,而且转而加害于国家。政体原则完好时,坏法律也会产生好法律的作用,因为原则的力量带动

① 此处系指匈牙利贵族在1741年至1748年的奥地利王皇位继承战争中,对奥地利皇后玛利亚-特雷莎的效忠。——译者

一切。

克里特人为了将头等官吏置于法律之下,使用了一种特殊的方法,那就是起义。一部分百姓揭竿而起[①],赶走官吏,强迫他们恢复私人身份。人们认为这种做法是有法律依据的。这种以起义防止滥权的制度,似乎可以颠覆任何共和政体,却并未摧毁克里特共和国。原因如下[②]:

古人要谈论最热爱祖国的人民时,必定首推克里特人。柏拉图说[③],祖国这个词对克里特人来说是多么亲切。他们用一个表示母爱的词称呼祖国[④],对祖国的热爱矫治了一切。

波兰的法律也有关于起义的规定,可是,由此产生的后果却表明,唯有克里特人民能够成功地运用这剂良药。

希腊人所创立的体育运动,同样离不开完好的政体原则。柏拉图说[⑤],"正是斯巴达人和克里特人开设的这些著名的竞技学校,使他们在世界上跻身杰出民族之列。最初难免感到羞涩,但终于让位于公共利益。"柏拉图在世时,这种制度令人赞叹[⑥],它与军事技术这个重大题目相关。可是,当希腊人不再有拥有美德时,这种制度竟然把军事技术

① 亚里士多德,《政治学》,第二卷,第十章。

② 人们总是首先联合起来对付外部敌人,这叫做一致对敌。参见普鲁塔克《道德论集》,第 88 页。

③ 《理想国》,第九卷。

④ 参阅普鲁塔克在《道德论集》中论述"年长者是否应该参与公共事务"的部分。

⑤ 《理想国》,第五卷。

⑥ 体育运动分为两个部分,即舞蹈和角斗。克里特有库莱特武装舞蹈,斯巴达有卡斯托耳和波吕丢刻斯[希腊神话中宙斯的双生子。——译者]的武装舞蹈,雅典则有帕拉斯[希腊神话中的巨人。——译者]武装舞蹈,所有这些武装舞蹈都非常适合于尚未达到奔赴沙场年龄的人。柏拉图在《法篇》第七卷中说,角斗是对战争的想象。他称赞古人创立了两种舞蹈,即和平舞和剑舞。关于剑舞在军事记述中的应用,参见柏拉图前引书。

也摧毁了。走上角斗场不再是为了锻炼，而是为了腐化[1]。

普鲁塔克告诉我们[2]，与他同时代的罗马人认为，这些竞技就是希腊人沦为奴隶的主要原因。其实恰恰相反，希腊人沦为奴隶，是这些竞技活动败坏的原因。在普鲁塔克生活的年代[3]，公园里的裸体搏斗和角力使年轻人懦弱胆怯，沉湎于卑劣的情欲，变成了一群卖艺者。可是，在伊巴米农达生活的年代，底比斯人由于经常练习角力，赢得了琉克特拉战役的胜利[4]。

国家如果没有丢失其原则，不好的法律就很少，正如伊壁鸠鲁在谈及财富时所说："腐败的不是酒，而是酒罐。"

第十二节　续前题

罗马的法官起初来自元老院的成员。格拉古兄弟[5]把这个特权转给了骑士。德鲁苏斯[6]把它交给了元老院成员和骑士，而苏拉把它只交给元老院成员。科塔[7]则把它交给元老院成员、骑士和国库监督官。恺撒把它从国库监督官手中收回。安东尼[8]则将元老院成员、骑士和百人长编成十人队。

① 马提亚尔(Matial)，《短诗集》，第四卷讽刺诗第 55 首写道："或是莱达(希腊神话中的公主。——译者)喜爱的淫荡的斯巴达角斗场的竞技。"

② 普鲁塔克，《道德论集》中"关于罗马事物"第 40 个问题。

③ 同上。

④ 普鲁塔克，《道德论集》中的"杂谈"第二卷，第 5 题。

⑤ 格拉古兄弟(les Gracques，约前 163—前 133)，罗马贵族改革家。——译者

⑥ 德鲁苏斯(Drusus，？—前 91)，古罗马保民官。——译者

⑦ 柯塔(Cotta)，公元前 74 年任罗马执政。——译者

⑧ 安东尼(Antoine，前 82—前 30)，罗马三执政之一。——译者

当一个共和国已经腐化，只有铲除腐化，恢复原则，才能抑制正在孳生的邪恶，任何其他方法非但不能奏效，反而可能成为一种新的弊端。当罗马的原则完好无损时，审判权可以由元老院的成员们执掌而不至于出现滥权现象。然而，罗马一旦腐化，审判权无论由元老院成员、骑士或国库监督官执掌，或是由其中的两个或三个集团共同执掌，或是由任何另外一个集团执掌，都无法消除弊病。骑士不比元老院成员更有品德，国库监督官不比骑士强，而骑士则与百人长一样品德不佳。

当罗马的平民得到允诺可以与贵族一样担任官职时，他们理所当然地以为，讨好平民的那些人将主宰政府。其实不然，我们看到的是，罗马人民虽然允许平民担任官职，却依然总是把选票投给贵族。因为，人民品德高尚，宽容厚道，因为他们是自由的，不以权力为重。可是，当他们丧失自己的原则后，越有权力便越不谨慎，直至最终变成自己的暴君和自己的奴隶。他们失去了自由的力量，因放纵而变得孱弱。

第十三节　誓言对品德高尚人民的效应

狄特-李维说，与其他民族相比，淫逸之风在罗马人中间孳生最迟，他们以节俭和贫困为荣的时间也最长①。

誓言在罗马人中间威力极大，比任何别的东西更能让罗马人民遵纪守法。为了信守誓言，他们常常能做出为了光荣和祖国所不能做的事。

执政官昆克提乌斯·金基纳都斯②要在罗马招募一支军队去征讨

---

① 狄特-李维，《古代罗马史》，第一卷“序论”。

② 昆提乌斯·金基纳都斯（Quintius Cincinnatus，约前5世纪），罗马民族英雄，曾任执政官。——译者

埃魁人和窝尔西人①，遭到保民官们的反对，他于是说："好吧，那就让去年向执政官宣过誓的人在我的旗帜指引下前进②。"保民官们高声叫嚷说，誓言已经无效，因为去年宣誓时，金基纳都斯还只是个普通百姓。但是，保民官们的叫喊毫无用处，因为人民比那些试图插手领导他们的人更加笃信宗教，根本不听保民官们所作的区分和解释。

人民想要退入圣山，可是一想到自己曾当着执政官的面发过誓，要追随他们前去作战③，便踌躇不前。他们于是打算杀死执政官，可是，有人告诉他们，即使把执政官统统杀掉，誓言也不会因此而失效。从他们想要犯的罪就不难看出，他们对于背弃誓言抱持一种什么样的观念。

坎奈战役④之后，惊惶失措的人民试图退往西西里，西庇阿⑤让他们发誓绝不离开罗马。对于违背誓言的惧怕战胜了其他一切恐惧。罗马如同狂风暴雨中的一艘船只，紧紧拽住它的是两支锚：宗教和习俗。

第十四节 政制中最细小的变化如何导致原则的毁损

在亚里士多德的笔下，迦太基是个治理良好的共和国。波利比乌

① 埃魁人（Eques）和窝尔西人（Volsques），居住在古代意大利中部的部族。——译者

② 狄特-李维，《古代罗马史》，第三卷。

③ 狄特-李维，《古代罗马史》，第二卷。

④ 坎奈（Cannes），意大利的一个村庄，公元前 216 年汉尼拔在此打败了罗马人。——译者

⑤ 卢西乌斯·西庇阿（Lucius Scipion，卒于公元前 184 年），公元前 218 年任罗马执政官，公元前 187 年因被控挪用公款而受审。——译者

斯告诉我们,在第二次布匿战争[①]时期,迦太基的元老院几乎完全丧失了权威,这是它的一大缺陷。狄特-李维说,汉尼拔回到迦太基时发现,官吏和士绅不但把公共财产攫为己有,而且滥用权力。官吏们的品德与元老院的权威同时丧失,这一切都因为同一原则。

罗马人的监察制度是人所共知的奇迹,有一段时间,它却成了沉重的负担。可是,大家还是支持它,因为当时奢华甚于腐化。克劳狄乌斯[②]削弱了监察制度,腐化于是超过了奢华,监察制度似乎也就自行消失了[③]。监察制度遭到破坏,然后因请求而得到恢复,再次被抛弃,最终完全废止,直到变得毫无用处,此时是奥古斯都和克劳狄统治期间。

第十五节　保持三种原则的有效方法

我无法让读者在读完下面四章之前了解我的想法。

第十六节　共和政体的显著特点

就性质而言,共和国应该幅员较小,否则它就很难存活[④]。大的共和国里有巨大的财富,因而节制精神较少,交由某个公民个人掌控的财

① 大约一百年以后。

② 克劳狄乌斯(Claudius),公元前 313 年担任罗马监察官。——译者

③ 参阅狄奥,《罗马史》,第三十八卷:普鲁塔克,《西塞罗传》;西塞罗,《致阿蒂库斯》,第四卷,第 10、15 封信;阿司卡尼乌斯(Ascanius)在《占卜》中论及西塞罗的段落。

④ 这在 18 世纪被认为是一条不争的原则,孟德斯鸠尤其如此。他在《罗马盛衰原因论》中指出,疆域的扩张是罗马由共和国变成帝国的原因。——译者

富太多，人们的利益便各不相同。一个人起初觉得没有祖国也可以幸福、伟大和显赫，用不了多久，他就会以为，只有让祖国变成一片废墟才能彰显其伟大。

在一个大共和国里，公共福利成了多种多样考虑的牺牲品，既受制于各种各样的例外，又取决于多种偶然因素。在一个小共和国里，每个公民都能更多地感受和了解公共福利，与公共福利更为接近。因此，那里的弊端不那么普遍，也较少受到保护。

斯巴达之所以能长期存在，原因在于经历了所有的战争之后，领土未受损失。斯巴达的唯一目标是自由，而自由的唯一好处是光荣。

既满足于自己的领土，也满足于自己的法律，这就是希腊各共和国的精神。雅典萌生了野心，并把野心传递给了斯巴达。不过，这种野心不是想要役使奴隶，而是为了统治自由的人民；不是破坏联盟，而是领导联盟。君主政体兴起之时，这些便都不复存在，因为，君主政体更倾向于扩张。

如果没有特殊情况，除了共和政体，任何其他政体都很难在一个城市里存活。这个小国的君主会很自然地压迫人民，因为他拥有巨大的权力，却没有多少办法使用权力，并让他的权力得到尊重，于是他就恣意蹂躏人民。从另一方面看，这样的君主很容易被外部势力乃至国内某种势力所压迫，而人民则时刻都会聚集起来反对他。这位君主如果只控制一个城市，他一旦被赶走，事情就到此为止；如果他控制着若干城市，事情便只是刚刚开始。

第十七节　君主政体的显著特点

君主政体国家的幅员应该适中。小了会成为共和政体。若是很大，权贵们就会凭借其权势不把君主放在眼里，在朝廷之外有他们自己的朝廷，况且，他们毫不忌惮法律和习俗会对他们迅速发生效力，因而很可能不再向君主表示臣服。惩罚既慢又远，他们不会惧怕。

所以，查理曼[①]不得不分割他刚刚建立起来的帝国。不是因为行省的总督们不服从，就是为了让他们更服从，他被迫把帝国分割成若干王国。

亚历山大[②]死后，他的帝国便被瓜分。若非如此，希腊和马其顿的那些大人物怎么会服从呢？因为他们都是自由人，至少也是散布在这个广袤土地上的征服者的首领。

阿提拉[③]死后，他的帝国就四分五裂。那些已经不受约束的王侯们是不会重新给自己戴上锁链的。

在这种情况下，迅速建立没有限制的权力，是防止帝国瓦解的一个有效手段，然而，这却是继扩张带来灾难之后的又一个灾难！

百川汇入大海，众多的君主国消失在专制主义中。

第十八节　西班牙的君主政体是个特例

请不要以西班牙为例，西班牙恰恰证实了我的论述。为了保住美洲，西班牙把美洲的居民斩尽杀绝，这种事连专制主义都不会干。西班

① 查理曼（Charlemagne，约 742—814），法兰克王国国王，查理帝国皇帝。——译者

② 亚历山大（Alexendre，前 356—前 323），史称亚历山大大帝，马其顿国王（前 336—前 323 在位），亚历山大帝国的创建者，公元前 323 年病殁，帝国迅即瓦解。——译者

③ 阿提拉（Attila，卒于 453 年），匈奴王。——译者

牙让殖民地的一切都依赖它，否则便不能存活，唯有如此，它才能保住殖民地。

西班牙曾试图在荷兰推行专制主义，当它放弃这一努力时，进一步陷入了两难境地。一方面，瓦隆人[①]不愿接受西班牙人的统治；另一方面，西班牙士兵不愿服从瓦隆军官的指挥[②]。

西班牙之所以能够赖在意大利，原因在于它让意大利富了起来，自己却为此而伤筋动骨。因为，那些原本想要摆脱西班牙国王的人，舍不得为此而放弃他的金钱。

第十九节　专制政体的显著特点

一个幅员广袤的帝国的统治者必须握有专制权力。由于路途遥远，送达君主的决定颇费时日，所以君主必须当机立断；必须让远离宫廷的总督和其他官员们有所畏惧，藉以防治懈怠；法律必须出自单独一人，并且不断变换，犹如意外事件，而国土越广袤，意外事件也就越多。

第二十节　以上各节引出的结果

如果说，小国的自然特性宜行共和政体，稍大的国家的自然特性宜行君主政体，而大国的自然特性则宜由专制君主治理，那么，为了维持业已确立的政体原则，就应该保持国家既有的疆域，无论缩小或扩大，

① 瓦隆人(Wallons)，当地操瓦隆语的居民，现居比利时。——译者
② 参阅勒克莱尔(Le Clerc)，《联合省史》。

都会导致国家精神的变化。

第二十一节　中华帝国

结束本章之前，我想就人们对我以上论述可能提出的驳斥，进行一番答辩。

我们的传教士谈及幅员辽阔的中华帝国时，把它说成一个令人赞叹的政体，其原则兼容畏惧、荣宠和美德为一体。这么说，我所确立的三种政体原则，便是徒劳无益的区分了。

对于一个如果不使用棍棒，人民便什么也不干的国家而言，我不明白他们所说的荣宠是什么[①]。

此外，传教士们提及的那些美德，从我们的商人的叙述中几乎丝毫也感觉不到。我们不妨听听他们所说的中国官员的欺诈掠夺行径[②]。

我还可以请安森勋爵[③]这位伟人作证[④]。

此外，在巴多明神甫[⑤]的书信中，记述了皇帝对让他不快的几位基督教徒亲王[⑥]的惩治，此事让我们看到了一以贯之的暴政，以及被视为

① 杜赫德神甫说，统治中国的是棍棒。［见《中华帝国全志》，第二卷，第134页。——译者］

② 比如说，参阅郎克的记述。

［郎克（Lange），瑞典人，1716年以俄国特使身份来华，此后先后五次担任俄国驻华商务代表。著有《郎克驻节北京日记》等。——译者］

③ 安森（George Anson），英国水师军官，曾率舰队作环球航行，其间曾在澳门及广州作短暂逗留。回国后著有《环球航行记》，书中有关中国的记述以负面为多。——译者

④ 这句话是《论法的精神》再版时孟德斯鸠添加的。——译者

⑤ 巴多明（Parennin），在华法国耶稣会传教士。——译者

⑥ 苏努家族的成员。见《中华帝国全志》，第十八卷。

天经地义，也就是不动声色地对人性的摧残。

我们还有德梅朗先生和巴多明神甫谈论中国政府的书信。读了几个合乎情理的问题和回答后，令人赞叹之处全都化作烟云了。

传教士们或许是被表面的秩序蒙蔽了，或许是单独一人持续不断地行使的个人意志给了他们以深刻的印象，因为他们自己也在一人意志的统治之下[①]，他们还费尽心机，试图在印度诸王的朝廷里，找到这种持续不断地行使的个人意志。他们到那里去为的是挑起巨大变革，对他们来说，让君主们相信自己无所不能，远比让老百姓相信自己能忍受一切容易得多[②]。

不过，有些真实的东西往往存在于谬误之中。由于某些特殊的或许是独一无二的情况，中国的政体没有达到它所应该达到的腐败程度。大多基于气候的物质原因抑制了这个国家里的道德原因，进而演绎出了种种奇迹。

中国的气候出奇地有利于人口增殖。那里的妇女生殖力之强为世界所仅见。最残忍的暴政也不能抑制人口增长。中国的君主不能像法老那样说："我们不如用巧计对付他们[③]！"中国的君主只能抱有尼禄的那种愿望：但愿全人类只有一个首领。暴政归暴政，气候将使中国的人口越来越多，并最终战胜暴政。

与所有稻米生产国[④]一样，中国经常发生饥荒。百姓濒临饿死时便四出觅食。于是，各地就出现三五成群的盗贼，其中多数被剿灭，少数则越聚越多，但终究逃脱不了覆灭的命运。可是，远离京城的省份这

① 此处指教罗马天主教教皇对天主教徒的统治。——译者

② 在杜赫德神甫的著作里可以看到，传教士们如何借助康熙皇帝的权威，让那些一再声称中国的法律不允许洋人在中国设教的官员们免开尊口。

③ 孟德斯鸠引自《圣经·出埃及记》。——译者

④ 参阅本书第二十三章第十四节。

么多，难免有几伙人渐成气候，在原有的基础上日益壮大，形成武装集团，直捣京城。他们的首领于是登上皇位。

在中国，不良政府很快就会受到惩罚，这是事物的性质使然。数量奇多的人民生计无着时，混乱局面就会突然出现。因此之故，在别的国家里，革除弊端十分困难，因为效果不明显，君主不会如同在中国那样立即受到迅捷和明晰的警告。

我们的君主认识到，国家如果治理得不好，在彼岸世界就难以幸福，今生的权力和财富也不会多。中国君主的感受与我们的君主不同，他们知道，倘若国家治理得不好，帝国就会倾覆，他们自己也性命难保。

尽管时有弃婴发生，但是中国的人口依然不断增长①，因此，必须勤奋劳作，以使土地提供赖以活命的粮食。这就需要政府给以巨大的关注。政府时刻都要关心，以期人人可以安心劳作，不必担心因劳动成果被他人攫取而白辛苦一场。所以，与其说这是一个管理公民事务的政府，毋宁说这是一个管理家政的政府。

这就是人们议论甚多的各种法规的由来。有人曾经试图让法律与专制主义并行不悖，但是，任何东西一旦与专制主义沾边，就不再有力量。专制主义在无数祸患的挤压下，曾经试图用锁链束缚自己，然而却是徒劳无益，它用锁链把自己武装起来，从而变得更加骇人。

所以，中国是一个以畏惧为原则的专制国家。在最初那些王朝统治时期，疆域没有现在那样辽阔，专制精神可能略为逊色。可是，如今已非昔日可比了。

① 参阅《耶稣会士书简集》，第二十一辑中关于一位总督提倡垦荒的记述。

第　二　编

第九章

法与防御力量的关系

第一节　共和国如何获取安全

一个共和国，小则亡于外敌，大则毁于内弊。

民主政体国家和贵族政体国家无论是好是坏，也都避不开这两种祸害。弊病存在于事物内部，任何方法都无法补救。

如果没有创造出一种政体，即联邦共和国，它既有共和政体的所有内在优越性，又有君主政体的外部力量，人类可能最终不得不永远生活在一人治国的政体之下。

联邦共和国①的政体形式是一个协议，依据这个协议，若干政治实体同意成为一个较大国家的公民。它把若干实体联合成为一个新的实体，这个新实体可因新成员的加入而扩大。

希腊之所以长期繁荣，原因就在于这种联合。罗马人倚仗这种联

① 孟德斯鸠不像我们今天那样对联邦和邦联作严格区分，所以他对联邦(fédération)和邦联(confédération)这两个词的使用比较随意。——译者

合攻击整个世界，整个世界也仅仅倚仗这种联合抗击罗马人。在罗马鼎盛时期，蛮族出于对罗马的畏惧而在多瑙河和莱茵河彼岸结成联盟，他们正是倚仗这种联盟顶住了罗马人的攻击。

同样因为这种联盟，荷兰①、德意志以及瑞士同盟在欧洲被视为永恒的共和国。

与当今相比，城市在过去更加需要联合。一个实力不强的城邦过去面临着更大的危险，一旦被征服，它不但要像今天那样失去行政权和立法权，而且还会失去人所拥有的一切②。

这种类型的共和国既有能力抵御外敌，保持强盛，内部也不会腐化，因为这种联合形式能防止一切弊端。

图谋篡权的人很难在所有的加盟国中获得同样的信任。倘若他在一个加盟国中权力过大，其他加盟国就会警觉，倘若他制服了一个地方，攫取了一部分兵力，其余仍然自由的地方就会用与独立于他的兵力与他对抗，把他击败于尚未站稳脚跟之时。

某个加盟国如果发生叛乱，其他加盟国可以予以平定。某地出现弊端，其余没有弊端的地方可以予以纠正。这种国家一端倾覆时，另一端并不因此而惨遭同样命运。邦联可以解散，而加盟国依然保有主权。

这种由若干小共和国组成的国家，享有各加盟国内部的良好治理，对外则凭借联合而具有大君主国的一切优越性。

---

① 荷兰由将近五十个各不相同的共和国组成。参阅贾尼松（Janisson），《联省国》。

② 公民自由、财产、妇女、儿童、庙宇乃至墓地。

第二节　联邦应由性质相同的国家尤其是共和国组成

迦南人[①]遭受灭顶之灾，原因在于他们是一些未曾联合起来的小共和国，没有共同进行防御。这是因为，小君主国因其性质而不宜组成邦联。

德意志联邦共和国由若干自由城市和君主统治下的一些小国组成。经验表明，这个共和国不如荷兰和瑞士完善。

君主政体的精神是战争与扩张，共和政体的精神是和平与节制。这两种政体的国家只有借助强制力量才能共存于同一个联邦共和国内。

所以，我们在罗马史中看到，韦伊人[②]挑选出一个国王之后，就被托斯卡纳地区的所有小共和国摒弃。当马其顿的君主们在近邻同盟成员国[③]中谋得席位时，希腊便丧失了一切。

德意志联邦由君王和自由城市组成，它之所以能够生存，是因为有一个领袖，在某种程度上，此人也就是联盟的长官和君主。

第三节　联邦共和国所需的其他条件

在荷兰共和国，未经其他省同意，一个省不得结盟。对于一个联邦

① 迦南(Cannan)是《圣经》对腓尼基的称呼，后来指巴勒斯坦。——译者

② 韦伊人(Veïens)，韦伊是意大利西北部的托斯卡纳地区的一个古代城邦。——译者

③ 近邻同盟成员国(les amphictiones)。近邻同盟(Amphictyonie)，古希腊中部和北部诸城邦结成的一个具有宗教性质的联盟。——译者

共和国来说，这条法律非常好，甚至可以说是必不可少。德意志的政治体制中没有这条法律，否则，它就可以防止因某人一己的轻率、野心或贪婪而给全体成员带来不幸。一个加入了政治联盟的共和国，已经把自己完全交了出去，再也没有任何东西可交了。

所有加盟国很难大小相同，强弱相等。吕基亚[①]是一个由二十三个城市结盟的共和国，在公共议会中，大城市拥有三票表决权，中等国有两票，小国只有一票。荷兰共和国由七个大小不等的省组成，每省拥有一票。

吕基亚[②]的各个城市按拥有的票数多寡纳税。荷兰各省不以票数为比例，而按照各自的实力纳税。

在吕基亚，各个城市的法官和其他官员由公共会议依照上面提到的比例选举产生。在荷兰共和国，法官和其他官员不由公共议会选出，而是由各省委派。如果需要举出一个联邦共和国的优良典范，我推举吕基亚共和国。

第四节　专制国家如何获取安全

共和国通过结盟获取安全。专制国家获取安全的途径则是彼此分离，在某种意义上可以说是各据一隅。它们牺牲一部分国土，摧毁边境，使之成为一片荒漠，这样一来，帝国的腹地就变得无法接近。

几何学原理指出，物体的面积越大，其周长相对越短。所以，对于这种毁坏边境的做法，大国的容忍度大于中等国家。

---

① 参见斯特拉波，《地理志》，第十四卷。

② 吕基亚(Lycie)，古代小亚细亚南部地区，今土耳其南部，公元前1世纪曾是联邦共和国。——译者

残暴的敌人能做的坏事，这种国家对自己都做得出来，只不过，敌人是阻挡不了的。

专制国家还通过另一种分隔以谋自保，那就是把边缘省份交由封建藩属治理。莫卧儿、波斯以及中国皇帝都有自己的藩属。土耳其人则把鞑靼人、摩尔达维亚人、瓦拉契亚①人，过去还有特兰西瓦尼亚②人，置于他们自己与敌人之间。

第五节　君主国家如何获取安全

君主国家不会像专制国家那样自戕，但是，一个中等大小的君主国可能很快遭到侵犯。所以它修建要塞，用以保卫边境，驻守军队，用以保卫要塞。每一寸土地都要用技艺、勇气和韧性去争夺。专制国家彼此侵犯，唯有君主国家进行战争。

君主国家才有要塞，专制国家不敢修建要塞，它们不敢把要塞托付给任何人，因为谁都不爱国家和君主。

第六节　泛论国家的防御力量

一个国家若想拥有强大的武力，其幅员大小必须适中，以使敌人的进击速度与己方的反击速度保持一个适当的比例。由于进攻者可能在同一时间内四面出击，防卫者也应能够在同一时间内四面防御。这就

① 瓦拉契亚(Valachie)，南喀尔巴阡山和多瑙河之间的一个地区，在今罗马尼亚境内。——译者

② 特兰西瓦尼亚(Transilvanie)，喀尔巴阡山麓地区，今属罗马尼亚。——译者

要求国土面积不能过大，否则，人天生的移动速度便不能适应。

法国与西班牙的幅员恰好符合这个要求。军队之间的联络非常顺畅，何处需要兵力，很快就可以调到，然后迅速地由此处边境转移到彼处边境，丝毫不必担心有什么事情来不及做。

法国很幸运，越是薄弱的边境，离首都越近，越是暴露的领土，国王看得越清。可是，波斯这样的一个大国，一旦遭到攻击，散在各处的军队需要数月才能集结，让军队急行军半个月不难，让它们急行军数月则不可能。边境上的军队如果抵挡不住，就必然溃散，因为近处没有地方可以撤退。胜利者遇不到任何抵抗，于是长驱直入，兵临首都城下，并围而攻之，而各省总督此时却刚刚接到增援的命令。那些以为革命时机已到的人，拒绝服从命令，以此加速革命的爆发。只因惩罚近在眼前而忠顺的那些人，当惩罚已经远去时，便不再忠顺，而只顾自己的个人利益了。帝国于是分崩离析，京城落入敌手，征服者接着与总督们争夺各省。

君主的真正实力，与其说表现在他攻击敌人时轻易得手，毋宁说表现在敌人攻击他时难以取胜，我甚至可以大胆地说，在于他的岿然不动。不过，国家的疆土扩张后，就会暴露出一些易遭攻击的软肋。

因此，君主们固然应该具有增强实力的智慧，同样应该具有适可而止的谨慎。在消除幅员狭小的不便时，他们也应始终关注幅员广大带来的麻烦。

第七节　思考

一个在位甚久的伟大君主①屡次受到敌人的责难，说他制定了一

① 此处指法国国王路易十四。——译者

个欧洲王国[①]的计划，并付诸实行，我觉得，原因不在于敌人言之有理，而在于他们的恐惧。这位君主倘若果真实现了这个计划，对于欧洲、他的昔日臣民以及他本人和他的家庭，都将是致命的灾难。上天知道真正的好处何在，没让他打胜仗，而让他打败仗，以此为他效劳。上天没有让他成为欧洲之王，却赐给他以更大的恩惠，让他成为诸王之中最强大的国王。

他的国民在国外时，只有他们所离弃的事物能让他们动情，他们远走他乡时，把光荣视为最最珍贵的财富，在异国他乡却又把光荣看作回归故里的障碍；他们似乎把鄙夷掺入到自己的优良品质中，致使这些优良品质令人生厌；他们能够承受创伤、危难和劳累，却容不得失去欢乐；欢快是他们的至爱，每当战斗失利时，他们在颂扬将军的歌声中得到慰藉；凡是在一个国家失败也必然在所有国家失败的事业，凡是一旦失败便永远失败的事业，他们永远不会把它进行到底。

第八节　当一个国家的防御力量弱于其攻击力量时

库西老爷[②]曾对国王查理五世[③]说："英国人在本国时最软弱，最容

① 此处"欧洲王国"的原文为 monarchie universelle，按字面可译作世界君主国、世界王国或普世王国。我们知道，孟德斯鸠在 1727 年撰写了《对于欧洲普世王国的思考》(*Réflexions sur la monarchie universelle en Europe*)，文中讨论的是有人对路易十四试图建立一个疆域广及全欧洲的大王国的指责。本节全部录自该文的第十七节第一段和第三段，一字不差。由此可见，本节中的 monarchie universelle 就是原来的 monarchie universelle en Europe 的省略，所以不宜译作"世界王国"，而应译作"欧洲王国"。——译者

② 库西(Coucy)是欧洲的一个大贵族家族的姓氏，成员众多。此处可能指英王爱德华三世的女婿昂盖朗・库西(Enguerrand Coucy)。——译者

③ 查理五世(Charles V，1337—1380)，法国国王(1364—1380 在位)。——译者

易被击败。”当年对罗马人也有同样评论，迦太基人对此曾有切身体验。任何一个国家，若是派遣远征军，以便借助纪律和军事力量，促使因政治或公民利益而分裂的人群团结起来，都可能被人如此议论。国家因积弊而虚弱，加以补救的结果却是使得国家更加虚弱。

普遍规律要求人们不要远征，库西老爷的箴言对于这条普遍规律而言是个例外。这个例外有力地确认了这条规律的正确性，因为，它仅仅适用于违背这条规律的人。

第九节　相对国力

一切煊赫、一切力量和一切权力都是相对的。应当切实注意，以免在增强实力时减损了相对的煊赫。路易十四在位中期，法兰西的相对煊赫达于顶点。德意志那时还没有后来那样伟大的君主。意大利也是这样。苏格兰和英格兰尚未组成为一个国家。阿拉贡与卡斯蒂利亚①也没有合并为一个国家，西班牙的分离部分因此而受到削弱，而这些分离部分又削弱了西班牙。莫斯科公国在欧洲的知名度并不大于克里米亚。

第十节　邻邦的衰弱

如果有一个邻邦正在衰落，那就应该谨慎，务必不要加速其覆灭。因为，这是再好不过的一种局面。对于一个君主来说，身边有一个弱不

① 卡斯蒂利亚(Castille)，西班牙中部地区。——译者

禁风的国家替他承受命运的所有打击和凌辱，哪里还有比这更舒心的事。通过征服这样的国家来增强国力而不至于相应地减损相对实力，这种事很少见。

第十章

法与攻击力的关系

第一节 攻击力

攻击力由万民法予以节制,万民法是调节各个国家相互关系的政治法律。

第二节 战争

国家的生命与人的生命一样,人在正当自卫时有杀人的权利,国家为了自保也有进行战争的权利。在正当自卫时,我有权杀人,因为生命之于我,无异于企图杀死我的那个人。一个国家进行战争也是这个道理,它的自我保护是正义的,正如其他所有自我保护一样。

在公民之间,正当自卫的权利绝不延伸为必须进行攻击。不应攻击,只需诉诸法庭即可。在紧急情况下,唯有在等待法律援助可能丧失生命时,才可以行使正当自卫权。不过,在各个社会之间,正当自卫权有时延伸为必须进行攻击。如果继续维持和平将会导致一个民族被另一个民族消灭的后果，此时实行攻击就是避免灭顶之灾的唯一手段。

因此，小社会比大社会更有进行战争的权利，因为前者比后者更经常地处于惧怕被人毁灭的状态中。

所以，战争权来自必需，来自严格的正义。指导君主们的良心，为他们建言的人如果不以此为准则，那就一切都完了。倘若以荣耀、财富和功利等自以为是的原则为由进行战争，大地上就将血流成河。

千万不要谈论君主的荣耀，他们的荣耀就是妄自尊大。这是一种欲望，而不是正当权利。

不错，君主若以强大著称，固然可以增强国家的实力，可是，君主若以公正著称，同样也可以增强国家实力。

第三节　征服的权利

征服的权利由战争的权利派生而来，前者是后者的结果，所以，征服的权利应当遵循战争的权利的精神。

当一个国家被征服时，征服者对被征服国家的权利应该遵照四种法律：一为自然法，该法要求一切都要有利于物种保存；二为自然理智法，该法要求己所欲则施于人；三为政治社会组成法，该法使大自然不会成为政治社会长期存在的障碍；四为由征服引申而来的法律，征服是一种获得，获得的精神所包含的是保存和使用的精神，而不是毁坏的精神。

征服国对待被征服国有下列四种方式：其一，继续依照被征服国的既有法律进行治理，征服国仅仅行使政治和民事治理权；其二，建立新的政治和民事治理机构；其三，打碎原有社会，将其分散到其他社会去；

其四，杀死所有公民。

第一种方式符合我们当今遵循的万民法，第四种方式更符合罗马人的万民法①；大家不妨就此作出判断，我们比过去好了多少。在此，我们应当赞颂当今的时代，赞颂今日的理性、宗教以及我们的哲学和习俗。

我们的公法学者们以古代历史为依据，脱离严格的实例，从而陷入重大谬误之中。他们深陷武断之中，硬说征服者有权杀人，我真不明白这是什么权利。他们还从这个原则中推导出一些同样恐怖的结论，并且确立了一些连征服者在稍有一点理智的时候也不会遵行的准则。很显然，征服者在完成征服之后不再拥有杀人的权利，因为他们已经不再处于正当防卫和自我保护的境况之中。

公法学者们之所以有这种想法，是由于他们认为征服者有权摧毁社会，并由此得出结论说，征服者也有权消灭组成社会的人群。这是一个从错误的原则推导出的错误结论。因为，社会如果将要被摧毁，那么，组成社会的人也将被消灭。社会不是人，而是人的结合。公民可以不复存在，人却应该永远存在。

政治家们从征服者的杀人权引申出奴役权来，但是，这个结论与其原则一样，其根据都是错误的。

除非为了保存征服成果必须实行奴役，否则就没有奴役权。征服的目的是保存，而奴役则绝非征服的目的。不过，有时为了达到保存的目的，奴役可能是一种必要的手段。

即使在这种情况下，永久性的奴役也是违背事物本性的。应当让被奴役的人民能够变成臣民。对于征服来说，奴役是一种偶然现象。一段时间之后，征服国的各个部分和被征服国的各个部分，由于习俗、

① 罗马人并未在他们所征服的地方灭绝原有的居民。孟德斯鸠此处列举史实有误。——译者

婚姻、法律、交往以及精神方面某种程度的类同而彼此结合，此时，奴役就应终止。因为，唯有在上述这些情况不存在，而且两个民族因彼此不信任而存在隔阂的条件下，征服者才有权利可言。

所以，奴役人民的征服者应该始终保留一些手段（此类手段不胜枚举），让人民摆脱奴役状态。

我在这里绝非泛泛而论。我们的祖先在征服罗马帝国时就是这样做的。他们在烈火和行动中，在狂暴和胜利者的骄横中制定的法律，后来都修改得较为温和了，这些法律原来比较严酷，后来变得比较公平。勃艮地人、哥特人、伦巴第人希望罗马人永远是战败者，然而，欧里克①、贡德鲍②和罗塔利③制定的法律却给予蛮族和罗马人以公民身份④。

为了制服萨克森人，查理曼剥夺了他们的自由民身份和财产所有权。宽厚者路易⑤恢复了他们的身份⑥，这是他在位期间最大的仁政。时间和奴役软化了他们的习俗，他们始终忠于宽厚者路易。

第四节　被征服人民的若干好处

政治家们与其从征服权中引申出那么可怕的后果，莫如谈谈征服

① 欧里克（Euric），西哥特王（466—484 在位）。——译者

② 贡德鲍（Gondebaud），勃艮地国王（473—516 在位），曾制定著名的《贡贝特法》（Loi Gombette）。——译者

③ 罗塔利（Rotharis），伦巴第王（638—653 在位），638 年前后制定《伦巴第法》。——译者

④ 参阅蛮族的法律和本书第二十八章。

⑤ 路易（Louis，778—840），即路易一世，查理曼之子，查理帝国皇帝（814—840 在位），史称宽厚者路易或虔诚者路易。——译者

⑥ 参阅无名氏著《宽厚者路易传》，见杜申（Duchesne），《文集》，第二卷，第 296 页。

权有时能给战败人民带来的好处。如果万民法能在全世界得到确认并且一丝不苟地执行，政治家们对这些好处也许会有更深切的体验。

被征服的国家通常都是法制衰败，贪腐丛生，法纪废弛，政府已经变成压迫者。倘若这个国家所遭受的不是一次毁灭性的征服，谁会怀疑征服能给它带来一些好处呢？一个国家倘若已经到了自己无法进行改革的境地，让别人来重起炉灶能有什么损失呢？当一个国家的富人极尽狡黠诡诈之能事，悄无声息地穷尽一切手段恣意掠夺，在痛苦中呻吟的穷人则眼看着种种弊端变成了法律，以至于竟然以为自己没有理由感到身受压迫。征服者进入这个国家，推倒一切，首当其冲遭受暴力的理应就是那个杀人不见血的暴政。

比如，我们看到，征服者舒缓了包税人原来对国家的某些压榨，征服者既没有原来合法君主的那些承诺，也没有原来的那些需求。无须征服者动手，弊端就自行消失了。

征服国由于节俭，有时甚至会把原来合法君主从人民中搜刮来的生活必需，交还给战败的人民。

征服能消除有害的偏见，我甚至敢说，征服可以把一个国家置于较好的领袖统治之下。

西班牙人对墨西哥人有什么好事不能做？他们本应向墨西哥人传布一种仁慈的宗教，可是他们带去的却是狂热的迷信。他们本应把奴隶变为自由民，但他们却把自由民变成了奴隶。他们本应让墨西哥人明白，以人作牺牲是一种恶习，可是他们却大肆屠戮墨西哥人。如果我想把他们所做的坏事和没有做的好事统统写出来，永远也写不完。

征服者所做的坏事，应该由他们自己补救一部分。我给征服权下的定义是：一种必要的、正当的、不幸的权利，它对人类本性欠下了一笔必须偿还的巨大债务。

第五节　叙拉古王杰龙[①]

我认为，历史上最好的和平条约莫过于杰龙与迦太基人签订的和约。杰龙要迦太基人废弃以儿童活祭的恶习[②]，这是多么值得称道的事啊！击败了三十万迦太基人之后，杰龙提出的条件只对于迦太基人有利，或者说，他签订和约是为了人类。

大夏人把年迈的父亲喂狗，亚历山大下令禁止[③]。这是他对迷信的一个重大胜利。

第六节　从事征服的共和国

在一个联邦体制内，一个成员国征服另一个成员国，就像今天在瑞士[④]发生的那样，这是违背事物本性的。在那些由小共和国和小君主国混合组成的联邦共和国里，这种事情引起的震惊较小。

一个民主共和国征服了一些城市，可是这些城市却无法享有民主，这更加违背事物的本性。正如罗马人最初规定的那样，被征服人民应当享有主权赋予的特殊利益。应该为征服规定一个限度，以使被征服

---

① 杰龙(Gélon，前 540—前 487)，叙拉古的僭主，公元前 480 年击败迦太基。——译者

② 见巴贝拉克(Barbeyrac)，《古代条约史》，第 112 条。

③ 见斯特拉波，《地理志》，第九卷。

④ 此处指托根堡。

[托根堡(Tockembourg，德文作 Toggenburg)，瑞士东部的一个地区，该地人民于 1706—1718 年进行了反对圣加仑的独立的战争，并取得胜利。——译者]

公民不超过民主政治所能容纳的数量。

一个民主政体国家如果征服一个民族，并将它作为臣民进行统治，那就将危及这个民主国家自身的自由，因为它必将对派往被征服国家的官吏委以过大的权力。

汉尼拔当年倘若攻取了罗马，迦太基共和国将会处于多么危险的境地？战败之后他尚且在自己的城市里一再掀起革命，当年如果得胜而归，还有什么事情他不会做呢[①]？

汉诺[②]如果仅仅出于妒忌，绝对不可能说服元老院不向汉尼拔派遣援兵。亚里士多德认为，元老院的决定是明智的（迦太基共和国的繁荣就是极好的证明），确实，如果没有极为正当的理由，它是不会作出这样一个决定的。假如看不到远在三百古里之外的军队遭受到了难以避免的损失，因而急需补充，那就是愚不可及了。支持汉诺的那一派主张把汉尼拔交给罗马人[③]，那时他们所惧怕的不可能是罗马人，而是汉尼拔。

有人说，人们不相信汉尼拔取得了成功，可是他们怎么会对此产生怀疑呢？迦太基人居住在世界各地，他们怎会不知道发生在意大利的事呢？正因为他们洞悉实情，才不愿意派兵驰援汉尼拔。

特利比亚河战役[④]、特拉西米诺湖战役[⑤]、坎奈战役[⑥]之后，汉诺更加坚定了。不是他的怀疑，而是他的恐惧增大了。

---

① 他是一个派别的头头。

② 汉诺（Hannon，前 3 世纪），迦太基统帅和政治家。在第二次布匿战争中，他成功地阻止了对汉尼拔的驰援。——译者

③ 汉诺要把汉尼拔交给罗马人，犹如加图要把恺撒交给高卢人一样。

④ 公元前 218 年第二次布匿战争中的一次大规模战役。——译者

⑤ 公元前 217 年第二次布匿战争中的一次重要战役。——译者

⑥ 公元前 216 年第二次布匿战争中的一次著名战役，汉尼拔在此役中击败了罗马军团。——译者

第七节　续前题

民主政体国家进行的征服还有另外一个麻烦，它的统治始终为被征服国所憎恶。这种统治往往被想象成君主政体性质，其实，各个时代和各国的经验表明，它比君主政体严酷。

被征服人民处于悲惨的境地，既享受不到共和政体的好处，也享受不到君主政体的好处。

以上关于平民国家的论述，同样适用于贵族国家。

第八节　续前题

所以，一个共和政体国家拥有附属国时，应该赋予附属国人民以政治权利和优良的公民法，藉以尽力补救上面提到的那些源自事物本性的弊病。

意大利的一个共和国将一些岛民置于它的统治之下，但是岛民们享有的政治和公民权利都很糟糕。我们还记得，那个大赦法①规定，不再依据总督的私人情报对岛民处以肉刑。我们常常看到一些民族要求特殊的权利，但是，元首在这里给予的仅仅是各民族都拥有的权利。

① 即 1738 年 10 月 18 日法（热那亚的弗朗盖里版第 6 条），其中规定："禁止该岛总督仅依据私下情报对任何国民处以肉刑。总督可以逮捕和监禁疑犯，但必须立即向上级报告。"又见 1738 年 12 月 23 日阿姆斯特丹《小报》。

第九节　征服邻邦的君主国

一个君主政体的国家如果能够长期保持威势，不因扩张而遭致削弱，那么，这将是一个很可怕的国家；它的实力将能长期保存，直至其周边的君主国家对它施加压力。

所以，君主国的征服活动应该限定在它的政体性质所许可的范围内。一旦超越了这个范围，它就应该出于谨慎立即停止。

在此类征服之后，当地的一切都应保持原样，诸如法庭、法律、习俗、特权等等，应当更换的只有军队和君主的名字。

君主国由于征服邻邦的一些省份而扩大疆土时，应该在这些省份施行仁政。

在一个长期进行征服活动的君主国里，原有领土内的那些省份通常会受到极大的损害。新旧苛政它们都得承受，独吞一切的京城常常把它们搞得人烟稀少。君主国征服了周边省份后，如果像对待原有臣民那样对待被征服的人民，这个国家就完了。因为，被征服的省份大量向京城进贡，但得不到任何回馈，边界于是就会毁损，边防因而变得更加脆弱，人民因此而得不到国家的照顾，驻守并活动在边境的军队的后勤补给就岌岌可危了。

这就是一个从事征服的君主国必然出现的状况。京城极尽奢华，远离京城的省份穷极潦倒，最远的地区则丰裕富足。这情形犹如我们的地球，地心是火，地表是翠绿，地心与地表之间则是寒冷和贫瘠的不毛之地。

第十节　征服另一个君主国的君主国

君主国有时会征服另一个君主国。被征服的君主国越小，越宜于用堡垒来控制它；被征服的君主国越大，越宜于用殖民地的形式保住它。

第十一节　被征服民族的习俗

在被征服地区，仅仅保留被征服者的法律是不够的，更要紧的也许是保留他们的习俗，因为，相对于法律而言，一个民族总是更加熟悉、钟爱和捍卫自己的习俗。

法兰西人九次被逐出意大利，据历史学家说①，原因在于法兰西人对妇人和姑娘粗暴无礼。忍受征服者的傲慢已经是被征服者的不堪之事，侮辱妇女更加令人难以忍受，更不必说更加惹人恼怒的粗鲁，因为粗鲁会导致无穷无尽的伤害事件。

第十二节　居鲁士的一项法律

居鲁士②制定的法律规定，吕底亚③人只能从事下贱或不光彩的职

① 参阅普芬道夫，《通史》。

② 居鲁士(Cyrus)，波斯皇帝，约公元前559—前530在位。——译者

③ 吕底亚(Lydie)，位于小亚细亚的一个古国。——译者

业，我不认为这是一项优良的法律。居鲁士只想到最紧迫的事，那就是防止造反，而没有想到要防备外族入侵。可是，两个民族结合在一起，相互腐化，不久之后外族就入侵了。与其用法律保护被征服民族的怠惰柔弱，我宁可用法律维持征服民族的刻苦耐劳。

库麦的暴君亚里士多德穆斯[①]竭力削弱年轻人的意志[②]，他要男孩子像女孩子一样蓄长发，戴花饰，穿五颜六色的拖到脚跟的袍子，他们到音乐和舞蹈老师那儿去时，要女人给他们带阳伞、香水和扇子，他们去洗澡时，要女人给他们拿梳子和镜子。这种教育一直持续到二十岁。这种教育只能培养出为了活命不惜放弃至尊地位的小暴君。

第十三节　查理十二[③]

这位只相信一己之力的君主，制定了一些只有长期进行战争才能执行的计划，结果导致自己垮台。

他企图颠覆的不是一个日薄西山的国家，而是一个蒸蒸日上的帝国。莫斯科公国人民把他强加给他们的战争当成了一所学校。每一次败仗都让他们向胜利靠近一步，在国外的失败教会了他们如何在国内保卫自己。

查理来到波兰的旷野上，自以为成了世界的主人，当他漫步在旷野上时，瑞典似乎也已经扩张到了那里。可是就在此时，他的劲敌增强了

① 库麦(Cumes)，位于今意大利的一个古代城邦公元前5世纪被亚里士多德穆斯(Aristodème，卒于前724年)征服。——译者

② 哈里卡纳索斯的狄奥尼修斯，《罗马古事记》，第七章。

③ 查理十二(Charles XII，1682—1718)，瑞典国王(1697—1718在位)。——译者

抗击他的力量，把他紧紧围住，并且在波罗的海站稳了脚跟，摧毁或者说拿下了立窝尼亚①。

瑞典就像是一条河流，有人为了让它改道而阻断了它的源头。

断送查理的并不是波尔塔瓦战役②。他若不在此处被击溃，也会在彼处被击溃。命运中的偶发事件不难补救；源自事物本性而接连不断地发生的事件则防不胜防。

但是，给予他沉重打击的既不是命运，也不是事物的本性，而是他自己。

他行事的依据不是当前的局势，而是他所取法的某个范例，何况他学得走了样。他绝不是亚历山大，不过他本来倒可以成为亚历山大麾下最出色的士兵。

亚历山大的计划之所以成功，是因为合理。波斯人入侵希腊失败、阿偈西劳征战③成功以及万人撤退④等事件都已证明，希腊人在作战方法和武器方面都具有优势，况且大家也都知道，波斯人过于强大，难以纠正自己的错误。

希腊当时统一在一个首领之下，波斯人不可能再以分裂削弱希腊。对于这位希腊首领来说，要在希腊人面前掩盖受奴役状态，最佳手段莫过于消灭夙敌和激发征服亚洲的欲望。

世界上最勤劳的人民培育了这样一个帝国，人民依据宗教原则垦殖土地，整个帝国因而土地肥沃，百物丰腴，这就让敌人拥有在这个国

① 立窝尼亚(Livonie)，今立陶宛境内波罗的海沿岸地区。——译者

② 波尔塔瓦(Poltava)是今乌克兰境内的一个城市，1709 年 7 月查理十二在此被彼得大帝击败。——译者

③ 阿偈西劳(Agésilas)，斯巴达国王(约前 399—前 360 在位)，公元前 396 年曾入侵波斯。——译者

④ 公元前 401 年，13000 希腊雇佣军自巴比伦北部撤回希腊，史称万人撤退。——译者

家里存活下去的一切方便。

国王们总是因战败而徒然深感受辱，从他们身上的傲气我们不难断定，他们必将在不断进行的战争中加速自己的垮台，响在耳边的阿谀奉承，令他们永远不可能对自己的了不起有所怀疑。

亚历山大不光计划做得好，执行得也十分漂亮。在他迅捷的行动和火一般的激情中，散发着一种引领他前进的理性——我斗胆使用这个词——的光芒。那些有意把他的历史写成小说的人，那些比他更机智的人，都不曾对我们避而不谈他那理性的光芒。且让我们尽情谈论吧！

第十四节　亚历山大

亚历山大是在稳住了马其顿，使之足以抵御邻近的蛮族，并制服了希腊人之后才离去的①。他制服希腊人只是为了执行他的宏大计划，他让斯巴达人的嫉妒无能为力，他攻击沿海省份，命令陆军沿海岸前进，以免与舰队脱节，他巧妙地运用纪律控制数量众多的军队，他有充足的给养。如果说胜利确实给予了他一切，那么，他为取胜也做了能做的一切。

他那宏大的计划开始执行时，只要一次失败就能把他打垮，但他很少贸然行事；当命运让他顺利地经历了一些事件之后，过人的胆识有时

① 在最初的几个版本中，此段原作："亚历山大征服了广大的地区。且看他是如何行动的吧！关于他的神勇已经谈了许多，现在谈谈他的谨慎吧！他的措施都很正确，他制服了希腊人之后才离去……"。——译者

成了他的手段之一。他出发远征之前，首先拿特利巴尔人[①]和伊里利亚人[②]开刀，于是就爆发了一场如同恺撒后来在高卢进行的战争[③]。当他回到希腊时[④]，他占领并摧毁了底比斯，还摆出一副不得已的样子，他驻扎在底比斯附近，静待底比斯人求和，底比斯人加速了自己的毁灭。在攻击波斯海上力量的问题上，显示了胆量的是帕墨尼奥[⑤]，但要说谋略，还是亚历山大更胜一筹。他的计策是让波斯人离开海岸，进而迫使他们自行丢弃实力占优的水师。提尔[⑥]基本上是属于波斯人的，他们不能没有提尔的商业和船队。亚历山大摧毁了这个城市。大流士[⑦]在另一个地方集结大量军队，致使埃及防备空虚，亚历山大于是占领了埃及。

渡过格拉尼库河[⑧]之后，亚历山大成为希腊各殖民地的主人，伊苏斯战役[⑨]让他获得了提尔和埃及。阿尔贝拉[⑩]战役则使他获得整个地球。

伊苏斯战役后，他听凭大流士逃走，一心只顾巩固和整顿新近征服

① 特利巴尔人（Triiballiens），古代居住在巴尔干的色雷斯地区的人民。——译者

② 伊里利亚人（Illyrens），古罗马时代居住在包括今奥地利、匈牙利等地的人民。——译者

③ 见阿里安，《亚历山大远征记》，第一卷。

④ 见阿里安，《亚历山大远征记》，第一卷。

⑤ 帕墨尼奥（Parménion，卒于前330），亚历山大时期的马其顿统帅。——译者

⑥ 提尔（Tyr），古代腓尼基城市，今黎巴嫩的苏尔。——译者

⑦ 大流士（Darius），古代波斯国王，此处指大流士三世（约前336—前330在位）。——译者

⑧ 格拉尼库河（Granique），流入小亚细亚马尔马拉海的一条小河。——译者

⑨ 公元前333年亚历山大击败波斯军队的战役。——译者

⑩ 阿尔贝拉（Arbelles），扎格罗斯山麓的一座古城，在今伊拉克境内。公元前331年，亚历山大在此击败大流士三世，大获全胜。——译者

的地方。阿尔贝拉战役以后，他紧追大流士不放[①]，致使后者在他的帝国里无路可退。大流士刚刚进入一个城市或一个省份，就得立即拔腿逃跑。亚历山大进军神速，以至于我们会以为这个世界帝国是希腊运动会上的奖品，而不是作战胜利的成果。以上所说是他如何进行征服，现在再来看看他如何巩固他的征服成果。

有人希望他视希腊人为主人，视波斯人为奴隶[②]，对此他不予苟同，他一心只想让两个民族融为一体，消除征服者和被征服者的区分。征服波斯之后，他抛弃了曾经被他用来为征服辩解的所有偏见，接纳波斯人的习俗，以免由于强制波斯人改用希腊人的习俗而对他们造成伤害。他之所以对大流士的妻子和母亲敬重有加，对自己的情欲严加节制，原因即在于此。这是怎样的一个征服者呢，居然能让所有被他征服的人民都为他的逝世而哭泣？这是怎样一个篡夺者呢，被他推翻的王室居然也为他的逝世而泪流满面？这是他生命中的奇特之处，我们未曾从历史学家那里听到过，还有哪一位征服者能够以此自诩。

巩固征服成果的最佳手段，莫过于通过通婚让两个民族连接起来。亚历山大从被他征服的民族中选娶了若干女子，而且要他的朝臣[③]照此办理。残存的马其顿人都以此作为仿效的榜样。法兰克人和勃艮地人[④]准许这种婚姻，西班牙的西哥特人[⑤]起初禁止，后来也准许这种婚姻了。伦巴第人不但允许，而且加以鼓励[⑥]。当罗马人试图削弱马其

---

① 见阿里安，《亚历山大远征记》，第三卷。

② 这是亚里士多德的谏言。参见普鲁塔克《道德论集》中论亚历山大命运的段落。

③ 见阿里安，《亚历山大远征记》，第七卷。

④ 见《勃艮第法》，第十二篇，第5条。

⑤ 见《西哥特法》，第三卷，第五篇§1。此款废止了重视族群区别甚于社会地位差异的旧法。

⑥ 见《伦巴第法》，第二卷，第七篇§1、§2。

顿时，规定不同省份的男女不准通婚。

亚历山大力图使两个民族联合起来，为此打算在波斯大量建立希腊人的殖民地。他修建了许许多多的城市，把这个新帝国的各部分凝成一体。他获得了巨大的成功，以至于在他身后，当希腊人自取灭亡之后，在最可憎的内战所引起的骚动和混乱中，没有任何一个波斯省份发生叛乱。

为了不让希腊和马其顿负担过重，他把一批犹太人①送到亚历山大里亚城②去。对他来说，犹太人的习俗如何并不重要，只要对他臣服即可。

他不仅让被征服人民保留自己的习俗，还让他们保留原有的公民法，甚至常常让他们被找回来的国王和总督留任原职。他让马其顿人③率领军队，让本地人担任政府首长。与其让大规模的反叛爆发，他宁可冒有人对他不忠的风险（确实发生过此类事件）。他尊重各民族的固有传统和当地人民引以为荣的所有纪念物。他把被波斯国王摧毁的希腊人、巴比伦人和埃及人的庙宇予以重建④，几乎所有向他臣服的民族的祭坛，他都曾去供奉祭品，没有去过的极少。他之所以进行征服，似乎仅仅为了成为每个被征服国家的君主和每个被征服城市的第一公民而已。罗马人征服一切，毁灭一切；他则是征服一切，保存一切。无论走到哪个国家，他首先想到和盘算的，总是设法增进这个国家的繁荣和强盛。他为此而使用的手段首先存在于他的伟大的天才之中，其次便是他的俭朴和节约，再次则是做大事时的大手笔。他对私人开支把

① 叙利亚的国王们丢弃帝国缔造者们的计划，强使犹太人改用希腊人的习俗，结果给他们的国家招致可怕的动乱。

② 此处指埃及的亚历山大里亚城。——译者

③ 见阿里安，《亚历山大远征记》，第三卷及其他各卷。

④ 见阿里安，《亚历山大远征记》，第七卷。

得很紧，对公共开支则放得很松。处理家务时，他是一个马其顿人；发放军饷时，让希腊人分享征服果实时，让他的每一个军人都能致富时，他是亚历山大。

他做了两件坏事，一是烧毁了帕赛波里斯①，二是杀了克里图斯②。这两件坏事之所以广为人知，是因为他后悔莫及，严厉自责。因此，大家忘记了他的罪恶行径，只记得他对美德的敬重。他的罪恶行径不被视为他的个人行为，而被看作不幸事件。后人看到了他的失态和弱点，但几乎与此同时也发现了他灵魂的美。人们既然给予他同情，当然也就不可能憎恨他了。

不妨把他与恺撒作一比较。恺撒想要仿效亚洲国王而故意卖弄，致使罗马人大失所望；亚历山大想要仿效亚洲国王，却做了他的征服计划中的一件事。

第十五节　巩固征服成果的新手段

当一个君主征服了一个大国，有一个绝好的办法既可减弱专制主义，又可巩固征服成果；中国的征服者们曾经用过这个办法。

为了不让战败的人民有丝毫的沮丧，不让胜利者滋生傲气，为了防止征服军事化，让两个民族各守本分，眼下统治着中国的鞑靼皇族规定，驻守各省的军队由满汉各半组成，藉以防止他们因相互猜忌而不守本分。法院的官员也是满汉各半。这一措施产生了诸多良好效果。其

① 帕赛波里斯(Persépolis)，波斯古都。——译者

② 克里图斯(Clitus)，亚历山大的奶妈的儿子，也是他的亲密战友，被他酒醉时误杀。——译者

一，两个民族相互钳制；其二，两个民族各自保有军事和民事实力，谁也不会被对方消灭；其三，征服者可以扩散到全国，不但不会自我削弱或自我毁灭，而且足以应付内乱和外侮。这个制度十分合理，这种制度的缺失几乎是所有征服者失败的原因。

第十六节　从事征服的专制君主国

广袤的国土被征服就意味着专制主义。在这种情况下，驻扎在各省的军队不足以应付，君主身边就需要有一支亲信部队，随时驰往帝国中出现危机的地方。这支部队应能钳制其他部队，皇帝不得不授予帝国的某些权力的那些人，对这支部队应该有所畏惧。中国皇帝身边有一支可以随时调动的庞大鞑靼军队，在莫卧儿、土耳其和日本，君主豢养着一支军队，它独立于由土地收入提供给养的军队，普通军队对这支特殊军队都敬畏有加。

第十七节　续前题

我们说过，被君主国所征服的国家应该成为藩属。历史学家们对于征服者把王冠还给战败国君主的这种气度，竭尽颂扬之能事。罗马人的气度不可谓不大，他们到处立王，把他们当作奴役的工具①。这种做法是必要的。征服者如果自行治理被征服的国家，派出的总督就管

① 塔西佗说："他们甚至把国王也视为奴役的工具。"见《阿古里可拉传》，第十四章。

不了臣民，甚至总督也不一定接受君主的命令。君主于是不得不挖肉补疮，把守卫原有领土的部队调去守卫新近征服的疆土。两国将要遭受同样的灾难，其中一国的内战也就是另一国的内战。反之，征服者如果重新扶植正统国王的话，他就可以拥有一个必要的盟友，盟友的实力将会增强他的实力。纳迪尔沙①征服了莫卧儿，他只取其财宝，却留下了整个印度斯坦。

① 纳迪尔沙（Schah-Nadir，1688—1747），波斯国王（1736—1747 在位），1738 年攻陷莫卧儿的首都德里。——译者

第十一章

确立政治自由的法与政制的关系

第一节　本章总体思想

我把确立政治自由的法律区分为两类，其一是从政治自由与政制的关系角度确立政治自由的法律，其二是从政治自由与公民关系角度确立政治自由的法律。前者在本章加以讨论，后者在下一章加以讨论。

第二节　自由一词的多种含义

没有一个词比自由的含义更多，并以更多的方式影响人的精神。有人认为，有权轻易地废黜他们曾经赋予专制权力的人，就是自由。另一些人认为，有权选举他们应该服从的人，就是自由。还有一些人认为，有权携带武器和实施暴力，就是自由。也有一些人认为，有权受本民族人统治或受本民族法律制约，就是自由[①]。在很长一段时间里，某个民族把蓄留长须视为自由[②]。又有一些人把自由与某种政体联结在一起，排除其他政体。尝到过共和政体甜头的人声称共和政体下有自由，享受过君主政体的人说君主政体下有自由[③]。总之，每个人都把自己所习惯的或喜爱的政体称作自由。共和政体下的民众为弊病而抱怨，可是弊端之所以产生的原委，并非总是明明白白地暴露在民众眼前，况且，法律的声音响亮，而执法者的声音比较微弱，所以，人们通常认为共和政体下有自由，君主政体下则没有自由。最后，由于民主政体下的人民仿佛几乎可以为所欲为，人们因而认为民主政体下有自由。其实，他们把人民的权力和人民的自由混为一谈了。

第三节　自由是什么

不错，民主政体下的人民仿佛可以随心所欲，可是，政治自由绝不意味着可以随心所欲。在一个国家里，即在一个有法可依的社会里，自由仅仅是做他应该想要做的事和不被强迫做他不应该想要去做的事。

我们应该牢记，什么是不受约束，什么是自由。自由是做法律所许可的一切事情的权利；倘若一个公民可以做法律所禁止的事情，那就没有自由可言了，因为，其他人同样也有这个权力。

---

① 西塞罗说："我袭用斯凯沃拉的法令，允许希腊人按他们自己的法律解决他们之间的争端；这就使他们把自己看作自由的人民。"

[斯凯沃拉(Scévola)，罗马执政官，著名法学家。——译者]

② 沙皇彼得让莫斯科人剪掉长须，他们表示不能容忍。

③ 卡帕多西亚人谢绝了罗马人为他们建立共和政体的建议。

[卡帕多西亚人(Cappadocians)，卡帕多西亚是古代小亚细亚的一个地区，先后属于波斯帝国和亚历山大帝国，后来成为罗马的一个行省。——译者]

第四节　续前题

就其性质而言,民主国家和贵族国家都不是自由国家。政治自由仅存在于宽和的政体下。可是,政治自由并不始终存在于宽和的国家里。只有权力未被滥用时,政治宽和的国家里才有政治自由。然而,自古以来的经验表明,所有拥有权力的人,都倾向于滥用权力,而且不用到极限绝不罢休。谁能想到,美德本身也需要极限!

为了防止滥用权力,必须通过事物的统筹协调,以权力制止权力。我们可以有这样一种政治体制,不强迫任何人去做法律不强制他做的事,也不强迫任何人不去做法律允许他做的事。

第五节　各类国家的目标

一般地说,所有国家都有一个相同的目标,那就是保存自己,不过,每一个国家各自还有一个特殊的目标。罗马的目标是扩张,斯巴达的目标是战争,犹太法律的目标是宗教,马赛的目标是商贸,中国法律的目标是安定①,罗得人②法律的目标是航海,天赋的自由则是蛮族的治理目标。一般地说,君主的欢悦是专制主义国家的目标,君主和国家的光荣是君主国家的目标;人人不受约束是波兰法律的目标,结果却是人

① 这是一个没有内部敌人,或者自信已经以障碍物阻遏住了外敌的国家理所当然的目标。

② 罗得人(Rhodeiens),罗得岛是希腊的一个岛屿,位于爱琴海东南部。——译者

人受压迫①。

世界上还有一个国家,其政治体制的直接目标就是政治自由。我们将在下面考察这个国家的立国原则。如果这些原则确实很好,自由就会如同在镜子中一样显现得清清楚楚。

要想发现政治自由,并不需要费多大力气。倘若能够在它所在的地方看到它,如果已经发现它了,何必再去找呢?

第六节　英格兰的政治体制

每个国家都有三种权力:立法权、适用万民法的执行权、适用公民法的执行权。

依据第一种权力,君主或执政官制定临时或永久的法律,修改或废除已有的法律。依据第二种权力,他们媾和或宣战,派出或接受使节,维持治安,防止外敌入侵。依据第三种权力,他们惩治罪行,裁决私人争执。人们把第三种权力称作司法权,把第二种权力则简单地称作国家的行政权。

公民的政治自由是一种心境的平静状态,它源自人人都享有安全这一想法。为了享有这种自由,就必须有这样一个政府,在它的治理下,一个公民不惧怕另一个公民。

立法权和行政权如果集中在一个人或一个机构的手中,自由便不复存在。因为人们担心君主或议会可能会制定一些暴虐的法律并暴虐地执行。

① 这就是自由否决权带来的弊病。

[所谓自由否决权是指议员在议会中拥有的中止辩论的特权。——译者]

司法权如果不与立法权和行政权分置，自由也就不复存在。司法权如果与立法权合并，公民的生命和自由就将由专断的权力处置，因为法官就是立法者。司法权如果与行政权合并，法官就将拥有压迫者的力量。

如果由同一个人，或由权贵、贵族或平民组成的同一个机构行使这三种权力，即制定法律的权力、执行国家决议的权力以及裁决罪行或个人争端的权力，那就一切都完了。

欧洲大多数国家的政体比较宽和，因为，拥有前两种权力的国王把第三种权力留给臣民行使。在土耳其，三种权力全都由苏丹掌控，统治这个国家的是可怕的专制主义。

在意大利诸共和国里，三种权力合而为一，那里的自由不如我们君主国。所以，为了维护自己的存在，那里的政府就需要采用土耳其那种暴烈的手段，设立国家监察官①，设置供告密者随时可以使用的检举箱，这就是明证。

让我们看一看这些共和国里的公民可能处在何种境况中。作为法律执行者的那个由官吏组成的机构，拥有它作为立法者赋予自身的全部权力。它可以用它的一般意愿蹂躏国家。由于它还握有司法权，所以它可以用它的特殊意愿去摧毁每个公民。

在那里，一切权力合而为一，尽管没有专制君主那种外表和场面，但是，人们却时时刻刻感到他的存在。

所以，凡是试图实行专制的君主，无一不从独揽一切权力开始。欧洲的好几位国王都独揽了国家的所有要职。

我确实认为，意大利那些世袭的纯粹贵族政权，与亚洲的专制主义并不全然相同。由于官员数量较多，官僚政治有时显得比较温和，所有贵族并非都有相同的意图，多种多样的机构相互作用的结果是政治比

① 威尼斯便是如此。

较宽和。因此在威尼斯,大议会执掌立法权,元老团执掌行政权,四十人团[①]执掌司法权。可是,弊端在于这些不同的机构全由来自同一集团的官员组成,由此而造成的结果便是几乎只有一种权力。

司法权不能交给一个常设的元老团,而应由选自民众的人员执掌[②]。这些人在每年的某个时间按照法律的规定选出后,组成一个法院,法院的任期应依据实际需要确定。

这样一来,令人畏惧的司法权既然不专属于某个等级或某个职业,在某种意义上就变得看不见乃至不存在了。法官绝不会总在人们眼前如影随形,人们惧怕的不是法官,而是司法制度。

在重要的诉讼中,罪犯甚至应该被允许依法选择法官,至少可以要求一些法官回避,如果有很多法官被要求回避,那就可以把余下的法官看作是罪犯所挑选的。

另外两项权力不妨赋予一些官员或常设的机构,因为,其中一项体现国家的一般意志,另一项权力则执行国家的一般意志,其行使均不以任何个人为对象。

不过,虽然法院不应固定,判决却应该固定,以使判决书永远是一纸精确的法律条文。判决如果仅仅是法官的个人意见,生活在社会中的人们就无法确切地知道,自己对社会承诺的究竟是什么义务。

在重大诉讼中,法官甚至应该是与被告地位相同的人,或者说是可以与被告平起平坐的人,这样,被告就不会觉得自己落到了会对他施暴的人手里。

如果立法机构听凭行政机构监禁能够保证自己行为端良的公民,

① 大议会由贵族团体组成;元老团由选自大议会中的二十名成员组成。四十人团共有三个,各有成员四十人,是负责刑事和民事审判的法院。——译者

② 例如在雅典。

自由就将不复存在，除非监禁他们的理由是因被控触犯了法律所规定的重罪而必须立即追究，在这种情况下，公民依然是真正自由的，因为他们只受法律约束。

然而，如果立法机构认为，由于某种针对国家的阴谋或内外勾结的情报而使其自身处于危险境地，立法机构可以准许行政机构在一段限定的短时间内逮捕可疑的公民。这些人暂时失去自由，正是为了永远享有自由。

这是补救斯巴达监察官和威尼斯国家监察官的暴戾行径的唯一合理方法。

在一个自由国家里，每个人都被认为具有自由精神，因而应该自己管理自己，所以，立法权应该由全体人民执掌。但是，这在大国是不可能的，在小国也有许多不便，因此，人民应该让他们的代表来做他们自己不能做的事。

人们对自己城市的需求比对其他城市的需求更为了解，对邻居的才干比对其他同胞的才干有更准确的判断。所以，立法机构的成员不应在全国范围内遴选，而应在每个重要地区由居民各遴选一个代表。

代表的优点是有能力参与各种事务的讨论，人民则完全不具备这种能力。这就是民主的一大缺陷。

代表既然已经接受了选民的总体指示，就没有必要如同德意志议会那样，就每一件事接受具体指示。采用德意志议会的那种做法，代表的发言固然更是人民的声音，可是这样也会带来无限拖沓的后果，并使每个代表都成了其他代表的主人，遇到极为紧急的情况时，只要有一个代表反复无常，全国人民的力量都会受到牵制。

西德尼先生[①]说得好，议员所代表的如果是一群人民，如同在荷兰

① 西德尼(Algernon Sidney，1622—1683)，英国政治活动家，因反对斯图亚特王朝被处死。著有《政府论》一书。——译者

那样，他们就应对授权给他们的人负责；如果他们所代表的是市镇，如同在英国那样，那就是另一回事了。

各个地区的公民都应拥有选举代表的投票权，被排除在外的只有那些被认为根本没有本人意志的卑贱者。

古代共和国有一个重大弊病，那就是人民有权作出需要付诸行动、需要在一定程度上执行的决议，可是，这是人民根本无法胜任的事。人民参与治国应仅限于遴选代表，这很适合他们的能力。因为，虽然没有多少人确切地了解他人的能力如何，可是每个人一般都能知道某人是否比其他人更明白事理。

代表机构不应为了作出某项需要付诸行动的决议而选出，因为这是它办不好的事，它应该是为了立法或监督已经制定的法律是否得到执行而选出的，这是它能够做好的事，甚至可以说，只有它能做好此事。

在一个国家里，总有一些因出身、财富或荣誉而出类拔萃的人，他们如果混同于平民百姓，与其他人一样只有一个投票权，那么对他们来说，人人享有的自由就不啻是对他们的奴役，他们就没有丝毫兴趣去捍卫自由，因为，大多数决议可能都是与他们作对的。因此，他们参与立法的程度应该与他们在国家中拥有的其他优势成正比。这一点是可以做到的，条件是让他们组成一个有权遏制平民侵犯的集团，正如平民有权遏制他们侵犯一样。

这就是说，立法权应该委托给贵族集团和由选举产生的、代表人民的集团。这两个集团分别集会，分别讨论，各有其观点和利益。

上述三种权力中，司法权在某种意义上有等于无。这样就剩下两种权力。这两个权力之间需要一种力量进行调节，使之趋于宽和，而立法机构中的贵族集团非常适合于发挥这个作用。

贵族集团的成员应该世袭，首先是其性质使然，其次是保持特权是他们的重要利益之所在，这些特权本身就是可憎的，在一个自由国家里肯定时刻处于危险之中。

可是，一种世袭的权力很可能被引向追求私利而忘却人民的利益，所以，在最容易受到腐蚀的事情上，例如，在征收银钱之类最易受到腐蚀的事情上，世袭权力应该仅通过阻遏权而非创议权来参与立法。

我所说的创议权，是指提出一项法案或修改他人所提法案的权利。我所说的否决权，是指使他人作出的决议归于无效的权力，这曾经是罗马执政官的权力。拥有否决权的人也可以拥有赞同权，不过，这种赞同权仅仅是声明不使用否决权而已，所以，赞同权来自否决权。

行政权应该执掌在君主手中，因为政府的这个部门几乎随时需要立即行动，所以由一个人管理优于由若干人管理。反之，隶属于立法权的事务由若干人处理往往比仅由一人处理为好。

如果没有君主，如果把行政权委托给从立法机构遴选出来的一些人，自由便不复存在了。因为这样一来，两个机构就合而为一了，同一批人有时就同时属于这两个机构，而且任何时候都可以同时属于这两个机构。

立法机构若是长期不集会，自由便不复存在了。因为下列两种情况之一必将发生，其一，不再有立法机构的决议，致使国家陷入无政府状态；其二，由行政机构作出决议，从而使行政机构拥有绝对权力。

立法机构也无须常年集会。这样做不但对代表们不便，而且过于牵扯行政机构的精力，致使行政机构不考虑如何执行，而是考虑如何捍卫它的特权和它所拥有的行政权。

此外，立法机构如果不断地集会，很可能只得以新议员填补已故议员的空缺。在这种情况下，立法机构一旦腐败就不可救药。如果多个立法机构前后相继，对本届立法机构不满意的人民，就可以理所当然地把希望寄予下一届立法机构。假如始终是同一个立法机构，人民一旦发现它已经腐败，就不再寄希望于它所立之法，于是，人民就会变得或是愤怒狂暴，或是麻木不仁。

立法机构不应自行集会，因为，一个机构唯有在其成员聚齐时才被认为具有意志。假如参与集会的并非其全体成员，那就说不清楚究竟哪一部分人是真正的立法机构，是参与集会的那些人抑或未参与集会的那些人。假如立法机构有权自行决定休会，它就很可能永不休会。在它企图侵犯行政权时，这就非常危险。再者，并非所有时间都适宜于立法机构集会，或者说，有适宜的，还有更适宜的。所以，应该由行政机构根据它所了解的情况，规定立法机构的召集时间和会期。

行政机构倘若不拥有制止立法机构越轨图谋的权力，立法机构就会变成一个专制机构。因为，它可能会把能够想到的一切权力统统抓到手，把其他所有机构全都废除。

可是，立法机构不应对等地拥有钳制行政机构的权力。因为，行政机构因其性质而有界限，因而无须再对它作出限制，况且，行政权的行使对象始终是需要立即处理的急事。罗马保民官既钳制立法又钳制行政，因而造成极大弊端，所以，他们的权力是有害的。

然而在一个自由国家里，尽管立法权不应钳制行政权，它却有权而且应该有权审查它所制定的法律的执行情况。英格兰政府优于克里特和斯巴达之处就在于此。克里特的国务官员①和斯巴达的民选长官都不作施政报告。

但是，无论怎样审查，立法机构都不应有权针对人身进行审讯，因而也就不应有权针对执行人的行为进行审讯。执行人的人身是神圣的，为了防止立法机构施行暴政，这对国家来说是必需的；因为，执行人如果被控告或被审判，自由就将不复存在。

---

① 国务官员（Cosmes），克里特各城民选的十位官员，任期一年，代行国王职务，大体相当于罗马执政官。——译者

执行人如果被控告或被审判，国家就不是一个君主国，而是一个不自由的共和国了。可是，如果没有佞臣辅佐，执行人是不会执行不好的；这些佞臣尽管作为人受惠于法律，可是，他们身为大臣却憎恨法律，所以，他们应该受到法律的追究和惩罚。英格兰政府优于尼多斯[①]政府之处就在于此，尼多斯的法律不准审讯民选官员[②]，即使在他们卸任后依然如此[③]，人民的冤屈永无昭雪之时。

一般说来，司法权不应与立法权的任何部分相结合，但出于对受审人特殊利益的考虑，有三种例外可以不受此限。

大人物易遭嫉妒，如果由平民审判他们，他们就可能面临危险，不能享受自由国家中任何一个小民都可以享受的权利，即受地位相同者审判的权利。所以，贵族不应被国家的普通法庭传唤，而应被立法机构中由贵族组成的那部分传唤。

法律有时既明辨是非，又黑白不分，因而可能在有些场合过于严酷。可是，前面已经提到，国家的法官无非只是法律的代言人而已，他们对法律无能为力，既不能削弱其力量，也不能减轻其严峻。刚才说到，立法机构中由贵族组成的那部分，在前面提及的那个场合里应该成为一个必要法庭，因此，在现在所说的这种场合里，它更应该成为一个必不可少的法庭；为了法律本身，需要借助这个法庭的最高权威来缓和法律的严峻，作出轻于法律规定的判决。

还可能发生这样一种情况：某个公民在公共事务中侵犯了人民的

① 尼多斯(Knidos，法文写作 Gnide)，古代希腊的一个城邦，位于小亚细亚今土耳其境内。——译者

② 此处指民众每年一次选出的官员。参阅艾蒂安·比赞斯(Etienne Byzance)的著作。

③ 罗马的官员卸任之后是可以被控告的。见哈里卡纳索斯的狄奥尼修斯《罗马古事记》第九卷中关于保民官格奴梯乌斯案件的记述。

权利，犯下了在任官吏不能或不愿惩治的罪。可是，立法机构通常是不能担任审判之职的，在这种特殊情况下尤其如此，因为它代表着人民这一利害方，所以，它只能充当原告。可是，它应向谁提起诉讼呢？屈尊向法院提起诉讼吗？法院是它的下级，而且像它一样是由一些来自人民的人组成的，因而难免被这样一个有权势的原告牵着鼻子走。因此，为了维护人民的尊严和个人的安全，立法机关中代表人民的那部分，应该向立法机关中的贵族部分提起诉讼，这两部分人既没有相同的利益，也没有相同的热情。

这就是英格兰政府优于大多数古代共和国之处。在那些古代共和国里，人民既是法官又是被告，这就是它们的一大弊病。

前面已经提及，行政机构应该通过它的否决权参与立法，否则，它将很快丧失其特有的权力。然而，如果立法机构参与行政，行政机构同样将会丧失其特有的权力。

君主如果通过行使创议权参与立法，自由就将不复存在。不过，由于他必须通过参与立法护卫自己，所以，他应当通过行使否决权参与立法。

罗马政体之所以发生变更，原因是元老院握有一部分行政权，而握有另一部分行政权的官吏们却不拥有人民享有的否决权。

这就是我们所说的英格兰的基本政治体制。立法机构由两部分组成，这两部分彼此以否决权相互制约，又同受行政机构的约束，而行政机构则受立法机构的约束。

这三种权力本应形成一种静止或无为状态，但是在事物的必然运动的推动下，它们不得不前进，而且是一同前进。

鉴于行政机关只能通过行使否决权参与立法，因而它不能参与立法事项的辩论。其实，它无须提出议案，因为，既然它始终拥有否决议案的权力，当然也就可以否决它本来就不希望人们提出的议案。

在某些古代共和国中，全体人民都有权参与立法事项的讨论，在这种情况下，行政机构当然有权提出议案，并与人民一起讨论，否则，决议就会混乱不堪。

在国家税收问题上，行政机构如果拥有决定权，而不仅仅是赞同权，自由就将不复存在，因为，在这个最重要的立法事项上，行政机构变成了立法机构。

立法机关如果不是逐年议定税收，而是作出一劳永逸的决定，它就面临丧失自由的危险。因为这样一来，行政机构就不再有赖于立法机构了。再则，一旦握有一种永久性的权力，这种权力究竟是自身固有抑或他人授予，那就无关紧要了。在应该交由行政机构管理的陆海军问题上，如果立法机构不是逐年议决，而是作出一劳永逸的决定，其结果将与税收问题一样。

为了让行政机构无法实施压迫，交由它管理的军队应该由人民组成，并具有人民的精神，如同马略[①]以前的罗马那样。要做到这一点，只有两种办法。其一，被征服役者应该拥有足够的财产，用以向其他公民担保自己的行为，并且只服役一年，就像当年罗马所实行的做法那样。其二，如果组建一支常备军，而且其士兵是全国最卑微的人群之一，那么，立法机构就应该拥有任意和随时解散这支军队的权力；军人应该与平民杂居，不另行设置兵营，不修建碉楼。

军队一旦建立后，绝对不应直接隶属于立法机构，而应听命于行政机构。这是由事物的性质所决定的，因为军队的使命不是辩论而是行动。

人的惯性思维是重英勇而轻怯懦，赞扬积极主动而鄙视谨小慎微，

① 马略(Marius，前 157—前 86)，古罗马统帅、政治家，任执政官时将征兵制改为募兵制。——译者

崇尚武功而轻视韬略。军队总是轻视元老院而敬重军官。被认为由懦夫组成的机构对军队发出的命令，军队往往不予理睬，因为军人们认为这些人不配指挥军队。所以，军队如果只隶属于立法机构，政府很快就会变成军事政府。相反的情况一旦发生，那是一些特殊情况使然：军队始终处于分散状况，军队由若干部队组成，每支部队分别隶属于各自的行省，重要的城市均因地形优势而易于防守，因而没有驻军。

荷兰比威尼斯更加安全，因为它可以淹死叛军，饿死叛军。由于叛军没有驻扎在能够提供给养的那些城市里，所以他们的生存岌岌可危。

在军队由立法机构掌控的情况下，政府即使由于一些特殊情况而没有变成军事政府，不良后果依然难以避免，不是军队毁掉政府，就是政府削弱军队，二者必居其一。

军队如果被削弱，必定有其致命的原因，那就是政府的软弱。

读一读塔西佗的名著《日耳曼尼亚志》[①]就能发现，英格兰人的政治体制观念是从日耳曼人那里引进的。这种优良的制度是在森林中发现的。

人世间的一切事物都有一个终结，我们正在讨论的国家也一样，有朝一日会失去自由，会死亡。罗马、斯巴达和迦太基都已灰飞烟灭。当立法权的腐败甚于行政权时，这个国家就要完了。

探究英格兰人现今是否享受这种自由，这绝不是我的事。对于我来说，阐明他们的法律已经确立了这种自由，这已足够，无需再作深究了。

我丝毫无意借此贬损其他政体，也不是说在这种极端的政治自由面前，那些只享有适度政治自由的人们应该感到沮丧。我怎么会那样说呢？因为我很明白，就连理性也不应过头，适度几乎永远比极端更加适合人类。

① 塔西佗在《日耳曼尼亚志》第二章中写道："小事君主问，大事人人问；即使是人民有权决定的事，也要由君主通盘考虑。"

哈林顿[①]在他的《大洋国》一书中也探究过，一个国家的政治体制究竟能承受何种高度的自由。不过我们可以说，他在寻找自由之前，已经对自由有了不正确的认识；他在建造卡尔西冬时，双眼盯着拜占庭的海岸[②]。

第七节　我们所熟悉的君主国

我们所熟悉的那些君主国，不像刚才谈到的那个君主国那样，以自由为直接目标。它们只追求公民、国家和君主的荣耀。然而，这种荣耀能产生一种自由精神，而在这些国家中，就这种自由精神所能成就的伟业和所能带来的幸福而言，堪与自由比肩。

在这些国家中，三种权力的划分和配置并不以刚才说到的那个国家的政治体制为模式，它们各有其不同于他国的配置方式，并以自己的方式向政治自由靠拢，有的近一些，有的远一些。君主政体倘若不向政治自由靠近，就将蜕化为专制政体。

第八节　古人为何对君主政体概念不清

古人一点也不了解建立在贵族集团基础上的政体，更不了解建立

① 哈林顿(Harrington，1611—1677)，英国政治理论家，《大洋国》一书是他改造社会的乌托邦蓝图。——译者

② 拜占庭(Byzantin)，希腊古城，建于公元前667年，卡尔西冬(Chalcédoine)，希腊古城，建于公元前685年。两城相对。既然卡尔西冬建成在先，拜占庭建成在后，就不可能盯着拜占庭的海岸建造卡尔西冬。孟德斯鸠借此讥讽哈林顿对自由的探索本末倒置。——译者

在由国民代表组成的立法机构基础上的政体。希腊和意大利的共和国是一些各有其政体的城邦，它们把自己的公民聚集在城墙之内。在罗马人并吞所有的共和国之前，在意大利、高卢、西班牙和德意志，只有一些小民族和小共和国，几乎没有一个地方有国王。非洲也归一个大共和国管辖，占据小亚细亚的则是希腊移民。因此，那里既没有城市代表的范例，也没有等级会议的范例。只有在波斯才看得到一人治国的政体。

不错，确实有一些共和国联盟，由若干城市派出代表参加联盟的议会。不过，我说的是，以这种联盟为模式的国家，没有一个是君主政体。

现在来谈一谈我们所知道的君主国最初是怎样形成的。大家知道，征服罗马帝国的日耳曼民族是相当自由的民族，关于这一点，只需读一读塔西佗的《日耳曼尼亚志》就明白了。征服者分散在全国各地，大多居住在乡村，只有少数住在城里。当年他们居住在日耳曼尼亚时，全民族可以聚集在一起，而当他们在征战中分散到各地后，就不可能再举行全民族的聚会了。可是，如同战前那样，有些事情还需要全民族讨论，于是他们选派代表进行讨论。这就是我们欧洲哥特式①政体的起源。这种政体最初是贵族政体和君主政体的混合物，它的弊病是下层百姓都是奴隶；不过，这是一种优良的政体，本身具有变得更好的能力。人们依据习俗为奴隶们颁发解放证书，不久之后，人民的公民自由、贵族和教会的特权以及国王的权力，三者达成高度协调；因而我相信，在这个政体存续期间，世界上没有一种政体比欧洲各地的政体更加宽和。由于一个征服民族的政体腐败，竟然形成了人类昔日想象中的最佳政体，此事实在令人啧啧称奇。

① 哥特式，意为属于中世纪的事物。——译者

第九节　亚里士多德的想法

亚里士多德在论述君主政体时，显然陷入了窘境[①]。他把君主政体分为五类，他的分类依据不是政制形式，而是君主的好坏等一些偶然因素，以及暴政被篡夺或暴政被继承等外部因素。

亚里士多德把波斯帝国和斯巴达王国都归入君主政体之列，可是谁不知道，波斯是专制主义国家，而斯巴达是共和国呢？

古人不了解一人治国的政体中的权力分配，所以无法对君主政体有一个正确的概念。

第十节　其他政治家的想法

埃皮鲁斯[②]国王阿利巴斯[③]想让一人治国的政体趋于宽和，可是他只想到了共和国。莫洛斯人[④]不知道如何限制王权，于是设置了两个国王[⑤]，这一做法对国家的削弱甚于对元首的削弱。他们的初衷是让两个国王比试高下，结果却成了死敌。

只有斯巴达能容忍两个国王共存，因为在那里，国王仅仅是政体中

① 亚里士多德，《政治学》，第三卷，第十四章。

② 伊庇鲁斯（Epire），巴尔干半岛上的一个古国，希腊西北部的多山地区。——译者

③ 见查士丁，《腓力史摘要》，第十七卷。

④ 莫洛斯人（Molosses），古代居住在伊庇鲁斯（今属阿尔巴尼亚）一个的部族。——译者

⑤ 亚里士多德，《政治学》，第五卷，第九章。

的一部分，而不是全部。

第十一节　希腊英雄时代的国王

希腊人在他们的英雄时代曾建立过一种君主政体，但没有存续下来①。在技艺上有所发明，为本民族打过仗，把散居各地的民众聚集起来并分给土地的那些人，为自己争得了王位，并传给子孙。他们是国王、僧侣和法官。这就是亚里士多德所说的五类君主政体之一②，而且只有这类君主政体才能令我们想到君主政体的政治体制。可是，这种政治体制与当今的君主政体却截然相反。

在这种君主政体中，三种权力依照如下方法分配：人民执掌立法权，国王执掌行政权和司法权。在我们所知的君主政体中，君主执掌行政权和立法权或至少一部分立法权，但不过问司法。

在英雄时代的君主政体中，三种权力分配不当。这类君主政体无法存续，因为，人民倘若执掌立法权，只要一时心血来潮，就会把王权消灭；这种情况随处可见。

对于一个执掌着立法权的自由民族，一个在一切可鄙事物变得越发可鄙的城市里离群索居的民族来说，立法上的杰作就是妥善地安置司法权。可是，司法权如果落入已经掌握行政权的人手中，那就糟糕透顶了。从此以后，君主就变得面目可憎了。可是，与此同时，由于君主并不执掌立法权，所以他无法针对立法权进行自卫。所以说，他的权力既太大又太小。

① 亚里士多德，《政治学》，第三卷，第十四章。
② 亚里士多德，《政治学》，第三卷，第十四章。

君主的真正功能是任命法官，而不是自任法官，这一点那时尚未被察觉。与此背道而驰的政策使得一人治国的政体令人无法容忍。所有国王都被废黜。希腊人只知道在数人治国的政体中可以妥善地分配三种权力，而不懂得在一人治国的政体中也可以妥善地分配三种权力。他们把多人治国的政体称作组织合理的政体①。

第十二节　罗马诸王的政体及其三种权力的分配

罗马诸王的政体与希腊英雄时代诸王的政体之间存在着某种联系。就其本身及其特殊性质而言，这是一种很好的政体，可是，它像其他政体一样，也因自身的通病而消亡了。

为了让读者了解这种政体，我把最初五位国王与塞尔维乌斯·图里乌斯、塔克文②的政体区分开来。

国王是选举产生的，在最初五王在位时期，元老院享有最多的选举权。

每逢国王过世，元老院便进行审议，以决定是否保持原有的政体形式。如果认为原有政体形式应予保持，便从元老院成员中任命一位官员③，随后由这位官员选定新国王。这个遴选需经元老院首肯，人民认可，卜师保证；三个条件缺一不可，否则就重新遴选。

---

① 亚里士多德，《政治学》，第四卷，第八章。

② 塔克文（Tarquin，约前 534—前 509），罗马第七王，第六王塞尔维乌斯·图里乌斯的女婿。——译者

③ 哈里卡纳索斯的狄奥尼修斯，《罗马古事记》，第二卷，第 120 页；第四卷，第 242 页，第 243 页。

这种政制融君主政体、贵族政体和平民政体为一体，在最初几位国王在位期间，政权和谐，既无嫉妒，也无争夺。国王指挥军队，主持祭祀，有权审理民事①和刑事诉讼②，召集元老院会议，召集人民议事，将某些事项交付人民讨论，与元老院议定其他事项③。

元老院的权力很大，国王常常请元老院成员同他一起审理案件。国王不会将任何一件未经元老院辩论④的事项提交给人民。

人民有权选举官员⑤，批准新的法律，国王如果允许，人民还可拥有宣战和媾和的权力。但是，人民绝对没有司法权。图鲁斯·霍斯提利乌斯之所以把贺拉提乌斯⑥交给人民审判，是有特殊理由的，在哈里卡纳索斯的狄奥尼修斯的著作中可以找到这些理由。

在塞尔维乌斯·图里乌斯主政期间⑦，政制改变了。元老院根本没有参加选举，塞尔维乌斯·图里乌斯是让人民宣布他为国王的。他放弃民事审判权⑧，只保留了刑事审判权。他把各种事务直接交给人民议决，减轻人民的税赋，而把全部负担加在贵族身上。于是，随着国

① 参见狄特-李维《古代罗马史》第一卷中塔纳吉尔的演说词，以及哈里卡纳索斯的狄奥尼修斯《罗马古事记》第四卷第 229 页的塞尔维乌斯·图里乌斯的条例。

② 哈里卡纳索斯的狄奥尼修斯，《罗马古事记》，第二卷，第 118 页；第三卷，第 171 页。

③ 图鲁斯·霍斯提利乌斯就是遵照元老院的法令，派兵摧毁阿尔巴的。参见哈里卡纳索斯的狄奥尼修斯，《罗马古事记》，第三卷，第 167 页、第 172 页。

④ 哈里卡纳索斯的狄奥尼修斯，《罗马古事记》，第四卷，第 176 页。

⑤ 哈里卡纳索斯的狄奥尼修斯，《罗马古事记》，第二卷。但是人民不能任命所有官员，因为瓦雷烈·普勃里克拉（Valérius Publicola）曾发布一项著名的法令，禁止任何未经人民投票选举的公民担任任何公职。

⑥ 哈里卡纳索斯的狄奥尼修斯，《罗马古事记》，第三卷，第 159 页。

⑦ 哈里卡纳索斯的狄奥尼修斯，《罗马古事记》，第四卷。

⑧ 哈里卡纳索斯的狄奥尼修斯说，他放弃了王权的一半。见哈里卡纳索斯的狄奥尼修斯，《罗马古事记》，第四卷，第 229 页。

王的权力和元老院的权威日甚一日地被他削弱，人民的权力日益增大①。

塔克文既没让元老院选他为王，也没让人民选他为王，他把塞尔维乌斯·图里乌斯视为篡位者，于是以世袭权力为由夺取了王位。他杀了元老院的大多数成员，而且不再征询幸存的元老院成员的意见，甚至当他审案时也不请他们到场②。他的权力增大了，可是，权力中令人憎恶的东西更加令人憎恶了。他篡夺了人民的权力，把人民撇在一边，自行制定法律③。塔克文本想集三种权力于一身，可是，人民终于想起自己是立法者，他于是就完蛋了。

第十三节　对于国王被逐后的罗马国家的总体思考

我们永远离不开罗马人。今天依然如此，在罗马人的首都，人们置新建的宫殿于不顾而去寻找残垣断壁，看惯了草绿花红的双眼喜欢一睹险崖高山。

贵族世家一向享有巨大特权，其地位在王政时期十分显赫，国王被逐后显得更加重要。这就引起了平民的嫉妒，想要把贵族的势头压下去。这类争斗对政体形成了打击，但对政府却并无损伤，因为，只要官吏们不丧失权威，他们的出身贵贱并不重要。

罗马这样的选举制君主政体，必然拥有一个强大的贵族集团的支

① 有人认为，如果没有遭到塔克文的阻挠，他可能早已建成了平民政体。见哈里卡纳索斯的狄奥尼修斯，《罗马古事记》，第四卷，第 243 页。

② 哈里卡纳索斯的狄奥尼修斯，《罗马古事记》，第四卷。

③ 哈里卡纳索斯的狄奥尼修斯，《罗马古事记》，第四卷。

持，否则它就会立即蜕变为暴政或平民政体。然而，平民政体无需家族的显赫作为支持。正因为如此，王政时期的政体所不可或缺的贵族，到了执政官时期就成了多余的累赘；人民可以压制贵族而不至于毁灭自己，更换政体而不败坏政体。

塞尔维乌斯·图里乌斯压制贵族之后，罗马从国王之手落入平民之手。可是，人民压制贵族之后，却无须担心重新落入国王之手。

一个国家政体的变更有两种方式，其一是政体修正，其二是政体腐败。如果在政体变更时原则保持不变，那就是政体修正；如果在变更政体时丧失了原则，那就是政体腐败。

罗马在赶走了国王之后应该是一个民主政体。人民既然以全票通过把国王赶下了台，那就意味着人民已经享有立法权，他们如果不能坚持自己的意愿，塔克文之流就可以随时复辟。有人声称，人民赶走国王是为了接受某些家族的奴役，这种说法没有道理。当时的形势要求罗马成为一个共和国，但是实际上罗马并未成为共和国。所以，必须让权贵们执掌的权力趋于温和，法律向民主倾斜。

与稳定地生活在某一政体之下相比，一个国家在不知不觉地从一种政体向另一种政体过渡时，往往更加繁荣昌盛。这是因为，政府的所有发条此时都已上紧，所有的公民都提出了自己的主张；人们或是相互攻击，或是彼此安抚，一场高尚的竞争在两种人之间展开：一种人维护日益衰落的旧政体，另一种人主张实行更好的新政体。

第十四节　国王被逐后三种权力的分配如何开始变化

使罗马的自由受到冲击的主要是四件事。其一，贵族独占了所有宗教、政治、民事和军事的职务；其二，赋予执政府的权力过大；其三，人民受到侮辱；其四，不让人民对选举有任何影响。人民所纠正的就是这四种弊病。

一、人民经过努力实现了如下规定：平民可以担任某些官职；经过争取，后来逐步可以担任临时执政官以外的所有官职。

二、解散执政府，代之以若干官职。设置大法官①，授予其审理私人案件的权力；设置刑讯官②，授予其审理刑事案件之权；设置市政官，授予其治理民政之权；设置财政官③，授予其管理公共财务之权；此外，通过设置监察官，以剥夺执政官的部分立法权，其中包括确定公民风俗和临时管理国家各个机构的权力。仍由执政官执掌的权力主要是主持人民大会④、召开元老院会议和统辖军队。

三、神圣的法律⑤设置保民官。保民官可以在任何时候制止贵族的谋划，不但可以阻止对个人的侵害，还可以阻止对公众的侵害。

最后，平民在公共决策中的影响力得到了提高。罗马人民是按百人团、库里亚⑥和部落这样三种方式划分的。每逢选举，他们就以这三种方式中的一种进行集会和组织。

按第一种方式集会和组织，贵族、权贵、富人以及元老院成员（这些人简直就是一回事）几乎掌握了所有权力；依据第二种方式，这些人的

① 狄特-李维，《古代罗马史》，第一卷和第六卷。

② 刑讯官（quaestor parricidii）。参见庞波尼乌斯（Pomponius），《法的起源》中“法律”，第二卷，第二十三节。

③ 普鲁塔克，《普勃里克拉传》，第六章。

④ 人民大会，即百人团人民大会（Comitiis centuriatis）。

⑤ 指公元前494年平民登上圣山后，授予平民的法律。——译者

⑥ 库里亚（Curiae，法文作Curie，拉丁文作Curia），罗马的一种行政区划单位。罗慕洛斯将罗马分作三个胞族区（tribus），每个胞族区各有十个库里亚。——译者

权力略小一些，依照第三种方式，他们的权力就更小。

按百人团划分，与其说是按人划分，毋宁说是按纳税额和财产划分。全体人民被划分为一百九十三个百人团[①]，每个百人团拥有一票表决权。贵族和权贵组成九十八个百人团，其余公民组成另外九十五个百人团。依照这种划分，贵族自然就是选举的主人了。

按库里亚划分[②]，贵族尽管不再有那么多的便宜可占，不过还是能占一些便宜。由于需要占卜，而卜师都是贵族，所以，任何建议事先如果不向元老院提出，不经元老院法令批准，都不可能提交人民讨论。可是，如果依照部落划分，那就既没有占卜，也没有元老院法令，贵族根本就不能参加会议。

人民总是力图把习惯上按百人团举行的集会变成按库里亚举行，把按行政区举行的集会变成按部落举行，这样一来，原本由贵族处理的事务就转由人民来处理了。

因此，当平民获得了审讯贵族的权力时（这种权力是从科里奥拉奴斯事件[③]开始的[④]），就会主张按部落[⑤]而不是按百人团召集会议进行审讯。当保民官和市政官等有利于人民的新官职[⑥]设立时，人民争得了按库里亚集会来任命这些官员的权力。当人民确立了自己的权力

---

① 参见狄特-李维，《古代罗马史》，第一卷以及哈里卡纳索斯的狄奥尼修斯，《罗马古事记》，第四卷和第七卷。

② 哈里卡纳索斯的狄奥尼修斯，《罗马古事记》，第九卷，第 598 页。

③ 科里奥拉努斯（Coriolan）率领窝尔西人于公元 488 年围攻罗马，在他的母亲和妻子苦苦哀求下，他放弃了攻城计划。窝尔西人认为被他出卖，遂将他杀死。——译者

④ 哈里卡纳索斯的狄奥尼修斯，《罗马古事记》，第七卷。

⑤ 这与习惯不符。参见哈里卡纳索斯的狄奥尼修斯，《罗马古事记》，第五卷，第 320 页。

⑥ 哈里卡纳索斯的狄奥尼修斯，《罗马古事记》，第四卷，第 410 页、第 411 页。

后，就争取到了[①]在按部落召集的会议上任命这些官员的权力。

第十五节　罗马在共和政体鼎盛时期何以突然失去了自由

在贵族与平民极为激烈的争执中，平民要求制定固定的法律，以使审判不再是一时心血来潮或专断权力的结果。元老院一再抗拒之后终于同意了。为制定法律，任命了十名官员，大家认为，应该赋予这十位官员以大权，因为他们负责制定的法律需要兼顾几乎互不兼容的各种人群。所有官员的任命全部暂停，人民会议只选出这十位官员作为共和国的管理者，他们拥有执政权和护民权，拥有执政权便可召集元老院会议，拥有护民权便可召集人民会议。可是，他们既不召开元老院会议，也不召开人民会议。这十位官员独占共和国的全部立法权、全部行政权和全部司法权。罗马于是生活在酷烈的暴政之下，与塔克文时代无异。塔克文倒行逆施时，罗马对他所篡夺的权力怒不可遏，十位执政官倒行逆施时，罗马为自己赋予他们的权力而目瞪口呆。

可是，这是怎样的一种暴政啊！建立这种暴政的那些人仅凭民事知识就执掌政制和军事权力，在当时的形势下，他们为了便于统治而需要公民们在国内软弱怯懦，为了保护他们自己却又需要公民们在国外英勇无畏。

维吉尼亚的父亲为了贞操和自由而杀死了自己的女儿，这位女子

① 哈里卡纳索斯的狄奥尼修斯，《罗马古事记》，第九卷，第605页。

的惨死导致十位执政官的权力化为乌有①。人人都自由，因为人人都受到了伤害；人人都变成了公民，因为人人都觉得自己就是那位父亲。元老院和人民重新获得了托付给那些荒谬可笑的暴君们的自由。

罗马人民比其他人民更易受到悲惨景象的刺激。鲁克莱西亚血淋淋的尸体呈现在人们面前，导致了王政的覆灭②。遍体鳞伤的债务人出现在公共广场上③，致使共和国政体解体。维吉尼亚的惨相导致十大执政官被逐的结果。为了判处曼利乌斯死刑，不得不把卡皮托尔神庙遮挡起来④，不让人民看见。恺撒的血袍⑤使罗马重陷奴役之中。

第十六节　罗马共和国的立法权

在十大官员执政时期，人民无权提出争议。可是当人民重获自由时，妒忌却又卷土重来，贵族尚能享受的所剩无几的特权，平民都予以

① 维吉尼亚(Verginie，卒于公元前449年)。美丽的罗马少女。据传，十人团之一阿皮乌斯(Appius)为其美貌所倾倒，但遭到维吉尼亚的拒绝。阿皮乌斯恼羞成怒，利用自己的地位宣布维吉尼亚为奴隶。维吉尼亚的父亲维吉尼乌斯是一位百人长，出征归来时闻听此事，为让女儿免遭羞辱，亲手将她杀死。由此掀起了第二次平民造反。参见本书第六章第十五节。——译者

② 鲁克莱西亚(Lucrèce，卒于公元前509年)，罗马妇人。据传，鲁克莱西亚被罗马第七位国王塔克文之子塞克斯图斯羞辱后，当着父亲及若干朋友之面，将此事告知丈夫，请他为她报仇，然后当众自杀身亡。此事激起民愤，引发了推翻王政的革命。——译者

③ 正是此事引发平民的圣山起义。——译者

④ 曼利乌斯(Manlius，卒于公元前348年)，曾任罗马执政官和保民官。高卢人入侵时，曼利乌斯曾率领千余士兵退守卡皮托尔神庙，击退来犯之敌。后来因被控图谋实行暴政被判死刑，被人从悬崖推下致死。——译者

⑤ 公元前44年3月15日，恺撒被其政敌谋杀，身中二十三刀，血染长袍。——译者

剥夺。

如果平民仅仅满足于剥夺贵族的特权而没有伤害他们的公民身份，麻烦本来还不至于太大。人民会议按库里亚或百人团召开时，元老、贵族和平民都是会议的成员。平民在讨论中获得一次胜利①，今后无需贵族和元老参与，平民就可独自制定法律，这种法律称作平民法；制定这种法律的会议称作部落人民会议。由此可见，贵族在某些场合完全与立法权无缘②，而且受制于国家另外一个团体的立法权③。这是自由的狂热。为了确立民主，人民反而违背了民主的原则。如此强大的一股力量似乎本应压垮元老院的权威。然而，罗马的制度实在是令人赞叹，尤以其中的两种为最，其一确定了人民的立法权，其二限制了人民的立法权。

可以这样说，监察官和此前的执政官④每隔五年把人民重新组织一次，他们对握有立法权的集团行使立法权。西塞罗说："监察官提比略·格拉古⑤把解放的奴隶转移到城市中去，靠的不是雄辩的力量，而是一句话，一个手势。他如果没有那样做，我们今天勉强支撑着的共和国也许早就不存在了。"

另一方面，可以说元老院有权设置一个独裁者，从而把共和国从人

① 哈里卡纳索斯的狄奥尼修斯，《罗马古事记》，第九卷，第 725 页。

② 依据神圣法，平民可以独自制定平民法，贵族不参加此类立法会议。参见哈里卡纳索斯的狄奥尼修斯，《罗马古事记》，第四卷，第 410 页；第七卷，第 430 页。

③ 依据十人团被逐后制定的法律，贵族尽管没有参与投票，却受平民法约束。见狄特-李维，《古代罗马史》，第三卷；哈里卡纳索斯的狄奥尼修斯，《罗马古事记》，第九卷，第 725 页。这项法律又为独裁官普勃里乌斯·菲罗于罗马 416 年（公元前 338 年）所肯定。见狄特-李维，《古代罗马史》，第八卷。

④ 从哈里卡纳索斯的狄奥尼修斯，《罗马古事记》，第九卷来看，执政官们在罗马 312 年（公元前 442 年）依然进行户口调查。

⑤ 提比略·格拉古（Tiberius Gracchus，前 2 世纪），罗马贵族改革家。——译者

民手中夺走。在独裁者面前，拥有最高权力的人民低下了头，最得人心的法律也噤若寒蝉了[①]。

第十七节　罗马共和国的行政权

如果说人民十分珍惜立法权，那么，他们对于行政权倒并不那么在意。他们把此项权力交给了元老院和执政官，自己仅仅保留选举官员和确认元老院以及将军们的行为的权力。

罗马的欲望是发号施令，它的野心是征服一切，它一贯强取豪夺，从不更张，故而大事不断，不是敌人密谋置它于死地，就是它密谋置敌人于死地。

罗马必须以英雄的勇气和过人的智慧行事，事态表明，国事必须由元老院掌管。人民就立法权的每一个细节与元老院展开争辩，因为他们十分珍惜自由；而在行政权的各个方面，人民从不与元老争权，因为他们十分珍惜光荣。

元老院执掌着行政权中的绝大部分，所以波利比乌斯[②]说，外邦人都以为罗马是个贵族政体的国家。元老院掌管国家的财政，招揽包税人，仲裁盟国事务，决定战争与和平并在这方面领导执政官；元老院确定罗马军队和盟国军队的兵员数额，把行省和军队分配给行省总督或执政官，并在他们的统辖期限届满时任命继任者；元老院颁布有关凯旋仪式的法令，接收和派遣使节；它册封国王并对他们进行奖惩和审判，授予或剥夺他们罗马人民同盟者的称号。

① 例如那些让人民有权审理所有官员的行政命令的法律。

② 波利比乌斯，《历史》，第六卷。

执政官征召应由他们派往前线的军队，指挥陆军和海军，对盟国作出安排；他们在各个行省拥有共和国的全部权力，给战败国人民以和平，强迫他们接受条件，或是提交元老院处理。

人民最初也参与处理和平与战争事务，那时，他们行使的与其说是行政权，毋宁说是立法权。他们所做的只是认同国王以及此后执政官和元老院所做的事而已。我们看到，是否进行战争，根本不是由人民而是由执政官和元老院决定，而且往往不顾保民官们的反对而一意孤行。人民因繁荣而陶醉时，便扩大自己的行政权，过去一直由将军们任命的军团将领，于是改由人民任命①；第一次布匿战争前夕，人民决定独掌宣战权②。

第十八节　罗马政体中的司法权

司法权被赋予人民、元老院和官员以及某些法官。有必要了解一下司法权是如何分配的。我从民事说起。

司法权最早由国王执掌，继而由执政官③执掌，然后由裁判官执掌。塞尔维乌斯·图里乌斯放弃了民事审判权，除了极少量案件④外，

① 罗马 444 年（公元前 310 年）。见狄特-李维，《古代罗马史》，第一部第九卷。鉴于征伐佩修斯的战争出现危险迹象，元老院决定停止执行该法，人民对此表示同意。见狄特-李维，《古代罗马史》，第五部，第二卷。

② 弗赖因什谬斯(Freinshemius)说，人民从元老院夺走了宣战权。见《狄特-李维集补编》，第二部，第六卷。

③ 在设置司法官之前，执政官执掌司法权，对此不应存有疑虑。见狄特-李维，《古代罗马史》，第一部，第二卷，第 19 页；哈里卡纳索斯的狄奥尼修斯，《罗马古事记》，第十卷，第 627 页，第 645 页。

④ 保民官们通常独自审理，令人憎恶的行为莫过于此。见哈里卡纳索斯的狄奥尼修斯，《罗马古事记》，第十一卷，第 709 页。

执政官也不再审理民事案件，这些案件因此而被称作非常案件[1]。执政官仅仅任命法官，组织负责审理案件的法庭。从哈里卡纳索斯的狄奥尼修斯的著作中所载阿皮乌斯·克劳狄乌斯的演说[2]来看，似乎从罗马259年[3]开始，这种做法已被罗马人视为习惯。如果将它回溯到塞尔维乌斯·图里乌斯时代，应该说不算太远。

裁判官每年提出一份名册[4]或表格，上面写的是他所选定的在他任职年内担任法官的人选，以便从中为每一桩诉讼选取足够的法官。这与当今英国的做法几乎相同。这样做法十分有利于自由[5]，因为，裁判官是从当事各方都同意的人选中挑选法官的[6]。如今英国人可以在诉讼中要求许多人回避，这种做法与当年罗马的做法异曲同工。

这些法官只就事实进行审讯[7]，例如某笔款项是否已经偿还，某个行为是否已遂等等。凡是涉及权利的[8]问题，由于必须具有一定能力方能处理，所以提交百官法庭审理[9]。

国王们保留了对刑事案件的审判权，后来的执政官们继承了此项

① 非常案件，即不按正常程序进行的法律调查案件，拉丁文作 Judicia extraordiaria，见《法制》，第四卷。

② 哈里卡纳索斯的狄奥尼修斯，《罗马古事记》，第四卷，第 360 页。

③ 公元前 495 年。——译者

④ 名册，拉丁文作 Album judicium。

⑤ 西塞罗在《为克鲁恩西奥辩护》中写道："我们的先人不愿意由未经当事各方同意的人审理案件，不但有关公民名誉的案件是如此，即使是有关金钱的小案件也是如此。"

⑥ 参见塞尔维法、科里尼法等法的片段，看看这些法律对于其所规定必须惩罚的罪行是如何指派法官的。法官的指派方法有三种，一是挑选，二是抽签，三是挑选和抽签兼而用之。

⑦ 塞涅卡，《论恩惠》，第三卷，第七章末尾。

⑧ 参见坎蒂利安，《雄辩术》，第四卷，第 54 页，1541 年巴黎版。

⑨ 庞波尼乌斯(Pomponius)，《法学的起源》"法律"，第二卷，第二十四节。若干被称作十大法官的官员在一名司法官的领导下主持审讯。

权力。执政官布鲁图就是凭借此项权力，处死了他的儿子和所有为塔克文卖命的密谋者[①]。这项权力太过分了。执政官们已经执掌了军事权，又对城市的民事事务行使此项权力；他们的审讯方法不具法律形式，所以与其说是审判，不如说是粗暴行为。

于是便有了瓦雷烈法。瓦雷烈法准许将所有危及公民生命的执政官法令提交人民审议。除非以人民意志为据，否则执政官再也不能对任何一个罗马公民宣判极刑[②]。

我们看到，在塔克文第一次密谋复辟时，执政官布鲁图判处了罪犯，而在塔克文第二次图谋复辟时，他召集元老院和人民议会对他们进行审判[③]。

那些被称为神圣的法律为平民设置了保民官，这批官员起初颇有抱负。平民提出要求时的胆大妄为，元老院许诺时的屈尊俯就和轻而易举，真不知道是前者为甚还是后者为甚。瓦雷烈法允许提请包括元老院成员、贵族和平民在内的人民审议。平民则规定，审议应向他们提出。不久就出现了平民是否可以审判贵族这个问题，并且引起一场争论。争论随科里奥拉奴斯案件而起，随此案结束而结束。被保民官告到人民面前的科里奥拉奴斯，置瓦雷烈法的精神于不顾，公然声称他只能由执政官审判；平民同样置瓦雷烈法于不顾，声称科里奥拉奴斯只能由他们单独审判，并且说到做到，果然对他进行了审判。

十二铜表法改变了这种情况。该法规定，凡涉及公民生命时，只有

---

① 布鲁图（Brutus Lucius，生活在公元前 6 世纪），传说中的罗马英雄，他的妹妹鲁克莱西亚被塔克文侮辱后，他揭竿而起，终于赶走国王，后来曾任执政官。据说他的两个儿子曾帮助塔克文复辟，为此他亲自处死了这两个儿子和其他几名密谋者。——译者

② “没有罗马人民的嘱咐，执政官不得对罗马公民宣判极刑”。见庞波尼乌斯，《法学的起源》“法律”，第二卷，第六节。

③ 哈里卡纳索斯的狄奥尼修斯，《罗马古事记》，第五卷，第 322 页。

百人团人民会议[①]可以作出决定，所以从此以后，平民或按部落划分的人民会议只能审理课处罚金的罪行。只有依据法律才能判处极刑，而课处罚金则只需依据平民法即可。

十二铜表法的这种规定非常明智，妥善地调解了平民和元老院之间的关系。因为，刑罚的轻重和罪行的性质决定了两者各自的职能，所以必须携手合作。

罗马政体中与英雄时代的希腊诸王政体有关联的一切残留，都被瓦雷烈法废除了。执政官不再有权惩治犯罪。尽管所有罪行都与公众有关，但是需要区分两种不同情况，其一主要涉及公民与公民的关系，其二主要涉及国家与公民关系中的国家；前者称作私罪，后者称作公罪。人民亲自审理公罪，至于私罪，则由人民通过一个特别委员会任命一位裁判官负责审理，此人通常是一个官员，但有时也可能是人民挑选的一个普通百姓，叫做重罪裁判官，十二铜表法提到了这个职务[②]。

这位裁判官任命一名主任法官，主任法官通过抽签选定若干名法官组成法庭，并主持审判[③]。

元老院也参与裁判官的任命，有必要指出这一点，以便了解各种权力在这件事情上是如何相互制约的。元老院有时选出一个独裁官执行裁判官的职务[④]；有时下令保民官召集人民开会任命一位裁判官[⑤]；此

① 百人团人民会议，即按百人团划分而召开的人民会议。曼利乌斯·卡皮多利努斯也是在此类人民会议中受审的。见狄特-李维，《古代罗马史》，第一部，第六卷，第二十章。

② 庞波尼乌斯在《法学的起源》“法律”第二卷中是这样说的。

③ 见乌尔比安(Ulpien)，《摘要》片段，其中提到科里尼法的另一个片段。这段文字载于《摩西律例与罗马法校勘录》第一题：暗杀与杀人。

④ 这种做法尤其针对发生在意大利的犯罪行为，那里的元老院担负着主要的检察任务。见狄特-李维，《古代罗马史》，第一部，第九卷关于加布亚的密谋的记述。

⑤ 罗马 340 年(公元前 414 年)追查波斯杜谬斯被杀案时就是这样做的。见狄特-李维，《古代罗马史》，第四卷，第一章。

外，人民有时任命一个官员，由他就某一罪行向元老院报告，并请求元老院任命一位裁判官，狄特-李维在《罗马编年史》中提到的卢西乌斯·西庇阿案件就是如此①。

罗马604年②，上述各种职务中的一部分变为常设职务③。人们逐渐把刑事案件逐渐分为被称作永久性问题的不同类别。随后又设置了若干审判官，每个审判官分管永久性问题中的某一项。这些审判官有权在一年之内审理各自管辖的案件，一年之后他们就出任行省长官。

在迦太基，百人元老院由终身任职的法官组成④。不过在罗马，大法官的任期只有一年，而法官的任期甚至连一年都不到，因为他们的法官身份仅限于案子审理期间。读者在本书第六章中已经看到，这种制度在某些政体中十分有利于自由。

格拉古兄弟执政之前，法官都选自元老等级，提比略·格拉古⑤下令从骑士等级中遴选法官。这个变化十分巨大，以至于这位执政官夸口说，他的一个法律提案就斩断了元老等级的神经。

必须看到，尽管就其与公民自由的关系而言，三种权力难以分配得很好，可是，就其与政制自由的关系而言，三种权力却可以分配得很好。罗马人民拥有大部分立法权、部分行政权和部分司法权，这样巨大的权力需要有另一种权力来与之抗衡。元老院拥有相当部分的行政权，它

① 狄特-李维，《古代罗马史》，第八卷，第三十八章。

② 公元前150年。——译者

③ 西塞罗，《布鲁图》。

④ 狄特-李维证实了这一点，他在《古代罗马史》第四十三卷第四十六节中写道，是汉尼拔把他们的任期改为一年。

⑤ 其实是盖尤斯·格拉古（Caïus Gracchus，卒于公元前121年），古罗马贵族改革家。——译者

还拥有某些立法权[①]，可是，这些不足以使它能与人民抗衡。元老院必须拥有部分司法权，而当法官从元老中选任时，元老院果然就拥有部分司法权了。格拉古兄弟剥夺了元老院的司法权[②]后，元老院就无法再与人民抗衡了。他们为了政制自由而伤害了公民自由，可是，公民的自由却随着政制自由的丧失而丧失了。

结果带来了数不清的弊害。当内乱方酣，几乎无政制可言时，政制改变了。骑士不再是连接人民与元老院的中间等级，政制的链条断了。

甚至还有一些特殊理由可以用来阻止审判权转入骑士手中。骑士应该是士兵，而要当兵，就必须拥有相当的财产为其行为担保，罗马的政制就是建立在这项原则之上的。作为最富有的人，骑士组成了罗马的骑兵军团。当他们的地位有所提升后，他们就不愿再在这个部队中服役。于是就得再征召一支骑兵。马略把杂七杂八的人招入骑兵军团，共和国就此寿终正寝[③]。

此外，骑士是共和国的包税人，他们贪得无厌，在苦难中雪上加霜，变本加厉地增加公共开支。不但不应把司法权交给这种人，而且应该让他们始终处于法官的监视之下。在这一点上应该赞扬法兰西的古法，某些条款表明，古法不信任公务人员的程度丝毫不亚于不信任敌人。当罗马把审判权交给包税人后，美德、治理、法律、官职和官员统统不复存在了。

在西西里的狄奥多罗斯和狄奥的著作片段中，我们可以读到一些

① 尽管未经人民认可，元老院法令仍有为期一年的法律效力。见哈里卡纳索斯的狄奥尼修斯，《罗马古事记》，第九卷，第 59 页；第十一卷，第 735 页。

② 罗马 630 年（公元前 124 年）。

③ “大多是赤贫的市民”。见萨鲁斯特（Salluste），《朱古达战争》，第八十四章。

率真的记述。狄奥多罗斯写道[①]："穆基乌斯·斯凯沃拉[②]想要恢复古代的习俗，靠自己的财产俭朴而清廉地生活。由于他的前任们勾结包税人，而包税人当时执掌着罗马的审判权，所以各种各样的罪行在各个行省里层出不穷。可是，斯凯沃拉惩治了包税人，并把陷人于冤狱的那些人投进监狱。"

狄奥[③]说，他的副手普布里乌斯·鲁蒂里乌斯同样为骑士所憎恶，他回国后便因被控收受贿赂而被处以罚金，于是他立即变卖财产。他终于讨回了清白，因为大家发现他的财产远远少于被指控的非法所得。他出示了财产所有权的证书，再也不愿与那些人生活在同一个城市里。

狄奥多罗斯又说[④]："意大利人在西西里买了大量奴隶，让他们种地和放牧，却不向他们提供食物。这些可怜的奴隶不得不身披兽皮，手持长矛和棍棒，带着狼狗到大路上去抢劫。整个西西里都遭到蹂躏，除了城里面的东西，当地人说不出还有什么属于自己的东西。没有一个总督或裁判官能够或愿意制止骚乱，敢于惩罚这些奴隶，因为这些奴隶属于骑士，而骑士在罗马执掌着审判权[⑤]。"可是，这正是奴隶战争的原因之一。我只想说一句：一个唯利是图的职业，一个索取无度而从不付出的职业，一个冷酷无情地使富人变穷，使穷人更穷的职业，不应在罗马领有审判权。

---

① 该作者的片段第三十六章，转引自君士坦丁·波菲洛戈尼图斯，《品德与邪恶》。

② 穆基乌斯·斯凯沃拉（Mucius Scévola，？—前 4 世纪），传说中的罗马英雄。——译者

③ 狄奥所著历史片段，见《品德与邪恶摘录》。

④ 该作者的片段第三十四章。转引自《品德与邪恶摘录》。

⑤ 他们属于在罗马执掌着审判权的骑士，而法官就是从骑士等级中通过抽签遴选出来的，这些法官的审讯对象是任期届满后的行省总督和副行政长官。

第十九节　罗马诸行省的政体

三种权力在罗马的分配就是如此，可是，各个行省中的情形迥然有异。自由存在于中央，暴政施行于边陲。

罗马仅仅统治着意大利的时候，其他各地人民是作为联盟者被治理的，每个共和国的法律都被遵行。可是，当罗马把征服之手伸向更远时，元老院不能直接监视每个行省，身在罗马的官员无法治理帝国，于是就不得不向那里派出总督和行政长官。此时，三种权力的和谐配置就不复存在了。派到各行省的官员大权独揽，集罗马的各种权力于一身，怎么说呢，反正包括罗马官员的权力、元老院的权力乃至人民的权力①。这是一些专制官吏，非常适宜于在他们被派往的边远地区任职。他们行使三种权力，不客气地说，他们就不啻是共和国里的帕夏。②

前已述及③，鉴于事物的性质，这些人在共和国里兼领文职和武职，所以，当共和国进行征服活动时，不可能在被征服的地方推行共和政体并依照共和政体模式治理国家。实际上，被派遣到那里的官吏既然握有行政权、民事权和军事权，就必然同时握有立法权，因为缺了他，还有谁能制定法律？他还应该握有司法权，因为，谁能撇开他而独立进行审判呢？所以，派遣到那里的官吏必得同时拥有三种权力，而罗马各行省中的省督正是如此。

君主国比较容易推行自己的政体。因为在它所派出的官吏中，有人执掌民事执行权，有人执掌军事执行权，这就不至于导致专制主义。

---

① 他们抵达驻地时都要颁布各自的法令。

② 帕夏(Bacha)，奥斯曼帝国的某些显贵或行省总督。——译者

③ 本书第五章第十九节，参见本书第二、三、四、五章。

罗马公民只受人民审判，这是一项意义重大的特权。如果没有这项特权，身在行省的罗马公民就要受制于省督或行政长官的专断权力。这种暴政仅仅施行于被征服民族，城市丝毫感觉不到。

因此之故如同在斯巴达那样，罗马世界里的自由民拥有极度的自由，而奴隶则遭受极度的奴役。

对公民的税收非常公正，沿用的是当初塞尔维乌斯·图里乌斯制定的方法，他依据财富多寡将所有公民划分为六等，并按每个公民在政府中担任的职务大小，确定每位公民应纳税额。由此而导致的结果是，声望高的人为税额高而叫苦不迭，声望低的人则为税额低而深感欣慰。

还有一点值得赞赏，那就是可以这样说，由于塞尔维乌斯·图里乌斯的等级划分是政体的基本原则，税收的公平就与政体基本原则密不可分，税收的公平一旦被取消，政体的基本原则也就不复存在。

但是，罗马人可以毫无困难地纳税或者压根就不纳税[①]，可是，各个行省却被承包共和国税收的骑士们折腾得苦不堪言。前面已经说到了他们鱼肉百姓的种种劣迹，此类记述在史书中比比皆是。

米特拉达梯[②]说[③]："整个亚洲期盼着我去解放，省督们的掠夺[④]、公职人员的勒索以及审判中的谎言，激起了人们对罗马的仇恨[⑤]。"

诸行省的实力为何不但丝毫没有使共和国的实力增强，反而削弱了它的实力，原因就在于此。为何在诸行省看来，罗马丧失自由之时，便是它们建立自己的自由时代之日，原因就在于此。

---

① 罗马征服了马其顿后便暂停向公民征税。

② 米特拉达梯(Mithridate)，波斯帕提亚国王。——译者

③ 这段话出自特罗古斯·庞培尤斯(Trogue Pompée)之口，转引自查士丁，《腓力史摘要》，第三十八卷。

④ 见西塞罗，《批驳维列斯》。

⑤ 众所周知，激起日耳曼人反叛的就是瓦鲁斯(Varus)法庭。

第二十节　本章结束语

在我们所知的所有各类宽和政体中，三种权力是如何分配的，并由此计算，其中每一类政体可以享受到何种程度的自由，这正是我想要探索的。不过，我不应该包揽这个题目而不给读者留下进一步探索的余地。重要的不是让人阅读，而是让人思考。

第十二章

确立政治自由的法与公民的关系

第一节　本章指导思想

我们已经从政治自由与政制的关系入手论述了政治自由，但这还不够，还需要从政治自由与公民的关系着眼对它进行论述。

我说过，就政治自由与政制的关系而言，政治自由是由三种权力的某种分配方式确立的；可是就政治自由与公民的关系而言，必须用另一种思想对政治自由加以审视。政治自由是享有安全或者自认为享有安全。

可能出现两种情况：其一，政制是自由的，但公民并不自由；其二，公民是自由的，但政制并不自由。在前一种情况下，政制在法律上是自由的，事实上并不自由；在后一种情况下，公民事实上是自由的，在法律上并不自由。

就自由与政制的关系而言，唯有通过法律尤其是基本法的安排，自由方能得以确立。可是，就自由与公民的关系而言，习俗、风尚以及惯例都可带来自由；本章将要谈及，某些公民法也能促成自由。

此外，大多数国家中的自由所受的约束、侵害和摧残，甚于其政制所要求的程度，所以，有必要谈一谈特别法，因为在每一种政制中，特别法既能帮助也能伤害每个国家可能采用的自由原则。

第二节　公民的自由

就哲理而言，自由就是行使自己的意志，或者至少(假如需要从所有各类体系来谈的话)是自认为在行使自己的意志。政治自由是享有安全，或者至少是自认为自己享有安全。

对于安全的威胁以公诉或私人诉讼为最，所以说公民的自由主要依赖于优良的刑法。

刑法臻于完善绝非一日之功。在为寻找自由而花费了最多精力的地方，也并非总能找到自由。亚里士多德告诉我们[①]，在库麦，原告的父母可以充当证人。罗马王政时期的法律极不完善，塞尔维乌斯·图里乌斯竟然以谋杀其岳父[②]、国王塔克文·普里斯库斯的罪名，判处安库斯·马尔蒂乌斯[③]的孩子死刑。在最初几位法兰克国王执政期间，克罗泰尔[④]制定了一项法律[⑤]，规定未经审判，不得判决被告人有罪。此事表明，曾有某些案件或某些蛮族的审判程序与此相反。审判伪证

---

① 亚里士多德，《政治学》，第二卷。

② 塔克文·普里斯库斯(Tarquinius Prisicus)。见哈里卡纳索斯的狄奥尼修斯，《罗马古事记》，第四卷。

③ 安库斯·马尔蒂乌斯(Ancus Martius)，罗马第四位国王(公元前 640—前 617 在位)。——译者

④ 克罗泰尔(Clotaire，497—561)，法兰克国王。——译者

⑤ 在公元 560 年。

的首创者是卡隆达斯[①]。公民的无辜得不到保证，自由也就得不到保证。

在刑事审判中应该遵守的最可靠的规则方面，某些国家[②]已经获得了一些知识，今后还将有其他国家获得新的知识，人类对这些知识的关心远胜对世界上其他事情的关心。

只有在这些知识的实践中才可能确立自由。在一个在这方面拥有最佳法律的国家里，即使是一个卷进官司并且将在翌日绞决的人，其自由的程度也要高于土耳其的帕夏。

第三节　续前题

仅凭一个人作证就将一人判处死刑的法律，对自由构成了致命的伤害。理性要求有两个证人，因为如果一个人证明被告有罪，而被告则予以否认，两人各执一词，那就无法认定，所以需要第三个人才能作出决断。希腊人[③]和罗马人[④]在定罪时要求多出一票，我们法国的法律要求多出两票。希腊人硬说他们的做法是神明确定的[⑤]，其实我们的做法才是神明确定的。

① 亚里士多德，《政治学》，第二卷，第十二章。卡隆达斯于第 84 个奥林匹亚期间将他的法律交给了图留乌姆（Thurium）。

[卡隆达斯（Charondas，生活在公元前 7 世纪），古希腊立法家，曾为多个城市制定法律。——译者]

② 此处指英国，见本书第十一章第六节。——译者

③ 见阿里斯底德，《智慧女神颂》。

④ 哈里卡纳索斯的狄奥尼修斯《罗马古事记》第七卷中关于科里奥拉奴斯的记述。

⑤ 拉丁文：Minervae calculus（智慧女神的主张）。

第四节　依照罪行的性质定罪和量刑有利于自由

如果刑法对每一种刑罚的确定都以罪行的特殊性质为依据，那就是自由的胜利。一切专断将终止，刑罚的依据不再是立法者的心血来潮，而是事物的性质。刑罚就不再是人对人施行的暴力。

一共有四类罪行。第一类危害宗教，第二类伤害风化，第三类伤害安宁，第四类伤害公民的安全。课处刑罚的依据应该是各类罪行的性质。

我只把直接侵害宗教的罪行，比如所有的单纯渎圣罪①，归入宗教侵害罪。因为，骚扰宗教活动的罪行，其性质属于破坏公民的安宁或安全，所以，应该分别归入第三类或第四类。

为了按照事物的性质处罚单纯渎圣罪②，刑罚就应是剥夺宗教所给予的一切好处，赶出庙宇，暂时或永久禁止与教徒交往，不得与他们见面，让他们受到憎恨、厌恶、咒骂。

凡是涉及危害国家的安宁或安全的事件，非公开的行动属于世俗的司法管辖范围。可是，凡是涉及伤害神明的事件，只要没有公开行动，就谈不上是犯罪，一切都在人与神明之间发生，神明知道怎样和何时施行报复。倘若官员不分青红皂白，追究非公开亵渎神明的行为，对查处一种完全没有必要查处的行为，那他就是赋予懦夫和莽夫以热情，

---

① 所谓单纯渎圣罪，是指亵渎圣餐面饼等侵害宗教，但对他人和社会不构成伤害的罪。——译者

② 为了惩治用脏话亵渎上帝的人，圣路易制定了极为严厉的法律，连教皇都认为不得不对他提出劝告。后来圣路易抑制自己的宗教热情，减轻了刑罚。见圣路易的法令。

让他与公民作对，因而也就摧毁了自由。

弊害产生于必须为上帝复仇的思想。其实，应该敬重上帝，但绝不应该为上帝复仇。一个人的行动如果以为上帝复仇的思想为指导，惩罚还能有穷尽之时吗？如果人间的法律要为一个无穷的存在物复仇，那样的话，法律就是以无穷为基准，而不是针对人性的弱点、无知和任性了。

从一位普罗旺斯的历史学家①所记述的一件事中可以清楚地看到，为上帝复仇的思想对于精神脆弱的人会带来什么样的后果。一个犹太人因被控亵渎圣母而被处以活剥之刑。一群骑士手执利刃，头戴面具，走上行刑台，赶走刽子手，要亲自为圣母复仇……我绝对不想先于读者谈出我自己的感想。

第二类是有伤风化的罪行，例如破坏公众或个人对欲望的节制，也就是说，破坏对享受感官愉悦和两性肉体结合愉悦的管制。对此类罪行的刑罚也应该源自此类罪行的性质。剥夺罪犯享受社会给予风化优良的人们的好处，罚款、使之丢脸、强制隐匿、当众羞辱、赶出城市和社会。总之，所有惩治轻罪的刑罚足以遏制两性关系方面的鲁莽行径。其实，此类罪行与其说是恶意使然，莫如说是忘却了自爱自重所致。

上面只谈到仅仅有伤风化的罪行，并不涉及破坏公民安宁的罪行，诸如诱拐和强奸等；这类罪行属于第四类。

第三类罪行破坏公民的安宁，对此类罪行的惩罚也应该源自此类罪行的性质，即与安宁有关，诸如监禁、放逐、矫正，以及其他能使不安分子回归正常、重新融入社会秩序中去的惩罚。

我把破坏安宁的罪行局限于仅仅损害治安。因为，那些既破坏安宁又伤害安全的罪行，应该归入第四类。

对最后这类罪行的惩罚就是人们所说的刑罚。这是某种意义上的

---

① 布热雷尔神甫（Le P. Bougerel）。

同态报复。谁剥夺了或企图剥夺他人安全,那就拒绝给予其安全。这种刑罚源于这类罪行的性质,发自理性和善恶的本源。一个公民严重侵犯他人安全,使之丧命,或企图使之丧命,这个公民就该处死。这种死刑犹如病态社会的一剂良药。对于侵害财产安全的罪行,也有理由处以极刑,不过,处以丧失财产的刑罚也许更好,而且更符合这类罪行的性质。如果财产是双方共有的,或者双方的财产数量相等,就应该作如上处分。可是,由于侵害者往往是一贫如洗的穷汉,所以只能以肉刑代替财产的惩罚。

我所说的这一切都源自事物的性质,非常有利于自由。

第五节 某些需要特别克制与慎重的指控

有一条重要的准则,那就是对邪术和异端的追诉一定要特别慎重。立法者若是不懂得如何限定范围的话,对这两种罪行的指控可能会对自由造成极大的伤害,成为暴政无穷无尽的源头。因为,这种指控往往并不直接涉及行为,而只是基于对某个公民的性格的印象,所以很危险,而且人民越无知,危险越大。于是乎,人民终日处于危险之中,因为,即使是普天下最优秀的行为,最纯净的道德,最尽义务的人,也无法保证不被怀疑为犯下了那些罪行。

曼努埃尔·克穆宁①在位时,拜占庭的一位将军②被控使用隐身术

---

① 曼努埃尔·克穆宁(Manuel Comnène,1122—1180),拜占庭皇帝(1143—1180 在位)。——译者

② 尼塞塔斯(Nicétas),《曼努埃尔·科穆宁传》,第四章。

阴谋反对皇帝，据这位皇帝的传记[①]说，亚伦正在阅读一本所罗门[②]的书时被人发现，而阅读这本书就能让魔鬼军团出现。既然认为邪术具有能把地狱武装起来的力量，并因而把称作邪术师的人视为世界上最能扰乱和倾覆社会的人，当然就要毫不容情地严厉惩罚此人。

人们一旦认为邪术具有摧毁宗教的能力就格外愤怒。从君士坦丁堡的历史[③]得知，神在启示中告诉一位主教，由于某人的邪术，某处的神迹不再出现，于是，此人和他的儿子便被处以死刑。为了证实这桩罪行，需要多少神奇的怪事作为依据呢？神给人以启示并不罕见，那位主教得到了神的启示，神的启示确有其事，圣迹不再出现了，有人施了邪术，邪术能倾覆宗教，那个汉子是个邪术师，所以最后归结到一点：那个邪术就是他施的。

西奥多·拉斯卡里斯皇帝[④]把他患病的原因归咎于邪术，受到指控的人只有一个办法证明自己无罪，那就是手捧烧红的铁块而不受伤。在古希腊，一个人若是邪术师，那倒是一件好事，因为他可以以此为他的邪术作辩护。罪名本来就似是而非，证据更加似是而非，古希腊人的愚蠢真是无以复加了。

大个子菲力普[⑤]在位期间，犹太人因被指控雇用麻风病人毒化水泉而被逐出法兰西。这种荒谬的指控令人对所有基于公众仇恨的指控产生怀疑。

---

① 尼塞塔斯，《曼努埃尔·科穆宁传》，第四章。

② 亚伦(Aaron)和所罗门(Salomon)都是圣经人物，前者是先知摩西的弟弟，后者是希伯来国王。——译者

③ 西奥菲拉克特(Théophylacte)，《莫里斯皇帝传》，第五卷。

④ 西奥多·拉斯卡里斯(Théodore Lascaris，1175—1222)，拜占庭皇帝(1208—1222在位)。——译者

⑤ 大个子菲力普(Philippe le Long，1294—1322)，法兰西国王(1317—1322在位)。——译者

我在这里并非说，绝对不应惩罚异端，我想要说的是，对此应该十分谨慎。

第六节　违背天性罪

但愿我不至于减轻公众对于一种罪行的憎恶，这是一种宗教、道德和政治轮番加以斥责的罪行。应该严厉禁止这种罪行，因为它把一个性别的弱点给予另一个性别，以可耻的幼年为无耻的老年做准备。我在这就这种罪行所说的话，丝毫也不会减轻这种令人憎恶的罪行的耻辱；但我反对对人们应有的憎恶滥加利用，因为这种滥用体现的是暴戾。

由于这种罪行的性质隐秘，所以立法者往往依据一个孩子的口供就加以惩罚。这就给诬告大开方便之门。普洛科比乌斯写道[①]："查士丁尼颁布一项法律，查处此类罪犯，无论法律颁布前后的罪犯，一律严惩不贷。仅凭一个人的证词，有时甚至是一个孩子或一个奴隶的证词，就足以定罪，对富人和绿党[②]尤其如此。"

就邪术、异端和违背天性这三种罪而言，第一种罪可以证实并不存在，第二种可以有无数差异、解释和界限，第三种通常模糊不清。可是，在我们这里，对这三种罪的惩罚却都是火刑，岂非咄咄怪事。

我认为，违背天性罪绝不可能在一个社会里猖狂肆虐，但以下几种情况另作别论：在希腊，那里的青年在所有体育锻炼中都习惯于裸体；

---

① 普洛科比乌斯，《秘史》。

② 在拜占庭帝国的马车比赛中，狂热的车迷们形成不同派别，有红党、绿党、蓝党、白党之分。各派之间的争执有时甚至导致政治动乱。查士丁尼皇帝支持蓝党。——译者

在我们法国，家庭教育已经不再时兴；在亚洲，那里某些人妻妾成群，却又鄙视她们，而其余的人则连一个妻子也娶不起。不要为这种罪行创造条件，要像对待所有伤害风化的行为一样，以严格的治理加以防范，这样，我们将能立即看到，天性会捍卫其权利，或是重新拾起其权利。温柔、可爱、魅力无穷的大自然将会用它那慷慨之手播撒愉悦，让我们在尽情享受欢乐的同时，赐予我们子女，让我们在子女身上获得新的生命，从而让我们获得比那种愉悦本身更大的满足。

第七节　大逆罪

中国的法律规定，任何人对皇帝不敬，就要处死。由于没有确切阐明什么是不敬，所以任何理由都可以用作借口，剥夺想要置其于死地的那个人的生命，毁灭想要灭门的那个家族。

两位负责邸报的官员刊发了一则失实的时闻，有人便说，在邸报上散布谎言就是对朝廷不敬，两位官员于是被处死①。一个亲王在皇帝朱批的奏折上不经意写了几个字，有人就断定他对皇帝不敬，整个家族为此而遭受迫害，其惨烈程度为历史所仅见②。

大逆罪倘若定义模糊，就足以使政体沦为专制主义。我将在法律的制定一章中予以详述③。

① 杜赫德神甫，《中华帝国全志》，第一卷第 43 页。

② 杜赫德神甫，《耶稣会士书简集》，第十九辑所载巴多明神甫的信。

③ 孟德斯鸠本应在第二十九章中进行论述，但他的许诺并未兑现。——译者

第八节　亵渎神圣罪和大逆罪的滥用

把大逆罪名加于并非大逆的行为，这是又一种可怕的弊害。罗马皇帝们的法律[①]规定，凡是对君主的裁决表示异议或对君主选定的官员的才干有所怀疑的人，都以亵渎神圣罪予以追诉[②]。这项罪名显然是近臣和宠臣们确定的。另一条法律规定，谋害君主属下的大臣和官员，等同于谋害君主本人，也是大逆罪[③]。这条法律是两位君主[④]制定的，他们在历史上以软弱著称，臣属摆弄他们宛如牧人驱赶羊群，他们在宫廷里是奴隶，在枢密院里是孩童，在军队里是陌生人；他们之所以能保存帝国，只是因为他们无时无刻不在把帝国奉送给他人。这些宠臣中有一些人非但密谋推翻皇帝，而且想要倾覆帝国，引进蛮族。当人们试图阻止他们时，国家衰弱已极，以至于不得不违反宠臣们制定的法律，冒着犯大逆罪的危险惩治他们。

可是，告发人指控三月五日先生[⑤]时所依据的就是这条法律[⑥]。为了证明三月五日先生因企图把枢机主教黎塞留赶下台而犯下大逆罪，告发人声称："依据皇帝们制定的法律，侵害君主属下大臣的人身，与侵

① 三位皇帝：格拉蒂安、瓦伦梯尼安、狄奥多西。《亵渎神圣法》的第 3 条。

② "怀疑皇帝选定的人是否称职，等同于亵渎神圣罪。"在《那不勒斯宪法》第四章中，这条规定成为《罗杰法》的范本。

③ 《尤利安法典》第九卷，第八篇，第 5 条。

④ 阿卡狄乌斯（Arcadius）和霍诺里乌斯（Honorius）。

⑤ 三月五日先生（Monsieur de Cinq-Mars），法国权贵，原名吕泽·戴费亚（Ruzé d'Effiat，1620—1642），法国国王路易十三的宠臣，因密谋反对首相黎塞留而被处极刑。——译者

⑥ 蒙特雷索，《回忆录》，第一卷，第 233 页，1723 年版。

害君主人身一样严重。大臣为君主和国家效劳，把他从君主和国家手中夺走，无异于砍掉君主的一条手臂，废除国家的一部分权力。”当奴颜婢膝来到人间时，不可能有另外的说辞了。

瓦伦梯尼安、狄奥多西和阿卡狄乌斯三位皇帝还制定了一部法律[①]，规定制造假币为大逆罪。可是，这岂不是混淆事物的概念吗？把大逆罪的罪名加在另一种罪行头上，岂不是减弱大逆罪的震慑力吗？

第九节　续前题

鲍里努斯上奏亚历山大皇帝[②]说：“一位法官在宣判时违背了皇帝的敕令，我打算以大逆罪对他追诉。”皇帝回答说：“在我的时代，根本就没有间接大逆罪[③]。”

福斯蒂尼亚努斯上奏亚历山大皇帝说，他以君主的生命发誓，绝不宽恕他的奴隶，他觉得自己一定要永久保持他的怒火，否则就等于犯了大逆罪。皇帝答道：“你的恐惧毫无意义[④]，你不懂得我的规矩。”

一项元老院法令[⑤]规定，熔化被废弃的皇帝铜像的人不以大逆罪

① 提奥多西亚努斯法第 9 条关于假币的规定。

② 亚历山大，即塞维路斯・亚历山大（Sévère Alexendre，208—235），罗马皇帝（222—235 在位）。——译者

③ “在我的治下，大逆罪由于各种原因而不再发生了。”《尤利安法典》，第九卷，第八篇，第 1 条。

④ “你不了解我的意思，你的担心是多余的。”《尤利安法典》，第三卷，第四篇，第 2 条。

⑤ 见《尤利安法典》，第 4 条 § 1。

论处。塞维路斯和安托尼努斯[①]二位皇帝写信给本蒂乌斯说，出卖尚未供奉过的皇帝铜像不以大逆罪论处[②]。这两位皇帝又致函朱里乌斯·卡西亚努斯说，投石击中皇帝铜像而非故意者，不以大逆罪论处[③]。尤利安法需要作这些修正，因为根据该法，不但熔化皇帝的铜像者以大逆罪论处，而且有类似行为者[④]也以大逆罪论处。这样一来，大逆罪就变得相当随意了。既然设立了多种大逆罪，就必须作出区分。法学家乌尔比安指出，对大逆罪的控告并不因嫌犯的死亡而撤销，接着他又说，但并非所有大逆罪[⑤]都是如此，只有伤害帝国或皇帝生命的大逆罪才是这样。

第十节　续前题

英国在亨利八世[⑥]在位时颁布的一项法律宣布，凡预言国王驾崩者以大逆罪论处。这项法律相当模糊。专制主义转过头来加害于施行专制主义的人，专制主义可怕到何等地步由此不难想见。这位国王病入膏肓时，医生们绝口不说他已病笃，而且也许依然把他当作尚未病危配药治疗[⑦]。

---

① 安托尼努斯(Antonin，Pie，86—161)，罗马皇帝(138—161 在位)。——译者

② 见《尤利安法典》，第 5 条 § 2。

③ 见《尤利安法典》，第 5 条 § 1。

④ “那些做了某些类似事情的人或其他的人。”见《尤利安法典》，第 6 条。

⑤ 《尤利安法典》最末一部法中之“通奸”条。

⑥ 亨利八世(Henri VIII，1491—1547)，英国国王(1509—1547 在位)。——译者

⑦ 比尔内(Burnet)，《英格兰教会改革史》。

第十一节　思想

一位名叫马尔西亚斯①的人做了一个梦，他在梦中割断了狄奥尼西乌斯②的喉咙③，狄奥尼西乌斯为此把他处死，理由是如果白天他不这样想，夜里就不会做那样的梦。这是可怕的暴行，因为，即使他确实这样想过，他也并没有付诸行动④。法律只惩处外在的行动。

第十二节　言辞不慎

当言辞不慎也以大逆罪论处时，大逆罪的专横武断堪称登峰造极。话语可以作多种解释，不慎和恶意的区别极大，可是两者表达方式的区别却很小，所以，法律几乎不可能因言辞而判处极刑，除非明确规定哪些言辞应判极刑⑤。

言辞绝不构成罪的实体，而是仅仅停留在思想里。最大多数情况下，言辞本身并不说明任何东西，倒是说话时的口气能说明某些东西。重复同样的言辞，意思往往不相同，言辞的意思取决于与其思想相关的其他东西。沉默所表明的东西有时候比任何言辞更多，含混不清莫过于此，怎么可以把言辞以大逆罪论处呢？凡是有这种法律的地方，连自

① 马尔西亚斯(Marsyas)，狄奥尼西乌斯属下的一个军官。——译者

② 狄奥尼西乌斯(Denys，前 431—前 367)，西拉库萨的暴君。

③ 普鲁塔克，《狄奥尼西乌斯传》。

④ 思想必须与某种行动相配合。

⑤ 莫德斯狄努斯(Modestinus)在《尤利安法典》第 7 条 § 3 中写道："除非在法律中有明文规定，或者在法律中有先例，否则不能作为罪刑惩处。"

由的影子也没有，遑论自由。

已故俄国女沙皇[①]在惩处多尔哥鲁基家族[②]的文告中宣布，该家族的一个亲王被处以死刑，罪名是使用下流言辞对女沙皇人身构成侮辱，该家族的另一位亲王也被处以死刑，罪名则是恶意曲解女沙皇对帝国所做的英明安排，并且以不敬言辞冒犯了女沙皇圣洁的人身。

我无意减轻人们对试图诋毁君主声望的人应有的愤慨，我想说的是，如果有意减缓专制主义的暴戾，那么在此类案件中，与其以大逆罪论处，不如以轻罪论处较为适宜，即使在恭顺守法的人听来，大逆罪也是极端可怕的[③]。

有具体行动的犯罪并非天天都有，很多人都能发现此类犯罪，不符事实的指控因而很容易澄清。伴以行动的言辞罪具有行动罪的性质。所以，一个人如果到公众场所煽动臣民反叛，那就犯下了大逆罪，因为他的言辞伴有行动，而且参与了行动。在这种情况下，被惩处的不是言辞，而是在其中使用了言辞的行动。言辞只有在准备、伴随和追随犯罪行为时才是罪。如果不将言辞视为死罪的一种迹象，而是仅凭言辞就定为死罪，那就是非颠倒、黑白混淆了。

罗马皇帝狄奥多西、阿卡迪乌斯和霍诺里乌斯写信给审判长鲁菲努斯[④]："如果有人说我们或政府的坏话，我们绝对不打算予以惩处[⑤]。

---

① 此处指安娜・伊凡诺芙娜（1693—1740），俄国女沙皇（1730—1740 在位）。——译者

② 此事发生于 1740 年。

［伊凡・多尔哥鲁基是先皇彼得二世的宠臣，他被流放到西伯利亚，后来被处以车刑，其父母也被流放和处死。——译者］

③ 莫德斯狄努斯在《尤利安法典》第 7 条 § 3 中写道："模棱两可的言辞是难以明确解释的。"

④ 鲁菲努斯（Ruffin，335—395），罗马政治家、法学家。——译者

⑤ "若出于轻率，当轻视之，若出于疯痴，当怜悯之，若为诅咒，则恕之。"《法典，单一律》中"有人咒骂"条。

此人如果是由于轻率而说坏话，我们鄙视他；如果是由于癫狂，我们可怜他；如果是咒骂，我们宽恕他。所以，你们要让事情保持原样，并向我们报告，我们将依据人品去判断言辞，以便慎重考虑是否需要将其交付审讯或不予追究。”

第十三节　文字

与言辞相比，文字所包含的东西更为长久。不过，倘若文字并非大逆罪的前期准备，那就不在大逆罪的审理范围之内。

奥古斯都和提比略却以文字论处大逆罪[①]。奥古斯都曾对某些反对若干名人和贵妇的文字以大逆罪论处，提比略则对被他认为是反对他的某些文字以大逆罪论处。对罗马的自由所造成的致命伤害以此为最。克雷姆狄乌斯·科尔都斯[②]因在他的著作中称卡西乌斯[③]为最卑劣的罗马人而被控告[④]。

专制主义国家里几乎难以见到讽刺文字，气馁和无知使人既无才能亦无意愿去写讽刺文字。民主政体的国家不禁止讽刺文字，理由恰恰与一人治国的政体禁止此类文字一模一样。讽刺文字通常用来攻击权贵，所以作为民主政体统治者的人民，也用讽刺文字宣泄怨愤。君主政体国家禁止讽刺文字，但把它视为违规而不是犯罪。讽刺文字能使大众的怨恨得到纾缓，不满得到安抚，对官职的觊觎得到

① 塔西佗，《编年史》，第一卷。此后诸朝继续这种做法。见《法典》，第1条。

② 克雷姆狄乌斯·科尔都斯（Crémutius Cordus，卒于25年），罗马历史学家。——译者

③ 卡西乌斯（Cassius，卒于前2年），罗马将军。成为恺撒俘虏后被恺撒宽恕，并被任命为高官。但他忘恩负义，与他人共谋将恺撒刺死。——译者

④ 塔西佗，《编年史》，第四卷。

消减，人民的忍受度得到提升，从而使他们从容面对自己所受的痛苦。

禁止讽刺文字最甚的莫过于贵族政体。那里的官吏个个犹如小君主，他们的心胸远未开阔到不介意咒骂的地步。君主政体国家里的君主高高在上，纵然有人讥讽他，也难以伤及。贵族老爷则不然，他们一旦成为讥讽目标，就遍体鳞伤。所以，十大执政官所组成的贵族政体，对讽刺文字以死罪论处[①]。

第十四节　惩罚罪恶时对羞耻心的破坏

世界上所有民族都有关于羞耻的规矩，因此，惩治犯罪时倘若破坏这些规矩，那就很荒谬，因为惩治的目的正是恢复秩序。

东方人用经过训练的大象对妇女实行极其残忍的刑罚，这岂不是想以法律破坏法律吗？罗马人有一种古老的习俗，禁止处死尚未达到婚嫁年龄的女子。提比略心生一计，让刽子手先把少女奸污，然后再处死[②]。这个阴险而残忍的暴君为遵循习俗而践踏优良的民风。

日本官吏将赤身裸体的妇女在广场上示众，并且强迫她们像畜牲那样爬行，这种行为让廉耻为之战栗[③]。然而，当日本官吏让一个母亲……让一个儿子……，我不忍再往下说，大自然也为之战栗[④]。

① 见《十二铜表法》。
② 苏埃托尼乌斯，《提比略》。
③ 《创建东印度公司历次航行记》，第五卷，第二部分。
④ 《创建东印度公司历次航行记》，第一卷，第 496 页。

第十五节　为控告主人而释奴

奥古斯都规定，密谋反对他的人所拥有的奴隶应该公开出售，以便奴隶能够作出不利于主人的誓证[①]。对于有助于发现重大罪行的线索，丝毫马虎不得。所以，在蓄养苦役奴的国家里，奴隶理所当然地可以成为告发者，但他们不能成为证人。

温德克斯[②]揭发了为塔克文策划的密谋，但在指控布鲁图的儿子的案件里，他并不是证人。给予为祖国作出了巨大贡献的人以自由，这是正确的，可是，给予他自由的目的，并不是要让他为祖国作出这种巨大贡献。

因此，塔西佗皇帝[③]下令，即使在大逆罪案件中，奴隶也不得充当证人，不得提供不利于其主人的证言[④]，这条法律没有进入查士丁尼的法令汇编。

第十六节　诬告大逆罪

应当为罗马的皇帝们说句公道话，他们所制定的那些可悲的法律，

① 狄奥，《希费林》，第五十五卷，第五章。

② 温德克斯（Vindex），原为罗马的一个奴隶，因揭发其主人反对塔克文的密谋，被人民位授予公民身份。——译者

③ 塔西佗皇帝（Tacitus Claudias，200—276），275—276 年任罗马皇帝。——译者

④ 弗拉维乌斯·沃比斯库斯（Flavius Vopiscus），《塔西佗传》。

最初的主意并非来自他们自己。教导他们不要惩罚诬告者的是苏拉[①],不久以后,他们竟然进而奖励诬告者了[②]。

第十七节 揭发阴谋

“你的同胞兄弟,或是你的儿女,或是你怀中的妻,或是你生死之交的朋友,若暗中引诱你,并对你说:‘我们不如去侍奉别神。’你就要用石头打死他,你先下手,然后民众也下手。”[③]《旧约·申命记》中的这条律法[④],不能用作我们所知的大多数民族的民法,因为它为所有罪行大开方便之门。

在某些国家里有一条法律,规定必须揭发阴谋,违者处死,即使与阴谋毫无瓜葛者亦然。这条法律也相当狠毒。如果在君主国里实施,最好对这条法律加以适当的限制。

只有对一级大逆罪才可不折不扣地使用这条法律。在这些国家里,区分不同等级的大逆罪非常重要。

日本的法律颠覆了一切人类理性,即使在极普通的案件中,知情不报也以罪论处。

---

① 苏拉制定了一项大逆罪,西塞罗的《演说集》中,“为克鲁恩西奥辩护”提及第三章,“控告皮索”提及第二十一章,“第二次反维列斯演说”提到第五章以及“致友人”第三卷第二封信,均提及该法。恺撒和奥古斯都把该法纳入《尤利安法》,后来又有人做了补充。

② “告发者提供的细节越多,就越能赢得诉讼,而且几乎不会受到侵害。”见塔西佗,《编年史》,第四卷,第三十六章。

③ 孟德斯鸠在这里引用的《圣经·旧约》,与当今惯用本差异较大。译文以孟氏原文为基准,参照中国基督教会 1994 年印发的《新旧约全书》。——译者

④ 《旧约·申命记》,第十三章,第 6、7、8、9 段。

根据一则故事[①]的记述，两位女士被禁锢在一个插满尖钉的柜子里面直到断气，其中一位的罪名是在情场上诡计多端，另一个的罪名则是对前者未予揭发。

第十八节　共和国对大逆罪的过度惩治相当危险

在一个共和国里，企图推翻共和国的人被处置后，就应该立即停止报复和刑罚，甚至连奖赏也应停止。

滥施重典因而引起重大变故，其结果只能是大权落入少数几个公民手中。所以在这种情况下，还是多宽宥比多惩罚为好，少放逐比多放逐为好，少没收财产比多没收财产为好。复仇者将以为共和国复仇作借口建立暴君政体。问题不在摧毁统治者，而在于摧毁统治。应该尽早回归政体的常轨，让法律保护一切，不与任何人作对。

对于暴君或被怀疑是暴君的那些人，希腊人从不为报复设限。他们杀死这些人的子女[②]，有时甚至杀死这些人的五个近亲[③]。他们还驱逐了许许多多的家族。他们的国家因此而动摇，有人被放逐和被放逐者回归之日，往往就是政体变更之时。

罗马人比较聪明。卡西乌斯因企图实行暴政而被判刑，要不要处死他的孩子的问题被提了出来，结果是这些孩子未受任何刑罚。哈里

---

① 《创建东印度公司历次航行记》，第二部分，第五卷，第 423 页。

② 哈里卡纳索斯的狄奥尼修斯，《罗马古事记》，第八卷。

③ “暴君被杀后，官吏把他的五个最亲近的亲属也杀了。”见西塞罗，《论修辞学的发明》，第二卷，第二十九章。

卡纳索斯的狄奥尼修斯写道："在与马尔斯人的战争①和内战结束之后，有人想要变更法律，禁止被苏拉宣布为不受法律保护的那些孩子担任公职，持有这种想法的人是有罪的。②"

从马略和苏拉对垒的战争③中不难看到，罗马人的心灵逐渐堕落到了何等地步。人们以为如此悲惨的情景不会重演了。可是，在十人团执政期间，却有人既想更加残忍，又想看起来不那么残忍，于是人们就看到了以诡辩掩饰残忍这种可悲的情景。在阿庇安④的著作中可以读到宣布不受法律保护的条文⑤。有人或许会说，这样做的唯一目的就是为了共和国好。他们说话时无比镇静，他们说这样做好处极多，所使用的手段远胜其他手段，富人都极度安全，下层人民都极度安宁，大家都很怕危及公民的生命，都想安抚士兵的怨气，总之，大家都将幸福无比⑥。

当莱比杜斯⑦战胜西班牙时，罗马血流成河，莱比杜斯却荒谬绝伦地下令尽情玩乐，违者不受法律保护⑧。

第十九节 共和国如何中止自由的行使

最崇尚自由的国家有这样一些法律，为了保障所有人的自由而侵

① 公元前90—前88年发生于马尔斯人与罗马共和国之间的一场战争。——译者

② 哈里卡纳索斯的狄奥尼修斯，《罗马古事记》，第八卷，第547页。

③ 这场战争发生在公元前88—前86年。——译者

④ 阿庇安（Appien，公元1世纪），希腊历史学家。——译者

⑤ 阿庇安，《内战记》，第四卷。

⑥ 祝你幸福吉祥。

⑦ 莱比杜斯（Lépidus，卒于公元前13年），罗马政治家，曾任恺撒的骑兵统帅。——译者

⑧ "这一天用来欢宴和祭祀，谁不这样做就不受法律保护。"

害某一个人的自由，英国的剥夺公权法案①就是这样。雅典也有类似的针对某一个人的法律②，只是这种法律需要六千公民投票赞同方可生效。罗马也有这种针对个别公民的法律，叫做特殊法③，这种法律只能由公民大会制定。但是，西塞罗认为，无论人民是以何种方式制定的，这种法律都应废止。因为法律之所以具有威严，就因为它适用于所有的人④。不过我承认，自古以来世界上最自由的人民的一些做法使我相信，有些情况下需要用帐幔遮盖一下自由，犹如遮盖神像那样。

第二十节　共和国中有利于公民自由的法律

在平民政体的国家里，控告通常是公开的，任何人都可以指控他想指控的人。为此制定了法律，以捍卫公民的清白。雅典有一条规定，凡

① 在王国的法庭上，仅有法官信服的证据是不够的，证据还必须是正式的，也就是说是合法的。法律要求控方有两个证人，其余证据不足为凭。一个被怀疑犯了反叛罪的嫌犯如果有办法排除证人，致使法律无法对他判刑，此时就可以使用特殊的剥夺公权法案，也就是说，可以通过议会专为此人制定特殊的法律来处置他。制定这种法律的程序与所有的法律一样，必须由议会两院通过，并经国王批准，否则就无所谓法律亦即审判可言。被告可以通过其律师发言反对此项法律，其他人则可以在议会里发言为此项法律辩护。

② “不能专为一个人制定法律，除非有六千人认可。”见安多希德斯(Andocide)，《论秘仪》。这就是贝壳放逐制。

[贝壳放逐制是古希腊的一种制度，由公民投票决定将危害城邦的人放逐十年。投票时把被放逐者的名字写在贝壳上。——译者]

③ “专为个别人颁布的法”。见西塞罗，《法律》，第三卷，第十九章。

④ “法令和法律及于所有的人”。见西塞罗，《法律》，第三卷，第十九章。

未能得到五分之一支持票的控告人，必须支付罚金一千德拉克马。控告忒昔丰的埃斯基涅斯[①]就受到了这种惩罚[②]；在罗马，不公正的控告人要受到羞辱[③]，忒昔丰的额头就被烙上了一个 K 字[④]。为防止控告人对法官和证人行贿，有专人随侍在控告人身边[⑤]。

前面已经谈到，雅典和罗马有一种法律，允许被告在接受审判前自行放逐。

第二十一节　共和国的法律对待债务人的残酷性

一个公民把钱借给另一个公民，前者的地位显然比后者优越，后者借钱是因为需要用钱，所以他很快又身无分文。倘若共和国的法律还要拉大他们地位上的差距，结果会是怎样呢？

在雅典和罗马[⑥]，起初允许债权人将无力还债的债务人出卖。梭伦在雅典纠正了这种惯例[⑦]，他下令，不得强迫任何人以人身偿还民事

① 忒昔丰(Ctésiphon，公元前 4 世纪人)，雅典政治家。埃斯基涅斯，见第六章第五节译者注。公元前 336 年，忒昔丰提议授予德摩斯梯尼一顶金冠，埃斯基恩因而控告忒昔丰。——译者

② 见菲罗斯特拉图斯，《诡辩家传》，第一卷“埃斯基恩传”；又见普鲁塔克，《福西乌斯传》。

③ 雷米尼亚法有此规定。

④ 诬告一词的古拉丁文拼法是 Kalumnia，K 即为此词的第一个字母。——译者

⑤ 见普鲁塔克，《如何从敌手获得好处》。

⑥ 不少人为了还债而出卖子女。见普鲁塔克，《梭伦传》。

⑦ 见普鲁塔克，《梭伦传》。

债务。可是，尽管梭伦的法令就在眼前，十人团[①]却并未对罗马的做法进行同样的改革，他们不愿意效法梭伦。十人团伤害民主精神的意图，体现在十二铜表法中的尚不止这一处。

针对债务人的残酷法律使罗马共和国多次陷入危险境地。一个遍体鳞伤的债务人从债权人家里逃出来，出现在公共场所[②]，人民见此情景群情激动。债权人不敢继续扣押债务人，这些债务人于是走出囚室，他们获得了一些承诺，却无人予以兑现。人民于是退到圣山上。人民争取到的不是这些法律的废除，而是一个保护他们的官吏。人们脱离了无政府状态，却险些陷入暴政。曼利乌斯为了博取人心，想把被债权人沦为奴隶的公民从债权人手中解救出来[③]。曼利乌斯的计划受到欢迎，可是弊害并未因此而消除。又有一些法律为债务人提供了还债的便利[④]。到了罗马428年[⑤]，颁布了一项法律[⑥]，剥夺债权人在家中拘禁债务人的权利[⑦]。一个名叫巴比里乌斯[⑧]的债权人把一个名叫普布里乌斯的青年人带上铁镣，并且试图对他进行性侵犯。塞克斯图斯[⑨]

① 历史表明，罗马人的这种做法似乎始于十二铜表法之前。见狄特-李维，《古代罗马史》，第一部，第二卷。

② 哈里卡纳索斯的狄奥尼修斯，《罗马古事记》，第四卷。

③ 普鲁塔克，《福里乌斯·卡米鲁斯传》。

④ 参阅本书第二十二章第二十二节。

⑤ 公元前326年。——译者

⑥ 此事发生在十二铜表法之后一百二十年。“对于罗马平民来说，这一年好像是自由的又一次开始，因为他们再也不会因债务而被监禁了。”见狄特-李维，《古代罗马史》，第八卷，第二十八章。

⑦ “应受其累的是债务人的财产，而不是其人身。”见狄特-李维，《古代罗马史》，第八卷，第二十八章。

⑧ 巴比里乌斯(Papirius)，富商和高利贷者。——译者

⑨ 塞克斯图斯(Sextus)，即塞克斯图斯·塔克文(Sextus Tarquin)，他奸污了鲁克莱西亚。参见本书第十一章第十四节和第十七节的译者注。——译者

的罪行使罗马获得了政治自由，巴比里乌斯的罪行则使罗马获得了公民自由。

这就是这座城市的命运，昔日因有人犯罪而使它获得自由，后来又因有人犯罪而使它的自由得到肯定。鲁克莱西亚的厄运曾经激起人民反对暴君的狂潮，阿皮乌斯谋杀维吉尼亚事件[①]再次把人民投入这个狂潮。声名狼藉的阿皮乌斯事件过去三十七年之后[②]，又发生了同样的事件[③]，致使人民退到杰尼库卢姆[④]，为债务人的安全制定的法律再度生效[⑤]。

从此以后，借钱的人不再因欠债未还而被债权人诉诸法律追究，倒是债权人因违犯反高利贷法而被追诉。

第二十二节　君主国里侵害自由的东西[⑥]

世界上有一样东西对君主最没有用，那就是为审讯某个个人而任命的专员，这种做法往往削弱君主政体下的自由。

对于君主来说，这些专员的用处太小，不值得为此而改变事物的常规。从道理上讲，君主的正直和公正肯定胜过这些专员，因为，这些专

① 关于这个事件，参见第六章第七节正文和第十一章第十五节译者注。——译者

② 罗马465年(公元前289年)。

③ 即普劳狄乌斯强暴维杜里乌斯事件。见瓦莱里乌斯·马克西姆斯，《名家言行录》，第六卷，第一章，第9条。不应将两个事件混为一谈，人物不同，时间也不同。

④ 杰尼库卢姆(Janicule)，罗马城内的一座小丘。——译者

⑤ 参阅哈里卡纳索斯的狄奥尼修斯的一个残篇，见于《品德与邪恶摘录》，狄特-李维，《史略》，第九卷，佛兰舍谬斯，《补编》，第十一卷。

⑥ 有学者指出，此处指国王的密札等，但孟德斯鸠未予指明。——译者

员由于受命于君主，出于对国家隐秘的关注，又因为受到选派，再加上他们的恐惧，因而总是非常自以为是。

亨利八世执政期间，每当贵族被控告时，都由选自贵族院的专员负责审讯。他就利用这个方法，把想杀的贵族都被杀死了。

第二十三节　君主国里的密探

君主政体下需要密探吗？好君主通常不使用密探。一个人如果忠于法律，他就尽到了对君主的义务。他至少应该有自己的房屋作为庇护所，他的其余行为也应获得安全保障。倘若由正人君子担当密探，这倒还可以容忍，可是，品行可鄙的人所做的事也必然被认为是可鄙的，君主应该以诚实、坦率和信任对待其臣民。一个满怀忧虑、满腹狐疑和心惊胆战的人犹如一个对自己的角色不知所措的演员。当他看到法律总体上能够令行禁止，受到人们尊重，他就会感到自己是安全的。普遍的良好风气令他相信，所有人的个人行为也不会坏。他不应有任何恐惧，他想象不到人们是如何地爱戴他。哦，为什么不爱戴他呢？他是一切福祉的源泉，而所有的惩罚都出自法律。他总是带着一副安详的面容出现在百姓面前，大家都分享着他的荣耀，他的威严权力支撑着大家。大家都对他信心十足，每逢被大臣拒绝的时候，大家总是会想，若是君主本人，他肯定会答应的，所有这些都是他受到爱戴的明证。纵然遇到公共灾害，大家也不会怪罪君主，只会抱怨他并不知情，或者被腐败分子蒙蔽了。要是君主知道就好了！这类话是一种祈求，也是对君主信任的明证。

第二十四节　匿名信

鞑靼人必须在箭上刻写姓名，以便让人知道是谁射出的。马其顿的菲利普[①]在围攻一个城市时受伤，人们发现投枪上写着："阿司特给菲利普致命一击。"[②]如果是为公众利益而控告某人，控告人就会找官吏而不会找君主，因为君主比较容易有偏见，官吏则握有法律条文，只有诬告者会对这些条文闻之丧胆。如果诬告者不愿让法律介入他们与被告之间，这就说明他们害怕法律事出有因，对他们最轻的处罚就是根本不相信他们。对这类诉讼不应予以理睬，除非对普通案件的审理过于延宕或是涉及君主的安全。若是涉及君主安全的案件，应该相信控诉人是万不得已才开口说话的。可是，除此以外，就应该如同君士坦提乌斯皇帝所说："一个人虽有仇敌却无人控告他，我们也就不应怀疑他。[③]"

第二十五节　君主国的治国之道

王权是一个巨大的弹簧，它应该无声无息地运转自如。中国人谈到他们的一个皇帝时说，他效天治国，也就说他以天为榜样治理国家。

① 菲利普(Philippe，前 382—前 336)，马其顿国王(前 359—前 336 在位)。——译者

② 普鲁塔克，《道德论集·一些罗马和希腊故事比较》，第二卷，第 487 页。

③ 《提奥多法典》第 6 条：关于仇人的匿名信。

权力有时要用到极致，有时则应适可而止。治国的最高境界就是深谙在不同情况下使用权力中的哪一部分，而且大小适当。

在我们的君主国中，一切快乐之所在便是人民觉得施政宽和。笨拙的大臣总是忘不了告诉你说，你是奴隶。其实，如果此事当真，他应该设法让你不知道才是。他应该通过口头或书面告诉你的，只是诸如君主大发雷霆，君主大吃一惊，君主执意整顿秩序等等。治国也有窍门，那就是君主鼓励，法律威吓①。

第二十六节 君主政体下的君主应该易于上达

这一点通过对比就能看得更加清楚。佩里先生说："沙皇彼得一世新近下谕，不得直接向他申诉，凡向他申诉者，必须是在向他的大臣已经呈递两份申诉之后，若有冤情，可以向他本人递送第三份申诉。不过，如果申诉无理，申诉人就要丧命。从此以后，再也无人向沙皇申诉了。"②

第二十七节 君主的品行

君主的品行之有助于自由，丝毫不亚于法律。君主如同法律，既可以把人变成禽兽，也可以把禽兽变成人。他若喜爱自由精神，他就拥有

① 塔西佗说，涅尔瓦增进了帝国的快乐。

② 佩里，《当今沙皇治理下的俄国》，第173页，巴黎版，1717年。

臣民；他若喜爱卑劣精神，他就拥有奴隶。他若想知道统治的奥秘，那就应以荣耀和美德为重，号召人人建功立业。他还应该不时把目光投向有才干的人，丝毫不怕才华出众的人成为自己的对手；只要他喜爱这类人才，他们立即就会成为与他一样的人。他应该争取人心，而绝对不应控制人们的精神。他应该平易近人，为受到小民的爱戴而欣慰，因为他们也是人。人民要求得到的尊重微乎其微，理应满足他们的要求。君主与百姓之间隔着巨大的鸿沟，所以百姓难以对君主构成骚扰。君主应该宽待恳求，严对索取。他应该懂得，百姓能从他的拒绝中获益，而宠臣则将从他的恩惠中得利。

第二十八节　君主应给予臣民的尊重

君主应该慎于戏言。适度的玩笑增进亲近感，因而能让人愉悦；可是，尖刻的玩笑若出自君主之口，则远较出自卑微的臣民之口更为不可，因为，能对人造成致命伤害的只有君主。

君主更不应在众目睽睽下羞辱臣民，因为，之所以要有君主，是为了宽恕，而不是为了惩罚和羞辱。

君主若是羞辱臣民，那么，他们对待臣民的残酷程度与土耳其人或莫斯科人相比，就有过之而无不及了。土耳其人和莫斯科人羞辱臣民时，只让人丢脸，不败坏名声，可是君主若羞辱臣民，那就既让人丢脸，又败坏名声。

亚洲人有一种固有的想法，把君主的羞辱看作父辈慈爱的体现。我们欧洲人的想法则是，羞辱不但令人感到残酷，而且为终生不能雪耻而痛心疾首。

臣民们把荣宠看得比生命更宝贵，对于他们来说，荣宠既是勇敢的动力，更是效忠的缘由；君主们应该为自己拥有这样的臣民而陶醉。

君主因羞辱臣民而招来灾祸，例如凯雷亚、宦官纳尔塞斯、尤利安伯爵[①]的复仇。还有蒙庞西耶公爵夫人，亨利三世[②]透露了她身上某个不为人知的缺陷，她因受此羞辱耿耿于怀，终其一生从未停止与国王作对。

第二十九节　专制政体下能给予少许自由的民事法

专制政体尽管就其性质而言，到处都一样，但是，由于环境、宗教观点、成见、受到遵循的惯例、人的气质、风尚、习俗的不同，差异还是很大的。

在专制政体之下确立某些思想是件好事。比如，中国人把君主视为人民的父亲，阿拉伯人在帝国初期把君主看作布道师[③]。

最好有可以用作戒律的圣书，比如阿拉伯人的古兰经，波斯人的祆教经典，印度人的吠陀经以及中国人的经典古籍。宗教法规取代民事法典，并为专横划定范围。

① 凯雷亚(Chéréas)，谋杀卡里古拉的凶手；纳尔塞斯(Narsès)，他被查士丁尼二世的妻子侮辱后，在意大利纠集伦巴第人对她进行报复；尤利安伯爵(le comte Julien)是安达卢西亚的总督，他为保卫该地而与摩尔人作战，后来因为传说国王对他的女儿施暴，他于是转而帮助摩尔人抗击国王罗得里格，以示惩罚。——译者

② 亨利三世(Henri III，1551—1589)，法国国王(1574—1589在位)。——译者

③ 即哈里发，亦即穆罕默德的继承者。——译者

法官遇到疑难案件时征询神职人员的意见，这个做法不坏[1]。因此，土耳其的法官征询毛拉的意见。遇到应判死刑的案件时，如果有特殊法官，他最好能应听取总督的意见，以使政治权力能进一步对民事和宗教权力起到缓冲的作用。

第三十节　续前题

因父亲失宠而累及妻子儿女，这是出自专制狂暴的一项规定。尽管妻子儿女不是罪犯，却也已经够可怜了，何况君主还要在他与被告之间弄一些人来求情，让他消气，彰显他的英明裁决。

马尔代夫有一个良好的习惯[2]，权贵人物失宠后，天天都去宫中朝见国王，直到国王回心转意。国王总能见到他，于是就消了气。

在一些专制政体国家里，有人觉得，为失宠者向国王求情就丧失了对国王应有的敬重。这些君主仿佛是在尽一切努力摒弃宽容的美德。

在我一再谈及[3]的那部法律[4]中，阿卡迪乌斯和霍诺里乌斯声称，他们绝不宽恕任何敢于向他们替罪犯讨饶的人[5]。这项法律即使在专制主义国家里也很糟糕，所以这是一项非常坏的法律。

波斯的习惯法允许想要去国出走的人随意离去，这项法律非常好。

---

① 《鞑靼史》，第三部分，第 277 页附注。

② 参见弗朗索瓦·皮拉尔(François Pyrard)，《游记》。

③ 本章第八节。

④ 《尤利安法典》，第 5 条。

⑤ 弗雷德里克[Frédéric，阿拉贡国王。——译者]把这条法律抄进了那不勒斯宪法第一章。

与此相反的做法源自专制主义，专制主义国家里的臣民被视作奴隶[①]，离国而去的人被看成逃跑的奴隶。尽管如此，波斯的做法却对专制主义大有裨益，由于担心债务人逃跑或隐匿，帕夏[②]和讨债人对债务人的迫害得到了制止或减轻。

① 在君主政体国家里，通常都有禁止公职人员未经君主允准私自去国的法律。这条法律也应该在共和国施行。可是，在那些体制与众不同的国家里，禁令应该扩大到每一个人，否则就会把异邦的习俗带回来。

② 见本书第十一章第十九节译者注。——译者

第十三章

税收和国库收入额与自由的关系

第一节　国家收入

国家的收入来自每一个公民。公民从自己的财产中拿出一部分交给国家，为的是确保其另一部分财产的安全，或是为了快乐地享用这部分财产。

要把国家的收入定得妥当，就要兼顾国家和公民两者的需求。绝对不应为了想象中的国家需求而从人民的实际需求中敛财。

想象中的需求源自以下这些因素：当权者的迷恋和弱点，特定计划的诱人魅力，对虚荣的病态羡慕，无力从精神上抗拒异想天开的念头等等。那些忧心忡忡地在君主手底下管事的人常常以为，他们那种渺小灵魂的需求也就是国家的需求。

没有任何别的事情比规定臣民应缴纳多少和保留多少，更需要智慧和谨慎了。

确定国家收入的依据绝不是人民能够拿出多少，而是人民应该拿出多少。即使以他们能够拿出多少作为依据,至少也应该以他们的长久性的支付能力为依据。

第二节　重税本身就是好事的说法没有道理

我们看到,在某些君主国[①]里,一些被豁免赋税的小国[②]穷得与周围饱受赋税重压之苦的地方毫无二致。原因在于大国包围中的小邦不可能拥有自己的产业、手工业和制造业,因为在这方面,小邦受到来自包围它的那个大国的难以胜数的阻碍。

包围小邦的大国拥有自己的产业、手工业和制造业,而且制定种种规章为自己攫取好处。小邦的税收无论低到什么程度,它依然非穷不可。

可是有人却从这类小国的贫穷中得出结论说,要想让人民勤劳,负担就非重不可。其实,正确的结论应该是以没有负担为宜。聚居在那些地方的都是来自城市郊区的贫民,他们无所事事,唯以怠惰为幸事,因为劳苦的重压已使他们十分沮丧。

国家富裕了,人人雄心勃勃;国家贫穷了,人人垂头丧气。劳动激励雄心,怠惰抚慰沮丧。

大自然对人类是公道的,它给人类的劳苦以报酬,付出的劳苦多,获得的报酬也多,人类因而变得勤劳。可是,倘若有那么一个专横的政权,剥夺大自然给人类的报酬,人类就会再度厌恶劳动,什么也不干仿佛就是唯一该做的事。

① 此处指法国。——译者
② 此处指瑞士。——译者

第三节　蓄养苦役奴国家的税收

奴隶制[1]有时是在征服之后建立的。在这种情况下，耕作土地的奴隶应该与主人分享收获。只有得失与共，才能使生就劳动的人和生就享福的人和睦相处。

第四节　蓄养苦役奴的共和国

一个共和国如果把另一个民族沦为为它耕作的奴隶，就绝不应该允许其公民增加奴隶的税收。斯巴达就不许这样做，斯巴达人相信[2]，希洛人如果知道自己所受的奴役不会再恶化，他们就能干得更好些；奴隶主如果满足于保持往常的收益，他们就能成为优秀公民。

第五节　蓄养苦役奴的君主国

一个君主国的贵族若是让被征服人民为自己耕种土地，税收就更不应增加[3]。此外，君主若为拥有自己的领地和有人为自己打仗而感到满足，这就很好。可是如果他想对贵族的奴隶征收货币税，那就应该

① 参阅孟德斯鸠在本书第三十章第五节中关于奴隶的阐述。——译者

② 普鲁塔克，《名人名言》。

③ 查里曼正是基于这个理由确立了这方面的优良法制。见他的《敕令》第303条。

由贵族担保[1]并垫付，然后再向奴隶征收。如果不采取这种措施，贵族和替君主征税的人就会接踵而至，一个接一个地榨取奴隶，直至他们死于贫困或逃进森林。

第六节　蓄养苦役奴的专制国

对于专制主义国家来说，上面提到的那些措施更为必要。贵族随时可能失去土地和奴隶，所以对于保存土地和奴隶不大热心。

彼得一世仿效德意志的做法，征收货币税，为此而制定的规章相当不错，至今仍在俄罗斯实施。贵族地主向农民收税，然后缴纳给沙皇。如果农民人丁减少，贵族地主缴纳的税额并不因此而减少，农民人丁如果增多，贵族地主缴纳的税额也并不因此而增多。这样一来，贵族地主为了自己的利益就不再去压榨农民了。

第七节　非蓄养苦役奴国家的税收

在一个人人都是公民的国家里，每个人拥有自己的家园，恰如君主拥有他的帝国一样。在这样的国家里，税收可以按人、按土地或是按商品计征，也可以按其中两项或全部三项计征。

按人征税时，如准确依照财产比例征收，那就不公正。雅典的公民分为四等[2]。包括固体或液体在内的财产收益达到五百计量单位者，

① 德意志就是这样做的。

② 波鲁克斯(Pollux)，《词汇学》，第八章，第九节。

应缴一塔兰;达到三百单位者,应缴半塔兰;达到二百单位者,应缴十米纳,即一塔兰的六分之一;第四等免缴。这样的税额虽然不是按比例征收的,却很公正;尽管与财产不成比例,却与需要成比例。人们认为,每个人的必需财物是相同的,对于必需财物不应课税;其次是有用财物,对有用财物应该课税,但其税率应低于多余财物的税率;高税率有助于抑制多余财物。

为征收土地税,需要按土地的等级造册。可是,掌握土地的等级差异相当困难,物色到不会故意搞乱土地等级的人更加困难。这就是说,有两种不公正,一是人的不公正,二是物的不公正。但是从总体上看,如果税收一点也不过分,留给百姓的必需品比较充裕,这些个别的不公正也就算不得什么了。如果与此相反,留给百姓的必需品只够勉强果腹,那么,极其微小的比例失调就会导致极其严重的后果。

少数几个公民不纳税,弊害不至于很大,他们的富足往往会增进公众的福祉;少数几个公民纳税过重,他们的衰败将会殃及公众。国家财富如果能与个人财富保持适当比例,个人的富足很快就会促使国家财富增多。一切取决于时机。为了国家的富足而先让百姓穷吗?抑或等待臣民致富后再来促进国家的富足呢?国家应该先得益还是后得益?国家愿意以富始还是以富终呢?

商品税最不为人民所觉察,因为国家并不向人民正式提出征收此税的要求。这种税可以安排得非常巧妙,以至于人民根本不知道自己纳了这种税。为此,关键是让出售商品的人缴纳商品税。出售商品的人当然知道不是自己在纳税,实际上纳了税的商品购买者却并不知道价格里面就包括了税金。有人说,尼禄取消了出售奴隶时应该缴纳的二十五分之一税[①]，其实他只不过下令让出售者而不是购买者缴纳而已。这条规定看起来似乎取消了这项税，实际上却依然存在。

欧洲有两个王国对酒类征收重税，其中一国[②]只对制酒人征税，另一国[③]则不加区别地让所有消费酒类的臣民征税。在前一国中，无人感到酒税沉重，公民感受到的是不纳税的自由；在后一国中，酒税被视为苛捐，人民感受到的是被迫纳税的无奈。

不但如此，为了让公民纳这种税，还得一再搜查他们的住宅，这就对自由构成了最严重的侵犯。制定这种税制的人很不幸，因为他们没有找到这方面的最佳行政管理办法。

第八节　如何保持错觉

为了让纳税人分不清税金和商品的价钱，就应让商品和税金保持某种关系，对于价值较低的商品，征税不能过高。有些地方的税金竟然高达商品价值的十七倍[④]。君主的这种做法不啻是消除臣民的错觉，让他们发现自己受着不合理的统治，进而意识到自己处在最严酷的奴役之下。

不仅如此，税额如果与商品价值极不相称，那就必须由君主自己出

---

① “奴隶买卖中的二十五分之一税取消了，可是这只是表面取消而不是真正取消。因为这项规定要求出售者缴纳此税。这样做无非是提高了售价而已，因为税成了售价的一部分。”塔西佗，《编年史》，第十三卷，第三十一章。

② 指英国。——译者

③ 指法国。——译者

④ 此处指盐税。——译者

售商品，让民众除此之外无处可买。这样做将会带来无穷的麻烦。

在这种情况下，偷税就能获得暴利，理性所要求的合乎情理的处罚，即没收商品，将无力制止偷税，何况这种商品的价值通常很低。于是就只得严加惩罚，严到与对极重大罪①的惩罚相同。这样一来，量刑的比例全都没有了，有些并不坏的人于是被当作坏蛋惩治。世界上违背宽和政府精神的事莫过于此。

我要再说一句：人民越有机会从包税人手中偷税漏税，包税人就越能发财，人民则一天比一天穷。为了制止偷税漏税，就得给予包税人以不同一般的压榨手段，可是这样一来，一切都完了。

第九节　一种恶劣的税

顺便说一下某些国家里对民事契约的各种条款征收的税。由于这些事情的是非曲直不容易说得清楚，所以想要维护自己不受包税人的欺弄，就得具有丰富的知识。因此，包税人既然是君主的法规的解释人，就有权任意处置纳税人的财产。经验表明，莫如对契约文书征税②，这样或许更好。

第十节　税额大小取决于政体性质

专制政体下的赋税应该很轻，否则，有谁愿意自找苦吃在那里种

① 在法国，对买卖私盐的惩罚是劳役。——译者

② 指印花税，当时的荷兰已经开征印花税。——译者

地？再则，在一个臣民的付出得不到任何补偿的政体下，臣民拿什么去缴纳沉重的赋税？

君主的权力大得惊人，人民弱小到了极限，在这种条件下，所有事情都应毫不含糊。赋税应该易于征收，税则要一清二楚，让收税人无法增减。除了收取土地产出的一部分、按人头征税、对商品征收百分之几的税以外，其余都不应征税。

在专制政体下，商人应该享有人身安全保障，并促使人们习惯于尊重他们。否则，当他们与君主的官吏发生争执时，就将处于十分软弱的地位。

第十一节 税务犯罪的惩罚

欧洲对税务犯罪的处罚严于亚洲，此事违反常理，有些特别。在欧洲，商品被没收，有时连船只和车辆也被没收；在亚洲，既不没收船只，也不没收车辆。原因在于欧洲的商人受法官的保护，使之不受压迫，而在亚洲，专制政体下的法官本身就是压迫者。倘若一位帕夏决定没收某个商人的商品，这个商人能有什么办法呢？

压榨达到一定程度就会自我克制，无奈地显现出某种温和。土耳其只收进口税，全国都向纳完此税的商人开放。对于报关不实者，不没收，也不加税。在中国，不是商人的货包不需开包检查[①]。在莫卧儿，走私不处以没收，只需加倍缴税即可。驻在亚洲各城市的鞑靼王公，对过境的商品几乎什么税也不征收[②]。日本之所以把商业上的走私定为

① 杜赫德，《中华帝国全志》，第二卷，第37页。

② 《鞑靼史》，第三部分，第290页。

死罪，原因在于试图禁绝与外国的一切交往，所以，走私行为①与其说是违反了商业法，莫如说是违反了国家安全法。

第十二节　税额与自由的关系

税收可因臣民享有的自由增多而加重，反之，奴役增大时税收必须随之减轻。这是一条普遍规律，过去始终如此，将来也始终如此。这是一条源自永恒不变的大自然的规律，所有国家概莫能外，诸如英国、荷兰以及所有自由行将泯灭的国家，就连土耳其也包括在内。唯有瑞士似乎有违这条规律，因为那里根本不征税；不过瑞士有其特殊原因，而且恰恰证明我言之有理。在瑞士贫瘠的山陵，生活所需十分昂贵，而人口又是如此密集，以至于一个瑞士人对大自然的付出，四倍于一个土耳其人对苏丹的付出。

雅典和罗马这种统治者民族可以根本不纳税，因为他们统治着臣属民族。所以，他们无须按享有自由的程度纳税，因为就此而言，他们不是人民，而是帝王。

但是，普遍规律仍然起作用。在政治宽和的国家里，对于过重的赋税有一种补偿，那就是自由。在专制国家②里，对自由也有一种补偿，那就是较轻的赋税。

---

① 日本人既想与外国做生意，又不想与外国人交往，于是选择了两个国家，一是与之做欧洲生意的荷兰，一是与之做亚洲生意的中国。日本人把经纪人和水手关在类似监狱的地方，不把他们折磨得不堪忍受绝不罢休。

② 俄国的赋税不高，自从专制主义有所收敛后，赋税就增高了。见《鞑靼史》，第二部分。

我们发现，在欧洲的某些君主国里，一些省份①的状况由于政府性质的原因而胜过其他省份。但是，有人总是觉得这些省份纳税偏少，因为既然那里的政府好，就应该有能力多缴一些赋税；有人甚至想要取消这种带来并远播福祉的政府。其实，与其取消它，不如好好享用它。

第十三节 在什么政体下可以增税

大多数共和国可以增加赋税，由于人民相信赋税是缴纳给自己的，所以愿意缴纳，而且由于政体性质的原因，人民有能力缴纳。

在君主政体下，政体的宽和促使财富增长，所以可以增税。这就像是对君主的褒奖，因为他尊重法律。

在专制政体下不可增税，理由是不能加重已经达于极端的奴役。

第十四节 赋税的性质与政体有关

就性质而言，按人头计税是奴役使然，以商品计税是自由使然，因为这种税与人身的直接关系较少。

鉴于政体的性质，专制政体下的君主不向民团②和朝臣发放饷银，而是分给他们土地，因而征税很少。假如君主发放饷银，最合乎情理的税项就是按人头计征。这种税只能很低很低，因为在这种不公和暴虐的政体下流弊丛生，纳税人不可能像模像样地划分等级，因而，税额必

① 此处指拥有三级会议的省份。

② 民团（milice），战时从市民和农民中招募的辅助兵员。——译者

然只能基于最贫困者的支付能力确定。

宽和政体下最合乎情理的赋税是商品税。尽管商人预先垫付了商品税，因而等于把这笔钱借给了买主，可是，商品税的实际缴纳者却是买主。所以，应该把商人看作既是国家的总债务人，又是所有个人的总债权人。商人向国家缴纳了买主迟早总要付给他的税，他替买主缴付了商品税。由此不难看出，政体越宽和，越充满自由精神，财产越安全，商人就越愿意把大笔税金预缴给国家，也就是借给未来的买主。在英国，商人每购进一桶葡萄酒，事实上就借给了国家五十到六十英镑。在土耳其统治下的国家里，哪个商人敢做这种事？即使有人敢这样做，以他那来路不明而且不可靠和缺乏信用的资金，他能做得成吗？

第十五节　自由的滥用

自由的好处大了，有人于是就滥用自由。宽和政体政绩斐然，有人于是舍弃宽和。征收了大量的税，有人于是想要过度征税。是自由奉献了这件礼物，可是有人不知感恩，反而转向什么都不会给的奴役。

自由导致赋税过度，而过度的赋税则引向奴役，从而减少赋税。

亚洲的帝王几乎没有一年不颁布敕令，蠲免帝国中的某个省份的赋税[①]。凡是体现他们旨意的行为都是施惠于民。可是在欧洲，君王的敕令在尚未看到之前就让人愁眉不展，因为敕令永远只讲君王的需要，对人民有什么需求从来闭口不谈。

由于政体的原因，更经常的则是由于气候的原因，这些亚洲国家的大臣们懒散得不可饶恕，这对人民来说倒是一件好事，因为他们就不会

① 这是中国皇帝的习惯。

被不断增多的要求压得喘不过气来了。因为，不做新的计划，支出也就不会增加，纵然偶尔有新的计划，那也是一些即将完成而不是刚刚开始的计划。统治者不折磨人民，因为他们不想不断地折磨自己。可是，我们欧洲人却不可能在财政方面有什么规章，因为我们始终知道要做些事，但从来不知道要做哪些事。

在我们这里，再也无人把善于管理国家收支的大臣叫作良相了。如今被称为良相的是工于心计和诡计多端的人。

第十六节　穆斯林的征战

穆斯林之所以能够不费吹灰之力就在征战中屡屡获胜，原因就在于被征服国家①的税收过重。与其听凭贪婪的皇帝们巧立名目，永无休止地百般压榨，人民宁可接受单一税制，易缴易收。与其在一个已然腐败的政体下忍受自由的一切弊端——何况自由已不复存在——以及现实的奴役所带来的种种恐惧，不如臣服于一个野蛮民族来得好些。

第十七节　增加兵员

一种新的疾病在欧洲蔓延，君主们深受折磨，想方设法拼命增加兵员。病情一旦加剧，就势必传染。因为，一国增加所谓的兵员后，其他国家也会突然如法炮制。结果是，除了大家统统倒霉以外，谁也捞不到

① 史书记下了税赋的沉重、离奇和荒诞。阿纳斯塔西乌斯竟然想出了一种呼吸税："无论是谁，每吸一口气都要付一份罚金。"

便宜。每个君主让他能弄到的所有军队严阵以待，仿佛他的臣民已经面临灭顶之灾。这种彼此竭力相互掣肘的状态被称作和平。因此之故，欧洲弄得一贫如洗，以至于即便是境况可与欧洲最富有的三个大国媲美的人，也难以维持生计。我们白白拥有全球的财富和商贸，日子却过得十分艰难。不久之后，我们将会由于兵员大增而别无所有，只有士兵，就像鞑靼人那样①。

大国的君主不满足于购买弹丸小国的军队，还要竭力在四周收买同盟，也就是说，几乎总是竭力白费金钱。

这种状况的后果就是无休止地加税，而且将来无法补救。不再量入为出，干脆拼老本。说来并非耸人听闻，有些国家甚至在和平时期就把老底抵押出去，并且用所谓的非常手段来毁灭自己，这些手段确实非常到了极致，就连那些最浪荡的败家子也难以想象。

第十八节　蠲免赋税

东方各大帝国蠲免受灾省份赋税的准则，所有君主政体国家都应采用。有不少国家采用了这条准则，可是人民的负担反而更重，因为君主丝毫也不改变原来的税收，致使全国都得掏腰包填补蠲免造成的空缺。为了让纳税困难的村子减轻负担，就让情况好些的村子多纳些，结果使得后者一蹶不振，前者也并未因此而恢复元气。人民进退维谷，不知所措，一方面是必须纳税，否则就会遭受欺压；另一方面是倘若纳税，又要面临增税的危险。

一个治理良好的国家，应该在第一项开支中设置一笔款项，用以应

① 为此只需把新近发明的在欧洲各地随处可见的民团加以推广，像正规军那样大肆扩张即可。

对偶发情况之需。个人在这方面与国家相同，如果把土地的收益花得一文不剩，那就会因无力应对意外而破产。

有人说，让全村的居民联保的办法是有道理的[①]，因为如果不这样，他们就可能联手作假。可是，难道仅凭揣测就可以制定既不公正又损毁国家财力的办法吗？

第十九节　包税和直接征税[②]，哪一个对君主和人民较为适宜

亲自经管直接收入是一家之主的优良治家之道，既省钱又有序。

君主倘若直接征税，就可根据自己的需要或人民的需要加速或延缓征税，并可省下因包税人无所不用其极地攫取而致使国家日益贫穷的那笔巨额收益[③]。君主倘若直接征税，人民就再也不会因看到有人暴富而伤心。君主倘若直接征税，由于经手人少，税金直接落到君主手中，因而很快就可用于民生所需。君主倘若直接征税，就可让人民免受以往包税人出于贪得无厌而强求君主制定的无数恶法之苦，这些恶劣的法规貌似有益于眼前，其实为未来埋下了祸根。

有钱人永远是他人的主宰，所以，包税人在君主面前就是一个说一不二的霸王，尽管不是立法者，却可以强迫君主制定法律。

我承认，把某种新税交由包税人征收，在初始阶段是有益的。在利益驱动下，包税人会想出稽征人员想不出来的计巧和窍门防止偷税漏

① 参阅《罗马财政论》，巴黎布里松版，1970年。

② 直接征税是相对于包税制而言的。所谓直接征税就是由君主指派的官吏向纳税人征收，这些官吏则向君主领取饷银。——译者

③ 指总包税人获得的暴利。——译者

税。包税人一旦确定了征税办法，国王直接收税就得心应手了。英国当今对消费税[1]和邮政税的管理，就借鉴了包税人的办法。

在共和国里，国家的收入几乎全部来自直接征税。罗马采用相反的做法，这正是罗马政体的一大弊病[2]。在实行直接征税制的专制国家里，人民享受着无穷的福祉，中国和波斯就是明证[3]。最倒霉的是君主将海港和商业城市承包给包税人的那些国家。在各个君主国的历史上，包税人的祸害比比皆是。

尼禄愤恨包税人的压榨行径，打算取消一切赋税，这个计划固然宽宏大度，却无法实行。他一点也没有想到直接征税制，只是下了四道谕令[4]，公布以往秘而不宣的制裁包税人的法律；包税人不得追索本年度因疏忽而未征之税；设置裁判官对包税人不合手续的税收进行裁决；商人无须为船只缴纳任何税金。这是尼禄皇帝在位期间阳光明媚的好日子。

第二十节　包税人

包税人这个盈利的职业一旦因易于致富而成了荣耀的职业，那就一切都完了。在专制政体下，这可能是件好事，因为在专制政体国家里，征税往往是省督职责的一部分。在共和政体下，这不是一件好事，

---

① 指对酒类及其他消费品征收的税。——译者

② 据狄奥记述（《罗马史》，第四十二卷，第六章），恺撒被迫废除亚洲行省的税吏，建立另一种管理方法。塔西佗也说（《编年史》，第一卷，第七十六章），奥古斯都留给罗马人民的马其顿和阿卡伊亚，沿用原来的治理方法，后来才争得了由皇帝任命的官吏直接治理的地位。

③ 沙尔丹，《波斯游记》，第十二章。

④ 塔西佗，《编年史》，第十三卷。

因为同样的做法曾经毁了罗马共和国。在君主政体下,此事也好不了多少,因为违背君主政体精神者莫过于此。其他政体的国家都对此表示憎恶,因为,荣誉不再受人尊重,缓慢而自然地出人头地的手段不再奏效,政体的原则遭受损伤。

以往的岁月里有过不少极不光彩的致富事件,五十年来多次战争的起因之一就是此类事件。可是,这些财富令人作呕,而大加赞赏的却不乏其人。

每种职业各有其追求,收税人追求的就是钱财,而对钱财的褒奖依然是钱财。贵族追求的是显赫和荣宠,除了显赫和荣宠,他们不知道、看不见,也不觉得还有真正的财富。夜以继日为帝国的福祉勤奋工作的大臣和官员追求的是尊重和景仰。

第　三　编

第十四章

法与气候性质的关系

第一节　本章总体思想

精神特点和内心情感如果在不同气候条件下确实迥然有异，那么，法律就应该考虑这些内心情感和精神特点的差异。

第二节　人在不同气候下的差异有多大

人体外部纤维的末端因冷空气而收缩①，纤维的弹性因此而增大，从而有利于血液从末端回流心脏。寒冷使纤维的长度缩短②，从而增强其力量。反之，热空气使纤维末端松弛，长度增加，因而使其弹性和力量缩小。

① 这种现象肉眼就能看到，人在寒冷时比较瘦。

② 众所周知，寒冷能使铁的长度缩短。

所以，人在寒冷的气候下精力比较充沛。心脏的搏动和纤维末端的反应较强，体液比较均衡，血液更有力地回流心脏，心脏在交互作用下更加有力。心脏力量的增强必然产生许多效果，例如，自信心增强，亦即勇气更大，对自己的优越性有更多的认识；又如，复仇欲望减低，安全感增大，亦即直率增多，疑虑、谋划和狡诈减少。总之，这种条件下的人，性格各不相同。一个人若处在闷热的气候中，鉴于我在前面说到的那些原因，心神就会高度委靡不振。若在这种情况下请他做一件需要勇气的事，我相信他肯定难以答应，因为，虚弱使他的心灵沮丧，觉得自己什么也干不了，所以什么都怕。炎热地区的人怯懦如同老人，寒冷地区的人骁勇如同少年。最近的那些战争[①]我们依然历历在目，如果加以观察，就不难看到某些远处不易察觉的细节，来到南方作战的北方人[②]，比不上他们因在本地气候下作战而勇气十足的同胞。

北方人由于纤维的力量较大，所以能从食物中吸收粗液，由此带来了两个结果，其一，乳糜或淋巴[③]部位因其表面大而较易附着于纤维并滋养纤维；其二，乳糜或淋巴部位因粗糙而不易使神经液获得某种精细的体液。所以，这些人身高体壮，但缺少活力。

从四面八方通达皮肤组织的神经，每个都是神经束。一般情况下，进行活动的神经只有极小部分，而不是全部。在炎热地区，皮肤组织松弛，神经末梢都呈打开状态，极小物体的极小动作也能感受得到。在寒冷地区，皮肤组织呈收缩状态，乳头状物质受到压缩，神经的小乳凸稍许有些麻痹，只有最强烈和由全部神经传递的感觉才能到达脑子。但是，想象、味觉、感受以及勃勃生气，都依赖这些不计其数的微小感觉。

① 西班牙王位继承战。

② 例如在西班牙。

③ 在18世纪，这些名词泛指人体中的某些液体，并不像现代生理学那样有精确的含义。——译者

我观察过绵羊舌头的外表组织，用肉眼看去，舌头表面像是布满乳头状细粒；在显微镜下观察，在这些乳头状细粒上面可以看到细小的茸毛，而在乳头状细粒之间则是一些顶端呈毛刷状的锥体状物质。这些锥体形物质很可能就是主要味觉器官。

我让人把舌头的一半冰冻起来，然后用肉眼观察，发现乳头状细粒数量大为减少，有几行甚至已经缩进鞘内；在显微镜下观察，锥体状物质消失了。将舌头解冻后再用肉眼观察，乳头状细粒重新挺立，细小的神经乳头开始再度出现。

这个观察证实了我在前面所说，在寒冷地区，神经乳头的打开程度较低，大多缩在鞘内，难以感受到外部对象的动作，所以感觉不灵敏。

对愉悦的感受度，寒冷地区的人较低，温暖地区的人较高，炎热地区的人极高。气候固然是用纬度区分的，其实在一定程度上也可以用感受度区分。我看过英国和意大利的歌剧，同样的剧目，同一批演员，可是音乐在两个国家所产生的效果却截然不同，一个静若处子，一个动如狂汉，真是不可思议。

疼痛也是这样。疼痛是因身体的某些纤维撕裂而引起的，造物主规定，撕裂程度越严重，疼痛就越厉害。与炎热地区的人娇弱的纤维相比，魁梧的北方人身上的粗壮纤维显然比较难以撕裂，痛觉因而比较迟钝。俄国人不被剥皮就不觉得痛。

炎热地区的人器官敏锐，凡关乎两性相悦的事，心灵极易为之所动，无论何事都能引向男欢女爱。

在北方气候下，爱情无力在生理上令人动情。在气候温暖地区，爱情有许许多多与之相伴的东西令人喜悦，这些东西乍看像是爱情，实则并非爱情本身。在炎热地区，谈情说爱为的就是爱情本身，它是幸福的唯一原因，它就是生活。

在南方地区，体质纤细、柔弱却相当敏感的人，或是耽于后宫中朝三暮四式的爱情，或是追求一种能给予妇女较大独立性，因而麻烦可能较多的爱情。北方地区的人强壮而健康，但比较粗笨，他们能从一切令精神处于活动状态的事情中获得欢乐，诸如狩猎、跋涉、作战、饮酒等等。我们不难发现，北方气候下的人恶习少而美德多，非常真诚和坦率。一旦接近南方地区，你简直就以为远离了道德，强烈的情欲导致罪恶丛生，人人都竭尽全力攫取他人的好处，用以为情欲加薪添火。温暖地区的人风尚不定，恶习无常，美德也无常；这是因为那里的气候缺乏确定的性质，难以有固定的风尚和品德。

气候炎热到极度时，人就浑身乏力，委靡状态于是就侵入精神，没有任何好奇心，没有任何高尚的抱负，没有任何慷慨豁达之情，一切偏好都相当消极，怠惰就是享福；与其动脑筋，不如受惩罚，与其用心思指导自己的行为，倒不如被人奴役好受些。

第三节　某些南方民族的性格矛盾

印度人[①]生就缺乏勇气，连在印度出生的欧洲儿童[②]也丧失了他们在故乡气候条件下的勇气。可是，这种状态与他们凶残的行径、粗鄙的习俗和野蛮的苦修，怎么能够彼此兼容呢？那里的男人用种种难以想象的痛苦折磨自己，那里的女人把自己活活烧死。这就是对付极度柔弱的巨大力量。

大自然赋予这些人以柔弱，使他们生性怯懦，同时也赋予他们非常

① 塔维尼耶(Tavernier)在《印度游记》中写道："一百个欧洲士兵不用费力就可打败一千个印度士兵。"

② 旅居印度的波斯人到了第三代就染上了印度人的懒散。参阅贝尼耶(Bernier)，《莫卧儿帝国游记》，第一卷，第 282 页。

活跃的想象力，使他们对所有事物都作出过度反应。器官脆弱使他们惧怕死亡，同时也使他们更加惧怕难以胜数的其他事物。同一种感受既促使他们逃避一切危险，却又促使他们无视任何危险。

优良的教育为儿童所需甚于理智已经成熟的人，与此同理，这种气候下的人需要立法者甚于我们欧洲人。越是容易受到强烈影响的人，越是应该以合适的方式接受这些影响，越是应该在理性指导下拒不接受偏见。

在罗马时代，欧洲北部人民既无艺术也没有教育，几乎也没有法律。可是，仅凭这种气候下因纤维粗大而产生的常识，他们就以令人赞叹的智慧抗击强大的罗马人，并且一直坚持到走出森林，把他们击毁。

第四节　东方各国的宗教、习俗、风尚和法律持久不变的原因

东方人因器官的纤弱而接受了世界上最强烈的印象，身体的怠惰自然而然地影响精神，而精神则因怠惰而不再能够行动和努力，甚至连精神集中也做不到。假如把器官的纤弱和精神怠惰一并加以考虑，那就不难懂得，心灵一旦接受了印象，那就无法改变了。所以，今天东方人的法律、习俗①、风尚，乃至那些看似无关紧要的事情，例如服装式样，依然与数千年前一样。

① 在君士坦丁·波菲洛戈尼图斯辑录的大马士革的尼古拉著作残篇中看到，派人绞死令人厌烦的总督是一种很古老的习俗，在梅德斯人时代就有了。

第五节 不良立法者助长气候的弊害，优秀立法者与之抗争

印度人相信，静和空是万物之根本和终结。因而，他们把绝对无为视为至高境界和追求的目标。他们称至尊为真如①。暹罗人相信，无须驱动机器②，无须驱使肉体行动，这便是最高福祉③。

这些地区的酷热使人委靡不振，静止令人舒适，运动使人痛苦，所以，这套理论体系看来合乎自然。印度的立法者佛④顺其所感，把人置于极度消极状态。然而，佛的学说生于气候所致的怠惰，反过来又助长这种怠惰，因而造成了数不清的弊害。

中国的立法者比较明白事理，他们不是把人放在有朝一日没有纷争的状态中，而是放在能够使人履行义务的行动中去观察，从而使他们的宗教、哲学和法律全都切实可用。物质因素越是让人趋向静止，道德因素就越应让人远离这些物质因素。

第六节 炎热气候下的耕作

耕种土地是人最主要的劳动。气候越是让人逃避此项劳动，宗教

① Panamanack[实为 paranamand，意为平和、宁静。——译者]，见基尔歇(Kircher)，《中国图说》。

② 孟德斯鸠把人体视为一架机器。——译者

③ 拉鲁贝尔(La Loubère)，《暹罗记事》，第 446 页。

④ 佛主张心呈虚空状态。杜赫德在《中华帝国全志》第三卷中写道："我们有眼睛和耳朵，可是，至高境界却是听而不闻，视而不见；我们有嘴有手，至高境界则让这些肢体处于无为状态。"这些话引自一位中国哲学家的谈话。

和法律就越应激励人从事此项劳动。因此，规定把土地交付给君王，从而使人们的所有权意识消失的印度法律，增大了气候的不良效果，也就是说，加剧了与生俱来的怠惰。

第七节　僧侣制度

僧侣制度在那里产生了同样的弊害。这种制度起源于东方炎热地区，那里的人不喜行动而爱沉思。

亚洲的僧侣数量似乎随着炎热的程度而增加，印度酷热，所以僧侣奇多。这种差异在欧洲同样可以见到。

想要战胜气候造成的怠惰，法律就应尽力剥夺不劳而获的手段。可是，欧洲南部各国的法律却恰好相反，为那些喜欢闲适的人提供了便于过沉思默想生活的地方，并且为那些地方配置了巨大的财富。财富反而成了这些锦衣玉食的人的负担，他们于是作出正确的处理，把多余的财富散给下层人民。下层人民本来丧失了财产，如今从富人那里得到了补偿，过上了无所事事的日子，因而竟然喜欢起他们的贫贱来了。

第八节　中国的优良习俗

有关中国的记述[①]谈到了皇帝每年一次的籍田仪式[②]，这种公开而

① 杜赫德，《中华帝国全志》，第二卷，第 72 页。

② 印度也有几个国王举行这种亲耕仪式。参阅拉鲁贝尔，《暹罗记事》，第 446 页。

隆重的仪式旨在鼓励人民耕作[①]。

不但如此，皇帝还年年根据禀报，将八品官职赐予当年最出色的农夫。

古代波斯人把每月的第八天称作劳作日[②]，在这一天，国王走下筵席与农夫一起进餐。这是鼓励农耕的好办法。

第九节　鼓励勤劳的方法

我将在本书第十九章里谈及，懒惰的民族通常都骄傲。结果可以用来对抗原因，骄傲可以用来摧毁懒惰。欧洲南方人极端珍视荣誉，所以，不妨给最优秀的农夫和对推进工业作出最多贡献的工人发放奖金，这也许是个好办法，甚至能在所有国家中获得成功。这个办法已经在位于爱尔兰的欧洲最大的纺织工厂的建设中发挥了效用。

第十节　与各民族节制饮酒有关的法律

在炎热地区，血液中的水分因出汗而不断大量流失[③]，所以需要同类液体补充。当地人乐于饮水，因为烈酒会使水分渗出后的血球[④]凝固。

① 汉文帝亲自耕作，并令其皇后及嫔妃在宫中纺绩。见《中华帝国全志》，第一卷，第 380 页。

② 海德(Hyde)，《波斯人的宗教》。

③ 贝尼耶从拉合尔到克什米尔的旅途中写道："我的身体就像一个筛子，刚喝下一品特水，四肢乃至指尖就渗出露珠般的汗水。我每天喝十品特，丝毫没有感到不适。"参阅贝尼耶，《莫卧儿帝国游记》，第二卷，第 261 页。

④ 血液中有水分，红血球、纤维质和白血球都在水分中游动。

在寒冷地区，血液中的水分大量积留在体内，很少因出汗而排出体外，所以那里的人可以饮用烈酒，血球不会因此而凝固。由于体内富含液体，饮用能够加速血液流动的烈酒是妥当的。

由此可见，穆罕默德禁止饮酒的法律显然是阿拉伯气候条件下的法律，在他之前，阿拉伯人的普通饮料也是水。禁止迦太基人饮酒的法律[①]也是基于气候原因制定的。这两个国家的气候实际上极为相似。

寒冷地区的气候似乎能促成一种不同于个人嗜酒的全民性嗜酒风气，所以，禁酒令在寒冷地区就是一种好法律。嗜酒的习惯遍及全球，其程度则因气候的寒冷度和潮湿度而异。从赤道到北极，纬度越高就越嗜酒。从赤道到南极与从赤道到北极一样，嗜酒的程度向南[②]发展，随着纬度的增高而增高。

在饮酒与气候相悖因而有害健康的地区，对过量饮酒的惩罚理所当然地应该严于嗜酒恶果不大的地区，在这些地区，嗜酒对任何社会的损害很小，人不会因嗜酒而发酒疯，充其量只是变得愚蠢而已。所以，为惩治醉酒和醉酒所引起的过失而制定的法律[③]，只适用于个人，而不适用于全民。德国人饮酒源于风俗，西班牙人饮酒出于喜好。

在炎热地区，纤维松弛导致体液大量外泄，但固体部分消散较少。纤维的活动弱而且缺少弹性，因而损耗极小，只需少量滋养液汁就可补偿，所以那里的人食量很小。

不同气候下的不同需求，促成了不同的生活方式，不同的生活方式导致不同的法律。交往频繁的民族需要某些法律，互不往来的民族则

---

① 柏拉图，《法篇》，第二卷；亚里士多德，《家政论》；尤塞比乌斯（Eusèbe），《布道准备》，第十二卷，第十七章。

② 在霍顿督人和智利最南端的各民族中可以看到这种情况。

③ 据亚里士多德在《政治学》第二卷第三章中的记述，毕达库斯制定的就是这种法律，他的居住地的气候并未养成全民嗜酒的恶习。

需要另一种法律。

第十一节　与气候疾病有关的法律

希罗多德[①]告诉我们说，犹太人关于麻风病的法律源自埃及人的做法。不错，同样的疾病需要同样的药物。希腊人和早期罗马人不知道这种法律，也不知道这种疾病。埃及和巴勒斯坦的气候使这种法律成为必要，这种疾病传播的速度和广度，让我们深深体会到这些法律的远见卓识。

我们自己就亲身体验了这些法律的效果。十字军把麻风病带到了法国，幸亏有了这些明智的法规，麻风病才没有在广大群众中肆虐。

从《伦巴第法》[②]可以看出，麻风病在十字军东征之前传到了意大利，引起了立法者的注意。罗塔利[③]规定，麻风病人被逐出住所，安置在特殊地方后，就不得再处分他们的财产，因为，从他们被逐出住所那一刻起，就被视为已经死亡。为阻止与麻风病患者发生任何交往，他们被剥夺了一切公民权利。

罗马皇帝的军队中有一些巴勒斯坦和埃及的民兵，我认为，麻风病就是在罗马皇帝的征战过程中由这些人传播到意大利的。不管是否如此，在十字军东征之前，麻风病的蔓延势头已经被遏制住了。

据说，庞培的军队从叙利亚返回时带来了一种与麻风病非常相似的疾病。那时为此而制定的法规没有流传至今，不过，这类法规大概是

① 希罗多德，《波斯战争》，第二卷。

② 《伦巴第法》，第二卷，第一篇§3；第十八篇§1。

③ 《伦巴第法》就是在伦巴第国王罗塔利（636—652 在位）主持下制定的。——译者

有过的，因为到了伦巴第人时代[①]，这种病已经不再蔓延了。

两个世纪以前，从新大陆传来了一种我们的父辈未曾知晓的疾病[②]，在生命和欢爱的源头向人类发动进攻。欧洲南部的大多数望族都毁于一种疾病，这种疾病由于见多不怪，不再见不得人，余下的只是致命的后果。对黄金的渴求致使这种疾病长期得不到遏制，一批又一批的人前往美洲，不间断地把这种疾病的新病菌带回欧洲。

出于对宗教的虔诚，有人希望这种疾病存在下去，作为对罪恶的惩罚。可是，这场灾祸已经渗入婚姻，而且已经加害于儿童了。

关爱公民的健康是立法者的睿智所在，所以，以摩西律法为基础，制定制止这种疾病蔓延的法律，应该是十分合乎情理的。

瘟疫这种疾病的蹂躏更加迅猛，它的主要基地是埃及，从那里蔓延到全世界。为阻止瘟疫侵入，大多数欧洲国家制定了很好的法规。如今有人想出了一个制止瘟疫蔓延的好办法，那就是在感染瘟疫国家的四周布置军队，禁止一切往来。

土耳其人[③]在这方面没有任何法规加以防范，眼看着在同一个城市里的基督教徒躲过了灾祸，唯有他们死于瘟疫。他们购买染病者的衣服穿在身上，其他方面依然一切照旧。命运不可违的教义支配着一切，把官员变成了若无其事的旁观者，他们认为，真主既然已经做了一切，他们就什么也不必做。

① 伦巴第人是日耳曼人的一支，于568年侵入意大利，建立伦巴第王国。——译者

② 此处指梅毒。——译者

③ 里戈，《奥斯曼帝国》，第28页。

第十二节　反对自杀[①]的法律

在历史上从来没有罗马人无缘无故自杀的记述，英国人却在旁人想不出任何原因的状态中自杀。罗马人的自杀行为是教育的结果，与他们的思想方法和习俗有关。英国人的自杀行为是一种疾病[②]的后果，起因于身体的生理状态，此外别无其他原因。

有迹象表明，问题在于神经液的渗透缺陷，由于体内的驱动力时常处于无为状态，人就对自己产生厌倦情绪，心灵虽然不感到痛苦，但觉得难以生存下去。疼痛是一种局部不适，使人产生消除疼痛的欲望，生命的重压也让人感到疼痛，但是说不出疼在哪里，所以就产生了结束生命的欲望。

显然，某些国家的民法有理由规定自杀是不名誉的。可是，英国如果不消除精神错乱的后果，就不可能杜绝自杀。

第十三节　英国气候的效应

在某个国家里，由于气候疾病的强大效应，人厌恶一切乃至生命。对于那些什么也不能忍受的人来说，政府如果能让他们无法将自己的烦恼归咎于任何人，就是最好的政府，这个政府实行法治而不是人治。

① 自杀行为违背自然法和神启宗教。

② 这种疾病可因败血症而更为复杂。在一些国家里，这种疾病的患者性情古怪，甚至难以自容。见弗朗索瓦·皮拉尔，《游记》，第二部分，第二十一章。

所以，想要变更政府，首先就得废除法律。

这个国家里的人倘若还因气候而缺乏耐心，不能容忍某些事物长期不变，那么，刚才说到的那个政府对他们就更加合适了。

缺乏耐心的性格本身并不是什么大事，不过，这种性格一旦与勇气相结合，那就变得了不得了。

这种性格不同于轻率，轻率是今天无缘无故地干一件事，明天莫名其妙地放弃。缺乏耐心的性格与固执比较相似，它源于对痛苦的强烈感觉，即使已经惯于承受痛苦，它也不会因此而削弱。

在自由的国度里，这种性格非常有助于挫败暴政[①]的谋划，因为，这种谋划在其初始阶段总是既慢又弱，而在其终结阶段则既快又猛；起初用一只手来救援，接着用无数条臂膀来压榨。

奴役总是在人们沉睡时开始。可是，一个民族如果在任何情况下都不得安宁，时时刻刻都在思索琢磨，处处都感到痛楚，它是不大可能入睡的。

政治犹如一把钝锉刀，一下又一下，慢慢锉出一个工件来。刚才说到的那些人可不是那样，他们受不了谈判的迟延、琐碎和冷静，比任何其他民族都难以在谈判中获得成功，往往把战场上的胜利品丧失在条约中。

第十四节　气候的其他效应

我们的祖先日耳曼人生活在情感极为平静的气候中。他们的法律

① 我在这里所说的暴政是指推翻现政府特别是民主政府的图谋。这是希腊人和罗马人赋予这个词的含义。

只对看得到的事物作出规定，其余的不予多想。此外，他们的法律根据创伤大小判断受害人的受害程度，对妇女所受伤害不作更加细致的判断。日耳曼法[①]在这方面相当奇特。迫使妇女裸露头部者，罚款六苏，迫使妇女裸露腿部直至膝盖者，也罚款六苏，迫使妇女裸露膝盖以上部位者，罚款加倍。法律测定妇女的受辱程度就像是测量几何图形，只惩罚眼睛看得见的罪行，不惩罚想象得到的罪行。可是，当日耳曼人的一支移居西班牙时，就因气候原因而有了另外一些法律。西哥特人的法律禁止医生为女自由民放血[②]，除非该妇女的父母、兄弟、儿子或叔伯在场。人民的想象点燃时，立法者的想象也随之升温。既然人民可能怀疑一切，法律也就怀疑一切。

这些法律因而对男女的性事极度关注。不过，法律所考虑的主要是私人的报复，而不是国家的惩治。所以，在大多数此类案件中，法律将涉嫌犯罪者置于父母或受辱的丈夫的奴役之下。一个女自由民[③]若与一个已婚男子私通，她就将被交给该男子的妻子全权任意处置。法律规定，奴隶如果把主妇当场捉奸[④]，就应把她捆起来交给她的丈夫。法律还准许子女[⑤]告发母亲，并为逼她承认而刑讯奴隶。所以说，这些法律有助于把声誉维持在一个过分的高度，却无助于形成良好的治理。因此，当尤利安伯爵[⑥]认为，必须以弑王叛国来为此类凌辱洗刷时，我们丝毫不必惊诧。与此同理，摩尔人因与西班牙人习俗相同，毫不费力就进入西班牙，在那里站稳脚跟，进而延缓了摩尔帝国的垮台，我们也不应对此感到吃惊。

① 《日耳曼法》，第五十八章§1，2。
② 放血是当时的一种治疗手段。——译者
③ 《西哥特法》，第三卷，第4篇§9。
④ 《西哥特法》，第三卷，第4篇§6。
⑤ 《西哥特法》，第三卷，第4篇§13。
⑥ 参阅本书第十二章第九节译者注。——译者

第十五节　法律对人民的信任因气候而异

日本人生性残忍，立法者和官吏对他们没有任何信任。立法者和官吏摆在他们眼前的只有审判、威吓和惩罚，他们动辄得咎，处处受制。他们的法律规定，每五户择一户主为官，监管其余四户，一人犯罪，全家乃至全区受罚，一人犯案，全体涉嫌，无人清白。之所以制定这些法律，为的就是让所有的人互不信任，无人不受他人监视，无人不监视他人，人人都是他人行为的监视人、证人和裁判官。

与此相反，印度人生性温和①、亲切，富有同情心，深得立法者的信任。立法者制定的刑罚很少②，也不严酷，甚至不严格执行。他们把甥侄交给叔伯舅抚养，把孤儿交给监护人抚养，如同别处把他们交给父亲一样。他们在确定遗产继承时，主要考虑继承人在公众心目中的品德和才干。他们好像认为，每个公民都应该相信他人的善良本性。

他们痛快地把自由还给奴隶③，为他们操办婚嫁，善待他们如同子女一般④。良好的气候使人憨厚，法律也随之宽和。

① 贝尼耶，《莫卧儿帝国游记》，第二卷，第 140 页。

② 参阅《耶稣会士书简集》，第十四辑，第 403 页关于恒河半岛印度人的主要法律和习俗的记述。

③ 参阅《耶稣会士书简集》，第九辑，第 378 页。

④ 我曾想，狄奥多罗斯之所以说印度既无主人也无奴隶，原因就在于印度的奴隶制相当宽和。不过，据斯特拉波在《地理志》第十五章中所说，狄奥多罗斯错把印度的某一个民族当作整个印度了。

第十五章

民事奴隶法何以与气候性质有关

第一节 民事奴隶

确切地说，所谓奴隶制，就是一个人完全隶属于另一个人，后者成为前者生命和财产的绝对主人。奴隶制从根本上就不是一种好制度，无论对主人还是对奴隶，都没有好处。奴隶不可能凭品德做事，主人则会沾染上奴隶的种种恶习，以至于在不知不觉间养成了违背一切美德的习惯，变得傲慢、急躁、暴戾、易怒、骄奢淫逸和残忍。

在专制国家里，人民已经是政治奴隶，所以，民事奴隶制比别处较能得到容忍。在专制国家里，每个人能够苟且活着就应该很满足了。因此，奴隶的生活条件不比臣民差多少。

可是，在君主政体下，最要紧的是让人性不受摧残和贬损，所以绝不能有奴隶制。在民主政体下人人平等。在贵族政体下，法律应竭尽全力使所有的人获得政体性质所允许的最大程度的平等，所以，奴隶制违背政体精神，因为，奴隶只能有助于公民获得他们所不应有的权力和奢华。

第二节　罗马法学家对奴役权起源的论述

有人说，是怜悯心促成了奴隶制[①]，又说，怜悯心以三种方式促成了此事，这种说法绝对无法令人信服。

为防止滥杀战俘，万民法准许把他们当作奴隶。罗马法准许债务人卖身，以免受债权人的虐待。根据自然法的精神，做奴隶的父亲既然无力抚养子女，子女就应像父亲一样做奴隶。

罗马法学家的这些说法毫无道理。首先，即使在战争中，非不得已也不应杀人，所以，战争允许杀人的说法不对。当一个人让一个战俘成为自己的奴隶后，就不能再说这个战俘本来是非杀不可的，因为事实上这个战俘并没有被杀。在战俘问题上，战争赋予的全部权力就是把他们看管好，使他们不能继续为害。激烈的战斗结束之后，士兵们冷酷地滥杀战俘的行为，为世界各国所唾弃[②]。

其次，自由民可以卖身为奴的说法也不对。卖东西就得有个价钱，可是，奴隶既然出卖自己，他的所有财产自然也归主人所有，这就是说，买主一文也不必付，因为奴隶什么也得不到。有人会说，奴隶可以有一笔用以赎身的钱，不错，但是，这笔钱也是附属于人身的。之所以禁止自杀，是因为自杀就使国家少了一个人，卖身为奴因而更不允许。每个公民的自由是国家全体公民自由的一部分，在平民政体国家里，这种身

① 查士丁尼，《学说汇纂》，第一卷，第三题。
② 吃战俘的民族除外。

份甚至是主权的一部分，出卖公民身份是一种极端怪异的行为①，我们无法想象居然有人会有这种行径。如果说，自由对于买主来说是可以论价的，那么，对于出卖自由的人来说则是无价的。民法既然允许人们分割财产，那就不能把应该参与分割的一部分人也视为可以分割的财产。契约如果含有损害一方的内容，民法可以不予考虑，并使受害方恢复原有状态；既然如此，当合同含有使一方遭受最大损害的内容时，民法当然要阻止执行，并使受害方得以恢复原有状态。

再次，有人以出身为理由。这个理由与前两个理由同样站不住脚。一个人连出卖自己尚且不可，当然更不可出卖尚未出生的孩子。战俘既然不应沦为奴隶，战俘的孩子当然更不应该遭此厄运。

把一个罪犯处死是一件合法的事情，因为，惩处他的法律原本也是为保护他而制定的。以一个杀人犯为例，他曾经受惠于今天判他死刑的法律，这部法律曾经时刻保护他的生命，所以，他没有任何理由对抗这部法律。但是，奴隶与此不同，有关奴隶的法律从未有利于奴隶，而是自始至终对奴隶不利。这与一切社会的基本原则相悖。

有人说，法律有利于奴隶，因为主人要为他提供食品。这么说来，就应该只允许无力谋生的人当奴隶了，可是，没人要这样的奴隶。至于孩子，大自然把乳汁赋予母亲，从而保证他们免于饥饿；他们余下的童年与最能发挥能力的年龄已经相当接近了，所以我们不能说，为了做他们的主人而供养他们的人，曾给过他们什么东西。

奴隶制不但违背公民法，也违背自然法。奴隶并非社会中的一员，因而不受任何公民法保护，公民法中的哪一条能够防止奴隶逃跑呢？只有家法也就是主人的法律能阻止他逃跑。

---

① 我在这里说的是严格意义上的奴隶制，例如罗马人的奴隶制和我们殖民地上的奴隶制。

第三节 奴役权的另一个起源

我还想说，因习俗差异而产生的一个民族对另一个民族的鄙视，也是奴役权的一个起源。

洛佩兹·德·伽马写道[①]："西班牙人在圣玛尔塔[②]附近发现了几个篮子，里面装着当地居民的食品，诸如螃蟹、蜗牛、蝉和蚱蜢等。征服者便把此事说成是罪恶。"这位作者承认，西班牙人奴役美洲人的权利就建立在这个事实的基础之上，除此之外，还有美洲人吸烟，不按西班牙人的式样蓄须等等。

知识使人温和，理性使人具有人道精神，唯独偏见使人摒弃温和与人道。

第四节 奴役权的另一个起源

我还想说，宗教赋予传教者奴役不信教者的权力，为的是便于传教。

正是这种思想鼓励破坏者们在美洲犯下了种种罪行[③]，正是在这个思想基础上，他们确立了把许许多多人民沦为奴隶的权利，这些强盗死心塌地地要兼做基督徒和强盗，是一些非常虔诚的信徒。

---

① 参阅《英国丛书》，第十三卷，第二部分，第3条，第525—526页。

② 哥伦比亚的一座城市。——译者

③ 参阅索利斯(Solis)，《墨西哥征服史》，第一卷，第一章，第14页；加尔希拉索·德·拉·维加(Garcilasso de La Vega)，《秘鲁通史》。

路易十三[①]为把法国殖民地的黑人沦为奴隶的法律而深感痛苦[②]，可是当有人告诉他，这是让那些黑人皈依基督教的最佳途径时，他就同意了。

第五节　对黑人的奴役

假如我果真要为我们把黑人当奴隶的权利辩护，我就会这样说：

欧洲人把美洲人灭绝之后，不得不把非洲人当奴隶，为的是开垦这许多土地。

如果不使用奴隶种植制糖作物，糖价就会太高。

这些人从脚黑到头，鼻子扁得令人难以怜悯。

我们无法想象，睿智的上帝竟然会把一个灵魂，而且是一个优秀的灵魂，放到一个黝黑的躯体中去。

把肤色视为人的本质要素，这是很自然的。使用太监的亚洲人总是特别强调黑人与我们没有任何关系。

从头发的颜色可以判断皮肤的颜色。埃及人是世界上最优秀的哲学家，他们非常看重头发的颜色，凡是长着红头发的人，只要落入他们手中，就统统杀掉。

文明民族把黄金视为珍品，而在黑人看来，金项链不如玻璃项链珍贵，这就是黑人缺乏常识的一个明证。

我们不可能把黑人视为人，假如我们把他们视为人，那么，我们就

① 路易十三(Louis XIII，1601—1643)，法国国王(1610—1643 在位)。——译者

② 拉巴神甫(Le P. Labat)，《美洲诸岛新游记》，第四卷，第 114 页，1722 年版。

要怀疑自己是不是基督徒了。

心胸狭隘的人夸大了我们对待黑人的不公正。因为，倘若果真如此，彼此缔结了那么多的条约的欧洲君王们，难道就不能缔结一个促进慈善和怜悯的一般性条约吗？

第六节　奴役权的真正起源

现在是探求奴役权的真正起源的时候了。奴役权应该是建立在事物性质的基础之上的，让我们看一下，奴役权是不是来自某些情况。

在所有专制政体下，卖身为奴很容易，那里的政治奴役制在一定程度上扼杀了公民自由。

佩里先生说[①]，俄国人出卖自己很方便。我知道这是为什么，因为他们的自由毫无价值。

在亚齐[②]，人人都设法卖身为奴，一些大贵族的奴隶不下千人[③]，这些奴隶都是大商人，他们也有许多奴隶，他们的奴隶又有许多奴隶。奴隶可以被继承，也可以买卖。那些国家里的自由民因过于软弱而无力反抗政府，于是就设法成为那些施行暴政者的奴隶。

这就是某些国家中温和奴役权的合理起源。它理应温和，因为它建立在一个人为发挥自己的作用而自由选择主人的基础上，因而在双方当事人之间形成契约关系。

① 佩里，《当今沙皇治理下的俄国》，巴黎版，1717 年。

② 亚齐（Achim），苏门答腊岛北部地区。——译者

③ 威廉·唐比埃，《周游世界记》，1711 年版。

第七节　奴役权的另一个起源

下面是奴役权的另一个起源，它甚至是人间最残酷的奴役权的起源。

有些国家的酷热气候使人身体疲惫，精神委靡，只有借助惩罚才能让人履行艰苦的义务。在这些地方，奴隶制对理性的冲击相对小些。由于奴隶主懒待君主，奴隶也就懒待主子。那里的民事奴隶制与政治奴隶制并存。

亚里士多德[①]试图证明，有些奴隶与生俱来就该当奴隶，可是他的阐述不能证明此说不误。我想，如果确有与生俱来的奴隶，那就是我刚才说到的那些奴隶。

然而，人人生而平等，所以应该说，奴隶制是反自然的，尽管有些国家的奴隶制建立在自然原因的基础之上。必须把这些国家与连自然原因都唾弃奴隶制的国家严格区分开来，例如早已成功地废除了奴隶制的欧洲国家。

普鲁塔克在《努玛传》中写道，在沙特恩[②]时代，既没有主人，也没有奴隶。在我们欧洲的气候下，基督教让我们回归到那个时代。

第八节　奴隶制对我们无益

所以，必须把基于自然原因的奴隶制限制在某些国家的范围内，我

① 《政治学》，第一卷，第一章。

② 沙特恩(Saturne)，罗马神话中最古老的农神，主管播种和葡萄等。——译者

觉得，在所有其他国家中，无论社会所要求的劳动如何艰苦，任何工作都应该由自由民去完成。

我之所以这样想，是因为基督教在欧洲废除民事奴隶制之前，矿山劳动被认为是极端艰辛的，只能驱使奴隶或罪犯去干。可是，如今大家已经知道，矿山的雇工们生活很幸福①。微小的特殊待遇对从事这种职业起到了鼓励作用，收入随劳动的增加而增加，矿工们因而热爱自己的工作胜过他们所能找到的其他任何工作。

只要是理性而不是贪婪支配劳动，那就绝对不会有任何艰苦到人的体力无法支撑的劳动。由于工艺发明或应用的机器带来了方便，在别处驱使奴隶从事的劳动，在我们这里可以利用机器来完成。土耳其的蒂米什瓦尔总督管区中的矿藏比匈牙利丰富，产量却比匈牙利少，原因就是土耳其人从来就只知道使用奴隶进行开采。

我不知道我的这个观点是出自我的精神还是心灵。世界上或许没有一个地方的气候会让自由人无法参加劳动。法律制定得不好，于是有了懒人，有了懒人，于是就让他们当奴隶。

第九节　公民自由已经普遍确立的国家

每天都有人在说，我们要是有奴隶，那该多好。

可是，想要作出正确判断，不应审视奴隶对每个民族中骄奢淫逸的少数富人是否有用，毫无疑问，奴隶对他们肯定有用。可是，从另外一个观点来看，在这个国家中如果以抽签决定，哪些人应该做自由民，哪些人应该做奴隶，我相信，这些富人谁也不愿意这么

① 我们可以从下德意志的哈尔茨和匈牙利的矿山获知有关这方面的情况。

做。鼓吹奴隶制最卖力的人大概最害怕，最贫苦的人也会很害怕。所以说，鼓吹奴隶制的喧嚣其实就是骄奢淫逸的喧嚣，而不是关爱公共福祉的呼声。人人都喜欢成为他人的财产、荣誉和生活的主人，人人想到此处都会无比激动，这难道有什么怀疑吗？在这些事情上，如果想要知道每个人的愿望是否正当，那就让我们对每个人的愿望作一番审视。

第十节　各种奴隶制

奴役有两种，一种是属物奴役，一种是属人奴役。属物奴役把奴隶捆绑在土地上，塔西佗记述[①]的日耳曼人的奴隶就是这种生产奴隶，这种奴隶不在主人家中服役，只向主人缴纳一定数量的谷物、牲畜或织物，使用此类奴隶的目的仅此而已。匈牙利、波希米亚和德意志南部一带也有这种奴隶。

属人奴役就是让奴隶从事家务劳动，主要与主人家的人有关。

兼有属物和属人两种性质的奴役，是对奴役的极度滥用。斯巴达对希洛奴隶的使用就是这种性质的奴役。户外的所有劳作都由这些奴隶承担，在家里还要遭到各种各样的侮辱，所以说，希洛奴隶是违背事物性质的奴役。俭朴的平民只有一个属物奴隶[②]，因为妻子儿女都参与家务劳动。奢华的平民拥有属人奴隶，因为奢华需要奴隶从事家务劳动。希洛奴隶则让同一个人兼做奢华人家的属人奴隶和俭朴人家的属物奴隶。

① 《日耳曼尼亚志》，第二十五章。

② 塔西佗在《日耳曼尼亚志》中说："从生活享受看不出主人与奴隶的区别。"

第十一节　法律应为奴隶制所做的事

但是，无论什么性质的奴隶制度，公民法都应该做两件事，一方面取消对奴隶制的滥用，另一方面防止奴隶制的危险。

第十二节　奴隶制的滥用

在伊斯兰国家[①]里，主人不仅主宰女奴的生命和财产，就连女奴的所谓品德和操守，都得听任主人摆布。这些国家的不幸之一是，大部分人生来不为别的，就为他人的奢华服务。这种奴役得到的回报，就是听凭奴隶们享有的懒惰。对于国家来说，这是一个新的不幸。

对于那些被幽禁的人来说，这种懒惰使得东方的后宫[②]变成了乐园，那些生怕劳动的人能在安静的后宫里找到他们的幸福。但是，我们却由此看到，这有悖建立奴隶制的初衷。

依据理性的要求，主人的权力不得超出奴隶应当提供的服务范围。奴隶制是为有用而建，不是为淫逸而建。保护贞操的法律属于自然法，应为世界各国所周知。

保护奴隶贞操的法律，如果说，在凭借权力可以毫无约束地玩弄一切的国家里是好的，那么，在君主政体国家里岂不是更好吗？在共和政体国家里岂不是更好吗？

① 参阅沙尔旦，《波斯游记》。

② 参阅沙尔旦，《波斯游记》第二卷中对伊扎古尔市场的记述。

伦巴第法的一条规定[①]似乎应该适用于所有政体，"主人如果糟蹋奴隶的妻子，奴隶夫妻二人就可一起获得自由民身份。"这是既可防止主人淫乱，又不失之过严的令人赞叹的折中之法。

我不曾发现罗马人在这方面有何良法。他们听任主人淫乱无度，甚至在某种程度上剥夺奴隶结婚的权利。奴隶是国民中最卑微的人群，可是，无论卑微到什么程度，他们也需要懂得廉耻。何况，剥夺奴隶的婚配权，也就损害了公民的婚配权。

第十三节　奴隶众多的危险

在不同政体下，奴隶数量众多的后果各不相同。在专制政体下，奴隶多根本不构成负担，因为在国家机体内实行的就是政治奴隶制，所以，人们几乎感受不到民事奴隶制的存在，所谓自由民享有的自由并不比没有这个称谓的人多。这些非自由民以太监、释奴和奴隶的身份几乎控制着一切事务，自由民与奴隶的地位差异极小。所以在专制政体下，奴隶多寡无关紧要。

不过，在政体宽和的国家里，奴隶不能太多却事关重大。政治自由使得公民自由极为珍贵，被剥夺公民自由的人也就失去了政治自由；他眼睁睁看着全社会的人幸福地生活着，而他却不是这个社会的成员，他觉得，安全保障不是为他而是为别人确立的；他看到，主人的心灵日甚一日地升华，而他自己的心灵却越来越卑微。看着别人享受自由而自己却不能，从而令人最深切地感到自己的地位已与牲畜相去不远。这种人是社会的天敌，他们若是人数众多，那就很危险。

① 《伦巴第法》，第一卷，第三十二篇§5。

在宽和政体下，国家被奴隶的反叛弄得焦头烂额，而这种情况在专制政体下却极为罕见。

第十四节　武装的奴隶

把奴隶武装起来，对于共和政体的危险甚于君主政体。在君主政体下，尚武的人民和贵族集团能够有效地控制武装的奴隶。在共和政体下，手持武器的奴隶与公民处于平等地位，所以仅仅具有公民身份的人很难控制武装的奴隶。

哥特人征服西班牙人后分散在全国各地，很快就变得虚弱不堪。他们在法规方面做了三件重要的事：废除了禁止与罗马人通婚的旧习①；规定借助国家财政获得解放的奴隶在战时必须服役②，违者将处以奴役；每个哥特人参战时必须携带自己十分之一的奴隶③，并为他们配置武器装备。与留下的奴隶相比，十分之一是一个微不足道的数目。这些被主人带上战场的奴隶并不单独组队，而是就在军中，从某种意义上说，就像在家里一样。

第十五节　续前题

如果全体国民都是战士，武装的奴隶更没有什么可怕了。

---

① 《西哥特法》，第三卷，第 1 篇 § 1。
② 《西哥特法》，第五卷，第 7 篇 § 20。
③ 《西哥特法》，第九卷，第 1 篇 § 9。

按照日耳曼法，奴隶如果偷窃[1]存放在某处的东西，将受到与自由民一样的惩罚；可是，如果以暴力抢夺[2]，他将要受到的惩罚只是把抢来的东西归还原主而已。对于日耳曼人来说，凡是基于勇气和力量的行为，都不令人鄙夷。他们在战争中使用奴隶。在大多数共和国里，人们总是试图挫灭奴隶的勇气，自信心十足的日耳曼人想的却是增强奴隶的胆魄，日耳曼人的武器须臾不离身，所以一点儿也不怕武装的奴隶，相反，奴隶是他们进行掠夺和获取战功的工具。

第十六节　宽和政体应采取的防备措施

在政治宽和的国家里，奴隶众多会令人担心出现危险，不过，只要给予奴隶人道待遇，就可防止这种危险。只要主人不比奴役本身更狠心，人们对一切都能习惯，甚至对奴役也能习以为常。雅典人对奴隶十分宽和，所以，斯巴达被奴隶搅得天翻地覆，雅典却平安无事。

我们看到，最初的罗马人并未为奴隶而感到不安。只是当罗马人对奴隶丧失了所有人道感情之后，才发生了可与布匿战争相比的内战[3]。

自己从事劳动的人民对待奴隶，通常比自己不从事劳动的人民要宽厚些。最初的罗马人与奴隶同生活，同劳动，同饮食，他们对待奴隶很宽厚，很公正。他们对奴隶的最严厉惩罚，不过就是让奴隶背负一根木叉从邻居们的面前走过。道德风尚足以维持奴隶的忠诚，无须求助

---

① 《日耳曼法》，第五章 § 3。

② 《日耳曼法》，第五章 § 5"以暴力"段。

③ 弗洛鲁斯说："内战给西西里造成的破坏超过布匿战争。"

于法律。

可是，当罗马人强大之后，当奴隶变成了他们奢华和傲慢的工具，而不再是他们的伙伴时，由于道德风尚已经沦丧，所以就得求助于法律，甚至是十分严苛的法律，否则，主人的安全就难以确保。这些残酷的主人生活在奴隶中间，如同生活在敌人中间一样。

于是制定了西拉里亚诺元老院法令和其他一些法律①，这些法律规定，若有一个主人被杀，居住在主人家的所有奴隶，以及附近所有能听到呼救声的奴隶，一律处死。在这种情况下，凡出于救助目的而藏匿嫌犯者，则以谋杀罪论处②。奴隶即使奉主人之命将其杀死③，依然有罪；没有阻止主人自杀的奴隶也将受到惩罚④。主人若在旅途中遇害，陪同他的奴隶和逃走的奴隶都将被处死⑤。即使已被证实清白无辜，涉案奴隶依然要受这些法律的惩处；其目的在于迫使奴隶极度敬重自己的主人。这些法律并不表明民事管理有这种需要，而是由于民事管理中存在着弊病和不完善之处。它们违背公民法原则，因而绝非源自公民法的公正。它们赖以确立的是战争原则，有所不同的一点是敌人存在于内部。西拉里亚诺元老院法令源自万民法的一项原则，那就是一个社会即使不完善也应自保。

当官吏们不得不制定此类残酷的法律时，情况肯定已经很糟糕了，因为，那时要让奴隶服从已非易事，因而不得不对不服从者施以重罚，或是怀疑他们的忠诚。一个优秀的立法者能够防止自己变成一个可怕的立法者。因为，若要罗马人的奴隶信任法律，除非法律信任奴隶。

① 参阅《法学阶梯》中的《元老院法令》条目全文。

② 参阅《法学阶梯》中的第三部法，第 12 段。

③ 安东尼命令伊罗把他杀死，其实，这不是叫他杀安东尼，而是叫他自杀，因为，他若果真杀死安东尼，那就要被当作杀人犯惩处。

④ 参阅《法学阶梯》中的第一部法，第 22 段。

⑤ 参阅《法学阶梯》中的第一部法，第 31 段。

第十七节　主奴之间应有的法规

官方应该关注奴隶衣食有着，此事应由法律加以规定。

法律应当让奴隶病有所治，老有所养。克劳狄下令[①]，因病而被主人抛弃的奴隶，如果幸免于死，就可获得自由。这项法律保证了他们的自由，若能保证他们的生命则更好。

法律如果允许主人处死奴隶，主人行使此项权力的身份应该是法官，而不是主人。法律应当为此规定必要的程序，藉以免除强施暴力之嫌。

在罗马，当不再允许父亲处死子女后，官吏依据父亲的意愿决定其[②]子女的刑罚。在主人对奴隶拥有生杀之权的地方，在主奴之间作出类似的规定是合理的。

原始而严厉的摩西法有这样一条规定："人若用棍子击打奴仆和婢女，立时死在他的手下，他必要受刑；若过一两天才死，就可以不受刑，因为是用钱买的。"[③]这是一个什么样的民族，他们的公民法居然与自然法毫不相干！

希腊法律[④]规定，奴隶若是受到主人过分粗暴的待遇，可以要求转卖。罗马后期也有一项类似的法律[⑤]。对主人不满的奴隶和对奴隶不满的主人应该分开。

---

① 希费林，《克劳狄传》。

② 见亚历山大皇帝的法典第 3 条"父权"。

③ 《圣经·旧约·出埃及记》，第二十一章，第二十节，译文引自中国基督教协会 1994 年版。——译者

④ 参阅普鲁塔克，《道德论集·迷信》。

⑤ 见安托尼乌斯·皮乌斯，《法制》，第一卷，第七项。

一个公民如果凌辱另一个公民的奴隶，被凌辱奴隶的主人可以向法官提起诉讼。柏拉图的法律①和大多数民族的法律剥夺了奴隶的自然自卫权，因此应该赋予他们以民事自卫权。

在斯巴达，奴隶无法为所受欺侮或凌辱讨回丝毫公道，他们的不幸已达于极点，他们不但是某个公民的奴隶，而且是公众的奴隶，他们既为一个人所有，也为所有人所有。在罗马，当一个奴隶受到损害时，人们只考虑主人的利益②。实施阿奎利亚法时，伤害一个奴隶被视为与伤害一头牲畜相同，人们关心的仅仅是牲畜和奴隶的价格因受伤而贬损。在雅典③，虐待他人奴隶者被处以重刑，有时甚至被处死。雅典的法律不愿让已经失去自由的奴隶再失去安全，这很有道理。

第十八节　解放奴隶

很明显，当共和政体下的奴隶数量太多时，应该解放一部分。棘手之处在于，奴隶如果太多，便难以管束；被释奴如果太多，他们就会生计无着，成为共和国的负担。不仅如此，如同奴隶太多会对共和国构成威胁一样，被释奴太多也会对共和国构成威胁。所以，法律必须注意到这个两难问题，不可顾此失彼。

罗马颁布了许多法律和元老院法令，有的对奴隶有利，有的对奴隶不利，有的为释奴设置障碍，有的为释奴提供方便。由此不难看出处理这个问题上的两难抉择。有一段时间甚至不敢制定这方面的法律。尼

① 柏拉图，《法篇》，第十章。

② 日耳曼各族的法律通常也是如此，在他们的法典中可以看到这种精神。

③ 德摩斯梯尼，《驳米地亚姆》，法兰克福 1604 年版，第 610 页。

禄掌权时①，有人请求元老院准许让忘恩负义的被释奴重新沦为奴隶，皇帝批示应作为个案逐一审理，不作任何一般性规定。

一个优良的共和国应该在这个问题上作出何种规定，我几乎无缘置喙，此事很大程度上取决于具体情况。以下谈谈我的想法。

不要通过一般性法律突然解放大批奴隶。众所周知，伏尔西尼安人②中的大批被释奴成了选民中的多数后，通过了一项极端恶劣的法律，使被释奴获得一项权利，即与自由民的新娘同房的初夜权。

有多种方法可以在不知不觉中增加共和国的新公民。法律可以准许奴隶积攒钱财，使他们有能力为自己赎身。法律可以像摩西那样规定奴役的期限，当年摩西规定希伯来奴隶的奴役期限不得超过六年③。较好的办法是，每年解放一批因年龄、健康、勤奋等原因而能够自立的奴隶。甚至可以从根本上消除奴隶制的弊端：大量奴隶的存在与奴隶所承担的大量工作分不开，如果把奴隶所承担的某些工作，例如经商和航海，交由自由民去做，就可大大减少奴隶的数量。

被释奴人数倘若较多，公民法就应该规定他们对原来的主人承担什么义务，否则就应在释奴的契约中写明，用以替代法律的规定。

我们认为，被释奴的民事地位应该优于他们的政治地位，因为即使在平民政体下，政权也不应落入下层民众手中。

在罗马，被释奴为数众多，这方面的法律令人钦佩。法律给予他们的很少，但是，在任何事情上都不排斥他们。他们在某些方面参与立法，但是几乎丝毫也不会影响将要作出的决议。他们可以担任公

---

① 塔西佗，《编年史》，第十三卷。

② 佛兰舍谬斯，《补编》，第二时期第五卷。

[伏尔西尼安人（Violsiniens）居住在伊特鲁里亚地区（今意大利）的部族。——译者]

③ 《圣经·旧约·出埃及记》，第二十一章。

职，甚至可以担任神职[①]，可是，这项特权在某种程度上可以说是形同虚设，因为他们在选举中的不利地位实际上把这项特权抵消了。他们有权当兵，可是为此就得缴纳为取得选举权而必须缴纳的税款。被释奴与自由民联姻没有任何障碍[②]，但不能与元老家族结亲。最后还有一点，尽管被释奴自己不是自由民，但是，他们的子女却拥有这个身份。

第十九节　被释奴和太监

因此，在多人主政的政体下，让被释奴的地位略低于自由民，并让法律促使被释奴不对自己的地位生厌，这样做往往很有好处。可是，在一人主政的政体下，奢华和专横主宰一切，在这方面就什么也做不成了。被释奴几乎始终高踞于自由民之上，主宰着君王的宫廷和权贵们的府第。由于他们研究过的是主人们的弱点而不是美德，所以，他们就设法让主人以其弱点而不是美德治理国家。在帝政时期的罗马，被释奴就是这样。

被释奴如果是太监，无论他们拥有多大特权，也不能把他们视为被释奴。因为，他们既然不能拥有自己的家庭，当然就只能附属于某个家庭。所以，说他们是公民，其实只不过是一种虚幻而已。

不过，有些国家里的被释奴可以担任一切官职。唐比埃[③]写道：

① 塔西佗，《编年史》，第三卷。

② 奥古斯都的演说，见狄奥，《罗马史》，第十四章。

③ 唐比埃，《周游世界记》，第三卷，第 91 页。

"在东京[①],所有的文官武将都是太监[②]。"他们都没有家庭,个个贪婪成性,可是,他们的主人或君主最终却能从他们的贪婪中得益。

唐比埃还说[③],这个国家里的太监也离不开女人,而且结婚。法律之所以允许他们结婚,只能是基于对太监的尊敬和对妇女的鄙视。

如此说来,正因为他们没有家庭,所以让他们当官,正因为他们是官员,所以准许他们结婚。

于是,他们身上尚存的感官就要顽强地弥补失去的感官,绝望的努力变成了他们的一种享受。所以,在弥尔顿的著作中,那个因深受残损之痛而仅剩欲望的鬼,竟然连自己的性无能也想利用[④]。

我们看到,在中国历史上,为阻止太监担任任何文武官职而制定了大量的法律,可是,他们总是能够当上高官。看来,太监是东方一个无法避免的祸害。

---

① 此处的东京指上圻,即今越南北部。——译者

② 中国过去也是这样。两位在 9 世纪游历中国的阿拉伯穆斯林在记述中谈到某个城市的长官时,就称他为"太监"。

③ 唐比埃,《周游世界记》,第三卷,第 94 页。

④ 孟德斯鸠此处引用的是英国作家弥尔顿(Milton)的名作《失乐园》中的故事。——译者

第十六章

家庭奴役法何以与气候性质有关

第一节　家庭奴役

奴隶仅为家庭所用，而不是家庭的一部分。所以，我把奴隶所受的奴役与某些国家中妇女所受的奴役区分开来，并把妇女所受的奴役称为家庭奴役。

第二节　南方地区两性之间的不平等与生俱来

在气候炎热地区，女子长到八九岁或十岁，就可以婚配和生育，所以，当她们进入童年时，几乎就要结婚了[①]。到了二十岁她们就已经是

① 穆罕默德娶五岁的卡蒂斯贾(Cadhisja)为妻，圆房时她年仅八岁。在阿拉伯和印度等炎热国家里，女子八岁便可婚配，九岁就能生育。参见普里多(Prideau)《穆罕默德传》。在阿尔及尔王国，九岁、十岁和十一岁的女子就能生育。参见罗吉耶·德·塔西(Languier de Tassis)，《阿尔及尔王国史》，第61页。

半老徐娘，所以，通达事理和年轻美貌在她们身上永远不会同时存在；当美貌足以为她们争得支配地位时，却因年轻不懂事而难以成为现实，而当她们终于通达事理时，美貌却已是明日黄花。妇女只能处于依赖地位，因为，年轻美貌未能为她们争得的支配地位，是通达事理无法为她们在人老珠黄时取得的。因此，只要宗教不加以禁止，一个男子遗弃发妻而另觅新欢，从而产生一夫多妻制，就是一桩再简单不过的事。

在气候温和的地区，女子的姿色保持较久，达到结婚年龄较迟，生儿育女的年龄较大，她们的衰老与丈夫的衰老大致同步，又因为她们比较通达事理，哪怕仅仅由于年龄增长而变得懂事，因而，两性之间自然而然地存在着一种平等关系，法律上的一夫一妻制于是就应运而生。

在气候寒冷地区，男子由于必须饮用烈酒而不加节制。女子为保护自己而在这方面有一种天然的节制，所以，就通达事理而言，她们反而比男子略胜一筹。

大自然令男子有别于女子的无非就是力量和理智，而为他们的权力设置最终界限的也正是力量和理智。大自然给予女子的是魅力，而且让她们的优势随着魅力的消失而消失。然而，在炎热地区，女子的魅力仅存于孩提时期，此后终其一生便再无魅力可言。

所以，与亚洲的气候条件相比，规定一夫一妻制的法律更适合欧洲的气候条件。正因为如此，伊斯兰教在亚洲很容易立脚，而在欧洲则很困难；反之，基督教在欧洲得到广泛传播，而在亚洲则遭受败绩，伊斯兰教在中国取得了长足进步，基督教却信徒寥寥无几。人类的理性永远听命于至高原因，这个至高原因想干什么就干什么，想利用什么东西就利用什么东西。

出于某些特殊原因，瓦伦梯尼安[①]准许在他的帝国内实行一夫多妻制[②]。他的这项法令对于欧洲的气候来说过于粗暴，后来被阿卡迪

① 瓦伦梯尼安（Valentinien，377—408），东罗马帝国皇帝。——译者

② 参见乔南德斯（Jornandès），《论皇位和临时继位者》和教会史学家的著作。

乌斯、霍诺里乌斯和狄奥多西废除了[①]。

第三节 一夫多妻制在很大程度上依仗赡养能力

在实行一夫多妻制的国家里，尽管妇女在很大程度上依赖丈夫的财富，但不能因此而认为，财富是一个国家实行一夫多妻制的原因。贫困同样可以导致这个结果，我在下面将要谈及的未开化人就是例证。

在强盛的国家里，一夫多妻制与其说是一种奢侈，不如说是造成极度奢侈的一种机会。在炎热地区，人的需求不多[②]，养活妻子儿女的花费较少，所以男子可以拥有多位妻子。

第四节 多偶制的各种情况

在欧洲各地进行的统计表明，男婴的出生率高于女婴[③]。与此相反，关于亚洲[④]和非洲[⑤]的记述告诉我们，那里的女婴多于男婴。欧洲的一夫一妻制与亚洲和非洲的一夫多妻制，显然都与气候有关。

① 见《法典》“犹太人与崇天者”，以及《新法集》第十八篇的第五章。

② 锡兰人每月有十个苏就可以过活，那里的人只吃大米和鱼。见《创建东印度公司历次航行记》，第二卷，第一部分。

③ 阿巴思诺特先生发现，英国的男婴多于女婴。人们据此误以为各种气候条件下的情况都是这样。

④ 肯普弗在《日本史以及暹罗概况》中说，京都的人口统计结果为：182,072位男性，223,573位女性。

⑤ 参阅史密斯(Smith)先生的《几内亚游记》第二部分中关于安梯地区的记述。

在亚洲的寒冷气候下，男婴的出生率也像欧洲一样，大大高于女婴。喇嘛们说[①]，这就是他们允许一妻多夫的原因[②]。

不过我相信，由于性别失衡严重而制定法律，实行一妻多夫制或一夫多妻制，这样的国家不会很多。这种现象只能表明，一夫多妻或一妻多夫违背自然的程度，在某些国家里较小，而在另外一些国家里较大。

《游记》告诉我们，在万丹，一个男子有十个妻子[③]。我觉得，此事如果属实，那也只是一夫多妻制的一个特例。

对于上述这些习俗，我只介绍其由来，并不为之辩解。

第五节 马拉巴尔一项法律的缘由

在印度的马拉巴尔沿岸的奈伊人部族[④]里，一个男子只能娶一个妻子，而一个女子则可以嫁多位丈夫[⑤]。我认为，这种习俗的起因是不难找到的。奈伊人属于贵族种姓，而贵族在所有这些国家里都是士兵。在欧洲，士兵不许结婚。在马拉巴尔，由于气候的原因，只能退而求其次，让婚姻尽可能少添麻烦，一个女子于是同时属于多个男子。这样做

① 参阅杜赫德，《中华帝国全志》，第四卷，第 461 页。

② 哈桑-伊本-亚齐德（Albuzeir-el-Hassen）是 9 世纪到印度和中国旅行的两位穆斯林之一，他认为一妻多夫的习俗是一种卖淫行为，因为这种习俗与穆斯林的观念大相径庭。

③ 见《创建东印度公司历次航行记》，第一卷，第 347 页。

④ 奈伊人（Naires），居住在马拉巴尔沿岸第一个部族，是一个贵族种姓。——译者

⑤ 参阅弗朗索瓦·皮拉尔，《游记》，第一卷，第二十七章；又见《耶稣会士书简集》第三辑和第十辑关于马拉巴尔沿岸马莱阿米人的记述。人们认为这是军人的陋习。皮拉尔说，婆罗门种姓的女子从不嫁给多位丈夫。

可以减少家庭对士兵的眷恋和照顾，使他们保持尚武精神。

第六节　多偶制本身

如果把能够被容忍的那些具体情况撇在一边，仅从一般层面上考察多偶制，那么我们可以说，多偶制对人类毫无用处，也不利于两性，既不利于被蹂躏者一方，也不利于蹂躏者一方。对儿童同样不利，严重的弊端之一是父母对子女的疼爱不同，一个父亲不可能像一个母亲疼爱两个孩子那样去疼爱二十个孩子。一个女子若有多个丈夫，情况就会更加糟糕。因为，只有当父亲相信并愿意认某个或某几个孩子是自己所生，而且其他父亲也不予置疑时，这个或这几个孩子才有可能享受父爱。

据说，摩洛哥国王的后宫里有白种人女子、黑种人女子和黄种人女子。这个可怜的国王，他对肤色哪里会有什么要求呢！

妻妾成群并不能阻止男子多多益善的欲望①。淫欲与贪婪一样，获得愈多，饥渴愈甚。

在查士丁尼时代，多位哲学家因受碍于基督教而退到波斯，投靠霍斯罗沙②。据阿加西亚斯③说，最令他们感到吃惊的是，在那里，被允许拥有多个配偶的人，依然不能禁绝通奸④。

① 东方人故而千方百计地把妻妾藏之深闺。

② 霍斯罗沙(Cosroës，？—579)，波斯国王。有学者指出，此事发生在公元526年，原因是查士丁尼下令关闭学校。——译者

③ 阿加西亚斯(Agathias，536—582)，希腊诗人和和历史学家，《查士丁尼执政史》的作者。——译者

④ 《查士丁尼执政史》，第403页。

多妻将人引向大自然所不许可的那种情爱，因为有了一种淫逸的恶行就会有第二种。君士坦丁堡发生革命时，苏丹艾哈迈德[①]被赶下台。据野史记述，当人民劫掠钦差的府第时，连一个女人都没有见到。在阿尔及尔，大多数后宫里竟然根本没有女人[②]。

第七节　多位妻子的平等待遇

有了多妻制的法律后，平等对待各个妻子的法律便应运而生。穆罕默德准许男子娶四个妻子，他规定，四个妻子的地位平等，饮食、服饰和夫妻义务等待遇应该一律平等。马尔代夫男子可以有三个妻子[③]，那里也有关于多位妻子待遇平等的法律。

摩西律法[④]规定，某人若为其子娶了一个女奴，接着再娶一位自由民，这位丈夫应该对两个妻子一视同仁，不得取消第一位妻子的服饰、饮食和夫妻义务的待遇。他可以给予第二位妻子多一些，但第一位妻子的所得也不能少。

第八节　男女隔离

在富裕而淫逸成风的国家里，妻妾成群是一夫多妻制的后果。既然妻妾成群，就得把她们幽禁起来，使之与男子隔离。非如此就不能维

① 艾哈迈德（Ahmed，1673—1736），奥斯曼苏丹，1730 年被废黜。——译者

② 见罗吉耶·德·塔西，《阿尔及尔王国史》，第五章。

③ 弗朗索瓦·皮拉尔，《游记》，第十二章。

④ 《圣经·旧约·出埃及记》，第二十一章，第十节、第十一节。

持家庭秩序，这与一个无力还债的债务人千方百计躲避债权人的追讨同理。有的地区在气候作用下，物质因素过于强大，道德几乎没有任何约束力。倘若让一个男子与一个女子单独相处，诱惑必将带来堕落，男子必然攻击，而女子必然不作任何抵抗。在这些地区，与其依赖劝诫，莫如插紧门闩。

中国的一部古籍认为，一个男子在远离人群的房间里与女子独处而不对她施暴，这简直就是美德的奇迹[①]。

第九节　治家与政治的关系

在共和政体下，公民的生活条件是有节制、平等、舒适和温和的，一切都透着一股公共自由的气息。对妇女作威作福在那里不那么容易；如果气候条件需要这样做，那么，一人主政的政体最适合。平民政体在东方始终难以建立，原因之一即在于此。

相反，奴役妇女非常符合无所不用其极的专制政体的性质。所以，任何时候我们都看到，亚洲的家庭奴役和专制统治始终携手共进。

有这样一种政体，它孜孜以求的是安定，而且把绝对服从当作太平；在这种政体下，妇女必须被幽禁，否则她们的私下谋划就会置丈夫于死地。一个没有工夫考察臣民行为的政权，就会仅凭表象和感觉，视臣民的行为为可疑。

试想一下，假如把我们欧洲妇女轻浮的精神和轻率的言行，她们的

① “在无人之处发现可以据为己有的财宝，在远离人群的房间里与女子独处，听到仇敌遇险求救的呼喊，这些都是极具考验力的试金石。”见杜赫德，译自中国的一部道德论著《中华帝国全志》，第三卷，第151页。

爱好和憎恶以及大大小小的嗜好，统统搬到东方政体下去，而且让她们如同在欧洲那样自由行动，还能有一个父亲享受片刻的安宁吗？可疑分子将比比皆是，敌对分子将比比皆是，国家将被动摇，人们看到的将是一幅血流成河的景象。

第十节　东方的道德原则

当一个男子拥有多个妻子时，家庭越是分崩离析，法律越应扶持其成员同心协力；家庭的成员越是各谋其利，法律越应把他们聚集在一个共同利益之下。

最主要的方法就是幽禁。不仅应该用围墙把妇女与男子隔离开来，而且还应该在围墙之内把她们与男子隔离开来，使她们在家庭中组成为一个特殊的家庭。所有的为妇之道就从这种状态中产生，诸如廉耻、贞操、端庄、矜持、恬静、服从、尊敬、关爱等等，总之，使她们将感情倾注于世界上本质最佳的东西，那就是心中唯有家庭，别无其他。

妇女天生就应恪尽的义务实在太多，以至于无法将她们与一切可能使她们产生异念的东西，一切被我们视为娱乐的东西，以及一切被我们称作事务的东西分隔开来。

我们看到，东方各国的妇女幽禁越严，风尚便越好。大国必然有大贵族。他们越是富有，就越能将妇女切实幽禁，防范她们重返社会。正因为如此，在土耳其、波斯、莫卧儿、中国和日本，妇女的操守都令人赞叹。

印度就无法相提并论了。无数小岛和复杂的地形，把印度分割成许多小国，我没有时间在此细说的许多原因，使这些小国成了专制国家。

那里只有可怜的劫掠者和可怜的被劫掠者。所谓的权贵并无多少家财，所谓的富翁只不过衣食不愁而已。对妇女的幽禁不可能十分严格，约束妇女的措施也不可能十分完备，所以，那里的风气腐败是无法想象的。

我们在那里可以看到，如果对气候的负面效应听之任之，将会造成多大的混乱。在那里，大自然拥有强大的力量，而廉耻心则弱到令人无法理解的程度。帕坦①的女子欲火如炽，男子为防备女子的袭击不得不身着装具②。据史密斯先生记述③，几内亚的一些小国也是如此。在这些国家里，就连男女两性固有的法则似乎也被置之脑后了。

第十一节 与多偶制无关的家庭奴役

东方的某些地方之所以幽禁妇女，多妻并非唯一原因，气候也是原因之一。在果阿和印度的葡萄牙人定居点，基督教只允许一夫一妻，可是我们在书中读到，那里因妇女们的放荡而造成的恐怖、犯罪、欺诈、暴行、投毒和谋杀层出不穷，如果把这种状况与土耳其、波斯、莫卧儿、中国和日本妇女的严守妇道相比，那就看得很清楚，无论一妻或多妻，通常都必须把妇女与男子隔开。

---

① 帕坦(Patane)，印度城市，位于果阿附近。——译者

② 马尔代夫的父亲们认为，忍看女儿的男色之需是一种罪过，所以当她们十岁或十一岁时就让她们出嫁。见弗朗索瓦·皮拉尔，《游记》，第十二章。在万丹，女子到了十三岁或十四岁就必须出嫁，否则她们就会乱来。见《创建东印度公司历次航行记》，第348页。

③ 《几内亚游记》，第二部分，第192页写道，女人们遇到男人时，立即把他抓住，并威胁他说，如果不与她们做那事，就向她们的丈夫告发。女人偷偷爬上男人的床，把他弄醒，他若不依从，女人就威胁说要让人来当场捉奸。

是否采此类措施取决于气候。在欧洲北部，风俗天然优良，人们的性情平静，不很活跃，也不大风雅，在爱情方面严格控制自己，只需稍加管理就可让他们循规蹈矩。在这样的国家里，把妇女幽禁起来难道会有什么好处吗？

在某些气候条件下，人们相互频繁交流，如花似玉的女子仿佛是在为社会增光添彩，她们虽然各自只为一人提供欢娱，却同时给整个社会带来了愉悦。在这样的气候下生活是幸福的。

第十二节　天然贞操

妇女的淫荡受到所有民族一致的鄙视，因为大自然给了所有民族这样的启示。大自然既确立了防卫，也确立了攻击，它把情欲赋予男女双方，又让男子拥有阳刚之气，让女子拥有羞涩之美。它让每个人用大量的时间去保护自己，只用短暂的时间去传宗接代。

所以，淫乱源自自然法则的说法是错误的，恰恰相反，淫乱违背了自然法则。源自自然法则的是节制和矜持。

况且，察己之过是一切灵智生物的本性，大自然因而赋予我们以羞耻心，也就是让我们为自己的不足而感到羞耻。

所以，当气候的物质力量践踏两性和灵智生物的自然法则时，立法者就应该制定民事法律，用以遏制气候本性，重建原始法则。

第十三节　嫉妒

各民族都应将因情欲而生的嫉妒与因习俗、风尚和法律而生的嫉妒区分开来。前者是能够吞噬一切的炽烈狂热，后者则显得冷淡，但有时可怕，而且会伴之以冷漠和鄙夷。

前一种嫉妒源自爱情，是对爱情的滥用。后一种嫉妒仅仅源自一个民族的习俗、风尚、当地的法律和伦理，有时也源自宗教[①]。

嫉妒几乎始终是气候的物质力量所产生的效应，同时却又是治疗这种力量的良药。

第十四节　东方的治家之道

东方人频繁更换妻子，妻子因而不能执掌家政。于是换用阉人来执掌家政，把所有钥匙都交由他们保管，把所有家务都交由他们处理。沙尔丹先生说："在波斯，妇女要穿的衣服由别人给，就像对待孩子那样[②]。"这件似乎最适合妇女做的事，这件在别处属于妇女第一要务的事，在波斯居然与妇女毫不相干。

第十五节　离婚和休婚

离婚有别于休婚。离婚是两情不再相悦时双方同意的分手，休婚是只顾己方的意愿和利益而置对方的意愿和利益于不顾的分手。

妇女有时很有必要提出休婚，但是，办起来麻烦很多，因为法律的

① 穆罕默德嘱咐信徒们要看好自己的妻子，一位伊玛姆临终时也这样叮咛。孔子也没少宣扬同样的教义。

② 沙尔丹，《波斯游记》，1811 年版，第十二章。——译者

有关规定非常严苛，休婚权只让男子享有而不让女子享有。丈夫是一家之主，他可以运用数不清的手段让妻子恪守或重归妇道。所以，男子手中的休婚权看来只不过是对男权的又一种滥用。可是，主动提出休婚的女子只不过是在实施一种可怜的补救手段而已。她的花容月貌已经交给了一个男子，如今不得不再去寻找第二位丈夫，这对她来说永远是切肤之痛。女子妙龄时期美貌的魅力之一，就在于年事已高的丈夫忆及当年的如胶似漆，因而对妻子依然恩爱如初。

所以，一般的规则应该是，在所有准许丈夫休妻的国家里，妻子也应享有休夫权。不但如此，在妇女因气候原因而处于家庭奴役的地区，法律应该把休夫权给予妇女，而男子则只应享有离婚权。

如果把妇女幽禁在后宫，丈夫就不能以品行不端为由而休妻，因为妻子如果品行不端，那是丈夫的过失。

以不能生育为由的休妻只适用于一妻制[①]，丈夫若有多个妻子，这条理由便无足轻重。

马尔代夫的法律允许男子与被休的妻子复婚[②]。墨西哥的法律则禁止此类复婚[③]，违者处死。墨西哥的法律比马尔代夫的法律合理，因为即使在劳燕分飞之时，它也考虑到应该白头偕老。马尔代夫的法律则不然，它仿佛把结婚和休婚都视若儿戏。

墨西哥的法律只允许离婚，自愿分手的双方若想破镜重圆，又多了一条不被准许的理由。休婚似乎更像是感情用事、一时冲动的举动，而离婚则仿佛是深思熟虑的结果。

离婚通常在政治上大有好处，至于它的民事功用，它既考虑到男方，也考虑到女方，但对于子女来说，父母离婚却未必总是好事。

---

① 这并不意味着以不能生育为由的休妻是被基督教所允许的。

② 参见弗朗索瓦·皮拉尔，《游记》："与其另娶，不如重婚，这样比较省钱。"

③ 索利斯，《墨西哥征服史》，第499页。

第十六节　罗马人的休婚和离婚

罗慕洛斯认为，妻子如果与人通奸、准备投毒或是配制假钥匙，就可以把她休掉。他完全没有赋予妇女以休婚权。普鲁塔克称这项法律为十分严酷的法律①。

如同雅典的法律把休婚权既给予丈夫，也给予妻子②一样，早期罗马虽然已经有了罗慕洛斯的法律，但妇女却依然享有休婚权。很显然，这是罗马的代表们从雅典学来的制度之一，后来被纳入十二铜表法。

西塞罗说③，休婚的理由肇始于十二铜表法。因此，这项法律使得休婚理由比罗慕洛斯所提出的有所增加，对此我们不应怀疑。

离婚权更是十二铜表法的一项安排，至少是它的一个后果。因为，既然夫妻双方各自享有休婚权，他们就更有理由依照双方一致的意愿各奔东西了。

法律对于离婚不要求任何理由④，这是事物的性质决定的。休婚需要说明理由，而离婚则无须说明理由，因为在法律所提及的种种离婚的理由中，相互厌弃始终是最有力的一条。

哈里卡纳索斯的狄奥尼修斯⑤、瓦莱里乌斯·马克西姆斯⑥和奥卢

① 《罗慕洛斯传》。

② 这是梭伦的一项法律。

③ “他命他的女伶取走自己的财物，他依据《十二铜表法》处理此事。”见《腓力二世》。

④ 查士丁尼对此作了更改，见《新法集》，第一百一十七篇，第十章。

⑤ 《罗马古事记》，第二卷。

⑥ 《名人言行录》，第四卷，第二章。

斯-格利乌斯[1]都提到过一件在我看来不像是真的事情。他们说，罗马人虽然有权休妻，但因他们非常相信占卜，所以在卡维里乌斯·鲁加之前的五百二十年间[2]，无人使用这项权利。加维里乌斯·鲁加以不能生育为由休了他的妻子。只要了解人类精神的本质，就会感到这真是一桩奇事：法律把这样一种权利给予全体人民，而居然没有一人敢于使用。被放逐的科里奥努拉斯临行前嘱咐妻子嫁一个比他强的人。刚才已经看到，十二铜表法和罗马人的习俗大大扩展了罗慕洛斯法的适用范围。倘若从来无人使用休婚权，又何必扩展此权的使用范围呢？再者说，倘若公民们因笃信占卜而从不休婚，难道罗马的立法者们会不太相信占卜吗？法律又为何要不断地败坏习俗呢？

若将普鲁塔克的两段话作一番对照，这件奇妙的传说就不攻自破了。王法规定[3]，在前面提及的三种情况下可以休妻。普鲁塔克写道[4]："王法规定，在其他情况下休妻的人，必须将其一半财产交给妻子，另一半奉献给刻瑞斯[5]。"由此可见，只要愿意接受这种处罚，任何情况下都可以休妻。在卡维利乌斯·鲁加之前无人休妻[6]，而据普鲁塔克的记述，鲁加以不能生育为由休妻是在罗慕洛斯法颁布后的二百三十年[7]；也就是说，此事发生在十二铜表法之前的七十一年，十二铜

① 《阿提卡之夜》，第三章。

② 这是哈里卡纳索斯的狄奥尼修斯和瓦莱里乌斯·马克西姆斯的说法，而据奥鲁斯·格利乌斯说，其间间隔是五百二十三年。所以，他们分别提到的执政官也不是同一人。

③ 普鲁塔克，《罗慕洛斯传》。

④ 普鲁塔克，《罗慕洛斯传》。

⑤ 刻瑞斯（Cérès），丰产和农业女神，即希腊神话中的得墨忒耳（Demeter）女神。——译者

⑥ 其实，罗慕洛斯法并未把不能生育列为休妻的理由之一，鲁加既然是遵照监察官的意见休妻的，所以他好像没有受到没收财产的处分。

⑦ 《普鲁塔克传》中"提修斯与罗慕洛斯之比较"。

表法扩大了休婚权，增加了休婚的理由。

我所引证的作者们说，卡维利乌斯·鲁加爱他的妻子，但是她没有生育，监察官因此而让鲁加发誓休妻，使他能为共和国添丁。此举为鲁加招来了民众的斥责。只有首先了解罗马人的秉性，然后才能发现他们憎恶卡维利乌斯的真正原因。卡维利乌斯遭民众唾弃，绝非因为他休妻，民众并不认为休妻是不义之举。可是，卡维利乌斯对监察官发誓，要以没有生育为由休妻，以便为共和国添丁。民众认为，这是监察官将要加在人民身上的一个枷锁。我在本书后面①将会谈到人民对于此类法规的憎恶。可是，这些作者的说法为什么彼此矛盾呢？原因在于：普鲁塔克考察的是事实，其他作者讲述的是奇闻轶事。

① 见本书第二十三章第二十一节。

第十七章

政治奴役法何以与气候性质有关

第一节　政治奴役

就气候性质决定奴役的程度而言，政治奴役不亚于民事奴役和家庭奴役。我将在下面予以说明。

第二节　各民族在勇气方面的差异

我在前面已经指出，炎热削减人的力量和勇气，而生活在寒冷气候下的人有一种体力和精神力量，使他们能够从事长时间的、艰苦的、宏伟和勇敢的活动。这种现象不仅可以通过各个民族的比较发现，即使在同一国家不同地区的对比中也可见到。中国的北方人比南方人勇敢①，朝

---

① 杜赫德，《中华帝国全志》，第一卷，第 12 页。

鲜的南方人也不如北方人勇敢[①]。

炎热地区的人民几乎总是因怯懦而沦为奴隶，寒冷地区的人民则因勇敢而享有自由。对此丝毫不必感到惊诧，这种效应来自自然原因。

这种现象也在美洲得到证实，两个专制帝国墨西哥和秘鲁都位于赤道附近，几乎所有自由的小国则过去和现在都靠近南极。

第三节　亚洲的气候

旅行家的记述[②]告诉我们：

"亚洲北部广阔的大陆，从北纬 40 度左右到北极，从俄国边界到东边的大海，其间都是严寒地区。这片广袤的土地为一条从西到东的山脉所分隔，山脉的北边是西伯利亚，南边是大鞑靼。西伯利亚的气候极其寒冷，除了少数几个地方，都无法耕种，俄国人虽然在额尔齐斯河沿岸都有居民点，但居民都不从事耕作，仅靠一些小松树和灌木维持生计。土著民分成若干贫穷的部落，与加拿大的土著相似。那里之所以严寒，一方面由于地势高，另一方面由于山脉自南向北逐渐平缓，北风肆虐，几乎遇不到任何障碍。这股北风使诺瓦亚赞姆亚成为无人区，使西伯利亚成为不毛之地。欧洲则与之相反，挪威和拉普兰山脉是极佳的屏障，为北方诸国阻挡北风，因此之故，地处北纬 59 度左右的斯德哥尔摩出产水果、谷物和各类植物；地处北纬 61 度的奥布[③]附近，乃至北纬 63 到 64 度附近地区，不但都有金矿，而且土地也很肥沃。"

记述中还说：

① 中国书籍对此多有讲述。见杜赫德，《中华帝国全志》，第四卷，第 448 页。

② 见《北方游记》第八卷，《鞑靼史》，《中华帝国全志》，第四卷。

③ 奥布（Abo），瑞典人对芬兰南部城市图尔库的称谓。——译者

“位于西伯利亚南面的大鞑靼[①]也很寒冷，土地无法耕种，只有一些可供放牧的草场，没有树木，只有荆棘，如同冰岛那样。与中国和莫卧儿相邻的一些地方虽然能够生长一种黍子，但小麦和水稻都不能成熟。在北纬43度、44度和45度的中国所属鞑靼地区，本应与法国南部一样热，但一年中的无冰期只有七八个月，所以与冰岛一样寒冷。除了靠近东边大海处有四五个城市，以及中国人基于政治原因在靠近中国的地方修建的几个城市，其余地方几乎找不到任何城市。在大鞑靼的其余地区，只有寥寥几个城市分布在布加利、突厥斯坦和花剌子模[②]，这些地方的严寒一是土质所致，土壤富含亚硝、甲硝，含沙量很大，二是地势高。南怀仁神甫[③]发现，在长城北面八十法里的卡瓦姆呼兰河[④]源头的某个地方，地面高出北京海岸三千几何步[⑤]。由于这个高度[⑥]的缘故，尽管亚洲的几乎所有大江大河均发源于此，人们却因这个地区严重缺水而只能居住在河流和湖泊沿岸。”

我从上述事实中作出如下推断：亚洲没有真正意义上的温和地区，与严寒地区紧挨着的就是炎热地区，诸如土耳其、波斯、莫卧儿、中国、朝鲜和日本。

欧洲则截然相反，温和地区非常广阔，尽管欧洲各地的气候差异很大，比如，西班牙和意大利的气候与挪威和瑞典的气候就迥然有异。可

① 指蒙古和被称为满洲的中国东北部。——译者

② 布加利(Boucharies)，今乌兹别克境内的布哈拉；突厥斯坦(Turkestan)和花剌子模(Charisme)分别是里海东侧的南部和北部。——译者

③ 南怀仁神甫(Le P. Ferdinand Verbiest，1623—1688)，在华比利时传教士。——译者

④ 卡瓦姆呼兰河(Kawamhuram)，可能指今蒙古国境内的克鲁伦河。——译者

⑤ 据称，一几何步相当于50至60英寸。——译者

⑥ 鞑靼就像是平顶的山。

是，由于气候由南而北在不知不觉中逐渐变冷，大体上与各国所处的纬度成正比，因而毗邻各国的气候基本相同，彼此没有多大差别，正如我刚才所说，温和地区相当广阔。

由此引出的结果是，亚洲各国的形势是强弱对峙，好战、勇敢和活跃的民族与纤弱、怠惰和胆怯的民族面面相觑，于是乎，一方必将成为征服者，另一方必将成为被征服者。与此恰恰相反，欧洲各国的形势是强强相对，毗连的国家几乎同样骁勇。之所以亚洲弱而欧洲强，欧洲自由而亚洲奴役，重大原因即在于此，我不知道是否已经有人注意到这一点。依然由于这个原因，亚洲的自由从未增多，而欧洲的自由则随情况不同而有所增减。

俄罗斯的一个君主使贵族沦于奴役，贵族始终显露出难以容忍的态势，在南方的气候下绝对见不到这种表现。我们不是看到俄罗斯很快就建立起贵族政体吗？另一个北方王国的法律已经被废除，但是我们可以对气候寄予希望，被废除的法律不会永无恢复之日①。

第四节　上述各种因素的后果

上面的论述与历史事件互为印证。亚洲被征服过十三次，其中十次被北方民族征服，三次被南方民族征服。在远古时期，亚洲被斯基台人征服三次，被米堤亚人和波斯人各征服一次，希腊人、阿拉伯人、莫卧儿人、土耳其人、鞑靼人、波斯人和阿富汗人也先后征服过亚洲。我在这里说的只是亚洲北部，完全不涉及这个大洲的南部所遭受的入侵，那里还曾不断地经受巨大变革之苦。

与此相反，我们欧洲人自希腊人和腓尼基人建立殖民地以来，总共

① 此处指丹麦及其1660年革命后建立的绝对王权政体。——译者

只经历过四次重大变故。第一次是罗马人的征服;第二次是蛮族的大规模入侵,他们击败了罗马人;第三次是查理曼的胜利,最后一次则是诺曼人的入侵。如果对此进行一番深入的研究,我们就能在这些变故中发现一股遍布欧洲各地的力量。众所周知,罗马人征服欧洲时遇到了很大的困难,而入侵亚洲却易如反掌。我们还知道,北方民族为推翻罗马帝国而遭遇的困难,查理曼在征战和工程中,诺曼人在他们的各种谋划中所遭受的困难。摧毁者不断遭受摧毁。

第五节　亚欧北方民族都从事征战而后果却不同

欧洲北方民族以自由民的身份从事征战,亚洲北方人则以奴隶身份从事征战,而且仅仅是为了一个主人而征战。

究其原因,是因为鞑靼人虽是亚洲的天然征服者,自己却也是奴隶。鞑靼人在亚洲南部不断地攻城略地,并建立起若干帝国。可是,留在乡土上的鞑靼人却生活在一个主子的统治之下。此人已然在南方实行专制主义,进而还想把专制主义推行到北方,对被征服的臣民已然行使专横权力,进而还想对征服者也行使专横权力。在被称作中国鞑靼的那片广阔的土地上,这种情形如今显露得特别清楚,皇帝对鞑靼地区的统治与他对中国本土的统治同样专制暴虐,不但如此,他还借助征战继续扩展这种统治。

在中国历史上,皇帝①曾遣送中国人到鞑靼去殖民,这些中国人后来成了鞑靼人,而且变成了中国人的死敌。然而,这并不妨碍这些中国

① 例如汉文帝。

人把中国的治国精神带到鞑靼。

在征战中获得胜利的鞑靼人，往往有一部分又被赶回本土，于是，在被征服地区的奴役制氛围下形成的奴役精神，就被他们带回到沙漠。中国历史上此类事例为数甚多，我们欧洲也不乏同样事例①。

这就是鞑靼或哲特②民族的秉性始终与亚洲诸帝国人民相似的原因。亚洲诸帝国的人民生活在棍棒的统治之下，而鞑靼人则生活在长鞭的统治之下。欧洲的精神历来与这种习俗针锋相对，自古以来，欧洲人把亚洲人所说的惩罚称之为侮辱③。

鞑靼人摧毁了希腊帝国，在被征服国家中推行奴役。哥特人④征服了罗马帝国，到处建立君主政体，确立自由。

著名的路德贝克⑤在他的《大西洋》一书中高度赞扬斯堪的纳维亚，但我不知道他是否谈到了使居住在那里的各个民族优于世界上所有民族的那个特性。这些民族是欧洲自由的发源地，也就是说，是今天人类所享受的几乎一切自由的发源地。

哥特人乔南德斯⑥把欧洲北部称为人类的工厂⑦。我觉得把它称为工具制造厂更为准确，因为它为我们提供了砸碎南方锻造的铁链的工具。骁勇民族形成于北方，他们走出国门去摧毁暴君和奴役，并让人

① 斯基泰人三度征服亚洲，三度被赶走。见查士丁，《腓力史摘要》，第二卷。

② 哲特人(Gétiques)，古代居住在今罗马尼亚境内的斯基台人后裔。——译者

③ 这与我将在本书第二十八章第二十节中说到的日耳曼各族对棍棒的想法并不矛盾。无论用什么东西打人，他们始终把专横地打人的权力或行为视为侮辱。

④ 这里指的是所有的日耳曼人。——译者

⑤ 路德贝克(Rudbeck，1630—1702)，瑞典博物学家。

⑥ 乔南德斯(Jornandès)，意大利拉韦纳的主教，《哥特人史》的作者。——译者

⑦ 拉丁文为 Humani generic officinam。

类懂得，大自然既然规定人人平等，除非为了获得幸福，否则就没有理由依赖他人。

第六节　亚洲遭受奴役和欧洲享有自由的另一个物质原因

亚洲始终存在着一些庞大的帝国，可是，这种帝国却从来不可能存在于欧洲。这是因为，据我们所知，亚洲有许多广阔的平原，大海把它们切割成几大块。亚洲的位置偏南，河源比较容易枯竭，高山少有积雪覆盖，不甚宽阔的河流[①]难以构成巨大屏障。

所以，在亚洲必须永远行使专制权力。因为，倘若不实行严酷的奴役制，就会形成自然条件难以承受的割据局面。

自然条件把欧洲分割成许多面积不大的国家，实行法治不但不损害国家的存续，而且十分有利，以至于倘若不实行法治，国家就会渐趋衰微，落后于所有其他国家。

自由精神形成的原因即在于此。有了自由精神，任何一个地方都很难被置于外来势力的控制和统治之下，除非出于法律规定和商业利益的原因。

与此相反，奴役精神主宰着亚洲，亚洲从来不曾摆脱奴役精神。在这块土地的全部历史上，找不出任何一个能表明自由精神的标记，除了敢于奴役的气概而外，再也不可能看到别的精神。

① 河川在汇集之前或之后就流失或蒸发。

第七节　非洲和美洲

关于亚洲和欧洲，我能说的就是以上这些。非洲的气候与亚洲南方相似，也处于同样的奴役之下。欧洲人和非洲人摧毁美洲[①]后，新近有了来自这两个洲的移民，所以如今还很难显现出它的特质。不过，就我们所了解的美洲古代历史而言，美洲与我们欧洲的原则相当吻合。

第八节　帝国的首都

从以上论述得出的结论之一是，选好首都对于一个大国的君主来说特别重要。将首都选定在南方，可能因此而失去北方；将首都选定在北方，就能永远保住南方。我在这里说的是特殊情况，机械多有摩擦，而这些摩擦往往会改变理论的效应，政治也是如此。

① 西班牙人把美洲的蛮人小民族人民叫做勇敢的印第安人，制服这些小民族比制服墨西哥和秘鲁更难。

第十八章

法与土壤性质的关系

第一节　土壤性质如何影响法律

一个国家的土质①如果优良，人就会自然而然地产生依赖性。作为人民中的主要部分，村民们自己的事太多太忙，无暇羡慕自由。殷实的乡村害怕抢劫，害怕军队。西塞罗曾问阿蒂库斯②："哪些人安分守己？难道不是这些生意人和乡下人吗？除非你以为他们反对君主政体。其实，他们只要能太太平平，任何政体对他们来说都一样。③"

所以，土地肥沃的国家通常是一人执政，土地贫瘠的国家通常是多人执政，以此作为补救。

阿提卡④由于土地贫瘠而建立了平民政体，斯巴达则因土地肥沃而建立了贵族政体。那时候，希腊人谁也不想接受一人单独执政，而现

---

① 这里所说的土质实际上包括土壤质地和地形。——译者

② 阿蒂库斯（Atticus，前109—前32），罗马骑士，西塞罗的挚友。——译者

③ 《致阿蒂库斯》，第二卷。

④ 阿提卡（Attique），希腊中部地区的总称。——译者

在的贵族政体与一人执政已经相差无几了。

普鲁塔克说①，雅典的库隆事件②平息后，旧时的纷争重启，派别林立，阿提卡的土质有多少种，派别就有多少个。山民拼死要求平民政体，平原居民主张建立权贵政体，而沿海居民则希望建立兼具上述两种性质的政体。

第二节　续前题

肥沃的地方往往是平原，人们无法与强者抗争，只得屈服；而一旦屈服，自由精神便一去不复返了，乡村的财富就变成为效忠的抵押品。不过在山区，人们可以保存自己所有的东西，只是他们需要保存的东西很少。他们所享有的自由即他们的政体，是他们唯一值得捍卫的财富。所以说，与自然条件较好的地区相比，多山和条件艰苦地区的人民享有更多的自由。

山民被征服的危险较小，所以他们的政体比较宽和。他们易于自卫，不易遭受攻击。攻击他们所需的兵器粮草花费很大，因为这些东西不可能在山区就地解决。所以，向他们开战相当困难，与他们作战相当危险。所有为人民安全而制定的法律，在他们那里并不很必要。

第三节　开发最多的是哪些地区

一个国家的土地开发程度取决于人民自由与否，与土地肥沃与否

① 《梭伦传》。

② 公元前7世纪，雅典人库隆(Cylon)试图建立僭主政体，失败后被杀(一说逃跑)。——译者

无关。如果根据人们的想法对世界进行划分，那就会惊奇地发现，在大部分时间中，出现在最肥沃的土地上的是荒漠，在不毛之地上却涌现出许多强大的民族。

一个民族总是离弃穷乡而去寻找宝地，而不会离弃宝地而去寻找穷乡，这是理所当然的事。遭受入侵的多半是得天独厚的国家，况且，蹂躏总是伴随着入侵，所以，最好的地方往往被糟蹋得人烟稀少，而北方的蛮荒之地却常常因为无法居住而始终有人居住。

历史学家们向我们讲述了斯堪的纳维亚人向多瑙河沿岸迁徙的故事，从中不难看出，这种迁徙不是入侵，而仅仅是向荒芜地区的移民。

不难想见，这些气候优良的地方曾因其他迁徙而人口锐减，只是我们并不知道在那里发生过什么样的悲剧。

亚里士多德[①]说："从多块石碑上的记述来看，撒丁岛是希腊人的殖民地，过去非常富庶。以热爱农耕著称的阿里斯泰俄斯[②]为撒丁岛制定了法律。但是，后来撒丁岛每况愈下，因为迦太基人成为那里的主人后，毁掉了一切可以果腹的东西，并且以死刑为威胁禁止耕作。"撒丁岛从此一蹶不振，在亚里士多德时代不曾恢复元气，至今依然如故。

波斯、土耳其、莫斯科公国和波兰等国的最温暖地区都曾遭受大小鞑靼的蹂躏，至今尚未复原。

第四节　土地肥力好坏的其他后果

土地贫瘠使人勤劳、俭朴、吃苦、勇敢和能打仗，他们必须设法获得

① 或者是《奇迹》一书的作者。

② 阿里斯泰俄斯（Aristée），希腊神话中阿波罗之子，主管农耕和收获的神。——译者

土地无法给予的东西。土地肥沃使人因不愁温饱而柔弱怯懦，贪生怕死。

我们发现，由萨克森等富庶地区的农民组建的德意志部队，比不上从其他部队。只有借助军法中更严厉的纪律才能弥补这一缺陷。

第五节　岛民

岛民比大陆居民更爱好自由。岛屿通常面积较小[①]，一部分人不大可能被用来压迫另一部分人。大海把他们与庞大的帝国隔开，暴政无法把手一直伸到那里，征服者因大海而止步，岛民不会被卷入争战，因而可以较好地维护自己的法律。

第六节　凭借勤劳开发的地方

在那些必须勤劳才可以居住和长期生存的地方，需要宽和的政体。这种地方主要有三类：中国美丽的浙江省和江南省[②]、埃及和荷兰。

古代中国的皇帝都不热衷于征服战争。他们为强盛而做的第一件事，恰好最有力地证明了他们的智慧。他们完全依仗人力清除洪涝，造就了中华帝国最美丽的两个省份。正是这两个省份无与伦比的肥沃，令欧洲人对幅员广大的中国有了繁荣富庶的印象。可是，只有持续不断地加以养护，这么大的一块地方才能免遭损毁，为此，需要的是智慧

① 日本虽然是岛屿，但因面积大和实行奴役，不在此列。

② 江南省，设于清顺治二年(1645 年)，省府位于江宁(今南京)。——译者

民族的民风和君主的合法权力，而不是淫逸的民风和暴君的专制统治；那里的政权应该宽和，一如往昔的埃及和今日的荷兰。大自然造就了那样一个荷兰，为的是让那里的人关心这片土地，而不是为了让漫不经心和朝三暮四毁了这片土地。

所以，尽管中国人由于气候而自然地倾向于奴役般的服从，尽管帝国的幅员过大导致种种惨状发生，中国最初的立法者还是不得不制定优良的法律，政府也不得不遵守这些法律。

第七节　人造工程

人类的辛勤劳动和优良的法律，使地球变得适宜居住。以往的湖泊和沼泽，如今奔腾着河流。这固然并非大自然的赐予，却依赖大自然才得以保持。波斯人称霸亚洲时[①]规定，凡是把泉水引到不曾有水灌溉过的地方的人，子孙五代可以享受灌溉之利。许多小川从托罗斯山脉流出，波斯人不惜人力财力，引水下山灌溉土地。如今人们用这些水灌溉田地和园圃，却全然不知此水来自何方。

勤劳民族创造的福泽并不随这些民族的覆亡而消失，恰如破坏成性的民族所制造的灾难，并不会因这些民族的灭亡而不再为害。

第八节　法律的一般关系

法律与各民族的谋生方式有着极为密切的关系。就法典的内

① 波利比乌斯，《历史》，第十卷。

容广泛程度而言，从事商贸和航海的民族之所需，应该胜过只从事农耕的民族之所需，从事农耕的民族之所需，应该胜过以畜牧为生的民族之所需，以畜牧为生的民族之所需，应该胜过以狩猎为生的民族之所需。

第九节　美洲的土地

美洲未开化民族之所以多，原因在于那里的土地能生产许多供人食用的果实。妇女若在茅屋旁边开垦一小块土地，很快就能长出玉蜀黍。男子只要打猎和捕鱼，生活便很富足。不但如此。与非洲食肉动物向来称霸非洲不同，黄牛、水牛等食草牲畜比食肉动物更适宜在美洲生活。

我相信，欧洲如果让土地撂荒，上述这些好处一样也得不到，或许只有树林、橡树或其他一些不长果实的树木而已。

第十节　人口与谋生方式的关系

一个民族倘若不从事耕种，人口的比例将会如何，我们不妨来看一下。荒地与耕地的产出之比，与一个民族的未开化人数量和另一个民族的农夫数量之比相同。当从事耕作的人民同时也从事工业时，两者之间的比例就需要更多的详细数据才能算出。

兼营农业和工业的人民不可能组成大的民族。牧民需要辽阔的土地，这样才能保持一定的数量存活下去。猎民的数量更少，为了生存而只能组成很小的民族。

猎民所在的地区通常是茂密的森林，由于那里从未开渠引水，所以遍地沼泽，每个人群各自组成为一个民族。

第十一节　未开化人与蛮人

未开化人与蛮人的区别在于：前者是一些分散的、因某些原因而不可能联合的小民族，后者则通常是可以联合的小民族。未开化人通常以狩猎为生，蛮人则通常是牧人，这种情况在亚洲北部相当明显。西伯利亚人不能群居，否则就难以养活自己，鞑靼人在某些时段中可以群居，因为他们可以把牲畜在某些时段中集中起来。所以，当一个首领能让若干其他首领听命于自己时，所有部落就可以联合起来。联合以后可以做的事有两件，其一是再度分散，其二是大举向南进击，征服某个大帝国。

第十二节　不事耕作民族的万民法

这些民族的活动范围既无界限也无标志，所以彼此之间发生争执的缘由很多；他们争夺未开垦的土地，犹如我们的公民争夺遗产。因此，诸如狩猎、捕鱼、饲料、抢夺奴隶等等，都可能成为他们之间开战的原因。鉴于没有任何固定的领土，所以，需要应用公民法处理的事务极少，而需要应用万民法处理的事务极多。

第十三节　不事耕作民族的公民法

公民法内容的增多主要起因于土地分配。在不进行土地分配的国家，公民法内容就很少。

这些民族的制度与其说是法律，毋宁说是习俗。

在此类民族中，熟悉旧例的长者享有很高威望，在那些地方，财富并不能使人显赫，倒是能干又有主意的人能够出类拔萃。

这些民族漂泊或散居在牧场或森林中。他们的婚姻不如我们的婚姻稳固，我们因居所固定而婚姻稳固，妻子不离开家。因而，他们更换妻子或拥有多个妻子就比较容易，有时甚至像牲畜那样不分彼此地混居。

游牧民族离不开他们赖以为生的牲畜，也离不开照料饮食起居的妻子。这些都不能顾此失彼，尤其因为他们通常生活在广阔的大平原，缺乏有利于防卫的地理条件，妻子儿女以及牲畜极易成为敌人的劫掠对象。

他们的法律应该规定战利品如何分配，还应像我们的萨利克法那样对偷窃给予特殊关注。

第十四节　不事耕作民族的政治状态

这些民族享有巨大的自由，由于他们不从事耕作，因而就不会被土地捆住手脚。他们四处游荡，如果首领想要剥夺他们的自由，他们就到另一个部族去寻找自由，或是扶老携幼遁入山林。这些民族既然享有巨大的人身自由，必然享有巨大的公民自由。

第十五节　使用货币的民族

阿里斯提普[①]因翻船落水，游至近处上岸，看见沙滩上画着一些几何图形，他喜出望外，断定自己所到之处是希腊人的地方，而不是蛮人的地方[②]。

如果你因意外事件碰巧独自一人来到一个陌生的人群之中，只要发现一枚钱币，你就可以肯定，你来到了一个开化民族之中。

耕作意味着许多知识和技艺，因而需要使用货币。所以我们发现，技艺、知识和需求总是同步发展。所有这一切导致一种价值标志的确立。

我们在激流和火灾中发现，泥土中含有金属[③]；金属一旦从泥土中分离出来，利用起来就很方便。

第十六节　不使用货币民族的公民法

不懂得使用货币的民族只知道来源于暴力的不公道，弱势群体因

① 阿里斯提普(Aristipe，前435—前360)，希腊哲学家，苏格拉底的学生。——译者

② 参阅西塞罗，《共和国》，第一卷，第十七章。——译者

③ 狄奥多罗斯在《世界文库》第五卷第三十五章中告诉我们，黄金就是这样在比利牛斯山中发现的。

而团结起来对抗暴力。除了政治解决之外，他们几乎没有其他办法。可是，在使用货币的地方，就可能遭遇狡诈造成的不公道，这类不公道花样百出，不一而足。所以，在这种地方就不能没有良好的民法。由此可见，民法是随着种种新的作恶方法和手段的出现而出现的。

在没有货币的国家里，盗贼只能抢夺实物，而各种实物从来不会完全相同。在使用货币的国家里，盗贼抢夺的是标志物，而标志物总是全都一模一样。在前一类国家里，什么都藏不住，所以盗贼总是带着犯罪的证据；而在后一类国家里，情形就大不相同了。

第十七节　不使用货币民族的政治法

在不从事耕作的民族中，自由的最大保证就是不使用货币。狩猎、捕鱼和放牧所得不可能大量积聚，也不可能大量储存，一个人因而不可能拥有足够的手段去腐蚀他人。反之，当人们使用财富标志物时，一个人就可以大量拥有这种标志物，并给予他所愿意给的人。

不使用货币的民族中，每个人的需求都很少，因而很容易满足，而且不会厚此薄彼。平等必然实现，首领也不会专横暴戾。

第十八节　迷信的力量

旅行家们的记述如果属实，那么，路易斯安那一个名叫纳切兹①的民族所实行的制度，与上述说法不符。纳切兹人的酋长②掌握着所有

① 纳切兹(Natchés)，居住在密西西比河左岸的印第安人部族。——译者

② 《耶稣会士书简集》，第二十二辑。

臣民的财产，并且随心所欲地让他们劳动，他就像土耳其皇帝一样，即使要他们的脑袋，他们也不得拒绝。每当王储出生时，所有正在哺乳的婴儿都要奉献给这位王储，终生侍奉他。你也许会以为那是谢努塞尔特[①]呢。这位酋长在茅屋里接受种种仪礼，俨然就像日本或中国的皇帝那样。

迷信的偏见甚于任何其他偏见，迷信的道理压倒任何其他道理。所以，未开化人虽然理所当然地一点也不懂专制主义，可是，纳切兹人却懂得专制主义。他们崇拜太阳，要是他们不把自己的酋长看作太阳的兄弟，他们就会发现，酋长只不过是个与他们一样的可怜虫。

第十九节　阿拉伯人的自由和鞑靼人的奴役

阿拉伯人和鞑靼人都是游牧民族。在我们前面谈到的一般情况下，阿拉伯人是自由的。鞑靼人（他们是世界上最奇特的民族）则生活在政治奴役之下[②]。我已经说到了此事的一些原因[③]，现在再作一些新的补充。

他们没有城市，没有森林，只有少量沼泽，他们的河流几乎全年冰封，他们居住在辽阔的平原上，有牧场也有牲畜，因而拥有财产。可是，他们无处可退，也没有任何天然屏障。可汗一旦被击败，胜利者立即割

---

① 谢努塞尔特（Sésostris），古埃及第十九朝法老拉美西斯二世的希腊称呼。——译者

② 本书第十七章第五节。

③ 拥立可汗时，全体臣民大声高喊：“他的话就是剑。”

下他的头颅①，他的子女也全被割头。他的所有臣民都转归胜利者，但胜利者并没有让他们变成民事奴隶，因为那样的话，他们就会成为这个既不从事耕作也没有任何家务的民族的负担。他们只是增加了这个民族的人口而已。可是，尽管不让他们成为民事奴隶，胜利者觉得还是应该让他们成为政治奴隶。

确实，如果一个国家中的各个部落之间战争不断，今天你征服我，明天我征服你，一个部落的首领一旦战死，整个战败部落的政治机制会就此被摧毁，这样的民族总体上是不可能享有自由的，因为在这个民族中，几乎没有哪个部分不曾被多次征服。

一个民族若因所处位置较好而能在被征服之后与征服者签订条约，那么他们就能保存若干自由。可是，鞑靼人由于没有防守的手段，所以一旦战败就绝对无法提出任何条件。

我在第二章曾经说到，居住在已开发平原上的民族并不很自由，由于某些情况，居住在不毛之地上的鞑靼人也不很自由。

第二十节　鞑靼人的万民法

鞑靼人相互之间显得很温和，很讲人情，可是作为征服者他们却相当凶残。他们攻下城池后就杀死城中居民，若是把这些居民卖掉或分给士兵，他们就觉得自己相当宽宏大量了。从印度到地中海，他们摧毁了整个亚洲，把波斯东部变成一片荒漠。

在我看来，以下是产生这种万民法的原因。鞑靼人没有城市，所

① 因此，米利维伊斯攻下伊斯法罕后杀死了所有男性王族，我们对此不应惊奇。

以，所有战争都以迅捷和猛烈之势进行。当他们有望取胜时，他们就独自作战，当他们无望取胜时，他们就加入到比他们强大的军队中去。带着这样的习俗，当他们发现某个城市无力抵御却偏要阻止他们的前进步伐时，他们就认为这违背万民法。在他们眼里，城市并非居民的聚居点，而是躲避他们武力的避难所。他们围城乏术，只能冒险强攻，伤亡很大，所以攻下之后便滥施杀戮，以血还血。

第二十一节　鞑靼人的公民法

杜赫德神甫说，鞑靼人总是立幼子为嗣，理由是，幼子的哥哥们一个个到了自立的年龄时，就带着父亲给予的牲畜离家谋生，组成新的居民点。最小的儿子留在家中陪伴父亲，因而是理所当然的继承人。

听说英格兰的某些小地方也有这种习俗，在今天布列塔尼的罗昂公爵领地的平民中也能见到这种习俗。这也许是由某个布列塔尼小部落带到那里去的一种游牧民族的法律，也可能是日耳曼人传过去的。恺撒和塔西佗告诉我们，日耳曼人不大从事耕作。

第二十二节　日耳曼人的一项公民法

萨利克人的法律中有一个特别的文本被称作萨利克法，日耳曼人是根本不从事耕作或极少从事耕作的民族，我现在要说的是这个萨利克法文本何以与日耳曼人的制度有关。

萨利克法[①]规定，当一个人身后留下子女时，男性继承萨利克土地，女性不得继承。想要知道什么是萨利克土地，首先就得知道，法兰克人离开日耳曼尼亚之前的土地所有制和土地使用方法。

埃沙尔先生[②]曾有力地论证，萨利克一词来自意为房舍的撒拉一词。所以，萨利克土地也就是房舍四周的土地。我将要进一步探究，对于日耳曼人来说，什么是房舍，什么是房舍四周的土地。

塔西佗说："他们不住在城市里，不能容忍各家的房舍彼此紧挨，每个人家都在自己的房舍旁边围出一小块土地或空地"[③]。塔西佗说的一点不错。因为，蛮族的多部法典[④]对于拆毁围栏者和闯入房舍者，规定了多种处置办法。

从塔西佗和恺撒的著述中获知，日耳曼人耕种的土地，使用期限仅为一年，此后再度成为公共土地。他们的遗产除了房舍和房舍周围的那一小块土地之外，别无他物。这笔特殊遗产属于男性继承人。不错，女儿都要住到别人的房舍去，遗产为什么要属于她们呢？

可见，萨利克土地也就是附属于日耳曼人房舍的围栏之内的土地，这可能就是他们唯一的财产。法兰克人在征战获胜后获得了新的财产，但依然沿袭萨利克土地的称呼。

法兰克人居留在日耳曼尼亚时，他们的财产包括奴隶、牛羊、马匹、武器等等。房舍及其周围的那一小块土地，当然传给要在那里居住的男性后代。可是，当法兰克人在征战中获取了大量土地后就觉得，女儿

① 狄特-李维，《古代罗马史》，第六十二卷。

② 《里普埃尔法兰克人的萨利克法》的作者。——译者

③ 塔西佗在《日耳曼尼亚志》第十六章中写道："众所周知，日耳曼人没有城市，也不允许自己的住所与他人的住所紧挨。他们分散居住，哪里有泉源、平地或林中空地，就在哪里安家。他们不像我们那样建造有许多彼此紧邻的建筑物的村庄，他们的房舍四周是空地。"

④ 《日耳曼法》，第十章；《巴伐利亚法》，第十篇§1、§2。

及其子女不能参与土地分配太不合情理。于是就出现了一种新的办法,允许父亲把女儿及其子女叫回来参与土地分配。萨利克法就被搁在一边了。这种做法既然已被程式化,可见大概已经相当普遍①。

在所有这些法式中,我发现有一种相当奇特②。一位祖父把他的孙子们叫回来与他的子女共同继承遗产。萨利克法此时怎样呢?大概已经不再被遵守了,不然的话,叫女儿回来参与继承已经是件再平常不过的事了。

萨利克法不以重男轻女为目的,更不以家庭、姓氏、土地传承的永世绵延为目的,日耳曼人的观念里完全没有这些东西。这是一项纯经济性质的法律,它把房舍及其周围的土地给予男性继承人,他们将要在那里居住,所以这样做对他们最合适。

只需将萨利克法中有关可继承遗产的段落抄录下来就可以了。提到过这段著名条文的人很多,可是真正读过的人却并不多。

“1. 一人若死后无嗣,由其父或其母继承。2. 此人若无父无母,则由其兄弟或姐妹继承。3. 此人若无兄弟姐妹,则由其母之姐妹继承。4. 其母若无姐妹,则由其父之姐妹继承。5. 其父若无姐妹,则由其最近男性亲属继承。6. 萨利土地的任何部分③均不得传于女性,应传于男性,换言之,即父传于子。”

很明显,前五款涉及死后无嗣的继承,第六款涉及死后有嗣的继承。

---

① 参见马尔库尔弗(Marculfe),《法规》,第二卷10、12;同书附录《法规》49;西尔蒙都斯(Sirmond),《古代法规》22。

[马尔库尔弗,7世纪法国巴黎附近圣德尼的一位僧侣,编辑了一部《法规》。——译者]

② 《林登勃洛赫选辑》,第55法式。

③ 狄特-李维在《古代罗马史》第六十二卷§6中写道:“萨利克土地的任何部分均不得由女子继承,而应由男子继承,也就是说,父亲的遗产由儿子继承。”

法律规定，一人死后无嗣，若非某些特殊情况，男女两性不得有所偏倚。对于第一顺序和第二顺序继承人而言，男女两性并无先后之别，对于第三顺序和第四顺序的继承人而言，女子占先，对于第五顺序继承人而言，男子占先。

我在塔西佗的著作中发现了这种奇特现象的由来。他写道："日耳曼人爱姐妹的子女①犹如爱自己的子女，有人把这种关系看得更亲密、更神圣，当他们接收人质时，更喜欢接收外甥或外甥女。"正因为如此，早年历史学家们②一再谈到法兰克君主对姐妹及其子女的关爱。姐妹的子女既然被视若己出，这些子女自然也就把舅母视同亲生母亲。

母亲的姐妹比父亲的姐妹更受重视。这一点在萨利克法的另外一些条文中可以找到解释：一个女子成为寡妇③后，受丈夫的亲属的监护。萨利克法规定，监护人应优先由女性亲属担任。事实确是如此，一个女子嫁到夫家之后，与家中女性打成一片，因而与女性亲属的交往多于男性亲属。此外，当一个男子因杀人④而被判处罚金却无力支付时，法律允许他交出全部财产，不足部分由其亲属补足。在全部亲属之中，父母和兄弟之后，就轮到母亲的姐妹，因为母亲的姐妹似乎更亲些。这种亲属关系既然要承担责任，自然也应享有优先权。

萨利克法规定，排在父亲的姐妹之后的继承人，是最近的男性。不过，超过五服者不能继承。这样一来，第五顺序女性就比第六顺序男性

① 塔西佗在《日耳曼尼亚志》中写道："舅舅视姐妹的子女一如其父。有人甚至把这种关系看得更重、更神圣。在扣留人质时，向他们提出的要求更多，因为他们被认为继承了更多的家族精神。"

② 参阅图尔的格雷瓜尔，《法兰克史》，第八卷，第十八章和第二十章，第九卷第十六章和第二十章。书中写到了贡特兰怒而发兵为其外甥女英衮德复仇一事，原因是鲁弗吉尔德对她的虐待。

③ 《萨利克法》第四十七题。

④ 《萨利克法》第四十七题§1。

拥有优先权。这一点在里普埃尔法兰克人[①]的法律中写得很明白。里普埃尔法兰克人的法律对萨利克法[②]有关可继承遗产的章节作出了准确的解释,逐条逐款紧紧相扣,丝毫不差。

父死而无子,法兰克法规定儿女不得继承萨利克土地,这份土地属于儿子们。

我不用费力就可证明,萨利克法并非不作区分地将女儿一律排除在萨利克土地继承者的行列之外,而只是当她们有兄弟时才被排除。

1. 这一点在萨利克法中也写得很清楚,该法在规定萨利克土地由只能男性拥有而不得由女子拥有之后,紧接着作了解释和限制:"也就是说,父亲的遗产由儿子继承。"

2. 里普埃尔法兰克法对萨利克法的条文作了阐明,并同样将可继承遗产专列一题[③],与萨利克法完全一致。

3. 这些蛮族全都来自日耳曼,他们的这些法律相辅相成,重要的原因是他们的精神几乎完全相同。萨克森法[④]规定,父母将遗产传子不传女,但是,若无儿子,女儿便可继承全部遗产。

4. 我们读到的两份法式[⑤]谈到一个情况,依据萨利克法,女子受男子排斥,也就是说,当父母子女双全时,女儿就被排除在继承者序列之外。

① 里普埃尔法兰克人(Francs Ripuaires),居住在莱茵河与默兹河之间地区的法兰克人。——译者

② "在第五顺序中,最近者将继承遗产。"

③ 第五十六题。

④ 第七题§1:"父亲或母亲死后,由儿子而不由女儿继承遗产。"§4:"父母死后无子而有女,女儿得以继承所有遗产。"

⑤ 见马尔库尔弗,《法规》,第二卷,第12法式,又见马尔库尔弗,《法规》,附录,第49法式。

5.另一份法式[①]表明，女儿比孙子有优先继承权，这说明，女儿仅在有兄弟时被排除。

6.如果依照萨利克法的规定，女儿果真一般都不得继承土地的话，那就无法解释，为何史书、法式和财产或遗产证书一再提到墨洛温王朝[②]时期妇女的土地和财产。

有人说[③]萨利克土地就是采地，此说不对。1.萨利克土地的名称是可继承遗产。2.起初采地是不能继承的。3.倘若萨利克土地是采地，那就连男子也不能继承，既然如此，马尔库尔弗怎么能把排除妇女参与继承的习俗指责为亵渎神明呢？4.那些被人们用来证明萨利克土地是采地的遗产继承文书，只能证明萨利克土地是自由土地。5.采地在征战获胜后才建立，而萨利克习俗则在法兰克人离开日耳曼尼亚之前就已经存在。6.不是限制妇女参与继承的萨利克法确立了采地制度，而是采地制度确立后，对妇女参与遗产继承的权利和萨利克法的规定都受到了限制。

依据以上所述，法兰西王位永远由男性继承源自萨利克法的说法，可能变得不可信了。但这是不争的事实。我可以用蛮族的多种法典加以证明。依照萨利克法[④]和勃艮第法[⑤]的规定，女儿无权与兄弟共同继承土地，也不能继承王位。西哥特法[⑥]则相反，它规定女儿可以与兄弟

---

① 《林登勃洛赫选辑》，第55法式。

② 孟德斯鸠提到法国历史上的各个王朝时，均以序数称呼，第一王朝指墨洛温王朝，第二王朝指加洛林王朝，第三王朝指加佩王朝。为了方便我国读者，译文弃序数不用，而直接以王朝的名字称之。此处的墨洛温王朝在原文中即是第一王朝。下文均同此，不再另注，敬请读者注意。——译者

③ 例如迪康热、皮图等人。

④ 第二十六题。

⑤ 第一题§3；第十四题§1；第十五题。

⑥ 第四卷第二题§1。

一起继承土地[①]，女性也可以继承王位。这些民族的政治法受公民法条款的制约[②]。

这不是法兰克人的政治法服从公民法的唯一实例。依照萨利克法规定，所有兄弟都可平等地继承土地，勃艮第法也有同样的规定。所以，在法兰克人的国家和勃艮第人的国家中，所有兄弟都可继承王位；只是在勃艮第曾因王位继承而发生过暴力、谋杀、篡位等事件。

第二十三节　法兰克王的长发

不从事耕作的民族不知奢华为何物。我们在塔西佗的著作中看到了日耳曼民族可贵的俭朴风气，他们不借助技艺制作装饰品，而是从天然物质中就地取材。家族首领如果需要饰以特殊标志，同样从天然物质中寻找。法兰克王和勃艮第王以及西哥特王的王冠就是他们的一头长发。

第二十四节　法兰克王的婚姻

我在上面提到，在不从事耕作的民族中，婚姻关系不那么固定，男子往往有多位妻子。塔西佗说："所有蛮族中，唯有日耳曼人只娶一个

---

① 塔西佗说，日耳曼民族既有共同习俗，也有特殊习俗。

② 东哥特人的王位曾两次由女性传给男性，一次由阿马拉逊特（Amalasunthe）传给阿塔拉里克（Athalaric），一次由阿马拉弗雷德（Amalafrede）传给西奥达特（Theodat）。并非女性不能登临大位，阿塔拉里克死后就由阿马拉逊特继位，而且在西奥达特被选为国王后与他共理国政。见卡西奥多鲁斯（Cassiodore），《东哥特史》，第十卷中的阿马拉逊特和西奥达特的信件。

妻子[①]。但也有例外[②]，某些人有多个妻子，原因并非是好色，而是他们高贵的身份使然。”

这就是墨洛温王朝的国王们多妻的原因。这种多妻现象与其说是淫乱的体现，毋宁说是尊贵的标志。如果剥夺他们的这一特权，不啻是击中他们的软肋[③]。这就是臣民们没有仿效国王的原因。

第二十五节　希尔代里克

塔西佗说：“日耳曼人对待婚姻相当郑重其事[④]，放荡不羁不是嘲弄的话题。腐化他人或被人腐化绝不是一种风尚或一种生活方式。在一个人口如此众多的国家里，违背夫妇道德的事例极为罕见[⑤]。”

这就为希尔代里克[⑥]被逐提供了解释。他被逐的原因是有伤风化，征服虽然已经完成，但风尚却尚未因此而变坏。

第二十六节　法兰克王的成年年龄

不从事耕作的蛮族人民没有真正意义上的领土，正如我在前面所

① 塔西佗，《日耳曼尼亚志》，第十八章：“只有这些蛮族以一妻为满足。”

② 塔西佗，《日耳曼尼亚志》，第十八章：“只有极少数人例外，他们多妻的原因不是淫佚，而是高贵的身份。”

③ 参阅弗雷德加里乌斯(Frédégaire)，《编年史》，628年。

④ 塔西佗，《日耳曼尼亚志》，第十九章：“有关婚姻的规定很严格……无人讥笑放荡的行为，没有人说腐化和被腐化是当时的时代精神。”

⑤ 塔西佗，《日耳曼尼亚志》，第十九章：“人口众多，通奸事件却很少。”

⑥ 希尔代里克(Childéric，436—481)，此处指希尔代里克一世，法兰克国王。——译者

说，对他们起制约作用的与其是说是公民法，毋宁说是万民法。所以，他们几乎总是身佩刀剑。塔西佗说："日耳曼人无论处理公事或私事，无时不带武器。"[①]他们用武器做一个动作来表明自己的意见[②]。当他们拿得动武器时，就被介绍给议事大会[③]，有人会把一支长矛交给他[④]。从此刻开始，他就结束了童年[⑤]，此前他是家庭的一部分，如今他是共和国的一部分。

东哥特王说[⑥]："小鹰的翅膀和爪子一旦长好，老鹰就停止给小鹰喂食；小鹰能够自行觅食时，就不再需要他人帮助了。我们军队中的年轻人如果被认为年纪太小，不能处理自己的财产，不能规范自己的日常行为，那将是一件不光彩的事。哥特人的成年标志就是尚武精神。"

希尔德贝二世[⑦]十五岁时，他的叔父贡特朗[⑧]宣布他已成年，可以亲政。依据里普埃尔法规定，年满十五者已届成年年龄，可以携带武器。该法[⑨]规定："一个里普埃尔人死亡或被杀，若遗下一子，此子在年满十五岁前不得起诉他人，也不受追诉。年满十五岁后，可自行应诉或

① "他们不论办公事或办私事，总是携带武器。"见塔西佗，《日耳曼尼亚志》，第十三章。

② "如果意见不合他们口味，他们就表示轻蔑，如果合他们的口味，他们就敲击长矛。"见塔西佗，《日耳曼尼亚志》，第十一章。

③ "在国家认可之前携带武器，这不符合习俗。"见《日耳曼尼亚志》，第十三章。

④ "于是就在会议上，君主或父亲就将盾和矛交给他。"见《日耳曼尼亚志》，第十三章。

⑤ 武器之于他，犹如长袍之于我们，是一种荣誉的标志，此前他是家庭的一部分，此后他是公众的一部分。见《日耳曼尼亚志》，第十三章。

⑥ 见卡西奥多鲁斯，《东哥特史》，第一卷，第38信中西奥多里克的言论。

⑦ 希尔德贝二世(Childebert II，570—596)，奥斯特拉西亚国王(575—596在位)。——译者

⑧ 贡特朗(Gontran，525—593)，克罗泰尔一世之子，勃艮第国王(561—592在位)。——译者

⑨ 《里普埃尔法》，第81篇。

聘用一位代理人。”只有当他的智力已经成熟，才能为自己辩护，只有当他的身体已经发育成熟，才能参与决斗。勃艮第人[①]在讼案中也有以决斗辨明是非的习俗，他们也以十五岁为成年。

阿加西亚斯说，法兰克人的武较轻器，所以十五岁就可视为成年。可是，他们的武器后来变重了，到了查理曼时代又重了许多，敕令和小说都提到了这一点。那些拥有采地因而应该从军的人[②]，到二十一岁才算成年[③]。

第二十七节　续前题

我们看到，日耳曼人不到成年不能出席公民会议，因为未成年人是家庭的而不是共和国的成员。奥尔良国王、勃艮第的征服者克洛多米尔[④]的儿子们之所以没有被宣布为国王，就因为他们尚未达到可以介绍给公民会议的年龄。尽管如此，一旦他们到了可以携带武器的年龄，就可以成为国王。此前由他们的祖母克罗蒂尔德执政[⑤]。克洛多米尔的两位兄弟克罗泰尔和希尔德贝把侄子们杀死后，瓜分了他们的王国。此事引发的结果是，从此以后，未成年的王储在父王驾崩后立即被宣布

① 《里普埃尔法》，第 87 篇。

② 平民也一样。

③ 圣路易二十一岁才算成年，这是查理五世 1374 年的一项敕令于 1374 年规定的。

④ 克洛多米尔（Clodomir），克洛维斯之子。

⑤ 从图尔的格雷瓜尔的《法兰克史》第三卷的记述来看，克罗蒂尔德选了两个勃艮第人，要他们在图尔主政。勃艮第是克罗多米尔的征服地，图尔则是他的王国。

为王。贡多瓦尔德公爵[①]拯救了希尔德贝，使他免受西尔佩里克[②]的荼毒，并在他五岁那年宣布他继承王位[③]。

可是，尽管有了这个变更，民族固有的精神依然如故，王家文书不以幼龄国王的名义颁布。这样一来，法兰克就有了双重行政行为，其一是幼龄国王，其二是王国政府。在各个采地，也有直接监护和间接监管之分。

第二十八节 日耳曼人如何收养义子

日耳曼人以接受武器作为成年的标志，收养义子也以接受武器作为标志。贡特朗想要宣布他的侄子希尔德贝成年并收养他为义子，于是对他说："我把这支长矛交给你[④]，这就表示我已经把王国交给你了。"接着他回过头来面对公民会议说道："你们看到，我的儿子希尔德贝已经长大成人，请你们服从他。"东哥特王西奥多里克[⑤]想要收养赫鲁尔斯人[⑥]的国王，于是写信[⑦]给他说："在我这里，凭借武器被收养为义子是件美事。因为，只有勇敢的人才能成为我的孩子。这个行为蕴藏着一股巨大的力量，被接受者将会宁死不受侮辱。依据我们的习俗，由于

① 贡多瓦尔德（Gondovald，550—586），克罗泰尔的私生子。

② 西尔佩里克（Chilpéric，539—584），纽斯特利亚国王（561—584 在位）。——译者

③ "刚过五岁生日，他就在圣诞日即位。"见图尔的格雷瓜尔的《法兰克史》第五卷第一章。

④ 参阅图尔的格雷瓜尔的《法兰克史》，第七卷，第二十三章。

⑤ 西奥多里克（Theodoric，454—526），东哥特国王。——译者

⑥ 赫鲁尔斯人（Hérules），定居在莱茵河口和黑海沿岸的来自斯堪的纳维亚的日耳曼部落。——译者

⑦ 见卡西多鲁斯，《东哥特史》，第四章，第二节。

你是个汉子，我把盾、剑和马交给你，以此作为接受你为义子的标志。”

第二十九节　法兰克国王嗜血成性

在高卢进行征战活动的法兰克人不只是克洛维斯一人。他的一些亲属也曾将个别部落带领到高卢。只是由于他取得的胜利更为显赫，为他的追随者提供了大量的居留地，所以，法兰克人的各个部落纷纷前来投奔，其余首领则无力与之对抗。他谋划灭绝自己的整个家族，而且实现了这个计划①。图尔的格雷瓜尔②说，克洛维斯是出于对法兰克人另立首领的担心。他的子孙竭力效仿他的这一做法，于是我们看到，兄弟、叔伯、侄甥，乃至儿子和父亲，接连不断地筹划残害家族的密谋。法律不断地分割这个王国，恐惧、野心和残忍则企图将这个王国重新统一起来。

第三十节　法兰克人的公民会议

前面已经提到，不从事耕种的民族享有较大自由，日耳曼人便是如此。塔西佗说，他们给予国王或首领的权力相当有节制③。恺撒说，他

① 图尔的格雷瓜尔，《法兰克史》，第二卷。

② 图尔的格雷瓜尔，《法兰克史》，第二卷。

③ “国王不拥有无限或无边的权力，……不但如此，他也不得惩处，不得捆绑、拷打等等。”见《日耳曼尼亚志》，第七章。

们在和平时期没有普通官员，到各个村子去处理纠纷的是首领①。所以，居住在日耳曼尼亚的法兰克人没有国王，图尔的格雷瓜尔的记述充分证实了这一点②。

塔西佗说③："小事由首领们讨论，大事由公民讨论；不过，民众所了解的事情也要向君主报告。"在征服战争之后，这个习惯依然保留，这在所有文献中都能看到④。

塔西佗⑤说，死罪可以提交公民会议议决，征服战争后依然如此，一些大的封臣就是在公民会议上受审的。

第三十一节　墨洛温王朝僧侣的权威

蛮族中的僧侣通常享有权力，因为他们既拥有来自宗教的威望，又拥有此类民众因迷信而赋予他们的实力。所以，我们在塔西佗的著作中读到，日耳曼人的僧侣威信很高，在公民会议上握有主导权⑥。

① "在和平时期，没有普通官吏，君主们到各地或各个村庄去审理讼案。"见恺撒，《高卢战记》，第六卷，第二十三节。

② 图尔的格雷瓜尔，《法兰克史》，第二卷。

③ "大事问民众，小事问首领，不过，民众有权决定的事情，首先要由君主考虑。"见塔西佗，《日耳曼尼亚志》，第二章。

④ "法律经全体民众同意后由君主颁布。"见《秃头查理敕令》，864 年，第六条。

⑤ 在他们的会议上，可以讨论对死罪的控告。塔西佗，《日耳曼尼亚志》，第十二章。

⑥ "僧侣们掌握会议议程，可以制止发言。"塔西佗，《日耳曼尼亚志》，第十一章。

唯有他们可以处罚、捆绑和打人①。他们所做的事既不是遵照君主的命令，也不是为了惩罚，而是出自神的启示，而对于那些参加战争的人来说，神是永远与他们在一起的。

因此，倘若我们发现，从墨洛温王朝开始，执掌裁判之职②的主教们就已经出现在公民会议上，对国王的决断拥有巨大的影响力，而且拥有许多财产，我们丝毫不必对此感到惊讶。

① "国王没有不受限制和无边的权力。……只有僧侣被允许惩罚、捆绑和打人，这样做，既不是一种处罚，也不是首领的命令，而是神的旨意，武士们相信，神始终与他们在一起。"塔西佗，《日耳曼尼亚志》，第七章。

② 参阅克罗泰尔的560年大法，第6条。

第十九章

法与民族的普遍精神、习俗和风尚赖以形成之原则的关系

第一节　本章的议题

这个议题极为广泛。一系列思想呈现在我的头脑中，我将把更多的注意力放在事物的秩序上，而不是放在事物本身上。我必须拨开迷雾，突破重围，藉以揭示事物的本来面目。

第二节　接受良好的法律需要充分的精神准备

对于日耳曼人来说，没有任何东西比瓦鲁斯[①]的法庭更不能容忍

① 瓦鲁斯(Varus，卒于公元 9 年)，罗马将军，曾任执政官，因非法敛财而招致人民愤恨。——译者

了[①]。在他们看来，查士丁尼为审讯刺杀国王的凶手而在拉克西安[②]人住地建立的法庭[③]，是一件可怕和野蛮的举动。米特拉达梯在反对罗马人的演说中[④]着重斥责罗马人的诉讼程序[⑤]。帕提亚人的国王是在罗马长大的，和蔼可亲、平易近人[⑥]，可是帕提亚人竟然不能容忍这个国王。对于那些不习惯于享有自由的民族来说，自由也不可容忍。基于同样的原因，在住惯了沼泽地区的人看来，新鲜空气也不是好东西。

一个名叫巴尔比的威尼斯人到了勃固[⑦]，前去晋见国王[⑧]。国王听说威尼斯没有国王，便开怀大笑，笑得喘不过气来，几乎无法与他的廷臣们说话。哪个立法者能向这样的民族推荐平民政体呢？

第三节　暴政

暴政有两种：一种是名副其实的暴政，它以暴力治国；另一种是观念上的暴政，当执政者所确立的一些东西与民众的想法相悖时，民众就觉得生活在暴政之下。

狄奥说，奥古斯都要求人们称他为罗慕洛斯，但是当他听说人民担

---

① 他们打断辩护人的话，对他说："毒蛇，闭嘴！"见塔西佗，《日耳曼尼亚志》。

② 拉克西安人(Laziens)，居住在高加索南部的部族。——译者

③ 阿加西亚斯，《查士丁尼执政史》，第四卷。

④ 查士丁，《腓力史摘要》，第三十八卷。

⑤ 拉丁原文作"诉讼的把戏"。

⑥ "帕提亚人从来不曾见过他那种和蔼可亲和平易近人的美德，因而视为他的弊病。"见塔西佗，《编年史》，第二卷，第二章。

⑦ 巴尔比在1696年对此作了记述。见《创建东印度公司历次航行记》，第三卷，第一部分，第33页。

⑧ 勃固(Pégu)，缅甸的一个古国。——译者

心他企图自立为王时，立即放弃了初衷。早期罗马人不能忍受那个国王[①]的权力，所以不要国王。奥古斯都时代的罗马人不要国王，是因为他们不能忍受国王的排场。因为，恺撒、三头执政官和奥古斯都实际上都是国王，但是他们保持平等的外表，私人生活也与奥古斯都时代国王们的奢华形成强烈对比。罗马人不要国王，说明他们愿意保持自己的风尚，不愿意仿效非洲和东方的风尚。

狄奥还说[②]，奥古斯都制定了一些过于严厉的法律，引起了罗马人民的愤慨。可是，当他让一位被乱党逐出罗马的演员彼拉德重返罗马时，人民的不满就烟消云散了。与废除所有法律相比，驱逐一个名伶会让罗马人民更加强烈地感受到暴政的存在。

第四节　普遍精神

人受气候、宗教、法律、施政的准则、先例、习俗、风尚等多种因素的支配，其结果是由此而形成了普遍精神。

对于每一个民族来说，若一种因素的作用较强，其他因素的作用就会相应受到削弱。未开化人几乎只受大自然和气候的支配，中国人受风尚的支配，日本人受暴虐的法律的支配，习俗曾为斯巴达定下了基调，施政准则和古老的习俗则为罗马定下了基调。

---

① 此处指公元初年在位的帕提亚国王弗诺奈斯(Vononès)。他的父王弗拉阿泰斯(Phraatès)把他作为人质交给奥古斯都，弗拉阿泰斯死后，帕提亚人民到罗马去把弗诺奈斯找了回来。——译者

② 狄奥，《罗马史》，第五十四卷，第 532 页。

第五节　切忌改变民族的普遍精神

世界上倘若有这样一个民族[①]，他们善于与人相处，心胸豁达，热爱生活，富有情趣，善于表达思想，他们活跃、欢快、讨人喜欢，有时粗心大意，常常大大咧咧；此外，他们勇敢、大度、坦率，具有某种程度的荣誉心，那就不应用法律去束缚他们的风尚，以免抑制他们的美德。如果性格总体上是良好的，纵然有一些瑕疵又有何妨呢？

或许可以对妇女加以约束，或许可以借助法律纠正她们的品行，限制她们的奢华；可是谁敢说，不会因此而丢失藉以富民的某种情趣，藉以吸引外族的礼貌呢？

只要民族精神与政体原则不相违背，立法者就应尊重这种民族精神。因为，只有当我们自由自在地依照天赋秉性行事时，才能做得最好。

如果把学究式的迂腐精神强加于一个生性活泼的民族，国家必将一无所获，国内如此，国外亦然。且让他们以严肃的态度去做轻松的事情，以轻松的心情去做严肃的事情。

第六节　并非一切都需要纠正

在一个与我们刚才所描述的那个民族相似的国家里，有一位绅士说，让我们是什么样就什么样。自然本性会把一切都处理得妥妥帖帖。

① 本节以及以下各节提及的那个民族，实指法兰西。——译者

它给了我们一个活泼的性格，这种性格既容易得罪人，又容易使我们在各个方面都粗心大意。自然本性又赋予我们以礼貌，使我们在与外界接触时富有情趣，尤其是在与妇女的交往中，这样一来，活泼的性格所具有的负面效应就得到了纠正。

且让我们是什么样就什么样。我们不拘小节，没有什么恶念，所以，有碍与人交往的法律对我们很不相宜。

第七节　雅典人和斯巴达人

那位绅士还说，雅典人是与我们比较相似的民族。他们办事时总是高高兴兴，不论是在讲坛上还是剧场里，一句语带讥讽的话总能让他们开心一阵。他们带着这种活泼性情议事，也带着这种活泼心情办事。斯巴达人的性格庄重、严肃、单调枯燥、沉默寡言。让雅典人烦恼，我们得不到任何好处，犹如逗斯巴达人乐，我们得不到任何好处一样。

第八节　社会习性的效应

各民族交流越多，风尚越容易改变。因为，每个人既然更多地成为他人的观察对象，各人的特点也就显露得更加清晰。使一个民族喜爱交流的那种气候，也使他们喜爱变化；使他们喜爱变化的那种气候，也使他们形成了自己的情趣。

妇女们的社交活动有损风化，却形成了情趣，因为，要比别人更加取悦于人的欲望促成了饰物的产生；悦人胜过悦己的欲望促成了时髦的出现。不可小看时髦，正由于人们的精神日趋浅薄轻浮，才进而促使服务于这种精神的商业部门日益兴旺①。

第九节　民族的虚荣和傲慢

虚荣是政府良好的动力，傲慢是政府危险的动力，两者的作用不相上下。为证实这个说法，只需想一想虚荣和傲慢所产生的后果即可。一方面，虚荣带来了数不清的好处，诸如奢华、勤奋、艺术、时髦、礼貌、情趣等等；另一方面，傲慢给某些民族带来了难以胜数的弊病，诸如懒惰、贫困、百业俱废，不幸落入这些民族手中的国家被毁，以及这些民族自身的毁灭等等。懒惰②是傲慢带来的效应，劳动则是虚荣引出的结果。西班牙人因傲慢而不思劳动，法兰西人因虚荣而学会了比别人劳动得更好。

任何一个懒惰的民族都一本正经，因为，不劳动者自以为是劳动者的君主。

如果考察一下所有的民族，我们就会发现，在大多数民族中，严肃、傲慢和懒惰始终形影相随。

亚齐人既傲慢又懒惰③，没有奴隶的人也要租一个带在身边，哪怕只是背着两品特大米走一百步路。他们也觉得自己背米很不体面。

① 参阅曼德维尔，《蜜蜂的寓言》。

② 追随马拉坎巴汗（Malacamber）的科罗曼德尔（Coromandel）和卡纳蒂克（Carnataca）人民，既骄傲又懒惰，由于贫穷而很少消费。莫卧儿和印度斯坦人民整天忙碌，像欧洲人那样享受着生活的欢乐。见《创建东印度公司历次航行记》，第一卷，第 54 页。

③ 唐比埃，《周游世界记》，第三卷。

世界上不少地方的人养着长指甲，以此来显示他们不劳动。

印度妇女[①]认为识字很丢脸，她们说，识字是在佛塔诵经的奴隶们的事。在某个种姓里，妇女不纺织，在另一个种姓里，妇女除了编筐和编席之外，连舂米这样的活也不干；在其他种姓里，妇女甚至不应去汲水。傲慢促成了许多规矩之后，又促使人们遵守这些规矩。不言而喻，不同的道德品质相互交织能产生不同的效应，比如傲慢与野心勃勃或宏伟的意念相结合，就在罗马人中产生了人所共知的效应。

第十节　西班牙人的性格和中国人的性格

各个民族的性格都是美德与邪恶的混合，善与恶的品质的混合。好的混合往往能产生意想不到的巨大好处，有的混合则产生恶劣的后果，而这些后果同样出乎意料。

西班牙人一贯以诚信著称，据查士丁[②]说，西班牙人对于保管物品非常忠于职守，往往宁死也不泄露秘密。这种忠于职守的精神过去如此，今天依然如此。所有在加的斯[③]经商的国家都把财产托付给西班牙人保管，从来不曾后悔。可是，这种令人钦佩的品质与他们的懒惰一混合，就产生了有害的后果：就在他们的眼皮底下，欧洲各国包揽了西班牙王国的全部商贸。

中国人的性格产生了另一种混合，恰与西班牙人形成强烈反差。

---

① 《耶稣会士书简集》，第十二辑，第 80 页。

② 查士丁，《腓力史摘要》，第三卷。

③ 西班牙的大西洋沿岸城市。——译者

中国人由于生活极不安定[①]，因而具有惊人的活动能量和异乎寻常的获利欲望，致使任何经商国家都无法信任他们[②]。这种众所周知的诚信缺失使他们得以与日本保持通商，可是，任何一位欧洲商人都不敢以中国人的名义进行对日贸易，尽管中国的北方省份在这方面拥有很多方便。

第十一节　一点感想

我讲这些事，绝不是为了把美德与邪恶之间的无限距离缩小，但愿大家不要误解。我只是想告诉大家，所有政治弊端都不是道德上的邪恶，所有道德上的邪恶都不是政治弊端。所有因制定法律而违背了民族普遍精神的人，不能不懂得这一点。

第十二节　专制主义国家的习俗和风尚

专制主义国家有一条极为重要的准则，那就是绝对不能改变习俗和风尚，否则就会立即引发革命。原因在于这类国家可以说根本没有法律，只有习俗和风尚，颠翻习俗和风尚无异于颠翻一切。

法律是制定的，习俗则源自感悟。习俗与普遍精神有较多的关系，法律则与具体制度有较多的关系。颠翻普遍精神与改变具体制度同样危险，甚至更加危险。

---

① 气候和土壤的性质使然。

② 杜赫德，《中华帝国全志》，第二卷。

有这样一些国家，在那里，人人既居人上，又居人下，人人既以专横权力制人，又受制于他人的专横权力，与生活在自由无处不在的国家里的人相比，这些国家里的人相互交往比较少，习俗和风尚较少变化，较为固定的风尚比较近似法律。因此，这些国家的君主或立法者应该比任何别的国家更少触动习俗和风尚。

那里的妇女通常幽闭于深闺，对任何事情都无缘置喙。在男女交往较多的其他国家里，由于妇女既有讨人欢心的愿望，又有被人取悦的意愿，风尚因此就不断变化。男女两性彼此腐蚀，致使双方都丧失了自己特有的基本品质。以往被认为是天经地义的事情，现在也被任意处置。于是乎，风尚每天都在发生变化。

第十三节　中国人的风尚

不过，中国的风尚牢不可摧。那里的妇女与男子绝对分开。不但如此，在学校里还教授习俗和风尚。从施礼时的从容不迫就可认定此人必是文人无疑[①]。这些东西一旦被严师当作箴言施教，就固定为道德原则，不再变更。

第十四节　何为改变一个国家的习俗和风尚的自然手段

前面说到，法律是立法者制定的具体和精确的制度，习俗和风尚则

① 杜赫德，《中华帝国全志》，第二卷。

是一个国家的一般性制度。所以，当人们希望改变习俗和风尚时，就不应该求助于法律，否则可能太专横。不如借助另一种习俗和风尚去改变原有的习俗和风尚，这样可能较好。

因此，当一位君主想要推动国内的巨大变革时，就应以法律改革法律之所确立，以风尚改革风尚之所确立。以法律改变风尚之所确立，是一种很糟糕的策略。

法律强迫俄罗斯人剪短胡子和上衣，彼得一世下令让进城的人把长袍剪短到膝盖，这都是专横暴戾。预防犯罪的手段是刑罚，改变风尚的手段是范例。

这个国家迅速而轻易地得到了治理，此事表明这位君主对国家的看法坏得过头，人民也并非如他所说的那样愚蠢。他所使用的那些暴力手段其实并无效用，用温和的手段同样可以达到他的目的。

自己用事实证明进行改革并不困难。妇女过去被幽闭于深闺，在某种程度上成了奴隶。他把她们请到宫廷来，让她们穿上日耳曼式的服装，还把织物送给她们。女性尝到了一种生活方式的甜头，这种生活方式使她们的情趣、虚荣和欲念得到很大满足，于是就让男性与她们共享。

变革之所以并不困难，原因在于当时的习俗并非气候使然，而是由于民族混合和征战而被带进来的。当彼得一世把欧洲的习俗和风尚搬进一个欧洲国家时，轻而易举的程度连他自己都感到意外。气候是所有因素中的首要因素，所以，他无须为了改变人民的习俗和风尚而制定法律，只需倡导另一种习俗和风尚即可。

一般地说，人民对于自己固有的习俗总是恋恋不舍的，凭借暴力让他们放弃习俗和风尚，就会给他们带来不幸。所以，不要去改变他们，而要引导他们自己去改变习俗和风尚。

凡属并非必需的惩罚都是暴虐。法律不是一种纯权力行为，因其性质而无足轻重的事情，法律就不应过问。

第十五节　治家对治国的影响

妇女习俗的改变无疑影响了俄罗斯的政体。一切事物都紧密相连，君主的专制主义必然与妇女的奴役相连，妇女的自由必然与君主政体精神相连。

第十六节　某些立法者如何混淆支配人的诸原则

习俗和风尚是法律不曾、不能或不愿确立的习惯性行为。

法律与习俗的区别在于：法律着重规范公民的行为，习俗着重规范人的行为。习俗与风尚的区别在于：习俗主要与内心活动相关，风尚主要与外部行为相关。

在一个国家里，这些东西有时会混淆不清①。莱库古为法律、习俗和风尚只制定了同一个法典。中国的立法者也是如此。

斯巴达和中国的立法者把法律、习俗和风尚混为一谈，不必对此感到惊奇，因为他们的习俗代表法律，他们的风尚代表习俗。

中国立法者的主要目标是让人民太太平平地过日子。他们要求人人相互尊敬，人人时刻不忘自己受惠于他人甚多，无人不在某个方面有

① 摩西为法律和宗教只制定了一个法典。早期罗马人对古老的习俗和法律不作区分。

赖于他人。为此，中国立法者制定了最广泛的礼仪规范。

比方说，中国的村民[①]和身居高位的人讲究同样的教养，这是一个好办法，借此可以养成宽厚，维持太平和有序，消除因暴戾而产生的一切邪恶。确实如此，不受教养规范的约束，岂不就是放纵邪恶吗？

就此而言，教养胜过礼貌。礼貌为他人的邪恶捧场，教养则防止暴露自己的邪恶。教养犹如人与人之间的一堵墙，阻断了人们彼此腐蚀的通道。

莱库古制定了严格的制度，但在习俗方面并未把教养当作目标。他试图以好战精神激励人民。有一些人总是在惩戒他人或是为他人所惩戒，他们在不断地教导他人的同时，也不断地接受他人的教导，他们既质朴又刚毅；这类人与其说是彼此敬重，毋宁说是相互以美德相待。

第十七节　中国政体独具的特点

中国立法者所做的不止于此[②]。他们把宗教、法律、习俗和风尚融为一体，所有这些都是伦理，都是美德。与宗教、法律、习俗和风尚有关的训诫就是人们所说的礼仪。中国的政体大获成功，原因就在于一丝不苟地遵守礼仪。中国人在年轻时学习礼仪，此后又把一生都用来实践礼仪。文人教授礼仪，官员宣扬礼仪。事无巨细，礼仪无处不在，所以，只要找到了一丝不苟地遵奉礼仪的方法，中国就可以治理得非常好。

礼仪之所以能不费力地铭刻在中国人的心中和精神里，原因有二。

---

① 杜赫德，《中华帝国全志》，第三卷。

② 参阅杜赫德神甫为我们从古代经典中摘录的那些精彩的片段。

其一，中文的书写方法十分复杂，致使中国人在一生的很大一部分时间中，把精神完全贯注在礼仪上①，因为要识字就得读书，而书里讲的都是礼仪。其二，礼仪不含有任何宗教成分，全都是俭朴的日常行为准则，所以，它比知识性的东西更具说服力，更易打动人心。

不以礼仪而以刑罚治国的君主们，试图借助刑罚树立良好的风尚，其实刑罚对此是无能为力的。把一个因丢弃良好的风尚而触犯刑律的人逐出社会，刑罚完全能做到，可是，如果所有的人都把良好的风尚丢弃了，刑罚能把良好的风尚重新树立起来吗？刑罚可以制止普遍的弊病所造成的多种后果，但却无力消除弊病本身。所以，中国的政体原则一旦被抛弃，道德一旦沦丧，国家立即就陷入无政府状态，革命随即爆发。

第十八节　上节引出的结果

因此，中国并不因为被征服而丧失法律。由于中国的习俗、风尚、法律和宗教难以一一分清，所以不可能同时把这些东西统统改变。若想进行变革，不是征服者变，就是被征服者变。在中国，变的一向是征服者。因为，征服者的习俗并不是他们的风尚，他们的风尚并不是他们的法律，他们的法律并不是他们的宗教。所以，征服者折服于被征服者，比被征服者折服于征服者容易。

由此引出的另一个可悲的后果是，基督教要在中国立足几乎是不可能的事②。妇女为自己的贞操发誓、在教堂集会、与神职人员交往、参与圣事、面对面的单独忏悔，以及临终涂油和男子不得娶妾等等，所

---

① 从而促成了积极上进、摒弃怠惰和尊重知识的精神。

② 参阅中国官员的禁教令中所列举的理由。见《耶稣会士书简集》，第十七辑。

有这一切彻底推翻了这个国家的习俗和风尚，同时构成了对他们的宗教和法律的冒犯。

基督教因慈善事业、公开礼拜和共襄圣事而似乎要求一切彼此相连，中国人人则似乎要求一切相互分离。

鉴于我们已经看到，分离[①]通常符合专制主义精神，因此从中可以发现，君主政体和一切宽和的政体之所以与基督教彼此兼容较好[②]，原因之一即在于此。

第十九节　中国人如何将宗教、法律、习俗和风尚融为一体

中国立法者以天下太平为治国的主要目标。在他们看来，俯首听命是维持天下太平的有效手段。基于这种想法，他们认为应该激励人们敬重父亲，为此他们不遗余力。他们规定了数不清的礼仪和仪规，用来表示对父亲的敬重，生前如此，死后亦然。子女如果在父亲生前不知敬重，父亲身后就不可能得到敬奉。祭祀亡父与宗教的关系较为密切，侍奉在世的父亲与法律、习俗和风尚的关系较为密切。不过，这只是同一部内容极为广泛的法典的不同部分而已。

敬重父亲就必然与敬重所有可以视同父亲的人相关，诸如长者、老师、官员、皇帝。对父亲的敬重意味着父亲以关爱回报子女。与此同理，长者以关爱回报幼者，官员以关爱回报属下，皇帝以关爱回报臣民。所有这一切构成礼仪，礼仪则构成民族的普遍精神。我们将会感到，看似最最无关紧要的东西，其实并非与中国的基本政制无关。中华帝国构建在治家的理

① 见本书第四章第三节，第十九章第十二节。
② 见本书第二十四章第三节。

念之上。倘若削弱父权，哪怕仅仅削减用以表示尊重父权的礼仪，那就不啻是削弱对被视同父亲的官员的敬重，原本应该视百姓为子女的官吏于是就不再关爱百姓了，君主与臣民之间的互相关爱也就渐渐消失。只要其中一项被削减，国家就会因此而动摇。儿媳每天清晨是否前去侍候婆婆，此事本身无关紧要。可是，我们如果想到，这些日常细节不断地唤起必须铭刻在心中的一种感情，而正是每个人心中的这种感情构成了中华帝国的治国精神，我们就会明白，此类具体行为没有一件是可有可无的。

第二十节　为中国人的一种反常现象进一解

令人十分惊奇的是，中国人的生活完全以礼仪为指导，可是，他们却是世界上最狡黠的民族。这种情形尤其多见于贸易中，尽管贸易最能自然而然地激发人们的诚信，但贸易却从未激发起中国人的诚信。购货人需要自备衡器[①]，每个商人都有三种秤，重秤用于买进，轻秤用于卖出，精准的秤用于对付有所戒备的人。我觉得自己能对这种矛盾现象作出解释。

中国立法者有两个目标。他们要求老百姓服从和安定，又要求他们勤奋和吃苦耐劳。由于气候和土壤的原因，中国老百姓的生活很不安定，唯有勤奋和吃苦耐劳才能使之获得保证。

当人人服从，人人劳动时，国家形势大好。或者出于必然，或者出于气候的缘故，中国人个个都利欲熏心，令人难以想象，而法律并未设法加以制止。一切借助暴力获利的行为都被禁止，一切凭借伎俩或狡诈获利的行为却都不在被禁之列。千万别把中国人的道德与欧洲人的

① 朗克，《1721—1722 年日记》，见《北方游记》，第八卷。

道德相比。每一个在中国的人都必须关注什么对自己有利。如果说骗子对自己的利益给予莫大的关注，那么，受骗者原本也应该想到保护自己的利益。斯巴达允许偷窃，中国允许欺骗。

第二十一节　法律应如何与习俗和风尚相关

只有特殊的制度才把法律、习俗和风尚等自然分离的事物混为一谈。不过，分离归分离，它们相互之间依然存在着某些重大的关系。

有人问梭伦，他为雅典人制定的法律是否最优秀，他回答道："在他们能够忍受的法律中，我把最优秀的给了他们[①]。"说得真好，但愿所有立法者都能听到。上帝对犹太人说："我给予你们的训诫并不好。"这是说，这些训诫只具有相对意义上的好，它的好处仅在于可以用来克服摩西律法造成的种种困难。

第二十二节　续前题

一个民族倘若养成了良好的习俗，法律就变得很简单。柏拉图说[②]，拉达曼提斯[③]所治理的是宗教信仰极端虔诚的人民，他让每个案件的当事人立誓，因而处理讼案极为迅速。柏拉图又说[④]，在不信教的

---

① 普鲁塔克，《梭伦传》，第九章。——译者

② 柏拉图，《法篇》，第十二卷。

③ 拉达曼提斯(Rhadamanthe)，宙斯之子，以聪慧著称，曾治理克里特。死后任地狱三法官之一。——译者

④ 柏拉图，《法篇》，第十二卷。

人民中不可使用立誓，除非立誓人如同法官和证人一样，与讼案没有任何利害关系。

第二十三节　法律如何追随习俗

在罗马人民风纯净的时候，没有专门惩治挪用公款的刑律。这种罪行开始出现时被视为极为可耻的行为，所以，责令当事人全数归还赃款[①]就被认为是重大的刑罚。西庇阿的判例可资证明[②]。

第二十四节　续前题

把丧父的未成年人的监护权交给母亲的法律，着重关注被监护者的人身保护，把监护权交给最近的继承人的法律，着重关注财产保护。对于习俗已经败坏的民族来说，把监护权交给母亲较为适宜。在那些法律对公民的习俗抱有信心的民族中，监护权通常交给财产继承人或母亲，有时同时交给二者。

对罗马法作一番思索后就可发现，罗马法的精神与我所说的相符。在制定十二铜表法时，罗马人的习俗令人赞叹。考虑到享有优先继承权的最近亲属应该担负监护义务，所以，那时的监护权是交给最近的亲属的。尽管被监护人的死亡可以给监护人带来好处，但是，人们并不认为这样做会危及被监护人的生命。可是，罗

① “照数归还”。

② 狄特-李维，《古代罗马史》，第三十八卷，第三章。

马人的习俗改变后，立法者的思想方法也随之改变了。盖尤斯[①]和查士丁尼[②]说，在未成年被监护人需要替代继承人时，如果立遗嘱人担心替代继承人可能会加害被监护人，可以留下一份公开的普通继承替代书[③]，同时把一份未成年人的继承替代书列为若干时间后方可打开的遗嘱的一部分。这些都是早期的罗马人不曾有过的担心和防范措施。

第二十五节　续前题

罗马法规定，婚前可以相互自由馈赠，婚后不再享有这个自由。这种规定是基于罗马人的习俗作出的。罗马人对婚姻的憧憬是节俭、简单和朴实的生活，当然，家人的呵护和殷勤照顾以及一生的幸福也相当具有吸引力。

西哥特法规定[④]，男方对其所娶女子的赠予不得超过其财产的十分之一，而且在婚后第一年内不得对她有任何赠予。这也是基于当地的习俗作出的规定。立法者试图借此遏制西班牙式的摆阔作风，这种作风只能导致在那些能够自我炫耀的场合大事铺张。

世界上存续时间最长的帝国是以品德统治的帝国，罗马人运用法律消除了这个帝国的一些弊病；世界上最脆弱的暴政是美色的暴政，西班牙人试图运用他们的法律制止这个暴政的某些恶果。

① 《学说汇纂》，第二卷，第六篇 § 2。奥齐尔辑，1658 年莱顿版。

② 《学说汇纂》，第二卷，§ 3，“未成年期的替代继承”。

③ 普通继承替代书的格式化文字是：“某人若不继承，则由我继承。”未成年继承替代书的格式化文字是：“某人若死于成年之前，则由我继承。”

④ 《西哥特法》，第三卷，第一篇 § 5。

第二十六节　续前题

狄奥多西法和瓦伦梯尼安法[①]根据早期罗马人的古老习俗[②]和风尚规定休婚的理由。该法规定的休婚理由之一是丈夫行为不当[③]，也就是说，丈夫以有辱女自由民的方式对妻子进行了惩罚，妻子因而可以提出休婚。

后来的法律废除了这条规定[④]，因为这方面的习俗已经发生变化，东方习俗替代了欧洲习俗。据史书记载，侍候查士丁尼二世的皇后的首席太监威吓皇后说，他要像惩罚学童那样惩罚她。除非这种习俗已经确立或正在试图确立，否则这种事情是无法想象的。

我们已经知道了法律如何追随习俗，下面让我们看一看习俗如何追随法律。

第二十七节　法律如何有助于一个民族的习俗、风尚和性格的形成

被奴役民族的习惯是他们被奴役的一部分，自由民族的习惯是他们享有的自由的一部分。我在第十一章里谈到了一个自由民族，指出了他们的政体原则。现在让我们看一看这种政体所产生的结果，由此

---

① 《法典》第八项“休婚”。

② 还有十二铜表法。见西塞罗，《第二菲利比克》，第六十九章。

③ “如果他用鞭子抽打身为自由民的妻子的事实得到证实。”

④ 见《新法集》，第一百一十七篇，第十四节。

形成的性格，以及因此而养成的风尚。

我不否认，气候条件在很大程度上决定了这个民族的法律、习俗和风尚，但是我要说，这个民族的习俗和风尚与他们的法律关系密切。

在这个国家中存在着两种显而易见的权力，一种是立法权，一种是行政权。每个公民都有自己的意志，可以充分显示他们的独立性。大多数人对于其中一种权力有所偏好，因为，要让芸芸众生不偏不倚地对待两种权力，他们通常缺乏足够的公道心和判断力。

行政机构执掌着所有职位，它给予人的是巨大的希望而不是恐惧，所以，所有受惠于它的人都站在它一边，而所有无望受惠于它的人都可能对它进行攻击。

各种欲念在那里都不受约束，因此，仇恨、羡慕、嫉妒、发财致富和出人头地的热情，都毫无保留地展现出来。倘若不是这样，国家就会变得如同一个沉疴缠身的病人，极度乏力，毫无激情。

两派之间的仇恨将长久存在，因为谁也无力战胜对方。

两派都由自由民组成，所以，当其中一派太占上风时，另一派就会由于自由的效应而被矮化。此时，公民们就会起而支持弱者，就像双手支持身体那样。

一向独立自主的人往往随心所欲，反复无常，经常更换派系。他们抛下所有朋友，离开一派投奔满眼都是敌人的另一派。在这个国家里，人们常常忘掉了友谊的规则，也忘掉了仇恨的规则。

君主也会像普通人那样，违背普通的矜持之道，被迫把信任给予冒犯他最甚的人，而让为他服务最出色的人失宠，并且不得不去做其他君主可做可不做的事。

人们可以感到一种好处，但是并不了解，而且可能被他人遮掩，因而担心失去这个好处。担心总是使得人们所追求的目标更加膨胀。人民为自己的处境担忧，即使是在最安全的时候也觉得身处险境。

由于那些不遗余力反对行政权的人，不会承认这种反对是出于自私的动机，因而增大了人民的恐惧，人民始终不知道自己是否面临危险。不过，这有助于人们规避以后将会遇到的真正的危险。

但是，立法机构既享有人民的信任，又比人民更明白事理，因而可以改变人民对其产生的不良印象，促使人民稍安勿躁。

这就是这种政体优于古代民主政体的地方。在古代民主政体下，人民拥有直接的权力，只要演说家一煽动，立即就能产生效果。

所以，当被煽动的恐惧没有确定的对象时，就只能产生一些无谓的叫嚣和咒骂。不过，这种恐惧也有好处，那就是使政府振作起来，使所有公民警觉起来。不过，这种恐惧如果是因违背法律而引起的，那就是沉重的、可悲的、残酷的，而且会造成灾难。

用不了多久，我们就会看到一种可怕的沉默，所有的人都在沉默中团结起来，反对破坏法律的权力。

如果人们的不安没有确定的对象，而此时某个外国势力威胁国家安全，使国家的财富和光荣面临危险，小利益将会服从大利益，全体人民就会团结起来支持行政机构。

如果由于违反基本法而引起争端，进而引起外族势力入侵，此时就会发生革命，可是，这个革命既不会改变政体，也不会改变制度，因为，由自由引起的革命只会起到巩固自由的作用。

自由的国家会有一个解放者，被奴役的国家只能有一个压迫者。

因为，任何有足够的力量把一个国家的绝对君主赶走的人，肯定也有足够的力量成为这个国家的绝对君主。

若要享受自由，必须让人人说出他想说的话，若要保住自由，仍然必须让人人说出他想说的话，在这个国家里，任何一位公民都可以说出或写出法律并无明文禁止的想说或想写的话。

一个民族如果总是头脑发热，那就很容易撇开理性而被激情牵着鼻子走，因为理性从来不会对人的精神产生很大的效应，在这种情况下，这个民族也就很容易在它的统治者的驱使下作出一些不利于其真正利益的举动来。

这个民族出奇地热爱自由，因为他们的自由是真实的，甚至会发生这样的情况，即为了保卫自由，他们宁愿牺牲自己的财富、舒适和利益，承担最专横的君主也不敢强加于臣民的沉重赋税。

不过，由于他们比较了解如此屈从的必要性，而且在缴纳赋税时确信以后不会再缴，所以，赋税虽重，却轻于他们的感觉，而在另一些国家[①]里，人们的感觉远远超出苛政本身。

这个民族有着可靠的信誉，因为它向自己借钱，向自己还钱。有时候它可能会超出自己的自然实力去做一些事，用巨额的虚拟财富[②]去反对它的敌人，这是因为，对于政体的信任和政体的性质使想象中的财富变成了真实的财富。

为了维护自由，主政者向臣民借贷，臣民觉得，如果国家被征服，债权也就丧失了，竭力捍卫自由于是又多了一种新的动力。

这个国家如果在岛上，就绝不会成为征服者[③]，因为分散的征服会削弱它的实力。这个国家的土壤如果很肥沃，它就更不可能成为征服者，因为它没有必要借助战争致富。此外，由于任何公民都不从属于某个公民，所以，每一个人都会重视自己的自由甚于其他公民或某人的荣誉。

军人在那里被视为一种职业，虽然有用却往往相当危险，恰如那些为国家从事艰苦事业的人一样。所以文职人员在那里更被看重。

① 此处指法国，并以此与英国作对比。本节通篇讲述的是英国的状况。——译者

② 孟德斯鸠笔下的虚拟财富指的是金、银、货币以及贷款等非实用性的财富，他所说的真实的财富则指土地和劳动所产生的物质。——译者

③ 孟德斯鸠没有把殖民地包括在征服的对象之内，他在这里只是说英国无意为夺取土地而进犯欧洲国家。至于殖民地，他将在本节后面谈到。——译者

这个因和平、自由而安逸舒适的国家，超越了具有破坏性的偏见，变成了一个贸易国家。它不但拥有某种原始商品[①]，而且经过工人的加工之后具有很高的价值，它还能在自己的土地上建立起适宜的场所，供人们享用上天的这些赐予。

这个国家虽然地处北方，拥有大量过剩产品，可是，由于气候条件的制约，有许多商品它不能生产，所以它与南方国家进行着大量必要的贸易。它从那些它愿意给予通商优惠的国家中进行选择，与选中的国家签订双方互利的条约。

一边是富足有余，一边是高额赋税，在这样一个国家里如果家财不多，不拼命劳作是无法维持生计的。所以，许多人以旅行或健康为由背井离乡，甚至到奴隶制国家去寻找财富。

一个商贸国家由于有许许多多细小而特殊的利益，因而可能会以多种多样的方式冒犯他国或是被他国冒犯。所以，它就变得忌妒心十足，因看到他国繁荣富强而感到的不快，远远超过因自己享受富足而感到的愉悦。

这个国家的法律温和而简明，可是，当事关他国在其境内的商贸和航海时，它就变得相当严厉，以至于让人觉得它似乎只同敌人谈判。

这个国家把一些国民遣送到远方去殖民，与其说是为了扩张其统治，不如说是为了扩大通商。

人总喜欢在异国他乡看到自己家乡的东西，所以，这个国家也就把它自己的国家政体移植到它的殖民地去。由于这种政体带去了繁荣，所以，凡是有它派人去居住的地方，即使是茂密的森林，也都出现了强大的族群。

① 其中包括羊毛和麻。——译者

它曾经征服了一个邻国[1]，这个邻国的地理形势、优良的港口以及资源的性质引起了它的妒忌。所以，它虽然让这个邻国拥有自己的法律，却依然在很大程度上使之处于依附地位。所以，尽管那里的公民享有自由，国家却处于被奴役的状态。

被征服的国家拥有一个优良的文职政府，可是，由于受万民法的压制，它被迫接受他国强加的法律，致使它的繁荣变得十分脆弱，仅仅只是宗主国的储备而已。

这个宗主国位于一个大岛上，掌控着大量贸易，拥有一切能力去取得海上强势。可是，为了保护它的自由，它不需拥有要塞、堡垒和陆军，但需要一支海军防范入侵。它的海军比所有列强的海军更强大，因为，其他列强需要应付陆战，因而没有足够的财力来应对海战。

海上霸权往往使其拥有者觉得可以到处欺凌他人，因而显现出一种并非矫饰的傲气，以为自己的权力如同海洋一样无边无际。

这个国家对其邻国的事务具有巨大的影响力。由于它不对邻国实行武力征服，所以，邻国都寻求与它友好相处，担心招致它的仇恨。可是，由于其政府更迭无常，国内骚乱不断，所以，它既无法与邻国友好相处，也顾不上仇恨邻国。

因此，它的行政机构必定总是在国内忧患无穷，在国外备受尊敬。

这个国家如果在某些场合成为欧洲的谈判中心，它将会比其他国家表现出较多的正直和诚信，因为，它的大臣们常常不得不在平民会议[2]上为自己的行为辩解，所以，他们的谈判不会秘密举行，他们在这方面的为人不得不比较诚实。

不但如此，倘若因采取了迂回曲折的做法而发生问题，他们要负一

① 此处指爱尔兰。——译者

② 此处指英国的议会。——译者

定的责任,所以,对他们来说,最安全的做法就是直来直去。

这个国家的贵族在一段时间里曾拥有过度的权力,君主则通过提升民众来抑制贵族的权力。所以,在贵族受到抑制与民众开始感到手中有权之间的这段时间里,奴役达到了顶点。

这个国家由于曾受制于专横的权力,因而在若干情况下仍然保留着这种专横的作风,所以,我们常常在自由政体的基础上看到极权政体的形式。

在宗教方面,这个国家的每一个公民都有自己的意志,都由自己的理智或臆想引领,由此而引出的结果是,或是人人都不在乎是什么宗教,随着大流信奉占据着主导地位的那个宗教,或是大家都热衷于最普及的那个宗教,因而宗派繁多。

这个国家里也许有什么教都不信的人,这并非不可能。不过,倘若某人已经信奉了一种宗教,就不能容忍有人强迫他改宗,因为,他首先会因此而觉得,既然思想方法不属于自己,那么生命和财产也不见得属于自己;有人既然可以剥夺他的思想方法,自然也可以剥夺他的生命和财产。

在各种不同的宗教中,如果有一种是试图借助奴隶制建立起来的,这种宗教[①]必然令人憎恶。由于我们对一个事物作出判断的依据是此事物的各种联系及其附属物,因此,在我们的头脑中,这种宗教永远不可能与自由相联系。

反对宣扬这种宗教的法律绝非血腥残酷的法律,因为,自由绝不会想象出此类法律。不过,这种法律极具压制力,不动声色地给人以一切痛苦。

由于各种各样的情况,僧侣的信誉可能比不上其他公民。所以,僧

① 此处实指天主教。——译者

侣们就宁可承担与俗人相同的税赋，在这方面与他们混同一体，而不愿意与他们分开。不过，僧侣始终希望获得民众的尊敬，于是就以隐居的生活、矜持的行为和纯净的风尚来显示与常人的区别。

僧侣无力保护他们的宗教，他们的宗教也无力保护他们；既然不可能强迫人们信教，那就只能设法进行说服。我们读到了他们所撰写的用以证实上帝的启示和旨意的优秀作品。

人们有时会阻挠僧侣集会①，甚至不允许他们修正弊端。出于自由的狂热，人们宁可让教会的改革半途而废，也不愿意让僧侣成为改革者。

作为基本政制一部分的高级官吏，在这个国家比在其他地方更为固定。可是在另一方面，这个自由国度中的大人物比较接近人民，等级分得比较清，人与人之间的区别却并不显著。

掌权者的权力每天都需要提升，或者说每天都需要重整，所以他们重视对他们有用的人甚于能为他们带来欢愉的人。因此，这个国家少有佞臣、谄媚者和阿谀奉承者，以及利用大人物的空虚头脑牟利的各色人等。那里的人不大看重虚浮的才华和品性，得到重视的是实实在在的资格，而所谓资格，无非就是两种，其一是财富，其二是个人业绩。

那里有一种坚实的奢华，它不是建立在虚荣心之上，而是建立在实际需要之上。人们只在各种事物中寻找大自然赋予的乐趣，不求其他。

在那里，人们的享受绰绰有余，然而，浅薄轻佻的东西却遭到摒弃。所以，不少人由于财产多而花费的机会少，便以一种奇特的方式处理财产。在这个国家里，心计多于情趣。

由于人人始终在为自己的利益奔忙，因而没有那种产生于闲暇的礼节，他们确实没有时间讲究礼节。

① 英国的教会事务由议会而不是由教士大会决定。——译者

罗马人讲究礼节的时代正是他们建立专横政权的时代。专横的政体产生闲暇,闲暇产生礼节。

在一个国家中,需要彼此谨慎相待,避免惹人讨嫌的人越多,礼节也就越多。可是,使我们有别于蛮人的是习俗中的礼节,而不是风尚中的礼节。

在一个所有男子都以各自的方式参与国事的国家里,女子就不应该与男子生活在一起了。她们应该谦卑即小心翼翼,小心翼翼于是就成了她们的美德。男子则无须频献殷勤,尽可以纵情寻欢作乐,享受自由与闲逸。

那里的法律对所有个人都一视同仁,所以人人都把自己视为君主。这个国家里的人,与其说是同胞,毋宁说是同盟者。

这个国家的气候令许多人心怀忧虑,视野开阔,其政制使人人都可以参与管理并关心政治,所以人们经常谈论政治。有些人一生都在预测事件的演变,可是,由于事物的性质和机缘的善变(即人的善变),事物的演变是难以预测的。

在一个自由国家中,个人的思考和评说是对是错都无关紧要,只要人人都能思考和评说就可以了。由此而产生的自由是使大家不受这些思考和评说影响的保证。

与此同理,在专制政体下,人们的思考和评说无论是对是错全都有害。因为,任何人的思考和评说都会对专制政体构成打击。

许多不愿谄媚的人随心所欲,大多数富有才智的人反为才智所累,他们鄙夷和憎恶一切,常为不该苦恼的事苦恼。

所有公民如果谁也不怕谁,那么,这个国家就肯定傲慢。因为,国王之所以傲慢,也无非由于他们不受任何管束而已。

自由的国家是傲慢的,其他国家则容易陷于虚荣。

可是,这些傲气十足的人通常与自己人生活在一起,一旦来到陌生人中间就不免羞涩，在大多数情况下，从他们身上看到的，是一种怪异的羞愧和傲气混杂的神情。

一个国家的性格突出地表现在优秀著作中，从中可以看到静心思索和独自思考的人。

集群而居让我们了解什么是可笑，离群索居则让我们发现什么是邪恶。他们的讥讽一针见血，在他们中间有许多尤维纳利斯，却很难找到一个贺拉斯。

在极端专权的君主国里，历史学家们背叛了真理，因为他们没有阐明真理的自由。在极端自由的国家里，他们却由于自由而背叛了真理，因为自由总是引起分裂，人人成为自己所属派别的奴隶，与专制暴君的奴隶无异。

他们诗人的与众不同和不事雕琢的独特风格，往往胜过产生于情趣的那种精致。在他们的诗里所看到的，离米开朗琪罗的力度较近，离拉斐尔的优雅较远①。

① 有人指出，此处暗指英国诗人弥尔顿的《失乐园》。——译者

第　四　编

向缪斯女神[①]祈求灵感[②]

皮埃里亚[③]山的诸位童贞女[④]，听见我在向你们祈求吗？赐我以灵感吧！奔走在漫长的人生路途上，我饱受困苦、疲惫和烦恼。昔日我所感受到的魅力和温存已离我而远去，请把它们重新注入我的心灵吧。你们通过愉悦将人们引向智慧和真理之日，那就是你们的神圣无与伦比之时。

可是，如果你们不愿意把我那艰涩的著作变得亲切易读的话，那就别让人们知道那是我的作品。请让人们从中获得教益，却又无须我授业施教；请让我思考，让我显得有所感悟；每当我披露新事物时，请让人们相信，我本来一无所知，所有一切都是你们教给我的。

你们的泉灵之水从你们所珍爱的山岩流出，并非为了重新跌落而徒劳地冲向天空，它流进草地，把喜悦带给牧人，从而也把喜悦带给你们。

---

① 缪斯(Muse)，希腊神话中掌管文艺、音乐和天文的九位女神。——译者

② 本节文字与全书大异其趣，令读者大惑不解。书稿付梓之时，有人建议抽去此节，孟德斯鸠也曾有过犹豫。但他辩解说，倘若怪异是件好事，那就不但不必丢弃，反而有助于获得成功。《论法的精神》篇幅冗长，内容沉重，需要设法让读者轻松一下。于是，此节最终被保留下来。——译者

③ 据说，缪斯出生并居住在皮埃里亚山(Mont Piérie)。——译者

④ 说吧，皮埃里亚山的童贞女们！

我曾祈求你们的童贞，但愿我能因此而一切顺利。——尤维纳利斯，《讽刺诗》，第三十五首，第35—36行。

妩媚动人的缪斯啊，只要你们向我投来一瞥，所有的人就会都来读我的书，读我的书可能不是一种消遣的娱乐，但却肯定能带来快乐。

神圣的缪斯啊！我感到，你们给予我的灵感，不是潭蓓谷[①]里和着芦笛的歌声，也不是德洛斯岛[②]上伴着竖琴反复吟诵的诗篇；你们希望我展示理性，因为理性是我们最完善、最高尚、最精美的意识。

① 潭蓓谷（Tempeé），希腊北部谷地，位于奥林匹亚南侧，以其田野风光闻名，诗歌中常用来指秀丽迷人的山谷。——译者

② 德洛斯岛（Délos），爱琴海上的一个小岛，太阳神阿波罗的出生地。——译者

第二十章

就贸易的性质及特征论法与贸易的关系

"广袤的世界给予我的全部教导"

维吉尔《埃涅阿斯纪》(第一篇,第 741 行)

第一节　贸易

以下题材需要在更广泛的范围内进行论述,可是,本书的性质不允许这样做。我很想泛舟于一条平缓的河流中,却被卷入了一股激流。

贸易可以医治破坏性的偏见。正因为如此,凡是习俗温良的地方,必定有贸易;凡是有贸易的地方,习俗必定温良。这几乎是一条普遍的规律。

我们的习俗不像往昔那样凶残,对此丝毫不必感到惊奇。贸易使得各国的习俗都得到了广泛的了解,并进而进行对比,从而获得巨大的裨益。

我们可以说,基于同样的原因,有关贸易的法律净化了习俗,也败坏了习俗。贸易腐化习俗[1],柏拉图曾对贸易发出这样的抱怨。我们每天所看到的,则是贸易促使蛮族的习俗日益洁净和温良。

第二节　贸易精神

贸易的自然效应就是和平。两个国家既彼此通商,又相互依存,一方以购入获利,另一方则以出售获利,一切联合均以相互需要为基础。

不过,贸易精神虽然把国家联合起来,却并不能同样把个人联合起来。我们看到,在那些仅受贸易精神影响的国家[2]里,一切人道的行为以及一切伦理道德,全都可以用来做买卖,为人之道所要求的最微不足道的东西,也要用金钱去交换。

贸易精神促使人拥有一种精确的公道观念,一方面与劫掠针锋相对,另一方面与某些伦理道德背道而驰,这些伦理道德要求人们不要斤斤计较自己的利益,为了他人的利益可以舍弃自己的利益。

反之,如果根本没有贸易,那就会导致亚里士多德视为获取方式之一的劫掠。劫掠精神丝毫不会有悖于某些伦理道德,例如,好客的风气在贸易国家中非常罕见,可是在以劫掠为生的国家里却随处可见。

塔西佗说,日耳曼人不论对熟人或生客一律拒之门外的行为,被视为亵渎神明罪。殷勤款待陌生人的人[3],会告诉客人另有一个好客之家,客人在那里同样受到充满人情的接待。可是,日耳曼人建立起王国

① 恺撒说,高卢人因与马赛毗邻和通商而变坏,过去总是他们与日耳曼人争胜,后来他们却比不上日耳曼人。《高卢战记》,第六卷。

② 此处指荷兰。

③ “正在款待客人的主人把另一位主人指给客人看。”塔西佗,《日耳曼尼亚志》,第二十一章;又见恺撒,《高卢战记》,第六卷。

之后，款待客人就变成了他们的一项负担。《勃艮第法典》中的两项法律对此作出了规定①，其中一条规定，任何一位蛮族人如果把一个罗马人的家告诉陌生的客人，就将受到惩罚。另一条则规定，无论谁接待了外来客，其花费由所有居民分摊。

第三节　贫困的民族

贫困的民族有两类，一类因政体严酷而贫困，这类民族几乎不可能拥有任何美德，因为他们的贫困就是奴役的一部分；另一类则仅仅因为鄙视或从未品尝过生活的舒适而贫困，这类民族大有可为，因为他们的贫困是自由的一部分。

第四节　各种政体下的贸易

贸易与政制有着某种关系。在一人主政的政体下，贸易通常建立在奢华之上。虽然那里的贸易也基于实际需要，但主要目的却是为满足他一人的骄奢和荒诞服务。在多人执政的政体下，贸易通常建立在节俭的基础之上。商人的目光及于全球各国，把一国的出产运送到另一国。许多共和国，诸如提尔、迦太基、雅典、马赛、佛罗伦萨和荷兰，就是这种经商国家。

这种贸易与多人主政的政体因性质而有着必然关系，与一人主政的政体则仅仅偶尔发生关系。由于这种贸易的基础是少赚钱，甚至比

---

① 第 38 篇。

其他国家赚得少，而以集腋成裘来作为补偿，所以，奢华成风的民族是不可能从事这种贸易的，这种民族花费无度，眼里只有宏大的目标。

西塞罗正是这样想的，他就此写道："我不喜欢既是统治者又是经纪人的民族。①"确实如此，如果一身兼此二任，那就得这样设想：那个国家里的每一个人乃至整个国家，头脑中既充满宏大的计划，又充满微不足道的小目标。这就相当矛盾。

这并不是说，以节俭性贸易为基础的国家就不能做大事，就不可能像君主国那样彰显过人的胆量。理由如下：

一种贸易必然带动另一种贸易，小型贸易必然发展为中型贸易，中型贸易必然发展为大型贸易，原本只想赚些小钱的人因而今非昔比，也萌发了赚大钱的念头。

此外，商人们大规模的经营活动必然始终与公共事业彼此交汇。可是在大多数情况下，商人们对君主国的公共事业心怀疑虑，而对共和国的公共事业则信心十足。由此可见，贸易上大规模的经营活动不适合君主国，而适合多人主政的国家。

总而言之，商人们对共和国的繁荣抱有巨大信心，因而敢于大胆经营，由于他们确信自己的所得安全无虞，所以敢于增加投入，以获取更多利润。在获取财富时，商人所面临的唯一风险是使用什么手段，于是乎，人人渴望发财致富。

我并不是说，凡是君主国就全然不从事以节俭为基础的贸易，而只是想说，君主国在性质上不大适合从事这种贸易。我也无意说，我们所熟知的那些共和国全都不从事以奢华为基础的贸易，而只是想说，此类贸易与它们的政制关系不大。

① "我不希望同一个民族兼领统治者和海关官员的职务。"西塞罗，《共和国》，第四卷。

至于专制国家，那就无须多费口舌了。依照普遍规律，在一个受奴役的国家里，人们致力于保存甚于获取，而在一个自由的国家里，人们致力于获取甚于保存。

第五节　从事节俭性贸易的民族

在波涛汹涌的大海上，马赛是个必不可少的避风港，那里的风和海滩以及海岸位置都表明，这里适宜船只停靠，因而成为一个航海人频频光顾的港口。由于土地贫瘠①，马赛人不得不从事节俭性贸易。他们必须以勤奋弥补大自然的吝啬；他们必须公正方能与将为他们带来繁荣的蛮族共处；他们必须宽和忍让方能保持政体的安定。总之，他们必须养成一种节俭的习俗，方能长久地依赖一种利少而可靠的贸易维持生计。

苛政和迫害诱发节俭性贸易的情形比比皆是，当人们被迫逃往沼泽、孤岛、海边低地乃至礁石时便是如此。提尔、威尼斯以及荷兰的许多城市，都是这样建立起来的，逃难的人可以在那里获得安全，他们要活下去，只能到世界各地去寻找活路。

第六节　大航海的若干后果

有时候会发生这样的情况：一个从事节俭性贸易的民族，为了与一国交换商品，需要另一个国家的某种商品作本钱，因而心甘情愿地在某

① 查士丁，《腓力史摘要》，第四十三卷，第三章。

些国家只赚很少的钱，甚至一点也不赚，就是希望乃至确信能在其他国家获取丰厚的利润。荷兰就是这样，当它几乎独揽欧洲由南至北的贸易时，由它运到北欧的法国葡萄酒，在某种程度上仅仅是它用来经营北欧贸易的本钱。

我们知道，某些来自远方的商品在荷兰的售价，往往并不比产地高。有人这样解释其原因：一位船长需要重物压舱时，就购进一些大理石，需要木材来平衡载重时，就购进一些木材，只要不赔，他就觉得很不错了。所以，荷兰有自己的采石场和采伐业。

不但无利可图的贸易可能是件好事，就连赔本买卖有时也可能是件好事。我听说，荷兰的捕鲸业几乎从来都是得不偿失的，可是，为捕鲸造船的员工，为捕鲸提供桅杆和船具机械以及海上生活用品的商人，恰恰就是对捕鲸业最关心的人。他们在捕鲸上亏了，却在供应上赚了。这种生意就像是买彩票，人人都被中头奖的期望所诱惑。人人都爱赌博，就连那些最清醒的人也会心甘情愿地赌上一把。可是，倘若看不到赌博的真面貌，它就会诱人误入迷途，引发暴力，使人倾家荡产、浪费时间乃至断送性命。

第七节　英国的贸易精神

英国与其他国家很少签订关税协议，税率随国会的更迭而异，对个别商品的税额时增时减。英国要在这方面保持自己的独立。英国对在其国内经商的人极端反感，它很少缔结约束自己的条约，而仅以自己的法律为依据。

别的国家会为了政治利益而牺牲贸易利益，英国却一向为了贸易利益而牺牲政治利益。

英国是世界上最善于借助宗教、贸易和自由炫耀自己的民族。

第八节 节俭性贸易有时如何受到阻挠

有些君主国[①]制定了有效的法律，用以遏制从事节俭性贸易的国家。只接受它们的本国产品，禁止它们输入其他国家的产品。只允许它们使用本国制造的船只运送货物。

只有自己能够从容经商的国家，才能把此类法律强加于人，否则它就至少犯了一个同样的错误。应该与之打交道的是这样的国家：它不求厚利且因贸易之需而相对独立，它因视野宽阔或事业宏大而懂得如何处置多余商品，它殷实富有，因而能够承揽大量商品，同时又能迅捷付款，它因其需求而必须诚信、因其原则而必须和平，它力求获利而不思征服；依我看，应该与这样的国家打交道，而不要与一贯作对而又不具有上述优点的那些国家打交道。

第九节 排斥性贸易

如果没有重大理由，就不要排斥与任何一个国家通商，这是一条至理名言。日本人只与中国和荷兰通商。中国人[②]在食糖贸易上获利十倍，有时在返程中也同样获利。荷兰人所获利润大体上与中国人相同。凡是尊奉日本人的准则行商的国家必然上当。商

① 此处指法国。——译者

② 杜赫德，《中华帝国全志》，第二卷，第 170 页。

品价格之所以公道，商品之间之所以能够建立起真正的关系，就是因为有竞争。

一个国家尤其不能以某个国家能以某个价格收购全部商品为由，捆住自己的手脚，把全部商品只卖给那个国家。波兰人就是这样做的，他们把所有小麦都卖给了但泽这个城市。印度的几位国王签订合同，把香料全都卖给荷兰人[①]。这种协议只适合于穷国，它们只要能够活下去，就愿意放弃致富的希望；还有一类国家适用这种协议，在那里，奴役制使人无法享用大自然的赐予，或是不得不用大自然的这些赐予做赔本生意。

第十节　适用于节俭性贸易的机构

在经营节俭性贸易的国家里，已经成功地开设了银行[②]，该银行以其信誉发行一种新的价值符号[③]。不过，如果在经营奢华性贸易的国家里也开设银行，那将是一个错误。如果在一人执政的国家里开设银行，那就意味着把金钱和权力分置两端，也就是说，有能力拥有一切的人没有丝毫权力，掌握权力的人却无法拥有任何财富。在这种政体下，唯有君主曾经拥有或曾经可能拥有财宝，无论何处发现了财宝，只要是非同寻常的财宝，它肯定首先就属于君主。

基于同一原因，商人们为共同经营某种贸易而组建的公司，对于一人执政的政体而言，适合者相当罕见。这种公司的性质就是把公共财

---

① 最初的贸易伙伴是葡萄牙人。见弗朗索瓦·皮拉尔，《游记》，第十五章，第二部分。

② 此处指发行货币的私人银行，例如当时的荷兰银行。——译者

③ 此处指纸币。——译者

富的权力赋予私人财富。可是，在这些国家中，这种权力只能掌握在君主手中。我还要指出，公司也并非始终适宜于经营节俭性贸易的国家，所以，除非业务量特别巨大，非私人能力所及，最好不要以专营权妨碍贸易自由。

第十一节　续前题

经营节俭性贸易的国家可以设立自由港。国家的节俭始终与个人的节俭休戚相关，它就像是节俭性贸易的灵魂。由于建立自由港而造成的关税损失，可以从共和国所获得的工业财富中得到补偿。可是，在君主政体国家中，类似的设置就不尽合理，其结果只能是为奢侈品减轻赋税重负。这样一来，国家将失去奢华能够带来的唯一好处，在这种政制下能为奢华设置的唯一约束也将不复存在。

第十二节　贸易自由

贸易自由并非任由商人为所欲为，为所欲为是贸易上的奴役。妨碍商人并不等于妨碍贸易。恰恰是在自由国家里，商人遇到了数不清的矛盾，法律给他们造成的麻烦丝毫不少于实行奴役的国家。

英国禁止羊毛出口，要求煤炭由水路运进首都，未经阉割的马匹不准出口，与欧洲通商的英国殖民地商船，必须停靠在英国[①]。英国妨碍

---

① 《1660年航海法》。只有在战时，波士顿和费城的两位商人才成功地用他们的船只把货物直接运抵地中海。

了商人，但有利于贸易。

第十三节　什么破坏了贸易自由

有贸易的地方就有海关。为了国家的利益经营商品的输入和输出，这就是贸易的目的。为了国家的利益对进出口行使某种权限，这就是海关的目的。所以，国家应该在贸易与海关之间保持中立，使两者不相抵触，从而让人们享有贸易自由。

包税人如果不公道，横暴地收取过高的关税，那就会破坏贸易。除此之外，包税人还可以借助制造麻烦和烦琐的手续来破坏贸易。英国的海关由政府经营，所以经商特别方便，写一个字就可以办完一件大事，商人用不着耗费许许多多的时间，也无须为此雇佣专门人员去解决或承受包税人制造的麻烦。

第十四节　有关没收商品的贸易法规

英国大宪章[①]规定，除作为报复手段使用外，禁止在战时扣留和没收外国商人的货物。英国人把这项规定作为自由的条款之一，着实做得漂亮。

1740 年英国与西班牙战争期间，西班牙的一项法律[②]规定，凡将英国商品输入西班牙各邦者，一律处死；该法还规定，凡将西班牙商品输

① 指 1215 年英国大宪章。——译者

② 1740 年 3 月颁布于加的斯。

入英属各邦者，也一律处死。我觉得，类似的规定只能是仿效日本法律的结果。这种规定破坏我们的习俗与贸易精神，破坏量刑应有的平衡，把仅仅属于违反管理条例的行为等同叛国罪，因而搅乱了人们的思想。

第十五节　人身拘押

梭伦作出规定，雅典人不得因民事债务侵犯人身①。这项法规源自埃及②，当年由波克霍利斯③制定，谢努塞尔特④修订。

这项法律对于普通民事事务确实很好⑤，可是，我们却有理由在贸易中不予遵守。因为，商人不得不在往往极短的时间内托付巨额款项，既要托出，又要收回，这样一来债务人就得永远在约定时间内履行承诺，这就意味着可能要借助人身拘押来施加压力。

在普通民事合同引起的事件中，法律绝不应允许人身拘押，因为对于法律来说，与一个公民的方便相比，另一个公民的自由更为重要。不过，如果事关贸易合同，法律对公共福祉的重视就应胜过对某一公民自由的关注。这样做并不妨碍出于人道和管理之需而实施某种限制措施。

---

① 狄奥多罗斯，《世界文库》，第一卷，第二部分，第三章。

② 普鲁塔克，《道德论集·不应付息借贷》。

③ 波克霍利斯（Boccoris），埃及第二十四王朝法老（前720—前715在位）。——译者

④ 见本书第十八章第十八节译注。——译者

⑤ 希腊立法者应该受到谴责，因为他们禁止以债务人的武器和犁作抵押，却允许以人作抵押。参见狄奥多罗斯，《世界文库》，第一卷，第二部分，第七十九章。

第十六节 一项好法规

日内瓦的法律规定，不论债务未清偿者是否已经死亡，其子女均不得担任官职，也不得进入议会，除非他们还清其父的债务。这是一项好法规，促使人们对商人和官吏，乃至对整个城邦都有了信任。再者，个人信誉也能因此而拥有公共信誉的力量。

第十七节 罗得岛的一项法律

罗得岛人做得更好。塞克斯图斯·恩皮利库斯[①]说，在罗得岛，儿子不得因放弃遗产继承权而免于偿还父债[②]。罗得岛的此项法规是为一个建立在贸易基础之上的共和国制定的。我觉得，基于贸易的理由，还应该增加一项这样一项限制：父亲在儿子开始经商后欠下的债务，不应损害儿子的经营所得。一个商人应该始终想到自己的责任，时时依据自己的财产状况从事经营。

第十八节 商务法官

色诺芬在《收入》一书中主张奖励办案最快的商务监督，他觉得需

① 塞克斯图斯·恩皮利库斯（Sextus Empiricus，约公元 3 世纪人），希腊哲学家。——译者

② 塞克斯图斯·恩皮利库斯，《生动描述》，第一卷，第十四章。

要我们今天这样的商务法官。

贸易事务与繁文缛节几乎没有必然的联系。从事贸易必须每天采取行动,性质相同的其他行动也必须每天跟进,因此,贸易事务上的决定必须每天作出。至于对未来影响甚大但极少发生的那些日常生活中的行动,则不可相提并论。每个人大多只结一次婚,没有人天天馈赠或订立遗嘱,一生中只有一次成年。

柏拉图说,一个没有海上贸易的城市,所需公民法可以减少一半①,此话很对。在同一个国家中,由于有了贸易,就会有来自各民族的人,契约和财富的种类以及各种各样获取财富的手段,都会多得难以胜数。

所以,在一个贸易城市里,法官少而法律多。

第十九节　君主绝不经商

狄奥菲鲁斯②看到一条船上装着给他妻子狄奥多拉的商品,遂下令把船焚毁③。他说:“我是皇帝,你们却把我当作货船老板。我们如果抢了穷人的生意,他们靠什么谋生?”其实他还应该说:倘若我进行垄断,谁能制止?谁能强制我履行承诺?如果我的廷臣们也像我一样经商,他们就会比我贪婪,比我不公正。人民相信我是公正的,但是他们绝不相信我很富裕,既然有那么多的税赋弄得他们一贫如洗,那就正好说明我也很穷。

---

① 柏拉图,《法篇》,第八卷。

② 狄奥菲鲁斯(Théophile,卒于842年),东罗马帝国皇帝(829—842在位)。——译者

③ 佐纳鲁斯(Zonare),《通史手册》。

第二十节　续前题

葡萄牙人和卡斯蒂利亚人统治东印度时，贸易的分支繁多，以至于他们的君主竟然忍不住插手其间。他们在那个地区的殖民事业于是便毁于一旦。

果阿总督把专营特权授予某些个人，这些人却得不到大家的信任，被赋予专营特权的人一换再换，贸易因而中断，谁也不以这种贸易为意，根本不在乎把赔本买卖留给继任者，利润停留在几个人手中，无法充分地扩展。

第二十一节　君主国的贵族贸易

君主国的贵族经商违背贸易精神。“两位罗马皇帝霍诺留西和狄奥多西说，这对于城市是有害的，而且会使商人与平民之间的买卖变得困难[①]。”

贵族经商也违背君主政体的精神。英国允许贵族经商的习惯，是削弱英国君主政体的最主要因素之一。

第二十二节　一个独特的想法

有些人有感于某些国家的做法，认为法国也应该制定法律，让贵族

① 《查士丁尼法典》，“论贵族法、商务法典和最新销售禁例”。

经营贸易。果真如此，那就会置贵族于死地，且对贸易毫无裨益。法国的做法很不错：法国的商人不是贵族，但可以变成贵族。他们有望获得贵族身份，却又没有贵族眼下的麻烦。他们如果想要抽身商界，最可靠的办法就是把生意做好，或是做得声名显赫，而这，通常只有才干出众的人才能做到。

让人人固守本业并将其传袭后代的法律，只适用于专制国家[①]，因为在那里，谁也不能而且不应有竞争心。

但愿没有人会说，当一个人无法更换职业时，他就会把它做得更好。我认为，当一个人在一种职业上成绩斐然且有望进入另一职业时，他就会把它做得更好。

贵族的身份既然可以用金钱换取，商人们自然大受鼓舞，力争成为贵族。我不想探讨这种把品德奖给财富的做法是否妥当，但我知道，这种做法对于某种政体非常有用。

在法国，有一类身着长袍的人[②]，他们介于大贵族和平民之间，虽无贵族的显赫，却尽享贵族的特权。这个等级中的每个个人虽然都平平常常，但是在整体上，作为法律的护佑者[③]，这个等级却生活在荣耀之中。唯有才华和品德能使他们出人头地。他们的身份已经够荣耀了，可是，还有一类人比他们更为显赫，那就是佩剑贵族。这类人认为，不管已经拥有多少财富，还得设法发财；一味增加财富而不考虑如何花销，在他们看来是一种耻辱。这部分国民始终以自己的财富为国效劳，当他们两手空空时，就腾出自己的位置，让别人继续以其财富为国效劳。他们奔赴疆场，为的是不因贪生怕死而受人指责。他们如果无法

① 事实上，专制国家确实往往如此。

② 习惯上通常把法国的贵族区分为长袍贵族和佩剑贵族两类，前者多以法官、律师、教士等为业，后者则多为军官。——译者

③ 指法国的高等法院。——译者

发财致富，就把希望寄托在荣宠上面；如果两者都得不到，便以已经获得的荣耀来自我安慰。所有这一切理所当然地增进了法兰西王国的声威。二三百年以来，法国的实力之所以不断增强，是因为法律好，而不是因为运气好，运气不可能总好。

第二十三节　哪些国家经商会赔本

财富包括土地和动产。每个国家的土地通常都由居民拥有。大多数国家的法律都促使外国人不愿拥有土地[①]，甚至只有主人在场时，才能发挥土地的价值，此类财富因而专属国家。可是，金钱、纸币、票据、公司股票、船只以及所有商品等动产，都归全世界所共有，就此而言，世界就是一个国家，而所有的社会则是其成员。拥有这类动产最多的民族就是普天下最富有的民族。某些国家拥有大量此类动产，但获得动产的途径不同，有的靠商品，有的靠劳动，有的靠工业，有的靠发现，有的甚至靠运气。各个国家因贪婪而争夺全世界的动产。可能有那么一个倒霉的国家，不但不拥有他国的动产，就连本国的动产也几乎全被他国夺光，土地所有者全都是外国移民。在这个国家里一切都匮乏，什么也得不到。它最好不要同世界上的任何国家进行贸易，因为在以往的境遇下，使它沦于贫困的正是贸易。

一个商品输出始终大于输入的国家只能日益贫困，舍此不能取得平衡。出口始终大于进口，直至有一天穷到极点，再也无力进口任何商品。

① 此处指法国的外侨遗产充公法。依据该法，未入籍外侨的遗产应被全部充公。——译者

在经营贸易的国家里，金钱如果突然枯竭，它是会回来的，因为从它那里取走金钱的国家，等于向它借了债。可是在上面谈到的那些国家里，金钱就不会回来了，因为，从它们那里取走金钱的国家不欠任何债。

波兰就是一个实例。除了小麦，它几乎不拥有任何我们所说的世界上的动产。一些贵族占有整个省份，他们强迫农民缴纳更多的小麦，以便运到国外去换取奢侈品。波兰如果不与任何国家通商，人民就能生活得好一些。倘若如此，贵族就得把小麦分给农民，让他们活下去；领地如果太大就会成为负担，贵族就会把领地分给农民。由于人人都有羊群，都可以获得羊毛和羊皮，所以用于衣着的花费不会很大。永远迷恋奢华的贵族在本国得不到奢华，于是鼓励农民加紧生产。我认为，这个民族只要不变成野蛮民族，就会繁荣富强起来，而法律是可以防止它变成野蛮民族的。

现在让我们看一看日本。巨量输入导致巨量输出，两者处于平衡状态，就像进口量与出口量都不很大一样。这种膨胀给国家带来了巨大的好处，消费增加了，工艺加工的原料增多了，就业人数增多了，富民强国的手段也增加了。倘若因发生紧急情况而需要迅捷的援助，日本这种殷实的国家就能比其他国家更能提供这种援助。一个国家很难做到没有多余物资，但是贸易的本质就是把多余物资变成有用物资，变成必不可少的物资。国家就可以让更多的民众享用这些必需物资。

因此我们可以这样认为，经商赔本的国家并非是什么都不缺的国家，而是什么都缺的国家。因不与他国通商而获致好处的国家，不是能够自给自足的国家，而是一无所有的国家。

第二十一章

就世界贸易的变革论法与贸易的关系

第一节　若干总体看法

贸易虽然容易发生重大变革，但是，由于某些物质原因、土地或气候的性质，贸易的性质也可能固定不变。

我们今天与印度的贸易，是用我们带到那里去的钱进行的。罗马人①当初每年带到印度去的资金大约是5000万塞斯特斯②。如同我们今天一样，罗马人用这些钱换成商品带回西方。所有与印度进行贸易的民族，都带去金属货币，带回商品。

造成这种状况的是大自然。印度人有适合他们生活方式的工艺。我们的奢华与他们的奢华不同，我们的需求也与他们的需求不同。他们不需要甚至几乎不接受任何来自欧洲的东西。他们裸露大部分身体，所需衣着当地就可解决妥帖，他们深受宗教的控制，而这种宗教令

---

① 普林尼，《自然史》，第四章，第六、二十三节。

② 塞斯特斯(Sesterce)，古罗马的一种小银币。——译者

他们厌恶我们用作食物的东西。所以，他们只需要我们的金属货币，那是一种价值符号；他们用商品换取我们的金属货币，由于他们生活俭朴，也由于当地的自然条件，他们可以大量获取这些商品。先贤在他们的著作所描述的印度的政制、习俗与风尚①，犹如我们今天所见一般。过去、现在和将来，印度都是这样，无论何时，与它进行贸易的民族总是把金钱带去而从不带回。

第二节　非洲民族

非洲沿海的大多数民族都是未开化人和蛮人。我觉得，原因在于许多可居住的小国都被几乎不可居住的地区隔开了。他们既没有工业，也没有工艺。他们拥有丰富的贵金属，因为他们可以很方便地直接从大自然获得。因此之故，所有文明民族都在与他们进行的贸易中获利，他们能让非洲人把毫无价值的东西当成宝贝，从而让非洲人以极高的代价换取这些毫无价值的东西。

第三节　南方民族和北方民族需求不同

南欧国家与北欧国家之间存在着一种平衡。南欧国家的生活用品应有尽有，所需极少；北欧国家所需颇多，生活用品极少。前者从大自然所获甚多，所求甚少；后者从大自然所获甚少，所求甚多。大自然把怠惰给予南欧国家，而把勤奋和活力给予北欧国家，南北平衡因此而得以维

① 普林尼，《自然史》，第六章，第十九节；斯特拉波，《地理志》，第十五卷。

持。北欧人民不得不勤奋劳作，否则就将缺少一切，变成野蛮民族。这也就是奴役能在南欧落脚生根的原因，因为，南欧民族既然可以不要财富而活得舒心，当然更可以不要自由而照样活得轻松。然而，北欧民族需要自由，自由为他们带来的用以满足各种需求的手段，比大自然赐予他们的还多。北欧民族除非处于自由状态或野蛮状态，否则就必定处于被强迫的状态。几乎所有南欧民族如果不成为奴隶，就必定处于暴烈状态。

第四节　古今贸易的主要差异

贸易常因世界形势而发生变革。今天欧洲贸易的主要流向是由北向南。可是，由于气候的差异，各民族彼此都非常需要对方的商品。例如，南方的酒类运到北方后就形成了一种古人所没有的商业，由此而产生的后果是，船只的载货量过去以小麦的重量为计量标准，如今则以酒桶为计量标准。

据我们所知，古时的贸易在地中海的不同港口间进行，所以几乎都在南方。相同气候下的各民族的出产相差无几，不像不同气候下的各民族那样需要彼此进行贸易。所以，欧洲往昔的贸易没有达到今天这样大的规模。

这与我所说的我们与印度的贸易并不矛盾，因为，气候差异过大反而会使彼此毫无需求。

第五节　其他差异

贸易时而被征服者摧毁，时而受君王骚扰，于是贸易就远离遭受压迫之乡，走遍全球，落脚在可以自由呼吸的地方。今天贸易兴盛的地方过去只有荒原、大海和岩石，过去贸易兴盛的地方今天只有荒原。

如今的科尔基思①只是一片大森林，居民日渐稀少，那里的人为了捍卫自由，只得把自己一点点出卖给土耳其人和波斯人。面对这番景象，谁也不会想到在古罗马时代，这里曾是市镇林立、万国商贾云集之处。如今在这里再也找不到任何纪念物，即使是废墟陈迹，也只有在普林尼②和斯特拉波③的著作中才能找到。

贸易史是各国人民的交往史，各民族形形色色的覆亡，人口的时涨时落，劫掠的时兴时衰，这一切构成了贸易史上的重大事件。

第六节　古人的贸易

塞米拉米斯④的无数财宝⑤绝非一日所获，由此推想，亚述人大概对其他富有民族实施了劫掠，就像后来其他民族对亚述人实施了劫掠一样。

贸易的结果是财富，财富的结果是奢华，奢华的结果是工艺精良。塞米拉米斯时代的工艺已经相当精良⑥，这说明当时已经形成了庞大的贸易。

---

① 科尔基思（Colchide），位于高加索与黑海之间的一个古国（今属格鲁吉亚）。——译者

② 普林尼，《自然史》，第六章，第四、五节。

③ 斯特拉波，《地理志》，第十一卷。

④ 塞米拉米斯（Sémiramis，前9世纪），亚述国王阿达德尼拉里三世的母亲，传说中的巴比伦女王，空中花园的建造者，因钟情于儿子而著称于世。——译者

⑤ 狄奥多罗斯，《世界文库》，第二卷。

⑥ 狄奥多罗斯，《世界文库》，第二卷。

亚洲各个帝国曾经有过巨大的奢侈性贸易，奢侈品的历史是贸易史的一个重要组成部分。波斯人的奢华就是米堤亚人①的奢华，犹如米堤亚人的奢华就是亚述人的奢华一样。

亚洲发生过巨变。在波斯东北部的赫卡尼亚②、马吉亚纳③、巴克特里亚，古代许多繁荣的城市④如今都已消失；波斯帝国北部⑤把里海和黑海隔开的那条地峡，曾经市镇林立，民族众多，如今却全都不见了。

依据帕特洛克鲁斯⑥的说法⑦，埃拉托斯特涅斯⑧和亚里斯托布鲁斯⑨认为，印度商品是经由奥克苏斯河抵达黑海⑩的。马库斯·瓦罗⑪告诉我们⑫，据说在庞培与米特拉达梯⑬作战时，印度商品费时七天，从印度经巴克特里亚⑭抵达流入奥克苏斯河的伊卡卢斯河⑮，然后从那里

① 米堤亚人(Médes)，伊朗古代的一个部族。——译者

② 赫卡尼亚(Hyrcanie)，里海南岸。——译者

③ 马吉亚纳(Margiane)，包括巴克特利亚(大夏)在内的阿富汗东北部地区。——译者

④ 普林尼，《自然史》，第六章，第十六节；斯特拉波，《地理志》，第十一卷。

⑤ 斯特拉波，《地理志》，第十一卷。

⑥ 帕特洛克鲁斯(Patrocle)，塞琉古的水师将领。——译者

⑦ 从斯特拉波的一则记述(《地理志》，第二卷)来看，帕特洛克鲁斯的说法很有权威性。

⑧ 埃拉托斯特涅斯(Eratosthène，前284—前192)，希腊天文学家、地理学家和数学家。——译者

⑨ 亚里斯托布鲁斯(Aristobule)，马其顿历史学家，亚历山大的将军。——译者

⑩ 此处的黑海原文为Mer du Pont，有人认为是里海。——译者

⑪ 马库斯·瓦罗(Marc Varron，前116—前27)，古罗马学者，西塞罗的密友。——译者

⑫ 参见普林尼，《自然史》，第四章，第十七节。又见斯特拉波，《地理志》，第十一卷关于商品从法希斯河到居鲁士河这段路程的记述。

⑬ 见本书第十一章第十九节译注。——译者

⑭ 巴克特里亚(Bactriane)，中国古代称为大夏。——译者

⑮ 伊卡卢斯河(Icarus)，奥克苏斯河的一条支流。——译者

横渡里海进入居鲁士河口，此后仅需五天陆路路程即可抵达流入黑海的法希斯河。亚述、米堤亚、波斯等大帝国无疑就是通过居住在这些地区的民族，与东方和西方的最偏僻地区进行沟通的。

这条通道如今已不复存在。所有上述地区都被鞑靼人夷为废墟[①]，这个破坏成性的民族如今依旧居住在那里为非作歹。奥克苏斯河不再注入里海，而是消失在干涸的沙荒里，因为鞑靼人为了某种原因而将其改道[②]。

药杀水[③]过去是开化民族与蛮族之间的一条天然屏障，后来也被鞑靼人改了道[④]，如今流不到大海了。

塞琉古[⑤]曾制订了一个连通黑海和里海的计划[⑥]，这个计划如果付诸实施，肯定能改善当时的贸易，可是塞琉古一死[⑦]，这个计划也就不了了之。我们不知道，他如果晚些去世，能否在分割里海和黑海的地峡上实施他的计划。如今我们对那个地区所知甚少，那里被大片森林覆盖，人烟稀少。无数小河从高加索山顺势而下，所以那里并不缺水。高加索雄踞地峡北部，其余脉直抵南方[⑧]，对于上述计划是个巨大的障碍，尤其因为那时尚未掌握修筑水坝的技术。

① 据托勒密记述，当时有许多条河流注入里海东侧。自托勒密时代以来，该地区发生了巨变。在沙皇的地图上只有一条阿司特拉巴河，而在帕塔尔希(Bathalsi)先生的地图上，连一条河也见不到了。

② 参见《北方游记》中关于成吉思汗的记述。

③ 药杀水(咸海的两条支流之一，现称锡尔河)自古以来始终注入阿拉尔海，从未如孟德斯鸠所说注入里海。——译者

④ 我想，阿拉湖(即咸海。——译者)大概就是这样形成的。

⑤ 塞琉古(Séleucus Nicator)，此处指塞琉古一世，他曾是亚历山大麾下的将军，后来在叙利亚创立塞琉古王朝，前358—前281任国王。——译者

⑥ 见普林尼，《自然史》，第六章，第二节中的“克劳狄乌斯·恺撒”。

⑦ 塞琉古是被托勒密·凯拉努斯杀死的。

⑧ 参见斯特拉波，《地理志》，第十一卷。

我们不妨认为，沙皇彼得一世后来想要连通两海的地方，就是当年塞琉古试图打通地峡的地方，也就是塔奈伊斯河①靠近伏尔加河的那个舌形地带。不过，里海北部当时尚未被发现。

正当亚洲的一些帝国进行奢侈性贸易时，提尔人却在全球进行节俭性贸易。在博沙尔②的《迦南地理》中，第一章就被用来一一讲述散布在沿海各地的提尔人，这些提尔人越过赫剌克勒斯立柱③，在大洋沿岸建立了定居点④。

那时的航行者只能沿着海岸航行，海岸就像是他们的罗盘。航行漫长而又艰辛。奥德修斯⑤的海上艰险成为世界上最佳诗作⑥丰饶的题材，仅次于排位第一的那部佳作⑦。

大多数民族对于地处偏远的民族所知甚少，这种情况有利于经营节俭性贸易的民族，他们在贸易中故弄玄虚，占尽了见多识广国家对孤陋寡闻国家的便宜。

出于宗教和习俗的原因，埃及与外国没有任何交往，几乎不进行对外贸易。不过，埃及土地肥沃，物产丰富，犹如今日的日本，完全可以自给自足。

埃及人对于对外贸易毫不在意，撒手把红海贸易让给在红海沿岸拥有港口的那些小国，听任以土买人、犹太人和叙利亚人在那里拥有船

---

① 塔奈伊斯河(Tanaïs)，即今顿河。——译者

② 博沙尔(Samuel Bochard，1599—1667)，法国地理学家、东方学家。——译者

③ 赫剌克勒斯立柱(Colonnes d'Hercule)，古代指非洲的阿比拉山(Abyla)和西班牙的卡尔佩山(Calpé)，即直布罗陀海峡的南北两侧。为便于文字表述和读者理解，在下文中一律译为直布罗陀海峡。——译者

④ 他们建立了塔尔泰索斯(Tartèse)城，并定居在加的斯(Cadis)。

⑤ 奥德修斯(Ulysse)，荷马史诗《奥德赛》中的英雄。——译者

⑥ 此处指史诗《奥德赛》。——译者

⑦ 此处指史诗《伊利亚特》。——译者

队。所罗门[①]在航行中使用熟悉此处海况的提尔人。

约瑟福斯[②]说[③]，他的国家专事农耕，对海洋不大了解，所以，犹太人只是偶尔在红海经商。他们占领了以土买人[④]的城市埃拉特和埃松加贝[⑤]后才有了贸易，后来他们丢失了这两座城市，贸易也就随之中断。

腓尼基人与此不同，他们不经营奢侈性贸易，也不凭借征服进行贸易，他们节俭、灵巧、勤奋、敢冒风险并吃苦耐劳，所以世界各国都离不开他们。

与红海毗邻的国家只在红海和非洲海岸经商，亚历山大[⑥]时期发现了印度洋，举世为之震惊，这便是明证。前面说到[⑦]，欧洲人把贵金属带到印度去，却从不带回[⑧]。犹太人的船队经由红海带回黄金和白银，但是，他们是从非洲而不是从印度返回的。

我还要说，当时的航行仅限于非洲东海岸，那时船队的状况足以证明，它们去不了遥远的地方。

我知道，所罗门和约沙王[⑨]的船队出发三年后才回来，但是，我并不认为航行时间可以说明航行距离。

---

① 参见《圣经·旧约·列王记上》，第九章，第二十六节；《圣经·旧约·列代志下》，第八章，第二、八、十七节。

② 约瑟福斯，(Josephe, Flaavius, 37—100)，犹太历史学家。——译者

③ 约瑟福斯，《驳阿庇安》。

④ 以土买人(Iduméens)，居住在西奈半岛上的部落。——译者

⑤ 埃拉特(Elath)和埃松加贝(Asiongaber)，位于阿喀巴湾的两座城市。——译者

⑥ 此处指罗马皇帝亚历山大(222—235在位)。——译者

⑦ 见本书本章第一节。

⑧ 考虑到欧洲黄金与白银的比价，有人为了兑换白银而偶尔从印度带回黄金，但数量微不足道。

⑨ 约沙王(Josaphat)，《圣经》中的犹大国王，公元前904—前889年统治耶路撒冷。——译者

普林尼和斯特拉波告诉我们，用芦苇制造的船只在印度和红海航行时二十天的航程，希腊或罗马船只七天就可完成①。按照这个比例，希腊和罗马船队一年的航程，所罗门的船队差不多需要三年才能完成。

航速不同的船只所需的航行时间，不能仅依据速度与航程之比计算，因为，航速低的船只的实际航行时间，往往比它的航速所需时间更长。试以沿海航行为例：船位不断变动，出港需要等候适宜的风向，出港之后可能需要另一方向的风才能继续前进；一条好船能够利用各种方向的风，而另一条船就只能滞留在不利的位置上，等待数日后，方能等到不同方向的风。

在相同的时间里，印度船只的航程仅相当于希腊或罗马船只的三分之一，今天的航海状况完全可以用来对此作出解释。印度船只用芦苇打造，吃水浅，而希腊或罗马的船只用木材打造，铁钉联结。

这些印度船只与今日某些浅水港国家的船只相似，其中包括威尼斯乃至意大利②、波罗的海、荷兰省③。出入这些港口的船只船底圆而宽，而拥有良港的那些国家的船只，因船底形状而吃水较深。这种构造使得这些船只可以利用侧风行驶，而那些圆底船则只能顺风行驶。无论风朝什么方向吹，吃水深的船几乎都可以朝着同一方向前进，原因有两个，其一是船只被风推进时，水产生了阻力，使船只能获得一个支撑点，其二是因船体较长，一侧迎风，借助舵的形状的作用，使船头朝向目标方向，这样一来，船就几乎可以逆风行驶，也就是迎着风来的方向前

① 参阅普林尼，《自然史》，第四章，第二十二节。

② 意大利几乎只有一些锚地，不过西西里有良港。

③ 我说的是荷兰省，因为西兰省的海港都较深。

［西兰省（Zéland）是荷兰国的另一个省。——译者］

进。可是，船底圆而宽因而吃水较浅的船只就找不到支撑点，船受风的推动，却不能顶风，所以几乎只能顺着风向前进。船底圆而宽的船只走得较慢，首先因为此类船只往往为等候适宜的风向而耗费许多时间，尤其是它们不得不经常改变航向；其次因为此类船只由于没有支撑点而船桅数量较少，所以航速较低。时至今日，航海技术已经大大改善，各种工艺相互交流，技艺就弥补了自然的不足，纠正了技艺本身的缺陷，可是，我们依然感受到两类船只的这些差异，因此就不难想象出古代航海业的这种差异有多大了。

我还不能离开这个话题。印度的船只小，而如果不考虑为了炫耀而设置的那些机器，罗马和希腊的船只也不如今天我们的船只大。船只越小，在恶劣的天气中危险就越大。在暴风中，小船沉没了，大船只不过受些折磨而已。就船只的体积与表面面积之比而言，大船小于小船。因此，小船的比率较小，也就是说，小船的表面面积与重量或载重量之差大于大船。众所周知，一条船的载货量相当于该船排水量的一半，这是一种普遍的计算方法。所以，一条排水量为八百桶的船，它的载货量就应该是四百桶；一条排水量为四百桶的船，它的载货量就应该是二百桶。因此，第一条船的体积与载重量之比就是 8 比 4，而第二条船的这个比例则是 4 比 2。假定大船与小船的表面面积之比为 8 比 6，小船的表面面积①与载重量之比仅为 6 比 2。而大船的这个比例则为 8 比 4；由于风和水仅仅作用于船只表面，所以，大船抵御不良气象条件的能力大于小船。

① 也就是说，比较同类船只的体积，即水对船只的作用或压力与船的抗力之比，等等。

第七节 希腊人的贸易

希腊人的先民都是海盗。称霸海上的米诺斯①大概只不过在劫掠方面更加成功而已，他称霸的范围仅限于他的岛屿四周。不过，希腊人成为一个伟大民族之后，雅典人取得了名副其实的海上霸权，因为，这个经商而又获胜的民族，为当时最强大的君主②制定了法律，击败了叙利亚、塞浦路斯岛和腓尼基的海上势力。

我应该谈一谈雅典的海上霸权。色诺芬说③："雅典掌握了海上霸权，可是，阿提卡是与陆地相连的，阿提卡人在远方征战时，敌人蹂躏了阿提卡。权贵们听任敌人在他们的土地上施虐，把自己的财产藏到某个岛上去。小民们没有土地，所以生活得无忧无虑。可是，雅典人如果居住在岛上，而且控制着海上，他们就有能力骚扰他人，而别人却无法加害于他们，因为他们是海上的霸主。"读者们可能以为色诺芬在这里说的是英国人呢。

满怀追求光荣之心的雅典人，嫉妒虽有所增加，影响却未见扩大，他们更关心扩大海上霸权，而不大关心如何享用海上霸权；在他们的政治体制下，平民分享公共收入，富人反而受到压迫；雅典人有矿山，有大量奴隶，有许多以航海为生的人，有它对于希腊各个城市的权威，更有梭伦创建的优良政制，所有这一切本应使雅典经营大规模的贸易，可是，它的贸易实际上局限于赖以为生的希腊和黑海。

① 米诺斯，见本书第四章第七节译注。——译者
② 指波斯国王。
③ 色诺芬，《雅典政制》，第二章。

科林斯的位置好极了，它把两个海隔开，扼守着伯罗奔尼撒，是进出希腊的门户。想当年，希腊人民就是一个世界，希腊的每一个城市都是一个国家，那时候的科林斯曾是最重要的城市。它所经营的贸易超过雅典，它有一个港口可以接受来自亚洲的商品，另有一个港口可以接受来自意大利的商品。绕过马莱阿角①相当困难，因为来自相反方向的风②在马莱阿角附近交会，常常导致船只倾覆，所以，航行者比较喜欢到科林斯去，甚至可以经由陆路把船只从一个海搬到另一个海。没有一个城市的工艺能达到科林斯那样的精致程度。富裕败坏了它的习俗，宗教则进一步使之趋于腐化。它修建了一座维纳斯神庙，奉献了千余名妓女。阿忒那奥斯③大胆地为之作传的著名美女，大多出自这所神庙。

在荷马时代，罗得岛、科林斯和奥克米努斯大概就是希腊富裕的地方，荷马说④："朱庇特喜爱罗得岛人，把巨大的财富给予他们。"他给科林斯加上了"富裕"这个修饰语⑤。

当他谈及拥有许多黄金的城市时，除埃及的底比斯外，还举奥克米努斯为例⑥。罗得岛和科林斯保住了自己的势力，奥克米努斯则以失势告终。奥克米努斯的地理位置靠近赫莱斯庞⑦、普洛庞蒂斯⑧和黑海，人们自然就会想到，它在这几个海沿岸的贸易中获得了财富，关于

---

① 马莱阿角(Malée)，伯罗奔尼撒东端海角。——译者

② 参阅斯特拉波，《地理志》，第八卷。

③ 阿忒那奥斯(Athénée，2—3世纪)，定居在罗马的希腊语法学家、修辞学家和作家。——译者

④ 《伊利亚特》，第二卷。

⑤ 《伊利亚特》，第二卷。

⑥ 《伊利亚特》，第一卷，第381行。参见斯特拉波，《地理志》，第九卷，第414页，1620年版。

⑦ 赫莱斯庞(Hellespont)，古地名，即今达达尼尔海峡。——译者

⑧ 普洛庞蒂斯(Propontide)，古地名，即今马尔马拉海。——译者

金羊毛的传说[①]也源于它的这项贸易；实际上，奥克米努斯不仅获得了米尼阿莱斯[②]这个名字，还获得阿耳戈船英雄[③]这个名字。可是，这几个海后来广为人知，希腊人在那里建立了大量殖民地，这些殖民地与蛮族人民做生意，也与本土保持往来。奥克米努斯于是开始衰落，再次消失在成群的希腊城市之中。

在荷马之前，希腊人的贸易基本上仅限于自己内部和与蛮族之间。可是，当他们组成新的族群时，他们的霸权也随之扩张。希腊是一个半岛，半岛上的许多海角使得大海伸入陆地，各个方向都有海湾敞开怀抱欢迎大海。希腊的国土虽然狭窄，却拥有开阔的海岸。难以胜数的殖民地围绕半岛形成了一个巨大的环形，在那里可以见到全世界一切非蛮族的人。他们进入西西里和意大利，在那里建立国家。他们航行到黑海、小亚细亚、非洲，也在那里建立国家。希腊的城市与新的族群靠得越近就越繁荣。无数小岛环绕着希腊，就像是佑护着它的第一道防线，这真是妙不可言。

是什么造就了希腊的繁荣呢？它的运动会在某种意义上是为全世界举办的，它的那些神庙吸引着所有君王前来祭拜，它的那些节日聚集了来自各地的人群，它的那些博学的哲人引起了人们的注意和好奇心，此外还有它那发展到相当高度的情趣和艺术，谁若试图超越，岂不等于是显露自己对于情趣和艺术的无知吗？

---

① 据希腊神话，弗里克索斯和赫莱被后母追赶，遂骑一头公羊逃走，抵达埃厄忒斯后便将公羊献给宙斯，并取下羊毛挂在树上，此羊毛即为金羊毛。——译者

② 米尼阿莱斯(Miniares)，神话中出生于该地的神。——译者

③ 阿耳戈船英雄(Argonautes)，乘船前去夺取金羊毛的五十位希腊勇士。——译者

第八节　亚历山大及其征战

亚历山大在位时期发生的四件大事，引起了贸易领域的巨大变革。这四件大事是：攻陷提尔、征服埃及、远征印度和发现印度南部的大海。

波斯帝国的疆域一直延伸到印度河①。远在亚历山大之前，大流士②就曾派遣船只沿印度河顺流而下直抵红海。那么，希腊人怎么会是经由南部首批与印度人进行贸易的人呢？波斯人为什么没在此前经营此项贸易呢？他们为什么不利用近在咫尺围绕着他们帝国的大海呢？不错，亚历山大征服了印度，可是，难道非得征服一个国家之后方能与之通商吗？我现在就来探讨这个问题。

阿里亚纳③从波斯湾伸展到印度河，从南方的大海延伸到北方的珀鲁帕米苏斯山脉④，这片广袤的土地在某种程度上从属于波斯帝国，不过，它的南部却是寸草不长的贫瘠、干燥、蛮荒之地。在传说中，塞米拉米斯和居鲁士的军队在那里惨遭灭顶。亚历山大让他的舰队跟随前进，却仍然在那里损失了一大部分陆军。波斯人把整条海岸线让给伊契欧法基人⑤、奥利特人⑥和其他蛮族⑦。此外，波斯人不善航海，出于

① 参阅斯特拉波，《地理志》，第十五卷。

② 希罗多德，《波斯战争》。

③ 阿里亚纳(Ariane)，伊朗的古名。——译者

④ 即今兴都库什山脉。——译者

⑤ 伊契欧法基人(Ichtyophages)，意为食鱼族，指古代若干蛮族。当时鱼被视为不洁之物。——译者

⑥ 奥利特人(Orittes)，与伊契欧法基人居住在同一地区的部落。——译者

⑦ 见普林尼，《自然史》，第六章，第二十三节；斯特拉波，《地理志》，第十五卷。

宗教的原因，他们根本不想经营海上贸易①。大流士派人在印度河和印度洋上进行的航行，是这位君主为展示其强大而突发的奇想，并非因真心想要航海而制订的正式计划，所以，这次航行无论在贸易或航海方面，都没有任何后续行动。他从无知中走出，却又掉进了愚昧。

不但如此，在亚历山大远征之前，人们都认为②印度南部是无人居住的荒野③。之所以有这种说法，原因在于传说。据传说，塞米拉米斯从那里带回的部属只有二十人，而居鲁士从那里带回的部属则仅有七人④。

亚历山大从北方进入印度，他计划向东进发。但是，他发现南部有许多国家、城市和河流，于是决定进行征服，结果如愿以偿。

此时，他酝酿了一个计划，用贸易把印度和西方联结起来，就像他已经借助建立在各地的殖民地把它们联结起来那样。

他派人在希达斯派斯河⑤上建立一支舰队，顺流而下，进入印度河，直达印度河口。他把陆军和舰队留在帕塔拉⑥，率领几艘船只亲自前去考察大海，把他将要设置港口、避风所和兵器库的地点一一标出。回到帕塔拉以后，他撇下舰队，改走陆路，以便既可支持舰队，又可获得舰队的支持。舰队从印度河河口上溯，沿着奥利特人和伊契欧法基人地区、卡拉马尼亚⑦和波斯的河岸前进。他下令挖井建城，禁止伊契欧

---

① 为了不玷污自然本原，他们不在河流上航行。参见海德(Hyde)先生，《波斯人的宗教》一书。直至今日，他们依旧不经营海上贸易，而且把航海者视为无神论者。

② 斯特拉波，《地理志》，第十五卷。

③ 希罗多德在《波斯战争》中说，大流士征服了印度。这只能理解为征服了阿里亚纳，而且仅仅是一次想象中的征服而已。

④ 斯特拉波，《地理志》，第十五卷。

⑤ 希达斯派斯河(Hydaspe)，印度河的一条支流。——译者

⑥ 帕塔拉(Patale)，印度河三角洲上的一座城市。——译者

⑦ 卡拉马尼亚(Caramanie)，小亚细亚南部地区。——译者

法基人以鱼为食[①]，他想让沿海一带成为开化民族的居住地。尼阿库斯[②]和奥内希克里图斯[③]写下了这次为期十个月的航行日志。他们到达苏萨后见到了亚历山大，亚历山大设宴犒劳他的军队。

为确保埃及的安全，亚历山大修建了亚历山大里亚城，这里曾是他的先王们关闭埃及的钥匙[④]，如今却成了开启埃及的钥匙。此时，他根本没有想到贸易，促使他想要经营贸易的唯一因素，是他后来发现了印度洋。

即使在他发现了印度洋之后，他对亚历山大里亚似乎也没有任何新的想法。从总体上看，他确实打算开展印度与罗马帝国西部的贸易，可是由于知识过于贫乏，他没有通过埃及开展此项贸易的计划。他见到了印度河，见到了尼罗河，可是他对介于这两条大河之间的阿拉伯海却一无所知。甫从印度返回，他就下令建造新的舰队，航行在幼琉士河[⑤]、底格里斯河、幼发拉底河和大海上[⑥]，他拆除了波斯人设在这几条河上的障碍物，发现波斯湾原来是一个通向大洋的海湾。就像过去重

① 我们不能将此事理解为针对所有伊契欧法基人，因为他们散布在长达一万斯塔德(1 斯塔德约合 180 米。——译者)的海岸上。亚历山大如果全面禁止以鱼为食，他用什么来保证他们的食物？怎么能够让他们服从他呢？所以，这里仅仅涉及个别部族而已。尼阿库斯在《印度货物》一书中写道，在波斯一侧的海岸端部，他发现有一些食鱼较少的部族。我想，亚历山大的命令仅适用于这个地区，或许还有与波斯湾比邻的若干地区。

② 尼阿库斯(Néarque)，克里特航海家，亚历山大的水师将领。——译者

③ 奥内希克里图斯(Onésicrite)，古希腊历史学家，亚历山大东征时的水师将领。——译者

④ 亚历山大里亚修筑在一个名叫拉科蒂斯的海滩上，古代君王在这里屯兵防备外族尤其是希腊人入侵，正如我们所知，希腊人以海盗著称。参阅普林尼，《自然史》，第六章；斯特拉波，《地理志》，第十八卷。

⑤ 幼琉士河(Euléus)，在伊朗注入波斯湾底部的一条河流。——译者

⑥ 阿里安，《亚历山大远征记》，第七卷。

新认识印度那样，他将重新认识这个大洋[①]，他下令在巴比伦建造一个可以停泊一千艘船只的港口以及若干兵器库，他拨款五百塔兰到腓尼基和叙利亚去招募船夫，打算把他们分发到分布在沿岸各地的殖民点去，他还在幼发拉底河和亚述的其他河流上修建了许多大型工程。以上这一切说明，毋庸置疑，他确实想通过巴比伦和波斯湾开展印度贸易。

有些人以亚历山大试图征服阿拉伯为理由，断言他想把他的帝国建在阿拉伯[②]，可是，他怎能为此选择一个他一无所知的地方呢[③]？不但如此，阿拉伯是世界上最不方便的地方，他可能会因此而远离他的帝国。在远征中获胜的哈里发们很快就离开阿拉伯，到别处去定居。

第九节　亚历山大之后希腊诸王的贸易

亚历山大征服埃及时，人们对红海所知甚少，而对于一侧濒临非洲海岸，一侧濒临阿拉伯海岸，并与红海相通的那个大洋的这一部分，更是毫无所知；他们甚至进而认为，绕过阿拉伯半岛是不可能的，曾经试图分别从两侧绕行的人都放弃了原有的计划。有人说[④]："怎么可能在

① 阿里安，《亚历山大远征记》，第七卷。

② 斯特拉波，《地理志》，第六卷。

③ "看到巴比伦被淹，他便把目光投向临近的阿拉伯，看过去就像是一个孤岛。"参见斯特拉波的著作中关于亚里斯托布鲁斯的记述。

④ 参阅尼阿库斯，《印度货物》。

阿拉伯沿岸的南部海上航行呢？康比斯①的军队从北边穿越阿拉伯半岛时，几乎全军覆没；拉各斯的儿子托勒密②派遣军队驰援正在巴比伦的塞琉古时所经历的艰辛，令人难以置信，由于白天温度太高，只能夜间行军。”

波斯人不进行任何航行，他们征服埃及后，便把这种观念带到埃及，极度漠视航行业，不但不知道提尔人、以土买人、犹太人等等在大洋上航行的民族，甚至对红海上的那些航海人也毫无了解。我认为，由于尼布甲尼撒摧毁了第一个提尔国和红海附近的若干小国和城市，致使原来在航行方面的知识丧失殆尽。

波斯时代的埃及并不濒临红海，它的疆域仅限于因尼罗河泛滥而形成的那个狭长地带③，被两侧的高山紧紧夹住。所以，红海和大洋必须再度被发现，而这个发现则应归功于希腊诸王的好奇心。

他们沿尼罗河溯流而上，在尼罗河与大海之间的地区猎象，经由陆地而发现了海岸。既然是在希腊人时代发现了大海，各地就都以希腊文命名，庙宇也都供奉希腊诸神④。

埃及的希腊人经营着范围极广的贸易，他们控制着红海的各个港口。提尔这个所有贸易国家的劲敌已经不复存在。埃及的希腊人不受当地古老迷信的烦扰⑤，埃及于是变成了世界的中心。

叙利亚诸王只经营经由奥克苏斯河和里海的印度北部的贸易，而把印度南部的贸易让给埃及诸王。当时人们以为里海是北方大海的一

① 康比斯(Cambyse，卒于前 522)，波斯国王(公元前 530—前 522 在位)，居鲁士之子。——译者

② 此时指埃及国王托勒密一世，拉各斯是他的母亲。——译者

③ 斯特拉波，《地理志》，第十六卷。

④ 同上。

⑤ 古老的迷信使埃及人憎恶外来者。

部分[①]，亚历山大去世前不久建造了一支舰队[②]，试图探明里海是否经由黑海或东部某个通向印度洋的大海与大洋相通。继亚历山大之后，塞琉古和安提奥库斯[③]非常关注对里海的探索，在那里派驻舰队[④]。塞琉古发现的那部分被叫作塞琉希德海，安提奥库斯发现的那部分被叫做安提奥基德海。他们的注意力集中在这边可能作出的计划，而对南边诸海并不给予重视。也许由于前后几位托勒密国王凭借驻守红海的舰队，已经牢牢控制了红海；或者由于他们注意到了波斯人对航海事业的嫉妒憎恶。由于波斯南方沿岸不能提供海员，所以，只是到了亚历山大去世前不久，才在那里见到过海员。可是，作为塞浦路斯岛和腓尼基以及小亚细亚沿岸许多地方的主人，埃及诸王拥有经营航海事业的一切便利条件。为了发挥臣民这方面的才干，他们无须强制，只要放手让他们去做就可以了。

我们现在很难理解，古人为何固执地认为里海是大洋的一部分。亚历山大和叙利亚诸王的远征以及帕提亚人和罗马人的征战，都没能改变人们的想法。这是因为人们总是非要拖到不得已时才修正谬误。起初，人们只知道里海南部，以为那就是大洋；后来沿着里海海岸往北走，仍然以为这是伸入陆地的大洋；东边只走到药杀水，西边则走到了阿尔巴尼亚[⑤]的尽头。里海北部多为泥泞的浅滩[⑥]，不宜航行。因此之

① 普林尼，《自然史》，第二卷，第六十七章，第六卷，第九章、第十三章。斯特拉波，《地理志》，第十一章。阿里安，《亚历山大远征记》，第三卷，第7页；第五卷，第104页。

② 阿里安，《亚历山大远征记》，第七卷。

③ 安提奥库斯（Antiochus），叙利亚塞琉古王朝的第二位国王（前281—前260在位）。——译者

④ 普林尼，《自然史》，第二章，第六十七节。

⑤ 此处所说的阿尔巴尼亚位于里海以西，库拉河以北，高加索山脉以南。——译者

⑥ 参见沙皇的地图。

故，人们以为他们所见到的就是大洋。

亚历山大的军队向东直抵希巴西斯河，这是汇入印度河的最后一条支流。因此，希腊人在印度最初的贸易是在一个很小的地区展开的。塞琉古深入印度直抵恒河[①]，进而发现了恒河注入的大洋，那就是孟加拉湾。今天我们通过航海发现陆地，从前却是借助陆上征战发现海洋。

斯特拉波似乎不顾阿波罗多鲁斯[②]的记述，怀疑巴克特里亚的希腊诸王[③]走得比塞琉古和亚历山大更远。巴克特里亚的希腊诸王纵然在东边的确不如塞琉古走得更远，他们在南边走得更远却是事实。他们发现了锡哲[④]和马拉巴尔的一些港口[⑤]，航海事业由此开始，下面我将予以详述。

据普林尼记述[⑥]，先后开辟了三条通往印度的航路。最初的航路是从锡亚格尔角[⑦]到印度河河口的帕塔拉岛，这就是亚历山大的舰队所走的航路。后来有了一条更短更安全的航路[⑧]，那就是从锡亚格尔角到锡哲的航路。这个锡哲只能是斯特拉波所说的锡哲王国[⑨]，也就是巴克特里亚的希腊诸王所发现的那个锡哲王国。普林尼之所以说这条航路更短，是因为所需时间较少。锡哲既然是巴克特里亚诸王发现的，它显然比印度河更加偏僻，所以只有避免始终沿着海岸拐弯，并且

① 普林尼，《自然史》，第六章，第十七节。

② 阿波罗多鲁斯（Appolodore），巴比伦地理学家。——译者

③ 巴克特里亚、印度和阿里亚纳的马其顿人与叙利亚王国分离后，建立了一个大国。

④ 锡哲（Singer），印度河东侧的一个古国。——译者

⑤ 阿波罗尼乌斯的说法，见于斯特拉波，《地理志》，第十一卷。

⑥ 普林尼，《自然史》，第六章，第二十三节。

⑦ 锡亚格尔角（Siagre），位于阿拉伯半岛最东端。——译者

⑧ 普林尼，《自然史》，第六章，第二十三节。

⑨ 斯特拉波，《地理志》，第十一卷“锡哲王国”。

较好地利用风势，才能较快抵达。商人们还有第三条航路，他们先到红海出口处的港口甘斯或奥赛利斯①，从那里乘西风到达印度航路上的第一个商埠慕济利斯②，然后出发去往其他港口。

由此可见，他们不从红海出发，沿着幸福的阿拉伯半岛③沿岸转向东北，直抵锡亚格尔，而是从西到东，借季风之力从这边到那边，而季风的变化则是在这个海域的航行中发现的。古人只有在能够利用季风和信风④时才敢离开海岸航行，对于他们来说，风就是一个罗盘。

普林尼说，仲夏出发前往印度，十二月底或一月初从印度返回⑤。这个说法与航海家的日志完全吻合。在印度洋的这一带，即非洲的半岛与恒河这边的半岛之间，有两个季风，第一个由西向东吹的季风开始于八、九月份。第二个由东向西吹的季风开始于一月份。所以，我们离开非洲的时间与托勒密的舰队出发的时间相同，返航的时间也相同。

亚历山大的舰队用了七个月的时间，从帕塔拉抵达苏萨。舰队于七月出发，也就是说，在今天没有任何一条船敢于在亚历山大从印度返航的时间出发。在两个季风交替的那段时间里，风向变幻不定，北风与常见风混作一团，常在沿海地区造成可怕的风暴，这段时间包括六月、七月和八月。亚历山大的舰队是在七月从帕塔拉出发的，多次遭遇风暴，而且顶着季风前进，所以航行时间拖得很长。

普林尼说，人们于夏末出发前往印度，这样就可以利用季风换向的

---

① 奥赛利斯(Océlis)，红海边的非洲港口。——译者

② 慕济利斯(Muziris)，位于卡里卡特南面的马拉巴尔沿岸港口。——译者

③ 幸福的阿拉伯半岛(arabie heureuse)，指阿拉伯半岛的南部尤其是西南部。——译者

④ 季风在一年的一段时间里从这边吹向那边，在另一段时间里则从那边吹向这边；信风则不同，它整年朝同一方向吹。

⑤ 普林尼，《自然史》，第六章，第二十三节。

时间，完成从亚历山大里亚到红海的航程。

请注意，航行就这样一步步日臻完善。大流士从印度到红海，用了两年半[①]；亚历山大的舰队从印度河出发，在印度河上航行三个月，在印度洋上航行七个月，十个月后就抵达苏萨[②]。后来，从马拉巴尔海岸到红海的航程只需四十天[③]。

斯特拉波说，从埃及航行到印度去的人，一直走到恒河的很少，这就是许多人对希巴尼斯河与恒河之间的那片土地知之甚少的原因。确实如此，就我们所见，舰队并不到那里去，而是乘着由西向东吹的季风从红海海口去往马拉巴尔沿海，停泊在那里的商埠，不再经由哥摩林角和科罗曼德尔海岸，绕过半岛继续航行到恒河。埃及诸王和罗马诸王的计划是当年返回[④]。

所以，希腊人和罗马人在印度的贸易远远达不到我们今天的规模，因为，我们今天所熟悉的广大地区，他们当年并不了解，何况我们今天与所有的印度国家通商，甚至可以说是在为他们经商，为他们航海。

不过，希腊人和罗马人经营此项贸易比我们便利。倘若我们今天不去寻找南方的小岛，仅在古吉拉特[⑤]和马拉巴尔沿岸做生意，坐等岛民送来的商品，那就不应绕道好望角，而应取道埃及。斯特拉波说，古人就是这样与塔普洛班[⑥]各民族通商的[⑦]。

① 希罗多德，《波斯战争》。
② 普林尼，《自然史》，第六章，第二十三节。
③ 同上。
④ 同上。
⑤ 古吉拉特(Guzarat)，孟买北部的一个半岛。——译者
⑥ 塔普洛班(Taprobane)，锡兰，即今斯里兰卡。——译者
⑦ 斯特拉波，《地理志》，第十五卷。

第十节　环绕非洲的航行

我们发现，在发明罗盘之前，人们曾四度尝试环绕非洲航行。尼科[①]派遣的若干腓尼基人[②]和逃避托勒密·拉蒂鲁斯[③]盛怒的欧多克索斯[④]，从红海出发，完成了环绕非洲的航行。薛西斯在位时的萨塔斯普[⑤]和受迦太基人派遣的汉诺[⑥]，出直布罗陀海峡环绕非洲，未获成功。

环绕非洲的关键是发现并绕过好望角。从红海出发抵达好望角的航程，比从地中海出发短一半。从红海前往好望角的沿海航线，比从好望角北上直布罗陀海峡的航线安全[⑦]。只是在发明了罗盘以后，从直布罗陀海峡前往好望角的航行才有了可能；因为，有了罗盘就不必紧贴非洲海岸航行，而可以航行在广阔的大洋[⑧]上，前往圣赫勒那岛或径直

① 尼科(Néchao)，此处指尼科二世，埃及法老(前610—前595在位)，开挖运河联结红海与尼罗河。——译者

② 尼科试图征战略地。见希罗多德，《波斯战争》，第四卷。

③ 托勒密·拉蒂鲁斯(Ptolomée Lature)，即托勒密十世，公元前117年在位，不久被推翻，公元前88年复辟。——译者

④ 普林尼，《自然史》，第二章，第四十七节。庞波尼乌斯·梅拉(Pomponius Mela)，《地理志》，第三卷，第九章。

[欧多克索斯(Eudoxe)，公元前2世纪的希腊航海家。——译者]

⑤ 希罗多德，《波斯战争》。

[萨塔斯普(Sataspe)，奉薛西斯之命在公元前470年作环非洲航行。——译者]

⑥ 见本书第十章第六节译注。——译者

⑦ 参见我在本书第十一章中关于汉诺航海的叙述。

⑧ 大西洋上十月、十一月、十二月和一月刮东北风。穿越赤道，向南行驶，这样就可以避开此时常见的东风，或者进入热带，那里常有由西向东吹的风。

驶往巴西。所以，当时从红海进入地中海很有可能，从地中海返回红海则不可能。

因此，人们就不绕这个难以返回的大圈，而采用合乎情理的航路，那就是，经由红海经营东非贸易，经由直布罗陀海峡经营非洲西岸贸易。

埃及的希腊诸王首先在红海发现了从海湾深处的赫卢姆城[①]到迪拉[②]，即今日的巴布曼德布海峡这部分非洲海岸。从那里到红海口的亚罗马蒂亚角这段海岸[③]，航海家们完全不知道。阿提米多卢斯[④]的记述说得很清楚[⑤]，当时人们知道这段海岸的各个地方，但不知道它们之间的距离，究其原因，是因为这些港口是先后从陆地上发现的，并没有人在海上从这个港口航行到那个港口。

过了亚罗马蒂亚角便是大洋，从埃拉托斯特涅斯和阿提米多卢斯的记述不难看出[⑥]，人们对于大洋一无所知。

在斯特拉波的生活时代即奥古斯都时代，人们对非洲海岸的认识就是这些。不过，在奥古斯都以后，罗马人发现了拉普图姆[⑦]角和普拉苏姆[⑧]角，斯特拉波不知道这些地方，所以他在书中没有提到。这些地名一看就知道是罗马人起的。

① 赫卢姆城(Hermoum)，大致在今苏伊士附近。——译者

② 迪拉(Dira)，巴布曼德布海峡中的一个岛屿，靠近亚丁。——译者

③ 这个海湾今天叫做红海，古人却称之为阿拉伯湾。古人称之为红海的是这个海湾旁边的那部分大洋。

④ 阿提米多卢斯(Artémidore)，公元前1世纪的希腊地理学家。——译者

⑤ 斯特拉波，《地理志》，第十五卷。

⑥ 斯特拉波，《地理志》，第十六卷。阿提米多卢斯以奥斯特里科努这个地方为海岸的尽头，埃拉斯托特涅斯则以基那诺里费拉姆那个地方为海岸的尽头。

⑦ 拉普图姆(Raptum)，坦桑尼亚与莫桑比克交界处的一个海角。——译者

⑧ 普拉苏姆(Prassum)，莫桑比克的一个海角。——译者

地理学家托勒密[①]生活在哈德良[②]和安托尼乌斯·皮努斯在位期间,《埃里特里安海航行记》[③]的作者——且不管他是谁——的生活年代略微晚些。可是,托勒密所记的已知非洲的尽头是普拉苏姆角,即南纬 14 度上下,而《埃里特里安海航行记》所记的已知非洲的尽头则是拉普图姆角,即南纬 19 度上下。托勒密似乎是以人们到过的地方为尽头[④],而《埃里特里安海航行记》的作者[⑤]则以当时人们未曾抵达的地方为尽头。

居住在普拉苏姆周围的是食人部落[⑥],此事坚定了我的上述想法。托勒密记述了亚罗马蒂亚港和拉普图姆角之间的许多地方,但对于从拉普图姆到普拉苏姆这一带却未置一词[⑦]。印度航行获利丰厚,致使人们完全不以非洲航行为意。罗马人在这一带并无周密的航行,那些被他们发现的港口,不是经由陆地上发现的,就是在风暴中迷失航向的船只发现的。我们今天对非洲沿岸相当熟悉,但对非洲内陆却不甚了了[⑧];而当年的古人对非洲内陆有相当的了解,对沿岸却不甚了了。

我在前面说到,尼科派遣的腓尼基人和托勒密·拉蒂鲁斯在位时

---

① 托勒密(Ptolémée,Claude,卒于 161),希腊天文学家和地理学家。——译者

② 哈德良(Adien,76—138),罗马皇帝(117—138 在位)。——译者

③ 埃里特里安海(mer Erythrée),古人对包括红海、波斯湾、印度洋在内的海域的称呼。《埃里特里安海航行记》的作者为希腊历史学家阿里安(Arrien,105—172)。——译者

④ 斯特拉波,《地理志》,第一卷,第八章;第九卷,第九章;非洲图第 4 帧。

⑤ 据说作者名叫阿里安。

⑥ 托勒密,《地理志》,第四卷,第九章。

⑦ 托勒密,《地理志》,第四卷,第七章,第八章。

⑧ 请看斯特拉波和托勒密对非洲各地的描述有多么精细。这些知识来源于迦太基人和罗马人这两个强大民族与非洲人的多次战争,他们的各种联盟以及他们在这些地区经营的贸易。

的欧多克索斯完成了环绕非洲的航行。但是,在地理学家托勒密时代,这两次航行肯定被视为无稽之谈,因为据他说,从大海湾[①]——我想,他指的是暹罗湾——开始直到普拉苏姆角,有一大片未知的陆地横亘在亚洲和非洲之间[②],这样一来,印度就只不过是一个湖泊而已。这是因为古人是从北部开始认识印度的,接着继续向东,因而以为那片未知的陆地位于南方。

第十一节　迦太基和马赛

迦太基人有一部怪异的万民法,依据该法,凡是到撒丁岛或是前往直布罗陀海峡经商的外邦人,一律处以溺毙[③]。它的政治法之奇特也毫不逊色,它禁止撒丁岛居民耕种土地,违者处死。它借助财富增强势力,依仗势力增加财富。它控制着濒临地中海的非洲沿岸,势力范围及于大洋沿岸。汉诺奉迦太基元老院之命,把三万迦太基人分布在直布罗陀至塞奈[④]一线。他说,从塞奈到直布罗陀的路程与从直布罗陀到迦太基的路程大体相似。塞奈的位置极佳,它让我们知道,汉诺把三万迦太基人定居点的北面限制在北纬 25 度,即在加那利群岛南 2 到 3 度的地方。

汉诺在塞奈时进行了一次航行,目的是在南方寻求更多的发现。他对非洲大陆几乎没有获得任何认识。他沿着海岸航行了二十六天,因给养不足而被迫返航。迦太基人似乎根本没有利用汉诺的这次航

① 大海湾,原文为 sinus magnus。——译者

② 托勒密,《地理志》,第七卷,第三章。

③ 埃拉托斯特涅斯,见斯特拉波,《地理志》,第十七卷,第 802 页。

④ 塞奈(Cerné),西撒哈拉沿岸的一个海角。——译者

行，希拉克斯[①]说，过了塞奈，海水变浅，多有稀泥和海草，因而不宜航行[②]。这一带确有不少稀泥和海草[③]。希拉克斯谈到的迦太基商人可能遇上了障碍，汉诺的船队克服了这些障碍，他的船队由六十条船组成，每条船上有五十支桨。困难是相对的，而且，不应该把以胆魄和勇气为目标的探险事业与普通行为的效应混为一谈。

汉诺的记述是关于古代的一篇佳作。他笔下所记是他亲身所为，不含任何虚夸。伟大的将领们记述他们自己的业绩时总是简洁质朴，因为他们引以为荣的是他们的建树，而不是他们的记述。

汉诺的话题与他的作风一样，不作惊人之语。他关于气候、土壤、居民的习俗和风尚的记述，都与我们今天在非洲沿岸所见到的毫无二致，令人以为是出自当今航海人手笔的航海日志。

据汉诺在兵船上观察，陆地上白昼一片寂静，夜间可以听到各种乐器奏出的乐曲，看到遍布陆地的大大小小的火光[④]。今人的记述证实了汉诺的说法。这些未开化人白天藏身森林躲避炎热，夜间点起大火驱赶野兽，他们酷爱舞蹈和音乐。

汉诺描述了一个火山的情况，所有细节与我们今天所看到的维苏威火山一模一样。他还记述了两位妇女，她们身上长着毛，因不愿意跟迦太基人走而被杀死；汉诺让人把她们的皮带到迦太基。正如有人所说，不能排除这件事的真实性[⑤]。

---

① 希拉克斯(Scylax)，公元前4世纪的迦太基航海家和地理学家，曾航行至印度河口。——译者

② 参阅他的《航行记》中的“迦太基”篇。

③ 《创建东印度公司历次航行记》第一卷中的文字和图片，第一部分，第201页。海草盖住整个海面，以至于几乎看不见海水，船只只有乘着强风才能航行。

④ 普林尼所说也是这样：“夜间可以看到许多火堆，有人吹笛，有人击鼓；白天见不到人。”见《自然史》，第五章，第一节。

⑤ 有人推测，汉诺见到的可能是两只大猩猩。——译者

汉诺的记述是有关迦太基人的一部纪念碑式的作品，因而特别珍贵，却又因为被记述的是迦太基人，因而被视为无稽之谈。因为，罗马人始终怀恨迦太基人，即使在把他们毁灭之后也依然如故。但是，究竟应该把最可鄙的背信弃义叫作迦太基人的诚信抑或罗马人的诚信，那就只能由胜利者来决定了。

某些现代人因袭偏见[①]。他们问道："汉诺记述的那些城市到哪儿去了？早在普林尼撰书年代就找不到任何遗迹了。若是能够找到，那倒反而不可思议了。汉诺前去修筑的城市难道是科林斯或雅典吗？"他把一些迦太基家庭留在适宜经营贸易的地方，并仓促地对他们的安全作出安排，使他们免遭未开化人和野兽的侵袭。迦太基人遭遇的灾难迫使非洲航行停顿了，这些家庭肯定遭受了灭顶之灾，不然就是变成了未开化人。我还要说，倘若这些城市尚有断壁残垣的话，谁会到森林或是沼泽去寻找它们呢？可是，我们在希拉克斯和波利比乌斯的著作中发现，迦太基人在这些海岸曾经有过巨大的定居点。这就是汉诺的那些城市的遗迹，再也没有别的了，因为即使是迦太基本身，也几乎什么都没有了。

迦太基人当时已经走在通向财富的路上了，他们如果能够走到北纬 4 度东经 15 度[②]，就能发现黄金海岸及其附近的海岸，就能在那里经营贸易，其经营规模肯定远远超过今天那里的贸易，因为如今在美洲面前，所有国家的财富似乎都不值一提了；他们如果能够走到北纬 4 度东经 15 度，还能发现许多财宝，而且不会被罗马人夺走。

关于西班牙的财富，有人讲了一些令人吃惊的事情。如果亚里士

---

① 参阅多维尔(Dodwel)先生的《汉诺航行记研究》。

② 在本书所附的世界地图上，孟德斯鸠把经度 0°画在达喀尔附近，即格林尼治以西 14°处，按照今天的画法，该地应是西经 1°。——译者

多德的话是可信的[1]，那么，在塔泰索斯[2]登岸的迦太基人找到了白银，数量多到用他们的所有船只都装不完，于是用白银制作了一些最普通的器皿。据狄奥多罗斯记述[3]，迦太基人在比利牛斯山发现了黄金和白银，数量多得惊人，以至于竟然用来装饰他们船上的铁锚。这些民间传说不可信，以下是确切的事实。

斯特拉波引用的波利比乌斯一段文字[4]说，在贝蒂斯河[5]源头的银矿，有矿工四万余人，每天为罗马人生产二万五千德拉克马白银，按五十法郎合一法马克计算，每年的产量为五百万锂。银矿所在的山叫做银山[6]；据此推测，这就是那时的波托西[7]。如今汉诺威银矿的矿工不及当年西班牙银矿的四分之一，产量却更高。罗马人几乎只有铜矿，银矿极少，而希腊人则只知道阿提卡的贫矿，所以，罗马人和希腊人获悉西班牙的丰富矿藏后，肯定相当吃惊。

据说，在西班牙王位继承战争中，有一位罗得侯爵，因经营金矿而倾家荡产，却在济贫院里发了财[8]，他以提尔人、迦太基人和罗马人为例，建议法国政府开采比利牛斯山的金矿。他得到允许后就四处找矿试挖，可是，尽管他一再引证先例，却始终没能找到金矿。

迦太基人已经控制了黄金和白银的贸易，接着还想控制铅和锡的贸易。铅和锡用车辆从高卢洋面的各个港口经由陆地运往地中海沿岸的各个港口。迦太基人想要不经中介直接得到这些金属，于是派遣希

---

① 《奇事》。

② 塔泰索斯(Tartèse)，西班牙古城，位于今瓜达尔基维尔河河口。——译者

③ 狄奥多罗斯，《世界文库》，第六卷。

④ 同上，第三卷。

⑤ 贝蒂斯河(Bétis)，即今瓜达尔基维尔河。——译者

⑥ 拉丁文作 Mons Argentarius。

⑦ 波托西(Potosi)，古代秘鲁的城市，今属玻利维亚，以产银著称，18 世纪南美最大的城市。——译者

⑧ 他在一定程度上掌管济贫院。

米尔科[①]到卡希提里德岛[②]去建立定居点[③];我们现在认为,那些岛屿大概就是锡利群岛[④]。

有人认为,迦太基人能从贝蒂卡[⑤]航行到英格兰,这说明他们已经有了罗盘,可是,明显的事实是,迦太基人是贴着海岸航行的。我认为,既然希米尔科[⑥]用了四个月才从贝蒂斯河口航行到英格兰,他的这段记述就足以证明,而无须更多的其他证据了。不过,有这样一则有名的故事[⑦],说是一个迦太基船员在航行途中看见对面来了罗马人的船只,就让自己的船搁浅,为的是不让罗马人获知去往英格兰的航路[⑧]。从这个故事可以推知,两条船相遇时都很靠近海岸。

由于古人可能曾经在海上航行,因而有人就以为他们已经有了罗盘,其实他们并没有。那时若有人驾船离开海岸,一路天气晴朗,夜间可以看见北极星,白昼可以看到日出和日落,在这种情况下,他显然可以从容航行,就像今天有罗盘指引方向一样。不过,并不是每次航行都能如此,只有运气好时才能遇到这种情况。

我们看到,在结束第一次布匿战争的条约中,迦太基人最关心的是保持海上霸权,而罗马人所关心的则是保持陆上霸权[⑨]。在与罗马人的谈判中,汉诺声称,他不能容忍罗马人在西西里海域洗手,他不容许

① 希米尔科(Himilcon,前5世纪),迦太基商业探险家。——译者
② 卡希提里德岛,希腊文写作 Kassiteros。——译者
③ 参见菲斯图斯・阿维努斯的著作。
④ 锡利群岛(Iles Silley),英吉利海峡东部的一个群岛。——译者
⑤ 贝蒂卡(Bétique),西班牙的罗马行省,今安达卢西亚。——译者
⑥ 希米尔科(Himilcon),公元前5世纪的迦太基航海家,汉诺的同时代人。
⑦ 斯特拉波,《地理志》,第三卷末尾。
⑧ 他因此而得到了迦太基元老院的褒奖。
⑨ 狄特-李维,《古代罗马史》,佛兰舍缪斯的补编,第二部,第六卷。

罗马人在普尔切里海角[①]航行，不许[②]他们在西西里[③]、撒丁岛和非洲经商，但迦太基不在此列。由此可见，迦太基人不打算让罗马人在那里的贸易中有利可图。

迦太基和马赛早期曾因捕鱼而多次刀兵相向[④]。战争停息后，迦太基和马赛在节俭性贸易中互争高下。马赛在工业方面可与迦太基媲美，却不拥有迦太基那样的势力，因而不免心生妒忌，这也正是他们对罗马人忠心耿耿的原因。罗马人在西班牙对迦太基人开战，马赛变成了货栈，因而得了渔翁之利，积累了财富。迦太基和科林斯沦为废墟，使得马赛更加荣耀显赫。在内战中，马赛不得不盲目地支持一方。倘若没有内战，罗马人保护下的马赛肯定日子过得更好，因为罗马人对马赛的贸易毫不介意。

第十二节　德洛斯岛和米特拉达梯

科林斯被罗马人摧毁后，商人纷纷撤往德洛斯岛。出于宗教和信仰的原因，人民把这个岛视为安全的处所[⑤]。不但如此，这个岛的地理位置也很适宜于经营意大利和亚洲的贸易。自从非洲没落和希腊积弱之后，这项贸易变得更为重要了。

前面已经说到，希腊人在早期派人去到普洛庞蒂斯和黑海建立殖民

① 普尔切里海角(beau Promontoire)，迦太基东北的一个海角，今属突尼斯，拉丁文原文为 pulchri promonturium，孟德斯鸠在此处意译为“美丽海角”。——译者

② 波利比乌斯，《历史》，第三卷。

③ 在迦太基人统辖下的地方。

④ 查士丁，《腓力史摘要》，第四十三卷，第五章。

⑤ 参见斯特拉波，《地理志》，第十卷。

地，在波斯人统治期间，这些殖民地保持了自己的法律和自由。亚历山大的远征矛头所指的仅仅是蛮族，并不攻击这些殖民地①。本都②国王纵然占领了若干殖民地，却也似乎并未废除这些殖民地的政府机构③。

本都国王占领了这些殖民地后，势力大增④。米特拉达梯于是就得以四处招募军队，不断修补兵员的损失⑤，获得工人、船只、作战器械，争取到盟友，贿赂罗马人的盟友，甚至贿赂罗马人，从亚洲和欧洲的蛮族中招募雇佣军⑥，藉以长期作战，并因此而训练军队，不但将他们武装起来，还将罗马人的军事技术教授给他们⑦，并用大量投降的罗马士兵组建自己的部队。最终，他经受了巨大损失和挫折，但并未彻底灭亡。伟大的君主在危难中辛辛苦苦创建的事业，如果不被这位淫逸而野蛮的国王在兴盛时糟蹋掉，他本来是不会完蛋的。

正当罗马人如日中天，除了自己已经天下无敌之时，攻陷迦太基、击败腓力、安提奥库斯和佩修斯⑧后已经确立的局面，被米特拉达梯搅乱。战争空前残酷，由于双方实力强大，旗鼓相当，希腊和亚洲人民，无论作为米特拉达梯的朋友或敌人，都遭受了毁灭性打击。德洛斯岛也

① 他认可雅典的殖民地阿米苏斯城的自由，这个城市拥有自己的平民政体，即使在波斯人统治期间，也没有废弃。卢库卢斯拿下西诺柏和阿米苏斯后，恢复该地享有的自由，并把逃到船上的居民召回。

② 本都(Pont)，公元前301年建立的一个王国，位于小亚细亚东北地区黑海沿岸。——译者

③ 参见阿庇安《米特拉达梯战争》中关于发纳高黎人、阿米苏斯人和西诺柏人的记述。

④ 参见阿庇安下列有关记述：米特拉达梯用于战争的巨额财宝，他所藏匿的财宝，他因自己人背叛而丧失的财宝，在他死后发现的财宝。

⑤ 他一次就损失十七万兵员，立即用新兵补足。

⑥ 参见阿庇安，《米特拉达梯战争》。

⑦ 同上。

⑧ 佩修斯(Persée，前213—前166)，马其顿国王(前176—前168在位)。——译者

蒙受巨大灾难，各地的商业无可避免地凋敝殆尽，因为经营商业的人民已经被彻底摧毁。

罗马人毁灭了迦太基和科林斯，他们所遵循的是我在前面已经提到的那个体系，他们为了不以征服者的面目出现，就竭尽所能地实施破坏，倘若他们未曾征服整个世界，这种做法早就把他们自己毁了。本都国王控制了希腊在黑海的殖民地后，并未注意保护将会成就他们伟业的那些因素免遭破坏。

第十三节　罗马人的气质和航海事业

罗马人只重视陆军，陆军的精神是始终坚定不移，战斗中绝不退缩，直至战死。罗马人对海军的行径不以为然，海军参与战斗，接着便逃跑，然后再回来，时时躲避危险，一贯使用诡计，极少依仗实力。所有这些都不是希腊人的气质①，更不是罗马人的气质。

因此，他们派去从事航海事业的人，都是因地位不高而无法跻身罗马军团的公民②，海军的组成人员通常都是被释奴。

我们今天既不那样器重陆军，也不那样鄙视海军。陆军的技艺削减了③，海军的技艺增进了④。如今人们对一件事情是否重视，取决于为做好这件事情所需的智慧达到了什么程度。

① 如同柏拉图在《法篇》第四卷中所指出的。
② 波利比乌斯，《历史》，第五卷。
③ 见孟德斯鸠，《罗马盛衰原因论》，第三章。
④ 同上书，第四章。

第十四节　罗马人经商的气质

从未有人发现罗马人在商业方面有嫉妒心。罗马人之所以攻击迦太基，并非因为它是一个商业国，而是因为它是一个敌对国。某些经商的城市尽管不归罗马统辖，但罗马人依然给予鼓励和优惠。例如，他们割让若干地方给马赛，藉以增强其实力。他们对蛮族的一举一动都戒心十足，但对经商国家却毫无疑虑。此外，罗马人的气质和荣耀以及他们的军事素质和政体形式，都使他们远离商业。

城市里的罗马人忙于战争、选举、谋略和诉讼，乡村里的罗马人忙于耕种，在他们所统辖的行省里，严厉和暴戾的政体与商业无法调和。

如果说他们的政制容不得商业，他们的万民法在排斥商业这一点上也毫不逊色。法学家庞波尼乌斯说①："与我们没有友谊，没有交情，也没有结盟的那些人民，并非我们的敌人。但是，如果一件属于我们的东西落入他们手中，他们就会成为这件东西的主人，自由民就会变成他们的奴隶，他们就会以同样的身份来对待我们。"

他们的公民法对我们也同样形成重压。君士坦丁法宣称，卑贱人与高贵人婚后所生子女均被视为私生子女，不但如此，该法还把开店的妇女②混同于下列各色人等：奴隶、酒肆女主人、女伶、妓院老板的女儿和被判在决斗场上决斗的人的女儿。这种法规源自古老的罗马政制。

---

① 庞波尼乌斯，《法律》，第五篇，第二章"战俘"。

② "在公共场所打理商品的妇女"，见《法律》第一篇"关于自由民的法典"。

我知道，不少人有这样两种想法：其一，商业是世界上最有用的东西，其二，罗马是世界上治理得最好的国家；有这两种想法的人都以为罗马人曾经大力鼓励商业并提高其地位，事实却是罗马人很少想到商业。

第十五节　罗马人与蛮族的贸易

罗马人在欧洲、亚洲和非洲①建立起了一个幅员辽阔的帝国，各族人民的软弱加上发号施令者的暴戾，为把这个庞大帝国的各个部分联结在一起提供了可能。当时罗马的政策是不与所有未被它征服的国家交往。由于担心取胜的技艺传入这些国家，致使罗马人忽略了用以致富的技艺。他们制定法律，禁绝任何与蛮族的贸易往来。瓦林斯和格拉提安②说："任何人都不得将葡萄酒、食油和其他饮料提供给蛮族，即使只是为了品尝也不许可。"③格拉提安、瓦伦梯尼安和狄奥多西补充④说："不准把黄金给予他们，他们已经拥有的黄金，也要设法巧妙地弄过来。"铁的运输被禁止，违者处死⑤。

图密善是个胆小的君主，他下令拔掉高卢的葡萄树，大概是因为他担心葡萄酒会把蛮族吸引到高卢⑥来，因为葡萄酒以前曾把蛮族吸引

① 古代欧洲人所说的亚洲主要指土耳其西部，非洲主要指突尼斯。——译者

② 格拉提安(Gratien，359—383)，罗马皇帝(375—383 在位)。——译者

③ 《法律》中关于"蛮族及不准输出货物的法典"。

④ 《法律》，第二篇"关于交易和商人的法典"。

⑤ 《法律》，第二篇"关于禁止输出的货物的法典"。

⑥ 普洛科比乌斯，《波斯战争》，第一卷。

到意大利。普洛布斯[①]和尤利安[②]从来不怕蛮族，下令重新栽种葡萄。

我知道，当罗马帝国日趋衰微时，蛮族强迫罗马人设立商埠[③]，并与蛮族通商。

第十六节　罗马人与阿拉伯和印度的贸易

与幸福的阿拉伯半岛[④]以及印度的贸易，几乎是罗马人仅有的两宗对外贸易。阿拉伯人拥有巨大财富，他们的财富来自海洋和森林。由于他们卖多买少，因而吸收了邻邦的许多黄金和白银[⑤]。奥古斯都知道阿拉伯人十分富有，于是决定或是做他们的朋友，或是做他们的敌人[⑥]。他派遣埃留斯·加鲁斯[⑦]从埃及去到阿拉伯半岛，加鲁斯在那里见到的人民既懒散悠闲，又缺少尚武精神。他打了一些仗，围了一些地方，总共才损失了七个士兵。可是，由于向导的背叛以及行军、气候、饥饿、干渴、疾病和措施不当等原因，他丧失了他的军队。

于是，他只得像其他民族所做的那样，也和阿拉伯人做生意，也就是说，用黄金和白银换取他们的商品。今天与阿拉伯人的贸易依然按照这种模式进行。阿勒颇的商队和苏伊士的王家商船带去了巨额黄金

① 普洛布斯（Probus，232—282），罗马皇帝（276—282 在位）。——译者

② 尤利安（Julien，331—363），罗马皇帝（361—363 在位）。——译者

③ 参见孟德斯鸠，《罗马盛衰原因论》，巴黎，1755 年版。

④ 此处指也门。——译者

⑤ 普林尼，《自然史》，第六章，第二十八节；斯特拉波，《地理志》，第十六卷。

⑥ 普林尼，《自然史》，第六章，第二十八节；斯特拉波，《地理志》，第十六卷。

⑦ 埃留斯·加鲁斯（Elius Gallus），罗马将军，奥古斯都在位时的埃及总督。——译者

和白银[①]。

造物主为阿拉伯人规定的命运是经商，而不是打仗。可是，当这些悠闲的民族来到帕提亚人和罗马人的边界时，就变成了帕提亚人和罗马人的助手。埃留斯·加鲁斯发现他们会做生意，穆罕默德发现他们会打仗。穆罕默德赋予他们以热情，他们于是变成了征服者。

罗马人在印度做的生意相当可观。斯特拉波在埃及获悉[②]，罗马人派去了一百二十艘船，不过，这种贸易依然靠他们的白银支撑，每年运过去的小银币多达五千万。普林尼说[③]，从那里运回的商品以高出百倍的价格出售。我觉得，他的说法过于笼统，倘若真有这么丰厚的赢利，人人都会蜂拥而上，争先恐后地去做这种生意，结果是谁也赚不到钱。

罗马人与阿拉伯人和印度人通商是否有利可图，这是一个可以探讨的问题。他们为此必须把钱币运送过去，可是，他们不像我们那样有源源不断地来自美洲的白银可作补充。我相信，他们之所以要通过铸造白银含量极少的铜币来提高货币的法定价值，原因就在于白银的匮乏，而这种匮乏则是银币持续运往印度所造成的。即使印度商品果真以原价的百倍在罗马出售，赚的也是罗马人自己的钱，罗马帝国不会因此而致富。

从另一方面来说，此项贸易使罗马人拥有了规模巨大的航海业，因而也就扩大了他们的势力，何况，新的商品还增进了国内贸易，促进了工艺技术，支持了工业；由于谋生手段的增多，公民人数也随之增加，新的贸易带来了奢华之风，而我们已经证明，奢华虽然有利于一人掌权的

① 阿勒颇和苏伊士商队带去了我们的两百万硬币，私下偷运过去的硬币也有这个数，王家商船带过去的硬币也有两百万。

② 斯特拉波，《地理志》，第二卷，第 81 页。

③ 普林尼，《自然史》，第六章，第二十三节。

政体，却对多人掌权的政体构成了致命的危害，新的贸易建立之日，也就是共和国垮台之时。奢华对于罗马是必要的，应该让聚敛了全世界财产的那个城市，通过它的奢华把这些财富归还给全世界。

斯特拉波说，罗马人在印度经营的贸易，远远大于埃及国王的贸易①。罗马人不谙商业，在印度贸易上投入的精力远超过埃及国王，而对于埃及国王来说，印度贸易简直就在眼前；此事确实令人费解，需要作一番解释。

亚历山大死后，埃及国王开展了对印度的海上贸易。叙利亚诸位国王掌握着罗马帝国最东部的行省，因而也就掌握着印度，他们维持着我在本章第四节中谈到的贸易，即通过陆路和内河进行的贸易，这种贸易因马其顿人所建立的殖民地而获得了一些方便。欧洲因而可以通过埃及与印度交流，也可以通过叙利亚王国与印度交流。叙利亚王国被肢解后，建立了巴克特里亚王国，此事对贸易丝毫不曾带来负面影响。托勒密引述提尔人马里诺斯②的记述③说，马其顿的商人在印度曾有若干发现；商人们完成了国王们在远征中未能完成的壮举。我们在托勒密的著作④中看到，这些商人从石楼⑤一直走到塞拉⑥，在中国的东北部发现了一个极为偏僻的商埠，这真是一件不可思议之事。在叙利亚诸王和巴克特里亚诸王掌权时期，印度南方的商品

---

① 斯特拉波在《地理志》第十二卷中说，罗马人向印度派去了一百二十艘船，在第十七卷中说，希腊国王派去的船连二十艘都不到。

② 提尔人马里诺斯（Marin Tyrien，1世纪末），希腊数学家和地理学家。——译者

③ 托勒密，《地理志》，第一卷，第二章。

④ 托勒密，《地理志》，第六卷，第十三章。

⑤ 石楼（tour de Pierre）[蒙古的一个商埠。——译者]在我们的最佳地图上，位于经度100度、纬度40度附近。

⑥ 塞拉（Séra）意为丝绸之国，实指中国。——译者

就这样经由印度河、奥克苏斯河和里海运往西方，来自更远的东部和北部地区的商品，则经由石楼、塞拉和其他商埠运到幼发拉底河。这些商人所走的商路大约在北纬 40 度上下，沿途经过中国西部的一些地区，那些地区比今天治理得好，因为那时尚未遭受鞑靼人的蹂躏。

叙利亚的陆上商业迅猛发展时，埃及的海上贸易却并无多少增长。

帕提亚人出现了，并建立了自己的帝国。埃及落入罗马人手中时，适值帕提亚人的帝国盛极一时，疆域大为扩张。

罗马与帕提亚是两个互不示弱的对手，他们的争斗不是为了夺取霸权，而是为了知道谁应该生存下去。在这两个帝国之间，一些地方变成了荒漠，谁也不敢放下手中的武器，彼此之间连交通都没有，更不必说贸易了。野心、嫉妒、仇恨和习俗隔断了一切。东西方贸易过去有多条商路，此时只剩下一条。亚历山大里亚变成了独一无二的商埠，因而获得了发展。

关于国内贸易，我只想说一句话。为解决罗马人民生存所需而运来的小麦，是国内贸易的主要部分。小麦贸易与其说是一桩买卖，不如说是一个政府管理事项。在这方面，从事海上贸易的商人享有某些特权①，因为，他们的警觉维系着帝国的安危。

第十七节　西罗马倾覆后的贸易

罗马帝国遭受入侵，这场殃及全国的灾难所产生的后果之一就是贸易彻底被毁。蛮族起初把贸易仅仅看作劫掠对象，当他们站稳脚跟

① 苏埃托尼乌斯，《克劳狄乌斯》，第十八章、第十九章；《法律》第七篇《提奥多西》中的“关于航海人”。

后，也只是把贸易与被征服人民的农业和其他行业视若等同，并未给予更多的关注。

欧洲很快就几乎不再有任何贸易，统治着各地的贵族没有感到丝毫的不便。

西哥特法规定，大河的河床只要能留下一半给渔民撒网和船民航行，另一半就可以任由私人占用①。这说明，在被征服地区的商业很不发达。

就在此时制定了不合情理的外邦人遗产充公法和船难法②。当时人大概以为，他们与外邦人之间没有任何有关公民法的交流，因而既不需要对他们待之以公正，也不需要对他们待之以仁义。

对于居住在狭窄的北部地区的人民来说，一切都是外来的；对于身处贫困之中的他们来说，一切都能使其致富。他们在征战获胜之前居住在窄小而遍布礁石的海边，就靠着这些礁石谋生。

不过，为全世界制定法律的罗马人，也制定了相当人道的船难法③，不但禁止沿海居民劫掠难船，而且不准税务机关滥征赋税④。

第十八节　一项特殊规定

不过，西哥特法倒也作出了一项有利于贸易的规定⑤。依据这项

① 《西哥特法》，第八卷，第四篇§9。

② 依据“外邦人遗产充公法”，未入籍的外邦人死后所留遗产应全部充公。依据“船难法”，准予任意劫掠在沿岸倾覆和在大洋中迷航的船只。——译者

③ 《法律》中的“总题”、“关于火灾及船难”、“关于船难的法典”；《法律》第一篇、第三篇等，“《哥利尼法》：关于暗杀”。

④ 《法律》，“关于船难的法典”。

⑤ 《西哥特法》，第十一卷，第三篇§2。

规定，来自大海彼岸的商人如果彼此发生争端，可由他们本国的法官依据他们本国的法律处置。这项规定的基础是杂居的各族侨民共同确立的一种习惯，依据这种习惯，人人应该生活在本国的法律之下。关于这一点，我在后面还将予以详述。

第十九节　东罗马衰弱后的贸易

伊斯兰教信徒出现之后就发动征战，接着便四分五裂。埃及有了与众不同的君主，继续与印度进行贸易。由于掌控了印度的商品，埃及吸引了所有其他国家的财富。埃及的苏丹成为当时最有权势的君主，从史籍上可以看到，他们如何运用始终强大而且调配得当的兵力，挫败了十字军的热情、狂热和不可阻挡的势头。

第二十节　贸易如何冲破野蛮出现在欧洲

亚里士多德的哲学传到了西方，为思维灵巧的人们所钟爱，在蒙昧时代，这些人都是才子。神学院修士们[①]迷上了亚里士多德的哲学，并从这位哲人那里获得了许多关于有息贷款的说法[②]，其实，有息贷款的渊源在《福音书》里说得很清楚；这些哲学家不加区别地对任何情况下的有息贷款一律予以谴责。经商的人被视为卑微的人，这样一来，他们就愈发不可信了。因为，每当一项理应或必须获得准许的事业遭到禁

① 此处主要指神学家、法学家、律师等。——译者

② 见亚里士多德，《政治学》，第一卷，第九章和第十章。

止时，从业人员总是会被扣上不可信的帽子。

商业一旦传到当时名誉扫地的民族手中，很快就与可憎的高利贷、行会垄断、特种税以及形形色色不正当的捞钱手段毫无区别了。

犹太人因敲诈而致富[①]，君主们则以同样残暴的手段对他们进行掠夺，人民因此而得到些许安慰，但他们的忧虑并未因此而缓解。

英国发生的事能让我们对其他国家的情况有所了解。国王约翰[②]为索取钱财而囚禁犹太人，被囚禁的犹太人大多至少被挖去一只眼睛，幸免者极少[③]；这位国王就以这种方式主持审判。有一个人每天被拔去一颗牙，连续拔了八天，拔到第八颗时终于交付了一万银马克。亨利三世[④]从约克的犹太人阿隆身上榨取了十四万银马克，另外还为他的王后索取了一万银马克。当时英国的暴行与今日的波兰一样，只是更为粗暴。国王们不能去搜某些臣民的钱包，因为他们享有某些特权，于是对犹太人滥施酷刑，因为他们根本不把犹太人视为公民。

最后，没收犹太基督教徒的所有财产，就成了一个惯例。我们是从废除这个惯例的文书[⑤]中，才知道有这样一个离奇的惯例的。为这种惯例辩护的理由不值一驳，有人说这样做是对犹太人的一种考验，旨在消除魔鬼对他们的一切奴役。但是，这个惯例显然是对君主和贵族的

① 见《西班牙征战记》中关于阿拉贡1228年和1231年宪法；又见布鲁塞尔辑“国王与香槟伯爵夫人和居伊·唐比埃的1206年协定”。

② 约翰(John)，英格兰国王(1199—1216在位)。——译者

③ 斯洛(Slow)，《伦敦一瞥》，第三卷，第五十四章。

④ 亨利三世(Henry III)，英格兰国王(1207—1272在位)。——译者

⑤ 1392年4月4日在巴维尔颁布的敕令。

一种补偿[①]。因为,他们有权向犹太人征税,却无权向已经皈依基督教的犹太人征税。那时候的人是被视同土地的。顺便说一句,一个世纪又一个世纪,犹太民族遭受的欺凌难以尽述。他们此时因信奉基督教而被没收财产,可是不久之后,他们却因不愿意信奉基督教而被处以火刑。

不过我们看到,贸易渐渐摆脱了压榨和绝望,先后被一个又一个国家逐走的犹太人,终于找到了保护财产[②]的办法。从此他们便不再身无立锥之地,因为,尽管君王们都嫌弃他们,但是,却没有一个君王愿意因此而舍弃他们的钱财。

犹太人发明了汇票[③],这个办法使贸易得以在各地维持下去而避免使用暴力,最富有的商人也只拥有无形的财产,这些财产可以汇到任何地方,在任何地方都不留痕迹。

神学家不得不在他们的原则上有所收敛,以往一贯被视为不可信的商人,如今在某种意义上已经恢复了诚信的名誉。

因此,我们应该把贸易被毁所带来的一切恶果,全都归咎于神学院修士们的无稽之谈[④],而超乎君王权力之外的那个东西之所以能够确

---

① 在法兰西的犹太人是不可转让的农奴[“不可转让”的准确意义是:他们的遗产只能由直系亲属继承,如无直系亲属,则由农奴主继承。——译者],农奴主是他们的继承者。勃鲁塞尔(Brussel)先生说,蒂布国王和香槟伯爵于1206年签订了一个协议,规定一方的犹太人不得在另一方地界上发放贷款。

② 此处指包括汇票在内的动产。——译者

③ 众所周知,在菲利普二世和大个子腓力掌权期间,从法兰西被逐的犹太逃到了伦巴第。他们在那里把汇票交给外邦人和旅客,让他们到法兰西去找他们的委托人换取财物。

④ 参见里奥皇帝(Léon)[即里奥六世,886—911在位的拜占庭皇帝。——译者]的第八十三项新法[提奥多西及其继承者颁布的宪法。——译者],该法废除了其父巴希尔的法律。巴希尔的此项法律见于《哈梅诺普尔法学集》,第三卷,第七篇§27的“里奥”条下。

立，则应归咎于君王们的贪婪。

从此以后，君王们在治国时不得不比他们自己所想象的稍为聪明些，因为事实表明，单纯依仗权威总是显得那么笨拙，以至于得出了一条公认的经验，那就是：只有施行仁政才能实现繁荣。

于是，人们开始纠正不择手段的做法，而且一天比一天见效。作出决策时要多一些宽和。过去被叫做政变的事件，如今看来，除去它所带来的恐怖，只不过是轻举妄动而已。

对于所有的人来说，当他们激情迸发想要干坏事时，利益却提醒他们别这样胡作非为；倘若能够生活在这样的境遇中，那当然就是幸福。

第二十一节　两个新大陆的发现和欧洲与此相关的状况

就某种意义而言，罗盘打开了整个世界。过去只知道几段海岸的亚洲和非洲，如今找到了，过去一无所知的美洲，如今有所了解了。

葡萄牙人在大西洋航行中发现了非洲的最南端，见到了那个一望无际的大海，这个大海把他们送到了东印度。海上的风险，莫桑比克、墨林德[①]和卡利卡特的发现，都被卡墨埃斯[②]写进了他的诗集，他的诗令人想到《奥德赛》的娇媚和《埃涅阿斯纪》的华丽。

威尼斯人此前一直经营着经由土耳其的印度贸易，为此受到许多凌辱和伤害。由于好望角的发现以及此后的另外一些发现，意大利失

---

① 墨林德(Mélinde)，莫桑比克城市，葡萄牙在此经营的商业十分繁荣。卡利卡特(Calicut)是印度西海岸的一个港口。——译者

② 卡墨埃斯(Camoëns，1525—1580)，葡萄牙诗人，曾泛海远游印度等地。——译者

去了世界贸易中心的地位，甚至可以说被挤到世界的一个角落里去了，如今依然如此。近东的贸易如今主要依靠各个大国在东西两印度经营的贸易的支撑，意大利在这方面所发挥的仅仅是辅助作用。

葡萄牙人以征服者的身份在印度经商，荷兰人如今强加于印度各小邦君主们的约束性法律①，其实是葡萄牙人在荷兰人来到之前制定的。

奥地利王室的富有令人难以想象。查理五世先后继承了勃艮第、卡斯蒂利亚和阿拉贡的王位，成为一个庞大帝国的皇帝，世界继续延伸，为他带来一种新的崇高地位，一个新世界出现在他的统辖之下。

克里斯多夫·哥伦布发现美洲之后，西班牙征服了两大帝国和另外若干大国，尽管它派遣到那里去的军队为数甚少，就连一个小国的君主也能派出。

正当西班牙人向西从事发现和征服事业时，葡萄牙人向东推动自己的发现和征服事业，两国终于相遇，于是求助于教皇亚历山大六世，教皇为它们划了一条著名的界线②，为这场大讼案作出了判决。

但是，欧洲的其他国家不让葡、西两国安享瓜分的果实，荷兰人把葡萄牙人赶出了东印度的几乎全部地区，另外一些欧洲国家则在美洲建立了各自的殖民地。

起初，西班牙人把新发现的地区视为征服对象，但是，比他们更聪明的民族却意识到，这些地区是他们发展贸易的对象，进而以这个看法作为行动的指南。有几个国家做得非常漂亮，把大权交给贸易公司，这些公司掌控着一些遥远国家，获取商业利益是它们

① 皮拉尔，《游记》，第二部分，第十五章。

② 教皇亚历山大六世于1493年发布敕令，以加拿利群岛为界，以东为葡萄牙势力范围，以西为西班牙势力范围。——译者

的唯一目的，所以它们虽然成为一股强大的附属势力，却并不让所在国感到为难。

在那里建立的殖民地所具有的那种从属地位，在以往的殖民地中并无先例，因为今天的这些殖民地或是隶属于国家，或是隶属于建立在这个国家中的某个贸易公司。

建立这些殖民地的目的，是以比邻国贸易更为优越的条件进行贸易，而在与邻国的贸易中，一切利益都必须双方均占。只有宗主国可以在殖民地开展贸易，确定这条原则的理由很充分，那就是：建立殖民地的目的是开展贸易，而不是建立一个新的城市或新的帝国。

因此之故，欧洲有了另一项基本法，那就是：所有与域外殖民地进行的贸易，一律被视为纯垄断性①贸易，本国的法律可予以惩处。在这个问题上，不应该依据古人的法律和先例进行判断，因为，那时的法律如今已经不大适用了②。

还有一条：宗主国之间可以进行贸易，绝不意味着殖民地也可以经营贸易，殖民地的贸易始终处于被禁止的状态。

殖民地因丧失贸易自由而遭受的损失，显然可以从宗主国的保护中获得补偿③；宗主国用武力保护殖民地，用法律维护殖民地。

由此而形成了欧洲的第三项法律：与某个殖民地的贸易一旦被禁，除条约另有规定外，该殖民地海域的航行也一并被禁。

国家之于世界恰如个人之于国家，应该依据自然法和各自制定的法律进行治理。一个国家既然可以把陆地割让给另一个国家，自然也

① 孟德斯鸠所使用的“垄断”一词，指法律所不许可的具有行会垄断性质的贸易。——译者

② 唯有迦太基人是例外，这一点可以从导致第一次布匿战争结束的条约中看到。

③ 宗主国在古语中的含义是创建殖民地的国家。

可割让海洋。迦太基人曾经要求罗马人不在某条界线内的海域航行①,希腊人也曾要求波斯国王与海岸线始终保持一匹马一口气所能奔驰的距离。

殖民地远离宗主国对于它们的安全不见得是坏事,因为,虽然宗主国在保护它们时有鞭长莫及之弊,可是,宗主国的敌国同样地处遥远,故而难以对这些殖民地实施征服。

不但如此,由于两地相距遥远,到殖民地去定居的人很难适应气候迥异条件下的生活,因而只能全部依赖来自本国的生活用品。迦太基人为了增大撒丁人和科西嘉人的依附性,禁止他们栽植、播种任何与惯用作物相似的作物,制作任何与惯用物品相似的物品,违者处死②。他们所需的粮食,迦太基人从非洲为他们运来。我们如今也达到了这种程度,只是没有制定如此严苛的法律。我们在安德烈斯群岛上的殖民地美不胜收,那里可供进行贸易的物品是我们所没有也不可能有的,而那里的人却又缺少我们可以用来进行贸易的物品。

发现美洲的后果就是把欧洲、亚洲和非洲连成一片。美洲为欧洲提供了可与亚洲那个被叫做东印度的广大地区进行贸易的物品。白银作为价值符号在贸易中是十分有用的金属,而白银作为商品更是世界大型贸易的基础。最后,航行非洲如今已经变得十分必要,因为美洲的矿山和种植园所需的劳动力,都需要非洲提供。

欧洲的实力已经达到了前所未有的程度,它的花费之巨,它的军事介入,它的军队人数,在历史上都找不到先例,庞大的军队即使毫无用处,也要长期维持,哪怕只是为了炫耀。

杜赫德神甫说,中国的国内贸易超过整个欧洲的内部贸易总量③。

① 波利比乌斯,《历史》,第三卷。

② 亚里士多德,《奇事》。狄特-李维,《古代罗马史》,第二部,第七卷。

③ 《中华帝国全志》,第二卷,第170页。

我们的外贸如果不能促进内贸增长，杜赫德神甫所说的就可能是事实。欧洲与世界的另外三大洲通商和通航，恰如法国、荷兰和英国与整个欧洲通商和通航一样。

第二十二节　西班牙从美洲攫取的财富

如果说欧洲从美洲贸易中获益多多，那么，西班牙从中获得了更多的利益，自然是确凿无疑的了①。西班牙从这个新大陆攫取了数量多得惊人的黄金和白银，以往它所拥有的全部黄金和白银也无法与之相比。

可是，谁也绝对不会想到，西班牙竟然几乎到处一片贫困景象。腓力二世②继承了查理五世③的王位，迫于无奈，只得宣布了那次举世皆知的破产。他的军队因饷银不足而满腹牢骚，胡作非为，甚至造反作乱，腓力在这方面遭遇的难堪，是任何其他君主未曾经历的。

从此刻开始，西班牙王国日趋衰落。究其原因，是西班牙的财富在性质上有一个内在的自然缺陷，这个缺陷日益严重，致使财富化为乌有。

黄金和白银是虚拟的财富，或者说是财富的符号。这些符号非常耐久，不易损坏，这与其性质相符。金银数量越多，所代表的东西就越少，因而也就越不值钱。

西班牙征服墨西哥和秘鲁之后，放弃自然财富，转而积聚那些将会自行贬值的财富符号。黄金和白银在欧洲十分稀少，一夜之间突然拥

① 我在二十余年前撰写的一篇未版文章［即撰写于 1728 年的《论西班牙的财富》。——译者］中谈及此事，此文几乎已全部融入本节。

② 腓力二世（Philippe II，1527—1598），西班牙国王（1556—1598）。——译者

③ 查理五世（Charles V 或 Charles-Quint，1500—1558），德意志皇帝，西班牙国王。——译者

有大量金银的西班牙，萌生了前所未有的期望。可是，他们在被征服国家里攫取的财富，与那里金矿银矿的蕴藏量无法相比。印第安人把一部分金银藏匿起来；此外，对于印第安人来说，金银的用处主要是装点神庙和君王的宫殿，所以他们不像我们那样千方百计地把金银藏于密室，唯恐别人知晓。最后，他们不掌握从所有的矿石中提炼金银的秘密，只知道从可以用火分离的矿石中提炼金银，他们不知道可以利用汞提取黄金，甚至不知道有汞这种东西。

不过，尽管如此，欧洲的白银在不久之后就增加了一倍，所有物品的价格几乎翻了一番便是明证。

西班牙人挖矿开山，发明抽水的机器，粉碎和分离矿石；他们视印第安人的生命为儿戏，强迫他们无休止地劳动。欧洲的白银很快就增加了一倍，西班牙人的利润则减少了一半。他们每年获得数量相同的贵金属，可是，这些贵金属的价值却下降了一半。

时光流逝一倍，白银也增加一倍，利润也随之下降一半。

利润下降甚至不止一半，原因是这样的：

把黄金从矿藏中挖出来，进行必要的加工，然后运送到欧洲去，这需要一笔费用，我估计这笔费用大概是1/64。白银增加一倍，价值随之下降一半，这笔费用就变成2/64。这样一来，船队运回西班牙的黄金数量虽然不变，实际价值却下降了一半，而费用则增加了一倍。

变化继续成倍地发生，促使西班牙的财富日渐衰微的原因也随之日益彰显。

西印度地区①开矿已有二百年的历史。我估计，今天世界贸易中

① 西印度地区，此处的原文为Indes，既可指亚洲的印度，也可指可美洲的西印度地区。历史上并无西班牙人在印度开矿的记载，译者认为，孟德斯鸠此处所说的Indes，应是包括墨西哥在内的西印度地区，故译为西印度地区。——译者

流通的白银，与美洲发现前流通的白银，大约是三十二比一，也就是说翻了五番。二百年以后，世界贸易中流通的白银与美洲发现前的白银流通量的比例，将是六十四比一，也就是说，又翻了一番。目前，每50担金矿石可产出黄金4、5、6盎司黄金[①]，如果只能产出2盎司黄金，矿主就入不敷出了。二百年后，如果只能产出4盎司，那就仅仅可以收回成本，这就意味着，开采黄金的利润很低。同样的推论适用于白银，唯一的不同是开采白银比开采黄金获利稍微丰厚一些。

如果发现更多的富矿，利润因而更高，那么，矿石的品质越高，利润就消失得越快。

葡萄牙人在巴西发现了许多金矿[②]，西班牙人的收益无可避免地大幅下降，葡萄牙人的收益也同样随之下降。

我不止一次听到对弗朗索瓦一世的埋怨，责怪他盲目地拒不听取哥伦布寻找西印度的建议[③]。其实，他也许在不经意间做了一件非常聪明的事。西班牙就像那位丧失理智的国王那样，祈求神明把他触及的所有东西都变成黄金，结果却又不得不祈求神明把他从极度困苦中拯救出来[④]。

不少国家先后建立起来的公司和银行，使得黄金和白银作为符号的价值大幅降低。借助新的虚拟形式，商品的价值符号作用成倍增长，

① 参见弗雷齐耶(Frézier)的《游记》，第98页。

② 据安森爵士记述，巴西每年输往欧洲的黄金价值达二百万英镑，这些黄金是在山脚下和河床上的沙子中筛选出来的。我在撰写本节附注中提及的那篇文章时，从巴西获得的回报远不如今天受到重视。

③ 弗朗索瓦一世是1515—1547年在位的法国国王，死于1506年的哥伦布不可能向他提出任何建议。此处应是孟德斯鸠记忆有误。——译者

④ 这位国王就是公元前8世纪的弗里基亚国王弥达斯(Midas)。据神话记载，神应他的请求，赐予他点物成金的魔力。当他喝水进食时，水和所有食物都变成了金，于是他因饥饿和干渴而濒于死亡，无奈之下，他不得不请求神收回赐给他的魔力。——译者

黄金和白银的价值符号作用随之降低，因而不再那样珍贵。

所以，公共信贷取代了矿山的地位，西班牙人因开矿而获得的利润也随之减少。

确实，荷兰人在东印度经营的贸易或多或少提高了西班牙人的商品[①]价格，因为，他们用白银到那里去换取东方的商品，从而减轻了西班牙人在欧洲商品过剩的负担。

西班牙与这宗贸易虽然只有间接关系，却与经营这宗贸易的国家同样受益。

从以上所述就可对西班牙议会的一项法令作出判断，这项法令禁止用金银镀镶器物之类的奢侈行为。这项法令与荷兰各省议会的一项禁止使用香料的法令相似。

我的上述议论并非针对所有矿业，德意志和匈牙利的矿业就相当有益，这些矿业在成本之外收益甚少，而且是在本国境内，雇佣数千工人，消费掉许多过剩产品，堪称本国名副其实的制造工厂。

德意志和匈牙利的矿业促进了种植业，而墨西哥和秘鲁的矿业却损害了种植业。

西印度和西班牙是同一主人属下的两个强国，不过，西印度为主，西班牙为次。想要变主为次的政策是徒劳无益的，西印度始终吸引着西班牙。

每年大约有价值五千万的商品运到西印度去，西班牙所提供的只占二百五十万。这就是说，西印度每年的营业额是五千万，而西班牙却只有二百五十万。

既非来自本国的工业和居民的人数，也不是来自土地耕种的非正常税收，不是良好的财富。在加的斯征收大量税款的西班牙国王，其实

① 这里所说的商品应是白银等贵金属。——译者

只不过是赤贫国家里的一个大亨而已。所有一切都来自外国人，而与他的臣民无涉。因此，这种贸易与国运盛衰毫不相干。

卡斯蒂利亚的某些省份为他贡献的金额，如果能与他在加的斯收取的税款相当，他的实力将会大大增强。他的财富只能是国家富裕的结果，那些能够为他提供大量钱财的省份，将会对其他省份起到一种激励作用，所有省份因而就可在赋税负担方面彼此支持。这样一来，西班牙就不是一个巨大的宝库，而是一个强大的民族。

第二十三节 问 题

西班牙既然不能自己经营西印度贸易，那就不如让外国去经营，这样是否比较合适呢？这个问题不应由我来回答。我只是想说，在政策允许的范围内，尽量少给这项贸易设置障碍，这对西班牙来说大概是合适的。各国出口到西印度去的商品价格很高，西印度就得用他们的许多商品即黄金和白银，换取很少的外国商品。外国商品如果价格低廉，西印度就可用较少的金银换取这些外国商品。这些国家如果彼此倾轧，致使输往西印度的商品价格始终低廉，这样也许会有好处。这就是应该认真审视的原则，与此同时，还应考虑以下因素：西印度的安全、单一关税的好处、重大变革的危险性、可以预见的麻烦等；其实，不可预见的麻烦往往比可以预见的麻烦更加危险。

第二十二章

法与使用货币的关系

第一节　使用货币的原因

像蛮族那样没有商品可供交易的民族，以及仅有两三种商品可供交易的开化民族，只能通过以货易货进行交易。到非洲腹地通布图[①]去以食盐交换黄金的摩尔人商队，因而就不需要货币。摩尔人把食盐堆成一堆，黑人则把金粉堆成一堆，如果金粉的含金量不足，那就由摩尔人从盐堆中取走一些盐，或者由黑人添加一些金粉，直到双方都觉得合适为止。

可是，如果经营大宗商品的贸易，就必然需要货币。若以以货易货的方式进行贸易，就不得不支付一笔不菲的费用，若使用便于携带的金属进行贸易，就可以省去这笔费用。

所有国家都有互补的需求，但是，以下情况常常发生：甲国需要乙国的商品量很大，而乙国需要甲国的商品量却很小，当甲国与丙国进行贸易时，情况却恰恰相反。可是，如果各国都有货币并以购入和售出的

---

① 通布图（Tombouctou），马里城市，位于撒哈拉沙漠边缘。——译者

方式进行贸易，那么，购入多于售出的国家进行结算后就可用货币支付入超的商品。两种交易方式是有区别的。在以货币进行的交易中，交易额取决于需求最大的那个国家的支付能力；在以货易货的交易中，交易额则只能取决于需求最小的那个国家的易货能力，否则，它就无法结账。

第二节　货币的性质

货币是代表一切商品价值的符号。之所以用金属作为价值符号，是因为金属经久耐用①，使用时损耗较小，可以多次分割而不毁坏。选用贵金属的原因则是携带方便。金属非常适宜于用作共同的计价手段，因为让它们的成色相同比较容易。各国都在金属货币上标上自己的标识，使货币的形状与标称和重量相对应，一眼就可从形状认出其标称和重量。

雅典人不使用金属货币，他们使用公牛②，罗马人则使用绵羊。两条公牛不可能完全一样，而两枚金属钱币却可以完全一样。

白银是商品的价值符号，纸币是白银的符号。纸币如果有足够的贵金属储备，就完全可以代表白银，两者的效用没有任何差异。

正如白银是一种物品的符号，从而代表各种物品，每种物品也是白银的符号，从而代表白银。白银可以代表任何物品，任何物品都可以代表白银，白银和所有物品都可以互为符号，换句话说，由于白银与其所

① 阿比西尼亚通用食盐，食盐的缺陷是不断地销蚀。

② 希罗多德在《波斯战争》中说，吕底亚人发现了铸造钱币的技艺，希腊人向吕底亚人学会了这项技艺。雅典的钱币上铸有古代的公牛作为标识。我在庞布洛克伯爵的书房里见到过一枚雅典钱币。

代表的物品价值相等，因而可以任意拥有其中的一种，在这种情况下，国家必定兴旺发达。这种情形只可能出现在政体宽和的国家里，但也并非总是出现在政体宽和的国家里。比方说，如果法律偏袒昧心的债务人，属于他的物品就不代表白银，也不是黄金的符号。对于一个专制政体来说，如果物品能够代表它们的符号，那就是奇迹了，因为在专制政体下，鉴于苛政和不信任，所有人都把白银深埋在地下①，物品因而也就不代表白银。

有时候，通过立法者的巧妙操作，物品不仅因其性质而代表白银，而且可以像白银一样变成货币。独裁者恺撒允许债务人按内战前的价格以地产向债权人还债②。提比略下令，凡是希望获得白银的人都可以向国库提取，但应以价值两倍的地产作为抵押③。在恺撒掌权期间，地产可以当作货币偿还所有债务。在提比略掌权期间，价值一万小银币的地产可以当作五千小银币使用。

英国大宪章规定，当债务人的动产或个人物品足以抵债而且愿意抵债时，债权人不得扣留债务人的地产或收入。在这种情况下，英国人的所有财产都代表白银。

德意志的法律规定，对他人犯下的过失和因犯罪而获得的刑罚，都可用白银补偿或顶替。可是，由于国内白银数量甚少，所以又规定可以用商品或牲畜补偿或顶替。萨克森人的法律也有类似的规定，不同之处在于它在确定数额时，需视当事人的贫富程度而定。首先，法律宣布货币与牲畜的比值，一枚价值二分之一苏的钱币等于一头一岁的公牛或一只母羊及其一只羊羔，一枚价值四分之三苏的钱币等于一头一岁

① 阿尔及尔有一个古老的习惯，每个家庭的父亲都把财宝埋在地下。见洛吉耶·塔西，《阿尔及尔王国史》。

② 恺撒，《内战记》，第三卷。

③ 塔西佗，《古代罗马史》，第六卷。

半的公牛。对于这些民族来说，货币变成了牲畜、商品或货物，而这些东西也就便成了货币。

货币不只是物品的符号，而且还是白银的符号，并代表白银。在论述兑换的那一节中，我们将会看到这一点。

第三节　虚拟的货币

货币有两种，一种是真实的货币，一种是虚拟的货币。几乎所有文明的民族都使用虚拟的货币，因为他们已经把真实的货币转换为虚拟的货币了。最初，他们的真实货币是有一定重量和一定成色的金属。后来，由于心地不良或是实际需要，每枚货币的金属被减少一部分，标称却依旧不变。比如，一枚一锂的银币，其白银含量应为一利弗尔①，可是，它的白银含量减少了一半之后，仍然叫做一锂。从前，一枚白银含量为二十分之一利弗尔的货币叫做一苏，如今，一苏的白银含量已经少于二十分之一利弗尔，但依然叫做一苏。这样一来，锂就是虚拟的锂，苏也是虚拟的苏，其余辅币的情况也是如此。这样发展下去，锂的含银量实际上远远小于一利弗尔，锂因而也就愈加是虚拟货币了。有朝一日甚至会发展到这种地步：不再铸造实际价值为一锂的货币，也不再铸造实际价值为一苏的货币，到那时，锂和苏就变成了地地道道的虚拟货币。往后，人们可能把一枚货币随心所欲地定为多少锂或多少苏。改变一件物品相当困难，给一件物品改一个称呼却易如反掌，所以，随意改变货币标称的事以后还会继

① 利弗尔(livre)，旧时通行于法国的一种记账货币，约等于12盎司。——译者

续发生。

为了从源头上消除弊端，所有希望发展贸易的国家最好制定一项法律，规定只许使用真实货币，禁绝任何会使真实货币变成虚拟货币的做法。

一切物品共同的计价手段最不应该发生变化。

贸易本身具有很大的不确定性，在事物性质所决定的这种不确定性上面，如果再加上另一种不确定性，那就很不好。

第四节　黄金和白银的数量

当文明民族主宰世界时，黄金和白银日益增多，有的产自它们自己的矿藏，有的来自他国的产地。反之，当蛮族占据上风时，黄金和白银的数量就日益减少。众所周知，当哥特人和汪达尔人从一侧侵入，而撒拉逊人和鞑靼人从另一侧侵入时，金属就变得极为稀少。

第五节　续前题

在美洲开采的白银运到欧洲后再转运东方，从而促进了欧洲的航运业。白银是欧洲通过交易从美洲获得的又一宗商品，又通过贸易把它输送到印度去。当黄金和白银被当作商品时，数量当然越多越好，而当黄金和白银被当作价值符号时，情况就全然不同了。因为，金银被当作价值符号的基础是稀有，所以，数量大增就会损害金银作为价值符号的身份。

第一次布匿战争之前，黄铜与白银的比率是960比1[①]，如今这个比率为73½比1[②]。这个比率如果依然保持当年的水平，白银就能更好地发挥它价值符号的作用。

第六节　发现印度后利率为何下降一半

印加·加尔西拉索[③]说，西班牙征服西印度后，利率从百分之十下降为百分之五[④]。这是理所当然的事。大量白银突然运到欧洲，需要白银的人立即减少，各种物品的价格上涨，白银的价格下跌。原有的比例被打破，旧债被废除。人们对约翰·劳体制[⑤]记忆犹新，在这个体制下，除了纸币，所有物品都价值很高。征服西印度后，有钱人不得不降低他们的商品价格和租金，即降低利率。

从那时起，借贷无法恢复原来的利率，因为欧洲的白银数量年年增加。况且，某些国家在贸易中积累的国有资金以相当低的利率放贷，私人之间的借贷也只得照此办理。此外，汇兑为将资金从一国带到另一国提供了极大方便，某地若缺少资金，资金立即会从各个富足的地方涌来。

① 参见本章第十二节。

② 假定每麦克白银价值49锂，每利弗尔黄铜价值20苏。[1马克约合8盎司。——译者]

③ 印加·加尔西拉索（Inca Garcilasso，1539—1616），西班牙语编年史作者。——译者

④ 《西印度西班牙人内战史》，博杜安（Beaudouin），1706年法译本，第一章，第六节，第20—21页。

⑤ 约翰·劳先生在法国推行的计划被称作约翰·劳体制。

第七节　在价值符号的变动中如何确定物价

货币表示商品和物品的价格[①]。这个价格如何确定呢？换句话说，每种商品以多少分量的白银代表呢？

如果把全世界的黄金和白银与全世界的商品相比，每件商品肯定相当于全部黄金和白银的一部分。全部金银相等于全部商品，部分金银也就相等于部分商品，假设世界上只有一件商品，或者只有一件可供出售的商品，又假设这件商品如同金银一样被分割成多份，一份被分割的商品相等于一份金银，一半商品相等于一半金银，十分之一、百分之一、千分之一的商品，也就相等于十分之一、百分之一、千分之一的金银。可是，组成一个人的财产的物品并不全都进入贸易，而作为财产的价值符号的金属或货币也并不同时全都进入贸易，所以，价格就得依据全部货物和全部价值符号以及进入贸易的全部货物和全部价值符号来确定。今天没有进入贸易的货物，明天或许就会进入贸易，今天没有进入贸易的价值符号，明天或许也会进入贸易，所以，从根本上来说，货物的价格取决于全部货物和全部价值符号。

因此，君主或官吏就不能再靠发布一道规定 1 比 10 等于 1 比 20 的命令，来确定商品的价值。尤利安在安条克[②]下令降低商品的价格，结果引发了一场可怕的饥荒[③]。

---

① 孟德斯鸠在这里谈论的是当代经济学意义上的价格，即由市场和交换决定的价格，而不是由商品的价值决定的价格。——译者

② 安条克（Antioche），土耳其的城市，今安塔基亚。——译者

③ 苏格拉底，《教会史》，第二卷，第十七章。

第八节　续前题

非洲沿岸的黑人有一种并非货币的价值符号，这是一种完全虚拟的符号。黑人们根据需要程度对物品作出高低不同的估量，这种估量就是他们用以确定虚拟价值符号的基础。某种商品值三马库塔，另一种商品值六马库塔，另一种商品值十马库塔，这与直接只说三、六、十没有任何不同。他们通过物品的相互比较来确定价格，所以根本没有货币，一种商品就是另一种商品的货币。

暂且把这种估价方法搬到我们这里来，并且把它与我们的定价方法相结合。全世界的商品或一个假定与其他国家隔绝的国家的全部商品，值某一数量的马库塔，然后再把这个国家的白银分割成若干份，其份数与该国拥有的全部马库塔数量相等。这样，一份白银就是一份马库塔的符号。

这个国家的白银数量倘若增加一倍，一个马库塔所代表的白银数量就会因此而增加一倍。但是，如果在白银数量增加一倍的同时，马库塔的数量也增加了一倍，两者的比率则依然与两者各自翻番之前一样。

发现西印度之后，欧洲的金银如果从一增加为二十，商品的价格也应该从一上涨为二十。可是，如果在另一方面，商品的数量从一增加为二，那么这些商品的价格就应该一方面以一比二的幅度上涨，另一方面则应以一比二的幅度下降。这样一来，商品的实际上涨幅度也就等于一比十。

源源不断地到来的白银使其数量大增，新大陆和新海域的新交通带来了新货物和新商品，贸易量因而增长，货物和商品的产量因而也随之增大。

第九节　黄金和白银的相对稀缺

黄金和白银除了有时确实充裕和稀缺之外，两者有时会因比例不调而出现相对的充裕或稀缺。

吝啬的人不舍得消费，把金银收藏起来，他们喜欢这些不会损坏的价值符号。由于担心丢失，他们更愿意收藏黄金，因为黄金的体积比白银小，更便于藏匿，所以人人都愿意收藏黄金。这样一来，当白银还相当充裕的时候，黄金就已经见不到了；而当白银变得稀少时，就不得不把黄金从藏匿处取出来，于是黄金重新出现。

于是就形成了一条规律：白银稀少时黄金不难见到，白银比比皆是时黄金就变得稀少。我们从中不难感受到，什么是真实稀缺和真实充裕的区别。我在下面将要对此作详尽的论述。

第十节　兑换率

各国货币的相对充裕和相对稀缺形成了我们所说的汇率。

汇率是对货币现时和暂时性价格的确定。

作为一种金属，白银具有价值，就像其他一切商品具有价值一样，白银由于可以充当其他商品的符号而具有另一种价值；如果它仅仅是一种商品，它的价值无疑就将大大降低。

白银作为一种货币，君王在某些方面可以确定它的价值，在其他方面则不能确定它的价值。

君王确定一个比例，把一定数量的白银当作金属使用，而把另外一定数量的白银用作货币。其次，君王还为用作货币的各类金属确定一个比率。再次，他为每一种货币确定重量和成色。最后，他为每一种货币确定一个我所说的虚拟价值。我把上述这四种关系中的货币价值叫做人为价值，因为，这个价值可以由法律确定。

每个国家的货币另外还有一个相对价值，这就是它与其他国家的货币比价。兑换率所确定的就是这个相对价值，它在很大程度上取决于其人为价值。货币的相对价值不由君王的命令，而由商人最全面的估算确定，因为，货币的相对价值不断发生变化，影响它的因素不计其数。

各国在确定货币的相对价值时，很大程度上以拥有白银最多的国家为依据。这个国家的白银如果等于其他所有国家的白银的总和，那么，其他每个国家就必须与这个国家进行比对，这样一来，所有其他国家之间的互相比对，可以说实际上就是与那个拥有白银最多的国家进行比对。

当今世界上拥有白银最多的国家就是荷兰①。让我们考察一下与荷兰有关的兑换率。

荷兰的货币叫做盾，一盾等于二十苏、四十个半苏或四十个格罗申。为便于思索，姑且假定荷兰的货币没有盾而只有格罗申。假设某人有一千盾，我们就说他有四千格罗申，依此类推。要同荷兰进行货币兑换，就得知道其他国家的货币值多少格罗申。法国流通的是价值三锂的埃居，因此，要想与荷兰进行兑换就得知道一埃居值多少格罗申。兑换率如果是 1 比 54，那么，价值三锂的埃居就值五十四格罗申；兑换率如果是 1 比 60，一埃居就值六十格罗申。倘若法国的白银稀缺，价值三锂的埃居可兑换的格罗申就多于六十；倘若法国的白银很充裕，价

① 荷兰人依据对自己有利的原则，通过讨论决定当今全欧的兑换率。

值三锂的埃居可兑换的格罗申就少于六十。

造成兑换率变化的充裕或稀缺，其实并非真实的充裕或稀缺，而是一种相对的充裕或稀缺。试举一例，当法国需要把较多的资金投放在荷兰，而荷兰并不需要在法国投放很多资金时，白银在法国就会显得很平常，而在荷兰就会显得很稀缺。反之亦然。

假设与荷兰的兑换率为 1 比 54。法国与荷兰如果合并为一个城市，货币的兑换就像埃居兑锂一样，法国人从口袋里取出三锂，荷兰人则从口袋里取出五十四格罗申。可是，巴黎与阿姆斯特丹并不相邻，想要用荷兰的五十四格罗申跟我兑换一埃居的人，必须交给我一张可以在荷兰兑现的面值为五十四格罗申的汇票。这样一来，问题不再是五十四格罗申，而是一张五十四格罗申的汇票。于是，想要知道白银是充裕还是稀缺①，就得知道，究竟是到法国来兑换五十四格罗申的汇票多，还是将要运到荷兰的埃居多。如果荷兰人交给法国人的汇票多，而法国人付给荷兰人的埃居少，那么，白银肯定在法国少，在荷兰多。此时，兑换率就将上升，想跟我交换埃居的人就该给我更多的格罗申。反之亦然。

由此可见，货币兑换的各个环节都有收入或支出需要结算。一个债务国无法通过兑换货币还债，犹如一个债务人无法通过以白银兑换货币还债一样。

假定世界上只有三个国家：法国、西班牙和荷兰。又假定若干西班牙人在法国负债十万马克白银；若干法国人在西班牙负债十一万马克白银，出于某种原因，这些法国人和西班牙人突然都想收回自己的资金，此时该如何办理兑换？双方各向对方偿付十万马克，但法国人依然欠西班牙一万马克，西班牙人将持有法国的一万马克汇票，而法国人则

① 一地的纸币多于白银时钱财就少，白银多于纸币时钱财就多。

不持有任何西班牙人的汇票。

假如荷兰人与法国人的借贷关系正好相反，需要归还给法国人一万马克。在这种情况下，法国人有两种向西班牙人偿付债务的方法，其一，将荷兰人的一万马克欠款票据交给西班牙债权人，其二，向西班牙运送一万马克白银。

因此，当一个国家需要在另一个国家付款时，就事物的性质而言，运送白银或交付汇票并无区别。运送白银①或是支付同一数额的荷兰汇票，究竟哪种方法为佳，完全视当时的实际情况而定，就看哪种方法能在荷兰得到更多的格罗申。

法国的白银如果可以在荷兰换到同样成色和重量的白银，那就是平价汇兑。当前②的货币平价汇率大约为 1 埃居兑 54 格罗申；汇率高于 54 格罗申时就叫高汇率，低于 54 格罗申时就叫低汇率。要想判断在某种汇率下国家将会获利或亏损，那就看他是债务人还是债权人，是买主还是卖主。汇率低于平价时，债务人吃亏，债权人获利，买家吃亏，卖家获利。国家如果是债务人，肯定吃亏。比如说，当法国欠荷兰某一数额的格罗申时，埃居能兑换的格罗申越少，法国为还债而支付的埃居就越多。反之，荷兰如果欠法国某一数额的格罗申，埃居能兑换的格罗申越少，法国回收债款时得到的格罗申就越多。当汇率下跌时，埃居可以换得的格罗申数额就减少，此时法国如果是买家，那就肯定吃亏。与此同理，法国此时如果是卖家，那就肯定获利。比方说，我现在在荷兰出售商品所获的格罗申，与以往出售商品时所获的格罗申的数额相同，我就能在法国兑换更多的埃居，因为，用 50 格罗申兑换 1 埃居，显然与用 54 格罗申兑换 1 埃居不同。对方国家的情形则恰好相反。荷兰的

① 扣除运费和保险费。

② 1744 年。

债务如果是埃居，它就能获利，荷兰的债权如果是埃居，它就会吃亏；它若是卖家，它就吃亏，它若是买家，它就能获利。

不过，说到此处并未说完。汇率如果低于平价，比如，1 埃居可兑换的格罗申不是 54 格罗申，而是 50 格罗申，法国在荷兰购买五万埃居的商品，就得支付五万四千埃居。至于荷兰，它只要用五万埃居就能在法国购买价值五万四千埃居的商品。一进一出，差价就是五十四分之八，也就是说，法国的损失高达七分之一，此时，法国就不得不比汇率平价时多向荷兰支付七分之一的白银或商品。这种损害还将继续增大，因为法国因此而欠下的债务会使汇率进一步下跌，直至法国破产。事情似乎将会发展到这一步，但是实际上却并未如此，原因就是我在前面已经阐明的原则[①]。各国一向力求收支平衡，不欠外债，因而不借还不起的债，不买卖不出去的货物。就前面举过的例子而言，法国的汇率如果从 1 埃居兑换 54 格罗申下跌为 1 埃居兑换 50 格罗申，荷兰人购买价值一千埃居的货物，如果法国人同意，就不再支付五千四百格罗申，而只需支付五千格罗申。这样，法国商品实际上在不知不觉间涨价了，因涨价而获得的利润是由法国人和荷兰人共享的。因为，商人如果获利，就比较容易让他人共享利润，这样一来，法国人和荷兰人之间就会发生利润分摊。同样，当汇率为 1 埃居兑换 54 格罗申时，法国人用一千埃居购买了价值五千四百格罗申的荷兰商品；这位法国人现在就不得不多花五十四分之四的埃居，去购买同等数量的荷兰商品。不过，这位法国商人既然已经感到自己会亏损，他就会少购买一些荷兰商品，这样一来，损失就由法国商人和荷兰商人分摊了。国家在不知不觉中得以保持收支平衡，汇率下跌也不至于产生人们担心的恶果。

汇率下跌到低于平价时，商人可以在不减少其财富的前提下把资

① 见本书第二十章第二十一节。

金转移到国外，将来转回国内时就可以把当初的损失补回来。可是对于君主来说，如果把资金转移到国外，就不会再转回来了，所以他若这样做，肯定永远蒙受损失。

在一个国家里生意做得很多时，汇率会不可避免地上升。原因在于签订了许多契约，购买了许多商品，因而必须从国外引入用以支付的资金。

君主如果囤积大量白银，该国的白银就会处于实际上稀缺但相对并不匮乏的状态。例如，该国如果应向外国支付许多商品的货款，此时尽管白银稀缺，汇率却会下跌。

任何地方的汇率都会自行调节到某个比率，这是事物的性质使然。爱尔兰与英格兰的货币汇率如果低于平价，英格兰与荷兰的货币汇率也低于平价，爱尔兰与荷兰的货币汇率就会更低于平价；这是因为受到了爱尔兰与英格兰的汇率以及英格兰与荷兰的汇率的复合影响。一个不愿以较多费用直接从爱尔兰调回资金的荷兰人，可以经由英格兰间接地把他的资金调回荷兰。我在这里说的是应该如此，但事实并非丝毫不差地就是如此。总会有一些导致变化的情况发生。要想在一地或在另一地获得可以获得的利润差额，要靠银行家的本事和过人的机灵，这不是我在这里要探讨的问题。当一个国家想要提高其货币标称时，例如，把三锂或一埃居改称六锂或两埃居，新的标称丝毫不会增加埃居的实际价值，因而也不会通过兑换多获得一格罗申。用两个新埃居进行兑换，换到的格罗申还是与以前用旧埃居换到的格罗申一样多。倘若不是这样，原因也不是新确定的汇率本身，而是新近和突然的汇率变化所导致的结果。汇率离不开已经开始交易的生意，经过一段时间之后才能符合规律。

一个国家如果不是简单地依仗法律提高其货币的标称，而是铸造新货币，使强势货币变成弱势货币；那么，在更换过程中就有两种货币同时并存，旧币是强势货币，新币是弱势货币。强势货币已经明令禁止流通，只能由铸币厂陆续收回，所以，所有汇票都应以新币计算。

假如法国的旧币即价值三锂的埃居原先可以兑换六十荷兰格罗申，变成弱势货币后的新埃居价值下降一半，那就只能兑换三十荷兰格罗申了。从另一个角度看，汇率似乎应该依据旧币的价值确定，因为，拥有资金又持有汇票的银行家，不能不到铸币厂去用旧币换取让他吃亏的新币。汇率于是就定在新币的价值和旧币的价值之间。旧币的价值可以说是下跌了，一则因为新币已经在贸易中流通，一则因为银行家出于利益的考虑，急于清空他所持有的旧币，使之发挥作用，甚至不得不用旧币还账，所以就不会过于计较旧币的价值。另一方面，新币的价值可以说是上升了，因为，我们将会看到，手持新币的银行家处于一种有利地位，可以在取得旧币时获得重大收益。如我所说，汇率就会定在新币与旧币之间。在这种情况下，银行家就可以通过把旧币运到国外而获利，因为，通过这种办法，为旧币所确定的汇率能为他们带来多少利润，他们就可以获得多少利润，换句话说，他们可以在荷兰赚到许多格罗申。当他们将货币弄回法国后，又可以依照新币与旧币之比所确定的汇率兑换货币，由于这个新的汇率更低，所以他们又可在法国多赚许多埃居。

假设旧币三锂一埃居与格罗申的汇率为 1 比 45，而把这个埃居带到荷兰则可换成六十格罗申；可是，一张四十五格罗申的汇票在法国可换取三锂一埃居，如果把这个旧币埃居带到荷兰，依然可换得六十格罗申。所以，所有旧币都将流出正在铸造新币的国家，从中获利的将是银行家。

为了弥补这一缺陷，就不得不采取新的措施。铸造新币的国家把大量旧币运送到制定汇率的国家去，取得信用后就可以促使汇率上升，三锂一埃居可以兑换的格罗申，大体上就能与从国内带出来的旧币三锂一埃居可以兑换的格罗申一样多。我之所以说大体上，是因为如果收益不大，考虑到不但要花费一笔运费，而且还要冒被没收的风险，所以，把旧币运送出去的诱惑力就不会很大。

有必要把这件事说得清楚一些。贝尔纳先生①或国家愿意雇用的任何一位银行家开出一些到荷兰取款的汇票，汇票的汇率比现行汇率高出一、二或三格罗申；他不断地将旧币运到国外作为储备，这样一来，汇率就上升到刚才说的程度。可是，由于他开出了不少汇票，吃进了几乎所有新币，因而迫使其他需要付款的银行家都把旧币送往铸币厂；不但如此，由于他在不知不觉间独揽了所有钱币，其他银行家就只得以很高的汇率给他开汇票。他最终获得的利润补偿了开头的大部分损失。

我们看到，在上述整个操作过程中，国家要经受一次猛烈的危机。银根将由于以下原因而十分吃紧。第一，大部分货币被禁止流通；第二，一部分货币要运送到国外；第三，人人都会锁紧钱袋，不让自己有望获得的好处让君主拿走。这个操作过程慢了不行，快了也不行。预期的获利如果极大，麻烦也就会因此而层出不穷。

从上述可以看出，汇率如果低于货币的话，把货币运往国外可以获利；基于同一理由，汇率如果高于货币，把货币运进国内可以获利。

不过，在一种情况下，即使汇率处于平价状态，把货币运出国外也能获利，那就是把货币运到国外去重作标识或重新铸造。货币运回本国后，无论在本国使用或是支付外国汇票，都可获利。

在一个国家里倘若有人开了一家公司，这家公司的股票数量极大，

① 贝尔纳(Bernard，Samuel，1651—1739)，法国国王路易十四和路易十五时代的银行家。——译者

股票的价格在几个月里就比原始股涨了二十或二十五倍。这个国家所建立的银行发行了具有货币功能的纸币，纸币的数值高得吓人，为的是与高得吓人的股票数值相适应（这就是约翰·劳先生的体制）。事物的性质引出的必然结果是，股票和纸币是怎么出笼的，就怎么收场。既然股票的价格突然之间就比原始股猛涨二十或二十五倍，那就不可能不让许多人一下子赚到了许许多多钞票。人人都想为自己的财富保值，而兑换则是改变财产性质或转移财产的最佳快捷方式，于是，人们就不断地把自己的一部分财产转移到制定汇率的那个国家去。不断向国外转移资金的计划必然促使汇率下跌。假设在实施约翰·劳体制时，依据银币的成色和重量而制定的汇率为一埃居兑换四十格罗申，当不计其数的纸币成为货币后，人们就只愿用三十九格罗申换取一埃居了，再往后则是三十八、三十七等等，到了最后，一埃居只能换取八格罗申，于是也就不再有人兑换了。

在这种情况下，法国应该制定白银与纸币的比值。假设一枚价值三锂的埃居以其成色和重量应该可以兑换四十格罗申，而标称为三锂一埃居的纸币实际上只能换取八格罗申，相差五分之四。这就是说，三锂一埃居的纸币的价值比三锂一埃居的银币的价值低五分之四。

第十一节　罗马人的货币调节措施

当今法国两届政府先后对货币采取的措施[①]可谓重大矣，但是当年罗马人的动作更大。罗马人的大动作既不是在共和国腐败时期，也

① 法国政府分别于1717年和1726年对法国货币实行贬值。——译者

不是在处于名为共和国实为无政府状态时期，而是趁着他们的制度如日中天，凭借智慧和勇气征服意大利各个城市之后，正在与迦太基人争夺霸权之时。

我很愿意就这个问题作一番深入的考察，免得有人把并非范例的东西当作范例看待。

重量本应是十二盎司的埃斯，在第一次布匿战争①中只重二盎司，而到了第二次布匿战争时，只有一盎司重了。货币含铜量的降低与我们今天所说的货币数量的增加是相互关联的。把一枚价值六锂的埃居的含银量减少一半，或是把它的价值提升为十二锂，两者并无丝毫差别。

罗马人在第一次布匿战争中的做法，现在已经无从考查，但是他们在第二次布匿战争中的作为，显示了卓越的智能。共和国当时全然无力清偿债务，埃斯的含铜量只有二盎司，一个锝等于十埃斯，含铜量为二十盎司。共和国铸造了一批含铜量为一盎司的埃斯②，从而抵销了一半债务，用十盎司铜还一锝的债。这项措施在全国造成极大震动，因而有必要尽量减小这种震动。这项措施不公道，所以应该尽量让它公道些。这项措施旨在让共和国不再对公民负债，所以不应以解除公民相互之间的债务为目的。国家于是又采取了第二项措施，决定将原来的一锝等于十埃斯，改为一锝等于十六埃斯。实施这两项措施后，共和国的债权人损失了一半财产③，放债给私人的债主损失了五分之一④。商品价格实际仅上涨五分之一，货币的实际变化也仅有五分之一。其余后果由此不难想见。

① 普林尼，《自然史》，第三十三卷，第 13 条。

② 普林尼，《自然史》，第三十三卷，第 13 条。

③ 债权人收到的铜实际上只有十盎司，却被当作二十盎司。

④ 他们收到的铜实际上只有十六盎司，却被当作二十盎司。

由此可见，罗马人比我们做得好，我们的措施既涉及公共财产，也涉及私人财产。不但如此，我们在下面还会看到，罗马人实施那些措施的时机比我们选得好。

第十二节　罗马人采取货币调节措施的时机

意大利没有或几乎没有金矿和银矿，所以古时候只有少量黄金和白银。高卢人拿下罗马时，只找到了一千利弗尔黄金[①]。不过，罗马人曾经劫掠了若干强盛的城市，把那里的财富运回罗马。在很长时间中他们只用铜币，直到与皮洛士[②]媾和之后，有了足够的白银铸造银币[③]，这才铸造了价值十埃斯或十利弗尔铜的银币锝。此时白银与铜的比率为1比960。一个罗马锝的价值为十埃斯[④]或十利弗尔铜，也就是一百二十盎司铜；一个罗马锝的价值为八分之一盎司白银[⑤]。这样，我们刚才所说的比例就确立起来了。

当罗马成为意大利最靠近希腊和西西里的那个地区的主人后，就逐渐处于两个最富有的民族希腊人和迦太基人中间。由于白银数量增加，白银与铜的1比960的比例无法继续维持，他们于是针对货币采取了不为我们所知的多种措施。我们只知道，第二次布匿战争开始时，罗

① 普林尼，《自然史》，第三十三卷，第5条。

② 皮洛士(Pirrhus)，希腊的伊庇鲁斯国王(前319—前272在位)。——译者

③ 佛兰舍缪斯，《李维补编》第二部，第五卷。

④ 佛兰舍缪斯，《李维补编》第二部，第五卷。这位作者说，罗马人另外还铸造了相当于半锝的吉奈尔和相当于四分之一锝的塞斯德斯。

⑤ 布代认为值八分之一盎司白银，其他作者则认为值七分之一白银。

马锝只值二十盎司铜了①,白银与铜的比率也因此而变成 1 比 160 了。白银大幅度贬值,共和国在铜币上赚到了六分之五。不过,共和国只是采取了一些顺应事物性质的措施,重新确定了用作铸造货币的各种金属之间的比率而已。

第一次布匿战争以议和结束后,罗马人成了西西里的主人。不久之后,他们就进占撒丁岛,由此开始了对西班牙的认知。罗马的白银数量继续增加,锝的白银含量由二十盎司降为十六盎司②,这项措施的结果是把白银和铜的比率从 1 比 128 重新调整到 1 比 160。

你若对罗马人进行研究,那就不难发现,他们的高明之处在于,无论行善或作恶,所选择的都是最佳时机。

第十三节　帝政时期的货币调节措施

在共和时期,主政者通过减少货币的白银含量来调节货币。国家无意糊弄百姓,而是把需求明明白白地告诉他们。帝政时期则通过降低白银成色来调节货币。皇帝们因出手大方而陷于绝境,不得不改用合金铸造钱币。这种间接途径看起来并未触及病痛,实际上却减轻了病痛;百姓获得的好处被收回了一部分,但是他们并不觉得;薪金和赠予都减少了,但无人提及。在陈列室里如今还能看到一些被人叫做夹心饼的硬币,两面只有一层薄薄的白银,当中全是铜③。狄奥在他的《罗马史》第七十七卷中谈到了这种钱币④。

---

① 普林尼,《自然史》,第三十三卷,第 13 条。

② 普林尼,《自然史》,第三十三卷,第 13 条。

③ 参阅《钱币学》,茹贝尔神甫著,1739 年巴黎版,第 59 页。

④ 《道德与邪恶摘录》。

狄第乌斯·尤利安[①]开始降低货币的白银含量。卡拉卡拉[②]在位时铸造的货币含银不到一半[③]，到了塞维努斯·亚历山大在位时，含银量进一步降到了三分之一[④]，到了加里恩努斯[⑤]掌政时，就只有包银的铜币了[⑥]。

我觉得，这种狠招如今是行不通的，君主如果这样做，他只能自欺，却不能欺人。银行家通过汇率学会了将世界上的各种货币一一进行比较，准确估价。货币的成色也不再是秘密。君主如果开始铸造掺有其他金属的银币，人人都将仿效，并且也会为他铸造这种钱币。成色高的钱币将会流出国外，返回到君主手中的将是成色差的钱币。他若仿效罗马人，降低银币的含银量而不降低金币的含金量，那么，金币就将突然消失，他所能拥有的只是含银量较低的银币。我在前一章已经说到[⑦]，面对汇率，凭借权力采取的重大措施没有多大作用，至少没有取得成功。

第十四节　汇兑如何令专制国家为难

俄罗斯试图抛弃专制主义，但是办不到。既然有了贸易，就得有汇

---

① 狄第乌斯·尤利安(Didius Julien，163—193)，罗马皇帝，193 年即位，66 天后即被杀。——译者

② 卡拉卡拉(Caracalla，188—217)，罗马皇帝(211—217 在位)。——译者

③ 参见 1681 年 7 月 28 日的《学者杂志》所载萨沃特(Savotte)的文章的第二部分。

④ 参见 1681 年 7 月 28 日的《学者杂志》所载萨沃特的文章的第二部分。

⑤ 加里恩努斯(Gallien，218—268)，罗马皇帝(253—268 在位)。——译者

⑥ 参见 1681 年 7 月 28 日的《学者杂志》所载萨沃特的文章的第二部分。

⑦ 本书第二十一章。

兑。可是汇兑的各种操作与俄罗斯的所有法律相抵触。

俄国女沙皇[①]于1745年下旨驱逐犹太人，因为，西伯利亚流放犯的钱财，为女皇政府当差的外国人的钱财，都被犹太人送到外国去了。沙皇的所有臣民犹如奴隶，不经许可，他们不能出国，他们的钱财也不能送往国外。汇兑使钱币得以从一国流向另一国，因而与俄国的法律发生抵触。

即使是贸易，也与俄国的法律抵触。俄国只有两种人，一种是依附于土地的奴隶，另一种是这些奴隶的主人，他们被称为教士或绅士。除此以外，并不存在由工人和商人组成的第三等级。

第十五节　某些意大利国家的做法

某些意大利国家的法律规定，不得为向国外转移钱财而出售地产。当每个国家的财富完完全全属于自己，想要转移到别国相当困难时，上述法律应该说是好的。可是，自从有了汇兑，财富在某种意义上就不再专属于任何一国，而且可以方便地在各国之间流动，上述法律在此时就变成不良法律了，因为它允许人们为商务而处分自己的钱财，却禁止为了同一目的而处分自己的地产。这项法律之所以不好，是因为它给予动产[②]的地位优于地产，还因为它使外国人失去了到这个国家来安家立业的兴趣；最后，还因为这项法律是可以规避的。

① 此处指彼得大帝的女儿叶卡捷琳娜(1710—1762)，后为俄国沙皇(1741—1762在位)。——译者

② 此处的“动产”一词指票据证券之类。——译者

第十六节　银行家能为国家提供的援助

之所以要有银行家，为的是货币兑换，而不是货币借贷。君主与银行家打交道即使仅仅是为了兑换，由于君主需要兑换的数额必然很大，所以，尽管银行家在这种交易中的利润不高，依然不失为一笔大生意。银行家如果索要高额利润，那肯定是管理出了毛病。反之，银行家如果被用于垫付款项，他们的本事就在于能否利用自己的钱财获得巨额利润，而又不被指控为发放高利贷。

第十七节　公债

有人[①]认为，国家向自己借钱是件好事，他们觉得这样做可以通过加快流通，增加财富。

我觉得，他们是把以下三种票据混为一谈了：一种是可以流通的票据，它所代表的是货币；一种是价值符号，表示公司在贸易中已经取得或将要取得的利润；另一种票据则代表债务。前两种票据都非常有益于国家。后一种则不然，个人所能寄予这种票据的全部期望，无非是它能为国债作保，也就是说可以凭借此票据取回债款。但是，它也有不少弊病：

1）如果外国人持有这种代表国债的票据，就可每年从国家取得可观的利息。

2）一个国家如果长期以这种方式负债，汇率必然很低。

① 此处指当时法国摄政王的财政顾问，特别是约翰·劳。——译者

3）向公债利息征税将使劳动力价格昂贵，从而损害制造业。

4）国家的真正收入将从勤奋劳作的人手中转到无所事事的人手中，也就是说，把劳动的便利给予不劳动的人，把劳动的困难给予劳动的人。

这些都是公债的弊病，而我却并未发现它有什么好处。假设有十个人，每人各有来自地产或工业的收入一千埃居；以百分之五的比例计算，对于国家来说，等于二十万埃居本金。这十个人如果拿出收入的一半即五千埃居，用于支付他们向别人所借十万埃居的利息，对于国家来说，依然只是二十万埃居本金。如果用数学公式来表示，那就是：200,000埃居—100,000 埃居＋100,000 埃居＝200,000 埃居。

倘若以为代表国债的票据就是财富的符号，那就错了。因为，唯有富国才能使这种票据保值而不致衰败，倘若果然如此，国家肯定在别处拥有巨额财富。有人说，这样做没有害处，因为巨额财富可以对付害处；有人又说，害处就其实是一种好处，因为巨额财富压倒了害处。

第十八节　公债的偿还

国家既是债权人又是债务人，两者之间应该保持一个比例。作为债权人，国家可以无限制地放债，作为债务人，国家的借贷不能超过一定限度，一旦超过这个限度，它就丧失了债权人的身份。

这个国家的信誉如果尚未受损，它可以采取一个欧洲国家①的成功做法：国家筹集大量现金，宣布要向所有债权人还款，除非他们愿意降低利率。事实上，国家借债时，利率由出资人确定，而当国家愿意付

① 英国。

款时，利率就由国家确定。

仅仅降低利率还不够，还应该用降息所得建立一个偿债基金，每年用它来偿还一部分本金。这是个很好的措施，一天比一天成功。

国家的信誉如果已经部分受损，就更有必要设法建立偿债基金，因为这个基金一旦建立，民众的信心立即就能恢复。

在共和国里，政体的性质宜于制定长期规划，偿债基金数额可以较小，而在专制政体下，偿债基金的数额就得大些。

① 应该制定规章，让每一个公民都为这项基金分担责任，因为他们也为国家负债分担了责任。国家的债权人通过他所分担的款额向自己还债。

② 偿还国债的人有四类；土地所有者、经商者、农民和工匠、向国家或个人放债的食利者。必要时无须对第四类人手软，因为在这四类人中，第四类人完全是国家的消极力量，而其他三类人则以其积极力量支撑着国家。但是，如果让这股积极力量负担过重，就会损及公众的信任，因为，不但国家需要，这三类人尤其需要这种信任。这就如同不能让某些公民失去公共信任一样，否则就会人人失去公共信任。债权人阶层一向是最容易被大臣们算计的人群，他们永远处在大臣们的视线之内和掌控之中，因此，国家应该给予他们特殊的保护，绝不能让债务人的地位优于债权人。

第十九节　有息贷款

货币是价值的符号。很显然，有人如果需要这种符号，那就应该像租用其他任何物品一样，租用这种符号。可是，这里有一个重大的差异，那就是，其他物品都是既可租用也可购买的，唯独货币不同，它本身就是物品的价格，所以只能租不能买①。

借钱给人而不索取利息当然是善举。不过，大家觉得，这只能是宗教训诫，而不能成为民事法规。

要想让贸易顺利开展，就得为借贷规定一个价格，但是这个价格不能很高。否则，商人如果发现他在贸易中的盈利尚不够支付利息，他就什么生意都不做了。另一方面，如果放贷而不能赚取利息，那就谁也不肯放贷，商人也就什么生意都做不成了。

我说谁也不肯放贷，此话不对。因为，社会的各种事物在发展，高利贷必然要出现，只不过，以往发生过的种种混乱同样也难以避免。

伊斯兰法律混淆了高利贷与有息贷款的区别。在伊斯兰国家里，对借贷的禁止越严，高利贷现象越厉害，这是因为，放贷人要对其违法行为所冒的风险获得补偿。

在这些东方国家里，大部分人没有任何保障可言，手里握有一笔钱是实实在在的，而一旦借出去就很难保证能收回来，所以，收回贷款的风险越大，高利盘剥现象也就越厉害。

第二十节　海上贸易中的高利贷

海上贸易中的高利贷产生于两个原因。其一是海上风险大，正因为如此，只有高额利润才能诱人冒险放贷；其二，海上贸易可以让借贷人便捷地在短时间里做大生意。对于陆地上的高利贷来说，这两种原因不但都不存在，而且还遭到法律的禁止，较为合理的做法是将利率限制在合理的水平。

---

① 这里丝毫不涉及作为商品的黄金和白银。

第二十一节　罗马人的契约借贷和高利贷

除了商业借贷之外，还有一种签订民事契约的借贷，由此产生了利息和高利贷。

罗马平民的权力日益增大，官吏们想方设法阿谀奉承，制定最让平民开心的法律。他们削减本金，降低利率，甚至禁止收取利息，取消人身强制措施；每当一位护民官想要捞取民望时，就把废除债务的问题提出来。

此类因法律或公民表决而形成的持续不断的变化，使高利贷在罗马日益盛行。这是因为债权人发现，平民既是债务人，同时也是立法者和法官，所以，他们不再相信契约。作为债务人的平民已然丧失信誉，因而只有支付高额利息才能获得贷款，何况法律并非始终如一，平民的抱怨却持续不断地威胁着债权人。这就使得一切以诚信为本的借贷在罗马几近绝迹，可怕的高利贷虽然时常受到毁灭性的冲击，却总能死而复生，在罗马落地生根[①]。造成弊病的原因是掌控不力。最好的法律造成了最坏的结果，债务人不但要为贷款支付利息，还得为债务人可能受法律惩处的风险掏钱。

第二十二节　续前题

早期罗马人并无规定利率的法律[②]。在平民和贵族关于这个问题

① 塔西佗，《编年史》，第六卷。

② 对于罗马人来说，有息贷款与高利贷没有区别。

的争议中，甚至在圣山民变[1]时，一方主张以诚信为本，一方主张严格按契约办事。

私人间的约定于是被作为付息的依据，我相信，最常见的是年息百分之十二，理由是罗马人通常把百分之六的年息叫做半息，把百分之三的年息叫做四分之一息[2]，由此可见，年息百分之十二就是全息。

倘若有人发问：一个几乎根本不经商的民族怎么会有这么厉害的高利贷呢？我会告诉他：这个民族的士兵没有军饷可领，为了应召从军作战，往往不得不借钱；只要征战不断获胜，他们通常就有钱还债，这种情形在有关此类争议的记述中可以读到。在这类记述中，债权人的悭吝极少遭到非议，倒是债务人的抱怨常常受到责难，说他们如果行为规矩，原本是有能力偿还债务的[3]。

于是就制定了一些仅仅适用于当前情况的法律。例如有这样的规定：凡应征入伍参加应予支持的战争者，不受债权人追索；被监禁者可以获释参战；赤贫者可送往殖民地；有时甚至打开国库。当前的痛苦既然得到舒缓，民众的心境就平息下来，不再有更多的诉求，元老院也就无须对他们有所防范。

在元老院坚决禁止高利贷的时期中，罗马人极度喜爱贫穷、节俭和朴实。可是，罗马的政制规定，国家的一切开支均由显贵负担，贫民不承担任何费用。那么，用什么办法剥夺显贵的索债权，却又要求他们承担国家的支出，以敷共和国的急需呢？

---

① 参见哈里卡纳索斯的狄奥尼修斯，《罗马古事记》，书中有极佳的记述。

② “半息”、“三分之一息”、“四分之一息”；参见《法学阶梯》和《法典》中的“高利贷”条，特别是第十七篇法律及其附录等。

③ 参阅阿庇乌斯关于此事的演说。见哈里卡纳索斯的狄奥尼修斯，《罗马古事记》。

塔西佗说，十二铜表法把年利率定为百分之一[①]。塔西佗显然搞错了，他把另一项法律当成十二铜表法了，我在下面将要谈到那项法律。十二铜表法如果真的对此作了规定，在债务人和债权人的争议中，怎么没有人引用该法作为解决争议的权威呢？在高利贷中找不到一丝一毫该法的踪迹。对罗马的历史哪怕略有所知，也不会不明白，在十人团执政时代，绝不可能制定类似的法律。

在十二铜表法之后八十五年制定的利基尼乌斯[②]法[③]，就是前面提到的这种昙花一现的法规之一。该法规定，归还本金时应扣除已付利息，其余本金分三次等额偿还。

罗马398年，在护民官杜伊留斯和梅涅尼乌斯推动下通过了一项法令，将年息降低为百分之一[④]。被塔西佗错误地说成十二铜表法的就是此项法令[⑤]。这是罗马人首次为规定利率而制定的法规。十年后[⑥]，利率降一半[⑦]，后来干脆完全取消[⑧]。假如狄特-李维读到的那几位作者的记述是可信的，那是在马蒂乌斯·鲁蒂里乌斯和钦图斯·塞尔维利乌斯担任执政官期间[⑨]，即罗马413年[⑩]制定的。

---

① 塔西佗，《编年史》，第六卷。

② 利基尼乌斯(Licinius Caius)，公元前4世纪人，曾先后任罗马护民官和执政官。——译者

③ 颁布于罗马388年[公元前366年。——译者]。

④ 拉丁原文为 unicaria usura，见狄特-李维，《古代罗马史》，第七卷。参见本书附录《为〈论法的精神〉辩护》中有关高利贷段落。

⑤ 塔西佗，《编年史》，第六卷。

⑥ 据狄特-李维在《古代罗马史》第七卷中的记述，此事发生在执政官曼利乌斯·托尔瓜图斯和普劳狄乌斯执政期间；这也就是塔西佗在《编年史》第六卷中提到的那项法规。

⑦ 拉丁原文为 Seminucicaria usura。

⑧ 如塔西佗在《编年史》第六卷中所述。

⑨ 该法是为起诉人民护民官格努西乌斯而制定的。见狄特-李维，《古代罗马史》，第七卷末尾。

⑩ 公元前341年。——译者

如同立法者所制定的其他一切过于极端的法律一样，这项法规也产生了同样的效果，那就是可以找到逃避这项法规的办法。于是不得不又制定许多法规来加强、修正和缓和它。时而把法规置于一边而顺从习惯[①]，时而遵循法规而不顾习惯，不过在这种情况下，习惯往往压过法规。一个人在向人借钱时，常常遇到法律的阻碍，而这项法律其实是为了帮助债务人而制定的。这样一来，谴责这项法律的人和这项法律想要援助的人，都反对这项法律。裁判官森普洛尼乌斯·阿赛卢斯想要继续严格执法，允许债务人依法行事[②]，结果被债权人杀害[③]，因为人们此时已经不能接受如此严厉的法规了。

现在让我们离开罗马，到外省领地去看一看。

我在别处说过[④]，罗马的外省领地生活在专制政体的粗暴统治下。这还不是全部，它们还遭受着可怕的高利盘剥。

西塞罗说[⑤]，萨拉米斯[⑥]人愿意向罗马人借钱，但因加比尼乌斯法的缘故而不能如愿。我觉得有必要研究一下这项法规。

有息贷款在罗马遭禁时，人们想方设法逃避这项法规[⑦]。罗马的盟国和拉丁人当时完全不受罗马公民法的约束[⑧]，于是就借用拉丁人和盟国人的姓名充当债权人。法规对债权人的管辖徒具形式，人民的痛苦并未因此稍减。

人民对这种弄虚作假深感不满，平民护民官马库斯·森普洛尼乌

① 拉丁原文为 Veteri jam more foenus recepyum erat。见阿庇安，《抗击米特拉达梯战争》，第一卷。

② 拉丁原文为 Permisit eos legibus agere。见阿庇安，《抗击米特拉达梯战争》，第一卷；狄特-李维，《补编》，第六十四卷。

③ 罗马 663 年[公元前 91 年。——译者]。

④ 本书第十一章第十九节。

⑤ 《致阿蒂库斯书》，第五卷，第 21 封信。

⑥ 萨拉米斯(Salamine)，塞浦路斯的古都。——译者

⑦ 参阅狄特-李维，《古代罗马史》，第三十五卷。

⑧ 参阅狄特-李维，《古代罗马史》，第三十五卷。

斯借助元老院的权威举行公民表决[①]，就高利贷制定法规，禁止罗马公民之间的有息贷款，罗马公民与盟国人以及罗马公民与拉丁人之间的借贷，同样予以禁止。

那时的意大利本土一直伸展到阿尔诺河和鲁比肯河，不被罗马人当作外省领地管辖，意大利本土的居民那时被称作盟国人。

塔西佗说[②]，为了逃避制止有息贷款的法律，新的弄虚作假手段层出不穷。如果借用一个盟国人的姓名既不能借也不能贷，借用一个外省领地人的姓名就很容易把事办成。

需要制定新法制止这种流弊。加比尼乌斯为防范选举舞弊正在制定一项有名的法规[③]，他认为，防止选举舞弊的最佳手段是抑制借贷，这两件事必然互为关联，因为，每逢选举时节，有人需要用钱收买选票，此时利率就必然升高[④]。我们看得很清楚，加比尼乌斯法把马库斯·森普洛尼乌斯的元老院法令扩大适用到外省领地去了，萨拉米斯人因而也不能在罗马借贷。布鲁图以他人名义向萨拉米斯人放贷[⑤]，月息百分之四[⑥]。为此他还让元老院发布两项元老院法令，其中第一项法令声称，这种做法不应被视为钻法律的空子，奇里乞亚[⑦]的总督应该依据萨拉米斯人的借款协议判案[⑧]。

① 罗马561年[公元前193年。——译者]。参见狄特-李维，《古代罗马史》，第三十五卷，第七章。

② 塔西佗，《编年史》，第六卷，第十一章。

③ 罗马615年[公元前139年。——译者]。

④ 参阅西塞罗，《致阿蒂库斯书》，第四卷，第15封信和第16封信。

⑤ 西塞罗，《致阿蒂库斯书》，第四卷，第1封信。

⑥ 庞培借给国王阿里奥巴桑尼斯六百塔兰，每三个月收取利息三十三阿提卡塔兰。见西塞罗，《致阿蒂库斯书》，第三卷，第21封信；第六卷，第1封信。

⑦ 奇里乞亚(Silicie)，位于小亚细亚的一个古城。今属土耳其。——译者

⑧ “这样，萨拉米斯人和借钱给他们的人都不会受骗。”见西塞罗，《致阿蒂库斯书》，第三卷，第21封信；第六卷，第1封信。

加比尼乌斯法禁止外省领地人与罗马公民之间的有息贷款，而此时全世界的钱财全都掌握在罗马公民手中，所以，只有极高的利率才能诱使罗马公民放债，贪婪会蒙住他们的眼睛，看不到放债的风险。当时罗马有一些权势人物，官员害怕他们，法律对他们无效，因而他们放债最大胆，索要的利率最高。这样一来，外省领地就先后受到罗马权势人物的侵扰。外省领地的每一位总督到任时①，都会发布一项公告，依据他的意愿确定利率。贪婪向立法伸手示好，立法向贪婪伸手示好。

各种事物总得往前走，要是一切都静止不动，国家也就完了。城市、团体、城市里的会社以及私人，总会有一些时候需要借钱。何况，哪怕只是为了应付军队的劫掠、官员的巧取豪夺、商人的敲诈以及江河日下的风气，也太需要借钱了。穷人从未如此穷，富人从未如此富。握有行政权的元老院，基于需要，也常常出于善意，允许向罗马公民借钱，而且为此颁布了若干项元老院法令。可是，这些元老院法令却由于法律而不为人们所信任②，因为，这些法令可以为平民提供机会，要求制定新的铜表法；倘若果真如此，收不回本金的风险就将加大，利率也会随之提高。我会一再重申，治人之道是适度，而不是极端。

乌尔比安说③，还债越晚，利率越低。这就是罗马共和国覆亡后指导立法的原则。

① 西塞罗的法令将利率定为月息百分之一，满一年时计算复利。对于共和国的包税人，西塞罗要求他们为债务人规定一个宽限期，债务人若到期不还，西塞罗就按借款协议上规定的利率收取。

② 西塞罗《致阿蒂库斯书》第五卷第 21 封信中吕塞尤斯所说的话。甚至颁布过一项元老院总法令，把利率固定为月息百分之一。参阅同一封信。

③ 《法律》，第十二篇“关于用语的含义”。

第二十三章

法与人口的关系

第一节　人和动物的物种繁衍

哦，维纳斯女神！哦，爱情之母！

……………………………………

自从你的星儿把绮丽的初春带回大地，
和煦的微风就吹来了爱情的气息，
大地把自己的胸怀打扮得五彩缤纷，
空气中弥漫着鲜花浓郁的香气，
鸟儿们在你强大力量的召唤下，
唱着动听的歌儿热烈地欢迎你，
骄傲的公牛为了追逐漂亮的牡牛，
跨过湍急的溪流，奔驰在一望无际的草地，
在茂密的林中和连绵起伏的山间，
在江边海滨和满眼翠绿的田野里，
谁能见到你容貌而不燃起爱欲之火，
在愉悦的吸引下养儿育女，生生不息，

热切地追随你，追随那巨大的魅力，

赋予会呼吸的万物以魅力的正是美丽[①]！

雌性动物的生殖能力大体上是恒定的。可是，人类的繁衍却受到了无数障碍的干扰，诸如思想方法、性格、感情、奇思异想、任性多变、姿色永驻的欲望、怀孕和家庭人口过多所带来的尴尬等等。

第二节　婚姻

抚养子女是父亲与生俱来的义务，因此而确立的婚姻宣告谁应该负担这项义务。庞波尼乌斯·梅拉[②]所记述的民族[③]仅仅凭借相貌辨认父亲。

在文明民族中，法律经由婚仪宣告为父亲的那个人才是父亲[④]，因为，法律发现，此人就是它所要寻找的那个人。

对于动物来说，母亲通常就可承担这个义务。人类抚养子女的义务更加广泛，人类的子女有理性，而理性是一步一步地成长起来的。单单喂养他们是不够的，还要教导他们，当他们已经能够生活时，他们尚不能管理自己。

两性的非法结合对人类的繁衍没有多少好处，负有养育子女天然义务的父亲因此而无法确认，这个义务于是就落在母亲肩上，可是，羞

① 这是卢克莱修诗集的开篇部分，由埃诺（Hesnaut）先生译为法文。

［卢克莱修（Lucrèce，约前 99—前 55），与维吉尔齐名的拉丁诗人。孟德斯鸠所引诗句源自他的《物性论》。——译者］

② 庞波尼乌斯·梅拉，《地理志》，第一章，第三节。

③ 伽拉曼特人（Garamantes），居住在阿特拉斯山脉以南的非洲人。——译者

④ “父亲是法律所指示的那个人。”

愧、悔恨、女性的不便以及法律的严明,给她带来了无数障碍,以至于在大多数情况下,她无法养育自己的子女。

风月女子没有养育子女的必要条件,教育子女的责任甚至与她们的身份不相称。再则,她们既然已经堕落到这步田地,自然不会相信法律。

由此可见,良好的风化与人种繁衍有着必然的联系。

第三节　子女的身份

如有婚姻关系,子女随从父亲的身份,如果没有婚姻关系,子女就只能由母亲照管[①]。作出这个规定的是理性。

第四节　家庭

妇女嫁到夫家去,这几乎在各地都是通例。台湾的做法正相反,丈夫入赘妻家[②],这种做法并无任何弊病。

规定同一性别承继家庭的法律,对人类的繁衍作出了相当大的贡献,尽管这并非它的初衷。家庭是一种财产,一个人的孩子中若没有能传宗接代的性别,他就会不高兴,直到有了能绵延家族的性别才心满意足。

姓氏非常有助于激发每个家庭传之久远的愿望,因为它令人觉得这是一个不应灭绝的东西。在一些民族中,姓名可以区分家族,在另一

---

① 正由于这个缘故,在实行奴隶制的民族中,子女始终依从母亲的身份。

② 杜赫德,《中华帝国全志》,第一卷,第 156 页。

些民族中，姓名只能区分个人，这就不如前者好。

第五节　合法妻子的等级

法律和宗教有时规定，两性结合可有多种类型，伊斯兰信徒的情况就是这样。他们的妻子分为若干等级，子女也因由不同的母亲所生而在家中互有区别，民事契约、母亲的奴隶身份以及父亲对子女的亲等认定，也是子女身份有别的原因。

子女若因父亲做了法律许可的事而蒙受法律耻辱，那是违背理性的。所以，所有子女应该都有继承权，除非另有特殊理由。例如在日本，唯有皇帝御赐妻子所生的子女才有继承权。日本的政策规定，皇帝赐予的财产不能过度分割，因为这些财产都要服务于皇帝，就像过去欧洲的采邑一样。

在某些国家里，正妻在家里享受的荣耀与欧洲一妻制下的妻子一样。在那里，妾生子女被视为正妻所出，中国就是这样。应该受到孝敬和厚葬的，是法律所承认的父亲的正妻，而不是子女的生母[①]。

在这种虚拟的关系下，就没有非妻所生的孩子了[②]。在那些没有这种虚拟关系的国家里，法律如果把正式身份给予妾生子女，那就乱套了。因为，该国的大多数民众将因此而蒙受法律的耻辱。这些国家里也没有奸生子女问题，因为那里的妇女被隔离，受幽禁，加上阉奴和门闩，通奸十分困难，以致被法律认为不可能。况且，倘若真有此事，法律

① 杜赫德，《中华帝国全志》，第二卷，第124页。

② 妻子有大老婆和小老婆之分，也就是说有正妻和偏房之分。但是，子女没有这种区分。杜赫德神甫翻译的一部中国伦理道德书籍中写道："此乃帝国重要训条。"见《中华帝国全志》，第二卷，第140页。

这把剑就会把妻子和孩子一并剪除。

第六节 不同政体下的私生子[①]

在实行多妻制的国家里,几乎没有非妻所生的子女,而在实行一夫一妻制的国家里,就有非妻所生子女。在这些国家里,既然鄙视私通,当然也就鄙视私通所生子女。

共和国里应该风化纯正,所以,那里的私生子女比在君主国里更受鄙视。

罗马对私生子所采取的一些措施也许过于严厉。可是,古代的制度规定必须结婚,况且法律允许休婚和离婚,因而不那么严厉,所以,只有当风化极度腐败时,才会发生姘居现象。

必须指出,在共和政体下,公民身份因意味着最高权力而极其重要;所以,共和政体常常制定一些与私生子有关的法律,这与事情本身以及婚姻是否正当无涉,倒是与共和政体的政制有关。因此,平民有时接受私生子为公民[②],藉以增强平民对抗权贵的实力。基于同一理由,雅典人则把私生子从公民中剔除出去,而这样做的目的是多分得一点埃及国王送来的小麦。还有,亚里士多德也告诉我们说[③],在某些城市里,当公民人数不足时,私生子也可以是继承人,而当公民人数足够时,

① 这里的"私生子"(bâtard)一词既指私生子即非婚生子,也指妾生子。由于中国和法国古时婚姻制度不同,相关的词语含义也不尽相同。中文的庶出绝非私生,妾生子并不是非婚生子,但法文没有与庶出相对应的词。法文的 concubine 一词既指姘妇,也指妾,甚至还指皇帝的嫔妃,而 concubinage 一词既指姘居,也指纳妾。本节及上节中的 bâtard 酌情分别译作私生子或妾生子,敬请读者注意。——译者

② 亚里士多德,《政治学》,第六卷,第四章。

③ 亚里士多德,《政治学》,第三卷,第三章。

私生子就不能成为继承人。

第七节　父亲对于婚姻的权限

父亲对于婚姻的权限源自他们的权力，即所有权；这种权限同时也源自他们的爱和理性以及对子女的不放心，因为子女的年龄正处于既幼稚无知又情欲炽烈的阶段。

在小共和国或前面提及的具有特殊政制的地方，可能有一些法律规定官吏有权过问公民的子女的婚姻，尽管大自然已经把对子女婚姻的监管权托付给父亲了。在那里，人们对公共福祉的关爱甚于其他任何事物。唯其如此，柏拉图要求官员管理婚姻；唯其如此，斯巴达的官员指导婚姻。

可是，在普通政制下，为子女操持婚姻的是父亲。父亲在这件事情上的慎重超乎其他任何事情。父亲有一种与生俱来的愿望，希望自己的孩子生儿育女，这种愿望与其说是为了自己，毋宁说是为了孩子，因为父亲在子孙代代相传的过程中，看到自己正在不知不觉中迈向未来。可是，倘若在苦恼和吝啬的驱使下，孩子竟然想要篡夺父亲的权力，那将会如何呢？那就听听托马斯·盖杰[①]关于西印度的西班牙人行为的记述：

“为了增加纳税人口，所有年满十五岁的印第安人都得结婚；他们甚至把结婚年龄定为男十四，女十三。他们以教规作为依据，声称心计可以代替年龄。”

托马斯·盖杰还见到一次人口登记，他说此事实在可耻。在本来

① 托马斯·盖杰(Tomas Gage)，《新大陆游记》，第171页。

应该是世界上最自由的一件事中，印第安人却偏偏也成了奴隶。

第八节　续前题

在英国，少女常常钻法律的空子，不征询父母的意见而根据自己不切实际的幻想结婚。我不知道这种做法是否在英国比较容易得到容忍，因为英国的法律没有许可在修道院过独身生活的规定，所以，除了通过结婚取得身份外，英国少女没有其他途径可以取得身份，她们因而不得不结婚。在已经确立修道制度的法国则相反，少女可以选择独身，因而，法律规定结婚需要取得父亲的同意，这对法国来说比较合适。就此而言，意大利和西班牙的做法就显得最没有道理了，这两个国家都已经建立了修道制度，可是依然可以不经父亲许可而自行结婚。

第九节　少女

能为少女带来快活和自由的只有婚姻。她们有脑不敢思索，有心不敢动情，有眼不敢观看，有耳不敢倾听。她们似乎只是为了显示自己的愚笨才露面，整日忙于琐事，囿于箴言训条，所以很愿意结婚。在婚姻问题上，需要鼓励的是男孩子。

第十节　婚姻的决定因素

有了可以舒心地过日子的地方，男女就会结婚。只要不是因生计困难而受阻碍，人的本性总是希望结婚的。

处于形成阶段的民族，人丁兴旺，繁衍很快，对于他们来说，独身很不方便，而子女众多则没有丝毫不便。对于处于成熟阶段的民族来说，情况恰恰相反。

第十一节　政府的暴虐

一贫如洗的人子女很多，比如乞丐，这是因为他们生活在一个正在形成的民族中。父亲无须任何花费就可把自己的技艺[①]传授给孩子，甚至不妨说，孩子一生下来就是这门技艺的工具。在富裕国家和迷信盛行的国家里，这类人也子女很多，因为他们无须为社会负担，反倒是社会的负担。可是，有些人之所以贫穷，却是因为他们生活在暴虐的政体下，政府不把这些人的田园看作维持生计的根本，而是视为施行暴政的借口。所以我说，这类人子女不多，他们自己没有粮食果腹，怎能想到分给别人呢？他们无法医治自己的疾病，怎能养育孩提时期就疾病不断的子女呢？

随便说说很容易，想要验证却办不到，于是就有人说，人越穷家口越多，税赋越重越能让人设法缴纳。这种谬说曾导致亡国，将来还会是这样。

政府暴虐到极致时，甚至可以达到以天然情感摧毁天然情感的地步。美洲妇女不是为了子女免遭主人凶残的虐待而堕胎吗[②]？

① 此处其实是指乞讨之术。——译者

② 托马斯·盖杰，《新大陆游记》，第 58 页。

第十二节　不同国家的男女人数

我在前面已经说到[①]，欧洲的男婴出生率略高于女婴。有人指出，日本的女婴出生率略高于男婴[②]。假如所有条件都相同，日本生育力强的妇女就会比欧洲多，人口当然也就多。

据游记记述，万丹的人口比例是十女一男[③]。在这样一个人口比例下，万丹的家庭数量与其他地区的家庭数量之比大约为 1 比 5½[④]；这个比例显然过于失衡了。万丹的家庭实际人口可能更多，可是很少有人能养活这么大的家庭。

第十三节　海港

居住在海滨港口的人历尽千难万险，迁往穷乡僻壤，生死无定，所以男人比女人少。可是，那里的儿童却比其他地方多，因为谋生比较容易。或许还因为鱼类的油脂能提供较多促进生殖力的物质。这也许正

① 本书第十六章第四节。

② 参阅肯普弗(kampfer)，《日本史以及暹罗概况》，此书提及京都的人口统计数字。

③ 见《创建东印度公司历次航行记》，第一卷，第 347 页。

④ 一个家庭至少有一个男子，万丹的人口比例既然是十女一男，最小的家庭也不会少于十一人。欧洲的人口假定是五女六男，在一夫一妻制下，就可以组成五个半家庭。所以孟德斯鸠说，万丹和欧洲的家庭数量之比为 1：5½。——译者

是日本[1]和中国[2]人口奇多的原因之一，日本人和中国人几乎仅以鱼类为食[3]。倘若果真如此，那么，硬性规定只能食用鱼类的修道院条例[4]，恐怕与制定条例者的初衷南辕北辙了。

第十四节　劳力需求因土地出产不同而异

牧区只有少数人有事可做，所以人丁稀少。麦田用人较多，葡萄园用人则多得不计其数。

英国人常常抱怨人口因牧场增多而减少[5]，法国则因拥有大量葡萄园而人烟稠密。

产煤国家有一大优越性：因有煤充当燃料而根本无须森林，所有土地均可用于耕作。

生产稻米的国家需要大兴工程，以利灌溉，所以用人颇多。不但如此，为养活一家所需的土地少于生产其他谷物的地方。再则，其他地方用于种植饲料的土地，在生产稻米的地区可以直接生产供人食用的粮食，其他地方由牲畜承担的活计在生产稻米的地区由人力承担，耕作业成了一个硕大无朋的工厂。

① 日本由许多岛屿组成，海岸自然就多，那里的大海盛产鱼类。

② 中国的河川纵横，比比皆是。

③ 参见杜赫德，《中华帝国全志》，第二卷，第 139 页，第 142 页及此后各页。

④ 孟德斯鸠在这里说的是欧洲的修道院。——译者

⑤ 比尔内说，大多数地主发现，出售羊毛比出售小麦赚钱，于是就关闭田庄，生计无着的农民遂揭竿而起。有人建议制定农业法，年轻的国王本人也就此发表意见，随后颁布通告，禁止关闭田庄。见《改革简史》，第 44、83 页。

第十五节 人口与工艺的关系

倘若某地制定了土地法，并且平均分配土地，该地即使没有什么工艺，人口也不会少。因为，每个公民在他耕作的土地上恰好可以获得他所需要的食物，全体公民正好把全国的劳动果实消费掉。某些古代共和国就是这样。

可是，如今在欧洲国家里，土地资源分配不均，农产品多于耕种者的消费量。在这种情况下，如果只顾农业而忽视工艺，人口就不可能多。自己耕作或雇人耕作的人，由于有了富余的农产品，来年就没有必要非耕作不可。游手好闲的人无法把农产品全部消费掉，因为他们无力购买。所以必须发展工艺，让农人和工匠一起消费农产品。总之，国家需要许多人耕作超过自己消费所需的土地，为此就应让他们有生产多余产品的欲望，而这一点只有工匠能够做到。

用以简化工艺的机器不见得任何时候都是好东西。一件产品如果价格不高，需要者买得起，制作者也不吃亏；机器简化制作，也就是减少参与制作的工人数量，所以是有害的。水磨如果不是早已到处普遍使用，我就不会听信别人，说水磨是好东西，因为，有了水磨，无数人便失去了工作，给许多人用水带来麻烦，降低了许多土地的产量。

第十六节 立法者对人种繁衍的看法

有关人口的法规很大程度上要依据具体情况制定。在一些国家里，大自然已经把一切都安排好了，用不着立法者再做什么；既然由于气候的原因，人丁已经相当兴旺，难道还有必要制定法规鼓励生育吗？某些地方的气候比土地更有利于人口繁殖，人口增多了，可是饥馑却使人口大减。中国就是这样，那里的父亲出卖女儿，遗弃婴儿。在东京①，同样的原因造成了同样的后果②。勒诺多出版了一些阿拉伯旅行家的游记③，我们无须像阿拉伯旅行家所记述的那样，到灵魂转世的说法中去寻找原因。

基于同样的原因，台湾岛上的宗教不许妇女在三十五岁以前生育，对于在这个年龄之前怀孕者，巫婆替她们压腹堕胎④。

第十七节　希腊及其人口

造成上述后果的原因在某些东方国家中是自然条件，在希腊则是政体性质。希腊是个大国，组成这个国家的城市各有自己的政体和法律。在喜好征战方面，这些希腊城市并不甚于今天瑞士、荷兰和德意志的城市。每个共和国的立法者内以公民的福祉为追求，外以实力不亚于邻国为目标⑤。国土小而生活好，人口就容易增多，以至于成为负担，他们于是就不断地向外殖民⑥，到别国去当雇佣军，就像如今的瑞士人一样。他们不放过任何能够抑制人口过度增长的手段。

希腊有一些共和国的政制相当特殊。属地人民被迫为共和国公民提供生活所需。斯巴达人、克里特人、塞萨利人，分别由佩里西亚人、希

① 此处指越南北部的上圻。——译者
② 唐比埃，《周游世界记》，第二卷，第 41 页。
③ 勒诺多，《两位阿拉伯人的印度和中国游记》，第 167 页。
④ 参见《创建东印度公司历次航行记》，第五卷，第一部分，第 182、183 页。
⑤ 在骁勇、纪律和军事训练方面。
⑥ 情况相同的高卢人，做法也相同。

洛人和佩内斯特人供应。自由民的人数不能太多,否则奴隶就无法保证充分供应。我们今天说一定要限制常备军的数量,可是当年的整个斯巴达几乎就是一支由农民供养的军队,所以必须限制其数量,否则享有一切优越条件的自由民就会无限制地生殖,而农民将会受到重压。

希腊的政策因此就格外关注控制人口数量。柏拉图把一国的人数定为五千零四十[①],他认为,人口的增减应该依据实际需要,并借助荣誉和耻辱以及长者的忠告来确定,他甚至主张限定婚姻数量[②],使人口既能得到补充,又不至于因过多而成为负担。

亚里士多德说[③]:“国家的法律如果禁止弃婴,那就必须限定每个公民的子女数量。”他还建议[④],子女数量如果超过规定,应该在胚胎获得生命之前让妇女堕胎。

亚里士多德谈到过克里特人为防止人口过多而采取的可耻手段,我简直就羞于开口提及此事。

亚里士多德还说[⑤],一些地方的法律规定,外邦人、私生子和其母亲为本国公民的孩子都是公民。可是,一旦人口足够,他们就立即失去公民身份。加拿大的未开化人把俘虏活活烧死,可是当他们尚有空置的小屋可以容纳俘虏时,就把俘虏认作本族人。

佩蒂爵士[⑥]依据自己的计算估计,一个人的价格在英国和卖到阿尔及尔相同[⑦]。大概只有英国才是这样,在某些国家里,人是一钱不值

① 《法篇》,第五卷。

② 《理想国》,第五卷。

③ 《理想国》,第七卷,第十六章。

④ 《理想国》,第七卷,第十六章。

⑤ 《理想国》,第三卷,第三章。

⑥ 佩蒂爵士(sir William Petty,1623—1687),英国经济学家,著有《政治经济论》等。——译者

⑦ 六十英镑。

的东西，而在另外一些国家里，情况更糟。

第十八节　罗马兴起之前的各国状况

意大利、西西里、小亚细亚、西班牙、高卢、日耳曼与希腊大体相似，境内都有许多人口很多的小国，所以它们不需要鼓励生育的法律。

第十九节　世界人口的减少

这些小共和国都被一个大国吞噬了，世界的人口在不知不觉中减少了。看一看意大利和希腊在罗马兴起前后的情况，就一目了然。

狄特-李维写道[①]："有人会问我，沃尔西人一再战败之后，从何处征召士兵奔赴疆场呢？那些地区当时一定人口众多，如今若不是还有几个士兵和奴隶，那就是荒漠一片了。"

普鲁塔克写道[②]："神谕已经终止，因为众神宣谕的地方已成废墟，如今在希腊很难找到三千名士兵了。"

斯特拉波写道[③]："我不再描述伊庇鲁斯及其附近地区，那些地方全都变成荒野僻壤了。人口早就开始减少，现在仍在继续减少，罗马士兵用不到搭建营帐，有足够的废弃房屋供他们驻扎。"斯特拉波在波利

① 狄特-李维，《古代罗马史》，第六卷，第十二章。
② 普鲁塔克，《道德论集》，"神谕终止"。
③ 斯特拉波，《地理志》，第七卷，第 496 页。

比乌斯的著作中找到了原因，他写道，鲍卢斯·埃弥利乌斯①得胜之后，摧毁了伊庇鲁斯的七十座城市，掠走了十五万奴隶。

第二十节 为增加人口罗马人必须制定法律

罗马人摧毁了所有民族，同时也摧毁了他们自己。罗马人在行动、努力和暴力中永不停息，终于一天比一天衰竭，就像时刻不离手的刀枪日渐磨损。

我不准备在这里谈论他们如何关注补充缺失的公民②、建立会社、给予公民权、把奴隶当作繁衍人口的苗圃等等；我只想说，他们所做的一切，并不是为了弥补公民的缺失，而是为了弥补兵员的不足。罗马人是世界上最懂得让法律为谋略服务的民族，所以研究一下他们在这方面的作为，并非可做可不做的事。

第二十一节 罗马人关于增殖人口的法律

古罗马法殚精竭虑地规劝人民结婚。元老院和人民时常制定这方面的法规，狄奥所辑录的奥古斯都演说中就谈到此事③。

---

① 鲍卢斯·埃弥利乌斯（Emile Paul），公元前2世纪罗马的将军和执政官。——译者

② 我在《罗马盛衰原因论》中已经对此有所论述。

③ 狄奥，《罗马史》，第五十六卷。

哈里卡纳索斯的狄奥尼修斯①不相信，三百零五个法比亚人被韦伊人消灭之后，整个部族只有一个孩子幸存②，因为要求每个公民都必须结婚并养育所有子女的古法此时仍然有效③。

除了法律，监察官还对婚姻状况进行监督，并依据共和国的需要，借助施加羞辱④和刑罚的手段，强制人们结婚。

风化此时已经开始败坏，一些公民对于纯洁无瑕的欢悦已经失去兴趣，婚姻对他们来说只是痛苦而已，这就使他们极度厌恶结婚。墨特卢斯·努米底库斯⑤在监察官任上发表的那篇演说⑥，所表明的就是这种精神。他说："如果可以不娶妻，我们就可免受这种痛苦；可是，大自然作出的规定是，与妻子一起生活难以幸福，没有妻子却又难以生存下去；所以，我们只能多为传宗接代考虑，少为一时之快着想。"

建立监察制度为的是制止风俗败坏，但是，监察制度却因风俗败坏而遭摧毁，风俗一旦普遍败坏，监察制度就再也无能为力了⑦。

国内混乱、三头执政以及宣布一些人不受法律保护等等，给罗马造成的伤害超过以往任何一次战争，幸存的公民为数不多⑧，而且大多数

① 哈里卡纳索斯的狄奥尼修斯，《罗马古事记》，第二卷。

② 法比亚(Fabiens)是一个小部族。公元前477年，该族的306名战士为罗马人抗击韦伊人而孤军奋战，多次获胜之后遭敌伏击，305人战死，唯一幸存的一名年幼战士延续了这个部族。韦伊人，见本书第九章第四节译注。——译者

③ 罗马277年[公元前477年。——译者]。

④ 关于这种做法，参见狄特-李维，《古代罗马史》，第四十五卷；《补编》，第五十九卷；奥卢斯·格利乌斯，《阿提卡之夜》，第一卷，第六章；瓦莱里乌斯·马克希姆斯，(Valère Maxime)，《名家言行录》，第二卷，第九章。

⑤ 墨特卢斯·努米底库斯(Métellus Numidicus，卒于前91年)，罗马执政官。——译者

⑥ 这篇演说收在奥卢斯·格利乌斯，《阿提卡之夜》，第一卷，第六章。

⑦ 请看我在本书第五章第十九节中所说。

⑧ 内战结束后，恺撒作了一次人口调查，只有十五万名户主。见弗洛鲁斯，《狄特-李维摘录》，第十二代。

都未曾结婚。为弥补这一缺憾，恺撒和奥古斯都建立了监察制度，而且要亲自担任监察官①。他们制定了多项法规。恺撒对多子女者给以奖励②，禁止四十五岁以下无丈夫或无子女的妇女戴宝石和乘轿子③。这是利用虚荣心打击独身的高招。奥古斯都的法规更加厉害④，他对不结婚者处以新的刑罚⑤，对已婚者和有子女者给以更多的奖励。塔西佗把这些法规叫做“尤利安法”⑥，看来是把以往元老院、人民和监察官所制定的法令统统汇编在一起了。

奥古斯都法遇到了重重障碍。该法制定三十四年后⑦，罗马的骑士们要求废弃该法。他们把已婚者与未婚者分成两类，后者多于前者。公民们大感震惊，愕然不知所措。奥古斯都以古时监察官的严肃神情对公民们发表演说⑧：

“战争和疾病使我们失去了那么多公民，如果还不结婚，我们这座城市将会变成什么样子？对于一座城市来说，最要紧的不是房屋、柱廊和广场，而是人。不要以为真的会像寓言里所说的那样，有人从地下钻出来帮你们做事。你们执意独身，并不是为了独自过日子，其实无论吃饭睡觉，你们人人都有伴侣。你们只是为了既可放荡不羁，又能太平无事。你们想以维斯塔的守护女们⑨为榜样吗？那好，如果你们不能严

① 见狄奥，《罗马史》，第四十三卷；希费林，《奥古斯都》。

② 参阅狄奥，《罗马史》，第四十三卷；苏埃托尼乌斯，《恺撒传》，第二十章；阿庇安，《内战记》，第二卷。

③ 尤塞比乌斯，《罗马编年史》。

④ 狄奥，《罗马史》，第十四卷。

⑤ 罗马 736 年[公元前 18 年。——译者]。

⑥ 《尤利安法》，见塔西佗，《编年史》，第三卷。

⑦ 罗马 762 年[公元 8 年。——译者]。

⑧ 这篇演说相当冗长，收在狄奥，《罗马史》，第五十六卷中，我作了删节。

⑨ 维斯塔(Vesta)，罗马女神，主灶火。维斯塔神庙的守护女均为处女，终生不婚，违者将被活埋。——译者

守贞操，就将受到与她们一样的惩罚。人人以你们为榜样也罢，谁也不仿效你们也罢，反正你们不是好公民。我的唯一目标就是让共和国永世长存。我加重了对拒不听命者的处罚，至于奖励嘛，我不知道是否有任何美德曾经得到过更多的奖励。比这还少的奖励曾经让成千上万的人甘冒生死之险，现在的奖励难道还不能让你们结婚生子吗？”

他制定了一项法律，被称作“尤利亚-帕皮亚-珀佩阿法”，尤利亚是奥古斯都的名字，帕皮亚和珀佩阿则是那一年两位执政官的名字①。这种不良积习竟然也出现在他们的选举中，据狄奥说②，他们都没有结婚，也没有子女。

奥古斯都的这部法律是名副其实的法典，它系统地汇集了所有相关法规。尤利安法被编入这部法典③，因而更具法律效应。这部法典涉及面广，受其影响的事多，堪称罗马公民法中最精彩的部分。

这部法典的一些珍贵残篇可以在以下书籍中找到：乌尔比安的《摘录》④、由摘自多位帕皮亚法研究者的著作汇编而成的《法学阶梯》、曾经引用这些资料的史学家和其他作家的著述、曾禁止出版这些法律书籍的神甫们的著作，这些神甫对于彼岸世界的热情固然可嘉，但是对于今生事物却缺乏常识。

这些法律有许多主题，我们知道的就有三十五题⑤。不过，为了尽可能直奔我的话题，我从奥卢斯·格利乌斯所说的第七题⑥开始，也就是从有关该法所给予的荣誉和奖励说起。

① 也就是马库斯·帕皮乌斯·穆蒂卢斯和珀佩斯·萨比努斯。见狄奥，《罗马史》，第十六卷。

② 狄奥，《罗马史》，五十四卷。

③ 乌尔比安在《摘要》第十四篇中将《尤利安法》和《帕皮亚法》作了严格区分。

④ 雅克·戈德弗鲁瓦曾做过节录。

⑤ 第三十五题在《法律》第十九篇中被引用：“关于婚姻的仪式”。

⑥ 奥卢斯·格利乌斯，《阿提卡之夜》，第二卷，第十五章。

罗马人大多来自斯巴达殖民的拉丁城市[①]，而且沿用这些城市的一部分法律[②]，他们与斯巴达人一样尊敬老人，给予老人荣誉和一切优渥。当共和国缺少公民时，就把以往给予年长者的特权给予婚姻和儿童[③]。有一些特权只给予婚姻，而与婚后是否有子女无关，这些特权叫做丈夫权。有子女者也被赋予某些特权，生育子女三个以上者被赋予的特权更大。这三种特权不应混淆，一种是已婚者始终可以享有的，例如在剧院里有专座[④]；由有子女者和子女较多者享有的另外两种，只有在有子女者和子女较多者不反对时，已婚者才可以享受。

这些特权相当广泛，无论是追求还是享受荣誉，子女最多的已婚者最受优待[⑤]。子女最多的执政官优先捧持束棒[⑥]，有权选择外省领地[⑦]，子女最多的元老在元老院的登录册上名列第一，并且可以第一个发言[⑧]。有子女者可以在规定的年龄之前担任官职，每增加一个子女就提前一年[⑨]。罗马人如果有三个子女就可免除一切赋税[⑩]。育有三个孩子的女自由民和育有四个孩子的被释女奴，可以免除罗马古法[⑪]

---

① 哈里卡纳索斯的狄奥尼修斯，《罗马古事记》，第二卷。

② 受命前去希腊寻访法律的罗马人曾到过雅典和意大利的某些城市。

③ 奥卢斯·格利乌斯，《阿提卡之夜》，第二卷，第十五章。

④ 苏埃托尼乌斯，《奥古斯都》，第四十四章。

⑤ 塔西佗，《编年史》，第二卷，第十章："法律要求特别注意候选人的子女数量。"

⑥ 奥卢斯·格利乌斯，《阿提卡之夜》，第二卷，第十五章。

[束棒是执政官的权力象征。——译者]

⑦ 塔西佗，《编年史》，第十五卷。

[按照当时的规定，执政官卸任后改任外省领地总督，这本来就是一个肥差，能自行选择一个富庶的行省当然更是特权。——译者]

⑧ 见《法律》，第六篇§5"关于十人队"。

⑨ 见《法律》，第二篇"关于少年"节。

⑩ 见《法律》，第一篇§3；第二篇§1"关于负担的免除"。

⑪ 普鲁塔克，《努玛传》。

为她们所规定的终身被监护身份[①]。

有奖必有罚[②]。未婚者不能接受非亲属遗嘱指定的赠与[③],已婚但无子女者只能接受一半非亲属遗嘱指定的赠与[④]。所以,普鲁塔克说,罗马人结婚是为了继承遗产,而不是为了有继承人[⑤]。

夫妇通过遗嘱留给对方的遗产受到法律的限制。双方都育有子女的夫妇可以把全部财产留给对方[⑥];双方如均无子女,可以因婚姻而获得对方遗产的十分之一;如果育有另一次婚姻所生子女,则有一个子女就可获得对方遗产的十分之一,每多一个子女就多得十分之一。

基于非共和国的原因而离开妻子的丈夫,不得成为妻子的遗产继承人[⑦]。

法律规定,鳏夫或寡妇应在两年之内再婚[⑧],离婚者应在一年半之内再婚。不愿为儿子娶妻或不愿给女儿嫁资的父亲,官员可以强制执行[⑨]。

① 乌尔比安,《摘要》,第二十九题,第三节。

② 参见乌尔比安,《摘要》第十四、十五、十六、十七和十八题,这是古罗马法中最精彩的部分之一。

③ 索佐梅诺斯(Sozomène),《教会史》,第一卷,第九章,可接受亲属遗赠;乌尔比安,《摘要》,第十六题,第一节。

④ 索佐梅诺斯,《教会史》,第一卷,第九章和"单一法"。《提奥多西法典》"关于软弱者和对孤身及鳏寡的惩罚"。

⑤ 普鲁塔克,《道德论集》,"父亲对子女的爱"。

⑥ 详见乌尔比安,《摘要》,第十五题和第十六题。

⑦ 乌尔比安,《摘要》,第十六题 § 1。

⑧ 乌尔比安,《摘要》,第十四题。在最早的《尤利安法》中,这个期限好像是三年,见哈里卡纳索斯的狄奥尼修斯,《罗马古事记》,第五十六卷所载奥古斯都的演说。苏埃托尼乌斯,《奥古斯都传》,第三十四卷。在其他《尤利安法》中,这个期限仅为一年。在帕皮亚法中,这个期限为两年。见乌尔比安,《摘要》,第十四题。这些法律不受人民欢迎。奥古斯都依照人民的接受程度,对这些法律作或宽或严的调整。

⑨ 这就是《帕皮亚法》的第三十五题。《法律》第十九节"关于婚仪"。

如果结婚日期定在至少两年以后，那就不可订婚①；鉴于女子年满十二方可结婚，所以十岁始可订婚。法律的这项规定旨在防止借订婚之名享受已婚者的特权。

法律还禁止年届六十的男子娶年届五十的女子为妻②。既然已婚者可以享受巨大特权，那就不能让婚姻只开花不结果。基于同一理由，卡尔维斯亚努斯元老院法令宣布，五十余岁的妇女不宜与不足六十岁的男子结婚③。这样一来，年逾五十岁的女子若要结婚，就难逃法律的追究。提比略使帕皮亚法变得更加严厉④，禁止年届六十的男子娶不到五十岁的女子为妻，这样一来，年满五十的女子就不可能结婚而不受法律制裁。不过，克劳狄乌斯废止了提比略在这方面所作的规定⑤。

所有这些措施在意大利的气候条件下比较适宜，在北方的气候条件不大适合，那里年届六十的男子依然精力充沛，年届五十的女子通常也没有丧失生育能力。

为了让男子在择偶时不受无谓的限制，奥古斯都允许所有不担任元老的自由民⑥娶被释女奴为妻⑦。帕皮亚法禁止元老与被释女奴和女优结婚⑧。在乌尔比安主政时期，自由民不准与曾是娼妓或女优以及曾被公审判刑的女子结婚⑨，为此颁布了若干项元老院法令。到了

① 参见狄奥，《罗马史》，第五十四卷，罗马736年。苏埃托尼乌斯，《屋大维》，第三十四章。

② 乌尔比安，《摘录》，第十六题；《法律》第二十七篇“关于婚姻的法典”。

③ 乌尔比安，《摘录》，第十六题§3。

④ 参见苏埃托尼乌斯，《克劳狄乌斯》，第二十三章。

⑤ 参见苏埃托尼乌斯，《克劳狄乌斯》，第二十三章，第三节；乌尔比安，《摘录》，第十六题§3。

⑥ 参见狄奥，《罗马史》，第五十四卷；乌尔比安，《摘录》，第十三题。

⑦ 参见狄奥，《罗马史》，第五十四卷中的奥古斯都演说。

⑧ 乌尔比安，《摘要》，第十三题，《法律》第四十四篇“关于婚仪”。

⑨ 乌尔比安，《摘要》，第十三题和第十六题。

共和时期就几乎不再制定此类法规了，因为监察官们不仅制止了这方面的混乱，而且采取措施加以预防。

君士坦丁制定了一项法律[①]，把帕皮亚法的禁令适用范围从元老扩大到有显赫地位的人，但未提及地位低下的人。这就是当时的法律。上述各种被禁止的婚姻，依据君士坦丁法的规定，仅限于自由民。查士丁尼更进一步，他废止了君士坦丁的法律[②]，准许各种人缔结婚姻，由此而产生了一种极为悲惨的自由。

很显然，对违法结婚者和拒不结婚者的惩处是相同的。违法的婚姻不能给当事人带来任何民事上的利益[③]，因为，妻子一旦死亡，嫁资[④]就被取消[⑤]。

奥古斯都把那些被法律宣布为无能力者的遗产和遗赠划归国库[⑥]，所以说，这些法律基本上并非政治性的和民事性的法律，而是财政性的法律。人们本来就已经对沉重的负担深感憎恶，这种憎恶又因财政上的贪得无厌而进一步加深。因而，到了提比略主政时，不得不对这些法律进行修改[⑦]，尼禄削减了国库付给告发者的奖赏[⑧]，图拉真[⑨]

---

① 见《法律》第一篇“关于自由民的法律”。

② 《新法集》，第一百一十七篇。

③ 《法律》，第三十七篇 § 7《关于自由的工作》；乌尔比安，《摘录》，第十六题 § 2。

④ 乌尔比安，《摘录》，第十六题，第二节。

⑤ 参见本书第二十六章第十三节。

⑥ 但有某些例外，参见乌尔比安，《摘录》，第十八题以及《单一法》中关于取消未入籍外邦人遗产充公的法规。

⑦ 塔西佗《编年史》第三卷第二十五章第一节第 117 页：“把帕皮亚-珀佩阿法的修改问题付诸讨论”。

⑧ 他把奖金减为原来的四分之一。见苏埃托尼乌斯，《尼禄》，第十章。

⑨ 图拉真（Trajan，Ulpius，53—117），罗马帝国皇帝（98—117 在位）。——译者

停止了掠夺[①]，塞维路斯修改了这些法律[②]，法学家们认为这些法律令人憎恶，因而在他们的判决中减轻了这些法律的严酷。

此外，几位皇帝还把特权赋予享有夫权、子女权和三个子女权的人，以此来减轻这些法律的严酷程度[③]；他们还免除这些法律对于个人的惩处[④]。不过，为公共利益而设置的法规似乎不应允许宽免。

把子女权赋予维斯塔守护女是正确的[⑤]，因为宗教要求她们必须保持童贞。把丈夫权给予士兵也是正确的[⑥]，因为他们不能结婚。依据习惯，皇帝可免受某些公民法的约束，所以，奥古斯都免受两项法律的约束，其一是限制解放奴隶的权力[⑦]，其二是限制设立遗产的权力[⑧]。这些只不过是一些个别的例外。可是，由于后来不加节制地实行宽免，执行法规反而变成例外了。

某些哲学流派已经把超脱公共事务的风气带进罗马帝国。这种风气在共和国时期是不可能达到这种程度的[⑨]，那时，人人埋头研究战争与和平的韬略。由此产生了一种把至善境界视为与冥思苦想的生活不

① 参阅普林尼，《颂词》，第34—35页。

② 塞维路斯把《巴比安法》中关于结婚年龄的规定作了修改，规定男性为二十五岁，女性为二十岁。对照一下乌尔比安的《摘录》第十六题和德笃利安（Tertullien）的《辩诉》第四章，即可明了。

③ 监察官西庇阿在他向民众发表的关于风俗的演说中，对义子和私生子享有同等权力表示不满，认为这表明弊端已经产生。见奥卢斯·格利乌斯，《阿提卡之夜》，第五卷，第十九章。

④ 参阅《法律》的第三十一篇“关于婚姻仪式”。

⑤ 在《巴皮阿法》中，奥古斯都把母亲的特权赋予维斯塔守护女。参阅狄奥《罗马史》第五十六卷。努玛将养育三个子女的母亲所享有的特权，即不受监护的权力赋予维斯塔守护女。普鲁塔克《努玛传》。（第十卷第五章）

⑥ 把丈夫权给予士兵的是克劳狄乌斯。参阅狄奥，《罗马史》，第六十卷。

⑦ 《法律》“在家庭”“关于解放奴隶”，§1。

⑧ 狄奥，《罗马史》，第五十六卷。

⑨ 参见西塞罗在《官职》第一卷中对于这种思辨风气的思考。

可分的想法，由此还产生了一种远离家庭关怀和烦恼的想法。在这种哲学之后出现的基督教，则可以说把发轫于这种哲学的思想固定下来了。

基督教把它的特性赋予了法学，因为，帝国始终与教会僧侣保持着某种关系。不妨读一读提奥多西亚努斯法典，它只不过是多位信奉基督教的皇帝的法令汇编而已。

一位为君士坦丁撰写颂词的作者[①]对这位皇帝说："您之所以制定法律，完全是为了消弭邪恶和敦化习俗；您消除了古代法律的诡计，那些法律似乎仅仅是为了设下圈套陷害天真质朴的人而制定的。"

可以肯定，君士坦丁对法律所作的变更，或是出于与基督教的建立有关的思想，或是出于来自基督教的至善境界的思想。第一种思想促成了赋予主教们权威的法律，这些法律就是教会司法权的基础。由此产生了削弱父权的法律[②]，剥夺了父亲对子女财产的所有权。为传播宗教，必须打消子女的极端依赖性，他们对于已经确立的东西总是不太在意。

以基督教的至善境界为目标而制定的法律，主要是废除帕皮亚法[③]规定的刑罚，并免除对没有结婚和婚后无子女者的惩罚。

一位教会史学家[④]说："之所以制定这些法律，是因为似乎有人以为，只要我们自己努力，人类就可繁衍增长，殊不知，人口的增减其实是上帝的安排。"

宗教原则对人类的繁衍具有极大的影响，既能起到激励作用，也能

① 纳萨利乌斯(Nazaire)，《君士坦丁颂》，321 年。

② 参见《法律》第一、第二和第三篇，载《提奥多西法典》"关于母亲和母系亲属的产业"。又见《单一法》，载同法典，"关于未成年儿子应获得的财产"。

③ 《单一法》，载《提奥多西法典》"关于软弱者和对独身者及鳏寡的惩罚"。

④ 索佐梅诺斯，《教会史》，第一章，第九节。

起到遏制作用。犹太人、穆斯林、波斯的袄教徒以及中国人，在人口增殖方面受到了宗教的鼓励，而信奉基督教之后的罗马人，却在这方面受到了宗教的遏制。

关于节欲的说教无处不在，从未停止，节欲是一种更加完美的品德，因为就其性质而言，应该仅有少数人具有这种品德。

君士坦丁没有取消那些十分之一法[①]，即准许丈夫和妻子按照子女多寡获得馈赠的法律，小提奥多西则把这些法律废除了[②]。

查士丁尼宣布，所有被帕皮亚法禁止的婚姻均为有效婚姻[③]。帕皮亚法要求人们再婚，而查士丁尼则为不再婚的人提供优惠[④]。

依据古法，人人具有的结婚和生子的自然能力不应被剥夺。以往规定，如果想要接受遗产，就得以不结婚为条件[⑤]；奴隶主在释放奴隶时，要求被释奴发誓不结婚也不生子[⑥]。帕皮亚法就废除了这个条件和这种誓言[⑦]。我们的法律中要求寡妇不改嫁的规定[⑧]与古法相悖，是帝政时期遗留下来的，这种规定源自至善境界思想。

罗马人在信奉基督教之前，将特权和荣耀赋予结婚的人和多子女的人，虽然没有任何一项法律明文取消这些特权和荣耀，可是，既然独身享有优先地位，婚姻自然就无荣耀可言了。既然可以以取消惩罚为条件迫使包税人放弃许多盈利，人们自然会觉得，取消奖赏岂不更加容易。

---

① 此处指那些规定每多一个孩子就可多继承十分之一遗产的法律。——译者

② 《法律》第二、第三篇，载《提奥多西法典》"关于子女的权利"。

③ 《圣法》，载《关于婚姻的法典》。

④ 《新法集》第一百二十七篇，第三章；《新法集》，第一百一十八篇，第五章。

⑤ 《法律》第五十四篇"婚姻契约和说明"。

⑥ 《法律》第五篇§4"关于就奴隶主的权力"

⑦ 鲍卢斯，《判决》，第三章，第四题，第十五节。

⑧ 出于不让家庭财产流散的考虑，法国古法规定，寡妇若想保有继承丈夫遗产的权利，就不能再婚。——译者

由于宗教上的原因，独身得到许可，不久之后，同样的原因就把独身变成一种必需。我在这里反对基督教接受的独身制，但愿上帝不要因此而责怪我。可是，另外还有一种因放荡不羁而形成的独身生活，在这种独身生活中，男女以天然情感彼此腐蚀，逃避能让他们生活得更好的两性结合，而去追求那种使他们越变越坏的两性结合；对于这种独身，谁能保持缄默而不加以反对呢？

有这样一条自然规律：可以结婚而不结婚的人越多，已经结婚的人就越容易受到腐蚀；结婚的人越少，对婚姻的忠诚也就越少，就像小偷越多偷窃事件也就越多一样。

第二十二节　弃婴

早期罗马人有相当好的法规治理弃婴。哈里卡纳索斯的狄奥尼修斯说，罗慕洛斯规定，每个公民抚养所有儿子和长女[①]。婴儿如果肢体残缺或畸形，允许将其抛弃，但事先需经最亲近的五位邻居检验。

罗慕洛斯严禁杀害不满三岁的婴儿[②]，以此来调和把子女的生杀大权赋予父亲的法律和禁止弃婴的法律。

我们在哈里卡纳索斯的狄奥尼修斯的著作中发现，直到罗马277年[③]，要求公民结婚并养育所有子女的法律依然在执行[④]，由此可见，罗慕洛斯关于允许抛弃幼女的法律，受到了习俗的制约。

---

① 《罗马古事记》，第二卷。

② 《罗马古事记》，第二卷。

③ 公元前477年。——译者

④ 《罗马古事记》，第九卷。

罗马 301 年[①]制定的十二铜表法中有关弃婴的规定，我们是从西塞罗的一段记述中获知的[②]。他在讲述护民官的职务时说，婴儿出生时如果是十二铜表法所说的畸形儿，将立即被掐死，而正常的婴儿则被保留下来，由此可见，十二铜表法对此前的规定没有作任何改动。

塔西佗说[③]，“日耳曼人从不抛弃婴儿。他们的优良习俗比其他地方的优良法律更具力量。”由此可见，罗马人从前曾经有过禁止这种习俗的法律，但后来不再执行了。我们没有发现任何允许弃婴的罗马法律[④]。弃婴这种恶习可能是很晚才形成的，那时，奢华使人们失去了安逸，被子女们分享的财富被称作贫穷，父亲把分给子女的财产看作白白丢失，把自己的财产与家庭分得一清二楚。

第二十三节　罗马覆亡后的世界局势

在共和制度的鼎盛时期，罗马人为增加人丁而制定的法规是有效的。那时，罗马人需要添补的，仅仅是由于勇气、胆魄、坚毅以及对荣耀的热爱，乃至由于美德本身而损失的那些人丁。可是不久之后，奄奄一息的共和国，无处不在的无政府状态，军政府和冷酷的帝政，极端的专制主义，孱弱的君主政体，愚蠢、痴呆而又迷信的宫廷，相继造成破坏，即使是最明智的法律也无法加以修复。罗马人之所以要征服世界，似

---

① 公元前 453 年。——译者

② 《法律》，第三卷。

③ 《日耳曼尼亚志》，第十九卷。

④ 《法学阶梯》中没有任何这方面的标题，《法典》题录中不曾提及，增补后的《新法集》也未提及。

乎就是为了把它削弱，使之失去自卫能力，而后拱手把它交到蛮族手中。哥特[①]、哲特、撒拉森和鞑靼等民族相继侵扰罗马人，不久之后，只剩下一些蛮族去消灭另一些蛮族了。这就像在神话时代，洪水过后，陆地上出现了许多武装的人群相互残杀。

第二十四节　欧洲与人口有关的变化

在欧洲当时的状况下，没有人相信它还能恢复元气，尤其是在查理曼大帝的统治下，整个欧洲成了一个疆域辽阔的大帝国。可是，由于政体的缘故，欧洲随后就分裂成一大批小国。这些小国的国君都居住在自己的村子或城市里，我要指出的是，他们的势力、财富和安全都取决于人口多寡，所以，他们一个个都特别关注增丁添口。他们在这方面果然成就非凡，尽管政体缺陷多多，不像后人那样懂得贸易，而且战乱和纷争不断，可是在大多数欧洲小国里，当时的人口比现在还多。

我无暇深入探讨这个问题，不过，我想以十字军为例，这是一支由各色人等组成的令人望而生畏的军队。普芬道夫先生说，路易九世在位时，法国的男子多达两千万[②]。

小国不断合并，人口随之越来越少。过去，法国的每一个村庄就是一座首府，如今只剩下了一个首府；过去国家的每一个地区就是一个权力中心，如今权力中心只剩下了一个，那就是国家本身。

① 孟德斯鸠笔下的哥特人大多指日耳曼人。——译者

② 《通史》，第五章，“法国”。

第二十五节 续前题

两个世纪以来，欧洲的航海业确实获得了长足的发展，欧洲的人口因此既有增长，也有损失。年年有一大批荷兰海员前去印度，其中只有三分之二能返回欧洲，其余的人或是死亡，或是定居在印度。其他从事印度贸易的国家，大体上也是如此。

不能把欧洲与单独一个航海大国相提并论。近邻国家纷纷前来这个国家参与航海业，海员从四面八方涌来，这个国家的人口会因而增加。宗教①、海洋和荒漠把欧洲与世界其他地区隔开，所以，欧洲的人口损失不可能像单独一个航海大国那样获得补偿。

第二十六节 结果

综上所述，可以得出这样一个结论：今天的欧洲依然需要用法律来促进人口增殖。正如往昔希腊政治家们总是说的那样，为数众多的公民让共和国疲惫不堪，而今天的政治家则总是说，要想方设法增加人口。

第二十七节 法国鼓励人口增长的法律

路易十四给有十个子女的人颁发赏金，给有十二个子女的人颁发

① 欧洲的四周几乎都是伊斯兰国家。

的赏金则更多。可是，奖赏不应仅仅给予这种罕见的多子女者。只有像罗马人那样采取普遍奖励和普遍惩罚的措施，才能培养出一种有利于人口增殖的普遍精神。

第二十八节　如何弥补人口损失

一个国家如果因意外事故、战争、瘟疫或饥馑等原因而导致人口减损，那就还有办法。幸存的人们保持着劳作和勤奋的精神，想方设法弥补灾难造成的损失，从而因灾难而变得更加勤奋。人口减损如果由来已久，而其原因是内部弊病和不良政体，那就难以救治了。那里的人死于一种感觉不到而且习以为常的疾病；因为，他们出生在颓丧、悲惨以及政府的暴力和偏见之中，往往眼看自己被毁灭，却不知原因何在。饱受专制主义之苦的国家和神职人员高踞于普通百姓之上的国家，就是两种典型的例子。

在这种国家里，想要依靠新生婴儿来弥补人口的减损，肯定不能如愿。已经不是时候了，身处荒漠的人既无勇气也不勤奋。本来可以用来养活一个民族的土地，如今只能勉强养活一个家庭。在这些国家里到处都是荒芜的土地，可是，下层人民就连这样的荒地也无权拥有。神职人员、君王、城市、权贵和重要的公民，不知不觉地变成了所有国土的主人。国土荒芜了，被毁的家庭为他们留下了牧场，可是，劳动人民却一无所有。

在这种情况下，应该在整个帝国范围内推行罗马人曾经在部分国土上推行的政策，那就是以丰补歉，把土地分给所有无地的家庭，并向他们提供垦荒和耕种的手段。只要还有一个人愿意接受土地，土地分配就不应停止。这样就不会浪费可以用于劳动的时间。

第二十九节　济贫院

一个人之所以穷，不是因为他一无所有，而是因为他不劳动[1]。一个没有任何财产但从事劳动的人，日子会过得相当舒适，丝毫不比年入一百埃居但并不劳动的人差。一个没有任何财产但有一门手艺的人，不比拥有十亩土地但不种就活不下去的人穷。手艺人把手艺作为遗产传给子女，就等于给子女留下了一份财产，有多少个子女，就等于留下了多少份财产。拥有十亩地的人就不是这样了，他只能把地产分割给子女。

在经商国家里，许多人靠技艺谋生，国家因而不得不接济老人、病人和孤儿。在一个文明国家里，政府从工艺基金中提取接济费用，一方面为有能力的人提供劳动机会，另一方面教导另外的人学会劳动，而这本身也就是一种劳动。

国家有义务保障全体公民的生存、食物、合适的衣着以及不损害健康的生活，所以，给沿街的裸汉一些施舍，绝不意味着国家义务的完成。

有人问奥朗则布[2]为何不建济贫院，他回答说："我要让国家富庶得无须济贫院。[3]"其实他应该这样回答才对："先让我的国家富裕起来，然后再建济贫院。"

一个国家要想富裕，必须有许许多多的经济活动。在分支繁多的

① 有学者指出，孟德斯鸠在这里提出的是劳动权问题，所以有人把他奉为社会主义学说的先驱。——译者

② 奥朗-则布(Aureng-Zeb，1618—1707)，莫卧儿皇帝(1659—1707在位)，建树甚多。——译者

③ 参见沙尔丹，《波斯游记》，第八卷。

商业中，指望任何一个分支都没有经营上的困难，任何一个从业者都不会遇到一时的困顿，这是不可能的。

正因为如此，无论为了不让人民受苦，还是为了预防人民造反，国家都必须迅捷地提供援助。所以，有必要设立济贫院，或是采取其他相应措施，以防此类悲惨现象发生。

然而，在一个贫穷的国家中，有了普遍的贫穷，才有个人的贫穷，所以也可以说，个人的贫穷就是普遍贫穷。世界上任何一所济贫院都不可能解决个人贫穷问题。恰恰相反，济贫院所激励的好吃懒做之风将会加剧普遍的贫穷，从而加剧个人的贫穷。

为推行英国教会改革，亨利八世废止僧侣制度①。僧侣本身就是一个好吃懒做的群体，而且还以其好客供养着另一批好吃懒做的人；一大批游手好闲的懒汉、绅士和小市民，以奔走于一个又一个修道院之间为生。绅士在修道院里找到了饭碗，而下层人民则在济贫院中找到了饭碗，可是，亨利八世断然废止了济贫院。在这些改革之后，商业和工业精神就在英国确立起来了。

在罗马，济贫院让所有的人都很舒服，唯有卖力气干活的人、有技艺的人、精心培育工艺的人以及拥有土地和经营商业的人很不自在。

我曾说过，富裕的国家里应该设立济贫院，因为在那里，命运会让人遇到种种不测。可是，我觉得，临时性的救助远远胜过永久性的济贫机构。既然只是一时遇到困难，救济也应只用来缓解一时之苦，对付偶发事件。

---

① 见比尔内，《英国改革史》，第一卷，第三章。

珍藏本
纪念版

汉译世界学术名著丛书

论法的精神

下卷

〔法〕孟德斯鸠 著

许明龙 译

商务印书馆
SINCE 1897
The Commercial Press

2017年·北京

目　　录

第五编

第六编

附　录

第　五　编

第二十四章

法与各国宗教仪规和宗教本身的关系

第一节　泛论宗教

茫茫黑暗之中，我们能够辨认哪里比较明亮，众多的深渊之中，我们能够辨认哪个深渊比较浅。同样，我们也可以在众多的错误宗教中，寻找那些最符合社会福祉的宗教，那些虽然不能把人引向极乐的来世，却最能帮助人获得今生幸福的宗教。

所以，我对世界上各种宗教的审视，仅仅着眼于它们能为生活在尘世中的人带来什么福祉，无论它们源自天上还是来自人间。

我是作为一个政治著作家，而完全不是作为神学家撰写本书的，所以，书中可能会有一些东西，只有用尘世俗人的眼光去看，才显得完全真实，因为，我并未把它们与更高的真理联系起来考虑。

至于真正的宗教，只需稍有一点公正心就可以发现，我从未试图让宗教利益屈从于政治利益，而是试图让两者彼此结合，然而，要想做到这一点，首先必须认识和了解它们。

毫无疑问，要人们相亲相爱的基督教，希望每个民族都有最佳政治法和最佳公民法,因为除了宗教以外,这些法律就是人们能够给予和获得的最大福祉。

第二节 培尔先生的悖论

培尔先生声称,他能证明,与其做一个偶像崇拜者,不如做一个无神论者,换句话说,与其信奉一种不良宗教,不如什么教也不信①。他写道:"我情愿让人说我这个人并不存在,也不愿让人说我是一个坏人。"这只是一种诡辩,其依据是:对人类来说,相信某人存在毫无用处,反之,相信上帝存在却非常有用。如果认为上帝并不存在,就会以为可以不受约束、为所欲为,如果没有上帝存在的观念,那就会萌发叛逆念头。如果因为宗教并非时时刻刻都在发挥约束作用而断言它不是一种约束因素,那就等于断言公民法也不是约束因素。在一部卷帙浩繁的著作中罗列宗教引发的种种弊端,以此作为反对宗教的理由,却不罗列宗教带来的好处,这种推理方法是不可取的。若是把世界上的公民法、君主政体和共和政体所产生的一切弊端罗列出来,一件件无不骇人听闻。即使宗教对于臣民们没有用处,对于君王们也不会没有好处,因为那些不怕人类法律的人只受一种约束,而这种约束就像是马嚼子,所以,以白沫清洗马嚼子不会没有好处②。

一个既热爱又畏惧宗教的君主犹如一头狮子,对于抚摸它的手和安抚它的吆喝,驯服而又听话。畏惧而又憎恨宗教的人犹如困兽,拼命撕咬防止它伤害路人的铁链。完全不信教的人犹如可怕的动物,只有

① 《漫话彗星》,第六十四篇。

② 戴上嚼子的马会因暴躁发怒而口吐白沫。——译者

当它撕咬和吞噬猎物时才感到自由。

对于某个人或某个民族来说，问题不在于弄明白，是根本不信教好还是过度信赖宗教好，而是要知道哪个害处少，是过度信赖宗教呢，还是根本不信教。

为了减轻无神论的可怖程度，人们对偶像崇拜的攻击有些过头。古人在社坛供奉某些恶神，并不意味着他们喜爱恶神，恰恰相反，这意味着他们仇恨恶神。斯巴达人建庙供奉恐惧之神，并不意味着这个好战的民族祈求恐惧之神在战斗中夺走斯巴达人的胆量。人们向一些神明祈求，为的是不要激励罪恶，而向另一些神明祈求，则是为了远离罪恶。

第三节 宽和政体宜于基督教，专制政体宜于伊斯兰教

基督教与不折不扣的专制主义相去甚远，因为，《福音书》既然竭力提倡仁爱，基督教当然反对君主以专制淫威判案定罪和滥施暴虐。

基督教禁止妻妾成群，君主因而较少幽居后宫，较少与臣民隔离，因而比较有人性。他们更愿意制定法律，更能够意识到自己并非万能。

伊斯兰教的君主们不断杀人，也不断被杀，基督教则使君主们不那么怯懦，因而也就不那么残忍。君主依赖臣民，臣民仰仗君主。真是妙极了！彼岸世界的福祉似乎是基督教的唯一追求，可是它却也为今生带来了幸福。

尽管埃塞俄比亚国土辽阔，气候恶劣，基督教依然成功地阻止了专制主义在那里落地生根。基督教还为非洲腹地送去了欧洲的习俗和法律。

埃塞俄比亚的一位王储拥有一个公国，为其他臣民提供了仁爱和顺从的榜样。就在王储的公国不远处，伊斯兰教徒把塞纳尔①国王的几位王子监禁起来；国王死后，枢密院为扶植继位者登基，派人掐死了被监禁的那几位王子②。

这一边，希腊和罗马的首领们不断大肆屠杀，那一边，帖木儿和成吉思汗恣意蹂躏亚洲，毁灭民族和城池。我们只要睁眼看一看那些首领的所作所为，就能知道我们如何受益于基督教，在治国方面我们享有一定的政治权，在战争中我们享有某种万民法规定的权利，人类的本性对这些权利无论怎样表示感谢都不为过。

在我们当中，正是万民法给被征服的人民留下了以下这些重要的东西：生命、自由、法律、财产，只要被征服者自己不糊涂，他们的宗教也总是得到保护。

可以说，与当年变成专制和黩武后的罗马帝国相比，今天的欧洲人民并非更不团结，人民如此，军队也如此；当时的军队与今天的军队相比，情况也是这样，一方面，当时各国的军队相互攻击，战事不断；另一方面，当时的军队被允许劫掠城市，瓜分或没收土地。

第四节　基督教和伊斯兰教的特征造成的后果

鉴于基督教和伊斯兰教的特征，我们无须详加审视，就应该皈依前

---

① 塞纳尔(Sennar)，古代努比亚王国，疆域从尼罗河直抵红海，今为苏丹一省。——译者

② 见《耶稣会士书简集》，第四辑，第 290 页：蓬塞(Poncet)，“埃塞俄比亚游记”。

者而唾弃后者。因为在我们看来，一种宗教能否敦化民俗，无论如何总比一种宗教是否是真教来得明显。

一种宗教如果是由征服者传入的话，那就是人性的不幸。伊斯兰教建立在破坏精神之上，一味崇尚利剑，至今依然在以这种精神影响人。

牧人之王萨巴卡[①]的历史令人赞叹[②]。底比斯的神明出现在他的梦中，命令他杀死埃及的所有祭司。他据此断定，他当国王已经不再让神明高兴，否则，神明不会让他做此类与神明通常的意愿背道而驰的事情，于是，他隐退到埃塞俄比亚去了。

第五节　天主教宜于君主政体，新教宜于共和政体

在一个国家中产生和成长的宗教，通常总是紧跟那个国家的政体走向的，因为，无论是信奉这种宗教的人或是传播这种宗教的人，除去他们生活在其中的那种政体之外，他们对于其他政体所知甚少。

两个世纪之前，基督教不幸分裂为天主教和新教，北方民族皈依了新教，而南方民族则依然信奉天主教。

这是因为，北方民族不但现在具有而且将永远具备一种独立和自由的精神，而南方民族则不具备这种精神；再者，领袖地位不突出的宗教，比较适合因气候条件而养成的独立精神，而对于领袖地位突出的宗

① 萨巴卡（Sabbacon），埃及第二十五王朝（公元前750—前700年之间）的法老。——译者

② 狄奥多罗斯，《世界文库》，第二卷。

教来说，独立精神就不那么合适。

建立了新教的那些国家，在国家政治层面上也进行了一些变革。路德虽然获得了一些君主的支持，可是，新的宗教倘若没有堂皇的外表，他也很难让这些君主接受教会的权威。不过，支持卡尔文的是共和国中的民众或是君主国中默默无闻的小市民，所以，他大可不必搞那些堂皇的外表和显赫的职位。

这两个宗教派别都可以自诩尽善尽美，卡尔文派认为自己最符合耶稣基督的教诲，而路德派则认为自己最符合使徒们的行为。

第六节　培尔先生的又一个悖论

培尔先生咒骂了所有宗教之后，又对基督教大加斥伐，他竟然声称，真正的基督教徒倘若组成一个国家，这个国家就不可能生存下去。为什么不可能？那将是一批对于自己的义务了然于胸的公民，他们具有极大的热情去履行自己的义务；他们对于天赋的自卫权利有强烈的感受，越是觉得自己受惠于宗教，就越是觉得自己沐泽于祖国。深深地铭刻在他们心中的基督教教义，具有无比强大的力量，远远胜过君主政体下虚伪的荣宠、共和政体下人类的美德以及专制国家中卑劣的畏惧。

这位大名鼎鼎的人物由于不了解自己所信奉的那个宗教的精神，不懂得区分建立基督教所需的神品和基督教本身，不懂得区分《福音书》中的戒律和劝导，因而受到指责，这让人颇感震惊。立法者之所以不制定法律而进行劝导，那是因为他们发现，如果把这些劝导作为法律颁布的话，就会违背法的精神。

第七节　宗教中的完美法律

人类的法律是用来指导精神的，所以，法律应该给予人们以戒律而不是劝导。宗教是用来指导心灵的，所以宗教给予人们的劝导应该很多，而戒律则应该很少。

比方说，宗教设定一些规矩，不是为了好，而是为了最佳，不是为了善，而是为了至善，因而，只有当这些规矩是劝导而不是戒律时方才合适。因为，不能指望每个人和每件事都能达于至善。况且，如果这些规矩是法律而不是劝导，那就需要许许多多其他法律来保证这些法律得到遵守。基督教劝人独身，当这种劝导成为某一类人必须遵守的法律后，就得每天制定新的法律，迫使这类人遵守独身的法律①。立法者如果把热爱至善的人眼中的劝导当作戒律来实现，那他就不但会使自己疲惫不堪，也会让社会不胜其烦。

第八节　道德法规与宗教法规的一致性

一个国家所信奉的宗教，倘若不幸不是上帝赐予的那种宗教，那就始终需要设法让宗教与道德保持一致。因为，宗教——哪怕是伪宗教——是为人正直诚实的最佳保证。

勃固人所信奉的宗教的主要教义是：不杀、不偷、不做下流无耻的事、不做任何让众人不快的事，反之，要竭尽全力为众人做一切好事。

① 参见迪潘(Dupin)，《6 世纪僧侣著作汇览》，第五卷。

他们相信，能做到这些的人，不论信奉什么宗教，都能得到拯救。正因为如此，勃固人民尽管既贫且傲，却都以慈爱和同情之心对待不幸的人。

第九节　犹太苦修派

犹太苦修派[①]发誓以公正待人，即使奉他人之命也不加害于任何人，他们憎恨不义，对所有的人恪守诚信，以谦和的态度发号施令，永远站在真理一边，面对不义之财避而远之。

第十节　斯多葛派

古代的各种哲学派别可以看作是不同的宗教。没有任何一个哲学派别的原则比斯多葛派更无愧于人类，更能培养好人。假若我能在一瞬间忘掉自己是基督教徒，我就会把芝诺学派[②]的毁灭列为人类的一大灾难。

这个学派做得过头的只是那些包含伟大因素的事，那就是蔑视快乐和痛苦。

唯有斯多葛派懂得培养公民，唯有斯多葛派培育了伟人，造就了伟大的帝王。

① 参见普里多，《犹太史》。

② 芝诺（Zénon，约前336—前264），古希腊斯多葛派的创始人，认为人应顺应自然或服从命运。——译者

暂且把神启真理搁置一边，去到万物中寻找，你绝找不到比两位安托尼乌斯乃至尤利安更伟大的人物。尤利安，就是这个尤利安（尽管我不得不认可尤利安，但绝不会成为他背弃宗教行径的同谋），在他之后，再也没有一个比他更配做统治万民的君主了。

斯多葛派虽然把财富、人世间的显赫、痛苦、忧伤和愉悦视为虚无，可是，他们全力以赴的却是为人类谋福，尽社会义务。看来，他们是把确信自身所具有的那种神圣精神，视为一种关爱着人类的神明。

他们为社会而生，每个人都相信自己的命运就是为人类效力，为社会效力并不是一种负担，因为他们所得到的全部报酬就在他们自己的内心里，唯有他们的哲学能使他们幸福，唯有他人的幸福能增加他们自己的幸福。

第十一节　静修

人生来就要传宗接代，就要吃饭穿衣，就要从事一切社会活动，所以，宗教不应让人过一种过于静修的生活①。

穆斯林的沉思是习惯使然，他们每天祈祷五次，每次祈祷都要作出表示，把尘世间的一切抛诸脑后，这就使他们养成了沉思的习惯。此外，他们对一切事物都持冷漠态度，这是因为教义告诉他们，命运难以抗拒。

倘若此外还有其他因素进一步促成他们的超然态度，比方说，苛政和有关地产权的法律给他们一种不稳定感，那就一切都完了。

祆教曾把波斯治理得欣欣向荣，消除了专制主义的种种弊害，可

① 佛教和道教的毛病就在这里。

是，伊斯兰教如今又把这个帝国摧毁了。

第十二节　苦行

苦行不该与怠惰而应与勤奋的思想相结合，不应与非凡而应与善良的思想相结合，不应与贪婪而应与节俭的思想相结合。

第十三节　不可补赎的罪行

被西塞罗引述的一段高级僧侣的论述[①]表明，罗马人中间曾经有过不可补赎的罪行[②]，正是在这一点上，索西穆斯巧妙地编造故事，用来诋毁君士坦丁皈依的动机，尤利安在他的《诸王传》中也据此对君士坦丁的皈依进行辛辣的嘲讽[③]。

异教仅仅禁止若干重大罪行，它只管手而不管心，所以，异教徒可能犯下不可补赎的罪行。可是，有一种宗教[④]不可能有不可补赎的罪行。这种宗教抑制一切情欲，对行动与对欲望和思想同样小心翼翼；它不是用几条链子而是用无数细绳把我们拴住；它把人类的公理置于一边，而另立一种公理；它的使命是不断地把我们从悔引导到爱，

① 西塞罗，《法律》，第二卷。

② “亵渎神圣是无法补赎的罪，这是一种因蔑视宗教而犯下的罪。凡是可以补赎的罪，但愿公共教士们予以补赎。”

③ 据索西穆斯说，君士坦丁在公元326年误杀了人，为了补赎这一罪过，他才皈依基督教。其实，他皈依基督教是在公元312年，即杀人事件的14年之前。——译者

④ 孟德斯鸠此处指基督教。——译者

又从爱引导到悔；它在审判者和罪人之间设置一个中间人，在遵守教规的人和中间人之间设置一个伟大的审判者。然而，尽管它把恐惧和希望给予所有的人，它依然让人充分地意识到，虽然没有一种罪行因其性质而是不可补赎的，但整个生命却可能是不可补赎的，不断地以新的罪行和新的补赎去折磨天主的仁慈，那是极端危险的；既然我们欠着上帝的债，而且因从未还清而忧心忡忡，那么，我们就应该担心旧债未还又添新债，千万别把事情做绝，不要一直走到慈父不再宽恕的终点。

第十四节　宗教如何对世俗法律产生影响

宗教和世俗法律的主要目标都应是使人成为好公民。如果其中一个偏离了这个目标，另一个就更应坚持这个方向。凡是宗教较少加以约束的地方，世俗法律就应严加约束。

以日本为例，由于那里占主导地位的宗教几乎毫无教义可言，既不讲天堂也不讲地狱，为弥补这一欠缺，法律不但制定得十分严厉，而且执行得一丝不苟。

宗教的教义如果认定人的行动受命运支配，那么，法律规定的惩罚就应严厉，治理者就应时时保持警觉，使那些没有管束就放纵自己的人受到约束。不过，倘若宗教确立的是自由的教义，那就另当别论。

伊斯兰教的宿命论源自精神的懒惰，而宿命论反过来又导致精神的懒惰。有人说，这是真主在圣谕中规定的，我们无须行动。在这种情况下，应该用法律去唤醒沉睡在宗教中的人。

如果宗教谴责应该为世俗法律所许可的某些事，而世俗法律却许可应该被宗教谴责的某些事，那就很危险了；因为这种情况表明，和谐与公正的观念始终缺失，这种缺失会从一方蔓延到另一方。

试以成吉思汗的鞑靼人①为例，在他们看来，把刀子扔进火里，把身子靠在鞭子上，用缰绳打马，用骨头击碎另一块骨头，这些都是罪行，甚至是重大罪行；可是，背信弃义、抢掠财物、伤人杀人，这些却都不构成罪行。总而言之，如果法律把无关痛痒的小事看做大事，那就会产生一种弊害，即把大事看成无关痛痒的小事。

台湾人相信有一种地狱②，不过，这个地狱是用来惩罚以下这些人的：在某些季节中没有赤身裸体的人、不穿丝绸而穿布衣的人、拾牡蛎的人、做事之前不先问卜于小鸟的人。所以，他们不但不把酗酒和调戏妇女视为罪恶，甚至反而认为，子女们的放荡行为能博得神明的欢心。

法律如果宽恕一个偶发事件，它就会因此而无谓地失去对人的最大推动力。印度人相信，恒河水具有圣化的效能③，死在恒河岸边的人可以免受阴间的酷刑，并且可以居住在极乐净土。因此，印度人从偏僻的角落把装有骨灰的坛子带到恒河边上，投入河中。生前是否品德高尚又有何妨？只要死后让人扔进恒河就行了。

既然相信有一个能得到好报的地方，自然就会相信也有一个会受到惩罚的地方。倘若希望得到好报却并不惧怕受到惩罚，世俗法律就无计可施了。对于确信自己能在阴间过好日子的人，立法者是无能为力的，他们根本不把死亡当作一回事。倘若有人确信，官员给他的最重刑罚之日，正是他好日子开始之时，法律又有什么办法去约束这样的人呢？

① 参阅柏朗嘉宾的记述，此人奉教皇因诺森四世之命，于1246年出使鞑靼。
② 《创建东印度公司历次航行记》，第五卷，第一部分，第192页。
③ 《耶稣会士书简集》，第十五辑，第13页。

第十五节　世俗法律有时如何修正伪宗教的谬误

出于对古代事物的崇拜，由于头脑简单或是迷信，人们有时候会创制一些有伤贞操的神秘祭礼或仪式，世界上不乏其例。亚里士多德说①，在这种情况下，法律准许家长代替自己的子女和妻子前去神庙参加祭礼。这项法律真不错，它抵御了宗教对风尚的侵害。

奥古斯都禁止男女青年参加任何在夜间举行的祭礼②，除非有年长的亲属陪同；他恢复牧神节③后，禁止青年男女在节日里裸体奔跑④。

第十六节　宗教法律如何修正政治体制的弊害

另一方面，当法律软弱无力时，宗教可以发挥支撑国家的作用。

比如，当一个国家因内战频仍而动荡不安时，宗教如果能使这个国家的某一部分始终处于安定状态，那就相当了不起。希腊的埃里亚人⑤作为阿波罗的祭司，享受着持久的和平；在日本，京都始终没有遭

① 亚里士多德，《政治学》，第七卷，第十五章。

② 苏埃托尼乌斯，《奥古斯都》，第三十一章。

③ 牧神节为每年的2月14日，届时，全身赤裸的青年男女在罗马的街道上狂奔，并用兽皮条抽打路上遇到的行人。——译者

④ 苏埃托尼乌斯，《奥古斯都》，第三十一章。

⑤ 埃里亚人（Eléens），希腊西北部埃里亚地区的居民。——译者

受战乱[1]，因为宗教把维持这座圣城的和平定为必须遵守的规矩；日本似乎是世界上独一无二的国家，国内的商业从不因战争而毁灭，所以它既没有也不欢迎任何来自外国的资源。

在有些国家里，未经公众讨论就打起仗来，法律也没有任何办法制止或防止战争，宗教在这种情况下就可以确定一个和平或休战时期，以便让人民去完成那些必须做的事，例如播种以及类似的工作，否则国家就无法继续生存。

在阿拉伯部落中，每年有四个月停止一切敌对行动[2]，最小的骚乱也被视为亵渎神明。法国的领主们随意开战或停战，宗教却规定在某些季节里必须休战。

第十七节　续前题

一个国家若有许多记仇的理由，宗教就应提供许多和解的途径。阿拉伯这个强盗民族，经常做一些相互伤害、彼此不公正的事。穆罕默德定下一条法规[3]："有人如果宽宥了杀害兄弟的坏人[4]，可以要求坏人支付赔偿及利息；但是，如果接受赔偿之后还伤害坏人，那就会在审判日受到酷刑的惩罚。"

在日耳曼人中，亲人的仇恨和敌意一代一代传袭，但并非传之永久。一定数量的牲畜可以抵消杀人之仇，被害人全家都会对此感到满

---

① 《创建东印度公司历次航行记》，第四卷，第一部分，第 127 页。
② 普里多，《穆罕默德传》，第 64 页。
③ 《古兰经・黄牛》。
④ 即放弃同态复仇。

意。塔西佗就此写道[①]:“这种做法非常有用,因为对于一个自由的民族来说,敌意相当危险。”我相信,在这些人中间享有巨大威望的神职人员,肯定参与了调解。

马来人没有建立起这种调解机制[②],杀人者确信自己定会被死者的亲友杀死,于是放纵自己的狂暴,逢人便伤,逢人便杀。

第十八节　宗教法律如何发挥世俗法律的效力

希腊人最早是一些散居各地的小部落,在海上当海盗,在陆地上胡作非为,无人管理,也没有法律。赫剌克勒斯和忒修斯的英勇功绩[③]反映了这个新生民族当时的状况。除了激起人们对凶杀的恐惧之外,宗教还能做些什么呢?他告诉人们,被暴力杀害的那个人的愤怒首先使杀人者感到不安和恐怖,接着,他还要杀人者把他以前经常光顾的地方让给他[④];人们既不能接触罪犯,也不能同他谈话,否则就会沾染鲜血,并且失去以遗嘱安排遗产的资格[⑤];凶手应该被逐出城外,他的罪行应该得到净化[⑥]。

① 塔西佗,《日耳曼尼亚志》,第二十一章,第一节。

② 《创建东印度公司历次航行记》,第七卷,第303页。又见福尔班伯爵(comte de Forbin),《福尔班伯爵回忆录》以及他对望加锡人的记述。

③ 此处指希腊神话中这两位英雄所完成的英勇无比的伟业。——译者

④ 柏拉图,《法篇》,第九卷。

⑤ 参阅索福克勒斯的悲剧,《俄狄浦斯王》。

⑥ 柏拉图,《法篇》,第九卷。

第十九节　教义对世俗状态中的人有利或有害，在于教义的滥用与否，而不在于其真伪

即使是最真实和最圣洁的教义，如果不与社会原则相结合，也会产生非常恶劣的后果；反之，即使是最虚假的教义，如果能与社会原则相结合，也能产生美妙的后果。

孔子的教义否认灵魂不死[①]，芝诺学派不相信灵魂。谁会想到，佛教和芝诺学派从它们的虚假原则中引申出来的结论，虽然不正确，却非常有益于社会。

佛教和道教相信灵魂不死，可是，从如此圣洁的教义中，人们竟然引申出一些骇人的结论来。

灵魂不死的说法由于被人作了错误的理解，在世界各地和各个时代，都诱使一些妇女、奴隶、臣民和朋友走上了自杀之路，到阴间去为自己所敬佩和热爱的对象服务。东印度人如此，丹麦人亦然[②]；直至今日，在日本[③]，在望加锡[④]，在世界许多其他地方，都依然如此。

---

① 一位中国哲学家以下列论据驳斥佛教教义："佛经说，肉体是人的居所，灵魂作为永生的房客居住在肉体中。父母的肉体如果也只是一个居所，那当然就应该把它当作一堆烂泥加以蔑视。这岂非要从人心中去除热爱父母的美德吗？这同样会使人不爱惜肉体，拒不保养肉体，拒不给予珍惜和爱护。正因为如此，自杀而死的佛教徒数以千计。"见杜赫德《中华帝国全志》第三卷第 52 页所载一篇中国哲学著作。

② 参见托马斯·巴塞林（Thomas Bartholin），《古代丹麦》，第五卷，第二部分。

③ 《创建东印度公司历次航行记》第五卷第二部分中关于日本的记述。

④ 《福尔班伯爵回忆录》，第一卷，第 178、179 页。

这种习俗并非直接来自灵魂不死的教义，而主要是来自肉体死而复活的教义。从这种教义引申出的结论是，同一个人死后的需求、感情欲望与生前一模一样。从这个角度看，灵魂不死的教义对人产生的影响非同小可，因为，在一般人看来，调换一个住所要比重新建造一个容易得多，因而比较容易让人欣然接受。

对于一个宗教来说，仅仅确立一种教义还不够，还要加以指导。基督教在我们所说的教义方面就做得非常出色。基督教让我们寄以希望的，是我们所相信的未来状态，而不是我们所感受到的或所了解的当前状态。包括死而复活在内的一切，都将我们引向神灵观念。

第二十节　续前题

波斯人的圣书写道："如果你想成为圣人，那就教育你的孩子，因为，他们将来所做的一切都将归功于你①。"圣书劝导人们早婚，因为到了末日审判时，子女将是一座桥，没有子女的人就过不去。这些教义虽然虚假，却非常有用。

第二十一节　轮回

灵魂不死的教义有三种说法，一为不死说，二为更换住所说，三为轮回说，分别是基督教的说法、斯基泰人的说法和印度人的说法。刚才谈到了头两种说法，现在要谈的是第三种说法。我认为，轮回说在印度

① 海德，《波斯人的宗教》。

的导向有好有坏，因此，其效果也有好有坏。轮回说使人憎恶流血，因而印度极少发生凶杀事件；尽管几乎没有人被处以死刑，所有人却都安分守己。

另一方面，妇女自焚以殉夫，这说明，受暴死之苦的偏偏是那些无辜的人。

第二十二节　宗教若教人憎恶无关紧要的事物，那就十分危险

宗教偏见造成的荣耀感使印度的各个种姓彼此憎恶。宗教是这种荣耀感的唯一基础，种姓不同并不构成公民身份上的差别，有的印度人觉得与国王同席进餐是有失体面的事。

这种差别与对他人的某种厌恶有关，与因社会地位的差异而产生的感情截然不同，我们欧洲人的这种感情包含着对下层人民的怜爱。

除了鄙视邪恶，宗教法律应该避免激励人们鄙视其他事物，尤其不应使人远离对他人的爱怜。

穆斯林和印度的宗教信徒多得难以计数。穆斯林因为食用牛肉而遭印度人憎恨，印度人则因食用猪肉而遭穆斯林憎恨。

第二十三节　节日

宗教在规定某日停止工作时，首先应予考虑的是人们的需求，其次才是敬奉对象的崇高伟大。

雅典的节日过多是一大弊端①。希腊的所有城市都把它们的纠纷提交给统治整个希腊的雅典人民解决，雅典人实在忙不过来。

君士坦丁规定星期天停工歇业，不过，这项规定仅实施于城市②，而不实施于乡村。他认为，劳动在城市里是有益的活动，而在乡村中，劳动则是必不可少的活动。

基于同样理由，在以贸易为生的国家中，节日的多寡应与贸易相适应。由于新教国家和天主教国家的地理位置不同③，前者对劳动的需求大于后者，所以，取消节日对于新教国家来说比较合适，而对于天主教国家来说就不那么合适。

唐比埃指出，各国人民的娱乐因气候不同而大异其趣④。炎热地带盛产美味的水果，蛮人不费力气就可获得生活的必需，因而有较多时间进行娱乐。寒冷地带的印第安人要不断地捕鱼狩猎，没有多少闲暇，所以他们的舞蹈、音乐和宴饮都比较少。建立在他们那里的宗教在作出有关节日的规定时，应该对此有所考虑。

第二十四节　地方性宗教的法律

各种宗教都有许多地方性法律。莫采苏马⑤坚持认为，西班牙人的宗教适合西班牙，墨西哥的宗教适合他的国家。他的话绝非谬说，事实上，立法者纵然不想考虑大自然此前已经确立的东西，那也是办不到

① 色诺芬，《雅典政制》，第三章，第八节。
② 《法律》，第三篇"关于安息日的法典"。此项法规无疑是为异教徒制定的。
③ 天主教国家偏南，新教国家偏北。
④ 《周游世界记》，第二卷，第一部分，第 218 页。
⑤ 莫采苏马(Montésuma)，1519 年墨西哥被征服时的皇帝。——译者

的。

轮回说是为印度的气候量身定制的。烈日炎炎的乡村犹如一片火海，只能饲养少量牲畜，缺乏耕畜之虞始终存在，那里的牛繁殖力很低[①]，却很容易染病。所以，宗教为保护耕牛而制定法律，是十分适应治国需要的举措。

草地虽然受着烈日的炙烤，稻谷和蔬菜却因有水灌溉而茁壮成长，那条只准以这些作物为食的宗教法律，显然对生活在此类气候条件下的人非常有用。

肉类在那里不受欢迎[②]，取自于牛的奶和奶油是人们赖以生存的一部分食品；所以说，印度的法律禁止杀牛和吃牛肉，并非没有道理。

雅典人口密集，土地贫瘠，因而，用小祭品供奉神明与杀牛作供献相比，前者更能彰显对神明的崇敬[③]，这是一条宗教箴规。

第二十五节　向异国移植宗教所产生的弊病

鉴于以上所述，将一国的宗教移植到另一国，往往会产生许多弊病[④]。

德·布兰维利耶先生说，“阿拉伯大概没有多少猪，几乎没有树林，动物可吃的食料几乎一点也没有，不但如此，水和食物所含的盐分使当

① 《耶稣会士书简集》，第十二辑，第 95 页。

② 贝尼耶，《莫卧儿帝国游记》，第二卷，第 137 页。

③ 阿特纳奥斯在《哲人宴享》中引用幼里庇德斯的话，第二卷，第 40 页。

④ 这里说的绝非基督教，正如我们在本书第二十四章第一节末尾所说，基督教是人类第一财富。

地人民很容易得皮肤病[①]。”当地禁止食用猪肉的法律，若其他国家执行肯定不是好事[②]，在那些国家里，猪肉是极为普遍而且几乎是不可或缺的食品。

我要谈一点感想。桑克多利乌斯[③]指出，我们食用的猪肉难以让我们出汗[④]，而且还妨碍其他食物让我们出汗，他发现，食用猪肉导致的出汗量减少可达三分之一[⑤]。况且我们知道，不出汗会引起和加剧皮肤病。所以，在由于气候原因而容易感染皮肤病的地方，例如巴勒斯坦、阿拉伯半岛、埃及和利比亚等地，应该禁止食用猪肉。

第二十六节　续前题

沙尔丹先生说[⑥]，除了边境上的库拉河[⑦]，波斯几乎没有可通航的河流。袄教徒禁止在河流上航行的古法，当然没有在波斯造成任何不便，可是，若是在另一个国家执行该法，就会把贸易彻底摧垮。

在炎热地带经常沐浴是司空见惯的事，所以，伊斯兰教和印度的宗教规定要经常沐浴。印度人在流水中向神祈祷[⑧]是值得高度赞扬的举动，可是，生活在其他气候条件下的人怎么能去做这种事呢？

产生于特定气候条件的宗教，若是与另一个国家的气候条件相差

① 《穆罕默德传》。

② 例如在中国。

③ 桑克多利乌斯(Sanctorius，1561—1636)，意大利医学教授，他认为饮食过量是致病的原因，最佳的治疗方法是出汗。——译者

④ 桑克多利乌斯，《静态医学》，第三编，第22条。

⑤ 桑克多利乌斯，《静态医学》，第三编，第23条。

⑥ 贝尼耶，《莫卧儿帝国游记》，第二卷，第122页。

⑦ 库拉河(Kur)，即古代的居鲁斯河，在高加索南部注入里海。——译者

⑧ 贝尼耶，《莫卧儿帝国游记》，第二卷，第137—138页。

太多,就不可能在那个国家立足,即使被引入那个国家,也会立即被赶出来。从人的角度看,为基督教和伊斯兰教设置分界线的,好像就是气候。

由此可见,一种宗教如果既有独特的教义又有普遍的信仰,那就几乎永远是合适的。有关宗教信仰的法律不宜过细,比如说,不要只规定某一种苦修方式,而应该提出多种苦修方式。基督教充满良知,节制欲念是神的权力,可是,究竟节制哪一种特定的欲念,则应由世俗权力机构规定,而且应该是可以更改的。

第二十五章

法与各国宗教的建立及其对外机构的关系

第一节　宗教感情

敬神者和无神论者时时都在谈论宗教，前者谈他所爱，后者谈他所惧。

第二节　信奉不同宗教的理由

世界上有多种宗教，每种宗教为信教者提供的信奉理由并不相同，这在很大程度上取决于各种宗教如何适应人的思想和感受方式。

我们倾心于偶像崇拜，却不喜欢崇拜偶像的宗教。我们并不十分喜欢神的观念，却醉心于让我们崇拜神明的宗教。这是一种幸福感，它部分地来自我们对自己的满意，因为，我们所选择的是把神从其他宗教的屈辱下解救出来的那种宗教，这说明我们相当具有辨识能力。我们把偶像崇拜视为粗野民族的宗教，把信奉神明的宗教视为开化民族的宗教。

如果能把形成教义的最高神明观念，与进入信仰中的某些可感知的思想结合起来，我们就能对宗教怀有极大的热忱，因为，刚才说到的那些理由与我们天生的对可感知事物的爱结合起来了。天主教徒的此类信仰甚于新教徒，所以，天主教徒比新教徒更加执著于自己的信仰，更加热心地传播自己所信奉的宗教。

当以弗所人民得知参加公会议的神甫们作出决定[①]，从此可以称上帝之母为圣母时，他们欣喜若狂，亲吻主教们的手，抱他们的膝，欢声雷动，响彻云天[②]。

当一种理智的宗教告诉我们，我们是神的选民，且宣扬这种宗教的人与不宣扬这种宗教的人是大有区别的，我们就会把巨大的热情寄予这种宗教。如果既没有偶像崇拜者也没有基督教徒，伊斯兰教信徒就不可能成为好穆斯林。由于偶像崇拜者的存在，穆斯林才相信他们自己是独一无二的真主复仇者；由于基督教的存在，穆斯林才确信自己是真主首选的选民。

与礼拜仪式简单的宗教相比，礼拜仪式繁复的宗教[③]更能拴住信徒的心。人对于频繁地参与的事总是比较在心的，穆斯林和犹太教徒对信仰的坚韧不拔，蛮人和未开化人在信仰上的朝三暮四，都是明证；蛮族和野蛮人一心忙于狩猎和作战，几乎没有什么宗教仪式可

① 公元431年在以弗所举行了天主教第三次公会议，与会者讨论了基督的人神两性和上帝之母的称谓等问题。以弗所是位于小亚细亚西侧的一个城市，今属土耳其。——译者

② 参阅圣西利尔(Saint Cyrille)的信。

③ 这在全世界都可看到。请读一下《近东传教团》和《创建东印度公司历次航行记》第三卷第一部分第201页中关于巴达维亚的摩尔人的记述；拉巴神甫关于黑人穆斯林的记述等。

言。

人非常善于期望，也很容易惧怕，所以，一种既没有天堂也没有地狱的宗教不大能够笼络人心。以下事实可以证明此说不假：外来宗教很容易在日本立足，日本人热烈欢迎并热爱外来宗教①。

宗教应该崇尚纯洁的道德，否则难以拥有信徒。尽管如果逐个审视的话，每个人也许都是骗子，但是从总体上看，人是非常诚实的，而且全都热爱道德。倘若不是讨论如此严肃的话题，我就会说，这一点只要到剧场去看看戏就可得到充分证明。戏中为道德所赞同的感情必定讨人喜欢，为道德所摒弃的感情必定遭人嫌弃。

宗教如果能有一个华丽的外表，这将让我们非常高兴，将会使我们更加倾心于宗教。庙宇和僧侣的财富也非常有助于宗教对我们的吸引。所以，连民众的贫困也能成为宗教吸引信徒的原因，而制造民众贫困的人却曾以宗教为借口。

第三节　庙宇

开化的民族几乎都住在房屋里，由此自然而然地产生了给神建造一所房屋的念头。人们可以在这所房屋里敬神，每当有所期待和有所担心时，也可以到那里去找他。

对于人来说，有一个地方可以近距离地感到神的存在，大家可以聚在一起倾吐无奈和苦难，确实是一件最让人宽慰的事。

不过，这种十分自然的念头只出现在从事农耕的民族中，自己没有

① 此处指基督教和印度的宗教，这两种宗教都有天堂和地狱，而日本的神道教则既无天堂也无地狱。

房屋的民族不会想到建造庙宇。

正因为如此,成吉思汗对清真寺表露出极度的轻蔑[①]。这位大汗询问穆斯林之后表示,他赞同伊斯兰教的所有教义,唯有去麦加朝觐一事不能赞同。他不明白,为什么不能就地敬拜真主[②]。鞑靼人不住在房屋里,所以对庙宇一无所知。

没有庙宇的民族对自己的宗教不大在意,这正是鞑靼人始终相当包容的原因[③]。为什么征服了罗马帝国的蛮族毫不犹豫地皈依了基督教,为什么美洲的野蛮民族不把自己的宗教当成一回事,为什么自从欧洲传教士在巴拉圭修建教堂后,他们就狂热地信奉我们的宗教。

神明是不幸者的避难所,而没有人比罪犯更为不幸,这就让人自然而然地想到,庙宇是罪犯们的庇护所;这种想法对于希腊的杀人犯来说更加自然,因为,他们被赶出城市,远离人群,除了庙宇再也没有别的房屋,除了诸神再也没有别的保护人。

起初只有过失杀人犯这样做,可是,后来连重大罪犯也这样做时,就出现了这样一个巨大的矛盾:他们既然冒犯了人,当然也就更冒犯了诸神。

这种避难所在希腊日益增多。塔西佗说,庙宇里挤满了还不起债的债务人和不良奴隶,官员难以进行管理,民众保护人的罪行就像保护祭祀诸神的仪式一样,元老院于是不得不减少庙宇的数量[④]。

摩西法很聪明。过失杀人是无辜的,但是绝不能让死者的亲属见到杀人者,于是就为杀人者修建了一个庇护所[⑤]。重大罪犯没有资格进庇

---

① 成吉思汗走进布色拉清真寺时,一把夺过《古兰经》,把它扔在马蹄下。见《鞑靼史》,第三部分,第 273 页。

② 《鞑靼史》,第三部分,第 342 页。

③ 日本人源自鞑靼人,这一点很容易证明。所以,鞑靼人的这种心态也传递给了日本人。

④ 塔西佗,《编年史》,第二卷,第三章。

⑤ 《圣经・旧约・民数记》,第三十五章。

护所，他们也根本没有庇护所①。犹太人住在可以拆卸的帐篷里，经常迁徙，因而想不到设置庇护所。他们确实也应该有一座庙宇，可是，如果罪犯们从四面八方涌来，必然会扰乱圣事。如果都像希腊人那样把杀人犯赶出本国，只怕他们都会因此而信奉外国的神。出于这些考虑，修建了一些用作避难的城市，罪犯们可以住在那里，直到司祭长去世。

第四节　神职人员

波菲利②说，上古时代的人只用青草祭神。祭拜既然如此简单，人人都可以在家里主持祭礼。

人人都想取悦神明，这很自然，祭礼于是就越来越繁复，忙于耕种的人无法一个细节也不漏地完成全部祭礼。

于是就在特殊场所敬拜神明，这样一来，就得设置神职人员负责照料，就像某个公民要照料自己的家和家务一样。所以，没有教士的民族通常都是蛮族，佩达尔人③当年是这样，沃尔古斯基人④如今依然是这样。

献身为神服务的人应该受到尊敬，对于某些民族来说尤其如此，他们形成了一种观念，认为只有肉体洁净的人，才可接近神最喜欢去的地方，才能主持某些仪式。

① 《圣经·旧约·民数记》，第三十五章。

② 波菲利（Porphyre，232—303），新柏拉图主义哲学家。——译者

③ 参阅里里奥·吉拉尔蒂（Lilio Giraldi）的著作。

［里里奥·吉拉尔蒂（Lilio Giraldi，1479—1552），意大利神话作家。——译者］

［佩达尔人（Pédaliens），印度的一个民族。——译者］

④ 居住在西伯利亚的一个民族。参见伊斯勃兰兹伊德斯，《北方游记》，第八卷，第13页。

对神的崇拜需要持续不断地付出精力，大多数民族于是让神职人员单独成为一个群体。埃及人、犹太人、波斯人就是这样，他们让若干家族把自己奉献给神，让这些家族世世代代为神服务。还有一些宗教不但让神职人员远离世俗杂事，而且还让他们摆脱家庭的羁绊，基督教的一个主要分支就是这样做的。

我不想在这里议论独身戒律的后果，有人觉得，如果神职人员的队伍太大，而世俗信徒的人数不够多，独身戒律就会产生有害的后果。

基于人类理解能力的本质，我们在宗教方面喜欢一切需要付出努力的东西，犹如在道德方面，我们总是在思辨上喜欢那些具有严肃性质的东西。一些看来最不适宜实行独身制的民族，却喜欢独身制，尽管后果可能很糟糕。在欧洲南部国家中，基督教的戒律因气候原因而难以得到遵守，可是，这条戒律却并未废弃。反之，在欧洲北部国家中，尽管人的情欲不那么强烈，独身制却遭禁止。不但如此，人口稀少的国家接受这条戒律，人口众多的国家反而拒绝接受这条戒律。我们知道，上述这些说法仅仅是就独身制过于扩散的状况而言，并非对独身制本身的议论。

第五节　法律应对神职人员的财产设定的限制

一个单独的世俗家族可能会消亡，他们的财产并无永恒的归宿。神职人员则是一个不会衰败的家族，他们的财产不会外流，永远属于他们。

世俗家族的数量会增多，他们的财产也应随之增多。神职人员是一个不应增多的家族，他们的财产应该受到限制。

《圣经·利未记》中有关神职人员财产的一些规定都保留下来了，可是唯独没有对于财产的限制。我们确实不知道，什么是一个宗教团体获取财产时不得超越的极限。

在民众眼中，神职人员无止境地获取财产毫无道理，想要为此辩护的人都会被视为傻瓜。

公民法在革除积弊时会遇到一些阻碍，因为这些积弊总是与一些应该受到尊重的事物有牵连。在这种情况下，间接措施比直接打击更能体现立法者的智慧。与其禁止神职人员获取财产，莫如设法让他们自己对此失去兴趣；把权利留下，把事实消除。

某些欧洲国家考虑到贵族的权利，作出了一项有利于他们的规定，即有权向永久管业权的领有者[①]的不动产收取一笔补偿金。君主为了自己的利益，规定在这种状况下要收取一笔补偿税[②]。卡斯蒂利亚没有这种税，那里的神职人员就获得了永久产业权拥有者的所有财产；阿拉贡规定要缴付一定数额的补偿税，神职人员所得因而就少一些。法国征收补偿税和补偿金，神职人员的所得就更少；我们甚至可以说，法国的繁荣部分得益于征收这两种税金。如果有可能，不妨增加这两种税金，取消永久产业权。

应该赋予神职人员自古就必不可少的领地以神圣和不可侵犯的性质，使之像神职人员一样具有固定和永久的性质，但是，要让他们放弃新的领地。

当规章已经成为流弊时，就应该允许违规，当流弊回归规章时，就应当容忍流弊。

我们始终记得，当人们在罗马与神职人员发生纠纷时，有人发送的

① 此处指教会。——译者

② 补偿税（droits d'amortissement），获得新的永久管业权的人应该缴纳的税，数额为此产业价值的三分之一。永久管业权是封建领主所享有的一种特权，它规定，领主的附庸如果死后无人继承遗产，这份遗产就归领主所有。在欧洲封建时代，教会也是许多领地和庄园的领主。——译者

一份备忘录上写道："不管《圣经·旧约》上怎么说，神职人员应该为国家的开支作出贡献。"不难看出，这份备忘录的作者对宗教语言不怎么精通，对苛捐杂税语言倒是有较透彻的了解。

第六节　修道院

哪怕只有一点点常识的人也能看出，永远不会衰落的修道院既不应出售其产业以换取终身年金，也不应为终身年金而进行借贷，除非有人想让修道院有权继承无亲属者和不愿有亲属者的全部遗产。修道院要弄人民，而且开银行要弄人民。

第七节　迷信的靡费

柏拉图说[①]："有人不承认神的存在；有人承认神的存在，但主张神不应干预人间事务；有人认为，可以很方便地用供献去安抚神，这三种说法都是有害的，都是对神的侮辱。"柏拉图的这段话，说出了自然理智在宗教问题上全部最合乎情理的表述。

宗教信仰的华丽外表与国家政制大有关系。优良的共和政体不但制止虚荣的奢侈，而且还制止迷信的奢侈；在宗教问题上制定了不少提倡节约的法律，其中有梭伦制定的若干法律、柏拉图制定的若干关于丧葬的法律，这些法律都被西塞罗采纳了，此外还有努玛制定的关于供献

① 柏拉图，《法篇》，第十卷。

的法律①。

西塞罗说："小鸟和一天之中绘成的画作都是非常虔敬的祭品。"

一个斯巴达人说："我们的供献都是一些普通的东西，这样我们就能天天敬神。"

敬神不能随便马虎，但这与大讲排场迥然不同。你若不想让神看到我们如何珍视他所蔑视的东西，那就别把金银宝贝献给他。

柏拉图说得好："好人收到坏人的礼物时会感到羞愧，亵渎宗教者的供献会让神作何感想呢？"

宗教不应以供献为由向民众索取国家留给他们的生活必需品，应该如柏拉图所说，纯洁和虔诚的信徒对神的供献应是与他们的品行一致的东西②。

宗教也不应鼓励为丧葬而大肆挥霍，人一死就不再有财产多寡之分，此时不去刻意显示贫富之间的差别，难道不是再自然不过了吗？

第八节　宗教领袖

神职人员若是很多，自然就应有一个首领，设立这个职务也就成为一种制度。在君主政体下，不应让所有权力集中在一个人手中，所以，宗教领袖应该与国家分开。专制主义把一切权力都集中于一个人手中，就没有必要把宗教领袖与国家分开。不过，在这种情况下，君主就有可能把宗教视为他的法律，他的旨意的产物。为了防止这种弊病，宗教就应该拥有自己的权威性文书，例如确立和固定该宗教的圣书之类。波斯国

① "不得将葡萄酒泼在火葬用的柴堆上。"见《十二铜表法》。

② 《法篇》，第四卷。

王是宗教领袖，可是，宗教规则却是古兰经。中国皇帝是最高宗教领袖，可是，人人手中都有一些书，皇帝本人也要按照书中所说行事。曾有一位皇帝试图把这些书付之一炬，然而却徒劳无功，书战胜了暴政。

第九节　对宗教的宽容

我们在这里是政治学家，而不是神学家，即使对于神学家而言，容忍一种宗教与赞成一种宗教，两者也有很大区别。

国家的法律如果允许多种宗教同时并存，就应该强制这几种宗教彼此宽容。任何一种宗教若受到压制，就必然会去压制其他宗教，这是一条规律。因为，当它侥幸摆脱了压制之后，就会对曾经压制它的那个宗教进行攻击，而且不是作为一种宗教去攻击另一种宗教，而是作为暴政实行压制。

所以，法律有必要要求各种宗教不但不扰乱国家，而且也不彼此相扰。一个公民仅凭不骚扰国家尚不能满足法律的要求，他还得不骚扰任何其他公民才行。

第十节　续前题

凡是狂热地在异地寻求立足的宗教，几乎都不具有容忍精神，能够容忍异教的宗教很少会想到向外扩张。因此之故，一个国家对于已经建立的宗教倘若感到满意，就不应再允许另一种宗教插足进来①；这将

① 我在这里所说与基督教无涉。因为正如我在他处所说，基督教是第一财富。参阅前章第一节以及《为〈论法的精神〉辩护》，第二部分。

是一项极好的法律。

有关宗教的政治性法律的基本原则应该是：如果有权自行决定国家是否接受新的宗教，那就应该拒绝接受；如果新的宗教已经在国内站稳脚跟，那就应该对它采取容忍态度。

第十一节　更换宗教

一个君主如果试图摧毁或更换本国占支配地位的宗教，他将面临许多危险。倘若他的国家是一个专制国家，摧毁或更换宗教比施行暴政更有可能引发一场革命，革命对于他的国家来说一点也不新鲜。引发革命的原因在于，一个国家要想更换宗教，改变习俗和风尚，不可能一蹴而就，不可能像君主颁布建立新教的敕令那样快捷。

况且，原有的宗教与国家的政制相互关联，而新的宗教则不然；原有的宗教与气候相适应，新的宗教则常常并非如此。不但如此，公民们会憎恶法律，蔑视业已建立的政体，原来对一种宗教的坚定信奉，将被对两种宗教的疑虑所取代。总之，至少在一段时间中，国家得到的将是一批坏公民和坏信徒。

第十二节　刑法

应该避免在宗教事务中援引刑法。不错，刑法能让人产生畏惧，可是，宗教也有自己的刑法，也让人产生畏惧。一种畏惧将被另一种畏惧抵消。夹在两种不同的畏惧之间，人的心灵就会变得凶残。

宗教给予人的恐惧和许诺都如此之大，以至于当这些恐惧和许诺已然进入我们的心灵时，无论官吏采用何种手段迫使我们脱离宗教，结果似乎都将是这样：如果把我们所信奉的宗教夺走，那就什么也不能留下；如果不把它夺走，那就不能从我们这里拿走任何东西。

凭借灌输那个伟大的目标①，让人走近那个更加伟大的时刻，并不能让人脱离宗教。施加恩惠，提供生活方便，诱发对财富的期盼，这些都是攻击宗教的可靠方法；提醒起不到什么作用，应该设法让人们忘却；当其他感情作用于人们的头脑，同时宗教所激发的感情趋于沉寂时，不应激起人们的愤怒，而应促使人们的心情趋于平和，这样才有可能让人脱离宗教。总起来说，在促成更换宗教这件事上，诱导胜过惩罚。

人的精神特征在人所使用的各种惩罚中得到了体现。让我们回想一下日本人的惩罚手段吧②，残暴的惩罚比长期的惩罚更能激起反抗，长期的惩罚只会令人灰心丧气，而不会令人义愤填膺；这种惩罚看起来好像不难承受，实际上却是更难承受。

总之，历史已经充分证明，刑法的效果向来就只有摧毁而已，别无其他。

第十三节　对西班牙和葡萄牙宗教裁判官们的忠告

在里斯本最近一次火刑中被处死的一个十八岁的犹太女子，成为一本小册子的主题，我觉得，这是一本前所未有的最没有用处的书。事

① 此处指殉教。——译者

② 《创建东印度公司历次航行记》，第五卷，第一部分，第 192 页。

实如此清晰，居然还要给予证明，那就肯定无法令人折服。

此书作者声称，他虽是犹太人，但他不但尊重基督教，而且十分热爱基督教，因此，他能让不信奉基督教的君主们找不到像样的借口去迫害基督教。

他对宗教裁判官们说："你们指责日本皇帝下令用小火把国内所有的基督教徒慢慢地烧死，可是，他会这样回答你们：'你们的信仰与我们不同，我们对待你们就跟你们对待信仰不同的人一样，你们只能抱怨自己无能，没能把我们统统灭绝，反而让我们把你们统统灭绝。'"

"不过应该承认，你们比那位日本皇帝残忍得多。我们只相信你们的信仰，但不相信你们所信仰的一切，于是你们就要把我们处死。你们也知道，我们信奉的宗教以前曾经得到过上帝的钟爱，我们相信上帝至今依然钟爱它，而你们却认为，上帝已经不再钟爱它了。由于你们作出了这一判断，于是就对犯了错误但情有可原的那些人，施以铁与火的惩罚①，其实，他们只不过认为上帝依然钟爱着他曾经钟爱过的那个宗教而已。你们对我们相当残忍，对我们的孩子更加残忍。你们把他们活活烧死，只因为他们遵顺了一些人给予他们的灵感，而这些正是自然法和一切民族的法律教导我们要敬若神明的人。"

"伊斯兰教的建教手段使你们优于穆斯林，但是，你们却把这个优势丢失了。当他们为自己信徒众多而自吹自擂时，你们说他们凭借暴力招徕信徒，依仗刀剑扩展宗教；可是，你们为什么用火刑来扩展你们的宗教？"

"你们要我们皈依你们的宗教，我们则以你们为之骄傲的渊源作为反驳。你们回答说，你们的宗教虽然是一种新的宗教，却是一种神圣的

① 《福音书》的结构是依据上帝的意图安排的，因而也是上帝的不可变性的延续，犹太人看不到这一点，这正是他们茫然无知的根源之所在。

宗教。你们为此提出的证明是，你们的宗教是在异教徒的迫害和殉教者的鲜血中成长起来的；可是，你们今天扮演的是戴克里先[1]的角色，却让我们扮演你们的角色。”

“我们恳请你们，不是以你们和我们共同侍奉的上帝的名义，而是以你们所说的那个下凡到人间，为你们作出榜样的那个基督的名义，我们恳请你们与我们一起行动，就像他那样行动，如果他依然在世的话。你们希望我们成为基督教徒，而你们自己却不愿意成为基督教徒。”

“可是，纵然你们不愿成为基督教徒，至少也应做个人；倘若你们没有可以为你们领路的宗教，没有可以教化你们的启示，而只有大自然赐予我们的那微弱的正义之光，那就如你们所愿的那样对待我们吧。”

“如果上天出于对你们的钟爱而让你们看到了真理，那是他给予你们的巨大恩惠；可是，得到了父亲遗产的子女，难道可以仇恨没有得到遗产的子女吗？”

“如果你们得到了这个真理，请不要用你们宣扬它时使用的方法把它隐匿起来。真理的特征能够征服心灵，而不是你们所说的软弱无能，非得靠你们滥施酷刑方能让人们接受它。”

“如果你们没有失去理智，那就不应由于我们不愿欺骗你们而将我们处死。如果你们的基督是上帝的儿子，我们希望他会因我们不愿亵渎他的奥秘而奖赏我们，我们相信，你们和我们所侍奉的上帝，不会因我们为宗教去死而惩罚我们，因为，那正是他过去赐予我们的宗教，我们相信，如今他依然把那个宗教赐给我们。”

“在你们生活的这个时代里，与生俱来的智慧空前活跃，哲学开启了心智，你们的《福音书》所宣扬的道德获得了更广泛的认知，人与人之

---

① 戴克里先(Dioclétien，245—313)，罗马皇帝，303—311 年间曾残酷镇压基督教。——译者

间彼此享有的权利以及各种信仰之间的相互影响，都得到了更好的确认。所以，你们如果不抛弃过去的偏见，这种偏见很容易成为你们强烈的感情，到那时，你们就得承认自己已经不可救药，难以接受任何启示和教诲了。国家若赋予你们以权威，那就太不幸了。”

“愿意我们坦率地把自己的想法告诉你们吗？与其说你们把我们视为你们宗教的敌人，毋宁说把我们视为你们的敌人；因为，倘若你们真的热爱你们的宗教，你们不会眼看着它遭受粗野无知的腐蚀而无动于衷。”

“我们必须警告你们，万一后世有人大胆地说，在我们所生活的世纪里，欧洲人民是文明的人民，那么，有人就会以你们为例，证明那个世纪里的欧洲人是蛮人。你们在人们心目中的形象就会非常糟，糟得连你们所生活的那个世纪也将名声扫地，而且还会引起人们对你们的同时代人的仇恨。”

第十四节　基督教为何在日本如此遭人憎恶

我已经说过，日本人的性格凶残[①]。每当面临是否应该放弃信仰时，基督教总是激励人们要坚定不移，而官员们则认为这种坚定非常危险，因为他们觉得，百姓的胆子越来越大了。最细小的违抗行为在日本也会受到严厉的惩罚，官方下令放弃基督教信仰，不放弃就是违抗，就是应该受到惩罚的罪行，继续违抗就会招致再一次惩罚。

① 本书第六章第十三节。

日本人把惩罚看做是对侮辱君主的行为的报复。欧洲的殉教者欢快的歌声在日本人看来是对君主的冒犯。官员们听到殉教者这个称呼就害怕，这个称呼在他们眼中就意味着反叛，所以，他们要竭尽全力阻止任何人获得这个称呼。于是，人心激愤，在判刑的法庭和被判刑的被告之间，在世俗法律和宗教法律之间，展开了一场惊心动魄的争斗。

第十五节　宗教的传布

除了穆斯林以外，所有东方民族都认为，各种宗教就其本身而言，都没有多大差别。他们之所以害怕建立新的宗教，只不过如同害怕建立新的政体那样。日本有好几个教派，国家长期以来有一位宗教领袖，从来没有因宗教问题而发生争执①。暹罗也是这样②。卡尔穆克人③更是如此，他们把宗教容忍看做一个良心问题。卡里卡特④有一条国训，那便是：所有宗教都是好的⑤。

但是，一种从遥远国家传入的宗教，一种与当地的气候、法律、习俗和风尚全然不能适应的宗教，并不会因其神圣而大获成功，这种情况尤以专制大帝国为最⑥。起初，外国人受到容忍，因为那些东西似乎并不损害君主的权威，因而没有引起注意，当地人处在极度无知之中。一个

---

① 参阅肯普弗，《日本史》，第三卷，第一章，第1—3页。

② 福尔班伯爵，《回忆录》，第一部分，第432页。

③ 卡尔穆克人（Calmuks），散居在中国西部及中亚的蒙古人，中国的史书称之为准噶尔人。——译者

④ 卡里卡特（Calicut），古印度的一个港口城市。——译者

⑤ 皮拉尔，《游记》，第二十七章。

⑥ 孟德斯鸠此处暗指中国。——译者

欧洲人可以利用他所获得的某些知识博得赏识。起初这样做是有效的，可是，这是一个因其性质而特别需要太平的国家，稍有风吹草动，政权就可能被推翻，所以，当外来者取得了一些成就，发生了某些争执，就会引起利益相关者的警觉，新近传入的宗教和传播这种宗教的人于是就被禁止；更因为传教士之间爆发了争执，当地人遂开始憎恶这种新的宗教，就连前来传播这种宗教的人，彼此也不能达成一致意见①。

① 这一段所议论的是指欧洲天主教传教士在17、18世纪传教的大体情况；所谓争执就是耶稣会士和其他修会的传教士之间在"中国礼仪"问题上发生的争论。——译者

第二十六章

法与它所规定的事物秩序的关系

第一节　本章总体思想

人受制于多种法律：自然法、神为法即宗教法、教会法，万民法、普通政治法、特殊政治法、征服法、各个社会的公民法，最后还有家庭法。教会法又称教规，是宗教用以实施管理的法规；万民法可以被看作世界性的公民法，如果把一个民族看做一个公民的话；普遍的政治法以创建一切社会的人类智能为对象；特殊政治法涉及每一个社会；征服法的基础是一个民族企图、能够或不得不以暴力对付另一个民族；各个社会的公民法则用来保护公民的财产和生命，防止任何其他公民的侵害；家庭法缘起于每个社会都分为众多家庭，需要进行特殊管理这一状况。

由此可见，法律分属不同的类别，人类理性的高明之处就在于十分明白，需要制定法律的事项主要应该归属于哪一类，从而不至于搅乱支配人类的那些原则。

第二节　神为法和人为法

绝对不要把应该由人为法规定的事项交由神为法去规定，反之，也绝对不要把应该由神为法规定的事项交由人为法去规定。

这两类法律的起源、对象和性质都不同。

所有的人都一致认为，人为法与神为法的性质不同，这是一大原则。不过，这条原则本身却受到其他原则的约束，应该加以探索。

1)就其性质而言，人为法应该适用于一切偶发事件，并随着人的意愿的改变而改变。相反，宗教法的特点是永不改变。人为法为善而立，神为法为至善而立。善可以有多个对象，因为善不只一种，可是，至善只有一个，所以永远不会改变。法律可以更换，因为法律仅仅被认为是好的，宗教制度则不同，宗教制度始终被认为是最好的。

2)在某些国家里，法律等于零，或者仅仅是君主反复无常的旨意而已。这些国家的宗教法律倘若也像人为法那样说变就变，这些宗教法律也就同样等于零。可是，社会毕竟需要一些固定的东西，而宗教就是这种固定的东西。

3)宗教的力量主要来自人们的信仰，人为法的力量来自人们的畏惧。越是久远的事情，我们往往越相信，因为我们的头脑中没有来自那时的非主流思想，无法对久远的事情提出质疑，所以，古老适合于宗教。相反，人为法的优势在于它的新，它是立法者为促使人们遵守法律而表达的当前特殊关注。

第三节　有悖自然法的公民法

柏拉图说："奴隶如果因自卫而杀死自由民，就将按弑亲罪论处。"[①]这就是惩罚大自然所赋予的自卫权利的一条公民法。

亨利八世掌政时，不经证人对质就可以定罪判刑，这就有悖大自然所赋予的自卫权利。事实上，证人必须知道，他所指证的人就是被告，被告也应有权对证人说：你说的那个人不是我；只有在这种情况下才可以定罪判刑。

亨利八世掌政时颁布的另一项法律规定，任何女子若与男子私通而在婚前未向国王如实报告，就要受到惩罚。这项法律践踏了大自然所赋予的捍卫羞耻心的权利，要求一个女子作这种报告，就像要求一个男子不要捍卫自己的生命一样不讲道理。

亨利二世[②]的法律规定，女子怀孕时若未向官员报告，婴儿一旦死亡，该女子就应被判处死刑。这种法律同样违背大自然赋予的自卫权利。其实，只要规定她必须将自己怀孕一事告知一位近亲，让这位近亲关照她保护婴儿就可以了。

当她的羞耻心受到如此严重的侵害时，她还能再说什么呢？她因受过教育而更加懂得应该保护自己的羞耻心，可是在这种情况下，她把死都看得很淡了。

英国有一项法律经常遭人议论[③]，该法准许七岁的女孩自行择婿。该法在两个方面令人反感：其一，它没有考虑到心灵的自然成熟期；其

① 《法篇》，第九卷。

② 亨利二世（Henry II），法国国王（1547—1610 在位）。——译者

③ 培尔在《卡尔文主义史评论》第 293 页中谈到该法。

二，它没有考虑到身体的自然成熟期。

在罗马，父亲可以强迫女儿休夫，尽管这门亲事是经他同意的[①]。可是，离婚竟然是由第三者处理的，这就有违人的自然本性。

离婚只有双方同意或至少一方愿意，才符合人的自然本性。双方如果都不同意却偏要离婚，那就无异于妖魔鬼怪。总之，只有对自己的婚姻感到烦恼，并且发现结束婚姻对双方都有好处的时刻已经到来的人，才应该有权决定离婚。

第四节　续前题

勃艮第国王贡德鲍规定，小偷的妻和子如果不告发，就降为奴隶[②]。这条法律也是违背人的天性的，妻子怎能告发丈夫，儿子怎能告发父亲呢？法律作出这种规定，岂不是要人为惩治一项罪行而犯下另一项更大的罪行吗？

雷塞斯温德[③]的法律规定，奸妇的子女或其丈夫的子女可以对她提起控诉，并可审问家奴[④]。这项法律实在太坏了；竟然为了保持淳朴的民风而颠覆人的本性，需知人的本性正是淳朴民风的根源。

我们高兴地看到，戏剧舞台上的一位青年英雄，在发现其养母的罪行时，对这一发现所表现的憎恶，丝毫不亚于对罪行本身的憎恶[⑤]；他虽

① 《法典》，第五篇中“关于休婚和解除有关民风的判决”。

② 《勃艮第法》，第四十一篇。

③ 雷塞斯温德（Recessuinde，卒于672年），西哥特王，曾收集西哥特的各种法律编为法典。——译者

④ 见《西哥特法》，第三卷，第四篇§13。

⑤ 孟德斯鸠在这里说的是17世纪法国诗人和剧作家拉辛（Racine）的悲剧《菲德拉》（*Phèdre*）。——译者

然受到控告、审讯，被判处流放，为此而蒙受羞辱，但是他在惊异之余，却几乎不敢思索菲德拉与之血脉相连的那卑劣的鲜血；他抛弃了他所拥有的最珍贵的东西，最温馨的东西，与他的心灵对话的所有东西，一切能激怒他的东西，把自己交给神去惩罚，而实际上他是不应受到惩罚的。令我们感到愉悦的是大自然的声音，这一切声音中最柔和的声音。

第五节　何时可以更改自然法原则而按公民法原则裁决

雅典的一项法律规定，子女必须赡养贫困潦倒的父亲[①]。但是，以下三类子女不受这条法律的约束：其一，妓女所生者；其二，为父亲所逼而出卖贞操者[②]；其三，其父未曾传授任何谋生手段者[③]。

法律规定以上三类子女为例外的原因是，第一类人的父亲难以确认，子女的天然义务因而难以确定；第二类人的父亲毁坏了他所给予的生命，做了他对子女所能做的最大的坏事，即败坏了他们的名声；第三类人的父亲使得子女的生活困难重重，难以支撑。法律把这样的父亲与子女仅仅当作公民看待，仅从政治和民事观点来处理他们的关系。法律认为，一个优良的共和政体尤其需要良好的民风。

我认为，梭伦法对于第一类人和第二类人所做的规定都很好，因为，大自然没有让他们知道自己的父亲是谁，或是似乎命令他们不要认

① 违者受当众羞辱之刑，另一刑罚则为入狱。

② 普鲁塔克，《梭伦传》，第二十二卷。

③ 普鲁塔克，《梭伦传》，第二十二卷。加里恩努斯，《劝言篇・关于技艺》，第八章。

自己的父亲。可是，对于第三类人的规定难以让人苟同，因为，他们的父亲只不过违背了民事规章而已。

第六节　继承顺序不应以自然法原则而应以政治法和公民法原则为准

沃科尼乌斯法[①]不准立妇女为遗产继承人，哪怕是独生女。圣奥古斯丁说[②]，自古以来没有比这更不公正的法律。马尔库尔弗的一项法规[③]认为，剥夺妇女继承父亲财产的权利的习俗是对神的不敬。查士丁尼把不准女性继承而只许男性继承的法律称之为野蛮的法律[④]。这种观念的根源在于以为子女继承父亲遗产的权利来源于自然法。其实并非如此。

自然法要求父亲抚养子女，但并不强求父亲立子女为继承人。财产的分割、关于财产分割的法律、分得财产者死后的继承等等，所有这些都只能由社会作出规定，因而只能由政治法和公民法解决。

不错，政治法和公民法常常要求由子女继承遗产，但并非始终如此要求。

我们的采地法规定，长子或最近的男性亲属继承全部财产，女性不得继承任何财产，当初作这样的规定是有一定道理的。伦巴第的法律规定[⑤]，由姐妹和私生子女以及其他亲属继承财产，当这些人缺失时，

① 沃科尼乌斯(Voconius)，公元前169年的罗马执政官，他所制定的剥夺妇女继承权的法律，史称《沃科尼乌斯法》。——译者

② 《上帝之城》，第三卷。

③ 《法规》，第二卷，第十二章。

④ 《新法集》，第二十一篇。

⑤ 《伦巴第法》，第二卷，第十六项§6、§7、§8。

则由国库会同女儿共同继承，当初作出这样的规定也是有一定道理的。

中国的若干朝代曾规定，由皇帝的弟兄继承皇位，皇子不得继承。如果希望君主有一定的经验，如果担心王子冲龄继位，如果必须提防宦官把一个个孩子推上皇位，那么，完全应该确立这样的继承顺序。有些写书的人把那些兄弟视为皇位篡夺者①，显然是以中国的法律观念为依据的。

依据努米底亚②的习俗③，继承王位的不是杰拉的儿子马希尼萨④，而是他的兄弟戴尔萨斯。巴巴里⑤的阿拉伯人每个村子都有一位村长，直到今天⑥，他们依然按照古老的习俗选择堂姑表亲中的长辈做村长的继承人。

有一些君主国的君主完全通过选举产生。在这些国家中，凡是明确规定继承顺序应该依据政治法和公民法加以确定的，政治法和公民法就应决定：在什么情况下应由子女继承，在什么情况下应由其他人继承。

在多妻制国家里，君主的子女很多，这些子女的数量在一些国家比在另一些国家更多。有些国家⑦的国王子女数量太多，人民实在负担不起，于是作出规定，不是由国王的子女，而是由国王的姐妹的子女继

---

① 杜赫德，《中华帝国全志》，第一卷，第 313 页和第 316 页。

② 努米底亚（Numidie），古代罗马人对非洲北部的称呼，其地域相当于今阿尔及利亚的一部分。——译者

③ 狄特-李维，《古代罗马史》，第三部，第二十九卷，第二十九章。

④ 马希尼萨（Massinisse，公元前 238—前 148），努米底亚国王。——译者

⑤ 巴巴里（Barbarie），19 世纪之前欧洲人对非洲北部各国的称呼。——译者

⑥ 参阅肖（Schaw）先生的《游记》第一卷，第 402 页。

⑦ 例如在非洲的罗文哥[今属安哥拉。——译者]。参阅《创建东印度公司历次航行记》，第四卷，第一部分，第 114 页。史密斯，《几内亚游记》，第二部分，第 150 页关于瑞达王国的记述。

承王位。

君主的子女一多，国家就面临发生内乱的危险。让国王的姐妹的孩子继承王位有助于防止这种局面的出现。因为，国王倘若只有一位妻子，国王的姐妹的子女数量就不会超过国王的子女。

在一些国家里，由于政治或宗教原因，政权始终掌握在某个家族手中，这种情况在印度造成的结果是，有人为自己属于这个家族而趾高气扬，有人因自己不是这个家族的后裔而害怕[①]。那里的人觉得，要想让国王永远是有王族血统的人，就应该由国王的大姐的孩子来继承王位。

总的准则便是：抚养子女是一项由自然法派生的义务；由子女继承则是公民法或政治法规定的义务。由此在世界各国引申出一些对待庶出的子女的不同的措施，这些措施所遵循的是各国的政治法或公民法。

第七节　教规不应对属于自然法范畴的问题作出决定

阿比西尼亚人的斋期相当难熬，长达五十天，身体变得极度虚弱，在很长时间里做不了事。土耳其人趁机在斋期结束后对阿比西尼亚人发动攻击[②]。宗教应该维护自然法赋予的自卫权利，对这种行径作出限制。

犹太人有过安息日的规矩。每当敌人选择这一天发动进攻时，他们居然不进行抵抗[③]，真是愚不可及。

---

① 《耶稣会士书简集》，第十四辑，第 387—389 页；《创建东印度公司历次航行记》，第三卷，第二部分，第 644 页。

② 《创建东印度公司历次航行记》，第四卷，第一部分，第 35 页和第 103 页。

③ 庞培围攻神庙时，他们就没有抵抗。参阅狄奥，《罗马史》，第三十七卷。

康比斯围攻佩鲁兹①时，让一大群埃及人视为圣物的牲畜打头阵，埃及的驻军不敢出击。难道有谁不知道，自卫的权利高于任何教规吗？

第八节　不应以教会法原则处置应由公民法处置的事项

依据罗马公民法的规定②，在神圣场所偷窃私人物品者，仅以偷窃罪论处；而依据教会法③，则应以渎圣罪论处。教会法着眼于地点，公民法着眼于事情。可是，如果仅仅着眼于地点，那就等于既不考虑偷窃的性质和定义，也不考虑渎圣的性质和定义。

正如现今丈夫可以以妻子不忠为由要求离异，以往妻子也可以以丈夫不忠提出离异④。这种有违罗马法有关规定的做法⑤进入了教会法庭⑥，而能够在教会法庭上听到的只有教规。确实，如果从纯宗教和与彼岸世界事物的关系角度看，无论是丈夫或妻子，他们在破坏婚姻这一点上并无二致。不过，世界上几乎所有国家的政治法和公民法，都不无道理地对丈夫提出离异和妻子提出离异作出区分，它们在矜持和节

① 佩鲁兹(Peluze)，尼罗河三角洲上的一座城市，公元前525年被康比斯攻克。——译者

② 《法律》，第五篇"《尤利安法》：关于偷窃公共财物"。

③ 《寺庙法》第十七章"无论谁"问题4，屈亚斯，《观察》，第十三卷，第十九章，第三节。

④ 博马努瓦，《博韦西斯习惯法》，第十八章。

⑤ 《法律》，第一篇"法典：《尤利安法》：关于通奸"。

⑥ 这种做法如今已不为法国教会法庭采用。

欲方面对妇女的要求高于对男子的要求。因为，失贞对于妇女来说意味着摒弃一切美德，违背有关婚姻的法律意味着脱离其自然依附状态，大自然为对婚姻不忠的妇女打上了某些明确的标记，不但如此，妇女的奸生子女必须归丈夫监管，由丈夫出资抚养，而丈夫的奸生子女则既不归妻子监管，也不由妻子出资抚养。

第九节　应由公民法原则裁定的事项大多不能由宗教法原则裁定

宗教法以其崇高见长，公民法以其使用范围广见长。

源自宗教的至善法律，主要以遵守这些法律的人的善良为目标，而不是以施行这些法律的社会良好为目标。公民法恰恰相反，它主要以所有人总体的优秀道德为目标，而不是以个人的道德良好为目标。

所以，直接源自宗教的观念纵然非常值得尊敬，终究不能全都用作公民法的原则，因为，公民法还有另一个原则，那便是社会的普遍福祉。

为了维护妇女的良好风尚，罗马人在共和政体下制定了一些规定，这些规定都属于政治机制范畴。君主政体取而代之后，他们就此制定了一些公民法，这些法律都是依据世俗政府的原则制定的。基督教兴起后，新制定的法律与婚姻的神圣性关系较多，而与风尚的普遍良好关系较少；就对于两性结合的思考而言，从世俗角度出发较少，从宗教角度出发较多。

罗马法规定[①]，妻子的奸情判处后，丈夫若把她领回家中，就会以

① 《法律》，第十一篇末节“《尤利安法》：关于通奸”。

妻子不轨行为的同谋犯身份受到惩处。查士丁尼另有想法，他下令规定[①]，丈夫可以在两年之内到修道院去把妻子接回家。

起初，丈夫出征期间如果杳无音讯，妻子就可以从容地再婚，因为她享有离婚权。君士坦丁法规定[②]，妻子应等待四年后，向丈夫所在部队的长官呈递离婚书；丈夫日后倘若活着返乡，妻子不会被告犯奸。但是，查士丁尼法规定[③]，不管丈夫已经出征多久，妻子均不得再嫁，除非他所在部队的长官以证言和誓言证实此人已经亡故。查士丁尼看重婚姻的不可解除性；不过我们要说，他把这一点看得过重了。只要能够提出消极证据就足够了，可是他却要求提供积极证据；其实，想要得知一个远征在外，天天出生入死的人究竟是死是活，实在非常困难。大家很自然地想到，远征的丈夫可能战死沙场了，而查士丁尼却想到，此人可能犯了罪，即开小差了。他让一个女人守活寡，这是他对公共利益的损害；让一个女人面临千万种危险，这是他对个人利益的损害。

查士丁尼法把夫妻双双同意进修道院作为离婚的理由之一[④]，这就完完全全背离了公民法的原则。某些离婚原因缘起于一些婚前无法预料的障碍，这很自然；可是，上述守贞的愿望是可以预见到的，因为它就在我们心中。这条规定增加了婚姻的不稳定性，而就其性质而言，婚姻本来应该是永恒不变的。这条规定冲击了离婚的基本原则，即允许解除一项婚姻仅仅是因为有望缔结另一项婚姻；说到底，即使从宗教观念角度来看，这条规定也只是向上帝奉献不具供献意义的牺牲品。

① 《新法集》，第一百三十四篇，第十章。

② 《法律》，第七篇“关于婚姻的解除和取消有关风尚的裁决”。

③ 《附录》，“今天不拘大小如何”篇“法典：关于婚姻的解除”。

④ 《附录》，“今天的事”篇“法典：关于婚姻的解除”。

第十节　何时应遵循公民法所许可而不遵循宗教所禁止

当禁止多妻制的宗教传入一个许可多妻制的国家时，单从政治上说，该国的法律不会允许一个有妻有妾的男子信奉这种宗教，除非官员和丈夫对偏房予以补偿，即以某种方式赋予她们以公民身份，否则她们的处境将会十分悲惨。她们所做只不过是服从法律而已，可是却被剥夺了最大的社会利益。

第十一节　不应以关注彼岸世界的法庭准则规范今世法庭

按照基督教僧侣们的悔罪法庭观念设立的宗教法庭，与一切良好的治理背道而驰。它到处引发义愤，一心建立宗教法庭的那些人，如果没有从众多的反抗行动中获利的话，或许早就向这些反对行动让步了。

任何一种政体都不能容忍这种法庭。在君主政体下，它只能豢养一些告密者和叛徒；在共和政体下，它只能培养一批狡黠之徒；在专制政体下，它与专制政体一样，是一个破坏者。

第十二节　续前题

两个罪行相同的被告被推上宗教法庭，拒不认罪的那个被判极刑，承认罪行的那个免于一死。这是宗教法庭的弊病之一。它源自修道院的某些观念，依据这些观念，否认有罪似乎就是不愿悔改，于是受到惩罚；承认有罪似乎就是真心悔改，于是得到拯救。可是，这种区分法不应当应用在世俗法庭上，世俗法庭的审判仅以行动为依据，它与人只有一种约定，那就是不犯罪；宗教法庭以思想为依据，它与人有两种约定，一是不犯罪，另一是忏悔。

第十三节　在婚姻问题上，何时应遵从宗教法，何时应遵从公民法

无论在哪个国家，无论在什么时候，宗教总要插足婚姻。每当某些事情被视为不洁净或不合法，却又必须这样做时，宗教就会被请出来，使这些做法在某种情况下变成合法，在另外一些情况下受到谴责。

从另一个角度看，婚姻是人的所有行动中与社会关系最大的一种，因此，婚姻应该由公民法来规范。

与婚姻的性质有关的一切，诸如婚姻的形式、缔结婚姻的方式、婚姻带来的子孙繁衍，都属于宗教的管辖范围。子孙繁衍让所有民族懂得，婚姻是特殊恩惠的赐予对象，可是这份恩惠并非总是能够得到，所以说，婚姻仰仗于上苍降福。

两性结合给财产带来的后果、双方从中得到的好处、与新家庭有关的一切、与派生出新家庭的那个家庭有关的一切、与新家庭将要派生出的另一个家庭有关的一切，所有这些都属于公民法适用范畴。

鉴于婚姻的一大目的是消除不正当结合的不稳定性，宗教就让婚姻带有宗教的特征，公民法也让婚姻带有民事的特征，为的是让婚姻具备所有真实性。因此，除了宗教为婚姻有效而要求的条件之外，公民法

也可以要求另外一些条件。

公民法之所以拥有这项权力，是因为它所要求的条件只是对宗教条件的补充，而不是与之对抗。宗教法规定要举行某些仪式，公民法则规定要征得双方父亲的同意，可见，公民法只是多提了一项要求，并没有与宗教法相抵触的要求。

由此可见，婚姻关系是否可以解除，是由宗教法作出决定的，因为，如果宗教法规定婚姻关系不可解除，而公民法则规定婚姻关系可以解除，那样的话，两者就发生矛盾了。

公民法对婚姻提出的各种规定有时并非绝对必要；比如，不解除婚姻但却处罚缔结这个婚姻的人，这种规定就并非绝对必要。

罗马的巴比安法将它所禁止的婚姻宣告为不正当婚姻，但仅仅以给予处罚了事①。可是，根据马尔库斯·安东尼皇帝的演说通过的一项元老院法令，却宣布此类婚姻为无效婚姻，婚姻、妻子、嫁妆和丈夫全都不再有了②。公民法则相机行事，有时着力于补救弊病造成的后果，有时则着力于防患于未然。

第十四节　亲属间的婚姻何时应遵从宗教法，何时应遵从公民法

在禁止亲属间结婚的问题上，准确地指出自然法的终点和公民法

① 参见我在本书第二十三章“法与人口的关系”的论述。

② 参见《法律》，第十六篇“关于婚姻的仪式”；又见《法律》，第三篇 §1，又见《法学阶梯》“关于夫妻间的赠予”。

的起点，是一件十分棘手的事情。为此首先需要制定出一些原则。

母与子结婚会造成混乱。儿子应该对母亲无限尊敬，妻子应该对丈夫无限尊敬，母子结婚就把他们的自然状态全都颠覆了。

不但如此，大自然把妇女的生育期定得早些，把男子的生育期定得晚些，鉴于同一原因，妇女较早失去生育能力，男子较晚失去生育能力。如果允许母子结婚，那么，情况几乎永远是：正当丈夫精力旺盛时，妻子已经没有生育能力了。

与母子结婚一样，父女结婚也为大自然所摒弃，只是情况略好一些，因为这种婚姻没有上面提到的那两个障碍。所以，鞑靼人可以娶女儿[①]为妻，却不能娶母亲为妻，正如我们在《鞑靼史》中读到的那样[②]。

父亲关心子女的贞操，这在任何时候都是理所当然的。父亲对子女负有抚养之责，使他们的体魄尽可能强健，心灵尽可能不受污损；精心呵护他们身上一切更能激发愿望的东西，一切最能养成仁慈秉性的东西。始终致力于呵护子女的良好品行的父亲，自然而然地会远离一切可能腐蚀子女的东西。有人会说，结婚绝非腐化堕落；但是，结婚之前必然会表白，会求爱，会引诱；而令人恶心的就是这个引诱。

因此，在施教者和受教者之间应该设置一条鸿沟，避免任何腐化，即使是出于正当理由的腐化也不行。做父亲的为什么要如此小心翼翼地不让未来的女婿陪伴和亲近女儿呢？

对于姐弟或兄妹乱伦的憎恶出于同一原因。只要父母确实希望子女品行端正，家风优良，那就足以促使子女憎恶一切可能导致两性结合的东西。

① 鞑靼人的这条法律非常古老。普里库斯(Priscus)在他的《拜占庭帝国史》中说，阿提拉在某地停下来与女儿埃斯卡结婚，他说："斯基泰的法律准许这种婚姻。"

② 《鞑靼史》，第三部分，第256页。

禁止堂表兄弟姐妹结婚，也基于同一理由。远在初民时期即圣洁无瑕的时期，也就是不知奢华为何物的时期，所有孩子都待在家里[①]，生活在家里，所以，一所不大的房屋就可以住下一个大家庭。兄弟的孩子或是堂兄弟的孩子都被看做兄弟，孩子们彼此也认作兄弟[②]。兄弟与姐妹既然不能结婚，堂表兄弟与堂表姐妹当然也不能结婚[③]。

这些理由非常有力而且完全合乎自然，所以通行全球，且与各地的人群是否有过交往无关。罗马人不曾告诉台湾人[④]，四服之内的亲属结婚就是乱伦；罗马人不曾这样告诉阿拉伯人[⑤]，也没有这样教导马尔代夫人[⑥]。

如果说，有些民族并不禁止父女结婚和兄弟姐妹结婚，那是因为如同我在本书第一章中所说，人并不始终遵循自己的法则。谁能想到，某些宗教观念竟然常常让人因糊涂而犯此类错误。亚述人和波斯人可娶母亲为妻，前者之所以这样做，是出于对塞米拉米斯的宗教崇敬，后者之所以这样做，则是因为祆教格外看好这种婚姻[⑦]。埃及人娶自己的姐妹为妻，也是由于宗教狂乱，他们以这种婚姻敬奉女神伊西斯[⑧]。宗教的精神在于要我们竭尽全力去完成伟大而艰险的事业，所以，不必由

① 早期的罗马人便是如此。

② 在古罗马，这些兄弟都有共同的姓氏，堂表兄弟都以兄弟相称。

③ 早期的罗马便是这样，直到人民通过一项法律，不再禁止堂表兄弟姐妹的婚姻，原因是一位口碑极佳的男子娶了他的堂（或表）姐（或妹）为妻。见普鲁塔克，《索求罗马物件》，第六章。

④ 《印度游记辑览》，第五卷，第一部分，第98页；《台湾岛现状》。

⑤ 《古兰经·妇女》。

⑥ 皮拉尔，《游记》，第一卷，第172页。

⑦ 此类婚姻被认为是最光彩的婚姻。见菲洛（Philon），《关于十诫的特殊法律》，巴黎，1640年，第778页。

⑧ 伊西斯（Isis），埃及女神，神通广大，能让死者起死还魂，受到普遍的供奉，后传入希腊和罗马。——译者

于某事被一种虚伪的宗教奉为神圣而认为此事合乎自然。

禁止父女结婚和兄弟姐妹结婚，为的是保护家庭中与生俱来的操守观念，这一原则有助于我们发现，哪些婚姻是自然法所禁止的，哪些婚姻仅仅是公民法所禁止的。

子女通常居住在父母家中，或者被认为居住在父母家中，因此，依据自然法，女婿与岳母，公爹与媳妇或妻子的女儿，都不能结婚。在这种情况下，表象与实际的效果相同，因为二者的原因相同。公民法不能也不应准许此类婚姻。

我曾说过，有些民族把堂表兄弟姐妹看做亲兄弟姐妹，因为他们通常生活在同一个屋檐下；而另一些民族则没有这种混居的习惯。在前一类民族中，堂表兄弟姐妹之间的婚姻应该被视为违背自然法，可是，其他民族的此类婚姻则不应被视为违背自然法。

可是，自然法不应该仅仅是地方性法律，所以，当这些婚姻被禁止或许可时，他们应该酌情由公民法予以禁止或许可。

夫妻双方的兄弟姐妹没有必要生活在同一个屋檐下，这样，就无须为了维护良好的门风而禁止他们之间的婚姻；无论准许或禁止这种婚姻的法律，都不是自然法，而是视具体情况和各国习惯而定的公民法。

在某个国家里，因习惯而形成的婚姻如果是自然法所禁止的婚姻，那么在相同情况下，公民法就应加以禁止。自然法所禁止的是不变的，因为自然法的依据是不变的，比方说，父亲、母亲和子女必然居住在同一所房屋内。但是，公民法所禁止的则是偶发性的，因为公民法的依据也是偶发情况，例如，堂表兄弟姐妹等亲戚并非始终居住在同一所房屋内。

正是由于这个原因，摩西法和埃及人的法律①以及其他许多民族

① 参见《法律》，第八篇“法典：关于乱伦的婚姻和有害的婚姻”。

的法律，准许夫妻双方的兄弟姐妹通婚，而另外一些民族则禁止此类婚姻。

此类婚姻在印度不被禁止是理所当然的。在那里，舅舅、叔叔和伯伯都被看成与父亲一样，他们有义务把侄甥当作自己的子女培养成人，这是印度人的善良和充满人情的秉性使然。由这种法律或习俗派生出另一条规矩，那就是：丧妻的男子必娶前妻的姐妹为续弦[①]。这很合乎自然，新妻成了其姐妹的子女的母亲，就不会有残暴的后娘了。

第十五节　不应依据政治法原则而应依据公民法原则处置的事项

人放弃了与生俱来的独立状态，生活在政治法的统辖之下；人放弃了天然的财产公有制，生活在公民法的管辖之下。

政治法使人获得了自由，公民法使人获得了财产。只应由与财产有关的法律处置的事项，就不应由与自由有关的法律处置，因为我们已经说过，与自由有关的法律仅仅只是城邦的权力。认为公共利益优先于个人利益的想法是一种不合逻辑的推论；只有当涉及城邦权力即公民自由时，公共利益才可优先于个人利益，而在涉及财产时则不应如此，因为，公共利益就在于人人永恒不变地保有法律允许他拥有的财产。

西塞罗认为，土地均分法很糟糕，因为，建立城邦就是为了让人人都能保有自己的财产。

且让我们提出这样一条准则：公共利益绝不应该是政治法规对个

① 《耶稣会士书简集》，第十四辑，第 403 页。

人财产的剥夺，哪怕只是个人财产中微不足道的一部分。在这种情况下应该严格执行公民法，因为公民法是所有权的守护神。

因此，当公共机构需要一个人的财产时，绝不应该依据政治法采取行动，而应由公民法来加以处理；公民法犹如慈母的眼睛，就像关注整个城邦那样时时注视着每一个人。

政治官员若要修建公共建筑或道路，他应该对由此造成的损失给予补偿。此时的公共机构就与个人一样，双方的关系如同个人与个人的关系。如果公共机构强使公民出售自己的产业，剥夺公民依据公民法所拥有的不受强迫出让财产的权利，那就走得太远了。

击败罗马人的那些民族滥用了他们的胜利之后，自由精神唤醒了他们的公正精神，在执行其野蛮法律时有所收敛；如果有人对此心存疑虑，不妨读一下博马努瓦那部佳作，他在书中论述了12世纪的法学。

他在世时，大路常常进行维修，恰如今天一样。他写道，一条大路如果已经无法修复，就在离原有大路尽可能近的地方新修一条大路，由新路的受益人出资，给予旧路所有者以补偿①。当时这种做法的依据是公民法，今天同样做法的依据则是政治法。

第十六节　应由政治法处置的事项不应由公民法处置

只要不把源自城邦财产的规章与源自城邦自由的规章混为一谈，一切问题都可迎刃而解。

① 领主指派税吏向农民收捐，伯爵强迫乡绅捐款，主教强迫教会捐款。参见博马努瓦，《博韦西斯习惯法》，第二十二卷。

国家所有的领地是否可以转让？这个问题不应该由公民法而应该由政治法来解决。之所以不应该由公民法来解决，是因为，国家之需要领地用以维持其生存和运转，恰如国家之需要公民法用以规范财产的处置。

国家的领地如果被转让，它就不得不筹款新置一处领地。可是，这种权宜之计会把政府搞垮，因为，事物的性质规定，每建立一处新的国家领地，臣民就要多缴捐税，而君主的收入则会减少。所以，总而言之，领地是必要的，转让领地则是不必要的。

在君主政体下，王位继承顺序的确立是以国家利益为依据的，国家利益要求继承顺序固定不变，以免发生我所说的在专制主义政体下发生的那些灾难；在专制政体下，一切都不确定，一切都随心所欲。

之所以要确立王位继承秩序，不是为了王室，而是因为国家利益需要一个王室。规范私人继承事宜的是以个人利益为目标的公民法，规范王位继承事宜的则是以国家利益及其维护为目标的政治法。

由此推论，当政治法在某个国家中建立了王位继承顺序，当这个顺序已经结束时，如果依据某个民族的公民法来要求王位继承权，那就荒谬绝伦。此社会的法律并非为彼社会而制定，罗马人的公民法并不比其他民族的公民法更具有可行性，当罗马人审判国王时，他们应用的就不是他们自己的公民法；他们在审判国王时所应用的准则为人所不齿，绝对不应该让它们复活。

由此还可推论，当政治法迫使某个家族放弃王位继承权时，如果试图依据公民法给予这个家族以民事补偿的话，那也是极端荒谬的。法律中确有关于补偿的规定，这对于生活在法律之下的人来说，当然是好事；可是，有一些人是为了制定法律而被推上台的，他们的存在就是为了制定法律，对于这些人来说，补偿就不是好事。

有人试图用解决私人权益的准则来解决一个国王、一个民族，乃至整个世界的权益问题，比如，西塞罗所说的檐槽所有权[①]，这岂非笑话。

第十七节　续前题

贝壳放逐制[②]应由政治法而不应由公民法的有关规章来审查。这个制度不但丝毫不应败坏平民政府，反而足以证明平民政府的宽厚。我们总是把放逐看做惩罚，但是，如果把贝壳放逐和惩罚看做两回事，我们就能感受到平民政府的宽厚。

亚里士多德说，大家都一致认为，贝壳放逐制体现了某种人道和平民的精神[③]。当时在实行贝壳放逐制的地方，既然谁也不觉得这种制度令人憎恶，那么，我们这些远离那个时代和那个地方的人，难道应该在这个问题上与原告、法官，甚至与被告持不同意见吗？

这种人民的判决当初使被审者享有极大荣耀，只是后来当雅典人滥用这种制度，用来审判一个毫无长处可言的人时[④]，这种制度才被叫停。如果注意到这些事实，我们就能发觉，雅典人对贝壳放逐制的理解是错误的，其实，贝壳放逐制是一项值得赞赏的法律，它对一个已经获得荣耀的公民再次获得荣耀的不良后果，可以起到预防作用。

① 西塞罗，《法律》，第一卷，第四章。

② 关于“贝壳放逐制”，参见本书第十二章第十九节译注。——译者

③ 亚里士多德，《政治学》，第三卷，第十三章。

④ 希佩鲍卢斯（Hyperbolus）。参见普鲁塔克，《阿里斯底德传》。

第十八节　应该检验那些看似彼此抵触的法律是否属于同类

普鲁塔克明确告诉我们[①]，罗马人允许丈夫把妻子借给别人。众所周知，小加图曾把妻子借给霍廷西乌斯[②]，而小加图并不是一个可能触犯国法的人[③]。

另一方面，丈夫如果容忍妻子淫乱，不把她交付审讯，或是判刑后把她带回家，那就要受罚[④]。这些法律看似彼此抵触，其实不然。允许罗马人出借妻子的法律，显然是斯巴达为共和国拥有品种优良——如果可以这样说的话——的孩子而确立的制度。另一项法律则旨在维护良好的民风。前一项法律是一项政治法，后一项法律是一项公民法。

第十九节　不应以公民法处置应由家庭法处置的事项

西哥特法规定，奴隶必须把当场捉住的奸妇和奸夫捆绑起来[⑤]，交给奸妇的丈夫或法官。这真是一条令人不寒而栗的法律，竟然把公权、

① 普鲁塔克，《莱库古与努玛的比较》。
② 霍廷西乌斯(Hortensius，前114—前50)，曾任罗马执政官。——译者
③ 普鲁塔克，《小加图传》。斯特拉波说，此事就发生在我们的时代。
④ 《法律》，第十一篇末尾“《尤利安法》：关于通奸”。
⑤ 《西哥特法》，第三卷，第四篇§6。

家庭和个人的惩罚权交给了这群卑劣之徒！

这项法律只适用于东方的后宫，那里的阉奴负责监管宫闱禁地，如有不当事件发生，他们就犯了渎职罪。他们进行告发的目的，与其说是为了把犯罪者交付审判，不如说是为了表白自己，以便让人查明，他在事件发生的当口绝对没有疏忽大意。

可是，在妇女不被监管的国家里，妇女主持家务，公民法如果把他们置于奴隶的监视之下，那就是荒诞无稽了。

这种监管充其量只能是某种情况下的一种特殊家庭法，而绝对不应该是公民法。

第二十节　不应以公民法处置属于万民法的事项

自由主要在于：不会被迫做法律不要求做的事。只有在公民法的治理之下，人才能处于自由状态。我们之所以是自由的，是因为我们生活在公民法之下。

因此之故，由于君主与君主之间的关系不受公民法约束，所以他们不自由。他们受制于暴力，时时刻刻受他人强制和强制他人。所以，他们在强力下签订的条约与他们自愿签订的条约，同样具有强制性。我们生活在公民法下，当我们被迫签订某个法律所并不要求的合同时，我们可以借助法律之力对抗暴力。可是，君主始终生活在强制他人和受他人强制的状态中，他不能抱怨他人以暴力强迫他签订的条约；否则就等于他抱怨自己所处的自然状态，他想当其他君主的君主，让其他君主成为他的子民，也就是说，违背各种事物性质。

第二十一节　不应以政治法处置属于万民法的事项

政治法要求人人都受所在国的民事法庭和刑事法庭的管束，同时也受该国元首的惩治。

万民法要求君主们互派使节，依据从事物的性质推导出的理由，使节不受派驻国君主节制，也不受派驻国法院管束。他们是派出国君主的代言人，应该享有自由。任何障碍都不应该妨碍他们的行动。他们可能常常令人不快，因为他们代表一个独立的人讲话。如果因为他们犯罪就惩治他们，那就会有人诬告他们犯罪；如果因为他们负债就逮捕他们，那就会有人替他们伪造债务。在这种情况下，为生而骄矜的君主充当喉舌的，必将会是一个谨小慎微，什么都怕的人。所以，对使节应该适用万民法，而不是政治法。使节如果滥用其代表身份，就应终止其代表身份，将他们遣返回国；甚至还可以把他们告到他们的君主面前，这时，若他们的君主不对他们进行审讯，那便是同谋。

第二十二节　印加人阿图阿尔帕的不幸遭遇

西班牙人恣意破坏了上述原则。印加人阿图阿尔帕[①]本来只应受

① 阿图阿尔帕（Athualpa），印加帝国的末代皇帝，1535 年被俘后被绞死。——译者

万民法的审讯，西班牙人却以政治法和公民法对他进行审讯①。他们指控他杀死了若干臣民，娶了多个妻子，等等。最为荒谬的是，他们对他进行审判的依据竟然不是印加人的政治法和公民法，而是西班牙的政治法和公民法。

第二十三节　因某些情况导致政治法摧毁国家时，应采用保护国家的政治法，该法有时会变成万民法

政治法是为政治集团制定的，它确立了国家王位继承的顺序，当它反过来对政治集团具有破坏作用时，无疑就应采用另一部政治法，从而改变王位继承的顺序；后一部政治法非但不会与前一部政治法发生抵触，而且从根本上说是完全一致的，因为它们都遵循同样的原则，那就是：人民的安全是至高无上的法律。

我说过，有一个大国②成了另一国的附庸，于是每况愈下，而且还牵累了宗主国。众所周知，国家元首应该在国内，国家收入应该得到良好的管理，货币不应流出国外去喂肥另一个国家。主政者不应满脑子都是外国的训条，这点很要紧。外国训条不如本国既有的训条合适，何况人总是难以割舍自己的成文法和习惯法，因为正是这些法律成就了每个国家的幸福。各国历史学家告诉我们，更换这些法律而不发生巨大动荡和血流成河的情况是极为罕见的。

---

① 参阅印加人加尔希拉梭(Garcilasso)，《西班牙人内战史》，第108页。

② 参见本书第五章第十四节，第八章第十六至二十节，第九章第四至七节，第十章第九至十节。

因此，当一个大国的王位继承人是另一个大国的国君时，这个大国完全可以拒绝由他国君主来继承王位，因为，更改王位继承顺序对于两个国家都是好事。正因为如此，俄国女沙皇叶卡捷琳娜在位初期制定的一项法律非常谨慎地规定，任何外国君主均不得立为俄国的皇位继承人。葡萄牙的法律也规定，任何外国人都不得以血统为由继承葡萄牙的王位。

一个国家既然可以拒绝外国君主继承本国王位，当然更有理由要求外国君主主动放弃这一继承权。如果担心联姻会给国家带来丧失主权独立或国土被瓜分的结果，那就可以要求婚约的签订者以及他们未来的子女，放弃对于这个国家的一切权利。放弃权利者和放弃权利的受害者没有理由愤愤不平，因为国家本来就可以借助法律把他们排除在继承者的行列之外。

第二十四节　治安法规与公民法分属不同类别

官吏对一些罪犯处以刑罚，对一些罪犯予以矫正。前者属于法律管辖范畴，后者属于官吏权力范围；前者被排除在社会之外，后者被强制在社会中遵纪守法地生活。

在治安管理中，实施惩罚的是官吏而不是法律；在审讯罪行时，实施惩罚的是法律而不是官吏。治安管理所涉及的是时刻发生的事，通常都是一些小事，所以无须烦琐的手续。治安管理的行动迅捷，它所处理的事项每天都会发生，所以不宜施以重罚。治安管理所关注的始终是一些细小的琐事，因而不宜施以重大儆戒；它所需要的与其说是法律，毋宁说是规章。受治安管理约束的人时时刻刻受到官吏的监督，如果违规，那就是官吏的过错。所以，不能把重大的违法行为与触犯治安规章混为一谈，两者分属于不同类别。

在意大利的某共和国[①]，随身携带枪支被当作死罪惩处，这样做违背了事物的性质；携带枪支竟然与不当使用枪支同罪，这实在太离谱了。

一个面包铺老板的欺诈行为被皇帝当场发现，皇帝遂将他以木桩刑处死，皇帝因此举而广受赞颂[②]。其实只有苏丹才会这样做，因为在苏丹看来，只有滥用重典才能做到公正。

第二十五节　不应以公民法的一般规则处置应根据事物性质作特殊处理的事项

水手们在航行途中缔结的一切民事借贷契约均属无效，作出这样规定的法律是好法律吗？弗朗索瓦·皮拉尔告诉我们[③]，在他那个时代，葡萄牙人不遵守这条规定，但法国人遵守。船上的人只是短期相聚，君主既为他们提供一切，他们也就没有任何需求，只有航行这一个目标；他们成了船上的公民，不再生活在社会之中，因而不应缔结借贷契约，因为这些契约只能起到承担市民社会义务的作用。

正是基于这种精神，罗得岛人在进行沿海航行期间作出规定，在海上风暴中留守船只的人可以得到船和船上的货物，逃离船只的人则什么也得不到。

---

① 指威尼斯。

② 这是一册记述土耳其的游记。——译者

③ 《游记》，第十四章，第十二节。

第　六　编

第二十七章

独节　罗马继承法的起源与沿革

这个问题涉及极其遥远的古代，为探究其底奥，请允许我对早期罗马法律进行探索，从中发现迄今尚未有人发现的东西。

众所周知，罗慕洛斯把他那个小国的土地分给该国的公民[①]。我认为，罗马继承法由此发轫。

土地分配法规定，一家的财产不得转移到另一家。法律据此规定的继承人只有两类[②]，一类是本家继承人，即子女和曾经生活在父亲照料之下的后代，这类继承人如果缺失，则由男系中最近的亲属继承，也就是男系亲属。

这就是说，女系亲属不得继承，否则财产就会转到另一个家庭，因而作此规定。

基于同样理由，子女不得继承母亲遗产，母亲也不得继承子女遗产，否则，财产就会转到另一个家庭。所以，十二铜表法不允许这两种继承[③]。十二铜表法只许本家继承人享有继承资格，而儿子与母亲之

① 哈里卡纳索斯的狄奥尼修斯，《罗马古事记》，第二卷，第三章。普鲁塔克，《莱库古与努玛的比较》，第二十四章。

② “未立遗嘱者死后无继承人，最近的男性亲属应获得遗产。”见《十二铜表法断篇》，载乌尔比安，《摘要》末节。

③ 见乌尔比安，《摘要》，第二十六篇 §8；《学说汇纂》，第三篇，“德笃利安元老院法令”：“特权”。

间不存在男系亲属关系。

不过，由于女系亲属不能继承，所以，本家继承人或最近的男系亲属是男是女都无关紧要；女继承人虽然可以结婚，财产却永远归属她的娘家。正因为如此，十二铜表法对继承人的性别不作规定[①]。

这样一来，孙子可以继承祖父，外孙就不能继承外祖父，因为，为了防止财产转移到另一个家庭，外孙被排除在继承人行列之外，只有男系亲属才能继承。所以，女儿可以继承其父亲，但不能继承其子女[②]。

所以在早期罗马，如果与土地分配法不相抵触，妇女可以参与继承，反之，妇女不得参与继承。

早期罗马的继承法便是如此。继承法理所当然地从属于政制，而且源自土地分配制度，所以，其渊源显然并非来自外邦，也并非来自派往希腊城市的代表们所带回来的那些法律。

哈里卡纳索斯的狄奥尼修斯告诉我们[③]，塞尔维乌斯·图里乌斯发现罗慕洛斯和努玛关于土地分配的法律已被废除后，不但予以恢复，而且还补充了一些新的条文，使之更有分量。所以，刚才提到的这几部由土地分配制度派生出的法律，都出自这三位罗马立法者之手，对此无须存疑。

继承顺序既然已经依据政治法确定，公民就不应凭借个人意愿进行扰乱；换句话说，在早期罗马，不应许可公民立遗嘱。不过，临终之时不能施惠于人，实在有点冷酷。

在法律与个人意愿之间找到了一种调和方案，那就是允许个人在人民大会上处分自己的财产，以这种方式立下的每一份遗嘱，在一定程度上都可以说是立法机构的一种行为。

---

① 鲍卢斯，《判决》，第四卷，第八篇 § 3。

② 《学说汇纂》，第三卷，第一篇 § 15。

③ 《罗马古事记》，第四卷，第 276 页。

十二铜表法允许立遗嘱者选定他所中意的公民为继承人。罗马法之所以要严格限制无遗嘱继承人的数量，原因在于土地分配法；罗马法之所以大幅度扩展订立遗嘱的权利，原因在于：父亲既然可以出卖子女[①]，当然更可以剥夺子女的财产。所以说，这是一些不同的后果，因为它们源自不同的原则；这也就是罗马法在这方面的精神。

雅典古法绝不允许公民立遗嘱。梭伦允许公民立遗嘱，但有子女者除外[②]。深受父权思想熏陶的罗马立法者，甚至允许遗嘱损害子女的利益。应该承认，在前后一致这一点上，雅典古法胜过罗马法。罗马法漫无节制地准许立遗嘱，从而一点一点地破坏了土地分配的政治条规，这比任何其他法律更严重地导致贫富悬殊；一个人可以获得多份土地，结果是少数人得到的太多，大多数人一无所有。因此，一再被剥夺应得份额的人不断要求重新分配土地。这些人提出这种要求的时候，恰值俭朴、节约和贫穷成为罗马特色之时，也恰是奢华发展到无以复加之时。

遗嘱既然是人民会议通过的法律，从军在外的人就被剥夺了立遗嘱的权利。人民于是准许军人在若干同伴面前[③]，表明他本应在人民会议上表明的有关遗嘱的意愿[④]。

大型人民会议一年只开两次，人口增多了，事物也更繁杂了。人们认定，应该准许所有公民在代表全体人民的若干罗马成年公民面前立

① 哈里卡纳索斯的狄奥尼修斯借助努玛的一项法律证明，允许父亲出售儿子三次的法令是罗慕洛斯，而不是十人团制定的。

② 普鲁塔克，《梭伦传》。

③ 这种遗嘱称作“出征遗嘱”，不同于依据罗马皇帝的法令立下的“军人遗嘱”。见《法律》第一篇“关于军人遗嘱”。这是皇帝们对士兵的安抚之一。

④ 这种遗嘱不是书面的（sins libra et tabulis），也没有一定格式，就像西塞罗在《演说家》第一卷中所说“没有任何法定手续和格式”。

遗嘱[①];作为代表的公民共五人[②],继承人当着他们的面向立遗嘱人购买其门第,也就是他的全部遗产[③],另一位公民用秤称量遗产的价值,因为罗马人当时还没有货币[④]。

看来,这五位公民分别代表人民的五个阶级,由赤贫者组成的第六阶级没有计算在内。

不应该像查士丁尼那样,把这种通过称量出售遗产的做法说成是空想,不错,后来的确成了空想,但起初并非如此。后来用来处置遗产的大多数法律,大多源自这些称量出售遗产的做法,乌尔比安的《摘要》为此提供了证据[⑤]。聋人、哑人和浪子不得立遗嘱。因为,聋人听不见门第购买者的话,哑人说不出财产的称谓,浪子由于被禁止参与任何管理事务,因而不能出售他的财产。其他实例我就不讲了。

遗嘱既然是在人民会议上立下的,它就应是政治法文书而非公民法文书,是公法文书而非私法文书。所以,父亲不能准许受他支配的儿子立遗嘱。

在大多数国家中,遗嘱的格式不比普通契约更为复杂,因为,这两种契约都是缔约人意愿的表示,同样属于私法范畴。可是,罗马人的遗嘱由于属于公法范畴,格式因而比其他文书繁复[⑥]。在法国实行罗马法的那些地区,至今依然如此。

如我所说,遗嘱既然是一项人民的法律,就应具有命令的效力,以

---

① 《学说汇纂》,第二卷,第十篇 § 1。奥卢斯·格利乌斯,《阿提卡之夜》,第十五卷,第二十七章。这种遗嘱叫做"书面计数遗嘱"。

② 乌尔比安,《摘要》,第十篇 § 2。

③ 狄奥菲勒,《学说汇纂》,第二卷,第十篇。

④ 罗马人到了皮洛士之战时才有货币。狄特-李维在谈及韦伊之围时写道:"当时还不会铸造银币。"

⑤ 《摘要》,第二十二篇 § 13。

⑥ 《学说汇纂》,第二卷,第十篇 § 1。

直接和**强制**的语言写就。由此引申出这样一条规则:不使用命令式语言,便不得给予和转移遗产[①]。所以,在某些情况下,可以实行替代继承[②],把遗产转给另一个继承人。但是,绝对不得实行委托继承[③],即以请求形式委托某人将遗产和部分遗产转交给法定继承人之外的另一继承人。

父亲在遗嘱中如果既不立其子为继承人,也不剥夺其子的继承权利,这份遗嘱当属无效;但是,父亲如果在遗嘱中既不立其女为继承人,也不剥夺其女的继承权利,这份遗嘱当属有效。我认为此举有理。因为,既不立也不废儿子的继承权,本应作为男系亲属继承其父遗产的孙子就将受到伤害;然而,既不立也不废女儿的继承权,由于女儿的子女既非本家继承人,也非男系亲属,不能作为男系亲属继承其母的遗产[④],所以不会受到任何伤害。

早期罗马继承法由于只考虑遵循土地分割的精神,对妇女的财产未作足够的限制,从而为奢华的风气留下了一扇方便之门,因为奢华是与妇女的财富分不开的。第二次和第三次布匿战争期间,人们开始感到这一弊病,于是制定了沃科尼乌斯法[⑤]。该法是基于极为重大的考虑而制定的,然而留存至今的记述极少,对该法的议论至今相当含混,所以,我将要对该法作一番澄清。

---

① 例如,"让狄第乌斯当我的遗产继承人。"

② 替代继承分为:普通替代继承、未成年替代继承、智力障碍替代继承。

③ 奥古斯都以特殊原因为由,批准开始实行委托继承。《学说汇纂》,第二卷,第二十三篇 § 1。

④ 依据《十二铜表法》的规定,立遗嘱人不得将其遗产给予母亲的子女,因为妇女不得拥有继承人。乌尔比安《摘要》的二十六题 § 7。

⑤ 该法系护民官昆图斯·沃科尼乌斯(Quintus Voconius)倡议。参见西塞罗,《再驳韦列斯》;载狄特-李维,《摘要》,第四十一卷;书中沃隆尼乌斯(Volumnius)有误,应作沃科尼乌斯。

西塞罗保存了该法的一份残篇。从中可以看出，该法禁止立妇女为继承人，不论该妇女是否已婚[①]。

狄特-李维的《摘要》提到了该法，但并无更多内容[②]。据西塞罗[③]和圣奥古斯丁[④]的记述，女儿乃至独生女都在被禁之列。

大加图竭尽全力促使该法得以通过[⑤]。奥卢斯·格利乌斯引述了大加图在该场合下发表的演说中的一个片段[⑥]。他想通过禁止妇女继承遗产来铲除奢华的根源，正如他希望通过为欧皮阿法[⑦]辩护来制止奢华一样。

查士丁尼[⑧]和狄奥菲勒[⑨]的《学说汇纂》提到，沃科尼乌斯法中有一章对妇女的继承权作了限制。读了这一章之后，谁都会认为，制定这一章的目的是防止遗产因遗赠过多而所剩无几，以至于继承人拒绝接受。可是，其实这并不是沃科尼乌斯法的精神所在。前面已经提到，该法旨在防止妇女获得任何遗产。为妇女继承遗产设置障碍的这一章，目的正在于此。因为，倘若可以随心所欲地留下遗赠，妇女凭遗赠所获之财产，就可与无法作为遗产继承的财产一样多。

沃科尼乌斯法是为防止妇女积攒过多财产而制定的。所以，应予剥夺的是巨额财富，而不是不足以维持奢华的财产。法律规定给予被

---

① "重申……不得立任何妇女为继承人。"西塞罗，《再驳韦列斯》，第一卷。

② "他支持不准立任何妇女为继承人的法律。"见狄特-李维，《摘要》，第四十一卷。

③ 《再驳韦列斯》。

④ 《上帝之城》，第三卷，第二十一章。

⑤ 狄特-李维，《摘要》，第四十一卷。

⑥ 《阿提卡之夜》，第十七卷，第六章。

⑦ 罗马护民官欧皮乌斯(Oppius，前3世纪)倡议并促使通过了防止妇女奢华之风的法律，史称《欧皮阿法》。——译者

⑧ 《学说汇纂》，第二卷，第二十二篇。

⑨ 《学说汇纂》，第二卷，第二十二篇。

禁止继承遗产的妇女以一定数额的财产。我们从西塞罗那里获知此事[①],但他并未说明这笔财产的确切数额。狄奥则说,这笔财产的数额为十万小银币[②]。

制定沃科尼乌斯法的目的是调节财富,而不是调节贫困。所以西塞罗说,该法仅约束已录入户口册的人[③]。

这就为规避法律提供了一个借口。我们知道,罗马人是极端的形式主义者。前面说到,罗马共和国的精神就是死抠法律文字。有一些父亲为了把遗产留给女儿,没有进行户口登记。裁判官认为,他们并未违犯沃科尼乌斯法,因为从文字上看,他们并未违犯该法。

一位名叫安尼乌斯·阿塞卢斯的人立他的独生女为遗产继承人。西塞罗说,他可以这样做,沃科尼乌斯法并不禁止他这样做,因为他的名字不在户口登记册上[④]。韦列斯当了护民官,就把女儿的继承权剥夺了。西塞罗认为,他可能接受了贿赂,否则他不会打乱其他护民官都遵循的继承顺序。

全体公民都应录入户口登记册,那么,不在登记册内的是些什么人呢?不过,按照哈里卡纳索斯的狄奥尼修斯所记述的塞尔维乌斯·图里乌斯确立的制度[⑤],凡是没有登记在户口册上的公民,一律降为奴隶。西塞罗就说过,有一个人因此而失去了自由[⑥]。佐纳鲁斯也说过同样的话。由此可见,沃科尼乌斯法和塞尔维乌斯·图里乌斯的制度,

---

① “无人同意给予法迪亚的财产可多于她依据《沃科尼乌斯法》所能得到的数额。”见《善与恶的极限》,第二卷,第五十五章。

② “可以援引《沃科尼乌斯法》,该法规定,妇女获得到的遗产不得多于十万小银币。”狄奥,《罗马史》,第五十六卷。

③ “那些已经登入户口册的人。”西塞罗,《再驳维列斯》。

④ “他未经户口登记”。

⑤ 《罗马古事记》,第四卷。

⑥ “他没有登记在户口册上”。

在户口登录问题上显然不尽相同。

依据沃科尼乌斯法的精神，没有登记在根据财产多寡划分的前五个阶级中[①]的人，不算已经录入登记册。依据塞尔维乌斯·图里乌斯制度的精神，凡是没有登录在六个阶级中，或是没有被列为人头税缴纳者的人，不算已经录入登记册。本性的能量竟有如此之大，它居然能驱使那些父亲，为了规避沃科尼乌斯法而甘愿受辱，在第六阶级中与无产者和人头税缴纳者为伍，甚至被列入被剥夺选举权者名录[②]也在所不惜。

我们说过，罗马的法律制度不允许委托继承。委托继承是为规避沃科尼乌斯法而采取的一个手段，具体说来就是，立一个有权依法继承的人为继承人，然后请他把继承权让与一个被法律排除在继承人行列之外的人。这种新的做法产生了一些相当不同的后果。有人把继承权转交给他人。塞克斯图斯·柏图库斯[③]的做法妙极了，有人把一大笔遗产交给了他，除了他本人，世界上没有一个人知道他是受人之托转交这笔遗产。他找到立遗嘱人的遗孀，把她丈夫的全部遗产转交给她。

另一些人则把委托继承的全部遗产留给自己，塞克斯提留乌斯·鲁富斯便是一个广为人知的例子，因为西塞罗在他与伊壁鸠鲁派论战时援引了这个实例[④]。他说："在我年轻的时候，塞克斯提留乌斯·鲁富斯请我陪他去见他的朋友，他询问这些朋友，他是否应该把昆图斯·法迪乌斯·加鲁斯的遗产交还给他的女儿。他找来了好几位年轻人，还有几位德高望重的人物，大家都认为，交给法迪乌斯的遗产不应超过她依据沃科尼乌斯法应该获得的数额；塞克斯提留乌斯于是得到了一

① 前五个阶级人数极多，以至于有的作者就说只有五个阶级。

② "降为最低公民等级"。

③ 西塞罗，《善与恶的极限》，第二卷。

④ 西塞罗，《善与恶的极限》，第二卷。

大笔遗产。如果他当初不是选择了实惠，而是选择了公正和正直，那他就连一个小银币都休想得到。”西塞罗接着说：“我可以相信，你们本来是愿意将遗产转交他人的，就连伊壁鸠鲁本来也是愿意这样做的，可是，你们并未照你们的原则办事。”我在这里要多说几句。

立法者不得不制定法律打击人的天然感情，就像沃科尼乌斯法那样，这是人类的不幸。因为，立法者在这样做时，对社会的考虑多于对公民的考虑，对公民的考虑多于对人的考虑，他们的法律牺牲了公民和人，只想到了共和国。一个人竟然要托付朋友把遗产交给他的女儿，这是因为法律既蔑视立遗嘱者的天然感情，也蔑视女儿的孝心；法律丝毫没有考虑那个受托转交遗产的人，他的处境实际上非常尴尬；若是把遗产转交了，他就是一个不良公民；若是把遗产留给自己，他就是一个食言而肥的人。只有天性善良的人才想规避这种法律，只有老实人才会被选中去规避这种法律；因为，战胜贪婪和淫欲是一大胜利，而只有老实人才能取得这种胜利。把他们视为不良公民或许失之过严，这种法律如果确实只能逼迫老实人设法规避法律的话，那就不妨认为，立法者已经在很大程度上达到了他的目的。

制定沃科尼乌斯法的时候，罗马依然保存着一些纯朴的民风。人们有时为维护法律而激励社会良心，让民众宣誓遵守法律①，这就像是以诚实对抗诚实。可是到后来，民风极度败坏，委托继承几乎失去了规避沃科尼乌斯法的效用，而该法却大大增加了被遵守的力度。

无数公民死于内战，奥古斯都执政时期的罗马人烟稀少，必须大量添丁。于是制定了巴比安法，凡是能鼓励公民结婚生子的办法无一遗漏②。主要手段之一是让该法的支持者更加有望继承遗产，让不支持

① 塞克斯提留乌斯说，他曾宣誓遵守法律。

② 请参阅作者在本书第二十三章第二十一节中的论述。

者更加无望继承遗产。沃科尼乌斯法禁止妇女继承遗产，巴比安法则在某些条件下予以解禁。

妻子①尤其是生养了孩子的妻子获得了根据丈夫遗嘱继承遗产的权利。她们如果有子女，还可以根据族外人的遗嘱接受遗产。所有这一切都不符合沃科尼乌斯法的规定，值得注意的是，尽管采取了这些措施，却并未完全摒弃该法的精神。比如，依据巴比安法的规定②，有一个孩子的男子③可以依据遗嘱接受一个无血缘者的全部遗产，而妇女必须有三个孩子方能获得这份遗产④。

应当指出，巴比安法虽然准许有三个孩子的妻子继承遗产，但以有族外人的遗嘱为限；在继承亲属的遗产方面，巴比安法依旧保留了沃科尼乌斯法的全部效力⑤，只不过这种情况没有持续多久。

罗马受到来自各国的财富的腐蚀，民风大变，遏制妇女奢华之风已经不可能。生活在哈德良时代的奥卢斯·格利乌斯说⑥，他那时候，沃科尼乌斯法几乎已经被废，城邦的淫逸之风把它淹没了。所以，生活在

① 参见乌尔比安，《摘要》，第十五篇，第十六篇。

② 同样的区别在《巴比安法》的许多条文中都可看到。参见乌尔比安，《摘要》末篇第四至六节。

③ “有了我，你才有子女，
才享有做父亲的权利；
有了我，你才被立为继承人。”

尤维纳利斯，《讽刺诗》，第九章第83行和第87行。

[这是一个性无能者的妻子对她的情夫所说的话。因为依据《巴比安法》规定，已婚而无子女的男子不得继承遗产。——译者]

④ 参见《狄奥多西法典》，第九法：“关于被宣布为公敌者的财产。”又见乌尔比安，《摘要》，末篇§6以及第二十九篇§3。

⑤ 参见乌尔比安，《摘要》，第十六篇§1；索佐梅诺斯，《教会史》，第一章，第十九节。

⑥ 奥卢斯·格利乌斯，《阿提卡之夜》，第二十卷，第一章。

尼杰尔[①]时代的鲍卢斯[②]，生活在亚历山大·塞维努斯时代的乌尔比安，分别在他们的《判决》[③]和《摘要》[④]中提到，男系的姐妹可以继承遗产，被沃科尼乌斯法剥夺继承权的仅限于较远的亲属。

罗马古法开始显得过于严峻，除了公正、节制和适度之外，裁判官们已经很难被其他东西触动了。

我们看到，依据罗马古法，母亲根本无权继承子女的遗产，沃科尼乌斯法为剥夺母亲的继承权又增添了一条理由。可是，克劳狄皇帝把继承子女遗产的权利给予母亲，作为对她们丧失子女的安抚。哈德良[⑤]掌权时发布的德笃利安元老院法令规定，有三个孩子的女自由民可以继承遗产，女被释奴则有四个孩子方可继承。很显然，这项元老院法令只不过是巴比安法的延伸而已，该法规定，在同样情况下，妇女可以接受外族人给予的遗产。查士丁尼法则规定[⑥]，不论子女多寡，妇女均可继承遗产。

禁止妇女继承遗产的法律在某些原因的作用下受到了限制，同样的原因使禁止妇女继承女系亲属遗产的法律逐渐失去效力。这些法律本来非常符合优良的共和政体的精神，因为，在共和政体下，女性不应由于拥有财富或有望拥有财富而凭借奢华高人一头。在君主政体下则恰恰相反，奢华加重了婚姻负担，变得相当靡费，所以，要靠妇女提供的财产和她们有望获得的遗产来支援婚姻。君主政体在罗马建立后，全

① 尼杰尔(Pescennius Niger)，罗马将军，193 年被叙利亚军团拥立为皇帝。——译者

② 鲍卢斯(Paulus, Julius)，公元 3 世纪的罗马法学家。——译者

③ 《判决》，第二十卷，第一章。

④ 乌尔比安，《摘要》，第二十六篇 § 6。

⑤ 即庇乌斯(Pie)皇帝，因过继而更名为哈德良。

⑥ 《法律》，第二篇，“法典：关于子女的权利”第三卷第三篇第四节“德笃利安元老院法”。

部继承制度都发生了变化。依照过去的法律，女系亲属根本不能继承遗产，而如今如果男系亲属缺失，裁判官就可以让女系亲属继承遗产。奥菲提安元老院法令①准许子女继承母亲的遗产，瓦伦梯尼安②、狄奥多西和阿卡迪乌斯三位皇帝在位时，外孙子和外孙女也可继承外祖父的遗产。最后，查士丁尼皇帝彻底清除了旧法关于遗产继承的规定，重新确定了如下三个继承顺序：直系卑亲属、直系尊亲属和旁系亲属；不分男女，也不分男系亲属和女系亲属，并且把旧法有关继承的所有规定全部废除③。查士丁尼认为他这样做是为了摆脱旧法的羁绊，遵从人的本性。

① 时在公元前178年。——译者

② 《法典》，“关于亲生与合法的子女”，第9条。

③ 《法律》，“法典：关于亲生与合法的子女”，第12条；《新法集》，第一百一十八篇、第一百二十七篇。

第二十八章

法国公民法的起源与沿革

"肉体如何由旧变为新，这就是我想要讲述的……"

奥维德:《变形记》①

第一节　日耳曼各族法律的不同特点

法兰克人离开故土之后，就让本族的智者编纂萨利克法②。克洛维斯在位期间③，里普埃尔法兰克人部落并入与萨利安法兰克人部落④，但依旧保留着自己的习俗，奥斯特拉西

① 奥维德(Ovide)，著名拉丁诗人。《变形记》是一部著名神话史诗，共十五卷，讲述了从混沌时期到恺撒执政时期有关的神话。——译者

② 参阅萨利克法的前言。莱布尼茨(Leibnitz)先生在他的《论法兰克人的起源》中说，萨利克法在克洛维斯在位之前制定的，但不可能在法兰克人走出日耳曼尼亚之前制定，因为那时他们不懂拉丁语。

③ 参阅图尔的格雷瓜尔，《法兰克史》。

④ 里普埃尔法兰克人(Francs Ripuaires)，又译莱茵河畔法兰克人，见本书第十八章第二十二节译注。萨利安法兰克人(Francs Saliens)，居住在莱茵河的支流埃塞尔河沿岸的法兰克人，又译海滨法兰克人。——译者

亚国王戴奥德里克[①]下令把这些习俗编为成文法[②]。他还搜集他的附庸国巴伐利亚和阿勒曼的习俗编为成文法[③]。之后,日耳曼尼亚的实力因许多部族出走而大为削弱,法兰克人征服了前面的土地后,后退一步,把他们的统治带进了父辈的森林。有迹象表明,图林根[④]法典也是这位戴奥德里克下令编纂的[⑤],因为,图林根人也是他的臣民。铁锤查理和丕平[⑥]征服了弗里兹人[⑦],在此之前弗里兹人没有法律[⑧]。查理曼最先征服了萨克森人,为他们制定了至今犹存的法律。这两部法典出自征服者之手,只要读一下就可知道。西哥特人、勃艮第人和伦巴第人创建王国后,把他们的法律变为成文法,目的不是要求被征服者遵照执行,而是为了自己的方便。

萨利克法、里普埃尔人、日耳曼尼亚人、巴伐利亚人、图林根人以及弗里兹人的法律,都非常简洁朴实,体现出一种原始的粗糙以及一种独有的精神,一种未曾被另一种精神削弱的精神。这些法律变化很小,因为除了法兰克人,这些民族都没有离开日耳曼尼亚。法兰克人所建立的帝国也有一大部分在日耳曼尼亚。所以,他们的法律都属于日耳曼法。西哥特人、伦巴第人和勃艮第人则不然,他们的法律丧失了许多原来的特色,因为这些民族在新的土地上定居之后,失去了许多原来独有的特点。

① 奥斯特拉西亚(Austrasie),墨洛温王朝时期的法兰克王国。戴奥德里克(Théodoric),克洛维斯的儿子。——译者

② 参见《巴伐利亚法》的前言和《萨利克法》的前言。

③ 参见《巴伐利亚法》的前言和《萨利克法》的前言。

④ 图林根(Thuringien),古代德国中部的地区。——译者

⑤ “盎格鲁维利诺人的法律就是图林根人的法律”。

⑥ 铁锤查理(Charles Martel,688—741),法兰克王国的宫相,王国的实际统治者。丕平(Pépin,714—768),铁锤查理的儿子,外号矮子丕平,法兰克国王(751—768 在位)。——译者

⑦ 弗里兹人(Frisons),居住在欧洲西北部的一支日耳曼人。——译者

⑧ 弗里兹人没有文字。

勃艮第王国寿命不长，征服者的法律来不及发生重大改变。贡德鲍和西吉斯蒙德[①]把他们的习俗编纂成书，只不过，他们几乎已是末代君王了。伦巴第人的法律没有修订，倒是增添了一些内容。罗塔利制定的法律被格利摩、路易普朗、拉希、埃斯图尔弗[②]等人用作范本，形式上没有新的改动。西哥特人的法律则不然[③]，他们的国王对这些法律进行了修订，又让神职人员再作修订。

墨洛温王朝的国王们将萨利克法和里普埃尔法中与基督教绝不兼容的部分删除，但保留了这两部法的基本部分[④]。西哥特法就不是这样。

勃艮第人和西哥特人的法律采用肉刑，尤以西哥特人为甚。萨利克法和里普埃尔人的法律不允许采用肉刑[⑤]，较好地保存了这些法律原有的特点。

勃艮第人和西哥特人居住的那几个省份易受攻击，因而千方百计地试图调和与原有居民的关系，为他们制定对各族居民一视同仁的公民法[⑥]。可是，确信自己实力过人的法兰克国王们，没有对此予以关

① 西吉斯蒙德（Sigismond，卒于 523 年），勃艮第王（516—523 在位）。——译者

② 格利摩（Grimoald），伦巴第王（663—672 在位）；路易普朗（Luitprand），伦巴第王（713—743 在位）；拉希（Rachis），伦巴第王（744—750 在位）；埃斯图尔弗（Aistulphe），伦巴第王（卒于 758 年）。——译者

③ 欧里克（Euric）制定了西哥特法，娄弗吉尔德（Leuvigilde）作了修改。参阅伊西多尔《纪年史》。秦达逊德斯和雷塞逊德斯加以改造。埃吉加（Egiga）编纂了至今犹存的法典，他还将此事委托给主教们。从托莱多第十六届公会议来看，秦达逊德斯和雷塞逊德斯的法律被保存下来了。

④ 参阅《巴伐利亚法》的前言。

⑤ 在希尔德贝一世（Childebert I）的谕令中只发现了寥寥数例体刑。

⑥ 参阅《勃艮第法》的前言及正文，尤其是其中第七条第 5 款和第三十八条。又见图尔的格雷瓜尔，《法兰克史》，第二卷，第二十三章，以及西哥特法典。

注[①]。

法兰克人控制下的萨克森人桀骜不驯，坚持不懈地进行反抗。所以，在他们的法律中可以看到征服者的冷酷[②]，这在其他蛮族的法典中是看不到的。

罚金体现了日耳曼法的精神，而肉刑则显现了征服者法律的精神。

萨克森人在境内所犯罪行被处以肉刑，只有当他们在境外犯罪时，才依据日耳曼法的精神惩处。

法律规定，一旦犯罪就永无宁日，就连去教堂躲避也不允许。

在西哥特宫廷里，主教们的权威无限，重大事项都在主教会议上决定。当今宗教裁判所的一切规矩、原则和观点，全都来自西哥特法典。僧侣们用以对付犹太人的那些法律，全都是当年的主教们制定的。

此外，贡德鲍为勃艮第人制定的法律非常得体。罗塔利和其他伦巴第君主们的法律更是如此。不过，西哥特人的法律以及雷塞逊德斯、秦达逊德斯和埃吉加[③]制定的法律，全都幼稚、拙劣和痴妄，辞藻华丽，空洞无物，内容浅薄，文字浮夸。

第二节　蛮族诸法均为属人法

这些蛮族法律的一大特点是与地域无关，法兰克人依据法兰克人的法律审判，日耳曼尼亚人依据日耳曼尼亚人的法律审判，勃艮第人依

---

① 参阅本书本章第三节。

② 参见《萨克森法》第二章第八、九节，第四章第二、七节。

③ 秦达逊德斯（Chaindasuidade），西班牙的西哥特王（642—649在位）。雷塞逊德斯（Recessuinde），西哥特王，前者之子。埃吉加（Egiga），西班牙的西哥特王（687—701在位）。——译者

据勃艮第人的法律审判，罗马人依据罗马人的法律审判。那时的征服者不但没有考虑统一各族人民的法律，甚至没有想到为被征服者制定法律。

我发现，这种情况的根源存在于日耳曼人的固有习俗之中。日耳曼各部族被沼泽、湖泊和森林分隔，我们可以从恺撒的著作[①]中获知，他们喜欢分居各地。对罗马人的惧怕使他们联合起来，当他们在一地混居时，各个部族的每个人都接受本部族的习俗和习惯法审判。各个部族的人在自己所属的部族内部是自由和独立的。当他们在一地混居时，依然享有独立。他们有共同的祖国，同时也有各自的共和政府；领土是共同的，部族则是各异的。这些部族在离开家乡之前，就已经具备了属人法精神，而且带着这种精神四处征战。

这种做法在马尔库尔弗的法规[②]、蛮族的法律，尤其是里普埃尔人的法律[③]和墨洛温王朝诸王的谕令[④]中得到确认，加洛林王朝的有关敕令[⑤]都来自墨洛温王朝诸王的谕令。子女遵守父亲所遵守的法律[⑥]，妻子遵守丈夫所遵守的法律[⑦]，丧夫的妇女重新遵守自己原来遵守的法律[⑧]，被释奴遵守他们的主人所遵守的法律[⑨]。不但如此，每个人还可以选择他所愿意遵守的法律，罗泰尔一世为此下令，每个人的选择都必

① 《高卢战纪》，第六卷。

② 《法规》，第一卷，法式八。

③ 《里普埃尔法》，第三十一章。

④ 克罗泰尔 560 年的谕令，载《敕令汇编》，巴鲁兹版，第一卷，第 4 条；该书末尾。

⑤ 《伦巴第法》所附敕令第一卷第二十五篇第七十一章；第二卷第四十一篇第七章；第七十六篇第一、二章。

⑥ 《伦巴第法》所附敕令第二卷第五篇。

⑦ 《伦巴第法》所附敕令第二卷第七篇第一章。

⑧ 《伦巴第法》所附敕令第二卷第七篇第二章。

⑨ 《伦巴第法》所附敕令第二卷第三十五篇第二章。

须公之于众[①]。

第三节 萨利克法与西哥特法和勃良第法的主要差异

前面说到[②]，勃良第法和西哥特法对不同民族一视同仁；但是，萨利克法并非如此，它对法兰克人和罗马人的不同待遇令人万分痛心。杀死一个法兰克人，蛮族人或受法兰克法管束的人，应付赔偿金二百苏[③]，被杀的如果是罗马人业主，赔偿金则为一百苏[④]，被杀的如果是罗马人仆从，赔偿金就只有四十五苏。被杀的如果是国王的法兰克人臣属，赔偿金是六百苏[⑤]，被杀的如果是国王的罗马人客卿[⑥]，赔偿金仅为三百苏[⑦]。由此可见，萨利克法极其残酷地区别对待法兰克士绅和罗马士绅、普通法兰克人和普通罗马人。

不但如此。如果聚众袭击一个法兰克人[⑧]并将他杀死在家中，萨利克法规定赔偿六百苏。可是，如果被袭击的是罗马人或被释奴[⑨]，赔

① 《伦巴第法》，第二卷，第四十七篇。

② 本书本章第一节。

③ 《萨利克法》，第四十五篇 §1。

④ “在所居住的村庄里拥有财产者”。《萨利克法》，第四十五篇，第十五章和第七章。

⑤ “忠于主人者”。《萨利克法》，第四十四篇，第四章。

⑥ 罗马人中的大人物都在朝廷中服务，许多主教就在宫中成长一事可资证明。因为，除了罗马人，没有什么人能识文断字。

⑦ “如果此罗马人是国王的客卿”。《萨利克法》，第四十四篇，第六章。

⑧ 《萨利克法》，第四十五篇。

⑨ 此处指里都斯（Lidus），其身份优于农奴。见《日耳曼尼亚法》，第九十五章。

偿金减半。萨利克法还规定①，如果一个罗马人用铁链捆缚一个法兰克人，应付赔偿金三十苏；可是如果一个法兰克人用铁链捆缚一个罗马人，他应赔付的仅仅只是十五苏。一个法兰克人如果被一个罗马人剥光衣服，可得赔偿金六十二苏；一个罗马人如果被一个法兰克人剥光衣服，只能得到赔偿金三十苏。对于罗马人来说，所有这一切都是难以忍受的不公。

可是，有一位享有盛誉的作者②，以法兰克人是罗马人最好的朋友为假设，为法兰克人定居高卢编造理由。那么，既给罗马人带去了骇人的灾祸，也在罗马人那里遭受了骇人的灾祸的法兰克人，真是罗马人的最好朋友吗？用武力征服罗马人之后又冷酷无情地压迫罗马人的法兰克人，真是罗马人的最好朋友吗？他们是罗马人的朋友，恰如征服了中国的鞑靼人是中国人的朋友一模一样。

尽管有几位天主教的主教利用法兰克人击败了信奉阿里乌斯教派③的多位国王，难道因此就可以认为，这些主教真的愿意生活在蛮族统治之下吗？难道可以就此得出结论说，法兰克人特别关注罗马人吗？我的结论恰恰相反：法兰克人越是认为罗马人不足虑，就越发不放松对他们的压迫。

可是，作为一个历史学家，迪波教士所发掘的是劣质的史料以及诗人和演说家的作品，然而，理论体系的基础不应建立在浮夸的著作之上。

---

① 《萨利克法》，第三十五篇，第三章和第四章。

② 迪波教士。

③ 阿里乌斯教派是公元 4 世纪的一个基督教异端，当时高卢地区的许多国王都是其信徒，其首领为阿里乌斯，忠于正统基督教的克洛维斯击败了这些国王。——译者

第四节　罗马法何以消失在法兰克人地区而保存在哥特人和勃艮第人地区

至今模糊不清的那些事情，会因我在前面所说的事情而变得清晰。今天叫做法兰西的这块土地在墨洛温王朝时代处于罗马法、提奥多西法典和居住在那里的各个蛮族①的管束之下。

在法兰克人统辖地区，编纂法兰克法供法兰克人使用，编纂提奥多西法典②供罗马人使用。在西哥特人地区，依据阿拉里克③的命令制定的提奥多西法典④，用来解决罗马人的争讼，欧里克下令编制的该国成文习惯法⑤，用来解决西哥特人的争讼。萨利克法何以能在整个法兰克人地区普遍拥有权威呢？罗马法何以在那个地区日趋衰微，而在西哥特人地区却日益扩展，并拥有普遍权威呢？

我认为，罗马法之所以被弃而不用，是因为法兰克人、蛮族人以及接受萨利克法管束的人享有巨大优势⑥，以至于所有人都想抛弃罗马人而接受萨利克法的管束。只有僧侣依旧使用罗马法⑦，更换法律对他们没有任何好处，身份和社会地位的差异仅仅体现在赔偿金的数额

---

① 他们是法兰克人、西哥特人和勃艮第人。

② 该法于438年编纂完成。

③ 阿拉里克(Alaric)，即西哥特王阿拉里克二世(484—507在位)。——译者

④ 该法典的前言表明，该法于阿拉里克在位二十年时制定，两年后由阿尼阿乌斯公布。

⑤ 西班牙纪年504年，见伊西多尔，《纪年史》。

⑥ “法兰克人、蛮族人或生活在萨利克法之下的人。”《萨利克法》，第四十五篇，第一章。

⑦ 《里普埃尔法》第五十八篇第一章写道：“依据教会所尊奉的罗马法。”参见迪康热，《晚期拉丁语和希腊语词汇》中的“罗马法”条所列举的众多权威著作。

上，这一点我在下面还将谈及。可是，一些特别法[①]规定，他们的补偿金应与法兰克人的补偿金一样优厚，所以他们不放弃罗马法。罗马法没有给他们造成任何损害，况且制定罗马法的那几位罗马皇帝都是基督教信徒。

另一方面，在西哥特人的遗产问题上，西哥特法给予西哥特人的民事权益，丝毫不多于罗马人[②]，因此，罗马人没有任何理由放弃自己的法律转而接受另一种法律，所以，他们继续使用罗马法，而不采用西哥特法。

这一点在下面将看得更加清楚。贡德鲍法相当公正，并不厚勃艮第人而薄罗马人。从该法的序言来看，该法既是为勃艮第人制定的，也是为解决罗马人与勃艮第人之间可能出现的纠纷制定的；一旦出现这种纠纷，法庭由相同数量的双方人员组成。之所以必须这样做，是出于当时政治协议[③]方面的一些特殊原因。罗马法在勃艮第继续存在，用以解决罗马人与罗马人之间可能发生的争讼。罗马人没有理由像居住在法兰克人地区的罗马人那样放弃自己的法律。况且，从阿戈巴尔[④]致宽厚者路易的那封有名的信函中不难看出，萨利克法并未在勃艮第施行。

阿戈巴尔请求国王宽厚者路易在勃艮第施行萨利克法[⑤]，可见该

① 请阅林登勃洛赫版《萨利克法》。该法末尾所附多项敕令以及蛮族法的多种法典中所规定的神职人员，在这方面享有的特权。又见查理曼 807 年致其子意大利国王丕平的信函，载《敕令汇编》，巴鲁兹版，第一卷，第 452 页，其中提到，神职人员可获得三倍的补偿金。又见《敕令汇编》，巴鲁兹版，第一卷，第五章第 302 条。

② 参阅该法。

③ 我将在本书第三十章第六、七、八、九节中再次谈及。

④ 阿戈巴尔（Agobard，779—840），里昂大主教，曾与宽厚者路易作对。——译者

⑤ 阿戈巴尔，《著作集》。

法当时并未在该地施行。因此，罗马法在附属于这个国家的一些省份中过去存在，现在依然存在。

罗马法和哥特法在哥特人定居的地区里继续施行，而萨利克法则从未在那里施行。丕平和铁锤查理把撒拉逊人逐出该地时，臣服于这两位君主的城市和省份[①]提出了要求，终于保住了他们自己的法律。这样一来，尽管当时所有法律都是属人法，然而不久之后，罗马法却在这些地区被视为属物法和属地法。

秃头查理[②]于 864 年在皮斯特[③]发表的一道敕令证明了这一点，他在敕令中将根据罗马法进行审判的地区与不根据罗马法进行审判的地区作了区分[④]。

皮斯特敕令证实了两件事，其一，有些地区依据罗马法进行审判，有些地区则不是这样；其二，正如该敕令所表明，当时依据罗马法进行审判的那些地区，就是如今依据罗马法进行审判的那些地区[⑤]。由此可见，法国的一些地区使用习惯法，另一些地区使用成文法，这种区别远在皮斯特敕令时期就已经存在了。

我说过，君主国初期的法律都是属人法，皮斯特敕令既然区分罗马

① 参见杜申(Duchesne)，《文集》，第三卷，第 366 页中的热尔韦·德·蒂尔布里(Gerbais de Tilburi)所说："与法兰克人签订了一个条约，条约规定，生活在该地的哥特人遵循其父辈习俗，受其固有法律管束。因而，纳波奈兹省就归于丕平。"又，卡泰尔(Catel)，《朗格多克史》，所记 759 年的编年史。又，杜申，《文集》，第三卷，第 316 页所记，一位不知名的作者为宽厚者路易所作的传记中有关塞提马尼亚人民在卡里西亚戈人民会议上所提请求的记述。

② 秃头查理(Charles le Chauve，823—877)，查理曼的孙子，840 年继承其父宽厚者路易的王位，成为法国国王。——译者

③ 皮斯特(Pistes)，加洛林王朝时期的一个重要城市，秃头查理经常在此居住。——译者

④ 该敕令第 16 条写道："依据罗马法审判的地区继续照此办理，其他地区……"参见该《敕令》第 20 条。

⑤ 参见《皮斯特敕令》，第 12 条和第 16 条："在卡维罗诺""在纳波纳"等。

法地区和非罗马法地区，这就意味着，非罗马法地区选择某种蛮族法律的人非常多，几乎没有人选择罗马法；而在罗马法地区，选择蛮族法的人非常少。

我知道，我在这里所说的都是前所未闻的新鲜事。如果这些新鲜事都正确无误，那就都是相当古老的旧事了。说到底，把它们说出来的是我，还是瓦卢瓦[①]或比尼翁[②]，又有什么关系呢？

第五节　续前题

在勃艮第人中，贡德鲍法与罗马法共存了相当长的一段时间，宽厚者路易在位期间，贡德鲍法依旧在使用，阿戈巴尔的那封信令人对此不存任何疑虑。与此同理，尽管皮斯特敕令把西哥特人所占领的地区叫做罗马法地区，其实西哥特法在那里依旧存在。皮斯特敕令颁布十四年之后的公元 878 年，结巴路易[③]执政时期举行了特鲁瓦基督教公会议[④]，这便是明证。

后来，哥特人和勃艮第人的法律在他们自己国家里也不施行了，其原因也就是促使各地蛮族的属人法全都废弃的那些普遍原因。

① 瓦卢瓦（Valois, Adrien de，1607—1692），研究法国起源的法国历史学家。——译者

② 比尼翁（Bignon, Jérome，1589—1656），法国官员和学者，著有《法兰西王国诸王史》。——译者

③ 结巴路易（Louis le Bègue，846—879），法国国王，秃头查理之子。——译者

④ 此次公会议是在教皇约翰八世主持下举行的，会议期间，结巴路易加冕为王。——译者

第六节　罗马法何以能保存在伦巴第人的领地内

一切都符合我的原则。伦巴第人的法律对各族一视同仁，罗马人丝毫无意放弃自己的法律转而采用伦巴第人的法律。促使法兰克人统治下的罗马人选择萨利克法的理由，在意大利根本不存在。罗马法与伦巴第法同时并存。

伦巴第法后来甚至向罗马法让步，尽管它依旧是主要贵族的法律，却不再是统治民族的法律。共和政体在大多数城市中建立后，贵族不是自行消亡便是被彻底摧毁[①]。新的共和国的公民都不愿意采用伦巴第法，因为该法规定了司法决斗制度，而且保留着许多骑士制度的风俗和习惯。几乎完全生活在罗马法管束下的意大利神职人员从此势力强大，遵守伦巴第法的人数日益减少。

再者，伦巴第法没有罗马法那种让意大利想起当年曾主宰天下的气魄，也不具备罗马法的广度。伦巴第法和罗马法还能发挥的作用，仅仅是补充那些已经成为共和国的城市的法规而已。伦巴第法仅仅对若干局部有所补充，而罗马法却包罗万象，那么，为这两种法所作的补充孰优孰劣呢？

第七节　罗马法何以在西班牙被废弃

西班牙的情况不同。西哥特法在那里获胜，而罗马法则被废弃了。

① 参阅本书本章第九节和第十节。

秦达逊德斯[①]和雷塞逊德斯[②]禁止罗马法，甚至不允许在法庭上提及罗马法。雷塞逊德斯制定了法律，废除对哥特人与罗马人通婚的禁令[③]。这两部法律显然体现了同一种精神，因为，国王雷塞逊德斯想要消除造成哥特人与罗马人之间隔阂的主要原因。人们当时认为，最大的障碍莫过于禁止两族人民通婚和许可各自适用不同的法律。

可是，尽管西哥特的国王们禁止罗马法，罗马法却始终存在于他们所拥有的高卢南部。高卢南部远离国家政权中心，拥有较大独立性[④]。瓦姆巴[⑤]于 672 年登上王位，从他的那部《瓦姆巴王的历史》获知，本地人占有优势地位[⑥]，罗马法享有较大权威，哥特法的权威性则较差。西班牙的法律既不符合他们的习俗，与当时的形势也不相宜，本地人之所以坚守罗马法，也许因为他们把自由与罗马法连在一起了。此外，秦达逊德斯和雷塞逊德斯的法律包含有对付犹太人的一些可怕的规定，不过，犹太人在高卢南部实力强大。《瓦姆巴王的历史》把这些犹太人地区叫做娼寮省份。撒拉逊人来到这些省份是受邀而来，那么邀请他们的是犹太人还是罗马人？哥特人最先受到压迫，因为他们是统治民族。普洛科比乌斯的著作告诉我们，灾难临头时，哥特人从纳波奈兹高卢退

① 他于 642 年登基为王。

② “我们不愿再受外邦法和罗马法的折磨。”见《西哥特法》，第二卷，第一篇，篇 § 9、§ 10。

③ “允许哥特男子娶罗马女子为妻，也允许罗马男子娶哥特女子为妻。”见《西哥特法》，第三卷，第一篇，第一章。

④ 参见卡西奥多鲁斯，《东哥特史》，第四章，第十九封信和第二十六封信，其中有关于当时声望最高的东哥特王戴奥多里克对这些地区宽容态度的记述。

⑤ 瓦姆巴（Vamba，又称 Bamba，卒于 687 年），继雷塞逊德斯为西哥特王。——译者

⑥ 从附录在《瓦姆巴王的历史》后面的那些判决书来看，高卢南部的叛乱具有普遍性。鲍卢斯及其同伙都是罗马人，他们甚至得到了主教们的支持。瓦姆巴不敢将被他打败的叛乱者处死。《瓦姆巴传》的作者把纳波奈兹高卢叫做叛乱的温床。

到西班牙去了[①]。毫无疑问，他们在灾难临头时退到西班牙那些尚在抵抗的地区去了，高卢南部依然受西哥特法支配的人数遂大为减少。

第八节　伪造敕令

那位可怜的编纂者柏努瓦·莱维特[②]不是把禁止罗马法的西哥特法变成一项敕令，而且还说是查理曼的敕令吗[③]？他把这部地方性法律变成了一部到处都适用的法律，似乎想要把罗马法从全世界铲除掉。

第九节　蛮族法典和敕令何以消失

萨利克法、里普埃尔法、勃艮第法、西哥特法逐渐为法兰西人所抛弃。详述如下：

由于采地变成世袭，附属采地有所扩大，因而出现了上述这些法律无法适应的许多新做法。那些法律主要以罚款来解决大部分问题的精神被保留下来，可是，也许因为货币的价值已经发生变化，罚款也随之有了变化。我们在许多财产或遗产文书中看到，领主们为他们应在小型法庭上支付的罚金确定了数额[④]。这就是说，人们遵循的是法律的

① “在大屠杀中幸存的哥特人携妻带子逃往西班牙，投奔公然以暴君行事的窦德斯。”见《哥特战纪》。

② 柏努瓦·莱维特(Benoît Lévite)，美茵兹的一位主教，850年编写出版了一部托名查理曼和宽厚者路易的伪造《敕令集》。——译者

③ 《敕令汇编》，巴鲁兹版，第一卷，第六章，第三百四十三节，第981页。

④ 德·拉·托玛希耶尔(de la Thaumassière)先生收集了好几份。参阅他的《贝里古今地方性习惯法》第四十一章、第四十六章及另外几章。

精神，而不是法律的条文。

此外，法兰西被分割为许许多多小领地，这些领地自认为是国王的封建臣属而不是政治臣属。所以，很难让同一部法律在各处都得到承认。即使想要让所有领主遵守同一部法律，实际上也办不到。派遣特派官员[①]到各省去监督司法和政治事务的做法也几乎不再使用。即使从财产和遗产文书也可以看出，就在新的采地建立时，国王已经剥夺了自己对这些采地派遣特派官员的权力。所以，当整个国家都变成大大小小的采地时，就不能再向采地派遣这类官员，共同的法律也就不复存在，因为谁也没有办法让共同的法律得到遵守。

所以，在加洛林王朝末期，萨利克法、勃艮第法和西哥特法已经不受重视，而到了加佩王朝初期，几乎听不到有人谈论这些法律了。

在墨洛温王朝和加洛林王朝时期，常常召开全国性的领主和主教会议，那时还谈不上普通百姓的会议。与会者在这些会议上寻求管理神职人员的办法，神职人员这个群体可以说是在征服者的庇护下形成并确立其特权的。在这些会议上制定的法律，就是人们所说的敕令。此时发生了四件事：其一，确立了采地法，教会的一大部分财产受采地法管束；其二，僧侣愈加分化，并且置改革法于不顾[②]，其实他们并非独一无二的改革派；其三，有人将历次公会议制定的教规[③]以及教皇敕答

① 拉丁文写作 Missi dominici。

② 秃头查理在 844 年敕令第八条中说道："以有权制定教规为借口的主教们，既不应反对本敕令，也不应置若罔闻。"他似乎已经预感到这项敕令将被废弃。

③ 在这些教规册子中加入了难以计数的教皇谕令，教皇的谕令在旧有的教规集子中很少，小德尼在他自己编的教规集子中放进去了许多教皇谕令，伊西多尔·梅卡多尔编的集子中有许多教皇谕令，其中有真也有假。旧教规集在法国一直使用到查理曼时代。这位君主从教皇亚德里安一世手中接过了小德尼编的教规集，并让大家都接受它。伊西多尔·梅卡多尔编的集子大约在查理曼时代出现在法国，人们都迷恋这部集子，此后接着出现的便是所谓的《教规法集》。

谕旨汇集成册；其四，神职人员接受了这些法律，因为在他们看来，这些法律来自更圣洁的源头。我在前面说到，自从采地建立后，国王们不再向外省派遣官员监督国王所颁布的法律的执行情况，所以，在加佩王朝时期，再也听不到有人议论敕令了。

第十节　续前题

伦巴第法、萨利克法和巴伐利亚法增添了不少敕令。若要寻求此举的原因，必须从事物本身中去发现。敕令分为好几类，有的与政治管理相关，有的与经济管理相关，有的与民事管理相关，而大多数则与教会管理相关。与民事管理相关的敕令被添加在公民法中，也就是说，被纳入各民族的属人法中。正因为如此，敕令声称，有关规定中绝无反对罗马法的内容①。事实是，与经济管理、教会管理以及政治管理相关的敕令，与罗马法毫不相干；与民事管理相关的敕令仅与蛮族法律有关，主要是对这些法律作了一些诠释、修改和增删。可是我认为，添加在属人法上的这些敕令，却使敕令本身被忽视了。在蒙昧时代，一部书的节本常常使它的正本被人遗忘。

第十一节　蛮族法典、罗马法和敕令被废弃的其他原因

日耳曼民族征服罗马帝国后，学会了使用文字，于是就仿效罗马

① 参见《皮斯特敕令》，第 20 条。

人，把自己的习俗书写成文①，使之成为法典。查理曼身后的几位国王治国无方，加上诺曼人入侵和内战频仍，这些脱离了蒙昧状态的征服者民族，重新坠入蒙昧之中，既不识字，更不会书写。这样一来，成文的蛮族法和罗马法以及那些敕令，在法兰西和德意志全被人遗忘了。教皇和希腊皇帝统治着意大利，那里有许多繁华的城市，经营着当时几乎独一无二的商业，所以，文字的使用在意大利得到了最佳的保存。以前臣属于哥特人和勃艮第人的高卢由于与意大利毗邻，因而较好地保存了罗马法，何况，罗马法在高卢是一种属地法和一种特权。有迹象表明，西哥特法在西班牙湮灭的原因是那里的人不识字。许多法律湮灭之后，各地形成了一些习惯法。

属人法废弃了，补偿金和安保费②不再依据法律条文而是依据习惯确定；所以，几个世纪之后，人们从成文法重新回到不成文的习惯法，这情形犹如当初君主政体建立时，从日耳曼的习惯法过渡到成文法一样。

第十二节　地方性习惯法、蛮族法和罗马法的沿革

从不少历史文献可以看出，在墨洛温王朝和加洛林王朝时期，已经

① 这些法典的前言中对这一点说得非常清楚。我们甚至可以在萨克森法和弗里兹法中看到依据不同地区的情况制定的不同法规。在原有的习俗之上添加一些具体情况所要求的特殊条规，对付萨克森人的严厉的条规便是如此。

② 我在下面还要谈及此事。

［安保费(freda)，侵害者除了向受害者支付补偿金之外向法兰克国王缴纳的罚金，数额相当于补偿金的三分之一。由于找不到更适当的词，姑且译为安保费。——译者］

有了地方性习惯法。文献提到了地方习俗[①]、老习惯[②]、习俗[③]、法律和习惯法[④]。有些作者认为，所谓习惯法其实就是蛮族的法律，而所谓法律其实就是罗马法。我能够证明这种说法是错误的。国王丕平规定，凡是没有法律的地方，均以习惯为法，但是，习惯不得优于法律[⑤]。如果硬说罗马法优于蛮族法典，那就是与所有古代文献唱反调，更何况，蛮族法典所记述的始终与这种说法相反。

蛮族的法律非但不是这些习惯法，倒是作为属人法的蛮族法律把习惯法纳入到他们的法律中去了。例如，萨利克法是一种属人法，可是，在仅有或几乎仅有萨利安法兰克人居住的地区，萨利克法尽管是属人法，对于萨利安法兰克人来说，却变成了属地法，只有对于居住在其他地方的法兰克人来说，萨利克法才是属人法。倘若在萨利克法是属地法的某一地方，一些勃艮第人、日耳曼尼亚人或罗马人常常发生争讼，那就要用这些民族自己的法律来解决；而大量依据这些法律作出的判决，就会把新的习惯引入当地。这就是对丕平的法制所作的最佳解释。在案例不依照萨利克法处置的情况下，这些习惯对当地的法兰克人产生影响，那是理所当然的事；可是，这些习惯在处置案件中的作用倘若超过了萨利克法，那就不是理所当然的事了。

所以，每个地方都有一种主导法律和已被接受的习惯，这些习惯与主导法律不存在矛盾时，可以用作主导法律的补充。

这些习惯甚至可能成为一种非属地法的法律的补充。仍以上面的

① 马尔库尔弗，《法规》，前言。

② 《伦巴第法》，第二卷，第五十八篇 § 3。

③ 《伦巴第法》，第二卷，第四十一篇 § 6。

④ 《圣莱热传》。

⑤ 《伦巴第法》，第二卷，第四十一篇 § 6。

情况为例，在一个萨利克法是属地法的地方，一个勃艮第人接受勃艮第法的审判，可是此案在勃艮第法中找不到相关的文字规定，毫无疑问，在这种情况下，此案只能依照当地的习惯法处置。

在丕平执政期间，已经形成的习惯法不如法律的威力大，可是不久之后，习惯法就压垮了法律。新的法规一向是为医治新的毛病而开出的药方，因此可以认为，从丕平时代开始，习惯法已经被视为优于法律了。

正如我们在皮斯特敕令中所看到的那样，罗马法从最初就开始变成一部属地法；而我所提及的特鲁瓦公会议似乎可以表明，哥特法仍然继续有效；这两部法律何以如此呢？我在上面所说可以对此作出解释①。罗马法变成了普通属人法，而哥特法则变成了特殊属人法，因此，罗马法也是一部属地法。可是，为什么蛮族的属人法由于蒙昧而到处被毁，而罗马法作为属地法却在西哥特和勃艮第各省继续存在呢？我的回答是：罗马法的命运同其他属人法大致一样，否则，在罗马法曾经作为属地法存在的那些省份中，提奥多西法典本应依然施行，而实际上现在那里施行的是查士丁尼法②。对于这些省份来说，残留下来的仅仅是曾经施行罗马法和成文法的那些地区的名字，是人民对将其视为特权的法律的热爱，以及留存在人们记忆中的罗马法的若干规定，如此而已。不过，这些已经足以产生以下效果，那就是，当查士丁尼编纂

① 本书本章第五节。

② 提奥多西法典是提奥多西二世于公元534年颁布的一部法典，它汇集了君士坦丁以来的多种罗马帝国的法律和法规。查士丁尼法典则是根据东罗马帝国皇帝查士丁尼的命令于公元534年编制的一部法典，11世纪被再度发现。孟德斯鸠此处想说的是，罗马法的施行不具有连续性，到6世纪就消失了。11世纪再度发现的罗马法是查士丁尼法典，人们就像从未中断过似的施行这部法典。——译者

的法典问世时，哥特人和勃艮第人辖下的各个省份都把它当作成文法来接受，而在法兰克人的旧辖区里，这部法典仅仅被当作写成文字的道理①。

第十三节　萨利克法或萨利安法兰克法与里普埃尔法兰克法以及其他蛮族法的区别

萨利克法规定，不得使用消极证言。也就是说，依据萨利克法，提起诉讼和提出控告的人必须为自己的主张提供证据，而被告仅仅予以否认是不够的。这种规定与世界上几乎所有国家的法律相符。

里普埃尔法兰克人的法律具有另一种精神②，它只要求提供消极证言。一个被提起诉讼或被控告的人，在大多数情况下可以通过与若干证人一起发誓，证明自己并未做过被指控的事。案情越重，参与立誓的证人就应越多③，有时可多达七十二名④。日耳曼尼亚人、巴伐利亚人、图林根人、弗里兹人、萨克森人、伦巴第人和勃艮第人的法律，都与里普埃尔人的法律如出一辙。

我说过，萨利克法不接受消极证言，只有一种情况例外⑤，不过，即

① 意思是说，罗马法在习惯法地区被当作典范，用来弥补口头习惯法的不足。——译者

② 塔西佗所说与此相符，他说，日耳曼人既有共同习惯，也有特殊习惯。见《日耳曼尼亚志》，第二十七章，第五节。

③ 《里普埃尔法》，第六、七、八篇以及其他篇。

④ 《里普埃尔法》，第十一、十二和十七篇。

⑤ 当被告是国王的扈从即附庸时，通常被假定为相当坦诚。见《萨利克法条例》，第七十六篇。

使在这种情况下，也不能只有消极证言，而必须辅以证据。原告让他的证人提供证言支持他的诉讼[①]，被告让他的证人提供证言为他辩护；法官从控辩两造的证言中厘清事实真相[②]。这种做法与里普埃尔法以及其他蛮族法迥然不同，依据这些法律的规定，被告应该发誓自己绝对没有犯罪，同时让他的父母也发誓，证明他说的是事实，以此来表明自己的清白无辜。这类法律只适合于纯朴和天生直率的民族，不过，立法者依然需要设法防止流弊，下面我们很快就会谈及。

第十四节　其他差异

萨利克法不准以决斗取证。而里普埃尔法[③]以及几乎所有蛮族法都准许以决斗取证[④]。在我看来，决斗是采用消极证言的法律的一种自然延续和弥补。当一个人提起指控，而这项指控将因被控者的誓言而归于无效时，对于一个眼看就要受辱的具有尚武精神的人来说，除了向被控者的伪誓和强加于己的不公讨回公道外，他还能做什么呢[⑤]？萨利克法不接受消极证言，所以无须以决斗取证，也不接受以决斗取

① 见《萨利克法条例》，第七十六篇。
② 犹如当今英国的做法。
③ 《里普埃尔法》，第三十二篇，第五十七篇 § 2，第五十九篇 § 4。
④ 见下一个注。
⑤ 这种精神在里普埃尔法中体现得十分明显。见该法五十九篇 § 4，第六十八篇第五节；又见 803 年附加在《里普埃尔法》中的宽厚者路易的敕令第二十二条。

证。但是,里普埃尔人[1]和其他蛮族接受决斗取证的法律[2],因而不得不规定许可以决斗取证。

我请大家读一下勃艮第王贡德鲍有关此事所作的两条著名的规定[3],可以看出,这些规定是依据事物的性质制定的。借用蛮族的法律用语来说,那就是不让企图滥用誓言的人有机会发誓。

伦巴第人使用的罗塔利法规定,已经以发誓为自己的无辜作证的人,不必再受决斗之苦。这种做法越传越广[4],下面我们就会看到由此产生的种种弊病,以及为何应该回归古制的理由。

第十五节　一点说明

我并不是说,在蛮族法典的变更中,在增添的那些法规和诸多敕令中,都无法找到某种文字表述,用以说明之所以采用决斗取证,事实上并不是由于准许采用消极证言。在几个世纪的过程中,由于一些特殊情况而制定了一些特殊法律。我说的是日耳曼法的普遍精神、这些法律的性质及其起源;我说的是由法律所表明或确立的日耳曼人的古老习俗;我在这里所谈及的仅此而已。

① 见《里普埃尔法》。

② 弗里兹人、伦巴第人、巴伐利亚人、萨克森人、图林根人和勃艮第人的法律均如此。

③ 《勃艮第法》第八篇 § 1,2 有关刑事的规定;第四十五篇关于民事的规定。又见《图林根法》第一篇 § 31,第七篇 § 6,第八篇;《日耳曼法》第八十九篇;《巴伐利亚法》第八篇第二章 § 6,第三章 § 1,第九篇第四章 § 4;《弗里兹法》第二篇 § 3,第十四篇 § 4;《伦巴第法》第一卷第三十二篇 § 3,第三十五篇 § 1,第二卷第三十五篇 § 2。

④ 见本书本章第十八节末尾。

第十六节　萨利克法的沸水取证[①]

萨利克法准许采用沸水取证[②]。这种采证方法实在太残酷,所以法律允许一种缓和措施,以减轻其残忍程度[③]。被传唤前来进行沸水取证者,在对方同意之下,可以用金钱赎买自己的手。被告以取得由法律确定的一笔款额为条件,只要求若干证人以发誓表明被告并未犯罪。这是萨利克法承认消极证言的一个特殊规定。

这种证据仅是一种双方同意的协议,法律可以接受,但并未对此作出规定。凡同意被告以消极证言进行辩护的原告,均可获得一笔补偿。原告既有原谅被告的过错或侮辱的自由,也有相信被告誓言的自由。

法律规定的这种缓和措施[④],促使对残忍的取证法心存恐惧的被告和有望得到一小笔补偿金的原告,在裁决之前解决争讼,化解仇恨。很显然,这种消极证言一旦作出,就不再需要其他证据,由此可见,萨利克法的这种特殊规定不会带来通过决斗作出裁决的后果。

第十七节　我们的先人的想法

我们的先人把公民的荣誉、财产和性命,较少寄托于理性,较多寄

① 与决斗一样,同属神明裁决。被控者将手浸入沸水中,烫伤处若在三天后痊愈,其清白即被证明。——译者

② 另一些蛮族法律也准许采用沸水取证。

③ 《萨利克法》,第五十六篇。

④ 《萨利克法》,第五十六篇。

托于偶然因素；他们一再使用的那些无法证明任何事情的证据，既与无辜无关，也与罪恶无关。当我们看到这些时，不能不深感惊诧。

从未被征服的日耳曼人[①]极端放纵。各个家族因谋杀、偷盗和侮辱而刀剑相向[②]。这种习惯后来有所改变，他们的内战被置于某些规则之下，只有依据官员的命令并且在官员的监视之下，方可相互诉诸武力[③]。这比普遍放纵，听任相互厮杀，毕竟好些。

如今的土耳其人把内战中的首次胜利视为上帝的裁决，日耳曼人也是这样，他们把解决私人纠纷的决斗结果视为上帝的决断，上帝无时无刻不在注视着惩治罪人和掠夺者。

塔西佗说，日耳曼人的某个国家要与另一个国家打仗时，就找一个俘虏来与本国人决斗，以决斗的结果来推断谁将在即将开始的战争中获胜。他们既然相信决斗可以裁决公共事务，当然更相信决斗可以解决私人之间的争端。

在所有国王中，勃艮第国王贡德鲍主张决斗裁决最热心。这位君主在他的法律中为决斗提供理由。他说："这是为了不让我的臣民再就含混不清的事实立誓，再就确凿的事实立假誓。"于是，这边教会人员宣布准许决斗的法律为不敬，那边勃艮第法却将规定立誓的法律视为亵渎神灵。

决斗取证有着某种基于经验的理由。在一个以打仗为唯一能事的国家里，怯懦意味着另外一些邪恶，它表明怯懦者已经背弃他所受的教育，对荣誉无动于衷，不依照他人所遵循的原则行事。它表明，怯懦者

① 有塔西佗的话为证："同样的特征存在于每一个人身上。"见《日耳曼尼亚志》，第四卷，第二章。

② 维莱犹斯·帕特库卢斯（Velleius Paterculus）说，日耳曼人用决斗解决一切。见《罗马史》，第二卷，第一百一十八章。

③ 参阅蛮族法典，关于较近时代，可参阅博马努瓦，《博维西斯习惯法》。

不怕他人的蔑视，也不在意他人的敬重。只要出身不算太坏，通常就不缺少应该与力量相辅相成的机智，也不缺少应该为勇气提供支持的力量。因为，倘若珍视荣誉，那就要终生投身于为获得荣誉而必须投身的事业。此外，在一个尚武的国家里，力量、勇气和刚毅受到尊敬，真正意义上为人不齿的罪恶大多产生于欺诈、工于心计和狡猾，也就是产生于怯懦。

以火取证就是让被告将手放在一块烧热的铁上或浸入沸水，然后用布把手包好并加封，三天之后若无伤痕，就宣告为清白无辜。谁都知道，惯于舞刀弄枪的人皮肤又厚又粗，纵然把手放在火上或沸水中也无大碍，三天之后不至于留下明显的痕迹。如果留下了痕迹，那就只能说明受考验者不是一个男子汉大丈夫。我们的农民可以用他们粗糙的大手若无其事地操弄烧红的铁块，就连劳动妇女的手也经得住烧红的铁块。为捍卫小姐太太而不惜与人决斗的不乏其人[①]；况且在一个没有奢华的国家里，几乎不存在中产阶级。

依据图林根法规定[②]，被控通奸的妇女只有在无人出面为她决斗时，方被裁决以沸水取证。依据里普埃尔法，只有找不到证人为被告申辩时，才使用沸水取证[③]。可是，一个妇女如果没有一个人愿意为她辩护，一个男子如果没有一个人能证明他诚实可信，那么，仅凭这一点就足以证明他们是有罪的。

所以我说，在采用决斗、热铁和沸水取证的那个时代，法律与习俗相得益彰，法律虽然并不公正，但是，因法律而产生的不公正后果却并不多，后果优于原因，对公正的侵害甚于对权利的侵害，法律虽然不合

① 见博马努瓦，《博维西斯习惯法》，第六十一章。又见《安格尔法》，第十四章，依据该法，沸水取证仅为辅助手段。

② 《图林根法》，第十四篇。

③ 《里普埃尔法》，第三十一章，第五节。

情理，却并不专横。

第十八节　决斗取证法何以越传越广

由阿戈巴尔给宽厚者路易的那封信可以得出这样的结论，决斗取证法并未被法兰克人采用，因为，阿戈巴尔了解了贡德鲍法的种种流弊后，就要求在勃艮第依据法兰克法进行审判①。然而我们知道，法兰西那时是采用司法决斗的，这样一来就处于两难境地了。这种状况可以用我刚才所说作出解释，那就是：萨利安法兰克法不采用决斗取证，里普埃尔法兰克人却采用决斗取证②。

但是，尽管教会人士大声反对，司法决斗仍然日复一日地在法兰西扩展。其实，促成司法决斗日益扩展的，在很大程度上恰恰就是这些教会人士，我马上就将对此予以证明。

伦巴第法为我们提供了这个证明。奥托二世③的律令前言写道："很早以前传入了一种可恶的习惯，若有某个遗产文书被指控伪造，提交这件文书的人只要对着《福音书》发誓说，此件确系真实可靠的原件，就可不经任何司法程序，成为遗产的所有者。因此，伪誓肯定有效④。"奥托一世皇帝⑤在罗马加冕时⑥，教皇约翰十二世主持召开了一个会议，意大利的所有领主在会上向皇帝强烈呼吁，要求制定一项法律纠正

① "如果我们的君主同意，就依据法兰克法进行辩护。"

② 参见《里普埃尔法》，第五十九篇 § 4；第六十七篇 § 5。

③ 奥托二世（Othon II，955—983），神圣罗马帝国皇帝（973—983在位）。——译者

④ 《伦巴第法》，第二卷，第五十五篇，第三十四章。

⑤ 奥托一世（Othon I），神圣罗马帝国皇帝。——译者

⑥ 公元962年。

这一可耻的流弊[①]。教皇和皇帝认为，应该把这个问题提交即将在拉文纳召开的基督教公会议讨论[②]。与会的权贵们提出了同样的要求，而且嚷嚷得更加起劲，可是，有人以某些人物缺席为由再次搁置这个问题。奥托二世和勃艮第国王康纳德[③]抵达意大利后，与意大利的权贵们在维罗纳[④]举行了一次会议。在他们一再要求下，皇帝征得全体与会者的同意后，颁布一项法律；该法规定，凡是因遗产发生争执，一方出示遗产证书，而另一方指控遗产证书系伪造时，应以决斗解决争端；此规定还适用于采地争讼，也适用于教会，不过，教会方面可由决斗人代为进行决斗。由此可以看出，贵族之所以强烈要求司法决斗，原因是教会的取证方法有毛病；可是，尽管贵族强烈要求，流弊本身实际上也是一种呼声，况且享有权威的奥托二世来到意大利，为的就是以主人身份说话和采取行动，教会人士在两次会议上依然毫不动摇；教会人士既然是在贵族和君主齐心协力的逼迫下才作出让步的，司法决斗因而可以被认为是贵族的一项特权，是他们防止不公正的一个堡垒，是他们的财产不受侵犯的一项保证。从此以后，司法决斗日趋盛行。这种情况出现在皇帝强大而教皇弱小的时期，出现在两位奥托皇帝在意大利重建帝国威望的时期。

前面我说过，由于准许消极证言，才出现了决斗裁决。我将就此谈一点想法，藉以证实我的这一说法。被指控出示伪造遗产证书的人，可以利用消极证言成功地为自己辩护，为此他只要手按《福音书》宣称证书绝非伪造即可；这就是有人在两位奥托皇帝面前抱怨的弊病。有什

① “意大利的权贵们强烈要求至圣的皇帝更换法律，禁止可鄙的行为。”《伦巴第法》，第二卷，第五十五篇，第三十四章。

② 此次公会议于公元 967 年举行，教皇约翰十三世和皇帝奥托一世均出席。

③ 康纳德是罗道夫的儿子，奥托二世的舅父，汝拉山外勃艮第王国的国王。

④ 时在 988 年。

么办法可以纠正法律被人断章取义后所产生的弊病呢？于是乎就采用决斗。

为了讲清当时神职人员和世俗人士之间的争端，必须先说说奥托二世的法规。此前已有罗泰尔一世[①]的法规[②]，该法规为了确保财产权，为应对上面所说的争端和抱怨，规定由公证人立誓，保证他所制作的遗产证书绝非伪造；公证人如果已经过世，则由在遗产证书上签名的证人立誓。可是，毛病依然存在，还得采用我所说的补救办法。

我发现，在此前查理曼主持的大会上，全国人民向他提出[③]，在当时的条件下，很难让被告和原告都不发假誓，所以还是恢复司法决斗为好。查理曼同意照此办理。

司法决斗蔓延到勃艮第，立誓取证则受到限制。意大利国王戴奥德里克禁止东哥特人进行司法决斗[④]，而秦达逊德斯和雷塞逊德斯的法律则似乎连司法决斗的想法都不准有。不过，这些法律在纳波奈兹很少为人接受，司法决斗因而在那里被看作哥特人的一项特权[⑤]。

希腊人毁灭东哥特之后，伦巴第人征服了意大利，把决斗也带到了意大利。不过，他们最初的几部法律对决斗作了一些限制[⑥]。查理

---

① 罗泰尔一世(Lothaire I)，法兰克皇帝(840—855在位)。——译者

② 载于《伦巴第法》，第二卷，第五十五篇§33。在穆拉托里(Muratori)先生使用的版本中，此项法规被说成是居伊(Guy)皇帝所订。

③ 见《伦巴第法》，第二卷，第五十五篇§23。

④ 见卡西奥多鲁斯，《东哥特史》，第三卷：第二十三封信和第二十四封信。

⑤ 不知作者为何人的《宽厚者路易传》写道："巴塞罗那伯爵贝拉被一个名叫苏尼拉的人指控背叛自己的誓言后来到宫中，贝拉于是依据他们的特殊法律与苏尼拉进行决斗，两人既然都是哥特人，进行一场马上决斗就是理所当然的事，结果苏尼拉败北。"

⑥ 见《伦巴第法》，第一卷，第四篇；第九篇§23；第二卷，第三十五篇§4—§5；第五十五篇§1—§3。《罗塔利法规》；《路易普朗法规》，第十五节。

曼[①]、宽厚者路易、两位奥托皇帝制定了一些一般性的法规，起初把决斗应用到刑事案件中，后来又扩大应用到民事案件中；这些法规被纳入伦巴第法，添入萨利克法。人们不知道怎么做才好。立誓作证这种消极证明方法有其弊病，决斗取证也有弊病，人们于是依据自己受损害的程度，时而采用立誓取证法，时而采用决斗取证法。

一方面，教会高兴地看到，人们因世俗纠纷而求助于教会和祭坛[②]；另一方面，高傲的贵族喜欢用利剑来保卫自己的权利。

我并不是说，贵族所抱怨的立誓取证法是神职人员采用的。其实，这种办法源自蛮族的法律精神和消极证言制度的建立。但是，由于这种取证方法让许许多多罪犯得以逃避罪责，因而使人想到应该求助于教会的神圣性，借此使罪犯胆战心惊，使立假誓者大惊失色；教会人士支持并使用这种办法，因为他们其实是反对采用消极证言的。我们在博马努瓦的著作[③]中看到，宗教法庭从来不采用此类证据，这也许在很大程度上促成了废弃消极证言，并削弱了蛮族法典在这方面的规定。

我们因此而更能感受到消极证言的采用与我多次说到的司法决斗之间的关联。世俗法庭既采用消极证言也采用决斗，宗教法庭则既不采用消极证言也不采用决斗。

一个民族采用决斗取证，是其尚武精神使然。因为，当人们把决斗视为神明裁决而予以采用时，另外一些被视为神明裁判的手段，诸如双

① 《伦巴第法》，第二卷，第五十五篇§23。

② 司法立誓当时在教堂中举行。墨洛温王朝时期，王宫里专设一个小教堂用于处理争讼。见马尔库尔弗，《法规》，第一卷，第三十八章；《里普埃尔法》，第五十九篇§4，第六十五篇§5；图尔的格雷瓜尔，《法兰克史》；添加在《萨利克法》中的803年敕令。

③ 《博维西斯习惯法》，第三十九章，第212页。

臂交叉法①、冷水法②、沸水法，就都被废除了。

查理曼留下命令，他的儿子们如果发生争执，就用双臂交叉法解决。宽厚者路易规定③，这些方法仅用于宗教事务，他的儿子罗泰尔彻底废除了双臂交叉法，同时被废除的还有冷水法④。

当时被普遍接受的采证法很少，所以我并不是说，上述这些采证方法后来并未被任何一个教堂所采用，何况腓力·奥古斯都的一项法规曾经提到了这些采证方法。我只是想说，这些方法很少被实际应用。博马努瓦生活在圣路易时代以及稍晚一些时候，他在谈及各种取证方法时提到了司法决斗，但是，上面说到的其他方法他一个也未提到。

第十九节　罗马法、萨利克法和敕令被遗忘的另一原因

我在前面已经谈及萨利克法、罗马法和敕令以及它们的权威消失的原因；在我看来，决斗取证法的广泛传播是其主要原因。

萨利克法因不准采用决斗取证法而在某种程度上变得无效，于是就消亡了。罗马法也不准许采用决斗取证法，于是也消亡了。当时人们所考虑的只是如何制定准许决斗的法律，并以此作为优良的法律原

① 双臂交叉法的具体做法是这样的：控辩双方面对面地站立在十字架下面，双臂前伸成十字状，第一个因支持不住而双臂下垂者被视为有罪。——译者

② 冷水法的具体做法是：控辩双方被捆住手脚放入冷水中，沉底者被视为有罪。——译者

③ 他的这些规定可在《伦巴第法》和《萨利克法》的附录中找到。

④ 见《伦巴第法》，第二卷，第五十五篇 § 31。

则。敕令所作的规定同样无效。许多法律就这样失去了效力，却无人能够准确说出，它们究竟是什么时候失去效力的。它们被人们遗忘了，却没有别的法律取而代之。

这样的国家无须成文法，即使有了成文法，也会很容易被人们遗忘。

一旦发生争执，只要下令进行决斗就可以了，而决斗并不需要多少才干。

所有民事行为和刑事行为都被简化为某些事实。决斗就是针对这些事实进行的。所以说，决斗所要解决的不只是讼案本身，还有附带讼案和预审讼案；博马努瓦就是这样说的，他还列举了一些实例①。

我发现，在加佩王朝初期，法律原则基本上都是待人接物之类的举止问题，名誉问题支配着一切。有人如果不服判决，法官就会追究他对法官的冒犯。在布尔日②，一个被传唤的人如果没有按时到场，法官就会说："我派人传唤你，你却因不屑而不来，你得为此而向我赔礼。"双方接着就进行一场决斗。胖子路易③对这种习惯进行了改革④。

在奥尔良，所有索债讼案都采用决斗⑤。路易七世宣布，债务金额超过五苏时方可进行决斗。这项法令只是一条地方法规，因为，在圣路易执政时期⑥，债务金额达到十二锝即可进行决斗。博马努瓦曾听一位法学家说⑦，法国过去有一种坏习俗：可以在一定时间内雇用一个专职决斗人，让他为自己的讼案与人进行决斗。由此可见，司法决斗在当时流传极广。

---

① 《博维西斯习惯法》，第六十一章，第 309 页和第 310 页。

② 胖子路易 1145 年的法规，载于其谕令集。

③ 胖子路易(Louis le Gros)，即法国国王路易六世(1108—1137)。——译者

④ 胖子路易 1145 年的法规，载于其谕令集。

⑤ 胖子路易 1168 年的法规，载于其谕令集。

⑥ 参阅博马努瓦，《博维西斯习惯法》，第六十三章，第 325 页。

⑦ 参阅《博维西斯习惯法》，第二十八章，第 203 页。

第二十节　名誉问题的由来

蛮族法中有许多不解之谜。弗里兹法给予棒击受害者的赔偿只是区区的半苏[1]。但对于受伤者，即使伤势极轻微，赔偿金也肯定多于半苏。萨利克法规定，一个自由民棒击另一个自由民三下，赔付三苏；被击者如果因受击打而流血，击打者应受之惩罚与以铁器伤人相同，即赔付十五苏。补偿金额依伤势轻重而定。伦巴第法规定[2]，击打一下、两下、三下或四下，罚金各不相同。如今击打一下和击打十万下，应受惩罚并无差别。

纳入伦巴第法的查理曼法规定[3]，决斗者应使用棍棒进行决斗。这也许是对教会人士的一种让步，也许是鉴于决斗已经日渐普遍而采取的一种减少流血的措施。宽厚者路易的敕令规定，决斗时可以任选棍棒或刀剑[4]。后来只有农奴才可以在决斗时使用棍棒[5]。

名誉问题的一些要件此时已经出现并逐渐形成。告发者向法官诉说某人犯了某罪，被告人则指责告发人诬告[6]，法官于是下令决斗。准则由此形成，那就是，当一个人被指责撒谎时，必须通过决斗厘清事实。

一旦宣布要决斗，就不能反悔。如果反悔，就要受罚[7]。由此形成一条惯例，一言既出就不能收回，否则就会名誉扫地。

---

① 维尔马卢斯(Wilemari)，《知识的增加》，第五卷。

② 《伦巴第法》，第一卷，第六篇§3。

③ 《伦巴第法》，第二卷，第五篇§23。

④ 公元819年添入萨利克法。

⑤ 博马努瓦，《博维西斯习惯法》，第六十四章，第323页。

⑥ 博马努瓦，《博维西斯习惯法》，第六十四章，第329页。

⑦ 博马努瓦，《博维西斯习惯法》，第三章，第25页和第329页。

绅士们决斗时手持武器骑在马上[1]，平民决斗时站在平地手持棍棒[2]。由于这个缘故，棍棒就被视为用来侮辱人的器械[3]，被棍棒击打的人也就被视同平民。

只有平民才在决斗中不遮掩脸面[4]，因此也只有他们的脸部才可能被击中。被打耳光的耻辱就得用血来清洗，因为打在脸上的耳光说明自己被人当作平民对待了。

日耳曼人各族人民对名誉的看重丝毫不亚于我们，甚至可以说有过之而无不及。所以，最远的远亲也对侮辱感同身受，他们的所有法典都以此为基点。伦巴第法规定，一个人如果出于羞辱和戏弄的目的，在扈从的簇拥下前去殴打一个毫无防备的人，应该赔付给被打者的赔偿金相当于杀人赔偿金的一半[5]；如果出于同一目的而把被打者捆绑起来，那就应该赔付杀人赔偿金的四分之三[6]。

所以不妨这样说，我们的先人极度重视名誉和面子，但是对于侮辱的不同方式，例如，用什么器械打在什么部位，用什么方法击打等等，却并不加以明确的区别。所有这一切都是被打，都是侮辱，在这种情况下，受辱的程度取决于暴行的大小。

① 关于决斗时所持武器，参见博马努瓦，《博维西斯习惯法》，第六十一章，第308页；第六十四章，第328页。

② 参见博马努瓦，《博维西斯习惯法》，第六十四章，第328页。又见加朗所说的圣奥班·当茹的条规。

③ 罗马人从不把棍棒视为侮辱的器械。"关于棍棒的法律。关于被侮辱者。"

④ 他们除了手持的棍棒和盾牌之外，别无他物。博马努瓦，《博维西斯习惯法》，第六十四章，第328页。

⑤ 《伦巴第法》，第一卷，第六篇§1。

⑥ 《伦巴第法》，第一卷，第六篇§2。

第二十一节 对日耳曼人的名誉问题的又一看法

塔西佗说[①]:"对于日耳曼人来说,在战斗中丢弃盾牌是奇耻大辱,不少人因此而自杀身亡。"所以,萨利克古法规定,被人诬指丢失盾牌的人可以得到赔偿金十五苏[②]。

查理曼在修正萨利克法时,把此项赔偿金减为三苏。没有理由因此而怀疑这位君王想要削弱军队的纪律性,很明显,他之所以作此修改,原因在于武器的变化,而武器的变化其实是许多习惯发生变化的根由。

第二十二节 与决斗有关的习俗

我们与妇女的关系建立在感官的愉悦所产生的幸福感、爱和被爱的魅力以及取悦她们的愿望。一个人的长处由许多成分构成,妇女能对其中一部分作出高明的判断。取悦妇女的普遍愿望造成了献媚之心,但是,献媚之心并不是爱情,它只是体贴,只是轻佻,只是骗人的山盟海誓。

从各个民族的不同情况和各个时代来看,在爱情的上述三种表现中,侧重于其中一种的时候多,侧重于其中两种的时候少。不过我认为,在决斗盛行的时期,献媚之心独占鳌头。

---

① 《日耳曼尼亚志》,第六章,第六节。

② 见《萨利克古法》。

我在伦巴第法中发现[①]，两个决斗人之一如果身上带有魔幻草，法官就会让他取掉，并让他发誓身上不再有魔幻草。制定这条法规的依据只能是公众舆论；有人说，人们由于恐惧而想出了许多东西，魔幻草这类被认为有魔力的东西就是因恐惧而幻想出来的。在个人决斗中，决斗人全身披挂，手持沉重的防卫性和进攻型武器，质量好、强度高的武器自然拥有极大的优势，倘若有人说某位决斗人的武器具有魔力，很多人听了就会晕头转向。

由此产生了奇异的骑士制度，所有人都倾心于此类想法。在小说里，我们看到了游侠、巫师、仙女、长着翅膀或是通人性的马、无形的人和刀枪不入的人、关注大人物们的出生和教育的魔法师、有魔力和无魔力的宫殿；在现实世界中，我们看到了一个崭新的世界；只有凡夫俗子才依照大自然的正常秩序过日子。

在世界上充斥着城堡、碉楼和盗贼的那些地方，游侠们武器永不离身，以路见不平拔刀相助为荣。于是在我们的小说中，基于爱情观念的殷勤献媚就与武艺和保护结合起来了。

人们幻想出一些不同凡响的男子来，当他们遇见品德高尚、容貌动人而又娇弱无助的美女时，心甘情愿地为她们赴汤蹈火，在日常生活中则设法取悦她们。殷勤献媚之风就这样产生了。

我们的骑士文学为这种取悦女子的愿望推波助澜，把鲜见于我们先人的殷勤献媚之风推向欧洲的部分地区。

硕大无朋的罗马城中奢华惊人，进一步推动着感官享受的思想。出于对希腊乡村的那种宁静氛围的追求，有人萌生了描写爱情的念头[②]。保护妇女的品德和美貌的游侠观念，导致对妇女的殷勤献媚之风。

① 《伦巴第法》，第二卷，第五十五篇 § 11。

② 不妨读一读中世纪的希腊小说。

这种精神因骑士比武制度而得以长期延续，骑士比武将勇武和爱情结合在一起，从而使殷勤献媚之风显得尤为重要。

第二十三节　司法决斗的法律原则

我们也许会有一种好奇心，想要知道司法决斗这种丑陋的习俗如何归纳出某些原则，看看这种怪异的法律原则究竟是什么东西。人从根本上来说是讲理性的，然而有时候却会把偏见当成规矩。没有任何东西比司法决斗更加有悖良知了。不过，说清楚了这一点之后，司法决斗在实际执行中稍稍多了一些谨慎。

想要清楚地了解当时的法律原则，就应仔细地读一读圣路易制定的法规，他对司法制度进行了巨大的改革。德方丹是圣路易的同时代人，博马努瓦的著作撰写于圣路易身后①，其他人生活在他过世之后。因此，古人的做法应该从后人所作的改动中去寻找。

第二十四节　司法决斗的规则

原告若有数人②，就应通过协商指定一人参与决斗；如果不能取得一致，就应由听取辩护的那位原告，从所有原告中指定一人参与决斗。

绅士向平民提出挑战时③，应该携带盾牌和棍棒步行前往；如果他骑着马带着武器前去挑战，那就要让他下马，并取走他的武器。于是他

① 成书于公元1283年。
② 博马努瓦，《博维西斯习惯法》，第六章，第40页和第41页。
③ 博马努瓦，《博维西斯习惯法》，第六十四章，第328页。

只能穿着仅剩的衬衣与平民决斗。

决斗开始之前，司法官员要宣布三条禁令[①]。第一，当事人的亲属必须退场；第二，在场旁观的人必须保持安静；第三，不得救助决斗人，违者处以重罚，这种救助若是致使决斗双方中的一方败北，则甚至可将其处死。

司法官员负有守护决斗场之责[②]，若有一方求和，司法官员应记住决斗双方当时的位置和状态，以便一旦和议不成，可以在原有状态下重新开始决斗[③]。

被挑战方如果认为对方有罪或立假誓，并拾起挑战物[④]接受挑战，在这种情况下，非经当地领主同意不得议和。一方在决斗中败北后，非经伯爵[⑤]同意也不得议和[⑥]；这与国王的赦免书有关。

但是，当事关重罪时，如果领主被礼物收买后同意讲和，他不但要支付罚金六十锂，而且他所享有的处置不良分子的权利也要转交给伯爵[⑦]。

不少人既无力挑战也无力应战。查明原因后，可以允许他们雇用决斗人。为使被雇用者的利益与决斗的胜负挂钩，规定他若败北将被

① 博马努瓦，《博维西斯习惯法》，第六十四章，第 330 页。

② 博马努瓦，《博维西斯习惯法》，第六十四章，第 330 页。

③ 博马努瓦，《博维西斯习惯法》，第六十四章，第 330 页。

④ 此处指挑战者放在地上的手套和帽子等物品。——译者

⑤ 伯爵(Comte)，伯爵的头衔源自罗马帝国，是一种官职，而不是爵位。在古代法国，伯爵也是国王选定主持一地军政的主要官员，基本上从贵族中遴选。本书提及的伯爵，大多不是后来的贵族等级公、侯、伯、子、男意义上的贵族称谓，而是国王委派的一个地方官员。——译者

⑥ 大附庸拥有特权。

⑦ 博马努瓦在《博维西斯习惯法》第六十四章第 330 页中写道："他失去了司法权。"这句话在当时的作者看来没有普遍意义，而是仅限于该案。见德方丹，《谏言》，第二十一章，第 29 条。

砍掉一只手①。

上世纪制定了禁止决斗的法律，违者处死；其实，砍掉武士的一只手，使之失去武士的资格，或许也就足够了。因为，对于男子汉来说，通常最大的悲哀也莫过于失去了自己特有的品质而苟且偷生。

当一方犯有死罪②而双方均由决斗人代为决斗时，决斗场选在双方当事人都看不到的地方，两人均用一条绳子拴住，谁的决斗人败北，就用这条绳子处死谁。

在决斗中败北的一方并不输掉全部争讼。例如，决斗如果针对预审判决，那么，输掉的也仅仅是预审而已③。

第二十五节　为司法决斗设置的限制

在无关紧要的民事讼案中，即使一方已经接受另一方的挑战物，领主也要强令收回。

案件如果涉及众所周知的事实④，例如一人在集市上被杀，那就不要求提供证人证言，也不要求进行决斗，法官依据众所周知的事实判决。

如果领主的法庭经常用同一种方法判案，而这种方法已为大家所熟知⑤，此时领主就会拒绝双方进行决斗，以免习惯法因决斗的不同结

---

① 敕令中有这样的规定。这种做法一直延续到博马努瓦生活的时代。见《博维西斯习惯法》，第六十一章，第 315 页。

② 博马努瓦，《博维西斯习惯法》，第六十一章，第 330 页。

③ 博马努瓦，《博维西斯习惯法》，第六十一章，第 309 页。

④ 博马努瓦，《博维西斯习惯法》，第六十一章，第 308 页；第六十三章，第 239 页。

⑤ 博马努瓦，《博维西斯习惯法》，第六十一章，第 314 页。又见德方丹，《谏言》，第二十二章，第 24 条。

果而改变。

只能为自己、为家族成员或直属领主申请决斗[①]。

被告若被免于起诉，原告的亲属就不得要求进行决斗，否则讼案就会没完没了。

如果亲属们要为死者复仇，但这个人却并没有死，而且重新露面的话，就不需要进行决斗。与此同理，如果大家都知道，案发时嫌疑人并不在现场，那也就没有理由进行决斗[②]。

被害人在死亡之前如果曾为疑凶辩解[③]，并且指认另一个人为凶手，那就完全不必进行决斗。但是，如果被害人并未指认任何人为凶手，那么，他的辩解只能被视作对凶手的宽恕，仍须继续追究，倘若案件发生在绅贵之间，甚至可以通过开战来求得解决。

如果已经开战，而一方的亲属发出或接受进行决斗的挑战，战争的权利立即中止。双方被认为有意通过司法程序解决问题；拒不停战的一方将被判赔付因此而造成的损失。

由此可见，司法决斗的好处在于它能将普遍性的争端化解为特殊性的争端，把处置的权利还给法庭，将原本只能由万民法处置的案件，变成可以由公民法处置的案件。

有许多明明白白的案件被作了愚蠢的处置，同时又有许多棘手的案件被处理得十分漂亮。

一个因被指控犯罪而被挑战的人[④]，如果能够确凿地指证罪犯就是挑战者，那就不存在是否接受挑战的问题，因为，任何一个罪犯都懂

① 博马努瓦，《博维西斯习惯法》，第六十三章，第 322 页。
② 博马努瓦，《博维西斯习惯法》，第六十三章，第 322 页。
③ 博马努瓦，《博维西斯习惯法》，第六十三章，第 323 页。
④ 博马努瓦，《博维西斯习惯法》，第六十三章，第 324 页。

得，与其束手就擒接受惩处，不如进行一场胜败未卜的决斗。

由裁决人决断或由宗教法庭判决的案件，不得以决斗进行处理[①]。凡涉及妻子得自丈夫的财产[②]案件时，也不得以决斗进行处理。

博马努瓦说："妇女不能决斗。"如果一个妇女提出挑战而不指定自己的决斗人，挑战就不会被接受。此外，妇女若没有得到其主人[③]即丈夫的许可，也不得提出挑战。不过，向妇女提出挑战无须事先征得其丈夫的同意。

挑战者或被挑战者若不满十五岁[④]，不得进行决斗。不过，在有关未成年孤儿的案件中，人身监护人或财产监护人如果敢冒风险的话，可以进行决斗。

在我看来，农奴可以获准在以上几种情况下进行决斗。农奴如果受到挑战，他可以与另一个农奴决斗，可以与一个自由民决斗，甚至可以与绅士决斗；但是，挑战者如果是农奴[⑤]，绅士可以拒不接受挑战，农奴的领主甚至可以把他从法庭带回。农奴可以依据领主的条规[⑥]或习俗，与任何一位自由民决斗；教会声称，它的农奴同样拥有这项权利[⑦]，以此作为尊重教会的标志[⑧]。

① 博马努瓦，《博维西斯习惯法》，第六十三章，第 325 页。

② 此处指结婚时丈夫指定妻子享有的财产，妻子在丈夫死后方可动用。——译者

③ 博马努瓦，《博维西斯习惯法》，第六十三章，第 325 页。

④ 博马努瓦，《博维西斯习惯法》，第六十三章，第 323 页。又见本书第十八章，第二十六节。

⑤ 博马努瓦，《博维西斯习惯法》，第六十三章，第 322 页。

⑥ 德方丹，《谏言》，第二十二章，第 7 条。

⑦ "他们可以决斗，也可以作证。"见于 1118 年胖子路易的谕令。

⑧ 1118 年胖子路易的谕令。

第二十六节　诉讼当事人与证人的决斗

博马努瓦[①]说，当一个人发觉证人将要提出对他不利的证言时，他可以以对方当事人提供伪证和诽谤为由，要求法官不让第二位证人出庭[②]；证人如果坚持支持诉讼，就可以向对方发出进行决斗的挑战。此事无须进行调查，因为，如果证人在决斗中败北，那就说明他所支持的那方提供了伪证，结果就是败诉。

不能让第二证人立誓，因为他若是提供了证言，两位证人的证言足以使案件就此结束。倘若能制止第二证人提供证言，第一证人的证言也就归于无效。

第二证人若被阻止提供证言，该方就不能再要求听取其他证人的证言，并因此而败诉。不过，如果无人提出决斗挑战[③]，那就还可以要求听取其他证人的证言。

博马努瓦说，证人可以在陈述证言之前向己方的诉讼当事人作如下表述："我不打算为你的讼案决斗，也不想为我自己而介入讼案。但是，如果你准备手持武器为我提供防护，我就说出真相。"[④]在这种情况下，诉讼人就不得不为证人决斗，他若在决斗中败北，他的官司并未

① 博马努瓦，《博维西斯习惯法》，第六十三章，第 325 页。

② 博马努瓦，《博维西斯习惯法》，第三十九章，第 218 页："在他们立誓之前，要问明他们提供证据是想要帮助谁，因为只有依据这一点，才有可能以伪证为由取消他作证的资格。"

③ 博马努瓦，《博维西斯习惯法》，第六十一章，第 316 页。

④ 博马努瓦，《博维西斯习惯法》，第六章，第 39、40 页。

败诉[1],只是不能再采信那位证人的证言而已。

我觉得,这是由古代的习惯法蜕变而来。我之所以作如是想,是因为挑战证人的做法在巴伐利亚法[2]、勃艮第法[3]中都可找到,而且没有任何限制。

前面已经提到贡德鲍的律令,这部律令遭到阿戈巴尔[4]和圣阿维特[5]声嘶力竭的反对。

圣阿维特说:"被告提出的证人如果发誓说被告不曾犯过被指控的罪,原告就可向证人提出进行决斗的挑战;因为,对于已经发誓并声称了解真相的人来说,为支持真相而进行决斗没有任何困难。"这位国王没有给证人留下任何避免决斗的口实。

第二十七节 诉讼当事人与领主的附庸决斗,就判决不妥提起上诉

决斗裁决的性质是一劳永逸地结束讼案,不容许重新审理,也不容许重新追诉[6]。罗马法和教会法所规定的上诉,也就是向上一级法院提请再审,从而改变原审法庭的裁决,这种做法在法兰西是不存在的。

---

① 不过,决斗倘若是由决斗人代为进行的,那么一旦败北,决斗人就要被砍掉一只手。

② 《巴伐利亚法》,第十六篇 § 2。

③ 《勃艮第法》,第四十五篇。

④ 《致宽厚者路易的信》。

⑤ 《圣阿维特传》。

[圣阿维特(Saint Avit,卒于 525),维埃纳主教。——译者]

⑥ "人们到法庭去是回应决斗挑战,决斗既已结束,就没有理由再提起上诉了。"见博马努瓦,《博维西斯习惯法》,第二章,第 22 页。

一个尚武的民族由于一心只想着名誉和面子，不懂得这种司法程序。出于同一原因，他们甚至会把对付诉讼当事人的办法用来对付法官[①]。

对于这个民族而言，上诉就意味着发出挑战，用武器进行以流血告终的决斗，而不是邀请对方打一场笔墨官司，笔墨官司是后来才有的事。

圣路易在他的《条例》中说，上诉是不忠不义之举[②]。所以，博马努瓦说，有人倘若想要控告领主加害于他[③]，他应该向领主宣布放弃采地，然后向上级领主告发，并向领主发出进行决斗的挑战。与此同理，领主如果向自己的领主告发自己的附庸，也要放弃与被告发者的隶属关系。

就领主的判决不公提起上诉，等于指责领主的判决不公且含有恶意；以这种言辞指责自己的领主，不啻是犯下了一种叛逆罪。

所以，与其直接指控领主判决不公，莫如指控组成和主持法庭的那些人，因为这些人都是领主的附庸。这样做只是指控那些附庸，没有犯叛逆罪之虞，而对附庸的指控以后是可以说清楚的。

指控附庸审案不公要冒很大风险[④]。如果等待法官作出并宣布判决，而所有参与审案的附庸都认为审理并无不妥之处，那就得与他们一个一个地进行决斗[⑤]。如果在全体参审的附庸发表看法之前提出指控，那就得与所有持相同意见的附庸[⑥]决斗。为了避免这种危险，诉讼

① 博马努瓦，《博维西斯习惯法》，第六十一章，第 338 页。

② 《条例》，第二卷，第十五章。

③ 博马努瓦，《博维西斯习惯法》，第六十一章，第 310 页、第 311 页；第六十七章，第 337 页。

④ 博马努瓦，《博维西斯习惯法》，第六十一章，第 313 页。

⑤ 博马努瓦，《博维西斯习惯法》，第六十一章，第 314 页。

⑥ 他们都赞成对案件的审理。

当事人可以请求领主命令每一位附庸大声说出自己的意见[①]，当第一位附庸说完他的意见而第二位即将发表意见时，当事人应该立即表示，指责第一位表示意见的附庸说假话，是个坏人，无端诬陷他人。这样一来，他需要与之决斗的就只有这个人。

德方丹主张[②]在指责审判不公之前，先让三位法官发言。他认为不必与这三位法官决斗，更不必与所有已经发表一致意见的法官决斗。出现这种差异的原因在于，那时还很少有完全相同的做法。博马努瓦说的是克莱蒙地方的做法，而德方丹说的则是韦芒杜瓦地方的做法。

当参审的附庸之一宣布支持判决后[③]，法官就下令提出挑战，与此同时，上诉人还要向法官提出担保，保证其仍然坚持上诉。但是，被上诉的附庸无须提出担保，因为他是领主的人，有义务支持上诉，否则就要向领主支付罚金六十锂。

上诉人如果不能证实判决不公，就得向领主支付罚金六十锂[④]，并向被上诉的附庸以及曾公开表示支持判决的那两位附庸支付相同款额的罚金[⑤]。一个疑犯如果被强烈怀疑犯有可判死刑的重罪，而且已经被捕并被判决，他就不能以判决不公为由提起上诉[⑥]，因为，否则他就可以一而再，再而三提起上诉，争取多活几天或达成和解。

① 博马努瓦，《博维西斯习惯法》，第六十一章，第 314 页。

② 德方丹，《谏言》，第二十二章，第 1 条、第 10 条。他只说要向每个人支付一笔罚金。

③ 博马努瓦，《博维西斯习惯法》，第六十一章，第 314 页。

④ 博马努瓦，《博维西斯习惯法》，第六十一章，第 31 页。德方丹，《谏言》，第二十二章，第 9 条。

⑤ 德方丹，《谏言》，第二十二章，第 9 条。

⑥ 博马努瓦，《博维西斯习惯法》，第六十一章，第 316 页。德方丹，《谏言》，第二十二章，第 21 条。

如果有人指控判决不公[①]却并不提供证据支持自己的主张，也就是说不参与决斗，若此人是绅士，就得支付罚金十锂，若此人是农奴，就得支付罚金五锂，作为对他信口开河的惩罚。

决斗中败北的法官和附庸[②]不会被处死，也不会被砍掉手或足。可是，倘若事关死刑案件，上诉人在决斗中败北后就要被处死[③]。采用这种对附庸提起判决不公上诉的办法，为的是避免对领主本人提起上诉。领主如果没有附庸[④]或附庸的人数不足，他可以出资向他的领主借用附庸[⑤]，不过，被借用的附庸如果不愿意，就不一定非参与审案不可，他们可以宣称此番仅为提供建言而来。倘若出现这种特殊情况[⑥]，领主本人就得主持审判并宣判，如果有人以审判不公为由提起上诉，就得由他本人应诉。

领主如果穷得无力借用他的领主的附庸[⑦]，或者由于疏忽而没有提出这个请求，或者他的领主不借，此时领主本人既不能单独审案，也不会有人被迫在这样一个不能作出判决的法庭上进行辩护，在这种情况下，案件就应上交给上级领主的法庭审理。

我认为，这就是司法与采地分离的主要原因之一。由此形成了法国法学的一条规则：采地是采地，司法是司法。因为在法国，没有附庸

---

① 博马努瓦，《博维西斯习惯法》，第六十一章，第 313 页。

② 德方丹，《谏言》，第二十二章，第 7 条。

③ 参见德方丹，《谏言》，第二十一章，第 11 条和第 12 条以及下面若干条。这些条文区分两种情况，其一，事实被证实，上诉人就应被处死；其二，仅为预审案件。

④ 博马努瓦，《博维西斯习惯法》，第六十二章，第 322 页。

⑤ 伯爵并非必须同意将其附庸借出。博马努瓦，《博维西斯习惯法》，第六十七章，第 337 页。

⑥ “谁也不能在自己的法庭里审案。”博马努瓦就是这样说的。见《博维西斯习惯法》，第六十三章，第 336 页和第 337 页。

⑦ 博马努瓦，《博维西斯习惯法》，第六十二章，第 322 页。

的附庸为数极多，他们无力支撑一个法庭，所有的案件于是都交到他们的领主的法庭去审理，这样一来，既然他们不能也不愿主张司法权，因而就这样丧失了自己的司法权。

所有参审的法官都要出席宣判[①]，以便当有人以审判不公为由质问他们是否同意判决时，他们可以对他说"是"。德方丹说："这里牵涉到的是礼节和光明正大的问题，既不能逃避也不能迟延。"我觉得，英国至今仍在遵循的那种做法，即只有所有法官一致同意方可宣判死刑，其源头即来自上述这种想法。

这就是说，判决必须依据大多数参审法官的意见作出。如果持正反意见的人数相等，凡涉及刑事案件的就作出有利于被告的判决，凡涉及债务的案件就作出有利于债务人的判决，凡涉及遗产的案件就作出有利于被告的判决。

德方丹说，附庸不得以下列理由为借口拒不参与审案：出席审案的法官仅有四名[②]；全体法官并未到齐；最高明的法官并未出席审案。这就像是在激战之时，附庸以身边只有一部分兵员为由，拒不驰援他的领主。但是，让法庭具有威望，选用最勇敢和最聪明的人充当法官，这是领主该做的事。我列举这些是想说明附庸的义务：既要决斗又要审案，就其性质而言，我们甚至可以说，审案就是决斗。

一个在自己的法庭上控告附庸的领主[③]，可以对参与审案的某个附庸提出审判不公的指控。但是，由于附庸因立誓效忠而必须敬重领主，领主则因接受了附庸的效忠而必须施惠于附庸，所以需要区分以下

① 德方丹，《谏言》，第二十一章，第 27 条、第 28 条。

② 至少应有四名法官。参见德方丹，《谏言》，第二十一章，第 36 条。

③ 博马努瓦，《博维西斯习惯法》，第六十七章，第 337 页。

两种情况：其一，领主笼统地指责审理不公和不妥[①]；其二，点名指责该家臣渎职[②]。在第一种情况下，领主所指责的是他自己的法庭，某种意义上也就是他自己，所以他无法向谁提出决斗挑战；在第二种情况下，可以提出决斗挑战，因为他所指责的是附庸的名誉；在为了维持公共安宁而进行的决斗中，两人中必有一人丧失生命和财产。

在这种特殊情况下，这种区分是必要的，但后来，这一区分被扩大使用了。博马努瓦说，当有人以审案不公为由提出指控，并把矛头对准参与审案的某个附庸时，那就要进行决斗；但是，如果此人只是指控审案不公，那么，被指控的附庸可以自由选择，既可以通过决斗也可以经由法律途径解决争端[③]。可是，博马努瓦时代的主流精神是限制司法决斗，而受指控的附庸所拥有的是否通过决斗来维护原判的选择权，同样既与当时的名誉观念相左，也违背了附庸维护领主法庭的承诺。所以我觉得，博马努瓦提出的这种区分对法国是一种全新的法律原则。

我并不是说，所有对审案不公的指控都要通过决斗解决，这种指控如此，其他所有指控也如此。读者可能还记得我在本书第二十五章中谈到的一些例外。在这里，决定是否取消决斗挑战的是上级领主的法庭。

对国王法庭所作出的裁决，不得以不公为由提出指控，因为，无人与国王处于平等地位，无人可以对他提出指控，国王没有上级，不能就其法庭的裁决提起上诉。

这条基本法不但与政治法一样是必要的，而且与公民法一样，减少

① “审理既不公亦不妥”。博马努瓦，《博维西斯习惯法》，第六十七章，第337页。

② “出于谋划或许诺，你作了不公的判决，恰如你的为人一样。”博马努瓦，《博维西斯习惯法》，第六十七章，第337页。

③ 博马努瓦，《博维西斯习惯法》，第六十七章，第337页和第338页。

了当时司法实践中的弊端。一个领主如果担心有人指控他的审判不公[①]，或是发现有人将要提出这种指控，如果他认为提出这种指控不利于司法公正，他就可以要求由国王法庭的法官来主持审理，因为，国王法庭的判决是不能被指控为不公的。德方丹说，国王菲利普[②]曾把枢密院的全体成员都派到科比教士的法庭去审理案件[③]。

领主若是请不到国王法庭的法官，只要他的直接领主是国王，他就可以把自己的法庭并入国王法庭去审理案件。领主与国王之间如果还有若干层中间领主的话，他可以求助于他的直属领主，逐级上达国王。

所以，尽管当时尚无如今的上诉做法，甚至连上诉的概念也没有，不过，求助于国王还是有的，国王毕竟是江河之源头，百川之归宿。

第二十八节　向上级法庭提起渎职之诉

领主法庭若是延宕、规避或拒绝为双方作出公断，当事人可以就此向上级法庭提出指控。

在加洛林王朝时期，每个伯爵手下都有几名官员，他们的人身隶属领主，司法上却不归领主管辖。这些官员以伯爵的名义主持初审和大大小小的复审和终审。全部区别在于司法管辖权的划分上，比如说，伯

① 德方丹，《谏言》，第二十二章，第14条。

② 国王菲利普（Philippe III），即菲利普三世，史称勇夫菲利普，圣路易之子，法国国王（1270—1285在位）。——译者

③ 德方丹，《谏言》，第二十二章，第14条。

爵有权宣判死刑，就涉及自由和财产返还的案件作出判决[①]，而百人长[②]则无权作这些决定。

基于同一理由，直接与政治秩序有关的重大案件保留给国王审理[③]。主教、教士和伯爵等要人之间的争讼，就属于重大政治案件，由国王会同其各大附庸进行审理[④]。

有些作者说，伯爵可以把指控提交给国王的特派员，这种说法缺乏依据。其实，伯爵与国王的特派员各自独立，他们的司法权力相等[⑤]。全部差异在于国王的特派员每年主持审案四个月，其余八个月则由伯爵主持审案[⑥]。

在初审中[⑦]被判有罪的人[⑧]如果申请重审，而且再次败诉，就得支付罚金十五苏，或由主持审案的法官打手十五下。

伯爵和国王的特派员如果觉得自己的权力不足以让大人物们服从他们的裁决，可以要求他们作出保证，一定向国王法庭提起诉讼[⑨]，目的是请求审理，而不是请求重审。我在梅斯敕令[⑩]中发现，只能以审案不公为由向国王法庭提起上诉，其他理由的上诉均被禁止，违者将受到

① 812 年敕令 III 第 3 条，巴鲁兹版，第 497 页；添加在《伦巴第法》中的秃头查理敕令，见该法第二卷第 3 条。

② 百人长（centenier），伯爵属下的官员，负责一个小镇的次要案件的审理。——译者

③ 812 年敕令第 2 条，《敕令汇编》，巴鲁兹版，第 497 页。

④ “会同亲信”。宽厚者路易的敕令，巴鲁兹版，第 667 页。

⑤ 参见添加在《伦巴第法》中的秃头查理的敕令。见该法第二卷，第五十九篇。

⑥ 812 年敕令 III 第 8 条。

⑦ 初审，拉丁文写作 Placitum。

⑧ 添加在《伦巴第法》中的敕令，见该法第二卷，第五十九篇。

⑨ 这在法规、敕令和条例中都可见到。

⑩ 颁布于 757 年。见《敕令汇编》，巴鲁兹版，第 180 页，第 9 条和第 10 条。755 年韦尔农敕令第 29 条，巴鲁兹版，第 175 页。这两道敕令均为丕平国王在位时颁布。

惩罚。

有人如果不服[①]助理法官[②]的裁决，但未提出申诉，那就把他监禁起来，直到他服从裁决；如果他提出申诉，那就把他安全地押送到国王法院，将案件交由国王法院审理。

就渎职向上级法庭提起诉讼几乎是不可能的。因为，凡是对有权主持审案的人心怀不满的，原因绝非他们不如期开庭，而是开庭次数太多[③]。许多法令一再规定，伯爵及其他官员每年开庭不得超过三次。问题不是纠正他们的懒散，而是要制止他们过于积极。

可是，当出现了无数小采地，建立起了一层又一层的封建臣属关系后，疏于开庭的现象开始发生在某些附庸身上，于是就渎职向上级法庭提起诉讼的现象就出现了[④]，何况这种诉讼能给上级领主带来丰厚的罚金。

司法决斗越来越普遍，由于地点、案情以及时间等各种原因，有时很难找到足够的官员主持决斗，所以有些案子就长期悬而未决。于是就出现了就渎职向上级法庭提起的诉讼。此类讼案是我们历史上值得关注的事件，因为，当时的战争大多因践踏政治法而引起，犹如今天诉诸战争的原因或借口通常是违反万民法一样。

博马努瓦说[⑤]，凡是就渎职而提起的指控，从未导致决斗，究其原因，大概有以下这些：鉴于领主的人身应受的敬重，当事人不能向领主本人发出决斗挑战；当事人也不能向领主的附庸提出决斗挑战，因为事情很清楚，只要算一算传唤出庭的日子或其他日子就可以了；既然没有

① 颁布于805年的查理曼敕令XI，巴鲁兹版，第423页；《罗泰尔法》，见《伦巴第法》，第二卷，第五十二篇，第23条。

② 助理法官是伯爵属下的官员，拉丁文写作scabini，即职业法官。

③ 参见《伦巴第法》，第二卷，第五十二篇§22。

④ 从菲利普二世执政时期开始就有此类上诉。

⑤ 博马努瓦，《博维西斯习惯法》，第六十一章，第315页。

审判，自然也无从就审判不公提出指控。最后，附庸们既然侵害了当事人的利益，当然也就冒犯了领主，可是，领主与他的附庸进行决斗不符合尊卑有序的规矩。

可是，在上级领主的法庭上，如果证人的证言表明渎职确有其事，被指控者此时可以向证人提出决斗挑战①，这样就既不冒犯领主，也不冒犯他的法庭。

1）倘若由于领主的附庸故意延宕审案，或在到期之后避而不加审理，因而造成渎职，就渎职而向上级领主提出指控的对象应该就是领主的附庸，这些附庸如果败诉，就应向他们的领主支付罚金②。领主不能为他的附庸提供任何帮助，相反，他应该查封这些附庸的采地，直至他们将六十锂的罚金交清。

2）渎职如果起因于领主本人，例如他因人手不足而没能及时审理案件，或者没有召集他的附庸前来审案，或是没有指定一人替他召集附庸，在这种情况下，当事人可以向上级领主指控领主渎职，不过，出于对领主应有的尊敬，被传唤出庭的是原来的被诉方③，而不是领主本人。

领主可以向他的上级领主要求对他进行审判，如果胜诉，案件就发回给他审理，申诉人则应向他支付罚金六十苏④。但是，渎职如被证实确有其事，对领主的处分就是剥夺其对此案的审理权。案件本身则由上级领主的法庭审理⑤，实际上，就渎职而提出指控的目的正在于此。

---

① 博马努瓦，《博维西斯习惯法》，第六十二章，第 315 页。

② 德方丹，《谏言》，第二十一章，第 24 条。

③ 德方丹，《谏言》，第二十一章，第 32 条。

④ 博马努瓦，《博维西斯习惯法》，第六十一章，第 321 页。

⑤ 德方丹，《谏言》，第二十二章，第 29 条。

3）只有在涉及采地的案件中，领主的法庭才会审讯领主本人①；当所有指定的日期全都超期之后，法庭就该传讯领主接受权贵们的询问了②，传讯领主应得到君主的批准，并由君主下令传讯。领主不由附庸传讯，因为他们不能传讯领主，但是他们可以代表领主传唤他人③。

领主尽管渎职，却让人作出了判决，在这种情况下，提出渎职指控之后，可能再提出审判不公的指控④。

当附庸以渎职为由向上级法庭指控自己的领主时⑤，如果指控不能成立，附庸就要向领主支付罚金，罚金的金额由领主任意确定。

根特人⑥曾向国王指控弗兰德伯爵渎职，理由是他的法庭迟迟不对他们的案件作出判决。事实上，这位领主处置案件所用的时间，比当地习惯法规定的时间还要短，所以，这些根特人就被国王发回给领主处理。领主下令扣留他们的财产，数额高达六万锂。于是他们再次上告到国王面前，要求减少这笔罚金。国王最终裁定，伯爵不仅可以收取这笔罚金，而且只要他愿意，罚金的数额还可以更高些。博马努瓦亲历了这几次审判。

4）领主若因附庸的生命或名誉受到损害，或因非采地的财产等原因与附庸发生争端，此类讼案不能以渎职为由向上级法庭提出指控，因为，此类案件根本不由领主法庭审理，而是由上级领主法庭审理。德方

① 路易八世在位期间，领主内勒（Nesle）控告弗兰德伯爵夫人让娜（Jeanne, comtesse de Flandre），要她在四十天之内将案件交付审理。后来他又以渎职为由向国王法庭控告让娜。她回答说，她将让她在佛兰德的附庸主持审理。国王法庭宣布，案件不会交出，伯爵夫人将会被传唤。

② 德方丹，《谏言》，第二十一章，第 34 条。

③ 德方丹，《谏言》，第二十一章，第 34 条。

④ 博马努瓦，《博维西斯习惯法》，第六十一章，第 311 页。

⑤ 博马努瓦，《博维西斯习惯法》，第六十一章，第 312 页。不过，指控领主者如果不是领主的附庸或家臣，就只需向他支付罚金六十苏。

⑥ 博马努瓦，《博维西斯习惯法》，第六十一章，第 318 页。

丹说[①],家臣无权就领主的人身作出裁决。

在当时的著作中,这些事情都混乱不清,所以我费了好大力气把这些事情讲清楚,而把它们从一团乱麻中理清,无异于重新发现。

第二十九节　圣路易统治的朝代

圣路易在他的领地内取消了司法决斗,在他的相关法令[②]和《条例》[③]中都可查到。

可是,除了就裁判不公向上级法庭提出的指控案件外,他并未禁止男爵领主们的法庭采用司法决斗[④]。

如果指控领主法庭判案不公[⑤],就必须同时向原审法官提出决斗挑战。可是,圣路易规定,可以提起裁决不公之诉而不能进行决斗[⑥],这是一个具有革命性的变革。

他宣布[⑦],在他的领地上,不能就审判结果起诉领主,因为这是一种背叛罪。其实,倘若这是一种背叛领主的罪行,当然更是背叛国王的罪行。可是,他规定,可以要求修改国王法庭作出的判决[⑧],理由并非这些判决不公或有误,而是这些判决造成了损害[⑨]。他对此作出的

① 德方丹,《谏言》,第二十一章,第35条。

② 颁布于1260年。

③ 《条例》第一卷第二章和第七章;第二卷第十章和第十一章。

④ 在《条例》中随处可以看到。博马努瓦,《博维西斯习惯法》,第六十一章,第309页。

⑤ 即以判案不公为由向上级法庭提出指控。

⑥ 《条例》,第一卷,第六章;第二卷,第十五章。

⑦ 《条例》,第二卷,第十五章。

⑧ 《条例》,第一卷,第七十八章;第二卷,第十五章。

⑨ 《条例》,第一卷,第七十七章。

规定是，如果当事人对于男爵的裁决感到冤屈，应该提起裁决不公之诉[①]。

刚才提到，依据《条例》的规定，不能对国王领地内的法庭提起裁决不公之诉，而只能要求原审法庭改判。如果原审法庭不愿改判，国王准许向他的法庭提起诉讼[②]，或是依据自己对《条例》的诠释，向国王本人呈送陈情书或恳请书[③]。

圣路易准许就领主法庭的裁决提起裁决不公之诉，要求把案件移送国王法庭或上级领主法庭[④]，这并不是为了到那里去用决斗解决，而是依据他所规定的程序借助证人的证言来解决[⑤]。

因此，无论是在领主法庭上可以提起裁决不公之诉，还是在国王领地的法庭上不可提起裁决不公之诉，依据法规，当事人都可以向上级法院提起诉讼而不必冒决斗的风险。

德方丹讲述了他所见到的最初两个案例[⑥]，在这两个案例中都没有进行司法决斗。第一例发生在国王领地圣康坦法庭，另一例发生在蓬蒂厄法庭，那里的伯爵到庭参审，但是他反对依据旧法处置案件。不过，这两个案子都依法审理，没有借助决斗。

有人也许会问，圣路易对男爵法庭的审案程序所作的规定，为何有别于他自己领地的法庭？请听其中原因。圣路易委托自己的领地法庭制定规则时，他的目标不会受到任何阻挠；可是，领主们享有古老的特权，除非有人敢冒指责裁决不公的风险，否则案件就绝对不会从领主的

① 《条例》，第二卷，第十五章。

② 《条例》，第一卷，第七十八章。

③ 《条例》，第二卷，第十五章。

④ 可是，如果有人不想指控裁决不公，却又想上诉，这种请求不会被接受。《条例》第二卷，第十五章规定："领主法庭依法有权执行。"

⑤ 《条例》第一卷，第一、二、三章。

⑥ 德方丹，《谏言》，第二十二章，第16条和第17条。

法庭移走，所以，圣路易就得对这些领主们谨慎从事。他保留了裁决不公之诉，但规定不以决斗处置这类诉讼，也就是说，为了减少变革引起的震动，他采取了名存而实亡的手法。

领主们的法庭并未普遍接受这种做法。博马努瓦说①，在他那时有两种审案方法，一种依照国王《条例》，一种依照古制；领主们可以任意选用其中之一；只是在一个案件中，一旦选用了此种方法，就不能再采用彼种方法。他还说，克莱蒙伯爵采用新制②，而他的附庸们仍然采用旧制，但是，他若愿意，随时可以恢复旧制，否则，他在附庸们面前的权威就要打折扣。

应该知道，那时的法兰西分割为国王领地③和众多的男爵领地，用圣路易《条例》上的话来说，也就是分割为王权辖区和非王权辖区。国王向王权辖区发号施令时，仅以自己的名义即可，而当他的号令施于男爵领地时，则由国王与男爵们联名发布，或由他们盖章或副署④，否则，男爵们就会视对其财产有利与否决定是否接受国王的命令。下级附庸与上级附庸的关系大体上也是这样。《条例》虽然对领主们有利，而且相当重要，但在颁布之前并未征得领主们的同意，所以，表示接受的只是那些相信这些法律对自己有利的领主。圣路易的儿子罗贝尔在他的克莱蒙伯爵领地接受《条例》，但是他的附庸们却认为，不宜在他们的领

① 博马努瓦，《博维西斯习惯法》，第六十一章，第 309 页。

② 博马努瓦，《博维西斯习惯法》，第六十一章，第 309 页。

③ 《博维西斯习惯法》、《谏言》和《条例》，第二卷，第十、十一、十五章。

④ 参见洛里埃(Laurière)《法令集》中加佩王朝初期的法令，特别是菲利普二世执政时期关于教会司法权的法令、路易八世关于犹太人的法令、勃鲁塞尔编辑的法令集，特别是圣路易关于土地租赁和赎回的法令，以及封建女子成年的规定等，参见《法令集》，第二卷，第三章，第 35 页，《法令集》中菲利普二世的法令，第 7 页。

地上实施这些法律。

第三十节　对上诉的看法

有人认为，上诉既然就是要挑起决斗，那就应该立即付诸实施。博马努瓦说[①]："倘若走出法庭而没有提起上诉，那就等于放弃上诉，也就是承认判决有效。[②]"

第三十一节　续前题

德方丹告诉我们[③]，平民不能指控领主法庭的裁决不公，《条例》证实了这一说法[④]。德方丹还说[⑤]："因此，在领主和平民之间，除了上帝，没有其他法官。"

是有关司法决斗的规定剥夺了平民对领主提起裁决不公之诉的权利，这一点千真万确。无论依据法规或习俗[⑥]，凡是有权参与决斗

① 博马努瓦，《博维西斯习惯法》，第六十三章，第 327 页；第六十一章，第 312 页。

② 参见圣路易，《条例》，第二卷，第十五章；查理七世的 1453 年法令。

③ 德方丹，《谏言》，第二十一章，第 21 条和第 22 条。

④ 《条例》，第一卷，第八十六章。

⑤ 《谏言》，第二卷，第 8 条。

⑥ 德方丹，《谏言》，第二十二章，第 7 条。迄今对该条与第二十二章，第 21 条的解释一直不对。德方丹丝毫不曾把领主的判决与骑士的判决对立起来，因为这两者本来就是同一回事；但是，德方丹指出，普通平民与享有决斗特权的平民是迥然有别的。

的平民，就有权对领主提起裁决不公之诉，哪怕参审的领主家臣是骑士[①]。德方丹提出了一些补救办法[②]，以使指控判决不公的平民与骑士决斗这类事不至于发生。

司法决斗开始消失，新的上诉习惯逐渐形成；自由民遇到领主判案不公时拥有补救手段，而平民却不拥有同样手段，有人认为这不合理。高等法院于是如同接受自由民的上诉一样接受平民的上诉。

第三十二节　续前题

对领主法庭的判决提起不公之诉时，领主应亲自到庭，在上级领主面前为其法庭的判决辩护。同样[③]，在渎职之诉中，被传唤方应该带着领主一起出庭上级领主的庭审，以便一旦渎职无法证实时，领主可以立即重新审理。

此后，原本属于特殊情况的这两种案例，由于形形色色的上诉案件的出现而成为适用于所有案例的普遍规则；在这种情况下，领主终生只能在别人的法庭审案，而不能在自己的法庭审案；只能处理别人的案件而不能处理自己的案件；这就显得太不同寻常了。伐鲁瓦的菲利普[④]下令，被传唤的只能是法官[⑤]。随着上诉案件日渐增多，为诉讼进行辩

① 骑士始终享有充当法官的权利。见德方丹，《谏言》，第二十一章，第48条。

② 德方丹，《谏言》，第二十二章，第14条。

③ 德方丹，《谏言》，第二十一章，第33条。

④ 伐鲁瓦的菲利普（Phlippe de Valois，1294—1350），即菲利普六世（Phlippe VI），法国国王（1328—1350），伐鲁瓦王朝的第一位国王。——译者

⑤ 时在1332年。

护的就是上诉人了，以往由法官做的事变成由当事人来做了①。

上面已经说到②，领主在渎职之诉中失去的仅仅是在他的法庭审案的权利。可是，如果领主本人是被上诉人③，而这种情况越来越多④，领主就得向国王或受理诉讼的上级领主支付罚金六十锂。上诉被普遍接受后，每当领主的原判在上诉中被改动，他就得支付罚金。这种做法渐渐变成了一种习惯，长期延续，并由鲁西永法令⑤加以肯定，后来则由于其不合情理而消亡。

第三十三节　续前题

在司法决斗中，以裁决不公为由起诉原审法官的原告，可能因决斗而败诉⑥，但不可能因决斗而胜诉。事实上，无论他人做了什么，原审中的胜诉方都不能因此而变成败诉方。提起裁判不公之诉的上诉人即使在决斗中取胜，也还得与原审中的胜诉方进行一场决斗，这场决斗的目的不是辨明原判是否公正，因为前一场决斗已经由于上诉人的胜利而宣告原判无效，这场决斗的目的是要判定上诉人提出的要求是否正当。下面这种宣判方式可能就是由此而产生的："法庭宣布上诉无效，法庭宣布上诉和上诉所指控的原判无效。"其实，提起裁决不公之诉的

① 不妨看看布蒂利耶时代的状况，他生活在 1402 年间。参阅《乡村大全》，第一卷，第 19 页，第 20 页。

② 见本书本章第三十节。

③ 博马努瓦，《博维西斯习惯法》，第六十一章，第 312 页，第 318 页。

④ 博马努瓦，《博维西斯习惯法》，第六十一章，第 312 页，第 318 页。

⑤ 此处指法国国王查理九世 1564 年在鲁西永颁布法令的第 27 条。——译者

⑥ 博马努瓦，《博维西斯习惯法》，第六十一章，第 312 页，第 318 页。

原告倘若在决斗中战败，上诉也就自然无效；而他如果在决斗中胜出，原判连同上诉都归于无效；随之应该重新进行审理。

以上所述绝对准确无误。通过调查进行审理的案件不使用这种宣判方式。德·拉罗什-弗拉万①先生说，调查庭在其初创期间不能使用这种宣判方式②。

第三十四节 诉讼程序何以变成秘密进行

决斗造成了一种公开的诉讼程序，控方和辩方都为公众所知。博马努瓦就此写道③："证人必须当众宣读证言。"

为布蒂利耶④的著作作注的人⑤说，他从旧时一些从事法律工作的人以及古老的手抄诉讼文书中获知，古代法国的有些刑事案件是公开审理的，其方式与罗马公开审理的案件没有多大差异。这与当时人们不识字有关。文字的使用使想法得以固定下来，使保守秘密成为可能。可是，在没有文字的时候，只有公开进行审讯，才有可能把这些想法固定下来。

由领主的附庸审理或在附庸面前进行辩护的案件⑥，总会有一些

① 德·拉罗什-弗拉万(Bernard de la Roche-Flavin，1536—1624)，法国图卢兹高等法院推事。——译者

② 德·拉罗什-弗拉万，《法国的高等法院》，第一卷，第十六章。

③ 博马努瓦，《博维西斯习惯法》，第六十一章，第315页。

④ 布蒂利耶(Jean Boutillier)，法国14世纪的法学家，著有《乡村大全》一书。——译者

⑤ 此人名叫沙龙达(Charondas，1536—1617)，曾任法国克莱蒙地方官员，1603年整理出版了布蒂利耶的《乡村大全》一书。——译者

⑥ 如博马努瓦所说，见博马努瓦，《博维西斯习惯法》，第三十九章，第209页。

不确定因素，所以，每次开庭都可以借助被称作记忆[①]的这个程序帮助当事人进行回忆，在这种场合，不得向证人提出决斗的挑战，否则诉讼就将永远无法终结。

后来出现了一种秘密审理程序。过去所有审理活动都公开进行，现在全都改为秘密进行。质询、审查、检验证言、对质和公诉人的结论，无一不秘密进行，这就是现在的做法。公开审理适合于旧时的政体，新的审理程序适合此后建立的新政体。

为布蒂利耶著作作注的人认为，1539 年[②]法令是这一变化的标志。我认为，这个变化是从一个领主领地到另一个领主领地逐渐发生的，在此期间，各个领地相继摒弃旧的审案方法，圣路易的《条例》也日臻完善。其实博马努瓦曾说过[③]，公开听取证言仅限于可以提出决斗挑战的那些场合，而在其他场合，听取证言是秘密进行的，当事人的陈述采用书面形式。决斗挑战既然不复存在了，审理当然就变成秘密进行了。

第三十五节　诉讼费用

对于诉讼费用的负担问题，旧时的法国世俗法庭根本不作判决[④]。败诉方向领主或领主的附庸支付罚金，这就已经够厉害了。在以决斗解决问题的刑事诉讼中，战败方失去了生命和财产，再重的惩罚也莫过于此。在以决斗解决问题的其他诉讼中，罚金的数额有时是固定的，有

---

① 所谓记忆，就是由证人证明过去做过的事、说过的话以及法庭下过的命令。

② 当时在位主政的是弗朗索瓦一世。——译者

③ 博马努瓦，《博维西斯习惯法》，第三十九章，第 218 页。

④ 德方丹，《谏言》，第二十二章，第 3 条，第 8 条；博马努瓦，《博维西斯习惯法》，第三十三章；《条例》，第一卷，第九十章。

时则由领主任意规定,这就让人对审理结果惴惴不安。不以决斗解决问题的案件也是这样。鉴于领主是主要获益者,所以诉讼费用主要也由领主支付,诸如召集附庸,安排他们审案等等。此外,由于案件大多在当地审理,而且几乎总是很快结案,又不像后来有许多文书,所以无须由诉讼当事人支付诉讼费用。

自从有了向上级法院提起诉讼这个程序之后,诉讼费用问题就随之出现了。难怪德方丹说[①],自从依据成文法提起诉讼,也就是依据圣路易的新法提起诉讼后,当事人就得支付诉讼费用。不过依据常规,除非指控裁决不公,否则就不能向上级法院提起诉讼,所以也就不存在支付诉讼费用问题;如果案件发回领主审理,领主只能得到一笔罚金,同时可以占用有争议的财产一年零一天。

可是,上诉变得比较方便之后,此类诉讼就大量增加[②],案件频繁地从一个法院移到另一个法院,当事人一次又一次离开自己的住地前往法院应诉;新的诉讼技巧不断涌现,以致诉讼时间越拖越长;规避正当要求的手段越来越精巧;诉讼当事人学会了为让人追寻而故意逃跑;控方已经破产而辩方依然若无其事;种种道理都被淹没在成堆的文书和滔滔不绝的辩词之中;律师之类为打官司而忙碌的诉讼辅助人员多得难以计数,公道却难见天日;心术不正的人在得不到支持的地方却找到了主意。凡此种种表明,必须以支付诉讼费用来让诉讼人有所顾虑,让他们必须为判决付费,为逃避判决的每一种手段付费。美男子查理[③]就此颁布了

① 德方丹,《谏言》,第二十二章,第 8 条。

② 布蒂利耶写道:“如今大家都喜欢向上级法院告状。”见《乡村大全》,第一卷,第三篇,第 16 页。

③ 美男子查理,即查理四世(Charles IV,1294—1328),法国国王和纳瓦尔国王(1322—1328 在位)。——译者

一项总法规[①]。

第三十六节　公诉方

依据萨利克法、里普埃尔法以及蛮族的其他法律，对于罪恶的惩罚一律处以罚金，那时不像我们现在这样有负责追究罪行的公诉方。实际上，一切都归结为对损害作出赔偿，所有的追究在某种意义上都属于民事性质，任何一个个人都可以进行追究。另一方面，罗马法对于罪行的追究规定了某些群众性的形式，这种形式与公诉方的职责并不一致。

司法决斗也与设置公诉方的观念相抵触，因为，谁愿意充当公诉人代表所有的人去和所有的人决斗？

我在穆拉托里先生[②]编入伦巴第法的一部法规集中发现，在加洛林王朝时期，有一个代表公诉方的诉讼代理人[③]。不过，读完了这部法规集后就发现，那时的公诉代理人与如今我们所说的公诉人，即总检察长、国王检察官、领主检察官，都截然不同。这些诉讼代理人与其说是民事法规的公共管理人员，不如说是政治和家事法规的公共管理人员。从这部法规集中可以看出，这些官员从来不对罪犯进行追究，也不管与未成年人、教会和个人状态有关的案子。

我说过，公诉人制度的建立与司法决斗相抵触。不过，我倒是在这部集子中发现了一项规定，涉及一个有权参与决斗的公诉代理人。穆

① 时在1324年。

② 穆拉托里（Muratori，1672—1750），意大利米兰城的一个图书馆管理人员。——译者

③ 拉丁文写作：Advocatus de parte publica。

拉托里先生把这项规定放在亨利一世[①]的法规后面，而这项规定就是为了这部法规制定的[②]。这项规定说："凡是杀死父亲、兄弟、侄子、外甥或其他亲属者，一律不得继承遗产，遗产由其他亲属继承，其本人财产收归国库。"为取得这笔应收归国库的遗产，支持国库享有此项权利的公诉代理人拥有参加决斗的自由；这一点载明于总法则中。

从这些法规中可以看出，公诉代理人的追究对象是以下这几类人：逮住小偷却未将其送交伯爵者[③]；举行起义或聚众反对伯爵者[④]；不顾伯爵命令而救助死刑犯者[⑤]；违反伯爵命令拒不将小偷送交伯爵的教会诉讼代理人者[⑥]；将国王的秘密泄露给外邦人者[⑦]；手持武器追赶皇帝特使者[⑧]；因蔑视皇帝的信函[⑨]而被皇帝的诉讼代理人或皇帝本人追究者；不愿接受君主的货币者[⑩]。无论被追究的对象是哪一种人，公诉代理人都依照法律规定追索由国库收缴的财物[⑪]。

可是，在刑事案件中见不到公诉代理人的身影，即使出现以下各种情况也不例外：进行决斗[⑫]；发生火灾[⑬]；法官当庭被杀[⑭]；涉及个人身

---

① 亨利一世(Henri Ier,1008—1060)，法国国王(1031—1060)。——译者

② 参见这项法令和这条法规，载《意大利的历史学家》。

③ 《穆拉托里法规集》，第104页，关于《查理曼法》第88条，见该集第一卷，第二十六篇§78。

④ 《穆拉托里法规集》中的另一条法规，见该集第87页。

⑤ 《穆拉托里法规集》，第104页。

⑥ 《穆拉托里法规集》，第95页。

⑦ 《穆拉托里法规集》，第88页。

⑧ 《穆拉托里法规集》，第99页。

⑨ 《穆拉托里法规集》，第132页。

⑩ 《穆拉托里法规集》，第132页。

⑪ 《穆拉托里法规集》，第173页。

⑫ 《穆拉托里法规集》，第147页。

⑬ 《穆拉托里法规集》，第147页。

⑭ 《穆拉托里法规集》，第168页。

份[①];涉及自由和奴役[②]。

这些法规不只是为伦巴第法,也是为此后添加的敕令制定的,所以,它们所反映的是加洛林王朝时代的做法,对此不应有所怀疑。

很显然,正如外省的国王特使一样,这些公诉代理人随着加洛林王朝的覆亡而消失。究其原因,大概有如下几点:普遍适用的法律不复存在,全国性的国库也不复存在;外省不再有伯爵主持诉讼,因此也就不再有以维护伯爵权威为主要使命的官员了。

在加佩王朝时期,由于决斗之风日甚一日,因而无法建立公诉人制度。布蒂利耶在他的《乡村大全》中谈到司法官员时提到了法官、拥有采地的家臣和执达吏。我们不妨读一下《条例》和博马努瓦的《博维西斯习惯法》中关于当时司法追究方式的记述。

我在马略卡[③]国王雅克二世的法律[④]中发现,他设置了一个国王检察长的职务,其职能与我们今天的检察长相似[⑤]。显而易见,检察长是在司法形式发生变化之后才设立的。

第三十七节　圣路易的《条例》何以被人遗忘

《条例》的命运注定它在很短的时间里诞生、衰老和死亡。

我想就此谈几点看法。圣路易的《条例》从来就不是为了在全国通

① 《穆拉托里法规集》,第134页。

② 《穆拉托里法规集》,第107页。

③ 马略卡(Majorque),地中海上属于西班牙的最大岛屿。——译者

④ 参见《圣徒传》六月,第三卷,第26页。

⑤ "为长期协助圣庭而设立的职位,负责对圣庭中的案件进行调查和追究。"

行而制定的，尽管这部法典的前言确实是这样说的。这是一部一般性的法典，对几乎所有民事事项都作了规定，其中包括：财产的遗嘱处分或生前处分、妇女的妆奁和优遇、采地的收益和特权、治安事务等等。可是，每一个城市、乡镇和村庄当时都有各自的习惯法，想要制定一部普遍适用的民事法，无异于推翻分别适用于王国每一个地方的所有法律。当时的君主虽然已经无人不臣服，可是要把各地的所有习惯法汇编成一部普遍适用的习惯法，依然是一项考虑不周的举措。因为，如果说，利弊参半时不应更改，那么，利少弊多时就更不应更改。每个领主无不醉心于自己的主权和实力，这就是当时王国所处的境况，如果注意到了这一点，那就不难看到，更改各地既有的法律和习俗，绝对不是各地的执政者想要做的事。

我刚才所说又一次证实，《条例》这部法典并未在高等法院中获得男爵们和法律界人士的赞同，迪康热[①]引用的收藏在亚眠市政厅的一件手稿就是这样记述的[②]。我们从其他手稿获知，这部法典是圣路易在出征突尼斯之前的1270年制定的。这个说法也不见得符合事实。因为，圣路易出征突尼斯是在1269年，迪康热先生也注意到了这一点，所以他推断说，这部法典是圣路易不在国内时颁布的。不过，我觉得事实未必如此。圣路易怎么会在他远离法国的时候做这样一件招致动乱、引发革命而并非改革的事呢？这一举措比其他举措更需要就近观察，绝非软弱无力的摄政机构可以完成，何况这个摄政机构中的一些权贵还可从这一举措的失败中获利呢。这些权贵就是圣德尼修道院院长马蒂耶、内勒伯爵西蒙·德·克莱蒙；这两位如果亡故，接任的便是埃

① 迪康热(Ducange，1610—1688)，法兰西驻亚眠财政官，著有《晚期拉丁语和希腊语词汇》一书。——译者

② 见《条例》，前言。

夫勒主教菲利普、蓬蒂厄伯爵让。前面已经说到①,蓬蒂厄伯爵在他的领地上反对执行新司法制度。

我想说的第三点是,有重大的迹象表明,我们现在所看到的法典,并非圣路易关于司法制度的《条例》,两者之间有着不小的差异。法典中多次引述《条例》,可见它是一部评述《条例》的著作,而非《条例》本身。此外,博马努瓦经常提及圣路易的《条例》,可是,他所提及的始终是圣路易的条例,而不是汇总条例的那部法典《条例》。德方丹的写作年代是在圣路易在位期间②,他提到最初两次执行圣路易的《条例》时,是被当作早年的事件提到的。可见,圣路易的《条例》早于我刚才说到那部法典。如果仔细检视一番那部法典,再考虑到被某些蠢材编排在这部著作开篇处的错误百出的前言,大致可以推断,那部法典颁行于圣路易死前不久,甚至是在他死后才问世的。

第三十八节　续前题

被我们称之为圣路易《条例》的这部集子,是一部晦暗、混乱和含糊的法典,它把法兰西的法律原则与罗马法搅在一起,时而用立法者的口吻说话,时而用法律顾问的口吻说话,它囊括了有关民法的所有案例和所有问题,那么,这究竟是一部什么样的法典呢?想要了解这个问题,必须置身于那个时代之中。

圣路易看到了当时法律的弊病,遂设法激起人们对这些弊病的憎恶,他为自己领地上的法庭和他的附庸们的法庭制定了一些法规,大获

① 本书本章第二十九节。
② 本书本章第二十九节。

成功。在他过世不久之后就开始写作的博马努瓦写道，圣路易所确立的审案方式被很多领主法庭所采用。

圣路易为领主法庭所制定的法规，虽然只是作为人人应该效仿而且值得效仿的范例，而不是作为一种适用于全国的法律来制定的，但是，他毕竟实现了初衷。他消除了弊病，让人看到了什么才是好法律。大家在他的法庭上和他的附庸们的法庭上看到了，什么是更自然，更合理，更符合道德、宗教、公共安宁以及人身和财产安全的司法审理程序，于是就弃旧图新，接受了这套新的司法审理程序。

在不必强制的时候进行规劝，在不必命令的时候进行诱导，这才是最高明的做法。理性拥有天然的强大力量，甚至是不容抵抗的力量，有人硬要与之对抗，殊不知对抗本身就是理性的胜利；过不了多久，与之对抗的人不得不重新回归理性。

圣路易为了让大家厌弃法兰西法律的原则，所以让人翻译有关罗马法的著作，使之为当时的法律界人士所了解。德方丹是我们所知的第一位预审学作者[①]，他大量应用了罗马法，从某种意义上说，他的著作把法兰西以往的法律原则、圣路易的法律或条例以及罗马法融为一体了。博马努瓦很少使用罗马法，但是，他把法兰西以往的法律原则与圣路易的法规调和起来了。

我认为，正是遵循着这两部著作特别是德方丹那部著作的精神，某位法官编纂了被我们称之为《条例》的那部法学著作。这部集子的标题上写明[②]，它是依据巴黎和奥尔良以及男爵领主法庭的习惯编写的；它

① 他自己在《谏言》的前言中写道："在我之前，从未有人做过可用作范例的事。"

② 旧时欧洲的书名往往很长，有时由好几个句子组成，故有此说。——译者

的前言写明，此书论述了整个王国、安茹[1]以及男爵领地的司法习惯。由此可见，《条例》这部书是为巴黎、奥尔良和安茹所编，恰如博马努瓦和德方丹的书是为克莱蒙和维尔芒图瓦索而编一样。博马努瓦所说似乎表明，圣路易的若干法律已经渗透到男爵们的法庭，所以，编纂者有理由声称此书也与男爵们的法庭有关[2]。

很显然，此书的编纂者把圣路易的法律和条例与当地的习惯法糅合在一起了。这部书相当宝贵，因为它不仅编入了安茹的古代习惯法，还把当时施行的圣路易的法律和条例，以及当时在安茹实施的法兰西法律原则收入书中。

与德方丹和博马努瓦的著作有所不同，此书以命令的口吻说话，俨然是一位立法者，事实上这一点不难理解，因为这是一部文字记载的司法习惯和法律的汇编。

此书有一个内在的缺陷，那就是它是一部两不像的法典，因为它把法兰西法律原则与罗马法混作一团，这两者从无关联，原本是彼此矛盾的，却硬是被凑在一起。

我知道，法国的附庸和家臣们的法庭，判决之后不得向另一个法庭提起上诉的做法，以“我宣布有罪”或“我宣布无罪[3]”这样的语句宣判的方式，都与罗马法的群众性审判颇为相似。但是，古罗马的法律原则此时很少得到应用，得到较多应用的倒是后来罗马皇帝们引进的那些法律原则，《条例》应用这些法律原则的目的是规范、限制、修正和扩大

① 安茹(Anjou)，法国西部地区，曾是英国领土。——译者

② 《条例》一书的标题和前言极其含混不清。首先是巴黎、奥尔良以及男爵法庭的司法习惯，然后是全国所有世俗法庭以及国王特别裁判所的司法习惯，最后还有整个王国以及安茹和男爵法庭的司法习惯。

③ 《条例》，第二卷，第十五章。

法兰西的法律原则。

第三十九节　续前题

圣路易采用的司法方式不再被采用。这位君王较少着眼于审判方式本身，也就是说，他不大关注什么是最好的审判方式，而是比较关注以较好的审判方式取代旧的审判方式。他的首要目标是激起人们对旧法的憎恶，其次才是制定新法。可是，当他的新法显现出某些弊病时，另一种很快就取而代之了。

所以说，与其说圣路易的法律改变了法兰西的法律原则，莫如说它为这种改变提供了一些方法。圣路易的法律开启了新的法庭，确切地说，是开启了通向新的法庭的道路。人们可以方便地到一个拥有普遍权威的法院去打官司，过去的判决仅仅依据某些领地的习惯法作出，现在的判决则构成了普遍适用的法律原则。在《条例》的作用下，终于出现了过去从未有过的具有普遍性的判决。房子反正已经盖好了，脚手架倒塌就倒塌吧。

所以说，圣路易的法律所产生的效果，绝不是什么立法杰作能带来的。有时候需要数百年时间才能为变革作好准备。时机逐渐成熟，革命就会到来。

王国的几乎所有案件，最后都由高等法院审理结案。过去高等法院所审理的除了公爵、伯爵、男爵、主教和教士之间的案件[①]，就是国王和

① 参见迪蒂耶(Dutillet)关于附庸法院的著作，《法国国王高等法院演说集》。又见拉罗什-弗拉万，《法国的高等法院》，第一卷，第三章；比代(Budé)，《〈法学阶梯〉注释》以及保尔·埃米尔(Paul Emile)，《历史》。

他的附庸之间的案件[①]，而不是政治性质和民事性质的案件。后来，不得不将高等法院变成一个常年工作的机构，其组成人员常年聚集在一起；不但如此，为了能够审理所有的案件，还设置了一些新的高等法院。

高等法院刚刚变成一个固定的机构，立即就开始编纂它的判例。美男子菲利普在位期间，让・德・蒙吕克编辑了一部巴黎高等法院判例集，这就是我们今天称之为《奥里姆[②]实录》的那部判例集[③]。

第四十节　何以采用教皇圣谕的司法形式

可是，为什么放弃既有的司法形式，转而采用教会法的司法形式，而不采用罗马法的司法形式呢？这是因为，人们司空见惯的是采用教会法审案的宗教法庭，从未见过任何采用罗马法审案的法庭。何况，当时对于宗教法庭与世俗法庭的司法管辖界限，人们了解得还很少。一些人[④]既在宗教法庭也在世俗法庭进行诉讼，没有任何不同[⑤]；一些相似的案子也是这样，既可以在宗教法庭也可以在世俗法庭审理。世俗司法机构为自己保留的专属范围，似乎只包括领主与附庸的封建关系

---

① 其他案件由普通法院审理。

② 蒙吕克(Jean de Monluc)编辑的巴黎高等法院审理实录有多卷，第一卷的第一个字为拉丁文 Olim，意为从前。后人即以 Olim(奥里姆)称呼此实录。——译者

③ 参阅埃诺院长的佳作，《新编法兰西简史》中关于 1313 年部分。

④ 博马努瓦，《博维西斯习惯法》，第十一章，第 58 页。

⑤ 寡妇、十字军战士以及拥有教会财产并为这些财产进行诉讼者。博马努瓦，《博维西斯习惯法》，第十一章，第 58 页。

事务、世俗人员所犯并不触犯宗教戒律的罪行[①]。因为，每当涉及协议和契约纠纷时，按理应该到世俗法庭寻求解决；但是当事双方如果愿意，也可以告到宗教法庭去，宗教法庭虽然无权强令世俗法庭执行它的判决，但是它可以用革出教门作为威胁，强制执行它的判决[②]。在此类情况下，世俗法庭若是试图改变审判方式，就会采用宗教法庭的审判方式，因为这是世俗法庭的司法人员所熟悉的，他们不会采用罗马法的审判方式，因为他们对此不熟悉。

第四十一节　教会裁判和世俗裁判的此消彼长

由于民政权执掌在许许多多的领主手中，所以对于教会来说，日渐扩大它的司法权并非难事。可是，由于教会的司法权削弱了领主的司法权，从而加强了国王的司法权，国王的司法权反过来又一步一步对教会的司法权实行限制，迫使教会司法权向国王的司法权作出让步。高等法院在审判程序上借鉴了宗教法庭的一切良好和有效的做法之后，回过头来再看宗教法庭，就只能发现种种弊病了。国王的司法权日益加强，日益具有矫治这些弊病的能力。这些弊病确实不能容忍，我不想在此一一列举，只请大家读一读博马努瓦、布蒂利耶的著作以及国王的敕令[③]。我

① 宗教法庭甚至以立誓为借口争夺这些案件的审理权，从菲利普二世与教会和男爵们达成的那个著名的协定就可看出；此协议见于洛里埃，《法令集》。

② 博马努瓦，《博维西斯习惯法》，第十一章，第 60 页。

③ 参阅布蒂利耶，《乡村大全》，第九卷：什么人不能向世俗法庭提起诉讼。博马努瓦，《博维西斯习惯法》，第十一章，第 56 页；菲利普二世的法规中与此有关的条款。菲利普二世与教会、国王以及男爵议定的条例。

只想谈一谈直接关系到公共利益的那些弊病。我们是从旨在矫治这些弊病的高等法院决定中知道这些弊病的；愚昧犹如浓重的黑暗制造了这些弊病，光明一旦显现，这些弊病就销声匿迹了。教会的缄默表明，他们自己也欢迎矫治这些弊病。就人性的本质而言，这是值得赞扬的。任何人生前如果没有把自己的一部分财产贡献给教会，就叫做未作忏悔而死，就要被剥夺为他举行圣事和葬礼的权利。生前若未曾留下遗嘱，死者的亲属应该请主教与他们共同指定几位仲裁人，以便确定死者本应写明在遗嘱上的奉献给教会的财产。新婚夫妇如果没有花钱买到许可的话，第一夜不得同房，就连第二夜和第三夜也不行。之所以务必选择这三夜，是因为在其他日子里，新婚夫妇愿意给的钱肯定不会多。高等法院把这种规定废止了，拉戈[①]的《法兰西法律词汇》一书[②]收入了高等法院针对亚眠主教的一项法令[③]。

让我们回到本节开始的地方。在一个时代里或是在一个政府里，当我们看到国家机构中某些部门竭力提升自己的威望，彼此争夺某些利益时，倘若把这些行径视为腐化的表征，那就常常会犯错误。人类固有的一大不幸就是懂得适可而止的伟人少之又少。随势而动在任何时候都比急流勇退容易，所以，在上层人物的行列中，品德极高的人不难找，极端明智的人却不容易找。

身居他人之上实在是妙不可言，热爱善良的人也极爱自己，所以，倘若要对自己的好心提出怀疑，谁也不会不备感痛苦。实际上，我们的行为受制于许多因素，所以，做好事要比把事做好容易一千倍。

---

① 拉戈（Ragueau，卒于1605），法国法学教授。——译者

② 在“遗嘱执行人”词条下。

③ 1409年3月19日发布。

第四十二节　罗马法的复兴及其结果，法庭的变化

查士丁尼的《学说汇纂》在1137年前后被重新发现[①]，罗马法好像因此而获得了重生。意大利开设了一些学校，教授罗马法。那时已经有了查士丁尼的《法典》和《新法集》。前面已经说过，罗马法在意大利大行其道，伦巴第法几乎销声匿迹。

意大利的饱学之士把查士丁尼的法律带到了法兰西，法国人过去只知道提奥多西法典[②]，因为，查士丁尼法典是在蛮族定居高卢后制定的[③]。这部《法典》曾遭到一些人的反对，但是尽管教皇为了保护教会法而把一些人革出教门[④]，这部《法典》依然保持住了自己的地位。圣路易试图借助让人翻译查士丁尼的著作来提高这部《法典》的声望，我们的图书馆里至今依然收藏着查士丁尼组织翻译的译文手稿。我说过，圣路易的《条例》大量利用这些手稿。美男子菲利普在法国使用习惯法的地区，把查士丁尼的《法典》作为付诸文字的理由，下令广为传授[⑤]；在实行罗马法的地区，这部《法典》则作为法律被接受下来了。

前面说过，借助司法决斗判案对审案者的才能要求甚低，只需依据

① 据法国学者称，此说纯系传言；查士丁尼的《法典》其实是在11世纪重新发现的。——译者

② 意大利遵循查士丁尼《法典》，所以在特鲁瓦公会议之后发布的圣谕中，教皇约翰八世谈到了这部《法典》，并非因为这部《法典》已为法国人所知，而是因为教皇知道这部《法典》。教皇圣谕则各处都要遵守。

③ 这位皇帝的法典颁行于公元530年。

④ 《教皇圣谕》，第五卷，“论特恩”篇。

⑤ 据迪蒂耶称，这是美男子菲利普于1312年为奥尔良大学下达的敕令。

各地的习俗和因传统而形成的习惯法，对各地的诉讼作出判决即可。在博马努瓦生活的年代[①]，有两种不同的审案方式：在一些地方由领主的家臣审理，在另一些地方由法官审理[②]。采用第一种审案方式时，领主的家臣们依照他们的司法管辖区的习惯审案[③]；采用第二种审案方式时，由乡绅或长者把该司法管辖区的习惯告诉法官。所有这一切都无须任何学问、任何才具和任何调查。可是，圣路易的《条例》和其他法律文集问世了，罗马法被翻译出来并且开始在学校中教授了，诉讼技巧和审判技巧开始形成了，精通业务的司法人员和法学家出现了，于是乎，乡绅和领主的家臣们无法继续审案，家臣开始退出领主法庭，领主不再愿意召唤他们来审案，何况，审判不再是让贵族称心、让武士兴趣盎然的一桩名声远扬的壮举，而是他们既不懂也不想懂的一件差事。家臣审案日渐[④]少见，领地法官审案日益增多。领地法官从前并不审案[⑤]，他们只负责调查和宣布乡绅的判决。不过，由于乡绅已经不再具有审

① 博马努瓦，《博维西斯习惯法》，第一章中对法官职责的论述。

② 在村镇上，市民由其他市民审理，这与采地上的人彼此互审一样。参阅拉·托玛希耶尔，《贝里旧俗》，第十九章。

③ 所以，所有诉状都以这样的语句开篇："法官老爷，依照您所管辖的司法区的……。"布蒂利耶在《乡村大全》中记述了这种诉状。见该书第一卷，第二十一篇。

④ 这个变化是在不知不觉中发生的。布蒂利耶留下遗嘱的那年是 1402 年，那时还有家臣审案，他在《乡村大全》第一卷第二十一篇中记述了诉状的格式："法官老爷，在这里为我审案的有高级、中级和低级法官，有法院、法庭、法官以及家臣和执达吏。"不过，只有涉及领主与附庸的封建事务案件时，才由家臣审理。见《乡村大全》，第一卷，第一篇，第 16 页。

⑤ 据布蒂利耶在《乡村大全》第一卷第十四篇中提到了领主发给法官的文书格式，从这种文书的格式看，法官好像是不审案的。博马努瓦的《博维西斯习惯法》第一章"法官"也为此提供了证明。法官只掌管审判程序。"法官必须在家臣面前听取申述，并询问当事人是否愿意法庭依据他们的申述作出判决。如果当事人说：老爷，我愿意。法官就应该命令家臣作出判决。"还可参见圣路易的《条例》，第一卷，第五十五章；第二卷，第十五章："如果法官不愿作出判决。"

案的能力，于是领地法官们便亲自审案。

这种变化并不困难，因为眼前就有现成的教会审判案例，再说，教会法和新的民事法在取消家臣审案这一点上，也起到了推波助澜的作用。

这样一来，在法国王政时期经常见到，在萨利克法和敕令中以及在加佩王朝初期的法学著作中记述的情形，即法官从不独自审案的习惯就不复存在了①。由于在一些地方启用了法官助理，负责为法官提供咨询并取代以往的乡绅，同时，法律规定法官在动用肉刑时必须有两位文士在场，因此，法官独自审案这种过去仅出现在地方司法审理中的弊病，起初有所改善，后来因为上诉非常方便，最终彻底消失了。

第四十三节　续前题

由此可见，并非哪一项法律禁止领主主持法庭，并非哪一项法律取消了领主的家臣们在法庭上的职能，没有任何一项法律规定要设置领主法官，也没有哪一项法律赋予他们以审判权。所有这一切都是顺理成章地逐渐形成的。想要了解罗马法、法庭的判决令和新近写成文字的习惯法，就得进行研究，这是目不识丁的贵族和平民无法做到的。有关此事的法令我们只见到过一份，这份法令要求领主们在非教会人士中遴选领主法官②。有人认为，这就是创设领主法官的由来，这个看法不见得对，这件法令只说了我们所看到的话，并无其他。不但如此，这

① 博马努瓦，《博维西斯习惯法》，第六十七章，第 336 页；第六十一章，第 315 页，第 316 页；《条例》，第二卷，第十五章。

② 此件系 1287 年颁发。

件法令还依据它所提出的理由作出如下规定:“为了能够惩处渎职的领主法官,领主法官必须从平民中遴选①。”众所周知,教会人士在那个时代是享有特权的。

领主们过去享有特权,如今不再享有了,切莫以为这些特权是被作为非法窃取的权利而被剥夺的,其实,不少特权都是在不经意间失去的,另外一些特权则是主动放弃的,这是因为,数百年间发生了许许多多的变化,这些特权无法继续存在下去了。

第四十四节 人证

当时的法官除了习惯就没有别的规章,所以遇到问题时通常都要求助于证人。

司法决斗日益稀少后,取而代之的是书面调查。可是,口头证据即使写成文字,终究还是口头证据,无非只是增加一些诉讼费用而已。因此就制定了一些规定②,使此类调查归于无效;同时又建立了公共登记处,用以确证贵族身份、年龄、亲子关系、婚姻关系等大多数与身份有关的事实。书面证据不容易篡改,所以把习惯法写成文字。这些做法都十分合理,因为,要想证实皮埃尔是不是保尔的儿子,到洗礼登记处去查询,要比花费大量时间进行调查方便得多。一个地方倘若有大量习俗,把它写成一部习惯法,总要比让大家一一证明这些习俗方便一些。此外还有那个著名的法令,它规定,凡涉及一百锂以上的债务,除非一开始就提供了书面证据,否则一律禁止提供人证。

① “目的是当他们在履行职务中犯有过失时,他们的上级可以处罚他们。”

② 参见如何证明年龄和亲属关系。《条例》,第一卷,第七十一章和第七十二章。

第四十五节　法兰西习惯法

我已经说过，法兰西是一个由不成文的习惯法支配的国家，每个领地各不相同的习惯法也就是该地区的民事法。恰如博马努瓦所说[①]，每个领地都有自己的民事法，且这种民事法是很特殊的。博马努瓦是伟大的写作家，他以他的思想照亮了他的那个时代。这位写作家说，他不相信能在全国找到两个使用同一部法律的领地。

这种五花八门的差异有其第一根源，还有其第二根源。关于第一根源，读者不妨回忆一下我在前面关于地方习惯法的章节中的论述，至于第二个根源，则可以从司法决斗的种种变故中寻找，因为，偶发事件不断出现必然促成一些新的习惯。

这些习惯起初仅仅保留在长者的记忆中，后来慢慢地形成为法律或习惯法。

1）在加佩王朝初期[②]，前后几位国王以我在前面介绍过的方式颁发了一些特殊法规和普遍适用的法规，例如菲利普二世的条例和圣路易的条例。与此同时，国王的大附庸们会同他们属下的领主，也在各自的公爵领地或伯爵领地上，依据各自的实际情况制定了一些法规或条例，例如布列塔尼伯爵若弗鲁瓦关于贵族遗产分割的法规，拉乌尔公爵的诺曼底习惯法，国王蒂博[③]的香槟习惯法，蒙福尔伯爵西蒙的法律，等等。由此而产生了一些成文法，其中有的比原有的法规更具有普遍性。

① 博马努瓦，《博维西斯习惯法》，前言。

② 参阅洛里埃，《法令集》。

③ 蒂博（Thibaud），即纳瓦尔国王蒂博五世（1234 年即位），他同时也是香槟伯爵。——译者

2）在加佩王朝初期，几乎所有的平民都是农奴。在若干原因的推动下，国王和领主解放了这些农奴。

领主在解放农奴时给予他们一些财产，因而需要用民事法来规范他们的财产支配权。领主在解放农奴时等于放弃了自己的财产，所以有必要制定一些法规来规范他们为自己保留的权利，作为财产的等价物。这两种权利都由解放农奴条例加以规定，这些条例因而也就成为法兰西习惯法的一部分，而这部分习惯法都是成文习惯法。

3）圣路易和他的几位继任者在位时期，德方丹和博马努瓦等造诣深厚的法学家为各自的采邑编写了成文习惯法。他们这样做的目的，主要是规范司法程序，而不是规范当时在处理财产方面的习惯。可是，这些东西都包括在他们编写的成文法中了。尽管这些法学家的声望仅仅来自于其论述的真实性和公开性，可是，他们却对法兰西法律的复兴作出了积极的贡献，对于这一点我们丝毫不应怀疑。这些就是当时的法兰西成文习惯法。

随后到来的便是伟大的时代。查理七世[①]及其继任者下令在全国范围内编写不同的地方性习惯法，编制编写习惯法应遵循的格式。由于这些习惯法以行省为单位编写，而且各个领地都把各自的成文或未成文的习惯法送交该省的议会，所以，在不伤害应予保留的个人利益的前提下，这些习惯法力图编写得尽可能更具普遍性[②]。因此，我们法国的习惯法具有以下三个特点：它们是成文法，它们具有较大的普遍性，它们盖上了国王的印玺。

这些习惯法中的若干部后来重新进行了修订，作了一些改动，删

① 查理七世（Charles VII，1403—1461），法国国王（1422—1461在位）。——译者

② 贝里和巴黎的习惯法就是这样编写的。参阅拉·托玛希耶尔，《贝里古今地方性习惯法》，第三章。

除了为现行法律所不容的一些规定，增添了来自现行法律的某些内容。

虽然有些法国人把习惯法视为一种与罗马法对立的法律，以至于法国的领土因适用的法律不同而分为罗马法地区和习惯法地区，可是，罗马法的一些规定实际上已经被习惯法所吸收，尤其在重新编写习惯法时；在这个离我们并不那么遥远的时代，希望获得公职的人必须熟悉罗马法，人们不能再以不知道应该知道的事和知道不应该知道的事为荣，聪慧的天资主要用于学习一种职业，而不是立即从事这种职业，就连不断地娱乐嬉戏也不是妇女的特质了。

在本章的结尾处，我原本应该多说几句，深入一些更重大的细节，一一详论那些在不知不觉间发生的变化，这些变化自从施行上诉制度以来，已经成为法国法律制度中的重要组成部分。不过，若是细细论述所有这些，我就得在一部卷帙浩繁的著作中再加进去一部卷帙浩繁的著作。我就像那位古物爱好者一样，离开家乡前往埃及，到了那里之后，只看了一眼金字塔就匆匆回国[①]。

① 参阅《英国观察家报》，第十期。

第二十九章

制定法律的方式

第一节　立法者的精神

宽和适中应该是立法者的精神。我说过这句话，而且我觉得，我之所以要写这部书，只是为了证实这句话。道德上的善和政治上的善始终处在两极之间。下面就是一个实例。

法律手续对于自由而言是不可或缺的。但是，手续可能过于繁杂，以至于损及立法的目标；如果过于繁杂，案子就会一拖再拖，以至于难以审结；财产的所有权就会无法确定；一方的财产就会不加审查便给予另一方，或因一再审查而使控辩两造双双破产。

公民就会丧失自由和安全，原告就会无法证明被告有罪，被告就会无法证明自己清白。

第二节　续前题

塞西里乌斯在奥卢斯·格利乌斯的《阿提卡之夜》中谈论十二铜表

法允许债权人将无力还债的债务人剁成碎块时表示，这种凶残的做法是有道理的，这样就可以防止债务人超过还债能力进行借贷[①]。这么说来，最残忍的法律岂不就是最佳法律？善岂不就是过激？事物的所有关系岂不就会被统统摧毁吗？

第三节　看似与立法者的意图相悖的法律其实最与之相符

梭伦的法律宣称，凡在骚乱中不参与任何一方者均为无耻小人。这项规定听起来有些怪异，但是应该考虑到当时希腊所处的实际情况。希腊那时分成许多小邦，在一个苦于内乱的共和国里，有理由担心那些极端小心谨慎的人将自己隐蔽起来，致使形势向极端方向发展。

在这些小邦的骚乱中，大多数人都参与了争斗或是制造了争斗。在大的君主国中，参与骚乱各派的人为数不多，大多数民众宁可不采取任何行动。在这种情况下，当然应该号召参与骚乱的少数人回到大多数人的行列中来，而不是号召大多数人倒向骚乱参与者。在另一种情况下，则应让少量明智和清醒的人参与到骚乱行列中去，这样就能让一种已经发酵的酒，由于放入了一滴别的酒而停止发酵。

① 塞西里乌斯说，他从未看到或读到这项惩罚曾付诸实施；很可能根本就没有这种规定。有些法学家认为，关于《十二铜表法》只允许分割出售债务人所得款项的说法比较可信。

第四节　违背立法者意图的法律

有一些法律就连立法者也知之甚少，以至于与立法者的初衷背道而驰。有这样的规定：一份恩地若有两个人主张，那么，其中一个死亡后，另一个主张者就可以得到这份恩地。为法国人制定这一规定的人也许想要借此熄灭争讼，可是，实际效果却恰恰相反。我们看到，教会人士相互攻击，拼命厮打，就像英国犬那样，不死绝不罢休。

第五节　续前题

下面我要谈到的这条法律，就在埃斯基涅斯为我们所保存的誓词中[①]："我发誓，绝不摧毁近邻同盟的任何一座城市，绝不让它们的河流改道；倘若有谁敢做此类事情，我将向他宣战，并把他的城市摧毁。"这部法律的最后一条表面上是对第一条的肯定，实际上恰好相反。安菲克提翁[②]要求其近邻同盟的成员绝对不要摧毁希腊的城市，可是，该同盟的法律却为摧毁城市大开方便之门。想要在希腊人中间确立一种良好的万民法，就要让他们习惯于认为，摧毁一座希腊城市是一桩残暴的举动，所以，甚至就连消灭摧毁者也不应该。近邻同盟的法律是公正的，但并不严密，它被滥用就证明了这一点。腓力赋予自己摧毁城市的权力，不就是以这些城市践踏了希腊人的法律为借口吗？近邻同盟原

① 埃斯基涅斯，《伪使节》，115。

② 安菲克提翁（Amphictyon），近邻同盟的倡议和创立者。——译者

本可以执行另外一些刑罚，例如，下令将摧毁者所在城市的某些官员或滥施暴行的军队首长处以死刑，在一段时间中摧毁他人城市者不得享受希腊人的特权，并应支付罚金，直至被毁的城市恢复原貌。法律尤其应该关注对损失的赔偿。

第六节　相似的法律未必就有相同的效果

恺撒下令，个人藏在家中的小银币不得多于六十枚[①]。这项法律在罗马被认作调节债权人和债务人关系的好法律，因为，它一方面强迫富人借钱给穷人，另一方面也使穷人得以满足富人的要求。在体制[②]时代，法国也有一条相似的法律，效果却极其可悲，因为制定此项法律时的形势非常糟糕。不但一切理财手段都被取消，就连把钱财存放在自己家中也不被允许，这简直就是强取豪夺。恺撒的禁令为的是让钱财在民众之间流动，那位法国大臣[③]的禁令却是为了让所有的金钱都集中到一个人的手中去。恺撒规定以地产或私人抵押换取金钱，那位法国大臣却规定用证券换取金钱，而这些证券一文不值，因为这些证券是借助法律的力量强迫民众购买的，这种性质就决定了它不可能有任何价值。

① 狄奥，《罗马史》，第四十一卷。

② 此处指约翰·劳的金融体制。参阅本书第二十二章第六节译注。——译者

③ 约翰·劳曾被任命为法国的财政总监，所以孟德斯鸠称他为大臣。——译者

第七节　续前题，妥善立法的必要性

雅典、阿戈斯和叙拉古①都制定了贝壳放逐制②。由于考虑不周，这项制度给叙拉古带来了数不清的恶果。一些重要的公民手拿一片无花果树叶，相互投票放逐对方③，致使具有才干的人纷纷离职而去。在雅典，由于立法者深谙此项法律的适用范围及其限度，贝壳放逐制成效良好；那里被投票放逐的从来只有一个人，而且必须有很多人投票同意方可，所以，除非某人确实不能再留在雅典，否则就很难被放逐。

贝壳放逐每年举行一次，实际上，自从这项制度只能针对令其同胞胆战心惊的某个大人物之后，贝壳放逐就远非日常事务了。

第八节　相似的法律未必出自相同的动机

法国人接受了罗马法中大部分关于替代继承的法规，可是，采用替代继承的动机却与罗马人迥然不同。罗马人在继承遗产时，要依据祭

---

① 阿戈斯(Argos)，古希腊的一个城邦。叙拉古，见本书第八章第四节译注。——译者

② 亚里士多德，《政治学》，第五卷第八章。

关于“贝壳放逐制”，参见本书第十二章第十九节译注。——译者

③ 普鲁塔克，《狄奥尼修斯传》。

［有法国学者指出，普鲁塔克并未论及贝壳放逐制，孟德斯鸠可能把此书与狄奥多罗斯的《世界文库》相混了。——译者］

司法的规定交若干供献①。因此，罗马人认为死而无人继承有辱脸面，于是就把奴隶当作继承人，并且创立了替代继承制度。最先创立的普通替代继承制就是一个有力证明，这种继承制只有在法定继承人不愿意接受遗产时方可使用，其目的不是让遗产永远留在同一个家族中，而是找到一个能够继承遗产的人。

第九节　希腊法和罗马法都惩罚自杀，但动机不同

柏拉图说②，一个人倘若并不是奉官员之命，也不是为了免受耻辱，而是出于懦弱而杀死与他联系最紧密的那个人，也就是他自己，那他就要受到惩罚。罗马法惩治自杀行为，但是，它所惩治的是因犯罪而绝望所诱发的自杀行为，而不是因懦弱、厌世或不堪忍受痛苦而导致的自杀行为。罗马法免予惩治的自杀行为，恰是希腊法律所惩治的，而罗马法所惩治的，恰恰又是希腊法律所不予惩治的。

柏拉图的法律是依据斯巴达的法制制定的，在这个法制体系中，官员的命令绝对没有通融余地，耻辱是最大不幸，懦弱是最大罪行。罗马法把所有这些美好的理念统统抛弃，它只是一种财政法律。

共和时期的罗马根本没有惩治自杀行为的法律。在历史学家的著述中，自杀行为始终得到善待，从来没有关于自杀者受到惩处的记述。

最初几位皇帝时期，罗马的几个大家族不断因获罪而灭门。以自

① 遗产如果伴有过于沉重的债务，遗产继承人就会设法通过出售部分遗产来逃避应该给予教会的供献。这就是拉丁文中“无供献遗产”一词的由来。

② 柏拉图，《法篇》，第九卷。

杀来防止因犯罪而被判刑的习惯逐渐形成，因为有人从中发现了巨大好处，那就是可以得到体面的安葬，遗嘱也可以得到执行①。之所以出现这种情况，原因在于此时罗马没有惩治自杀的法律。不过，当皇帝们不但凶残而且贪得无厌时，就不再把为自己保留财产的手段留给他们想要剪除的那些人，他们宣布，出于对罪行的悔恨而剥夺自己的生命，也是犯罪。

关于皇帝们的动机，我所说绝对不错，因为他们作出规定，自杀者生前所犯罪行如果不应被处没收财产，自杀而死后可保留其财产②。

第十节 看似相反的法律可能源自同一精神

如今为了传唤一个人，可以到他的家里去，当年罗马人却不能这样做③。传审是一项暴烈的行动④，是对人身的一种强制行为⑤。当年不许入户传唤当事人受审，犹如今天对一个仅因民事债务而被判罪的人，不能实施人身强制一样。

罗马法⑥和我们的法律都采用如下原则：家是每个公民的庇护所，在家中不受暴力侵犯。

---

① “自杀而死者的遗体应妥善安葬，遗嘱应得到尊重，以此作为对其速死之回应。”见塔西佗，《编年史》，第六卷。

② 安东尼皇帝“关于生前未判决的自杀者的财产”。

③ 《法律》，第十八卷：“关于传唤。”

④ 参见《十二铜表法》。

⑤ 贺拉斯，《讽刺诗》，第九行：“他把对手拖上法庭。”正因为如此，应该受到尊敬的人不应被传审。

⑥ 《法律》，第十八卷：“关于传审。”

第十一节　两种不同的法律如何进行比较

作伪证在法国要处死刑，在英国则不处死刑。若要评论孰佳孰劣，还得知道，法国对疑犯要进行刑讯，英国则不进行刑讯；还有，在法国，被告不得提请证人，法庭极少允许被告陈述带有辩白性质的事实；英国则听取控辩双方的证言。法国的这三项法律组成为一个环环相扣的体系，英国的这三项法律同样组成一个环环相扣的体系。英国法律由于不准对罪犯进行刑讯，因而很难指望被告会对自己的罪行忏悔，所以必须从各个方面收集外来的证据，但又不敢以死刑胁迫证人。法国的法律由于多了一个手段，所以不怎么顾忌对证人进行恐吓，相反，进行恐吓是有道理的。法国法律只听取一方的证言①，那就是公诉人的证言，被告的命运就系于公诉人的唯一证言。可是在英国，法庭听取双方的证言，案子在某种程度上可以由双方展开争论。因此，伪证的危害就比较小，而且被告拥有反驳伪证的机会，不像法国那样根本不给被告这个机会。所以，要想判明这两种法律孰优孰劣，哪一种比较符合理性，不能仅仅两相对比，而要通盘考虑，通盘比较。

第十二节　看似相同的法律有时其实不同

希腊和罗马的法律对窝赃者的处置与偷窃者相同②，法国的法律

① 法国的古法规定，证人的证言由双方听取。所以圣路易的《条例》第一卷，第七章规定，对伪证的惩处是罚金。

② 《法律》，第一卷："关于窝赃者。"

与此相同。希腊和罗马的法律在这一点上是正确的，法国的法律则不然。在希腊和罗马，对偷窃者的处罚是罚金，所以窝赃者理应受到同样的处罚，因为，任何人无论以何种方式使他人遭受损失，都应给予补偿。可是，法国的法律对偷窃者处以死刑，所以不应该对窝赃者处以同样的刑罚，否则就失之过重了。窝赃者往往出于无心，而偷窃者永远是明知故犯。窝赃者只是妨碍对犯罪行为提供证明，偷窃者则是犯罪。前者在其所做的一切中都处于被动，后者所采取的都是主动行为。偷窃者需要克服更多的障碍，在更长的时间里咬紧牙关对抗法律。

法学家走得更远，他们认为，窝赃者比偷窃者更可恶①，在他们看来，如果没有窝赃者，偷窃不可能长久不为人知。如果惩罚仅仅只是处以罚金，他们的主张也许是对的，这涉及损害赔偿问题，而窝赃者通常更具备赔偿能力。但是，处罚如果是死刑，那就得依照其他原则决定刑罚了。

第十三节　不应将法律与其立法目的分开，罗马法对偷窃的处置

偷窃者来不及藏匿赃物时就被人赃俱获，罗马人称之为现行偷窃，事后被发现的偷窃则被称之为非现行偷窃。

十二铜表法规定，对已成年的现行偷窃犯处以杖笞，并降为奴隶，对未成年者仅处以杖笞；对非现行偷窃犯处以相当于被偷物品价值两倍的罚金。

鲍尔希安法对公民废除了杖笞和降为奴隶的惩罚，对现行偷窃犯处以相当于被偷物品价值四倍的罚金，对非现行偷窃犯的惩处依然是相当于被偷物品价值两倍的罚金。

---

① 《法律》，第一卷："关于窝赃者。"

这些法律将这两种偷窃定为不同性质，处以不同刑罚，不免令人不解。偷窃犯是否当场被捉，实际上只是一个具体情节而已，丝毫不能改变偷窃的性质。我很怀疑，罗马法处置偷窃罪的全部理论很可能来自斯巴达人的法制。莱库古为了培养公民的机智、心计和灵巧，要求对儿童进行小偷小摸的训练，并且狠命鞭打当场被抓的小孩。这就是希腊人和罗马人区分现行偷窃和非现行偷窃的由来①。

罗马人把犯偷窃罪的奴隶推下塔佩亚悬崖②。在这一点上，罗马人的做法并未将斯巴达人的法制作为依据，莱库古的法律关于偷窃的规定根本不是为奴隶制定的。在这一点上背离斯巴达人的做法，其实正是追随斯巴达人的法制精神。

在罗马，一个未成年的小偷被抓后，裁判官就叫人对他随意杖笞，这与斯巴达人的做法无异。所有这些做法由来已久。斯巴达人采用的是克里特人的习俗。柏拉图认为，克里特人的法制是为战争而制定的，为此他援引下面这一条为证："能够忍受私人格斗中的痛苦，也就能够忍受暗中进行偷窃的痛苦。"

公民法依附于政治法，因为公民法总是为社会制定的。所以，要想把一个国家的公民法移植到另一个国家去，最好事先考察一下，看看这两个国家的法制和政治法是否相同。

克里特人关于偷窃罪的法律移植到斯巴达人那里时，由于这项法律是连同政治体制和法制一起移植过去的，所以它适合于斯巴达人就像此前适合于克里特人一样。可是，由于罗马的法制与斯巴达不同，这项法律从斯巴达移植到罗马后总是格格不入，与罗马人的其他公民法规章毫无关联。

---

① 对比普鲁塔克在《莱库古传》中所说与《法学阶梯》中"盗窃"篇以及《学说汇纂》，第四卷，第一篇 § 1、2、3。

② 塔佩亚悬崖位于朱庇特神庙所在的罗马卡皮托里山西南端，古罗马人常在这里将死刑犯推下悬崖。——译者

第十四节 不应将法律与其制定时的情况分开

雅典有一条法律规定，雅典城一旦被围困，就应将所有无用的人处死[①]。这是一条卑劣的政治法，它来自同样卑劣的那条万民法。在希腊，一座城市一旦被攻占，该城居民就失去公民自由，被作为奴隶出售。被攻占的城市就被彻底摧毁，这就是顽强抵抗和丧失人性之举的缘由，不但如此，这也是有时制定此类残暴法律的缘由。

罗马法规定[②]，医生可因疏忽或不能胜任而被处以刑罚；地位较高的医生可处流放，地位较低的医生可处死刑。法国的法律与此不同，因为罗马法与法国的法律不是在相同的情况下制定的。在罗马，无论谁想当医生都可以滥竽充数，在我们这里，任何人都必须经过学习，并且取得资格方可行医，所以，大家都认为医生是精通医术的人。

第十五节 法律有时应当自行修正

十二铜表法规定，可以杀死夜间行窃的盗贼[③]，白昼行窃的盗贼被发现后如果进行抵抗，也准许将他杀死。但是，该法还规定，杀死盗贼

① “因年龄而无用的人应该处死。”见西里亚诺斯，《埃尔莫根尼斯》。
② 科里尼法“谋杀犯”，《学说汇纂》，第四卷，第三题；《阿契利亚法》。
③ 《法律》，第四卷：“关于阿吉利安法”。

的人必须高声大叫并且向公民呼喊①。那些准许公民自行执法的法律，应该始终坚持此项要求。因为，呼叫可以证明杀死盗贼者并未犯罪，可以在他采取行动时引来证人，招来法官。必须让民众了解情况，而且应该让他们了解杀贼时的具体情况，因为此时的一切，诸如神态、面容、激情、缄默或是每一句话，统统都会说话，都能证明杀贼者有罪或无罪。这样一条可能危害公民安全和自由的法律，理应当着公众的面执行。

第十六节　制定法律时的注意事项

凡是具有足够的才能为本国或他国制定法律的人，都应该对制定法律的方式给予一定程度的关注。

法律的文风应该简约。十二铜表法是一个少而精的典范，小孩子都能记熟背诵②。查士丁尼的《新法集》冗长无当，以至于不得不加以删节③。

法律的文风应该朴实，平铺直叙永远要比拐弯抹角好。东罗马帝国的法律里没有至尊的皇帝，出现在那里的君王们说起话来也像是修辞学家。当法律的文风变得臃肿时，人们就只把它看作是一部浮夸的著作。

法律的用词要做到让所有的人都理解为相同的概念。枢机主教黎

① 《法律》，第四卷："关于阿吉利安法"。又见添加在《巴伐利亚法》中的塔西里昂法令："本地居民法。"

② "就像必须会唱的歌一样。"西塞罗，《法律》，第二卷。

③ 此项删节工作是由伊内留乌斯完成的。

塞留主张，可以在国王面前指控大臣①，但是，指证的事实如果不重大，此人就要受到惩处。这就必然妨碍所有的人说出任何对他不利的实情，因为，重大不重大完全是相对而言的，某甲认为重大的事，在某乙看来完全可能并不重大。

依据霍诺里乌斯法的规定，将释放奴买为农奴或使之焦虑不安的人应被处以死刑②。不应该使用使之焦虑不安这种类含混不清的字眼，因为是否使人焦虑不安完全取决于这个人的感受程度。

法律需要确定某个额度时，应该尽量避免用金钱作标识，因为货币的价值可因千万种原因发生变化，同等数额的货币可能早已不是原来的实际价值了。我们都知道罗马那个鲁莽汉子的故事③，他见谁打谁耳光，然后依据十二铜表法让人送去二十五苏了事。

当事物的概念在法律中已经阐释清楚后，就不应再使用模糊不清的词语。路易十四的一项刑事法令④一一列举了各种应由国王审理的案件后，又加了这几个字："以及所有向来由国王的法官审理的案件"，这样一来，刚刚走出专断，马上又回去了。

查理七世说⑤，听说在习惯法地区，有的控辩双方违背王国习惯法，在判决下达后的三、四或六个月后才提起上诉，他于是下令规定，除非由于检察官舞弊或欺诈⑥，或确有重大和明显的原因，当事人可以在超过上诉期限之后提起上诉，否则必须立即上诉。这项法令的这个结尾否定了开头的规定，而且否定的如此彻底，以至于后来有人在三十年

① 黎塞留，《政治遗嘱》。1699 年版，第一卷，第八章，第 6 段，第 257 页。

② "或企图骚扰被以某种方式释放的奴隶。"见于西蒙神甫(le P. Simond)引用的迪奥多西法典的附录，载《高卢古代教规》，第 737 页。

③ 奥卢斯·格利乌斯，《阿提卡之夜》，第二十卷，第一章。

④ 该法令前面写明了颁布此法令的动机。

⑤ 见于 1453 年由他发布的蒙戴尔莱图尔法令。

⑥ 可以在不影响公共秩序的前提下惩办检察官。

后才提起上诉[①]。

伦巴第法规定，并未发誓入教却身着教服的妇女不得结婚[②]，该法写道：“一个男子倘若只用一个戒指就可以娶一个老婆，那就不可能再娶一个老婆而不犯法，更不用说上帝之妻或圣母了……”我想说的是，在法律中讲道理，应该从真实到真实，而不应该从真实到虚构，或是从虚构到真实。

康斯坦丁的一项法律规定，只需主教一人的证言，无须听取其他人的证言[③]。这位君主想抄近道，审理案件只看人，看人又只看身份高低。

法律不能让人难以捉摸，而应该能为普通人所理解。法律不是高深的逻辑艺术，而是一位家长的简单道理。

在一部法律中，例外、限制和修改如果都不是非有不可，那就最好统统不要。有了这一些，就会有另一些。

没有充足的理由就不要对法律进行更改。查士丁尼曾规定，男子订婚后如果在两年内不能完婚，女子可以退婚而不失去其妆奁[④]。后来他对这项法律作了更动，允许贫穷的男子把两年延长为三年[⑤]。可是，就这种事例而言，两年与三年没有什么不同，三年不见得就比两年好多少。

如果想要证明一部法律确有道理，那就要让道理配得上这部法律。罗马的一部法律规定，盲人不得辩诉，因为他看不见法官的服饰[⑥]。提出这样一个不像样子的理由，显然出于故意，因为站得住脚的理由其

① 1667年法令对此有所规定。

② 《伦巴第法》，第二卷，第三十七篇。

③ 见于西蒙神甫引用的迪奥多西法典第一卷的附录。

④ 《法律》，第一卷：法典“关于休婚”。

⑤ 《新法集》，但是今天篇；《法典》：“解除婚约”。

⑥ 《法律》，第一卷：“控告”。

实多得很。

法学家鲍卢斯说，七个月时出生的婴儿已经发育完全，毕达哥拉斯的数率似乎可以为此提供证明①。这就很奇怪了，怎么要靠毕达哥拉斯的数率来判案呢。

有些法国法学家说，国王得到一个地区后，该地的教会就被置于国王的特权之下，由国王任命该地的神职人员，理由就是王冠是圆形的。我不想在这里讨论国王的权利，也不讨论在这种情况下，公民法或教会法的理由是否应该让位于政治法的理由。我只是想说，如此可敬的权利应该以严肃的准则来捍卫。一种身份所带来的真实权利的基础，竟然是表示这种身份的标志物的形状，此事谁见过？

达维拉②说，查理九世在刚满十四岁时就被鲁昂高等法院宣布为成年，那时的法律规定，凡涉及未成年人财产权的收回和管理，要一天不差地计算实足年龄，而当涉及尊号授受时，过了生日就算长了一整岁③。我无意对这条至今并未产生任何流弊的规定说三道四，而只是想说，这位济贫署署长所说的道理不对，国王要治理万民，岂止是一个尊号问题。

在推断方面，法律胜过人。法国的法律④认为，商人破产前十天中的活动都带有欺骗性，这就是法律的推断。罗马法规定，发现妻子的奸情而不休妻的男子，除非出于对打赢官司缺乏信心，或是不大在乎自己是否丢脸，否则就要受到处罚。这就是人的推断。法官需要推断丈夫的行为动机，并且依据一种模糊不清的思维方式作出决断。法官判案

① 鲍卢斯，《判例》，第四卷，第九篇。

② 达维拉（Davila，Enrico-Caterino，1576—1631），出生于意大利的历史学家，曾在法国做官。——译者

③ 达维拉，《法兰西内战》，第96页。

④ 指1702年11月8日颁布的法律。

的依据如果是推断，判决就具有随意性，如果依据法律进行推断，法律就会给予法官一种恒定的规则。

我说过，柏拉图的法律惩处那些由于懦弱而并非为逃避耻辱而自杀的人[①]。这是一项很糟糕的法律，因为，依照这项法律，万一无法从罪犯嘴里掏出他自杀的动机时，法官就得自行推断自杀者的动机。

可以逃避的法律削弱了立法，犹如没有实效的法律削弱了必不可少的法律一样。每一项法律都应该有效，不能允许因特殊条款而拒不执行。

罗马人的法西迪安法规定，遗产继承人永远可以获得遗产的四分之一。另一项法律[②]则规定，立遗嘱人可以禁止继承人获得这份四分之一遗产。这简直就是拿法律开玩笑，这样一来，法西迪安法就变为无效了，因为，立遗嘱者如果想让继承人获得遗产的话，继承人无须借助法西迪安法的力量，立遗嘱人如果不想让继承人获得遗产的话，他可以禁止继承人援引法西迪安法。

制定法律时应该切实注意，防止法律违背事物的性质。奥兰治[③]亲王被流放时，腓力二世发出悬赏，答应给予杀死奥兰治亲王的人或他的继承人25000埃居和爵位。这种话居然出自国王之口，而且以上帝的仆人的名义，爵位竟然可以许诺给这种行为，而这种行为竟然是以上帝仆人的身份发出的悬赏！所有这一切把荣誉观念彻底倾覆，把道德观念和宗教观念也统统彻底倾覆。

以空想的至善为借口，对一件并不坏的事加以禁止，这种必要性十分罕见。

① 柏拉图，《法篇》，第九卷。

② 《新法集》，“但是立遗嘱人”。

③ 奥兰治亲王（Prince Orange，1533—1584），即威廉一世，荷兰共和国的缔造者。——译者

法律在一定程度上应该是直率的。为惩治人的邪恶而制定的法律，本身就应洁白无瑕。西哥特法有一条荒谬的规定[①]，它强迫犹太人食用所有与猪肉一起烹煮的食物，但可以不吃猪肉。这是一种极端残暴的规定，因为它把犹太人置于不得不违反他们自己法律的境地，而他们的法律已经所剩无几，除了从不吃猪肉这一点可以辨认出他们是犹太人之外，再也没有别的什么标志了。

第十七节　制定法律的不良方式

与我们的君主一样，罗马皇帝也通过谕旨和敕令发布他们的旨意。不过，罗马皇帝和我们的君主也有不同，他们允许法官和个人就他们的争执向皇帝呈送陈述书，皇帝的批复则叫作敕复。教皇的敕谕其实就是敕复。我们知道，这是一种不良的立法方式，要求通过这种方式立法的人，是立法者的不良引导人。尤里乌斯·卡皮多利努斯说[②]，图拉真经常拒不签发此类敕复，为的是不让一个往往只是一种属于特殊恩惠的决定，普遍使用到所有案件中去。马克里努斯[③]决定取消所有敕复[④]；在他看来，把康茂德和卡拉卡拉以及另外那些笨拙无能的皇帝的敕复视为法律，这是不能容忍的。查士丁尼却不这样认为，他把这些敕复统统编入了他的法律汇编。

我提请阅读罗马法的读者注意，把那些假设性的东西与下列这些法律区分开来：元老院法令，平民会议决议，皇帝们的总体法制，以及一切基于

---

① 《西哥特法》，第十二章，第十六节。

② 见尤里乌斯·卡皮多利努斯，《马克里努斯》。

③ 马克里努斯(Macrin，164—218)，罗马皇帝(217—218 在位)。——译者

④ 见尤里乌斯·卡皮多利努斯，《马克里努斯》。

事物的性质、妇女的脆弱性、未成年人的弱点和公共利益而制定的法律。

第十八节　整齐划一的观念

大人物有时会沾染某些整齐划一的观念(查理曼也未能幸免),而小人物则不可避免地会沾染这种观念。他们在统一中找到了他们所了解的那种完善,因为他们不可能不发现这种完善。行政管理和商贸中使用统一的度量衡,全国使用统一的法律,所有地方都尊奉统一的宗教。可是,这些整齐划一的东西就那么恰当,永远没有任何例外吗?变革比忍受的痛苦更大吗?伟大的天才难道就不知道,什么时候应该整齐划一,什么时候应该有所区别吗?在中国,中国人守中国人的礼仪,鞑靼人守鞑靼人的礼仪①;尽管如此,中国在以太平为目标这一点上,却是世界上无人能与之比肩的。只要民众都遵法守法,至于是哪种法律又有多大关系呢?

第十九节　立法者

亚里士多德时而想要满足他对柏拉图的妒忌,时而想要满足他对亚历山大的热情。柏拉图为雅典人民的暴戾而义愤填膺。马基雅维里满脑子是他的偶像瓦伦迪诺瓦公爵②。托马斯·莫尔的著述大多是他

① 此处孟德斯鸠所说的中国人和鞑靼人应理解为汉人和满人。——译者

② 瓦伦迪诺瓦公爵(Valentinois le Duc),原名塞萨尔·博尔吉亚(César Borgia),法国国王路易十二以为他有能力统一意大利,遂于1498年册封他为公爵。——译者

阅读所得，而不是他所想，他想让世界各国都按照希腊城邦的简单方式来进行治理[1]。哈林顿眼里只有英格兰共和国，而在一大群作者看来，凡是没有国王的地方都乱得不可开交。法律总要遭遇立法者的激情和偏见，有时与之擦肩而过，只是染上一点淡淡的色彩，有时则停下脚步，与之融为一体。

① 参见他的著作《乌托邦》。

第三十章

法兰克人的封建法理论与建立君主政体的关系

第一节　封建法

有一件事世界上曾发生过，以后肯定不会再发生。我相信，我若避而不谈此事，就会在本书中留下一个缺陷。这就是那些曾经一度出现在整个欧洲的法律，它们与此前人们所知道的那些法律并无联系，它们成就了无数好事和坏事，帮助出让领地的人保留了权利，在相同的东西和相同的人之上设立了领主权利，把这些权利交给若干人，从而削减了整个领主权利的分量；它们在疆域过于广阔的帝国中设置界限，制定带有某种无序倾向的规则，而这种无序状况具有一种倾向秩序和和谐的趋势。

若要一一谈论这些法律，就得另外再写一部书。鉴于本书的性质，读者在本书中看到的这些法律，将是我所观察的，而不是我所论述的。

封建法律犹如一幅美丽的画卷。一颗古老的橡树高高耸立①，远

① “从头顶到苍穹有多远，从树根到地狱就有多远。”见维吉尔，《埃涅阿斯纪》。

远望去，枝繁叶茂，走近观察，树干一株，树根却不见踪影，只有挖开地面才能找到树根。

第二节　封建法的根源

征服罗马帝国的民族出自日耳曼尼亚。描述这些民族的习俗的著作虽然不多，我们倒是有两部，而且分量相当重。恺撒在与日耳曼人作战时记述了日耳曼人的习俗[①]，他的一些策略就是依据日耳曼人的习俗制定的[②]。恺撒在这方面的几页书等于好几卷。

塔西佗写了一部关于日耳曼人习俗的专著，这部书篇幅很小，可是，这是塔西佗的著作，他把一切都写得很精练，因为他亲眼看到了一切。

恺撒和塔西佗与我们所掌握的蛮族法典极其吻合，在他们的著作中处处可以看到这些法典，在这些法典中处处可以看到他们两人的影子。

在封建法研究中，尽管我仿佛置身于幽暗的迷宫中，到处都是岔路和曲径，但我却坚信，线头攥在我的手中，我一定可以走到头。

第三节　附庸制的起源

恺撒说："日耳曼人对农业不怎么热心，他们的食物绝大部分是牛

① 《高卢战记》，第六卷，第三十一至三十八节。

② 比如他从日耳曼尼亚撤退。见《高卢战记》，第六卷，第二十九至六十三节。

奶、奶酪和肉类，也没有私人拥有的数量明确、疆界分明的土地。官员和首领们每年把他们认为大小适当、地点合宜的田地，分配给集聚在一起的氏族和亲属，一年之后，又强迫他们迁到别处去①。”塔西佗说②，“每个君主都有一群人拥戴并跟随。”塔西佗用他自己的语言称这些日耳曼人为侍从③，这个称呼当然与他们的状况不无关系。这些日耳曼人争强好胜，人人都想获得君主的青睐，各个君主之间也互争高下④，看谁的侍从多且勇。塔西佗说：“身边围着一群挑选出来的年轻人，这意味着地位和实力，平时是排场，战时是堡垒。谁在侍从的数量和勇气上超过他人，谁就在本族和近邻中声望卓著；于是就有人前来送礼，各地的使节也纷至沓来。名声往往决定着战争的结局。在战斗中，君主的勇气倘若不如人，那就是耻辱，官兵的品德若是不能与君主媲美，同样也是耻辱，君主战死而官兵依然苟活着，那就是永世无法清洗的奇耻大辱。神圣的承诺就是保卫君主。自己的城邦若无战事，君主就到正在打仗的城邦去，以此保持与许多朋友的关系。这些朋友从他们那里得到战马和长矛，丰盛而并不美味的饭食便是对他们的一种回报。君主们的慷慨大方全仗着打仗和劫掠才得以维持。要劝说他们耕种土地以期丰收，远比劝说他们挑战敌人血溅沙场难得多。凡是能够以鲜血换取的东西，他们绝不会以汗水去换取。”

所以，日耳曼人只有附庸而没有采地。君主根本没有土地，所以也就无所谓采地，或者说，采地就是战马、武器和饭食。之所以说有附庸，是因为有忠心耿耿的下属，这些下属曾立誓效忠，有义务作战，他们所承担的义务与后来为采地承担的义务相差无几。

① 《高卢战记》，第六卷，第二十三节。
② 《日耳曼尼亚志》，第十三卷，第二、三章。
③ 拉丁文写作 comites。
④ 《日耳曼尼亚志》，第十三、十四卷。

第四节　续前题

恺撒说[①]:"当任何一个领袖在公众会议上宣布他愿意做首领,让愿意跟随他去的人赶快表态时,那些赞成这件壮举或对他表示钦佩的人,都站起来表示愿意效力,这位领袖于是就博得了群众的赞扬。但是,他如果不履行自己的承诺,就会失去公众的信任,被人看作逃兵和叛徒。"

恺撒在这里所说的以及我在上一节中引述塔西佗的话后所作的论述,便是墨洛温王朝的历史渊源。

每次征战之前,国王们都要重组军队,劝降另一些部队并招募新兵;为了多多攫取,就要多多散财,他们不断地通过瓜分获得许多土地和战利品,又不断地把这些土地和战利品分发掉,他们的领地不断扩大,又不断地缩小;父亲把一个王国赠与儿子时,总要搭上一些财宝[②];国王的财宝被认为是一个君主国所不可或缺的东西,即使为了给女儿做嫁妆,也必须征得其他国王同意,否则便不能因嫁女而把财宝分给外邦人[③]。听到上述这些叙述,我们丝毫也不应吃惊。君主政体的运转依靠发条,需要不时上紧方可。

① 《高卢战记》,第六卷,第二十三节。

② 参见《达戈贝尔传》。

③ 参阅图尔的格雷瓜尔《法兰克史》第六卷中有关西尔佩里克的女儿婚事的记述。希尔德贝派人告诉西尔佩里克,他不可能把父亲的王国中的城市让女儿带走,即便是财宝、农奴、马匹、骑士、牛的挽具等也不行。

第五节　被法兰克人征服的地区

有人说，法兰克人进入高卢之后，占据了所有土地并使之成为采地。这个说法与事实不符。一些人之所以这样想，是因为他们看到，在加洛林王朝末期，几乎所有的土地都变成了采地、次采地、采地或次采地的附属地。可是，这是由于一些特殊原因而形成的，下面将要予以说明。

有人试图由此推断，蛮族制定了普遍适用的法规，以便到处建立耕作种奴隶制；这种推断就像它的原则一样，都不正确。如果在一段时间中，采地都是可以回收的，那么，王国境内的所有土地，不是采地就是采地的附属地，所有人就都是附庸和附属于附庸的农奴；由于拥有财富就拥有权力，所以，持续不断地支配着他的唯一财产即采地的国王，也就拥有土耳其的苏丹那种独断专行的权力。若是果真如此，历史就被整个颠倒了。

第六节　哥特人、勃艮第人和法兰克人

高卢被日耳曼人侵占。西哥特人占据了纳波奈兹和几乎整个法国南部。勃艮第人定居在东部，法兰克人把其余地方几乎全都征服了。

蛮族在他们征服的地区内保留了他们原住地的风俗、喜好和习惯；这一点无需怀疑，因为，任何一个民族都不可能在短时间内改变思想方式和行动方式。这些日耳曼人不大务农，从塔西佗和恺撒的记述来看，他们主要依靠畜牧为生。所以，蛮族的法律大多与畜群有关。撰写了

法兰克人史的罗里孔[①]就是一个牧人。

第七节　分割土地的不同方式

哥特人和勃艮第人以种种借口侵入罗马帝国，罗马人为了遏制他们的劫掠和破坏，不得不设法为他们提供生活来源。起初给他们小麦[②]，后来觉得分给他们土地更好。正如我们在西哥特人[③]和勃艮第人[④]的纪年史和法典中所看到的那样，罗马皇帝和代表罗马皇帝的官员，就分地问题与西哥特人和勃艮第人达成了一些协定[⑤]。

法兰克人的做法不同。萨利克法和里普埃尔法中找不到任何有关分地的踪迹。他们征服一些地方，拿走他们所要的东西，如此而已，他们只在自己人中间制定规矩。

因此，要把高卢的勃艮第人和西哥特人，西班牙的西哥特人，奥古斯图鲁斯[⑥]和奥多亚克[⑦]麾下驻在意大利的雇佣兵[⑧]的做法，与高卢的

① 罗里孔(Roricon)，据传说，此人是《法兰克王的战功》一书的作者。——译者

② 参见索西穆斯，《历史》，第五卷，关于应阿拉里克所请分发小麦的记述。

③ 《西哥特法》，第十卷，第一篇 § 8、9、16。

④ 《勃艮第法》，第五十四篇 § 1、2。宽厚者路易的 829 年敕令表明，分地制度在他执政时期依然存在。这项敕令被收入在《勃艮第法》第七十九篇 § 1 中。

⑤ 马略(Marius)的《纪年史》中关于公元 456 年的记述。“勃艮第人占据了高卢，与高卢和罗马的元老们瓜分土地。”

⑥ 奥古斯图鲁斯(Augustulus)，西罗马帝国末代皇帝，公元 475 年登基，翌年即被赶下台。——译者

⑦ 奥多亚克(Odoacre，434—493)，西罗马帝国雇佣兵首领，他于公元 476 年废黜奥古斯图鲁斯皇帝，西罗马帝国就此灭亡 。——译者

⑧ 参阅普洛科比乌斯，《哥特战记》。

法兰克人和非洲的汪达尔人[1]的做法[2]区分开来。前一种做法是与原居民达成的协议，因而也就是与他们分地的约定，后一种做法则与分地毫无关系。

第八节 续前题

有人说，蛮族夺取了罗马人的大量土地。之所以有这种说法，是因为在西哥特人和勃艮第人的法律里发现，这两个民族占有三分之二的土地。可是实际上，只有在指定给他们的地区里，他们才占有三分之二的土地。

贡德鲍在勃艮第法里说，勃艮第人在定居区里占有三分之二的土地[3]；勃艮第法的第二补编说，以后来到此地的人只能得到一半土地[4]，并非一开头就把所有土地都分给罗马人和勃艮第人了。

这两部法规使用了同样的表述，所以可以彼此印证。既然不能把勃艮第法所说的分地理解为把所有土地全都分掉，当然同样也不能对西哥特法作这样的理解。

西哥特人与勃艮第人一样，行事比较讲究节制，他们并未在所有被他们征服的地方剥夺罗马人的土地。他们拿这许多土地做什么？他们拿走了对他们合适的土地，把其他土地都留下了。

---

① 公元3世纪定居在维斯图拉河和奥德河沿岸地区的日耳曼人。——译者

② 《汪达尔人战记》。

③ 《勃艮第法》，第五十四篇§1："虽然我们民族在那时得到三分之一奴隶和三分之二土地。"

④ 《勃艮第法·补编》，第二条："此后到来的勃艮第人只能要求获得目前所需，即一半土地。"

第九节　勃艮第人和西哥特人的法律在分地方面的正确实施

不应把分地看作出于暴戾精神的一种举措，而应看作为满足居住在同一地区的两个民族的相互需要而采取的举措。

勃艮第法规定，每个勃艮第人都应被罗马人作为客人接待。这与日耳曼人的习俗相符。据塔西佗说①，日耳曼人是世界上最好客的民族。

法律规定，勃艮第人占有三分之二的土地和三分之一的农奴。这项法律遵循了两个民族的精神，符合他们谋生的方式。勃艮第人放牧，对土地的需求较多，对农奴的需求较少。耕种土地要付出巨大劳动，所以罗马人对农奴的需求较多，对土地的需求较少。树林均分，因为两个民族在这方面的需求相同。

从勃艮第法典可以看出，每个蛮族人都被安置到一个罗马人的地方②。所以，并非所有土地都分掉，拿出土地的罗马人和接受土地的勃艮第人数量相等。罗马人的损失被减到了最小程度。勃艮第人善战，会狩猎，会放牧，分到荒地也不在乎；罗马人为自己保留了最适宜耕种的土地，勃艮第人的牲畜让罗马人的土地变得肥沃。

第十节　奴役

勃艮第法写明③，勃艮第人在高卢定居时，得到了三分之二的土地

① 《日耳曼尼亚志》，第三十一章。

② 《西哥特法》也有相同规定。

③ 《勃艮第法》，第五十四篇。

和三分之一的农奴。由此可见，勃艮第人到来之前，在这部分高卢地区已经有了耕作奴隶[①]。

勃艮第法在有关两个民族的事务上，为两个民族的贵族、自由民和农奴[②]分别作了正式而明确的区分。奴役因而不为罗马人所特有，恰如自由民和贵族不为蛮族所特有一样。

勃艮第法规定[③]，一个勃艮第被释奴倘若没有向其主人支付一定数额的赎金，也没有收到一个罗马人支付的第三者保金，他就始终被认为是主人家的奴隶。所以，拥有产业的罗马人是自由的，因为他完全不属于另一个家庭；他是自由的，因为，他的第三者保金就是他拥有自由的标志。

翻一翻萨利克法和里普埃尔法就可以知道，生活在法兰克地区的罗马人所受的奴役，绝不比生活在高卢其他征服者地区的罗马人更甚。

布兰维利耶伯爵先生的主要论点出错了，他没能证明法兰克人曾制定过普遍适用的规定，从而使罗马人沦于奴役之中。

他的著作毫无技巧可言，他出身于古老的贵族，在书中使用的就是贵族的那种简朴、直率和天真的语言，他所说的对话和错话，人人都一目了然。所以，我就不再对他的那部著作详加评说了。我只是想说，他的悟性胜过才智，他的才智胜过知识，不过，他的知识不容轻视，因为，他对法国历史和法律中的大事所知甚多。

布兰维利耶伯爵先生和迪波教士各有一套理论，一个像是在诅咒

① 法典的标题"农民、缴纳年贡的地主和屯垦者"可资证明。

② 《勃艮第法》，第二十六篇§1："如果拔掉勃艮第贵族或罗马贵族的一颗牙"；《勃艮第法》，第二十六篇§2："如果给予中等阶层的自由民，无论勃艮第人或罗马人"。

③ 《勃艮第法》，第五十七篇。

第三等级,一个像是在诅咒贵族。太阳神把战车交给法厄同①驾驭时对他说:“你若上得太高,就会烧毁天宫,你若下得太低,就会焚毁大地。你若太向右走,就会掉进巨蛇星座,你若太向左走,就会走进祭台星座。好好地走在两者之间吧②。”

第十一节　续前题

有人之所以觉得在征服时期就有一种普遍适用的法规,是因为在加佩王朝初期的法国,奴隶的数量已经多得惊人;由于没有注意到奴隶的数量是逐渐增多的,因而以为在一个黑暗的时代就存在着一种普遍适用的法律;其实根本没有。

墨洛温王朝初期,无论法兰克人或罗马人,都有大量自由民。可是农奴数量的增速极快,到了加佩王朝,几乎所有农夫和城市居民都变成了农奴③。在墨洛温王朝初期,城市管理与罗马相似,有市民群体、元老院和法院;到了加佩王朝初期,就只有领主和农奴。

法兰克人、勃艮第人和哥特人入侵时,凡是军队带得动的东西,诸如黄金、白银、家具、衣服,甚至男子、妇女和男童,统统劫掠一空,集中起来由军队瓜分④。整个历史证明,这些蛮族首次定居下来后,也就是在他们实施了第一次劫掠之后,就把当地居民吸纳进来,同时保留他们

① 法厄同(Phéaton),希腊神话中的太阳之子。——译者

② 这段引语来自奥维德的史诗《变形记》第二卷第13—18行。孟德斯鸠在脚注中引述了拉丁文原文,内容与正文中的引语完全相同,故从略。——译者

③ 在罗马人管辖下的高卢,农奴是一个特殊群体,通常由被释奴和他们的后代组成。

④ 图尔的格雷瓜尔,《法兰克史》,第二卷,第二十七章;艾穆安(Aimoin),《法兰克人史》,第一卷,第十二章。

原有的一切政治和民事权利。战时抢走一切，平时给予一切，这便是当时的万民法。倘若不是如此，在萨利克法和勃艮第法中，怎么会有那么多与把所有人都变成奴隶的做法完全相反的条款呢？

但是，征服战争没有完成的，却由同一部万民法在战事结束后完成了①。由于抵抗、反叛和城市被占领，民众沦入奴役之中。除了各族之间的征服性战争，法兰克人的独特之处在于，国家一分为几之后，兄弟和甥侄之间的内战不断，而万民法在这些内战中始终得以执行，所以与其他国家相比，法兰西的奴役更加普遍一些。我认为，这也许就是在领主权利方面，法国的法律与意大利和西班牙的法律有所不同的原因之一。

征服战争不过是短暂的事件，而在战争中应用的万民法则产生了某些奴役。由于同一部万民法连续使用了数百年，所以，奴役就有了惊人的扩展。

特德里克②认为奥弗涅人民对他不忠③，于是对分给他管辖的法兰克人说："跟我走吧，我要把你们带到一个地方去，那里有黄金、白银、俘虏、衣服和许许多多牲畜，你们可以把那里的人全都迁到你们的地方去。"

贡特朗和西尔佩里克媾和④之后，围困布尔热的军队奉命撤退，他们带走的战利品难以计数，连人和牲畜也几乎没有留下一个。

意大利国王戴奥德里克一心要在蛮族中高人一筹，为此采取了相应的策略，他派兵进入高卢时，在写给他的将军的信中说道："我要求大家执行罗马法，请你们把逃跑的奴隶交还给他们的主人；自由捍卫者不

① 参见《圣人传》。参见本节下面另一脚注。
② 特德里克（Theudéric，486—538），奥斯特拉西亚和奥弗涅国王。——译者
③ 图尔的格雷瓜尔，《法兰克史》，第三卷，第十一章。
④ 图尔的格雷瓜尔，《法兰克史》，第四卷，第三十一章。

应鼓励抛弃奴隶制。其他国王尽可以高高兴兴地劫掠和摧毁他们攻克的城市,我的获胜方式不同,我要让臣民抱怨我征服他们太晚了。”很显然,他想让法兰克的勃艮第人国王遭人憎恶,而且不言自明地提到了他们的万民法。

万民法在加洛林王朝依然存在。据《麦斯年鉴》[①]记述,丕平的军队进入阿基坦,带着无数战利品和农奴返回法兰西。

我还可以援引许多权威著作[②]。巨大的灾难激起了人们的恻隐之心,多位圣洁的主教看到俘虏们被成双成对地捆在一起后,便拿出教会的钱,甚至出售教堂的圣杯,尽其所能为这些俘虏赎身,许多圣洁的僧侣为此竭尽全力,《圣人传》对这些事迹记述得最为详尽[③]。凡是上帝计划之内的事情,他肯定已经一一完成,尽管在这些事情上,我们有理由责备这些传记的作者们有时过于轻信,但是,我们依然可以从中得到巨大的启示,看清楚当时的风俗和习惯。

当我们把目光投向传之久远的历史和法律著作时,就好像见到了一片大海,一片一望无际的汪洋大海[④]。这些冷冰冰的、枯燥的、乏味的、艰涩的著作,统统都要读,要把它们吞下去,就像寓言中所说,沙特恩把石头吞下去那样。

---

① 在763年条目下写道:“战利品和奴隶多得难以计数,他们回到法兰西时都发了财。”

② 《弗尔德年鉴》,739年;保尔·迪亚克尔(Paul Diacre),《伦巴第人的武功》,第三卷,第三十章;第四卷,第一章;下一个脚注所引的《圣人传》。

③ 参阅圣埃皮法纳(Saint Epiphane)、圣埃普塔蒂乌斯(Saint Eptadius)、圣赛塞尔(Saint Césair)、圣菲多尔(Saint Fidole)、圣波西安(Saint Porcien)、圣特雷维里乌斯(Saint Trévérius)、圣欧西齐乌斯(Saint Eusichius)、圣莱热(Saint Léger)等圣人的传记以及圣尤利安(Saint Julien)的圣迹。

④ 奥维德在《变形记》第一卷中写道:“茫茫大海,无边无际”。

自由民所开发的无数土地[①]，变成了领主拥有永久所有权的地产。一个地方如果失去了曾经居住在这里的自由民，拥有大量农奴的人就会攫取或强制他人出让大片土地，在那里建立起村庄，就像我们在各种条例中所看到的那样。另一方面，过去从事手艺的人如今变成了农奴，可是依然还得从事手艺。所以说，奴役把过去夺走的东西归还给了手艺和耕作。

当时一种常见的做法是：土地所有者把农奴交给教会使用，用以顶替年贡，并且认为，这些农奴的劳役等于替土地所有者为教会的神圣事业作出了贡献。

第十二节　蛮族分得的土地不缴贡赋

一群淳朴、贫穷、自由、尚武的牧人，他们的生活不依靠任何技艺，对于土地的依赖也仅限于那间小茅屋[②]，他们跟随首领战争，为的是获取战利品，而不是为了缴纳或收取贡赋。苛捐杂税是后来发明的，是人们开始享受到其他手艺带来的福祉后才发明的。

一阿庞[③]土地缴纳一陶罐葡萄酒作为临时税[④]，这是西尔佩里克和弗雷戴贡德[⑤]强制征收的一种税，缴纳者仅限于罗马人。其实，并不是法兰克人，而是教会人士撕毁了这些纳税人名册，而当时的所有教会人

---

① 屯垦者也不全是农奴。参见《法典》："农民、种植者和屯垦者"第18、23条；同篇第20条。

② 图尔的格雷瓜尔，《法兰克史》，第二卷。

③ 阿庞(arpent)，古代土地面积计算单位，约合20—50公亩。——译者

④ 图尔的格雷瓜尔，《法兰克史》，第二卷。

⑤ 弗雷戴贡德(Frédégonde，545—597)，西尔佩里克之妻，纽斯特里亚王后。——译者

士全都是罗马人①。承受此税之苦的主要是城市居民②,而当时的城市居民几乎全都是罗马人。

据图尔的格雷瓜尔记述③,在西尔佩里克在位时,某个法官曾经强迫法兰克人纳税,国王死后,这位法官因此而躲进了一所教堂;法兰克人在西尔佩里克在位时期是自由民:"在西尔佩里克在位期间,向许多身为自由民的法兰克人征税。"可见,不是农奴的法兰克人是不纳税的。

任何一位语法学家看到迪波教士对这段文字的解释,都会大吃一惊④。他说,被释奴(affranchis)那时也叫作自由民(ingénus),并以免除赋税(affranchis de tributs)解释拉丁文的 ingenui。法文可以使用 affranchis de tributs 这种词组,诸如 affranchis de soins(免除照看)、affranchis de peines(免除刑罚)等等,但是在拉丁文中,ingenue a tributes(不纳税自由民)、libertini a tributis(不纳税被释奴)、manumissi tributorum(不纳税人)这种词组却是怪异不通的。

图尔的格雷瓜尔说,帕特尼乌斯认为,他之所以会被处死,是因为曾向法兰克人强制征税⑤。这段文字让迪波教士十分难堪,他只能对这件并不清楚的事情进行猜测,冷冷地说,那是一种超额的赋税⑥。

我们在西哥特法⑦中看到,一个罗马人的土地如果被一个蛮族人

① 这在图尔的格雷瓜尔,《法兰克史》全书中都可以看到。这位格雷瓜尔问一个原籍伦巴第的名叫瓦尔菲里亚库斯(Valfiliacus)的人,他怎么能够成为教会人士。见该书第八卷。

② "这种税在高卢的所有城市中征收。"见《圣阿里迪乌斯传》。

③ 图尔的格雷瓜尔,《法兰克史》,第七卷。

④ 迪波,《法兰西君主国在高卢的建立》,第三卷,第十六章,第 515 页。

⑤ 《法兰克史》,第三十六章。

⑥ 《法兰西君主国在高卢的建立》,第三卷,第 514 页。

⑦ 法官和行政长官把为罗马人保留的土地,即三分之一,从占有这些土地的人手中拿回来,立即交还给罗马人,让罗马人缴清赋税,以免财政受损。见《西哥特法》,第十卷,第一篇,第十四章。

占有，法官为了让这块地能继续缴税，就要强制这个蛮族人把地卖掉，由此可见，蛮族是不缴土地税的①。

迪波教士为自圆其说，需要西哥特人缴税②，于是他脱离法律的字面意义和实质意义，仅仅依靠想象就说，在哥特人定居和这项法律颁布之间的这段时间里，赋税增加了，但只涉及罗马人。要知道，拥有任意处置历史事实大权的人，只有阿杜安神甫一位啊③。

迪波教士又到查士丁尼的法典④中去寻找依据⑤，试图用以证明罗马人的军事收益也要纳税；他由此得出结论说，法兰克人的采地或收益也要纳税。可是，把法国采地的渊源说成是罗马人定居高卢的观点，如今已经无人以为然了；这个说法只是在一个时期中被认为可信，那时我们只知道罗马史，而对我们自己的历史却所知甚少，而且种种古老的见证物还被湮没在历史的尘埃之中。

迪波教士为了说明当时法兰克人的习惯做法，列举了卡西奥多卢斯，讲述了意大利和戴奥德里克统治下的高卢，其实这是一些不应混淆的事实。有朝一日我也许会写一本书，讲一讲东哥特王国的君主制体制，与其他蛮族在那时所建立的君主体制截然不同；绝不能因为法兰克人有某种做法，就说东哥特人也有这种做法；恰恰相反，我们有理由认为，正因为东哥特人有某种做法，所以法兰克人不会采用与此相同的做法。

① 汪达尔人在非洲根本不缴土地税。见普洛科比乌斯，《汪达尔人战记》，第一卷和第二卷；《杂史》，第十六卷第 106 页。请注意，非洲的征服者是汪达尔人、阿兰人和法兰克人。见《杂史》，第十四卷，第 94 页。

② 《法兰西君主国在高卢的建立》，第三卷，第十四章，第 510 页。

③ 阿杜安神甫（le Père Hardouin，1646—1729），法国耶稣会学者。他自称经考证后确认，荷马的史诗和维吉尔的史诗，其实都是中世纪僧侣的作品。孟德斯鸠在此以阿杜安神甫的无稽之谈讥讽迪波神甫。——译者

④ 《法律》，第十一卷，第七十四篇，第三题。

⑤ 《法兰西君主国在高卢的建立》，第三卷，第 511 页。

对于那些精神飘浮在博学之中的人来说，最费力气的事是在并非与主题毫不相干的地方寻找证据，借用天文学家的话说，就是在那里找到太阳的位置。

迪波教士任意解释敕令，如同他任意解释历史和各族人民的法律一样。他说法兰克人是纳税的，于是他就把只有农奴才做的事让自由民去做①；他要谈论法兰克人的民团，于是就把只有自由民才能当的差说成农奴也可以干②。

第十三节　罗马人和高卢人在法兰克君主国中的负担

下面我要谈一谈罗马人和被征服的高卢人是否继续缴纳帝国时期的税赋。为了节省篇幅，我只想说，虽然他们起初缴纳税赋，但不久之后就被免除了，这些税赋后来变成服兵役了。我承认，我确实无法想象，为何法兰克人起初对苛捐杂税如此亲近，后来突然变得那么疏远。

从宽厚者路易的一道饬令③中，我们可以清楚地看到自由民在法兰克君主国中的状态。为逃避摩尔人压迫的一些三五成群的哥特人和伊比里亚人，被收留在这位路易的土地上④。路易与这些外来者议定，他们将作为自由民随他们的伯爵出征，在行军途中，他们将在伯爵的指

① 《法兰西君主国在高卢的建立》，第三卷，第十四章，第 513 页；他在此处援引了皮斯特版的第 28 条。参见本书本章第十八节。

② 《法兰西君主国在高卢的建立》，第三卷，第四章，第 298 页。

③ 815 年敕令第一章。此敕令与秃头查理的 844 年敕令的 1 条和第 2 条相符。

④ “为居住在阿基坦、纳波奈兹和普洛旺斯地区的西班牙人”。见宽厚者路易的 815 年敕令。

挥下担负守卫和巡逻[①]，他们向国王的特派员和往返于宫廷的使节提供车马[②]；他们不得被强制缴纳其他税赋，并将享受自由民的待遇。

这些做法不能说是加洛林王朝初期的新举措，应该说，至少在墨洛温王朝中期和后期就已经有了。864 年的一道敕令明确地写道，古老的习俗规定，自由民要从军，要花钱提供前面说到的车马[③]。这些就是他们要负担的特殊税赋，拥有采地的人则不必缴纳，我在下面将会对此提出证明。

这还不是一切。有一条规定几乎不允许让这些自由民承担税赋[④]。凡是拥有四个份地[⑤]的人必须从军出征，拥有三个份地的人需要与一个拥有一个份地的自由民凑对，后者为前者支付四分之一的税赋，并且留住在前者家中。两个各自拥有两个份地的自由民同样可以凑对，从军出征的那一位的费用，由留守的那一位负担一半。

不但如此，还有许多条令把采地的特权赋予自由民的土地或管区，我在后面将会详加讲述[⑥]。这些土地无须缴纳伯爵和其他官员所索取的所有负担；条令中详细罗列了各种负担，却不曾提到税赋，可见并不征收税赋。

罗马的苛捐杂税在法兰克人的王国里，轻易地就被废除了。罗马人征收的税非常复杂，头脑简单的法兰克人想不到这些，更没有征收这

① “被他们称作瓦克达斯(wactas)的卫队和巡逻队”。

② 他们没有向伯爵提供同样服务的义务。

③ “家有马匹的法兰克应将马匹交给伯爵与敌人作战”伯爵不得扣留他们的马匹。“为使他们能够依据古老的习俗从军并备好马匹。”皮斯特版，载《敕令汇编》，巴鲁兹，第 186 页。

④ 查理曼 812 年敕令第一章；皮斯特版 864 年第 27 条。

⑤ 拉丁文为 Quatuor mansos。我认为这里所说的 mansus 是指一定数量的土地，土地之上附有住宅，并拥有奴隶。853 年的敕令“致希利”可资证明，见该敕令第 14 条“关于不得将奴隶逐出份地”。

⑥ 见本书本章第二十节。

种税的计划。鞑靼人倘若今天侵入欧洲，要让他们弄清楚我们的财政是什么，恐怕也是一件相当劳神费力的事情。

《宽厚者路易传》的不知名作者[①]，在谈到查理曼在阿基坦安置的伯爵和法兰克民族的其他官员时说，他把守卫边境的任务、军事权力和管理国王领地的职责交给了他们；由此可以得知加洛林王朝时期国王的收入情况。国王拥有领地，由奴隶耕种。但是，徭役、人头税和帝政时期对自由民的人身或财产征收的其他税赋，都变成了守卫边界和从军征战的义务。

这部著作还说[②]，宽厚者路易在日耳曼尼亚找到了父亲查理曼，父亲问他，一个国王怎么会穷到这步田地，路易答复说，他这个国王徒有虚名，几乎所有领地都为领主们所拥有。查理曼担心，那些未经深思熟虑就给出去的土地，如果让年轻的儿子自己去统统讨回来，难免会失去领主们的爱戴，于是派遣了一些专员去处理此事，使之恢复原状。

主教们写信给秃头查理的兄弟路易[③]，信中说："看管好你的土地，不然的话，你就不得不在僧侣们的住所之间游荡，把他们的驾车奴隶弄得疲惫不堪。无论如何，你总得衣食无虑，还能接待使节才是。"由此可见。当时国王的收入主要来自他们的领地[④]。

第十四节　所谓税赋

蛮族走出他们的本土之后，想把他们的习俗书写成文字。可是，

① 杜申，《文集》，第二卷，第 287 页。
② 杜申，《文集》，第二卷，第 89 页。
③ 见 858 年敕令第 14 条。
④ 在有河流和路口的地方，国王也征收一些路桥费。

用罗马字母书写日耳曼语比较困难，于是便以拉丁文来书写这些成文法。

在征战及其推进过程的混乱中，大多数事物都发生了质的变化，要想表达这些事物，就得借用与新的习俗最接近的拉丁文旧词。因此，为了能让人想起罗马人旧时的税（cens）[①]，就使用税（census）和赋（tributum），至于那些与罗马人的概念毫无关系的事物，就用罗马字母书写日耳曼人的词，例如罚金（fredum），在下面几节中，我将要对此详加说明。

税和赋这两个词被任意使用之后，它们的含义在墨洛温王朝和加洛林王朝期间就不大明确，一些自成体系的近代作者[②]在当时的著作中见到税这个字，就以为它与罗马人的税字含义完全相同，由此而产生的结果是，法国头两个王朝的国王不仅替代了罗马皇帝的地位，而且对罗马帝国的行政体制也没有作任何改动[③]。加洛林王朝时期征收的某些税由于偶然因素或某些变化而改成了其他税种[④]，这些作者们就断言说这些税与当年罗马人的税完全一样。他们发现，自从有了近代法规之后，国王的权限具有绝对不可剥夺的性质，他们于是就说，这种税相当于当年罗马人的税，并不在国王固有权限之内，因而是百分之百的侵占。对于他们的其他结论，我不准备谈论。

---

① 税（census）这个词用途广泛，在有河流的地方，也可以用来指过桥或渡河费。见 803 年敕令，巴鲁兹版，第 395 页第 1 条；819 年敕令 V 第 616 页。从秃头查理 865 年敕令第 8 条来看，这个词还可以用来指称自由民向国王或国王的特使提供的车辆。

② 迪波教士和他的追随者。

③ 迪波教士在《法兰西君主国在高卢的建立》第三卷第六章第十四节中提出的理由十分软弱无力，尤其是他对图尔的格雷瓜尔关于他的教堂和查理贝尔（Charibert）国王纠纷的记述所作的推导。

④ 例如奴隶释放金。

把当代所有的概念统统放置到遥远的已逝年代中去理解，谬误之源即在于此，后果之严重莫过于此。对于想把一切以往的事物予以现代化的人，我想借用埃及祭司对梭伦所说的话："哦，雅典人，你们只不过是些孩子而已。"

第十五节　所谓的税只向农奴而不向自由民征收

国王、神职人员和领主分别向各自领地上的农奴按规定征赋。国王征收此赋，有维利斯敕令为证；神职人员征收此赋，有蛮族法典①为证；领主征收此赋，有查理曼制定的相关法规②为证。

这些赋被称作税，这是经济税，而不是财政税；是纯私人性质的税收，而不是公共税收。

我说过，所谓税是向农奴征收的一种赋。马尔库尔弗的一个规定可以为我证明此事，这件文书包含有国王的一项规定，准许生而为自由民并且未在纳税名录上登记的人成为神职人员③。我还有一件文书可资证明，那就是查理曼写给他派往萨克森地区的一位伯爵的一道谕令④，谕令说，鉴于萨克森人皈依基督教，因而将自由给予他们，所以

---

① 《日耳曼法》，第二十二章；《巴伐利亚法》，第一篇，第十四章，其中有神职人员对他们自己的身份制定的规则。

② 《敕令汇编》，第五卷，第三百零三章。

③ "如果有人身自由，而且没有在纳税册上登记。"见《敕令汇编》，第一卷，第19条。

④ 公元789年谕令，载《敕令汇编》，巴鲁兹版，第一卷，第250页。

说，其实这是一个自由宪章①。查理曼恢复了他们原有的公民自由，并免除他们的纳税义务②。由此可见，身为农奴和缴纳税赋是一回事，恰如身为自由民无须缴纳税赋一样。

查理曼还颁发过一道谕令，给予被法兰西王国收留接纳的西班牙人以某些好处③，谕令规定，伯爵们不得向这些西班牙人征收任何税赋，也不得剥夺他们的土地。众所周知，来到法兰西的外国人都被当作农奴对待，而查理曼却要求把他们视为自由民，让他们拥有自己的土地，禁止向他们征税。

秃头查理的一道施惠于西班牙人的敕令④规定，对待这些西班牙人要像对待法兰克人一样，禁止向他们征税；从这里也可以看出，自由民是不纳税的。

若干国王或教会的屯垦者将他们份地的附属土地，出售给教会人士或与他们地位相同的人，只留给自己一个小茅屋，这样一来，他们就不必纳税了。皮斯特敕令第三十条纠正了这个流弊，下令恢复原状。这也可以证明，所谓税就是奴隶缴纳的一种赋。

由此导致的另一个结果是，法兰西王国境内没有普遍征收的税，这一点在大量文书中都说得相当明白。有一道敕令⑤这样写道：“以往合

---

① “此自由宪章应是持续和永久的”。见《敕令汇编》，巴鲁兹版，第一卷，第250页。

② “赋予他们以原有的自由，解除他们向我们缴纳的税赋。”载《敕令汇编》，巴鲁兹版，第一卷，第250页。

③ 公元812年敕令《处理西班牙人条例》，载《敕令汇编》，巴鲁兹版，第一卷，第500页。

④ 公元844年敕令，载《敕令汇编》，巴鲁兹版，第二卷，第1、2条第27页。

⑤ 收在安泽吉士（Anzegise）《敕令集》中的805年敕令III，第20、22条，见该汇编第三卷，第15条。此敕令与秃头查理854年的阿蒂尼敕令第6条相符。

法征税[①]的地区仍应征收国王税”，这通敕令意味着什么呢？查理曼曾下过一道敕令[②]，要求其驻在各省的特使准确调查过去属于国王权限的所有税赋[③]，这通敕令表明什么呢？他还在另一道敕令[④]中处理了被要求纳税的人们所缴的税款[⑤]，这又意味着什么呢？还有一位作者[⑥]写道：“如果某人得到了一块纳赋的土地，也就是一块我们习惯于收税的土地。[⑦]”这又是什么意思呢？最后还有一件文书[⑧]，秃头查理在这件文书上谈到了那些自古以来一直由国王征税的纳税土地[⑨]，这又作何解释呢？

请注意，有些文书乍一看好像与我所说相反，其实恰恰证实了我的说法。我们已经在上面的叙述中看到，王国内的自由人只负有提供车辆的义务。我刚才援引的文书把这种义务也叫作纳税[⑩]，可是它把这种税与农奴交纳的税作了严格的区分。

此外，皮斯特敕令[⑪]还谈到了那些为自己的人头和茅屋纳税的法兰克人，在饥馑期间出售自己[⑫]。国王希望他们能够赎身。因为，凡是

① “以往合法征税的地区”，见安泽吉士，《敕令集》。

② 载《敕令汇编》，巴鲁兹版，第一卷，第 498 页：812 年敕令第 10、11 条。

③ “以往收归国王的所有税赋”，见 812 年敕令第 10、11 条。

④ 载《敕令汇编》，巴鲁兹版，第一卷，第 508 页：812 年敕令。

⑤ 813 年敕令第 6 条：“纳税人所交纳的税赋”。

⑥ 《敕令集》，第四卷，第 37 条，编入《伦巴第法》。

⑦ “如果有人获得了一块纳赋土地，一块我们习惯上要征税的土地。”《敕令集》第四卷第 37 条。

⑧ 805 年，第 8 条。

⑨ “自古以来由国王征税的纳税土地。”见 805 年敕令第 8 条。

⑩ “税或法兰克人应向国王提供的驭马。”

⑪ 载《敕令汇编》，巴鲁兹版，第 192 页：864 年敕令第 34 条。

⑫ 载《敕令汇编》，巴鲁兹版，第 192 页：“应为自己的人头和茅屋向国王纳税的法兰克人。”

借助国王的敕令解除奴隶身份的人①，通常得不到完全的自由②，可是他们必须缴纳人头税。我在这里所谈的就是这类人。

所以，必须摒弃以下这种观念：存在着一种针对所有人普遍征收的税，它起源于罗马人的行政管理制度，由此推测，领主的税赋同样也来自侵占。其实，如果不考虑对税这个词的误用，那么，法兰西王国中的所谓税，实际上是由主人对农奴征收的一种特殊税。

前面那么多的引文肯定让读者极度厌烦，我恳请读者原谅。如果不是因为我的面前始终摆着迪波教士的那部《法兰西君主国在高卢的建立》，我可能不会那么啰唆。最能阻碍知识进步的，莫过于一位著名作者的一部坏书。因为，欲授人以真知，需从解惑始。

第十六节　家臣或附庸

我曾谈及随君主出征的那些日耳曼志愿者。这一习俗在征服战争结束后依然保留着。塔西佗把这类人叫作侍从③；萨利克法把这类人叫作矢忠于国王的人④；马尔库尔弗把这类人叫作国王的忠臣⑤；最早的法国历史学家称之为家臣或忠臣⑥；后来的历史学家则称之为附庸或领主⑦。

---

① 同一道敕令第28条对此作了解释。此敕令甚至对被释奴中的罗马人和法兰克人作了区分，可见并非人人都纳税。应该好好读一读这件文书。

② 参见前引查理曼813年的一道敕谕。

③ 拉丁文写作 comites。

④ 拉丁文写作 Qui sunt in truste regis，见于萨利克法第四十四卷第4条。

⑤ 这个词来自 trew，在阿拉曼语中意为忠诚，在英语中即 true，意为真实。

⑥ 拉丁文写作 Leudes, fideles。

⑦ 拉丁文写作 Vassali，seniores。

萨利克法和里普埃尔法有大量关于法兰克人的条款，却只有寥寥几条是关于国王的家臣的。关于这些家臣的规定与关于其他法兰克人的规定不同，这是因为，家臣们的财产适用政治法而不是公民法，再则，他们的财产归军队所有，而不归家庭所有。

在不同时期的不同作者笔下，为这些家臣保留的财产分别被叫作国库财产[①]、恩赐、荣赏、采地。

采地起初是可以撤销的，对这一点不应有所怀疑[②]。据图尔的格雷瓜尔的记述[③]，苏内吉希尔和加洛曼的采地被剥夺了从国库得到的一切，只给他们留下了自己的产业。贡特朗把侄子希尔德贝扶上王位时，与他进行了一次密谈，告诉他应该赐给哪些人以采地，剥夺哪些人的采地[④]。马尔库尔弗的一项法规说，国王可以用作交换的，不单是出自他的国库的恩赐，也可以是来自另一个人的金库的恩赐[⑤]。在伦巴第法中，这种恩赐与产权是截然不同的[⑥]。历史著作、法规、各蛮族的法典在这一点上都是一致的。《采地概要》[⑦]的作者们告诉我们[⑧]，起初领主可以随意撤销采地，后来把采地的期限定为一年，再后来定为终

① 拉丁文写作 Fiscalia。参见马尔库尔弗，《法规》，第一卷，第 14 条。《圣摩尔传》称："国王给了他一笔国库财产。"《麦斯年鉴》所记 747 年："国王给予他伯爵领地和一些国库财产。"用于维持王族日常生活的费用叫作王家费用，拉丁文写作 regalia。

② 《论采地》，第一卷，第一篇；屈亚斯关于该书的论述。

③ 《法兰克史》，第九卷，第三十八章。

④ "应该把采地给谁，把谁的采地收回。"见《法兰西史》，第七卷。

⑤ "无论何人都应被承认有权拥有这种地位，作为得自他人或我们的收益的一部分。"见《法规》，第一卷，第 30 条。

⑥ 《伦巴第法》，第三卷，第八篇 § 3。

⑦ 《采地概要》(*Libre feudorum*)，在意大利编制的一部伦巴第封建法论著，作者为两位执政官。——译者

⑧ 《采地概要》，第一卷，第一篇。

生[1]。

第十七节　自由民的兵役

两种人要服兵役：一是附庸和附庸的附庸，他们拥有领主的采地，所以要为领主服兵役。二是法兰克人、罗马人和高卢人中的自由民，他们为伯爵服兵役，由伯爵或他的军官统率。

所谓自由民，指的是这样一些人，他们一方面没有任何恩赐或采地，另一方面，他们也不受耕作奴役；他们所拥有的土地叫作自由地。

伯爵召集自由民，率领他们打仗[2]。伯爵麾下有两名叫作督军的军官[3]；由于所有服役的自由民都分编在若干百人队中，多个百人队编为镇，所以伯爵麾下还有一些叫作百人长的军官；编在镇或百人队中的自由民士兵在这些百人长带领下作战[4]。

百人队这种编制是在法兰克人定居高卢之后才出现的，采取这一措施的是克罗泰尔和希尔德贝，他们这样做的目的是让每个地区对于发生当地的盗窃事件负起责任来，这两位君主的谕令谈到了这件事[5]。这种制度如今在英国仍可看到。

伯爵率领自由民作战，附庸率领自己的附庸或附庸的附庸作战，主

① 屈亚斯指出，这也是一种特惠，领主可以每年继续给予，也可以不再给予。

② 参见查理曼 812 年敕令第 3 条和第 4 条；又见《敕令汇编》，巴鲁兹版，第一卷，第 491 页；《皮斯特敕令》，864 年第 26 条，第二卷，第 186 页。

③ “每位伯爵有两位督军和百人长。”见《敕令集》，第二卷，第 28 条。

④ 这些士兵叫作伙计（compagnons）。

⑤ 《敕令汇编》，巴鲁兹版，第 20 页：595 年敕令第 1 条。这些法规大概是征询意见后制定的。

教、教士或他们的代理人[①]带领他们的附庸参战[②]。

主教们很为难,他们并不觉得自己的参战行为很合适[③],于是他们请求查理曼不再强求他们参战。可是,当他们的请求获得批准时,却又抱怨因此而失去了公众的尊敬。查理曼不得不就此阐明他的意图的正确性。不管怎样说,我发现当主教们不再参战后,他们的附庸并非在伯爵的率领下作战,恰恰相反,率领主教的附庸们作战的,是国王或主教遴选的亲信[④]。

在宽厚者路易的一道敕令[⑤]中,国王把附庸分成三类:国王的附庸、主教的附庸、伯爵的附庸。只有当家臣或领主因故不能亲自率领他们的附庸参战时,才由伯爵率领参战[⑥]。

可是,家臣由谁率领上战场呢?毫无疑问,当然是国王,国王始终是家臣们的领袖。正因为如此,敕令中常常出现国王的附庸与主教的附庸相互对立的情形[⑦]。国王个个骁勇、自豪和尊贵,他们御驾亲征绝不是为了率领主教的兵员,也不会选择与这些人生死与共。

但是,有一道敕令对此作出了规定,家臣同样应率领他们附庸和附庸的附庸参战。查理曼在这通敕令中下令,凡拥有四个份地者,不论份地是

① 拉丁文写作 Advocati。

② 查理曼 812 年敕令第 1 条和第 5 条。见《敕令汇编》,巴鲁兹版,第一卷,第 490 页。

③ 《敕令汇编》,巴鲁兹版,第 408 页和第 410 页:803 年沃姆斯(Worms)敕令。

④ 《敕令汇编》,巴鲁兹版,第 409 页:803 年沃姆斯敕令;《敕令汇编》,巴鲁兹版:秃头查理在位时 845 年韦尔农宫公会议。

⑤ 《敕令汇编》,巴鲁兹版,第 618 页:819 年敕令第 27 条。

⑥ "关于目前在王宫中为国王服役并享有特惠的附庸,特作规定如下:凡留在宫中陪伴皇帝者,不得让其附庸的附庸随与他一同留在宫中,而是应该允许他们与其管辖区的伯爵一同出发作战。"载《敕令汇编》,巴鲁兹版,812 年敕令 II,第 7 条。

⑦ 《敕令汇编》,巴鲁兹版,第一卷,第 490 页:"隶属于我们或隶属于主教或教士、拥有恩赐或自己产业的人。"

自己的地产或是他人的恩赐，一律都要参战抗敌或是跟随自己的领主。

很显然，查理曼想要表明的是：只有自己一块地的人应该加入伯爵的队伍，享有领土恩地的人则应随领主出征。

可是，迪波教士却硬要说[①]，敕令提到附属于某位领主的男子时仅指农奴，他是以西哥特法和西哥特人的实际做法为根据的。其实，他倒不如以敕令为依据更好。我刚才援引的敕令明确地表达了相反的意思。秃头查理与其兄弟签订的协议也提到，自由民可以自行选择领主或国王；这个规定与其他许多规定是一致的。

因此，可以说有三种兵员，其一是国王的家臣的队伍，家臣又有他们自己的家臣；其二是主教或其他神职人员以及他们的附庸的队伍；其三是伯爵的队伍，他们率领的是自由民。

握有个别指挥权的人隶属于握有全面指挥权的人，所以，我并不认为附庸不能隶属于伯爵。

我们看到，附庸们如果没有尽到采地的义务，伯爵和国王的特使可以对他们施加处罚，让他们支付罚金。

同样，国王的附庸如果抢掠[②]，只要他们自己不提出愿意接受国王处置的要求，就可由伯爵对他们进行处置。

第十八节　双重职务

凡在军事上受某人管辖的人，在司法上也受此人管辖；这是法兰西王国的一项基本原则。所以，宽厚者路易的 815 年敕令[③]规定，伯爵对

---

① 《法兰西君主国在高卢的建立》，第三卷，第六章，第 299 页。

② 《敕令汇编》，巴鲁兹版，第二卷，第 17 页：882 年敕令第二条“在韦尔农宫”。

③ 《敕令汇编》，巴鲁兹版，第二卷，第 17 页：第 1 条和第 2 条；845 年韦尔农公会议文书第 8 条。

自由民兼领军事权和司法权；因此，率领自由人出征的伯爵的法庭[①]，也被称为自由民的法庭[②]。下面这条准则或许就由此形成：凡涉及自由的案件，不能由其官员的法庭审理，而只能由伯爵的法庭审理。所以，主教或教士的附庸也就不能在伯爵的率领下参战[③]，因为他们不在伯爵的司法管辖之下。因此，伯爵也不能率领家臣的附庸的附庸参战。因此，英国的法律词汇[④]写明[⑤]，萨克森人称作科普尔的人，诺曼人称之为伯爵或扈从，因为他们与国王共享司法罚金。所以，就我们所见，任何附庸对其领主的义务[⑥]，无论何时都是从军打仗和在他的法庭审理家臣[⑦]。

司法权和率领作战权联结在一起的原因之一是，率领作战者同时要负责征税，所谓税就是由自由民提供用于作战的车辆，以及我将要谈到的某些司法利益。

领主在自己的采地上拥有司法权，基于同一原则，伯爵在自己的伯爵领地内也拥有司法权。可以这样说，在不同时期中，每当采地上变化发生时，伯爵领地内也随之发生变化；这是因为，在治理思想和治理方法方面，采地和伯爵领地没有差别。总而言之，伯爵领地内的伯爵就是领主，采地上的领主就是伯爵。

---

① 法庭或审判会议。

② 安泽吉士，《敕令集》，第四卷，第 57 条，《敕令汇编》，巴鲁兹版，第一卷，第 615 页。宽厚者路易 819 年的第五道敕令，第 14 条：见《敕令汇编》，巴鲁兹版，第一卷，第 615 页。

③ 见《敕令汇编》，巴鲁兹版，第一卷，第 490 页。《敕令汇编》，巴鲁兹版，第一卷，第 490 页："隶属于我们或隶属于主教或教士、拥有恩赐或自己产业的人。"

④ 参阅威廉·朗巴尔（Guillaume Lambard），《安格尔古法》。

⑤ 对 satrapa 一词的解释。

⑥ 《耶路撒冷审议庭》第二百二十一章和二百二十二章对此作了很好的解释。

⑦ 教会的助理教士也主持审讯和率领兵员。

把伯爵视为司法官员，把公爵视为军事官员，这种想法是不正确的，实际上，伯爵和公爵既是军事官员，也是民事官员①。区别在于公爵下辖若干伯爵，尽管弗雷德加里乌斯告诉我们，也有许多伯爵并不隶属于任何公爵②。

有人大概会想到，法兰克人的政体一定相当严苛，因为同一批官员同时握有军事权、民事权和司法权，乃至税务权。我曾经说过，这就是专制主义的明显标志之一。

但是，别以为伯爵就像土耳其的帕夏那样单独审案③。每当审案时，他们都要召集当地名流参与刑庭或是审判会议④。

为了让大家了解法规、蛮族法和敕令中关于审判的规定，我想告诉大家，伯爵、伯爵领地总管和百人长的职能是相同的⑤。法官、司法助理和助理法官，这些都是以不同头衔称呼的同一些人，大多是伯爵的副手，通常有七名。由于参与审判的官员不得少于十二名⑥，人数不够时就请名流补足⑦。

然而，无论是谁拥有管辖权，是国王和伯爵，或是伯爵领地总管和百人长，或是领主和神职人员，他们从不独自一人审案。这种在日耳曼尼亚森林中养成的习惯，在采地已经有了新形式之后依然保存着。

财政权比较完善，伯爵很难滥用。君主对自由民拥有的权力相当

---

① 参见马尔库尔弗，《法规》，第一卷，第 8 条。文中有致公爵、地方长官或伯爵的信，赋予他们以司法管理和税务管理权。

② 弗雷德加里乌斯，《编年史》，第七十八章：关于 636 年。

③ 参阅图尔的格雷瓜尔，《法兰克史》，第五卷：580 年之前。

④ 即法兰克人中的自由民的审判会议。

⑤ 请联系我在本书第二十八章第二十八节以及第三十一章第八节中的论述。

⑥ 参见宽厚者路易的敕令，附加在《萨利克法》第 2 条后面；迪康热的审判规则中对名流的解释。

⑦ 拉丁文写作 Per bonos homines。有时所有参审人员都是名流。参见马尔库尔弗《法规》第二章附件。

简单，如我在前面所说，这种权力无非就是在某些公共场合①向他们征集车辆而已；至于司法权，则有防止舞弊的法律②。

第十九节 蛮族人民中的和解金

对日耳曼人的法律和习俗如果没有透彻的了解，就不可能对法国的政治法有较深入的认识，所以，我要花一点时间对这些法律和习俗作一番探究。

从塔西佗的著作看，日耳曼人只有两种极刑：绞死叛徒，溺死懦夫。日耳曼人的公罪只有这两种。一个人若是损害了另一个人，受冒犯者或受害者的父母就会参与纠纷，双方的仇恨则以赔偿解决③。受害者如果愿意接受赔偿，赔偿对象就是受害者本人；受害者的父母如果也受到伤害，他们也是赔偿对象；受害者如果死亡，赔偿则归其父母所有。

据塔西佗说，履行此类赔偿需通过双方订立协议，所以在蛮族法中，这种赔偿叫作和解金。

我发现，只有弗里兹人的法律④听任每个家庭处于自然状态，没有任何政治或民事法律加以管束，任由各自以能够想到的方法进行复仇，直到心满意足方才罢休。这项法律后来有所缓和，它规定⑤，被要求偿命的人在家中不受仇人报复，在往返教堂的途中以及审讯场所也有安

① 以及前面提到的某些渡河过桥收费权。

② 参见《里普埃尔法》，第八十九篇；《伦巴第法》，第二卷，第五十二篇 §9。

③ “解决一个父亲和一个亲属的仇恨和友谊都是法律要管的事，但是，并非事事都不讲通融。即使是杀人罪，也可以用一定数额的格罗升和小型牲畜抵罪。受害者全家都会接受这种赔偿。”见塔西佗，《日耳曼尼亚志》。

④ 《弗里兹法》，第二篇：关于谋杀；乌勒玛尔（Vulemar）关于盗窃的增篇。

⑤ 乌勒玛尔，《哲人增篇》，第一篇 §1。

全保障。

萨利克法的编纂者列举了法兰克人的一种古老习俗①，盗墓剥尸者要被逐出人群，直至受害者家属同意其返回时为止。在此之前，包括其妻在内的任何人都不得向他提供饮食或将其接回家中，在这种情况下，就双方关系而言，受罚者与他人，他人与受罚者，都处在一种自然状态之中，直到支付和解金后方才终止。

此外，各蛮族的智者贤人都想自行采取某种措施，用以取代当事双方的协议，因为等待这种协议太费时间，而且太危险。他们细心地规定了一个公正的数额，作为受害方应该接受的和解金。所有蛮族法在这方面的精确度确实令人称道，对案情作细致分类②，对情况作具体分析；法律设身处地为受害者着想，替他向对方提出他本人在冷静状态下可能提出的赔偿要求。

在塔西佗时代，日耳曼人似乎还处在自然状态中，正是这些法律的制定，使他们脱离了自然状态。

罗塔利在伦巴第法中宣称，他增加了古代习惯法中对于受害者的赔偿，为的是让受害者满意和消除敌意③。事实是，伦巴第人本是贫苦的民族，征服意大利后发了财，从前规定的和解金显得微不足道了，于是和解变得难以达成了。我毫不怀疑，正是出于这种考虑，征服民族的首领们制定了至今依然通行的那些法典。

加害者应该付给死者父母的款项是和解金的主要部分。和解金的数额可因身份不同而有异④。安格尔法规定，死者若是日耳曼贵族，和

①　《萨利克法》，第五十八篇§1；第十八篇§3。

②　参见《萨利克法》，第三、四、五、六篇关于盗窃牲畜的处分。

③　《伦巴第法》，第一卷，第七篇§15。

④　参见《安格尔法》，第一篇§1、2、4；《安格尔法》，第一篇§5、6；《巴伐利亚法》，第一篇，第八、十章；《弗里兹法》，第十五篇。

解金为六百苏；死者若是一个自由民，和解金为二百苏；死者若是农奴，和解金为二十苏。能够得到高额和解金当然也是一种特权。因为，高额和解金除了表明他的身份外，也为生活在暴烈民族中的他提供了更大的安全系数。

巴伐利亚的法律让我们对此深有体会①。该法列出了应该得到双倍和解金的家族名单，这便是地位仅次于阿吉罗芬格人②的那些家族③。阿吉罗芬格人是公爵后裔，公爵历来从他们当中选出，他们可以获得四倍的和解金。公爵本人可以获得的和解金比阿吉罗芬格人又多三分之一。法律写明："因为他是公爵，给予他的荣耀超过他的亲属。"

和解金均以货币计算。不过，由于蛮族人不大使用货币，在日耳曼尼亚地区居住时更是如此，所以，也可以用牲畜、小麦、家具、武器、狗、狩猎用的猛禽以及土地等作价代替货币④。有时法律干脆把这些东西的价格确定下来⑤。这些蛮族人的货币很少，以罚金处理的案件却很多，原因就在于此。

所以，这些法律非常注重精确区分各种过失、伤害和罪行，以便让每个人都清楚，自己受到了何种程度的冒犯或侵害，准确地知道自己可以获得多少赔偿，特别是知道他不应接受超出定额的赔偿。

这样一来，我们就很明白，凡是接受了赔偿的人又寻机复仇，那就

---

① 《巴伐利亚法》，第二篇，第二十章。

② 阿吉罗芬格人（Agilolfingues），巴伐利亚公爵的第一王朝传人。——译者

③ 《巴伐利亚法》规定，这些家族包括霍基德拉、欧札、撒伽纳、哈比林瓜、阿尼耶纳。

④ 伊纳法规定，一条命值多少钱多少土地。《伊纳王法典》中的"国王家臣篇"；《英国古代法律词汇》，剑桥，1644年。

⑤ 《萨克森法》甚至为不止一个民族确定了这种价格；见该法第十八章。又见《里普埃尔法》第三十六篇§11；《里普埃尔法》，第三十六章§11；《巴伐利亚法》，第一篇§10、11："倘若他没有黄金，就让他拿出另一种有价值的东西来，例如农奴、土地。"

犯了大罪。这种罪行既是对私人的侵犯，也是对公众的侵犯，因为这是对法律的蔑视。立法者当然不会不惩罚这种罪行[①]。

当这些民族在民治政府下丢失了某些独立精神，国王们致力于改善国家的管理时，有一种罪行被认为特别危险[②]，这就是不愿支付或不愿接受赔偿。我们看到，在各种不同的蛮族法中，立法者都强制支付和接受赔偿[③]。的确如此，不愿接受赔偿的人是想为自己保留复仇的权利，不愿支付赔偿的人则为受害者保留了复仇的权利。智者贤人于是对日耳曼人的法制进行了改革，要求支付和接受赔偿，但不再强制执行。

刚才我提及萨利克法的一个规定，立法者给予受害者接受或不接受赔偿的自由。正是这项法律禁止盗墓剥尸者与任何人交往，直至受害者的父母接受赔偿，提出准许他返回人群为止[④]。

把和解金付给在行窃中被杀的盗贼的亲属，或是因奸淫而被休的妇女的亲属，那就不对了。巴伐利亚法规定，对于此类情况绝不支付和解金，同时也惩罚报复者[⑤]。

在蛮族法典中也不乏有关过失犯罪如何支付和解金的规定。伦巴第法历来非常明智，它规定，在这种情况下和解金由肇事者酌定，受害

---

①　参见《伦巴第法》，第一卷，第二十五篇§21；第一卷，第九篇§8、34；同前§38；查理曼802年敕令第三十二章中有他对各省特派员的指示。

②　参见图尔的格雷瓜尔，《法兰克史》，第七卷，第四十七章所记一个案件的详情。当事一方因自行报复而失去了和解金的一半，不管他此后又受到了什么伤害，他都不能再获得赔偿。

③　参见《萨克森法》，第三章§4；《伦巴第法》，第一卷，第三十七篇§1、2。《日耳曼法》，第四十五篇§1、2。日耳曼法允许在第一时间立即自行复仇。见查理曼779年敕令第二十二章；802年敕令第三十二章，805年敕令第五章。

④　《里普埃尔法》的编纂者好像对此作了修改。见《里普埃尔法》第八十五篇。

⑤　参见塔里松法令："论人民的法律"第3、4、10、16、19条；《安格尔法》，第七篇§4。

者的亲属不得诉诸报复[①]。

克罗泰尔二世颁布过一道相当明智的敕令，他禁止被盗者在没有法官命令的情况下，私下接受和解金[②]。

第二十节 后来的领主司法权

蛮族法律规定，发生凶杀、伤害和侮辱等事件后，除了向受害者的亲属支付和解金外，还要支付一笔酬金(Fredum)[③]。后面我将详谈，俾使读者对此有一个清晰的概念。我想说的是，这是肇事者因受到免遭报复的保护而给予保护者的一份酬谢。如今在瑞典语中，安保费(Fred)一词依然表示和解的意思。

在这些性格暴烈的民族中，主持司法公道就是给加害人提供保护，免遭受害人报复，同时强制受害人接受他应得到的赔偿。因此，日耳曼人就与其他民族不同，他们的司法保护罪犯免遭受害者的报复。

蛮族的法典说明了哪些案件应该缴纳安保费。在受害者亲属无法进行报复的案件中，加害者不必缴纳罚金。道理很清楚，既然不可能发生报复行为，当然也就无须行使保护权。伦巴第法于是规定[④]，某人若因过失而杀死一个自由民，必须按死者的价值赔偿，但无须缴纳罚金，因为，既然事实是过失杀人，被害者的亲属就无权实施报复。例如，里

① 《伦巴第法》，第一卷，第九篇§4。

② 希尔德贝与克罗泰尔于593年签署的和平协议；克罗泰尔二世于595年前后颁布的敕令第十一章。

③ 法律如对安保费的数额未作明确规定，通常应是和解金的三分之一。《里普埃尔法》，第八十九章对此有规定，813年第三道敕令对此作了解释。见《法规汇编》，巴鲁兹版，第一卷，第512页。

④ 《伦巴第法》，第一卷，第九篇§17，林登布洛克版。

普埃尔法规定①，某人被木块或手工制作的物件砸死，有罪的是木块或物件，受害者的亲属可以取走自用，但无权要求肇事者缴纳罚金。

该法规定②，与此同理，牲畜若是致人死亡，只需赔偿而无须缴纳罚金，因为，死者的亲属并未受到侵害。

萨利克法规定③不满十二岁的少年因犯罪应支付和解金，但不缴罚金；因为，他还不能使用武器，所以，受害者本人或其亲属不能要求报复。

罪犯因为犯罪而失去了平安和安全，缴纳罚金就是为了重新获得平安和安全。可是，少年不是成年人，他并未失去安全，也不可能被置于人群之外。

罚金是一种付给当地审判主持人的地方税④。但是，里普埃尔法禁止审判主持人自行索取⑤，而应该由胜诉方收取，然后转交给财政部门，借此永葆里普埃尔人之间的和平。

罚金的多寡与受到的保护程度成正比。所以，受到国王的保护比受到伯爵或其他法官的保护，应该缴纳更多的罚金。

我觉得，领主司法权由此已经产生了。无数资料表明，采地有时包括一些面积巨大的土地。我在前面已经指出，对于法兰克人分得的土地，国王不征收任何税赋，更不对采地保留任何权利。获得了采地的人在这方面享有相当广泛的权利，他们收取采地上的一切收获和一切收益，其中最大的收益之一就是司法收益，即依据法兰克人的习俗收取的安保费⑥，由此产生的结果便是，拥有采地的人也就拥有司法权，而这

① 《里普埃尔法》，第七十篇。

② 《里普埃尔法》，第四十六篇。参见《伦巴第法》，第一卷，第二十一章 § 3："马蹄如果……"林登布洛克版。

③ 《萨利克法》，第二十八篇 § 6。

④ 克罗泰尔二世 595 年敕令："罚金由事发地法官保管。"

⑤ 《里普埃尔法》，第八十九篇。

⑥ 参见查理曼的维利斯敕令。他把安保费列为国王辖区重要收入之一。

种司法权的行使仅仅只是向受害者的亲属支付和解金，向领主缴纳好处费。这种司法权其实不是什么别的东西，就是迫令加害者依法支付和解金和缴纳罚金。

我们从一些法规中看到，采地确有这种权利。因为，这些法规或是确认一处采地属于或永久转归某位家臣所有[①]，或是确认一处采地的特权属于或是永久转归教会所有[②]。还有许多条例也证实了这一点[③]，这些条例禁止国王的法官和官员前往领地去行使任何司法职责或索取司法酬谢。国王的法官既然不能向地方索取酬谢，自然也就不再到地方去了；当地的国王法官以往承担的职务就由当地法官承担了。

国王的法官不得为确保双方当事人出庭而让他们支付保证金，要求支付保证金的应该是获得领地的人。此外，国王的特派员不得要求提供住宿，因为事实上他们已经不再承担任何职责。

由此可见，新旧采地上的司法权都是采地所固有的权利，是采地众多权利中的一种收益权。正因为如此，任何时代的人都对此作如是观，由此而产生的原则便是，司法权在法国被视为一种可继承的遗产。

有人认为，司法权起源于国王和领主对其农奴的身份解除。可是，解除奴隶身份的并非只有日耳曼各族及其后裔，而把司法权视为遗产的却只有他们。此外，我们从马尔库尔弗的《法规》中[④]也看到，自由民起初也被置于这种司法管辖之下，所以，农奴既然居住在采地，当然也

① 马尔库尔弗，《法规》，第一卷，第3、4、17条。

② 马尔库尔弗，《法规》，第一卷，第2、3、4条。

③ 参见各种条例集，尤其是本笃会神甫们编纂的《法兰西历史学家》第五卷篇尾的诸多条例。

④ 马尔库尔弗，《法规》，第一卷，第3、4、14条；查理曼771年条例；马泰纳(Martène)，《逸事集》，第11集："兹令所有公共法官均拥有对密尔贝克教堂和修道院所在地的各色人等的司法权，无论自由民或农奴，同时对于该地的居民也同样一样拥有司法权。"等等。

是司法管辖的对象；但是他们并非采地之所以形成的根源，因为他们本身就被包含在采地之中。

另外一些人的看法更加直截了当，他们说，是领主篡夺了司法权，如此而已。但是，世界上篡夺君主权力的人难道只有日耳曼人的后裔所组成的民族吗？历史充分表明，其他民族也曾篡夺他们君主的权力，却并未发现因此而出现所谓的领主司法权。所以，必须到日耳曼人的习俗中去寻找领主司法权的根源。

我请大家读一读鲁瓦索[①]的著作[②]，看看他所猜想的领主们组织和篡夺各种司法权的方法。在他看来，领主是世界上最奸诈的人，他们不像武夫那样在战场上劫掠，而是像乡村法官和公诉人那样相互偷盗。依照他的说法，在王国的各省里，在许多王国里，这些武夫建立了一种普遍的政治体系。鲁瓦索把自己在书斋里应用的推理方法，说成似乎就是这些武夫的推理方法。

我还想说，如果司法权不是采地的附属物，那么，无论在宫廷中或是战场上，采地为什么要为国王或领主提供服务，而且到处都是这样呢[③]？

第二十一节　教会的领地司法权

教会获得了相当可观的地产。我们看到，国王赐予教会以巨大的财富即采地，我们发现，司法权首先在这些教会的采地上确立起来了。这种非同一般的特权其源头在哪里呢？在于采地的性质。教会的地产

① 鲁瓦索（Loyseau，Charles，1566—1627），巴黎高等法院律师，著有《乡村的司法制度》。——译者

② 《乡村的司法制度》。

③ 迪康热，《晚期拉丁语和希腊语词汇》中的 homimium 词条。

拥有这样的特权，因为无人可以剥夺它的这种特权。地产被赐予教会时，就像赐予家臣一样，连同附在这份地产上的特权一起赐给了教会。我们已经看到，这份地产如果赐予非教会人士，受赐者就应该为国王提供服务，所以，赐予教会的这份地产同样应该提供服务。

因此，教会有权在采地上收取和解金和罚金。这就意味着教会必然要阻止国王委派的官员进入它的领地收取安保费，行使任何司法权，因此，在《法规》①中，在条例和敕令中，教会的这种司法权就被称作豁免权。

里普埃尔法规定②，教会的被释奴除了在他们被释地的教堂里③，不得在其他地方举行司法集会④；由此可见，教会甚至对自由民也拥有司法权，而且在君主制初期就已经有了它自己的审判会议。

我在《圣人传》⑤中读到，克洛维斯把一块六法里的土地交给一位神圣的人物治理，并规定这块土地不受任何司法管辖。我觉得这是一个误传，是一个由来已久的误传，生活的真实与谎言都与习俗和法律有关，而我们在这里探究的正是这些习俗和法律⑥。

克罗泰尔二世下令给拥有边远地区土地的主教和权贵，要他们在当地选择司掌审判并因此接受薪金的人。

克罗泰尔二世⑦还为他的官员和教会法官规定了各自的司法权限。查理曼于 802 年发布敕令，授予主教和教士以司法官员应有的身

① 参见马尔库尔弗，《法规》，第 3、4 条。

② 《里普埃尔法》，第五十八篇 § 1："除了他们被解放的地方以外，他们不得寻求司法保护。"又见林登勃洛克版，§ 19。

③ 拉丁文写作 Tabularii。

④ 拉丁文写作 Mallum。

⑤ 《图卢兹主教圣日尔梅尼乌斯传》，5 月 16 日，保朗杜斯出版。

⑥ 参阅《圣梅拉尼乌斯传》和《圣戴伊克尔传》。

⑦ 615 年巴黎公会议文书第 19 条和第 12 条："本区拥有土地的主教或权势人物，不得指定非本地人担任法官和审判人员参与和主持司法审理。"

份。查理曼的另一道敕令①禁止国王的官员对任何耕种教会土地的人行使司法权②，除非这些人是为了进行欺诈或逃避税赋而耕种教会土地。聚集在兰斯的主教们宣布③，教会的附庸均处于他们的豁免权行使范围之内。806年的查理曼敕令规定④，教会对其领地上的所有居民拥有刑事和民事司法权。最后，秃头查理⑤还将国王的司法权、领主的司法权和教会的司法权作了区分。下面我还将详加论述。

第二十二节 司法制度在加洛林王朝末期的建立

有人说，附庸们在加洛林王朝末期的混乱中，取得了他们自己地盘上的司法权。人们总是喜欢泛泛而论，而不愿意认真研究。说附庸们以前并不拥有司法权容易，讲清楚他们如何取得司法权就比较困难。可是，司法权并非源自篡夺，它源自最初的确立，而不是它的腐败。

巴伐利亚法写道⑥："若是杀死了一个自由民，就得向死者的父母支付赔偿金，死者如果没有父母，赔偿金就支付给公爵或者死者生前托

① 《伦巴第法》，第二卷，第四十四篇，第二章，林登勃洛克版。

② 《伦巴第法》，第二卷，第四十四篇，第二章："已经获得土地的农奴，持有旧约或新近获得土地的人。"

③ 858年圣谕第7条，见《谕令集》第108页："神职人员生活的土地以及在教会豁免权保护下并应由其附庸服务的地产。"

④ 该敕令附于《巴伐利亚法》，第7条；参见林登勃洛克版第三条第444页："首先必须规定，教会对于居住在教会领地上的人的财产和居住权，无论在其生前或死后，均享有司法权。"

⑤ 857年吉耶兹公会议文书第4条；《敕令汇编》，巴鲁兹版，第96页。

⑥ 《巴伐利亚法》，第三篇，第十三章，林登勃洛克版。

付的人。"大家都知道，为获得赏赐而实行托付[①]是怎么回事。

阿勒曼尼亚法写道[②]："奴隶被劫的主人应该向劫犯的君主索要赔偿金。"

希尔德贝敕令写道[③]："一个百人长如果在另一个百人长的辖区内或家臣的地界内发现盗贼，但并不加以驱赶，他就应该把盗贼交出，否则就应以发誓证明自己的清白。"由此可见，百人长的辖地与家臣的辖地是有区别的。

希尔德贝的这道敕令为克罗泰尔[④]颁发于同年的一项法规[⑤]提供了解释。该法规与希尔德贝的敕令所针对的情况和案情没有什么不同，两者的区别仅在于用词不同。希尔德贝的敕令称之为 in terminis fidelium nostrorum（我的家臣们的地界）的，克罗泰尔称之为 truste（封地）。比尼翁先生和迪康热先生认为[⑥]，in truste 指的是另一位国王的领地，但他们并未说对。

意大利国王丕平[⑦]为法兰克人和伦巴第人颁发过一项法规[⑧]，对行

① 所谓托付，是指业主将自己的地产让与某位领主，然后以承担某些义务为条件将该地产作为赏赐地收回。——译者

② 《日耳曼法》，第八十五篇。

③ 595 年敕令第 11、12 条；巴鲁兹版，第 19 页："也有可能是这样：一个百人长在另一个百人长辖区追踪并发现踪迹；如果事情发生在一位家臣的地界内，而家臣并未作出努力把嫌犯驱赶出去，或是并未把他看作与盗贼有关的人。"

④ 希尔德贝（Childebert）、克罗泰尔（Clotaire）都是克洛维斯的儿子，分别是巴黎和苏瓦松的国王。——译者

⑤ 希尔德贝 595 年敕令第 2、3 条："如果已经证实确有盗贼作案，不课罚金；如果有人经多方努力抓住了盗贼，此人可以接受全部赔偿金。如果在采地内抓住盗贼，他就只能获得采地赔偿金的一半，此外还可以要求对盗贼处以重刑。"

⑥ 参见迪康热，《晚期拉丁语和希腊语词汇》中的 trustis 词条。

⑦ 丕平（Pépin，777—810），意大利国王（781—810 在位），查理曼之子。这位丕平不是前面提及的矮子丕平。——译者。

⑧ 载于《伦巴第法》，第二卷，第五十二篇 § 14。该法规即为 793 年敕令。见《敕令汇编》，巴鲁兹版，第 544 页，第 10 条。

使司法权时有渎职或延宕行为者予以惩处，这位君主还规定[1]，一个拥有采地的法兰克人或伦巴第人如果不愿审理讼案，该法兰克人或伦巴第人所在地的法官们可以暂停其采地权的行使，在此期间由该法官或其代理人审理讼案。查理曼的一道敕令[2]表明，国王并不收取安保费。查理曼的另一道敕令[3]表明，封建法规和封建法庭均已建立。宽厚者路易的一道敕令规定，拥有采地者如果不审理讼案，或者妨碍他人审理讼案，大家就可随意住在他家中，直到案件审结[4]。我还可举出秃头查理的两道敕令；其一是861年敕令[5]，该敕令表明，各地的司法机构已经建立，法官和法官下属的官员已经就位；其二是864年敕令[6]，该敕令对国王本人的领地与其他人的领地作了区分。

我们没有见到采地的初始转让，因为我们知道，采地的建立是征服者分地的结果。所以，无法用初始契约来证明，司法权一开始就附属于采地。可是，正如前面所说，我们在采地的确认或永久转移条例上看到，司法权已经在那里建立，由此推知，司法权源自采地的性质，是采地的重要特权之一。

有关在教会属地上确立封建司法权的文献，多于我们所掌握的能

① 一个拥有赐地的法兰克人或伦巴第人如果不愿审理讼案，他所隶属的法官可以停止其对赐地的使用，在此期间，由该法官代行司法权。见《伦巴第法》，第二卷，第五十二篇，第2条，此条与查理曼779年敕令，第21条相关。

② 812年第三道敕令，第10条。

③ 813年第二道敕令，第14、20条，第509页。

④ 819年敕令，第23条："特使、主教或教士以及其他享有赐地和土地的人，如果阻止他人或不愿审理案件，为案件而来的人就可以住宿在他家中，直到案件审毕。"见《敕令汇编》，巴鲁兹版，第617页。

⑤ 《敕令汇编》，巴鲁兹版，第二卷，第152页："吉耶兹敕令。兹规定，派往其辖区任何一地的所有法官，协同其下属官员，对所有被其证实对抗司法者予以惩处。"

⑥ 《敕令汇编》，巴鲁兹版，第二卷，第18条，第181页："皮斯特敕令。罪犯如果遁入我的领地和其他任何采地和任何领主的属地……"

够证明在家臣的赐地和采地上确立封建司法权的文献；原因有以下两个：其一，我们所掌握的文献大多是僧侣们为修道院之需而保存或搜集的；其二，教会的可承袭地产由特殊让与组成，对于既有秩序来说是一种例外，所以对此应有条例加以规定；家臣们接受的让与则是政治方面的后果，为此不需要更不必保存特殊条例。国王通常只是借助令牌完成简单的让与，恰如我们在《圣摩尔传》中所看到的那样。

马尔库尔弗的第三条法规[①]有力地证明，神职人员和世俗人士同样享有豁免特权以及由此带来的司法特权，因为这些特权既是为前者也是为后者确定的。克罗泰尔二世的条例也是如此[②]。

第二十三节　迪波教士《法兰西君主国在高卢的建立》的总体思想

结束本章之前，有必要对迪波教士的著作作一番审视，因为我的想法始终与他的想法南辕北辙，如果他已经发现了真理，那我就没有发现。

这部著作以其高超的写作技巧迷惑了许多人；作者在书中对涉及的问题从头到尾进行假设，证据越缺乏，似是而非的论述就越多，无数臆测被当作原则，进而又从这些原则推导出另一些臆测作为结论。读者竟然忘掉了，自己之所以怀疑为的是开始相信。作者的渊博学识被置于体系之外，没有写进他的体系；无关紧要的枝节分散了读者的注意力，以至于无暇顾及主旨了。不但如此，作者的探索对象如此之多，让

① 马尔库尔弗，《法规》，第一卷："我想将善意的决定交予教会属地，或将适当的特权赋予我所愿意的人，由此扩大帝国的无限权威。"

② 我在本书本章第二十一节中已经列举了此条例："本区拥有……"

人无法想象他竟然什么也没有发现。旅途如此漫长，令人以为终于到达了目的地。

可是，当我们细细一看，却发现原来这是一具泥足巨人。迪波教士的体系如果立论有据，完全可以从这部著作的主题中找到他想要的一切，而不必用连篇累牍的三大卷来证明；他无须到处去寻找远不可及的东西，理性本身就会担负起使命，把这个真理放置在其他真理的链条之中。历史和我们的法律本来应该对他说："不必为难自己，我们将为你作证。"

第二十四节　续前题，对该书基本体系的思考

迪波教士试图彻底消除法兰克人是作为征服者进入高卢的看法。在他看来，法兰克国王受人民之请，轻而易举地登上帝位，承袭了罗马皇帝们的各种权力。

这种说法与当时进入高卢的克洛维斯攻城略地时的实际情况不符，与他向罗马军官希亚格利乌斯①挑战并攻下其防地时的实情也不相符；所以，这种说法仅仅适用另一个时期的实情，那就是克洛维斯借助暴力成为高卢大部分地区的主人后，由于人民的选择和爱戴，受邀去统治高卢的其余地区。克洛维斯仅仅被人民接受还不够，还得受到邀请才是。迪波教士应该证明，人民不愿意生活在罗马人或他们自己的法制之下，而心甘情愿地接受克洛维斯的统治。可是，据迪波教士说，在这部分尚未受到蛮族侵袭的高卢境内，罗马人分为两类：一类属于阿

① 希亚格利乌斯(Syagrius，430—486)，罗马将军。——译者

莫里克[1]联邦，他们赶走了罗马皇帝的官员，与蛮族进行自卫战争，用自己的法律管理自己；另一类则是服膺罗马官员的罗马人。可是，迪波教士却说，仍然生活在罗马帝国的罗马人向克洛维斯发出了邀请，对此他提供证据了吗？根本没有。他说阿莫里克人的共和国向克洛维斯发出了邀请，甚至与他签订了一些条约，迪波教士对此提供证据了吗？依然是根本没有。他不但说不清楚这个共和国后来的归宿，甚至连它是否存在过都拿不出证据。从霍诺里乌斯时代一直到克洛维斯的征战，迪波教士始终追随着这个共和国的历史，尽管他以出色的写作技巧把当时的所有事件都与这个共和国挂钩，然而，我们在作者的笔下却都看不到这个共和国。因为，用索西穆斯著作中的一个片段[2]证明，在霍诺里乌斯统治下的罗马帝国[3]，阿莫里克地区和其他高卢行省高举反叛义旗，组成了一个共和国[4]，这是一回事；用事实证明，尽管经历了高卢人的多次绥靖，阿莫里克人却一直拥有自己的共和国，而且一直延续到被克洛维斯征服之前，这是另一回事；两者是不相同的。迪波教士想要确立自己的体系，就得拿出过硬和精准的证据来。因为，当我们看到征服者进入一个国家，凭借武力把它的大部分领土置于自己的统治之下，整个国家不久以后就对征服者表示臣服，而历史并未说明事情何以发展到了这种地步；在这种情况下，我们有充分的理由认为，此事既然是以武力肇始的，同样也是以武力终结的。

迪波教士既然没有认识到这一点，他的整个体系也就一垮到底，这

① 阿莫里克(Armorique)，公元 7 世纪之前的布列塔尼地区。——译者

② 索西穆斯，《历史》，第六卷，第五章。

③ 霍诺里乌斯(Honorius，384—423)，395 年继罗马皇帝位，懦弱无能，听任蛮族侵入罗马帝国。——译者

④ 索西穆斯，《历史》，第六卷，第五章："整个阿莫里克地区和其他高卢行省。"

是不难想见的。因此，每当他从自己的这个原则中推导出某些结论，诸如高卢人并未被法兰克人征服，法兰克人是受罗马人之邀来到高卢的等等，我们始终有理由否定他的此类说法。

迪波教士以克洛维斯曾被授予罗马人的官职为据来证明他自己的原则。据他说，克洛维斯继其父希尔代里克担任民团长官之职。可是，这两个职务纯系迪波教士的杜撰。他引以为据的圣雷米致克洛维斯的信函[①]，其实就是一封祝贺登基的贺信。一件文书为何而写本来很清楚，他为何却要另有一说呢？

克洛维斯在位末期，被阿纳斯塔西乌斯皇帝任命为执政，可是，仅有的一年任期能给予他什么权威呢？迪波教士说，有迹象表明，阿纳斯塔西乌斯皇帝在同一纸任命书上还任命克洛维斯为行省总督。我倒是想说，有迹象表明并无此事。就一件毫无依据的事实而言，给以肯定和给予否定具有同等权威。我甚至还另有理由。图尔的格雷瓜尔在谈到克洛维斯任执政官时，对于他任行省总督一事只字未提。即使他当过行省总督，充其量也只有半年左右。克洛维斯在执政官任上一年半后过世，所以不可能把行省总督变成一项世袭的职务。最后，当他当上执政官之后，再加上有人所说的行省总督，他已然是君主国的主人了，所有权力都已经确立。

迪波教士提出的第二个证据，是查士丁尼皇帝把克洛维斯在罗马帝国和高卢领有的所有权力，都交割给其子孙。我原本可以就此事多说几句。我们可以从法兰克国王们执行割让条件的方式作出判断，割让这些权力对于他们来说是否重要。何况，法兰克国王们是高卢的主人，他们是太平之君，而查士丁尼在那里不拥有一寸土地；西罗马帝国早已覆灭，东罗马帝国仅仅作为西罗马帝国的代表才对高卢享有若干

① 迪波，《法兰西君主国在高卢的建立》，第二卷，第三章，第270页。

权力，这些其实是凌驾于权力之上的权力。法兰克人的君主国已经建立，典章已经制定，居住在高卢的个人和族群彼此享有的权利已经商定，各族的法律不仅已经颁布，甚至已经用文字写出。对于一个已经建成的国家，外来的权力割让有何用处？

在秩序荡然无存、一片混乱、国家全然崩垮之时，在征服者烧杀劫掠之时，所有主教却竭力向征服者阿谀谄媚，迪波教士捧出这些主教的夸夸之谈说明了什么呢？除了说明那些被迫阿谀奉承的人是些软骨头之外，还能说明什么？修辞与诗歌除了这些技艺本身的使用之外，还能证明什么？图尔的格雷瓜尔提及克洛维斯实施的几桩谋杀后说，上帝让克洛维斯的敌人天天匍匐在他面前，因为他走在他的道路上；听了这样的话能不惊诧不已吗？教会人士对于克洛维斯改宗基督教满心欢喜，而且从中获得了巨大利益，谁会对此有所怀疑？可是与此同时，人民在征服中受尽苦难，罗马统治者向日耳曼统治者作出了让步，谁能对此有所怀疑？法兰克人既不愿意也不可能改变一切，再说，哪个征服者有此癖好？然而，迪波教士为了让他的所有结论都正确无误，就必须说法兰克人不但没有改变罗马人的任何东西，反而改变了他们自己。

遵循迪波教士的方法，我甚至可以证明希腊人并未征服过波斯。首先可以说说某些希腊城市与波斯人签订的条约，然后再说说波斯人雇用的希腊人，犹如罗马人雇用的法兰克人一样。尽管我们可以把亚历山大攻入波斯人的家乡，围困、占领和摧毁提尔城，看作一件特殊事件，犹如希亚格利乌斯事件一样；但是，那就看看犹太人的大祭师如何驱前迎奉亚历山大①，听听朱庇特·阿蒙的神谕②，想一想此事在戈耳

① 据传，犹太人的大祭师曾在耶路撒冷庄严地迎接亚历山大。——译者
② 朱庇特·阿蒙在神谕中承认，亚历山大是朱庇特的儿子。——译者

狄俄斯如何被预言①，看看所有城市如何张开双臂欢迎他，总督和权贵们如何成群结队前来迎奉他。他身着波斯服，也就是克洛维斯的执政官官服。大流士不是把王国的一半给了他吗？大流士不是被人当作暴君处死了吗？大流士的母亲和妻子不是为亚历山大之死而痛哭流涕吗？昆图斯·库尔提乌斯②、亚里安、普鲁塔克不都是同时代人吗？他们的著作③中所缺失的某些东西，印刷术不是已经为我们提供了一些线索吗？这就是《法兰西君主国在高卢的建立》一书所记述的历史。

第二十五节　法兰西的贵族

迪波教士认为，在法兰西王国初期，法兰克人中只有公民一个等级。这种说法对于我们的名门望族是一种侮辱，对于先后统治我国的三个伟大王朝同样是一种侮辱。伟大王朝的伟大渊源岂不就要湮没在遗忘、黑夜和时间之中了吗？历史岂不应该向我们昭示一些时代，说明三个伟大的王朝在那时只不过是普普通通的家族吗？为了证明西尔佩里克、丕平、于格·加佩曾是显贵，难道非得到罗马人、萨克森人，也就是说到被征服民族中去寻找他们的渊源吗？

迪波教士的见解以萨利克法为依据④。他说，萨利克法表明，法兰克人中间显然不存在两类公民。该法规定，凡是杀死一个法兰克人，不

① 据传，亚历山大出征波斯前，把一把宝剑用死结挂在供献给宙斯的车辕上。神谕称，解开死结者可赢得亚洲帝国。此处即隐喻亚历山大在戈耳狄俄斯解开死结一事。——译者

② 昆图斯-库尔提乌斯（Quinte-Curce），公元1世纪拉丁历史学家，著有十卷本《亚历山大传》。——译者

③ 参见迪波教士在该书中所写的前言。

④ 见《法兰西君主国在高卢的建立》，第三卷，第六章，第304页。

管其身份是什么，一律赔付和解金二百苏[①]；但是，萨利克法对罗马人作了一些区分；国王的客卿如果被杀，和解金为三百苏；罗马人业主被杀，和解金为一百苏；隶属于他人的罗马人被杀，和解金仅为四十五苏。鉴于和解金的多寡意味着重大区别，所以迪波教士由此得出结论说，法兰克人只有一个等级，罗马人则有三个等级。

令人吃惊的是，他的错误竟然没能使他发现自己的错误。其实，生活在法兰克人统治之下的罗马贵族，其和解金如果高于法兰克人，其地位如果高于最高贵的法兰克人和最高级的军事将领，那倒真的是咄咄怪事了。一个胜利者民族倘若果真如此不尊重自己，却对被征服的民族充满敬意，那会呈现怎样的一副模样呢？况且，迪波教士列举的其他蛮族法表明，这些民族的公民分为多个等级，这个普遍规律如果恰恰不存在于法兰克人之中，那就太异乎寻常了。此事本应令迪波教士想到，他不是对萨利克法的文字理解有误，就是对该法的实际应用出现了问题。事实正是如此。

翻开萨利克法，我们看到，为国王的家臣和附庸之死[②]支付的和解金为六百苏，而为国王的罗马客卿之死支付的和解金为三百苏[③]；萨利克法规定[④]，为普通法兰克人之死支付的和解金为二百苏[⑤]；为一个普通罗马人之死支付的和解金仅为一百苏[⑥]，为一个隶属于他人的罗马

① 他为此援引《萨利克法》，第四十四篇和《里普埃尔法》，第七篇和第三十六篇。

② “国王的忠臣行列中的一员”，《萨利克法》，第四十四篇 § 4；这与马尔库尔弗，《法规》，第 13 条“国王的家臣”相关。又见《萨利克法》，第六十六篇 § 3、4，第七十四篇；《里普埃尔法》，第十一篇，秃头查理的 887 年敕令：“于吉耶兹”第二十章。

③ 《萨利克法》，第四十四篇 § 6。

④ 《萨利克法》，第四十四篇 § 4。

⑤ 《萨利克法》，第四十四篇 § 1。

⑥ 《萨利克法》，第四十四篇 § 15。

人，即农奴或被释奴之死支付的和解金为四十五苏[①]。但是，我不准备谈论此事，也不准备谈论法兰克农奴和被释奴死亡的和解金问题，因为，我在这里所谈到的不是这些属于第三等级的人。

迪波教士做了些什么呢？他闭口不谈属于第一等级的法兰克人，也就是关于国王家臣的那个条文；接着，他把死亡和解金为二百苏的普通法兰克人，与死亡和解金各不相同的罗马人中的三个等级加以比较，从中得出结论说，法兰克人只有一个等级，罗马人有三个等级。

在他看来，既然法兰克人只有一个等级，勃艮第人最好也只有一个等级，因为，勃艮第是法兰克王国的一个重要组成部分。但是在他们的法典中有三种赔偿金[②]，一种适用于勃艮第或罗马贵族，一种适用于普通勃艮第人或罗马人，一种适用于这两个民族中的卑微者。迪波教士并没有引用这项法规。

看看他如何避而不谈从各个角度让他感到压力的那些段落[③]，这就不能不令人觉得奇怪。人家与他谈到了权贵、领主和贵族，他却说，那只是一些称号，并不是等级差异，只不过是一些礼仪上的东西，而不是法律规定的特权；他还说，这些人要不就是国王枢密院的成员，甚至可能是罗马人；可是，法兰克人中无论如何只有一个公民等级。另一方面，如果谈到法兰克人中地位卑微的人，那就是农奴[④]。他就是用这种方法对希尔德贝的敕令进行诠释的。我觉得有必要对这道敕令说上几句。迪波教士让这道敕令名声大振，因为他用它来证明两件事：其

① 《萨利克法》，第四十四篇§7。

② 《勃艮第法》，第二十六篇§1、2、3："因过失损毁一个勃艮第贵族的一颗牙者，赔偿二十五苏；受害人若是勃艮第人或罗马人中的自由民，赔偿金应为十苏，受害人若是下等人，赔偿金则为五苏。"

③ 《法兰西君主国在高卢的建立》，第三卷，第六章，第四、五节。

④ 《法兰西君主国在高卢的建立》，第三卷，第五章，第319、320页。

一[1]，蛮族法规定的所有赔偿金，都只是附加在肉刑上面的民事利益，这就把历来的古老文献记录统统彻底否定了；其二，所有自由民都直接由国王审理[2]。这与记载当时司法程序的无数文字记载和权威说法，都截然相反[3]。

这道在全国会议上颁布的敕令说，当抓住一个声名狼藉的盗贼时，法官如果发现盗贼是个法兰克人（Francus），就把他捆起来送交国王；如果盗贼是个地位低下的人（debilior persona），那就立即把他绞死[4]。迪波教士说，Francus 是自由民，debilior persona 是农奴。且不说 Francus 究竟是什么人，先来看一看 debilior persona 是什么人。我认为，无论哪种语言，凡是用于比较的词都必然有三级：最大、次大、小。此处所涉及的如果只是自由民和农奴，那就应该称之为农奴，而不应称之为势力较小的人。所以，debilior persona 绝对不是农奴，而是地位高于农奴的人。这个假设如果成立，那么，Francus 就不是自由民，而是颇有势力的人。我们之所以在这里把 Francus 视为颇有势力的人，是因为在法兰克人中间，始终有那么一批人，他们在政府里颇有势力，法官或伯爵往往拿他们没有办法。这个解释与许多敕令[5]相吻合，这些敕令规定，哪些案件中的罪犯可以送交国王，哪些案件中罪犯不能送交国王。

① 《法兰西君主国在高卢的建立》，第三卷，第六章，第四节第 307、308 页。

② 《法兰西君主国在高卢的建立》，第三卷，第六章，第 309 页，第五章，第 319、320 页。

③ 参阅此书的第二十八章第二十八节，第三十一章，第八节。

④ 《敕令汇编》，巴鲁兹版，第一卷，第 19 页："于是在科隆决定由我颁布：法官获悉盗贼犯案后，应立即赶往出事地点，将盗贼捆绑，并调查清楚，盗贼如系自由民，应送给我处置，若系下等小民，立即绞死。"

⑤ 参阅本书第二十八章第二十八节和第三十一章第八节。

在泰冈撰写的《宽厚者路易传》[①]中，使这位皇帝蒙受羞辱的主要人物是一些主教，尤其是曾经当过农奴和蛮族出身的那些主教。宽厚者路易让埃彭脱离奴籍，当上了兰斯大主教，泰冈斥责这个埃彭说："皇帝的善举得到了什么回报呢[②]？他让你成了自由民，当然，你并没有当上贵族，可是，他给了你自由以后，是不可能再帮你当上贵族的。"

这段话有力地证明公民确有两个等级，不过，迪波教士并不因此而感到为难。他说[③]："这段话丝毫也不表明宽厚者路易不能让埃彭当上贵族，作为兰斯大主教，埃彭应该属于第一等，已经高于贵族了。"我请读者自己去品评这段话的意思，对这里的僧侣高于贵族的说法作出自己的判断。迪波教士接着说[④]："这段话仅仅证明，生而自由的公民被称作贵族，按照大家的习惯，贵族和生而自由的人是同一个意思。"什么！由于在我们的年代中，有一些市民取得了贵族身份，竟然就把《宽厚者路易传》中的一段话用在这些人身上了！迪波教士还说[⑤]："埃彭当奴隶的时候，或许不在法兰克人中，而是在萨克森人中或是在另一个日耳曼民族中，而在这些民族中，公民是被分为若干等级的。"这么一来，由于迪波教士的这个"或许"，法兰克人当中就绝对没有贵族了。不过在他笔下，"或许"这个词从来不曾用得如此糟糕。我们刚才看到，泰冈把曾经反对宽厚者路易的主教分为两类[⑥]，一类曾是农奴，另一类曾是蛮族。埃彭属于前一类，而不属于后一类。此外，我不知道怎么会有人

---

① 《宽厚者路易传》：第四十三章和第四十四章。

② 《宽厚者路易传》：第四十三章和第四十四章。"你是怎么报恩的！他把你变成一个自由民，当然并非贵族，可是，被释奴是不能成为贵族的。"

③ 《法兰西君主国在高卢的建立》，第三卷，第六章，第四节，第 316 页。

④ 《法兰西君主国在高卢的建立》，第三卷，第六章，第四节，第 316 页。

⑤ 《法兰西君主国在高卢的建立》，第三卷，第六章，第四节，第 316 页。

⑥ 《宽厚者路易传》："所有主教都讨厌路易，特别是被他从奴役中解救出来和来自蛮族的那些人，他给了前者以荣誉，给了后者以高位。"

说，像埃彭这样的一个农奴是萨克森人或日耳曼人。须知，农奴既无家庭，因而亦无国家。宽厚者路易让埃彭脱离了奴籍，而被释奴是遵守主人所遵守的法律的，埃彭并未变成萨克森人或日耳曼人，而是变成了法兰克人。

刚才我在进攻，现在应该转入防守了。有人或许会对我说，国王的家臣组成了国家中一个有别于自由民的群体，可是，由于采地起初是可以转让的，后来才具有永久性，所以未能形成一个因出身而成为贵族的群体，因为，特权并不附属于世袭的采地。毫无疑问，就是这个反驳意见让瓦鲁瓦先生认为，法兰克人只有一个等级；迪波教士接受了瓦鲁瓦先生的看法，却以许多拙劣的证据毁掉了这个看法。无论如何，能够提出这种反驳意见的人绝对不会是迪波教士。因为，既然他认为罗马贵族有三个等级，而国王的客卿是其中的第一等级，那他就不可能再说，较之国王的家臣，国王的客卿这个头衔更是因出身而成为贵族的标志。可是，我必须给予直接回答。家臣之所以是家臣，并非由于他们拥有采地，而是因为他们是家臣，所以才有人把采地赐给他们。读者大概还记得，我在本章头几节中谈到，他们当时并不拥有后来的那一块采地，不过，虽然当时不拥有那一块采地，却拥有另一块采地，因为采地是在他们出生时授予的，而且往往是在全国会议上授予的；此外还因为，获得采地对贵族来说固然是好事，赐予采地对国王来说同样也是好事。这些家族以其效忠国王而名声显赫，以其可以申领采地的特权而与众不同。我在下一章[①]中将要说明，某些自由民何以由于机遇而被允许享有这种巨大的特权，从而进入贵族行列。贡特朗及其侄子希尔德贝当政时期的情况并非如此，在查理曼当政时期情况倒是确实如此。但是，自由民尽管从查理曼时代开始就可以拥有采地，但从上面引述的泰冈

① 本书第三十一章第二十四节。

的记述来看，被释农奴是被绝对排除在外的。迪波先生想要以土耳其为例告诉我们，古老的法兰西贵族是什么样的①，他会对我们说，宽厚者路易和秃头查理在位时，我们法兰西人对于把荣耀和高位给予出身卑微者烦言多多，而土耳其人对此类现象却丝毫没有抱怨吗？其实，查理曼时期无人抱怨，因为这位君主始终把旧家族与新家族区分开来，而宽厚者路易与秃头查理却并不这样做。

不要忘记，我们都应谢谢迪波教士，因为他撰写了好几部佳作。评判迪波先生的依据应该是那几部佳作，而不是刚才我们所讨论的那部书。他在那部书中出了一些大错，因为他眼里只有布兰维利耶伯爵，却没有书的主题。我对他的所有评论令我想到这样一个问题：连他这样一位大人物都会犯错误，我是不是应该更加小心翼翼才是呢？

① 《法兰西君主国在高卢的建立》，第三卷，第六章，第 302 页。

第三十一章

法兰克人的封建法理论与其君主制巨变的关系

第一节　官职和采地的变化

起初，伯爵被派往各自辖区的任期仅一年，不久之后，他们就花钱购买，以求继续任职。早在克洛维斯的孙子在位期间就有这样一例。一位名叫佩欧尼乌斯的人是奥克赛城的伯爵，他派儿子姆莫洛斯去给贡特朗送钱，以求继续任职；这个儿子却花钱为自己买官，取其父而代之①。国王此时已经开始腐化他们自己的恩赐地了。

依据王国的法律，此时的采地虽然是可以转让的，却并非可以随意和专断地授予或剥夺，此事通常是全国会议的主要议题之一。我们有理由认为，无论在伯爵的任职或采地的授予上，当时都已经出现了腐化现象；花钱就可以继续领有采地，花钱就可以继续领有伯爵辖地。

① 参阅图尔的格雷瓜尔，《法兰克史》，第四章，第四十二节。

我将会在本章后面[①]指出，君主的某些恩赐地仅在一定时间内有效，而另外一些恩赐地却具有永久性。国王有一次因为想要收回以前给予的恩赐地而激起全国的普遍不满，不久就引发了法国历史上第一次著名的革命，布伦豪特[②]之死便是这场革命第一阶段中令人震惊的一个场景。

布伦豪特既是王后，又是这位国王的女儿，那位国王的姐妹，还是另一位国王的母亲，她的建树无愧于一个罗马市政官员或行省总督，因而至今依然闻名遐迩；她生而极富才干，善于处理国务，长期因才干和品德为人所敬重，突然之间，她却为一个在全国缺乏权威的国王[③]所害，长时间遭受残忍的刑讯煎熬，受尽屈辱[④]。若非由于某种特殊的原因失去了全国人民的爱戴，她的这种遭遇乍一看实在是不可思议。克罗泰尔指责她害死了十位国王[⑤]，可是其中两位却是克罗泰尔自己害死的[⑥]，还有几位国王之死应该归咎于命运或另一位王后的罪恶；一个曾经让弗雷戴贡德王后[⑦]安然地在床上死去，甚至反对惩罚这位王后的滔天罪行[⑧]的国家，对于布伦豪特的罪行，看来是无动于衷的。

布伦豪特被放置在一匹骆驼上到全军去巡游，这当然表明她已经

① 本书本章第七节。

② 布伦豪特(Brunehault，534—613)，一位西哥特人西班牙国王的女儿，566年成为奥斯特拉西亚王后，在其子希尔德贝年幼时期曾任摄政。后被政敌残忍地绑在马尾上活活拖死。——译者

③ 这位国王便是克罗泰尔二世、西尔佩里克的儿子、达戈贝尔的父亲。

④ 弗雷德加里乌斯，《编年史》，第四十二章。

⑤ 弗雷德加里乌斯，《编年史》，第四十二章。

⑥ 即奥斯特拉里亚的国王戴奥德贝和戴奥德里克。——译者

⑦ 弗雷戴贡德王后，见第三十章第十二节译注。——译者

⑧ 参阅图尔的格雷瓜尔，《法兰克史》，第八章，第三十一节。

失去了全军的爱戴。据弗雷德加里乌斯的记述,布伦豪特的宠臣普洛泰尔[①],夺取领主们的地产用以充实国库,恣意羞辱贵族,致使人人因担心失去职务而惶惶不可终日[②]。全军起而反对普洛泰尔,把他杀死在营帐中。全国人民对布伦豪特的憎恶日益加剧,究其原因,或许是她试图为普洛泰尔复仇[③],或许是她想要继续普洛泰尔的行径[④]。

克罗泰尔野心勃勃地想要独揽国政,心中充满了可怕的复仇念头,他明白,布伦豪特的儿子们如果占了上风,他就必死无疑。于是,他违心地参与了一桩密谋。或是因为他的笨拙,或是由于形势所迫,他终于成了布伦豪特的控诉人,把这位王后描绘成一个令人胆战心惊的人物。

密谋反对布伦豪特的核心人物瓦纳歇尔是勃艮第的宫相,他要求克罗泰尔作出承诺,让他终身担任此职,绝不逼他离职[⑤]。这样一来,这位宫相就与法国领主们以往的状况不同了,宫相的权力就开始独立于国王的权力了。

布伦豪特令人沮丧的摄政激怒了全国。当法律依然有效时,谁也不能因为采地被收回而心怀不满,因为法律并未规定可以永久拥有采地;可是,当人们借助贪婪、恶劣的行径和腐化的行为获得采地时,他们又抱怨他们的某些东西通过不正当途径被剥夺了,正如当初

① 普洛泰尔(Protaire),时任宫相。——译者

② 弗雷德加里乌斯,《编年史》,第三十七章关于 605 年的记述:“他极不公正地对待权贵,为国库过度敛财,试图让国库装满他们自己的财产,以至于无人能够保住好不容易得到的位置。”

③ 弗雷德加里乌斯,《编年史》,第三十七章关于 607 年的记述。

④ 弗雷德加里乌斯,《编年史》,第四十一章关于 613 年的记述:“包括主教和家臣在内的勃艮第的大人物们都害怕布伦豪特,对她恨之入骨,于是就共同商议对策。”

⑤ 弗雷德加里乌斯,《编年史》,第四十二章关于 613 年的记述:“克罗泰尔发誓,只要他活着,绝不赶他下台。”

获得这些东西时往往也是通过这种不正当途径。收回恩赐地的目的如果是公众的福祉，大概谁也不会说什么；可是，表面的秩序遮掩不住腐败；有人要求掌管国库的权力，为的却是恣意挥霍国库的财产；恩赐地不再是对服务的酬报或是对服务的期望。布伦豪特试图用腐败的风气去纠正由来已久的腐败现象。她之所以反复无常并不是因为她是一个意志薄弱的人；家臣和高官们感到自己已经穷途末路，于是就把她干掉了。

对于当时发生的种种事件，我们所掌握的资料少而又少，编年史的作者们对于当时历史的了解相当可怜，大体上仅仅相当于今天的乡民对当今历史的了解。不过，克罗泰尔为我们留下了一份为革除流弊而在巴黎公会议上颁布的律令①，这份律令表明，克罗泰尔把引发革命的那些民怨压制下去了②。他在这份律令中一方面对于先王们的赏赐予以认可③，另一方面下令归还家臣们所有被剥夺的东西④。

这并非这位国王在公会议上所作的唯一让步，他还试图修正以往反对僧侣特权的那些措施⑤；他削弱了宫廷对于主教选举的影响⑥。他还对税收制度进行了改革，取消了一切新设的税种⑦，并规定，凡是在

① 这份律令是在布伦豪特死后不久的615年颁布的。参见《敕令汇编》，巴鲁兹版，第21页。

② “但愿神明能够制止这些违背理性秩序的行为，我遵循基督的教导颁布本谕令，用以防止此类事情再次发生。”《敕令汇编》，巴鲁兹版，前言，第16条。

③ 《敕令汇编》，巴鲁兹版，前言，第16条。

④ 《敕令汇编》，巴鲁兹版，前言，第17条。

⑤ “那时和自那时以来在这方面被忽略的事情，今后应永远得到尊重。”

⑥ “主教过世后，主教所在地征得权贵们的同意后，由僧侣和民众通过选举产生继任者，当选者如果堪当重任，则经国王首肯后任命；继承人若由宫廷选任，应是人品和信仰均符合任命的要求。”《敕令汇编》，巴鲁兹版，前言，第1条。

⑦ “凡任意新增的税赋，一律取消。”《敕令汇编》，巴鲁兹版，前言，第8条。

贡特朗、西格贝尔[①]、西尔佩里克死后所设立的路桥税，一律停止征收[②]；也就是说，弗雷戴贡德和布伦豪特摄政时代的各种规定全都被他废除了。他下令禁止他自己的畜群进入私人森林[③]。下面我们将会看到，他所推行的改革更为广泛，而且涉及公民事务。

第二节　民事管理有什么改革

我们至此已经看到，对于他们主人的选择和行为，国民们显露出了急躁和轻率，他们出面调解主人之间的纠纷，迫使他们彼此保持和睦关系。可是，国民们正在做的却是我们以前未曾见到过的，他们审视当前的形势，冷静地审查法律，弥补其不完善之处，制止暴力，规范权力。

弗雷戴贡德和布伦豪特的摄政具有男子的气概，大胆而蛮横，与其说让国民们感到惊奇，倒不如说让她们有所警觉。弗雷戴贡德以恶治恶，以投毒和谋杀为投毒和谋杀开脱，她的行事作风使她所主使的谋杀行为更多的是私人行为，而不是公共权力的应用。弗雷戴贡德干的坏事更多，而布伦豪特则更让人害怕。在这种危机状况下，国民们不仅仅满足于建立封建统治秩序[④]，同时还要求保障民事管理，因为，民事管理比封建秩序更糟。况且，民事管理积弊已久，因而可以认为，与其说是法律流弊使然，莫如说是习俗流弊使然，所以，民事管理的腐败更具危险性。

① 西格贝尔(Sigebert,535—575)，克罗泰尔之子，奥斯特拉里亚国王。——译者

② 《敕令汇编》，巴鲁兹版，前言，第 9 条。

③ 《敕令汇编》，巴鲁兹版，前言，第 21 条。

④ 指采地的管理等等。——译者

我们在图尔的格雷瓜尔的《法兰克史》以及另外一些著作中看到，一方面是凶狠和野蛮的民族，另一方面是同样凶狠和野蛮的君王。这些君王个个都嗜杀成性，凶残而不公正，因为整个民族都是这样。如果说，基督教有时似乎让他们变得稍稍温和些，那只是因为基督教对于罪人毫不留情的缘故。教会用圣人的圣迹和奇事来防御和自卫。国王们绝不亵渎神圣，因为他们害怕因此而受到惩罚。不过，除此之外，或是出于盛怒或是出于冷静的思考，他们犯下了各种各样的罪恶，因为这些罪恶和不公不会立即遭到神明的惩罚。如我前面所说，法兰克人遭受着嗜杀成性的国王们的祸害，因为他们自己同样嗜杀成性；国王们的不公和劫掠并不让他们震惊，因为他们自己的劫掠和不公丝毫不亚于国王。法律是有的，可是国王们却以训谕[①]这种文书让法律变得毫无效力，这类文书与当年罗马皇帝的敕复相似，若不是国王们沿袭了这种习惯，那就是他们自己的本性所致。图尔的格雷瓜尔的著作告诉我们，他们杀人时不动声色，被告人被处死之前连申辩的机会也没有。他们发布训谕，强行撮合非法婚姻[②]，转移遗产，剥夺亲属的权利，逼迫修女出嫁。事实上，他们不但从未制定任何法律，反而停止执行既有法律。

克罗泰尔的敕令革除所有流弊，任何人再也不会不经审讯而定罪[③]，亲属一律有权依法继承遗产[④]，任何强迫女子、寡妇和修女结婚的训谕均属无效，所有得到训谕并遵照办理的人都要受到严厉的惩罚[⑤]。

① 训谕是国王下达给法官的命令，其内容是要求或许可法官做某些违反法律的事情。

② 参见图尔的格雷瓜尔，《法兰克史》，第四章，第 227 页。史书和条例中充斥着这种事例。为纠正流弊，克罗泰尔二世曾于 615 年发布敕令，从中可以看到流弊的严重程度。见《敕令汇编》，巴鲁兹版，第一卷，第 22 页。

③ 《敕令汇编》，巴鲁兹版：克罗泰尔 595 年敕令，第 22 条。

④ 《敕令汇编》，巴鲁兹版：克罗泰尔 595 年敕令，第 16 条。

⑤ 《敕令汇编》，巴鲁兹版：克罗泰尔 595 年敕令，第 18 条。

这道敕令的第 13 条和以下两条可惜因年久而缺失，否则，我们对于训谕的内容大概会有更加准确的了解。第 13 条只留下了头几个字，说是训谕必须得到遵守，这里所说的训谕显然不是指刚才被同一项法律废止的那些内容。我们知道，这位君主还颁布过另一项律令[①]，内容与其敕令相关，对训谕的弊端逐一加以修正。

这项律令没有标明颁布日期，也没有标明在何地颁布，所以，巴鲁兹就把它归在克罗泰尔一世名下；其实，这项律令是克罗泰尔二世颁布的，我这样说的理由有三点：

1）这项律令规定，国王将保留其父王和祖父[②]给予教会的豁免权[③]。克罗泰尔一世的祖父希尔代里克在世时，法兰西国尚未建立，况且他不是基督教徒，他能给予教会什么豁免权呢？然而，这项律令如果出自克罗泰尔二世，那么他的祖父就是克罗泰尔一世。克罗泰尔一世把儿子克拉姆纳以及儿媳和孙子一并烧死，为了替自己赎罪，他给了教会很多赏赐。

2）这项律令试图纠正的弊病，在克罗泰尔一世死后依然如故，在柔弱的贡特朗、凶残的西尔佩里克、令人憎恶的弗雷戴贡德和布伦豪特相继摄政期间，甚至达到了登峰造极的地步。国民们怎么能够容忍曾被庄严地禁绝的弊病死灰复燃，而不振臂高呼加以反对呢？西尔佩里克二世[④]再度实行往昔的暴政时，国民们曾逼迫他下令，规定应像过去那样[⑤]，在审案中以法律和习惯法为依据；为什么此时国民们就不这样做了呢？

---

① 《敕令汇编》，巴鲁兹版第一卷，第 7 页。

② 克罗泰尔一世的父亲是克洛维斯，祖父是希尔代里克。——译者

③ 我在本书第三十章中谈及，这种豁免权是司法权的转让，其中包括禁止国王的法官在采地内执行任何使命，其作用相当于建立或转让采地。

④ 西尔佩里克二世从 670 年开始执政。

⑤ 参阅《圣莱热传》。

3）最后，此项为修正弊病而制定的律令不可能与克罗泰尔一世有关，因为，在他治理下的王国，并无这方面的民怨，他的声望和权威也极高，尤其是在人们所说的颁布这项律令的时期；与此相反，此项律令与克罗泰尔二世执政时期发生的种种事件倒是非常吻合，这些事件后来在王国的政治生活中引发了一场革命。应该用历史去阐明法律，用法律去澄清历史。

第三节　宫相的职权

前面说过，克罗泰尔二世曾经承诺，让瓦讷歇尔终身担任宫相，绝不撤换。革命带来了另一个后果。在此之前，宫相是国王的官员，在此之后，宫相变成了国家的官员，宫相过去由国王遴选，现在由民众遴选。革命之前，普洛泰尔由戴奥德里克任命为宫相①，朗德里克由弗雷戴贡德任命为宫相②，此后，民众掌握了宫相的遴选权③。

所以，我们不应像有些作者那样，把后来的宫相与布伦豪特在世时的宫相混作一谈，把国王的宫相与国家的宫相相提并论。我们知道，依据勃艮第法的规定，勃艮第宫相绝非国家最高职位之一④，在法兰克最

① 弗雷德加里乌斯，《编年史》，第二十七章关于605年："依据布伦豪特的建议和戴奥德里克的命令。"

② 伐鲁瓦（Valois），《法兰克诸王行迹》，第三十四章。

③ 弗雷德加里乌斯，《编年史》，第四十五章关于626年，无名氏著该书续编第一百零一章关于695年，第一百零五章关于715年，艾穆安，《法兰克人史》，第四章第十五节，爱因哈特，《查理曼传》，第四十八章。伐鲁瓦，《法兰克诸王行迹》，第四十五章。

④ 参见《勃艮第法》前言以及该法的第二补编中的第十三篇。

初几位国王在位时期，宫相也不是最显赫的官职[①]。

克罗泰尔对那些拥有职位和采地的人实行安抚；瓦讷歇尔死后，克罗泰尔在特鲁瓦召集领主们征询意见，由谁接替瓦讷歇尔担任宫相，与会者大声呼喊，表示谁也不选，恳请克罗泰尔为他们做主，指定一位新宫相[②]。

达戈贝尔像他的父王一样召集全国的显贵，国民们对他寄予全部信任，没有为他选定宫相。达戈贝尔感到自由在手，军事胜利又使他无所忧虑，于是就重新拾起布伦豪特的计划。可是，此举很不成功，奥斯特拉西亚的家臣们拱手把胜利让给斯拉夫人后[③]，便打道回府，致使奥斯特拉西亚的边境省份落入蛮族之手。

他向奥斯特拉西亚人提出，将奥斯特拉西亚连同一件宝物让给他的儿子西格贝尔，把王国政府和宫相职务交给科隆主教库尼贝尔和阿达吉兹公爵。弗雷德加里乌斯并未在他的书中记述当时所订协议的细节，不过，国王发布律令对所有条件都表示肯定，奥斯特拉西亚于是立即摆脱了危险[④]。

达戈贝尔临终之时把妻子南特希尔德和儿子克洛维斯托付给艾

① 参阅图尔的格雷瓜尔，《法兰克史》，第九章，第三十六节。

② 弗雷德加里乌斯，《编年史》，第五十四章关于 626 年："克罗泰尔于那年在特鲁瓦召集勃艮第的权贵和家臣聚会，鉴于瓦讷歇尔已经过世，他希望了解与会者是否愿意立即遴选一位新宫相，可是，与会者异口同声一致表示不愿选举新宫相，并恳请国王替他们做主。"

③ 弗雷德加里乌斯，《编年史》，第五十四章关于 630 年："威尼特人战胜了法兰克人，并非因为斯克拉丰人骁勇善战，而是因为奥斯特拉西亚人缺乏勇气，他们觉得，达戈贝尔既恨他们，又对他们滥施搜刮。"

④ 弗雷德加里乌斯，《编年史》，第七十五章关于 632 年："众所周知，后来奥斯特拉西亚人坚定并有效地击退了威尼特人对法兰克王国边境的侵扰。"

加[①]。纽斯特利亚和勃艮第的家臣们把年轻的王子克洛维斯选为国王[②],艾加与南特希尔德亚执掌宫廷[③],他们把达戈贝尔攫取的地产全部归还原主[④],就像奥斯特拉西亚已经听不到民怨一样,纽斯特利亚和勃艮第的民怨也因此而得以平息。

艾加死后,王太后南特希尔德要勃艮第的领主们选举佛罗卡图斯为宫相[⑤]。佛罗卡图斯致函勃艮第王国的各位主教和重要领主,向他们承诺,在他们的有生之年绝不损害他们的荣宠和官爵[⑥];他还发誓绝不食言。《王室的宫相》一书的作者[⑦]认为,宫相执掌国务由此肇始[⑧]。

弗雷德加里乌斯是勃艮第人,这位作者对于前面提及的革命时期的宫相记述比较详细,而对于奥斯特拉西亚和纽斯特利亚的宫相的记述则较少。不过,出于同样的原因,在勃艮第订立的协议,也在纽斯特利亚和奥斯特拉西亚订立了。

国民们觉得,把大权交给他们所选的宫相,比交给国王更可靠,因为,他们可以要求宫相按照他们的意思行事,而国王的权力却是世袭的。

---

① 艾加(Æga),640 年开始担任奥斯特拉西亚的宫相。——译者

② 弗雷德加里乌斯,《编年史》,第七十四章关于 638 年。

③ 弗雷德加里乌斯,《编年史》,第七十四章关于 638 年。

④ 弗雷德加里乌斯,《编年史》,第八十章关于 639 年。

⑤ 弗雷德加里乌斯,《编年史》,第八十九章关于 641 年。

⑥ 弗雷德加里乌斯,《编年史》,第八十九章关于 641 年:“佛罗卡图斯在一封信中向勃艮第的权贵和主教们发誓,终身不会侵害他们的地位和财产。”

⑦ 据传,此书为弗雷德加里乌斯所著。——译者

⑧ “此后在伟大的国王达戈贝尔之子、戴奥德里克之父克洛维斯掌政时期,日趋衰微的法兰克王国开始由宫相执政国务大权。”见《王室的宫相》。

第四节　国家在宫相问题上的特性

一个国家已经有了国王，却还要遴选一个人行使国王的权力，这种政体令人觉得不可思议。不过，撇开当时的具体情况不说，我觉得，法兰克人的这种想法可以追溯到很久之前。

法兰克人是日耳曼人的后裔，塔西佗曾说，法兰克人在血统高贵者中遴选国王，在品德高尚者中遴选首领[①]。墨洛温王朝的国王和宫相便是如此，国王是世袭的，宫相是选任的。

毫无疑问，凡是在国民会议上向所有愿意追随他的人自荐为首领，表示愿意率领大家去完成某项事业的人，大多数兼具国王的威望和宫相的能力。他们高贵的血统使他们具有王气，他们的品德令众多拥戴者把他们当作首领追随，使他们拥有宫相的权力。我们最初的几位国王以国王之尊成为法院和会议之首，征得这些会议的同意而制定法律；他们又以公爵或首领之尊进行征战，指挥军队。

想要认识最初法兰克人在这方面的才干，只需看看阿波加斯特[②]的作为即可，此人是个法兰克人，曾被瓦伦梯尼安授予指挥权[③]。他把皇帝禁闭在宫中，不许任何人与皇帝谈论任何民事和军事。阿波加斯特当时所做的这些事，就是后来那几个丕平所做的那些事。

---

① 塔西佗，《日耳曼尼亚志》，第七卷，第一章："贵族出国王，品德出首领。"

② 阿波加斯特(Arbogaste，340—394)，出身于法兰克人的罗马将军，曾与日耳曼人作战。——译者

③ 参阅图尔的格雷瓜尔，《法兰克史》，苏尔皮西乌斯·亚力山德尔(Sulpicius Alexander)的记述。

第五节　宫相如何取得军队的指挥权

军队由国王指挥的时候，国民们根本没有想到要遴选一个首领。克洛维斯和他的四个儿子率领着法兰西人从胜利走向胜利。戴奥德贝的儿子蒂博[①]幼年即位，孱弱多病，开了国王留守宫廷的先河[②]。他拒不出征意大利去讨伐纳尔塞斯，法兰克人于是遴选了两位首领，率领他们前往意大利，此事深深刺痛了蒂博[③]。克罗泰尔一世的四个儿子中，贡特朗最疏于指挥军队[④]，其他国王也都仿效他；为了交出指挥权而又不至于带来危险，他们就把军队的指挥权交给若干位首领或公爵[⑤]。

这就导致弊端丛生，军纪废弛，抗命不从，军队反倒成了本国的灾害，尚未接敌就已经满载劫掠所获。图尔的格雷瓜尔对此有生动的描

① 戴奥德贝(Theodebert，? —548)，奥斯特拉西亚国王，蒂博(Thibault)，戴奥德贝之子，十三岁继承其父王位，二十岁死亡，其国即被克罗泰尔一世兼并。——译者

② 公元 552 年。

③ 图尔的格雷瓜尔，《法兰克史》，第四章，第九节："尽管国王很不高兴，路特利斯(Leutheris)和布蒂里努斯(Butilinus)还是与法兰克人联手参战。"又见阿加西亚斯《查士丁尼执政史》第一章。

④ 贡多瓦尔德自称是克罗泰尔之子，要求分得王国的一部分。贡特朗竟然不予讨伐。

⑤ 这些指挥官的人数有时甚至多达二十人。参见图尔的格雷瓜尔，《法兰克史》，第五章第二十八节，第八章第十八节，第十章第三节。勃艮第的达戈贝尔没有设置宫相，他采取了同样的政策，派遣十位公爵和多位不隶属公爵的伯爵去与加斯科涅人作战。参见弗雷德加里乌斯，《编年史》，第七十八章关于 636 年的记述。

述[①]：贡特朗说："父辈所获我们都没有保住，我们怎么可能获胜呢？国家已经今非昔比了……[②]"真是不可思议，这个国家竟然从克洛维斯的孙子开始，就走上了衰微之路！

于是，人们自然而然地就想到让公爵成为独一无二的领导人，让这位公爵把许许多多忘掉了自己义务的领主和家臣统统管起来；让这位公爵重整军纪，率领只会内乱的民众御敌卫国。这样一来，权力就交到了宫相手中。

宫相的首要任务是替王族理财，此外还要协同其他官员对采地实行政治管理[③]，到了后来，采地的管理事务变成由宫相独自处理了。宫相还处理军务和指挥军队，这两项职务自然与另外两项职务相关。那时候，召集军队比指挥军队更难，谁能比掌握着赏罚大权的那个人更有权威呢？对于这个独立而好战的民族来说，只能邀约而不能强制，欲使权贵们对于因主人死亡而空出的采地怀有期盼，就要不断地给予奖励，让他们担心厚此薄彼；所以，总管宫廷事务的那个人当然应该是军队的统帅。

第六节　墨洛温王朝王权衰微的第二阶段

布伦豪特被处死以后，宫相就在国王手下掌管国务；战事虽然由宫相执掌，国王却依然是军队的统帅，宫相和国民们在国王的统率下对敌作战。然而，丕平在与戴奥德里克及其宫相作战中取得的胜利[④]，使王

① 图尔的格雷瓜尔，《法兰克史》，第八章，第三十节，第十章第三节。

② 图尔的格雷瓜尔，《法兰克史》，第八章，第三十节，第十章第三节。

③ 参阅《勃艮第法》，第二补编，第十三篇；图尔的格雷瓜尔，《法兰克史》，第九章，第三十六节。

④ 参见《麦斯年鉴》中的687年和688年。

权彻底旁落[1]，铁锤查理击败西尔佩里克及其宫相兰弗鲁瓦[2]之役则进一步巩固了这个结果。奥斯特拉西亚两度战胜纽斯特利亚和勃艮第，奥斯特拉西亚的宫相职位就像专属丕平家族，丕平家的宫相高踞其他宫相之上，丕平家族高踞其他家族之上。胜利者担心某个有声望的人为煽动骚乱而扣留国王，于是把国王软禁在宫中，这与关押在监狱中无异[3]。国王每年一次在民众面前露面，并在这个场合颁布谕令[4]，不过，这些谕令其实是宫相的意思；国王还向使者们作答，不过，其实这也是宫相对使者们的回答。这就是历史学家所说的宫相擅权时期，那时的国王屈从于宫相[5]。

国民对于丕平的拥戴达于极致，竟然把他尚未成年的孙子[6]选为宫相[7]，这位宫相被置于一位名叫达戈贝尔的国王之上，于是乎，一个幽灵之上又有了一个幽灵。

第七节　宫相治下的高官和采地

宫相们无意让官职和采地重新变为可转让的和可撤换的，他们只

① 参见《麦斯年鉴》中的 695 年："给国王留下名义上的权力，自己行使治理全国的权力。"

② 参见《麦斯年鉴》中的 719 年。

③ 《麦斯年鉴》中的 719 年："他让出王座，交出王权。"

④ 《桑里斯纪年》："为的是让国王鹦鹉学舌般地宣布别人为他准备好的答词。"

⑤ 《麦斯年鉴》中的 691 年："丕平的权力在那一年已经超过戴奥德里克。"《弗尔德和劳里善年鉴》："法兰克公爵丕平占据王位长达二十七年，国王都听命于他。"

⑥ 此人名叫戴奥多尔德（Théodoald），当时的国王是达戈贝尔二世。——译者

⑦ 弗雷德加里乌斯，《编年史》的无名氏《续编》关于 714 年第五十四节："在国王达戈贝亚德推荐下，他的儿子被指定为宫相。"

是依靠在这方面给予贵族的保护，才得以维持自己的统治。因此，不但高官依旧终身任职，而且这个习惯日益得到认可。

可是，我对于采地有一些特殊的想法。我不怀疑，大多数采地从那时开始已经变为世袭了。

在安德里条约[①]中，贡特朗及其侄子希尔德贝作出承诺，维持先王们给予家臣和教会的赏赐，并允许王后、公主和国王的遗孀以遗嘱方式，永久支配她们得自国库的财物[②]。

马尔库尔弗编写《法规》时适值宫相当政[③]。鉴于《法规》是当时日常活动的真实写照，所以它可以证明，一部分采地在墨洛温王朝后期已经变为世袭了。属地不可剥夺是相当近代的观念，那时候的人远没有这种观念，理论上如此，实践中亦然。

在这方面我将很快提出一些事实作为证据。如果我能证明，在某段时间中，军队既不再享有赏赐，也没有任何维持费用，那就应该认为，原有的赏赐已经被剥夺。此时便是铁锤查理执政时期，他建立了一些采地，但这些采地与早期的采地迥然有异。

当国王开始给予永久性赏赐时，这些赏赐或是因为政府的腐败所致，或是因为国王不得不遵照法规不断地给予赏赐，起初国王当然宁可给予永久性的采地，也不愿意建立永久性的伯爵区，道理很清楚：拿出一些土地是桩小事，而放弃对重要职位的掌控，不啻是丢掉权力。

---

① 见于图尔的格雷瓜尔，《法兰克史》，第九章。又见克罗泰尔二世 615 年敕令，第 16 条。

② “如果她们愿意保有从国库获得的土地、商品或堡垒，或赠予任何人，他们对这些财产的这种处分应永远予以维持。”

③ 参阅《法规》，第一章，第 14 条，该条也适用于直接永久给予的财物以及起初作为赏赐给予，后来变为永久给予的财物：“正式由他拥有，或者由我们的国库拥有。”又见《法规》，第一章，第 17 条。

第八节　自由地何以变成采地

在马尔库尔弗的《法规》中可以看到自由地如何变为采地[①]。土地所有者把土地给予国王，国王把土地作为仅有使用权的赠予或赏赐返还给献地者，献地者把自己的继承人呈报国王。

为了揭示改变自由地性质的原因，必须如同探索深渊那样去探索古老的贵族特权。自从11世纪以来，贵族沾满了尘埃、鲜血和汗水。

拥有采地的人好处甚多。他们因受到伤害而获得的和解金多于自由民。马尔库尔弗的《法规》表明，国王的附庸享有一种特权，那就是杀死他的人需要支付赔偿金六百苏。这是萨利克法[②]和里普埃尔法[③]所确定的一种特权。这两种法律规定，对国王的附庸之死应付的赔偿金为六百苏，而对于一个自由民、法兰克人、蛮族人或受萨利克法管束的普通人的赔偿金仅为二百苏，对于一个罗马人的赔偿金则只有一百苏[④]。

这并非国王的附庸所享有的唯一特权。我们知道，一个被传讯受审的人，若是不出庭或不服从法官的命令，就将被传讯到国王面前[⑤]，他如果坚持不到案，就将被宣布为不受法律保护，任何人都不能收留他，甚至连给他面包也不被允许[⑥]；此人若是普通百姓，他的财产就将

① 《法规》，第一章，第13条。

② 《萨利克法》，第四十四章。又见第四十六篇§3、4和第七十四篇。

③ 《里普埃尔法》，第十一篇。

④ 参见《里普埃尔法》，第七篇；《萨利克法》，第四十四篇§1、4。

⑤ 《萨利克法》，第五十九篇和第七十四篇。

⑥ 《萨利克法》，第五十九篇和第七十四篇："在国王的领地以外"。

被没收[1]，可是，此人若是国王的附庸，他的财产就不会被没收[2]。普通百姓如果拒不到案，就被视为认罪，国王的附庸若拒不到案，则不会被视为认罪。普通百姓犯的哪怕只是小罪，也要对之采用沸水取证法[3]，对于国王的附庸则仅在有凶杀嫌疑时才采用沸水取证法[4]。此外，国王的附庸不被强迫立誓指控另一个国王附庸[5]。特权不断增加，卡罗曼[6]的一道敕令又给予国王的附庸另一项荣宠，即不能强迫他们亲自立誓，而只能由他们的附庸替他们代言立誓[7]。此外，享有这些荣宠的人如果拒不从军，所受处罚是在拒不从军期间不得饮酒，不得吃肉。自由民若是拒不跟随伯爵出战[8]，就要被罚六十苏[9]，在支付罚金之前还要作为奴隶服役。

由此不难想见，不是国王附庸的法兰克人，尤其是罗马人，都会想方设法要成为国王的附庸；为了不失去自己的属地，他们就想出了这样一种高招：把土地交给国王，然后作为国王赏赐的采地把这份土地收回来，并向国王指定自己的继承人。这种做法一直延续，尤其是在卡罗林王朝的混乱时期，那时人人都希望有一个保护人，都希望与其他领主携手联合[10]，并进入封建君主制，因为此时已经没有政治君主制了。

① 《萨利克法》，第五十九篇 § 1。

② 《萨利克法》，第七十六篇 § 1。

③ 《萨利克法》，第五十六篇和第五十九篇。

④ 《萨利克法》，第七十六篇 § 1。

⑤ 《萨利克法》，第七十六篇 § 2。

⑥ 卡罗曼（Carloman，879—884），法国国王结巴路易之子，882 年继位为法国国王。——译者

⑦ 883 年韦尔农宫敕令，第 4 条和第 11 条。

⑧ 查理曼 812 年第二道敕令，第 1、3 条。

⑨ Heribarnnum，即未能服从法兰克军队召唤而课以的沉重的罚款。

⑩ 在迪康热，《晚期拉丁语和希腊语词汇》的“自由地”词条下，朗贝尔·安德尔（Lambert d'Andres）说：“财产转移到继承人名下并无多大风险。”

一些条例表明[①]，这种做法一直持续到加佩王朝，或是先交出自由地，然后再依据同一条例收回，或是先宣布为自由地，再承认其为采地。此类采地被称作收回的采地。

但这并不意味着拥有采地的人都像家长一样兢兢业业地管理采地；尽管自由民渴望拥有采地，但他们对待这种地产的态度，就像我们今天处理仅拥有使用权的地产一样。这就促使最谨慎和最小心的君主查理曼，制定了一系列条规[②]，用以制止有人降低采地地位以确保自己的产业。这只能证明，查理曼时代大部分赏赐地的性质依然是终生拥有，所以人们对自由地的关心甚于赏赐地；不过，成为国王的附庸胜过当一个自由民的想法，并不因此而有所改变。尽管有种种理由处理采地中的某一部分，但是谁也不愿意失去名号和地位。

我还知道，查理曼在一道敕令中抱怨说[③]，有些地方的一些人把采地作为产业给予他人，然后又作为产业买回。但是，我不认为，人们喜爱产业甚于喜爱仅有使用权的土地，我只是想说，如果有机会把自由地变成可以传之后代的采地，如同法规所规定的那样，那是非常有利可图的一桩事。

第九节　教会地产何以变成采地

国库的财产除了由国王用作奖励，吸引法兰克人从事新的征战，从

① 参阅迪康热在“自由地”词条下引述的条例，以及加朗(Galland)在《论自由地》第 14 页及以下多页中的论述。

② 802 年第二道敕令，第 10 条，803 年第七道敕令，第 3 条，年份不明的第一道敕令第 49 条，806 年敕令第 7 条。

③ 806 年第五道敕令，第 8 条。

而增加新的国库财产之外，不应该有其他用途。如我在前面所说，这是民族精神，不过，国王的赐予却是另一回事。克洛维斯的孙子西尔佩里克[①]在一次讲话中抱怨说，他的地产几乎全都给了教会。他说："国库空虚了，我的财富都转到教会去了[②]。执掌大权的只有主教们，他们位高权重，我则无权无势。"

这样一来，不敢攻击领主的宫相就把矛头对准教会，大肆劫掠；丕平借口进入纽斯特利亚的理由之一[③]，便是他受教会之请，前来制止国王即宫相剥夺教会所有地产的行径。

与纽斯特利亚和勃艮第相比，奥斯特拉西亚的宫相即丕平家族，对教会的态度相当温和。这一点在编年史中看得十分清楚[④]，僧侣们对于丕平家族成员的虔诚和慷慨赠予赞不绝口。其实，丕平家人曾经就是教会的重要领袖人物。正如西尔佩里克对主教们所说[⑤]："一只乌鸦不会啄掉另一只乌鸦的眼睛。"

丕平拿下了纽斯特利亚和勃艮第，但是，由于他以教会受到迫害为借口，摧毁了宫相和国王的势力，所以，他如果对教会进行劫掠，就必然有悖于他所标榜的目的，而且使国民们有被他戏弄之感。不过，征服了两个王国，摧毁了敌对势力，这就使他有足够的手段让他的军官们感到满意。

丕平通过保护神职人员成为一国之主，他的儿子铁锤查理却只能靠压迫神职人员方能自保。这位君主看到，国王和国家的部分地产已经被作为终生地产或产业给予贵族，神职人员则从穷人和富人手中获

---

① 图尔的格雷瓜尔，《法兰克史》，第六章，第四十六节。

② 由于这个缘故，他撤销了有利于教会的遗嘱，连他父亲给予教会的赠与也取消了。贡特朗把这些赠予归还给教会，而且还给了新的赠与。见图尔的格雷瓜尔，《法兰克史》，第七章，第七节。

③ 《麦斯年鉴》，687年："我受神甫们和上帝的仆人们之请，他们的财产被不公正地剥夺，因而常来找我。"

④ 《麦斯年鉴》，687年。

⑤ 图尔的格雷瓜尔，《法兰克史》，第五章，第十九节。

得了部分自由地，他于是对神职人员实行剥夺，鉴于第一次分地时形成的采地已经不复存在，他就重新建立采地[①]。他夺取教会的地产乃至教堂，据为己有或分给军队将领，从而消除了一种有别于其他弊病的弊病，一种因极端严重反而易于治愈的弊病。

第十节　僧侣的财富

在先后三个王朝统治时期，全国的财富大概不止一次全都给了僧侣，否则他们不至于那么富有。不过，如果说国王、贵族和民众有办法把所有财富全都给予僧侣，他们同样有办法剥夺僧侣的全部财产。宗教虔诚在墨洛温王朝推动了教堂的建立，在尚武精神的作用下，教堂落到了军人手中，军人又把教堂分给了他们的子弟。有多少土地来自僧侣们的收入啊！加洛林王朝的国王们出手大方，大量分发赏赐。诺曼人到来之后，大肆劫掠，迫害神甫和教士尤为起劲，到处寻找修道院，搜索宗教场所，因为，他们把偶像被毁以及查理曼的所有暴行，都归咎于教会人士，迫使他们先后逃往北方的正是查理曼的暴行。纵然时隔四五十年，这种仇恨也无法忘记。在这种情况下，僧侣们损失的财产何其多啊！几乎没有多少僧侣要求偿还他们的财产。所以，大量建筑教堂和捐献土地，只得等到加佩王朝时期依靠人们的宗教虔诚来完成了。世俗民众如果都很诚实，当时广为传播并且获得信任的见解，早就把他们的财产全部剥夺了。但是，教会人士固然怀有野心，世俗人士也不乏野心，即将咽气的人虽然愿意捐献给教会，继承者却要重新拿回来。领

① 《桑里斯纪年》："查理剥夺大多数僧侣的田产所有权，并入国库，然后分给军人。"

主与主教、士绅与教士纷争不断；教会人士肯定是受到了强大的压力，否则他们就不会被迫寻求某些领主的保护，这些领主对于他们的保护只不过是一时而已，接着便施加压迫。

在加佩王朝统治期间，政治比较贤明，神职人员的财产因而有所增长。加尔文派出现之后，把教堂里的金银全都拿来铸成金币银币。神职人员连命都保不住，怎么能确保财产无虞呢。当他们热衷于教义争论时，档案已经被人烧毁了。贵族已经破产，再向他们索要他们已经不再拥有或者以种种方式抵押掉的东西，还有什么用处呢？神职人员总是先取得后返还，直到现在还在继续取得。

第十一节 铁锤查理时代的欧洲状况

对神职人员横加盘剥的铁锤查理处境相当不错，军人们对他既惧怕又爱戴，他为军人们尽力做事，为发动对撒拉逊人的战争寻找借口[①]。尽管教会对他恨之入骨，他却完全用不着教会。倒是教皇不能没有他，于是向他伸出双手。格里高利三世向他派出使团[②]一事，应该说是无人不晓。这两位大权在握的人物携手联合，因为他们谁也离不开谁。教皇需要法兰克人的支持去对付伦巴第人和希腊人[③]，铁锤查理也需要教皇的支持，因为他想羞辱希腊人，为难伦巴第人，让自己在

① 参阅《麦斯年鉴》。

② 《麦斯年鉴》中的741年："名叫格里高利的教皇征得罗马权贵们的同意后，给他写了一封信，信中说，罗马人民摆脱了皇帝的权威，决定寻求他的保护和他永不枯竭的仁慈。"弗雷德加里乌斯，《编年史》："协议一旦确定，他就退出帝党。"

③ 这里的希腊人是指拜占庭人。——译者

国内更受尊敬，使他所拥有的头衔以及他和他的孩子们可能获得的头衔具有分量[①]。所以，他不能让自己的谋划落空。

奥尔良主教圣厄谢见到的一个神示的异象让君主们大为震惊。关于此事，我不得不引用在兰斯聚会的主教们写给日耳曼人路易[②]的一封信[③]，当时他已经进入秃头查理的领土；这封信让我们清楚地看到当时的形势以及人们的精神状态。主教们在信中写道[④]："圣厄谢升到天堂，见到了正在地狱底层备受煎熬的铁锤查理，惩罚铁锤查理的命令是由应当参加耶稣基督的最后晚餐的那几位圣徒下达的。铁锤查理之所以提前受此惩罚，原因在于他劫掠教堂的地产，因而必须为所有曾为教堂捐资的人顶罪。国王丕平为此召开了一次基督教公会议，下令将能够收回的所有神职人员的地产归还给他们；可是，由于他与阿基坦公爵韦弗尔发生争执而只能收回一部分，他于是颁发文书，以不确定占有的方式补足其余部分[⑤]，并规定，世俗百姓得自教会的地产应向教会缴纳什一税，此外，每所房屋还应向教会缴纳十二锝。查理曼未曾将教会地产赠人，而且在颁发敕令时作出承诺，他和他的继任者永远不得将教会地产赠人，他们所说的一切都以文字记录在案，他们当中的几位还亲耳

① 在当时的一些著作中可以看到教皇的权威留在法国人精神中的印象。尽管国王丕平已经由美茵茨大主教加冕，但是，他把教皇斯德望二世为给他敷油祝圣，视为对他一切权力的肯定。

② 日耳曼人路易(Louis II le Germanique，805—876)，查理曼的孙子，日耳曼尼亚国王(843—876 在位)。——译者

③ 《敕令汇编》，巴鲁兹版，第二卷，第 7 条，第 109 页。

④ 《敕令汇编》，巴鲁兹版，第二卷，第 101 页，858 年发自吉耶兹的信。

⑤ 屈亚斯在他的《论采地》第一章脚注中写道"不确定占有即为给予申请人的仅有使用权的财物"。我在国王丕平颁发于他即位后第三年的一件文书中发现，他并非颁发此类文书的第一人，此文书提到了宫相埃布罗安(Ebroin)颁发的一件此类文书，而且此后有人继续颁发。参见本笃会神甫《法兰西史学家》第五卷第 6 条中展示的国王丕平的文书。

听到查理曼向两位国王的父亲宽厚者路易谈及此事。”

主教们所说的国王丕平的规章，是在莱普迪纳[①]的公会议上制定的[②]。教会从中获得的好处是，曾经获得教会地产的人只能以不确定的方式持有这份地产，教会还可对之收取什一税，并可向每所曾属于教会的房屋收费十二锝。不过，这些办法治标不治本，弊端依然如故。

这种做法招致反对，丕平不得不为此另发一道敕令[③]，要求拥有这些教会地产的人除缴纳什一税和房屋费外，还得维修属于主教区和修道院的房舍，否则就将失去他们所拥有的这些教会地产。查理曼对于丕平的这些规章再次给予肯定[④]。主教们在同一封信中说，查理曼作出许诺，他和他的继承者们不会再把教会地产分给军人，这个说法与查理曼于 803 年在艾克斯拉沙佩勒颁布的敕令精神一致，这道敕令旨在安抚教会，让他们不必为此惊恐万状，不过，已经分出去的地产维持现状[⑤]。主教们又说，宽厚者路易仿效查理曼的做法，不把教会地产分给士兵；这个说法不错。

然而积弊已深，以至于在宽厚者路易的儿子们执政时，世俗百姓不经主教同意就自作主张，或是把神甫请进教堂，或是把他们赶出去[⑥]。

---

① 莱普迪纳(Leptines)，加洛林王朝位于埃诺地区的一座王宫。——译者

② 公元 743 年。参见《敕令汇编》，巴鲁兹版，第五卷，第 3 条 。

③ 756 年麦斯敕令，第 4 条。

④ 参见查理曼的 803 年的沃姆斯敕令，此敕令对于以不确定方式持有地产的契约作了规定，见《敕令汇编》，巴鲁兹版，第 441 页。又见 749 年法兰克福敕令，第 24 条，其中对房屋的整修作了规定，见《敕令汇编》，巴鲁兹版，第 267 页。又见 800 年敕令，见《敕令汇编》，巴鲁兹版，第 330 页。

⑤ 上注和意大利国王丕平的敕令已经表明此事。丕平在这道敕令中说，国王将把修道院作为采地授予申请采地的人。这道敕令附加在《伦巴第法》第三卷第一篇 § 30 中，在《萨利克法》也可以找到这道敕令，见丕平法令集以及埃卡尔(Echard)《法兰克人的萨利克法和里普埃尔法》第 195 页，第二十四篇，第 4 条。

⑥ 参见罗泰尔一世的法规，载《伦巴第法》，第三卷，第一篇 § 43。

继承人们把教堂分而占之[①]，而当教堂遭到亵渎时，主教们束手无策，只能把圣物撤出教堂[②]。

贡比涅敕令[③]规定，在修道院所有者的同意和陪同下，国王的特派员可以与主教一起巡视所有修道院[④]。此项规定具有普遍性，可见弊病已经比比皆是。

原因不在于没有关于收回教会地产的法律。教皇指斥主教们对于收回修道院漫不经心，主教们于是写信给秃头查理[⑤]说，他们对于教皇的责难毫不在意，因为他们在这件事情上没有过失；他们提醒教皇，莫要忘记国民会议多次作出的承诺、决定和形成的规章。他们果然列举了九次国民会议所作的此类决定和规章。

争论持续进行。诺曼人来了，他们让所有人的意见归于一致。

第十二节　什一税的设立

丕平制定的规章与其说实实在在地减轻了教会的负担，毋宁说仅仅给教会带来了减轻负担的希望。犹如铁锤查理看到公共地产都在教会手中一样，查理曼看到教会地产都在军人手中。让军人退还他们已经得到的东西是不可能的，就其性质而言，这种做法原本就行不通，而当时的实际情况更不允许这样做。另一方面，不应由于缺少神职人员、

① 《伦巴第法》，第三卷，第一§44。

② 《伦巴第法》，第三卷，第一§44。

③ 秃头查理在位第二十八年即公元856年颁布的敕令。见《敕令汇编》，巴鲁兹版，第203页。

④ "征询该地拥有者的意见并征得同意。"

⑤ 秃头查理在位第十六年即公元856年在马恩河上的波讷耶举行的基督教公会议上。见《敕令汇编》，巴鲁兹版，856年，第78页。

教堂和教会而让基督教走向灭亡①。

查理曼于是决定设立什一税②。这是一种新的财产，对于教会来说，它的好处在于它主要是交给教会的，所以以后如被他人强行占有就比较容易识别。

有人试图把什一税的设立说成是更早的事，可是，他们为此而提出的权威性依据却似乎恰恰为他们的主张作了反证。克罗泰尔的法规③只是说，对教会的财产不征收某些什一税④。所以对于教会来说，那时根本谈不上征收什一税，而是千方百计免缴什一税。585 年举行的第二届马贡公会议⑤下令缴纳什一税，此次公会议宣称，古代也曾有过什一税，这个说法不错，但它又说，此时已经不再缴纳了。

在查理曼之前，有人翻开过《圣经》，有人宣扬过《圣经·利未记》所记述的捐献和供献，谁能对此有所怀疑呢？我想说的是，查理曼之前曾经有人主张征收什一税，但是实际上并未设立什一税。

我曾说过，国王丕平在位时期制定的规章，让那些将教会地产作为采地占有的人缴纳什一税，并负责教堂的修缮。用一项公正性无可争辩的法律迫使权贵们以身作则，这实在不是一件易事。

① 在铁锤查理在位时的内战中，兰斯的教会地产被交给了世俗百姓，让神职人员自谋生路。见《圣雷米传》，第一卷，第 279 页关于叙里乌斯(Surius)的记述。

② 《伦巴第法》，第三卷，第三篇 § 1、2。

③ 这就是我在前节一再谈及的那项法规，见于《敕令汇编》，巴鲁兹版，第一卷，第 2 条，第 9 页。

④ “土地和牧场税以及猪的什一税，我们让给教会，这样，国库的官员和什一税的征收员就不会侵犯教会的财产了。”巴鲁兹版《敕令汇编》第 336 页所载 800 年查理曼的敕令解释得非常清楚，什么是克罗泰尔向教会免征的什一税，那就是放养在森林中育肥的猪应该缴纳的那一份什一税。查理曼要求法官以身作则，与其他人一样缴纳什一税。可见这是一种领主税或者说经济税。

⑤ 雅克·西蒙，《旧日高卢的公会议》，第一卷，五号圣典。

查理曼的所为尚不止这些，我们从维利斯敕令[①]看到，他还强令自己的产业缴纳什一税，这确实是了不起的典范。

可是，下层百姓不可能因为典范在前而放弃自己的利益。法兰克福公会议[②]向民众提出了一个更加咄咄逼人的理由，要求人们缴纳什一税。为此而颁发的一道敕令说，在上一次大饥荒中有人拾到了一些空瘪的麦穗，是魔鬼把麦粒吃掉了，有人还听见魔鬼大声斥责不缴什一税的人[③]。当政者于是下令，所有占有教会地产的人都应缴纳什一税，于是乎，所有的人奉命缴纳什一税。

查理曼的这个计划起初未获成功，因为负担太重[④]。在犹太人那里，缴纳什一税是他们建立共和国计划的一个组成部分，但是在我们这里，缴纳什一税是一项独立负担，与建立君主国无涉。在伦巴第法的附加条文[⑤]上可以看到，把征收什一税纳入民法的企图遇到了困难，从公会议的各项法规来看，把征收什一税纳入教会法的企图同样困难重重。

人民终于同意缴纳什一税，但以可以赎回为条件。宽厚者路易[⑥]和他的儿子罗泰尔皇帝都不允许赎回[⑦]。

查理曼关于设立什一税的法律完全出于需要，宗教与此有关，迷信与此毫不相干。

① 《维利斯敕令》第 6 条，载《敕令汇编》，巴鲁兹版，第 332 页。

② 在查理曼执政期间于 749 年举行。

③ “据我们的亲身经历，发生大饥荒那年，到处颗粒无收，都被魔鬼吃光了。有人还说听见责骂声。”《敕令汇编》，巴鲁兹版，第 267 页，第 23 条。

④ 参见宽厚者路易的 829 年敕令，见《敕令汇编》，巴鲁兹版，第 663 页。这道敕令是针对为逃避什一税而放弃种地的那些人的。又见此敕令第 5 条：“关于九一税和什一税，这是父王和我本人在饬令中多次提及事……”

⑤ 例如罗泰尔所附加的条文，见《伦巴第法》，第三卷，第三篇 § 6。

⑥ 829 年敕令第 7 条，见《敕令汇编》，巴鲁兹版，第一卷，第 663 页。

⑦ 《伦巴第法》，第三卷，第三篇 § 8。

查理曼把什一税分作四份，此事广为人知①，一份用于修建教堂，一份用于接济穷人，一份用于主教，一份用于其他神职人员。此举说明，查理曼希望替教会找回失去的稳定而持久的状态。

他的遗嘱表明②，他想最终治愈祖父铁锤查理造成的弊病。他把自己的动产分成三份，把其中二份再分成二十一份，分别给予他的帝国的二十一个首府，由每个首府与从属于该首府的主教分享。他把余下的那一份分成四份，一份给他的儿子和孙子，一份加到前面所说的两份中去，其余两份用于慈善事业。他似乎把他给予教会的巨大恩赐视为一种政治性的分配，而不只是一种宗教行为。

第十三节　主教和修道院院长的选举

教堂变穷了，国王便把主教和其他享有国王恩赐的神职人员的选任交由他们自己去办③。君主们选任神职人员的麻烦减少了，争夺职位的人也不大求助于国王的权威了。这样一来，教会被剥夺的地产得到了某种程度的补偿。

宽厚者路易把选举教皇的权利交给罗马人民④，这是时代的普遍精神使然。他对罗马教皇的做法与他对其他人的做法并无差异。

---

① 《伦巴第法》，第三卷，第三篇 § 4。

② 这是爱因哈特（Eginhard）报道的一份追加遗嘱，与戈尔达斯特（Goldaste）的《皇家法规》和巴鲁兹版的《敕令汇编》所载遗嘱不同。

③ 见查理曼 803 年敕令第 2 条，《敕令汇编》，巴鲁兹版，第 379 页；又见宽厚者路易的 834 年敕令，载戈尔达斯特，《皇家法规》，第一卷。

④ 此说见于著名的圣典“朕路易”，但此件显然是伪造的。载《敕令汇编》，巴鲁兹版，第 591 页关于 817 年。

第十四节　铁锤查理的采地

我无法断定，铁锤查理把教会地产给人时，究竟是作为终生采地抑或永久采地。我所知道的是，在查理曼时代[①]和罗泰尔一世时代[②]，曾有此类地产转入继承人手中，并由他们瓜分。

我发现，此类地产中第一部分作为自由地赠人，另一部分作为采地赠人[③]。

我说过，自由地的业主也要承担徭役，与采地拥有者一样。这也许正是铁锤查理既赠人自由地，也赠人采地的原因之一。

第十五节　续前题

应当指出，鉴于采地变成了教会地产，而教会地产又变成了采地，所以采地和教会地产的性质是你中有我，我中有你。教会地产享有采地的某些特权，采地也享有教会地产的某些特权。这就是产生于那时

① 查理曼 801 年敕令，载《敕令汇编》，巴鲁兹版，第一卷，第 360 页。

② 见《伦巴第法》，第三卷，第一篇 § 44 所附《罗泰尔法规》。

③ 见前注提及的罗泰尔法规以及秃头查理 846 年敕令第二十章“于埃佩尔奈”。载《敕令汇编》，巴鲁兹版，第二卷，第 31 页；秃头查理 853 年在苏瓦松主教会议上颁布的敕令第三章和第五章，载《敕令汇编》，巴鲁兹版，第二卷，第 54 页；秃头查理 854 年敕令“于阿提尼”第十章，载《敕令汇编》，巴鲁兹版，第二卷，第 70 页。又见查理曼年份不明第一道敕令第 49 条和第 56 条，载《敕令汇编》，巴鲁兹版，第一卷，第 519 页。

的教会的荣誉性权利①。由于这种权利始终附属于领主所拥有的高级裁判权②,尤其是今天人们所说的采地,所以,在确立这些权利时,在世袭采地上行使的司法权也同时确立了。

第十六节 王权与宫相的权力在加洛林王朝合而为一

为了照顾论述对象的顺序,我打乱了时间的顺序,尚未讲到加洛林王朝在丕平国王在位期间发生的这一重要的王朝更迭事件,就已经说到了查理曼。其实,两个王朝的兴替与普通事件不大相同,其引人瞩目的程度今天甚于当时。

当时的国王徒有虚名,并无实权,王位是世袭的,而宫相则是选任的。在墨洛温王朝末期,尽管宫相可以把他们属意的人扶上国王宝座,但是,他们从未在王族以外物色继位者;规定王位专属某个家族的古老的法律,也不曾从法兰克人的心中抹去。国王是谁,国人几乎全然不知,可是,王权的存在却任人皆知。铁锤查理的儿子丕平觉得,把王权和宫相的权力合而为一大有好处,不过,二者合而为一产生了一个后果,即新的王权是否世袭成了一个始终不确定的问题;但对于丕平来说,这已经足够了,除了王权之外,他又获得了原来由宫相执掌的那些权力。两种权力在合并的过程中有所折中,过去宫相是选任的,国王是世袭的,而到了加洛林王朝初期,国王既是世袭的,也是选任的,之所以

① 参见《敕令集》,第四章,第 44 条;866 年皮斯特谕令第 8 条和第 9 条,其中所说的领主享有的荣誉性特权至今依然保留着。

② 所谓高级司法权,是指领主所享有的判处极刑的权力,以及审理不涉及王权的民事和刑事案件的权力。——译者

说他是选任的，是因为国王由人民选举产生，之所以说他是世袭的，是因为人民始终从同一个王族中选出新国王①。

勒库安特神甫②置所有文献③于不顾，一口咬定教皇未曾批准这一变化④，他这样说的理由之一是，教皇如果予以批准，那就等于做了一件不公正的事。一位历史学家竟然以应然来判断已然，实在令人赞叹！若用这种方法进行推理，那就没有历史可言了。

不管怎样，可以肯定的是，自从丕平公爵获胜后，他的家族就取得了治国大权，墨洛温王族则已经失去治国大权。丕平公爵的孙子加冕为王，充其量只不过是多了一次过场，少了一个尸位而已。除了国王的饰物，他并无其他收获，国家也并未因此而有任何变动。

我这样说为的是确定革命发生的时刻，免得有人弄错，把革命的后果当作革命本身。

于格·加佩在加佩王朝肇始之初加冕为王时，发生了一个更大的变化，国家由各自为政转入了某种治理状态；而当初丕平登上王位时，前后的治理没有任何变化。

丕平登上王位时仅仅变换了一个称呼，于格·加佩戴上王冠时情况大不相同，大采地与国王的尊号相结合，结束了各自为政的状态。

丕平加冕为王时，实现了国王的尊号与最高官职的结合，于格·加

① 参阅查理曼的遗嘱以及有关宽厚者路易在吉耶兹召集的三级会议上将国土分给儿子的记述。见戈尔达斯特，《皇家法规》："一个人民愿意选出的人，让他继承其父的王位。"

② 勒库安特（Le Cointe，1611—1681），法国外交家和历史学家。——译者

③ 无名氏，《高卢和法兰西史学家文集》，关于 752 年的记述；《桑都伦西纪年》关于 754 年的记述。

④ 丕平死后编造的故事完全违背教皇撒迦利亚的公正和圣洁。见《法国教会年鉴》，第二卷，第 319 页。

佩加冕为王时，完成了国王的尊号与最大采地的结合。

第十七节　加洛林王朝国王选举中的特殊情况

我们在丕平的祝圣书①中看到，查理和卡罗曼②也曾被涂抹圣油和祝圣，法兰西的领主们永远不得选举另一个家族的人为国王，否则将要受到禁止参加圣事和革出教门的处罚③。

从查理曼和宽厚者路易的遗嘱来看，法兰克人是从国王的儿子中遴选嗣位者的。这与上面所引规定正相符合。当帝国从查理曼家族转入另一个家族时，以往受到限制和附有条件的选举权，不再附有条件，也不再受到限制了；原有的制度被置之度外了。

丕平自觉行将就木之时，把领主、神职人员和世俗官员召到圣德尼④，把王国分给他的两个儿子查理和卡罗曼。此次集会的有关文书如今已无处寻觅，但是，如巴鲁兹先生所说⑤，当时的情形记录在卡尼西乌斯⑥编辑的那位作者的《古代文献集》以及《麦斯年鉴》中。我在其中发现两个相互矛盾的说法，一说丕平在征得权贵们的同意后把王国分给两个儿子，另一说他是凭借父亲的权威做的这件事。这证明了我在前面所说的，也就是说，人民的权力仅限于从王族中选出继位者，准

① 本笃会神甫，《法兰西历史学家》，第五卷，第9页。

② 此处的查理即后来的查理曼，卡罗曼是他英年早逝的弟弟。——译者

③ 本笃会神甫，《法兰西历史学家》，第五卷，第10页："他们永远不从另一个家族选出国王。"

④ 公元768年。

⑤ 《敕令汇编》，巴鲁兹版，第一卷，第188页。

⑥ 卡尼西乌斯，《古史选》，第二卷。

确地说，人民拥有的权利不是选举某人或某人，而是不选举某人或某人。加洛林王朝的历史文献证明，这种选举权的确曾经存在。查理曼将王国分给他的三个儿子的敕令就是其中之一。在这道敕令中，查理曼将王国分割后说①："三兄弟中若有一人有了男嗣，人民如果愿意选他继承王位，叔伯们必须同意。"

宽厚者路易为分割王国于837年在艾克斯拉沙佩勒召集会议，在此次会议的文件中也出现了同样的规定；在这次会议上，他把王国分给他的三个儿子丕平、路易和查理；此前二十年，当罗泰尔、丕平和路易②瓜分帝国时，也有同样的规定。我们还可以参考结巴路易在贡比涅加冕时的誓词："我，路易③，承上帝仁慈和人民选举，即位为王，我承诺……"公元890年在巴伦西亚举行的公会议④，选举巴松⑤之子路易为阿尔勒国王，此次会议的文件也证实了我的说法。选举他的主要理由便是他具有皇族血统⑥，胖子查理⑦给予他以国王尊位，皇帝阿尔努⑧曾依据自己的王权并在使臣们的协助下将威权授予他。如同其他被瓜分或隶属于查理曼帝国的王国一样，阿尔勒王国的王位也是既选举又世袭。

---

① 806年第一道敕令第5条，载《敕令汇编》，巴鲁兹版，第439页。

② 《敕令汇编》，巴鲁兹版，第574页，第14条："执政王族中的某人死亡时，其合法儿子们不得分割权力，应由人民达成一致，选出先王属意的一人继位为王，他们的叔伯和堂兄弟应以兄弟或儿子待之。"

③ 《敕令汇编》，巴鲁兹版，第72页：877年敕令。

④ 参见迪蒙(Dumont)，《外交文献》，第一卷，第36条。

⑤ 巴松(Bason)，米兰公爵，秃头查理的堂兄。——译者

⑥ 母系。

⑦ 胖子查理(Louis le Gras，约839—888)，日耳曼人路易之子，884年即法兰西王位。——译者

⑧ 阿尔努(Arnould)，卡罗曼的私生子，888年就任日耳曼尼亚国王，896年加冕为皇帝。——译者

第十八节　查理曼

查理曼试图将贵族的权力限制在一定范围之内，并阻止他们挤压教会人士和自由民。由于他成功地进行调和，使各个等级处于相互平衡状态，而自己的主宰地位也因此而得到巩固。他凭借自己的才干将所有力量合为一股，率领贵族一次次连续征战，使得贵族们只能全身心地执行他的计划，没有时间另行谋划。领袖的伟大成就了帝国的稳定，作为君主他是伟大的，作为一个人则更是如此。他的儿子们是他的首要臣属，是他行使权力的工具，为听命于他提供了榜样。他不但制定了令人称赞的法规，而且使之得到切实的执行。他的才干影响及于全国各地。他所制定的法律体现出一种面面俱到的高瞻远瞩的精神，一种带动一切的力量。逃避责任的借口被消除了，疏于职守的现象被纠正了，弊端被杜绝或得到预防①。他懂得惩罚，更懂得宽宥。他胸怀宏图大略，却从一点一滴做起；他完成伟业之从容，制服困难之迅捷，堪称游刃有余，无人能望其项背。他不断地巡视幅员辽阔的帝国，伸手解决所到之处的问题；哪里有事他就在哪里处置。从来没有一位君主能像他那样直面危险，从来没有一位君主比他更能躲避危险。他笑对一切险恶，特别是几乎所有伟大的征服者都会遇到的那些险恶，也就是阴谋。这位神奇的君主非常宽厚，性格温和，举止简朴，喜欢与他的朝臣们打成一片。也许他过于沉湎女色，可是，一位始终亲自处理国务，在艰险和繁忙中度过一生的君主，应该得到更多的原谅。他花钱有严格的规

①　参见查理曼 811 年敕令，第 486 页，第 1、2、3、4、5、6、7、8 条；又见 812 年第一道敕令，第 490 页，第 1 条；同年敕令，第 494 页第 9、11 条；等等。

矩,精明、细心、节俭地经营他的庄园,一家之主可以从他的法律中学到治家之道[①]。在他的《敕令集》中可以看到,他的财富来源纯净圣洁。我只想说一句,他下令出售他的庄园出产的鸡蛋和菜园中用不着的蔬菜[②];伦巴第人的所有财富、劫遍天下的匈奴人的巨额财宝,他统统分发给了他的人民。

第十九节　续前题

查理曼及其最初几位继承人,担心被他们安置在远处的人会起义造反,他们觉得,还是教会人士比较听话,于是在日耳曼大量设置主教区[③],并配置大型采地。从一些条令看,为这些采地规定特权的条款,与租借契约中通常包含的条款并无区别[④],尽管今天有人认为日耳曼的高级神职人员被赋予了至高无上的权力。且不论究竟如何,反正这是他们为对付萨克森人而采取的一些办法。家臣们因懒散和漫不经心而不可能做的事,查理曼及其最初几位继承人希望,主教们能以热忱和积极主动的关注去做,何况,主教这种附庸不但不会利用臣服的人民来反对君主,反而需要君主的支持来对付人民。

① 参见 800 年维利斯敕令;又见 813 年第二道敕令,第 6、19 条;《敕令集》,第五章,第 303 条。

② 维利斯敕令,第 39 条。这道敕令是谨慎、善于行政和管理的杰作,请阅读其全文。

③ 见 789 年敕令,载《敕令汇编》,巴鲁兹版,第 245 页,关于不来梅主教区的设立。

④ 例如,禁止国王的法官进入采地索取安保费以及其他税赋。我在前一章中已经多有谈及。

第二十节 宽厚者路易[1]

奥古斯都在埃及时，下令打开亚历山大的坟墓。有人问他是否想要打开托勒密诸王的坟墓，他回答说，他想看的是国王，而不是死人。与此同理，在加洛林王朝的历史上，我们想要探寻的是丕平和查理曼，我们想看的是国王，而不是死人。

有这样一位君主，他是自己感情的玩物，为自己的品德所欺骗；他从来不知道自己的力量和弱点，不懂得如何令人畏惧，也不知道如何博取爱戴；他内心的邪恶不多，性格上的毛病却难以尽述。继查理曼之后执掌着帝国权柄的就是这样一位国王。

在普天下的人为他父亲的驾崩而痛哭的时候，在人们因无法找到查理而陷于惊愕的时候，在他加紧步伐去继承查理曼的帝位的时候，他却派遣亲信前去逮捕那些为他姐妹们的出轨行为推波助澜的人。于是发生了血腥的悲剧[2]。这是未经深思熟虑的不慎之举。尚未进入王宫，他就开始惩治家族中的罪行，尚未坐稳王位就让人离心离德。

他的侄子，意大利国王贝尔纳前来恳求他的宽容仁慈，他竟然下令挖掉他的这个侄子的眼睛，几天之后贝尔纳就一命呜呼，他的仇敌于是越来越多。他出于不放心，让他的几个兄弟削发为僧，仇敌于是又多了一批。这两件事使他备受谴责[3]。谁都不会不指责他违背了自己的誓

---

① 宽厚者的含义是温和、宽容，这位君主还有一个外号叫作虔诚者。——译者

② 参见杜申，《文集》，第二卷，第 295 页；无名氏著《宽厚者路易传》。

③ 参见杜申，《文集》中关于他被贬的文书，第二卷，第 333 页。

言和他加冕之日向他的父亲所作的庄严承诺①。

伊曼迦德皇后为宽厚者路易生了三个孩子，他在她死后续娶茹蒂特，再得一子。不久之后，他把年迈丈夫的殷勤和老国王的种种弱点搅在一起，弄得家族一团糟，终于因此而葬送了王国。

分给儿子们的土地，他一变再变，尽管每一次分地都由他自己的誓词、儿子们的誓词和领主们的誓词先后予以肯定。他这样做无异于拿臣属们的忠诚做赌注，让他们对服从产生疑惑、顾虑和含混；那时堡垒还极为少见，王权的首要屏障就是臣民对国王的忠诚，宽厚者路易的这些做法，在这种时候不啻是搅浑君主的各种权利。

皇帝的儿子们为了维持分得的领土，求助于教会人士，为此而给予他们前所未闻的权利。这是些似是而非的权利，有人要求教会人士作出担保，支持他们想要做的某事。阿戈巴尔②告诉宽厚者路易说，他曾让罗泰尔前往罗马，争取被宣布为皇帝；罗泰尔为征询天意，戒斋并祈祷三天之后，把土地分给了自己的几个儿子。一位原本迷信的君主又受到了迷信的袭击，他还能做什么呢？君主先是被投入囹圄，后来又公开忏悔认罪③，谁都能感受到，至高无上的权威因这两次事件而受到的打击有多大。他的儿子们想要贬抑国王，结果却贬抑了王权。

人们起初很难理解，一个既具有不少优秀品德，不乏智慧，又真诚

① 他的父亲要求他善待兄弟姐妹和侄子："待以无限的仁慈"（泰冈语）。见杜申，《文集》，第二卷，第 276 页。

② 参见他的信件。

③ 宽厚者路易于 829 年被儿子罗泰尔监禁，被逼削发为僧，被另两个儿子丕平和路易解救出来；但是，三个儿子接着便联手于 833 年把他撵下王位，并让他当众忏悔认罪。——译者

地热爱善良的君主，况且还是查理曼的儿子，他的仇敌何以既多又凶[①]，与他势若不共戴天，迫不及待地要对他实行攻击，蛮横地羞辱他，坚决把他消灭，这一切究竟为什么呢？若不是他的那些儿子按照一项计划行事，在某些事情上达成一致，他的仇敌早就把他两次置于死地了，从根子上说，与他的那些仇敌相比，他的儿子们毕竟还算是好人。

第二十一节　续前题

查理曼赋予国家的实力在宽厚者路易当政时依然相当强大，国家得以维持其威势，为外国人所敬重。君主秉性柔弱，国民却个个骁勇尚武；从外面看来实力并无稍减，国王的威望在国内却日益减退。

铁锤查理、丕平和查理曼先后执掌国政。铁锤查理满足了武士们的贪婪，丕平和查理曼满足了教会的贪婪，而宽厚者路易则惹恼了武士和教会。

在法兰西政制中，国王、贵族和僧侣共同执掌全部国家权力。铁锤查理、丕平和查理曼时而用利益拉拢贵族钳制教会，时而又用利益拉拢教会钳制贵族，而通常则总是与这两股势力保持良好的关系。可是，宽厚者路易把这两股势力都撇在一边。他的一些法规在主教们看来过于严格，因而深感不满，他们觉得，国王比他们自己所想的走得更远。有些法律本身相当不错，可就是不合时宜。主教们当时惯于出征，与撒拉

① 参见他的退位文书，见于杜申，《文集》，第三卷，第331页。又见泰冈(Tégan)，《宽厚者路易传》："他种下的仇恨数不胜数，致使人们甚至不愿意见到他还活着。"见杜申，《文集》，第二卷，第307页。

逊人和撒克逊人作战，与修道院精神相去甚远[①]。另一方面，他完全失去了对贵族的信任，于是提拔了一批毫无背景的人[②]。他剥夺贵族的职位，把他们逐出宫廷，招来外国人取而代之[③]。他与贵族和僧侣这两个集团分道扬镳，结果却是被他们所抛弃。

第二十二节　续前题

不过，这位国王削弱王国的最甚之举，还是他把庄园分赠殆尽[④]。在这个问题上，我们应该听一听尼塔尔是怎么说的。尼塔尔是查理曼的外孙子，站在宽厚者路易一边，奉秃头查理之命编撰史书。

他写道："有一段时间，一个名叫阿德拉尔的人在精神上牢牢控制了皇帝，致使皇帝事事对他言听计从；在这位宠臣的怂恿下，皇帝把国库财产分给了所有想要的人[⑤]，共和国就此被毁[⑥]。"可见正如我在前面所说[⑦]，他在整个帝国范围内所做的事，与他在阿基坦所做的事一模一样。查理曼做了一些补救，但是此后就再也无人补救了。

① "当时的主教和教士开始舍弃金腰带、剑带以及挂在腰带上镶满宝石的宝刀，华丽的服饰，华贵的饰物压着脚踵的马刺。可是，人类的敌人不能容忍这种虔诚，煽动各个修会的神职人员起而反对，并与之作战。"见无名氏著《宽厚者路易传》，载于杜申，《文集》，第二卷，第 298 页。

② 泰冈说，查理曼时期极少见到的事，在路易当政时极为常见。

③ 为了控制贵族，他任命一个名叫贝纳尔(Bernard)的人当内廷总管，从而使贵族大失所望。

④ 他把他的祖父、父亲和他本人所拥有的庄园，作为永久产业分送给忠于他的臣属，这种做法持续很久。见泰冈，《宽厚者路易传》。

⑤ "他就这样被人说服，把自由地和公共财产分给个人使用。"见尼塔尔(Nitard)，《历史》，第四章末尾。

⑥ "他把共和国毁掉了。"见尼塔尔，《历史》，第四章末尾。

⑦ 参见本书第三十章第十三节。

秃头查理就任宫相时，国力已经消耗殆尽，在这种状况下，仅凭施展一下权威，已经不可能恢复国家的元气了。

秃头查理执掌国政时，国库空空如也，于是，谁想要获得荣宠谁就得掏钱[①]，谁想要获得安全保障同样也得掏钱；诺曼人本来难逃厄运，可是他们掏了钱，于是就被放跑了[②]。安克马尔向结巴路易提出的第一项建议就是召开会议，为解决王室的开支而搞钱。

第二十三节　续前题

教会曾经为宽厚者路易的儿子们提供保护，现在有理由为此而后悔。前面说到，宽厚者路易从未颁布训谕把教会地产交给非教会人士[③]；可是不久之后，在意大利的罗泰尔和在阿基坦的丕平[④]都放弃了查理曼的策略，重新拾起铁锤查理的策略。教会为对付皇帝的这两个儿子而求助皇帝本人，可是，他们所求助的权威早已被他们自己削弱了。阿基坦方面显示了某种程度的收敛，意大利方面则不予理会。

内战困扰了宽厚者路易一生，而且引发了他死后的那些内战。罗泰尔、路易和查理三兄弟各显神通，拉拢权贵，让他们成为自己的心腹。他们颁布训谕，把教会的地产给予那些愿意追随他们的人，为了笼络贵族而把教会交给贵族。

---

① 安克马尔(Hincmar)致结巴路易的信一。

② 参阅安戈尔斯(Angers)，《圣德尼修道院纪年》片段，载杜申，《文集》，第二卷，第 401 页。

③ 参阅主教们在 845 年的蒂永维尔宫主教会议的发言第 4 条。

④ 丕平(Pépin，803—838)，即阿基坦国王丕平一世(817—838 在位)，宽厚者路易之子。请注意与前面提及的另两位丕平区别。——译者

敕令表明①,这些君主不得不向没完没了的要求让步,把本不愿意给的东西也给了出去。此事表明,教会觉得贵族对他们的压迫甚于国王。还有一点,对教会财产的攻击似乎以秃头查理最为激烈②,或许是因为教士们曾为了自己的利益而把他的父亲赶下王位,或许是因为他最胆小。不管究竟如何,反正在《敕令集》中可以看到③,教会与贵族之间争吵不断,教会要求得到地产,贵族不是拒绝就是躲避,或是推托延宕,迟迟不予归还。国王则夹在两者之间。

当时的状况着实是一派凄楚可悲的景象。宽厚者路易把他庄园中的大量地产捐助给教会,他的儿子们却把教会的地产分发给非教会人士。往往是一边在修建新修道院,另一边却在搜刮旧修道院。神职人员始终处于不稳定状态;此时被剥夺,彼时重新得到。可是,王权却日趋衰微。

秃头查理当政末期以及此后,神职人员与非教会人士不再因返还教会的地产问题而争吵。主教们在呈送秃头查理的陈情书中依然唏嘘

① 参阅845年蒂永维尔主教会议文件第3条和第4条,此件对于当时的形势有很清晰的描述。又见同年在韦尔农宫举行的主教会议文件第12条,以及同年举行的博韦主教会议文件第3、4、6条;846年埃佩尔奈宫敕令第20条,858年主教们在兰斯大会上致日耳曼人路易的信第8条。

② 参见846年埃佩尔奈宫敕令。贵族怂恿国王与主教们作对,国王便把主教们逐出大会。国王和贵族找出几种主教会议的法规后向教会宣布,这是他们应该遵守的唯一法规,把教会置于不可能反对的境地。参见此敕令的第21、22条。又见858年与会的主教们致日耳曼人路易的信第8条;864年皮斯特敕令第5条。

③ 参见864年蒂永维尔敕令。又见847年美茵兹会议敕令第4条,在此次会议上,教会人士只要求重新得到宽厚者路易在位时所享有的财产。又见851年美茵兹敕令第6、7条,这道敕令维持贵族和教会的原有财产;856年博纳伊敕令,此件其实是主教们呈送国王的一份陈情书,内容是关于制定许多法规之后,弊病依然不能消除的情况。最后还可参见858年主教们在兰斯聚会时致日耳曼人路易的信函第8条。

叹息，这在856年敕令和主教们858年致日耳曼人路易的信函[①]中都可以看到。他们一再建言，一再要求兑现失信的承诺，这表明他们没有任何希望获得这些东西。

对于教会和国家遭受到的损失，当时所能做的仅限于一般性的补救[②]。国王们作出承诺，不从家臣手中争夺自由民，不再以训谕将教会地产给予他人[③]，神职人员和贵族因而好像在利益方面达成了一致。

前面提到，结束这项争执的原因，很大程度上是诺曼人异乎寻常的劫掠。

国王的威望江河日下，由于前面已经说过和将要说到的原因，他们觉得除了投靠教会之外，已经无计可施。教会削弱了国王的地位，国王也损害了教会。

秃头查理及其继承者号召教会人士支持国家，使之免遭覆灭[④]；他们利用民众对教会的尊重来维持他们自己应得的尊重[⑤]；他们千方百计借助教会法的权威，来提高他们所制定的法律的权威[⑥]；他们把公民

① 第8条。

② 参阅851年敕令第6、7条。

③ 秃头查理在853年的苏瓦松主教会议上向教会承诺，不再以训谕将教会财产给人。见853年敕令第2条，《敕令汇编》，巴鲁兹版，第二卷，第56页。

④ 参阅尼塔尔，《历史》，第四章。其中谈到，罗泰尔逃跑后，国王路易和查理征询主教们的意见，是否应该把罗泰尔丢下的国土拿过来并分掉。实际上，主教们比家臣更加抱团，他们议定，用一项决议确保两位国王的权力，并让所有其他领主都照此办理。

⑤ 参阅秃头查理859年埃佩尔奈宫敕令第3条："我让维尼隆（Venilon）当上了桑斯大主教，而他则为我加冕。所以，其他任何人都不能把我赶下王座。除非经由主教们听证和审判；主教们曾以他们的职责为我加冕；他们被称为上帝的宝座，上帝就落座在这个宝座上，并从宝座上发布他的判决。我准备接受他们父亲般的训斥和惩罚，而且现在已经这样做了。"

⑥ 参阅秃头查理卡里西亚哥主教会议857年敕令，载《敕令汇编》，巴鲁兹版，第二卷，第88页，第2、3、4、7条。

法和教会法的刑罚一并使用[①]；为了抗衡伯爵的权势，他们给予每个主教以国王外省特派员的身份[②]；然而，所有这一切努力统统都是徒劳之举，毫无效果。教会想要补救他们所做的坏事，根本就不可能；一桩奇怪的灾难终于把王冠打翻在地，下面我就要讲到此事。

第二十四节　自由民被许可拥有采地

前面说到，自由民在他们的伯爵率领下出征，附庸们则在他们的领主率领下出征。国家的各个等级因此而彼此处于平衡状态。家臣虽然自己领有附庸，但他们依然可能受到伯爵的节制，因为伯爵是王国中所有自由民的首领。

起初[③]，这些自由民不得通过托付自己土地的途径获得采地，后来就可以了。我认为，这个变化发生在贡特朗执政和查理曼执政之间的一段时间中。我觉得，将一份条约和两次分地加以对比，就可证实我的看法。其一是贡特朗、希尔德贝以及布伦豪特王太后三方签订的安德里条约[④]，其二是查理曼给他的三个儿子分地的有关文书，其三是宽厚者路易给他的几个儿子分地[⑤]的有关文书。这三件文书中关于附庸的一些规定大体相同。鉴于这些文书所要解决的问题极为相似，情况也相同，所以，无论就其精神或文字而言，这三件文书几乎没有差别。

① 参阅863年皮斯特主教会议文件第4条，卡罗曼和路易二世883年韦尔农宫敕令第4、5条。

② 秃头查理当政时876年在蓬永主教会议上的敕令第12条。载《敕令汇编》，巴鲁兹版。

③ 参见我在本书第三十章最后一节末尾的论述。

④ 587年，见图尔的格雷瓜尔《法兰克史》第九章。

⑤ 参阅下节以及该节中的脚注，我将该节中详谈这两次分地。

可是，在自由民问题上，这三件文书差异极大。安德里条约对于自由民可以通过托付自己土地获得采地一事，只字未提。在查理曼和宽厚者路易的分地文书中却有专门条款，允许自由民通过托付自己土地的途径获得采地。这就说明，安德里条约之后出现了新的做法，自由民有了获得这种特权的可能。

这个变化应该是在铁锤查理当政时期发生的，他把教会的地产分给士兵，一部分作为采地，一部分作为自由地，这是封建法的一个巨大变化，在某种意义上甚至可以说是一种革命。看来事情大概是这样的：已经拥有采地的贵族觉得，以自由地的名义获得新的赏赐地对自己更为有利，而自由民则更乐于以采地名义接受赏赐地。

第二十五节　加洛林王朝积弱的主要原因，自由地的变化

查理曼在前一节我所说的分地[①]文书中规定，在他百年之后，各位国王的臣属所接受的赏赐地，应该在各自国王的王国中，而不是在另一位国王的王国中[②]；反之，原来所拥有的自由地无论在哪个王国中，均可予以保留。查理曼还规定，任何自由民在他的领主死后，都可以在三个王国中任选一个王国通过托付自己土地的途径获得采地，从未附属于任何领主的人也可以这样做[③]。宽厚者路易于 817 年为他的儿子们

① 806 年查理、丕平和路易的分地文书，戈尔达斯特，《皇家法规》中有记述，载，《敕令汇编》，巴鲁兹版，第一卷，第 439 页。

② 第 9 条，《敕令汇编》，巴鲁兹版，第 443 页。这项规定符合《安德里条约》的精神。参见图尔的格雷瓜尔，《法兰克史》，第九章。

③ 第 10 条，《安德里条约》对此丝毫未曾提及。

分地时，也有同样的规定①。

可是，尽管自由民通过托付自己土地的途径获得采地，伯爵的民团兵力却并未因此而削弱。自由民始终需要为其自由地缴纳赋税，并按四个份地出一人的标准为采地准备好服役人员，否则他就应找一个人替他为采地服役。查理曼的法规②以及意大利国王丕平的法规③表明，在这件事情上出现了一些弊病，后来得到了纠正；这两种法规可以彼此印证。

历史学家说得很对，冯特奈战役④导致国家覆亡。不过，我还想对黯然失色的这一天说几句。

冯特奈战役之后不久，罗泰尔、路易和查理三兄弟缔结了一项条约⑤，我发现，这项条约中包含有改变整个法国政治状况的一些条款。

查理在向人民宣告⑥此项条约中涉及人民的部分条款时说，每个自由民都可以任意选择自己的领主，国王或其他领主都可以⑦。在此

① 《敕令汇编》，巴鲁兹版，第一卷，第 174 页。“没有领主的自由民可以从三兄弟（即三位国王——译者）中任选 一人”。又见这位皇帝颁布于 837 年的分地文书第 6 页，载《敕令汇编》，巴鲁兹版，第 686 页。

② 《敕令汇编》，巴鲁兹版，第一卷，第 486 页：811 年敕令第 7、8 条；《敕令汇编》，巴鲁兹版，第一卷，第 490 页：812 年敕令第 1 条。“有四个份地的自由民或是作为他人的赏赐地拥有四个份地的自由民，应该做好准备亲自前往或与其领主一道前往。”参见 807 年敕令，载《敕令汇编》，巴鲁兹版，第一卷，第 458 页。

③ 793 年敕令，附录在《伦巴第法》，第三章，第九篇 § 9。

④ 冯特奈战役发生在 841 年 6 月 25 日，日耳曼人路易和秃头查理联手攻击他们的兄弟罗泰尔。随后就有了著名的两方斯特拉斯堡誓言和后来的三方凡尔登条约，将帝国一分为三。——译者

⑤ 缔结于 847 年，奥贝尔·勒密尔（Aubert le Mire）的《恩赏录》对此有所记述。又见《敕令汇编》，巴鲁兹版，第二卷，第 42 页“美茵兹大会”。

⑥ 拉丁文为 Adnuncaitio。

⑦ “我国自由民可以接受他所选定的任何人为领主，可以是我，也可以是我的臣属。”查理，《文告》，第 2 条。

之前，自由民可以通过托付自己土地的途径获得采地，但是，他的自由地始终处于国王的直接管辖之下，也就是说，始终处于伯爵的管辖之下。他之所以隶属于他通过托付自己的土地而获得采地的那位领主，只是因为他从那位领主那里得到了采地。自从有了这项条约之后，任何自由民都可以把自己的自由地交由国王或他选定的另一位领主管辖。这里涉及的不是为获得采地赏赐而将自己的土地托付出去的人，而是将自己的土地变换为采地的人，从某种意义上说，这些人已经摆脱了公民法的管辖，处于国王或他们自己选定的领主的支配之下。

所以，1）以往以伯爵管辖下的自由民的身份直接隶属于国王的那些人，不知不觉间就彼此成为附庸，因为，每个自由民都可以依照自己的意愿，选择国王或其他领主为自己的领主。

2）若将拥有永久所有权的土地更换为采地，新的采地就不再仅仅具有终生拥有的性质了。正如我们所看到，不久之后的一项具有普遍性的法律规定，采地可以由儿子继承。这是缔结条约的三方之一秃头查理制定的法律①。

我在前面已经说过，自三兄弟缔结条约后，王国内的所有人都可依照自己的意愿任意选择领主，可以是国王，也可以是其他领主，这种自由为此后颁布的一些文件所确认。

在查理曼时代，附庸如果接受了领主的赠予，哪怕只值一苏，这个附庸就再也不得舍弃这位领主②。不过，到了秃头查理在位时，附庸可以不受阻碍地按照自己的利益或意愿任意行事，这位君主对于这一点刻意予以强调，让人觉得，与其说他在劝导人们享用此项自由，不如说

---

① 877年敕令，第五十三篇，第9、10条。“于吉耶兹。涉及我的附庸时，也应这样处理。”这道敕令与同年同地颁布的另一道敕令第3条相关。

② 813年艾克斯拉沙佩勒敕令第16条。“接受领主的一苏赠予后便不可离他而去。”又见丕平783年敕令，第5条。

他在强制大家享用此项自由①。在查理曼时代，赏赐地的属人性质大于属物性质，后来则变为属物性质大于属人性质。

第二十六节　采地的变化

采地的变化不比自由地小。丕平在位时颁布的贡比涅敕令②表明，从国王手中获得赏赐地的人，要把其中的一部分转分给不同的附庸，但是，转分的这部分赏赐地并不脱离整个赏赐地，国王如果下令收回赏赐地，转分出去的那部分也一并被收回。家臣亡故后，附庸随之失去其转分的采地，于是就有了新的赏赐地拥有者，他同样要发展隶属于他的附庸的附庸。所以，转分出去的采地完全不属于采地，转分出去的采地的拥有者则在人身上属于他的领主。一方面，附庸的附庸回归国王，因为他并非永远隶属于他的领主；另一方面，从采地上转分出去的那部分采地也要回归国王，因为它本身也是采地，并非采地的附属物。

在采地可以转让的时代，附庸的附庸就处于这种状态中，到采地变成终生所有时，附庸的附庸依然处于这种状态中。到了采地可以继承，转分的采地也可以继承时，情况就发生了变化。直接属于国王的采地变成了间接属于国王，从某种意义上可以说，国王的权力后退了一步乃至两步，甚至更多。

---

①　参阅856年卡里西亚哥敕令第10、13条。载《敕令汇编》，巴鲁兹版，第二卷，第83页。国王、教会领主和非教会领主在这份文书中达成如下一致："你们的附庸中如果有人不愿意继续隶属于现在的领主，而希望另择领主，他可以去找他所看中的领主，原领主应该平心静气地让他离去，……但愿他能平平安安地得到上帝愿意给他的东西，从新领主那里得到他希望得到的东西。"

②　757敕令第6条，见《敕令汇编》，巴鲁兹版，第181页。

我们在《采地概要》[①]中看到，国王的附庸虽然可以将采地分给他人，亦即使之成为国王的采地的采地，不过，这些拥有采地的采地的附庸的附庸，也就是小小附庸，不能再将采地分给他人。因此，凡是被他们分出去的采地始终是可以收回的。此外，这种转让地不能与采地一样传给儿子，因为这种转让被认为不符合采地法。

若将米兰的两位元老院成员编写《采地概要》时附庸的附庸的处境，与丕平在位时附庸的附庸的处境相比，那就不难发现，就保留其初始性质的时间而言，采地的采地比采地长[②]。

可是，在这两位元老院成员编写的这部手册中，有许多具有普遍性的例外，可以不遵守规则，这些例外之多几乎把规则本身抵消了。一个从小附庸手中获得采地的人如果跟随他出征罗马，此人就可获得附庸的所有权利；同样，此人如果出钱向小附庸换取采地，那么小附庸在归还这笔钱之前，既不能收回这份采地，也不能阻止出钱者把采地传给儿子[③]。最终，米兰元老院不再遵守这项规则[④]。

第二十七节　采地的另一变化

在查理曼执政时期[⑤]，不论发生什么战争，只要国王征召，臣民不管有什么理由，都不能不应召参战，否则将受到严厉惩处；伯爵如果擅自允许某人免征，同样将受到严厉惩罚。可是，三兄弟缔结的条约[⑥]对

① 《采地概要》，第一章，第一节。

② 至少在意大利和日耳曼尼亚是这样。

③ 《采地概要》，第一章，第一节。

④ 《采地概要》，第一章，第一节。

⑤ 802 年敕令第 7 条，载《敕令汇编》，巴鲁兹版，第 365 页。

⑥ 美因兹 847 年敕令，载《敕令汇编》，巴鲁兹版，第 42 页。

此作了一项限制，从而可以说把贵族从国王手中拉了出来①，除了保卫战以外，他们不再必须跟随国王出征或为国王做别的事情。这项条约与五年以前的另一项协议②有关，这就是秃头查理和日耳曼国王路易两兄弟签署的协议，根据这项协议，他们两兄弟如果兵戎相见，他们的附庸无须跟随他们出战。两兄弟都发誓遵守此协议，而且还让各自的军队就此宣誓。

冯特奈战役的阵亡者多达十万人，幸存的贵族不由得想到，国王之间因分地而引发的私人战争，最终将把贵族推向灭绝的边缘③；国王们的野心和贪婪将会让贵族把鲜血流尽。于是制定了这项法律，规定除了抵御外来入侵者的卫国战争之外，不得再强迫贵族跟随国王出征。此项规定沿用了好几百年④。

第二十八节　重要官职和采地的变化

一切都好像染上了一种奇特的病症，一时间全都腐败了。前面已经说过，好多采地已经被永久转让，不过这只是个别现象，总体上看，采地始终保持着其特有的性质。国王虽然失去了一些采地，但有另一些

---

① 美因兹847年敕令第5条，载《敕令汇编》，巴鲁兹版，第44页："兹谕令如下：无论在何王国，人人均可选择随其领主出征御敌，或留下照管个人事务；除非因王国遭到入侵而处于全国动员状态，任何人的出缺均将导致形势恶化，因此，全国人民必须同心协力抵御外敌。"

② 《斯特拉斯堡誓言》，载《敕令汇编》，巴鲁兹版，第二卷，第39页。

③ 此项条约的缔结者确是贵族。参见尼塔尔，《历史》，第四章。

④ 参见罗马皇帝居伊的法律，此法与另一些相关法律都被附加在《萨利克法》和《伦巴第法》中；见埃卡尔，《法兰克人的萨利克法和里普埃尔法》，第六篇，第39页。

采地予以替代。我还说过，国王从未转让过终生任职的重要官职①。

但是，秃头查理制定了一项普遍性法规，对重要官职和采地都产生了影响。收集在《敕令集》中的这项法规规定，伯爵职位应传给伯爵的儿子，采地也应依据这项法规的精神处理②。

不久之后，这项法规的适用范围有了扩大，重要官职和采地都可传至远亲。结果便是大多数直属国王的领主变成了间接隶属于国王。以往在国王的审判会议中负责审案的伯爵，以往率领自由民出征作战的伯爵，都变成了国王与自由民之间的中介，国王的权力又后退了一步。

不但如此，从敕令看，伯爵们有了附属于伯爵职位的赏赐地和属于他们的附庸③。伯爵职位变成世袭以后，伯爵的附庸就不再是国王的直接附庸，附属于伯爵职位的赏赐地也不再是国王的赏赐地了。伯爵的权力增大了，因为，他们属下的附庸已经使他们的地位有所变化，从而可以获得其他附庸。

加洛林王朝末期积弱的情况不难从加佩王朝初期的状况看出，那时由于采地的采地大量增加，大领主们个个陷于绝望境地。

王国当时有一种习俗，兄长如果分地给弟弟，弟弟就要向兄长表示臣服④。这样一来，称霸一方的领主虽然仍然领有这些土地，但是这些土地的性质却变成了采地的采地。勃艮第公爵菲利普二世、内维尔、布

---

① 有人说，图卢兹伯爵这个职位被铁锤查理送出去了，后来一代代传到最后一位伯爵雷蒙(Ryamond)。事实虽然确实如此，但是，这是某些具体情况使然，使得人们可以从前一任伯爵职位拥有者的儿子中遴选图卢兹伯爵。

② 参见秃头查理在卡里卡西亚哥颁布的877年敕令，第五十三篇第9、10条。这道敕令与同年同地颁布的另一道敕令第3条彼此相关。

③ 812年敕令三第7条，815年敕令关于西班牙人的第6条；《敕令集》，第五章第288条，869年敕令第2条，877年敕令第13条。见《敕令汇编》，巴鲁兹版。

④ 弗里辛根的奥托(Othon de Frissingue)就是这样。见《腓特烈的战功》，第二章，第二十九节。

洛涅、圣保罗、当皮耶尔等地的伯爵以及其他领主纷纷宣布，从此以后，采地无论是否被分割，都永远属于同一领主，领主与附庸之间不得有中间领主[①]。这项谕令并未普遍得到遵行，因为正如我已经说过的那样，那时的谕令不可能在各地普遍有效，在这类事情上往往倒是习惯法能够发挥作用。

第二十九节　秃头查理当政后采地的性质

前面说过，秃头查理下令，重要官职或采地的拥有者过世以后，官职和采地都可以传给儿子。这项法令所产生的弊端如何滋生蔓延，其适用范围如何延伸扩大，都很难梳理清楚。我在《采地概要》[②]中看到，康拉德二世皇帝[③]执政初期，在他所统治的那些地方，采地不能传给孙子，只能传给前领主的儿子[④]，也就是说，由现领主在前领主的若干儿子中挑选一人继承领地。

我在本章第十七节中作过解释，在加洛林王朝，王位何以在某种程度上是世袭的，在某种程度上又是选任的。说它是世袭的，因为嗣王始终出于这个王族，继任的国王始终是先王的儿子；说它是选任的，因为谁可以继承王位，要由人民从这些儿子中挑选。各种事物总是彼此越靠越近，一项政治法总是与另一项政治法密切相关，所以，处理王位继

① 参见菲利普二世1219年谕令，载于《法国古代法律新集》。

② 《采地概要》，第一章，第一篇。

③ 康拉德（Conrad，990—1039），日耳曼皇帝（1024—1039）。——译者

④ “因此，有关此事的规定是，采地传给领主看中的那个儿子。”见《采地概要》，第一章，第一篇。

承的精神就被应用到采地的继承上来①。于是，采地从此可以依据继承权和选举权传给儿子，每个采地如同王位一样，既是遴选的，又是世袭的。

这种选任领主的权利，在《采地概要》的作者②在世的年代，换句话说，在腓特烈一世皇帝在位时，是不存在的③。

第三十节　续前题

《采地概要》写道④，康拉德皇帝前往罗马时，侍奉皇帝的家臣们请他颁布一项法令，让可以传给儿子的采地同样可以传给孙子，兄弟死而无嗣者可以继承死者原本属于同一父亲的采地。皇帝予以允准。

不要忘记，此书的两位作者生活在腓特烈一世皇帝在位时期⑤；该书又写道："古代法学家一贯主张，采地的旁系传承以同父同母的兄弟为限；到了现代，依据新法的规定，旁系传承已经扩大到七等亲，原本仅限于直系传承的现在已经没有限制⑥。"

作了这许多假设之后，只要读一读法国史就可明白，终生采地制度在法国的确立比德国早。康拉德二世皇帝于1024年开始其统治时，德国在这方面依然相当于秃头查理时期的法国，而秃头查理早在877年

① 至少在意大利和日耳曼尼亚是这样。

② 杰拉杜斯·尼日尔(Geradus Niger)、奥贝杜斯·德·奥托(Aubertus de Orto)。

③ "事情就这样定下来了，大家都可继承。"见《采地概要》，第一章，第一篇。

④ 《采地概要》，第一章，第一篇。

⑤ 屈亚斯对此作了有力的论证。

⑥ 《采地概要》，第一章，第一篇。

就已经过世。可是，法国的变化极大，天真汉查理①就已经无法与非王族争夺他对帝国无可争辩的权力了。最后到了于格·加佩②，执政的王室竟然被剥夺了所有的王家庄园，以至于连王座都难以支撑了。

秃头查理秉性懦弱，致使法兰西国家也虚弱不堪。不过，他的兄弟日耳曼人路易以及其他几位王位继承人性格比较刚强，国家的实力因而得以保持较久。

我想说什么呢？或许由于日耳曼尼亚民族秉性冷漠，甚至可以说精神凝滞，所以在抗拒事物的发展走向方面，他们强于法兰西民族，这里所说的事物发展走向，指的是采地因其自然趋势而逐渐为家族所永久占有。

我还想说，经历了诺曼人和撒拉逊人所发动的那种战争的蹂躏，法兰西王国几乎被彻底摧毁，但是日耳曼尼亚王国并非如此。日耳曼尼亚可供劫掠的财富和城市较少，可供巡游的海岸也较少，却有较多的沼泽需要跋涉，较多的森林需要穿越。君主们没有看到自己的国家随时都会倾覆，所以不太需要附庸，换句话说，他们不怎么依赖附庸。有迹象表明，日耳曼皇帝若不是被迫前往罗马接受加冕，并且在意大利不断征战，他们采地的初始性质原本是可以保持得更久的。

第三十一节　帝国何以摆脱了查理曼王室

秃头查理所属的支系受到排斥，帝位此前已经传给属于日耳曼人

① 天真汉查理（Charles le Simple，879—929），法国国王（893—922 在位）。——译者

② 于格·加佩（Hugues Capet），法国加佩王朝的第一位国王（987—996 在位）。——译者

路易支系的私生子[①]，而由于法兰克尼亚公爵康拉德的当选，帝位又于912年传到了一个外族人手中。统治着法国的那个支系想要争夺乡村已经相当吃力，更谈不上争夺整个帝国了。天真汉查理与继承康拉德帝位的亨利一世皇帝缔结了一个协议，即波恩条约[②]。两位君主登上了停泊在莱茵河中间的一条船，盟誓永结友好。他们巧妙地使用了一种两全其美的办法，查理自称西法兰西国王，亨利则自称东法兰西国王；这样一来，查理与之缔约的就是日耳曼尼亚国王，而不是皇帝。

第三十二节　法兰西王冠何以传到于格·加佩家族

采地世袭制的确立和采地的采地的普遍出现，促使封建政府[③]逐渐形成。过去国王拥有不计其数的附庸，如今剩下的寥寥无几，其他附庸则隶属于这几个附庸。国王的直接管辖权丧失殆尽，仅剩的些许权力在行使过程中还要经过他人权力的层层关口，其中有些人的权力相当强大，以至于国王的旨意尚未传到执行者那里，就已经半途中止或半途而废。附庸的实力之大，大到不再听命于国王，不但如此，他们还利用自己的附庸抗拒王命。国王失去自己的庄园之后，只剩下兰斯和拉昂等城市，所以，他们不得不听任附庸们摆布。树枝伸得太远，树顶就

① 阿努尔(Arnoul)和他的儿子。

② 926年。奥贝尔·勒密尔在《虔诚捐赠法典》第二十七章中提及此条约。

③ 所谓封建政府，是指由采地行使政治和公民管理权，即在某种程度上不受国家或国王管理。——译者

干枯了。没有庄园的国王就像今天的帝国①,王冠于是就落入势力最大的附庸手中。

诺曼人侵入法兰西王国,他们划着筏子,摇着小船,从河口溯流而上,恣意蹂躏两岸沿河地区。奥尔良和巴黎这两座城市挡住了这些匪徒②,他们无法沿着塞纳-马恩省河和卢瓦尔河继续前进。控制着这两座城市的是于格·加佩,他手中握有王国残存领土的钥匙;能够捍卫王冠的唯有他一人,王冠于是就授给了他。后来把帝国交到固守边界抵御土耳其人入侵的那个家族手中,也是出于同一原因。

帝国脱离了查理曼家族,那时采地世袭制虽已确立,但仅仅是王室的一种让步而已。法兰西人实行采地世袭制早于日耳曼人③,所以,在这个被视为大采地的帝国中。皇帝经由选举产生。与此相反,法兰西摆脱查理曼家族时,采地已经实行名实相符的世袭制,所以,王冠犹如一个大采地,也是世袭的。

此外,如果把这次巨变前后发生的所有变化都说成发生于此时,那就是大错特错。其实一共只不过两件大事:一是改朝换代,一是王冠与采地紧紧相连。

第三十三节　采地永久化的若干后果

随着采地永久化,法兰西人确立了长子继承权。墨洛温王朝不知

① 指日耳曼帝国。——译者

② 参见877年秃头查理的敕令“于卡里西亚哥”中关于当时巴黎、圣德尼和卢瓦尔河上堡垒的重要性的记述。

③ 参阅本书本章第三十节。

长子继承权为何物①,王位由兄弟们共分,自由地同样由兄弟们共分,采地或是可转让的,或仅为终生享用,并非可继承的对象,所以不能分割。

到了加洛林王朝,宽厚者路易自己拥有皇帝尊号,并把这个尊号授予他的长子罗泰尔,皇帝这个尊号使他产生了一个念头,那就是让长子拥有某种高于弟弟们的优越地位。两位国王②每年都带着礼物去朝见皇帝,然后带回皇帝更多的回赠;他们必须与皇帝商讨双方共同的事务。罗泰尔因此而有了一些非分的想法,但结果很不理想。阿戈巴尔替罗泰尔写信给皇帝③,皇帝决定把帝位传给罗泰尔;阿戈巴尔在信中表示支持皇帝本人的如下安排:首先要征询上帝的旨意,为此必须戒斋三天,举行圣祭,做祷告并散发施舍;其次要让国民立誓绝不违背誓言;最后还要让罗泰尔前往罗马,征得教皇的首肯。在阿戈巴尔看来,重要的是所有这一切,而不是长子权。他说,皇帝分了一些地给长子以外的儿子们,但给予长子特殊的优惠;既然说他给了长子特殊的优惠,那就等于说,这些特殊优惠本来也是可以给予长子以外的其余儿子的。

采地变成世袭之后,在采地继承中也就确立了长子权,基于同一原因,王位继承中也确立了长子权。规定兄弟均分的古法不再有效;采地既然必须承担义务,采地的拥有者就应该有能力履行义务。长子权确立之后,在依法进行推理时,封建法就胜过政治法和公民法一筹。

采地由占有者的儿子继承之后,领主就失去了处分采地的权力,为弥补这一损失,领主们设立了一种被称之为补偿税的税种,法兰西习惯法对此有所提及,这种税起初由直系缴纳,久而久之,变成为仅由旁系

① 参阅《萨利克法》和《里普埃尔法》中的有关“自由地”的章节。

② 参阅817年敕令。该敕令含有关于宽厚者路易为其儿子们首次分地的记述。

③ 参阅有关此事的两封信,其中一封题为“瓜分帝国”。

缴纳。

不久之后，采地可以作为一种世袭家产向非本族的人转让。于是就普遍出现了一种采地财产购买税①，起初税率具有随意性，后来当该税得到普遍认可后，每个地区都将税率固定下来。

每当继承人发生变动时都要缴纳补偿税，起初甚至按直系缴纳②。依照普遍习惯，税额定为一年的收入。对于附庸来说，这个税额显得过高和不合适，在一定程度上对采地也有负面影响。附庸行臣服礼时，让领主同意只收取若干钱币作为补偿③；由于货币变换，领主收取的这些钱币往往变得微不足道，所以，补偿税如今几乎等于零；与此同时，采地财产购买税依旧普遍存在。该税既不牵涉附庸，也与领主无关，仅仅偶尔发生而已，既无法预计也不能期待，所以，对此没有制定任何规定，继续以售价的一个固定比例缴纳。

当采地只能拥有一生时，拥有者不能为了永久拥有而把采地分给他人，使之变为采地上的采地；一个人如果对某物仅仅享有使用权，却要处分此物的所有权，岂非咄咄怪事。可是，当采地变为永久拥有之后，这种做法就得到允许了④，这种做法就是通常所说的摆弄采地；当然，习惯法为此作了若干限制性的规定⑤。

因采地的永久化而设立补偿税之后，当男嗣出缺时，女儿也可以继承采地。因为，领主如把采地给予女儿，他收取补偿税的机会就大大增

① 采地财产出售税(Droits de lods et ventes)，在收买领主所拥有的采地范围内的财产者应向领主缴纳的税，通常为售价的五分之一。——译者

② 参见菲利普二世 1209 年关于采地的谕令。

③ 在法规汇集中可以找到很多此类协议，例如旺多姆敕令、普瓦图的圣西普里安修道院敕令。加朗在他的《论自由地》中收有这些档案的摘要。

④ 不过，不能将采地缩小，也就是说，不得部分地取消采地。

⑤ 习惯法规定了可以分出去的采地的比例。

加，因为丈夫应该像妻子一样缴纳补偿税[①]。这种规定不适用于国王，因为国王不是任何人的下属，对于国王来说，补偿税根本不存在。

图卢兹伯爵威廉五世的女儿没有继承伯爵领地。后来，阿里耶诺尔[②]在阿基坦继承了领地，马蒂尔德[③]在诺曼底继承了领地；女儿的继承权那时已经牢固确立，因而当小路易[④]与阿里耶诺尔解除婚约后把吉耶纳地区赠予她时，没有遇到任何阻碍。阿里耶诺尔和马蒂尔德分别继承领地，是发生在威廉五世的女儿未继承领地之后不久的事，由此推测，允许女儿继承采地的普遍性法律，大概在图卢兹伯爵领地实施较晚，而在王国的其他省份则实施较早[⑤]。

欧洲各国的政制与这些国家创立时采地的实际状况大体一致。无论在法兰西或日耳曼帝国，妇女都不能继承大统，因为，这两个国家建立时妇女不能继承采地。但是，在那些采地永久化之后建立的国家里，妇女就可以继承采地，诸如征服诺曼底后创立的那些国家和战胜摩尔人之后建立的那些国家，以及位于日耳曼尼亚的边界以外、近代因基督教的建立而在某种意义上获得新生的国家。

在采地可以收回的时期，采地通常被授予能为采地缴纳税赋的人，所以，采地的拥有者不可能是未成年人。但是，在采地永久化之后，领主往往在继承人成年之前把采地始终控制在手中，这样做或是出于增

---

① 因此之故，领主往往逼迫寡妇再嫁。

② 阿里耶诺尔（Aliénor，1122—1204），阿基坦公爵之女，英国王后，1137 年改嫁法国国王路易七世，1152 年被休。——译者

③ 马蒂尔德（Mathilde，？—1083），史称马蒂尔德王后，诺曼底女公爵，1054 年与尚未登基的威廉五世结婚，后成为英国王后。——译者

④ 小路易（Louis le Jeune，1120—1180），即路易七世，法国国王（1137—1180 在位）。——译者

⑤ 大多数大家族都有各自的继承法。参见托玛希耶尔，《贝里古今地方性习惯法》中有关贝里家族的叙述。

加收益的考虑，或是为了让未成年继承人能在习武氛围中长大成人[①]。这就是我们的习惯法所称的幼年贵族监护权，它所依据的原则不是一般监护权的原则，两者截然不同。

当采地仅能拥有一生时，人们通过托付自己土地的途径获得采地，采地的交接仪式要在令牌前举行，采地的所有权就此得到确认，就像如今行附庸臣服礼一样。我们不曾见过伯爵和国王的特使在外省接受臣服礼，保存在敕令中的这些官员的委任状表明，他们不负有此项使命。他们有时让当地的所有臣民立誓效忠[②]，但是，这种誓言与后来建立的臣服礼上的誓言性质很不相同，臣服礼中的效忠誓言是与臣服相关的一个行为，有时在臣服礼之前举行，有时在臣服礼之后举行，但并非适用于所有的臣服礼，也不像臣服礼那样庄严，因而与臣服礼大不相同[③]。

对于忠诚可疑的附庸，伯爵和国王的特使有时还要求他们作出一种被称为坚定不移[④]的保证，不过，这种保证不是臣服礼，因为，国王与

① 从巴鲁兹版《敕令汇编》所载887年卡里西亚哥敕令第3条看到，国王们为了替采地的幼年继承人保管采地而派人代为管理采地，领主们也照此办理。这就是我们所说的幼年贵族监护权。

② 802年敕令二中存有这种规定。还可参见854年敕令第13条及其他各条。

③ 参阅迪康热，《晚期拉丁语和希腊语词汇》，第1163页中的词条“臣服”以及474页中的词条“效忠”。这两个词条援引了许多古代臣服礼的有关规定，从中可以看出两者的区别，此外还有大量权威性的文献可资参考。在臣服礼上，附庸立誓时将自己的手放在领主的手中，而在效忠立誓时，立誓人的手按在《福音书》上面。臣服礼上要双膝跪地，效忠立誓时站立即可。唯有领主有资格接受臣服，而效忠立誓则可由领主的官员接受。参见李特尔顿（Litleton），《效忠与臣服》，第九十一、九十二节。

④ 秃头查理860年敕令“从科布伦茨回銮”第3条，见《敕令汇编》，巴鲁兹版，第145页。

国王有时也相互给予这种保证①。

叙热院长②谈到过达戈贝尔的一把交椅，据古代传说，法兰西国王习惯于坐在这把交椅上接受领主的臣服礼③，可见他在这里使用的是他那个时代的思想和语言。

当采地可以继承时，起初仅仅偶尔有之的对附庸的正式承认，变成了一种规范化的仪礼，不但要大张旗鼓，而且还有许多程序，这是因为，对附庸的正式承认对于领主和附庸双方来讲，意味着在以后的世世代代中牢记彼此的义务。

我认为，臣服礼肇始于国王丕平时代，我曾说过，那时有不少赏赐地被赋予永久性质。不过，我是小心翼翼地这样说的，而且还以一种假设为前提，那就是古代法兰西年鉴的作者们都不是愚昧无知的人。他们在谈及巴伐利亚公爵塔西庸向丕平国王④效忠的仪式时，说是依据他们见到的当时的人们所遵循的习俗举行的⑤。

第三十四节 续前题

在采地可以撤销或仅仅给予一生的时候，采地与政治法的关系甚

---

① 秃头查理860年敕令“从科布伦茨回銮”第3条，见《敕令汇编》，巴鲁兹版，第145页。

② 叙热(Suger，1081—1151)，圣德尼修道院院长，圣德尼大教堂的创建者，曾任法国国王胖子路易的大臣。——译者

③ 叙热，《修道院管理回忆录》。

④ 《法兰克人史》，第十七章：757年。

⑤ “塔西庸以附庸身份来行效忠礼，时而高举双手，时而把手按在圣物上，发了许多誓言向丕平表忠心。”看起来，好像既有臣服礼，又有效忠誓言。参见本节关于臣服与效忠的脚注。

微，所以那时的公民法极少提及与采地有关的法律。但是，当采地变成世袭，而且可以赠予、出售、转让之后，采地就既适用政治法，也适用公民法。作为应该履行军事义务的主体，采地适用政治法；作为一种商业财产，采地适用公民法。公民法有关采地的条款由此产生。

采地既然变成世袭，有关继承顺序的法律就应该与采地的永久化相适应。因此，尽管罗马法和萨利克法另有规定[①]，但法国法律中的这条规则，即遗产不上传就此确立[②]。必须有人为采地承担义务，可是，若是让祖父或叔公继承采地，他们肯定不是领主的好附庸。所以，正如布蒂利耶所说[③]，这项规定起初仅用于采地。

采地变成世袭之后，领主就得对采地是否履行其义务进行监管，于是要求未来将要继承采地的女儿[④]，有时是儿子，未经他们同意不得结婚。这样一来，贵族的婚约就变成了一种封建条款和民事条款。在当着领主的面写就的这种文书中，包含有关于将来继承的条款，以使继承人将来承担起采地的义务。所以，如布瓦耶[⑤]和奥弗里乌斯[⑥]所说[⑦]，最初只有贵族享有借助婚约处分未来遗产的自由。

只有在采地永久化之后，才能在采地方面行使家族财产赎回权，这是无须赘述的。财产赎回权是建立在古代亲属权基础上的一种权利，这是我们法国的一个奥秘，我没有时间详加论述。

① 《萨利克法》中关于自由地的条款。

② 屈亚斯，《论采地》，第五十九篇。

③ 布蒂利耶，《乡村大全》，第447页：第一章，第七十四篇。

④ 圣路易于1246年颁布谕令规定，为遵守安茹和曼恩地区的习惯法，取得采地未来女继承人的租赁权者，必须向领主作出保证，不经领主同意，女继承人不得结婚。

⑤ 布瓦耶(Boyer，？—1553)，大学教授，曾任波尔多高等法院院长。——译者

⑥ 奥弗里乌斯(Aufrius)，15世纪图卢兹大学教授。——译者

⑦ 判决155第8号，判决204第38号。图卢兹高等法院判例453号。

意大利，意大利①……关于采地，我的论述止于大多数作者开始论述的那个时代。

① 《埃涅阿斯纪》，第三卷，第523行。（“意大利，意大利！”这是埃涅阿斯历经磨难后远远望见港口时发出的感叹，孟德斯鸠借用维吉尔的诗句表达他终于完成本章时如释重负的欢快心情。——译者）

附　　录

有关《论法的精神》的资料

I. 拉布莱德堡档案中的手稿和资料摘录①

A. 从《论法的精神》最终改定的手稿中被删除的段落②。

第一章第二节——[动物(若要寻找自然权利,尤其应该到动物中去寻找)不与同类争斗,因为,它们感到彼此是平等的,因而没有相互攻

① 拉布莱德堡(Château de la Brède)位于波尔多远郊,是孟德斯鸠在故乡的住所。《论法的精神》的大部分书稿是在这里完成的。从18世纪下半叶开始,孟德斯鸠的家人和研究者在拉布莱德堡中发现了孟德斯鸠的许多遗稿,其中包括比较完整的笔记性著作《随想录》(*Pensées*)、《随笔》(*Spicilège*),以及读书笔记《地理》(*Geographica*)等,其中有不少与《论法的精神》有关的资料。著名学者、波尔多大学法律系教授亨利·巴克豪森(Henri Barckhausen)受托对这些手稿进行整理和编辑,于1899年至1901年间出版了《〈随想录〉和孟德斯鸠的未版著作断篇》(*Pensées et fragments inédits de Montesquieu*)。1904年,巴克豪森出版了他本人的研究成果《〈论法的精神〉与拉布莱德堡档案》(*L'esprit des lois et les archives de La Brède*)一书。此书对有关《论法的精神》的遗稿作了两种处理,一部分被引用在此书的正文中,一部分被置于此书的附录中。——译者

② 这一部分是从巴克豪森所著《〈论法的精神〉与拉布莱德堡档案》的正文中摘录的有关资料。摘录者为法国伽里玛出版社1951年版的《孟德斯鸠全集》第二卷的注释者罗杰·凯鲁瓦(Roger Caillois)——译者

击的愿望[1]。]

第一章第三节——[万民权确立在彼此相识的民族之间，这种权利应该扩大到因意外或机遇而为我们所结识的民族中去，这条规则时常受到一些文明民族的践踏。]

第三章第四节——如果不具备[宽和]这种美德，所有贵族都会首先倒下。看看意大利的那些共和国，如今一个个萎靡不振；人们似乎并不知道它们的存在。其实，它们的存在全靠它们的毁灭可能带来的嫉妒。

第三章第九节——可是，马基雅维里之所以把维护尊荣的那些原则告诉君主们，那是因为他的狂热。其实，那些原则仅仅对专制政体是必不可少的，对君主政体来说，那些原则是无用的、危险的，甚至是根本无法实施的。原因在于马基雅维里对性质和区别的理解尚嫌不足，这一点与他的超人才华不大相称。

第三章第十节——[君主政体中的大臣们确实应该比较能干。所以，他们更加能干，也更加忙碌，而且更加习惯于忙碌。为了摆脱过多的事务，他们确实往往试图推翻法律。培养出了这些人才的政体，就像那种鸟一样，长出的羽毛最终杀死了它自己。]

第五章第十八节——[重赏带给我们的愿望是好好享受它，而不是完成赏赐者要做的事。]

---

① 方括号内均为孟德斯鸠本人在原稿上划掉的文字，下同。——译者

第六章第九节——[欧洲有两个相邻的王国，其中一个变得更加自由，刑罚突然放宽了许多，另一个王国中的专制独裁变本加厉，刑罚也随之更趋严苛。]

第六章第十五节——[当我找到机会揭示公民法与政治法的关系时，我很高兴。我不知道是否有人先于我揭示了这种关系。]

第七章第十七节——[我甚至要说，女人不愿治国比不治国更危险，更令人担忧。她们千方百计地把本不应该由她们拥有的权力吸引过来；她们促使君主对治国感到厌烦，让君主萎靡不振，腐蚀君主的心，销蚀他的精神，击垮他的灵魂。这就是祸害之所在。]

第八章第六节——[如果出现下列情况，君主国就不可救药了：君主事必躬亲，或者大臣们以君主的名义统揽一切；君主津津有味地关注细枝末节；在他自己无法采取行动的事情上不让他人采取行动，不让他人审察他自己无法审察的事情；他以为，与其按照既定程序办事，不如更改程序更能彰显他的权威；他剥夺各种职位应有的职能，把这些职能专断地给予其他职位；他过于珍爱他的法院和大臣，而对御前会议却不够重视；总之，他钟情于奇思怪想胜过热爱自己的意志。]

第八章第八节——[别把此类变化视为空想！我们的万民法不是刚刚发生了彻头彻尾的变化吗？德意志不是为过去没有见过的新型战争而惊诧不已吗①？]

① 1741—1742年间的西里西亚战争。

第八章第十四节——[如今在一个大共和国里，代行两位斯巴达国王职能的那个官职已被取消。官员们不再需要借助美德反对国王和维持共和，他们不再需要借助美德为反对国王而取悦人民。我们于是看到，各种弊病层出不穷，因为他们的体制既不是为这种变化而设置的，也没有为这种变化做好准备。]

第九章第六节——[人们终于让这个国家的军队习惯于接纳立法机构的代表，这位代表以保障军队的供给或其他理由为借口，虽然并不指挥军队，却领导军队。这是一种温和的手段，军人们看到有一个人高踞军队之上，可是他们也看到，此人处于从属地位，军队本身也处于从属地位。]

第十二章第五节——[在德意志，有些卑贱的小民因踩着圣像十字架跳舞而被处以极刑。这种刑罚恰恰就是造成这种罪行的原因。在这种行为不受惩罚的地方，谁会想到去犯这种罪？一个女孩牢牢地记得，踩着圣像十字架跳舞是一种绝望的行为，当她自己也陷于绝望时，就躲进屋里，踩着圣像十字架跳舞。]

第十二章第二十二节——世界上两件对君主最没有用处的东西削弱了君主政体下的自由，其一是君主有时派出审理个别案件的特派员；其二是下令将他认为应该服刑的人投入监狱的信札。

君主下令囚禁犯人的信札对于君主政体也是格格不入的。不过在某些国家中，此类信札是古老的陋习之一，尽管如此，即使不愿意彻底予以废除，至少也应该设法加以规范。

为此，应该抛弃陋习，不能仅凭某个大臣的一份报告，不经御前会议讨论就发出信札。信札中应该写明发出此信札的理由，并允许被囚禁者向御前会议呈递要求讨论这些理由的申辩书，然后由另一位大臣提出一份报告，据此作出决定，应该发出还是取消这道信札。

信札的有效期应该仅为一年，一年之后应该提出新报告，发出新信札。尽管有必要在某些情况下采取惯常的措施，但是，这种情况出现的几率非常低，因而，与其违背政体的精神，不制定刚才谈到的相关法规，远不如在一旦出现这种情况时违犯这些法规。君主受到冒犯时，把冒犯者放逐到君主看不到的地方乃至逐出首都，都比其他惩罚更加符合政体精神和君主的尊严。

罗马皇帝们想要把审判权控制在自己手中，于是就把这种信札变成了一种习惯，令人欣慰的是，这种习惯随着他们过世而消失了。安条克的约翰写道①，格拉提安把他签了名的空白信札②交给各种各样的人，尤其是他的仆人。这些人凭着这些空白信札胡作非为，随心所欲地侵占他们想要侵占的财产③；有人在世时就被继承人剥夺了财产，有的丈夫被夺走了妻子，有的父亲被抢走了子女。

第十二章第二十三节——[想方设法了解他人的家庭秘密，并为此使用密探，贤明的君主从未做过此事。]

第十三章第七节——[在荷兰，对一切生活用品征收的税率几乎相当于物品价值的三分之一。这个非常善于权衡得失的国家，看来唯有在这件事上愿意欺骗自己。]

第二十一章第六节——[这里我所说的只是商船。不过，对于战船

① 见于他所撰写的《亚当以来的历史》片段，转引自君士坦丁·波菲洛格尼图斯，《美德与邪恶》。

② 参见我在《论法的精神》第六章第五节中所述。

③ 既然他们连皇帝的敕令也敢抱怨。

来说，后果的差异就更大。因其船型而只能顺风航行的那些战船，既不能为抢风航行而任意打横，也不能为躲避敌船而调头转向。请想象一下这样两条战船，一条只能单侧行进，另一条则可以全方位进行攻击。海战要靠无数灵巧的动作方能取得胜利。]

第二十四章第一节——所罗门修建神殿时，选用最适合用于神圣建筑的材料。剩余的材料用在非宗教建筑上了；这些建筑呈现在我们眼前，我们注目凝视。

第二十四章第九节——僧侣们发的愿并非全都符合伦理道德，只有与发愿者有关的那些才符合伦理道德。我喜欢谦逊地发号施令的人甚于一丝不苟地服从命令的人；我喜欢服从命令时不损害他人的人甚于盲目服从的人；我喜欢拒绝一切非法获利的人甚于放弃自己财产的人；我喜欢对所有人信守诺言的人甚于根本不作承诺的人；等等。

第二十五章第十一节——[政体即使是温和的，困难也并不因此而较小。我希望这类国家中的臣民不那么看重古老的宗教，我甚至设想这类国家中的权贵根本不信教。可是，这些权贵中的某些人假如具有某种自由精神而且信教，那么，他们肯定不能容忍自己的信仰被剥夺，因为他们肯定会这样想：君主既然可以剥夺他们的信仰，当然更可以剥夺他们的生命和财产。]

第二十五章第十五节——(此外，宣扬宗教的人其实是自己被自己欺骗了。劝人皈依宗教的愿望令这些宣扬宗教的人以为，他们成功地劝人皈依宗教了。其实，那些人之所以看起来已经皈依宗教，是因为他们来不及真正皈依罢了。西藏王写于多年之前的下面这封信非常清晰地表明了这一点:《西藏王致函罗马教廷传信部……》……"如果此事不能成功,请你们派遣几位比这几位更加聪慧的人来,以便将我的臣民变成基督教徒。因为,我是基督教徒,我的五十个妻子也是基督教徒。如果我告诉你们,我已经不施舍,不苦行,而且已经吃肉,你们也许不相信。再见。")

B.《论法的精神》手稿中标明章节的文字[①]

1) 同罪不同罚[②]。第六章第十四节。——西班牙宗教裁判所有一大弊病:两个被控犯有同一罪行的人,拒不认罪的那一个被判死刑,认罪的那一个则免于一死。这种做法源于僧侣的一种观念,他们认为,拒不认罪就是拒不忏悔,所以应该严加惩处,认罪则表明有忏悔之心,因而可以获救。

2) 刑罚与固有思想方法的关系。《论法的精神》第六章第十五节。——立法者确定的某种刑罚如果与固有的思想方法相抵触,那就说明,他想得更多的是产生普遍性的震慑效果,而不是为执法而采取措施。人人都想方设法规避此项刑罚。如今我们对此感受颇深,有人为了支撑一项匪夷所思的体制[③],竟然规定了一些滑稽可笑的刑罚。

3) 监狱。《论法的精神》第六章第十六节。——很显然,监狱的严

① 这些见于《论法的精神》初稿但不见于定稿的段落,被巴克豪森列为他的《〈论法的精神〉与拉布莱德堡档案》一书的附录。由于最终没有进入定稿,所以,这些段落中出现的某章某节字样不一定就是出版后的《论法的精神》的某章某节。——译者

② 请对照《论法的精神》,第二十六章,第十二节。——译者

③ 此处指约翰·劳的金融体制。

酷程度取决于司法的迅捷程度。在一些采用温和政体的国家里，法庭对士绅的惩罚不是将他投入监狱，而是让他的名声受到损害，向他派去一个看守人，用语言的锁链把他捆住。

日本和另一些国家根本没有监狱[①]，因为那里执行刑罚非常迅捷。

罗马人起初也不建造监狱，这种做法产生了不少弊病，例如有人滥用私刑，债务人被羁押在债权人的家中，由此而产生了无数残暴行径。

4）爱尔兰的屈从[②]。《论法的精神》第十章第九节。——英格兰征服了爱尔兰，英格兰嫉妒爱尔兰的地理位置、优良的港口和丰富的自然资源，把一些国与国之间的法律强加给爱尔兰，致使爱尔兰似乎只是某个主人的仓库，它的繁荣也好像朝不保夕。

可是，英格兰虽然以万民法压制爱尔兰，却给了它一个优良的政治体制和文职政府。国家是奴隶，公民却享有自由。

5）重振荒芜地区的办法[③]。《论法的精神》第十四章第八节。——一个地区若因居民懒散而田园荒芜，唯一使之重振的办法就是查明所有无地家庭，把地主在一定时间内不打算开垦的荒地分给无地者。因为，尽管保住自己财产的所有权是每个人的一件大事，可是，准许分地的法律却是为了让人人有所获，而不是让人人有所失。

这项法律持续实施的结果，是人人心甘情愿地勉强度日，不久之后这种情况就变得无法忍受了。

在那些因欺压而导致人丁稀少、田园荒芜的地方，这项法律或许依

① 见《创建东印度公司历次航行记》，第二卷，第一部分，第 88 页。

② 请对照《论法的精神》，第十九章，第二十七节。——译者

③ 请对照《论法的精神》，第二十三章，第二十八节。——译者

然能产生良好的效果。

6）过多的私人奴隶给共和政体造成的麻烦[①]。《论法的精神》第十五章第十五节。——汉诺曾想仅凭他的私人奴隶推翻迦太基共和国。

为预防这种危险，奴隶主的权力应受法律限制；官员应介于奴隶主及其奴隶之间，以使奴隶稍具公民精神。否则，鉴于主人的家就仿佛是奴隶们的祖国，这个国家中就会有许多小国，从而会产生一些过于强大的公民。

7）法律与健康的关系[②]。《论法的精神》第二十四章第二十五节。——这些宗教（伊斯兰教和印度教）要求人们不停地沐浴，所以男女老少乃至家禽家畜整日泡在水中；他们到了缺水地区就容易生一些危险的病或是发高烧，很难治愈。印度人、波斯人和乌尔吉[③]人就是这样。

这方面的过度迷信会带来一些不良后果，需要通过政府的有效治理加以遏制。

马尔代夫是由无数很小很小的岛屿组成的一个群岛，其中最大的岛屿马累的周边长度也只有两三法里。出于迷信的缘故，其他岛屿的居民都愿意死后埋葬在马累，只是这个岛屿的卫生状况极差。与许多其他国家一样，在这个国家里，王宫的空气之恶劣堪称整个帝国之最。

① 请对照《论法的精神》，第十五章，第一节。——译者

② 请对照《论法的精神》，第二十四章，第二十六节。——译者

③ 乌尔吉（Urgel），加泰罗尼亚的一个小城。——译者

8）因其本身而不公正的法庭。《论法的精神》第二十五章第十二节。——为反对宗教而制定的刑法，屡屡践踏自然法，这让人十分吃惊。

查理曼为对付萨克森人建立了勒麦克法院，谁也不知道这所法院的规矩，因为，有关人员被要求立誓严守秘密。这所法院先将被告处死，然后才进行审讯。

这所法院所惩罚的是一些既具有反抗精神，又有点偶像崇拜的好汉，他们坚决不愿受人统治，也不愿听信他人。法院的审判程序是任何嫌犯都无法接受的，因为嫌犯首先是人，然后才是嫌犯。

查士丁尼为了敛财[1]，指控一些人崇敬多位神明，指控另一些人为异端，玩弄男童，糟蹋修女，煽动叛乱，参与绿党，犯下了大逆罪等等。他设置一种叫做宗教裁判官的职务，专门负责查找违背人类本性的罪行和具有非正统宗教情感的人。宗教裁判官将没收来的财产供皇帝享用，宗教裁判官既不需要告发者，也不需要证人，这就是当今宗教裁判所的形象。

欧洲的宗教裁判所建立在相同的原则基础之上。宗教裁判所既不指定证人，也不需要告发者，它把基督教的仁慈与极端的野蛮这两种观点，在形式上和实质上混作一团，令全世界为之震惊。

欧洲的宗教裁判所很像日本的反基督教法庭。在日本，想要免受惩罚，就得供出另一个基督徒。在欧洲也是这样，只有供出同谋才能免受惩处。

君主们身佩利剑绝非无谓之举，而他们将使用利剑的权力交给教会人士，倒是让人感到吃惊。

君主们看到，那些不满足于惩治外在行为的法律，其实是极度暴虐

① 普洛科比乌斯，《秘史》。

的工具;君主们为了自保,就把仇恨转嫁给教会人士。

C. 联邦和殖民地①

1）不同的联合方式。——联邦越接近民主政体就越完善,当年亚该亚人、埃托里亚人、底比亚人、拉丁人、窝尔西人和赫尔尼克人的联合体就是这样。向贵族政体靠近的联邦就不那么完善。斯巴达人和雅典人掌权时希腊的联合就是这样。处于君主政体下的联邦最糟糕,原本享有自由的联邦,在胜利者——例如拉丁人、罗马人——的逼迫下不能自主时,就会出现这种情况;由于被征服而从一开始就在被逼迫状态下建立的联邦也是最糟糕的,爱尔兰联邦和英格兰联邦的情况便是如此。

在民主政体下的联合体中,每个国家都可以解除联合,因为每个国家都保持着自己的独立,亚该亚人的联合就是这样。在贵族政体下的联合体中,试图解除联合者将会以破坏联合罪受到指控。只有破坏联合者才会受到追究,因为这是针对整个联合体的罪行。雅典人和斯巴达人掌权时期的整个希腊便是如此。在君主政体下的联合体中,破坏联合就是犯了大逆罪,拉丁人针对罗马人的做法便是如此。拉丁人由于没有保持罗马人至高无上的地位而受到惩罚;因为,罗马人在联合体中犹如君主,所以,鉴于他们所反对的是统治民族而不是盟友民族,因而他们犯的是大逆罪。

在民主政体下的联合体中,每个成员都保持着自己的主权,所以,

① 1951年伽里马版《孟德斯鸠全集》第二卷第1542页对本节以及以下各节作了如下说明:在《论法的精神》初稿中,孟德斯鸠已经把某些章节删掉。巴克豪森把这些章节也置于他的《〈论法的精神〉与拉布莱德堡档案》附录中。本节(C)收录的材料装在一个夹子中,夹子上写有如下文字:“或许可以撰写一部有关联邦和殖民地体制的书。”“这些材料可供撰写另一部书之用,或者以摘录形式放入‘思考’”。——译者

为了便于决议的执行，有必要规定所有的决议都应一致通过，恰如联省共和国的规定那样。不过，仅仅依据这种制度的性质来制定法律是不够的，还应让这种体制能够顺利运转，能在这种体制下作出一些积极有效的决议，而这只有在联邦成员不多的条件下才能做到。因此，在拥有许多城市作为成员的亚该亚联合体中，始终按照大多数成员的意见行事，否则就不可能作出任何决议。

在贵族政体的联合体中，一切以贵族领袖属下的大多数人的意见为准；在君主政体的联合体中，一切以统治民族的意见为准。

此类联邦可由以下几种方式组成：由若干政体相同的国家组成，这种联邦最符合自然；由若干政体不同的国家组成，这种联邦最容易产生弊病①，日耳曼联邦就属于此类；菲利普被近邻同盟指定主政时期的希腊联邦也属于此类。

2）这些联邦为了生存下去应以什么作为法律的原则。——联合体的成员如果地位平等，每个成员除了满足联合体的条件之外，没有别的事要做，除非联合体的条件具有破坏联合体的性质。

联合体的成员如果地位不平等，那就应该防止不平等状况日益严重。为此就应保存其武装力量，以使发号施令的那个国家能够加以利用，为前者效力的那个国家得到安全保障。

必须保存自己的武装力量，不能像希腊城市那样不向雅典人送交船只而支付金钱；应该像拉丁人那样，在战争中始终追随罗马人，并最终迫使他们把自己纳入他们的共和国。

为了使处于不平等地位的联合体成员城邦得以自保，一定要防止公民因对自己的城邦产生厌恶而投奔势力强大的城邦。至少应该颁布

① 因为既有君主政体精神，又有共和政体精神。

法律规定，倘若不留下后代，就不准离开自己的城邦前去联合体的首府定居。此项法律十分必要，即使对于首府来说也不无好处，所以，罗马人就与其盟友拉丁人共同制定了此项法律。

有人问，是否应该通过改变习俗和风尚促使彼此接近，妥帖的做法应该是这样的：联邦如果意味着自由，那就应该保持原有的习俗和风尚，藉以保护自由；不过，联邦倘若变成了奴役，那就应该放弃原有的习俗和风尚，转而采用统治民族的习俗和风尚，这些习俗和风尚比较接近自由或帝国。罗马人的盟友就是这样做的；这些盟友过去眼看着罗马人主宰全世界，不禁羡慕罗马人的法律，进而把自己也变成了罗马人。

3）宗主国与殖民地的联邦。——一个国家如果派遣人员在国外建立殖民地，应该为这些外派人员保留公民权，与此同时，殖民地也应该把公民权赋予宗主国。这样，殖民地就不会成为宗主国的负担，因为殖民地并不受宗主国的统治。反之，殖民地必定有利于宗主国，因为，在殖民地上组成的国家原则上必定会支持宗主国的利益。

4）何种国家最宜于向外殖民？共和政体最宜于向外殖民。这类国家人口众多，减少一些不易为人察觉。贫穷的公民非常危险，尤其因为他们在民主政体中占有话语权，所以，向外殖民往往可以因贫穷的公民外迁而让国家感到轻松。这些殖民地组成独立国家后，都支持宗主国，宗主国通常并不扩大自己的势力范围和统治新的国家，因而也不会更换政体。

君主政体国家不宜向外殖民，专制政体国家尤其不宜向外殖民。在殖民地上建立的平民政体与向外殖民国家的平民政体始终非常相似，都以固有的观念治理国家。君主国如果向外殖民，无异于在遥远的地方为自己建立一些国家，从而削弱君主国的政体实力。

在一人统治的国家中，人口通常比其他国家少，如果向外殖民，人口就会枯竭。殖民虽然有利于维持征服战争,但是在这种情况下,取得征战胜利的国家会在征战和向外殖民的双重打击下一蹶不振。

我们看到,英国和荷兰在亚洲和美洲建立了一些殖民地,却并不因此而在欧洲变得虚弱,它们所失去的仅仅是多余的东西。我们还看到,西班牙和葡萄牙拆东墙补西墙,实力不但并未增加,反而分割得七零八落,而且把自己的实力投向并不需要的地方。

5)征服形成的殖民地。——除了为卸掉人口过多的包袱而向外殖民外,有的向外殖民是为了保住征战的胜利果实或是开辟商埠。无论以何种方式建立此类殖民地,向外殖民的行动都应在不知不觉中进行,以免像那些小动物一样,由于它们的降生而使母兽死亡。

亚历山大在他的征服地建立了一些殖民地,罗马人也做过同样的事。不过,亚历山大的征战和殖民都非常迅捷,而罗马人的征战和殖民却都是慢悠悠地进行。罗马人总是在前一次殖民所造成的损失已经得到弥补之后,才向新殖民地遣送人员。

亚历山大征服亚洲后,不得不建立大量殖民地,进而把希腊扩大到整个亚洲。这是希腊衰败尤其是马其顿王国衰败的首要原因;马其顿王国虽然在某种程度上使希腊陷于奴役状态,自己却突然一蹶不振,没能挡住高卢人的攻击。

为防止出现这种弊病,宗主国不向殖民地派遣人员是一个好办法。亚历山大干得很漂亮,他在建造亚历山大里亚城时,把一批犹太人遣送过去,并且把希腊人享有的特权赋予犹太人。

若是为了保住征战的胜利果实而建立殖民地,那就不能离权力中心太远。亚历山大建立的殖民地,就因离权力中心太远而很快失去控制,既不能保卫宗主国,也无法受到宗主国的保护。罗马人的做法好得多,他们把殖民地放在自己的周边,使之成为自己城市的壁垒,当他们把四周全都征服时，殖民地自然也都在他们的掌控之中。

这种说法似乎与我在“亚历山大”一节中表示的赞同有些矛盾。其实并非如此。因为，突然征服了一个大国之后，亚历山大只能这样做。我就罗马人的殖民地所说的话，与我在《罗马盛衰原因论》中的相关论述有关。我在这里就殖民地所说的话，与我在“贸易”一章中的论述似乎渐行渐远。可是，这里说的是需要保存的殖民地，那里说的是用于进行贸易的殖民地。殖民地有各种不同类型，需要仔细加以区别。

6）处理殖民地与宗主国关系的法律原则。——殖民地的政体应该与宗主国保持一致，这样，在两者之间建立的联盟关系和自然而然形成的友谊，就会胜过在条约基础上建立的联盟和形成的友谊。正因为如此，美洲的各个殖民地都沿用宗主国的政体。

殖民地应该保持宗主国的宗教、习俗和风尚。否则，彼此相爱就会变成彼此仇恨；我们之所以并不怨恨从未与我们站在一起的人，而对曾经与我们站在一起，后来将我们抛弃的那些人恨之入骨，原因就在于此。

共和政体常常受内部纷争或其他弊端的困扰，规定宗主国派遣办事谨慎的人员到殖民地去，或是殖民地派遣此类人员到宗主国去，这样的法律就是明智的法律。因为，两个民族同时沾染同一种毛病的情况比较罕见，所以，头脑健康的人可以被派去医治头脑有病的人，熟悉被派遣国法律的人可以在那里协助重建法律的权威。

明智的法律应该让宗主国和殖民地的人们共同使用庙宇，建立共同的祭祀仪礼，通过联姻密切关系，制定商贸法规。暴君若想同时削弱宗主国和殖民地，他肯定会禁止两者做以上这些事①。

殖民地的境况优于宗主国或是宗主国的境况优于殖民地，这种情

① 罗马人对于被他们分而治之的马其顿王国的某些地区就是这样做的。

况常常发生。明智的法律应该防止境况较优方削弱另一方。

西班牙人发现西印度时,全世界都被那里丰富的金银矿藏所吸引,结果产生了许多弊病,至今犹存。当年如果制定法律规定,一个西班牙家庭成员如果不把一个印第安人家庭送到西班牙,一个西班牙人如果不把一个印第安人送到西班牙,就不准到西印度去定居,那样的话,那些弊病就不会发生。

D. 立法

1)为防止不良法律的后果为何必须制定更坏的法律。——[当此类法律在气候、宗教、地理位置或人民的秉性等因素的作用下,不得不遵循某些秩序并勉强遵守某些规则时,它们将会继续保持下去。这些外来的因素对它的性质施加压力,但并不能使之改变。这就像那些凶猛的野兽,野性有时有所收敛,但本性绝不会改变。]

他们得以维持的最主要方法便是变本加厉,在野蛮和饥渴中发狂,为避免被吞噬而用鲜血遮盖自己。

把专制政体国家作一番比较就可发现,凡是专制政体维护得较好的,必定掌握了使自己变得更加残酷、赋予国家以新的基础的办法,为此不惜精心为其残酷行径乔装打扮,加剧对人性的摧残。

日本帝国和莫卧儿帝国是由同一个民族使用同样的武器建立起来的,它们的原则相同,法律相同,习俗也相同。莫卧儿帝国因其专制主义而日益衰落,但是,各种游记告诉我们,日本却并未如莫卧儿那样逐渐式微。

取得征战胜利的君主成了新土地的主人之后,便依照自己的心愿进行分配,随意予夺。可是,印度斯坦人的脆弱精神毁掉了一切,村庄、农民和土地都由一个贪婪的主人随心所欲地进行处置,而这个主人既没有产业,也没有永享欢乐的保障,却想一夜暴富。印度斯坦于是便变成了天下最大的荒漠。

在日本，天下最残酷、最警觉的法律制止了脆弱精神产生的后果。倘若有人毁坏君主赐予的土地，或是向农民额外收费，法律就把他连同他的家人一并处死[①]。若不这样处置，所有土地将会在二十年之后变成不毛之地，整个民族都将被毁掉。

日本的军事政权就靠这种办法维持，而为了能做到这一点，专制主义必须无所不用其极。

为防止不良法律的恶果而必须制定更坏的法律，大致情形就是这样。

2）关于幼年和懂事年龄的法律。——罗马人把开始具有生育能力定为懂事年龄，亦即男子十四岁，女子十二岁。罗马人把这个年龄称作进入青春期的年龄，而我之所以称之为懂事年龄，是因为罗马人在惩罚犯罪时，对达到懂事年龄的人处罚较重，对尚未达到懂事年龄的人处罚较轻；这种规定似乎源自十二铜表法[②]。十二铜表法规定，偷盗时当场被捉者如果已达到进入青春期的年龄，处以鞭笞并使之沦为奴隶；如果未达到进入青春期的年龄，就依照执法官员的判决仅处以鞭笞。

有人可能会问：罗马人既然把懂事年龄定为进入青春期的年龄，那么为什么要惩处未达进入青春期的年龄的罪犯呢？这是因为少年比较容易改邪归正。他们越是不懂事，就越容易得到矫正。既然牲畜的毛病都能得到纠正，少年更不在话下了。公正所要求的一切，就是对少年的惩处应该宽和一些，十二铜表法在这一点上做得相当好。

① 见《创建东印度公司历次航行记》，第五卷，第二部分，第428页。

② 执法官员后来取消了此项法律的规定，只对在光天化日下实行偷盗的罪犯在量刑时加重四倍。法沃里努斯在奥卢斯·格利乌斯的《阿提卡之夜》中对罗马人民的宽和精神大加赞扬。见奥卢斯·格利乌斯，《阿提卡之夜》，第一卷，第一章。

倘若法律没有对未达到青春期年龄的罪犯作出专门规定，我觉得，应该依照公正的原则做两件事：其一，官员对未达到青春期年龄的罪犯的惩罚，应该大体上如同他们的父亲和监护人对他们的处罚一样；其二，唯有在下列情况下可以对未达到青春期年龄的罪犯处以较重的刑罚：罪犯的犯罪方式表明，罪犯是已经会运用理性思考的人，而不是少不更事的未成年人。

在民事方面，罗马法看来也把进入青春期的年龄定为懂事年龄，因为依照规定，未成年人达到这一年龄时，其监护人停止行使职权，改由法律指定的财产管理人为达到青春期年龄的年轻人管理财产。

由此可见，罗马的立法者确定了两个标志性的年龄，其一是懂事年龄即进入青春期的年龄，其二是成年年龄即二十五岁。

并非所有立法者都像罗马人那样确定两个标志性的年龄，许多立法者仅仅确定一个标志性年龄，凡到达这个年龄者，就应通过民事契约处理财产，当然也就不再处于另一个公民的监管之下。

把这个年龄定在几岁，这要靠立法者运用自己的智慧依据实际情况作出决定。我只想说，在决定进入青春期的年龄时，一定要考虑到气候因素，因为在一些国家中青春期来得早，而在另一些国家中青春期来得晚。不但如此，在某些国家中，由于某些习俗的缘故，把公民自由处置人身和财产的年龄提前，风险可能比在其他国家中更大。

公民达到准许自由处置财产的年龄后，此前未成年时所签署的所有文书都理所当然地一律无效，无论以前签署的是什么文书，无论这些文书对他有利或不利，只要是在法律所规定的年龄之前签署的，都不存在进行审查的问题，签署人对所有这些文书都不负法律责任。

可是，一个公民在签署文书时，如果已经达到了法律所规定的有行为能力的年龄，那么，无论他签署过什么文书，他都应负责，这才合乎情理。

由万民法确定其性质的契约均应一丝不苟地履行，诸如出售、交换等等。至于公民法对于这些契约可能设置的约束、扩充和限制，只有在具有重大理由时才应遵照执行。

因契约不公平而受到的损害不应成为撕毁契约的理由。签约双方的目标是相互获得应得的利益，国家所关心的则是每个人都在契约中寻求最佳条件。

除非君主发出恢复原状书加以制止，否则倘若调解协议（亦即个人之间的和平条约）不但不能息事宁人，反而除了促使争执愈演愈烈外没有其他效果，那就是一大弊病。总而言之，应该最大限度地限制这种否认已签契约的特殊审判[①]。通过契约所表明的如果仅仅只是个人的一时意愿，那就似乎应该使之成为永远不变的意愿；倘若想要毁约，唯一途径就是设法证明这是一份假合同。法学家的任何高招都应拒绝接受，公民法的主要注意力应该放在确定万民法文书的格式，确保其真实可靠性上。

我认为，法律绝对不应准许任何人否认亲自签署的文书，无论作假或是采用暴力，都是犯罪。

我还认为，此类恢复原状的行为会使公民渐渐习惯于食言。一个原本守信的人，在他的诉讼人身份使他变得失信之前，即使把全世界的黄金都给他，他也不会言而无信。成为诉讼人之后，恢复原状书一旦握在手中，他就会否认以前的所有承诺。

某些政治法有时为给君主提供方便而将成年年龄提前。法国国王查理五世就是这样，为了预防通常会在国王未成年时发生的内战，他下令规定成年年龄为十五岁。

3）收养。——无节制的收养在任何国家里都不是好事，因为，不能

① 不能让争执没完没了。

让人养成这样的思维习惯，以为可以在不受累于婚姻麻烦的条件下成为人父，也不能剥夺社会从人皆有之的血脉永续的愿望中获得的好处。

专制政体下没有任何贵族概念，所以收养没有任何意义。在共和政体下，收养是一件好事。没有子嗣的人可以通过收养而拥有一个继承人，由此人继承分给每个公民的土地。就此而言，这就不是为了个人而收养，而是为了共和国而收养。在君主政体下，收养也可以成为一件好事，因为家族因此而不至于灭绝，姓氏因此而得以延续，国家的各个等级因此而得以保持。不过，无论在何种政体下，收养都应该受到严格的限制。

首先，有生育能力者不得收养。西塞罗告诉我们[①]，这是罗马人的做法，每当涉及收养时，罗马人都请大祭司决定。

第二，在多子女者享有特权的某些国家里，不应因收养而扩大特权。这也是罗马人的做法[②]。

第三，在一个以公民人数为其政体基础的共和国里，不应让一个家庭的父亲收养另一个家庭的父亲，因为，这无异于为了某种特殊需要而莫名其妙地减少了一个共和国公民[③]。正因为如此，此类收养在罗马唯有经人民法律准许方可实行[④]，皇帝拥有人民的全部权力后，这个权力就转归皇帝执掌，没有皇帝的御函就不得收养。尽管这种做法在君主政体下没有任何道理。

4）所有权和占有。——既然财产分配是在社会中进行的，就应该

① 《论家宅》。

② 就此颁布了一项元老院发令，塔西佗在《编年史》第一卷第十五章中谈及此事。

③ 参见格拉维纳，《民法的起源和演进》，第八十五条，第2段。

④ 胞族大会。参阅《论家宅》。

尽可能少受怀疑，人人都应毫无困难地保存自己的财产，而且有众所周知的明显标志加以维护。最明显的标志莫过于占有。唯有长期占有能够表明所有权，从而使一切相反的证据哑口无言并失于无效，这就叫做时效占有。在各国的民法中，有专门条款规定获得这种所有权所需的时间。我认为，这一时间的长短一方面应取决于国家的大小①，因为，国家大，财富就可能多，事务就可能比较复杂，公民离自己的财产也可能比较远；另一方面也取决于机遇和当事人是否经常不在当地。很显然，财产不多而又近在眼前的人，肯定严加守护，对于这种人来说，仅需较少时间就可预防他人通过占有而被剥夺所有权。

由此可见，占有问题确实存在于所有权中，而且可能通过占有剥夺所有权。所以，这是一个重大问题，必须尽可能使之清晰；鉴于表明占有的最清晰的标志就是占有本身，所以占有应该借助占有本身来予以证明。因此之故，各国人民都依据理性作出规定，为获得所有权所需的时间长，为获得占有所需的时间短。在我们法国，占有某物三十年就获得所有权，占有某物一年零一天则获得占有权②。占有权是一种物权，由此可发展为更为重要的另一种权利即所有权，因而相当重要。鉴于有必要分清公民的各种权利，所以不应混淆对占有权的申请和对所有权的申请，对这两种申请应该分别作出不同决定。

5）口头承诺形成的义务。——义务有两种，一种是依据民法的规定而形成的义务即契约，另一种是仅依据自然即口头承诺而形成的义务。

① 对于罗马人来说，在外省所需时间就比在意大利长。

② 我觉得，我们的一年零一天的时限可能源自古代对不动产的禁令：无论哪一方，其正式表述为：该财产在一年的大部分时间中，无论握在双方的哪一方手中，均不得采用暴力。参阅《学说汇纂》，第四卷。表述方式变为：无论该财产握在双方的哪一方手中。

因契约而承担义务，意味着受民法的约束；因口头承诺而承担义务，意味着仅受自己约束。

对下层民众来说，以契约约束他们较之以口头承诺约束更符合自然本性。哪怕是蝇头小利，对他们的压力也比任何口头承诺所形成的压力大。所以，应该用契约来约束他们，而不应该让他们为自己锻造锁链。

贵族受口头承诺的约束，因为他们会作出口头承诺，会因他们的独立性而作出口头承诺，会因他们的尊荣而接受口头承诺。

对于君主而言，必须信守诺言有一个特殊理由：他们的书面承诺由于不受任何公民权力的约束，因而与口头承诺相差无几。所以，食言而肥的君主可以轻描淡写地声言，他不想再照约定办事了，然而，他的承诺却是他与大家保持的唯一联系。我还认为，他的失信说明他是个小人，从中可以看出，他随时机而变，并不完全属于自己①。

6）誓言。——有几位哲学家试图贬低誓言，便说誓言不是一种新的约束。我却认为，如果没有神明，誓言就是一种新的约束，因为，如果认为誓言是一种新的约束是错误的，那么，认为承诺是一种约束也是错误的；因为，承诺之所以能成为一种约束，就在于接受承诺的人对承诺者的信任有多大，承诺者的可信度有多高。

为自己的承诺提供抵押是理所当然的，因为，谁都需要赢得他人对自己的信任，而誓言就是这种抵押。所以，常常可以听到这样的话："我若不能兑现对你的承诺，我愿意失去我所交给你的抵押；我若不能兑现对你的承诺，我愿意我的朋友因此而受到惩罚，让他被迫赔偿我给你造

① 我认为，越是无法受外部标志约束的人（例如那些不识字的人），越是信守诺言，这是因为他们更需要诚信的缘故。我们注意到，对于霍屯督人来说，与一个商业公司为邻是一件好事。

成的损失；我若不能兑现对你的承诺，就让我大祸临头，受到神明的报复。”不过，我可能既不相信也不惧怕神明的报复，这完全可能。但是，只要我惧怕人就足够了，他们可以给我以双倍的惩罚。因为，我对你们进行了双重欺骗，既没有把承诺的东西给你们，又没有把你们认为应该有的抵押给你们。

7）担保。——雅典的法律规定，拿自己作担保顶多只能一年[①]。这项法律很合理。我只能对我所担保的人的现有支付能力承担责任，这是合乎情理的。倘若为他未来的支付能力承担责任，那就是把自己的财产当作儿戏。我可以宣布，债权人的事务目前没有麻烦，因为这是我所能知道的事，可是，我不知道接下来将会发生什么事。

8）修正法律。——善于纠正弊病是件大事，若说有什么困难，那就是知道弊病在哪里。人们通常都对弊病何在心知肚明，感触极深，所以希望用快刀斩乱麻的手段清除缓慢形成的积弊。在修正法律的行动中，人们依仗的是理性，根本不考虑是否谨慎。国库已经在不知不觉中被掏空，人们想要让它赶快充实起来。时间已经做了坏事，人们不想再请时间来做好事。

9）[人证与书面证明]。——不难设想，两个人在商谈协议时肯定设法让协议尽可能固定不变，并使之以可靠的方式为他人所知。为达到此目的，最可靠的方法莫过于采用书面形式，书面协议不仅可以把每一句话固定下来，而且可以随时展示。从设法让协议为他人所知这一

① 担保期为一年。载德摩斯梯尼，《反阿帕图里奥斯》。——这与抵押无关。参见莫西乌斯（Meursius）的著作第二章第三十二节。

点可以推断，协议签订人肯定采用了最宜于为他人所知的方式，公共文书任何时候都可以为人所知，私人文书可以在需要时为人所知。

由蛮人、猎人、牧人变成征服者的民族大多没有文字，为了让他人知道他们的协议，他们使用某些标志或某些可以替代标志的事实。据说，鞑靼人歃血缔约；土耳其的初民缔约时手沾墨水，如同印鉴一样盖在纸上。

有文字民族的法律规定以书面形式缔约，这种规定可以理解为："既然缔约，就应设法以最固定和最可靠的方法使之为他人所知。"

刑事行为不同于民事行为。公民们尽一切可能让有关契约的协议为他人所知，却尽一切可能遮盖罪行和就罪行达成的协议。所以，想要得到犯罪的书面证据十分困难，而且应该想到，罪犯会千方百计隐匿书面证据。因此，还得求助于证人。

[博科里斯①法因其非常合理而为我们所知。此法规定，当一个举债而不曾书写借据的人被债权人讨债时，必须发誓说当初并未拿到这笔钱。怎能不因此而提起诉讼呢……]

E. 人口与商贸

1)[过去人口毁灭较少]。——在亚历山大和迦太基人以及罗马人的征服战争之前，各个民族相互了解很少，所有民族可以说都是彼此分隔的，走出自己地界的民族很少，每个民族或若干小民族可以不出自己的地界而成长壮大。人不像后来那样坏，一个民族也不是可供另一个民族掠夺的物件。但是，自从各民族可以方便地彼此往来之后，相互毁灭就屡见不鲜了。

① 博科里斯(Bocchoris)，埃及第二十四王朝的法老。——译者

各民族互不了解时，地球上的人口比较多，因为，大规模的人口毁灭比较少，大帝国的数量也比较少。

2）[宗教引发的民族毁灭]。——由宗教和宗教引发的内外战争所造成的人口毁灭，是我们近代的一个祸害，古代政治家不曾提及这种祸害。

戴克里先执政时期，埃及的八万科普特人因基督教而惨遭杀戮。查士丁尼执政时期，二十万人因狄奥斯科尔异端[①]而惨遭杀戮。幸免于难的人逃进荒漠出家为僧，穆斯林到来后把他们杀绝。整个民族就这样因一个又一个宗教的缘故而彻底毁灭。

伊比利亚民族……[②]

……

哥特人摧毁了鲁西塔尼亚的原住民[③]。

3）基督教狂热和伊斯兰教狂热的破坏性有多大。——唯有蘸着血和泪的笔才能写出这种狂热造成的悲惨恶果。

4）人口转移。——人口转移可能带来许多麻烦[④]；保护这许多人直到他们定居下来，并能够自己保护自己，是极其困难的一件事，所以，除非有特别重大的原因，否则就不要贸然行动。

推动人口转移的人通常出于如下考虑：将易受敌人袭击的边境变成无人区，向国内某个无人居住的地区移民。无人居住区的空气往往

① 马克里德（Macride），《教长史》。——参见我的摘录。

② 见阿姆洛·德·拉·乌赛。——参见我的摘录。

③ 德·拉·克莱德（de la Clède），《葡萄牙史》。

④ 最大的障碍是一个地区无人居住的唯一原因在于该地区根本无法居住。

不大好，需要了解清楚，这个地区之所以是无人区，究竟是因为根本无法居住还是仅仅因为无人居住。

为了制止土耳其人经常攻击亚美尼亚[①]，阿巴斯把亚美尼亚的居民迁往他处。他把两万个家庭迁到吉兰，结果因空气恶劣而几乎全部死亡。他又把整个焦勒法城的居民迁到伊斯法罕城郊，指望这个移民区能从事丝绸贸易。第一次移民收效甚微，第二次移民大获成功。第二次移民之所以在新的居住地获得了良好的发展，原因在于他们简朴的习俗、良好的信念、节俭的作风和健壮的体魄以及他们的宗教。阿巴斯这位君主为这些移民提供了预付资金。

各个时代迁居君士坦丁堡的移民持续不断[②]，我们看到，由于各种疾病、频繁爆发的黑死病以及政府的苛政，这个城市的居民接连不断地死于非命[③]。千万别向此类地区移民，这一点十分重要。

5）国家粮仓。——一个人口众多、领土狭窄的共和国，往往是一座可能受到围攻的城市，此类共和国无疑应该拥有国家粮仓，这是应该受到关注的一件大事。共和国在这方面处于被迫状态，因而对国家粮仓更应倍加关注。可是，大国完全不需要国家粮仓。倘若以与生俱来的漫不经心去设立和管理经营这种公共设施，那就比什么都更危险。小麦是一种极易霉烂的物品，纵然小心翼翼也不一定能保管好。设立国家粮仓的人当然要为粮食的安全负责。可是，倘若管理者的态度比漫不经心还糟糕，会是什么后果呢？倘若出事之后，人民开始怀疑他们本应爱戴的那些人，后果又会是什么呢？

有人赞扬中国的国家粮仓，然而，当我们了解底细之后就明白了，

① 参见杜纳弗，《利凡得游记》，第 278 页。

② 参见杜纳弗，《利凡得游记》，第 252 页。

③ 我在《论法的精神》第七章“首都”一节中谈及此事。

原来那只是一种漂亮的理论，实际却糟得无以复加，饥馑就在那些粮仓周围肆虐。

在君主政体下，人民的生计应该由人民自己解决，绝对不应让他们觉得自己的性命朝不保夕，这是一条法则。这并不妨碍执政者把使农民和工匠的生计与地主的生计紧密相连作为自己的主要目标。

我曾说过，谨慎的施政者很少能经由大家都看得到或想得到的途径达到目的。大自然和政治的大部分良好效应都产生于悄无声息之中，就连那些感受到这些效应的人，也未必就能为这些效应作证。不要对耕种土地泼冷水，应该知道你匮乏的是什么，过剩的是什么。当你一旦需要什么就拥有什么时，你还会关心在何处能得到满足吗？夜间关注民众之所需，日间摆出一副优哉游哉的样子。若能让民众有所积贮，你就无须为他们进行贮备。但愿所有的粮仓都是国家粮仓。

续前题。——假如发生饥荒，而你的人民又很穷，那就是大祸临头了。因为，对于家无隔夜之粮的老百姓来说，吃不上饭之日，就是饥荒开始之时。对于小康之家来说，纵然缺粮，也不意味着饥荒已经到来，你还有数月时间对百姓施救。

发生饥荒时，救命就是最高法令。你的所有承诺都应搁在一边，因为此时唯有不让你的百姓饿死，你才有可能兑现其他承诺。千万不要吝惜，要放手赈济。别以为你会与百姓一同毁灭，除非你以为，朱庇特从奥林匹斯山上为我们降雨后，会为失去雨水而后悔莫及。

6）船商（第一节）。——战争或以联合的武装力量进行，或以分散的武装力量进行①。陆战宜以联合武装力量进行，海战宜以分散武装

① 参见1713年乌特勒支商约，载《不列颠商报》。

力量进行。因为，与陆战相比，在海战中避开强敌和给强敌制造麻烦都比较容易。所以，海上强国使得海上弱国产生一种幻觉，以为有一种战争既能给强国制造麻烦，又能让弱国以战养战，因为，强国经营着大规模的海上贸易，在国外拥有大量财富，因而极易受到分散之敌的算计。

有些小国有时因无法在陆上立足而逃到海上。塞克斯图斯·庞培为对付海上之敌和西班牙人而与奥古斯都结盟……

依据万民法，商品因船只条件而异，商品因船只自由而自由，敌方船只上绝无自由的商品。原因在于船东之间的战争始终是国家之间的战争，永远是一国的海军攻击或防御另一国的海军。

罗马人没有中立国概念，只知道事实上的中立国。对他们来说，外邦就意味着敌对。法学家庞波尼乌斯说："那些未与我们缔结任何联盟条约的人并非我们的敌人，可是，他们一旦落入我们手中，就将成为奴隶；属于他们的东西一旦落到我们手中，就将属于我们。"

在我们这里就不是这样。凡是与我们没有缔结任何联盟条约的人所拥有的东西，一概不会落到我们手中。只要他们的船只不向我们的敌方运送走私货物，即用于对付我们的物资，他们的船只就是自由的。

我们的万民法没有明确规定什么是走私货物，所以，走私货物的清单随条约而增减，原因在于各种作战方式都会发生变化。

倘若船只的性质由商品决定，那就会带来一些难以名状的困难，因为，不让他人知道船只属于哪国极为困难，而不让他人知道商品属于谁则非常容易。

7）船商（第二节）。——一段时间以来，欧洲把海盗行径置于一些法律的保护之下。我不想在此讨论这是不是战争法的一个分支，一个武装起来的国家在反对另一个国家时，是否可以通过武装一国公民袭击另一国公民，从而对私人财富实行攻击。我只想说，一个具有商业精神的国家绝不会把船商拖进战争，在全球贸易中处于领头羊地位的欧洲，应该在万民法中确立一项法规，制止这种做法。

我的理由是，这是一种无谓的有害做法，采用这种做法的人会因此而摧毁自己的商业。商品运到一个港口，可是，那里并不需要这种商品。于是，商品价格在此地一落千丈，而在另一地却过于昂贵，虽然那里并不缺少消费需求。这种做法弊太多，利太少，货物变质、丢失、损毁乃至滞销。总之，船运业成了不公正和欺骗的受害者。

看来，允许所谓的船商存在的国家都不得不制订约束自己的法律。其中有一个国家宣称，君主的臣民所拥有的船只落入敌手二十四小时后，谁将其夺回就归谁所有。这是什么法律！竟然剥夺臣民应该享有的国家保护其不受船商侵害的权利。

1741 年俄国与瑞典开战，但泽议会宣布，该港不接受来自交战双方的任何货物，更不允许在该港出售这些货物。这一决定非常符合万民法的精神。因为，既然中立国不得帮助交战的任何一方，当然也不能帮助其船商。

8）良好的贸易法。——法国与荷兰最近签订的贸易条约①中，有不少非常合理的条款。依照这些规定，商品除应依据估价缴纳税金外，还应另外支付所报货值的六分之一，包税代理人如果对商品的估价不满，允许他们扣留商品。

三级会议的商品经检查、铅封并发送至法国口岸后，不再接受其他检查，直至运送到目的地。

最后，应该为包税人规定发送货物的期限。本国臣民和外国人均应受到人道待遇，这样才合乎情理。

① 见于 1739 年 12 月 21 日条约第 7 条。

9）[罗马人的高利贷]。——我实在为可怜的阿里奥巴赞[①]伤心。堂堂一位国王竟然被罗马的债主在王冠上面扣一顶绿帽，这是一幅多么匪夷所思的景象！

布鲁图要求西塞罗逼迫这位国王还债，西塞罗回答说[②]："我该做的已经做了，多少有些结果。可是，庞培的商人们已经开始对他施加压力，有消息说，庞培将要到这里来向帕提亚人开战。这位国王的所有贡金还抵不上每月应向庞培支付的利息。庞培一向宽容大度，对此并不在意，他不索还本金，以拿到利息为满足。这位国王不偿还，也无法偿还其他债务，因为他既没有海关，也没有国库……他有两三个相当富有的朋友，可是，他们与你我一样守着钱财不撒手。我曾写信给他，要他满足布鲁图的要求，我怂恿他，控告他。德若拉图斯[③]就同一话题也给他写了信。他回答说他两手空空，我相信他说的是实话。没有哪个国家像他的王国那般残破，没有哪个国王像他那般穷困。不过，我把一些行政长官的职务交给了布鲁图的人。"

F. 法律的制定

1）本章主旨。——[本章内容极其广泛，我只能陈述若干实例……]

我们不应将此视为法学论著，其实这只不过是一种学习法学的方法。我所探寻的不是法律的肉体，而是法律的灵魂。

2）从属于另一种民法的民法。——依据雅典的法律，除非父亲神

① 阿里奥巴赞(Ariobarzane)，此处指卡巴多奇亚(今属土耳其)国王阿里奥巴赞三世(前52—前42在位)。——译者

② 致阿蒂库斯的一封函，第六卷。

③ 德若拉图斯(Dejoratus，卒于前42)，罗马的一位地方长官。——译者

经错乱，否则儿子不能反抗父亲的任何行为[①]。这是一项法律造成的后果，那项法律赋予父亲处死儿子或放弃父子关系的权利[②]。子女们为保护自己而可以对神经错乱的父亲采取反抗行为，这是合乎自然的法律。可是，在我们法国，父亲只有管理子女的权力，子女们不需要对神经错乱者采取特殊行动，因为，父亲倘若神经错乱，官员就会如同管理其他神经错乱的公民一样，前来进行干预。

3）违背立法者精神的法律。——人们认为，为保护国家的森林，应该设立专门的法院处理有关森林的案件。这些专门法院不应妨碍普通司法机构；它们尽管可以进行巡视，并有自己的组织机构，但是，如果出现特殊过失而非一般性违法的特殊情况时，它们不应妨碍普通司法机构的工作。可是，一些无知的司法人员和贪婪的法官遇到这类情况时，往往把普通司法机构撇在一边。但是，由于它们收取的司法诉讼费用远远高于普通法院，所以，一些当事人宁可吃亏，也不愿向当地森林法院提起诉讼。这样一来，为保护森林而采取的措施，反而成了破坏森林的一个主要原因。

道路也有这个问题。路况良好与否至关重要，所以，人们认为应该设立一个专门管理路况的法院。有关法令赋予专门法院的管理权仅仅涉及主要道路，而主要道路的管理则是当地法官无法干预的。一些无知的司法人员和贪婪的法官却曲解法令的精神，致使对某段道路进行养护时，必须取得该段道路所在的司法管辖区法官的同意。由此而产生的结果是，王国境内的所有道路因以下两个原因而损毁。第一，道路

① 佛尔图那提亚努斯·库里优斯，《修辞术》，第一卷。

② 这是梭伦制定的一项法律。——参见塞克斯图斯·恩皮里库斯（Sextus Empiricus），《皮罗的描述》，第三卷第二十四章；Hermog.，De Ivennt，第一卷，第一章。

法官虽然看到路况已经不好，却泄气地认为无法修补。其实他们可以不花钱就把毁损的道路修好，因为起初只是一点点塌方，由于没有及时采取措施才变得不可收拾。况且，要花大钱才请得动这些特殊法官，人们觉得，花一块钱就能办好的事，却要花一千块钱去请这些法官干预，这太不值得了。何况眼前只有一点小毛病，出大事还早着呢。所以，所有联结大路的道路都得不到很好的养护。道路不仅没有得到良好的管理，而且根本就不可能得到管理，后果着实令人痛心。在有些司法管理区里，成百上千条道路都变得坑坑洼洼，紧邻大道的教区也无法经由小路走上大道。议会见事不妙，便设法补救，可是，由于需要修补的道路比比皆是，所以不得不让百姓出徭役。这样一来，立法者以贤明和有序的精神策划的一件事，其后果却因滥权而与无序状态产生的后果一样。

应该始终注意事务的性质。每当涉及管理的细节和需要特别关注的事情时，一定要倍加小心，不让道路法官从中作梗。

4）必须透彻了解人的本性。——[立法者固然应该了解自己的国家，他们更应该了解人的本性。]我依然借助实例来进行阐述。

法律允许在一个法庭受到不公正审理的公民求助于更高一级的法庭。不过，理性告诉我们，只应允许在最开始时，至多是在最初几天进行此事，因为，在这段时间内，一个人对于法官的不公正体会最深。

第一个法官审结后，案件向第二位法官提起上诉，第二位法官宣判后，不应再向第三位法官上诉，否则就会产生重大弊病。因为，人的本性不喜欢顺从别人的想法，面对那些被视为智力不如自己的人时，自然而然地就会倾向于改变他们的决定。法庭的层次越多，法官就越发专注于彼此改变判决，而不是替公民讨回公道。

[此外，对那些无理上诉的人，也就是并未受到不公正审理却大叫

冤屈的人，应该处以重罚。

国家制度假如规定设立三个等级的司法机构，公民就不可能越过当地法官这一级，在这种情况下，应该在下面三种做法中选择一种：允许诉讼双方越过中间一级法官；规定后果较小的案件可以提起上诉，由第二级法官结案；在那些领主拥有裁判权的国家里，准许领主付费越过中间一级法官，就像法国贵族所做的那样。]

5）[法律的率直]。——[一些国家的法律宣称，全体臣民都信奉主流宗教，这种做法有些过分。宣称所有臣民信奉同一宗教，等于宣布不在这一宗教仪规中死去的人再度沦入异端。可是，由他人宣布某人再度沦入异端，显然并不能证实此人确实再度沦入异端。他根本就没有进来过，怎么能说他后来离去呢？]

法律不应无端滥施无效的残暴，这是不言自明的道理。我们在米龙·德·普里耶纳(Miron de Priène)著作的片段[①]中读到，法律规定，在斯巴达人施加于奴隶的种种可鄙行径中，没能让肥胖的奴隶变瘦的主人要处以罚金。可是，胖的奴隶并不比瘦的奴隶更可怕啊。

一项法律如果显得怪异，看不出它对立法者有什么好处(既不是税收法，也不是暴戾的法律)，此时就应想到，立法者这样做必定有他的道理。狄奥菲特(Diophyte)法禁止来自雅典的人在比雷埃夫斯(Pirée)港过夜；成吉思汗的法律禁止莫卧儿人在雷击时靠近河流。前者旨在防止雅典人成为雅典的暴君[②]，后者旨在防止莫卧儿人溺毙，因为当地经常发生雷击[③]。

6）神圣法。——准许任何人杀死罪犯的法律令人不寒而栗，这种

① 阿特纳奥斯，《哲人宴享》，第十四卷。

② 参见苏伊达斯，In Diophyto。

③ 参见佩蒂·德·拉克鲁瓦，《成吉思汗传》。

法律非常危险。罗马的神圣法就是这样，此法把罪犯交由神明处置[①]，人人都可以是神的裁决的执行者。

只有事关救国时才可以接受神圣法，因为，国家的存亡是诸神的首要关注。不过，神明亲自干预时应该有所选择，苏拉、恺撒、安托尼乌斯、奥古斯都和莱比杜斯等人把确立自己的权力叫作救国，此时神明不应亲自干预；西塞罗在卡蒂里纳逃跑，他的同伙受到惩罚时号召救国，此时神明应该亲自干预。

当国家实行法治，法律普遍有效时，为了救国就应遵守法律。可是，当国家即将分崩离析时，就可以用神圣法来救国，因为，神圣法能够使即将死亡的法律重新获得力量。

十二铜表法准许杀死欺诈顾客的店主[②]，罗马的制度准许杀死暴君，对此不必惊奇，暴君就跟欺诈顾客的店主一样[③]。

……

我不怀疑罗马人的法律准许在类似的情况下杀人，例如，丈夫当场捉住与人通奸的妻子，父亲吃惊地发现有人勾引自己的女儿，一个公民猛然扑向暴君，等等。难道不是正因为如此，布鲁图举刀砍向恺撒时才会大声叫喊："西塞罗[④]"吗？企图杀死康茂德的那个人才会大声叫嚷："看明白了，这就是元老院给你派来的"吗？

7）［法律的发展］。——［读者在本书中看到，法律与无数的事物有着无数的关系。研究法学就是发现这些关系。法律遵循这些关系，

① 参见《十二铜表法》以及努玛所制定的法律。

② 原文为 Eum infero Jove mactare。

③ 努玛的神圣法如果没有与要求公民以血还血的法律一并被鲍尔希安法击垮，就必定会在民事状态中产生许多危险的后果，幸好民事管理把它们全部废除了。

④ 见《反菲利普》，第二篇。

这些关系不断变化，法律也要不断地进行修改。我觉得，提供一个实例是结束本书的最好方式。

我选择了罗马法，并从中选择与继承有关的条款。我们将会看到，依靠不懈的坚持和机遇才使这些法律得以通过。对于想要研究法学的人来说，我就此所作的论述可以用来当作一种学习方法。]

8）立法者的重大目标。——法律有时会对检举违法者的人给予奖励。这种做法只应在必需的重要场合采用。鼓励公民牟取不义之财是一大弊病，社会必将为此招致巨大损失。比方说，看守海关的应该是海关官员，用得着让社会过问此事吗？海关非得让社会腐败才能心安理得吗？法律非得动用它的所有功能才能发挥作用吗？法律在……情况下该做些什么呢？

G．法律史

1）罗马人的法学思想。——起初生活于平民政体之下的罗马人，有理由把法律条文制定得无懈可击，以防官员钻空子。因此而采用的一些办法，不是为了让法律迁就案件，而是让案件迁就法律。罗马人改变政体之后，法学思想也随之改变。本应严格依法审理的案件，裁判官却依据衡平原则进行审理。依法不能直接诉讼的案件，裁判官却以有效诉讼①的名义提起诉讼。

常有这样的情况：依据法律不能上诉，官员却允许上诉，这就容易使直接诉讼和有效诉讼混淆不清，依法律诉讼和依公正诉讼混淆不清。法律捆住你的手脚时，裁判官却让你随意行动。这就使得法官们更能

---

① 依据民法不能起诉而依据公正原则确应提起的诉讼，裁判官可以提起有效诉讼。

展示其才能，看他如何始终兼顾以公正为由和以法律为由。

由于司法人员分属若干流派，因而常常出现彼此相悖的判决。注释家于是出来打圆场，为双方进行调和。拿注释家与搞烦琐哲学的人相比，不知道究竟孰优孰劣；搞烦琐哲学的人至多只是调节人们其实并没有的想法，而那些注释家却把人们确实有的思想彻底颠覆。

[法律的普遍性缺陷恰如法官的个别不公正裁决一样，同样会对社会造成损害。]

制约民法的东西太多，所以，民法中有一些缺陷不一定是坏事，某些不完善之处甚至还是必要的。

2）罗马人如何判罪。——罗马人莫名其妙地把各种罪的概念搅混，部分原因源自皇帝的暴戾。不过，我觉得应该从更远的源头来进行探究。我们说过，在罗马[①]，每当发生一件罪行时，人民就专门任命一位检察官，授权对罪行进行追查。从罗马 604 年开始，设立了一种所谓的长久案件，也就是说，针对某些罪行制定了一些法律，规定了相关的刑罚和审案方式，给予人民选出的监察官以一般授权，负责追查为法律所指明并且发生在当年的罪行。第一个案件是犯有贪渎行为的行省总督和官员[②]。苏拉提出了一个针对杀人犯的案件。最终通过各项法律一共确定了八个案件，任命八位裁判官负责追查。

为人民制定相关法律的那些人，在提议一项惩治某种罪行的法律，并推荐负责追查的官员时，把与此项法律的惩治对象可能有关的所有罪行，全部适用同一项法律。苏拉就是这样，他在制定惩治大逆罪的法律时，把不行使自己的职责，不捍卫其职务特权的官员，都算作大逆罪

① 参见《论法的精神》，第二章，第十二节。

② 有人称之为必须追回的贪污赃款。

罪犯。罪与罚的这种混乱现象使司法乱成一团，不公正现象随之加剧。因为，由于针对大逆罪的惩罚更加严厉，侦查更加严密，因而不但涉及主罪，也涉及次罪。这种司法行为实在可悲，它不断地鼓励暴政，为自由设置最大的障碍。

自从罗马确立法院的权力后，就有了大逆罪。法律规定，凡以行动或语言冒犯护民官者，均处以死刑。这样做的用意在于使护民官这个职务，越是不受尊重，越要让人尊重。后来护民官依仗自身的力量赢得了尊敬，有关因言论获罪的法律就不再有效，可是，奥古斯都再次肯定此项法律。塔西佗说[①]："在奥古斯都之前，只惩罚行动，不惩罚言论。"提比略在大逆罪之外另设亵渎罪。由于奥古斯都被授予神的尊荣，人们于是想到，针对皇帝的罪行应该称作亵渎罪。提比略从惩罚诋毁奥古斯都的人开始，因为，只有对现行政体不满的人才斥责此前的政体，这样一来，提比略就摆脱了他的政敌。不久之后就出现了这种后果，因为，在反对他的言论中也可以找到亵渎言论，在针对他的某些看似不当的行为中也有亵渎成分。由于不当行为全凭当权者认定，所以，暴君就可以随心所欲地选定迫害对象。

我们看到，一些元老院成员躲在他们想要控告的那个人的屋檐下，听他发表演说。我们看到，提比略把德鲁苏斯一生的……年头中所说的话，一股脑儿提交给元老院。罗马沉浸在郁闷和缄默之中，世界首都的一切都蒙上了一片黑色。

3）［蛮族法律的质朴］。——蛮族的法律虽有某些蛮气，却也不乏质朴。里普埃尔法规定，一个姑娘如果不经父母同意而想嫁给一个奴

① 塔西佗，《编年史》，第一卷："行为受罚，言论不受罚。"

隶为妻①，国王或伯爵就给她一个纺锤和一把利剑，她若拿起利剑并杀死奴隶，她就将获得自由；如果她拿起纺锤，她就将与丈夫一样成为奴隶。

4）［法律程序］。——这些蛮族的法律有许多形式。不认字的民族以外部标识替代文书。凡是与被表示的事物关系最明显，最能引起联想，让人一看就知道表示什么的标识，就是最佳标识。里普埃尔法规定，在款项交付过程中②，收款人前去交接现场时要有证人和若干小孩陪同，并且打他们几个耳光，或是揪他们的耳朵，以使他们对于交接款项一事牢记不忘。萨利克法对转让财产③和脱离亲属关系的手续作了规定，从中我们高兴地看到了先辈们令人开心的简朴。效忠仪式所遵循的也是同一精神。

大多数民族的法律把坦白承认视为被告人对社会欠下的债务，因而对于表示忏悔和悔恨的人，不给予任何从轻处置的待遇。不过，萨利克法对坦白和认罪的被告人有不同的处置，对坦白者的处置往往比对拒不认罪者轻一些④。萨利克法认为，对于不在城市里居住的人群来说，零零散散的几所房屋算不得是一个村庄，要找证人提供证据相当困难。许多日耳曼法的渊源即在于此。

杀人后将尸体丢入水井或河流，或是用树枝和其他东西遮盖，蛮族

① 《里普埃尔法》，第五十八章，第 18 条。

② 《里普埃尔法》，第 60 条。

③ 此人邀请若干人立誓，证明此人在天下地上除了他所转让的东西外，再也不拥有任何财产。接着，他走进屋内，用手拾起四个角落的灰尘。然后，他站在门槛上，目光对着屋内，用左手把灰尘从背后扔向他最亲近的亲属。最后，他手持一根木桩从栅栏上跳过去。

④ 《萨利克法》，第十篇 § 1—4，第四十三篇 § 1，第六十八篇；《里普埃尔法》，第五十一篇 § 1。

法对此类行径的处置格外严厉①。巴伐利亚的法律对此作出如下解释:"因为这种行径剥夺了死者接受殡葬仪礼的权利②。"塔西佗基于这种想法指责日耳曼人将胆小鬼溺毙,他说,日耳曼人把怯懦视为最严重的罪行,给予最严厉的惩罚。日耳曼人关于丧葬的法律是与其他法律有关系的。唯有奴隶的主人和自由民的父母才有权掩埋死者③,因为,应该为死者复仇的是他们,所以他们应该知道死者遗体的状况,若由外人来掩埋,就可能对他们隐瞒实情,从而成为犯罪嫌疑人。一些宗教法后来改变了这些政治法。

5)法兰克贵族。迪波教士的想法。——贵族不就是长久享有的尊贵吗?在一个穷兵黩武的国家里,尊贵始终与荣耀相连,所以贵族容易代代相传;在一个已经建立税务机构的商业国家里,尊贵与不停地变动的财富相联,所以贵族不容易代代相传。在此类国家里,纵然把永久性采地依附在大家族身上也是徒劳,采地很快就转到别人手中,从而失去其尊贵。

……

我若有时间与迪波教士周旋,我就会让大家看到,他所说的一切都可归结为名称和等级这样一个词的诠释问题,大家还将看到,迪波教士仅仅证明,在每个源自日耳曼的民族中,都有贵族和普通自由民的区别,这种区别在每个民族中并非完全相同,法兰克以及其他民族中贵族与平民的区别,以往与今天也并不完全相同。除非人的本性变了,否则,在漫长的九百年中,世界上总会有某个民族的公民法有了或多或少

① 《萨利克法》,第四十四篇§2、5。《里普埃尔法》,第十五篇。《巴伐利亚法》,第十八卷,第二篇§1。

② 《巴伐利亚法》,第十八卷,第二篇§1。

③ 《巴伐利亚法》,第十八卷,第六篇§2。

的变化。

……

据《圣帕特洛克罗斯传》记述，圣帕特洛克罗斯兄弟二人并不是与众不同的贵族，他们是自由民[①]。迪波教士说："这没有关系，帕特洛克罗斯是罗马人，他的姓氏就是证明。"[②]他习惯于对尚无结论的问题进行推测，这次他故伎重演，再次重申他的说法：罗马人有三个等级，而法兰克只有一个等级。可是，此事相当奇怪。如果帕特洛克罗斯确是法兰克人，历史学家们就不会说他并非因贵族身份，而仅仅由于自由民的身份而享有尊贵。他们既然能够这样说，被提及的那个人肯定属于被征服民族。图尔的格雷瓜尔试图澄清帕特洛克罗斯的先辈所属的等级；倘若罗马人不曾生活在法兰克人的统治之下，格雷瓜尔就不会有这种念头。

迪波教士自己提出证明说，其他蛮族中也有贵族。可是，如果萨利安法兰克人和里普埃尔法兰克人没有贵族，那就太奇怪了，为什么会有这种区别，有必要把原因讲清楚。

我没有时间谈论可以用来驳斥迪波教士的那些颇有分量的文字。墨洛温王朝的文献虽然提到了某位高贵、杰出、百里挑一的法兰克人，但这一点也难为不了他，他只消搬出御前会议成员这个头衔就可以对付过去了："那些人是他的御前会议的成员！"

6）贵族法院。——领地法官审案。说一说博马努瓦生活的年代是什么样的[③]。在一些地方，案件由领地法官审理，在另一些地方则由采地的家臣审理。在领地法官负责审案的地区，领地法官邀请地方贤

① 他们的确没有高贵的贵族身份，但是他们是自由民出身。

② 《法兰西君主国在高卢的建立》，第三卷，第三十四章，第 316 页。

③ 博马努瓦，《博维西斯习惯法》，第一章，第 11 页，1690 年版。

达共同参与，由这些人共同裁决；借助这种做法，即使有人提起上诉，领地法官也可免受斥责。在由采地的家臣负责审案的地区，领地法官无须参与审案，除非本人也是采地领主的家臣，在这种情况下，他与其他采地领主的家臣具有同样的身份。

2）领地法官审案似乎是一种新习惯，因为，据博马努瓦说，在克莱蒙伯爵区里，没有一个领地是由领地法官审案的，所有案件都由领主的家臣负责审理。

3）两者审案是有区别的。如果是领地法官负责审案，遇有因对他的判决不满而上诉时，领地法官不以决斗支持自己的判决，而是交由上一级领主的法庭处理；如果是采地的家臣负责审案，也就是说由贵族①……

从博马努瓦的《博维西斯习惯法》第 13 页（我的摘要第 5 页）来看，即使在那些由采地派员负责审案的地方，也始终有一位领地法官。领地法官绝不能将案件送交贵族处理，否则他们的负担太重，例如，知道如何审理的案件就不应送交贵族。

领地法官审案这种做法很快就得到推广。领地法官需要做的只是不再召集贵族，遇到棘手案件时，就像过去遇到一般案件时加以处理就可以了。

请参阅我对博马努瓦《博维西斯习惯法》所做的摘要第 5 页和第 6 页。领主本人不审理案件，但国王例外，他审理自己，也审理他人。当克莱蒙伯爵提起诉讼时，他不是法官，而是当事人，如果他想要就审判不公提起上诉，他必须向他的领主上诉（参见此事）。作为国王的儿子，他完全不必为动产案件进行决斗，只有涉及谋杀或背叛案件时，他才不

① 正如你们所看到，由采地指派的人负责审案时，往往会与决斗发生联系。由领地法官负责审案时，极少甚至根本不会与决斗发生关系，除非证人受到指责。

得不进行决斗。国王审理自己,也审理他人……

正因为领主不得被迫进行决斗,所以才不参与审案。

同上,第 6 页。领地法官对案件的领导:他如何培训人员。

同上(摘要第 6 页和第 7 页),看看在受到牵连时如何做:向领主及领主会议起诉,如果判决不公,则向领主的上级起诉。

领主如果与其家臣发生争执,领地法官绝不能让领主的家臣仲裁[①],因为,他们的职责是相互审理和审理民众,而不是审理事关领主的利益与荣耀的案件。不过还是应该有所区分。如果是一般性案件,领地法官就不应让领主的家臣审理(也就是说可能触犯这些人的利益),而应让领主及领主会议审理。判决如果对原告构成伤害,原告可以向伯爵及伯爵会议上诉,要求改判。然而,案件如果虽然牵扯到领主,但仅与个人相关(例如领主想要取得某项遗产的所有权,或是对某项犯罪行为索取罚金),领地法官可以把案件送交家臣处理,因为,让领主按照惯例接受处理是理所当然的。

II. 《随想录》中用于《论法的精神》的材料

184 (1433)[②]。一篇序言的片段。——当我可以全面把握我要论

① 博马努瓦,《博维西斯习惯法》,第一章,第 12 页,1690 年版。

② 《随想录》是孟德斯鸠的一部笔记,写作时间长达数十年。笔记分条,每条均有编号。巴克豪森于 1899 年整理出版《随想录》时,为了方便读者和研究者,将手稿中的原有顺序打乱,改为按内容归类,并重新编号。《随想录》中的每一条因此就有了两个编号。此处括号外的数字是手稿中的原有编号,括号内的数字则是巴克豪森版本的编号。以下各条均同此,不再另作说明。——译者

述的主题时，我所追寻的一切便一股脑儿向我涌来，我眼看着自己的这部著作萌生、成长和完成。

(185—434)。——未能用在《论法的精神》中的材料。

185 (1874)。——法是伟大的朱庇特的理性①。

186 (1860)。——献词②。——您的父王治理着若干王权受到限制的王国和若干听命于他的国家，当我们看到他以同样的宽和对待这些国家时，我们觉得，在后一类国家中，他所追求的也就是法律所追求的，而在前一类国家中，法律已经事先把他所追求的确立好了。

187 (1861)。——序言。——我们想得很少的是：我们关注对事物的正确观念，可是，这种关注却比不上另一种关注，那就是拥有一定程度的闲适和高高兴兴地忘掉自己。

188 (1723)。——倘若要我对我的著作将会如何作一番预测，我想赞同它的人大概多于阅读它的人。因为，阅读这种书可能带来愉悦，但绝不可能是一种消遣。

189 (1862)。——应该大量阅读，应该极少利用读过的书。

190 (1707)。——倘若炫耀我大概读了多少书，读者的精神受伤

① 西塞罗，《法律》。

② 我曾打算把此文献给威尔士王子。

害的程度，就会超过他们的心智受我的研究启示的程度。

191（1863）。——我向格老秀斯先生和普芬道夫先生[①]致敬。感谢他们撰写了本应由我在这部著作中撰写的一大部分，况且，他们在写作中所表现出的才华，是我永远无法企及的。

如果有人并未感觉到我所说的这一点，那就是我的过错。

新的不一定就是大胆的。

我相信，好的东西是大多数，最好的东西是极少数。

192（1866）。——我的精神态势是绝不回头重弹人所共知的老调。不过，最大胆的话一再重复并不至于伤人，但最无恶意的话却可能伤及小心眼的人，因为从来没人说过这些话。

193（1865）。——这部书不是为任何一个国家写的，任何国家都不应怨恨它。它是为所有的人写的。从未听说过有人因一部伦理论著而受到伤害。我们知道，中国的几位皇帝焚毁了郑重其事地被禁的哲学和礼仪著作，可是这些著作后来更加郑重其事地重新确立了其地位，因为国家需要它们甚于任何个人。

194（1873）。——当我们看到，某个国家虽然拥有繁荣因素，却并不繁荣，自然条件虽然富饶，饥馑却到处肆虐，气候条件本应造就勇气，人的气质却是既怯懦又傲慢，当地的宗教本应带来福祉，展现在眼前的却是邪恶；此时我们就不难察觉，人们远离了立法者的目标。困难

① 此处指格老秀斯的名著《战争与和平法》和普芬道夫的名著《自然法和万民法》。——译者

在于弄清楚，何时、如何以及从何处着手才能回归立法者的目标。

国务活动家们在心智开启的世纪中，获得了恰如其分地把事情办好的才能。每个人都可以为开启心智而添砖加瓦，却无须因此而自诩为改革家。

我的眼前只有我的那些原则，它们引导着我，而我并不支使它们。

所有统治者用心良好，我是全世界这样想的第一人。我知道，某个国家治理得不好，而且想要把它治理得好些相当困难。总之，我所看到的多于我所评判的；我对一切进行评述，但什么也不批评。

195 (1870)。——我对大臣们给予高度评价，不是因人，而是因事，人始终是渺小的，事始终是重大的。

196 (1855)。——普鲁塔克发现，古代哲学不是别的，就是治国的学问。他说，如果从七位贤哲中除去一位，余下的六位所全力以赴的，无非就是政治和道德。希腊人虽然后来专注于思辨学，但是可以清楚地看到，最为他们看重的是实用哲学和信仰，是城市的立法者和管理者。

197 (1926)。——希腊政治。——研究百艺固然有益于生活在社会里的人，其实，这种研究从属于组成和调节社会这门大学问。

198 (1940)。——希腊人和罗马人对于政治知识和道德知识的歆羡，堪称是一种崇拜。如今，我们只重视物理科学，只投身于物理科学，而政治上的善与恶对于我们而言，与其说是认识的对象，莫如说是一种情感。

所以，既然没有出生在一个我所需要的世纪里，我就拿定主意成为圣皮埃尔教士那派的一员，这位好人写了许多有关当今政治的著作。我还让自己心里明白，七八百年之后，我的思想将会对某个民族非常有用；在我所剩不多的余生中，我要好好利用我的谦逊，让它为我所用。

199（1871）。——当今人们十分看重物理科学，以至于对伦理道德十分冷漠。自希腊人和罗马人以来，道德上的善与恶，与其说是认识对象，莫如说是一种情感。

古人重视科学，保护百艺。可是，他们对于在治国之道方面有建树的人也极为敬重，几乎达到了崇拜的程度。

200（1864）。——这部著作对于年轻王子的教育不会没有好处，它肯定胜过那些空泛的说教，诸如好好治国，做一个好君主，为臣民造福，等等。这就像怂恿一个对欧几里得原理毫无概念的人去破解几何难题一样。

201（1868）。——这部著作是我一生思考的结晶，尽管付出了巨大的心血，抱着最善良的愿望，一心一意有益于公众，但是，我将回收的也许只有伤心，将给予我回报的也许是无知和妒忌之手。

在我所见到过的所有政体中，我对任何一种都没有偏好，其中包括我有幸生活于其中，因而最为我所喜爱的那一种。

我刚刚读完一部法学著作，立即就把它视为在没有哲学的条件下，理性试图永驻之乡。

202（1920）。——我把一生中的二十年用来撰写这部著作，然而，我为此事所花费的时间是远远不够的。

203（1872）。——我以二十年时间一刻不停地撰写这部书著作，我不知道自己是否大胆，是否冒失，是否因主题的伟大而承受重压，是否因主题的崇高而得到支持。

204（1706）。——假如我忽略了人生是短暂的这个首要问题，那么，苦苦思索了二十年又有何用呢？我甚至没有时间对已经完成的著作做一些删节。

205（1705）。——序言。——我不断地……让风吹走，徒劳地对永远不会出版的文稿进行润色。

206（1805）。——我曾有意把这部著作的某些部分写得更宽泛更深入，可是我变得无能为力了。阅读损毁了我的双眼，仅剩的视力就像我的双眼将要永远闭上那天的晨曦。

我几乎触到了我应该开始和结束的那个时刻，这是揭开一切和遮挡一切的时刻，这是苦涩与欢乐交集的时刻，这是连我的软弱也将失去的时刻。

我为什么还要埋头于一些毫无用处的著作？我在追求不朽，而不朽就在我自己身上。我的灵魂啊，变得博大一些吧！快步走向不朽吧！回归伟大的存在吧！……

在我所处的那种可悲的状态下，我不可能对这部著作进行最后的加工，倘若不曾想到一个人应该有益于他人，直到最后一口气……，我早就把这部著作付之一炬了。

不朽的上帝啊！人类是最无愧于您的作品，爱人类就是爱您；在我行将就木之时，我把此爱奉献给您。

207（1786）。——关于宗教那一章：

令人敬畏的国王们统治着自己的民众，

朱庇特则统治着国王们。

关于维护自由的手段那一章：

仿佛他人的自由便是自己被奴役。

关于政治自由那一章：

统治与自由这两件互不相容的事情。

关于气候法则那一章，关于民事奴役：

不应把普罗格奈变成鸟，把卡德摩斯变成蛇。

关于家庭奴役那一章：

火……变成一头野猪。

……你用锁链把它拴起来吧。

208 (1859)。——法律的物件。——柏拉图有一个非常了不起的想法[①]；他认为，制定法律是为了把理性的命令告诉给那些无法直接从理性接受命令的人。

209 (1763)。——光荣、荣宠、激励。——依照惯例，仅仅把王冠戴在征服者的遗体头上是不够的，还要把它戴在他的父亲的遗体头上。正因为如此，征战获胜的希腊人不但为自己获得了光荣，也为他的父亲和祖国获得了光荣[②]。

中国也是这样。

210 (1773)。——莱库古终于成功地让斯巴达人接受其严酷的法律。贵族受到民众的挤压，而莱库古则争取到了贵族[③]。

---

① 柏拉图，《理想国》，第九卷，第十三节。

② 格拉维纳：《民法的起源与演进》，第八篇，第二章。

③ 请仔细阅读普鲁塔克为莱库古撰写的传记。

211 (1755)。——我在摘录克拉吉乌斯[①]时写道:“看来,克拉吉乌斯对深化斯巴达民事治理的贡献,超过他对政治所作的贡献,或许是他缺少纪念碑式的建树,或许是共和国的根基首先是体制,其次是民事治理,然后才是政治。”

212 (1919)。——亚里士多德说:“塔林顿人与穷人共享畜力和财产。”

因为这是斯巴达的一个殖民地。

213 (1698)。——普鲁塔克《阿拉图斯传》(篇首):“——贵族政体是适宜于多里安人的各个城市的政体,自从西西安城邦偏离了纯正的贵族政体后……”

214 (1762)。——元老院成员的数量。——罗慕洛斯把元老院成员定为一百。普里斯库斯增加了一百,布鲁图再增加了一百。——元老院成员众多符合民主原则。

215 (1776)——《政治学》第二卷第 81 页。——犹太人代表:七十人的元老院,终身;两万四千名代表向元老院建议,元老院作决定。这与希腊和意大利的做法截然相反,在那里是由元老院建议,人民作决定。另外还有一个特点:任期有限的代表提出建议,任期为终身的代表作出决议。请参见希伯来人共和国。参见与埃及法律相符之处。

① 克拉吉乌斯(Cragius,1549—1602),拉丁文《斯巴达共和国》一书的作者。——译者

216 (1914)。——博丹不主张楚格、阿彭策尔[①]等小区的做法，在这两个小区中，在议会讨论重要问题时，每个元老都负有通知两三名拥有表决权的议员的任务，这样一来，知情的议员总数有时就多达四五百名，根本不可能确保讨论秘密进行。

威尼斯和罗马的元老院的人数也很多，但做法却不一样。

这种做法是人民习俗良好的最佳证明。

217 (1758)。——任何贵族议会都分成平民和权贵两部分。

218 (1923)。——君主。——当他觉得自己受到爱戴时，他就会爱护人民，所以应该设法让他确信人民是爱戴他的。

219 (1856)。——法律即使在拥有力量之时，它所拥有的力量也始终比不上它所拥有的荣耀。义务是一种被动和冷漠的东西，荣耀则是一种充满活力的激情，时刻能自行激发，而且始终与其他激情相连。你若告诉臣民，一定要听命于君主，因为宗教和法律命令他们这样做，你就会发现，臣民们毫无热情；你若告诉他们应该忠于君主，因为他们曾向君主作过这样的许诺，你就会发现，他们生气勃勃。

220 (1845)。——君主政体下的习俗永远不会纯净。贵族的奢华以及他们在美德方面的缺失，是一切腐化的根源。

221 (1728)。——法国贵族。——哦，你们将在未来的朝代中承担责任；国王的大臣们，千万不要以嫉妒的眼光注视贵族的荣宠，不要把手伸向他们的财富。

① 楚格(Zug)、阿彭策尔(Appenzel)，瑞士的两个州。——译者

国王的大臣们，在勇气和慷慨方面，贵族只愿意比国王略逊一筹，国王的大臣们，等等。

222 (1702)。——为支援君主政体，贵族迈出的每一步都以鲜血为标志……

神圣的权利！因为，被上帝用作自己形象的那一位承认这些权利是神圣的……

取悦他一次或永远伺候他，在这两种幸福中，有人选择了后一种……

有人以为，由于不了解君主政体而失去了它……

我将把这些人从蒙昧中拉出来……

223 (1889)。——专制主义。——不应让欧洲的国王们面临亚洲专制主义的危险，具有坚忍不拔的意志是一种小小的福分，在欧洲获得这福分相当不容易，所以，明白事理的人不可能对此心怀嫉妒。

欧洲的国王作为俗人治理他们的国家，他们享有与诸神一样的地位，永远不会变坏。

亚洲的国王作为神明治理他们的国家，他们与俗人一样，不断地面临着不堪一击的危险。

224 (1915)。——特里博尼安①居心不良，他在论法这一节(第60条第41页)中让皇帝不受朱利亚法②的约束，但是，他并未让皇帝免受所有法律的约束，此事是有证据的。狄奥说："因为他向元老院请求

① 特里博尼安(Tribonien，卒于546)，拜占庭法学家，曾参与《查士丁尼法典》的编纂工作。——译者

② 罗马皇帝奥古斯都制定的以其女儿的名字命名的法律。——译者

免受沃科尼乌斯法的约束。”因此，为了证明君主不受法律约束，他便制定了一项证明君主也受约束的法律，否则他就不会要求对君主不适用此项法律[①]。

225（1720）。——东方的君主所追求的是他独自一人的幸福！他想独自一人掌权，独自一人享福，可是，他却常常既无权也无福，他的欢乐只有片刻，他的烦恼却终日相伴。他是一个不幸的人，由于他要整个宇宙陪他一起度过一生，因此只有他的影子陪他度过一生，他悄无声息地生活在周围万物的包围之中，他掌控一切，却无法说话，他寻求盲目服从，得到的却是可怕的孤寂。

226（1833）。——苏丹习惯于坐在一块巨大的挂毯后面参加国务会议。这样，他就可以在世界上最需要自由思考的场合，即在国务会议的讨论中，制止臣属们进行思考的自由，对他来说，让他们拥有思考的自由其实是最重要的。

227（1853）。——沙皇治国是为了人类，而不是为了他的帝国。所以，这个帝国如果治理得很好，有人居住，有人耕种，它就不可能存活下去。

228（1898）。——专制主义。——据说，反叛者米利韦伊斯[②]在波斯进展神速，人民从四面八方赶来投奔。

迄今为止，君主们在行使权力时几乎丝毫不加节制，他们恣意戏弄人的本性，所以，上帝准许忍无可忍的人民砸碎过于沉重的枷锁，对此

① 见前文提到的第60条第29页。——译者

② 米利维伊斯（Mervis，在《论法的精神》第三章第九节中写作 Mirivéis），坎大哈总督，1713年起兵反抗波斯，创建阿富汗国家。——译者

我并不感到吃惊。臣民们的处境实在可悲，他们几乎没有任何正当途径抵御欺压，实质上是他们有理，表面上却总是他们理亏。

且让我们随意挑几个国家在历史上发生骚乱的例子，完全可以打赌，在一千次骚乱中，九百九十九次的原因是君主及其大臣。人民不但天生胆小，而且确实有理由胆小，他们不但想不到冒犯那些手握生杀大权的王公大臣，甚至连抱怨都不敢。

波斯人的一句格言非常让人信服，所以我们常常引用："每当外省发生骚乱时，宫廷永远应该站在人民一边，对付手中握有君主权力的官吏。"

专制权力绝对不应上下授受，专横的命令绝对不应专横地执行，臣属纵然在执行暴君的那些最暴戾的旨意时，也要遵守符合公正的规则，这样做才符合君主的利益。

在专制主义国家中，人们站在人民一边反对省长和总督。在君主政体国家中则恰恰相反。

229 (1701)。——在关于埃及的一节中，我曾这样写道：

"埃及国王的生活受制于某种礼仪，他们要依照法律的规定，在白天和夜晚的某个时间做某件事。国王们如果从中感悟到，他们本应主宰一切的旨意，也应受到约束，那就是从中获得了教益；倘若果真如此，那就说明这种制度既对君主有好处，也对人民有好处[①]。"

230 (1896)。——丹麦的国王法。——流亡在丹麦的法国人拉博梅尔[②]先生曾对我说，将最高权力赋予丹麦王族的法律颁布后，又颁布了一项被称作国王法的法律。这项法律准许国王修改、解释和废除该国的法律，并任意制定新法律。这项法律荒唐之极，如今令丹麦人为

① 看看此话是我说的还是狄奥多罗斯说的。

② 拉博梅尔(La Beaumelle)，一位侨居哥本哈根的法国文学教授。——译者

之脸红，因而想方设法把它废除。

我觉得，这项法律与令人生畏的贵族有关，而贵族当时在立法机构中占有大部分席位。现在一切都已安排妥帖，这项法律因而就显得十分可笑。

231（1925）。——在专制主义国家中，所有人都一律平等，因为他们毫无例外地生活在政治奴役中。人与人之间的区别仅仅在于民事奴役中，可是这种区别微不足道。

232（1760）。——共和国的繁荣胜过一人统治的国家的原因：

1）人们的收益比较有安全保障。

2）人们更加热爱公共利益和祖国，因为它们属于我们大家而不属于别人。

3）地位比较平等，因而财富也比较平等。

4）凭借个人才干出人头地的途径较多，凭借卑鄙伎俩飞黄腾达的途径较少。

为建立一个君主政体的国家，需要一个既对贫苦人民有权同时又有特权的富有贵族，也就是要让贵族讲究奢华，喜欢挥霍；要让人民处境悲惨。在共和政体下，人人地位相同，人人参与或能够参与公共财产的分配，人人过着体面的生活，享受国家的财富，并想方设法使之与日俱增。

233（1891）。——与优良的君主政体相比，良好的习俗更适合于优良的共和政体，请看证明：在优良的共和政体下，人们说的是“我们”，而在君主政体下，人们说的是“我”。

234（1854）。——在君主政体下，公共事物被视为他人的事物，在共和政体下，公共事物被视为每个人自己的事物。

235 (1893)。——君主政体通常蜕化为一人治国的专制主义;贵族政体通常蜕化为多人治国的专制主义;民主政体通常蜕化为人民专制主义。

236 (1917)。——世界上的几乎所有民族都在同一个圈子里打转:最初是野蛮民族,后来征战取得胜利,于是变成文明民族,文明使之变得强大,强大之后便讲究礼仪,礼仪削弱国力,于是被征服,进而重新变成野蛮民族。希腊和罗马就是明证。

237 (1908)。——君主与臣民的约定。——格老秀斯曾说①,反叛时,不能以赔偿为由剥夺臣民享有以往的协议所赋予他们的利益,因为,只要反叛者重新听命于君主,对君主的损害就不复存在。我补充一点:只有在义务不对等的协议中,比如君主给予一切却毫无所获,才可采取这种做法,否则,签约双方中的一方就成了双方承诺的唯一裁决人,这将损害事物的性质。况且,双方作出承诺是为了永远有效,所以,对违约一方的处罚不应造成毁约的结果。

238 (1744)。——对若干政体的正确概念。——英国的政制究竟是什么?这是一个混合君主政体,如同斯巴达在设置监察官之前是混合贵族政体②一样,如同罗马在驱逐国王不久之后是混合民主政体③

① 见巴斯纳日(Basnage)编,《学者文集》,第 1688 号,第 7 条。

② 设置监察官的目的是为了剥夺国王和元老院的大部分审判权,普鲁塔克转述的幼里庇德斯(Euripide)的名言表明了这一点。监察官选自下层平民。审判和共和国的大部分官员从而发生转移。采用莱库古的政制,国王和人民就在元老院的掌控之中,采用狄奥波普斯(Théopompe)的政制,元老院和国王就在监察官的掌控之中。克利奥墨涅斯(Cléomène)废除元老院和监察官,暴政于是应运而生。

③ 罗马在各个时期不一样。当初驱逐国王之后,罗马是混合贵族政体。接着是混合民主政体,官职和荣誉由平民分享。起初,平民的决定要经元老院认可。后来却正好相反,元老院的决定经平民同意后方才有效。

一样。

正如我们所见到的，英国比较接近君主政体。由人民决定和讨论的罗马比较接近民主政体。人民仅有决定权的斯巴达则比较接近贵族政体。

罗马有了独裁官，设置了监察官；罗马还为了将民主政体转向贵族政体而开战。斯巴达则为了将贵族政体转向民主政体而设置监察官。

239 (1899)。——军事政府。军事政府的建立方式有两种：其一，由希望永远保持军团状态的军队通过征服战争建立，例如当今的阿尔及尔政府；其二，专制主义政体的政府因弊病加剧，即因腐败而蜕变为军事政府。

在文人政府被推翻而另一个政府尚未建立之际，政府的性质始终具有军事政府性质，苏拉篡夺政权之后直到下台之前，即自三巨头执政直到奥古斯都上台这段时间中，罗马的政府就具有这种性质。这个政府被推翻后，罗马变成一个帝国，帝国破坏本国的城市，为支付军饷而洗劫并摧毁城市。接下来如何筹集军饷呢？就这样……在韦斯巴芗和维特里乌斯[①]的内战中就是这样干的，纵容士兵洗劫韦罗讷。在三巨头执政期间，对三座城市的洗劫不是得到了默认吗？

240 (1768)。——《政治》[②]第二册：与不同民团有关的不同政体[③]。

241 (1771)。——军事政府。君主应该担任军事政府的将军，如

① 维特里乌斯(Vittelius)，罗马皇帝(15—69 在位。)——译者

② 孟德斯鸠读书时有做笔记的习惯，不同的内容记入不同的笔记，并分别以《地理》、《政治》冠名。此处指他的读书笔记《政治》。——译者

③ 参阅有关内容。

同莫卧儿人那样。

242（1772）。——专制主义军事政府：莫卧儿和鞑靼。贵族军事政府：阿尔及尔。民主军事政府：有吗？

243（1709）。——我说过，为掌控采地拥有者，奥斯曼帝国的专制君主拥有自己的军队；罗马也是这样，为了掌控与之结盟的各个城市的军队，罗马也有自己内部的军队，那就是他的人民。

244（1857）。——技巧确立了自己的地位，并取代了本应引导公民的良知和审慎。法学家们高兴地发现，人们在打官司时，每一步都不得不向他们求助，法官向法学家送来的讼案当事人展示自己的权威时，也并不嫌烦。

245（1836）。——我希望在我们打官司时，沿着诉讼程序一个法庭一个法庭地走下去。向前、迈步、向上、回头、再向更高一级走去，且不说离国王的御前会议有多远，要走多久。整整三十年过去了，案件尚未终结。

246（1741）。——格拉古兄弟执政之前，法官一直是从元老院中挑选的。我始终没有找到将这种特权赋予元老院的法律。有迹象表明，法官一经设置[①]，诉讼技巧就开始形成。选用元老院的成员为法官，也是因为他们拥有别人所不拥有的知识。弗拉维乌斯向人民揭示了诉讼的程序，人民由此获知，有人把诉讼技巧当作奥秘，不让人民掌

① 设立法官职务是很早的事情。哈里卡纳索斯的狄奥尼修斯说过，十人团干预法官审案，引起人民的不满。

握。应该选用对双方都合适的法官负责审案，双方都愿意选择知识最丰富、对案情最熟悉的人担任法官，其实也就是元老院的成员。这种选用法官的做法一直延续，渐渐变成了一项法律。

247（1823）。——强制诉讼双方延聘律师进行辩护是一种蠢举，因为，倘若律师拥有不辩护的自由，双方当事人岂不更有替自己辩护的自由。

248（1824）。——准予延期还款书。只有在共和政体下找不到债务人时，方可发出这种文书。如果把这种文书发给可以找到的债务人，那就应该对其人身实行限制，但不应对财产实行追查。

249（1935）。——只有两种人具有一定的力量，一种是千夫所指的恶棍，一种是万人敬仰的善人。恰如恶棍的力量总是扩张得太大，善人的力量总是难以适可而止。

250（1905）。——刑罚。刑罚的性质。法律的制定。我发现，裁判官的分配有问题，尤其是在苏拉主政时，由于他增加了四种审讯，致使一些与主罪无关的罪行都被归到同一罪名之下，结果便是一些本应获判较轻刑罚的罪行，被判与主罪相同的刑罚。是否应该被判同一刑罚，不是看它是否因某种关系而可以与另一种罪行归为同一类，而是看犯有这些罪行的罪犯是否同样恶劣。所以，定刑的依据往往是司法机构和裁判官的判断，而不是可以加重或减轻刑罚的理由①。

① 参见《科里尼法》和其他准许刑讯的法律。读了希戈尼乌斯（Sigonius）的《论审讯》第二卷和《法学阶梯》后自然就明白了。

251 (1897)。——刑罚的残忍程度。刑罚如果太残忍,使它变得宽和一些的最佳方法就是让它在不知不觉中变,与其采取特殊手段,不如通过普通途径,也就是说,法令前面应该冠有关于可以减刑的说明,此外还应附有可减刑到什么程度的说明,以便让法官酌情量刑,并使人们在思想上对免除刑罚有所准备。这一切都取决于以下各种具体情况:国家的精神、犯罪的频率、犯罪的难易程度、各种变化、与政体的关系等。立法者应该在这些问题上展示自己的聪明才智①。

252 (1797)。——狄奥多罗斯在《世界文库》第一卷第二节第 129 页中写道:"阿马西斯②登基为王之后……埃塞俄比亚人……好君主。为了不处死窃贼,他下令割掉窃贼的鼻子,把他们送到一座名叫林诺克卢拉的城市去居住。"

同书第 139 页:——"博科里斯③死后数百年,萨巴卡④统治埃塞俄比亚。他废除最重的刑罚即死刑,让罪犯从事城市公共工程。他希望改变没有实效的严厉惩罚,使埃及能从中得到巨大好处,于是退居埃塞俄比亚。"

253 (1798)。——埃塞俄比亚宽松的刑罚。宽松的刑罚。绞刑或斩首。有时没收财产,并禁止给他们饮料和食物,罪犯于是到处流浪,如同野兽一般。皇帝经常发布赦免令。他很正直。他认为,在他的国家中,刑法恰当和治理得体培育了良好的习俗⑤。

---

① 我把以上这层意思添加在《论法的精神》第六章第十三节中了。

② 阿马西斯(Amasis),埃及国王(前 570—前 526 在位)。——译者

③ 博科里斯(Bocchoris),埃及国王(前 720—前 715 在位)。——译者

④ 萨巴卡(Sabaccon),埃及国王(前 716—前 701 在位)。——译者

⑤ 孟德斯鸠的笔记《地理》,第二卷,第 305 页,摘自《耶稣会士书简集》。

朝鲜。刑罚宽松[1]。

请注意，埃塞俄比亚人的习俗一贯良好。

254（1913）。——请看格拉维纳《民法的起源与演进》第58条第24页："希腊人对伪誓的处罚仅仅是罚款和羞辱。十人团把罪犯推下塔佩亚悬崖。后来减为放逐和流放。"

我认为，鲍尔希安法减轻了十二铜表法规定的刑罚，并且明确禁止判处罗马公民死刑。

255（1912）。——十二铜表法确有关于死刑的规定。这肯定是国王法的残留部分，共和国后来减轻了这种刑罚。放火烧毁一堆小麦者以往要被判处火刑。甚至还有一些迷信的刑罚，例如，人们相信可以让一块土地着魔："凡是念恶咒或制造毒药，便是杀人犯[2]。"

256（1761）。——通奸。罗马人的古老习俗对通奸严加惩处。"的确，由于私人受到侵害，公共事务受到了极大的干扰：对他人床榻的玷污使心灵变得如此粗野，致使城邦陷于不和与分裂。"这就是说，他们认为严守贞操对于维持安定关系极大。依据他们的习俗，当场捉奸的丈夫可以杀死妻子，卡图对奥卢斯·格利乌斯的训词第十章第二十二节对此说得很清楚。不过，科里尼法规定，杀死妻子的丈夫将受到惩罚[3]。

君主国里的人有办法监护妇女的贞操，违规的丈夫将受到惩罚。

---

① 孟德斯鸠的笔记《地理》，第二卷，第256页。

② 格拉维纳，《民法的起源与演进》，第三十八篇，第24页，参见我的摘录。

③ 格拉维纳，《民法的起源与演进》，第八十六篇，第三章，第46页。

257 (1858)。——羞辱。斯巴达在琉克特拉战役之后提出了一个问题，是否应该依照法律规定，让逃跑的人戴上羞辱的标记，因为依照法律规定，这些人不能担任任何公职。受羞辱的人不能娶妻，也不能嫁女。路上遇见他们时，想打就打，他若被打，不得还手，还应低头认错。他们应身着碎成一片一片的袍子，胡子只能刮一半。后来阿偈西劳终止了这项法律[①]。

这种羞辱标记威慑力很大，非常有利于确立价值观和勇气。

258 (1890)。——决斗。自杀。柏拉图的法律(《法篇》第十章)主张，对于自杀而死的人，应草草掩埋，不给予任何体面。教会法拒不为这些人提供墓地，同样也不为在决斗中死去的人提供墓地[②]。这种罪行大多是因骄傲而犯下的，法律以羞辱进行惩罚，是件好事。

259 (1818)。——罗马人。利剑可以杀人，法律也可以杀人。罗马的皇帝们在一百五十年中灭绝了所有古老的罗马家族。他们最厉害的暴戾手段之一就是法律。

260 (1693)。——灭绝家族的法律。东方的不少地方都作兴对罪犯实行满门抄斩。在那些国家里，妻子儿女都被视为家族的工具和附属品。把他们没收，就像我们这里没收财产一样；他们只不过是父亲或丈夫的财产而已。

261 (1850)。——制定民事法律的君主也可以颁布赦免诏书，因

① 普鲁塔克，《阿偈西劳传》，第三十章。

② 参见《教会法》第二章。

为他们可以向臣民示范，杀一儆百是示范，颁布赦免书也是示范。

262（1873）。——亚里士多德谴责斯巴达在财产问题上对妇女的不公平待遇，他还指责莱库古，因为，莱库古既禁止公民出售自己的地产，也不准公民购买他人的地产，只准许通过遗嘱转移地产。

事实如果真是这样①，苦心孤诣地致力于确立平等的莱库古就粗暴地违背了自己的法律，不但如此，在这样一种腐败原则指导下的共和国，居然有这么长的寿命而不腐败；实行这样一种不平等原则，而财产居然能长期保持平等，实在难以想象。

普鲁塔克所说看来更可信，确立不平等原则的是一位监察官。

263（1735）。——让我们考察一下一些大君主国的命运，人们起初震惊于它们的强大，随后则震惊于它们的虚弱。究其原因，在专横或专制政权的高速蜕变过程中，由于原则的残余还在起作用，所以国家尚能有所发展。可是，当自由彻底消失之后，当初越是强大，现在就越是弱小。因为，对善良和伟大的热爱不复存在，在每个行业中，有人规定，我说什么来着？有时甚至是命令，谁也不许再从事这个行业；人们普遍丧失勇气，几乎每个人都感到泄气；贵族没有感情，武夫没有兴趣，也没有热情；市民没有信心；人民没有希望。真是咄咄怪事！一切都在无所事事中空转，每个公民都有一种身份，谁都没有职业；有人只要公民的身体，却不要人民的精神和心灵。一个君主政体到了这种地步，他的虚弱就已经暴露无遗，以至于连他自己都感到吃惊。

① 我宁可相信普鲁塔克在《阿吉斯和克利奥墨涅斯传》中所说，促使通过这项法律的是一个名叫埃皮塔狄乌斯（Epitadius）的人。亚里士多德这样写是出于攻击莱库古法律体系的需要，所以不能认为他不抱偏见。他需要证明莱库古的法律确实不好。

264 (1740)。——罗马人。西庇阿在结束第二次布匿战争,把和平带给迦太基人时,向他们提出要求,不得雇佣高卢雇佣军,也不得雇佣利古里亚雇佣军①。

265 (1756)。——“自从发现了各种容忍、痛苦和攻城机械之后,为自卫而修筑堡垒的需求比任何时候更加强烈。”——这就是说,在莱库古时期并无这种需求②。

266 (1817)。——法与政治管理中治安部分的关系。——在我们这些平庸的国家中,人们在压榨下艰难度日,从一个国家迁往另一个国家;在那些大国中,民众缺吃少穿,一个个悲惨地死去,因为他们生活在苛政之下。

不但如此,君主们确信自己并未失去任何东西。例子很多,我只举奥古斯都为例。他把十八座或二十座意大利城市的财产分发给他的士兵,因为他无法抱怨意大利。罗马人自以为是整个世界,不相信摧毁城市会对他们造成任何损失,他们想的只有一件事:为给予臣民而剥夺臣民,既不失去这些臣民,也不失去那些臣民。我们今天看得很清楚,当我们摧毁一座我们自己的城市时,无异于为敌人建立一座城市。

267 (1879)。——中国。国土性质使中国不宜分成多个国家,除非作为一个采地分成若干部分,但共属于一个整体。如前所说,生存之缺乏保障,生活之艰难,中国为世界之最。所以,无论哪个省份都休想在两年之内不需其他省份的支持。生计所需犹如一根链条,把所有省

① 阿庇安,《利比亚》,第30页。

② 我不知道这段文字来自何处。

份拴在一起，共同生活在同一个帝国之中。

我们看到，皇帝的法律禁止国王们截断流向毗邻王国的江河，因为断流会使邻国无法存活。

这个帝国三面被大海、沙漠和高山阻隔，来犯的敌人只能从北方入侵。所以，帝国的重心一直在北方。南方诸省人民在英勇善战方面远逊于北方诸省人民，所以南方很难脱离北方。

268（1889）。——第六节。中国尽管幅员辽阔，它的专制主义有时却不得不有所收敛，原因何在？帝国的疆域起初并不十分辽阔，奢华和财富对君王们的腐蚀因而也不很大，他们所拥有的只是北方那些贫瘠的省份，那里的人不那么娇气，比较能够吃苦耐劳，习俗因而比较淳朴。

整个南方尚处于野蛮状态之中。促使野蛮民族寻求在中国人统治之下生活的原因，是中国的繁荣和幸福（中国历史上鲜见征服战争）。

我们将要说到，中国的气候条件使人天生具有顺从的奴性，所以，尽管中国的条件本应使之建立共和政体，事实上却连共和政体的影子也看不到。

中国的政体是一个混合政体，因其君主的广泛权力而具有许多专制主义因素，因其监察制度和建立在父爱和敬老基础之上的美德而具有一些共和政体因素，因其固定不变的法律和规范有序的法庭，视坚忍不拔和不顾风险说真话的精神为荣耀，而具有一些君主政体因素。这三种因素都不占强势地位，源自气候条件的某些具体原因使中国得以长期存在。如果说，因疆域之大而使中国是一个专制政体国家，那么，它或许就是所有专制政体国家中之最佳。

第二朝代的第八位皇帝镇压了劫掠皇帝属下诸省的南方民族，由此可见，南方此时并未臣服于皇帝①。

第三朝代的第十一位皇帝在位时，被扬子江阻隔在南方的一些民族因蹂躏帝国而被镇压。由此可见，南方此时尚未对帝国表示臣服②。

第三朝代的皇帝们治国比较贤明。当时日子难过，皇帝的权威有限，诸侯们要求宽松，帝国的幅员也比较狭小③。疆域扩大肯定削弱了帝国的实力，因为，鞑靼人两次入主中原都是在帝国的疆域扩大以后；鞑靼人建立了中国的第二十朝代和第二十二朝代。在此之前，鞑靼人在可怕的内乱纷争中曾多次进行渗透和入侵，但从未在中原站稳脚跟。

269 (1757)。——中国皇帝自损寿命④。

270 (1849)。——加洛林王族所建立的这种附属关系，过去也曾在中国建立过，这种政体并未造成什么恶果。这是一种君主政体，而不是专制政体。德意志也是这样。

271 (1774)。——《孟子》第四章第二节(见杜赫德神甫主编的《中华帝国全志》第二卷)记述了过去如何惩罚封建诸侯。对于初犯者给予降等处分，再犯者被取消年俸或收回封地，对于第三次触犯者，则派遣军队前去逼他下台。为此常常授权邻国国王去执行此项命令⑤。

---

① 《政治》，第二册。又见杜赫德第 126 页[此处疑指《中华帝国全志》，但孟德斯鸠未标明何卷。——译者]。

② 笔记《政治》，第二册，第 131 页。

③ 笔记《政治》，第二册，第 133 页。

④ 参看我的笔记《地理》，第二册，第 174 页。

⑤ 参见《孟子·告子章句下》，“一不朝，则贬其爵；再不朝，则削其地，三不朝，则六师移之。”——译者

德意志如今依然采用后面这种做法[①]。

272 (1753)。——为什么焚毁中国书籍?因为中国文人捍卫旧政制[②]。

273 (1725)。——君主们在政治中玩的是菲莉娜[③]游戏。菲莉娜与一群浓妆艳抹的妇人围着桌子做游戏,参加者轮流主持,轮到谁时谁就有权下令,让别人按照她的要求去做事。轮到菲莉娜时,她让大家取水洗脸。洗完脸后,菲莉娜依然光彩照人,其他妇人却都变成了丑陋的黄脸婆。

274 (1746)。——用于攻击力量:

"上面已经说到,由于幅员辽阔,这个国家只能实行专制主义。战争扩大了疆土,从而经由这个途径走向专制主义政体。

我们在这里不能忘记专制主义的种种暴行,它一刻不停地把灾难倾倒在君主和臣民头上,像巨龙一般吞噬自己;它首先对君主,然后对国家,最后对所有奴隶施虐;它在所有人的废墟上建立一个人的废墟,又在一个人的废墟上建立所有人的废墟。王座上一片惨白,人人心惊胆战,专制君主时刻准备着杀人和被杀,他把人吓成傻子之后,自己则因淫逸无度也变成傻子。这种状况如果非常吓人,为什么有人偏偏要闭着眼睛去争取这种状态,为什么要费尽心机摆脱最幸福的处境,让自己变得可怜而悲惨呢?"

① 笔记《地理》,第二册,第 212 页。

② 参见《耶稣会士书简集》;又见笔记《地理》,第二册,第 332 页。

③ 菲莉娜(Phryné),古代雅典最富有、最漂亮的高级妓女。——译者

275 (1734)。——征战如果不甚激烈，国家尚可变成君主政体，因为征服者需要设法用堡垒来维护征服的成果。

正如前面所说，堡垒属于君主政体，因为堡垒与军事政府背道而驰。此外，堡垒还意味着对权贵们的信任，因为，堡垒为权贵们提供了储存实力的巨大空间。堡垒还意味着对人民的信任，因为，君主的担心减少了。

我所说的堡垒，不是会使控制着一座城市的小暴君变得更加残忍的堡垒。他本人就是他属下的总督。小城市的君主和庞大帝国的君主一样，兼专制总督和军事总督于一身。

哥特人的国王维蒂札拆毁了西班牙的所有堡垒。汪达尔人的国王吉里迈尔摧毁了非洲的所有堡垒。这两个国家于是一夜之间就被征服。他们没有削弱被征服民族的力量，却削弱了帝国的力量。

我认为，哥特人和汪达尔人之所以会出此下策，那是因为他们来自一个不知道堡垒为何物的地方，他们把在征战中见到的堡垒视为抵抗他们征服的设施，而不是他们可以用来抗击外敌的手段。

276 (1902)。——征服。征服必然消耗征服者的能量。在我看来，征服者就像是后宫里的一个精力旺盛的年轻人，每天都抛弃旧欢，征服新欢，直到有一天，所有女子对他都毫无用处。

277 (1731)。——有人称颂亚历山大在征服印度时所体现的过人才华，我倒更愿意称颂他的作为。他把印度与波斯和希腊拴在一起；他追踪谋杀大流士的凶手直到大夏乃至印度；他从征服印度北面的国家入手，后来又返回印度；他沿着江河顺流而下，不在途中停留；他想到了把他征服的此地与彼地连成一片。

尽人皆知，依据先后几位托勒密的计划，亚历山大促使巴比伦和波斯腹地发展贸易的计划是在红海上执行的。

278（1708）。——罗马人。考察一下头戴草编王冠时的罗马人和头戴黄金王冠时的罗马人，我们就会发现，最有激励作用的奖赏，恰恰是那些最不值钱的东西①，这就是全部历史所积累的经验。

279（1740）。——罗马人的佳作。倘若有人对于大规模的征战是否会带来巨大的灾难抱有怀疑，读一读罗马人的历史就明白了。

罗马人把世界从最兴盛的状态中拖出来，他们摧毁了种种最伟大的成就之后，组建了一个无法支撑自己的国家；他们扑灭了普世的自由，接着又荼毒他们自己的自由；他们既是篡夺者，又是被掠夺者，既是暴君，又是奴隶，总之，他们削弱了全世界。

280（1790）。——斯特拉波说，克里特人的体制大部分已经不复存在。绝大部分事务则如同其他行省一样，按照罗马法管理②。

罗马人为了确立他们自己的体制，几乎摧毁了全球所有民族的体制。我对此非常不以为然。

281（1729）。——军队。被征服民族被军队镇压下去后，恐怖不再来自征服民族，而是来自军队。下面是为保持军队的忠诚而可以采用的几种手段：

将军队化整为零，分成若干部分，借用塔西佗的话说，分散后的军队既不能相互提供实力支持，也不会彼此传染流弊③。

---

① 这是未能用在“征服”一节中的文字。

② 斯特拉波，《地理志》，第十卷，第四章，第741页。

③ 塔西佗，《编年史》，第一卷，第九章。

经验表明，无所事事的士兵容易闹事。塔西佗说："布列塔尼军团因频繁出征而对他们的敌人恨得咬牙切齿，但并不恨他们的长官[①]。"

军队如果在征战中发了财，就会形同一盘散沙，或者不再服从命令。当兵是一种吃苦的职业，与奢华和财富水火不容。亚历山大远征印度前夕，下令焚毁士兵的所有行李。纳迪尔沙[②]也是印度的征服者，他却命令下属带着所有黄金去征服印度。这种做法相当大胆。

罗马皇帝为维持士兵的忠诚，扣留他们的部分军饷作为押金[③]，士兵被遣散时方才将这笔押金返还给他们。我不觉得这种做法有多大效果。他们心里明白，只要闹事反叛，他们就能成为这笔钱的主人。

不给军队发饷非常危险。士兵们先是举行兵变，然后找理由为兵变开脱，这就更糟，谁也不敢惩罚他们。

如果各不相同的法律、习俗和风尚并不妨碍心怀不满的士兵跳槽，从一支部队转往另一支部队，那样的话，兵变就会少得多。士兵如果不能自行离队，心怀不满的人就只得留在队伍中，不是把仇恨埋在心底，就是让仇恨爆发出来[④]。

282 (1737)。——我在《居鲁士的教育》[⑤]中读到，居鲁士将来自特洛伊的战车弃而不用，因为，一个驾车的战士需要配备……个人和……匹马。我读到这里时就思绪联翩，如果当初没有使用这种战车，就不会有荷马的史诗。荷马史诗记述的全都是这些英雄在战车上的壮举和言谈。他们的英雄行为使他们有别于军队中的芸芸众生。对于一

① 塔西佗，《编年史》，第一卷，第九章。

② 纳迪尔沙(Nadir-Chah，1688—1747)，又名塔马斯—库里汗(Thamas-Kouli-Kan)，1729年攻下伊斯法罕后成为波斯国王，进而策划征服印度。——译者

③ 普芬道夫，《通史》。

④ 这段文字从"攻击力量"一章中删去。

⑤ 《居鲁士的教育》(*Cyropédie*)，色诺芬的著作。——译者

部优秀的史诗来说，重要的是主要人物是否优秀，盔甲是否优良其实是无关紧要的。

与此同理，对骑士制度也应作如是论。

283 (1809)。——韦伊[①]战役的战利品全都交给了财务官，这就引起了士兵的普遍不满，对于福里乌斯[②]的品德，他们既钦佩得五体投地，却也怨恨得咬牙切齿[③]。

这是因为，在韦伊被围期间开始向士兵发放一种军饷。

为了激励多生育子女的愿望，分给每个自由民七阿庞[④]的韦伊土地[⑤]。

284 (1703)。——罗马人。罗马帝国时期发生了变化，官员被分成文官和武将两类，此事引起了我的思考。对于共和政体来说，将官职分成文武两类是危险的；应该让武将附属于文官，应该让人感到自己是公民而不是士兵，是官员而不是军官，是执政官和元老院议员而不是将军。不过，这些身份在君主政体下应该分开，让军队成为一个单独的机构，这对于君主和臣民都是必需的，因为臣民需要文官，而君主则需要把防务交给武将负责。

285 (1906)。——政治自由。迪波教士在《法兰西君主国在高卢

① 韦伊(Veies)，罗马北边的城市，被围十年后失守。——译者

② 福里乌斯·卡米鲁斯(Furius Camillus)罗马将军，独裁者；公元前 396 年攻克韦伊。——译者

③ 《狄特-李维摘录》，第 48 页，第五章，第二十二至二十三节(第二册，第 43 页)

④ 阿庞(arpent)，古代土地计量单位，约合 20—50 公亩。——译者

⑤ 《狄特-李维摘录》，第 66 页，第五章，第三十节(第二册，第 45 页)。

的建立》第一卷第四章(第一版第 59 页)中写道,他不知道在君士坦丁之前,任何一个皇帝都不曾把官职区分为文职和武职两类,他甚至怀疑,是否曾有一个国王这样做过。

很显然,他不曾读过色诺芬著作中苏格拉底关于波斯王国的论述。苏格拉底谈到了波斯的各个省份由两类官员治理的情况,并指出了不这样做所带来的麻烦。

他肯定也不曾读过狄奥多罗斯关于埃及王国的论述,埃及的祭司担任文职官员,民团则是一个单独的机构。

迪波教士接着写道,意大利东哥特人王国的国王西奥多里克,也采用这种两类官职分离制;在此之前,卡西奥多卢斯在他的著作《杂纂》第八题第三号中,已经谈及此事。迪波教士还说,从普洛科比乌斯的著作的某些段落中获知,东哥特人的王国依然实行这种制度。不过他说,克洛维斯及其继承者们在高卢废除了这种做法。

他还说,他在自己的那部著作的续篇中将会谈到,在克洛维斯等君主在位时间,公爵和其他军事官员们参与纯属民事的各种事务,其中主要是财政;墨洛温王朝的诸王根本不知道这种把同一地区的最高权力分成两类的做法,所以,他们因循本民族的固有做法是很自然的事。

这就是说,他不知道塔西佗在《日耳曼尼亚志》中关于不同职能的说法。塔西佗指出,日耳曼国王拥有民事权,公爵拥有军事权。这也正是法兰西王国初期的关键之所在。在墨洛温王朝和加洛林王朝,法官和财政官员由贵族和僧侣担任,第三等级什么也不是;公爵、伯爵等掌管司法。不过应当看到,当时的欧洲实行贵族政治。

迪波教士认为,两种权力的分离始于路易十二在位期间。但是,把两种权力开始分离的时间说成是贵族由于无知而将大部分民事权力交给第三等级的时候,岂不更好吗?他说,权力分离始于路易十二及其继承者,他们颁布了多道敕令,禁止在某个地区握有军权的人插手司法事务。迪波教士所说的这一切毫无根据，其实自从君士坦丁实行改制之后，罗马帝国只有两个等级，一个是长袍等级，另一个是佩剑等级，两者相互排斥，穿袍者不得佩剑，佩剑者不得穿袍。阿维图斯[①]皇帝起初只是个禁军头领，后来掌控了整个民团，接着就如西多尼乌斯所说，把法庭搬进了兵营。从前的区分存在于官职，如今的区分存在于等级。

286（1852）。——元老院法令。元老院变成一种法院之后，就几乎拥有制定民事法律的权力，所以，元老院法令数量极多。

287（1749）。——我之所以这样说，是因为我非常明白，一旦涉及管人的事务，谁都会感到十分棘手。

我与官吏对话，就像两个有教养的人对话一样。倘若不得不置法律于不顾，那就至少应该设法尽早回归法律。倘若不得不做那些因其性质而不可能好的事情，那就至少应该尽可能做得好些。

288（1712）。——独裁官。在他面前，法律噤声，君主低头。幸好他只是短时间被选用，他的权力仅限于他被选用的那个项目，否则他就成了暴君。

独裁官。——重症需用猛药治。独裁官是天上下凡前来纾解困境的神仙。

289（1809）。——杀死暴君者有权要求获得他想要的奖赏，但奥林匹克大奖除外[②]。整个希腊民族颁发的这种奖赏非常好，由整个民

---

① 阿维图斯（Avitus），东罗马皇帝（455—456 在位）。——译者

② 西塞罗，《修辞学》，第二卷，第四十九章。293（1806）。

族负责向城市的复仇者颁奖非常好。

290 (1819)。——大逆罪。司法官鲍卢斯说,“任何人拒收镌有元首肖像且非伪造的钱币,均应受到科里尼法的惩处”。正如阿米亚努斯-马西利纳斯[①]所说,这是因为,新当选的君主即位后,立即就要以他的名义铸造货币。

君士坦丁法规定,拒绝使用他的货币者处以火刑,或许因为在他看来,此罪与大逆罪有某种相似之处。

291 (1842)。——一个被俘的法国军官说,总有一天他要用威尼斯人的血来洗他的手。就因为这句话,威尼斯人不但把他绞死,还用刀割他的脚,血洗刑场。绞刑固然残忍,这种做法却更加残忍。

这种狂妄而不谨慎的话可以被指控为针对君主的大逆罪,但不能被视为针对一个民族的大逆罪,因为,一个人不可能灭绝一个民族。何况,这句话所表达的意思无非是:既然已经与威尼斯人开战,那就应该把仗打到底,对于法国人来说,这是天经地义的事。

292 (1806)。——魔法不再被人相信之后就变成了巫术,而在我们这里,巫术是人民的一种神奇之术。是因为有人指控,巫术以及其他所有类似的行为才成为罪行。人民因此而获罪则全是官员的行为所致。他们说:“魔法肯定还存在,否则,立法者不会以我所信任的智慧制定惩罚魔法的法律。魔法行为肯定已经发生了,否则法官不会在判决中作出这种决定,而他们对判决的关注,恰恰是人的本性所能给予的最

① 阿米亚努斯-马西利纳斯(Ammien-Marcellin),罗马晚期历史学家。——译者

大关注。”

293（1806）。——上诉有利于自由。初审刑事法官和初审民事法官担心自己的判决被改判，这是好事。

294（1851）。——异议。在罗马元老院里，肆无忌惮地进行干预或表示异议，并非不受惩罚：“当它实际上并非针对公共事务时，他们就强制回避该项事务，或是在某日接受处罚。”恺撒在《内战记》中写道：“对保民官作出了最严厉的裁决。”

波兰法律的弊端之一就是不惩罚肆无忌惮的异议者。

295（1910）。——贡品。贡品越丰盛，正直的人越要逃避征收贡品的责任；贡品越丰盛，正直的人在贡品上做手脚的顾虑越少。

你说，那些得了好处的臣民将会更加起劲地工作。是这样。你这是舍近求远[①]。

以为增加贡品就能增强实力，这无异于一位中国人所说的（参见杜赫德《中华帝国全志》第二卷第503页关于告密者的记述），以为把一张兽皮使劲撑就能撑大，结果却是把它撑破。

296（1901）。——捐官者。一些实际上成了冗员的捐官者声称，法国尽管新近兼并了多个省份，如今的税收与弗朗索瓦一世在位时相比却并无增加[②]。此说如果当真，那就表明存在着大量奴隶。但是，他们这样说并非为了证实此事，而是为了制造这种说法。

---

① 准备置于恺撒的《内战记》篇首。

② 参阅此事。

可怜的作家啊，国王因老天爷发怒而能做的事，最可悲的也无非就是这样。

297 (1793)。——德意志人民是好人民。马基雅维里告诉我们，在他生活的年代，每当各个城市征税时，每人都把自己的收入中应纳税的部分投进一个口袋。官员信任人民，人民从未辜负这种信任，上述那种做法继续存在就是一个明证。我还听说，这种做法如今还能在但泽见到[①]。

298 (1846)。——笔记《地理》第二册。有人说，省督更换为总督后，一些省份变穷了。这些省督与我们的省督一样，只想着发财，根本不把人民的疾苦放在心上。他们把自己掌管的省份当作自己的产业来经营，结果是人口锐减。总督无所畏惧。他们的官位是靠送礼和加紧搜刮得来的，他们要兑现先前的承诺，要供养他们的老板[②]。

这些总督与我们的总督非常相像。

299 (1848)。——笔记《地理》第一册。有人把西印度西班牙政府的种种弊病归咎于总督更换太勤，通常每隔三年、五年或七年更换一次[③]。不过，总督的任期若是再长些，那就非常危险。因此，有必要制定一些巧妙的法律，防止因更换总督而带来的弊病。

---

① 好好看看此事，注意此事如今可在何处见到。

② 参阅沙尔丹，《波斯游记》，第 150 页。

③ 第 371 页。弗雷齐埃(Frézier)。

[弗雷齐埃(Frézier)，《智利南部沿岸海上旅行记》(*Relation d'un voyage de la Mer du Sud aux côtes du Chili*)的作者。——译者]

300 (1878)。——用于第十三章第十八节:“包税人能给予国家的支持。”在君主政体下,普通人因其财富、行为以及地位带来的偏见等多种原因享有信用,君主如同普通人一样也享有信用。

君主如果没有不配享有公共信用的行为,那他就享有公共信用,只要他意识到这一点,并且不指望包税人会给予他信用就行。

与一个或几个普通人相比,国家拥有的财富巨大无比,所以,当普通人和君主的信用彼此相关时,普通人的信用就显得微不足道。君主如果享有信用,他应该让普通人分享,他如果不享有信用,就会使享有信用的普通人失去信用。

包税人不可能为君主获取信用,除非让君主从事不正当的交易。唯有包税人取自君主金库的金钱才有享有信用,普通人如果保存这些金钱,这些金钱也同样享有信用。

我见到过一些大领主,他们往往需要一个仆役的信用,其实他只不过储存了五十埃居而已。君主若是把包税人视为自己的财源,那么,他就会像那些大领主一样。

301 (1877)。——用于第十三章第二十一节:“危险的做法。”君主若是从包税人那里捞得好处,并允许他们从臣民身上把好处捞回来,那就等于在每个包税人的门口安放了一个敌人,这个敌人以眼泪为自己打气,似乎越穷胆子越大。

阿米亚努斯·马西利纳斯在《罗马史》第三十一卷第三章中写道,禁军头领答应补足高卢的人头税后,尤利安就说,他宁可丢掉性命也不能容忍这种做法。因为他明白,这种供应给外省造成的困难是无法补救的(伊利里亚就因这些困难而毁于一旦);当供应清单递到他面前时,他拿过来就扔在地上。记述此事的阿米亚努斯·马西利纳斯在《罗马史》第十六卷第五章中写道,这位君主进入高卢时,每人缴纳 25 埃居人头税，当他撤出高卢后，各种税赋加在一起只需缴纳 7 埃居。凡是熟悉当时罗马财政状况的人都清楚，钱是万万丢不得的。其实减少的不是税金，而是征税的费用；这两个规定中的前一个为后一个的良好效果作了铺垫。

302 (1882)。——关于气候的各章。看一看亚历山大抵达印度时，印度的各个共和国处于什么状况。读一下狄奥多罗斯在《世界文库》第二卷第 296 页中记述的印度法律，这些法律与今天我们所知道的印度状况有许多联系，诸如种姓的区别、社会地位的不同、奴隶制度的温和、君主的土地所有权等等。还可以读一下该书第二卷第三十九章第 246 页。作者说那里从来没有饥馑，其实情况已经发生变化。因此，书中并未提及大米。这就让我们看得很清楚，我发表了认为印度政体并非相当温和的见解后，《教会新闻》对我进行的反驳是一种十分不明智的书刊检查。

303 (1796)。——某些气候条件下的法律特点。在不同时期中统治埃及的两位埃塞俄比亚国王废除了死刑。他们大概也在自己的国家里作了同样的规定。这两位君主以各种人道和正义的措施治国。在如今能够读到的有关埃塞俄比亚的记述中可以看到，与当时其他任何一个非洲国家相比，埃塞俄比亚的政体更温和，治理更得当。

304 (1730)。——气候。中国人和莫卧儿人的征战活动①。所有区别就在于，鞑靼人建立莫卧儿帝国是在接受了伊斯兰教之后，而日本被征服则是在此之前。

① 我在论文夹子中放进了为证明此事所必需的所有权威性材料。

对此需要做一些解释。

这两个帝国是在鞑靼人入侵之后建立的[①]。征服者成为土地的主人，君主或将军把土地作为一种采地进行赏赐。这些土地的不可继承性似乎合情合理，因为土地是分给军队的，而官兵都由君主选定，所以，职位既然不是世袭的，对于职位的奖赏当然更不应该是世袭的。这是所有征服军的想法，也是我们法兰克人以及征服了罗马的所有哥特人的想法。但是过了不久就有人觉得，非世袭的土地所有权不牢靠，不久之后就会被荒废。自由精神催生了财产精神，我们的采地于是就变成世袭的财产。这种做法在亚洲行不通，因为亚洲缺少自由精神。采地只能具有终身性质，甚至依然可以由朝令夕改的君主随时赐予或剥夺。这种朝不保夕的精神摧毁了印度斯坦的村庄、农民和土地，把印度斯坦变成了世界最大的荒漠。

倘若不是气候与宗教不同，同样的事情也早已发生在日本[②]。

305 (1916)。——在关于埃及的一节中，我放进了下面这几句话：

“奴隶为保命而拥有法律。他们的法律规定，杀死奴隶的人，哪怕是奴隶的主人，也要被处死。他们不是公民，但他们是人[③]。”

---

① 关于鞑靼人一词的注释在文后。

② 日本被鞑靼人征服一事不应怀疑。日本的政体和机构与莫卧儿相同，都是鞑靼人建立的。日本人与莫卧儿人一样，都来自鞑靼。大郎完全听命于鞑靼人的大喇嘛。驱鬼或驱病巫者在日本很普遍，与鞑靼的情况相似。成吉思汗把人扔进沸水锅里，这种刑罚在日本也很普遍。鞑靼人和日本人的戒律相同，他们都不大信教，对于戒律也都不大在意。鞑靼人从来不争论宗教教义，日本人也是如此。基督教传入之前，日本人享有绝对的宗教信仰自由。鞑靼人也是如此，他们基于良心原则保护所有宗教。不管中国的史书如何记述，我们今天所见到的一切证明，中国人绝对不可能征服日本。何况，中国人与日本人之间没有任何从属关系。

③ 看看这究竟是我的想法还是狄奥多罗斯的想法。

306 (1833)。——针对奴隶的罗马元老院苏拉法令。罗马大多数奴隶的忠诚、品德和勇敢的行为，来自极端严厉的法律。我们看到，奴隶应主人的要求杀死主人，然后自杀。即使他们不自杀，法律也会把他们处死①。

307 (1782)。——被释奴。大批过去并不穷的人如今成了穷人。这是基督教造成的巨大变革。

308 (1909)。——妇女与宦官。我们注意到，在中国，君主沉湎于妇人的害处较小，离不开宦官的害处较大②。皇帝一旦把自己交给宦官，宦官立即以皇帝的主子自居。政体的弊病和苛政逼得人民揭竿而起。皇帝纵然想要补救也为时已晚，因为圣旨已经无法传出皇宫。于是内战爆发，反对宦官的一方如果取得胜利，混在宦官之中的皇帝随着宦官一起完蛋。

可是，皇帝如果被妇人控制，后果就不那么严重。妇人们的利益各不相同，宦官挑唆她们互不信任，使她们无法团结一心，反而会互相残杀。妇人的打算不周密，她们的谋划不那么深远，但比宦官更加胆大。总之，君主因品德缺失而造成的祸害大于君主因谋略缺失而造成的祸害，这种情况相当少见③。

在杜赫德的《中华帝国全志》中，明朝文人唐敬川(音，Tang King Tchuen)的一篇文章对此有很好的见解：

“君主若是依仗宦官，就会把宫廷中品德高尚、才华出众和积极肯

① 参见这些法律。

② 参见杜赫德神甫的《中华帝国全志》所载明朝一位文人唐敬川(Tang King Tchuen)的文章。

③ 不应将此节说成普遍规律，应该仅仅局限于中国。

干的人视为外人，这些人于是便抽身而退。君主会睁开眼睛寻找宫廷外面的官员给予支持吗？这些官员也不知道怎么办，因为君主已经成了人质。宫外官员的举动如果不成功，就会有一个野心家设法把皇帝与宦官搅成一团，煽动人民把这些家伙一网打尽。”

沉湎于女色的害处较小，因为，只要君主认识到自己的这个毛病，便不难改正。可是，如果因过分信任而把自己托付给宦官，他就无法回头，只有死路一条了。

从桓帝、灵帝[①]到献帝，宦官为所欲为地主宰着中华帝国，搅得天怒人怨。

309 (1789)。——第一个罗马休妻者的理由是妻子不能生育，第二个休妻者的理由是妻子没带遮脸的头巾或是带了遮脸的头巾(我不清楚究竟是带还是没带)，第三位休妻者的理由是妻子参加了葬礼活动。

你们瞧，从这三起休妻事件中看到的习俗何等纯真[②]。

310 (1788)。——气候。在君士坦丁·波菲洛戈尼图斯搜集整理的大马士格的尼古拉著作片段中读到，很久以前东方就有这种习惯，仅凭小小一点怀疑，就把外省总督送上断头台。他们的政体要求这种严厉的做法，气候则毁灭了这种政体。

311 (1816)。——首都的体量。一个大而无当的城市在共和政

---

① 原文是 I'Emp eur Hoen-Ling，大概孟德斯鸠误将桓灵二帝当作一个皇帝所致。——译者

② 普鲁塔克，《摘要》，第 251 页。

体下是有害的，那里的风气始终是腐败的。倘若让一百万人聚集到一处，那就只能设法让他们有饭吃，不被谋杀，除此以外，再也没有精力进行其他管理了。应该让人到有工作可做的地方去，别让他们到骄奢成风的地方去。

专制国家的首都必然日益庞大。专制主义对外省不断施压，加重它们的负担，迫使人群涌向首都，从某种意义上说，首都是逃避总督苛政的唯一避难所。君主是一颗很特别的星，它为身边带来温暖，却把远处烧成一堆灰。不幸的是，大量人群集中到首都来，结果却统统死于战乱、疾病和饥馑。

在这种状况下，所有原则及其所有后果无一不是毁灭性的。

外省的人群被吸引到首都来，首都却垮掉了，这种情景最为可悲。君士坦丁堡就是这样①。传染病得不到防治，许多人染病而死。大量移民过来也无济于事，这个城市大不起来。

在君主政体下，首都的人口增长有两种方式：其一是外省的财富把居民吸引到首都来（某些靠海的国家就是如此），其二是外省因贫穷而将居民驱赶到首都来（在这种情况下，如果不盯紧外省，一切同样都将毁掉②）。

君主政体国家拥有种种法规，因而不会为首都所累。恰恰相反，首都还能为国家增光添彩。为恢复平衡而让居民返回外省，君主可以采取许多措施，其中无须深思熟虑就能想到的措施就有这些：一边减轻外省的商品税，一边加重首都的商品税；让讼案在外省法庭结案，不让这

① 马德里也是这样。在那里，分娩也不是一件令人高兴的事。参见我的“感想”。

② 参见我的“随想录”第一册的第 223 页中关于亚洲城市何以人口密集的论述。

些讼案没完没了地上诉到首都的法庭或国王的御前会议来；让在外省有职业和有头衔的人统统返回自己的岗位，不管他们属于哪一类人。君主还应想到，随着离开外省的人数增多，会有更多的人想要离开，因为留在外省的人会越来越不开心。

那不勒斯城里有五万人什么也不干。这些穷汉把外省搞穷了，因为他们不在外省；这些穷汉把首都搞穷了，因为他们在首都。

一些表面上相当繁荣的国家其实很虚弱，原因就是人口分布不适当。一方面，城市里挤满了毫无用处的人，另一方面，农村却找不到不可或缺的人。这就是繁荣本身所造成的恶果！

312 (1742)。——未能用于“土地性质”一节的文字：

“在欧洲和亚洲，有一些为大自然所迫而成为野蛮的民族，例如拉普兰人和西伯利亚人。他们居住的地区实在太寒冷，连树木也难以生长。这些野蛮民族并不居住在森林里，而是分散在地球上最贫瘠的土地上，没有遮拦也没有防御。这是一些很小的部族，他们本来应该是自由的，可是现在他们受制于毗邻的民族，这些毗邻民族的君主不是用军队，而是通过强迫他们纳贡把他们制服了。”

313 (1743)。——阿米亚努斯·马西利纳斯认为，食人族居住在离莫斯科公国不远的地方，他说，附近地区的居民出于对食人族的恐惧和厌恶，纷纷避而远之，因此，荒漠从这个地区一直延伸到塞里斯[①]。这很可能就是大鞑靼地区人口稀少的原因，那里的人口至今依然稀少。我觉得，以狩猎为生的民族似乎更容易成为食人族[②]。

---

① 塞里斯(Sères)，欧洲古人对中国的称呼，意为丝绸之国。——译者

② 这段文字未能写进“土地的性质”一节。

314 (1716)。——土地的性质。有三种地区:小麦地区,穷;葡萄地区:人多且穷;畜牧地区:人不多且富。

注:气候温和地区的优势来自那里比较发达的畜牧业,那里的大牲畜较多,而大牲畜就是财源,比小牲畜值钱。

315 (1839)。——土地所有权,万物之母。中国之所以治理良好,而且不像其他亚洲国家那样日渐消亡,那是因为中国确立了土地所有权。土耳其、波斯、莫卧儿和日本都没有做到这一点,至少没有完全做到。中国之所以能够做到这一点,原因在于若不确立土地所有权,百姓就会造反;而在其他那些国家,充其量只是难以察觉的缓慢消亡而已。

316 (1847)。——德意志农民的奴隶制表明,这是一场不种地民族的征服战争。

317 (1722)。——把这个想法加在 207 页。在下德意志、波西米亚……农民都是农奴,他们操另一种语言。

318 (1903)。——普遍精神。养成普遍精神主要靠一个国家的首都,法国人的普遍精神就是巴黎养成的。倘若没有巴黎,诺曼底、皮卡第、阿图瓦就像德意志一样,都具有德意志的普遍精神;倘若没有巴黎,勃艮第、弗朗什-孔泰就像瑞士一样,具有瑞士的普遍精神;倘若没有巴黎,吉耶纳、贝阿恩、朗格多克就像西班牙一样,具有西班牙的普遍精神。

319 (1911)。——立法者。莱库古做了他能做的一切,为的是使他的公民更加尚武;柏拉图和托马斯·莫尔做了他们能做的一切,为的是使他们的公民更加诚实；梭伦做了他所能做的一切，为的是使他的公民更加平等；犹太立法者做了他们能做的一切，为的是使他们的公民对宗教更加虔诚；迦太基立法者做了他们能做的一切，为的是使他们的公民更加富有；罗马立法者做了他们能做的一切，为的是使他们的公民更加伟大崇高。

320 (1827)。——这些法律可能还有一个渊源，应该知道它在何处。如果不知道一项法律是为哪个国家制定的，是在什么情况下制定的，那如何去实施这项法律呢？大多数学习法律的人就像是沿着尼罗河往前走的人，随着尼罗河一起溢出河床，却不知道它的源头在何处。

321 (1775)。——中国人和日本人。——在习俗方面没有多少相似之处；都很机智；风尚则大异其趣。中国人平和、谦逊、通情达理、虚情假意、悭吝贪婪；日本人是武夫，好惹是非、放荡、疑心重、野心大、胸怀大志。日本人和中国人都信奉佛教，佛经很晚才经由朝鲜传入日本。——肯普弗①。

日本人很可能是从鞑靼过来的。

322 (1717)。——习俗和风尚。君士坦丁·波菲洛戈尼图斯下令把美女藏匿起来，不让蛮族人见到。此举足以改变一个民族的习俗和风尚。

323 (1724)。——就像希腊人那样，中国立法者也把音乐纳入风化之中；不过，他们并没有相互模仿。

① 肯普弗(Kaempfer)，《日本帝国史》，第一卷，第91页。

324 (1785)。——鞑靼人在丝毫不改变中国原有政制的同时,强迫中国人改变服饰①。

这样做的目的是掩盖人数的差异。

325 (1787)。——在莫卧儿,每个人,父亲的职业;女子不结婚,因为,在另一个被她们视为不高贵的职业群里,她们找不到对象。

不但如此,人们由于贫困而无法请老师,只能在家里接受父亲的教育②。

326 (1907)。——习俗。听说西班牙的法律规定,在加的斯走私的白银要被没收,这项法律对此是这样解释的:"没收物品的三分之一将奖给为人不齿的告发者。"法律中的这句话是对公众的正直善良最有力的证明。看来,法律对自己感到难堪,为不得不惩罚败坏习俗的行为而感到愤怒。

放逐法推翻了瓦雷烈法、森普洛尼乌斯法和鲍尔希安法的规定,突然之间剥夺了罗马人民的安全权利,罗马人民为了捍卫这种权利,曾经向官吏进行了持续不断的斗争,所以说,放逐法对于习俗是致命的摧残。放逐法放手让残暴之徒恣意施虐,悬赏奖励把被放逐者的头颅送来或是前来告发被放逐者藏身之处的人。

327 (1921)。——习俗败坏。习俗败坏之时,善良的人们便在惊愕中过活。不妨这样说,他们在世界上从此便成了举目无亲的孤独者,一切人际关系都让他们恼火,因为他们既找不到一个可以保护他们的

① 杜赫德,《中华帝国全志》,第二卷,第 89 页。

② 笔记《地理》,第二册,第 296 页。

人,也找不到一个他们愿意保护的人,没有可以与之交游的朋友,没有可以成为妻子的妇人,也没有可以视若子女的儿童。

328 (1732)。——最费脑筋的时刻便是用于读书的时刻,因为在读书时,脑筋不是追随自己的思路,而是往往不自觉地被他人的思想牵着鼻子走。可是,我们一生都在读那些为孩子而想象出来的书。即使在那些理应以其自然效果防止我们脆弱的事物中,我们也很脆弱,所以说,我们怎能不脆弱呢?

329 (1736)。——我上述的说法有一个证明,那就是:某些民族因建立了一种专门法庭而变得无知,这些民族在政治方面犯了最大的错误,而且不可能不犯。当被统治者沦于无知时,统治者应该时时刻刻汲取特殊启示,以免同样沦于无知。统治者是国家的主体,而不是卡里古拉所自诩的拥有智慧的牧人,驱赶着没有智慧的羊群。

在观察本民族的大多数人时,我们看到,他们虽然知识不足,却机智有余;目光虽然短浅,但却竭尽全力试图超越,这就让人由衷地充满敬佩之情。

330 (1867)。——有这样一些民族,大自然似乎为他们做了一切,而他们却拒不接受。大自然把他们置于其他民族之上,而他们却把自己置于其他民族之下。从来没有见到过这许多有意志的人和这么少有智能的人。可是,心灵引领意志,意志反过来引领心灵,所以首先应该强化意志。

331 (1936)。——古代的优越性何以被其他优越性抵消;尚武精神何以在军队中得以留存,而在政府中却全然消失;尚武精神何以丝毫不曾窒息商业精神；聪明的大臣何以保住了君主政体的精神，并且避而不去触犯它，甚至不让它日趋衰微；这些大臣何以把君主政体的精神视为国家的神圣宝物、国家的力量之所在、国家的灵魂，有了它，一切都能拥有生命，没了它，一切都可能归于沉沦；在国家的治理方面，何以最多几乎始终是最少，最少几乎始终是最多；君主政体下的聪明人何以总是在看到能够做的事之前就看到了应该做的事；君主政体下的繁荣日盛一日的原因是什么，繁荣得以永久延续的原因是什么……但我是……

332（1924）。——在外邦和远方事务中，执行机构的大臣们可能只把自己想做的事公之于众，而且带有自己偏好的色彩。雅典不是这样，雅典人民在一定程度上保有执行权，演说家们始终了解事情的原委；可是，情况并不因此而较好。此处的演说家是被骗的傻子，彼处的演说家是骗人的骗子。

这样的人民不会因当前的弊病已经治愈而平静下来，他们需要各种各样的药物，需要小心谨慎地去对付他们可能惧怕的人①。

333（1892）。——人在生气时感到难以支持自己的身体，就像不得不把别人的身体抱起来那样困难。

334（1904）。——礼规。不知道为什么我不曾谈论礼规。礼规是用以摒弃蔑视自己的身份、义务和品德的行为规范。无论是习俗不良的民族抑或是习俗优良的民族，他们的礼规同样都是非常严格的。对于前者来说，严格的礼规用来制止邪恶，是无罪，对于后者来说，礼规用来防止有人对礼规产生怀疑，是无罪的证明。

① 注：我没有把这些文字放进《论法的精神》有关英国的章节中。

礼规是唯一获得许可的虚伪，是邪恶对美德的一种轻微的敬意。人不想让别人对自己的好评高于实际，只希望别人对自己的恶评低于实际。礼规不会欺骗任何人，礼规所证实的与其说是每个人的良心，莫如说是普遍的良心。

拉罗什富科[①]先生是一位近乎崇高的人物，他曾这样感慨道："某先生想要把他的帽子放在我太太的床上时，对我不吝谀词，而当他想与我太太睡觉时，却对我少有奉承。我不明白这是为什么。"大家对此确实颇为不解。不过，一个民族不管如何放荡不羁，礼规总还是有的，礼规的严厉有时甚至超出了遏制放荡所要求的程度。

335 (1778)。——我想扬帆大洋，可是我不得不贴着海岸而行。

336 (1694)。——归根结底一切都是交换(论商业的那一章)。想要对此有所感受，必须设想一个国家与另一个国家做生意。甲国输出葡萄酒，输入小麦。货币有什么用？在各种各样的不同交易中，货币是小麦和葡萄酒的公度。倘若这个国家输出的葡萄酒少，而输入的小麦多，那是因为货币在其中起作用，使该国输入的小麦与输出葡萄酒等值，也就是说，使交易双方准确地达到互不吃亏的节点，即甲国输入的小麦已经相当于它所输出的葡萄酒。甲国如果继续输入小麦，货币就不再具有这种功能。白银此时不再是价值标志物，而是货物。总之，在始终以白银作为计算单位的交易中，白银不应再被视为价值标志物，而是一种商品。结果便是：造成他国破产潦倒的那个国家，自己同样也以潦倒告终；它损害了共同繁荣，同时也就损害了本国的繁荣。道理很清楚。一个潦倒的国家不能与其他国家进行交换，其他国家也不能与这

① 拉罗什富科(La Rochefoucault，1613—1680)，法国伦理作家。——译者

个国家进行交易。之所以没有很好地感受到这一点，原因在于没有感受到直接贸易损失所带来的弊病。所有国家都处于一根链条之中，同损共荣。

我在这里不是夸夸其谈，我说的是这样一条真理：有天下的繁荣，就有我们国家的繁荣。正如马尔库斯·安东尼所说："对蜂群无益的东西，对单只蜜蜂也肯定无益。"

337 (1800)。——商业。对于一个从事手工艺的国家而言，其他国家也从事手工艺是件好事。原本没有制造业的国家开始建立制造业，对于拥有制造业的国家并不构成严重的警告。没有制造业的国家很少购进制造业产品，可是如果它们开始建立制造业，很快就会购进它们无力仿制的那些产品，那些产品很快就会成为它们的需求。

匈牙利人很穷，他们根本没有制造业，一个匈牙利人一辈子只买三四件衣服，这些衣服价格非常低廉，好像是专为省钱而制作的。匈牙利人如果找到致富之道，或是有人把致富之道告诉他们，要不了多久，在匈牙利就能看到全世界的商品。

338 (1799)。——商业。征战能在各地建立相同的习俗，却难以把优良的习俗带到各地。

大量被罗马人征服的民族丢失了源于他们各自普遍精神的特征，转而采用罗马人的习俗。这是罗马人征服全世界所带来的弊病之一。西班牙人征服美洲后，把这个地区的各民族都变成了西班牙人。

由商业传播到各地的习俗，不同于大规模征战强制人们接受的习俗，两者的区别很大。

339 (1883)。——第二十章。关于商业。禁止某些商品。当一个国家基于某种特殊原因，需要禁止某些商品时，征收重税通常要比禁止好些，这样做不至于引起敌意，招致报复的可能性也较小些，而国家基本上能照样达到目的。国家依据具体情况提高或降低税率，还可以方便地回到原点。何况，国家可以从税收中得到收益。

如果认为禁止出口某种商品比较合适，那就不一样了。这种做法与一般人的看法相去甚远，而且违背商业的自然目标，在总体上与国家的繁荣背道而驰。所以，除非在其中起决定作用的理由极端重要，而且完全禁止比征收商品税更有效，否则就不应采取这种做法。此事容不得模棱两可，没有折中余地。

英国的法律就是这样，羊毛、马匹和未经阉割的公羊等等，都不许出口[①]……

340 (1884)。——商业。与其在别处经商，不如在荷兰，这对法国来说是合情合理的。荷兰与法国之间的一般性联系就是商业，它与英国的联系则具有特殊性，例如省督联盟[②]、英国所拥有的国库资金等。况且，能在某些情况下组建一支海军，符合法国的利益。法国为此所需的一切很快就能得到，因为荷兰是法国的总仓库。荷兰拥有足够的白银，运到荷兰的任何商品很快就有买主。法国不用费力就能在荷兰买到所需的一切，不必远到挪威等地去寻找。此外，法国总是能在荷兰宣战前两年开战。

341 (1885)。——在商业方面没有人比巴黎人更傻。这些一夜之间暴富的生意人，觉得继续发财毫无困难。他们甚至把他们致富的

① 需要复查一下，这些商品是否确实不许出口，有人对我说，公羊和马匹并未列入被禁清单。

② 指17世纪下半叶英国与荷兰的联盟关系。威廉三世既是荷兰省督，也是英国国王。——译者

原因归结为自己的机灵。他们蠢蠢欲动，想借助沿海城市的商人做生意。这些商人向巴黎人提出庞大的计划，自己投入极少，却能赚取丰厚的佣金。他们的投入即使全部赔光，也依然能拿到六倍或七倍于此的佣金，且不说他们手中还握有大量资金。

巴黎的那家保险公司（1750 年）连常识都不具备，依我看，这家公司肯定要失败。

1）一些海港的许多商人联手经营保险业，他们都是内行，而且相互提携。他们什么都知道，投保的船只是好是坏，船员能力如何，船长是否经验丰富，是不是外行，是不是冒失鬼，装卸工是否可疑，名声是好是坏，会不会走私，航程是长还是短，季节是否合适；他们对所有这一切都了如指掌，因为人人都四处打听。巴黎人却一无所知，为获取以上各种信息，公司只得大量支付用于通信和其他联络的费用，但这样一来，公司收取的保险费就分文不剩了。

2）另外，准备三百万资金是个蠢举，根本不需要资金，金库里肯定有钱，因为收取保险费在先，支付亏损和海损在后。

3）有可能出现这种情况：有利可图的保险业务在港口做，有风险的保险业务在巴黎做。商人通过自己的信息系统得知，某桩生意有风险，于是找到消息不灵通的公司做这笔生意。保险公司虽然不在港口投放资金，但是，承保人协会可以以信用担保，因为它相信，所有的承保人不可能同时全都失信，它于是很放心，就像金库里有许多钱一样。金库里的钱其实并不能让人放心，因为，谁能知道这个金库究竟怎样？

342（1894）。——商业。我听说，英国人以低廉的价格经莫斯科公国从波斯腹地和戈姆卢姆①购得波斯丝绸。这些丝绸经由天使之

① 戈姆卢姆（Gomroum），波斯湾港口。——译者

路,从冰上用雪橇运送过来,比绕道好望角便宜得多,何况产丝的省份距波斯腹地较远,丝绸的价格因而较高,而吉兰省和马赞达兰省靠近里海。所以,到波斯的路程大体上相当于到莫斯科公国的路程。

在最近英国与西班牙的战争中,丝绸禁止从西班牙输出,有人于是想到从波斯购进丝绸也许更方便,英国人声称,如果对丝绸取消征税,丝绸加工商或许能以不高于本国生丝的价格买到丝绸;之所以如此,是因为本国的生丝货源不足,所以,生丝价格大体稳定在外国丝绸的价位上[①]。

343 (1886)。——我听说,在我们的一些美洲岛屿上,如今用马和驴耕地多于从前。至少在海地是这样,那里的一些土地经得起深耕。驴比马吃得少,干得多。

黑人天生懒惰,黑人中的自由民什么也不干,大多数靠农奴养活,或是靠施舍过日子,否则就贫困潦倒。马匹用来把食糖运送到港口去。

人们都希望战争结束之后日子能好一些。可是,和平的日子刚过了一年,商品价格就开始下跌,因为人们既然可以自由经商,所以谁也不着急购物。

344 (1801)。——商业。亚里士多德曾说,哪里有农夫,哪里就有船夫[②],此话如今不再正确。有了发达的商业,也就是发达的制造业,才能有航海业。像斯巴达人那样从陆战突然转向海战,如今已经不再可能了。

---

① 1750 年 11 月 8 日写于巴黎。

② 亚里士多德,《政治学》,第六卷,第六章。

还有，古人说，凡是溺毙在海里的人，他们的灵魂也死了，因为水能把火淹灭。这种说法加重了人们对航海的厌恶。有人遇到海难时拔剑自刎①。

345 (1803)。——商业。荷兰的港口和波罗的海的大多数港口都是浅水港，船只不得不驶入河流和浅滩，所以这些船只都是平底……宽底；英国和法国都有良港，所以那里建造的都是尖底船，吃水较深，与荷兰船和俄国船相比，大约是 70 比 30。

346 (1804)。——商业。与古代的商业相比，如今商业的一大优势是快速的海上航行。我们改进了航海术，就像古人当年改进他们的航海术一样。经过大量考察，我们对海上航路有了更多的了解。古人无法经由海路运输容易腐败和难以保存的商品。

347 (1713)。——沙皇彼得一世开凿了一条运河，沟通了顿河和伏尔加河，从而把黑海和里海联结起来。不过，最好还是把各个民族联结起来，而不是把荒漠与荒漠连成一片。

348 (1887)。——商业史。据我们所知，航海业当时仅限于地中海和黑海，大洋上无法航行，罗盘尚未把全世界连成一片。

君士坦丁堡或士麦那的商人历时两个月的海上航行，赢得全世界的一片赞叹，诗人们纷纷作诗赞颂。所以，古代史有许多缺失，许多霸主和国王都已被人遗忘，这不值得惊奇。

① 我觉得此事应该发生在佩特罗尼乌斯[Pétrone，罗马作家。——译者]身上。

那时的情况与现在不同，如今所有的民族都彼此相连，因而，从一个民族的历史就能了解其他民族的历史。

每个大民族几乎总是把自己看作唯一的民族。中国人认为，他们的帝国就是世界；罗马人认为自己是世界的君主；在征服者眼里，人迹罕至的非洲大陆、美洲大陆就是整个地球。

哲学家总是给试图有所发现的人泼冷水，他们说，五大洲中只有两个洲可以居住，居住在其中一洲的人不可能到达另一洲。

然而，在旅行家面前，所有的障碍都纷纷退缩了。

走近酷热地区时，往往会想到躲避火一样的太阳；离极地越来越近时，就会想到躲避严寒。常常有这样一种高山，一侧是炎热地区，另一侧是严寒地区。

在人们以为只有陆路的地区，大海提供了许多通道；在人们以为只有大海的地区，却发现了广阔的大陆。

陨星是认识的源泉之一，有人以为，有些星星只是为了吓人才出现在天空，其实这些星星的出现是为了指引方向。

349 (1714)。——幸亏有了亚历山大的征战，西方才得以了解东方；幸亏有了迦太基人和罗马人的战争，才让西方人对自己有所了解。汉尼拔翻过比利牛斯山和阿尔卑斯山并穿越高卢一事令人震惊，标志着此次征战是前无古人的壮举。其实，高卢人早在汉尼拔之前就曾经翻越过阿尔卑斯山，可是，我们从此事中所看到的却依然是当时交通的艰难，因为，高卢人翻过阿尔卑斯山之后，就不再与山那边的人往来。

荷马在他的史诗中讲述了奥德赛在航海中所经历的种种艰险：瑟

西、莱斯特鲁贡、库克罗普、希伦、赫里波狄斯、斯库拉[①]等传播到世界各地的神话人物，都是航海家编造的故事，他们经营着节俭性贸易，企图用这些故事吓唬其他民族，不让他们追随其榜样也从事此类贸易。

350 (1745)。——有一件事很奇怪。从前有人曾绕非洲航行，可是，此次航行被人忘得一干二净，以至于在生活在埃及的地理学家托勒密[②]时代，人们对于大洋的了解极少，仅限于从红海附近到普拉苏姆海角这部分。到了亚里安时期，人们对于大洋的了解又退了一步[③]，以为拉普图姆就是大洋的边缘[④]。希罗多德笔下的非洲仅仅由一个地峡与大陆相连[⑤]，即今天我们所说的苏伊士地峡[⑥]。

他知道，从埃及出发进入红海，经过大洋和地中海可以回到埃及。希罗多德知道(我说)，而生活在亚历山大里亚的地理学家托勒密却不知道。可以肯定的一点是：在希腊诸王时期，大家都认为在某个时期之后，非洲大海就不再可以航行了。在众多的作者中，优巴[⑦]是唯一提出怀疑的人，他认为，可以从非洲东海岸航行到西海岸[⑧]。此外，我们还看到，埃及的希腊人只在印度航行，只经由陆路经营非洲贸易。

---

① 瑟西(Circés)、莱斯特鲁贡(Lestrigones)、库克罗普(Clyclopes)、塞壬(Sirènes)、查里波狄斯(Charybde)，荷马史诗提及的希腊神话人物，斯库拉(Scylla)，荷马史诗提及的一个海妖。——译者

② 《论法的精神》第四章第七节和第八章第四节：非洲。

③ 《厄立特里亚海航行记》。作者生活在罗马皇帝哈德良时期。

④ 普拉苏姆(Prassum)和拉普图姆(Laptum)都是东非沿岸的海角，分别位于南纬7度和6度。——译者

⑤ 希罗多德，《波斯战争》，第四章，第四十二节。

⑥ 参见托勒密生活的年代和地方。参见亚里安，《厄立特里亚航海记》。

⑦ 优巴(Juba)，此处指优巴二世，公元前25年当过一年毛里塔尼亚国王，撰写过若干历史著作。——译者

⑧ 即到塞奈。

[塞奈(Cerné)，西撒哈拉沿岸的一个海角。——译者]

每当有人说古人知道某事时，应该弄清楚他指的是哪个古代民族。波斯人知道的，希腊人并不知道。希腊人某时曾经知道的事，后来却一无所知。文字把一个民族的发现带给大家，印刷术则把知识固定下来。古人以巨人的步伐前进，同样以巨人的步伐后退。古人写在沙上，我们写在铅上。

于埃先生[①]在他的《商业史》中提到的一些事，我觉得很难证实。他说，以土买人规定，任何人在红海上航行时不得多于一条船[②]。他还说，从亚历山大里亚出发的一支舰队曾抵达红海。此事恐怕不实。这条船确实从亚历山大里亚出发，不过抵达的不是红海，而是科普托斯[③]。他把亚里安作为可信赖的作家加以引述，这位亚里安在《厄立特里亚海航行记》中说到了红海，也说到了印度贸易，还说曾有一位航行家是大胆地离开海岸航行的第一人。

351 (1759)。——泽兰省[④]何以让自己的船只遍布大海，西班牙人在欧洲的欺诈何以让荷兰人背井离乡去远方寻找活路。结果是荷兰人摧毁了西班牙人的商业。

352 (1888)。——我见到过欧洲商人每年运往士麦那的商品货单，我高兴地看到，这些商人用四百包纸包食糖，只用三十包纸写字。

353 (1690)。——公营银行和商业公司。我能否如《那不勒斯世

① 于埃(Huet)，16 世纪法国的一位主教，撰有《古人商业和航海史》。——译者

② 参见此事。

③ 科普托斯(Coptos)，埃及古城，今称吉夫特。——译者

④ 泽兰省(Zéland)，荷兰的一个省份。——译者

俗史》的作者贾诺纳那样，撰写一部阿尔及尔王国世俗史？这部历史将会很短，读者不会感到厌烦。这部历史将是平铺直叙的，在这个朝代的统治时期，棒击事件比另一个朝代多出了数万，不同朝代的区别仅在于此。必须让后代牢记的只有一件事实。

奥斯曼帝国派驻阿尔及尔的统治者穆罕默德·盖里是个年轻人，他有一个基督徒奴隶，常常与他谈论财产和某些欧洲国家的商业。此事让他颇为震惊，作为一个大国的绝对主人，他居然身无分文，这令他十分恼怒。他的首席大臣曾耸耸肩膀对他说，与他的前任相比，他不算穷，也不可能更富，他一气之下绞死了这位大臣。他又选任了一位首席大臣，这位新的首席大臣在国务会议上对他说：

"我的前任既不懂他自己的事务，也不懂您的事务；您让我接替他的位置。我整整考虑了两夜，想要制订一项能让您的政绩永载史册的计划。我觉得应该在阿尔及尔开设一家银行，把全国所有的钱财都揽入国库。最大的困难在于让商人们把钱存入银行。这些商人都是无赖，总怕别人欺侮他们；这些人都是不良臣民，为了不让您得到他们所拥有的东西而无所不用其极，在没有见到您在大街上流浪之前，他们绝不会给您二十杜卡托[①]。什么事情都有办法对付。我会让人在某个夜里绑架他们，用铁链将他们捆起来，每天打他们一百棍，直到他们说出钱藏在何处。我们交给他们一张有六位民团资格最老的官员签字的纸条。我相信，我们给予欧洲银行的是一个令人恼火的失败，会让它吃不消，因为，组成欧洲银行的商人们始终蔑视政府，而且就像土耳其的近卫军士兵一样既没有勇气，又蛮不讲理。我们的人却一个个十分机灵。这个计划如果成功，我还有另一个计划，肯定能让阿尔及利亚民族更有光彩。那就是开设一家印度公司。您的夫人们将会满身珠光宝气，您

① 杜卡托(ducat)，威尼斯金币名。——译者

家中将会黄金遍地。穆罕默德，万能真主的仆人，愿他成为您的助手。”

他坐下来，一位老臣站起来，把双手放在胸前，弯下腰，低下头，用低沉的声音说道：

“老爷，您的大臣为您制订的计划，我绝不赞同。民团若是知道您有钱，明天就会把您掐死。”

说完之后，老臣便坐下。穆罕默德·盖里宣布散会。

354 (1739)。——人民政体下的公共信贷。掌权的人通常爱惜公款，因为他们更爱惜自己的钱。他们较少激情，较少奇思怪想，所以需求较少。

在一人掌权的政体下，一次不慎重的行动，一个瞬间即逝的好处或者一个不当建议，就可能把公共信贷毁掉。

在人民政体下，有人因眼看共和国就要垮台而绝望，于是就像船沉之前那样，纷纷登上救生艇逃命；此时公共信贷就彻底毁掉了。

355 (1738)。——罗马人最初把羊当作货币[①]。可是，穆斯林帝国创建后，法律破坏了当地的商业，宗教和国家体制使商业无法继续存在。

穆罕默德的法律把借贷和高利贷混为一谈，在阿拉伯国家中，这是一项好法律，就像在这些国家中实施的犹太法一样。阿拉伯人不大使用货币，他们的支付手段是牲畜，就像鞑靼人一样。

356 (1719)。——从奖牌的铸造可知，银币的衰落始于尤利安时

① 拉丁文 peculium（小钱）和 peculatus（贪污公款）就是从羊（pecus）这个字派生出来的。

期。铜币的衰落则始于卡拉卡拉时期①。

然而,狄奥在他的《美德与邪恶摘录》第七十七章第 309 页中写道,卡拉卡拉铸造的货币是包了一层银的铅,镀了一层金的铜。奖牌表明,包银钱币确有其事,镀金铜币是误传。

357 (1750)。——法国的法律规定,利息不得超过本金②。这是埃及立法者博科里斯针对契约制定的一项法律③,富有人情味。

358 (1808)。——大民族中的妇女不能共有。波斯国王卡瓦德制定妇女共有的法律④,引起全国人民的愤怒,结果他被赶下王座⑤。

359 (1766)。——兄弟姐妹和父亲儿子为何对乱伦如此恐惧,不就因为神话中的堤厄斯忒斯、俄狄浦斯和马卡雷乌斯⑥糟蹋了他们的姐妹,致使大家都感到恶心吗⑦?

柏拉图排斥共和国的诗人显然就是打自己的耳光。

360 (1791)。——普鲁塔克在《狄翁传》中写道,迪奥尼修⑧同时

---

① 参见萨沃。

[萨沃(Louis Savot)法国学者,他的《古代徽章》一书出版于 1627 年。——译者]

② 请看在何种情况下不得超过。

③ 狄奥多罗斯,《世界文库》,第一卷,第二部分,第三章。

④ 我觉得,可能受到摩尼教的影响。——参见此事。

⑤ 普洛科比乌斯,《秘史》,第 243 页。

⑥ 堤厄斯忒斯(Thyeste)、俄狄浦斯(Oedipe)、马卡雷乌斯(Maccharée),希腊神话人物。——译者

⑦ 柏拉图,《法篇》,第 40 页,作者的第 841 页,摘录第 177 页。

⑧ 狄奥尼修(Denys),此处指叙拉古僭主狄奥尼修二世。——译者

娶了两个妻子，一位是洛克里斯人，一位是叙拉古人。洛克里斯夫人为他生了三个孩子，叙拉古夫人为他生了二男二女四个孩子。叙拉古夫人的儿子娶自己的姐妹为妻。

由此可见，娶两个妻子和兄弟姐妹通婚的不只是雅典人。

361 (1895)。——十人团。佐纳拉斯说："十人团凭借其权威将一些内容添加到这些记录法律的表上，这些内容没有获得一致同意，却引起很大争议。"

所以，平民与贵族禁止通婚，在作者看来，佐纳拉斯在这方面相当无知，于是引用了塔西佗的一句话："这是《十二铜表法》对于公平立法的终结。"

注：佐纳拉斯也许握有证据，只是现已不存而已，何况，塔西佗的这段话与佐纳拉斯所说的并不矛盾。

362 (1840)。——塔西佗在《日耳曼尼亚志》第二十章中写道："姐妹的儿子受其舅舅的宠爱，与受其父亲的宠爱是一样的。"

这说明这个民族没有腐化。早期罗马人把堂表兄弟视为亲兄弟，这是因为孩子们居住在同一屋檐下，而且可以结婚。由于腐化，利益日渐具有个人性质，致使家庭成员之间的情感日益淡化。

塔西佗接着写道："有人把这种关系看得更加神圣。但是，每个人都把自己的儿子立为继承人或后继者，而且不立遗嘱。"

贫困而无奢华的地方亲情更浓，亲眷之间的关系更密切，君主政体下则不然，那里的人只顾自己，只求自己生活安逸。

363 (1792)。——中国的基本原则是敬爱父亲，法律鼓励多生子女。所以，杜赫德神甫在《中华帝国全志》第二卷第 119 页中写道："父亲若不能嫁女娶儿媳，就会脸面扫地。没有子女的人有负其身为人子的责任。”可是，法律却允许出卖或丢弃孩子，由于道德和法律管得过宽，所以不得不用这此类做法来加以修正。

364 (1942)。——上帝之所以赐予特殊恩惠，让族长越来越多，是游牧生活所引起的想法所致，我这样说是不是太大胆了？地球向所有的人开放，孩子数量增多时，就给他们一部分牲畜，于是家庭人口随之增多，但不至于让家庭负担过重。一个家庭就像一个小国家，人口增多使全家更加安全。出于对以色列人的爱护，上帝把他的赏赐放在一样东西上面，而以色列人相信或是觉得，那个东西就是他们的幸福；我们能这样说吗？上帝肯定向我们展示了更为宏大的意愿和更加宏伟的安排。可是，即使在我们以人间的思维方式观察事物的地方，是否也可以领悟到上帝的智慧呢？当年在以色列人看来，多子多孙是上帝特殊恩宠的标志，如今则仅仅被视为一般性的恩赐。在以色列人看来，上帝赐予特殊恩宠的对象，与他们的安全观念息息相关。如今上帝不再将特殊恩宠赐予常常与我们的傲慢观念息息相关的事物。

我觉得，这种特殊恩惠也应该赐予被选定与其他民族分隔的民族。这个民族一旦被选定，就应依靠自己的力量存续下去，有朝一日如果被分散到各地，就应该永远提供重要的证据。

365 (1817)。——物种繁衍。埃利亚诺斯[①]援引底比斯人的一项法律，“遗弃婴儿或将之抛弃在荒野的公民，处以死刑。”一个人如果穷得养不活自己的孩子，他应该在孩子呱呱落地时就送交官府，官员则应找人抚养，抚养人将来就是孩子的主人。

① 埃利亚诺斯(Elien)，公元2、3世纪以希腊文写作的意大利作家，著有《动物本性史》、《丰富多彩的历史》等。——译者

苏格兰曾制定过这样的法律。

366（1747）。——居民数量。法兰西王国可以不费力气地容纳五千万人[①]。

我们需要多少，土地就提供多少，永远是这样。我们应该依据靠近城市的那些地方的富庶程度作出判断，对其他地区可以寄予多大希望。牲畜的数量随着人对牲畜的照料程度而增加。

非洲的小麦不属于非洲人，北欧人民的小麦也不属于北欧人，他们的小麦属于愿意以手工业产品与他们换取小麦的人。

法国的工人越多，蛮人般的农夫也随之越多。一个农夫将要养活十个工人。

大海中有取之不竭的鱼，缺少的只是渔民、船队和商人。

有朝一日森林被伐光，那就打开地球，那里有大量燃料。

学者和旅行家的许多发现都毫无用处，因为在目前条件下，一般工业已经可以满足人们所需！

学者们所发现的东西对我们无用，只有当地球上出现了伟大的民族时，这些东西才会变得有用。

你们为什么派人到新大陆去为取皮而杀牛？你们为什么让大量可以用于灌溉的水白白流入大海？你们为什么让可以注入大海的水留在土地上？

牲畜各有自己的不同利害，若在一起就会相互伤害。人是唯一生来就应结群生活的物种，他们在共享中毫无损失。

生活在一个巨大的社会中，而不是生活在一个大国中，对我有说不尽的好处。

---

① 实际只有1400万。

人口稀少的国家不见得比其他国家少挨饿，有时候饥饿给它们造成的恶果更大，因为，一则它们不能借助商业迅捷地获得外部支持，二则贫困妨碍他们享用这种支持。

367（1748）。——居民数量。罗慕洛斯和莱库古把一定数量的土地给予每个家长，据我的推测，大概是五阿庞[①]。

1古里如果相当于3000几何步，1平方古里就等于9000000平方几何步。若以1几何步为500尺，1拉特的长和宽各为7尺，则共有6428572平方拉特，若除以512，则每平方古里等于12556阿庞，每户分得5阿庞，则每平方古里土地可养活2511户。

若将加泰罗尼亚变成正方形，每边长24古里(一古里等于3000几何步)，则共有576平方古里。依据罗马人和希腊人的计划，每户拥有土地5阿庞，就可容纳2511户的976倍，即1446336户，也就是说，多于当时整个西班牙的户数。

在这个数字之上，还可以加上以手工业为生的人口；在一个治理良好的国家里，这些人计入第三等级，或算作奴隶，或算作自由民。

荒废的土地都属于教会，教会因拥有土地所有权而使土地荒废。由于教会拥有土地所有权，因而不准他人耕种，也只有不准他人耕种，才能表明教会拥有土地的所有权。

可是在这种情况下，有必要应用柏拉图的规则，即任何人不得继承另一家族的财产，一个农民倘若从另一家族获得遗产，就应转让给最近的亲属。5阿庞土地足以养活主人一家，更多的土地将会让主人忙不过来，使土地得不到必要的良好耕作。

罗马法不如柏拉图的法律聪明，罗马法准许(或容忍)公民借用他人姓名获得公民的遗产，以此逃避法律。可是。此项法律如果得到严

① 我将核对这个数字。

格执行,不曾被人钻空子,罗马也就不至于沦于腐化①。

368 (1812)。——居民数量。土地越是遭到蹂躏,帝国疆域就越大,正如我在别处说过的那样,帝国越大,疆土越是荒芜。

369 (1752)。——被瓦林斯接纳进入罗马帝国的哥特人,蹂躏了色拉斯、马其顿和塞萨利等地,这是一个广大的地区,众多的犁曾在这里翻耕土地,收获之丰裕难以尽述。如今这个地区被糟蹋得不成样子,只剩下几个孤零零的堡垒,再也无法供人居住。

恰如作者所记,土耳其也是这样。

370 (1841)。——终身士兵蹂躏了北欧、德意志和西班牙,致使那里人口大量减少。

印度以其特殊的商贸使西班牙人口减少,荷兰、英国和法国的人口增加。

371 (1813)。——各民族之间的大规模交往传播了而且每天正在传播着毁灭性的疾病。

372 (1700)。——我听说过菲莉娜游戏。在菲莉娜参加的一个盛宴上,宾客们玩这种游戏。每个参加者轮流主持,让大家按照他的要求做。菲莉娜发现在场的妇人们都浓妆艳抹,于是叫人端来一盘水,拿起一块面巾洗脸。这些妇人一个个丑相毕露,满脸皱纹。菲莉娜依然花容月貌,光彩照人。这就是宗教和迷信。

---

① 文中的阿庞指我们法国的计量单位茹纳尔。

[茹纳尔(journal),法国古代土地计量单位,相当于一人一天能耕作的面积。——译者]

373 (1715)。——我们已经说过，政体原则腐败之时，宗教原则也会随之腐败。宗教原则倘若是虔诚，那就是苍天所做的最大好事，宗教原则若是迷信，那就是大地所做的最大坏事。

374 (1844)。——宗教。属于农夫种姓的人扎耳朵或结婚时，如果不打算向神明供献两节黄金手指，就应该砍下自己的两节手指敬献给偶像[①]。

很奇怪，偏偏让最需要手指的人砍掉手指，或许因为源于这么一种想法：把最珍贵的东西献给神明才显得虔诚。

375 (1779)。——无论何种宗教的法律都因其性质而不容改变，所以，聪明的立法者不应推翻宗教法律，而是设法避开宗教法律。

376 (1834)。——巴贝拉克[②]先生在他所辑录的《古人论述》第35条(关于耶稣诞生前848年前后[③])中写道：

“来自希腊的洛克里斯人和来自意大利的西西里人的条约。洛克里斯人来到了西西里人占有的位于意大利一角的奇里乞亚海岬。他们与西西里人盟誓，只要他们在这块土地上，只要他们的脑袋依然长在肩膀上，他们就共同享用这块土地。洛克里斯人把一抔黄土放进鞋子里，把蒜头放进衣服底下的肩头上。”

我们从中看到，那时候采用这种方法逃避立誓的事件不计其数，无知产生迷信，迷信在令人过度敬畏神明的同时，却也让人戏耍神明。

迷信是表面文章之母、宗教心灵之敌。

---

① 《耶稣会士书简集》，第六辑，第132页。

② 巴贝拉克(Barbeyrac，1674—1744)，法国法学家。——译者

③ 见我的摘录笔记第192页。

在一个类似的无知时代，克洛维斯的儿子们（我相信）想要背弃在圣人遗骸盒前立下的誓言，便偷偷地把圣人的遗骸从盒子中取走①。

377(1843)。在一些没有祭坛的神庙里，就连小偷也不敢抓。抱头鼠窜的敌人如果逃进一座神庙，或是抱住一座神像，他们就保住了性命。可是，那些迷信的人，……

对于战败者免遭杀戮而言，设置此类避难所相当合理。

378 (1699)。——我们可以把上帝看成一位统治着许多民族的君主，所有民族都向他进贡，每个民族都有自己的语言。

379 (1777)。——我承认，当我这样谈论君士坦丁时，我确实有些担心，怕被人列为奥罗西乌斯②所反对的那些人之一，那些人指控基督教丢失了罗马帝国；我还怕有人指责我仅仅以我们的死敌索西穆斯为例。可是我觉得，君士坦丁的行动并未引起争议，索西穆斯和君士坦丁的颂扬者虽然从不同的角度观察事物，但看法却相当一致。神甫们说，君士坦丁非常热爱基督教，这正是索西穆斯指控君士坦丁放弃异教时所说的话。神甫们说君士坦丁非常尊重主教，这与索西穆斯说他的身边始终围着一群主教异曲同工。真相被赞颂和讥讽掩盖了，应该还它以本来面目。

如同奥古斯都曾经有过一个计划那样，君士坦丁也制订了一个新计划。

① 见我的笔记《政治—历史》，第 192 页和第 193 页。

② 奥罗西乌斯（Orose），公元 5 世纪的基督教史学家。——译者

380 (1711)。——下面这些文字未能写入“宗教”：

“尤利安费力不讨好。缕缕光明已经在世界显现。哲学已经确立，当初他若推翻了基督教，就能建立第三宗教，而不是重新确立异教。”

381 (1783)。——希腊的教会分立。教皇们已经投向西罗马帝国的君主一边，教皇和君主由此各得其所。这就造成了希腊的教会分立，希腊人则因教皇不是自己人而把教皇视为危险势力。这样一来，分属两个教会的国家就彼此仇恨。

查理曼把教皇当作抵御希腊的屏障。

382 (1784)。——福凯斯①与僧侣们相处不好，于是确立了教皇至高无上的地位。

教皇以其权威对抗主教的专横跋扈，让人松了一口气。由于据称的侵入和真实的侵入，教会的分立不断发生。

383 (1751)。——教会得到的财富导致不时显现的光明终于熄灭，这一点无须怀疑。一个团体如果拥有过多的财富，必然会变得无知，因为它会想方设法掩盖自己徒有虚名的事实。

384 (1812)。——宗教。——僧侣和神职人员被许可②以某种方式与女人姘居③。

---

① 参见《拜占庭史》。

[福凯斯(Phocas)，拜占庭皇帝(602—610 在位)。——译者]

② 在西属西印度。

③ 弗雷齐埃，见我的笔记《地理》，第 376 页。

气候的力量。

大自然消除桎梏……

385（1765）。——查士丁尼。犹太人的逾越节如果与基督教的复活节落在同一天，犹太人就不许在法律规定的日子里过节[①]。

认为自己的宗教比别人的宗教高出一头的思想，源自人间的观念，徒然引起他人的极度反感。

386（1875）。——法兰西应该支持天主教，天主教对于其他所有天主教国家都不合适，对法兰西却没有任何坏处。它因此而对其他天主教国家拥有一种优越感。它如果变成新教国家，一切就将随之变成新教。

387（1811）。——你们其实是在凭借新的遁词并利用不幸来博得敬意[②]。

388（1764）。——上帝为自己保留了直接管理权，摩西只得将他的法律和宗教都包容在同一部法典中。

穆罕默德也只能照此办理。

389（1825）。——应该看到，公民法不同于宗教法。从信奉一种宗教到改宗另一种宗教相当困难，因为仅仅以方便为理由，远远不足以痛下决心这样做并克服巨大的障碍。然而，事关公民法时就不一样了，谁都可以方便地选择生活在另一种公民法的约束之下，因为，方便就是

① 普洛科比乌斯，《秘史》，第148页。

② 坎蒂利安。

充足的理由。所以，意大利人、伦巴第人，接着便是德意志人和法兰西人，都先后采用罗马的公民法。

390（1814）。——由万民法调节的各种事物的性质。凡由万民法调节的事物，就其性质而言，都只能由暴力或终止暴力即签订条约调节。

极端的胡作非为也可以调节这些事物。但是，全世界和各个国家，都需要保存自己，每个国家如同每个公民，都不应被置于死地，所以，治理良好的国家必不能以胡作非为来进行调节。因此，往水井和泉水中投毒、当廷谋杀君主，总之，所有既非依仗暴力又非依据协议的行为，都违背万民法的性质。

有战争就必然有防卫。所以，万民法规定，开战之前必须先行宣战。唯其如此，使者的安全才有保障，而使者正是万民法在战时的执行人。

有了协约，战争方能结束，签订协约需要使者。使者便是双方的使节。

往昔的使节是临时派往某些国家的人员。邮驿和货币兑换发明之后，各国人民交往增多，彼此的认识日益加深，从而激发了进一步相互了解的愿望。由此出现了常驻各国的使节。

这些使节都是间谍，不过是朋友之间的间谍。在相距遥远的朋友之间，通过使节来实现交友之道的种种要求（相互抱怨、彼此提醒、互相安慰，互起疑心、分手）。

为要求停战而扣留人质的君主如今已经极为少见。在罗马时代，这是一种常用手段，原因是罗马人认为，获胜方有权约束战败方，今人已经没有这种观念。

依据万民法，战争以签订条约告终。大国君主如果无端违背万民法的此项规定，那就不啻是告诉大家，他们并不十分强大，需要加强和担心的事还很多。他们如果严格遵守此项规定，大家就觉得他们十分强大，别人无法为难他们。

391（1900）。——从第二十六章第二十四节“从秩序看法律”中删去的文字，等等。

“倘若有一个国家对自己毫不关心，不制定政治法来保护自己的独立，以免被人瓜分，并因此而殃及他国的安全，那么毫无疑问，此事不应通过政治法，而是通过万民法加以解决。万民法规定，每个国家都应尽其所能保护自己，不允许一国因疏于防务而殃及他国。”

392（1770）。——我将要论述政治法与公民法的关系，据我所知，此前尚无一人做过此事。

393（1754）。——我并不是说变化随之而来，也没有说，在破坏民事管理之前，要首先破坏政治管理。我只是说，出现这种情况是很自然的，在拥有优秀的立法者的国家中，情况就是如此。

394（1918）。——科林吉乌斯摘录第 53 页：马丁与布加鲁斯的争执：皇帝拥有财产还是拥有帝国。

腓特烈认为他是古罗马皇帝的继承者，犹如迪波教士认为克洛维斯是古罗马皇帝的继承者。

395（1835）。——总督。他们如何把大路修好？他们可以快速下达命令，而过去他们的命令传递速度极慢。过去在执行中混淆了快速与……

公共工程如果确实应该高速完成，计划就不可能考虑得非常周全。

396（1821）。——1735 年谕令第 76 条取消了抵触条款，这样做非常正确。这些条款所给予的是一种非常宝贵的自由，立文书人去世之前随时可以改变意愿，尤其在遗嘱中，遗嘱与馈赠不同，馈赠文书可以说是赠与人和受赠人签署的协定。

谕令对于新法令第 37 条的规定非常好。此项法令规定，不得再使用相互遗嘱。过去一方没有向另一方宣布废除遗嘱时，尽管有第二遗嘱，相互遗嘱依然继续有效。现在的规定很正确。

397 (1822)。——诺曼底习惯法的规定不错。如果遗嘱立好后不到三个月立遗嘱人就去世，此遗嘱应属无效。不过，这个期限还应缩短，立遗嘱人如果并非卧床不起，那就更应缩短。此举有时会引起误解。

398 (1795)。——法律有主次之分，每个国家的法律都有等级。如同每个人一样，人民的观念和总体思想方法也有一种序列，有起始，有中间，有结尾。

这类话题无边无际，除非我为它设置一个范围。我以罗马继承法的渊源和产生为例，此例在这里可用作方法。

我写书不是为了教授法律，而是为了传授法律的教学法。所以，我只评述法律的精神，而不评述法律。

如果我已经阐明了罗马继承法理论，就可以运用同一方法探明大多数国家的法律是如何产生的。

以下想法是合情合理的：法学家们在确定财产的所有权时，立足于当时该国政制中的具体状况，罗马人制定继承法的依据是政治法，此前罗马人曾依据政治法均分土地。

399 (1795)。——了解往事有何用处。应该了解往事，不是为了改变新的事物，而是为了利用好新的事物。

每个世纪的普遍舆论都有些偏激，这是不变的规律。这是因为，舆论之所以变成普遍，就是因为它们曾经产生过强大的影响。为了让这些舆论回归理性，就得对各个世纪中的每个世纪的主导舆论作一番审视，一方面应充分利用这些舆论所激发的火星，所引发的有利于福祉的行动，一方面应阻止这些舆论散布有利于邪恶的偏见，这样做就能使这些舆论大有用处。

我沿着前几章的思路写到了眼前这一章。在这一章中，我叙述了法国的法律史，就像我在前面讲述罗马法的历史那样。我希望有人为每个国家撰写出优秀的法律史著作。要想深刻了解现在，必须深刻了解过去，必须在每个时代的精神中理解每一项法律。没有人播种巨龙的牙齿，让人从地底下钻出来，然后把法律交给他们。

400 (1937)。——我通过阅读蛮族的法典，探寻法律的摇篮时期。

401 (1938)。——米开朗琪罗第一次看到万神庙时说，他要把它放在空中。我想用自己的方式仿效这位巨人。这些沉睡在地下的法律，我要把它们展示在众人眼前。

402 (1881)。——阿莫里克人[①]。我相信，阿杜安[②]神甫在贺拉斯的史诗中发现了雅各宾僧人[③]时，肯定很高兴。迪波神甫首次看到阿莫里克人的共和国将要在世界上发挥的作用时，高兴的程度绝对不亚于阿杜安神甫。

① 阿莫里克人(Amoriques)，7 世纪前居住在今布列塔尼地区的部族。——译者

② 阿杜安(Hardouin，1646—1729)，声称古代杰作都是僧侣的伪作。——译者

③ 雅各布宾僧人即多明我会修士，并非法国大革命时的雅各宾党人。——译者

403 (1939)。——那些只会打仗却不会书写的民族，遇有需要民事文书时，只能用一些图形替代。我们正是在这些图形中看到了初始法律和后续法律的区别。这就是墨洛温王朝各项法律的起源！从加洛林诸王的敕令能得到一些启示，不过这是个枯竭的源头，我们能够从中看到的只是一些有关圣职和帝国的规定，而且令人生厌地一再重复，这些规定充其量只能让我们对当时政府的经济状况有所了解，对于当时的公民法却提供不了多少信息，更何况，国王们把这些规定束之高阁，并没有付诸实施。终于到了尽头，整个司法机构似乎全都垮掉，统统倒下了。汹涌的大河流入地下，消失得无影无踪。且让我们等待片刻，大河将会重新出现，寻找它的人将会再次见到河水。

它把人们曾经寻找的水波再度奉献给人们，可是人们如今却已经不再寻找水波①。

404 (1826)。——我把各国法律的不同特点记述如下：

"萨利克法圆满地达到了目标，把各种案情作了精确的区分。小偷如果偷了第一胎或第二胎生的猪，罚款 3 苏，如果偷了第三胎生的猪，则罚款 15 苏②。"

依照萨利克法的规定，罚款不一定以被偷物品的价格为准。例如，偷了三只或三只以上绵羊，罚款 1400 锝，偷了四十只或四十只以上绵羊，则罚款 2500 锝。由于萨利克法规定，被偷的物品一定要归还给失主，所以罚金仅仅是对过失的惩罚。萨利克法认为，过失大小不取决于被偷物品的大小和数量，也就是说，不取决于被偷者的财富多寡。

萨利克法十分重视具体情节。偷窃树上的一只雀鹰，罚款 3 苏，偷

① 此处指皇帝尼禄。

② 《萨利克法》，第二篇 § 1、2。

窃关在笼子里并加锁的雀鹰，罚款45苏[①]。萨利克法一方面考虑到房舍的安全，另一方面认为，栖息在树上的雀鹰似乎已经重新获得其天生的自由。

里普埃尔法的特点是与罗马法比较接近，而与萨利克法则稍微远些[②]。里普埃尔法的罚金通常轻于萨利克法。

纵火者除赔偿损失并支付诉讼费用外，还需支付罚金600苏。被告如果否认犯罪，不但需要立誓，还得提供七十二位证人。罪犯如果是奴隶，除赔偿损失并支付诉讼费用外，他只需支付罚金36苏。他若否认犯罪，他的主人需要与六位证人一起立誓。

此法的特点之一是奴隶支付的罚金少于自由民。不过，这样做的理由是：确定罚金数额的依据不是支付能力，而是事物的性质。因为，奴隶的主人需要为他的奴隶支付的罚金，如果超过他的支付能力，他就会因此而破产，而这是人们不愿意见到的。

不过，有一点差距很大，那就是证人的数量。自由民与奴隶为否认偷窃行为而立誓时，所需证人数量不同。如果依据罚金金额来确定证人人数，那就很可笑，因为无论奴隶或自由民，他们在需要得到证明这一点上并无差别。不过，之所以证人人数有别，原因在于奴隶被认为少

① 《萨利克法》，第二篇§1、3。

② 比如，《萨利克法》规定。1苏等于40锝，按《里普埃尔法》规定，1苏等于12锝。第三十六章规定：依照古代的习俗，也就是说，根据罗马人的习惯，1阿司等于12盎司。

如果有人对国王表现出不忠，《里普埃尔法》在没收财产方面（第六十九章第80页），看来与罗马法是一致的。第七十八章规定，立假誓的小偷被处绞刑，不处任何没收。这种规定符合罗马法。罗马法规定，只有大逆罪才可处以没收财产。（见同一摘录中的第80页和第81页）

此事表明，迪波教士的体系是错误的。萨利安人并不像他所说的那样友好对待罗马人和里普埃尔人。

有亲朋。

里普埃尔法第十九章完全符合马尔库尔弗的法规。这就令人想到，此项法律至少也像萨利克法那样被普遍接受，甚至超过萨利克法。关于决斗的规定就是明证。

勃艮第法以其公正和不偏不倚令人称道。现在我来说说他们有关待人接物的规定。

我们知道，殷勤待客在日耳曼人中蔚然成风。塔西佗说："原来的主人又把客人引见给另一个主人接待。"勃艮第人创建王国后，必须解决因履行这个义务而带来的弊病。法律规定，村中某人接待公干人员的花销，一律由全体村民分摊；法律甚至规定，对于因私路过的客人也同样应该给予热情接待，拒不接待者处罚金 3 苏；勃艮第人若不但不接待客人，而且把罗马人的房舍指给客人看，除了处以 3 苏罚金之外，还要赔偿给相关的罗马人 3 苏。法律规定，若是糟蹋主人房舍的客人，应按被损物品价值的九倍给予赔偿。勃艮第人的法典从头到尾充满人情①。

我要指出的是，前面所引的法律与塔西佗就日耳曼人所说的话相互吻合。"原来的主人又把客人引见给另一个主人接待。"这说明塔西佗非常熟悉这些习俗。

勃艮第法中规定遗嘱和馈赠书的格式的第四十三章，全都来自罗马法。日耳曼人过去既无遗嘱也没有馈赠书，所以在设置遗嘱和馈赠书时就借用了罗马法的相关规定。勃艮第人选用此项法律更是出于自愿，因为这样有助于与被征服人民的精神达成妥协。

---

① "勃艮第法律非常明智，它旨在为国家把被征战破坏的团结重新找回来。即使在父母不同意或不知情的情况下，罗马姑娘也可以与勃艮第人结婚，父母不得更改其决定。允许勃艮第人与罗马人通婚，但是，勃艮第人不得迎娶未经其父同意的罗马女子。"(《勃艮第法》，第十二篇 § 5)

勃艮第法的附加条款对偷窃一条狗或一只雀鹰作出了规定（第十章和第十一章），此项与众不同的规定凸显了这些人民的淳朴（摘录第122页和第123页）。

西哥特人的法律挺不错，它规定把妓女送给穷人做奴隶。下贱的职业只能以卑劣的地位加以惩罚[①]。

丈夫去世之后，遗孀把修女的服装穿在外面，里面系着几条布带，以此表示她并未脱掉世俗服装。法律规定，这个妇人因此而不得脱掉修女服装，也不得违反修道院有关节欲的规矩。因为君主说，看人就看他的外衣[②]。此项法律的理由与法律本身一样合乎道理，裁决的依据应该是本人的意愿。

阿拉曼人的法律对于重罪和轻罪的处罚，无论是罚金或是付给公众的赔偿金，都与萨利克法相同。他们不使用体罚，一切依照早期日耳曼精神办理。

此项阿拉曼法非常合乎人情[③]，它规定，一个阿拉曼自由民姑娘嫁给一个教会的奴隶后，如果觉得奴隶生活难以忍受，她就可以自行离去。但是，如果她在三年之内没有提出这种要求，她和她的子女就成为奴隶。这些民族认为，自由与婚姻都是与生俱来的权利。自然的束缚大于意志的束缚，意志的束缚只有通过意志才能变成自然的束缚。这项应在三年之内提出的要求，与我们规定的应在五年之内提出放弃修道意愿的要求有些相似。不过，我们的要求是以遭受暴力为假设前提，并且要求提供遭受暴力的证据。阿拉曼法不同，它确立在脆弱性的基础之上，不要求提供证据。一位自由民妇人在三年之中饱受奴役之苦，心甘情愿看着自己的精神日渐萎靡，找不到能让自己的感情变得慷慨

① 第三卷，第四篇 § 17。

② 《西哥特法》，第三卷，第五篇 § 4。

③ 《阿拉曼法》，第 18 条。

大度的时机，所以她不配继续当一个自由民。

阿拉曼人的法律处处都很温和，比西哥特法温和得多。这些北欧民族倘若移居到南欧，说不定就需要比较严厉的法律。

总之，所有这些法律都透出一股温和的气息。比如，因疏忽而没有执行公爵或百人长命令的人，得到的处罚只不过 12 苏、6 苏或 3 苏①。

阿拉曼法与里普埃尔法相同，接受反证②。

对于在能够骑马之年反叛其父的公爵之子，阿拉曼法的处置也很温和。对于这些民族来说，骑马是从政所需的最重要能力。

阿拉曼法允许进行决斗。一个自由民向公爵或国王指控另一个自由民有罪，但只说此人确实有罪，却提不出证据，在这种情况下，被指控者可以要求以决斗证明自己的清白。我觉得，有关决斗的规定在这部法律中已经变得比较宽和了。无论如何，阿拉曼法如同里普埃尔法一样允许进行决斗，不过，它禁止滥用有关决斗的规定。因此，涉及后果不严重的罪行时，不能进行决斗。

阿拉曼法的第五十二章中的有关规定让人觉得，该法把娶他人的未婚妻视为非常恶劣的行径。在这一点上，该法与西哥特法完全一致。

阿拉曼法对休妻的规定很宽松，丈夫支付赔偿金 40 苏就可以了事。

阿拉曼法对于导致家庭数量减少的过失比较重视。一个自由民如果被杀，但留下了孩子，赔偿金是 160 苏，如果没有留下孩子……作这种规定的理由是减少了一个家庭。所以，该法还郑重地禁止将奴隶转移到外邦。由于大批日耳曼人离国出走，立法者希望通过这种规定防止有人继续出走。

① 《阿拉曼法》，第 28 条。

② 《阿拉曼法》，第 24 条，第 30 条。

我在摘录的第 197 页上谈到了巴伐利亚法的性质，请注意我对该法第七章第 15 条所标记的星号。

巴伐利亚法中有两项非常奇特的规定，这说明该法曾经过修正，在第十四章第八节竟然援引了《圣经·旧约全书》。

萨克森法也接受反证。

这些蛮族法律不利于订婚人，把已经订婚的少女强行许给他人[①]。

萨克森法也许可决斗取证[②]。

在这里，对一个被出卖的妇人的赔偿不比一个被出卖的男子高[③]，无论是贵族男子还是贵族女子，都是 600 苏。

盎格鲁法大概也曾经修改，因为该法有关于遗嘱和馈赠书的规定。自由民可以将其遗产给予他所愿意给予的人[④]。这与日耳曼法恰好相反，恰如我们在塔西佗的著作中所读到的："没有遗嘱……等等。"

我们看到，弗里兹法已经开始以锂作为罚金的计算单位[⑤]。弗里兹人居住在河流沿岸，与大国往来方便，如同当今居住在这个地区的民族[⑥]一样，商业相当发达。

我觉得，与其他民族的法律规定以苏为单位相比，以锂为单位不见得就能带来更多的金钱。所以，我的提醒并无实际效用。

此项法律让我们看到，由国王属下的公爵统治的弗里兹人是什么样的。

---

① 《萨克森法》，第 9 条。

② 《萨克森法》，第 15 条和我的摘要第 218 页。

③ 《盎格鲁法》，第一章，第一节，第十章，第三节。不错，这些只是针对尚未生育以及已经有过生育而放弃再次生育的妇女而言。

④ 《弗里兹法》，第十三章。

⑤ 《弗里兹法》，第十五章。

⑥ 不过，还应关注一下这种以锂为单位的赔偿金与其他民族以苏为单位的赔偿金之间的比例关系。

萨克森法多么有助于我们对萨克森人的了解！

贩卖自由民到国外者[①]，……

405 (1927)。——先后三个王朝的王位都传给男性继承，没有任何限制、条件和对条件的解释。第三个王朝的王位始终由长子继承。

406 (1718)。——我已经写到第二十九章了。若非再次向神明祭献，并修建了一个神庙，把它奉献给厌烦和耐心，我是不会动笔的。

407 (1718)。——圣皮埃尔教士说："应该选一些好人"；这就如同征兵时所说的："要身高五尺六寸的汉子"一样。

408 (1876)。——用于"法律的制定"[②]。圣皮埃尔教士是一位亘古未见的大好人，每逢遇到麻烦时，他总是说，需要召集十个大好人才行，此外他就不知道再说什么。这就像一个参谋在挑选士兵时说："得有五尺八寸高才行。"法律应该首先考虑如何培育出好人，然后才考虑挑选好人。不应该一开始就想挑选这种人，这种人少得很，用不着白费劲。

409 (1931)。——我们在西班牙的宗教裁判所里看到的所有法律，主教们都已经拿来了。不过，他们对这些法律的利用不如当初预想的多。僧侣们到来了，并且紧紧抓住民众的虔诚，虔诚的民众向他们涌去，认为他们比主教们更是天主教徒。他们渐渐变成了宗教裁判所的

① 《弗里兹法》，第 21 条。

② 未能用在《论法的精神》中的资料续篇。

法官，甚至连主教也得听他们摆布。

滥用权力的人最终被滥用权力的人所害，这是他们的必然结局。不公正会由一个人传给另一个人，所以，聪明人永远宽以待人、公正处事。

410 (1934)。——一项法律如果看起来有些奇怪，但又看不出立法者用意何在(只要此项法律既不是税法也不是暴戾的法律，就不难想见立法者的意图)，那就应该相信，其实它肯定有充分的理由，不像我们所看到的那样荒谬。成吉思汗的法律禁止莫卧儿人在打雷时靠近有水的地方，这是因为莫卧儿人的居住地是个多雷地区，这条法律的目的就是防止他们溺死在水中①。

411 (1922)。——新法。新法表明统治者的关心之所在。可是，实施旧法却更能证明这一点。不过，我并不想指责罗马人在司法方面实现的巨大变革，他们改变了政制，所以，他们的公民法就得因政治法的改变而改变。

412 (1860)。——应该知道一种弊病在什么条件下会变成法律，一种修正措施在什么条件下会变成弊病。

413 (1767)。——政府就像是一串数字，去掉一个数字或是添加一个数字，都会改变全值。不过，由于我们知道每个数字的值，所以不会受骗上当。

政治则不同，谁也不知道变化之后是什么结果②。

---

① 参见佩蒂·德·拉克鲁瓦，《成吉思汗传》。

② 笔记《政治》，第二卷，第 19 页。

414 (1769)。——公民法的一个细微变动往往导致政制变化。变动看起来很小，后果却巨大无比。比如，由于人口普查结果出现变化，国家的权力从一部分人手中转移到另一部分人手中。一辆四轮车可以用三个轮子乃至两个轮子前进，但必须调整轮子的位置。中国人也是这样，当他们允许外国人进入该国时，他们的民法也要作出相应的调整。

415 (1780)。——取消某项与生俱来的自由时，应该让人获得足以抵消此项损失的明显利益。

某种好东西若有瑕疵，比较审慎的做法通常是去其瑕疵而不是舍弃此物。

416 (1727)。——塔西佗给我们留下了一部佳作《日耳曼尼亚志》，从中可以看到他对我们的习俗的描绘，他对我们的法律的讲述……真希望有人给我们留下一部《哥特志》，因为，哥特人是原始民族，我们所能见到的对他们的描述，都是他们各族相混或是与被征服民族相混之后的状况。

417 (1691)。——有一点很值得注意，哥特人在意大利败于罗马人，是因为武器不如人，他们在高卢被法兰西歼灭，同样由于武器不如人。法兰西人有一种特殊武器，那就是斧子，他们灵巧地把斧子掷向敌方，摧毁敌人的所有防卫武器。他们还有一种能得心应手地使用的短投枪，叫做“昂科纳”①。

418 (1733)。——法兰西人之所以对其他民族拥有优势，主要原因在于，罗马垮台之后欧洲没有一个国家能保持坚实的状态，并得到包

① 阿加西亚斯，《查士丁尼执政史》，第一卷。

括宗教在内的各方面的帮助。高卢人不能生活在亚里安暴政之下，意大利不能忍受罗马教廷的压迫。除此之外，他们的武器和他们的灵巧使他们对付哥特骑兵时拥有优势，在前一部著作中已经多次谈到这一点。

419 (1941)。——有人说，查理曼的妻子虽多，但并非同时拥有。我们也应该找出一种方法，藉以证明达戈贝尔的三位王后和其余女人也是有先有后，达戈贝尔对宗教的虔诚绝不亚于查理曼①。我绝不攻击查理曼，因为我不知道对那些因遵守本国法律而触犯宗教法的人，教会会给予什么样的宽恕。

我在这里作一个推测。弗雷德加里乌斯说②，宫相瓦纳歇尔死后，其子戈丹娶后母为妻，国王大怒，斥责他违犯教会法。可是我觉得，这位国王对教会法不至于热爱到要为此而派军队去讨伐戈丹的程度。国王下令让他立誓，以表忠心。戈丹的行为显然是政治谋杀，他的乱伦婚姻伤害了国王的某种特权。我在《论法的精神》有关“土地性质”(据我的记忆)或者是有关“采地”的章节中，谈论法兰克国王有多位妻子时曾提及此事。

420 (1697)。——查理曼。我禁不住要对一块银牌表示遗憾，这块银牌比他宫中的其他银牌更重(查理曼在遗嘱中这样说)，做工更精，上面刻有以三个圆球表示的世界。

感谢上帝，查理曼让人把许多东西刻在青铜器上，此后由于舍不得再做此事，这些东西就变成了秘密。许多民族迁移之后，各个民族所处的位置，各个城市的地理位置，一一显示在这些青铜器上面。原来的一些猜想，将会得到证实或否定。

---

① 弗雷德加里乌斯，《编年史》关于628年的记述。

② 关于公元626年。

421（1721）。——查理曼于公元788至789年击败匈奴人。查理曼于公元777年摧毁伦巴第人。他确认其父对罗马教会的捐赠。伦巴第王国存续二百年。

422（1829）。——当我们想到这三位君主：丕平、铁锤查理和查理曼！在他们执政时代，我们战无不胜的民族不再有敌人。可是，在他们之后，罗马帝国曾经发生过的事在我国重演：当年的罗马在马略、苏拉、庞培、恺撒先后执政之后，也不再有征服的对象。不但如此，当年亚历山大之后发生在希腊的事也在我国重演：法兰克人在内战中自相残杀。

423（1832）。——诺曼人蹂躏了整个王国之后，因民众的灾难而形成的无序状态，使民众的不幸无以复加。于格·加佩于是被选为王。

424（1695）。——于格·加佩。他的名字湮没在同样被人遗忘的岁月里，湮没在黑夜、沉默、黑暗和遗忘中。

425（1696）。——于格·加佩。把我们所知的传说纳入从未中断的家谱之中，这是不知道如何恭维自己。于格·加佩不是加洛林家族的人，他是他自己家族的人。这种荣耀刚刚显现出来，他，他的父亲和他的祖父就立即显现在荣耀之中。采地永久化刚刚有助于凸现家族的荣耀，家族荣耀就立即随着采地出现。家族的荣耀有一大好处，那就是它在发展过程中始终强大，而且它只有一个渊源，那就是黑夜、黑暗和遗忘所主宰的那个时代的深渊。

426（1828）。——伦巴第法禁止携带施过魔法的武器。作出这项规定的时间大体上是在法兰克人的盔甲重量增加之后。有些武器可能削铁如泥，致使有人觉得这种锋利源于魔法。这种想法孕育了难以计数的故事，阿里奥斯托[①]和其他诗人留给后代的作品就是以此类故事为题材的，如今到了热兵器时代，读起来尤为可笑，因为当年的游侠骑士都已经渺无踪影了。

427 (1830)。——阿戈巴尔在一封致宽厚者路易的信函中大发牢骚，对于由圣洁的主教们所编撰的法兰西公会议宗教法，由于教皇并未参与编撰，因而被视为多余和无用一事，深感不满。罗马宗教法专家们对于这部宗教法甚至不置一词。

428 (1928)。——迪图莱先生[②]说得对，贵族法院确是小路易创立的，为的是审理他的领地上的各种事务，与贵族们的尊号有关的事务以及其他重大事务。

设立这个法院的宗旨不是改变领主司法机构的判决，而是纠正渎职和不公正现象。

正因为如此，领主本人往往被传讯受审，他们因此而又可能被国王处以罚款。不过，圣路易废除民事案件中的决斗取证法之后，开始出现因民事判决而提起的上诉。此时若再有领主本人被传讯，那就是罕见的例外。

429 (1929)。——我觉得，在刑事诉讼中，处置情况不明的案件时使用的是立誓，处置难以判断的案件时使用的是决斗，处置案情清晰的案件时使用的是战争。在民事诉讼中，处置不会产生任何后果的案

① 阿里奥斯托(Arioste，1474—1533)，意大利诗人。——译者

② 迪图莱(Du Tullet，卒于1570年)，《法国望族谱》的作者。——译者

件时使用的是立誓，处置其他案件时使用的是取证，处置证据不被承认的案件和上诉案件时使用的是决斗。

430 (1930)。——在空的圣人遗骸盒前立誓。弗雷德加里乌斯续篇摘录第92页。

那时的人已经不再担心立假誓，但依然担心灾难。

431 (1932)。——借助《旧约·诗篇》中的一段话、《旧约·先知》中的一段话、《旧约·福音[①]》中的一段话作出的上帝或神明的判决。可是，出现在《旧约·先知》和《旧约·诗篇》中的灾难和威胁，比在任何别的书中更多，不幸的人在那里得不到什么安慰。克拉姆纳[②]和西尔佩里克的儿子墨洛维[③]就是这样商量的[④]。

432 (1932)。——你说，在我结束职业生涯之前，应该颂扬克洛维斯的征战和查理曼的治理。可是，在冯特奈因战败而求和的那位是谁？

433 (1831)。——我还有许多事要说，可是我担心这样做会变成纯粹做学问。我的谈话对象不是读者的记忆，而是读者的良知；与良知的对话短，与记忆的对话长。我愿意告诉人们如何在法律的渊源中观

---

① 原文中的“福音”一词为复数，估计是指《新约全书》中的“马太福音”、“马可福音”登四篇福音。——译者

② 克拉姆纳(Chramne，约卒于560年)，克罗泰尔一世之子。——译者

③ 墨洛维(Mérovée，约卒于458年)，萨利安法兰克人的国王，希尔代里克一世的父亲，法国墨洛温王朝即以其名为名。——译者

④ 《图尔的格雷瓜尔著作摘录》第33、34页。

察法律，甚于撰写一部关于法律渊源的著作。

434 (2052)。——我在阅读蛮族法时[1]十分震惊地发现，蛮族不大关注弑亲罪，对弑亲罪的惩处也不大严厉，以至于这种罪行与其他暴力犯罪几乎没有什么区别。我在卡西奥多卢斯的著作[2]中读到，西奥多里克在这种情况下要求依据罗马法惩罚弑亲者。随着蛮族日益罗马化，他们对弑亲行为的憎恶也逐渐加大。

我在一定程度上发现了蛮族人民的这种想法的原因，他们保持着自己的所有习俗；我在普洛科比乌斯的著作(《哥特战记》第二卷)中找到了原因(我这样想)。他在此书中谈及赫鲁尔人[3]时写道，对于身体羸弱或年老体衰者，人们首先应该向其亲属提出把他弄死的请求，然后由一个非亲属把他杀死。事毕之后，他的亲属应把他放在火堆上焚毁。

请看，所有这些与日耳曼人的其他习俗有着多大的关系。人们向亲属提出请求，因为他们有权关注亲属的安全。事关一个人的生死，似乎不应不征得亲属的同意。动手杀人的不是本家人，但得到了本家亲属的同意。否则就会有复仇问题。

① 我做此摘录是为了用来撰写《论法的精神》的第十八章的末尾一节。

② 《东哥特史》，第二章，第 14 封信。

③ 赫鲁尔人(Hérules)，最早居住在北欧的日耳曼人，后来分为东西两支，西厄鲁尔人迁居迁徙到莱茵河畔。——译者

为《论法的精神》辩护①

第一部分

我把这篇《辩护》分作三部分。在第一部分中，我就批评者对《论法的精神》的作者所作的一般性指责作出回答。在第二部分中，我就批评者的专题指责作出回答。在第三部分中，我对批评者使用的方法表明我的看法。公众将能因此而明了事情的原委，进而作出判断。

（一）

尽管《论法的精神》是一部纯政治学和纯法学著作，作者还是经常有机会在书中谈及基督教。他在谈论基督教时总是设法让人体会基督教的伟大；虽然他不以劝人信奉基督教为目的，却始终努力让人热爱基督教。

可是，在先后出版的两本期刊上②，有人恶狠狠地责难作者。其实，问题仅仅在于弄清楚，作者究竟是不是斯宾诺莎主义者和自然神论

---

① 《论法的精神》出版后遭到论敌的各种攻击，孟德斯鸠遂撰写此文作为回答。此文于 1750 年 2 月在日内瓦以小册子形式出版。——译者

② 一本出版于 1749 年 10 月 9 日，另一本出版于 1749 年 10 月 16 日。

［此处指法国天主教冉森派的刊物《教会新闻》（*Nouvelles ecclésiasitiques*）。——译者］

者，这两种罪名相互矛盾，但批评者却时而把他说成是前者，时而把他说成是后者。这两种罪名既然互不兼容，他所犯的罪再大也大不过其中之一；不过，两种罪名加在一起，的确能使他更加令人憎恶。

作者在他那部著作的开篇处，就把物质世界和智能灵性区分开来，所以他当然是斯宾诺莎主义者。

他当然是斯宾诺莎主义者，因为他接着在第二段就攻击无神论："有人说，我们在世界上所看到的一切，都是盲目的必然性造成的，这种说法十分荒谬，试想，还有比声称具有智慧的存在物也产生于盲目的必然性更加荒谬的言论吗①？"

他当然是斯宾诺莎主义者，因为他接着又说："作为宇宙的创造者和保护者，上帝与宇宙有关系，上帝创造宇宙时所依据的法，便是他保护宇宙时所依据的法。他依照这些规则行事，因为他了解这些规则。他之所以了解这些规则，是因为这些规则与他的智能和能力有关②。"

他当然是斯宾诺莎主义者，因为他还说："正如我们所见，由物质运动组成而且没有智慧的世界始终存在着③。"

他当然是斯宾诺莎主义者，因为他在反驳霍布斯和斯宾诺莎时写道："先有公正与正义关系，后有一切人为法④。"

他当然是斯宾诺莎主义者，因为他在第一章第二节中写道："如果不是依照顺序而是依照重要性排列，自然法的第一条便是把造物主的观念灌输给我们，并让我们心向往之⑤。"

他当然是斯宾诺莎主义者，因为他不遗余力地批驳培尔的如下悖

① 见《论法的精神》，第一章，第一节。
② 见《论法的精神》，第一章，第一节。
③ 见《论法的精神》，第一章，第一节。
④ 见《论法的精神》，第一章，第一节。
⑤ 见《论法的精神》，第一章，第二节。

论：与其做一个偶像崇拜者，不如做一个无神论者，这是一个悖论，无神论者将从中得出非常危险的结论。

列举了这许多言之凿凿的说法后，他该作何回应呢？证据的充分程度应该与指控的严重程度成正比，这是大自然对于公正的要求。

第一条异议

“《论法的精神》的作者刚迈出第一步就跌倒了。他说，从最广泛的意义上来说，法是源于事物本性的必然关系。法律是关系！这叫人如何理解？……不过，作者之所以改变人们通常对法所下的定义，并非没有意图。那么，他的目的是什么？请听我说。依据新的体系，在组成蒲柏所说的大整体的所有存在物之间，存在着一种绝对必然的连锁关系，哪怕极其轻微的骚扰，也会给这种连锁关系带来混乱，就连最高存在物也不能幸免。正因为如此，蒲柏才说，事物只能是这个样，而不能是另一个样，现存状态就是良好状态。如此说来，法是源于事物本性的必然关系这种新说法的含义就很清楚了。作者接着又说：就此而言，一切存在物都各有其法。上帝有其法，物质世界有其法，超人智灵有其法，兽类有其法，人类有其法。”

答　辩

黑暗之甚莫过于此。这位批评者曾听说，斯宾诺莎认为，一种盲目而必然的原则主宰着宇宙。对于这位批评家来说，无须更多的证据了，只要见到必然这个词，立即就可断定这是斯宾诺莎主义。作者说过，法是一种必然的关系，毋庸置疑，这当然是斯宾诺莎主义，否则怎么会说是必然呢。令人感到奇怪的是，这位批评者之所以认为作者是斯宾诺莎主义者，依据就是他在这一节中的论述。可是，这一节事实上恰恰是在着力批驳那种危险的体系。作者把批驳霍布斯的体系作为自己的目标之一，因为霍布斯的体系是一种可怕的体系。霍布斯把一切美德和邪恶都归咎于人所制定的法律，他试图证明，人一来到世界上就处于战争状态，第一条自然法就是众人与众人的战争，这种体系与斯宾诺莎一样，彻底颠覆了一切宗教和一切道德。有鉴于此，作者首先指出，在人为法出现之前，就存在着公正和正义的法则；作者证明，所有存在物都有法，甚至在他们被创造之前就已经有了可能有的法，上帝自身也有法，这就是他自己制定的法。作者指出，人生而处于战争状态的说法是错误的[①]，战争状态只是在人类社会建立之后才开始出现。作者就此阐明了一些明晰的原则。可是，尽管作者一再批驳霍布斯的谬误和斯宾诺莎的结论，可是，很少有人认真倾听他的论述，却把他对斯宾诺莎的批驳说成是斯宾诺莎主义。既然要展开争论，就得首先弄清问题之所在，至少应该知道你所攻击的人究竟是朋友还是敌人。

第二条异议

批评者接着说："普鲁塔克说，法是一切人和神的主宰。《论法的精神》的作者引用这句话的用意何在，他是以不信教者的身份引用这句话吗？"

答　辩

不错，作者确实引用了普鲁塔克的这句话："法是一切人和神的主宰。"

第三条异议

《论法的精神》的作者说："创世看似一种随心所欲的行为，其实它

① 见《论法的精神》，第一章，第二节。

意味着一些不变的法则，就像无神论者所主张的不变的宿命论那样[①]。”批评者据此断定，作者接受无神论者的宿命论。

答　辩

作者提及无神论者的宿命论之前，就已经把它摧毁了，他是这样说的：“有人说，我们在世界上所看到的一切，都是盲目的必然性造成的，这种说法十分荒谬，试想，还有比声称具有智慧的存在物也产生于盲目的必然性更加荒谬的言论吗[②]？”此外，在受到责难的那个段落中，作者所论述的不止是批评者提到的那些。他没有谈及原因，也没有对各种原因进行比较；不过，他谈到了结果，对各种结果作了对比。从这一节以及此前一节和此后一节不难看出，作者所讨论的是运动的规律，他认为这些规律是由上帝确立的，都是固定不变的。整个物理世界都证明，作者所说无误。这些规律之所以是固定不变的，是因为上帝让它们固定不变，是因为上帝想要保护世界。他就说了这些，既没有多说，也没有少说。

我还想说的是，批评者始终没有懂得事物的真正意义，只是一味纠缠于言辞。作者说，创世看似一种随心所欲的行为，其实它意味着一些不变的法则，就像无神论者所主张的不变的宿命论那样。可是，批评者并没有正确理解这句话，他觉得，作者的意思似乎是说，创世是一种必然的行为，就像无神论者所主张的不变的宿命论那样，其实作者已经驳斥了宿命论。此外，被用来进行比较的两件事应该彼此相关，所以，对作者上面所说的那句话绝对应该作这样的理解：创世似乎首先应该产生一些可变的运动规律，事实上却也产生了一些不可变的规律，就像无

① 《论法的精神》，第一章，第一节。

② 《论法的精神》，第一章，第一节。

神论者所主张的不变的宿命论那样。批评家又一次仅仅看到言辞，并没有懂得意思。

（二）

由此可见，《论法的精神》中根本就没有斯宾诺莎主义。接下来谈谈另一项指控，看看作者是否真的不了解神启宗教。作者在第一章第一节末尾提到，人作为一种精巧的智慧物，既会陷于无知，也会犯错误；作者就此写道："这样一种存在物随时随地都可能忘掉其创造者，上帝则借助宗教法规唤起他们对上帝的记忆。"

作者在第二十四章第一节中写道："所以，我对世界上各种宗教的审视，仅仅着眼于它们能为生活在尘世中的人带来什么福祉，无论它们源自天上还是来自人间。

至于真正的宗教，只需稍有一点公正心就可以发现，我从未试图让宗教利益屈从于政治利益，而是试图让两者彼此结合；然而，要想做到这一点，首先必须认识和了解它们。毫无疑问，要人们相亲相爱的基督教，希望每个民族都有最佳政治法和最佳公民法，因为除了宗教以外，这些法律就是人们能够给予和获得的最大福祉。"

作者在第二十四章第二节中写道："一个既热爱又畏惧宗教的君主犹如一头狮子，对于抚摸它的手和安抚它的吆喝，驯服而又听话。畏惧而又憎恨宗教的人犹如困兽，拼命撕咬防止它伤害路人的铁链。完全不信教的人犹如可怕的动物，只有当它撕咬和吞噬猎物时才感到自由。"

作者在第二十四章第三节中写道："伊斯兰教的君主们不断杀人，也不断被杀，基督教则使君主们比较大胆，因而也就不那么残忍。君主依赖臣民，臣民仰仗君主。真是妙极了！彼岸世界的福祉似乎是基督教的唯一追求，可是它却也为今生带来了幸福。"

作者在第二十四章第四节末尾写道："鉴于基督教和伊斯兰教的特征，我们无须详加审视，就应该皈依前者而唾弃后者。"下面我再接着说。

作者在第二十四章第六节中写道："培尔先生咒骂了所有宗教之后，又对基督教大加斥伐，他竟然声称，真正的基督教徒倘若组成一个国家，这个国家就不可能生存下去。为什么不可能？那将是一批对于自己的义务了然于胸的公民，他们具有极大的热情去履行自己的义务；他们对于天赋的自卫权利有强烈的感受，越是觉得自己受惠于宗教，就越是觉得自己沐泽于祖国。深深地铭刻在他们心中的基督教教义，具有无比强大的力量，远远胜过君主政体下虚伪的荣宠、共和政体下人类的美德以及专制国家中卑劣的畏惧。

这位大名鼎鼎的人物由于不了解自己所信奉的那个宗教的精神，不懂得区分建立基督教所需的神品和基督教本身，不懂得区分《福音书》中的戒律和劝导，因而受到指责，这让人颇感震惊。立法者之所以不制定法律而进行劝导，那是因为他们发现，如果把这些劝导作为法律颁布的话，就会违背法的精神。"

作者在第二十四章第十节中写道："假若我能在一瞬间忘掉自己是基督教徒，我就会把芝诺学派的毁灭列为人类的一大灾难。暂且把神启真理搁置一边，去到万物中寻找，你绝找不到比两位安托尼乌斯更伟大的人物。"

作者在第二十四章第十三节中写道："异教仅仅禁止若干重大罪行，它只管手而不管心，所以，异教徒可能犯下不可补赎的罪行。可是，有一种宗教不可能有不可补赎的罪行。这种宗教抑制一切情欲，对行动与对欲望和思想同样小心翼翼；它不是用几条链子而是用无数细绳把我们拴住；它把人类的公理置于一边，而另立一种公理；它的使命是不断地把我们从悔引导到爱，又从爱引导到悔；它在审判者和罪人之间设置一个中间人，在遵守教规的人和中间人之间设置一个伟大的审判者。然而，尽管它把恐惧和希望给予所有的人，它依然让人充分地意识到，虽然没有一种罪行因其性质是不可补赎的，但整个生命却可能是不可补赎的，不断地以新的罪行和新的补赎去折磨天主的仁慈，那是极端危险的；既然我们欠着上帝的债，而且因从未还清而忧心忡忡，那么，我们就应该担心旧债未还又添新债，千万别把事情做绝，不要一直走到慈父不再宽恕的终点。”

在第二十四章第十九节的末尾，作者列举了各种异教对彼岸世界中的灵魂所产生的种种弊病后写道：“对于一个宗教来说，仅仅确立一种教义还不够，还要加以指导。基督教在我们所说的教义方面就做得非常出色。基督教让我们寄以希望的，是我们所相信的未来状态，而不是我们所感受到的或所了解的当前状态。包括死而复活在内的一切，都将我们引向神灵观念。”

作者在第二十六节末尾又写道：“由此可见，一种宗教如果既有独特的教义又有普遍的信仰，那就几乎永远是合适的。有关宗教信仰的法律不宜过细，比如说，不要只规定某一种苦修方式，而应该提出多种苦修方式。基督教充满良知，节制欲念是神的权力，可是，究竟节制哪一种特定的欲念，则应由政府规定，而且应该是可以更改的。”

作者在第二十五章最后一节写道：“但是，一种从遥远国家传入的宗教，一种与当地的气候、法律、习俗和风尚全然不能适应的宗教，并不会因其神圣而大获成功。”

作者在第二十四章第三节写道：“尽管埃塞俄比亚国土辽阔，气候恶劣，基督教依然成功地阻止了专制主义在那里落地生根。基督教还为非洲腹地送去了欧洲的习俗和法律。就在不远处，伊斯兰教徒把塞纳尔国王的几位王子监禁起来；国王死后，枢密院为扶植继位者登基，派人掐死了被监禁的那几位王子。

这一边，希腊和罗马的首领们不断大肆屠杀，那一边，帖木儿和成吉思汗恣意蹂躏亚洲，毁灭民族和城池。我们只要睁眼看一看那些首领的所作所为，就能知道我们是如何受益于基督教，在治国方面我们享有一定的政治权，在战争中我们享有某种万民法规定的权利，人类的本性对这些权利无论怎样表示感谢都不为过。"我恳请批评者从头到尾阅读这一节。

作者在第二十四章第八节中写道："一个国家所信奉的宗教，倘若不幸不是上帝赐予的那种宗教，那就始终需要设法让宗教与道德保持一致。因为，宗教——哪怕是伪宗教——是为人正直诚实的最佳保证。"

上述这些段落都言之凿凿，大家从中可以看到，作者不仅信仰基督教，而且热爱基督教。你能对此提供什么反证吗？我再次重申，证据应该与指控相对应，指控倘若并非空穴来风，证据当然也就不应无中生有。可是，批评者在提供证据时，却采用了一种相当怪异的形式，从头到尾半是证据，半是辱骂，而且还以一连串空泛的言辞作为外衣；所以，我还得仔细寻找才行。

第一条异议

作者颂扬斯多葛主义，而斯多葛主义是承认盲目的命运和必然的链接关系的[①]。这就是自然宗教的基本点。

答　辩

我姑且把这种不良的推理方式假定为良好的推理方式。作者颂扬了斯多葛派的物理学和形而上学吗？没有，他颂扬了斯多葛派的伦理学。他说，各国人民从斯多葛派的伦理学中得到了好处；他就说了这

① 1749 年 10 月 16 日出版的第二本小册子第 165 页。

些，再也没有说别的。不对，我错了，就在那一章的第一页，他还说了些别的，他攻击了斯多葛派的宿命论，可见，他在颂扬斯多葛派时并没有颂扬斯多葛派的宿命论。

第二条异议

作者颂扬培尔，称他为伟人①。

答　辩

我依然暂且假设，这种推理方式一般地说是一种良好的推理方式，不过，至少在我们眼下所讨论的这个问题上，这种推理方式并不好。不错，作者确实称培尔为伟人，但是也对培尔的看法进行了驳斥。既然进行了驳斥，当然就是不同意他的看法。既然驳斥了他的见解，那就意味着称他为伟人并不是因为他的见解。众所周知，培尔是个了不起的才子，可惜他把自己的才能用错了地方，但这并不妨碍他依然是个才子。作者驳斥了他的诡辩，担心他误入歧途。我不喜欢那些颠覆自己国家法律的人，可是，我很难相信恺撒和克伦威尔都是鼠辈小人。我不喜欢征服者，可是，谁也无法让我相信，亚历山大和成吉思汗都是平庸之辈。作者无须多少才智就可知道，培尔不是什么好东西，不过，他好像不愿意恶语相加；这种秉性若非与生俱来，那就是后天教育的结果。我有理由相信，作者如果提笔撰文，即使对那些无所不用其极，试图加害于他的人，也不会出言不逊；那些人竭尽全力丑化他，让不了解他的人觉得他面目可憎，让了解他的人对他产生怀疑。

此外我还发现，那些气急败坏的人的严厉指责，只能对那些同样怒不可遏的人产生效果。大多数读者都是秉性温和的人，他们只有在心

① 第二种期刊，第 165 页。

情平和之时才读书；讲道理的人热爱理性。作者倘若破口大骂培尔，无论培尔说得对或不对，留给读者的印象都只能是这位作者真能骂人。

第三条异议

作者在第一章第一节中对原罪只字未提①。这就是第三条批驳的由来。

答　辩

我请问每一个知书达理的人，这一章的论述对象是不是神学？作者如果谈论了原罪，有人就会责怪他为什么不谈救赎，如此环环相扣，就会没完没了。

第四条异议

多马先生开篇就谈神的启示，作者却没有这样做。这就是第四条异议的由来。

答　辩

不错，多马先生开篇就谈神的启示，作者却没有这样做。

第五条异议

作者采用了蒲柏在那首诗中所表述的体系。

答　辩

在我的书中，从头到尾找不到一句属于蒲柏体系的话。

① 1749 年 10 月 9 日出版的那份期刊，第 162 页。

第六条异议

“作者说，规定人对上帝应尽义务的法是最重要的法，可是，他否认这是第一条法，他声称，第一条自然法是和平，他还说，人与人起初彼此害怕，等等。但愿孩子们知道，第一条法是爱上帝，第二条法是爱亲人。”

答　辩

作者的原话是这样的：“如果不是依照顺序而是依照重要性排列，自然法的第一条便是把造物主的观念灌输给我们，并让我们心向往之。自然状态下的人具有认知能力，但知识相当贫乏。人的最初思想显然绝非思辨意识。人首先想到的是保存自己，然后才会去思索自己来自何处。因此，人起初感到的是自己的弱小，因而十分怯懦。如果需要对此提供实证，那么，丛林中的未开化人便是。任何东西都会使他们颤栗，任何响动都会把他们吓跑①。”

可见作者说的是，把造物主的观念灌输给我们，并让我们心向往之的那个法，就是诸多自然法中的第一条。没有任何规定禁止他从各个角度对人进行审视，更没有任何规定禁止哲学家和研究自然法的作者这样做。所以，他完全可以假设在社会出现之前，某人从云端坠落到地上，只得自己照顾自己，也无法受到任何教育。于是乎，作者就说，对于此人和所有人来说，最重要的第一条自然法，因而也就是最主要的那条自然法，就是把自己托付给造物主。作者同样完全可以进行观察，看看此人获得的第一感受是什么，作用于他的头脑的各种感受的顺序是什么；作者相信，此人在作出反应之前先有某些感觉，而第一个感觉便是恐惧，然后是

① 第一章，第二节。

养活自己之需。作者还说，把造物主的观念灌输给我们，让我们心向往之的那个法，就是诸多自然法中的第一条。批评者说，第一条自然法是爱上帝。作者与批评者原本并无分歧，是辱骂把他们分割开来了。

第七条异议

这条异议源自第一章第一节。作者在该节中说了“这样的人有局限性”之后，接着又说：“这样一种存在物随时随地都可能忘掉其创造者，上帝则借助宗教法规唤起他们对上帝的记忆。”有人于是就问，作者说的是哪一种宗教？他说的无疑是自然宗教，可见他只信奉自然宗教。

答　辩

我姑且再次假设：这种推理方式是良好的推理方式，作者所谈论的仅只是自然宗教，因而可以肯定，他排斥神启宗教，只信奉自然宗教。我却要说，作者谈论的是神启宗教，而不是自然宗教；因为，倘若他所谈论的竟然是自然宗教，那他就是一个白痴。如果是那样，他就应该这样说：“这样的人轻易地就忘掉了创造者，即忘掉了自然宗教；上帝借助自然宗教的法规唤醒他对上帝的记忆，结果是上帝赋予他以自然宗教，藉以完善他身上的自然宗教。”批评者为了替自己咒骂作者制造理由，就从抽掉作者原话的真实含义着手，把最明晰的含义说成是最荒谬的含义，而且为了花最少力气达到最佳效果，批评者还不惜曲解作者原话的通常含义。

第八条异议

作者谈到人时说[①]：“这样一种存在物随时随地都可能忘掉其创造

① 第一章，第一节。

者，上帝借助宗教法规唤起他们对上帝的记忆。这样一种存在物随时都可能忘掉自己是谁，哲学家们借助道德规范提醒他们。他们来到世上就要生活在社会中，他们有可能忘掉他人，立法者借助政治法和公民法让他们恪尽自己的义务。”批评者说[①]，依照作者的这种说法，世界的管理权就是由上帝、哲学家和立法者分掌的了。哲学家在哪里学到了道德之法？立法者在何处发现了为公正地管理社会而必须加以规定的东西？

答　辩

对这条异议很容易答辩。如果他们运气很好，就可以从神的启示中学到，也可以从把造物主的观念灌输给我们并让我们心向往之的那个法中学到。维吉尔曾说：“恺撒与朱庇特瓜分了帝国”，《论法的精神》的作者也说过这种话吗？主宰宇宙的上帝不是给了一些人以更多的智能，而给予另一些人以更多的力量吗？你也许会说，作者说过，上帝愿意让一些人管理另一些人，所以他就不再要求人们服从他，进而放弃对他们的控制，等等。大家看，那些不会讲道理，却善于兴师问罪的人已经沦落到了何等地步。

第九条异议

批评者接着说：“我们注意到，作者认为，上帝既不能治理自由人，也不能治理其他人，因为，既然是自由人，他们当然就要自主活动(我提请读者注意，作者从未使用过‘上帝不能’这种表述)；作者认为，只有法律可以整治混乱，因为法律能告诉人们应该做什么，但并不命令人们去做。所以，在作者的体系中，上帝创造了人，但既不能制止人间的混乱，

① 1749 年 10 月 9 日出版的期刊，第 162 页。

也无法整治人间的混乱……真是瞎子一个，不但看不到上帝在做他自己愿意做的事，而且还像那些人一样，不做上帝让他做的事！”

答　辩

批评者已经指责作者对原罪不置一词，现在又提及另一件事，那就是作者居然只字不提上帝的恩泽。这位批评者虽然对全书的每章每节都评头品足，说来说去却只有一个意思。与这样的人打交道实在真是可悲，他就像是村子里的那个本堂神甫，天文学家在望远镜里把月亮指给他看，他却只看见教堂的钟楼。

《论法的精神》的作者认为，他首先应该对一般的法和自然法以及万民法作一些论述。这个话题涉及范围极广，可是他只用了两节的篇幅，所以不得不对许多属于这个话题的内容略而不谈，至于那些与这个题目无关的事，略而不谈的就更多了。

第十条异议

作者说，自杀在英国是一种疾病引起的后果，因而不能对自杀行为进行惩罚，犹如对因痴呆而引起的后果不能进行惩罚一样。自然宗教信徒当然不会忘记，英国是自然宗教的摇篮，所以，他要掩饰在英国看到的所有罪恶。

答　辩

作者不知道英国是不是自然宗教的摇篮，不过他知道，英国不是他的摇篮。他谈的是发生在英国的一种物理后果，所以他对宗教的想法与英国人不同，这情形犹如一个英国人谈论发生在法国的一种物理后果，他对法国宗教的看法也与法国人不同。《论法的精神》的作者根本不是自然宗教信徒，不过，他倒是很希望批评他的人是自然逻辑信徒。

我相信，批评者手中令人害怕的武器已经被我打落在地，现在我要就他的篇首说上几句，说实话，这部分实在令人不敢恭维，我担心读者会误以为我的评论是对他的挖苦。

他首先写道："教皇的圣谕'唯一圣子'①发布后，出版了许多乌七八糟的作品……《论法的精神》就是其中之一。"可是，把《论法的精神》的出版说成是圣谕"唯一圣子"引起的后果，岂不让人笑掉大牙？圣谕"唯一圣子"绝对没有为《论法的精神》出版提供契机，圣谕"唯一圣子"的发布和《论法的精神》的出版，倒是为批评者作出如此危险的推理提供了机遇。批评者接着写："这部著作，他多次提笔，又多次搁笔……可是，在他把最初的书稿付之一炬的那一刻，他离真理之远，丝毫不亚于他对自己的著作开始感到满意之时。"他知道些什么？他接着写道："作者当初倘若愿意沿着既有的路径走，他本来可以少费许多力气。"他还知道什么？他接着又写道："无需深究就可看出，《论法的精神》是一部以自然宗教体系作为立论基础的著作……我们在信函中驳斥蒲柏那部题为《人论》的诗作时指出，自然宗教属于斯宾诺莎的理论体系。这就足以让基督教徒极度憎恶我们所说的这部新作。"我想回答的是，不但已经足够，甚至太多了。不过，我还是要说，作者的体系不是自然宗教体系，尽管有人告诉他，自然宗教属于斯宾诺莎的体系，但是，作者的体系并非斯宾诺莎体系，因为他的体系不是自然宗教体系。

由此可见，有人在尚未证明有足够的理由感到憎恶之前，就试图让人表示憎恶。

在对我进行批驳的两篇文章中，可以看到如下这两种推理方式。

① "唯一圣子"是罗马教皇克莱门特十一世颁布于 1713 年 7 月 8 日的一道圣谕，主要内容是谴责法国天主教冉森派。由于对圣谕的态度截然相反，法国天主教徒分裂为支持派和反对派。法国国王路易十五支持这道圣谕，并于 1730 年使之成为法国法律。——译者

其一，作者是自然宗教信徒，所以，必须用自然宗教的原则来解释他在这里所说的话；换句话说，他在这里所说的话如果是以自然宗教为立论基础的，那他当然是自然宗教信徒。

第二个推理方式是这样的：《论法的精神》的作者既然是自然宗教信徒，他在书中就神启宗教所说的那些好话，目的在于掩饰他是自然宗教信徒这一事实；换句话说，如果他确实试图掩饰自己的真实面目，他当然就是一个自然宗教信徒。

在结束第一部分之前，我想对多次批驳我的人提出一项批驳。批评者不遗余力地用自然宗教信徒这个称呼吓人，致使我这个为作者辩护的人，简直就不敢再使用这个称呼了，不过，我还是要鼓起勇气说几句。他的两篇文章所需的解释难道不比我为之辩护的那部著作更多吗？他在议论自然宗教和神启宗教时，总是偏执于一方而置另一方于不顾，这样做对吗？他对只承认自然宗教和既承认自然宗教也承认神启宗教的人从来不作区别，这样做对吗？一看到作者在自然宗教状态中对人进行观察，并对自然宗教的某些原则进行阐释，他就大为恼火，这样做对吗？他把自然宗教与无神论混为一谈，这样做对吗？我难道不曾听说，我们每个人都有一种自然宗教吗？我难道不曾听说，基督教就是臻于至善的自然宗教吗？我难道不曾听说，自然宗教被用来证明神启宗教并反对自然神论吗？我难道不曾听说，自然宗教被用来证明上帝的存在并反对无神论吗？批评者说，斯多葛派是自然宗教信徒，因为他们相信盲目的命运主宰着宇宙，我就告诉批评者，斯多葛派是无神论者①，人们就是用自然宗教来驳斥斯多葛派的。他还说，自然宗教体

① 参阅 1749 年 10 月 9 日的期刊，第 165 页："斯多葛派只承认一位上帝，可是，这位上帝只不过是世界的灵魂。他们主张，所有存在物都必然连接在一起，而一切事物都被命中注定的必然性所带动。他们否认灵魂不死，把生活的最高幸福说成是顺应自然。这就是自然宗教体系的根基。"

系属于斯宾诺莎体系①。我对他说，这两种体系是彼此矛盾的，用以摧毁斯宾诺莎体系的就是自然宗教。我对他说，把自然宗教与无神论混为一谈，就是把证据与想要证明的事实混为一谈，把对谬误的批驳与谬误本身混为一谈，因而也就等于夺走了用于攻击谬误的强大武器。但愿上帝明鉴，我丝毫不想指责批评者有任何不良企图，也不想利用从他的原则中可以得出的结论；尽管他很不宽容，可是我却愿意以宽容对待他。我想说的仅仅是，他头脑中的形而上学概念是一团乱麻，他根本没有能力把这团乱麻理清；他无法作出正确的判断，因为在所有应该看到的各种事物中，他所看到的始终仅仅只有一种。我说这些话，目的不是责难他，而只是为了驳斥他对我的指责。

第二部分

总体思想

《论法的精神》受到了两项一般性指责，我已经作了有效的辩解。此外还有一些专题性的责难，我也应该进行答辩。不过，为了进一步阐明我已经说过和将要说的话，我想先就被批评者用作指斥我的口实的那些事，作一个说明。

欧洲各国最明事理的人，最有见识和最贤明的人，都认为《论法的精神》是一部有用的著作。他们觉得，这部著作的道德是纯真的，原则是正确的，它所鼓励的是优秀的思想，因而可以用来培养诚实的君子，抵制有害的言论。

① 参阅 1749 年 10 月 9 日的期刊，第 161 页中的第一栏末尾。

另一方面，却有人把它说成是一部危险的著作，把它当成放肆辱骂的对象。我有必要对此作一些解释。

批评者非但没有读懂他所批评的书中的那些段落，甚至连这些段落讨论什么都不明白。他的攻击无的放矢，凭空指责，所以，他的胜利也是空中楼阁。他所批评的是他自己头脑中的那部著作，而不是作者笔下的那部著作。这部著作就摆在他眼前，他怎么会弄不清它的主题和对象呢？有点头脑的人一眼就能看出，这部著作的论述对象是世界各国人民的法、习惯法和各种习俗。书中谈论了人间所能见到的所有制度和机构，作者对这些制度和机构作了区分，审视了其中最适合于所有社会和每一个具体社会的各种制度和机构，探寻了它们的起源，发现了它们的物质和精神原因，对其中具有某种优点和不具有丝毫优点者进行了观察，对于两种有害的做法，他力求分清哪一种害处更大，哪一种害处较小，他研究了哪些做法在某些情况下能产生良好的效果，而在另外一些情况下则会产生不良后果。他认为他的研究是有益的，因为，良知往往就在于善于辨别事物的微小差异。所以说，这部著作论述的范围非常广泛。范围既然如此广泛，当然就必然要对宗教进行论述。人间既然有一种真宗教和不计其数的伪宗教，有一种来自天上的宗教和无数产生于人间的宗教，那就只能把所有伪宗教视为人的创制物，因而，他必须如同审视所有其他人的创制物一样来审视这些伪宗教。至于基督教，他唯一应该做的便是崇敬，因为基督教是神的创制物。他应该论述的绝对不是基督教，因为，基督教的本质决定了它不应是任何审查的对象。因此，当他谈及基督教时，他从未把这种议论纳入这部著作的提纲，他之所以谈论基督教，是为了对基督教表示所有基督教徒都应表示的崇敬和热爱，为了让基督教在对比中战胜其他所有宗教。

我所说的这些在这部著作中从头到尾都可看到。不过，作者特地在第二十四章的篇首对此做了阐述，全书论述宗教的共有两章，这是其中的头一章。这一章是这样开篇的："茫茫黑暗之中，我们能够辨认哪里比较明亮，众多的深渊之中，我们能够辨认哪个深渊比较浅。同样，我们也可以在众多的错误宗教中，寻找那些最符合社会福祉的宗教，那些虽然不能把人引向极乐的来世，却最能帮助人获得今生幸福的宗教。

所以，我对世界上各种宗教的审视，仅仅着眼于它们能为生活在尘世中的人带来什么福祉，无论它们源自天上还是来自人间。"

作者既然把人间的宗教视为人的创制物，就不能不对这些宗教进行论述；因为这些宗教必然会被列入这部著作的提纲。作者并没有去寻找这些宗教，而是这些宗教上门找到了他。至于基督教，书中仅仅偶尔谈及而已，因为，鉴于基督教的本质，这是一种不能改变、折中或修正的宗教，所以作者没有把它纳入全书提纲之中。

为了给责难提供充分的空间，并为辱骂敞开大门，批评者作了些什么呢？他把作者说成是阿巴迪先生[1]那样的人，想要写一部论述基督教的专著。他起劲攻击作者，似乎《论法的精神》中论述宗教的那两章是一部基督教神学论著；批评者对作者的指责令人产生错觉，误以为作者在谈论那些非基督教的宗教时，是以基督教的原则和教义作为衡量标准的；依照批评者的判断，作者在那两章中，仿佛以向穆斯林和偶像崇拜者宣扬基督教的教义为己任。每当作者泛泛地提及宗教，每当作者使用宗教这个词时，批评者立即就说："他说的就是基督教。"每当作者将某些国家的宗教习俗加以比较，并说这些宗教习俗比其他习俗更适合这些国家的政治制度时，批评者就说："由此可见，你赞同这些习俗，你放弃基督教。"每当作者谈及某个不信奉基督教的民族，或是提及某个民族的历史开始于耶稣基督降生之前，批评者立即就说："由此可

① 阿巴迪（Abbadie, Jacques，1658—1727），新教神职人员，南特敕令撤销后流亡他国，他的《基督教真理论》一书 1684 年出版后长期享有盛誉。——译者

见，你不承认基督教的伦理道德观。”每当作者从政治学的角度观察某种行为时，批评者立即就说：“在这里你应该写的是基督教神学的信条。你说你是法学家，我却要让你当神学家，不管你自己是否愿意。你对我们说了不少有关基督教的好话，可是，这是为了掩饰你的真面目而说的，因为我了解你的内心，知道你想些什么。不错，我并未读懂你的书，可是，这并不妨碍我好歹认清你撰写此书的目的，因为我对你的思想了如指掌。你在书中写了些什么，我一点也不知道，可是，对于你在书中没有写的那些东西，我却一清二楚。”

且让我们进入正题。

关于宗教劝导

作者在论述宗教的章节中批驳了培尔的谬误，他是这样说的[①]：“培尔先生咒骂了所有宗教之后，又对基督教大加斥伐，他竟然声称，真正的基督教徒倘若组成一个国家，这个国家就不可能生存下去。为什么不可能？那将是一批对于自己的义务了然于胸的公民，他们具有极大的热情去履行自己的义务；他们对于天赋的自卫权利有强烈的感受，越是觉得自己受惠于宗教，就越是觉得自己沐泽于祖国。深深地铭刻在他们心中的基督教教义，具有无比强大的力量，远远胜过君主政体下虚伪的荣宠、共和政体下人类的美德、专制国家中卑劣的畏惧。

这位大名鼎鼎的人物由于不了解自己所信奉的那个宗教的精神，不懂得区分建立基督教所需的神品和基督教本身，不懂得区分《福音书》中的戒律和劝导，因而受到指责，这让人颇感震惊。立法者之所以不制定法律而进行劝导，那是因为他们发现，如果把这些劝导作为法律颁布的话，就会违背法的精神。”

① 第二十四章，第六节。

作者就这样批驳了培尔先生的谬误。为了剥夺作者的这一光荣，批评者是怎么做的呢？他拿与培尔先生毫无相干的下一节做文章："人类的法律是用来指导精神的，所以，法律应该给予人们以戒律而不是劝导。宗教是用来指导心灵的，所以宗教给予人们的劝导应该很多，而戒律则应该很少。"批评者由此断言，作者把《福音书》中的所有戒律都当作劝导。其实，作者也可以说，提出这项批评的人自己也把所有戒律都当作劝导。但是，这不是作者的行事方式。还是回过头来看看事实吧，不过，为此需要把被作者压缩了的那段话说得略微详细些。培尔先生认为，基督教社会是无法生存的，为了证明他的说法有理，他列举了《福音书》对人们的下列要求：被人打耳光时应该奉上另一边脸，应该远离世界，应该隐居荒漠等等。作者指出，培尔所说的戒律，其实仅仅是劝导，他所说的普遍规定，其实仅仅是特殊规定；作者以此捍卫了基督教。结果如何呢？批评者说，作为他的信仰的第一条，他认为《福音书》只有劝导，没有戒律。

关于多偶制

作者的另一些说法也成了指责的合适对象，有关多偶制的论述就再合适不过了。作者就多偶制专门写了一节，表明了他对多偶制的厌恶。请看，作者是这样说的：

多偶制本身(第十六章第四节)①

"如果把多偶制得以容忍的那些具体情况撇在一边，仅从总体层面上考察多偶制，那么我们可以说，多偶制对人类毫无用处，也不利于两性，既不利于被蹂躏者一方，也不利于蹂躏者一方。对儿童同样不利，严重的弊端之一是父母对子女的疼爱不同，一个父亲不可能像一个母

① 应是第六节。——译者

亲疼爱两个孩子那样去疼爱二十个孩子。一个女子若有多个丈夫，情况就会更加糟糕。因为，只有当父亲相信并愿意认某个或某几个孩子是自己所生，而且其他父亲也不予置疑时，这个或这几个孩子才有可能享受父爱。

多妻将人引向大自然所不许可的那种情爱，因为淫逸的恶行有了一桩就会有第二桩。

不但如此，拥有多个妻子并不能始终遏制再拥有一个妻子的欲念，淫欲与奢华和贪婪一样，获得的财宝愈多，拥有财富的欲念愈强烈。

在查士丁尼时代，多位哲学家因受碍于基督教而退到波斯，投靠霍斯罗沙。据阿加西亚斯说，最令他们感到吃惊的是，那些执意不改通奸恶习的人，居然也被允许拥有多个妻子。”

由此可见，作者明确指出，无论就其性质还是就其本身来说，多偶制都是一桩坏事。按理说，批评应该以这一节为依据，然而，批评者对这一节竟然只字未提。作者还从哲理上做了考察后指出，在哪些国家中，在什么气候条件下，在哪些情况下，多偶制的恶果较轻。他把一些国家与另一些国家作了比较，把某些气候条件与另一些气候条件作了比较，他从中发现，多偶制的恶果在一些国家较重，而在另一些国家中则较轻。究其原因，据某些游记所述，各国的男女人数比例不同，所以，倘若有的国家女多男少，多偶制尽管不是好事，但在这些国家里的危险性显然低于其他国家。作者在这十六章第四节中对此进行了讨论。可是，由于这一节的标题带有“多偶制的法律是个统计问题”字样①，批评者就抓住不放。然而，这一节的标题仅仅与这一节的内容相关，既不能多说，也不能少说。且让我们来看一看。

“在欧洲各地进行的统计表明，男孩的出生率高于女孩。与此相

① 此节的标题实际上是“多偶制的各种情况”。——译者

反，关于亚洲和非洲的记述告诉我们，那里的女孩多于男孩。欧洲的一夫一妻制与亚洲和非洲的一夫多妻制，显然都与气候有关。

在亚洲的寒冷气候下，男孩的出生率也像欧洲一样，大大高于女孩。喇嘛们说，这就是他们允许一妻多夫的原因。

不过我相信，由于性别失衡严重而制定法律，实行一妻多夫制或一夫多妻制，这样的国家不会很多。这种现象只能表明，一夫多妻或一妻多夫违背自然的程度，在某些国家里较小，而在另外一些国家里较大。

《游记》告诉我们，在万丹，一个男子有十个妻子。我觉得，此事如果属实，那也只是一夫多妻制的一个特例。

对于上述这些习俗，我只介绍其由来，并不为之辩解。”

回过头来再看看此节的标题“多偶制的法律是个统计问题”。如果我们想要知道在某些气候条件下，在某些国家中，在某些情况下，多偶制的危害是否比在另外一些气候条件下，另外一些国家中，另外一些情况下要轻一些或是重一些，这个标题就没有错；如果我们想要就多偶制到底是好还是坏作出判断，那就完全不是一个统计问题。

就其性质进行探讨时，多偶制不可能是一个统计问题；就其后果进行考虑时，多偶制可以是一个统计问题；当我们审视婚姻的目的时，多偶制绝不可能是一个统计问题，尤其当我们把婚姻当作耶稣基督规定的事项来审视时，多偶制更加不可能是一个统计问题。

我还想说的是，巧合帮了作者一个大忙。他肯定不曾想到，有人竟然把明明白白的一整节忘得干干净净，却把一些模棱两可的意思塞给另一节。他很幸运，因为他用这样的话结束了这一节：“对于上述这些习俗，我只介绍其由来，并不为之辩解。”

作者刚才说过，他不认为在某些国家中可能有这样的气候条件，致使女性大大多于男性，或者男性大大多于女性，因而不得不实行多偶制。他接着说道：“这种现象只能表明，一夫多妻或一妻多夫违背自然的程度，在某些国家里较小，而在另外一些国家里较大①。”批评者抓住“在另外一些国家里较大”这几个字作为依据，硬说作者赞成多偶制。然而，如果我说，宁可发高烧也不愿意患上败血症，那么，这句话的意思究竟是我喜欢发高烧，还是我觉得，患上败血症比发高烧更加糟糕呢？

现在我把一项离奇的批驳逐字录在下面：

“一个女子拥有多个丈夫是一种令人咋舌的怪事，任何情况下都不能允许；可是，作者却不把这种多偶现象与一个男子拥有多个妻子的多偶现象加以区别②。出自一个自然宗教信徒之口的这种说法，无须任何评论。”

我恳请读者注意批评者的推理方式。在他看来，由于作者是一个自然宗教信徒，所以对该讲的事缄口不提；同样是在他看来，由于作者对应该讲的事缄口不提，所以他是一个自然宗教信徒。两种推理过程完全属于同一类型，结论已经存在于前提之中了。通常的做法是针对人们所写的文字进行批评，而我们的批评者在这里所做的，却是就人们所没有写的文字信口雌黄地滥加批评。

上面这些话，都以批评者与我的下列假设为前提：作者对于多偶制中的一妻多夫和一夫多妻不作区别。可是，倘若作者对于这两种不同的情况作了区别，那又该怎么说呢？倘若作者指出，一妻多夫的弊害比一夫多妻更大，那又该怎么说呢？我恳请读者再读一遍第十六章第六节，我已经把它转抄在上面了。批评者对作者大加斥伐，因为作者没有就这一节说什么话；所以对于批评家来说，剩下要做的事便是针对作者不曾保持沉默的那些部分发动攻击。

可是，这里有一件我弄不懂的事情。批评者在他的第二篇文章中

① 第十六章，第四节。

② 1749 年 10 月 9 日出版的期刊，第 164 页。

写道:“作者在前面对我们说,热带国家的宗教应该允许多偶制,寒冷国家的宗教则不应允许多偶制。”可是,作者从未在任何地方说过这种话。这就是说,作者与批评者之间,并非推理方式的好与坏问题,而是事实究竟如何的问题。鉴于作者从未在任何地方说过,热带国家的宗教应该允许多偶制,寒冷国家的宗教则不应允许多偶制,所以,批评者的批评是否无的放矢,是否严重的无的放矢,请批评者自行判断。作者应该争辩的不止这一处。批评者在第一篇文章的结尾处写道:“第四节以‘多偶制是一个统计问题’为标题,这就等于说,在欧洲这种小伙子多于姑娘的地方,男子只能娶一个妻子;而在姑娘多于小伙子的地方,则应该多实行多妻制。”这样一来,每当作者谈及某些习俗,或探讨某些做法的原因时,批评者便说,作者把这些习俗和做法视为准则;更为可悲的是,批评者硬说,作者把这些习俗和做法视为宗教准则。鉴于作者在书中谈到了世界各国的许多习俗和做法,若用批评者那种方法来评论,作者就不止是满纸谎言,简直就是对整个宇宙犯下了十恶不赦的大罪。批评者在第二篇文章的结尾处写道,上帝曾给他打气。那好吧,我的回答是:上帝并没有给他打气。

气　候

作者就气候所作的论述,也是值得讨论的一个修辞学问题。可是,任何结果都各有其原因。气候和其他物理原因产生了无数后果。作者如果说了与此相反的话,他就会被人看作是一个傻瓜。整个问题就在于弄清楚,在彼此相距遥远的国家里,在各不相同的气候条件下,是不是存在着各具特征的民族精神。迄今所见到的几乎所有著作,都认为这种区别是存在的。鉴于精神特征对秉性具有很大影响,所以,某些秉性在一个国家中比较常见,而在另一个国家中比较少见,这一点是无须怀疑的,证据之一便是各个地方和各个时代都有许许多多撰文写书的人。这些事情都存在于人间，所以作者在谈论时所使用的是人间的方式。他原本可以再谈谈在学校里争论不休的人间美德和基督教美德等问题，可是，这些都不是论述物理、政治和法学的著作应该讨论的问题。总而言之，气候的物理现象会使人的精神处于不同状态，不同的精神状态则会影响人的行动。难道这就侵害了创造者的绝对控制，损害了救赎者的丰功伟绩吗？

作者致力于探索，为了以最适当和最符合本民族性格的方法领导自己的国家，各国的官吏能做些什么，倘若果真如此，作者做了什么坏事呢？

批评者对宗教的各种地方性做法也使用了同样的推理方法。作者没有说这些做法是好还是坏，他只是说，在某些气候条件下，一些宗教习俗比较容易为人所接受，换句话说，这些宗教习俗比较容易为某些气候条件下的人民所接受，其他气候条件下的人民接受这些宗教习俗则比较困难。完全不必为此提供实例，因为这样的实例实在太多了。

我十分明白，宗教本身独立于任何物理因素，在此国是好宗教，在彼国肯定也是好宗教，一个宗教如果仅仅在一个国家里不好，而不是在所有国家里都不好，那就不能说它不好。不过，我想说的是，由于宗教是由人信奉的，是为了人而信奉的，所以，某种宗教在某些地方比较容易为人全部或部分接受，在某些国家里被接受的程度好些，在另一些国家里被接受的程度差些，在某些场合被接受的程度好些，在另外一些场合被接受的程度差些。凡是与此唱反调的人，肯定是有意违背常识。

作者指出，印度的气候使得印度人的习俗比较温和。可是，批评者反唇相讥说，印度妇女为了替丈夫殉葬而把自己活活烧死。这种批驳简直就不符合哲理。批评者难道不知道，人的精神充满着矛盾吗？他怎么会把彼此相关的东西拆开来，却把彼此毫不相关的东西硬扯在一起呢？请阅读《论法的精神》第十四章第三节中作者关于此事的思索。

宽　容

作者对于宽容的全部论述都在第二十五章第九节中：

“我们在这里是政治学家，而不是神学家，即使对于神学家而言，容忍一种宗教与赞成一种宗教，两者也有很大区别。

国家的法律如果允许多种宗教同时并存，就应该强制这几种宗教彼此宽容。”我恳请读者把本节的余下部分读一遍。

对于作者在第二十五章第十节中的下面这几句话，批评者颇不以为然：“有关宗教的政治性法律的基本原则应该是：如果有权自行决定国家是否接受新的宗教，那就应该拒绝接受；如果新的宗教已经在国内站稳脚跟，那就应该对它采取容忍态度。”

批评者的批驳指出，作者在吓唬崇拜偶像的君主们，让他们赶紧关紧国门，莫让基督教传入。确实如此，这是作者悄悄告诉交趾国王的一个秘密。鉴于这个说法招来了许多非议，我打算作出两点回答。第一点，作者在他的书中明白无误地把基督教排除在应予防备的宗教之外。他在第二十四章第一节末尾写道：“毫无疑问，要人们相亲相爱的基督教，希望每个民族都有最佳政治法和最佳公民法，因为除了宗教以外，这些法律就是人们能够给予和获得的最大福祉。”既然基督教在福祉中名列榜首，政治法和公民法紧随其后，一个国家的政治法和公民法就不可能也不应该阻止基督教的传入。

来自天上的宗教和源自人间的宗教，它们得以确立的途径不同，这就是我的第二点回答。读一读教会史，你就会知道基督教的奇迹。它一旦决定进入某个国家，就知道如何为自己打开所有门户，为此可以使用一切工具；上帝有时借助传教士，有时抓住宝座上的皇帝，迫使他在《福音书》面前低头。基督教偷偷摸摸地溜进某些地方去过吗？请稍等，你马上就可看到它以权威的身份为自己申辩了。只要它愿意，它就可以越洋过海，渡江跨湖，翻山越岭，人间的任何障碍都不可能阻挡它去往它想要去的地方。不管你对它如何厌恶，它都能战而胜之；不管你有什么样的风俗和习惯，不管你颁布什么敕令，制定什么法律，它必定能够战胜气候和因气候而制定的法律以及制定这些法律的立法者。上帝遵循我们所不了解的法规延伸或收缩基督教的边界。

批评者说："你这样做，岂不是告诉东方的君主们，应该把基督教拒之门外吗？"说这种话的人实在是没有脱掉凡俗之气。希律王难道应该是弥赛亚[①]？看来，批评者是把耶稣基督当成一个企图征服邻国的国王，不让别人识破他的做法和意图。让我们有一点自知之明吧，我们用以处理人间事务的方式难道真的那样纯净，可以考虑用来劝说各国人民皈依基督教吗？

独身制

现在该谈谈独身这一条了。作者关于独身制的全部论述都在第二十五章第四节中，他是这样说的：

"我不想在这里议论独身戒律的后果，有人觉得，如果神职人员的队伍太大，而世俗信徒的人数不够多，独身戒律就会产生有害的后果。"

很明显，作者在这所谈及的，只是独身制应该推广到什么程度的问题，恪守独身的人数应该是多少的问题。作者在另一处还说过，这个至善的戒律不可能是为所有人制定的；况且我们都知道，我们所见到的独身戒律仅仅只是一种清规。在《论法的精神》一书中，从来没有谈论过独身制的性质及其优劣程度；无论从哪个角度看，独身制都不应是一部

① 希律王(Hérode，前 73—前 4)，犹太王(前 40—前 4)，《圣经·新约全书》多次提及此人；弥赛亚(Messsie)就是基督教的救世主耶稣。——译者

政治法和公民法著作的论述对象。批评者绝不愿意看到他的题目由作者来论述，他始终希望作者只论述作者自己的题目；由于批评者始终是一位神学家，所以即使是在一部法学著作中，他也不愿意作者以法学家的身份进行论述。不过，我们马上就要看到，在独身问题上，作者与神学家的见解一致，也就是说，他承认独身有某些好处。

应该指出，在论述法律与居民人数关系的第二十三章中，作者介绍了各国的政治法和公民法在这方面提出的一个理论。他在考察世界各国的历史后指出，在不同的情况下，这些法律的需要程度不尽相同，不同国家对这些法律的需要程度也不尽相同，相同的国家在不同时期对这些法律的需要程度也不尽相同。在他看来，罗马人是世界上最有智慧的人民，为了弥补人口损失，罗马人对这些法律的需要程度最高；作者准确地收集了罗马人在这方面的相关法律，并且精确地指出，这些法律是在什么情况下制定的，又是在什么情况下废除的。这里丝毫不涉及神学，也根本不需要神学。不过，他觉得应该在这里谈一点神学，于是他写道："我在这里反对基督教采用的独身制，但愿上帝不要因此而责怪我。可是，另外还有一种因放荡不羁而形成的独身生活，在这种独身生活中，男女以天然情感彼此腐蚀，逃避能让他们活得更好的两性结合，而去追求那种使他们越变越坏的两性结合；对于这种独身，谁能保持缄默而不加以反对呢？

有这样一条自然规律：可以结婚而不结婚的人越多，已经结婚的人就越容易受到腐蚀；结婚的人越少，对婚姻的忠诚也就越少，就像小偷越多偷窃事件也就越多一样①。"

由此可见，对于出于宗教原因的独身制，作者并未反对。批评者不应指责作者，因为他所反对的是因放荡而产生的独身现象，他所遣责的

① 第二十三章，第二十一节结尾处。

是许多骄奢淫逸的富人，他们为了便于寻花问柳而逃避婚姻的枷锁，自己淫逸无度，却把痛苦留给可怜的穷人。所以我再说一遍，批评者不应因此而指责作者。可是，批评者在引用了作者的这些话之后，却这样写道："在这里可以看到作者的狡诈，他想把基督教所憎恶的这些乱象归咎于基督教。"批评者似乎并非不愿倾听作者说些什么，我只能说他一点也没有听懂，他把作者谴责放荡行为的那些言论说成是反对基督教了。他当然因此而怒不可遏。

批评者的特殊错误

我们似乎觉得，批评者下定决心不去弄清问题之所在，不去弄懂他所攻击的任何一段文字。在第二十五章第二节中，从头到尾说的都是人们之所以要保护自己的宗教的种种原因，批评者凭借想象把这一节读成了并不存在的另外一节，在他看来，这一节所议论的是迫使人们改宗的原因。第二十五节事实上讨论的是一种被动的状态，批评者想象中的那一节讨论的却是一种主动的行动。他把作者讨论被动状态时说的话，搬去讨论他想象中的主动行动，以这种张冠李戴的手法随心所欲地自说自话。

作者在第二十五章第二节第二段中写道："我们倾心于偶像崇拜，却不喜欢崇拜偶像的宗教。我们并不十分喜欢神的观念，却醉心于让我们崇拜神明的宗教。这是一种幸福感，它部分地来自我们对自己的满意，因为，我们所选择的是把神从其他宗教的屈辱下解救出来的那种宗教，这说明我们相当具有辨识能力。"作者写下这一段的目的在于对如下现象作出解释：穆斯林和犹太教徒并未如我们一样受到上帝的恩宠，可是为什么他们的信仰也如同从切身体验获知的那样不可战胜呢？批评者却不是这样理解的。他说："我们认为，是骄傲促使人们从偶像崇拜转变为信仰上帝[①]。”可是，这一段乃至整个这一节都不涉及改宗问题；一个基督教徒如果在想到荣耀和见到上帝的伟大时感到心满意足，而有人把这种感觉称之为骄傲，那么这倒是一种非常好的骄傲。

婚　姻

这里还有一项不同一般的批驳。作者在第二十三章中写了这样两节，一节的题目是“人类和动物的物种繁衍”，另一节的题目是“婚姻”。他在头一节中写道：“雌性动物的生殖能力大体上是恒定的。可是，人类的繁衍却受到了无数障碍的干扰，诸如思想方法、性格、感情、奇思异想、任性多变、姿色永驻的欲望、怀孕和家庭人口过多所带来的尴尬等等。”他在另一节中写道：“抚养子女是父亲与生俱来的义务，因此而确立的婚姻宣告谁应该负担这项义务。”

批评者就此写道：“基督教徒把婚姻归因为上帝的创制，上帝给了亚当一位妻子，上帝用不可摧毁的纽带把第一个男人与第一个女人配成一对，以后他们才有孩子需要抚养。可是，凡涉及神的启示，作者一概避而不谈。”作者要回答说，他是基督教徒，但不是笨蛋；他崇敬这些真理，但他不愿意把他所信奉的这些真理搞得乱七八糟。查士丁尼皇帝是基督教徒，为他编辑法律汇编的那个人[②]也是基督教徒。好极了，他们编辑的那些法律文集是学校里教育年轻人的教材，可是，他们为婚姻所作的定义却是：藉以构成个人生活社会的男女结合[③]。至今没有一个人想到过，应该指责他们不曾提到神的启示。

---

① 第二份期刊，第 166 页。

② 此人便是特里博尼安(Tribonien，卒于 547 年)，他奉查士丁尼之命收集并整理古罗马的法律和有关法律的决定，经他不懈努力，终于编成了《查士丁尼法典》、《法学阶梯》和《查士丁尼学说汇编》三部重要的法律文集。——译者

③ 拉丁文为：Maris et feminoe conjunction，individuam vitoe societatem，continens。

高利贷

现在该说高利贷问题了。我总说批评者弄不清问题之所在，而且没有读懂他所批评的文字，这让我有些担心，读者也许已经听烦了。关于海上贸易中的高利贷问题，批评者写道："依作者看来，海上贸易中的高利贷没有一点正当的理由。他就是这么说的。"《论法的精神》这部著作确实有一位令人害怕的诠释者。作者在第二十二章第二十节中对海上贸易中的高利贷进行了论述，他在这一节中说，海上贸易中的高利贷有其正当的理由。请读这段文字：

海上贸易中的高利贷

"海上贸易中的高利贷产生于两个原因。其一是海上风险大，正因为如此，只有高额利润才能诱人冒险放贷；其二，海上贸易可以让借贷人便捷地在短时间里做大生意。对于陆地上的高利贷来说，这两种原因不但都不存在，而且还遭到法律的禁止，较为合理的做法是将利率限制在合理的水平。"

我恳请所有明白事理的读者说一句公道话，作者究竟是认为海上贸易中的高利贷是不公正的，还是仅仅认为，与陆地上的高利贷相比，海上高利贷对天然公正的损害略小些。批评者只知道绝对的好与坏，不知道还有较好与较坏。倘若有人对他说，黑白混血儿不像黑人那么黑，对于他来说，这就意味着混血儿像雪一样白；倘若有人对他说，混血儿比欧洲人黑，他就以为，此人的意思是混血儿跟煤一样黑。且让我们接着说。

《论法的精神》第二十二章中有四节论述高利贷。在头两节亦即第十九节和刚才提及的第二十节中，作者审视了各国的商贸以及世界上的各种政体与高利贷的关系，这两节的内容仅此而已。接下来的那两节则只是对罗马人的高利贷的种种变化作出解释。可是，批评者突然把作者说成是神学解疑家、教规学家和神学家，究其原因，就是因为批评者本人是神学解疑家、教规学家和神学家，或者是这三者之二，或者是这三者之一，或者也许根本就哪个也不是。作者知道，从有息贷款与基督教的关系的角度来看，有息贷款有许多区别和限制。他知道，在这个问题上，法学家和不少法院与神学解疑家和教规学家的意见并不一致，后者主张对不索取利息的普遍原则设置某种限制，而前者则主张这种限制应该更大些。倘若这些问题都包括在作者的话题之内，尽管实际上并非如此，作者又该如何进行论述呢？有人对此进行了深入的研究，有人甚至一生都致力于这方面的研究，作者想要了解这些，困难确实相当大。可是，批评者用来攻击作者的那四节文字却已经充分证明，作者只是一个历史学家和法学家而已。请读一下第十九节：

“货币是价值的符号。很显然，有人如果需要这种符号，那就应该像租用其他任何物品一样，租用这种符号。可是，这里有一个重大的差异，那就是，其他物品都是既可租用也可购买的，唯独货币不同，它本身就是物品的价格，所以只能租不能买[①]。

借钱给人而不索取利息当然是善举。不过，大家觉得，这只能是宗教训诫，而不能成为民事法规。

要想让贸易顺利开展，就得为借贷规定一个价格，但是这个价格不能很高。否则，商人如果发现他在贸易中的赢利尚不够支付利息，他就什么生意都不做了。另一方面，如果放贷而不能赚取利息，那就谁也不肯放贷，商人也就什么生意都做不成了。

我说谁也不肯放贷，此话不对。因为，社会的各种事物在发展，高利贷必然要出现，只不过，以往发生过的种种乱象同样也难以避免。

---

① 这里丝毫不涉及作为商品的黄金和白银。

伊斯兰法律混淆了高利贷与有息贷款的区别。在伊斯兰国家里，对借贷的禁止越严，高利贷现象越厉害，这是因为，放贷人要为违法行为所冒的风险取得补偿。

在这些东方国家里，大部分人没有任何保障可言，手里握有一笔钱是实实在在的，一旦借出去就难以保证能收回来，所以，收回贷款的风险越大，高利盘剥现象也就越厉害。”

接下去的是上面已经引用的题为“海上贸易中的高利贷”的那一节，然后是第二十一节“罗马人的契约借贷和高利贷”。作者在第二十一节中写道：

“除了商业借贷之外，还有一种签订民事契约的借贷，由此产生了利息和高利贷。

罗马平民的权力日益增大，官吏们想方设法阿谀奉承，制定让平民最开心的法律。他们削减本金，降低利率，甚至禁止收取利息，取消人身强制措施；每当一位护民官想要捞取民望时，就把废除债务的问题提出来。

此类因法律或公民表决而形成的持续不断的变化，使高利贷在罗马日益盛行。这是因为债权人发现，平民既是债务人，同时也是立法者和法官，所以，他们不再相信契约。作为债务人的平民已然丧失信誉，因而只有支付高额利息才能获得贷款，何况法律并非始终如一，平民的抱怨却持续不断地威胁着债权人。这就使得一切以诚信为本的借贷在罗马几近绝迹，可怕的高利贷虽然时常受到毁灭性的冲击，却总是死而复生，在罗马落地生根。”

“西塞罗告诉我们，在他生活的年代，罗马的利息为百分之三十四，外省的利息高达百分之四十。这种弊病就像是一种打击，原因在于法律过于严苛。为维护善良而制定的法律如果过于严苛，就会引发邪恶；因为，不仅要为借贷付出代价，还得为可能受到法律惩处而付出代价[①]。”

由此可见，作者对有息贷款的论述仅限于两方面：一是有息贷款与各国商贸的关系，一是有息贷款与罗马公民法的关系。正因为如此，作者在第十九节的第二段中对宗教立法者的规定与政治立法者的规定作了区分。他如果在那节中指名道姓地议论基督教，那么，鉴于还有其他对象需要论述，他就得使用另外一些术语，让基督教规定它所规定的，劝导它所劝导的，这样，他就得与神学家一起区分各种不同情况，把基督教的原则为“任何情况下都不能收受利息”这条普通法规所设置的所有限制统统提出来，罗马人只是有时认同这条法规，而穆斯林则始终如一地认同这条法规。作者想要论述的不是这个话题，而是另一个话题，那就是：倘若以普遍且不确定范围、无区别和无限制的方式禁止有息贷款，穆斯林的商业就会完蛋，罗马人的共和国大概也会因此而垮台。由于基督教徒并不生活在这种严苛的限制之中，所以他们的商业未被摧毁，在基督教国家中见不到令人害怕的高利贷，而这种高利贷不但在伊斯兰国家中是非实行不可的，而且过去在罗马人当中也曾实行。

在第二十一节和第二十二节[②]中，作者对罗马共和国不同时期中有关契约借贷的法律，进行了考察，他的批评者离开神学家的座位，临时当了一次博览群书的学者。不过，我们马上就会看到，这个学者他又当错了，连他要评论的问题究竟是什么也没有搞清楚。请读第二十二节[③]。

“塔西佗说，《十二铜表法》把年利率定为百分之一。塔西佗显然搞错了，他把另一项法律当成《十二铜表法》了，我在下面将要谈到那项法律。《十二铜表法》如果真的对此作了规定，在债务人和债权人的争议

① 《论法的精神》第二十二章第二十一节中并无这一段文字。——译者
② 《论法的精神》第二十二章，第二十二节。
③ 同上。

中，怎么没有人引用该法作为解决争议的权威呢？在有息贷款中找不到一丝一毫该法的踪迹。对罗马的历史哪怕略有所知，也不会不明白，在十人团执政时代，绝不可能制定类似的法律。”作者在相隔不远处又写道：“罗马398年，在护民官杜伊留斯和梅涅尼乌斯推动下通过了一项法令，将年息降低为百分之一。被塔西佗错误地说成《十二铜表法》的就是此项法令。这是罗马人首次为规定利率而制定的法规。”现在让我们来议论一番。

作者说，塔西佗说《十二铜表法》为罗马人规定了利率，这是塔西佗弄错了。作者指出，塔西佗误把大约在《十二铜表法》颁布八十五年后，由护民官杜伊留斯和梅涅尼乌斯制定的一项法令，当作《十二铜表法》，并说此法正是罗马人为确定利率而制定的第一项法规。批评者怎么说呢？他说塔西佗没有错，他说的利率百分之一是月息，而不是年息。可是，我们现在讨论的不是利率问题，而是要弄清楚，《十二铜表法》是否就利息作了某些规定。作者说塔西佗错了，指的是他说在《十二铜表法》中，十人团对如何确定利率作了规定。在这个问题上，批评者说塔西佗没有错，因为他说的是月息百分之一，而不是年息百分之一。由此可见，我说批评者没有弄清楚问题究竟在哪里，的确是有道理的。

不过，还有一个问题，那就是塔西佗提到的那项法规所确定的百分之一利率，到底是如作者所说是年息，还是如批评者所说是月息。批评者既然不懂罗马法，倘若比较审慎的话，就不要与作者讨论有关罗马法的问题，不要否定他自己不但不清楚，甚至不知道如何弄清楚的一个事实。问题在于弄懂塔西佗笔下的这几个字究竟是什么意思：利率十二分之一[①]。其实他只要翻翻书，就可以在卡尔维努斯或者卡尔所编的

① 从前《十二铜表法》规定，利息不得超过十二分之一。

字典[①]中查到，所谓利率十二分之一就是年息百分之一，而不是月息百分之一。他若是愿意请教一下学者，本来也可以从索迈兹[②]的著作中获得这些知识[③]。

让百手的居阿司做我思想的证人。

贺拉斯《诗集》III.4.69—70

他查找原始资料了吗？他若查找了，完全可以在法律著作中查到讲得很明白的文字[④]，那样的话，他就不至于把所有的概念都搅混。他就会分清楚，在什么时候和什么情况下，利率十二分之一表示月息百分之一，什么时候和什么情况下，利率十二分之一表示年息百分之一，它就不至于把百分之一中的十二分之一当成百分之一。

罗马人在尚未制定利率的法规时，最常用的办法是债权人从借出去的一百盎司黄铜中取十二盎司作为利息，即年息百分之十二，可是，

① 利息种类是根据一阿司的各种份额来命名的：应该知道，这一点人们明白，一切本金都是要百分之百收回的；而当每月交付本金的百分之一的份额时，利息就是最高的。并且因为按该最高利率，每一百金币一年获得的这种利息是十二金币，十二这个数目令律师们震动，以至于他们将这一阿司称为"付息的"。正如这一阿司不是按月支付而须按年支付来估价，其各种份额同样也须按年利率来区分：这样若每年每一百付一，则为十二分之一息；若付二，则为六分之一息；若付三，则为四分之一息；若付四，则为三分之一息；若付五，则为十二分之五息；若付六，则为二分之一息；若付七，则为十二分之七息；若付八，则为三分之二息；若付九，则为四分之三息；若付十，则为六分之五息；若付十一，则为十二分之十一息；若付十二，则为一阿司息。约翰内斯·卡尔维努斯（别名"卡尔"）：《词典》，日内瓦，1622年，彼得·巴尔敦书坊，"利息"词条，第960页。

② 索迈兹(Saumaise，1588—1653)，法国哲学家和学者，不但精于法学、神学和医学，而且通晓拉丁文、希腊文等多种语言。——译者

③ 《论利息的方式》，荷兰，莱顿：埃尔泽维尔出版社，1639年，第269、270和271页；一盎司息（十二分之一息）究竟从何而来，一盎司息（也可称作十二分之一息），不是按月支付的利息，而是按年付息。每一百盎司本金收取利息一盎司。

④ 《法律论说》47，《军团长官》，《关于监护人的管理和风险》的各页。

由于每阿司[①]等于十二盎司黄铜，而债权人每年对每一百盎司收取一阿司；又由于利息经常按月计算，六个月的利息叫做半息（semis）或半阿司，四个月的利息叫做四分之一息（triens）或三分之一阿司，三个月的利息叫做三分之一息（quadrans）或四分之一阿司，一个月的利息叫作月息（unciaria）或十二分之一阿司。由于对每一百盎司债款每月收取一盎司，所以，这种百分之一的月息或者说百分之十二的年息，被称作百分之一利率。批评者虽然懂得百分之一利率的含义，但在实际应用中却弄得一团糟。

由此可见，这只不过是债权人和债务人之间计算利息的一种方法、公式或规矩，即以年息百分之十二为计算标准，这是当时最常见的利率。假如有人以年息百分之十八的利率放贷，计算方法依然相同，只需将每月的利息增加三分之一即可，这样一来，一百盎司债款的月息就是一盎司半。

罗马人曾经使用的利率计算方法，是为债权人和债务人划分时间，并为支付利息提供方便而确定的，罗马人为利率制定法律时，这种方法依然在使用，但并未被立法者采用。立法者需要制定的是一种公共法规，它不采用月息制，而是规定按年计息。阿司、半阿司以及三分之一和四分之一阿司等计算单位继续使用，但它们不再具有原来的含义。也就是说，十二分之一利率的意思是年息百分之一，三分之一利率的意思是年息百分之三，四分之一利率的意思是年息百分之四，六分之一利率的意思是年息百分之六。假如十二分之一利率的意思是月息百分之一，那么，法律所确定三分之一利率、四分之一利率和六分之一利率，也应该分别是月息百分之三、月息百分之四和月息百分之六。倘若果真如此，那就太荒谬了，因为，制定法律的

① 阿司（as），罗马计量单位。——译者

目的本来是压低利率，如果上述年息竟然是月息，法律岂不是远比高利贷者心狠得多。

所以说，批评者把几种事情全都搅混了。不过，我觉得有必要把他的原话录在下面，借此让大家都看到，他讲那些话时虽然底气十足，可是谁也不会因此而相信他的话。他写道[①]："塔西佗没有搞错，他说的是月息百分之一，作者却凭借想象声称塔西佗说的是年息。每月按百分之几向债权人支付利息，这是无人不知，无人不晓的事实，一位撰写了两部四开本法律著作的作者竟然会不知道？"

此人知道也好，不知道也罢，都无关紧要。事实是他并非不知道，因为他曾在三处谈到这个问题。可是，他是怎么说的，在什么地方说的[②]？或许我可以就此向批评者提出挑战，请他猜一猜，因为在我论述这些问题的地方，他大概找不到他所知道的那些术语和说法。

批评者并不是想要知道《论法的精神》的作者究竟是学识渊博还是不学无术，而是想要捍卫他自己的祭坛[③]。可是，有必要让公众明白，批评者谈到他并不知晓的事时，一副了然于胸的神气，对自己的坚信不疑竟然达到了懒得查一下词典的地步，明明是他自己不懂，却指责别人看不到自己的谬误，所以，对于他在其他问题上的指责，不值得再去相信。难道我们相信，他那傲气十足的腔调丝毫不会妨碍他错话连篇吗？他的气急败坏不正说明他毫无道理吗？当他用亵渎神明和自然宗教的信徒等罪名骂人时，我们难道不能认为他又错了？我们是否应该多加小心，不要因他活跃的思想和激烈的文风而受他的影响？我们是否应该将他那两篇文章中的辱骂和歪理分开来呢？把歪理剔除之后，那两

① 1749年10月9日的期刊，第164页。

② 参阅第二十二章，第二十二节，第三个和最末一个脚注，以及第三个脚注的全文。

③ 拉丁文写作 Pro aris。

篇文章是不是什么都剩不下了呢?

在关于罗马人的有息贷款和利息那节中,作者谈到了罗马人历史上最重要的那个问题,那个问题与政治体制有着极其紧密的联系,不知道有多少次,政治体制险些因那个问题而被推翻;作者谈到了罗马人在极度失望状态下制定的法律,谈到了罗马人出于审慎而制定的法律,谈到了作为权宜之计的那些法规,也谈到了那些打算永远实施的法规;在第二十二节结尾处,作者写道:

“罗马 398 年,在护民官杜伊留斯和梅涅尼乌斯推动下通过了一项法令,将年息降低为百分之一……十年后,利率降了一半,后来干脆完全取消……

如同立法者所制定的其他一切过于极端的法律一样,这项法规也产生了同样的效果,那就是可以找到逃避这项法规的办法。于是不得不另外制定许多法规来加强、修正和缓和它。时而把法规置于一边而顺从习惯,时而遵循法规而不顾习惯,不过在这种情况下,习惯往往压过法规。一个人在向人借钱时,常常遇到法律的阻碍,而这项法律其实是为了帮助债务人而制定的。这样一来,谴责这项法律的人和这项法律想要援助的人,都反对这项法律。裁判官森普洛尼乌斯·阿赛卢斯想要继续严格执法,允许债务人依法行事,结果被债权人杀害,因为人们此时已经不能接受如此严厉的法规了。”

“苏拉当权时,吕西乌斯·瓦莱里乌斯·弗拉库斯①制定一项法律,准许收取百分之三的年息。罗马人所制定的所有相关法律中,这项法律是最公正和最温和的一项,但遭到帕特库鲁斯②的反对。然而,既

① 吕西乌斯·瓦莱里乌斯·弗拉库斯(Lucius Valerius Flaccus),罗马大法官。——译者

② 帕特库鲁斯(Paterculus),罗马护民官。——译者

然这项法律为共和国所需，有利于每一个人，而且成为债权人和债务人之间的一个方便的沟通机制，那就不能说它不公正①。"

"乌尔比安说②，还债越晚，利率越低。这一点为利息是否正当这一问题给出了答案，也就是说，债权人是否可以出卖时间，债务人是否可以购买时间③。"

最后这一段仅仅与弗拉库斯制定的法律以及罗马人的政治措施相关，而我们的批评者对此是这样评述的："作者在归纳了他有关高利贷的所有论述后说，债权人出卖时间是许可的。"听了批评者这番话，有人会以为作者首先就神学或教会法作了一番论述，然后加以归纳。事实却清清楚楚，作者所议论的仅仅是罗马人的政治措施、弗拉库斯制定的法律以及帕特库鲁斯的意见；所以说，罗马人的政治措施、弗拉库斯制定的法律以及帕特库鲁斯的意见彼此相关，是不能分开的。

我还有许多话要说，不过我更愿意把下面这段话献给那两篇文章："请你们相信我，亲爱的皮松④们，有的书就像是一幅画，展示给人的是一些空幻的幽灵，就像病人梦中所见到的那样⑤。"

第三部分

我们在前面两部分中已经看到，这许多尖刻的批评可以归结为：作者没有遵照批评者们的提纲和看法撰写《论法的精神》；如果由批评者

① 《论法的精神》第二十二章第二十二节并无此段。——译者
② 《法律》，第十二篇，"关于用语的含义"。
③ 此段与《论法的精神》中的同一段不尽相同。——译者
④ 皮松(Pison)，罗马望族。——译者
⑤ 贺拉斯，《诗艺》，第6行。

们来撰写一部同一题材的著作,肯定会把他们所知道的许多事情写进去。从这许多尖刻的批评中还可看出,他们都是神学家,而作者是法学家;他们觉得自己完全可以当法学家,而作者却觉得不能胜任他们的职业。此外,与其辛辣地攻击作者,莫如掂量一下他们为维护基督教所说的那些话的代价,其实作者也是崇敬和捍卫基督教的。现在我还需要做的事,就是谈谈我的感想。

这种评论方法不好,用这种方法去评论任何一部好书,都会把它糟蹋成与任何一部坏书一样;用这种方法去评论任何一部坏书,都会把它说成与任何一部好书一样。

这种评论方法不好,它不但把毫无关系的事扯进来,还把各个学科和每个学科中的各种概念搅得模糊不清。

评论一部属于特定学科的著作时,不应该使用某些可以攻击整个这门学科的理由。

批评一部著作,尤其是一部篇幅较大的著作时,应该设法获得这部著作所涉及的学科的专门知识,好好读几本获得公认的作者的相关著作,否则就无法知道,作者是否偏离了论述这门学科的已被普遍接受的常用方法。

语言和文字就是作者的形象,当一个作者用自己的语言和文字阐述自己的思想时,如果试图离开他用以表述自己思想的外部符号,到别处去寻找他的思想,那是不合情理的,因为,唯有他自己最了解自己的思想。假如他的思想是好的,有人却非要说他的思想是坏的,那就更不应该了。

当你批评一个作者时，当你对他发火时，一定要用事实来证明你给他扣的帽子，而不能用你给他扣的帽子来证明事实。

如果你觉得作者的总体用意很好，那么，当你发现某些段落模棱两可时，与其指责他存心不良，莫如依据他的总体用意作出判断，否则就很容易搞错。

在那些供读者消遣的著作中，读完三四页就可以领略到此书的风格和令人愉悦之处，可是，对于一部论证性的著作来说，你如果没有把握它的整体思想，那就等于什么都没有读懂。

写一部好书很难，评论一部著作却很容易，因为，作者要守住的是所有隘口，批评者却只要突破一个隘口就行了。所以，批评者千万不能出错，他若一再出错，那就不可原谅。

此外，批评可以被认为是批评者在炫耀自己高人一头，批评的后果通常能为人所固有的自傲心态带来一段美妙的时刻。乐此不疲的人永远可以为公正作出贡献，却很难在宽容这一点上有所建树。

在各种类型的文字中，评论文章最难展示天生的善良本性，所以一定要留心，不要以尖刻辛辣的言辞使事情变得更加令人伤心。

当你评论某些重大题目时，单有热情还不够，还要拥有知识。老天爷如果没有把良好的天资赐给我们，那就要用自疑、准确、努力和思考来加以弥补。

在一件自然而然地合乎情理的东西中，找出不讲道理的人所能妄加的所有谬误，这种本领对人类无益。这种人就像四处觅食的乌鸦，见了活物就离得远远的，找到了死尸就一拥而上。

这种批评方式有两大弊病。第一，真假混淆，善恶不分，读者的精神会因此而受到毒害，他们会渐渐习惯于在非常合情合理的东西中寻找谬误，并且由此而非常轻松地过渡到另一个方向，即从必然包含着谬误的东西中寻找合乎情理的东西。读者失去了正确的辨识能力，陷入是非错乱的泥潭。第二，把好书说成有问题的这种批评方式，使读者没有其他办法去对付不良著作，公众因此而无法辨识哪些是好书，哪些是坏书。假如把既不是斯宾诺莎主义者也不是自然神论者的那些人，都说成是，那么，又该把真的是斯宾诺莎主义者或自然神论者的那些人，说成什么呢？

虽然我们应该很容易地想到，那些在大家都感兴趣的问题上撰文攻击我们的人，是出于基督教与人为善的本意；可是，与人为善这种品德的本质不是遮遮掩掩，而是不管我们愿意不愿意，一定要充分展示自己，让大家都看得清清楚楚，到哪里都光芒四射。倘若在那两篇前后相随批驳同一作者的文章中，找不到任何与人为善的踪迹；在所有的段落、语句、单词和术语中，找不到一丝一毫与人为善的影子，那么，那两篇文章的作者是否有充分理由担心，撰写那两篇文章并非出于与人为善之心呢？

我们身上纯洁的人类美德是我们所说的天生的善良本性的体现，如果在那两篇文章中完全找不到这种天生的善良本性的任何迹象，公众就可以据此得出结论，说这两篇文章不是人类美德的体现。

在所有的人看来，行动始终要比动机纯真。相信恶毒咒骂这种行动是一种劣迹，要比说服自己把恶毒咒骂的动机看作善举容易得多。

当一个人处于这样一种状态：他敦促大家敬重宗教，宗教也让大家敬重他，当他在全世界面前攻击一个生活在这世界上的人时，很重要的一点是通过他的行动方式维护他的超群性格。世界很腐败，某些感情在这个腐败的世界上处于被胁迫状态，同时也有一些为某些人所宠爱的感情，不让其他感情表露出来。观察一下世界上的各色人等，最羞于见人的就是自命不凡，这种傲气不敢说出自己的奥秘，而在对待他人的态度上，傲气先是藏而不露，接着便故态复萌。基督教让我们养成了抑制傲气的习惯，人群则让我们养成了掩饰傲气的习惯。我们身上的美德并不多，如果我们放纵自己，不注意自己点点滴滴的言行和举止，我们会变成什么样呢？一些人原本具有受人尊敬的性格，有时也会因激愤而失态，而大家都不敢挑明，这些人于是就以为自己比别人强，尽管其实并非如此。这就是一种大毛病。

我们这些凡夫俗子都很弱小，所以很需要得到别人的照顾。因此，当有人把各种激烈的情绪暴露无遗时，他们希望我们内心作何想法？希望我们因不敢作出判断而不作判断吗？

我们可能已经在争论和交谈中注意到那些听不进别人话的人，由于他们参与争论的目的不是相互帮助，而是把对方打翻在地，所以他们距离真理的远近，不取决于他们的气度大小，而取决于他们性格中怪异和固执的程度。那些天生脾气好或因教育而性格温和的人恰好相反，对他们来说，参与讨论是为了互相帮助，互争高下是为了同一个目标，看法不同为的是最终达成共识；他们的知识越丰富就越能找到真理，这是天生的善良本性对他们的奖赏。

当一个人撰写宗教著作时，对于此类著作的读者的虔诚不能寄予过高的期望，不能说不符合常识的话。因为，为了获得那些虔诚多于知识的读者的信任，他可能失去那些知识多于虔诚的读者的信任。

由于宗教具有很强的自卫的功能，所以，对于宗教来说，捍卫得不好比根本不捍卫带来的损失更大。

倘若有这么一个人，当他失去读者之后，就对享有威望的某人发起攻击，以此作为吸引读者的手段。我们或许会怀疑，他是以把这个牺牲品奉献给宗教为借口，让此人为他的自尊心作出牺牲。

我们谈到的批评方式，是世界上最有可能使民族才能——请允许我斗胆使用这个词——的广延程度受到限制，使民族才能的总量被削减的东西。神学有其边界和表达方式，由于它所传授的是众所周知的真理，所以，必须让大家坚定地忠实于这些真理，防止有人背弃这些真理；这就意味着，才能不应充分扩展，而应让它囿于围墙之中。可是，若是试图把论述人文科学的人放在这个围墙之中，那就是对世界的嘲弄。几何学的原理非常真实，可是，倘若想把这些原理用于与审美情趣有关的东西，那就无异于否认理性本身。令学问窒息最甚的，莫过于企图让所有的病人都喝同一剂药。好为人师必然严重妨碍进取；无论多大的才能，一旦无端地受到无数顾虑的束缚，必然日益萎缩。你不是具有世界上最佳的意愿吗？有人立即会让你对自己产生怀疑。你如果总是提心吊胆，唯恐说错话，那你肯定就再也说不好了，你将不再按照你的思路说话，而是把心思放在用字遣词上面，纵然如此，依然难免因说漏了嘴而被批评者逮个正着。有人把一顶修女帽放在你头顶上，每当你说一句话，他就好像在提醒你说："小心掉下来，你想照你想的说，我们想让你照我们想的说。”你不是想有所发展吗？他就拽住你的袖子。你不是精力旺盛活力无穷吗？他就让你一点一点耗尽。你不是长高了一些吗？有人就会拿起尺子，抬起脑袋对你高喊，让你赶紧下来量一量身高。你不是在事业的大道上奔跑吗？他们就让你时时盯着地面，别让蚂蚁搬来的石子绊倒。无论哪种科学或文学都无法抵挡这种学究气。本世纪出现了许多学院，可是，有人却想让我们回到黑暗时代的学校中去。对于那些才能远远逊于笛卡尔，志向却丝毫不比他小的人来说，笛卡尔确实能为他们带来宽慰。这位伟人一再被指斥为无神论者，可是如今用来攻击无神论的论据，却比不上笛卡尔对无神论的批驳。

此外，只有当批评者愿意把批评说成纯属个人的行为时，我们才可以作如是观。批评供公众阅读的著作是完全可以的，因为，那些想要帮助他人消除蒙昧的人，倘若不愿意消除自己的蒙昧，那岂不让人讥笑。那些提醒我们的人都是我们这些著作的伙伴。作者和批评者如果都在探索真理，他们就有共同的利益，真理既然是所有人的财富，他们就是同一联合体的成员，而不是敌人。

我高高兴兴地放下手中的笔。我本来完全可以继续保持沉默，如果不是因为有好几个人从我的沉默中得出结论，说我已经被他们批驳得哑口无言。

有关《为〈论法的精神〉辩护》的资料[①]

435—437。——我没有写入《为〈论法的精神〉辩护》中的东西。

435 (2006)。——思想论著的作者们都应该想到，他们有一天会受到同行的审判。相对于读者而言，作家必然拥有的全部优势，就在于他们对自己所论述的问题，比读者有更多的思考。不过，如果读者也进行了深入的思考，他们就与作者处于同等地位。自尊心应该懂得这样一个秘密：你是在自尊心面前说话。什么？作者凭借自命不凡便能拥有谦逊的读者吗？是否由于他目前拥有优势就肯定以后不会变成弱势呢？一位作者的憨厚恰如年轻人迷人的羞赧，如果说大自然有一种艺术作品，那就是年轻人的这种羞赧。倘若想要让人读我们的书，那就应该首先让人喜欢我们。一个人假如确有才智，那就应该与他人的才智相得益彰，如果他做不到这一点，那他就应该像宝石一样，把黄金切割开来。

"犹如点缀黄金的宝石，熠熠生辉。"

伟大的上帝！我们怎么可能永远有理？别人怎么可能永远不对呢？有头脑的人在作出决定时会瑟瑟发抖，其他人则会以获得肯定的喜悦作为补偿。

436 (2007)。——夸夸其谈是无人不具的才能，愿意写作的年轻

① 本篇摘自孟德斯鸠的《随想录》。——译者

人总是由此迈出第一步，不是老师觉得采用这种风格比较容易，就是学生觉得接受这种风格更容易。请你看看德摩斯梯尼，他不发火的时候很平实，就像几乎永远晴朗的蓝天，偶尔才打几声雷。

437 (2008)。——请你关注一下基督教的精神。基督教要求人们不停地羞辱自己，同时绝对禁止羞辱他人，它憎恶自负和虚荣，不让你为自负和虚荣推波助澜，也不让你冒犯虚荣心，理由是当你冒犯他人的虚荣心时，你自己的虚荣心会从中得到某种乐趣，而这是基督教所不允许的。因为，他人的自负受到你的凌辱后，会观察你的意图，然后对你进行反击，让自负经受折磨并非根除自负的可靠手段。受到压制的自负会迸发出力量来进行反击。

自负会不会与自负作对？两个自负的人只会相互撑腰，因为谦逊迫使自负进行自卫。

基督教要求人人做到两件事：一件令人神往，那就是爱别人；一件令人战栗，那就是恨自己。除了我们自己以外，上帝对我们没有别的要求。

对他人的凌辱足以表明，这是一个普遍粗野的民族，有时甚至还能表明，这是一个自由乃至率真的民族。

在这种情况下，基督教的仁慈所受到的伤害比较小，因为，很难确定这个民族何以具有上述这些特征，是由于普遍的习俗呢，还是源自特殊的暴力？不过，在一个公民们被法律紧紧凝聚在一起的民族中，人人觉得相互的友善和尊重已经把自己与他人联结起来，所以，如果有人遭到凌辱，那肯定是此人有罪，致使不得不打破禁忌对他施加凌辱，这样做当然极大地伤害了基督教的仁慈。

所以，希腊人和罗马人使用的言辞更加激烈，对人的伤害却不如我们大。在这些民族中，基督教的仁慈受到的伤害比较小。倘若心灵讲了这些伤人的话，倘若习俗听任这些伤人的话，倘若公众的良心或是个人的良心应该自责……

438（2005）。——我在回答贝尔捷神甫关于雅典的提问时，最后是这样说的：

“这些先生非常喜欢决斗，可是他们的装备却相当简单。”①

① 这段话没有收入《为〈论法的精神〉辩护》。

对《论法的精神》的若干解释[①]

一

有几位人士提出如下异议：在《论法的精神》这部书中，荣宠和畏惧被说成是某些政体的原则，美德则仅仅是若干其他政体的原则。这么说就意味着，基督教的美德就不为大多数政体所需了。

回答如下：作者在该书第三章第五节中的一个脚注中写道："我在这里说的是政治美德，就其指向公共利益这层意思而言，它是伦理美德。我极少言及个人的伦理美德，根本不谈与'神启真理'有关的美德。"第三章第六节的一个脚注再次提及第五节的这个脚注。在第五章第二节和第三节中，作者为他笔下的美德所下的定义是"爱共和国和爱节俭"。整个第五章都立足于这个原则。一个作者既然在他的著作中为一个词下了定义，或者用我的话来说，一个作者既然给出了一部词典。难道不应该根据他给出的定义来理解他的话吗？

如同所有语言中的大多数词一样，美德一词可以从不同的角度来理解，有时可以理解为基督教的美德，有时可以理解为不信教者的美德，通常则理解为基督教的某种美德或是不信教者的某种美德，在一些语言中，有时还可以理解为某种或某些工艺的某种能力。这个词的含

① 1749年4月《特雷武报》刊登了一封信件，指责孟德斯鸠在《论法的精神》中未将美德视为君主政体的原则，本文第一部分就是对此指责的回答。本文第二部分是对刊登在耶稣会主办的期刊《特雷武报》上的一篇批评文章的回答，该文就一些枝节问题严厉指责《论法的精神》。——译者

义归根结底取决于上下文。作者既然多次为这个词下定义，可见他在这方面做了许多努力。有人之所以还会提出异议，那是由于读得太快。

二

作者在第二章第三节中写道："在一个贵族政体中，与权力丝毫不沾边的人民如果又少又穷，以至于占统治地位的那些人根本无须压迫他们，那么，这就是最佳的贵族政体了。安提帕特[①]规定，财产不足两千德拉克马的雅典人不得享有选举权，从而建立了最佳的贵族政体，因为这个财产门槛很低，城邦中略有身份的人都能获得选举权，因贫穷而不能获得选举权的人很少。因此，贵族家庭应该尽可能置身于人民中间。贵族政体越接近民主政体越好，越接近君主政体则越不完善。"

《特雷武报》1749 年 4 月号上的一篇文章，对作者使用的引文也提出了异议。该文写道，查阅作者所引的那本书发现，符合安提帕特所规定的财产门槛的只有九千人，不能获得选举权的人则多达二万二千。由此可见，作者的引文有问题，因为在安提帕特的共和国里，达到财产规定的是少数，没有达到的是多数。

回　答

提出此项批评的人若能对作者和狄奥多罗斯所说的话读得更加仔细一点就好了。

1）在安提帕特的共和国里，没有二万二千纳税额不达标的人。狄奥多罗斯所说的二万二千人已经去往色拉斯，并在那里定居；留在安提帕特的共和国中的只有纳税额达标的九千人和不愿前往色拉斯的下层

① 参阅狄奥多罗斯，《世界文库》，第十八卷，第 601 页，罗多曼版。

贫民，就是这批人组成了安提帕特的共和国。读者不妨参阅一下迪奥多卢斯的著作。

2）即使留在雅典的是没有交足税额的二万二千人，所提异议依然不正确。大和小这两个词是相对的。一个国家若有九千君主，显然多得吓人，而同一个国家若仅有二万二千臣民，则显然少得可怜。

向神学院提交的回答和解释[①]

对神学院从它所审查的《论法的精神》中抽取的十七个命题所作的解释

第一题

"气候是所有因素中最重要的因素[②]……有的地区在气候作用下，生理因素过于强大，道德几乎没有任何约束力[③]。产生于特定气候条件的宗教，若是与另一个国家的气候条件相差太多，就不可能在那个国家立足，即使被引入那个国家，也会立即被赶出来。从人的角度看，为基督教和伊斯兰教设置分界线的，好像就是气候[④]。"

回答和解释

该题可分为三个部分，每个部分都与不同气候对人类的影响有关。《教会新闻》诸君指责我把所有后果归咎于气候。我在《为〈论法的

① 1750年8月1日，巴黎大学神学院任命两位专员，负责审查孟德斯鸠的《论法的精神》。孟德斯鸠以妥协的态度同意进行必要的修改。此文是在审查期间孟德斯鸠撰写并提交的回答。——译者

② 《论法的精神》，第十九章，第十四节。

③ 《论法的精神》，第十六章，第八节。

④ 《论法的精神》，第二十四章，第二十六节。

精神〉辩护》第102、103、104、105、106、107页中已经作了回答，并向他们解释我在这个问题上是如何想的。我请大家再读一读这篇《辩护》的第112、113、114、115页，我在那里谈了我如何看待基督教的建立。

该题第一部分。——“气候是所有因素中最重要的因素。”

这句话摘自第十九章第十四节，这一章只字未曾提及基督教。我在这一章里探讨了这样一个问题：沙皇彼得一世想要改变民族的习俗和风尚，他应该通过公民法还是习俗来达到这个目的，所谓通过习俗，也就是借助榜样和确立相反的习惯。我认为，在这种情况下不必借助法律，尤其因为他所确立的习惯符合俄国的气候性质。我还说(其实只不过是个含蓄的说法)：“气候是所有因素中最重要的因素。”由此不难看出，这里涉及的仅仅是人的事情，人的行动。我们日常所说：“没有比这更加严重的事了”，并未把宗教考虑在内，甚至连想都不曾想到宗教。

该题的第二部分。——有的地区在气候作用下，物质因素过于强大，道德几乎没有任何约束力。

看来，如果有人被指控对道德原因的强大一无所知，因而对道德本身也一无所知，那么，《论法的精神》的作者大概就是最后一位。他在以气候为主题的那几章中多次谈及气候，他在这部书中几乎从头到尾都谈及道德原因，因为书中涉及道德原因问题。我们可以说，《论法的精神》是道德对气候的永恒胜利，或者笼统地说，是道德对物质原因的永恒胜利。只要读一下他所说的道德原因对斯巴达人、希腊人和罗马人的精神的巨大作用就明白了。正是因为这个缘故，作者大声指责《教会新闻》。《教会新闻》以这部共有三十一章的著作中的两三章为依据，对作者大加斥伐，似乎他否认道德原因、政治原因和民事原因的影响，尽管这部书事实上几乎从头到尾都在努力确认这种影响。这只是就总体而言，现在再来谈谈该题受到指责的第二点。

作者的论述建立在事实的基础之上，如果想要否定这个论述，就应该把阐明下述观点的那几个章节统统付之一炬：在一些国家里，人们耽于女色和饮酒过量的程度甚于其他国家。此外，作者的论述中有“似乎”一词，它起到了某种缓和的作用。既然说道德几乎没有任何约束力，那就等于说道德毕竟还有某种约束力。作者在第十五章第十节中指出，道德如果得到它自己所确立的某些习惯的支持，例如把妇女幽禁起来，它就能发挥极大的影响。请读《论法的精神》第十六章第八节和第十六章第十节。

该题的第三部分。——“产生于特定气候条件的宗教，若是与另一个国家的气候条件相差太多，就不可能在那个国家立足，即使被引入那个国家，也会立即被赶出来。从人的角度看，为基督教和伊斯兰教设置分界线的，好像就是气候。”

为了了断一切，我在新版中删掉了这段话。

第　二　题

“能够容忍异教的宗教很少会想到向外扩张……一个国家对于已经建立的宗教倘若感到满意，就不应再允许另一种宗教插足进来；这将是一项极好的法律。有关宗教的政治性法律的基本原则应该是：如果有权自行决定国家是否接受新的宗教，那就应该拒绝接受；如果新的宗教已经在国内站稳脚跟，那就应该对它采取容忍态度[①]。”

回答和解释

我对上文中的“站稳脚跟”做了如下脚注：我在这里所说与基督教

① 《论法的精神》，第二十五章，第十节。

无涉，因为正如我在别处所说的，基督教是第一财产。参阅前章第一节以及《为〈论法的精神〉辩护》第二部分。

第三题

“各种宗教都有许多地方性法律。莫采苏马坚持认为，西班牙人的宗教适合西班牙，墨西哥的宗教适合他的国家。此话绝非谬说，事实上，立法者纵然不想考虑大自然此前已经确立的东西，那也是办不到的①。”

回答和解释

我除了想说莫采苏马说的是错话，而不是无稽之谈之外，我从未试图再说什么。不过，为了了断一切，我删掉了这段话。

第四题

“应该敬重上帝，但绝不应该为上帝复仇②。”

回答和解释

我把这句话删除了。

① 《论法的精神》，第二十四章，第二十四节。

② 《论法的精神》，第十二章，第四节。

第　五　题

“尤利安(我虽然赞扬尤利安，但绝不会成为他背弃宗教行径的同谋)之后，再也没有一个君主能像他那样无愧于做人的统治者了①。”

回答和解释

我把这句话删除了。

第　六　题

“多偶制法律是一个统计问题。不过我相信，由于性别失衡严重而制定法律，实行一妻多夫制或一夫多妻制，这样的国家不会很多。这种现象只能表明，一夫多妻或一妻多夫违背自然的程度，在某些国家里较小，而在另外一些国家里较大②。”

回答和解释

我更换了标题，删除了“多偶制法律是一个统计问题”这句话。与此相同，我将“比较符合自然”这句话，更换为“离自然稍近些”。

至于有人要我多说几句，藉以表明，我把男人的多妻视为惹人反抗、令人憎恶的放荡行为。我的回答是无须多此一举，因为我已经把事

① 《论法的精神》，第二十四章，第十节。
② 《论法的精神》，第十六章，第四节。

情说清楚了。《教会新闻》的那位先生指责我没有区别男子多妻和女子多夫，我在我的回答第95、96、97、98页中指出，他不知道自己在说什么，因为，我在《论法的精神》第十六章第六节“多偶制本身”中已经对两种多偶状况做了区分，而且指出男子多妻比女子多夫更坏。要我多说几句的建议缺乏理由，只能让《教会新闻》那位先生拙劣的推理得逞。再者，我在第十六章第六节中表明了毫不含糊地反对多偶制的态度，对我在这个问题上的想法不应还有任何怀疑。因此，请认真阅读这一节，此外还请认真阅读《为〈论法的精神〉辩护》第85—102页“关于多偶制”的那一节。

我再说一点感想。听到《教会新闻》那位先生针对多偶制的叫嚷，仿佛汉尼拔已经来到了大门口，引进多妻制的威胁就在我们眼前。不喜欢争吵和混乱的人是不会涉足此事的。在我们这个世纪和我们的国家中，倘若有人宣称自己是多偶制的捍卫者，众人必定会在一声惊叫之后把他送进精神病院，至少也会把他当作一个十足的傻瓜。

第七题

“以不能生育为由的休妻只适用于一妻制[①]。”

回答和解释

我在一妻制下面加了一条脚注：“这并不意味着以不能生育为由休妻是被基督教所允许的。”

---

① 《论法的精神》，第十六章，第十五节。

第　八　题

“宗教设定一些规矩，不是为了好，而是为了最佳，不是为了善，而是为了至善，因而，只有当这些规矩是劝导而不是戒律时方才合适。……基督教劝人独身，当这种劝导成为某一类人必须遵守的法律后，就得每天制定新的法律，迫使这类人遵守独身的法律。立法者不但使自己疲惫不堪，也让社会不胜其烦，等等①。”

回答和解释

我删除了从“基督教劝人独身”到结尾处的所有文字。取消了令人为难的这个例证后，余下部分就不会再令人为难了。这样做是基于以下理由：至善，也就是最佳，不可能人人做到，事事做到。

有人建议我在说了上面这些话之后，再添上如下几个字：“法律：为所有的人和所有的事制定。”我没有这样做，因为这层意思已经在这一节中说明白了。

第　九　题

“宗教原则对人类的繁衍具有极大的影响，既能起到激励作用，也能起到遏制作用。犹太人、穆斯林、波斯的袄教徒以及中国人，在人口增殖方面受到了宗教的鼓励，而信奉基督教之后的罗马人，却在这方面

① 《论法的精神》，第二十四章，第七节。

受到了宗教的遏制。关于节欲的说教无处不在，从未停止，节欲是一种更加完美的品德，因为就其性质而言，应该仅有少数人具有这种品德①。”

回答和解释

真不明白，这些话中究竟是什么东西令人不快。如果说是事实，那倒是真的。听一听竭力劝人独身的神甫们是如何说的就可以了。他们是不是这样说的：“这是至善的美德，因为就其性质而言，只有极少数人应该奉行此项美德。”这话说得更对了，因为，既不可能人人独身，也不可能绝大多数人独身。索尔邦神学院不愿禁止与此相仿的另一个说法，那就是第一批命题中的第六题。我把这个题改成“因为只有少数人能奉行此项美德”，把原来的“极少数人”改成“少数人”；而为了消除一切顾忌，我把原来的“也能起到遏制作用”，改写成“也能起到延缓作用”。

两年前，辛迪克先生在他寄给作者的一张纸条上写道，有人反驳作者说，永远不必担心有教养、有热情、有品德的神职人员太多。我觉得，这么说有点跑题。毋庸置疑，在神职人员当中，有教养又有热情的神职人员永远不会多。可是，问题是要弄清楚，公民当中的神职人员是否可能太多。一个君王如果使用这种推理方法，他就永远不会对他的军队进行改革。有人永远会对他这样说：“陛下，勇敢、大胆、服从而又严守纪律的士兵永远不会太多。”我还想说的是，《福音书》禁止异端分子结婚的激烈程度，与不准他们禁欲的激烈程度不相上下。

---

① 《论法的精神》，第二十三章，第二十一节。

第十题

“罗马人的自杀行为是教育的结果，与他们的思想方法和习俗有关。英国人的自杀行为是一种疾病的后果，起因于身体的生理状态，此外别无其他原因。……显然，某些国家的民法制止自杀是有道理的。可是，英国如果不消除精神错乱的后果，就不可能杜绝自杀[①]。”

“最初几位皇帝时期，罗马的几个大家族不断因判罪而灭门。以自杀来防止因犯罪而被判刑的习惯逐渐形成，因为有人从中发现了巨大好处，那就是可以得到体面的安葬，遗嘱也可得到执行。之所以出现这种情况，原因在于此时罗马没有惩治自杀的法律。不过，当皇帝们不但凶残而且贪得无厌时，就不再把为自己保留财产的手段留给他们想要剪除的那些人，他们宣布，出于对罪行的悔恨而剥夺自己的生命，也是犯罪[②]。”

回答和解释

我在第十四章第十二节中对“自杀”加了一个脚注：“自杀行为违背自然法和神启宗教”。在同章同节中，我把原来的“可能是有道理的”，改写为“是有道理的”。

《论法的精神》第二十九章第九节中的一段文字受到审查，作者对

① 《论法的精神》，第十四章，第十二节。

② 《论法的精神》，第二十九章，第九节。

此颇有微辞。因为，审查官如果把这段文字与前面的那段文字一并审查，本来不应该有任何问题。请听我说道理。这两段论述的是罗马人中的自杀现象，第一段说的是共和时期的自杀现象，第二段说的是帝政初期的自杀现象。我在文中说，罗马共和时期根本没有对付自杀的法律。所谓罗马没有这样的法律，当然只应该理解为罗马没有这方面的民法，因为自然法不可能是一种地方法律。因此，在紧挨着被审查的那段文字的前一段中，我明明白白地说的是，罗马共和时期没有对付自杀的民法。接下来的那段说的是帝政初期的情况，我说那时没有对付自杀的法律。不错，我没有重复罗马这个词，可是，如果不把这两段文字分割开来，罗马一词是完全没有必要重复的。不过，现在要说的已经不是这些了。为了对指责作出答复，我已经把这句话改写为："这是因为罗马没有民法……"

同一页第 19 行和第 20 行中原来的文字是"不但凶残而且贪得无厌"，现在我把它改成"其贪得无厌丝毫不亚于过去的凶残"。

同一页第 23 行和第 24 行中原来的文字是："他们确定这是罪行"，现在我把它改为："他们宣布这是罪行"。

同一页第 5 行中的"惩治"一词增加了一个脚注："参阅第十四章第十二节的脚注。"

我承认，我始终不明白神学院在这几段文字中究竟想要审查什么。因为，捍卫崇拜偶像的罗马人的习俗和风尚，从来就不是基督教的责任，其次，没有任何人禁止我就患有这种病的人发表看法（英国医生证实：英国人的自杀行为是生理疾病和与情绪失控无关的精神错乱的后果），这就如同法国人就跳窗自杀的疯子发表看法一样。

《教会新闻》的那位作者对我进行了批驳，我已经在第 5 页上做了回答。

第十一题

“美德绝不是君主政体的原则。国家的存续并不依赖对祖国的爱、对荣耀的追求、对自我的舍弃、对本身最宝贵利益的牺牲，以及我们仅仅有所耳闻的古人的一切美德。在君主政体中，法律取代了一切美德，人们完全不需要美德，国家免除了对人们具有美德的要求……[1]”

“荣宠，这是每个人和每个阶层的固有的想法。荣宠取代了我所说的政治美德，并且处处代表着美德。……——因此，在治理良好的君主国里，几乎每个人都是好公民，但是，好人却极为罕见，因为，要做好人，首先得想做好人[2]。”

回答和解释

我所说的共和政体下的美德，是爱国，亦即爱平等，它不是伦理美德，也不是基督教美德，而是政治美德。我之所以使用美德这个词，是因为我已经对它下了定义。因此，应该采用我的定义。我在《就〈论法的精神〉所做的解释》中对此作了解释，此文是为回复《教会新闻》的那位作者而写，放在《为〈论法的精神〉辩护》后面。我在此文中引用了《论法的精神》中对此作出解释的那些段落。很有必要读一读《就〈论法的精神〉所作的解释》。

1）共和政体下的这种政治美德，亦即爱国或爱平等，是推动共和政体的动力，犹如荣宠是君主政体的政治动力一样。这两种政治动力

① 《论法的精神》，第三章，第五节。

② 《论法的精神》，第三章，第六节。

之所以不同，那是因为，共和政体中敦促他人执行法律的人，自己也受法律约束，也感受到法律的分量。所以，为了担负起敦促他人执行法律的责任，他必须爱国，爱公民之间的平等，否则，法律就得不到执行。君主政体就不是这样，想要让法律得到执行，只要君主愿意这样做就足够了。这些原则异常丰富，几乎构成了我那部著作的全部内容。有些人起初因没有听到这些原则而提出一些异议，如今他们已经弄明白了，我的这些原则现在已经到处被认识、了解和接受。不过，为了彻底打消顾忌，我再就《就〈论法的精神〉所做的解释》做如下进一步的解释。

2）本题的第一句话"美德绝非君主政体的原则"来自《论法的精神》第三章第五节的标题。有人认为，共和政体下的政治美德也被排除在君主政体之外；为了打消这种想法，我在本题的第一句话"美德绝非君主政体的原则"后面添加了这样一句话："美德不是君主政体的动力，这是至理名言！"接着我又添了一句："诚然，美德并未被排除在君主政体之外，但它却不是这类政体的动力。"

3）"荣宠，这是每个人和每个阶层的固有的想法。荣宠取代了我所说的美德，并且处处代表着美德。"为了解释上面这句话，我把它改写为："荣宠，这是每个人和每个阶层的固有的想法。荣宠取代了我所说的政治美德，并且处处代表着美德。"

4）"因此，在治理良好的君主国里，几乎每个人都是好公民，但是，好人却极为罕见，因为，要做好人，首先得想做好人。"为了不让上面这段话产生任何歧义，我紧接着添加了一句："而且是为了国家而不是为了自己才爱国。"这句话消除了一切障碍，因为它表明，这里所说的好人不是基督教的好人，而是政治上的好人，他的美德是我所说的政治美德。

刚才已经说过，这里所说的好人并非基督教的好人，而是政治上的好人，他爱法律，爱国家，在对法律和国家的爱的推动下行事。所有国家都讨论和检验过此事，因为，无论天主教国家或新教国家，都需要道德。我已经作了解释，我的书已经被认真地审查了一遍，这一点就不再有任何模棱两可之处了。

有人说，我只要删掉美德这个词就可以了（全书有二百多处需要改动），这不啻是说，我为一个词的含义所作的说明，其实什么也没有说明。我有一些新的想法，不得不寻找一些新词，或者赋予一些旧词以新义；但是，我为我所使用的词给出了定义。

可是，我还是禁不住要大叫一声。神学院对作者大加斥伐，说了“憎恨君主政体”之类的一些重话。神学院本来不应在我的内心看到仇恨，而应该想到可能是我的思想出了差错。只有估计我对基督教的虔诚达到相当程度，才会对这种做法给予谅解，只有估计我的恶劣已经达到相当程度，才会采取这种做法。即使是宗教裁判所，也不至于作出这种估计。任何一位公民从未在自己的国家里受到如此凶狠的侮辱，令我感到欣慰的是，从未有一位公民如我这样不配受到这种侮辱。我还要再说一遍：“柏拉图为自己出生在苏格拉底时代而感谢苍天。我也对苍天怀有感激之情，因为它让我出生在如今我生活于其中的政体下，因为苍天要我听命于它让我爱戴的那些人。”全欧洲都在读我的书，所有人都认同这个意见：无法判定我究竟偏爱共和政体还是君主政体。确实，这两种政体都是优良政体，若非心胸狭窄，就不会在两者之间进行选择。可是，神学院轻率地认定我仇视君主政体，那就请它同意，我绝不在这种情况下请它为我进行裁决，我把它的决议视为滥权，我将求助于公众，并为我自己求助于我自己（这并非我的强项）。

第十二题

“荣宠是有其至高无上的规则的，（君主政体下的）教育必须与之相适应。主要规则有如下几条：荣宠准许我们重视财富，但严禁重视我们的生命①。”

回答和解释

这里涉及的绝非权利，而是事实；是什么样，而不是应该什么样。不过，为了防止有人提出异议，我为荣宠一词添了一条脚注：“这里说的是事实是如此，而不是应该如此，因为，荣宠是一种先入之见，宗教时而要消灭它，时而要控制它。”

第十三题

“神学院修士们迷上了亚里士多德的哲学，并从这位哲学家那里获得了许多关于有息贷款的学说，他们把有息贷款与高利贷混为一谈，并一律加以谴责②。”

“因此，我们应该把因贸易被毁而产生的一切恶果，全都归咎于神学院修士们的无稽之谈③。”

回答和解释

我声明，我将要在下面说的话，只不过是一位法学家为自己所作的

① 《论法的精神》，第四章，第二节。

② 《论法的精神》，第二十一章，第十六节。

［这段文字其实摘自《论法的精神》，第二十一章，第二十节，此处的文字与书中的文字颇有出入。——译者］

③ 《论法的精神》，第二十一章，第十六节。

［这段文字其实摘自《论法的精神》，第二十一章，第二十节。——译者］

辩护，他熟悉法律，但只读过一星期神学书籍。所以，如果我不具备阐述神启真理所需的准确性，那只能归咎于我在这方面的全然无知。

神学院在这里谴责一个事实、一个有目共睹的事实。它肯定听到了传闻，说我曾说过，《福音书》和《圣经》并不谴责高利贷。我肯定不曾说过这样的话，何况我根本无须说这种话。我也不曾说，神学院修士们并未从《圣经》中汲取情感；但我曾说，他们从亚里士多德那里得到了一些解释，利用了亚里士多德的道理，他们的思想和语言都是亚里士多德的思想和语言。我知道，他们并不需要亚里士多德的思想和语言，因为他们有《福音书》，何况，源于基督教仁慈的解释远比能从亚里士多德那里汲取的解释有力得多。总之，在这方面，与其跟随哲学的火炬前进，莫如跟随神学的火炬前进好得多。

要回答神学院修士们对高利贷的解释是否来自亚里士多德这个问题，只需读一读亚里士多德的《政治学》第一卷第五章、第八章、第十章、第十一章，《伦理学》第十章，圣托马斯[①]的第一百二十三号著作“关于高利贷”(第十七节，安特卫普，1612 年版)就可以了。在这部著作的第四章中，圣托马斯一再引述亚里士多德，依据他的原则进行阐述。他说，就其性质而言，高利贷是一种邪恶，因为，钱币不可能像果实生产果实那样生产钱币，这是它的性质决定的，使用钱币是转移钱币，而不是像果实那样为人提供食物。所以，高利贷违背钱币的性质和自然使用。所有这些思想都是哲学思想，作者在这一节中阐述的正是这些思想[②]。圣托马斯只是在这一节的结尾处，才借助埃策希尔[③]和圣安布罗斯[④]的

① 圣托马斯(Saint Thomas)，此处指托马斯·阿奎那。——译者

② 参阅第九节。

③ 埃策希尔(Ezéchiel，前 592—前 570)，犹太先知。——译者

④ 圣安布罗斯(Saint Ambroise，340—397)，罗马帝国高官，米兰主教。——译者

话证明，高利贷违背教会法。

既然选择了圣托马斯这位如此受人尊敬的神学家，那就不必再提其他人了。有人如果读了亚里士多德和圣托马斯的著作，并且发现这两位的论述几乎完全一致，那就肯定不会由于我曾说神学院修士们关于高利贷的学说来自亚里士多德而再次指责我，因为这只能证明他们的解释。

圣托马斯还为我提供了证明，那就是，神学院修士们如果放弃亚里士多德的原则，只以《福音书》的原则为依据，效果本应更好。圣托马斯在他的这部著作第六章中分析了各种借贷后指出，哪一种是重利盘剥，哪一种不是重利盘剥。下面列举两种。圣托马斯认为，一个放款人如果同意借款人出海闯荡，并且甘愿承担本金风险，他就不应收取利息，他说，这样做是符合教皇圣谕“航海”的。可是，教皇圣谕“航海”如今已经不再施行，所以，神学家们都认为，在如今这种情况下可以收取利息，只是利率应该较低。圣托马斯坚持他的意见，并且以一种哲理作为支持，他说：“时间不能成为认可高利贷的理由，航海风险也不可能改变这种邪恶的性质。”我们今天则认为可以签订这种合同，因为，由于航海风险的存在，这样做并不违背基督教的仁慈精神。

圣托马斯在同一处指出，如果预期将来付款时小麦的价格将会上涨，那就可以高于市价出售小麦。他说：“因为，问题不在于时间，时间是不会产生利息的，问题在于放款人的预期，预期是可以产生利息的。”如今我们认为，这种借贷合同是高利盘剥，道理非常清楚，以超值的价格出售小麦（买主通常是穷人）的人肯定知道，自己是在高于市价出售小麦，但对于将来对方付款时，小麦是否会达到现在的出售价格，他并没有把握。我们的法律为何宣布此类借贷合同为高利贷呢？因为此类合同违背基督教的仁慈原则。

在我刚才提到的那部圣托马斯的著作的第十章中，我们还看到，

（依据神学院修士们的原则）商人以高于价值的价格出售商品，就是牟取利息，因为商人是以赊销方式出售商品。作出这种判断的理由是：利息的基础是时间，为此圣托马斯还援引了教会法的同一章。不过，他写道："习俗通常与此相悖，教会知道此事，并予以宽容。"我曾说，鉴于他们的（哲学）原则在政治和民事方面可能产生的后果，神学院修士们不得不在这些原则上略微有所放松。这就是我所能提出的最强有力的理由。

这些解释很快就会变得毫无用处，因为，为了避免引起麻烦，我改写了这段文字："神学院修士们迷上了亚里士多德的哲学，并从这位哲学家那里获得了许多关于有息贷款的说法，其实，有息贷款的渊源在《福音书》里说得很清楚；神学院修士们却不加区别地对任何情况下的有息贷款一律表示谴责。"

遭到谴责的这段文字的第二部分。——"我们应该把因贸易被毁而产生的一切恶果，全都归咎于神学院修士们的无稽之谈。"

回答。——神学院还对另一个事实提出了谴责。这是一个真实的事实，应该予以证实。巴希尔皇帝[①]颁布了一项法令，禁止在任何情况下收取利息："在任何交易中绝对不得收取利息。"这项法令见于《市政录》第三卷第四题§27。此项法令被收入《市政录》，放在与其父巴希尔共同执政的利奥[②]名下，其实此项法律不是利奥所为，而是巴希尔颁布的。此事尽人皆知，下面还将看到。

巴希尔颁布的此项法令，禁止在任何情况下没完没了地收取利息。利奥皇帝颁布了另一项法律，在此项法律中高度赞扬其父所颁布的那

① 巴希尔，此处指巴希尔一世（Basile Ier，813—886），拜占庭皇帝（867—886在位）。——译者

② 利奥，此处指里奥六世（Leon VI，866—912），拜占庭皇帝（886—912在位）。——译者

项法令，称其美丽而崇高。可是他又说，其父的法令导致所有借贷活动全部停止，从而造成了极大弊病，帝国深受其害，他不得不废除此项崇高的法令，把利率调低为年息百分之四到百分之十二。他还说，人间的事情最好由神灵来管理，但这是不可能的，因为人往往居心叵测，等等。利奥是个立法者，他审视并掂量了各种事物，本想继续施行其父巴希尔的法令，但由于该法所造成的种种弊病而不能如愿，于是下令废除该法。里奥颁布的法律便是利奥新法的八十三项，在罗马法课本中可以找到，我在这里附上该法全文[①]。利奥准许在任何情况下年利均为百分之四，问题不在于弄明白他这样做对不对，也不在于深究，他若依据《教会法》把可以收取利息和不应收取利息这两种情况加以区分，是否本来可以做得更好些。但是可以肯定的一点就是，他鉴于其父的法令所造成的弊病而下令废除该法令。我对于利奥所说没有什么可以补充。他所说的是一个事实，我所说的也是一个事实。这是一个始终如一的历史事实，整个东罗马帝国为此不得不制定一个普遍适用的规则。

利奥皇帝在位时期与宽厚者路易在位时期前后相差距不远，没有迹象表明，利奥的法律曾经越出东罗马帝国的疆界。但是，可以肯定的是，神学院修士们的态度非常僵硬，商业几乎到处被毁弃，人民因可怕的高利贷而备感痛苦，原因就如我在《论法的精神》第二十一章第十六节、第二十二章第十九节所说，由于基督徒没有任何公开的办法可以借到钱，不像如今这样允许收取利息(诸如法定租金、实减获利和显现损失的利息)，当时施行的是教皇圣谕“航海”以及其他类似的规定，所以，所有借贷全都落入犹太人手中，他们造的孽无人不知。

很显然，我在这里说的只不过是一个历史事实而已，并非无中生有的传言，而是真实的历史事实。

① 本文的法文原著编者删除了此项法律的文本。——译者

我禁不住还要再说几句。有息贷款的理论在法国得到大家一致认可，谁也不认为收取利息是违背《福音书》的行为，神学家和法院在这方面达成了令人赞叹的默契。既然大家都生活得安定平和，何必非得放弃这种生活呢？

第十四题

“货币是价值的符号。有人如果需要这种符号，那就应该像租用其他任何物品一样，租用这种符号。……借钱给人而不索取利息当然是善举。不过，大家觉得，这只能是宗教训诫，而不能成为民事法规①。”

回答和解释

上面这些话引自《论法的精神》第二十章第十九节的前两段，已经被我全部删去。

第十五题

“耕种土地是人最主要的劳动。气候越是让人逃避此项劳动，宗教和法律就越应激励人从事此项劳动。因此，规定把土地交付给君王，从而使人们的所有权意识消失的印度法律，增大了气候的不良效果，也就是说，加剧了与生俱来的怠惰。”——“僧侣制度在那里产生了同样的弊害。……亚洲的僧侣数量似乎随着炎热的程度而增加，印度酷热，所以

① 《论法的精神》，第二十二章，第十九节。

僧侣奇多。这种差异在欧洲同样可以见到。……想要战胜气候造成的怠惰，法律就应尽力剥夺不劳而获的手段。可是，欧洲南部各国的法律却恰好相反[①]。

为推行英国教会改革，亨利八世废止僧侣制度。僧侣本身就是一个好吃懒做的集体[②]。”

回答和解释

我只想说，如同我们在书刊审查报告中所看到的那样，让僧侣们从事体力劳动或许会是让教会感兴趣的一件事。拉特拉普教士和马比荣神甫就此进行过相当激烈的争论。我不知道教会在这场争论中支持哪一方。拉特拉普教士把僧侣中的无序和纪律松懈现象，归咎于体力劳动的停止。圣哲罗姆在他撰写（我记得是他）的《圣帕科米乌传》中说，帕科米乌有一次在幻觉中见到了一位天使，这位天使把祈祷上帝和做手工这两件事交替进行。作者就此写道："这位圣洁的修道士由此领悟到，这就是上帝要求僧侣们所过的生活。"

至于审查报告引述的康斯坦茨第八届公会议，神学院如果考虑得成熟一些，不但会发现这个报告根本无法付诸实施，而且肯定会看到这个报告对我的侮辱。

第八届公会议谴责威克里夫[③]提出的 45 个命题，这些命题推翻了教会的等级制和教会本身。威克里夫声称，现存的一切创立物，包括教皇、罗马教会和所有神职人员，都来自恶魔撒旦（参见他的第 36、37、38、39、40 命题），他认为，鉴于所有僧侣都处在这个创立物之中，所以

---

① 《论法的精神》，第十四章，第六、七节。

② 《论法的精神》，第二十三章，第二十九节。

③ 威克里夫（Wiclef，1330—1384），英国神学家，欧洲宗教改革先行者。——译者

他们都该下地狱；他认为僧侣托钵乞讨是一种恶魔行为，所以他鼓吹参与体力劳动：

22）修士因建立私人修会之举而已经犯下罪过。

23）生活在私人修会中的教士不属于基督教。

24）修道士被要求只能靠劳动而不能靠乞讨维持生计。

我们看到，1）上述最后一个命题中的两个组成成分是相互关联的："修道士被要求只能靠劳动维持生计"和"而不能靠乞讨"。可是，我的命题只字未提及乞讨。2）不难看出，这个命题与其他所有命题有关，尤其是第45命题：修会是由恶魔创立的，以及第32命题：托钵修会的所有僧侣都是异教徒。

由此可见，第八届公会议并未谴责体力劳动，仅仅谴责包括体力劳动在内的威克里夫的异端邪说。事实上，公会议很清楚，体力劳动是所有早期基督徒的实践活动，怎能谴责呢？

上世纪最有才华的作家们说，有一些教皇圣谕是伪造的；这些教皇圣谕被学者们一致认定确系伪造之后，是否有人就威克里夫的第38个命题"教会法令是伪经"向他们提出异议？没有，肯定没有。因为我们看到，公会议并未就集子中的所有教皇圣谕的真伪展开讨论，而是仅仅对威克里夫的其他四十四个命题进行了谴责。

让我们检验事实，辨明真伪！有人说，教会无权创立修会，不能替僧侣许愿，教会的创立物违背耶稣基督的意愿。这些说法都遭到了神学院的谴责，神学院做得好。可是，神学院这样做就有越俎代庖之嫌，把手伸进了只应由国家管理的事务中去了，这是一些纯政治事务，教会肯定不应插手。修会虽然是由教会创立的，可是，君主为了国家内外之需可以就修会事宜采取某些措施，例如限制修会的数量以及它们获得财富的能力，谁能对此表示怀疑吗？倘若君主可以这样行事，政治作家们就不应因谈论此类问题而受到审查。作家们在论述此类问题时应该体现出睿智，并且始终尊重被教会认定为有利于灵魂救赎的那些机制，给予这些机制以厚爱，而他们的祈祷、他们循规蹈矩的生活和值得夸耀的善意都无愧于这种厚爱；以上就是人们应该向这些政治作家提出的全部要求。

应该说，《论法的精神》的作者在这个问题上说话很有分寸。不但如此，由于他认为目前以不谈论这些问题为宜，所以，他在议论这些问题时只谈目前的状况，而且是出于正当的防卫，对于不在他的总体规划之中的问题，他一概保持缄默。

此外，为了避免让人不开心，我对前面那句作了改动："亨利八世把僧侣制度废除了，在他看来，僧侣是一批好吃懒做的人。"

第十六题

"亨利二世的法律规定，女子怀孕时若未向官员报告，婴儿一旦死亡，该女子就应被判处死刑。这种法律同样违背大自然赋予的自卫权利[1]。"

回答和解释

某些罪行在某些时代比在另外一些时代更为常见，堕胎在亨利二世在位时便是如此。堕胎现象当时愈演愈烈，以至于必须通过立法加以制止，而且，此项法律必得引起人们严重关注方可。亨利二世下令，女子怀孕时若未向官员报告，婴儿一旦死亡，该女子就应被判处死刑。此项法律所惩罚的不只是堕胎的女子，也惩罚怀孕时未向官员报告而婴儿夭折的女子。此项法律从此被称为愤怒的法律，促使此项法律如此严厉的原因后来有了变化，严厉的程度在执行过程中也就慢慢有所

① 《论法的精神》，第二十六章，第三节。

消减。结果是，每个教区的本堂神甫因疏忽而没有在主日宣道时公布此项法律，他们的上级就会命令他们赶紧公布，高等法院极少判处死刑，因为大家认定，一个大姑娘不会想到去申报自己难以启齿的事，这样做有悖与生俱来的羞耻心。如果不是因为审讯笔录或证人的证词写明，孩子身上作了某种记号，我就不相信曾有姑娘被判死刑，尽管她们未向官员报告自己已经怀孕。

问题在哪里呢？很显然，神学院对有关堕胎言论的谴责有一个前提，那就是这种言论赞成堕胎或是不赞成对堕胎加以惩处。其实并非如此，或者说，从有关堕胎的言论中无法推导出赞成大姑娘可以堕胎的判断，其实并非如此，甚至可以说根本不涉及此事。有人认为，据我们推测，神学院大概不会同意以下看法：亨利二世的法律即使在维持现状不加修改的情况下也是必不可少的，所以君主不应加以更改，而鉴于众所周知的原因，神学院试图或已经作出这样的决定。何况，赞同一项罪行是一回事，认为刑罚过严或处置方式不当，应该处以这种刑罚而不应处以那种刑罚，则是另一回事，两者迥然有别。我如果说，偷窃不应处以死刑，应该如罗马人那样，处以两倍或四倍的罚款，难道就可以因此而认为我赞成偷窃吗？这些事情不正是属于留给大家讨论的那些普通事情吗？神学院声称，作者的有关说法是对君主的侮辱，这种说法似乎表明，神学院想要把污秽扣在作者头上。君主不但制定法律，也更改法律，他们绝不会制止人们就下列问题进行讨论：一项在某时确属优良的法律，是否应该有所更改，以便对他们更为有利。对法律的这种审视对大家都有益。提出来的理由如果不足为凭，那就放弃，如果很好，那就采用。主张适时更改某项法律，绝不构成对君主的伤害，因为，倘若需要更改，那也是由君主来更改。但是，被列为第十六题的作者的上述说法，如果确如审查报告所说的那样有这许多罪名，那么，君主岂不是就不能制定法律，废除死刑而代以其他刑罚，否则就难逃这些罪名吗？这样一来，君主在行使他的最高权力中的第一项即立法权时，岂不就被捆住手脚了吗？关于这些事情，我就此打住。

第十七题

“迦南人遭受灭顶之灾，原因在于他们是一些未曾联合起来的小共和国，没有共同进行防御[①]。”

回答和解释

上帝创造奇迹时并不始终使用同一方法。有时他直接干预：“要有光”，就有了光。有时他借助他人行事：“我让你兴起，为的是在你身上体现我的强大，以便由整个大地来显示我的名字。”有时他甚至愿意被他人借助行事：“当初如果你打了我五下，等等”。

上帝在整部《圣经》中使用的途径多种多样，我们何以知道，上帝为了把希望之乡给予以色列人而使用了一种特殊的途径呢？我们通过两种办法知道此事，其一是上帝说了此事，其二是上帝做了此事。不过，摩西在执行他的计划时，若不把双臂高举伸向天空，以色列人也不一定就是胜利者。

我说过，迦南人民并未联合起来。可不是吗！上帝并不希望迦南人民联合起来。

为了随意解释作者的意思，把作者说成既不相信《旧约全书》，也不相信《新约全书》，就必须从他的书中找出一些东西，以便毫不含糊地证明他不相信上帝。可是，人们看到的恰恰相反，在《论法的精神》第一章

① 《论法的精神》，第九章，第二节。

中就明明白白地写着："上帝作为宇宙的创造者和保护者行事①。"看来非得把作者说成不相信特殊途径不可，可是，事实却又是恰恰相反，在第三十章第十一节中，作者从《圣人传》转引了许多引语后写道："凡是上帝计划之内的事情，他肯定已经一一完成，尽管在这些事情上，我们有理由责备这些传记的作者们有时过于轻信，但是，我们依然可以从中得到巨大的启示，看清楚当时的风俗和习惯②。"

有一些奇迹对于基督教并不重要，而且可能并未真的出现过，但这无损于基督教的主体，既然《论法的精神》的作者连这些奇迹都没有摒弃，那就更没有道理说他不承认那些最基本的奇迹，诸如上帝对犹太人民的召唤，兑现向犹太人民作出的承诺，等等。

尽管上帝的名字在整个大地上极受敬仰，他仍然希望他的名字在他为他的人民所选定的那块土地上更加响亮，通过他在安顿他的人民时所采用的方法，能让人看到最有效的保护。可是，不管他完成的奇迹有多少，终究并非全都是奇迹。在上帝所采用的不寻常的途径上，毕竟并非一切都不寻常。只有当大自然的走向不在他的计划之中时，他才改变大自然的走向。他完成了一些奇迹，但是，他仅在他的睿智对他提出要求时才这样做。

如果有人问我："以色列人为什么进入杰里科？"我会回答说，因为上帝让城墙坍塌了。不过，如果杰里科四门大开，那我就会回答说，杰里科没有设防。我不会说那是上帝的特殊途径，因为在这件事上并无特殊的意愿。我不会回答说都是上帝做的；因为，人家问我的是一般原因，人家并没有问我次要原因。

这样说来，就得谴责《圣经》本身了。我们在《旧约全书·士师记》

① 引文与原著略有出入。——译者

② 《论法的精神》，第三十章，第十一节。

第一章中读到："乔舒亚死后，以色列人求问耶和华说：'我们中间谁当首先上去攻击迦南人，与他们争战？'耶和华说，'犹大当先上去，我已将那地交在他手中。'……犹大又取了迦萨、亚实基伦和以革伦，耶和华与犹大同在，犹大就赶出山地的居民，只是不能赶出平原的居民。因为他们有铁车。等等。"

我们是否因此而可以说："上帝本想摧毁伽南人，但是，铁车妨碍他这样做？"不！铁车如同伽南人的溃散一样，全都是上帝计划的一部分。上帝使用一支军队，这支军队就像军队一样行动。

事实上，这种书刊审查丝毫无益于基督教。居然把手放在藏经柜上，未免太过分了，且看它如何把手拿下来吧。

答格罗莱对《论法的精神》的意见①

先生，你赞同我在书中表达的观点，而且在阅读拙著时边读边做笔记，这令我非常感动。你的这些疑虑表明你是一位极其聪明的人。下面就是我忙中抽空写就的回答。

“关于奴隶制，第十五章第六节，第二十节，第十八章。鞑靼人攻下城池后，滥施杀戮，以血还血，他们认为这样做是符合万民法的。鞑靼人的奴隶制是否也适用万民法，究其根源是否起因于怜悯？”

对于一个用武力解决一切的民族来说，把奴隶制纳入万民法无论如何总比把奴隶处死少一些残忍，不过，这绝对不符合怜悯心。与人性不符的两件事，其中必有一种比另一种更加不符。我在别处已经证明，源自人的本性的万民法，只允许在万不得已时方可杀人。所以，当一个人沦为奴隶后，就没有必要被杀了。

“自由民不能出卖自己，因为，自由对于买主来说是有价的，但对于卖主来说则是白送的。可是，如果债务人把自己出卖给债权人，难道债务人依然是白送吗？”

无力还债者出卖自己绝不是一宗好买卖，他把无价之宝当成一钱不值的粪土了。

“第十五章第六节中的奴隶不像是奴隶，倒像是罗马人的顾客，或

① 格罗莱（Grosley，1718—1785），法国法学家和文学家，读了《论法的精神》之后致函孟德斯鸠，向他表示敬意，并提出若干问题请求解答。——译者

者是封臣和封臣的封臣。”

我在第五章第六节中所探寻的并不是以往奴隶制的根源，而是可能或应该出现的奴隶制的根源。

“或许本应在第五章第十八节中研究一下，在大型建设工程中使用奴隶，是否比使用短工方便一些。”

使用按日计酬的工人胜过使用奴隶。尽管都说金字塔之类的大工程是奴隶完成的，但是，也有不少大工程并未使用奴隶。

想要对奴隶制作出判断，不能只看奴隶对于每个国家中的一小撮家财万贯而且骄奢淫逸的富人是否有用，奴隶对于他们来说肯定是有用的；应该从另一个角度看待这个问题，假设在每个国家、每个城市、每个村庄进行抽签，抽到白签的十分之一的人成为自由民，抽到十分之九黑签的人成为他人的奴隶，把生死和全部财产统统交给此人。为奴隶制说好话的那些人就将变成最憎恶奴隶制的人，最贫穷的人则将更加憎恶奴隶制。因此，为奴隶制呼号不是为公众福祉呼号，也不是为私人社会呼号，而是为财富和淫逸呼号。

一个人很高兴做另一个人的主人，谁会对此有所怀疑呢？出于某些必需，在政治状态中的事情大概就是这样；但是在民事状态中，这种事情就变得不可容忍了。

我让人感到，我们在政治上是自由的，因为我们彼此不平等。书中的某些段落之所以显得含混不清和模棱两可，那是因为这些段落与将要进一步阐述的那些段落相距较远，同一根链条上的链子往往没有联结在一起。

“第十九章第九节。傲慢是政府危险的动力，懒惰、贫困、百业俱废是随之而来的后果。可是，傲慢不正是罗马政府的主要动力吗？罗马人不正是凭借傲慢、自负、不可一世才让全世界匍匐在他们脚下吗？看来，傲慢助人成就伟业，虚荣令人囿于平庸小事。

第十九章第二十七节。自由的民族傲慢而自负，其他民族比较容易虚荣。”

第十九章第九节与第十九章第二十七节之间存在着矛盾，这些矛盾源于道德成分的不同组合所产生的不同效应。傲慢与宏大的志向和崇高的思想相结合，在罗马人身上产生了某些效应；傲慢与游手好闲和不思上进相结合，在其他民族身上产生了另外一些效应。对此心存疑虑的人其实心里非常明白，且完全能体会这些差异，并把我来不及在这里说的想法说出来。

不同的人有不同的优势，人们会依据不同情况彼此交换这些优势，我们只要对这些优势进行一番观察就行了。

“第十九章第二十二节。不信教的人民不可使用立誓，除非立誓人如同法官和证人一样，与讼案没有任何利害关系。”

关于对第十九章第二十二节的疑惑。有此疑惑的官员是令人尊敬的。不过，利害关系有亲疏之分，这永远是事实。

“在作者的体系中，不同的气候产生不同的后果。我们是否可以就此提出这样的诘问：为什么狮子、老虎、豹子……比熊、野猪……更加凶猛，更加难以驯服？”

关于第二十四章第二节。这是由不同种类动物的特性所决定的。

“设想一下，有那么一天，所有的水磨坊都坏了，而且无法修复。法国能找到这许多人顶替水磨坊的工作吗？只要水磨坊不复存在，从作坊和工厂招走多少人，作坊和工厂就少多少人。从总体上看，机器在简化制造的同时，降低了产品的价格，工厂主则因消费增加而获得补偿；机器的加工对象如果是本国的产品，那就肯定能促使消费量增加。”

水磨坊非常有用，尤其在现阶段。我们无法就此详谈；前面已经说过的那些取决于一个几乎永远正确的原则，那就是：从事手工业的劳动力越多，农业所需的劳动力也越多。我在这里说的是大多数国家的现状，所有这些事情都应该有所区别，有所限制，等等。

“第二十六章第三节。亨利二世所颁布的强制怀孕妇女向官员申报的法律，并不违背与生俱来的自我防卫。这种申报是一种忏悔。忏悔难道违背与生俱来的自我防卫吗？作者认为告诉亲属比较合适，其实，向必须为之保守秘密的官员申报更好。”

至于强制姑娘报告自己怀孕一事，对于姑娘来说，保护名声与保护生命同样符合自然，教育增强了保护名声的意识，减弱了对死亡的恐惧。

“第十四章第十四节。这一节谈到了气候给各国的法律带来的变化。日耳曼和原籍西哥特的妇女享有许多自由，但一旦移居西班牙，她们就被西哥特人牢牢控制。立法者的想象力随着百姓的想象力高涨而高涨。把这种说法与第十六章第九节和第十节中关于在炎热地区必须把妇女幽禁起来的说法相比，就令人感到惊异和不解，因为作者在这两节中说，这些西哥特人害怕妇女，害怕妇女的阴谋、冒失、兴趣、厌烦，以及大大小小的激情，可是，他们却丝毫不怕为妇女撤开缰绳，不再遵循日耳曼人和他们自己的先例，宣布妇女可以继承王位（第十八章第二十二节）。气候难道不应恰恰相反，让妇女远离王座吗？”

关于对第十四章第十四节和第十八章第二十二节的疑虑。这两件都是不容置疑的事实，如果显得彼此矛盾，那是因为他们各有其特殊原因。

“第三十章第五、六、七、八节。把庄园的土地放弃给法兰克人，法兰克人因此而有了土地，高卢人却不会因此而被剥夺。”

第三十章第五、六、七、八节。有可能是这样。但愿公共财产足以组成领地。历史为此提供了证明，只不过曾有过分割。不过，历史资料表明，分割并未涉及全部土地。

先生，以上大概就是你希望我做的进一步阐释。从你的来信看，你在这方面十分内行，不但知识渊博，而且非常聪明。以上回答是我在很短时间中写成的。此外，最好的版本是最近于巴黎阿尔书局（圣雅克街靠近圣塞弗兰喷泉的地方）出版的那个版本，三卷12开本。

先生，我以充满敬意的心情，以能成为听命于你的仆人而感到荣幸。

1750年4月8日

主 题 索 引

（以词头汉语拼音为序）

（罗马数字表示章，阿拉伯数字表示节，《辩护》表示《为〈论法的精神〉辩护》。）

A

B

C

D

E

F

G

H

J

L

M

N

O

P

Q

R

S

T

W

X

Y

Z

译名对照

A

阿巴思诺特 Arbouthnot
阿庇安 Appien
阿比西尼亚人 Abyssins
阿波加斯特 Arbogaste
阿德拉尔 Adelhard
阿蒂库斯 Atticus
阿杜安 Hardouin
阿尔巴 Albe
阿尔都塞 Althusser, Louis
阿尔基比亚德 Alcibiades
阿尔让松 Argensson, Marc-Louis d'
阿格里可拉 Agricola
阿戈斯 Argos
阿戈斯人 Argiens
阿加西亚斯 Agathias
阿基利乌斯·格拉布里奥 Acilius Globrio
阿吉罗芬格人 Agilolfingues
阿揭西劳 Agésilas
阿卡迪亚人 Arcades
阿卡迪乌斯 Arcadius
阿拉里 Alary, Pierre Joseph
阿拉里克 Alaric
阿拉图斯 Aratus
阿里安 Arrien
阿里奥巴赞 Ariobarzane
阿里奥斯托 Arioste
阿利巴斯 Arribas
阿里斯底德 Aristides
阿里亚纳 Ariane
阿里耶诺尔 Aliénor
阿马西斯 Amasis
阿米亚努斯·马西利纳斯 Ammien-Marcellin
阿莫里克 Armorique
阿姆洛·德·拉·乌赛 Amelot de la Houssaye
阿那克里翁 Anacréon
阿那斯塔修 Anastase
阿皮乌斯·克劳狄乌斯 Appius Claudius
阿奇利亚 Acilia
阿斯卡尼乌斯 Ascanius
阿司特 Aster
阿塔薛西斯 Artaxerxès
阿提卡 Attique
阿提拉 Attila
阿提米多卢斯 Artémidore
阿图阿尔帕 Athualpa
阿维图斯 Avitus
埃策希尔 Ezéchiel
艾蒂安·比赞斯 Etienne Byzance
埃尔莫根尼斯 Hermogenem
埃夫勒 Evreux
埃吉加 Egiga
埃卡尔 Echard
埃魁人 Eques
埃拉伽巴卢斯 Héliogabale
埃拉托斯特涅斯 Eratosthène
埃里亚人 Eléens
埃涅阿斯纪 Aenéide
埃弥利乌斯·鲍卢斯 Emile Paul
埃佩尔奈 Epernay
埃皮达姆纳人 Epidammiens
埃彭 Hébon

埃斯基涅斯 Eschines
埃斯图尔弗 Aistulphe
安德里 Andely
安东尼·马尔库斯 Marc-Antonin
安菲克提翁 Amphictyon
安戈尔斯 Angers
安库斯·马尔蒂乌斯 Ancus Martius
安尼乌斯·阿塞卢斯 Anius Asellus
安提奥基德海 Antiochide
安提奥库斯 Antiochus
安提帕特 Antipater
安条克(今安塔基亚)Antioche
安托尼乌斯 Antoine
安托尼乌斯·皮乌斯 Antonin Pie
安森 Anson
盎格鲁人 Angles
奥布 Abo
奥德修斯 Ulysse
奥尔泰子爵 Dorte
奥菲提安 Orphitien
奥弗里乌斯 Aufrius
奥古斯都 Auguste
奥克努米斯 Orchomène
奥克苏斯河 Oxus
奥朗则布 Aureng-Zeb
奥勒留·维克托 Aurelius Victor
奥卢斯·格利乌斯 Aulu Gelle
奥内希克里图斯 Onésicrite
奥赛里斯 Océlis
奥托 Othon
亚里安 Arien
亚里安 Arrien
亚里士多德 Aristode
亚里斯多德穆斯 Aristodème
亚里斯特 Aristée
亚里斯托布鲁斯 Aristobule
亚罗马蒂亚 Aromates

B

巴贝拉克 Barbeyrac
巴比里乌斯 Papirius
巴布曼德布 Babelmandel
巴多明 Parennin
巴尔比 Balbi
巴克豪森 Barckhaussen, Henri
巴克特里亚(大夏)Bactriane
巴鲁兹 Baluze
巴斯纳日 Basnage
巴希尔 Basile
柏拉图 Platon
柏努瓦·莱维特 Benoît Lévite
拜占庭 Byznce
邦尔卡萨 Benrekassa,Georges
鲍尔希安 Porcie
鲍里亚努斯 Paulin
鲍卢斯 Paul
贝奥蒂 Béotie
贝蒂卡 Bétique
贝蒂斯河 Bétis
贝卡利亚 Beccaria
贝列弗尔 Belièvre
贝尼耶 Bernier
贝吕勒 Bérulles, Pierre de
毕达哥拉斯 Pythagore
比代 Budé
比尔内 Burnet
比雷埃夫斯 Pirée
比索 Bison
博丹 Bodin, Jean
波尔塔瓦 Poltava
波菲利 Porphre
勃固 Pegu
博科里斯 Bocchoris
波利比乌斯 Polybe
博林布罗克 Bolingbroke, John
伯罗奔尼撒 Péloponnèse
波鲁克斯 Pollux
博内 Bonnet, Charles
博马努瓦 Beaumanoir
博纳伊 Bonneuil
博内 Bonnet, Charles

波舒哀 Bossuet
波斯杜谬斯 Posthumius
毕苏 Pisonem
布加利 Boucharies
布兰维利耶 Boulainvillier, Henri
布伦豪特 Brunehault
布鲁图 Brutus
布瓦吉贝尔 Boisguilbert,Pierre
布瓦耶 Boyer

C

查理五世 Charles V
查士丁 Justin
查士丁尼 Justinien

D

达蒙 Damon
达维拉 Davila
大夏人 Bactriens
戴奥德里克 Théodoric
戴尔萨斯 Delsace
戴封丹 Défontaines
戴克里先 Dioclétien
唐比埃 Dampierre
德笃利安 Tertullien
德·伽马,洛佩兹 Gama,Lopez de
德拉克马 Drachmes
德·拉莫特, 乌达尔 de la Motte, Houdar
德·拉瓦莱特 de La Valette
德洛斯岛 Délos
德鲁苏斯 Drusus
德梅朗 de Mairan
德米特里乌斯 Démétrius de Phalère
德谟克利特 Démocrite
德摩斯梯尼 Démosthène
德若拉图斯 Dejoratus
狄奥 Dion
狄奥波普斯 Théopompe
狄奥多拉 Théodora
狄奥多罗斯 Diodore
狄奥凡特 Diophante
狄奥菲勒 Théophile
狄奥尼修 Denys
底比斯 Thèbes
底比斯人 Thébains
蒂博 Thibault
迪蒂耶 Duttilet
底格里斯河 Tigre
迪康热 Ducange
迪拉 Dira
蒂米什瓦尔 Temeswar
蒂永维尔 Thionville
狄特-李维 Tite-Live
杜尔阁 Turgot, Jacques
杜纳弗 Tournefort
多尔哥鲁基 Dolgourouki
多里安人 Dorique
多里亚 Doria, Paolo Mattia
多马 Domat, Jean
多维尔 Dodwell
杜申 Duchesne
杜伊卢斯 Duellus

F

法比亚人 Fabien
法布尔 Jean-Henri Fabre
伐鲁瓦 Valois
发纳高黎人 Phanagoréen
法沃里努斯 Favorinus
法希斯河 Phase
菲洛 Philon
腓罗佩门 Philopoemen
菲罗斯特拉图斯 Philostrate
费纳龙 Fénelon, François
腓特烈 Frédéric
冯特奈 Fontenay
封特奈尔 Fontenelle, Bernard

伏邦 Vauban, Sébastien
福尔班 Forbin
福凯斯 Phocas
弗拉维乌斯·沃比斯库斯 Flavius Vopiscus
佛兰德 Flandre
佛兰舍缪斯 Freinshemius
弗勒里 Fleury, Claude
弗雷戴贡德 Frédégonde
弗雷德加里乌斯 Frédégaire
弗雷齐埃 Frézier
福里乌斯·卡米鲁斯 Furius Camillus
弗里兹人 Frisons
弗洛鲁斯 Florus
福斯蒂尼亚努斯 Faustinien

G

高乃依 Corneille, Pierre
戈丹 Godin
格拉古·盖尤斯 Gracchus Caïus
格拉古·提比留 Gracchus Tiberius
格拉提安 Gratien
格拉维纳 J.-V. Gravina
格老秀斯 Grotius, Hugo van Groot
格利摩 Grimoald
格里永 Crillon
哥摩林角 Comorin
格努西乌斯 Génucius
根特人 Gantais
贡德鲍 Gondebaud
贡多瓦尔德 Gondovalde
古兰经 Alcoran
古朗治 Coulange, Fustel de
瓜拉尼人 Guaranis

H

哈德良 Adrien
哈尔梅诺普尔 Harmenopule
哈里卡纳索斯的狄奥尼修斯 Denys d'Halicarnasse
哈林顿 Harrington
海妖 Sirènes
汉尼拔 Hannibal
汉诺 Hannon
赫卡尼亚 Hyreanie
赫克勒斯 Hercule
贺拉斯 Horace
赫鲁尔斯人 Hérules
赫卢姆 Heroum
黑海 Pont-Euxin
花剌子模 Charisme
霍尔米德兹 Hormidas
霍诺里乌斯 Honorius
霍廷西乌斯 Hortensius

J

加的斯 Cadix
加尔希拉梭 Garcilasso
伽利埃努斯 Galien
加里亚尼 Galiani, Ferdinando
迦南 Cannan
贾尼松 Janisson
迦太基 Carthage
吉本 Gibbon, Edward
吉拉尔蒂,里里奥 Giraldi, Lilio
吉兰 Guilan
吉里迈尔 Gilimer
基佐 Guizot, Guillaume
杰拉 Géla
杰龙 Gélon
杰尼库卢姆小丘 Janicule, Mont
杰诺韦西 Genovesi, Antonio
近邻同盟 Amphictyonie
京都 Mécao
居鲁士 Cyrus
君士坦丁·波菲洛戈尼图斯 Constantin Porphyrogénète
君士坦提乌斯 Constanee

K

卡蒂里纳 Catilina

卡蒂斯贾 Cadhisja
卡尔穆克人 Calmuks
卡尔西冬 Chalcédoine
卡尔西冬的费勒亚斯 Phaléas de Calcédoine
卡拉卡拉 Caracalla
卡拉马尼亚 Caramanie
卡里古拉 Caligula，Caïus
卡利卡特 Calicut
卡里西亚哥 Carisiaco
卡隆达斯 Charondas
卡墨埃斯 Camoens
卡帕多西亚人 Cappadociens
卡皮多利努斯 Capitolin
卡斯蒂利亚 Castille
卡斯托耳和波吕丢刻斯 Castor et Pollux
卡瓦德 Cavade
卡瓦姆呼兰河 Kawamhuram
卡维里乌斯·鲁加 Carvilius Ruga
卡西奥多鲁斯 Cassiodore
卡希提里德岛 Cassitérides
卡西乌斯 Cassius
凯雷亚 Chéréas
恺撒 César
坎蒂利安 Quintilien
坎奈 Cannes
康比斯 Cambyse
康茂德 Commode
康斯坦丁·杜卡斯 Constantin Ducas
柯尔伯 Colbert，Jean-Baptiste
科尔基斯 Colchide
克拉吉乌斯 Cragius
克莱蒙，西蒙·德 Clermont，Simon de
克劳狄 Claude
克劳狄乌斯 Claudius
克雷姆狄乌斯·科尔都斯 Crémutius Cordus
科里奥拉奴斯 Coriolan
克利奥墨涅斯 Cléomène
克里特 Crète
科林吉乌斯 Coringius
科林斯 Corinthe
科林斯的菲洛劳斯 Philolaüs de Corinthe
克鲁恩西奥 Cluentio
克罗蒂尔德 Clotilde
克洛多米尔 Clodomir
科罗曼德尔海岸 Coromandel
克罗泰尔 Clotaire
科纳留斯 Cornelius
科纳留斯·尼波斯 Cornelius Nepos
科普托斯 Coptos
科塔 Cotta
肯普弗 Kempfer
库克洛普 Cycolpes
库拉河 Kur
库莱特 Curette
库里乌斯 Curius
库麦 Cumes
库西 Coucy
昆提乌斯·金基纳都斯 Quintius Cincinnatus

L

拉布吕耶尔 La Bruyère，Jean de
拉达曼图斯 Radammante
拉格雷塞 La Greesaye，Jean Brèthe de
拉各斯 Lagus
拉吉耶梯也尔 La Guilletière
拉克西安人 Laziens
腊古扎 Raguse
拉莫特 La motte，Houdar
拉姆齐 Ramsay，Andrew Richard
拉普兰 Laponie
拉普图姆 Raptum
拉齐奥人 Latium
拉特拉普 La Trappe
拉瓦莱特公爵 Valette，le duc de la
拉韦纳 Ravenne
拉希 Rachis
郎克 Lange
朗松 Lanson，Gustave
勒库安特 Le Cointe
莱比杜斯 Lepidus

莱比杜斯 Lépide
莱库古 Lycurgue
莱斯特鲁贡 Lestrigons
雷奥米尔 Réaumir
雷蒙・阿隆 Raymond Aron
里奥 Léon
利古里亚 Ligurie
利基尼乌斯 Licinius Caius
里科 Ricaut
里里奥・吉拉尔蒂 Lilius Girardus
里普埃尔人 Ripuaires
黎塞留 Richelieu
立窝尼亚 Livonie
林登勃洛赫 Lindembroch
琉克特拉 Leuctres
琉善 Lucien
罗昂 Rohan
洛吉耶・塔西 Logier Tassis
洛克 Locke, John
洛克里斯 Locrie
罗索，科拉多 Rosso, Corrado
路德贝克 Rudbeck
罗里孔 Roricon
洛里埃 Laurière
罗慕洛斯 Romulus
罗塔利 Rotharis
勒诺多 Renaudot
雷塞逊德斯 Réccessuinde
罗得岛，罗得侯爵 Rhodes
罗得岛人 Rhodiens
娄维吉尔德 Leuvigilde
卢卡 Lucques
鲁克莱西亚 Lucrèce
鲁瓦索 Loyseau
卢西乌斯・西庇阿
路易普朗 Lucius Scipion Luitpran
吕底亚 Lydie
吕基亚 Lycie
吕山德 Lysandre
吕西乌斯・瓦莱里乌斯・弗拉库斯 Lucius Valerius Flaccus
伦巴第人 Lombards

M

马比荣 Mabillon
马布里 Mably, Gabriel Bonnot de
马蒂尔德 Mathilde
马蒂乌斯・鲁蒂里乌斯 Martius Rutilius
马蒂耶 Mathieu
马尔库尔弗 Marculfe
马吉亚纳 Magiane
马卡萨尔人 Macassars
马可・奥勒留 Marc Aurèle
马克・布洛赫 Bloch, Marc
马克西米努斯 Maximinus
马库斯・瓦罗 Marc Varron
马莱阿角 Malée
马里沃 Marivaux, Pierre
马略 Marius
马略卡 Majorque
马提亚尔 Martial Valerius
马希尼萨 Massinisse
马赞达兰 Mazenderan
曼利乌斯・卡皮多利努斯 Manlius Capitolinus
曼利乌斯・托尔瓜图斯 Manlius Torquatus
曼努埃尔・科穆宁 Manuel Comnène
梅蒂乌斯・苏菲蒂乌斯 Metius Sufferius
梅卡多尔 Mercator
梅涅尼乌斯 Ménénius
米里维伊斯 Mirivéis
米尼阿莱斯 Miniares
米诺斯 Minos
米特拉达梯 Mithridate
堤亚 Médes
莫采苏马 Montésuma
莫德斯狄努斯 Modestinus
莫里西乌斯 Maurice
墨林德 Mélinde
莫洛斯人 Molosse
莫帕尔蒂 Maupertuis

墨特卢斯·努米底库斯 Métellus Numidicus
莫齐，罗贝尔 Mauzi,Robert
蒙吕克 Monluc
蒙庞西耶 Montpensier
蒙田 Montaigne，Michel
姆莫洛斯 Mummolus
穆基乌斯·斯凯沃拉 Mucius Scévola
穆塔托里 Muratori

N

纳波奈兹 Narbonnaise
纳迪尔沙 Schah-Nadir
纳尔塞斯 Narcès
纳切兹人 Natchès
纳萨利乌斯 Nazaire
奈里，菲利普 Néri，Phlippe
奈伊人 Naïres
内勒 Nesle
内维尔 Nevers，Philippe
南怀仁 Verbiest,Ferdinand
尼布甲尼撒 Nabuchodonosor
涅尔瓦 Nerva
尼多斯 Gnide
尼古拉斯·达马斯 Nicolas de Damas
尼科 Necho
尼禄 Néron
尼塞塔斯 Nicetas
尼塔尔 Nitard
尼亚库斯 Néarque
努玛 Numa
努米底亚 Numidie

O

欧多克索斯 Eudoxe
欧里克 Euric

P

帕拉斯 Pallas
帕提亚人 Parthes
帕鲁帕米苏斯山脉 Paropamisade
帕塔拉 Patale
帕塔伦岛 Patalène
帕坦 Patane
帕特库卢斯 Paterculus
帕特洛克罗斯 Patrocle
佩达尔人 Pédaliens
佩蒂 Petty
佩蒂·德·拉克鲁瓦 Pétis de la Croix
佩恩 William Penn
培尔 Bayle
佩尔菲特，阿兰 Peyrefitte，Alain
培根 Bacon
佩里 Perry
佩里西亚人 Périécien
佩洛皮达斯 Pélopidas
佩内斯特人 Pénestes
佩欧尼乌斯 Péonius
佩特罗尼乌斯·图尔比利亚努斯 Petronius Turpilianus
佩提纳克斯 Pertinax
庞波尼乌斯·梅拉 Pomponius Mela
皮埃里亚 Piérie
皮拉尔 Pirard，François
皮洛士 Pyrrhus
皮斯特 Pistes
蓬蒂厄 Ponthieu
蓬塞 Poncet
普布里乌斯·鲁蒂里乌斯 Publius Rutilius
普芬道夫 Pufendorf
普拉苏姆 Prassum
普劳狄乌斯 Platius
普里多 Prideaux
普林尼 Pline
普洛布斯 Probus
普洛科比乌斯 Procope
普洛庞蒂斯（马尔马拉海） Propontide
普洛泰尔 Protaire

Q

奇里乞亚 Silicie

奇里乞亚海岬 Zephyrium
乔南德斯 Jornandès
秦达逊德斯 Chaindasuinde
钦图斯·塞尔维利乌斯 Q. Servulius
屈亚斯 Cujas, Jacques

R

让·布蒂耶 Jean Boutiller
日耳曼人 Germains
若弗鲁瓦 Geoffroi
茹贝尔 Joubert

S

萨巴卡 Sabbacon
萨拉米 Salamine
撒迦利亚 Zacharie
萨克森人 Saxons
萨塔斯普 Sataspe
萨沃 Savot
塞尔维乌斯·图利乌斯 Servius Tullius
塞拉 Séra
塞克斯提留乌斯·鲁富斯 Sextilius Rufus
塞克斯图斯 Sextus
塞克斯图斯·柏图库斯 Sextus Peduceus
塞克斯图斯·恩比利库斯 Sextus Empiricus
塞克斯图斯·庞培 Sextus Pompée
塞琉古 Séleucus Nicator
塞米拉米斯 Sémiramis
塞纳尔 Sennar
塞奈 Cerné
塞涅卡 Sénèque
塞萨利人 Thessaliens
塞瓦朗勃 Sévarambes
塞维路斯·亚历山大 Sévère Alexandre
塞西里乌斯 Cécilius
三月五日(人名) Cinq-Mars
桑克多利乌斯 Sanctorius
桑尼特人 Samnites
色拉斯 Thrace
色诺芬 Xénophon
瑟西 Circés
森普洛尼乌斯 Sempronius
沙特恩 Saturne
圣阿维特 Saint Avit
圣安布罗斯 Saint Ambroise
圣奥古斯丁 Saint Augustin
圣德尼 Saint-Denis
圣厄谢 Eucher Saint
圣帕特洛克罗斯 Saint Patrocle
圣-皮埃尔 Saint-Pierre, Charles
圣西利尔 Saint Cyrille
圣西蒙 Saint-Simon
石楼 Tour de Pierre
食鱼人 Ichthyophages
斯基泰人 Scythes
斯凯沃拉 Scévola
斯特拉波 Strabon
斯特罗夫斯基 Stlowsiki, Fortunat
斯托巴乌斯 Stobée
苏萨 Suse
苏埃托尼乌斯 Suétone Tranquilius
苏拉 Sulla(Sylla)
苏伊达斯 Suidas
苏约内人 Suions
索利斯 Solis
梭伦 Solon
琐罗亚斯德 Zoroastre
索西穆斯 Zozime
索佐梅诺斯 Sozomène

T

塔尔昆·普里斯库斯 Tarquinius Prisicus
塔克文 Tarquin
塔兰 Talent
塔奈伊斯河 Tanaïs
塔普洛班(斯里兰卡) Taprobane
塔西佗 Tacitus, Cornelius
坦佩 Tempé
特拉西米诺湖战役 Trasimènes

塔泰索斯河 Tartèse
塔维尼耶 Tavernier
泰冈 Tégan
泰莱马克 Télémaque
特兰西瓦尼亚 Transilvanie
特利巴尔人 Triballiens
特利比亚河战役 Trébies
特里博尼安 Tribonien
特罗古斯·庞培尤斯 Trogue Pompée
特吕布莱 Trublet, Nicola-Charles
忒昔丰 Ctésiphne
忒修斯 Thésée
提奥多西亚努斯 Théodosianus
提奥弗拉斯特 Théophraste
提比略 Tibère
提比留斯·格拉古 Tiberius Gracchus
提尔(图尔)Tyr
提吉利努斯 Tigellinus
梯耶里 Thierry, Augustin
涂尔干 Durkheim, Emile
托根堡 Tockembourg
托勒密·塞拉努斯 Ptolémée Céranus
托勒密·克劳德 Ptolémée Claude
托罗斯 Taurus
托马西耶尔 Thaumassière
托马斯·巴塞林 Thomas Bartholin
托马斯·盖杰 Thomas Gage
托玛希耶尔 Thaumassière
图尔的格雷瓜尔 Grégoire de Tours
图卢斯·霍斯提利乌斯 Tullus Hostilius
图密善 Domitien

W

瓦拉契亚 Valachie
瓦莱里 Valéry, Paul
瓦莱里乌斯·马克西姆斯 Valère-Maxime
瓦雷烈·普勃里科拉 Valerius Publicola
瓦伦梯尼安 Valentinien
瓦林斯 Valens
瓦鲁斯 Varus
瓦姆巴 Vamba
瓦纳歇尔 Wanachaire
万丹 Bantan
维蒂札 Vitiza
维杜里乌斯 Véturius
韦尔西尼，洛朗 Versini, Laurent
魏吉尔 Virgile
维吉尼乌斯 Virginius
维吉尼亚 Verginie
维科 Vico, Giambattista
维克托·阿马戴乌斯 Victor Amédée
韦拉斯·达莱 Vairasse d'Allais
维列斯 Verrès
韦尼埃 Vernière, Paul
韦斯巴芗 Vespasien
维特利乌斯 Vitellius
韦伊 Veïes
韦伊人 Veïens
温德克斯 Vindex
沃尔古斯基人 Wolguski
沃尔内 Volney, Constantin
沃科尼乌斯 Voconius
窝尔西人 Volsques
伏尔西尼安人 Volsiniens
乌尔比安 Ulpien

X

西奥多·拉斯卡里斯 Théodore Lascaris
西奥多里克 Théodoric
西奥菲拉克特 Théophylacte
锡巴里斯人 Sybarites
希巴西斯河 Hypanis
西庇阿 Scipion
希达斯派斯河 Hydaspe
西德尼 Sidney
西多尼乌斯 Sidonius
希尔代里克 Childéric
希尔德贝 Childebert
西尔蒙都斯 Sirmond
西尔佩里克 Chilpéric

希费林 Xiphilin
希戈尼乌斯 Sigonius
西哥特人 Wisigoths
西吉斯蒙德 Sigismond
西克塔斯五世 Sixte V
西拉奴斯 Silanus
锡利群岛 Silley
西里亚诺斯 Syrian
希洛特人 Ilotes(Helites)
希米尔科 Himilcon
西内特 Cynète
西西安 Sicyone
锡亚格尔 Siagre
西哀耶斯 Sieyès, Emmanuel Joseph
夏克莱顿 Shackleton, Robert
小狄奥多西 Théodose le Jeune
谢尼埃 Chénier, André de
谢努塞尔特 Sésostris
新地岛 Nouvelle-Zambe
叙达斯 Suidas
许尔卡尼亚 Hyrcanie
叙拉古 Syracuse

Y

雅克一世 Jacques Ier
亚齐 Achim
亚述人 Assyriens
伊壁鸠鲁 Epicure
以弗所 Ephèse
药杀水 Jaxarte
伊卡卢斯河 Icarus
伊里利亚人 Illyriens
伊内留乌斯 Inerius
伊庇鲁斯 Epire
伊撒克二世 Issac l'Ange
伊斯勃兰兹伊德斯 Isbrandsides
以土买人 Iduméens
伊希斯 Irtis
伊西斯 Isis
幼发拉底河 Euphrate
尤利安 Julien
幼里庇德斯 Euripide
幼琉士河 Euleus
尤塞比乌斯 Eusèbe
尤维纳利斯 Juvénal,Junius

Z

詹农 Giannone,Pietro
佐纳拉斯 Zonare
哲特人 Gétiques
朱利安 Julie
朱利厄 Jureu, Pierre

图书在版编目(CIP)数据

论法的精神:全2卷/(法)孟德斯鸠著;许明龙译.—北京:商务印书馆,2017
(汉译世界学术名著丛书:120年纪念版:珍藏本)
ISBN 978-7-100-14510-7

Ⅰ.①论… Ⅱ.①孟… ②许… Ⅲ.①政治学 ②国家和法的理论Ⅳ.①D0 ②D90

中国版本图书馆CIP数据核字(2017)第153662号

汉译世界学术名著丛书
(120年纪念版·珍藏本)
论 法 的 精 神
(全二卷)
〔法〕孟德斯鸠 著
许明龙 译

商 务 印 书 馆 出 版
(北京王府井大街36号 邮政编码100710)
商 务 印 书 馆 发 行
北京新华印刷有限公司印刷
ISBN 978-7-100-14510-7

2017年12月第1版　　开本 710×1000 1/16
2017年12月北京第1次印刷　　印张 80¾
定价:400.00元